Finanznachrichten
lesen – verstehen – nutzen

SCHÄFFER
POESCHEL

Rolf Beike / Johannes Schlütz

FINANZNACHRICHTEN lesen – verstehen – nutzen

Ein Wegweiser
durch Kursnotierungen und Marktberichte

3., überarbeitete Auflage

2001
Schäffer-Poeschel Verlag Stuttgart

Bildnachweis:
Eric Schaible (S. 1, S. 457),
Deutsche Börse AG (S. 49, S. 146),
elektraVision™ AG (S. 191),
Bavaria Bildagentur (S. 671).

Die Deutsche Bibliothek – CIP-Einheitsaufnahme

Beike, Rolf: Finanznachrichten lesen, verstehen, nutzen : ein Wegweiser durch Kursnotierungen und Marktberichte / Rolf Beike/Johannes Schlütz.
– 3. überarb. Aufl. – Stuttgart : Schäffer-Poeschel, 2001
(Handelsblatt-Reihe)
ISBN 3-7910-1951-1

ISBN 3-7910-1951-1

www.schaeffer-poeschel.de
info@schaeffer-poeschel.de

Einbandgestaltung: Willy Löffelhardt
Satz: Dörr + Schiller GmbH, Stuttgart
Druck und Bindung: Franz Spiegel Buch GmbH, Ulm

Printed in Germany
Oktober/2001

Schäffer-Poeschel Verlag Stuttgart

Ein Tochterunternehmen der Verlagsgruppe Handelsblatt

Inhaltsverzeichnis

Einführung

führung +++ Einführung +++ Einführung +++ Einführung +++ Einführung +++ Einführung +++ Einführung +++ Einführung +

Von Menschen, Märkten, Zeitungen und Büchern

Finanznachrichten sind unser täglicher Begleiter: Informationen über Börsenkurse, Indexstände oder Tagesgeldzinsen finden wir in der morgendlichen Tageszeitung, auf Plakaten in der U-Bahn oder im Schaufenster der Sparkasse, in Finanzportalen im Internet und in den Abendnachrichten im Fernsehen.

Auch in der Vergangenheit waren Neuigkeiten rund um das liebe Geld sowohl für die professionellen Marktteilnehmer als auch für eine große Zahl an Privatanlegern oft eine durchaus spannende Geschichte mit hohem Unterhaltungswert und einem lukrativen Happyend.

In den letzten Jahren verstärken allerdings einige »Megatrends« das Interesse am Geschehen auf den Finanzmärkten nochmals in einem erheblichen Maß. Zunächst steht der »Erbengeneration« ein durchaus beträchtliches Vermögen zur Verfügung, das effizient vermehrt werden soll. Zudem wird auch in Europa die Altersvorsorge zunehmend in private Hände gelegt. Damit wird quasi jedermann gezwungen, sich mit den alternativen Anlagemöglichkeiten zu beschäftigen.

Zukunftsvorsorge

Gefragt ist heute der »emanzipierte Anleger«, der sich selbstständig informiert, eigene Entscheidungen trifft oder dem Bankberater gut informiert und selbstbewusst gegenübertritt.

Eine wichtige Rahmenbedingung für das eigenständige Handeln ist die gleichzeitige Verfügbarkeit von Informationen. Durch das »demokratische« Medium Internet stehen heute auch Privatanlegern Realtime-Kurse und aktuelle News zur Verfügung, die einst nur bei teuren Finanzinformationsdiensten erhältlich waren. Da die Geldanlage per Internet Bequemlichkeit mit technologischem Spieltrieb verbindet, liegt hier noch immer ein hohes Wachstumspotenzial. Auch die Ausdünnung des Filialnetzes durch die Banken verstärkt die Tendenz zum Onlinebanking – Standardgeschäfte werden von den Banken quasi aus Kostengründen ins Netz ausgelagert.

Aber auch für die »Institutionellen«, die Profiinvestoren, wandeln sich die Zeiten: So lassen beispielsweise die exorbitanten Kurssprünge am Neuen Markt Zweifel an der Informationseffizienz der Märkte aufkommen – hier suchen Wissenschaftler mit neuen Ansätzen wie etwa dem Behavioral Finance nach Antworten. Zudem werden immer neue, kompliziert strukturierte Produkte wie beispielsweise Kreditderivate oder Kapitalmarktfloater mit Kündigungsrechten auf den Markt gebracht. Zwangsläufig müssen die Methoden zur Risikosteuerung verfeinert werden – Value-at-Risk ist hier nur ein Beispiel. Auch die »Desintermediation« schreitet zügig voran: Große Unternehmen bauen eigene Inhouse-Banking-Abteilungen auf und werden direkt an den Märkten tätig. Die Banken spezialisieren sich oder werden zu Allfinanzanbietern, die dem Kunden die optimale Vermögensstruktur auf den Leib schneidern.

Resümiert man, so besteht ein hoher Bedarf an fundierten, aber auch verständlichen Finanznachrichten. Im HANDELSBLATT findet der Leser täglich

Finanzzeitung

Investor

einen vollständigen Querschnitt des Finanzmarktgeschehens. Innerhalb des HANDELSBLATTS wendet sich die FINANZZEITUNG vor allem an die Profis der Geldbranche. Themen wie Banken und Versicherungen, das Geschehen an den internationalen Finanzmärkten werden neu eingeordnet und analysiert. Dazu gehören die Bankmanager und ihre Produkte ebenso wie neue Entwicklungen im Internet-Banking oder die Veränderungen der Börsenlandschaft. Der INVESTOR dagegen bietet Anlegern tagesaktuell Entscheidungshilfen. Dazu gehören etwa Aktien- und Fondsanalysen, Porträts und Interviews mit den Machern der Märkte.

Bietet die Zeitung den Vorteil der Tagesaktualität und der Meinungsvielfalt, so stehen Bücher für die Erarbeitung von Zusammenhängen und für selbstständiges Erlernen auch komplexen Grundlagenwissens. Die FINANZNACHRICHTEN wappnen für die Reise durch das große Investmentuniversum, leisten eine umfassende Darstellung aller Finanzmärkte und beschreiben deren Funktionsweise und Produkte. Der »emanzipierte Investor« wird nach der Lektüre hoffentlich feststellen, dass manche Dinge nicht »so schwierig« sind wie vorab vermutet. Zudem wird er wahrscheinlich aus der FINANZZEITUNG und aus dem INVESTOR noch mehr Nutzwert ziehen als zuvor.

Finanzinstitutionen

Im weitesten Sinne definiert, kanalisiert das Finanzsystem die knappen Ressourcen einer Volkswirtschaft von den Sparern (Menschen, die weniger ausgeben, als sie einnehmen) hin zu Schuldnern (Menschen, die mehr ausgeben, als sie einnehmen). Sparer sparen aus verschiedenen Gründen – um ihrem Kind in einigen Jahren eine Ausbildung zu ermöglichen oder um sich in einigen Jahrzehnten gemütlich zur Ruhe zu setzen. Auch Schuldner nehmen Geld für verschiedene Zwecke auf – um ein Haus für den Eigenbedarf zu kaufen oder um ein Geschäft zu gründen, mit dem sie ihren Lebensunterhalt bestreiten können. Sparer stellen ihr Geld dem Finanzsystem zur Verfügung in der Erwartung, es später verzinst zurückzubekommen. Schuldner fragen Geld im Finanzsystem nach in dem Wissen, dass sie dieses später mit Zinsen zurückzahlen müssen.

Das Finanzsystem besteht aus verschiedenen Institutionen, die zu einer Koordination von Sparern und Schuldnern beitragen. Bevor wir uns mit den treibenden ökonomischen Kräften des Finanzsystems befassen, wollen wir als Einleitung die wichtigsten der beteiligten Institutionen näher betrachten. Finanzinstitutionen können in zwei Kategorien eingeteilt werden – Finanzmärkte und Finanzmarktteilnehmer. Beide Gruppen betrachten wir nun nacheinander.

Finanzmärkte

Finanzmärkte sind diejenigen Institutionen, über die eine Person, die sparen möchte, Mittel direkt an eine Person weitergeben kann, die Geld aufnehmen möchte. Die beiden wichtigsten Finanzmärkte in unserer Volkswirtschaft sind der Zinsmarkt und der Aktienmarkt.

Losgrößentransformation

Sie übernehmen bedeutsame Funktionen: Die erste bezeichnet man als *Losgrößentransformation*. Der Staat, größere Unternehmen und Banken haben einen Kapitalbedarf von vielen Milliarden Euro. Die durchschnittlichen Mittel eines normalen Anlegers reichen aber nicht aus, solche Summen bereit zu stellen. Die Funktion der Finanzmärkte besteht nun darin, durch Bündelung vieler kleiner Sparbeträge auch sehr hohe Kapitalbeträge aufzubringen.

Fristentransformation

Über Finanzmärkte können unterschiedliche Laufzeitinteressen in Einklang gebracht werden. Man bezeichnet dies auch als *Fristentransformation*. Während einige Anleger ihre Mittel vielleicht nur für kurze Zeit investieren möchten, benötigen Unternehmen und Banken das Geld möglicherweise für sehr lange Zeiträume, da sich Investitionen mitunter erst nach Jahrzehnten amortisieren. Um dieses Problem zu lösen, muss es Anlageformen geben, die man von einem Sparer zum nächsten (zum Beispiel durch Handel an der Börse) weitergeben kann, ohne dass das Unternehmen davon berührt wird.

Risikotransformation

Schließlich dienen Finanzmärkte auch zur Transformation von Risiken. Kaum ein Anleger ist in der Lage, das Risiko eines Unternehmens allein zu tragen. Sinnvoller ist es, ein Unternehmen in viele Anteile aufzuspalten und diese über die Finanzmärkte an viele verschiedene Anleger auszugeben. So lassen sich auch die Risiken auf mehrere Schultern verteilen. Aufgrund der geringen Stückgrößen hat ein einzelner Anleger dann auch die Möglichkeit, sich mit relativ geringen Mitteln zu beteiligen und außerdem sein Gesamtkapital und damit sein eigenes Risiko auf mehrere verschiedene Unternehmen zu streuen.

Der Zinsmarkt

Anleihe/Rentenpapier (Bond)

Benötigt die BASF, ein großes deutsches Chemie-Unternehmen, Geld, um den Bau einer neuen Fabrikanlage zu finanzieren, so kann sich die Unternehmung direkt von der Öffentlichkeit Mittel leihen. Dies geschieht über die Ausgabe einer Anleihe. Eine *Anleihe*, auch *Rentenpapier* genannt, ist eine Schuldverschreibung, die die Verpflichtung des Emittenten der Anleihe gegenüber dem Käufer der Anleihe spezifiziert. Einfach ausgedrückt ist eine Anleihe nichts anderes als ein Schuldschein (IOU – »I owe you«). Sie gibt den Zeitpunkt an, zu dem der Kredit zurückgezahlt wird (*Fälligkeit* genannt), und den Zinssatz, der pro Periode bis zur Fälligkeit der Anleihe gezahlt wird. Der Käufer einer Anleihe gibt sein Geld an die BASF und erhält im Gegenzug das Versprechen auf die verzinste Rückzahlung der zur Verfügung gestellten Summe (*Kapitalschuld* genannt). Der Käufer kann die Anleihe bis zum Fälligkeitsdatum behalten oder er kann die Anleihe zu einem früheren Zeitpunkt an jemand anderen verkaufen.

Es existiert eine sehr große Anzahl an Anleihen in den meisten Ländern. Wenn große Unternehmungen oder der Staat (Bund oder Gebietskörperschaften) Geld benötigen, um den Bau oder Kauf einer neuen Fabrikanlage, eines neuen Jagdflugzeuges oder eines neuen Schulgebäudes zu finanzieren, so geben sie dafür oftmals Anleihen aus.

Über den ausgeliehenen Betrag muss nicht unbedingt eine Urkunde (Wertpapier) ausgestellt werden. Man kann die Geschäfte auch so abschließen. Dies hat aber den Nachteil, dass sie nicht oder zumindest nicht so einfach übertragbar sind wie ein Wertpapier.

Ein Beispiel ist *Termingeld*. Eine Bank leiht beispielsweise einem Unternehmen oder einer anderen Bank für einen festen (terminierten) Zeitraum gegen Zahlung von Zinsen eine bestimmte Summe. Auch solche Transaktionen entfallen auf den Zinsmarkt.

Der Aktienmarkt

Eine andere Möglichkeit, Geld aufzunehmen, um den Bau einer neuen Fabrikanlage zu finanzieren, besteht für die BASF darin, Aktien auszugeben. Aktien repräsentieren Eigentumsanteile an einer Unternehmung und stellen daher eine Forderung auf die Gewinne, die die Unternehmung erwirtschaftet, dar.

Aktie (Stock): Ein Eigentumsanteil an einer Unternehmung (Aktiengesellschaft)

Die Ausgabe von Aktien zur Aufnahme von finanziellen Mitteln wird *Eigenkapitalfinanzierung* genannt, wohingegen die Ausgabe von Anleihen zur *Fremdkapitalfinanzierung* zählt. Obwohl größere Unternehmungen sowohl Eigen- als auch Fremdkapitalfinanzierung zur Aufnahme finanzieller Mittel für neue Investitionen benutzen, unterscheiden sich Aktien und Anleihen beträchtlich. Der Besitzer einer BASF-Aktie ist ein Teilhaber der BASF; der Besitzer einer BASF-Anleihe ist ein Gläubiger der Unternehmung. Wenn die BASF sehr profitabel arbeitet, so kommt der Aktienbesitzer in den Genuss dieser Gewinne, wohingegen die Anleihebesitzer nur die Zinszahlungen auf ihre Anleihe erhalten. Kommt die BASF jedoch in finanzielle Schwierigkeiten, so werden zuerst die Ansprüche der Anleihebesitzer befriedigt, bevor die Aktionäre überhaupt etwas erhalten. Im Vergleich zu Anleihen bieten also Aktien ihrem Besitzer ein höheres Risiko und einen möglicherweise höheren Ertrag.

Nimmt eine Unternehmung Eigenkapital durch die Ausgabe von Aktien auf, so werden diese Papiere sodann auf organisierten Aktienmärkten unter den Aktionären gehandelt. Wenn die Aktien den Besitzer wechseln, so verdient die betreffende Unternehmung an diesen Transaktionen nichts. Der wichtigste Aktienmarkt in Deutschland ist die Frankfurter Wertpapierbörse, an der Aktien der großen nationalen Unternehmungen sowie auch internationale Titel gehandelt werden; daneben existieren noch Regionalbörsen in den einzelnen Bundesländern, an denen neben den überregionalen Titeln vorwiegend kleinere und regionale Unternehmungen notiert werden.

Kurs

Die Preise, zu denen Aktien an der Börse gehandelt werden, *Kurse* genannt, werden durch Angebot und Nachfrage nach den Papieren der betreffenden Unternehmungen bestimmt. Da Aktien ein Miteigentum an einer Unternehmung darstellen, spiegelt die Nachfrage nach Aktien (und damit deren Preis) die Wahrnehmung der Menschen bezüglich der zukünftigen Gewinnaussichten einer Unternehmung wider. Beurteilen die Menschen deren Zukunft optimistisch, werden sie die Nachfrage nach diesen Aktien erhöhen und damit den Preis für eine Aktie der entsprechenden Unternehmung nach oben treiben. Umgekehrt wird der Preis einer Aktie fallen, wenn die Menschen erwarten, dass eine bestimmte Unternehmung nur geringe Gewinne oder gar Verluste machen wird.

Der Devisenmarkt

Außer dem Euro gibt es weltweit noch viele andere Währungen. Solche aus unserer Sicht fremden Währungen benötigt man, um zum Beispiel Waren aus dem Ausland zu bezahlen. Auch Unternehmen aus anderen Ländern, die Güter aus Deutschland kaufen, begleichen ihre Rechnungen häufig in Dollar, da er die bedeutendste Handelswährung ist. Es ist deshalb an der Tagesordnung, dass fremde Währungen angeboten und nachgefragt werden. Ein solcher Währungstausch findet auf dem Devisenmarkt statt.

Finanzmarktteilnehmer

Auf den Finanzmärkten begegnen sich unterschiedliche Teilnehmer. Dies können Privatleute sein, in den meisten Fällen sind es jedoch Institutionen. Wir wollen uns darauf konzentrieren und die wichtigsten Gründe erläutern, warum Institutionelle auf den Finanzmärkten aktiv sind.

Intermediäre

Eine besondere Rolle spielen *Intermediäre*. Das sind Finanzinstitutionen, über die Sparer finanzielle Mittel auf indirektem Weg an Kapitalnachfrager weiterleiten (lassen) können. Der Begriff Intermediär verdeutlicht die Rolle dieser Institutionen als Mittler zwischen Anbietern (Anlegern) und Nachfragern. Zunächst befassen wir uns ausführlicher mit zwei wichtigen Finanzintermediären, Geschäftsbanken und Kapitalanlage- bzw. Investmentgesellschaften.

Geschäftsbanken

Für den Fall, dass ein kleiner Gemüsehändler eine Erweiterung seines Geschäfts finanzieren möchte, wird er vermutlich eine andere Vorgehensweise als die BASF wählen. Im Gegensatz zur BASF wird es für den Gemüsehändler schwierig sein, sich Mittel über den Anleihe- oder Aktienmarkt zu beschaffen. Die meisten Käufer von Anleihen oder Aktien erwerben lieber Titel, die von größeren und bekannteren Unternehmungen ausgegeben werden. Höchstwahrscheinlich wird daher der kleine Gemüsehändler seine Geschäftsausweitung über einen Kredit einer örtlichen Bank finanzieren.

Banken sind diejenigen Finanzintermediäre, die den Menschen am geläufigsten sind. Eine Hauptaufgabe der Banken besteht darin, Einlagen von denjenigen anzunehmen, die sparen wollen, und diese Einlagen zur Kreditvergabe an diejenigen zu verwenden, die Geld aufnehmen möchten. Banken zahlen den Sparern Zinsen auf deren Einlagen und verlangen von den Schuldnern etwas höhere Zinsen für deren Kredite. Die Differenz zwischen diesen Zinssätzen deckt die Kosten der Banken und erbringt zusätzlich Gewinne für die Eigner der Banken.

Neben ihrer Rolle als Finanzintermediäre haben Banken eine zweite wichtige Aufgabe in der Volkswirtschaft: Sie erleichtern den Erwerb von Gütern und Dienstleistungen, indem sie es den Kunden ermöglichen, Schecks auf ihre Guthaben auszustellen. Anders ausgedrückt schaffen Banken damit spezielle Aktiva, die von den Kunden als *Tauschmittel* benutzt werden können. Ein Tauschmittel ist ein Gut, das die Menschen in einfacher Art und Weise nutzen können, um Transaktionen abzuwickeln. Die Aufgabe der Bereitstellung eines Tauschmittels unterscheidet Banken von vielen anderen Finanzinstitutionen. Aktien und Anleihen sind, ebenso wie Bankeinlagen, eine mögliche Art der *Wertaufbewahrung* für das Vermögen, das die Menschen durch Sparen angesammelt haben, aber der Zugang zu diesen Mitteln ist nicht so einfach, billig und schnell möglich wie das Ausstellen eines Schecks.

Investmentgesellschaften

Portfolio

Finanzintermediäre von zunehmender Bedeutung sind Investmentgesellschaften. Eine *Investmentgesellschaft* ist eine Institution, die Anteilsscheine an die Öffentlichkeit vergibt und die Einnahmen daraus dazu verwendet, eine Auswahl, ein *Portfolio*, von verschiedenen Aktien, Anleihen oder einer Kombination beider Anlageformen zu kaufen. Der Aktionär der Investmentgesellschaft akzeptiert damit alle Risiken und Erträge, die mit besagtem Portfolio verbunden sind. Steigt sein Wert, so profitiert der Halter davon; weist das Portfolio eine sinkende Wertentwicklung auf, so muss der Halter den Verlust tragen.

Der wichtigste Vorteil von Investmentfonds liegt darin, dass sie es auch Menschen mit nur geringen Summen an Geld ermöglichen, breit zu streuen. Käufer von Aktien und Anleihen sollten den Rat beherzigen: Setze nicht alles auf ein Pferd. Da die Wertentwicklung einer einzelnen Aktie oder Anleihe vom Geschick der Unternehmung abhängt, ist es sehr riskant, nur eine Art von Aktie oder Anleihe zu halten. Diejenigen, die im Gegensatz dazu in ein breiter gestreutes Portfolio oder Portefeuille an Aktien und Anleihen investieren, stehen einem geringeren Risiko gegenüber, denn sie halten nur einen kleinen Anteil an jeder Unternehmung. Investmentgesellschaften machen diese Art der Diversifikation einfach. Selbst mit nur wenigen hundert Euro oder Dollar kann man Anteile an einer Investmentgesellschaft erwerben und damit indirekt Anteilseigner oder Gläubiger vieler hundert größerer Unternehmungen werden.

Ein zweiter Vorteil, den man Investmentfonds zuschreibt, ist die Tatsache, dass diese dem »Normalbürger« Zugang zu den Möglichkeiten eines professionellen Anlagemanagements gewähren. Die Manager der meisten Investmentfonds verfolgen sehr genau die Entwicklungen und Zukunftsaussichten derjenigen Unternehmungen, deren Aktien sie kaufen. Diese Manager kaufen Aktien von Unternehmungen, deren Zukunft sie rentabel einschätzen, und verkaufen Aktien mit schlechteren Aussichten. Dieses professionelle Anlagemanagement, so wird argumentiert, erhöhe den Ertrag, den Besitzer von Investmentfonds auf ihre Ersparnisse erzielen.

Zentralbanken

Die Zentralbank ist eine staatliche Institution, die das Ziel hat, das Geschäftsbankensystem in einem Land zu überwachen und die Geldmenge zu steuern. Unter den international bedeutsamen Zentralbanken sind an erster Stelle das Federal Reserve System (kurz: Fed) der Vereinigten Staaten sowie auch (mit abnehmender Bedeutung) die Bank of Japan und die Bank of England zu nennen. Für Deutschland übernahm bislang die Deutsche Bundesbank diese Aufgabe. Im Zuge der Europäischen Währungsunion und der damit verbundenen Einführung des Euro ist diese jedoch im Europäischen System der Zentralbanken (ESZB) unter Führung der Europäischen Zentralbank (EZB) aufgegangen.

Fed

ESZB

Zentralbanken verfolgen im Unterschied zu Geschäftsbanken keine einzelwirtschaftlichen Ziele (z. B. die eigene Gewinnmaximierung), sondern gesamtwirtschaftliche Aufgaben, etwa die Eindämmung der Preissteigerung. Weitere Aufgaben sind die Durchführung von Devisengeschäften, die Verwaltung von Währungsreserven, die Sicherung der Funktionsfähigkeit der Zahlungssysteme, die Aufsicht über das Bankwesen und die allgemeine Gewährleistung der Stabilität des Finanzsystems.

Sonstige Beteiligte

In Deutschland und weltweit gibt es außer Banken und Investmentgesellschaften noch eine Vielzahl weiterer Marktteilnehmer. Dazu zählen Pensionsfonds, Versicherungsgesellschaften, Makler und Industrieunternehmen. Auch diese Gruppen nehmen die Finanzmärkte in Anspruch, um Kapital aufzunehmen und anzulegen, Geschäfte zu vermitteln oder Risiken abzusichern. Dies wollen wir an den entsprechenden Stellen im Buch vertiefen.

Versicherungsgesellschaften/
Pensionsfonds

Zentraler Handelsort

Die Börse ist ein Ort, an dem Anbieter und Nachfrager zusammentreffen, um bestimmte Gegenstände zu handeln, etwa Waren oder Wertpapiere. Auch für andere Veranstaltungen, wie einen Wochenmarkt, trifft dies zu. Die Tatsache jedoch, dass der Handel auf wenige Plätze konzentriert wird, nach strengen Regeln abläuft und einer ständigen Kontrolle unterliegt, unterscheidet die Börse vom Wochenmarkt.

Am häufigsten findet man die Bezeichnung »Börse« im Zusammenhang mit Wertpapieren. Käufer und Verkäufer von Aktien, Anleihen oder Optionsscheinen suchen nicht auf eigene Faust nach Handelspartnern, sondern leiten ihren Auftrag an eine zentrale Stelle, wo er dann ausgeführt wird. Dieser Sammelpunkt ist die Börse.

Börsengesetz

Die gesetzliche Grundlage für den Börsenhandel in Deutschland ist das *Börsengesetz* von 1896. Hierin sind allgemeine Bestimmungen über den Aufbau einer Börse, den Ablauf des Börsengeschäftes, die Börsenaufsicht usw. festgehalten. Die Vorschriften des Börsengesetzes werden für jede regionale Börse durch eine entsprechende Börsenordnung konkretisiert.

Handelsusancen

Der Börsenhandel selbst spielt sich im Rahmen traditioneller Handelsusancen (Handelsbräuche) ab. Diese sind heute weitgehend vereinheitlicht und von den Börsenvorständen schriftlich fixiert worden.

Die Börsenträger weisen in Deutschland die Rechtsform

- einer öffentlich-rechtlichen Körperschaft (z. B. Industrie- und Handelskammern),
- eines Vereins des bürgerlichen Rechts (Börsenverein e.V.) oder
- einer Körperschaft des privaten Rechts (z. B. Deutsche Börse Aktiengesellschaft, Frankfurt am Main)

auf. Der Träger einer Börse stellt auf Anforderung der Börsenleitung oder der Börsenverwaltung und im Einvernehmen mit diesen die personellen und finanziellen Mittel sowie die erforderlichen Räume zur Abwicklung der Börse zur Verfügung. Er darf nicht in das Börsengeschehen eingreifen.

Für die Verwaltung und Leitung der Börse zeigt sich der Börsenvorstand – auch Börsenrat genannt – verantwortlich. Er erlässt die Börsen- und Gebührenordnung und bestellt die Geschäftsführer, denen die »aktive« Börsenleitung obliegt.

Börsenaufsicht

Die Börsenaufsicht wird von der zuständigen obersten Behörde des betreffenden Bundeslandes wahrgenommen – in Hessen beispielsweise vom Ministerium für Wirtschaft, Verkehr, Technologie und Europaangelegenheiten.

Börsenplätze

Sobald in einer Stadt eine Wertpapierbörse besteht, ist sie ein so genannter »Börsenplatz«. In Deutschland gibt es insgesamt acht Börsenplätze: Berlin (B), Bremen (Br), Düsseldorf (D), Frankfurt (F), Hamburg (H), Hannover (Hn), München (M) und Stuttgart (S).

Die Kürzel in den Klammern findet man nicht nur in den Kurstabellen des HANDELSBLATTES wieder, sondern auch in anderen Medien. Allerdings werden sie nicht einheitlich verwendet. So kürzt der Wirtschaftssender »n-tv« Stuttgart mit (Stg), Düsseldorf mit (Ddf), Berlin mit (Ber), Hamburg mit (Hbg) und München mit (Mün) ab.

Die bedeutendste deutsche Wertpapierbörse befindet sich zweifelsohne in Frankfurt am Main. Die Frankfurter Wertpapierbörse ist mit Abstand die umsatzstärkste in Deutschland und genießt weltweite Anerkennung. Mit Gründung der *Deutschen Terminbörse*, die heute unter der Bezeichnung EUREX firmiert, gewann Frankfurt noch mehr an Bedeutung, sodass alle übrigen Börsen auch als Nebenplätze bezeichnet werden.

Die Aufgabe der Nebenplätze besteht heute in erster Linie in der Betreuung ihrer Regionalwerte, also Aktien von Gesellschaften aus der Region, in der auch die jeweilige Börse ansässig ist. Um ihre Stellung jedoch nicht vollständig gegenüber Frankfurt einzubüßen, konzentrieren einige Regionalbörsen ihr Geschäft auf bestimmte Wertpapierformen, Stuttgart beispielsweise auf Optionsscheine, Hamburg auf Genussscheine und Berlin auf Auslandsaktien.

Teilnehmer am Börsenhandel

Viele von uns haben schon einmal Wertpapiere gekauft, also zum Beispiel Aktien, Anleihen oder Optionsscheine für das eigene Depot geordert. Trotz allem sind nur die wenigsten von uns schon mal selbst in einem Börsensaal gewesen. Ist das nicht seltsam? Die Börse ist der Hauptumschlagsplatz für Wertpapiere, ihre Käufer und Verkäufer treten sich dort aber fast nie direkt gegenüber. Vielmehr führt der Weg an die Börse über Geschäftsbanken, so etwa in Deutschland, oder über so genannte *Broker*, wie es beispielsweise in den USA der Fall ist (vgl. Abbildung Seite 14). Wer sich hierzulande Wertpapiere zulegen möchte, reicht bei seinem Kreditinstitut einen Kaufauftrag oder eine *Order* – wie es in der Sprache der Börsianer heißt – ein. Neben der gewünschten Wertpapiergattung (z. B. VW-Stammaktien) werden unter anderem die Kenn-Nummer der Titel, die genaue Stückzahl sowie die Börse, an der das Geschäft stattfinden soll, vermerkt. Die Geschäftsbank leitet die Order an einen Vertreter weiter, der direkt im Börsensaal arbeitet und lässt ihn dort von diesem ausführen.

Broker

Order

Warum aber dieser Umweg? Nun, am Börsenhandel teilnehmen, genauer gesagt: direkt auf dem Börsenparkett Geschäfte abschließen, dürfen nur registrierte Börsenmitglieder. Das sind normalerweise Banken und Wertpa-

[1] Besonderer Vermerk erforderlich, wenn Auftrag im Elektronischen Handel ausgeführt werden soll.

An die

Sparkasse Höxter

☐ telefonisch / per Fax vorabgemeldet am:
um: Uhr Gesprächspartner:

Kaufauftrag für Wertpapiere
– Kommissionsgeschäft –

Spark.-Depot Nr. | BLZ der Sparkasse

Auftraggeber (vollständige Anschrift)

Kunden-Depot Nr. | Konto Nr.

Auftrag Nr. | Datum/Uhrzeit /

Ich/Wir bitte(n), für meine/unsere Rechnung zu kaufen: ☐ Order-Änderung ☐ Order-Löschung

Nennbetrag/Stück	Wertpapier	Kenn-Nr.	Limit	gültig bis	Börsenplatz	Präsenzhandel[1]

Bemerkungen

Es wird ausdrücklich darauf hingewiesen, daß ergänzend zu den derzeit geltenden Allgemeinen Geschäftsbedingungen die »Bedingungen für Wertpapiergeschäfte« Vertragsbestandteil sind. Die Allgemeinen Geschäftsbedingungen einschließlich der genannten Sonderbedingungen hängen/liegen in den Kassenräumen zur Einsichtnahme aus.

Bei Kauf von Investmentanteilen: Ich/Wir bestätige(n), den Verkaufsprospekt, den letzten Rechenschaftsbericht (und – soweit gesetzlich vorgeschrieben – den darauffolgenden Halbjahresbericht) sowie die Vertragsbedingungen des georderten Investmentfonds erhalten zu haben.

Zudem bin ich/sind wir auf den Ausgabeaufschlag von ______ % und die jährliche Vergütung von ______ % für die Verwaltung des Sondervermögens hingewiesen worden.

☐ Die Stücke sind in mein/unser Depot zu übernehmen.
☐ Die Stücke sind auszuhändigen.

☐ Kundenangaben nach WpHG erfragt und dokumentiert.
☐ Im Rahmen bisheriger Geschäfte.
☐ Beratung durchgeführt. ☐ Keine Beratung.
☐ Auf ausdrücklichen Kundenwunsch, keine Beratung.

Unterschrift(en) des Auftraggebers

(Unterschrift des Kunden)

Bearbeitungsvermerke der Sparkasse

Unterschr./Verf.-Ber. geprüft | Deckung geprüft

Auftrag angenommen – erfaßt / – geprüft /

Bei Auftrag in Wertpapieren in ausländischer Währung oder Rechnungseinheiten:
Weisung des Auftraggebers zur Gutschrift in Fremdwährung und »Vereinbarung über die Gutschrift von Einlösungsbeträgen aus Wertpapieren in ausländischer Währung auf Fremdwährungskonten« liegen vor:
☐ ja ☐ nein

weitergeleitet an GZ
☐ online ☐ telefonisch ☐ per Telefax

am/Uhrzeit / | durch (SB)

Kaufauftrag für Wertpapiere

pierhandelshäuser. Diese werden hinsichtlich ihrer Finanzkraft und fachlichen Kompetenz durch die Börsenleitung sehr sorgfältig überprüft, wodurch sichergestellt ist, dass sich jeder Handelsteilnehmer bei allen Transaktionen auf die Zuverlässigkeit seines Gegenübers verlassen kann. Die Börse ist also nicht umsonst eine geschlossene Veranstaltung. Nur wer große Erfahrung im Wertpapierhandel vorweisen kann und über Finanzkraft und eine umfangreiche Infrastruktur (elektronische Wertpapierverwahrmöglichkeiten usw.) verfügt, darf am Börsenhandel teilnehmen. Auf diese Weise ist ein reibungsloser Ablauf gewährleistet und nur so können täglich Umsätze in Milliardenhöhe reibungslos über die Börse abgewickelt werden.

Floor-Trader

Alle großen Banken werden durch speziell ausgebildete Mitarbeiter, so genannte *Händler* oder im Englischen *Floor-Trader*, an der Börse vertreten. Letzteren werden Kauf- und Verkaufsorders zugeleitet, um dann zu den bestmöglichen Konditionen ausgeführt zu werden. Die Aufträge, die ein Händler bekommt, können entweder von seinem Auftraggeber, also der »hinter ihm stehenden« Geschäftbank selbst kommen, oder aber von den Kunden der Bank. Das wiederum können Privatanleger sein oder institutionelle Kunden, wie kleinere Geschäftsbanken, Versicherungs- oder Fondsgesellschaften.

Darüber hinaus beschäftigen die Börsen sowie bestimmte der dort zugelassenen Wertpapierhandelshäuser spezielle Handelsmittler, so genannte *Makler* (*Floor-Broker*). Diese treten zwischen die Händler der verschiedenen Banken und versuchen, in kurzer Zeit möglichst viele Geschäfte für diese zu vermitteln. Jeder Makler ist dabei für die Betreuung eines bestimmten Wertpapiers zuständig, was bedeutet, dass die Bankhändler alle Kauf- und Verkaufsaufträge für das betreffende Wertpapier ausschließlich bei ihm einreichen.

An der New York Stock Exchange werden Makler auch als *Specialists* bezeichnet, was nachvollziehbar ist, da sich jeder auf die Orders für ein bestimmtes Wertpapier konzentriert und damit in gewisser Weise Spezialist für diesen Titel ist.

Im Laufe eines Handelstages können das im Extremfall mehrere hundert Kauf- und Verkaufsorders sein. Die Aufgabe des Maklers besteht darin, nach Eingang aller Aufträge einen marktgerechten Preis für das Papier zu ermitteln.

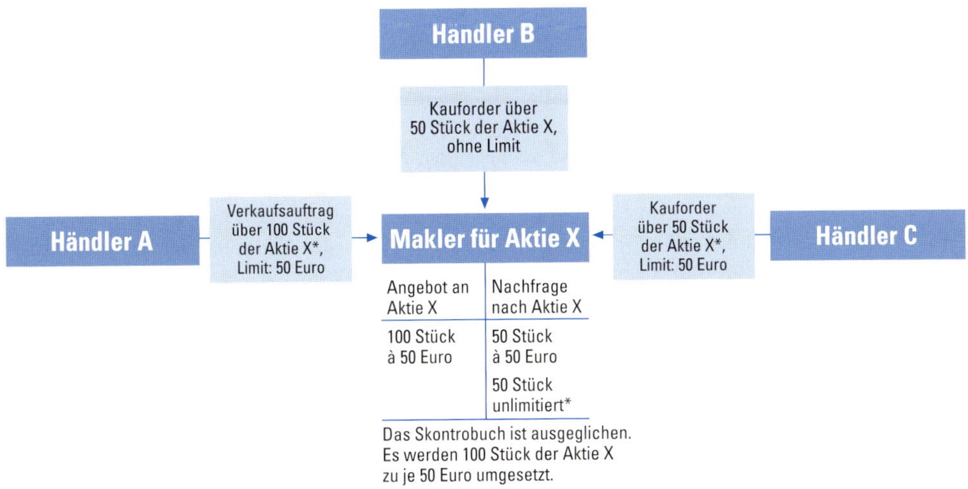

* zum Limit bei Wertpapierorders siehe Abschnitt Limitierung und Ausgestaltung von Wertpapierorders

Ziel dabei ist es, möglichst viele der vorliegenden Orders abzuwickeln, oder besser: den maximalen Umsatz zu erzielen. Um sich zunächst einen Überblick über die jeweilige Marktlage zu verschaffen, erfasst der Makler alle eingehenden Kauf- und Verkaufsaufträge in einem speziellen Verzeichnis, dem *Skontrobuch*. Zu bestimmten Zeitpunkten im Handelsverlauf – bei regem Handel alle paar Sekunden – zieht er dann einen Strich unter die vorliegenden Orders, um jenen Kurs zu ermitteln, der gerade zum höchsten Umsatz führt. Dazu ein Beispiel.

Skontrobuch

Beispiel

Um den Kurs für ein bestimmtes Wertpapier festzustellen, sammelt der Kursmakler alle eingehenden Aufträge zu dem betreffenden Titel in seinem Skontrobuch. Regelmäßig im Börsenverlauf wird das Skontrobuch vorübergehend geschlossen und aus den vorliegenden Werten ein aktueller Aktienkurs berechnet. Hierbei findet das

Meistausführungsprinzip Anwendung. Der Makler bestimmt jenen Kurs, zu dem die größten Umsätze möglich sind.

Das Skontrobuch eines Maklers stellt sich zum Handelsschluss folgendermaßen dar:

Skontrobuch – Beispiel

Nachfrage (Käufer)	Summe	Angebot (Verkäufer)	Summe
54 Stück billigst (unlimitiert)	54	72 Stück bestens (unlimitiert)	72
9 Stück zu 156 Euro	63	24 Stück zu 152 Euro	96
45 Stück zu 155 Euro	108	99 Stück zu 153 Euro	195
27 Stück zu 154 Euro	135	21 Stück zu 154 Euro	216
45 Stück zu 153 Euro	180	18 Stück zu 155 Euro	234
30 Stück zu 152 Euro	210	3 Stück zu 157 Euro	237
18 Stück zu 150 Euro	228		

Die angebotenen bzw. nachgefragten Aktien werden zu jedem Preis aufsummiert und die jeweilige Gesamtsumme in der Spalte »Summe« wiedergegeben. Bei einem Kurs von 155 Euro stehen beispielsweise 108 nachgefragten Aktien 234 angebotene gegenüber. Zu diesem Preis könnten also nur 108 Aktien mit einem Volumen von 16.740 Euro umgesetzt werden.

Aufgrund der bisher vorliegenden Aufträge kann der Kursmakler den Kurs nur schätzen. Der größte Umsatz scheint im Bereich eines Kurses von 153 Euro möglich zu sein, da dort insgesamt 180 Aktien nachgefragt und 195 angeboten werden. Der tatsächlichen Marktlage entspräche ein Kurs von 153 Euro aber nicht, da sich Angebot und Nachfrage zu diesem Preis nicht ausgleichen lassen.

Der Kursmakler versucht deshalb, für die bei einem Kurs von 153 Euro überhängende Angebotsmenge von 15 Stück einen Käufer zu finden oder – unter Beachtung des Meistausführungsprinzips – für die bei 152 Euro überhängende Nachfragemenge von 114 Stück einen Verkäufer (210 Stück × 152 Euro > 195 Stück × 153 Euro). Er gibt den Börsenteilnehmern einen vorerst nur geschätzten Kurs von »2 zu 3« (152 Euro zu 153 Euro) bekannt.

Das Ausrufen des geschätzten Kurses hat in der Regel zur Folge, dass die Händler weitere Aufträge abgeben, was mitunter zu einem Gleichgewicht zwischen Angebots- und Nachfragemenge führt. Lässt sich beispielsweise noch ein Käufer von 15 Aktien zu 153 Euro finden, legt der Kursmakler 153 Euro als Kurs fest und sorgt damit für einen Ausgleich. Der Kurs kann in diesem Fall mit dem Zusatz »bezahlt« oder auch ohne jeglichen Zusatz veröffentlicht werden.

»bezahlt«

Der vom Makler festgestellte Kurs wird dann umgehend als aktueller Kurs für das betreffende Wertpapier im Börsensaal veröffentlicht und zum Beispiel auf den dort vorhandenen Terminals angezeigt oder aber – wenn es sich um eine bedeutende Aktiengesellschaft handelt – an den großen Preistafeln.

Broker Als »Broker« bezeichnet man eine Person oder eine Firma, die als Mittler zwischen Käufer und Verkäufer tritt und dafür eine Vermittlungsprovision (*Brokerage*) verlangt. Ein Broker wickelt jedoch keine Geschäfte auf eigene Rechnung ab, agiert also nie selbst als Käufer bzw. Verkäufer. US-amerikanische Anleger wenden sich üblicherweise an einen Broker, nicht jedoch an eine Geschäftsbank, wenn sie Wertpapiere kaufen wollen.

Dealer	Im Gegensatz zu einem Broker handelt ein »Dealer« (zu deutsch: Händler) Wertpapiere auf eigene Rechnung. Er beteiligt sich also aktiv am Börsengeschehen. Der Begriff »Dealer« bzw. »Händler« wird sowohl für Geschäftsbanken verwendet, die einen Eigenhandel mit Finanzinstrumenten betreiben, beispielsweise Wertpapiere für eigene Depots erwerben, als auch für deren Handelsbevollmächtigte an der Börse (»Er ist Händler der Deutschen Bank«).
Broker-Dealer	Wie die Bezeichnung bereits andeutet, übernimmt ein »Broker-Dealer« sowohl Broker- als auch Dealer-Aufgaben. Einerseits schließt er – geradeso wie ein Dealer – Geschäfte für eigene Rechnung ab. Andererseits führt er aber – analog zu einem Broker – ebenfalls Kundenaufträge gegen Provision aus.
Inter-Dealer-Broker	Als Mittler zwischen Dealern treten so genannte »Inter-Dealer-Broker« auf. Genau wie Broker führen sie Anbieter und Nachfrager zusammen und stellen dafür Provisionen in Rechnung. Der entscheidende Unterschied zu einem herkömmlichen Broker liegt jedoch darin, dass sie ausschließlich im Auftrag institutioneller Marktteilnehmer agieren und keinesfalls für Privatanleger tätig werden.

Treten sich Händler und Makler, wie oben beschrieben, an einer Börse oder genauer gesagt in einem Börsensaal direkt gegenüber, spricht man treffend auch von einer *Präsenzbörse* (Anwesenheitsbörse) bzw. vom *Parketthandel* – Parkett deshalb, weil der Wertpapierhandel in einem mit Parkettboden ausgelegtem Börsensaal stattfindet. Präsenzbörsen waren jahrelang die vorherrschende Form des Wertpapierhandels. Mittlerweile hat sich das Bild jedoch gewandelt. Zumindest ist es bei großen Aktiengesellschaften und volumenstarken Anleiheemissionen heutzutage problemlos möglich, ohne Makler und Händler vor Ort in der Börse auszukommen und die Orders automatisch durch ein elektronisches Handelssystem zusammenführen zu lassen. In einem der nächsten Abschnitte werden wir die Funktionsweise von XETRA, dem Computer-Handelssystem der Deutschen Börse, im Detail erläutern. Die US-Technologiebörse NASDAQ war übrigens die erste Börse der Welt, in der Aktien ausschließlich per Computer gehandelt wurden. Der Startzeitpunkt dieses elektronischen Händler-Netzwerkes liegt bereits über 30 Jahre zurück. Auch darauf gehen wir später noch intensiver ein.

Eigene Markinterventionen, das heißt der Kauf oder Verkauf von Papieren auf eigene Rechnung, sollen die Makler möglichst unterlassen. Derlei »Selbsteintritte«, so der Fachausdruck, sind einem Makler nur in Ausnahmesituationen gestattet.

Heutzutage trifft man oftmals auf Mischformen zwischen Computer- und Parketthandel bzw. zwischen Computer- und Präsenzbörse. Die Orders laufen dabei immer noch zentral bei einem Makler zusammen. Die Übermittlung erfolgt aber größtenteils per Computersystem und ein laufend geringer werdender Teil der Aufträge wird noch persönlich durch Händler an den Makler herangetragen. An der größten Börse der Welt, der New York Stock Exchange, findet man zum Beispiel ein solches Mischsystem vor.

Börsen- versus OTC-Handel

Wertpapierkäufe und -verkäufe müssen nicht unbedingt an einer Börse stattfinden. Ganz im Gegenteil: Ein Großteil aller Transaktionen läuft in der Realität sogar an den Börsen vorbei und wird zwischen Marktteilnehmern direkt, zum Beispiel per Telefon, ausgehandelt. Der außerbörsliche Handel –

und zwar nicht nur für Wertpapiere, sondern ebenso für alle anderen Finanzmarktobjekte – wird auch mit dem Sammelbegriff OTC (kurz für »Over The Counter« oder zu deutsch etwa »über den Tresen«) umschrieben. Der OTC-Handel bietet Marktteilnehmern zwei wesentliche Vorteile: Zum einen können sie Kosten sparen, da bei der Abwicklung von Orders über die Börse in jedem Fall Vermittlungsgebühren (Maklercourtage) anfallen, der Direktabschluss hingegen nahezu kostenlos ist. Üblich ist es vor allen Dingen, extrem große Aktien- oder Anleiheorders, so genannte *Block-Trades*, direkt miteinander auszuhandeln und die Börsen dabei zu umgehen (siehe Kasten).

Blockhandel

Blockhandel – OTC schlägt Börse

Der Handel mit großen Wertpapierblöcken findet in der Praxis seit Jahren üblicherweise außerbörslich (OTC) statt. Das heißt, Banken, Fondsgesellschaften und andere institutionelle Anleger vereinbaren entsprechende Geschäfte sehr häufig über das Telefon direkt miteinander, wodurch sie die an der Börse fälligen Gebühren komplett umgehen können. Um zumindest einen Teil des volumenstarken OTC-Handels an die Börse zu ziehen, richtete die Deutsche Börse ein spezielles Segment für besonders große Wertpapierorders ein, das *XETRA-XXL*. Hierbei handelt es sich um ein Computer-Handelssystem – aus technischer Sicht identisch mit dem »normalen« XETRA –, über das Stückzahlen von mehreren hunderttausend oder gar mehreren Millionen Aktien ohne die Einschaltung eines Maklers und ohne großen verwaltungstechnischen Aufwand ge- und verkauft werden können. Im Vergleich zu einem Handelsgeschäft unter Einschaltung eines Maklers hat die Nutzung von XETRA-XXL Kosteneinsparungen zur Folge. Außerdem bringt XETRA-XXL gegenüber einem OTC-Geschäft den Vorteil mit sich, dass große Wertpapierorders vollkommen anonym abgewickelt werden können. Dieser Vorteil wird allerdings teuer erkauft. Schließlich ist ein OTC-Geschäft für die beteiligten Institute vollkommen gebührenfrei. Vergleicht man XETRA-XXL darüber hinaus mit dem »normalen« XETRA-System, das ebenfalls die Vorzüge Courtage-Freiheit und Anonymität bietet, tritt eine weitere Schwäche zu Tage: Bei XETRA-XXL verlangt die Börse – zusätzlich zu den »normalen« XETRA-Gebühren – einen Betrag in Höhe von zwei Basispunkten (= 0,02 Prozent) des jeweils abgewickelten Handelsvolumens (maximal werden bei Orders über das System 1.000 Euro zusätzlich zu den XETRA-Gebühren fällig). Damit ist das neue System letzten Endes doch eine relativ teure Alternative und dürfte unter den gegebenen Bedingungen nichts an der Situation ändern. Der Blockhandel findet weiterhin überwiegend OTC statt. Dies erkennt man an den sehr geringen Umsätzen, die über XETRA-XXL abgewickelt werden.

Zum anderen bieten die Börsen rund um den Globus nur standardisierte Produkte an, was bedeutet, dass individuelle Modifikationen, die von Marktteilnehmern sehr oft gewünscht sind, nicht vorgenommen werden können. Letztgenannter Aspekt spielt bei Aktien zwar keine und bei Anleihen normalerweise eine nur untergeordnete Rolle. Im Falle von Derivaten, zum Beispiel Zinstermingeschäften, hingegen ist der außerbörsliche Handel mit individuell ausgehandelten Kontrakten von sehr großer Bedeutung.

Der Handel außerhalb der Börsen wurde lange Zeit hauptsächlich über das Telefon abgewickelt. In den letzten Jahren haben aber auch so genannte ECNs (*Electronic Communications Networks*) stark an Bedeutung gewonnen. ECNs machen einen vergleichsweise kostengünstigen Handel mit Wertpapieren über das Internet möglich, wobei die herkömmlichen Börsen im Regelfall komplett umgangen werden können. Offene Orderbücher sorgen dabei für ein Höchstmaß an Transparenz. Ein ECN wird durch ein oder mehrere Unternehmen errichtet und betrieben. Je nachdem, wie leistungsstark das ECN ist, ist gegebenenfalls eine sehr große Gruppe internationaler Banken und Brokerhäuser bereit, sich an das börsenunabhängige Netzwerk ankoppeln zu lassen, um anschließend einen Großteil der Kundenorders darüber abzuwickeln. Die Leistungsstärke eines ECN kommt zum einen durch technische Merkmale zum Ausdruck wie eine hohe Übertragungsgeschwindigkeit oder Stabilität in Spitzenzeiten, und zum anderen durch handelsrelevante Kriterien, insbesondere aber eine hohe Liquidität. Der Betreiber eines ECNs ist daher auch bestrebt, möglichst viele Market-Maker für sein Handelssystem zu gewinnen. Das derzeit wohl bekannteste ECN ist *Archipelago*, an dem neben der E*Trade Group und Goldman Sachs auch Reuters beteiligt ist.

ECN

Wertpapierhandelsformen

Makler haben die Funktion, Wertpapieran- und -verkäufer zusammenzuführen (oder zu »matchen«, wie es im Englischen heißt) und in kurzer Zeit möglichst viele Wertpapiertransaktionen abzuwickeln. Sie selbst sorgen aber nicht für einen Ausgleich, wenn Angebot und Nachfrage nicht übereinstimmen. Das bedeutet: Sie selbst treten normalerweise nicht als Käufer oder Verkäufer von Wertpapieren auf. Darüber hinaus ermitteln sie die Kurse für die betreuten Wertpapiere ausschließlich auf Grundlage der »von außen« eingereichten Orders. Sie selbst machen sich keinerlei Gedanken darüber, ob die Preise, die geboten und nachgefragt werden, zu hoch, zu tief oder in irgend einer Weise fair oder unfair sein könnten. Kurzum: Die Kurse, die ein Makler feststellt, kommen einzig und allein durch Angebot und Nachfrage der Marktteilnehmer zustande. Man spricht in diesem Falle auch von einem *Order-Driven-Market* oder zu deutsch »auftragsgetriebenen« Markt.

Matching

Order-Driven-Market

Genau das Gegenstück zu einem auftragsgetriebenen Markt ist ein *Quote-Driven-Market*, zu deutsch etwa: »preisgetriebener« Markt. Hier engagieren sich Geschäftsbanken oder Broker-Dealer als Market-Maker: Während der offiziellen Handelszeiten stellen sie permanent Preise (Quotes), zu denen sie Wertpapiere an- und verkaufen. Ein Market-Maker ist also Anbieter und Nachfrager zugleich. Die Preise, die er vorgibt, müssen sich normalerweise auf eine Mindestauftragsgröße (z. B. 500 Aktien) beziehen, die von der Börse (oder vom ECN-Betreiber) vorgegeben wird und die Bezeichnung *Minimum-Quotation-Size* oder kurz MQS trägt.

Quote-Driven-Market

Minimum-Quotation-Size

Preise, zu denen ein Market-Maker Wertpapiere kauft, heißen Geldkurse, oftmals nur kurz »Geld« genannt, Verkaufspreise hingegen Briefkurse oder einfach »Brief«. Geld und Brief, im englischen »Bid and Ask« oder »Bid and Offer«, bezeichnet man zusammen genommen als *Quotierung* (englisch:

Quotierung

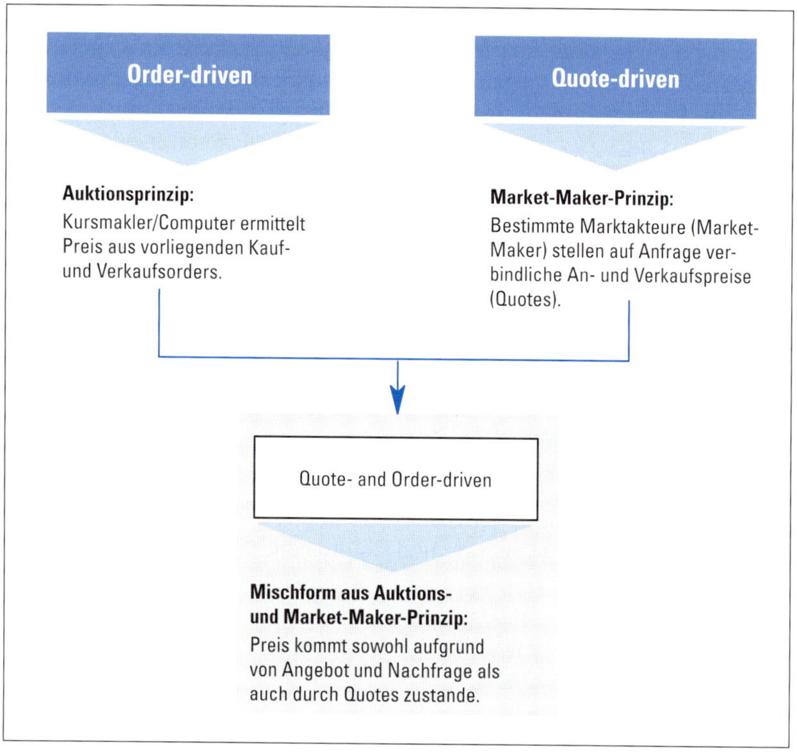

Prinzipien der Preisbildung

Spread

»Quotation«). Der Abstand zwischen An- und Verkaufspreis ist die *Spanne.* Häufig benutzen deutsche Händler auch hier den angelsächsischen Begriff *Spread.* Je aktiver der Handel in einem Wertpapier – man spricht dann von einem liquiden Markt (»Tight Market«, »Narrow Market«) –, desto kleiner ist im Normalfalle die Spanne. In einem flauen Markt (englisch: »Slack Market«) ist der Spread freilich umso größer. Anstelle von »klein« und »groß« findet man normalerweise die Adjektive »eng« bzw. »breit«.

Hybride Handelssysteme

In aller Regel sind es Computerbörsen, die als Quote-Driven-Market organisiert sind. Beispielsweise war die US-Börse Nasdaq lange Zeit ein rein preisgetriebener Markt. Heute ist sie jedoch, genau wie die Wall Street, sowohl Quote- als auch Order-driven. Denn in die Kurse fließen die Preisvorstellungen der Kunden genauso ein wie die Quotes beteiligter Market-Maker. Man spricht deshalb auch von *hybriden Handelssystemen.*

Der Neue Markt soll hier als Beispiel für solch ein hybrides System, exakter: einen Quote-and-Order-Driven-Market, dienen: Zunächst wird für jeden gehandelten Titel – genau wie beim reinen Order-Driven-Market – ein Skontrobuch geführt, in das Kauf- und Verkaufsaufträge eingehen. Es gibt einen preisfeststellenden Makler, der auch hier grundsätzlich das Ziel verfolgt, möglichst alle Orders vollständig abzuwickeln. Freilich besteht immer die Gefahr, dass Angebot und Nachfrage nicht ausgewogen sind und vorliegende Aufträge deshalb nicht ausgeführt werden können. Jetzt aber kommen die Market-Maker ins Spiel, die im Neuen Markt die spezielle Bezeichnung »Betreuer« bzw. »Designated Sponsor« tragen: Auf Anfrage des Maklers stellen sie verbindliche Geld- und Briefkurse, zu denen sie mindestens 500 Aktien kaufen bzw. verkaufen würden und versorgen den eigentlich auftragsgetriebenen Neuen Markt auf diese Weise mit zusätzlicher Liquidität. Wer eine Market-Order eingibt, kann daher im Allgemeinen sicher sein, dass der Auftrag auch ausgeführt wird.

Liquidität

Orderarten nach der Menge: Round-Lots und Odd-Lots

An einigen Börsen bzw. in einigen Börsensegmenten werden Aufträge nur dann akzeptiert, wenn sie auf eine runde Anzahl an Wertpapieren lauten, z. B. 100, 1.000 oder 10.000 Stück. Entsprechende Orders heißen deshalb auch »Round-Lots«.

Das Wall-Street Journal Europe berichtet täglich über Odd-lot-Transaktionen an der New Yorker Börse. Am 16. 6. 98 wurden insgesamt über 3 Mio. Aktien per Odd-lot-order erworben.

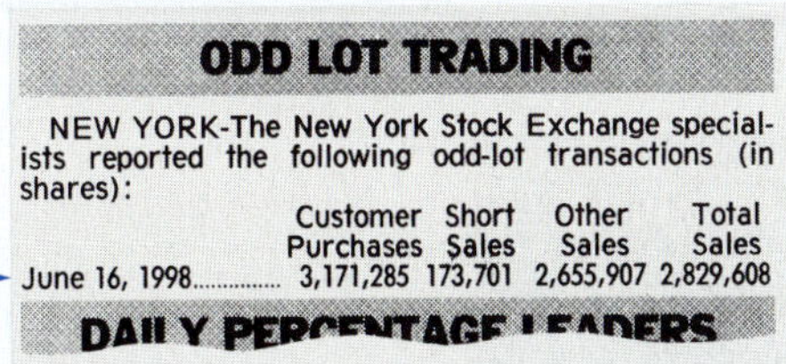

ODD LOT TRADING

NEW YORK-The New York Stock Exchange specialists reported the following odd-lot transactions (in shares):

	Customer Purchases	Short Sales	Other Sales	Total Sales
June 16, 1998	3,171,285	173,701	2,655,907	2,829,608

DAILY PERCENTAGE LEADERS

Die Größe eines Round-Lot stellt gleichzeitig das Mindestordervolumen für die jeweilige Börse bzw. das jeweilige Börsensegment dar. Wer mehr Titel kaufen oder verkaufen möchte, kann sich immer nur mit ganzzahligen Vielfachen des Round-Lot (= *Multiple-Round-Lot*) an die Makler wenden. Das Gegenteil von einem Round-Lot, also ein Auftrag über eine ungerade Zahl an Wertpapieren, heißt Odd-Lot. Die Gebühren für den Handel mit Odd-Lots sind im Regelfall höher als beim Kauf und Verkauf von Round-Lots.

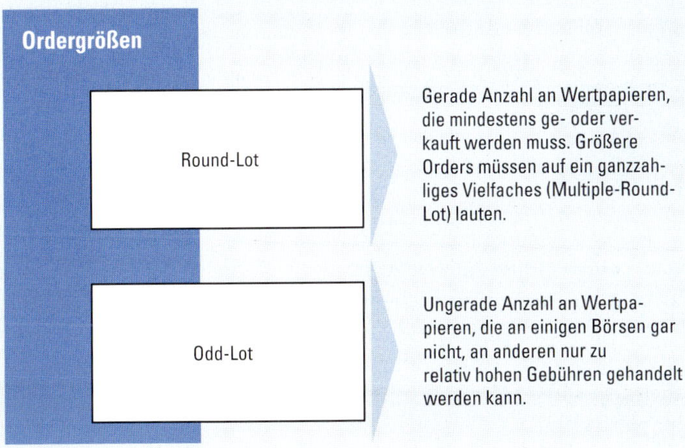

Limitierung und Ausgestaltung von Wertpapierorders

Limit

Limit-Order

Möchten Anleger ganz sicher gehen, dass der Makler einen bestimmten Preis bei der Abwicklung eines Kaufauftrags (Verkaufsauftrags) keinesfalls überschreitet (unterschreitet), müssen sie zusätzlich eine Kurshöchstgrenze (Kursuntergrenze), ein *Limit*, angeben. Der Kauf (Verkauf) wird dann in keinem Fall zu einem Preis über (unter) dieser Schwelle abgewickelt, was den entscheidenden Vorteil bietet, dass man gegen unerwartete Kursausschläge im Börsenverlauf gefeit ist. Ein Auftrag, der mit Limit erteilt wird, heißt im Allgemeinen *Limit-Order*, was sowohl für Kauf-, als auch für Verkaufsaufträge gilt.

Market-Order

Mit einer Limit-Order laufen Wertpapierkäufer freilich Gefahr, die gewünschten Titel erst gar nicht zu bekommen (verkaufen zu können), da der Makler eventuell keinen Akteur finden kann, der die angegebene Preisgrenze akzeptiert. Wer das vermeiden möchte, hat deshalb auch die Möglichkeit, einen unlimitierten Auftrag, eine so genannte *Market-Order*, an den Makler zu geben. Eine Market-Kauforder heißt auch *Billigst-Order* oder einfach *billigst*, ein unlimitierter Verkaufsauftrag *Bestens-Order* oder kurz *bestens*.

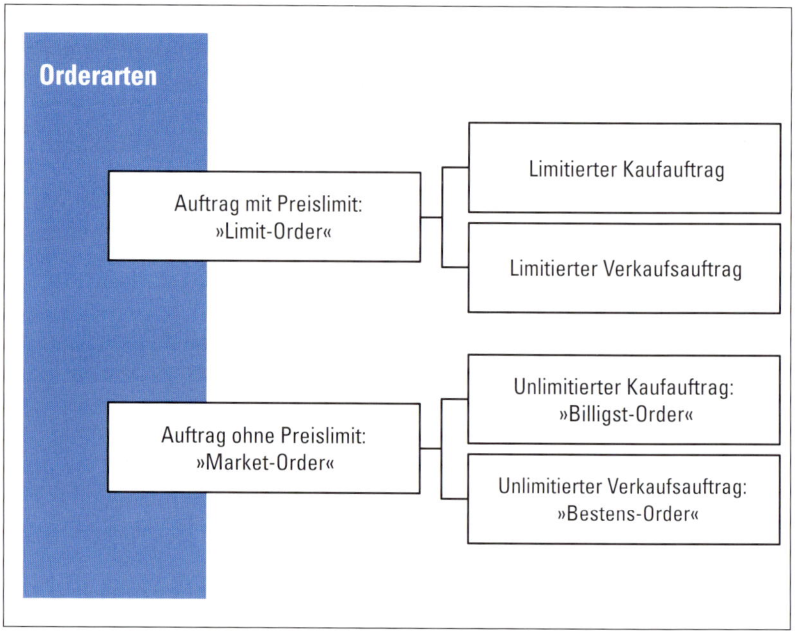

Kommen wir zu zwei besonderen Auftragsarten, die in der Praxis eine sehr hohe Bedeutung genießen, und ebenfalls eine Preislimitierung beinhalten: Die *Stop-Loss-* und die *Stop-Buy-Order*. Während erstgenannte das Ziel hat, einen bestehenden Wertpapierbestand vor stark fallenden Kursen zu schützen, ist die Stop-Buy-Order nur eine besondere Form der Limit-Erteilung bei Wertpapierkäufen.

Stop-Loss-Order

Zunächst zum ersten Fall, der Stop-Loss-Order. Dabei teilt ein Wertpapierbesitzer, beispielsweise der Halter von 100 VW-Aktien, seiner Bank mit, dass sie den Wertpapierbestand (hier: 100 Aktien) komplett auflösen, also

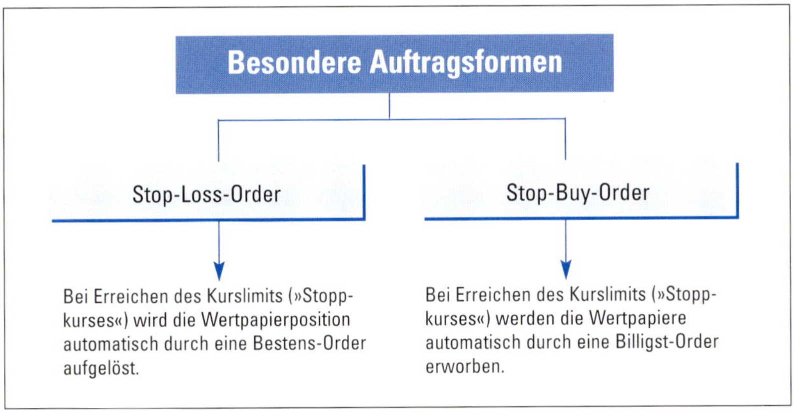

verkaufen soll, sobald ein bestimmtes Kursniveau, der so genannte Stoppkurs, unterschritten wird. Der Verkauf erfolgt bei Unterschreiten der Schwelle vollkommen automatisch und in Form einer Bestens-Order, damit der vollständige Verkauf nicht durch Kurslimite gefährdet wird. Der Wertpapierbesitzer kann sich mit Hilfe von Stop-Loss-Orders vor starken Kursverlusten schützen (Verluste stoppen) oder auch zuvor erlangte Kursgewinne absichern.

Stop-Buy-Order

Eine *Stop-Buy-Order* ist deutlich anders geartet. Zwar setzt man auch hier einen Stopp-Kurs, allerdings wird bei Überschreiten der Schwelle eine automatische (Billigst-)Kauforder ausgeführt. Zur Verdeutlichung: Ein Anleger ist von einer bestimmten Aktie überzeugt, was ihre langfristigen Perspektiven angeht. Er ist sich allerdings nicht ganz sicher, wie sie in den nächsten Wochen auf Marktveränderungen und Unternehmensnachrichten reagieren wird. Daher möchte er den Kauf noch ein wenig hinauszögern und abwarten, ob sich der Aktienkurs in den nächsten Tagen und Wochen mit einer gewissen Nachhaltigkeit nach oben bewegt. Um dieses Problem zu lösen, reicht er bereits heute einen Kaufauftrag bei seiner Bank ein und versieht diesen mit einem Stop-Buy-Kurs. Bei Überschreiten des Kurses, der auch in diesem Fall Stoppkurs genannt wird, möchte er dann nicht mehr länger warten und die Kauforder umgehend ausführen lassen. Die Aufwärtsbewegung ist dann aus seiner Sicht zu einem stabilen Aufwärtstrend geworden und die Zeit für den Erwerb der Aktie gekommen. Sinnvoll können Stop-Buy-Orders – um ein anderes Beispiel zu nennen – auch für die Stillhalter von Kaufoptionen sein, die mit Hilfe einer entsprechenden Order die Risiken starker Preissteigerungen auf ein gewisses Maß begrenzen können.

Ausführungsbeschränkungen

Anleger haben nicht nur die Möglichkeit, ihre Börsenorders preislich, sondern auch zeitlich zu limitieren. Man spricht in diesem Zusammenhang auch von *Ausführungsbeschränkungen*. So kann beispielshalber verlangt werden, einen Börsenauftrag zu den gewünschten Konditionen so weit wie möglich abzuwickeln, den nicht ausgeführten Teil der Order allerdings nicht weiter aufrechtzuerhalten, sondern umgehend wieder zu löschen. Diese Form der Limitierung heißt »Immediate-or-cancel« (IOC). Eine andere Form von Ausführungsbeschränkung ist der so genannte »Fill-or-Kill« (FOK).

FOK

Eisberg-Orders

Institutionelle Marktteilnehmer wie Banken oder Fondsgesellschaften stehen regelmäßig vor der Situation, große Wertpapierpositionen kaufen oder verkaufen zu müssen. Sie können dann einerseits auf Block-Trades zurückgreifen und die entsprechenden Positionen auf einen Schlag erwerben bzw. im Markt unterbringen. Hierbei besteht allerdings die Gefahr, dass es aufgrund des sehr hohen, insgesamt abzuwickelnden Volumens zu nachteilhaften Kursveränderungen kommt. Einen Ausweg bieten Eisberg-Orders: Dabei teilt man die insgesamt zu erwerbende bzw. zu veräußernde Menge in mehrere kleinere Orders auf und gibt diese nach und nach in den Markt. Sobald eine Order ausgeführt wurde, folgt die nächste Order bis schließlich der ganze Auftrag abgewickelt ist. Man zeigt auf diese Weise bei umfangreichen Käufen oder Verkäufen immer nur die »Spitze des Eisbergs«, legt also zu keinem Zeitpunkt seine Karten wirklich offen, um die Preise nicht zu stark in die eine oder andere Richtung zu bewegen – daher auch die Bezeichnung Eisberg-Order.

Hier verlangt der Käufer (Verkäufer), dass die Order entweder vollständig ausgeführt oder – falls eine Gesamtausführung nicht möglich ist – sofort restlos wieder gelöscht wird. Daneben können Börsenorders so lange Gültigkeit besitzen, bis der Auftrag ausgeführt oder vom Anleger widerrufen wird, was auch als »Good-till-cancelled« (GTC) bezeichnet wird. Schließlich besteht noch die Möglichkeit, eine Order höchstens bis zu einem vom Käufer (Verkäufer) angegebenen Datum aufrecht zu erhalten, vorausgesetzt, der Auftrag wurde vorher nicht ausgeführt oder vom Teilnehmer widerrufen. In diesem Fall ist von »Good-till-date« – kurz GTD – die Rede.

GTC

GTD

Börsensegmente

Die Wertpapierbörse in Frankfurt ist in verschiedene Bereiche, so genannte Börsensegmente, unterteilt. Bei diesen Segmenten handelt es sich nicht etwa um Räume innerhalb des Börsengebäudes, sondern um fünf Gruppen, zu denen die an der Börse gelisteten Aktiengesellschaften zusammengefasst werden. Folgende Börsensegmente existieren derzeit: Amtlicher Handel, Geregelter Markt, Freiverkehr, Neuer Markt und SMAX. Sie unterscheiden sich in erster Linie durch die Strenge der Regeln, die Aktiengesellschaften bei einer Aufnahme in eine bestimmte Gruppe erfüllen müssen. Beispielsweise gelten im Amtlichen Handel und Geregelten Markt Größenvorschriften für Aktiengesellschaften. Außerdem müssen alle Unternehmen ein strenges Zulassungsverfahren durchlaufen. Letzteres gilt auch, wenn Aktiengesellschaften eine Aufnahme in den Neuen Markt oder in das SMAX-Segment beantragen. Da Neuer Markt und SMAX jedoch für Firmen mit vergleichsweise geringer Kapitalausstattung geschaffen wurden, entfallen hier Größenvorschriften – hinzu kommen aber besondere Anforderungen an die Unternehmen, was die regelmäßige Veröffentlichung von Geschäftszahlen angeht. Einen detaillierten Einblick in die Zulassungsvorschriften der Frankfurter Wertpapierbörse findet man im Internet auf der Seite der Deutschen

Vorschriften

Börse AG (www.deutsche-boerse.com). Die entsprechenden Texte sind allerdings nicht ganz so einfach zu finden. Von der Homepage aus muss der Nutzer den Button »Märkte + Listing« in der Übersichtsleiste auswählen, danach den Unterpunkt »Märkte«, um schließlich über einen Klick auf »Überblick« zu einer Übersicht über die einzelnen Börsensegmente zu gelangen. Die Detailinformationen zu den einzelnen Segmenten verbergen sich dann hinter den entsprechenden Namen.

Zulassungskriterien am Beispiel des Freiverkehrs (abgerufen im Internet).

Märkte

Freiverkehr

Im Freiverkehr werden neben einigen deutschen Aktien überwiegend ausländische Aktien und Optionsscheine gehandelt. Mit fast 26.000 gelisteten Wertpapieren ist dieses Marktsegment das größte an der FWB Frankfurter Wertpapierbörse. Grundlage für die Zulassung von Wertpapieren zum Freiverkehr bilden die Freiverkehrsrichtlinien der Deutsche Börse AG. Für die Unternehmen gelten nur wenige formale Zulassungsvoraussetzungen und keine Folgepflichten.

ZULASSUNGSKRITERIEN

Freiverkehr

Mindestalter des Unternehmens	---
Emissionsvolumen	---
Mindeststückzahl der Aktien	---
Aktiengattungen	Stammaktien, Vorzugsaktien
Streuung der Aktien	---
Zulassungsdokument	Grundsätzlich ein vom Bundesaufsichtsamt für den Wertpapierhandel genehmigter Verkaufsprospekt mit Angaben über die tatsächlichen und rechtlichen Verhältnisse, die für die Beurteilung der Wertpapiere notwendig sind.
Publikationssprache	Deutsch / für ausländische Unternehmen Deutsch oder Englisch
Haltepflicht für Altaktionäre	---
Entscheidendes Gremium	Vorstand Deutsche Börse AG
Rechtliche Basis	Richtlinien für den Freiverkehr §78 Börsengesetz
Sonstiges	Handelsüberwachung (HüSt)
Übernahmekodex	Akzeptanz empfohlen
Organisierter Markt i.S.v. § 2 Abs. 5 WpHG	Nein

Die im *Amtlichen Handel* notierten Aktien stammen häufig von namhaften und alteingesessenen Unternehmen – zumeist Konzerne mit Milliardenumsätzen. Ihre Bonität ist erstklassig und ein Konkurs nahezu ausgeschlossen. Gerne ziehen Aktienprofis eine Parallele zu den blaufarbenen und gleichzeitig wertvollsten Spielmarken (»Jetons«) beim amerikanischen Poker, den *Blue Chips*, und verwenden diesen Begriff für die substanz- und ertragsstärksten Aktien. Das Etikett »Blue Chip« tragen in Deutschland vor allem die im DAX vertretenen Papiere. Sie zeichnen sich durch besonders hohe Börsenumsätze aus, also durch eine hohe Liquidität, und können daher im Regelfall jederzeit in großen Mengen ge- und verkauft werden.

Blue Chips

Die Firmen im *Geregelten Markt* sind im Vergleich zu amtlich gehandelten Gesellschaften tendenziell mit weniger Kapital ausgestattet und ihre Aktien daher auch im Allgemeinen illiquider. Im *Freiverkehr* schließlich findet man Dividendentitel, die dem »breiten Börsenpublikum« zumeist unbekannt sind. Die Zugangsvoraussetzungen für die Unternehmen sind hier am schwächsten ausgeprägt. Der vergleichsweise unkomplizierte und schnell abzuwickelnde Zulassungsprozess hat dazu geführt, dass insbesondere ausländische Aktiengesellschaften das Segment Freiverkehr für ein Listing ihrer Aktien wählen.

Fortlaufende und einmalige Kursfeststellung

Für die meisten Aktien stellen Börsenmakler nur einmal am Tag einen Kurs fest. Bei amtlich gehandelten Wertpapieren wird dieser Kurs als »Kurs per Kasse«, Einheits- oder Kassakurs bezeichnet. Daneben gibt es aber auch zahlreiche Aktien, für die fortlaufend Kurse berechnet werden. Insbesondere gilt das für die größten Werte im Amtlichen Handel, also zum Beispiel alle Aktien, die im Deutschen Aktienindex (DAX) erfasst sind.

Small-Caps

Neuer Markt

Kommen wir schließlich noch zu den Spezialsegmenten für kleinere Unternehmen (*Small-Caps*), SMAX und Neuer Markt. SMAX, kurz für Small Cap Exchange, wurde geschaffen, um kleinkapitalisierte Aktiengesellschaften aus herkömmlichen Branchen mehr in das Rampenlicht der internationalen Anlegerschaft zu rücken. Eine Zusammenfassung besonders solider Gesellschaften zu einem eigenen Segment verschafft Übersicht und erhöht die Markttransparenz insbesondere für ausländische Anleger deutlich. Das allein kann zu einem regeren Handel diese Papiere führen. Die meisten Gesellschaften im SMAX-Segment waren schon seit langen Jahren an der Börse notiert (zum Beispiel im Geregelten Markt), bevor sie in das SMAX-Segment aufgenommen (»umgelistet«) wurden. Dadurch unterscheidet sich SMAX sehr deutlich vom *Neuen Markt*, der seit seiner Gründung im Jahre 1997 von zwei auf über 300 Unternehmen gewachsen ist, wobei sämtliche Gesellschaften Neuemissionen waren. »Der Neue Markt«, so heißt es in einer Publikation der Deutschen Börse, »ist ein Forum für den Börsengang von Unternehmen mit innovativen Produkten und Ideen. Ziel ist es, ein immer breiteres Spektrum von Aktien innovativer Unternehmen an die Börse zu holen, wo diese Firmen das nötige Eigenkapital für ihre Wachstumsfinanzierung erhalten. Kapitalgeber können an den Chancen der Expansion partizipieren, indem sie Risiko übernehmen.« Hinter der Umschreibung »innovative Unternehmen« stecken insbesondere Gesellschaften aus den Bereichen Softwareprogrammierung und -services, Internet, Telekommunikation, Netzwerk- oder Biotechnologie, die in aller Regel mit einem überdurchschnittlichen Wachstumspotenzial aufwarten können. Dadurch unterscheiden sie sich (so zumindest die Vorstellung der Deutschen Börse) von den Firmen im SMAX-Segment. Nachdem der Neue Markt aufgrund erheblicher Wertzuwächse zunächst den Eindruck erweckte, dass Anleger ihr Geld hier spielend leicht vervielfachen können, hat sein Ruf mittlerweile stark gelitten. Gegen mehrere Unternehmensvorstände musste die Staatsanwaltschaft wegen der Veröffentlichung verfälschter Geschäftszahlen und Ungereimtheiten beim Verkauf von Aktien des eigenen Unternehmens ermitteln. Darüber hinaus waren gleich mehrere Firmen gezwungen, Konkurs anzumelden. Durch die Einführung neuer, noch strengerer Regeln versucht die Deutsche Börse AG, die Negativentwicklung aufzuhalten und das Vertrauen in das noch sehr junge Marktsegment wiederherzustellen. Ein Ausgang der Entwicklung ist derzeit aber nicht absehbar.

Giroverkehr

Wertpapiere werden heute normalerweise nicht mehr in Form echter Urkunden an ihre Inhaber ausgegeben, sondern vielmehr zentral eingelagert und danach nicht mehr bewegt. Bei einem Besitzerwechsel kommt es dann nur noch zu Buchungen auf Depotkonten, was allgemein als Giroverkehr bezeichnet wird. Die Vorteile liegen auf der Hand: Die Marktakteure sparen Zeit und Arbeitsschritte und können die Transaktionskosten bei Börsengeschäften erheblich reduzieren. Nahezu ausgeschlossen sind auch Diebstahl und Verlust. Bei Neuemissionen hat man in den letzten Jahren sogar oftmals komplett auf den Druck mehrerer tausend einzelner Urkunden verzichtet und stattdessen nur noch einige wenige Urkunden, so genannte Globalurkunden, pro Emission angefertigt.

Handel am Computer

1997 ersetzte die Deutsche Börse das bereits sechs Jahre alte IBIS-System durch XETRA. XETRA steht für Exchange Electronic Trading und umschreibt – genau wie IBIS – ein elektronisches Handelssystem für Wertpapiere, das den angeschlossenen Teilnehmern (Banken, Makler usw.) in der Zeit von 9.00 bis 20.00 Uhr zur Verfügung steht.

Für XETRA gelten die gleichen Vorschriften und aufsichtsrechtlichen Bedingungen wie im Präsenzhandel. Im Grunde ist das System aber eine reine Computer-Börse, da sich die Marktakteure nicht mehr persönlich gegenübertreten und ihre Aufträge per Tastatur bzw. Mausklick erteilen. Kauf- und Verkaufsaufträge laufen in einem Zentralrechner zusammen, der auch die Ausführung vornimmt. Im Gegensatz zur Präsenzbörse ist XETRA dezentral organisiert und die Teilnehmer können völlig unabhängig von ihrem Standort Orders erteilen.

Computer-Börse

Im Unterschied zur Präsenzbörse können aufgrund der elektronischen Verarbeitung bis zum Ende einer Börsensitzung Aufträge ins System gestellt und ausgeführt werden. Damit haben Anleger zum Beispiel die Möglichkeit, noch am selben Tag auf die Eröffnung der Wall Street zu reagieren. Generell erlauben verlängerte Handelszeiten eine bessere Verarbeitung von Marktinformationen und deren Umsetzung in Form von Wertpapiertransaktionen.

Auf XETRA lassen sich sämtliche Aktien handeln, die auch an der Frankfurter Wertpapierbörse (FWB) notieren. Die Produktpalette umfasst zudem Optionsscheine.

Da in XETRA Angebot und Nachfrage automatisch zusammengeführt werden, entfällt die Funktion des Maklers – und damit die Courtage. Aufträge können schneller und normalerweise auch kostengünstiger aufgegeben und abgewickelt werden.

Kursunterschiede

XETRA ist im Vergleich zum Parketthandel ein eigener (vollelektronischer) Markt. Daher können Preisunterschiede zwischen den beiden Handelsplattformen bei einzelnen Wertpapieren durchaus vorkommen, ebenso wie auch Preisdifferenzen zwischen den einzelnen Präsenzbörsenplätzen möglich sind. Die Deutsche Börse sowie die Börsenaufsichtsbehörde beobachten die Preisbildung sehr intensiv, um eine sofortige, marktgerechte Orderausführung zu jedem Zeitpunkt in allen Marktsegmenten zu ermöglichen.

Handelsphasen

Der XETRA-Handel findet ganztägig statt und beginnt mit einer Vorhandelsphase, an die sich die Haupt- und dann die Nachhandelsphase anschließen. Danach besteht kein Zugang mehr zum System.

Der Vorhandel dient den Teilnehmern zur Vorbereitung der eigentlichen Handelsaktivitäten (Haupthandel). Sie können Orders eingeben, abändern und löschen. Ein Einblick ins Orderbuch ist während dieser Zeit noch nicht möglich, da es geschlossen ist. Im System erscheint – sofern verfügbar – für ein Wertpapier lediglich der letzte am Vorhandelstag zustande gekommene Preis.

Während der Hauptphase können dann Aktien gehandelt werden, entweder fortlaufend oder im Rahmen von Auktionen. Darauf gehen wir ausführlich im nächsten Abschnitt ein.

Im Anschluss an die Haupt- kommt die Nachhandelsphase. Diese Zeit kann – ähnlich wie im Vorhandel – für Ordereingaben, -änderungen oder -löschungen genutzt werden. Zudem können die Teilnehmer in dieser Phase abgeschlossene Geschäfte bearbeiten.

Fortlaufender Handel und Auktion

Bei XETRA unterscheidet man wie erwähnt zwei Handelsformen, den »Fortlaufenden Handel« und die »Auktion«. In beiden Fällen können Marktakteure sowohl »Limit-« als auch »Market-Orders« eingeben, die dann umgehend über die angeschlossenen Terminals verbreitet werden.

Orderbuch

Im Fortlaufenden Handel hat man vollen Einblick in das *Orderbuch*. Ein Gebot ist in jedem Falle verbindlich: Einmal erteilt, kann es im Nachhinein nicht mehr abgeändert werden. Das System überprüft bei jeder neu eingehenden Order von sich aus, ob diese ausführbar ist oder nicht, sodass die Einschaltung eines vermittelnden Kursmaklers vollkommen überflüssig ist. Zugelassen sind prinzipiell nur Round-Lots. Sobald eine Order bezüglich Menge und Preis mit einer anderen übereinstimmt, kommt es zu einem »automatischen Matching«, also einer sofortigen Zusammenführung durch das System. Das Geschäft ist damit perfekt und wird von der Börse umgehend bestätigt.

Beispiel

Beim Blick ins Orderbuch sehen wir alle vorliegenden Aufträge:

Abbildung 1

Nachfrage		Angebot	
Volumen	Preis	Preis	Volumen
1.500	20,30	20,25	1.000
300	20,20	20,70	700
5.000	20,00	20,75	3.000
800	19,90	21,00	6.000

Da 1.000 Aktien zum Stückpreis von (mindestens) 20,25 Euro angeboten, gleichzeitig 1.500 zum Kurs von (höchstens) 20,30 Euro nachgefragt werden, kann das XETRA-System eine Order über 1.000 Aktien zum Preis von 20,25 Euro ausführen. Auf der Nachfrageseite bleibt ein Rest von 500 Aktien, es sei denn, ein Designated Sponsor übernimmt sie. Davon gehen wir hier jedoch nicht aus. Nach der Orderausführung ergibt sich dieses Bild:

Abbildung 2			
Nachfrage		Angebot	
Volumen	Preis	Preis	Volumen
500	20,30	20,70	700
300	20,20	20,75	3.000
5.000	20,00	21,00	6.000
800	19,90		

Gehen nacheinander zwei gleichlautende Gebote ein, so kommt immer dasjenige zum Zuge, das zuerst übermittelt wurde. Eine Order, die nicht ausgeführt werden kann, wird vorerst als offene Position erfasst. Am Ende des Handelstages verfällt sie dann automatisch, es sei denn, sie ist mit einem GTC- oder GTD-Limit versehen.

Der rein auftragsgetriebene Fortlaufende Handel birgt die Gefahr, dass zeitweise überhaupt kein Umsatz zustande kommt, da Kauf- und Verkaufsgebote stark divergieren oder keinerlei Aufträge vorliegen. Besonders kritisch ist die Phase zu Handelsbeginn, in der sich die Marktteilnehmer mit verbindlichen Angeboten erfahrungsgemäß sehr zurückhalten. Daher unterbricht man ihn zwischendurch und hält Auktionen ab.

Auktion

Diese bestehen aus einer Aufruf- und einer Preisermittlungsphase. Während des Aufrufs können Marktteilnehmer Aufträge – nicht nur Round-, sondern auch Odd-Lots – in das Orderbuch einstellen und dürfen bereits eingestellte Aufträge wieder ändern oder gar löschen. Die Aufrufphase könnte man daher auch als »Phase unverbindlicher Gebote« bezeichnen, die die Akteure mit einer größeren Flexibilität versorgt. Sie hat eine festgelegte Mindestdauer und endet, um Preisbeeinflussungen zu vermeiden, schließlich zufallsbestimmt. Während der Aufrufphase ist das Orderbuch teilweise geschlossen. Bei einer Situation wie in Abbildung 2 dargestellt (siehe letztes Beispiel), hätten die Teilnehmer lediglich folgenden Einblick:

Nachfrage (Bid)		Angebot (Ask)	
Volumen	Preis	Preis	Volumen
	20,30	20,70	

Zu sehen sind also nur der beste Bid- und der beste Ask-Preis. Der Markt weiß jetzt, dass es Nachfrage zu 20,30 Euro und Angebot zu 20,70 Euro gibt. In bestimmten Fällen werden weitere Informationen gezeigt.

Meistausführungsprinzip

Es folgt die Preisermittlungsphase, in der aufgrund der noch verbliebenen Orders unverzüglich ein Kurs für das jeweilige Wertpapier bestimmt wird. Grundsätzlich kommt derjenige Preis dabei heraus, der zum höchsten Gesamtumsatz führt (*Meistausführungsprinzip*). Alle nicht oder nur teilweise ausgeführten Aufträge werden generell in den Fortlaufenden Handel übernommen.

Normalerweise findet eine Auktion am Anfang und Ende des XETRA-Handels statt, außerdem untertägig um etwa 13 und 17 Uhr. Mit der Schlussauktion wird Marktteilnehmern noch einmal die Chance eingeräumt, bisher nicht ausgeführte Aufträge abzuändern, damit auch diese Orders noch vor Handelsschluss zum Zuge kommen. Darüber hinaus wird die Auktion auch als Kursstabilisator eingesetzt: Ergibt sich im Fortlaufenden Handel ein Preis, der außerhalb eines von der Börse definierten Korridors liegt, kommt es sofort zu einer so genannten *Volatilitätsunterbrechung*. Der Fortlaufende Handel wird ausgesetzt und in eine Auktionsphase überführt. In der mehrminütigen Unterbrechung soll es zu einer Abkühlung des Handels kommen. Genau wie in der Eröffnungs- und Schlussauktion können neue Orders eingegeben oder bestehende zurückgenommen bzw. modifiziert werden. Der Auktionspreis wird schließlich aufgrund der vorliegenden Orderlage bestimmt und den Marktteilnehmern unverzüglich mitgeteilt, wie viel Geschäfte tatsächlich abgewickelt werden konnten.

Volatilitätsunterbrechung

XETRA-Handelsphasen

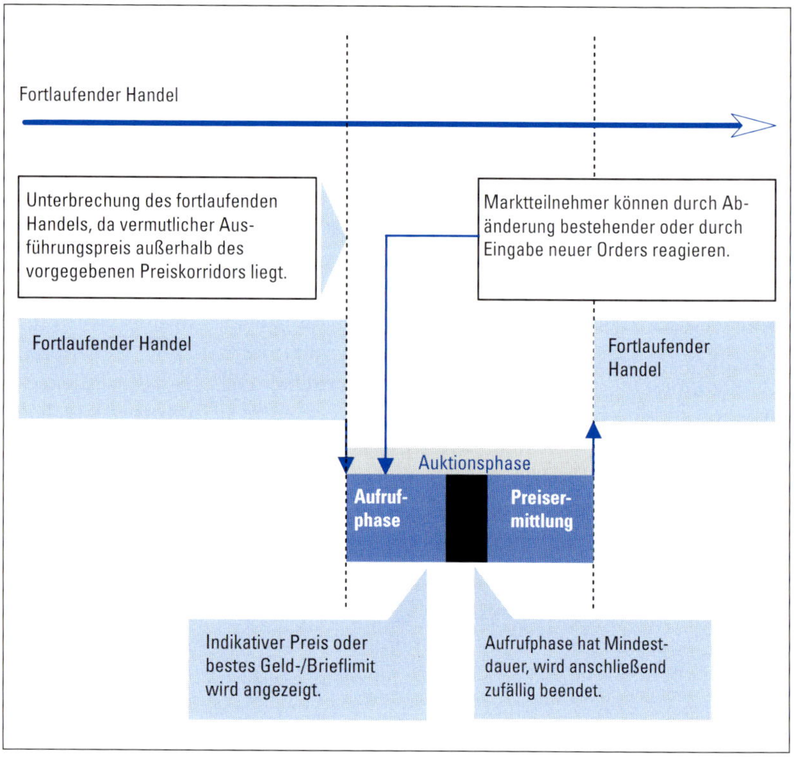

Offenes Orderbuch

Internet

Anfang 2001 hat die Deutsche Börse das *XETRA-Orderbuch* für jeden geöffnet. Über das Internet (www.exchange.de) können nun auch Privatleute auf Informationen direkt aus dem Orderbuch zugreifen. Die Deutsche Börse zeigt praktisch den Handelsbildschirm, den auch die professionellen Marktteilnehmer nutzen. In Echtzeit sind dort unter anderem die fünf besten Kauf- und Verkaufsangebote für einzelne Aktien zu sehen. Der Nutzer erhält also auch einen Eindruck von der Orderbuchtiefe.

Nun ist es möglich, zum Beispiel einen Börsenauftrag über eine Internetbank direkt im XETRA-Orderbuch zu platzieren und den Weg der Order bis zur Ausführung live am Bildschirm zu verfolgen.

Designated Sponsors

Das allgemeine Handelsinteresse und der Umsatz ist bei vielen Aktien – insbesondere Mid- und Small-Caps – so gering, dass Käufer oder Verkäufer häufig keine passende Gegenseite finden. Dadurch sinkt die Attraktivität solcher Werte. Da in vielen Fällen auf »natürliche« Weise kein Markt zustande kommt, schafft die Deutsche Börse quasi »künstlich« Angebot und Nachfrage, indem sich Banken und andere Finanzdienstleister als Designated Sponsors betätigen können. Wer diesen Status besitzt, hat die Pflicht, verbindliche Preislimits – auch *Quotes* genannt – für den An- und Verkauf der jeweiligen Aktien zu stellen.

Quotes

Für einzelne Aktien gibt es stets mehrere Designated Sponsors. Früher bezeichnete man diese im Übrigen als *Betreuer.*

Sollte es aufgrund mangelnder Angebote oder Nachfragen nicht zum Handelsabschluss kommen, kann man durch elektronische Anfrage – auch als *Quote-Request* bezeichnet – sämtliche für eine bestimmte Aktie registrierten Betreuer auffordern, einen Quote abzugeben. Das Geschäft kann dann mit ihnen gemacht werden. Die Deutsche Börse verfolgt mit diesem Modell das Ziel, die Handelbarkeit von weniger liquiden Aktien weiter zu verbessern. Für Titel aus dem DAX ist es nicht vorgesehen, da die Umsätze in diesem Segment bereits zum überwiegenden Teil über XETRA erfolgen und eine hohe Liquidität sowieso vorhanden ist.

Quote-Request

Den Designated Sponsors steht eine festgelegte Zeitspanne zur Reaktion zur Verfügung. Die Deutsche Börse schreibt vor, dass ein bestimmter Prozentsatz aller Anfragen beantwortet werden muss. Darüber hinaus gibt es noch weitere Anforderungen, die zu erfüllen sind: So muss ein Betreuer zum Beispiel ein bestimmtes Mindestvolumen einhalten, er darf eine vorgegebene Geld-Brief-Spanne nicht überschreiten und seine Quotes müssen eine vorgegebene Zeitdauer im System stehen bleiben. Die Anforderungen sind aber nicht für jede Aktie gleich, sondern im Wesentlichen abhängig von deren Liquidität.

Durch die Übernahme einer derartigen Betreuerfunktion entstehen eine Reihe von Privilegien, auf die andere Finanzdienstleister keinen Anspruch haben. So erhebt die Deutsche Börse für die im Rahmen der Designated-Sponsor-Tätigkeit abgeschlossenen Geschäfte beispielsweise keinerlei Börsengebühren. Ein weiterer Vorteil: Nur der Betreuer, nicht jedoch die übrigen Teilnehmer, kennt bei einem Quote-Request die Identität des Anfragenden.

Um die Leistung – oder »Performance« – eines Designated Sponsors transparent zu machen, vergibt die Deutsche Börse ein Gütesiegel (Rating). Es soll für die Betreuer Ansporn und Werbung zugleich sein: Aktienemittenten haben einen besseren Einblick in die Leistungsfähigkeit ihrer Betreuer und die Betreuer erhalten eine Argumentationshilfe, mit der sie bestehende Kundenbeziehungen festigen und Neukunden gewinnen können. Das Rating erfolgt in Form einer Buchstabenkombination (Bestnote: AA), wobei

Rating

sich der erste Buchstabe auf die Quotierungsdauer, der zweite auf die Geld-Brief-Spanne bezieht.

Börsenaufsicht

Bundesaufsichtsamt für den Wertpapierhandel

Die Börse ist nur dann eine faire Veranstaltung, wenn Chancengleichheit für alle herrscht. Doch es gibt Situationen, in denen einige einen Wissensvorsprung gegenüber den anderen Teilnehmern haben und das zum eigenen Vorteil ausnutzen. Ein inzwischen schon legendäres Beispiel ist der Fall des ehemaligen IG Metall-Chefs Steinkühler, der als Aufsichtsratsmitglied der Daimler-Benz AG wusste, dass Mercedes-Aktien in Daimler-Aktien umgetauscht werden sollten. Das kam einer Aufwertung um rund 100 DM gleich. Steinkühler nutzte seinen Wissensvorsprung und empfahl Verwandten, Mercedes-Aktien zu kaufen. Die »Vorab-Informierten« konnten sich preiswert mit Papieren eindecken, noch bevor die breite Allgemeinheit die positive Neuigkeit erfuhr und der Aktienkurs aufgrund des Umtauschs nach oben ging. Gerichtliche Folgen hatte das damals im Jahre 1993 noch nicht. Denn diese Praktiken sind erst seit 1995 untersagt.

Damit so etwas nicht mehr vorkommt und die bestehenden gesetzlichen Vorschriften überprüft werden können, gründete man ebenfalls 1995 das Bundesaufsichtsamt für den Wertpapierhandel (BaWe). Die Banken melden dem BaWe täglich sämtliche Wertpapierkäufe und -verkäufe. Außerdem erhält das Amt jede Ad-hoc-Meldung. Mit diesen Daten versuchen die Mitarbeiter des BaWe, Vergehen aufzudecken.

BaWe

Wir wollen im nächsten Kapitel die beiden wichtigsten Arten von Informationsmissbrauch betrachten.

Insiderhandel und Front-Running

Die Möglichkeiten, sich an der Börse unberechtigt zu bereichern, sind – abgesehen von direkten Manipulationen (z. B. falsche Wertpapierabrechnung) – im Wesentlichen auf die Ausnutzung von Informationen zurückzuführen. Man unterscheidet zwei Formen von Marktmanipulation: Insiderhandel und Front-Running.

Widmen wir uns zunächst dem *Insiderhandel*: Wer aufgrund seiner Stellung in einem Unternehmen einen Informationsvorsprung hat, also über Informationen verfügt, die der sonstigen Öffentlichkeit (noch) unbekannt sind und die Auswirkungen auf den Aktienkurs der Gesellschaft haben könnten, zählt zu den Insidern. Dieses Wissen darf weder der Insider noch irgend jemand sonst für Börsengeschäfte nutzen.

Informationsvorsprung

Als *Front-Running* – was man mit »Vorlaufen« übersetzen kann – bezeichnet man das Verhalten hauptsächlich von Vermögensverwaltern, die ihre Kenntnisse über (vor allem große) Kundenorders vorher – also bevor Kundenaufträge an der Börse platziert sind – zu ihrem eigenen Vorteil nutzen. Bei Papieren mit geringem Handelsvolumen funktioniert Front-Running besonders gut. Der Verwalter nimmt den Kundenauftrag entgegen, wartet mit der Weitergabe an die Börse jedoch, um vorher für sich selbst (auf eigene Rechnung) einige der Aktien zu kaufen bzw. zu verkaufen. Erst dann leitet er die Order weiter, die aufgrund ihres Umfangs den Kurs nach oben bzw. unten treibt. Nun kann der Verwalter seine Aktien mit Gewinn zum höheren Preis verkaufen oder die Papiere zum geringeren Kurs wieder zurückkaufen.

Front-Running ist auch ohne direkte Kundenaufträge möglich. Vor allem Analysten, Redakteure von Börsenmagazinen, Fondsmanager, Broker und Banken können Aktien auf eigene Rechnung kaufen und sie anschließend Lesern, Kunden und anderen Marktteilnehmern offiziell zum Kauf empfehlen, etwa mit der Begründung, die Aktie hätte sich aufgrund einer eingehenden Analyse als besonders aussichtsreich herausgestellt. Ob die Analysten von dem Papier tatsächlich überzeugt sind oder nicht, spielt eigentlich keine Rolle. Ziel ist vielmehr, möglichst viele private und institutionelle Anleger dazu zu verleiten, dem Ratschlag zu folgen und zu kaufen. Aufgrund der steigenden Nachfrage klettert auch der Kurs und die Urheber der Aktienempfehlung können ihre vorab gekauften Werte mit Gewinn abstoßen.

Pumping and Dumping

Vor allem das Internet bietet einen Nährboden für solche Praktiken. In Newsboards und Chats tauchen Empfehlungen angeblicher Experten auf, die in Wirklichkeit allerdings Fälschungen sind. Die Urheber haben nur eine Absicht: Durch Falschinformation die Kurse in die Höhe treiben. Denn wenn arglose Anleger auf die in aller Regel übertriebenen positiven Nachrichten reagieren und Aktien kaufen, steigen die Kurse. Durch diese als *Pumping and Dumping* bekannte Masche können die Initiatoren ihre zuvor gekauften Aktien teurer wieder verkaufen, während der Anleger auf überteuerten Papieren sitzen bleibt.

Ad-hoc-Meldungen

Eng verbunden mit den Insider-Richtlinien ist die Ad-hoc-Publizitätspflicht. Laut Wertpapierhandels-Gesetz (WpHG) muss ein Emittent Unternehmensmeldungen, die den Aktienkurs beeinflussen, umgehend (»ad hoc«) veröffentlichen, daher die Bezeichnung »Ad-hoc-Mitteilung«. Für Unternehmen am Neuen Markt schreiben die Regeln außerdem vor, die Tatbestände nicht nur in deutscher, sondern – um internationale Anleger nicht zu benachteiligen – auch in englischer Sprache zu veröffentlichen. Ein Verstoß gegen das Gesetz wird mit empfindlichen Bußgeldern geahndet.

Das Ziel von Ad-hoc-Meldungen liegt darin, sämtliche Marktteilnehmer gleichermaßen mit Informationen zu versorgen. Kommt es zu einer Neuigkeit, die den Kurs

Hier ein Beispiel für eine Ad-hoc-Meldung, die von der Deutschen Börse im Internet veröffentlicht wurde

Ad hoc-Service: Biodata Inform. Tech. AG Dt./

Ad hoc-Mitteilung verarbeitet und übermittelt durch die DGAP.

Für den Inhalt der Mitteilung ist der Emittent verantwortlich.

Biodata verstärkt Vorstand

AI Ewers wird neuer Chief Sales Officer.

Lichtenfels, 28. Juli 2000. Die Biodata Information Technology AG beruft AI Ewers (29) in den Vorstand. Der neue Chief Sales Officer hat große Erfahrung beim Aufbau moderner Vertriebsstrukturen und leitete zuletzt die Biodata-Niederlassung in San Francisco, USA, überaus erfolgreich.

AI Ewers rückt zum 1. August neben Tan Siekmann (CEO), Stefan Schraps (CFO) und Andre Münch (CTO) in den Vorstand der Biodata AG. Mit Ewers Vertriebs-Know-how aus dem US- amerikanischen Markt will das Lichtenfelser Unternehmen für IT- Sicherheit die international starke Expansion noch schneller voranbringen. Gerade die USA und künftig verstärkt der asiatisch- pazifische Markt eröffnen für das Technologieunternehmen enormes Wachstumpotenzial.

Ewers studierte in Deutschland und den USA, kam 1996 zu Biodata und war zunächst federführend für den Vetrieb in Europa. 1998 wechselte er in die USA, zeichnete dort für den Aufbau der ersten Biodata-Niederlassung in San Francisco verantwortlich und gewann namhafte amerikanische Konzerne als Kunden für Biodata. Dazu zählen etwa Citibank, Boeing und General Motors.

Quelle: www.neuer-markt.de/INTERNET/NM/home/index.htm

einer Aktie beeinflusst, erscheint die Meldung in aller Regel nicht nur umgehend auf den Bildschirmen der bekannten Nachrichtenagenturen (Reuters, Bloomberg usw.) und bei den Wertpapierhändlern der Banken, sondern ebenso schnell im Videotext und Internet. Jeder Privatanleger kann Ad-hoc-Meldungen also genauso rasch abrufen. Zu verdanken ist dieser Service der DGAP (Deutsche Gesellschaft für Ad-hoc-Publizität), die kurz nach Inkrafttreten des Wertpapierhandels-Gesetzes gegründet wurde. Mitglieder sind neben den Nachrichtenagenturen Reuters und vwd (Vereinigte Wirtschaftsdienste) die Deutsche Börse AG.

DGAP

Die DGAP hat die Aufgabe, Emittenten bei der Abwicklung von Ad-hoc-Meldungen zu unterstützen und für eine zeitgleiche Veröffentlichung über ein weitreichendes Informationsnetzwerk zu sorgen, um so eine hohe Transparenz herzustellen.

In Frankfurt betreibt die DGAP ein Nachrichtenzentrum, an das Unternehmen an 365 Tagen im Jahr rund um die Uhr Meldungen übermitteln können. Von dort werden die Nachrichten dann an die Börse, das Bundesaufsichtsamt für den Wertpapierhandel, an Nachrichtenagenturen usw. weitergeleitet (siehe Abbildung).

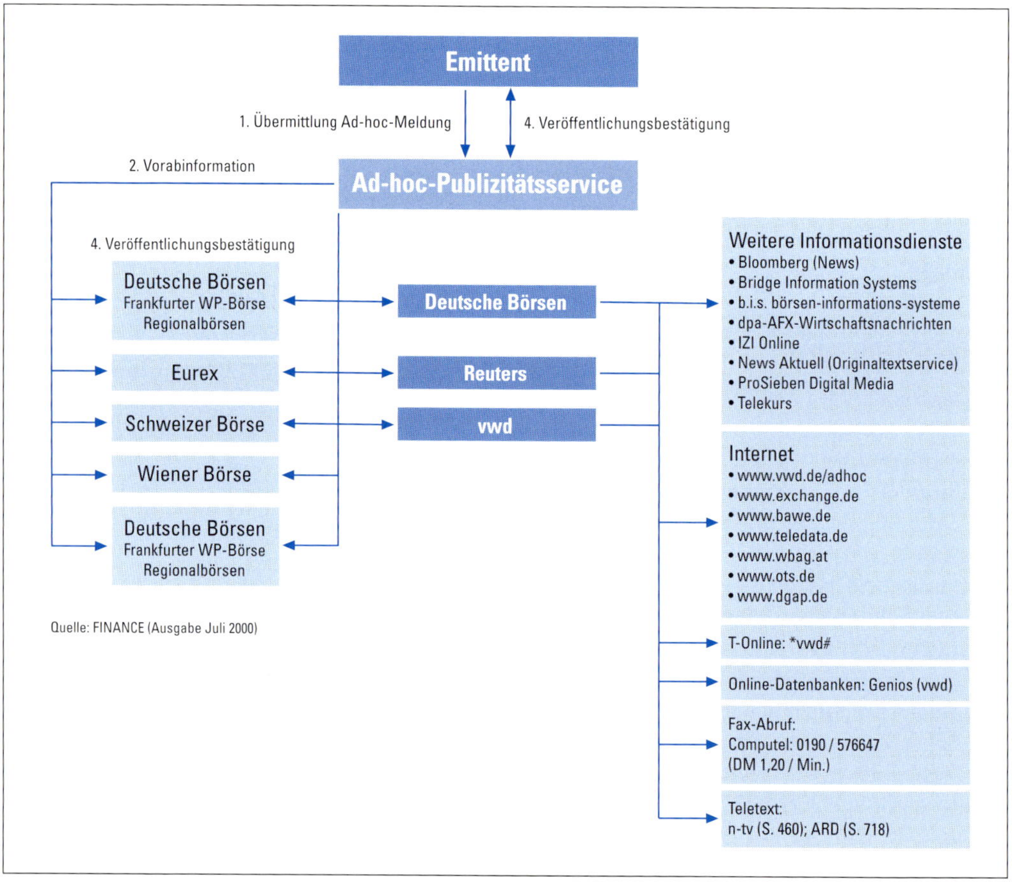

Quelle: FINANCE (Ausgabe Juli 2000)

Im Internet bietet die DGAP unter www.dgap.de eine Ad-hoc-Datenbank, mit deren Hilfe Anleger aktuelle und vergangene Meldungen abrufen können. So haben Anleger die Möglichkeit, die gesamte »Ad-hoc-Historie« einer Aktie nachzuverfolgen.

Ad-hoc-Historie

Kurszusätze

Wertpapierkurse, die an der Börse durch Makler festgestellt wurden, sind sehr häufig mit bestimmten Buchstaben, zum Beispiel »bG« oder »T« gekennzeichnet. Das gilt sowohl für Aktien- als auch für Anleihe- oder Optionsscheinkurse. Kurszusätze sind aus mehreren Gründen notwendig: Zum einen weisen sie auf Besonderheiten bei der Kursfeststellung hin. Zum Beispiel können im Börsenverlauf oftmals nicht alle vorliegenden Orders durch die Makler ausgeführt werden. Im Zeitpunkt der Kursfeststellung kommt es daher häufig vor, dass noch offene Kauf- oder Verkaufsorders vorhanden sind. Diese Situation zeigt der Makler allen Marktteilnehmern durch Kurszusätze an. Zum Beispiel signalisiert er durch den Zusatz »bG«, dass er nicht alle limitierten Kaufaufträge ausführen konnte und daher noch weitere Nachfrage bestand. Des weiteren kann es auch vorkommen, dass im Handelsverlauf überhaupt keine Kauf- oder Verkaufsorders für eine bestimmte Aktie beim Makler eingegangen sind. In diesem Fall wird dann ein Kurs geschätzt, was der Makler durch den Kurszusatz »T« (Taxe = Schätzung) deutlich macht.

Kennzeichnung der »Auftragslage«

Kurszusätze werden zum anderen dann verwendet, wenn besondere Ereignisse zu Kursveränderungen führten. Die besten Beispiele dafür sind Kursrückgänge aufgrund von Kapitalerhöhungen oder Dividendenausschüttungen. Eine Dividendenausschüttung beispielsweise mindert das Barvermögen der betreffenden Aktiengesellschaft und hat im Regelfall einen entsprechenden Kursrückgang zur Folge. Marktteilnehmer, welche die Aktie am Ausschüttungstag erwerben, haben keinen Anspruch auf die Dividende und nehmen beim Kauf wegen der eintretenden Vermögensminderung einen Abschlag, den *Dividendenabschlag*, auf den Kurs der Aktie vor. Um alle Beteiligten auf den besonderen Umstand hinzuweisen, versieht der Kursmakler den letzten Kurs der Aktie am Tag der Dividendenausschüttung bzw. des Dividendenabschlags mit dem Zusatz »ex Dividende« – die offizielle Abkürzung der deutschen Börsen lautet: ex D, ex Div. In den Kurstabellen der Zeitungen findet der Leser häufig sogar nur den Zusatz »x D«. Ähnliches gilt, wenn Kapitalerhöhungen durchgeführt werden (Zusatz: »ex B« für Aktie ohne Bezugsrecht).

Dividenden-zahlungen

Im Folgenden werden die wichtigsten Kurszusätze aufgelistet und erläutert. Sie unterscheiden sich zum Teil von Börsenplatz zu Börsenplatz.

Kurszusätze

a) Zusätze, die anzeigen, inwieweit die zum festgestellten Kurs limitierten und unlimitierten Kauf- und Verkaufsaufträge ausgeführt werden konnten.		
b, bz, bez oder Kurs ohne Zusatz	bezahlt	Angebot und Nachfrage waren ausgeglichen.

bG, bzG, bezG	bezahlt Geld	Die zum festgestellten Kurs limitierten Kaufaufträge müssen nicht vollständig ausgeführt sein; es bestand weitere Nachfrage.
bB, bzB, bezB	bezahlt Brief	Die zum festgestellten Kurs limitierten Verkaufsaufträge konnten nicht vollständig ausgeführt werden; es bestand weiteres Angebot.
ebG, etw. bG, etw. bzG, etw. bezG	etwas bezahlt Geld	Die zum festgestellten Kurs limitierten Kaufaufträge konnten nur zu einem geringen Teil ausgeführt werden.
ebB, etwas bB, etw. bzB, etw. bezB	etwas bezahlt Brief	Die zum festgestellten Kurs limitierten Verkaufsaufträge konnten nur zu einem geringen Teil ausgeführt werden.
ratG, bG rep., bzG rep., bezG rep.	rationiert Geld bzw. bezahlt Geld repartiert	Die zum Kurs und darüber limitierten sowie die unlimitierten Kaufaufträge konnten nur beschränkt ausgeführt werden.
ratB, bB rep., bzB rep., bezB rep.	rationiert Brief bzw. bezahlt Brief repartiert	Die zum Kurs und niedriger limitierten sowie die unlimitierten Verkaufsaufträge konnten nur beschränkt ausgeführt werden.

b) Außerdem werden folgende Hinweise verwendet.

G	Geld	Zu diesem Preis bestand nur Nachfrage.
B	Brief	Zu diesem Preis bestand nur Angebot.
–	gestrichen	Ein Kurs konnte nicht festgestellt werden.
-G	gestrichen Geld	Ein Kurs konnte nicht festgestellt werden. Es lagen Billigst-Kauforders ohne Angebot vor.
-B	gestrichen Brief	Ein Kurs konnte nicht festgestellt werden. Es lagen Bestens-Verkaufsorders ohne Nachfrage vor.
-T	gestrichen Taxe	Ein Kurs konnte nicht festgestellt werden, der Preis ist geschätzt.
-GT	gestrichen Geld/ Taxe	Ein Kurs konnte nicht festgestellt werden, da der Preis auf der Nachfrageseite geschätzt ist.
-BT	gestrichen Brief/ Taxe	Ein Kurs konnte nicht festgestellt werden, da der Preis auf der Angebotsseite geschätzt ist.
ex D, ex Div.	ohne Dividende	Erste Notiz nach Dividendenabschlag (im Regelfalle am ersten Tag nach der Hauptversammlung).
ex B, ex BR	ohne Bezugsrecht	Erste Notiz unter Abschlag des Wertes des Bezugsrechts (im Regelfalle am ersten Handelstag des Bezugsrechts).

ex BA	ohne Berichtigungsaktien	Erste Notiz nach Umstellung des Kurses auf das aus Gesellschaftsmitteln berichtigte Aktienkapital (Kurs ist um den Berichtigungsaktienabschlag korrigiert).
ex SP	nach Splitting	Erste Notiz nach Umstellung des Kurses auf die geteilten Aktien.
-Z	gestrichen Ziehung (nur bei Schuldverschreibungen)	Die Notierung ist an den beiden dem Auslosungstag vorangehenden Börsentagen ausgesetzt.
ex Z, ex Ziehung	ausgenommen Ziehung (nur bei Schuldverschreibungen)	Der notierte Kurs versteht sich für die nicht ausgelosten Stücke (der Hinweis ist nur am Auslosungstag zu verwenden).

Wertpapier-Erkennungscodes

»Ordnung ist das halbe Leben«, so lautet ein altes Sprichwort. Auch an der Börse, wo Tausende verschiedenartiger Wertpapiere gehandelt werden, kommt man nicht umhin, Merkmale festzulegen, anhand derer eine Identifizierung und Unterscheidung erfolgen kann. In Deutschland haben sich Banken und Börsen auf ein spezielles Zahlen-System geeinigt. Jedem Wertpapier wird eine *Wertpapier-Kenn-Nummer*, kurz WKN, zugeordnet. Diese Nummer ist einmalig, sodass es in keinem Fall zu einer Verwechslung kommen kann. Nun hat aber nicht jede einzelne Aktie, also beispielsweise jede der vielen Millionen Hypo-Bank-Aktien, eine eigene WKN. Vielmehr werden alle »gattungsgleichen« Wertpapiere eines bestimmten Emittenten (z. B. sämtliche VW-Stammaktien) unter einer einheitlichen Nummer zusammengefasst.

WKN

Was die wenigsten wissen: An WKNs kann man bereits erkennen, um was für einen Wertpapiertyp es sich in etwa handelt. Als Hilfsmittel dient das folgende Schema.

Internationale Kennnummern heißen ISIN (International Securities Identification Number)

Anleihen	
100.000 - 199.999	Schuldverschreibungen des Bundes, der Länder, der Gemeinden und öffentlichen Verbände
200.000 - 349.999	Schuldverschreibungen der öffentlich-rechtlichen und privaten Emissionsinstitute
350.000 - 379.999	Industrieobligationen
380.000 - 399.999	Bankschuldverschreibungen u. ä.
400.000 - 489.999	Auslandsanleihen
Aktien	
500.000 - 789.999	Industrieaktien
800.000 - 819.999	Bankaktien
820.000 - 839.999	Verkehrsaktien

840.000 – 846.999	Versicherungsaktien
850.000 – 879.999	Ausländische Aktien und aktienähnliche Werte
880.000 – 909.999	Bezugsrechte
910.000 – 939.999	junge Aktien
Investmentanteile	
847.000 – 849.999	Inländische Investmentanteile
970.000 – 979.999	Ausländische Investmentanteile
980.000 – 984.999	Inländische Immobilienfonds
985.000 – 989.999	Ausländische Immobilienfonds

CUSIP Numbers

Ticker-Symbole

Das US-amerikanische Pendant zu den deutschen WKNs sind Cusip Numbers (CUSIP steht kurz für Committee on Uniform Securities Identification Procedures). CUSIPs setzen sich aus einer siebenstelligen Zahl sowie zusätzlich zwei Buchstaben zusammen. Bekannter sind jedoch *Ticker-Symbole*. Dabei handelt es sich um relativ kurze Buchstabenkombinationen, die – im Gegensatz zu WKNs und CUSIPs – oftmals schon auf den ersten Blick erkennen lassen, welches Unternehmen sich hinter einem Kürzel verbirgt. Bestes Beispiel: Beim Computer-Riesen IBM wählte man den Unternehmensnamen zugleich als Ticker-Symbol.

Die Symbole der American Stock Exchange umfassen immer genau drei Zeichen. An der Wall Street sind sie demgegenüber zwischen ein und drei Buchstaben lang. Die Nasdaq identifiziert Wertpapiere mit einer vier bis fünfstelligen Buchstabenkombination. Die fünfte Stelle deutet auf Besonderheiten hin, etwa auf eine zweite Aktiengattung desselben Unternehmens (A = class A/B = class B), auf besondere Wertpapiertypen (W = Warrants) oder hohe Konkursgefahren (q = bankruptcy proceedings).

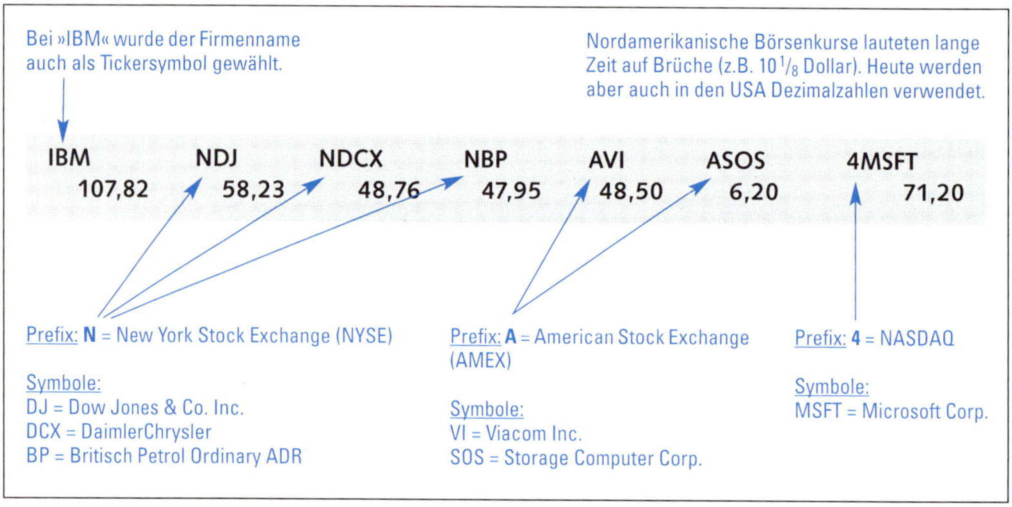

Prefix

Auf den Laufbändern erscheint neben dem eigentlichen Ticker-Symbol zusätzlich ein *Prefix*. Er kennzeichnet die Börse, an der eine Gesellschaft notiert ist. »A« steht zum Beispiel vor allen Kursen, die von der Amex übermittelt wurden (vgl. vorstehende Abbildung).

Ertrag

Hinter jeder Form von Geldanlage steckt – zumindest in den meisten Fällen – die Absicht, Erträge zu erzielen. Je nach Anlageform kommen diese auf unterschiedliche Weise zustande. Prinzipiell kann man zwischen regelmäßigen oder laufenden und einmaligen Erträgen trennen. Zu den regelmäßigen Erträgen zählen bei einer Immobilie die Mieteinnahmen, bei Aktien die Dividenden und bei Anleihen die Zinsen. Einmalig ist dagegen die Wertänderung einer Anlageform oder anders: der Unterschiedsbetrag zwischen Veräußerungskurs und Kaufpreis. Kauft man eine Aktie für 100 Euro und veräußert sie einige Zeit danach für 120 Euro, dann ergibt sich ein Ertrag aufgrund der Kursänderung von 20 Euro. Sind zwischenzeitlich noch Dividenden von 5 Euro angefallen, dann summiert sich der Gesamtertrag auf einen Wert von 25 Euro.

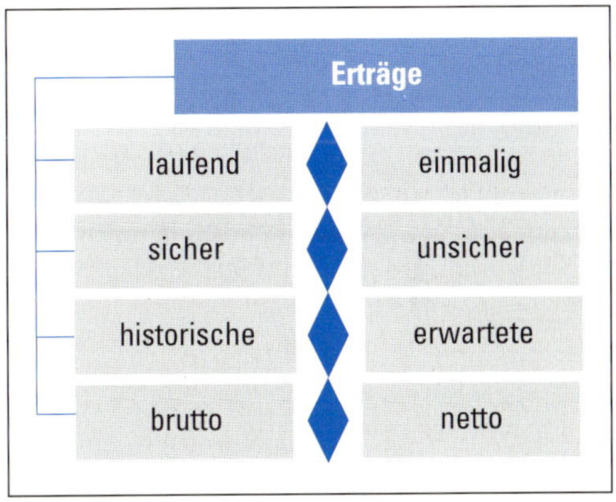

Erträge – egal ob einmalig oder laufend – können von vornherein feststehen und damit kalkulierbar, aber auch unsicher sein. Betrachten wir ein Beispiel: Eine festverzinsliche Bundesanleihe hat einen festen Zinssatz und ebenso gewiss ist die Rückzahlungssumme (vorausgesetzt, man behält die Anleihe bis zur Endfälligkeit).

Anders ist die Situation dagegen bei Aktien: Weder die laufenden Erträge (Dividenden) noch ein bestimmter Kurs in Zukunft sind im Voraus bekannt. Aber kein Anleger ist bereit, »blind« zu investieren. Wenn schon keine Sicherheit über die zukünftige Entwicklung besteht, dann möchte jeder zumindest eine Vorstellung davon haben, mit welchen Erträgen in Zukunft zu rechnen ist oder anders gesagt, welche Erträge man erwarten darf. Als Ausgangsbasis dienen Ertragsdaten aus der Vergangenheit. Diese historischen Werte verwendet man – weil häufig andere Anhaltspunkte fehlen –, um die zukünftigen Erträge zu schätzen.

Kosten

Entscheidend ist letztlich aber nicht der Ertrag, den eine Anlageform abwirft, sondern das, was davon tatsächlich übrig bleibt. In vielen Fällen sind Steuern zu zahlen, außerdem verursacht eine Geldanlage Kosten (z. B. Depotgebühren für die Verwahrung von Aktien) und schließlich hat auch die Geldentwertung (Inflation) einen Einfluss auf den Ertrag oder besser: die Kaufkraft, die davon ausgeht. Steigt zum Beispiel die Inflation im Laufe der Zeit an, dann kann man mit einem bestimmten festen Ertrag – etwa den Zinsen einer Anleihe – immer weniger Güter erwerben.

All diese Faktoren schmälern den Ursprungsertrag, auch *Bruttoertrag* genannt. Von Bedeutung ist im Normalfall lediglich der *Nettoertrag*. Man könnte ihn etwas abstrakt definieren als Kaufkraft, die dem Anleger nach Abzug von Steuern und Kosten und unter Einrechnung der Inflation noch bleibt.

Rendite

Um Angaben zur Ertragskraft machen zu können oder die Erträge verschiedener Anlageformen direkt miteinander zu vergleichen, müssen wir sie messen. Die für diese Zwecke am häufigsten verwendete Kennzahl ist die *Rendite*. Sie wird nach folgendem Prinzip berechnet: Man setzt den Ertrag ins Verhältnis zur Anlagesumme. Der Prozentwert, der sich dann ergibt, ist die Rendite. Um die Renditen unterschiedlicher Anlageformen, vor allem aber unterschiedlich langer Anlagezeiträume direkt miteinander vergleichen zu können, rechnet man die Rendite im Allgemeinen in einen Jahreswert um (Abkürzung: p.a. für pro anno). Diesen Vorgang bezeichnet man auch als *Annualisierung*. Ein Beispiel:

Annualisierung

Beispiel

Angenommen, wir kaufen eine Aktie zum Kurs von 100 Euro und verkaufen sie nach sechs Monaten wieder zum Kurs von 105 Euro. Dividenden sind während der Zeit nicht gezahlt worden. Unser Ertrag liegt deshalb bei 5 Euro. Dies entspricht einer Rendite, bezogen auf den sechsmonatigen Zeitraum, von 5 Prozent. Nun annualisieren wir den Wert, indem wir ihn auf ein Jahr hochrechnen:

$$\frac{5\,\%}{6\text{ Monate}} \times 12\text{ Monate} = 10\,\%\text{ p.a.}$$

Jetzt lässt sich die Aktienrendite problemlos mit der anderer Anlageformen vergleichen. Nehmen wir an, eine Bank bietet eine Sparbuchverzinsung von 2,5 % p.a., so können wir sagen, dass die Aktien eine viermal so hohe Rendite erwirtschaften.

Problematik

Man darf natürlich die Probleme der Annualisierung nicht übersehen: In unserem Fallbeispiel haben wir den Aktienertrag der ersten sechs Monate für weitere sechs Monate fortgeführt und damit einfach unterstellt, dass sich der Aktienwert kontinuierlich so weiterentwickelt. Das ist in der Praxis – insbesondere bei Aktien – meistens aber nicht der Fall. Deshalb sind Renditen grundsätzlich mit Vorsicht zu betrachten.

Performance

Es ist noch gar nicht allzu lange her, da war das ausschlaggebende Kriterium für die Beurteilung einer Anlagealternative der Ertrag (die Rendite). Der Erfolg einer Anlageform – man sagt auch Performance – wurde nahezu ausschließlich anhand der erzielten Rendite gemessen. Welche Risiken dabei im Spiel waren, fand im Allgemeinen kaum Interesse. Bei einigen privaten und selbst institutionellen Anlegern ist das auch heute noch unverändert so.

Risiko

Doch generell hat ein Bewusstseinswandel stattgefunden. Inzwischen ist Performance nicht mehr gleichzusetzen mit Rendite, denn man achtet immer stärker darauf, mit wie viel Risiko eine bestimmte Rendite »erkauft« wurde. Nach neuerer Sichtweise entspricht die Performance einer Anlage der erzielten Rendite ins Verhältnis gesetzt zum eingegangenen Risiko. Dazu ein einprägsames Beispiel.

Wir haben zwei Aktienfonds gesucht (A und B) und deren Wertentwicklung seit Beginn 1999 verfolgt (vgl. Abbildung). Beide sind von uns der besseren Vergleichbarkeit wegen auf einen Anfangswert von 100 gesetzt worden und beide haben am Ende (Oktober 2001) einen Wert von 130. Schaut man lediglich auf den Endertrag, unterscheidet sich A nicht von Fonds B. Doch bei dieser Betrachtungsweise bleibt vollkommen verborgen, wie sich die Werte im Zeitablauf entwickelt haben. Während A nahezu einen kontinuierlichen Anstieg zu verzeichnen hatte, schwankte der Wert von B heftig nach oben und unten. Es hat sogar Phasen gegeben, in denen der Anfangswert von 100 unterschritten wurde (Juli 1999 und Juli 2000).

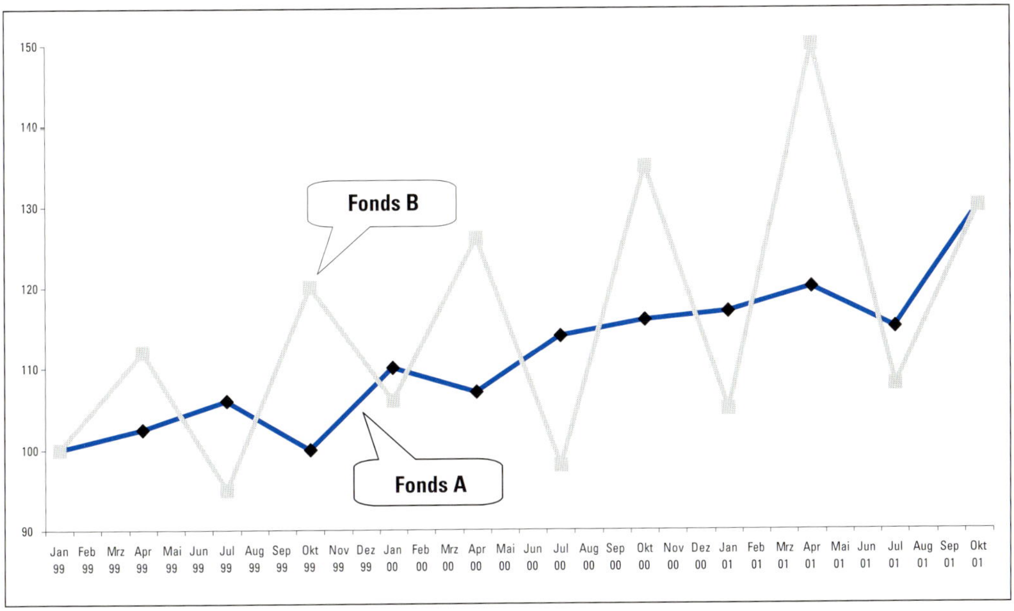

Was haben die Schwankungen für den Anleger zu bedeuten? Nun, er muss aufpassen und versuchen, den richtigen Zeitpunkt für den Ein- und Ausstieg abzupassen. Kauft er zum Beispiel Fondsanteile von B im Januar 1999 (Preis: 100) und verkauft sie im Juli 2000 (Anteilwert: 98), so hat er Verlust gemacht. Das hätte bei Fonds A bei weitem nicht so häufig und auch nicht in dem Ausmaß passieren können, da dessen Wert im Zeitablauf beinahe permanent angestiegen ist. Die Entwicklung ist relativ sicher.

Vor diesem Hintergrund muss man auch den Anteilwert der beiden Fonds im Oktober 2001 beurteilen. Zwar haben beide denselben Wert (130 Euro), doch bei A ist dieser auf sehr sichere, bei B dagegen auf ziemlich riskante Weise zustande gekommen. Setzt man den Zuwachs von 30 Euro zum eingegangenen Risiko in Beziehung, so hat der Fondsmanager von A eindeutig eine bessere Leistung (Performance) aufzuweisen als der von B.

Entscheidend ist also die Frage, ob eine bestimmte Rendite mit viel oder wenig Risiko zustande kam. Sie sollte deswegen »risikobereinigt« – man sagt auch risikoadjustiert – werden. Zu diesem Zweck hat man spezielle Performance-Kennzahlen entwickelt. Am bekanntesten ist das *Sharpe-Maß*, das

Sharpe-Maß

seinen Namen William F. Sharpe, einem bekannten und inzwischen mit dem Nobelpreis gekürten amerikanischen Kapitalmarkttheoretiker verdankt. Es basiert auf folgender Formel:

$$\frac{\text{Rendite der Anlage} - \text{risikolose Verzinsung}}{\text{Risiko der Anlage}}$$

Rendite pro Einheit Risiko

Das Sharpe-Maß fußt auf dem Grundgedanken, dass eine riskante Anlageform (etwa ein Aktienfonds) auf Dauer auf jeden Fall eine Rendite haben muss, die man auch mit einer vollkommen risikolosen Alternative – zum Beispiel einer Bundesanleihe – erzielen kann. Sonst wäre es – zumindest für risikoscheue Anleger – sinnvoller, die risikolose Anlage zu wählen. Deshalb zieht man von der Fondsrendite die risikolose Verzinsung ab. Das, was dann übrig bleibt, ist die Prämie für die Übernahme von Risiken. Setzt man sie ins Verhältnis zum eingegangenen Risiko, so ist erkennbar, wie viel Rendite pro Einheit Risiko erwirtschaftet wurde. Von mehreren verschiedenen Anlageformen hat schließlich diejenige die beste Performance, welche die höchste risikoadjustierte Rendite aufweist oder mit anderen Worten: das höchste Sharpe-Maß.

Risiken

Schon seit längerem sind die Entwicklungen auf den Finanzmärkten geprägt durch Liberalisierung, Deregulierung und Globalisierung. Die Möglichkeiten, sich auf den Märkten frei zu bewegen, nehmen zu, selbst für Privatleute. Es existieren insbesondere für Finanzgeschäfte keine nationalen Grenzen mehr, denn der Handel mit Aktien, Renten und Devisen findet inzwischen weltweit statt. Staaten können – auch weil es (noch) keine internationalen Instanzen gibt – immer weniger in das Geschehen eingreifen, Finanztransaktionen unterliegen oft keinerlei behördlichen Regulierungen und folgen damit immer mehr dem freien Spiel von Angebot und Nachfrage.

Die freie Entfaltung ist ohne Zweifel mit großen Chancen verbunden. Eine Folge dieser Entwicklungen ist aber auch, dass die Risiken allgemein gestiegen sind und zum Teil Ausmaße angenommen haben, die man früher nicht kannte. Sowohl bei institutionellen als auch privaten Marktteilnehmern rücken Risiken daher immer stärker ins Bewusstsein.

»Marktpreis« ist ein Oberbegriff. Der Marktpreis für eine Aktie ist der Aktienkurs, der für Devisen heißt Devisenkurs usw.

Man kann sie in zwei Hauptkategorien einteilen: Finanz- und Betriebsrisiken. Die *Finanzrisiken*, mit denen wir uns zunächst befassen, lassen sich dann noch einmal in drei Bereiche untergliedern (siehe Abbildung).

Wie man an der Bezeichnung ablesen kann, ist der Marktpreis ein Preis, der sich am Markt – in der Regel aufgrund von Angebot und Nachfrage – bildet. Marktpreise – oder genauer: Finanzmarktpreise – gibt es für alle »Objekte«, die man auf Finanzmärkten handeln kann. Hierzu gehören Aktien ebenso wie Anleihen, Zinssätze oder Devisen.

In der Praxis entstehen laufend neue Informationen, weche die Marktteilnehmer dazu veranlassen, ihre Einschätzung über den Wert eines Finanztitels zu ändern. Daher schwanken auch die Marktpreise laufend. Dieses ständige Auf und Ab bezeichnet man auch als *Marktpreisrisiko*. Wer also beispielsweise Aktien kauft, muss damit rechnen, dass deren Kurs in Zukunft nach oben oder unten schwankt. Auf Marktpreisrisiken, speziell Aktienkursrisiken, gehen wir im Aktienkapitel noch ausführlicher ein.

Marktpreisrisiko

Wertschwankungen – vor allem Verluste – müssen aber nicht unbedingt immer das Ergebnis von Marktpreisänderungen sein. Es kann auch zu Ausfällen kommen, weil ein Geschäftpartner seine Verpflichtungen nicht vertragsgemäß erfüllt.

Betrachten wir ein Beispiel: Angenommen, Bank A kauft von einer anderen Bank Aktien im Wert von 20 Millionen Euro und bezahlt wie vereinbart den Preis. Das andere Institut kassiert zwar das Geld, liefert die Aktien aber nicht, weil es aufgrund eines Bankrotts zahlungsunfähig geworden ist. Bank A hat bei diesem Aktiengeschäft den gesamten Kapitaleinsatz verloren, aber nicht aufgrund von Aktienkursschwankungen, sondern weil die Gegenseite ausgefallen ist. Daher bezeichnet man das Risiko, dass eine Vertragspartei ihren Verpflichtungen entweder gar nicht, nicht vollständig oder nicht fristgerecht nachkommt auch als *Ausfallrisiko*. Diese Kategorie von Risiko sticht besonders im reinen Kreditgeschäft hervor. Hier ist es nichts Ungewöhnliches, wenn eine Bank eine vergebene Kreditsumme nicht bzw. nicht vollständig wieder zurückerhält, weil der Schuldner zur Rückzahlung nicht mehr in der Lage ist. Er fällt praktisch aus. Deshalb bezeichnet man das Ausfallrisiko auch als *Kredit- oder Bonitätsrisiko*. Überall dort, wo ein Geschäftspartner in Vorleistung tritt (also Kredit gewährt) – und sei es nur für kurze Zeit – sind Kreditrisiken im Spiel. Auch Bank A in unserem Beispiel geht in Vorleistung, weil Kaufpreiszahlung und Aktienlieferung nicht zeitgleich (Zug um Zug) stattfinden. Mit Ausfallrisiken beschäftigen wir uns noch intensiver im Buchkapitel über Anleihen.

Ausfallrisiko

Risiko hat zwei Seiten

Im allgemeinen Sprachgebrauch ist Risiko eher etwas Negatives. So verbinden viele mit Aktienrisiko lediglich die Verluste, die mit Aktien verbunden sein können. Doch diese Sichtweise ist recht einseitig, denn Risiken haben außer Gefahren noch eine zweite Seite: die Chancen. Dies ist an Fonds B aus unserem Beispiel im letzten Abschnitt gut erkennbar. Der Anteilwert hat hohe Ausschläge nach unten (Verlustgefahr) wie nach oben (Gewinnchance) zu verzeichnen. Wer die Chancen haben will, muss notgedrungen auch die Verlustmöglichkeiten akzeptieren.

Zu den finanziellen Risiken zählen schließlich auch noch *Liquiditätsrisiken*. Im Allgemeinen ist Liquidität ein Ausdruck für die »Schnelligkeit« und »Leichtigkeit«, mit der sich eine Kapitalanlage zu einem fairen Preis verkaufen (verflüssigen oder liquidieren) und damit wieder in Bargeld verwandeln lässt. Sie ist längst nicht bei jeder Anlageform gleich stark ausgeprägt. Nehmen wir zur Verdeutlichung Aktien, die im DAX enthalten sind, und beispielsweise eine Immobilie (z. B. ein Bungalow mit Tennisplatz auf einer Nordseeinsel). Die Aktien können wir ohne Schwierigkeiten innerhalb kürzester Zeit an der Börse zu einem angemessenen Preis veräußern. Weitaus schwieriger ist es für gewöhnlich dagegen, eine Immobilie wieder zu verkaufen. Dies liegt erstens daran, dass ein Haus ziemlich spezifische Merkmale hat (z. B. Lage, Raumaufteilung), eine Bewertung schwierig und zeitintensiv ist (direkte Preisvergleiche

Standardisierung

sind so gut wie unmöglich) und die Übertragung relativ umständlich und langwierig ist (z. B. Eigentumsumtragung im Grundbuch).

Grundsätzlich gilt: Vereinheitlichte – man sagt auch standardisierte – Anlageformen wie etwa Wertpapiere sind liquider als sehr spezifische wie zum Beispiel Immobilien oder Sparbriefe von Banken. Denn Vereinheitlichung bedeutet, dass alle Objekte absolut gleich ausgestattet sind. Von den Aktien der Deutschen Telekom gibt es zwar mehrere Milliarden Stück, aber die gleichen sich wie ein Ei dem anderen. Jede Aktie beinhaltet dieselben Rechte und denselben Anteil am Unternehmen. Wenn man eine Aktie kaufen möchte, muss man nicht in den Emissionsprospekt schauen, um ein Bild von den einzelnen Merkmalen zu bekommen, denn es gibt nur die eine Standardvariante. Deshalb kann man auch von »der« T-Aktie sprechen, aber nicht von »der« Immobilie oder »dem« Sparbrief.

Doch auch bei standardisierten Anlageformen gibt es Unterschiede im Hinblick auf die Liquidität. Nicht jedes Wertpapier stößt bei Anlegern auf gleich hohes Interesse. Bei einem Wert wie der T-Aktie kann man sicher sein, jederzeit einen Käufer oder Verkäufer zu finden, weil das allgemeine Interesse an diesem Papier sehr hoch ist. Der Handel findet fortlaufend statt und es sind zu jedem Zeitpunkt genügend Anbieter und Nachfrager am Markt. Doch das ist eher die Ausnahme. Die meisten Aktien können nicht laufend gehandelt werden, da Angebot bzw. Nachfrage in entsprechendem Umfang einfach nicht vorhanden sind. Zwar sind die Anlageformen standardisiert und damit die Voraussetzungen für einen regen Handel geschaffen. Aufgrund des mangelnden Interesses von Seiten der Marktteilnehmer fehlt es jedoch an Liquidität.

Magisches Dreieck

Ideal wäre eine Anlageform, wenn sie drei Eigenschaften gleichzeitig erfüllen könnte: eine hohe (zu erwartende) Rendite, geringe Risiken und eine hohe Liquidität. Doch das sind Wunschvorstellungen, die sich nicht realisieren lassen. In der Praxis besteht auf jeden Fall ein Spannungsverhältnis zwischen Rendite und Risiko. Hohe Erträge sind nur zu erwarten, wenn auch entsprechende Risiken übernommen werden. Wer zum Beispiel eine sichere Anlageform ohne Verlustrisiken anstrebt, erzielt allenfalls eine Rendite in Höhe des »sicheren Zinssatzes«. Höhere Ertragserwartungen sind auch mit größeren Risiken verbunden.

Auch die schnelle Verfügbarkeit (Liquidität) steht in engem Zusammenhang mit Ertrag und Risiko einer Anlageform. Grundsätzlich gilt: Je liquider eine Anlagealternative, umso geringer ist ihre Rendite. Bargeld (Geldscheine und Münzen) ist zwar sofort verfügbar und damit höchst liquide, dafür erzielt man allerdings keine Erträge. Ist ein Anleger hingegen bereit, sein Kapital für einen längeren Zeitraum zu binden, so steigen auch die Renditen. So bringt zum Beispiel eine zehnjährige Bundesanleihe im Allgemeinen mehr Zinsen als etwa ein dreimonatiges Festgeld. Den höheren Ertrag kann man als eine Art Entschädigung für die fehlende kurzfristige Verfügbarkeit betrachten.

Doch auch eine grundsätzlich lange Bindungsdauer wie bei Bundesanleihen zwingt den Anleger nicht unbedingt, das Wertpapier bis zur Endfälligkeit zu behalten. Denn viele langlaufende Anlageformen sind auch zwischenzeitlich – im Regelfall an einer Börse – handelbar. Es besteht die Möglichkeit, sich vor dem eigentlichen Laufzeitende wieder von dem Wertpapier zu trennen. Trotz ihrer prinzipiell langen Bindungsdauer sind Titel wie zum Beispiel Bundesanleihen also liquide. Doch die schnelle Verfügbarkeit bedeutet auch, dass der Anleger nicht den für den Endtermin vereinbarten festen Rückzahlungskurs erhält, sondern den aktuellen Börsenpreis. Und der ist ungewiss und kann darunter (aber auch darüber) liegen. Die Ausstiegsmöglichkeit wird demnach mit einem unsicheren Rückgabekurs erkauft. Die hohe Liquidität ist also eng verbunden mit einem Risiko.

Man sieht, in welchem Spannungsverhältnis Rendite, Risiko und Liquidität stehen. Diese Beziehung zueinander bezeichnet man auch als »Magisches Dreieck«.

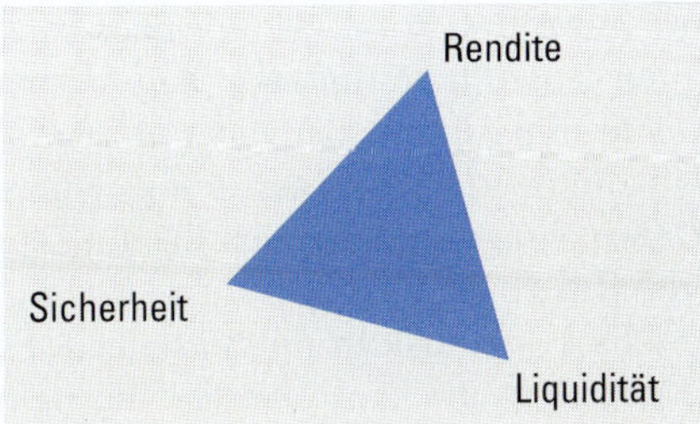

Magisches Dreieck der Geldanlage

Operative Risiken

Außer finanziellen kommen auch *Betriebs-* oder *operative Risiken* vor. Deren Ursachen liegen in den Abläufen und Organisationsstrukturen von Banken, Fondsgesellschaften usw. Nicht vorhandene Kontrollen, die den Anreiz für betrügerisches Handeln erhöhen, fehlerhafte Abstimmungsprozesse oder Ausfälle von Computersystemen können Ursachen für Verluste sein. Im Allgemeinen sind Privatanleger davon jedoch nicht so stark betroffen wie von Marktpreis- oder Kreditrisiken. Dennoch können auch durch Betriebsrisiken Schäden entstehen. Fällt etwa das Handelssystem einer Bank aus, dann ist sie für bestimmte Zeit nicht in der Lage, Geschäfte für ihre Kunden abzuwickeln. Anleger können etwa ihre Aktien unter Umständen nicht schnell genug verkaufen und erleiden dadurch vielleicht Verluste. Passieren kann es auch, dass die Mitarbeiter in einer Bank Fehler machen oder durch Betrug Schäden verursachen, die schlimmstenfalls zu Lasten der Kunden gehen.

Verglichen mit Marktpreis- und Kredit- lassen sich Betriebsrisiken (auch *Operational Risk* genannt) nicht so leicht messen und für Außenstehende auch nur schwierig beobachten.

Risikomanagement

Marktpreis- und Kreditrisiken oder Operational Risk sind kein Phänomen unserer Zeit. Auch früher hat es diese Risiken – wenn auch zum Teil in geringerem Umfang – bereits gegeben, nur haben sich die Menschen früher weniger darum gekümmert. Inzwischen hat sich das Bild jedoch gewandelt. Finanzielle und operative Risiken sind schon seit längerem ein zentrales Thema für Unternehmen aus der Finanzdienstleistungsindustrie. Dies liegt zu einem Großteil an den Finanzkrisen in der Vergangenheit, die einige Banken in Schieflage brachten oder sogar zum Ruin führten. Seitdem ist die Sensibilisierung für dieses Thema stark gestiegen.

Mittlerweile haben Banken und Fondsgesellschaften gute Möglichkeiten, Risiken zu erkennen und gezielt zu steuern, und sie machen – auch weil der Gesetzgeber dies fordert – davon Gebrauch.

Immer stärker gelangen Finanzrisiken auch ins Bewusstsein von Privatanlegern und man erkennt eine zunehmende Bereitschaft, zumindest Marktpreis- und Ausfallrisiken in die Anlageentscheidungen einzubeziehen.

Wir wollen einmal zeigen, wie institutionelle Marktteilnehmer Risiken managen. Zum Teil orientieren sich bereits aber auch Privatanleger an dieser Vorgehensweise.

Es ist für Institutionen wie Banken oder Fondsgesellschaften – und in bestimmtem Rahmen auch für Privatleute – im Allgemeinen nicht sinnvoll, auf Risiken vollkommen zu verzichten. Für gewinnorientierte Unternehmen und Anleger, die auf Dauer mehr als die sichere Verzinsung erzielen wollen, ist eine Übernahme von Risiken unumgänglich. Entscheidend ist jedoch der kontrollierte Umgang damit.

Ein Grundsatz lautet: Man sollte stets nur so viel Risiken eingehen, wie auch verkraftet werden können. Denn man sollte immer damit rechnen, dass sie ihre negative Seite zeigen oder – wie man sagt – schlagend werden. Daher hat es keinen Zweck, Risiken auf sich zu nehmen, die im Ernstfall die gesamte Existenz bedrohen. Ein völliger Verzicht ist allerdings auch keine Lösung, denn damit nimmt sich ein Anleger auch die positiven Seiten (Chancen), die Risiken beinhalten.

Risikobudget

Man versucht daher im ersten Schritt herauszufinden, wie viel Risiko tragbar oder anders gesagt wie hoch das *Risikobudget* ist. Danach wird überprüft, inwieweit die bereits vorhandenen Anlageformen das erlaubte Budget auslasten. Ist es über- oder unterschritten erfolgen im dritten und letzten Schritt entsprechende Anpassungsmaßnahmen. Dazu ein Beispiel:

Beispiel

Angenommen wir haben ein Vermögen von 100.000 Euro, das vollständig in einen Aktienfonds angelegt worden ist, dessen Wert – das hat eine Analyse von Vergangenheitsdaten ergeben – im Jahr um 20 % nach oben und unten schwanken kann.

Aus bestimmten Gründen können wir uns innerhalb der nächsten Monate allenfalls einen Verlust von 10.000 Euro leisten. Daher beträgt das Risikobudget 10.000 Euro (Schritt 1). Aufgrund seines Schwankungspotenzials kann der Fonds wie gesagt jedoch 20 % pro Jahr im Wert schwanken. Damit ist ein Verlust von 20.000 Euro möglich. Die Auslastung des vorhandenen Risikobudgets ist also zu groß (Schritt 2). Um wieder im Budgetrahmen zu liegen, müssen wir im dritten Schritt eine Anpassung vornehmen. Wir verkaufen die Hälfte der Fondsanteile und legen die frei werdenden Mittel sicher bei einer Bank an. Nun sind nur noch 50.000 Euro einem Risiko ausgesetzt. Wir können innerhalb der kommenden 12 Monate also höchstens 10.000 Euro verlieren (20 % von 50.000 Euro) und liegen damit wieder innerhalb der Budgetgrenzen.

Bestimmte Ausgangsbedingungen verändern sich im Zeitablauf und daher ist in gewissen Zeitabständen ein neuer Durchlauf notwendig. So kann sich zum Beispiel das Risikobudget erhöhen, weil sich ein Anleger mehr Risiken leisten kann oder will. Außerdem besteht die Möglichkeit, dass sich die Budgetauslastung – unter ansonsten unveränderten Bedingungen – erhöht oder verringert, weil die zukünftigen Risiken anders eingeschätzt werden.

Asset Allocation und Financial Planning

Im letzten Abschnitt haben wir bereits gesehen, dass es schon allein aus Risikogesichtspunkten keine Anlageform geben kann, die für alle übereinstimmend optimal wäre. Der eine ist vielleicht alleinstehend und aufgrund seiner persönlichen Voraussetzungen bereit, mehr zu riskieren als etwa ein auf Sicherheit bedachter Familienvater.

Eine wohldurchdachte, zielgerichtete Aufteilung (Allocation) von Kapitalbeträgen auf Aktien, Renten, Devisen oder beispielsweise Immobilien – oder allgemeiner Anlagealternativen (Assets) – ist unerlässlich. Man bezeichnet diesen Vorgang auch als *Asset Allocation*. Sie war lange Zeit fast ausschließlich für institutionelle Anleger ein Thema. Das hat sich mittlerweile jedoch geändert. Auch Privatleute befassen sich immer intensiver damit.

> **Portfolio**
> Den Bestand oder die Gesamtheit an Vermögensgegenständen (Assets) eines Anlegers bezeichnet man allgemein auch als Portfolio. Die Zusammenstellung eines solchen Bestands unter Berücksichtigung bestimmter Ziele und Vorstellungen nennt man *Portfolio-Management*.

Das Ziel liegt darin, einen Kapitalbetrag so auf die Anlagealternativen aufzuteilen, dass er – unter Berücksichtigung der individuellen Verhältnisse des Anlegers – einen größtmöglichen Ertrag bringt.

Eine Asset Allocation kann nicht für jeden Anleger gleich gestrickt sein, da die persönlichen Verhältnisse (etwa die Lebensphase, die steuerliche Situation oder die eigene Risikobereitschaft) eine wichtige Nebenbedingung darstellen und bei jedem anders geartet sind. Bedenkt man weiter, dass auch laufende Einnahmen und Ausgaben sowie bestehende Verbindlichkeiten Auswirkungen auf die Vermögensaufteilung haben, dann sollte man eine Asset Allocation nicht isoliert sehen, sondern nur als Bestandteil einer umfassenden und ganzheitlichen Finanzplanung, auch *Financial Planning* genannt. Besondere Betonung liegt auf dem Wort »ganzheitlich«. Dies unterscheidet Financial Planning deutlich von den traditionellen Beratungsansätzen. Bislang konzentrierte sich ein Anlageberater auf die Beratung bei Wertpapieren, ein Versicherungsberater auf die Risikoabsicherung, ein Immobilienberater auf die Auswahl von Immobilien usw. Keiner hatte jedoch die Gesamtsituation im Blick. Das Ziel beim Financial Planning ist deshalb weiter gefasst als bei der reinen Asset Allocation. Es lautet: Finanzentscheidungen – und das betrifft sowohl Vermögenswerte als auch Verbindlichkeiten – sind so zu treffen, dass sie für die betreffende Person oder den jeweiligen Personenkreis (z. B. Familie) optimal sind. Dies gelingt nur, wenn erstens sämtliche Daten – also etwa auch die persönlichen Zielvorstellungen (z. B. Lebensplanung) – lückenlos erhoben, ausgewertet und zweitens die Vernetzung berücksichtigt wird, also deren Auswirkungen auf Vermögenswerte, Verbindlichkeiten, Einnahmen, Ausgaben und die sonstigen persönli-

Ganzheitliche Finanzplanung

chen, rechtlichen, steuerlichen und wirtschaftlichen Voraussetzungen berücksichtigt werden. Und drittens ist schließlich die aktuelle Gesetzeslage in die Finanzplanung mit einzubeziehen.

Um diesen Ansprüchen gerecht zu werden, muss Financial Planning lebensbegleitend stattfinden. Da weder die Lebensumstände noch die persönlichen Wünsche statisch sind, sondern laufend Veränderungen erfahren, müssen einmal getroffene Entscheidungen überprüft und gegebenenfalls angepasst werden.

Zusatznutzen

Viele sind in dem Glauben, dass die Entscheidung für ein Finanzprodukt (z. B. eine bestimmte Anlageform) ausschließlich von rationalen Kriterien wie Rendite, Risiko oder Laufzeit abhängt. Die Wirklichkeit sieht jedoch ein wenig anders aus: Denn häufig spielen auch Faktoren wie »Bequemlichkeit« oder »intellektueller Anspruch« eine Rolle. Für einige Anleger muss eine Anlageform mit möglichst wenig Zeit und Aufwand verbunden sein, für andere dagegen ist Geld anlegen ein Hobby. Die Berücksichtigung derartiger zusätzlicher Nutzenkomponenten genießt für Produktentwickler bei Banken und anderen Finanzdienstleistern inzwischen einen immer höheren Stellenwert.

Verwahrung und Verwaltung

Früher existierten Wertpapiere, wie am Begriff noch zu erkennen ist, in Papierform. Die bei einer Bank gekauften Aktien oder Anleihen konnten tatsächlich an den Anleger ausgehändigt und bei ihm zuhause oder in der Bank verwahrt werden. *Effektive Stücke* – so nennt man Wertpapiere in Papierform – sind inzwischen eine Ausnahme, denn Aktien oder Anleihen sind – ähnlich wie man es von einem normalen Girokonto kennt – nur noch Buchungsposten auf einer Art Kontoauszug. Man bezeichnet diese Handhabung als *Giroverkehr.* Eine Verwahrung (Deponierung) daheim scheidet deshalb aus. Wertpapiere, die in »Giro-Form« existieren, können sich lediglich im Depot einer Bank befinden. Als »Depot« bezeichnet man allgemein die bei einer Bank verwahrten Wertgegenstände.

Effektive Stücke

Giroverkehr

Geschlossenes und offenes Depot

Liegen sie in einem *Geschlossenen Depot*, so werden die Wertgegenstände verpackt und gegebenenfalls versiegelt zur Verwahrung übergeben. Diese Alternative eignet sich für Dinge, für die keinerlei Verwaltung notwendig ist, wie z. B. Schmuck oder Dokumente.

Dagegen umfasst ein *Offenes Depot* neben der reinen Verwahrung auch die Verwaltung, etwa die Überwachung von Zinsterminen, Fälligkeiten oder Auslosungen. Besonders häufig findet man diese Depotform – auch *Vermögensverwaltungsdepot* genannt – daher bei Wertpapieren.

Im Normalfall erteilt der Anleger einen Auftrag zur Vermögensverwaltung. Die Bank verpflichtet sich, Entscheidungen – mitunter auch in Absprache mit dem Kunden – so zu treffen, wie sie im Rahmen einer üblichen Vermögensverwaltung als zweckmäßig anzusehen sind. Dazu gehören zum einen Anlageentscheidungen, beispielsweise die Umschichtung von Wertpapieren, wenn es die Marktverhältnisse erfordern, oder die Wiederanlage freigewordener Gelder. Zum anderen zählt man dazu auch sämtliche Dienstleistungen rund um die Wertpapierbestände. Die Abteilung in einer Bank, die für diese Aufgaben zuständig ist, heißt auch *Custody*. Sie überwacht und verwaltet für die Anleger alle Arten eingehender Zahlungen (Zinsen, Dividenden), kontrolliert die Durchführung von Corporate Actions – das sind Kapitalerhöhungen sowie -veränderungen – und Aktienumtauschprogramme, stimmt Kundendepots und -konten ab, wertet Transaktionen aus und misst die Performance von Portfoliomanagern.

Custody

Es kommt bei privaten ebenso wie bei institutionellen Anlegern vor, dass Vermögenswerte nicht nur von einer, sondern von verschiedenen Banken verwaltet und verwahrt werden, zum Beispiel weil einzelne Institute ihre Stärken auf unterschiedlichen Gebieten haben. Einige Banken verfügen über große Erfahrung bei Rententiteln, andere dagegen im Aktien- oder Währungsbereich.

Für den Anleger hat dies zu bedeuten, dass Kontakte zu mehreren Banken bestehen. Diese vielen Schnittstellen verursachen einerseits relativ hohe Kosten, andererseits Unübersichtlichkeit, da die Banken unterschiedliche Formate und Verfahren nutzen, um über Anlageergebnisse zu berichten. Einige Anleger schalten deshalb einen »Zentralverwalter« ein – auch *Global Custodian* genannt –, der die Verbindung zu den einzelnen Banken (weltweit) pflegt, deren Arbeit überwacht und die Ergebnisse für den Anleger zusammenfasst und aufbereitet. Das hat den Vorteil, dass der Anleger nur noch einen einzigen Ansprechpartner hat und sich nicht mehr um jede einzelne Bankverbindung selbst kümmern muss.

Global Custodian

Aktien

ien +++ Aktien +++ **Aktien** +++ Aktien +++ **Aktien** +++ Aktien +++ **Aktien** +++ Aktien +++ **Aktien** +++ Aktien +++ **Aktien**

Von Angst und Gier zur »Aktienkultur«

Mit der Aktie der Telekom kam auch die »Aktienkultur« nach Deutschland. Im Zuge der Internet- und Telekommunikationseuphorie waren Aktien plötzlich »Stammtischthema« wie sonst nur der Fußball oder das Wetter. Die erfolgreiche Platzierung der T-Aktie und das Kursfeuerwerk am Neuen Markt nahmen den Deutschen die Angst vor der Aktie. Jeder kannte – zumindest einen! – Nachbarn oder Arbeitskollegen, der bei einer Neuemission zum Zuge kam und sagenhafte Kursgewinne verbuchen konnte. Aktienzeichnen wurde zum Volkssport und hatte schnell eine Popularität erreicht wie Lotto am Samstag. Mit dem Aufschwung traten »Experten« auf den Plan, die gefragt oder ungefragt in Fernsehsendungen, Börsen-Postillen und Internet-Chats ihre Aktienmeinungen verbreiteten. Mit atemberaubenden, fundamental nicht begründbaren Kurszielen trieben sie die Aktiennachfrage in die Höhe und erzeugten vor allem am Neuen Markt eine riesige Spekulationsblase. Viele Papiere hatten plötzlich einen Wert erreicht, den man wirtschaftlich nicht mehr rechtfertigen konnte. Es war nur noch eine Frage der Zeit, bis die Blase platzen würde. Im Herbst 2000 war es dann soweit. Die Kurse brachen zusammen wie Kartenhäuser und Wachstumswerte verloren im Schnitt 80 Prozent ihres Wertes.

Die Gier nach schnellem Reichtum verwandelte sich quasi über Nacht in Angst vor dem finanziellen Ruin. Kritiker sprechen bereits vom Ende der deutschen Aktienkultur.

Mit der Ernüchterung kehrten scheinbar vergessene Tugenden, propagiert von Altmeistern wie Warren Buffett und André Kostolany, ins Bewusstsein der Anleger zurück. Inzwischen wertet man wieder Unternehmensbilanzen aus und analysiert Branchen, anstatt sich von reinen Gewinnfantasien beflügeln zu lassen.

Dieses Kapitel enthält einen vollständigen Überblick zum Thema Aktien. Wir sagen dem Leser, wie man den Aktienwert mit soliden Methoden untersuchen kann. In der Einführung erklären wir, wie Aktien entstehen, welche Arten und Analysemöglichkeiten existieren. Wir zeigen, wie man die allgemeine Marktentwicklung mit Indizes darstellen kann. Schließlich erfährt der Anleger alles Wichtige zum Thema Risikomessung. Auch innovative und anspruchsvolle Konzepte wie etwa Value-at-Risk haben wir mit Hilfe von Fallbeispielen und Grafiken auf einfache Weise beschrieben.

Wie Aktien entstehen

Aktie und Dividende

Unternehmen, insbesondere junge, brauchen relativ viel Kapital, um ihren Betrieb aufnehmen zu können. Betrachten wir als Beispiel den Pharmasektor. Bereits die Entwicklung eines einzigen Medikamentes kann mehrere Millionen Euro kosten, bis zur Zulassung und Vermarktung des Präparats vergehen oftmals aber Jahre. In solchen Fällen stellt sich die Frage, wie man die Finanzierung aufbringen kann. Wer übernimmt die laufenden Personalkosten oder bezahlt den Bau von Forschungslabors und Verwaltungsgebäuden?

Zwar besteht immer die Möglichkeit der Kreditaufnahme, um den Geldbedarf mit Fremdkapital zu überbrücken. Doch es ist erstens gar nicht so einfach, Mittel auf diese Weise zu bekommen, da Banken oft nicht bereits sind, das Ausfallrisiko zu übernehmen, insbesondere dann nicht, wenn Sicherheiten fehlen. Zweitens bedeuten Kredite für den Schuldner in aller Regel Zinszahlungen, und das Jahr für Jahr. Da laufende Einnahmen in der Anfangszeit fehlen oder gering sind, kommt diese Alternative häufig nicht in Frage.

> In den letzten Jahren hat die Beteiligung an nicht börsennotierten Unternehmen stark an Bedeutung gewonnen. Man nennt sie *Private Equity.* Sie ist besonders verbreitet bei Unternehmensgründungen (Start-ups), der Markteinführung neuer Produkte oder zur Wachstumsfinanzierung – insbesondere auch in der Börsenvorstufe. Private Equity ist keine Alternative für einen Börsengang, sondern in vielen Fällen eine Vorstufe für eine Börseneinführung.

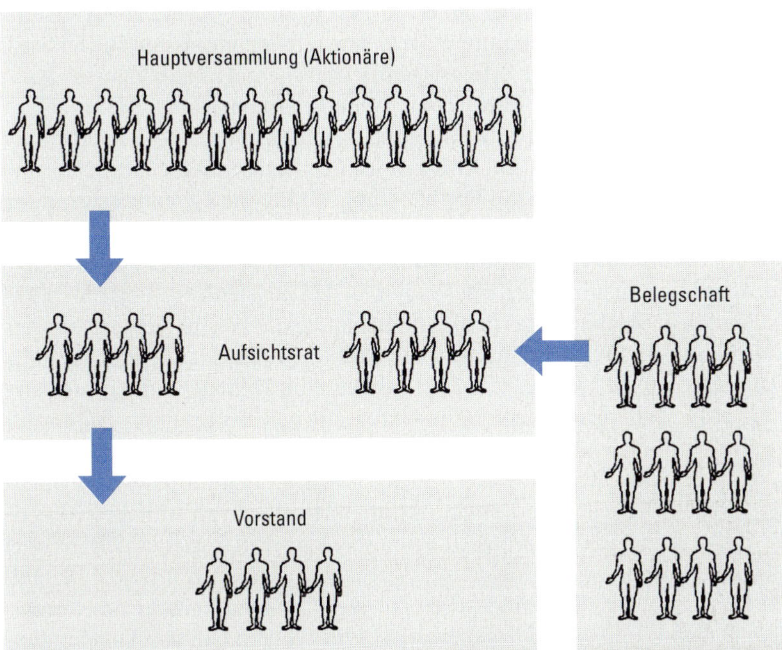

Organe der Aktiengesellschaft

Die finanzielle Basis für das Wachstum junger Unternehmen wird daher oftmals auf andere Art gelegt. Die Gründer verkaufen ganz einfach *Aktien*, oder etwas formeller: Wertpapiere, die dem Inhaber dokumentieren, dass er ein

Stück von dem neuen Betrieb besitzt. Der Verkaufserlös der Papiere kommt in voller Höhe dem Unternehmen, im Amtsdeutsch: Aktiengesellschaft (kurz: AG), zugute und kann etwa für den Bau von Produktionsanlagen oder die Beschaffung von Rohstoffen verwendet werden.

Stammaktie der Daimler-Benz AG

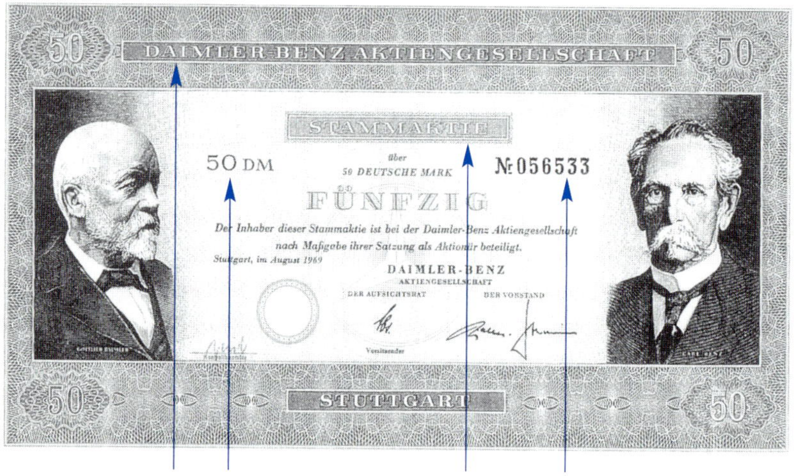

Der Käufer einer Aktie wird – wie schon angedeutet – Miteigentümer der Unternehmung. Als Aktionär hat er Anspruch auf einen Anteil des Gewinns der Aktiengesellschaft, der ihm in Form einer Dividende ausgeschüttet wird. Die Dividende ist von der Ertragslage des Unternehmens abhängig und deshalb im Zeitverlauf keine feste Größe. Weiterhin kann sich der Aktionär einmal jährlich in der Hauptversammlung durch ein in der Aktie verbrieftes *Stimmrecht* an wichtigen Entscheidungen der Aktiengesellschaft beteiligen. Dazu gehören beispielsweise Entscheidungen über die Gewinnverwendung oder über die Entlastung des Vorstandes und des Aufsichtsrates. Will ein Aktionär sein Stimmrecht nicht persönlich ausüben, so kann er es auf andere Personen oder Institutionen übertragen. In den meisten Fällen betrauen Aktionäre die Depotbank, das heißt, die Bank, die die Wertpapiere für sie verwahrt, mit der Wahrnehmung ihrer Rechte in der Hauptversammlung. Dafür erteilen sie dem betreffenden Institut eine Vollmacht, die grundsätzlich auf 15 Monate befristet ist. Dieser Vorgang wird als Erteilung des *Depotstimmrechts* bezeichnet und kann jederzeit rückgängig gemacht werden.

Stimmrecht

In Deutschland war es früher zudem üblich, Aktien mit einem Dividendenschein auszugeben, sodass ein Aktionär neben dem eigentlichen Aktienzertifikat, dem *Mantel*, zusätzlich einen so genannten *Bogen* erhielt. Mantel und Bogen zusammen bildeten die Wertpapierurkunde. Ein Bogen bestand aus bis zu zwanzig Dividendenscheinen, auch Gewinnanteilscheine oder *Kupons* genannt, und einem Erneuerungsschein (*Talon*). Um den Dividendenanspruch aus seiner Aktie geltend zu machen, musste ein Aktionär den in der Dividendenbekanntmachung angegebenen Kupon vom Bogen abtrennen und bei einem der in der Bekanntmachung aufgeführten Kreditinstitute vorlegen. Heute, wo Aktien größtenteils nur noch auf Depotkonten hin und her gebucht und kaum noch in Papierform ausgegeben werden, erfolgt die Dividendengutschrift normalerweise automatisch.

Corporate Governance

Typisch für eine Aktiengesellschaft ist, dass die Eigentümer (Aktionäre) zwar ihr Kapital hergeben, aber nicht - zumindest nicht direkt - die Entscheidungen im Unternehmen steuern. Denn dafür ist das Management verantwortlich. Wie man sich leicht ausmalen kann, gibt es durchaus Situationen, in denen die Interessen von Anteilseignern und Managern auseinanderdriften. Angestellte Manager - englisch *Agents* genannt - führen Aktiengesellschaften häufig anders, als es den Eigentümern (*Principals*) recht ist. Anstatt eine verantwortliche, auf Wertschöpfung ausgerichtete Leitung und Kontrolle des Unternehmens anzustreben, stellen die Manager ihr persönliches Wohl in den Vordergrund. So kommt es, um ein einfaches Beispiel zu nennen, vor, dass Vorstände teure, üppig ausgestattete Firmenwagen kaufen, von denen sie zwar selbst profitieren, die den Gewinn der Gesellschaft und damit die Dividende der Aktionäre und die Kurse ihrer Papiere jedoch belasten.

Principal-Agent-Problem

Es ist deshalb nicht verwunderlich, dass man - in den USA schon seit langem - nach Wegen sucht, um dieses *Principal-Agent-Problem* zu beheben. Eine Lösung scheint die Etablierung einer neuen Kultur zu sein, die man mit *Corporate Governance* umschreibt. Ziel ist es, einen Ausgleich zwischen Manager- und Aktionärsinteressen zu schaffen. Das kann man zum Beispiel durch bestimmte Anreize erreichen, die den Manager dazu bringen, im Sinne der Aktionäre zu handeln. Diese Sichtweise basiert auf der Erkenntnis, dass Manager am besten arbeiten, wenn sie sich wie Eigentümer verhalten.

Aktienoptionspläne

Ein häufig verwendetes Instrument sind *Aktienoptionspläne*. Die Manager erhalten einen Teil ihres Gehalts in Form von (meist lang laufenden) Kaufoptionen, denen die Aktien der eigenen Gesellschaft zugrunde liegen. Die Optionen haben am Ende nur dann einen Wert, wenn der Aktienkurs eine vorher festgelegte Schwelle überschreitet. Die Manager haben nun natürlich ein hohes Eigeninteresse, ihre Entscheidungen und Handlungen so auszurichten, dass sie dem Wohl der Gesellschaft dienen. Denn nur dann steigen auch die Kurse - und das ist ja gerade im Interesse der Aktionäre - und die Optionen der Manager nehmen an Wert zu.

Außer der Installierung von Anreizen beinhaltet Corporate Governance noch eine Reihe weiterer Instrumente. Beispielsweise sollen Aktionäre rechtzeitig und regelmäßig Informationen über das Unternehmen erhalten. Außerdem muss eine wirkungsvolle Kontrolle des Managements durch den Aufsichtsrat gewährleistet sein.

Die Bilanz einer Aktiengesellschaft

Damit auch diejenigen, die mit einer Aktiengesellschaft in Beziehung stehen, etwa deren Aktionäre, Schuldner oder Finanzbehörden, erfahren, was im »Inneren« passiert, hat der Gesetzgeber die Gesellschaften dazu verpflichtet, Rechenschaft abzulegen über den Erfolg der Geschäfte und über das, was die Verantwortlichen mit den anvertrauten Finanzmitteln gemacht haben. Einmal jährlich verfasst jede Aktiengesellschaft deshalb einen *Geschäftsbericht*, in dem sie Außenstehenden, insbesondere Aktionären und Gläubigern,

a) über die Umsatz- und Gewinnentwicklung in den zurückliegenden Monaten berichtet und
b) ein aktuelles Bild von der Vermögenssituation vermittelt.

Gewinn- und Verlustrechnung

Der Geschäftsbericht besteht demzufolge aus zwei Teilen. Zum einen aus der *Gewinn- und Verlustrechnung*, die Aufschluss darüber gibt, ob im abgelaufenen Geschäftjahr – einfach gesagt – ein positives oder negatives Ergebnis entstanden ist. Dafür listet man die Erträge und Aufwendungen sortiert nach Arten auf, um einen besseren Einblick zu bekommen, an welchen Stellen Kosten entstanden sind und wo das Unternehmen Erträge verbuchen konnte.

Sind die Erträge insgesamt höher als der Aufwand, hat die Gesellschaft Gewinn gemacht, ist es umgekehrt, bleibt ein Verlust.

Aktiv- und Passivseite

Zum anderen enthält der Geschäftsbericht die *Bilanz*. Sie hat äußerlich die Form eines T-Kontos und gibt Antworten auf zwei wesentliche Fragen: Woher stammt das Geld, mit dem die Aktiengesellschaft arbeitet und wie hat sie die bereitgestellten Mittel verwendet? Während die Herkunft des Geldes auf der so genannten *Passivseite* (rechte Bilanzseite) zu finden ist, stehen wichtige Informationen über die Mittelverwendung auf der *Aktivseite* (linke Seite).

Bilanz

Aktiva	Passiva
Anlagevermögen	Eigenkapital
–	– Gezeichnetes Kapital (Grundkapital)
–	– Kapitalrücklagen
Umlaufvermögen	– Gewinnrücklagen
–	– Bilanzgewinn / Bilanzverlust
–	Fremdkapital
–	– Verbindlichkeiten
–	– Rückstellungen

Eigenkapital

Grundsätzlich gibt es zwei Möglichkeiten, um Kapital zu beschaffen: Auf der einen Seite können sich Anleger direkt an der Gesellschaft beteiligen und sozusagen ein Stück vom Unternehmen erwerben. Zu diesem Zweck werden Anteilscheine (Aktien) verkauft. Über den Mittelzufluss können die Manager der AG frei verfügen und zum Beispiel Gebäude und Maschinen kaufen. Das Geld stammt von Eigentümern und deshalb nennt man es auch »Eigenkapital«. Die Käufer der Aktien haben Anspruch auf Gewinn und ein Stimmrecht in der Hauptversammlung, aber sie können nicht die Rückzahlung ihres Geldes verlangen. Denn Eigenkapital hat keine Laufzeit. Es steht unbefristet zur Verfügung und wird erst dann zurückgezahlt, wenn eine Gesellschaft – was allerdings sehr selten vorkommt – aufgegeben wird.

Doch Aktionäre können auf einem anderen Weg wieder an ihr eingesetztes Kapital gelangen, denn die Anteile kann man – im Regelfall über die Börse – an andere Anleger verkaufen. Dieser Transfer hat keinen Einfluss auf die finanzielle Situation in der Gesellschaft. Es findet quasi lediglich ein Eigentümerwechsel statt.

Grundkapital

Eigenkapital setzt sich im Regefall aus mehreren Bestandteilen zusammen. Ganz oben steht das *Grundkapital*, das auch gezeichnetes Kapital, haftendes Kapital oder Nennkapital heißt. Früher entsprach es immer der Anzahl insgesamt ausgegebener Aktien multipliziert mit dem jeweils aufgedruckten Nennwert pro Aktie. Neuerdings dürfen aber auch in Deutschland Aktien ohne Nennwert ausgegeben werden und es gibt heute nur noch ein Prinzip, das die »Beziehung« zwischen Aktienanzahl und Grundkapital regelt: Eine einzelne Aktie muss mindestens einen Euro des Grundkapitals der Aktiengesellschaft repräsentieren. Oder anders gesagt: Das Grundkapital, ausgedrückt in Euro, muss mindestens der Anzahl an Aktien entsprechen.

Kapitalrücklage

Der tatsächliche Unternehmenswert liegt in den meisten Fällen über dem bilanzierten Grundkapital, und zwar auch schon zum Zeitpunkt der Unternehmensgründung. Der Betrag, der über den Nennwert pro Aktie oder – bei nennwertlosen Aktien – über einen Euro hinausgeht, taucht nicht im Posten Grundkapital auf, sondern in der *Kapitalrücklage*. Sie bildet den zweiten Bestandteil des Eigenkapitals. Der dritte ist der *Bilanzgewinn* oder *-verlust*: Erzielt eine Aktiengesellschaft in einem bestimmten Jahr einen Bilanzgewinn oder -verlust, erhöht bzw. vermindert sich das Eigenkapital. Die Höhe des Gewinns (Verlustes) ergibt sich jedoch nicht aus der Bilanz selbst, sondern aus der Gewinn- und Verlustrechnung. In der Bilanz taucht als eigener Posten nur jener Anteil des Unternehmensgewinns auf, der nicht an die Aktionäre fließt. Er wird bei Erstellung der Folgebilanz mit den Bilanzgewinnen und -verlusten aus früheren Jahren verrechnet und geht anschließend in der Position *Gewinnrücklagen*, dem vierten Eigenkapitalposten, unter.

Gewinnrücklage

Eigenkapital =

Gezeichnetes Kapital + Kapitalrücklagen + Gewinnrücklagen
(= Saldo der nicht ausgeschütteten Gewinne sowie der Verluste aus den Vorjahren)

+ Bilanzgewinn oder – Bilanzverlust
(= Bilanzgewinn/-verlust aus dem aktuellen Jahr)

Auf der anderen Seite muss sich eine Aktiengesellschaft auch Geld leihen, etwa von Banken, um beispielsweise einen kurzfristigen Mittelbedarf zu überbrücken.

Fremdkapital

Geliehenes Geld heißt auch *Fremdkapital*. Es muss regelmäßig mit einem vorher vereinbarten Satz verzinst und zu einem bestimmten Termin zurückgezahlt werden. Beim Fremdkapital unterscheidet man zwei unterschiedliche Arten: Rückstellungen und Verbindlichkeiten. *Rückstellungen* sind kein Fremdkapital im eigentlichen Sinn, also keine Bankkredite. Vielmehr müssen sie immer dann gebildet werden, wenn damit zu rechnen ist, dass in den kommenden Geschäftsjahren mit hoher Wahrscheinlichkeit finanzielle Verpflichtungen entstehen. Ist beispielsweise absehbar, dass ein Automobilhersteller im ersten Vierteljahr des neuen Geschäftsjahres eine teure Rückrufaktion durchführen muss, so ist er verpflichtet, noch im laufenden Geschäftsjahr den dafür erforderlichen Finanzmittelbedarf zu schätzen und quasi zurückzuhalten, um entsprechende Vorsorge zu treffen.

Anders die Situation bei echten *Verbindlichkeiten*, etwa offenen Rechnungen oder laufenden Krediten. Hier stehen Höhe und Rückzahlungstermin von Anfang an eindeutig fest. Einfach gesagt sind Verbindlichkeiten »Schulden« gegenüber Lieferanten und Banken.

Aktivseite

Kommen wir nun zur *Aktivseite*. Hier ist nachzulesen, wofür die Mittel, die auf der Passivseite stehen, konkret verwendet wurden. Die Aktivseite besteht aus zwei großen Positionen: dem Anlage- und dem Umlaufvermögen. Zum *Anlagevermögen* gehört das Eigentum, das dem Unternehmen langfristig dient, dies sind insbesondere Grundstücke, Maschinen und langfristige Beteiligungen an anderen Firmen. Im *Umlaufvermögen* findet man hingegen Posten, die schnell umgeschlagen werden oder schnell »umlaufen«, daher die Bezeichnung. Typisch für solche Bilanzpositionen sind Vorräte (Rohstoffe etc.), Bankguthaben oder Bargeld in der Unternehmenskasse.

Da alle finanziellen Mittel für irgendeinen Zweck verwendet wurden – und sei es als Einlage auf einem Konto oder als Bargeldbestand in der Kasse –, muss die Summe der Aktivposten mit der Summe der Passivposten übereinstimmen. Daher ist eine Bilanz stets ausgeglichen.

Grundkapital und Nennwert

Bevor eine Aktiengesellschaft Beteiligungspapiere, also Aktien, ausgeben kann, muss sie festlegen, wie viel vom Verkaufserlös in die Bilanzposition Grundkapital eingestellt wird, und wie viel in die Kapitalrücklagen gelangt. Beide Positionen sind – wie im letzten Abschnitt beschrieben – Bestandteile des Eigenkapitals und auf der Passivseite der Bilanz zu finden. Die Gegenbuchung auf der Aktivseite erfolgt im Umlaufvermögen, einfach ausgedrückt in der Position Kasse.

Emission von 1 Mio. Aktien mit einem Euro Nennwert zum Kurs von 5 Euro.

Bilanz

Aktiva	Passiva
Umlaufvermögen – Kasse +5.000.000 Euro ...	Eigenkapital – Grundkapital +1.000.000 Euro – Kapitalrücklagen +4.000.000 Euro ...

Das Grundkapital diente lange Zeit als wichtige Bezugsgröße, um die Eigentümerstruktur einer Aktiengesellschaft festzulegen: Man teilte das Nennkapital durch die Anzahl an Aktien, die ausgegeben werden sollten. Dabei wählte man die Zahl der Aktien immer so, dass auf jedes Zertifikat ein gerader Betrag entfiel. Beispiel: Bei einem Grundkapital von einer Million Euro hätte man die Aktienanzahl auf zum Beispiel 1.000, 10.000 oder 100.000 Stück festgelegt, sodass sich ein Nennbetrag von 1.000 Euro, 100 Euro bzw. 10 Euro je Papier ergibt.

Bis 1999 wurde der Nennbetrag je Aktie immer auf die Wertpapierurkunden gedruckt. Genauer gesagt musste auf einer Aktienurkunde nach deutschem Recht ein Nennwert von mindestens 5 D-Mark stehen. Seit Einführung des Euro gibt es diese strikte Regel jedoch nicht mehr: Neuerdings sind auch Aktien ohne aufgedruckten Nennwert zulässig, so genannte *Stückaktien*. Einzige Einschränkung: Der auf eine Aktie rechnerisch entfallende Anteil am Grundkapital muss zum Ausgabezeitpunkt mindestens einem Euro entsprechen. Darauf gehen wir im Abschnitt »Aktienarten« noch ausführlicher ein.

Stückaktien

Going Public

Längst nicht alle deutschen Aktiengesellschaften sind an einer Börse notiert. Viele scheuen den Gang an die Börse – auch *Going Public* genannt –, weil damit in aller Regel ein erheblicher zeitlicher Aufwand verbunden ist und bestimmte formelle Auflagen zu erfüllen sind, ganz zu schweigen von den Kosten, die dabei anfallen. Insbesondere kleinere Unternehmen schreckt dies häufig ab.

Überdies muss jedes Börsenunternehmen bestimmte Publizitätsanforderungen erfüllen, die verglichen mit Nichtbörsengesellschaften sehr hoch sind. Im Extremfall müssen alle drei Monate Geschäftsberichte erscheinen. Außerdem ist ein Emittent gesetzlich dazu verpflichtet, alle Tatsachen unverzüglich bekannt zu machen, die erheblichen Einfluss auf den Aktienkurs haben können. Man spricht auch von *Ad-hoc-Publizität*.

Ad-hoc-Publizität

Da eine Aktiengesellschaft mit einer Börsennotierung automatisch das Interesse vieler Anleger auf sich zieht, ist dieser Schritt ein »Gang an die Öffentlichkeit«, daher die Bezeichnung »Going Public«. Zwar ist dieser Weg recht aufwändig, dafür aber auch mit vielen Vorteilen verbunden. Denn mit einer Börsennotierung erreicht man leichter viele Anleger. Die Aktien können breit gestreut und das unternehmerische Risiko damit auf eine Vielzahl von Anteilseignern verteilt werden. Für junge Unternehmen, insbesondere solche aus forschungsintensiven Bereichen, ist der Gang an die Börse oftmals die einzige Möglichkeit, um den Kapitalbedarf bis zur Marktreife ihrer Produkte überbrücken zu können.

Bevor ein Unternehmen Aktien zum Kauf anbietet, sind eine Reihe von Vorbereitungen notwendig. Nachdem die Entscheidung gefallen ist, Kapital über eine *Neuemission* – auch *Initial-Public-Offering* genannt (kurz IPO) – zu beschaffen, kommt in vielen Fällen ein auf IPOs spezialisierter Berater ins Spiel. Seine Aufgabe besteht darin, das Unternehmen börsenfähig zu machen, indem er die Tätigkeiten vieler Spezialisten koordiniert.

IPO

Am Anfang steht ein Plan, der den zeitlichen Ablauf genau regelt. Der erste Schritt beim Börsengang besteht meist darin, ein schlüssiges Emissionskonzept zu entwickeln. Hierunter fällt die Wahl eines zum Unternehmen passenden Marktsegments (zum Beispiel »Neuer Markt«) ebenso wie Überlegungen zu einer guten *Equity-Story*, das ist die Geschichte, die das Unter-

Equity-Story

nehmen interessant machen, Analysten überzeugen und die Fantasie der Anleger wecken soll. Im Allgemeinen steigen die Absatzchancen für die Aktie, wenn eine gute »Story« vorhanden ist. Dies kann zum Beispiel eine anhaltend gute Aktienmarktentwicklung sein oder eine bestimmte Branche (z. B. Internet oder Biotechnologie), von der sich die Anleger in Zukunft einiges erhoffen. Wichtig ist, dass eine Aktie gut ins aktuelle Marktumfeld passt. Ist der Markt, wie in der Vergangenheit geschehen, zum Beispiel auf New Technology eingestimmt, haben es Internet-Aktien leichter als Papiere von Bauunternehmen.

Emissionsbanken

Der IPO-Berater unterstützt das Börsenunternehmen bei der Auswahl der Emissionsbanken und Wirtschaftsprüfer. Außerdem wird häufig eine Agentur mit der Finanzkommunikation beauftragt.

Die Entscheidung, Aktien an die Börse zu bringen, trifft kein Unternehmen willkürlich. Meist basiert der Entschluss auf reiflicher Überlegung und einer genauen Analyse. Unternehmen, die planen, Anteile an die Börse zu bringen, schalten im Regelfall eine Gruppe von Banken (*Konsortium*) ein, die den Börsengang begleiten. Ein Institut aus diesem Konsortium übernimmt die Federführung. Man bezeichnet den Konsortialführer auch als *Lead-Manager*, die übrigen Mitglieder des Konsortiums als *Co-Lead*.

Lead-Manager

Die Aufteilung der gesamten Emission an die einzelnen Konsortialmitglieder wird für gewöhnlich vom Konsortialführer übernommen. Er ist auch für die Zuteilung an bestimmte institutionelle Investoren – etwa Investmentfonds – zuständig, die größere Tranchen vom Emissionsvolumen abnehmen wollen.

Ob eine Emission Erfolg hat, zeichnet sich nicht nur am hohen Emissionspreis ab, sondern ebenso an einer auf lange Sicht positiven Kursentwicklung der neu ausgegebenen Aktien, zufriedenen Anlegern und den damit verbundenen Möglichkeiten, in Zukunft abermals Kapital durch Ausgabe weiterer Aktien beschaffen zu können.

Stark abhängig ist der Erfolg eines Börsengangs vom Emissionskonzept. Es beinhaltet zum einen die Überprüfung, ob ein Unternehmen für einen Börsengang reif ist. Erkennbar wird dies an bestimmten quantitativen Kriterien wie Unternehmensgröße, Ertragskraft, Alter des Unternehmens und qualitativen Merkmalen, beispielsweise der Unternehmensstruktur (klare Aufbau- und Ablauforganisation usw.), Strategie, Öffentlichkeitsarbeit oder Marktstellung.

Der Erfolg eines Going Public wird zum anderen aber auch durch die Entwicklung des Emissionszeitplans bestimmt, die Auswahl des Börsenplatzes und schließlich die Entscheidung für ein Emissionspreisverfahren.

Es ist häufig so, dass sich Neuemissionen aus zwei Teilen – den *Tranchen* – zusammensetzen. Ein Teil wird auf jeden Fall angeboten, der Rest hingegen nur dann, wenn die Nachfrage entsprechend groß ist. Dieser zweite Teil wird auch Mehrzuteilung oder *Greenshoe* genannt.

Greenshoe

Greenshoe*

Bei einem IPO müssen die Altaktionäre eine bestimmte Menge an Aktien als so genannten Greenshoe bereitstellen. Der Greenshoe entspricht normalerweise einem Anteil von 10 bis 15 Prozent des Emissionsvolumens. Sollen beispielsweise drei Millionen Aktien emittiert werden, umfasst der Greenshoe zusätzliche 300.000 bis 450.000 Aktien. Diese Papiere werden der konsortialführenden Bank, dem Lead-Manager (kurz: *Lead*), für Kurspflegemaßnahmen überlassen. Die Übertragung erfolgt in Form einer Wertpapierleihe: Eigentümer des Greenshoe bleiben die Altaktionäre, verfügungsberechtigt ist jedoch der Lead. Letzterer gibt den Greenshoe bei Emission normalerweise vollständig mit in den Markt, wofür es folgende Begründung gibt: Sollte es innerhalb der ersten Tage und Wochen nach dem Börsendebüt zu Kursschwächen kommen, kann die Bank den Greenshoe vollständig oder teilweise über die Börse zurückkaufen. Hierdurch reduziert sie das Angebot und sorgt so für eine gewisse Stabilisierung. Ob mit dem Rückkauf des Greenshoe allerdings tatsächlich ein Absinken des Aktienkurses verhindert werden kann, hängt letztendlich von der jeweiligen Marktsituation ab. Im Prinzip sind die Möglichkeiten für Stützungskäufe, die sich maximal auf 10 bis 15 Prozent der ausstehenden Aktien erstrecken, sehr begrenzt. Oftmals sind es jedoch in der Mehrzahl Kleinanleger, die Zeichnungsgewinne mitnehmen wollen und daher schon wenige Stunden nach Emission wieder Verkaufsorders erteilen. Droht die Gefahr, dass sich diese Verkaufstransaktionen nachhaltig auf den Kurs der neuen Aktien auswirken könnten, tritt der Lead als Nachfrager auf und nimmt die angebotenen Stücke vom Markt.

Nach dem Stützungskauf werden die Aktien an ihre eigentlichen Besitzer, also die Altaktionäre zurückgegeben. Damit letztere die Kurspflegemaßnahmen nicht unterlaufen können, sind sie verpflichtet, die Papiere in ein Sperrdepot zu legen. Erst nach sechs Monaten, so lauten beispielsweise die Vorschriften im Neuen Markt, dürfen sie frei über die Aktien verfügen.

Ist eine kursstützende Maßnahme nicht notwendig, bleibt der Greenshoe vollständig im Markt platziert. Man sagt dann auch: »Der Lead-Manager hat den Greenshoe vollständig ausgeübt.« Der Erlös aus dem Verkauf des Greenshoe fließt den Altaktionären zu. Im Regelfall hat die konsortialführende Bank einen Monat Zeit, um sich für oder gegen die Ausübung des Greenshoe zu entscheiden. Im Fall der ComputerLinks AG entschied sich der Lead-Manager, die DG Bank, bereits nach zwei Wochen, den Greenshoe vollständig auszuüben. Rückkäufe im Rahmen des Greenshoe sind nach einer entsprechenden Mitteilung nicht mehr möglich.

ComputerLinks AG, München: Greenshoe ausgeübt
Aufgrund der positiven Kursentwicklung der Aktien der ComputerLinks AG, München, wurde die eingeräumte Greenshoe-Option über 150.000 Aktien vorzeitig vollständig ausgeübt. ... Mit der Ausübung des Greenshoe fließen der Gesellschaft weitere Mittel in Höhe von ca. 3 Mio. Euro zu. (Auszug aus einer Presseerklärung der DG Bank vom 22. Juli 1999, 15 Tage nach dem IPO der betreffenden Aktie.)

Übrigens: Greenshoes finden nicht nur bei IPOs, sondern genauso bei anschließenden Kapitalerhöhungen Verwendung. Auch dort werden sie von den Leads – falls notwendig – für Kurspflegemaßnahmen eingesetzt.

* Der Begriff »Greenshoe« ist auf ein gleichnamiges US-Unternehmen zurückzuführen, bei dem das Verfahren zum ersten Mal angewendet wurde.

Due Diligence

Due Diligence stammt aus der Sprache amerikanischer Juristen. Die Bezeichnung wird auch hierzulande immer häufiger verwendet, vor allem bei Börsengängen von Unternehmen oder bei Fusionen.

Unter Due Diligence versteht man die umfassende betriebswirtschaftliche Prüfung eines Unternehmens durch spezialisierte, vor allem aber unabhängige, Wirtschaftsprüfer. Damit sich Anleger von einem Unternehmen nicht täuschen lassen, haben die Prüfer die Aufgabe, Zukunftsaussichten des Unternehmens aufzuzeigen. Risiken und Chancen sollen erkannt und bewertet werden. Das Prüfungsergebnis ist Bestandteil des Emissionsprospekts.

Eine Due Diligence geht normalerweise weit über die formale Prüfung von Jahresabschlüssen hinaus. Neben einer genauen Betrachtung der Finanzsituation werden rechtliche und steuerliche Risikofaktoren herausgearbeitet. In die Analyse mit einbezogen werden auch Marktgegebenheiten (Marktpotenziale, Konkurrenzsituation usw.).

Welche Folgen eine nur unzureichend erfolgte Due Diligence haben kann, zeigt die Übernahme von Rolls-Royce-Motor Cars (RRMC) durch Volkswagen im Jahre 1998. Bei Außenstehenden entsteht der Verdacht, dass Volkswagen die Due Diligence nicht gewissenhaft genug betrieben hat. Volkswagen konnte die Rechte an der Marke ›Rolls Royce‹ nicht bekommen, da die Namensrechte bei der Rolls-Royce Plc. liegen und Rolls-Royce Plc. gehört zum Einflussbereich von BMW. Bei einer gründlichen Due Dilligence hätte man dies vorher herausfinden müssen.

Finanzkommunikation

Das Beispiel der Deutschen Telekom zeigt, wie wichtig eine ausgeklügelte Finanzkommunikation heutzutage ist. Ohne die intensiven und aufwändigen Werbeaktionen hätte die T-Aktie wohl kaum den Platzierungserfolg verbuchen können, der ihr letztlich zuteil wurde.

Unter Finanzkommunikation versteht man sämtliche Maßnahmen, die darauf gerichtet sind, ein Unternehmen und seine Aktien nach außen hin bekannt und für private sowie institutionelle Anleger attraktiv zu machen. Meist wird damit eine auf derlei Aufgaben spezialisierte Agentur beauftragt. Diese ist verantwortlich für den Entwurf eines Kommunikationskonzepts, also für Werbemaßnahmen wie zum Beispiel Spots im Fernsehen und Radio, für gezielte Öffentlichkeitsarbeit, etwa Pressekonferenzen oder Fernsehinterviews des Unternehmensvorstands.

Preisfindung und Aktienzuteilung – Verfahren auf einen Blick

Festpreisverfahren

Um den Ausgabekurs einer Aktie festzulegen, haben sich insgesamt drei Verfahren in der Praxis etabliert. Früher dominierte das *Festpreisverfahren*. Die betreuenden Banken und der Vorstand der Aktiengesellschaft einigten sich bereits vor der Veröffentlichung des Verkaufsangebotes auf einen Ausgabepreis. Diesen mussten die Marktteilnehmer, die Aktien kaufen wollten, akzeptieren. Heute ist diese Methode kaum noch gebräuchlich.

Inzwischen zieht man die potenziellen Aktienkäufer und deren Vorstellungen mit in den Preisfindungsprozess ein – mit dem Ziel, einen möglichst marktnahen Emissionskurs zu finden. Am häufigsten nutzen deutsche Banken das *Bookbuilding-Verfahren*. Für die neuen Papiere wird dabei kein fester Preis mehr vorgegeben, sondern eine Preisspanne, die *Bookbuilding-Spanne*. Kaufinteressenten können nun Gebote abgeben, wobei sich der Preis innerhalb der vorgegebenen Bandbreite bewegen muss. Aufgrund der vorliegenden Orderlage am Ende der Gebotsfrist wird schließlich der tatsächliche Emissionskurs bestimmt und umgehend verkündet. Nur Anleger, die mindestens diesen Preis geboten haben, können überhaupt in den Genuss von Aktien gelangen. Ob sie letztlich Papiere erhalten – und wenn ja, wie viele – hängt allerdings davon ab, inwieweit das Aktienangebot ausreicht, um die Nachfrage zu decken.

Bookbuilding

Fazit: Mit dem Bookbuilding-Ansatz lässt sich die Nachfrageseite erheblich besser einbeziehen als mit dem lange Zeit vorherrschenden Festpreisverfahren, bei dem, wie schon angedeutet, die Konsortialbanken – unter Berücksichtigung der fundamentalen Lage des Unternehmens und durch einen Vergleich mit Wettbewerbern – den Aktienausgabepreis mit dem Emittenten aushandelten.

Auktion

Kommen wir zum letzten Kursfeststellungsverfahren, der *Auktion*. In den USA ist sie von allen Methoden am häufigsten anzutreffen. Ähnlich wie beim Bookbuilding-Verfahren reichen Anleger auch hier Gebote ein. Allerdings wird keine Spanne vorgegeben – Anlegern steht also frei, was sie bieten wollen. Nach Ende der Zeichnungsfrist sortiert man die Gebote angefangen vom höchsten bis zum niedrigsten, und zwar so lange, bis die vorhandenen Aktien vergeben sind. Der endgültige einheitliche Emissionspreis, zum dem die Papiere dann ausgegeben werden, richtet sich nach dem niedrigsten Kaufgebot, das noch bedient werden kann.

Zuteilungsverfahren bei Überzeichnungen

In der Praxis kommt es oftmals zu Überzeichnungen, das heißt, es werden mehr Aktien (zu angemessenen Preisen) nachgefragt als angeboten. Um die Zuteilung zu regeln, sind in Deutschland mehrere Verfahren zulässig.

1. *Losverfahren*: Die zur Verfügung stehenden Aktien werden verlost. Letzten Endes entscheidet also das Zufallsprinzip, wer Aktien bekommt und wer nicht.
2. *Zuteilung nach Ordergrößenklassen*: Die vorliegenden Orders werden in Klassen eingeteilt, wobei die bestellte Menge als Einteilungskriterium gilt (bis 100 Stück, 101 bis 200 Stück usw.). Bedient werden könnten zunächst die größten Klassen, und dann die folgenden kleineren, bis keine Aktien mehr vorhanden sind. Allerdings wäre das für Kleinanleger ungerecht. Ein Ausweg: Allen Klassen wird eine gleich große Menge an Aktien zugeteilt. Damit kommen wir zum dritten Verfahren.
3. *Quotale Zuteilung*: Wenn die konsortialführenden Banken oder der Emittent die vorhandenen Aktien nach einem Mengenschlüssel auf die vorliegenden Orders aufteilt, spricht man auch von quotaler Zuteilung. Man könnte beispielsweise - unabhängig von den tatsächlich bestellten Mengen - jedem Zeichner eine bestimmte Menge an Aktien zuordnen, etwa zehn oder fünfzehn Stück. Die Menge würde dann so gewählt, dass wirklich jeder ein paar Aktien bekommt, also jede Order zumindest zu einem Teil (Quote) bedient

wird. Eine derartige Zuteilung erscheint gerecht, ist aber oft nicht sinnvoll, da institutionelle Anleger wie Investmentfonds mit extrem großen Aktienorders dann das Interesse an der Emission verlieren und ihre Kaufaufträge zurückziehen. Das wiederum ist nicht im Sinne des Emittenten, da institutionelle Anleger als relativ »treue« Investoren gelten, die lange an den zugeteilten Aktien festhalten und damit für eine gewisse Kursstabilität sorgen.

4. *Zuteilung nach Zeitpunkt des Ordereingangs*: Die Orders werden in eine zeitliche Reihenfolge gebracht und dann der Reihe nach (von der frühesten bis zur spätesten Order) bedient, bis keine Aktien mehr vorhanden sind. Hier gilt das Prinzip: Wer zuerst kommt, mahlt zuerst.
5. *Zuteilung nach sachgerechten Kriterien*: Bestimmte Anlegergruppen können bei der Aktienzuteilung bevorzugt werden, sofern man dafür plausible Gründe findet, die auch von anderen potenziellen Anlegern und der breiten Öffentlichkeit akzeptiert werden. Beispielsweise werden im Rahmen von *Friends-and-Family-Programmen* ausgewählte Personen wie Mitarbeiter oder Geschäftspartner bevorzugt mit Aktien bedient. Das kann durchaus im Sinne des Unternehmens (Stärkung der Motivation, Festigung der Geschäftsbeziehungen) und damit seiner künftigen Aktionäre sein.

Investor Relations

Nach der Emission gehört es zu einer der Hauptaufgaben einer Aktiengesellschaft, die Aktionäre regelmäßig über die Geschäftsentwicklung zu informieren. Dazu werden Jahres- und Halbjahresberichte, und immer öfter auch Quartalsberichte veröffentlicht. Im *Jahresbericht* – die ausführlichste der genannten Publikationen – findet man neben einer detaillierten Beschreibung der Tätigkeitsbereiche des Unternehmens außerdem Angaben über die aktuelle Geschäftsentwicklung sowie wichtige Zahlen zum Geschäftsverlauf. Hierzu gehören insbesondere Umsätze und Gewinne, aber auch Angaben über die Kostenentwicklung oder über außergewöhnliche Belastungen, zum Beispiel die Auflösung einer verlustbringenden Tochtergesellschaft. Verantwortlich für die Erstellung der regelmäßigen Publikationen ist normalerweise ein spezieller Bereich innerhalb eines Unternehmens, die *Investor-Relations-Abteilung*. Sie kümmert sich um die Beziehungen (englisch: Relations) zwischen einer Aktiengesellschaft und ihren Aktionären (englisch: Investors). Neben der Erstellung von Jahres-, Halbjahres- und Quartalsberichten, deren jährliche Erscheinungstermine von vornherein in etwa feststehen, hat die Investor-Relations-Abteilung eine weitere Aufgabe zu erfüllen. Wichtige Neuigkeiten müssen laut Aktiengesetz nämlich umgehend der breiten Anlegerschaft bekannt gemacht werden. Und auch dafür ist die Investor-Relations-Abteilung verantwortlich. Stellt sich beispielsweise im Laufe des Jahres heraus, dass die im letzten Bericht vom Vorstand gemachten Prognosen zur Umsatz- und Gewinnentwicklung nicht zu erreichen sind, muss das sofort über die einschlägigen Medien (Nachrichtenagenturen, Tageszeitungen, Internet etc.) verbreitet werden. In dem vorliegenden Fall kann man davon ausgehen, dass die Meldung einen negativen Einfluss auf den Aktienkurs hat. Da alle Aktionäre im Idealfall zeitgleich darüber Bescheid wissen sollen – so sieht es zumindest der Gesetzgeber – sorgt die Investor-Relations-Abteilung für die umgehende Bekanntmachung. Auf diese Weise sollen sämtliche Aktionäre die Möglichkeit haben, eine Entscheidung über den Verkauf gleich-

Jahresbericht

zeitig zu treffen, damit niemand Nachteile erleidet und seine Aktien erst dann abstoßen kann, wenn die anderen bereits verkauft haben.

Auf fast jeder Unternehmens-Homepage ist inzwischen ein Link »Investor-Relations« zu finden. Per Mausklick können Anleger aktuelle Daten über das Unternehmen per Internet abrufen.

Kapitalerhöhungen

Formen

Die meisten Aktiengesellschaften nutzen in den Jahren nach ihrer Gründung häufig die Möglichkeit, weitere Aktien auszugeben und dadurch zusätzliches Kapital zu beschaffen, um es beispielsweise für Erweiterungsinvestitionen oder Firmenübernahmen zu verwenden. Den Verkauf neuer Aktien nennt man auch *Kapitalerhöhung*. Der Erlös fließt bildlich gesprochen in die Kasse der Aktiengesellschaft und steht danach zur freien Verfügung. Das Bilanzbild ändert sich wie folgt: Auf der Aktivseite erhöhen sich die Barbestände, während die Gegenbuchung auf der Passivseite erfolgt, und zwar in den Positionen »Grundkapital« und »Kapitalrücklagen«. Da sich das Kapital der Aktiengesellschaft erhöht, weil Anleger neues Geld »einlegen«, bezeichnet man diese Form der Kapitalerhöhung auch als *Kapitalerhöhung gegen Einlagen*. Als »Beleg« für ihre Einlage erhalten die Anleger neue Aktien.

Kapitalerhöhung

Nach deutschem Recht ist für eine Kapitalerhöhung gegen Einlagen der Beschluss der Hauptversammlung erforderlich. Der Vorstand darf also nur mit Zustimmung der Aktionäre junge Aktien ausgeben.

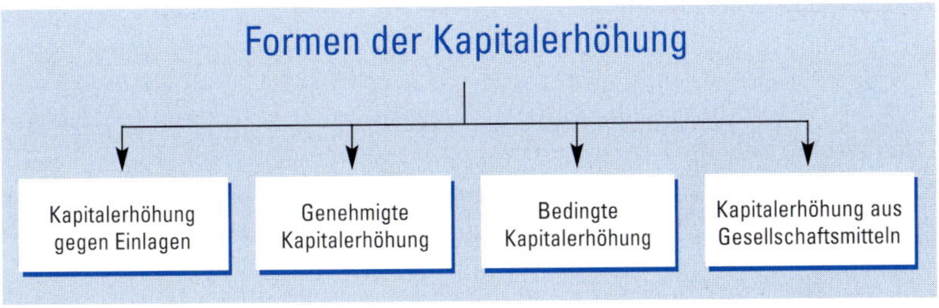

Im deutschen Aktienrecht unterscheidet man noch zwei weitere Formen der Kapitalerhöhung: die *genehmigte* und die *bedingte Kapitalerhöhung*. Beides sind eigentlich Sonderfälle der Kapitalerhöhung gegen Einlagen, da das frische Kapital auch hier aus dem Verkauf von Aktien stammt.

Genehmigte Kapitalerhöhung

Betrachten wir zunächst die *genehmigte Kapitalerhöhung* etwas genauer. Die Hauptversammlung kann dem Vorstand für einen Zeitraum von fünf Jahren die Genehmigung erteilen, das Kapital jederzeit innerhalb dieser Frist um einen bestimmten Betrag – das »genehmigte Kapital« – zu erhöhen. Diese »Erlaubnis« gibt dem Vorstand die notwendige Flexibilität, um in der Zukunft schnell und unbürokratisch auf einen Kapitalbedarf zu reagieren, ohne die nächste Hauptversammlung abwarten zu müssen. Das Gesetz beinhaltet jedoch eine Einschränkung: Die Höhe des genehmigten Kapitals darf die Hälfte des zum Zeitpunkt der Ermächtigung vorhandenen Grundkapitals nicht überschreiten.

Junge Aktien in der Finanzzeitung

Neu ausgegebene Aktien tragen in den Kurstabellen der Finanzzeitung den Zusatz »junge«. Er entfällt erst dann, wenn alte und junge Aktien die gleichen Ausstattungsmerkmale aufweisen. Junge Aktien besitzen anfangs in den meisten Fällen noch keine volle Dividendenberechtigung und sind daher preiswerter.

Allianz Hold.	50,0	F	2614,00b	22,0	11,0	2617,00b	2622,00b	+11	2630	2300
Allianz Hold. junge		F	.			.	.		2580	2500
Allied Signal (USA)		F	.			.	.		59	51

Erhöht eine Aktiengesellschaft in ein und demselben Geschäftsjahr ihr Grundkapital gleich zweimal, so nennt man die aus der zweiten Emission stammenden Aktien »jüngste Aktien«. Sie sind im Kurszettel entsprechend gekennzeichnet.

VW VA	4,0	F	308,00b	10,0	06,0	309,00b	310,00xD	+4	339	262
VW VA jge.		F							340	270
VW VA jgste.		F	-			300,00-T	300,00-T	±0		
Wayss & Freytag	11,0	F	424,00b	25,0	24,0	424,00b	425,00b	+10	540	405

Bedingte Kapitalerhöhung

Die dritte Form schließlich ist die *bedingte Kapitalerhöhung*. Die Hauptversammlung räumt dem Vorstand in diesem Fall die Möglichkeit ein, bei Eintritt bestimmter Bedingungen, das Kapital der Unternehmung von sich aus – ohne spezielle Erlaubnis der Hauptversammlung – durch Ausgabe neuer Aktien aufzustocken. Eine bedingte Kapitalerhöhung ist – wie die Bezeichnung schon sagt – stets an bestimmte Bedingungen geknüpft. Dies sind im Einzelnen:

- Gewährung von Umtausch- oder Bezugsrechten an Gläubiger von Wandel- bzw. Optionsanleihen, die in Zukunft von ihren Rechten aus den Anleihen Gebrauch machen wollen,
- Vorbereitung eines Zusammenschlusses mehrerer Unternehmen und
- Gewährung von Bezugsrechten an Arbeitnehmer der Gesellschaft, wenn das Unternehmen die Ausgabe von Belegschaftsaktien plant.

Kapitalerhöhung aus Gesellschaftsmitteln

Gratisaktien

Die Kapitalerhöhungen, die wir bis hierher beschrieben haben, sind immer mit der Ausgabe neuer Aktien verbunden. Daneben existiert noch eine weitere, vierte Form der Kapitalerhöhung, die nach dem Wortlaut des Aktiengesetzes *Kapitalerhöhung aus Gesellschaftsmitteln* heißt. In einem solchen Fall wandelt man Teile des Eigenkapitals, die in der Bilanz bisher als Kapital- und/oder Gewinnrücklagen standen, in Grundkapital um. Es handelt sich dabei praktisch um eine Umbuchung – das Grundkapital der Gesellschaft erhöht sich um den Wert, um den die Rücklagen schrumpfen. Der gewandelte Betrag wird anschließend auf so genannte *Berichtigungs-* oder auch *Gratisaktien* verteilt, die man anschließend kostenlos an die Altaktionäre im Verhältnis zu ihren bisherigen Anteilen ausgibt.

Bei der Herausgabe neuer Aktien müssen die vorhandenen Aktionäre (Altaktionäre) die Möglichkeit bekommen, ihren bisherigen Anteil am Unternehmen zu erhalten, damit sie keine Vermögensnachteile erleiden. Im Normalfall bedeutet eine Neuausgabe von Aktien, dass sich die vorhandenen Vermögenswerte auf mehr Papiere verteilen als vorher. Als Folge davon sinken die Kurse und die Aktionäre hätten, ohne dass sich an der wirtschaftlichen Situation im Unternehmen etwas geändert hätte, einen Verlust erlitten. Man bezeichnet diesen Effekt auch als *Kapitalverwässerung*.

Kapitalverwässerung

Um diesen Nachteil auszugleichen, gewährt man den Altaktionären *Bezugsrechte*. Sie haben die Möglichkeit, einen Teil der jungen Aktien zu einem vorab festgelegten Preis zu kaufen. Der Ausgabepreis liegt in aller Regel (deutlich) unter dem aktuellen Börsenkurs der alten Aktien.

Jede (Alt-) Aktie, die ein Anleger besitzt, beinhaltet automatisch ein Bezugsrecht. Je nachdem, wie viel junge Aktien ausgegeben werden, sind entsprechend viele Bezugsrechte – oder anders: Altaktien – für den Kauf einer jungen Aktie notwendig. Man bezeichnet diese Relation auch als Bezugsverhältnis. Ein Beispiel: Angenommen, eine Aktiengesellschaft (Grundkapital 400.000 Euro) erhöht ihr Grundkapital um 100.000 Euro. Das Verhältnis ist dann 4 zu 1. Es sind vier alte Aktien (aktueller Börsenkurs zum Beispiel 50 Euro) erforderlich – also 4 Bezugsrechte –, um eine junge Aktie (zum festgelegten Ausgabepreis von beispielsweise 40 Euro) kaufen zu dürfen.

Bezugsverhältnis

Der Gesetzgeber verlangt, dass Altaktionäre eine Frist von mindestens zwei Wochen erhalten, in denen sie ihre Bezugsrechte ausüben können. Mann nennt diese Zeitspanne auch *Bezugsfrist*.

Bezugsfrist

Sein Bezugsrecht kann ein Altaktionär auf folgende Weise ausüben: Er erhält einen Zeichnungsschein – meist von seiner Hausbank –, den er innerhalb der Bezugsfrist ausfüllt. Neben der Anzahl an Aktien vermerkt er dort auch die Aktiengattung, vorausgesetzt, mehrere Aktiengattungen (Stamm-/ Vorzugsaktien) werden ausgegeben.

Die Ausübung der Bezugsrechte ist natürlich nicht verpflichtend. Ein Altaktionär kann auch darauf verzichten und seine Rechte erwerben. und anderen damit die Möglichkeit geben, junge Aktien zu erwerben. Denn die Bezugsrechte sind eigenständige Papiere, die losgelöst von Altaktien handelbar sind. Ihr Preis entsteht durch Angebot und Nachfrage am Markt. Ein Kleinaktionär, der – um auf obiges Beispiel zurückzukommen – bei einem Bezugsverhältnis von 4:1 weniger als vier Aktien besitzt, kann Bezugsrechte dazukaufen und dann eine junge Aktie »beziehen«. Alternativ besteht natürlich auch die Möglichkeit, die vorhandenen Bezugsrechte an jemand anderen zu veräußern.

Der Handel mit Bezugsrechten beginnt am ersten Tag der Bezugsfrist und erstreckt sich normalerweise über den gesamte Bezugszeitraum mit Ausnahme der letzten beiden Tage. Die jungen Aktien gelangen dann direkt nach Beendigung der Bezugsfrist auf den Markt. Aktienkäufer müssen sich jedoch einige Tage gedulden, bevor sie die gezeichneten Aktien erhalten, denn bevor neue Aktien ausgegeben werden dürfen, muss die Kapitalerhöhung in das Handelsregister des zuständigen Amtsgerichts eingetragen worden sein. Da bei der Eintragung die Zweitschriften sämtlicher Zeichnungsscheine der »neuen« Aktionäre vorzulegen sind und Anleger Zeichnungsscheine bis zum letzten Tag der Bezugsfrist bei der AG einreichen können, beginnt die Ausgabe junger Aktien frühestens nach Ablauf der Bezugsfrist.

Bezugsfrist, Bezugsrechtshandel, Ausgabe junger Aktien

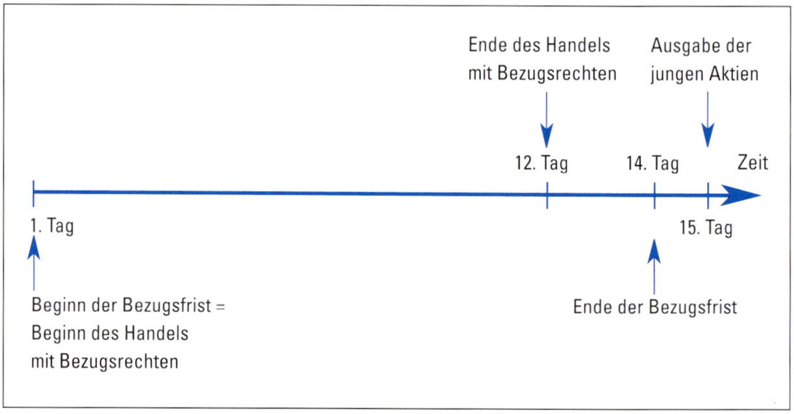

Junge Aktien sind erfahrungsgemäß unmittelbar nach Ablauf der Bezugsfrist sehr illiquide, da einer hohen Nachfrage in vielen Fällen kein entsprechend großes Angebot gegenübersteht. Wer in der Bezugsfrist junge Aktien gezeichnet hat, ist meist nicht daran interessiert, sie sofort wieder zu veräußern. Daher sind in den ersten Wochen nach Ablauf der Bezugsfrist nur geringe Umsätze zu verzeichnen, phasenweise kommt sogar überhaupt kein Handel zustande. Deutlich erkennbar ist dies auch in den Tabellen, wo nur selten ein Kurs zu finden ist und deshalb häufig der Zusatz »-« erscheint.

Deutsche Bank	19.5	F	669,50b	70,5	66,5	668,70b	667,00xD	-29,5	732	637
Deutsche Bank junge		F							696	686
Dt. Verkehrs-Bank	0	F	185,00b	85,0	85,0	185,00b	185,00b	±0	186	170
Dt. Verkehrs-Bank jge.		F				-	-		172	165
Didier	0	F	107,50b	07,5	06,5	107,00b	106,50G	-1	142	105
Digital Equip. (USA)		F	67,20b	67,2	67,0	67,20b	67,00bG	-2,1	69	43

Rechnerischer Wert des Bezugsrechts

Im letzten Abschnitt haben wir bereits gesagt, dass die Ausgabe junger Aktien einen Verwässerungseffekt nach sich zieht. Um diesen Nachteil für die Altaktionäre auszugleichen, gewährt man ihnen Bezugsrechte. Nicht jeder Aktionär übt seine Rechte aus und bezieht junge Aktien, da Bezugsrechte eigenständig und damit handelbar sind. Wir wollen nun einmal demonstrieren, wie man den Wert eines solchen Rechts bestimmen kann.

In fast allen Fällen liegt der Emissionskurs der jungen Aktien unter dem Börsenkurs der alten. Sind beide Aktiensorten vollkommen gleich, beinhalten also beide Aktien die gleichen Rechte und Ausstattungsmerkmale (gleicher Nennbetrag, gleicher Dividendenanspruch etc.), dann kann es für ein und dasselbe Wertpapier auch nur einen einheitlichen Preis geben. Deshalb bildet sich ein neuer Kurs, der einfach ausgedrückt eine Mischung aus Ausgabepreis der jungen und Börsenkurs der alten ist. Ein Beispiel: Angenommen, eine Aktiengesellschaft erhöht ihr Kapital so, dass für jeweils 4 alte

(Börsenkurs 50 Euro) nun eine neue Aktie (Ausgabepreis 40 Euro) mit absolut gleicher Ausstattung herausgebracht wird. Ein Paket aus 4 alten Aktien und einer jungen hat damit einen Gesamtpreis von 240 Euro (4 mal 50 plus 1 mal 40). Teilt man diese Summe durch 5, ergibt sich ein neuer Aktienkurs von 48 Euro.

Der Mischkurs ist auch mit folgender Formel aus der Finanzmathematik berechenbar:

$$\text{Mittelkurs} = \frac{a \times K_a + n \times K_{em}}{a + n}$$

mit

a = Anzahl alte Aktien laut Bezugsverhältnis
n = Anzahl neue Aktien laut Bezugsverhältnis
K_a = Kurs der alten Aktien vor der Kapitalerhöhung
K_{em} = Emissionskurs der neuen Aktien

Nun kann man sich ausrechnen, um welchen Betrag – zumindest rechnerisch – der Börsenkurs der Altaktien sinkt oder anders gesagt: welchen Wertverlust die Altaktionäre erleiden:

Rechnerischer Kursrückgang einer Altaktie = Alter Börsenkurs – Mischkurs

Bezogen auf unser Beispiel würde ein Aktionär mit einer Altaktie 2 Euro (50 € minus 48 €) verlieren, wenn er keinen Ausgleich erhalten würde. Doch er besitzt ja pro Aktie ein Bezugsrecht. Und wenn er vier Bezugsrechte einsetzt, kann er eine junge Aktie zum ermäßigten Preis von 40 Euro kaufen. Die Bezugsrechte bringen ihm gegenüber dem neuen Kurs von 48 Euro einen Preisvorteil von 8 Euro, das sind 2 Euro pro Bezugsrecht.

Auf der einen Seite sinkt der Börsenkurs der Altaktie von 50 auf 48 Euro und der Aktionär erleidet einen entsprechend hohen Verlust. Auf der anderen Seite verleiht die Aktie dem Anleger aber ein Bezugsrecht, dessen Wert 2 Euro beträgt und damit den Verlust wieder ausgleicht. Ein Nachteil entsteht rein rechnerisch daher nicht. Doch man sollte berücksichtigen, dass sich der Preis eines Bezugsrechts in der Realität nach Angebot und Nachfrage bildet und aus diesen Gründen vom berechneten Wert abweichen kann.

Unter Berücksichtigung der beschriebenen Zusammenhänge lässt sich der Wert eines Bezugsrechts mit Hilfe folgender Formel ermitteln:

$$\text{Rechnerischer Bezugsrechtswert} = \frac{\text{Kurs alte Aktie – Emissionskurs junge Aktie}}{\text{Bezugsverhältnis} + 1}$$

Am ersten Börsentag während der Bezugsfrist, also am ersten Tag des Bezugsrechtshandels, reduziert sich der Wert der alten Aktien in etwa um den rechnerischen Wert des Bezugsrechts, da Anleger den Aktien aufgrund der Kapitalverwässerung einen geringeren Wert geben. Der rechnerische Wert ist im Allgemeinen ein guter Indikator, dennoch kommt es in der Praxis zu Abweichungen, etwa wie erwähnt aufgrund von Angebot und Nachfrage. Eine weitere Ursache ist die bei der Mittelkursbestimmung getroffene Annahme einer einheitlichen Kursnotierung alter und junger Aktien nach der Kapitalerhöhung. Dies tritt in der Realität jedoch nur selten ein. In vielen Fällen bestehen aufgrund unterschiedlicher Dividendenansprüche der jungen und der alten Aktien erhebliche Kursunterschiede. Ein Blick auf die Aktienkurstabellen bestätigt, dass die Börsenkurse für junge Aktien im Regelfalle unter dem entsprechenden Kurs der alten Aktien liegen. Das ist darauf zurückzuführen, dass die betreffenden jungen Aktien für das laufende Geschäftsjahr keinen vollen Dividendenanspruch besitzen und daher – im Vergleich zu Altaktien – bis zum nächsten Dividendentermin einen nur verminderten Dividendenertrag bieten.

Der folgende Ausschnitt stammt aus der Handelsblatt-Kurstabelle FORTLAUFENDE NOTIERUNGEN und zeigt unter anderem die Börsenkurse der Computer 2000 AG vom 2.6.1995.

Die Aktie »Computer 2000 junge« ist für das Geschäftsjahr vom 1.10.1994 bis zum 30.9.1995 nur für das zweite Halbjahr (1.4.1995–30.9.1995) dividendenberechtigt. Da die Altaktien im Gegensatz dazu aber das Recht auf Dividende für das volle Geschäftsjahr beinhalten, ist ihr Anspruch folglich doppelt so hoch. Dies spiegelt sich in den unterschiedlich hohen Börsenkursen der alten und jungen Aktien wider.

2.6.95	Div.	Anfang	Verlauf		Kasse	Schluß	+/-	H 95	T 95
Colgate Palm. (USA)	F	-			-	-		109	87
Commerzbank	13,5 F	337,30 b	37.3	36,2	336,60 b	337.00 b	+0,5	352	312
Computer 2000	6,5 F	505,00 b	05.0	01,0	504,00 b	502.00 b	+2	520	387
Computer 2000 junge	F	485,00 b	85,0	77.0	481,00 b	477.00 b	-1	478	420
Contigas	12.0 F	515,00 b	15.0	08.0	508,00 b	515.00 b	+3	516	495
	4.0 F	219.00 b	19,0	16,0	216,50 b	218.00 b	-1	234	186

Kapitalherabsetzung

Eine Aktiengesellschaft kann ihr Kapital, genauer: die Bilanzpositionen »Grundkapital« und »Kapitalrücklagen«, nicht nur erhöhen, sondern auch reduzieren. Eine Möglichkeit dazu bieten zum Beispiel *Aktienrückkaufprogramme*: Die Gesellschaft kauft eigene Aktien an der Börse zurück und lässt die Papiere anschließend vernichten. Buchungstechnisch geschieht nun das Gegenteil von dem, was bei einer Kapitalerhöhung passiert: Auf der Aktivseite reduziert sich der Kassenbestand aufgrund der zurückgekauften Aktien. Auf der Passivseite vermindern sich parallel dazu die Positionen »Grundkapital« und »Kapitalrücklagen«.

Rückkaufprogramm

Die Verminderung des Kapitals heißt im Wortlaut des Aktiengesetzes *Kapitalherabsetzung*. Es gibt zwei Formen, die effektive und die nominelle Kapitalherabsetzung.

Zahlt eine Aktiengesellschaft Bargeld für die angekauften, eigenen Aktien und vernichtet sie die Papiere anschließend, wie das etwa bei einem Aktienrückkaufprogramm der Fall sein kann, spricht man von einer *effektiven Kapitalherabsetzung*. Für die Unternehmung bedeutet dies wie bereits gesagt

- einen Abfluss finanzieller Mittel (Verminderung der Kasseposition auf der Aktivseite der Bilanz) und

• eine Reduzierung der Bilanzpositionen »Grundkapital« und »Kapitalrücklagen« auf der Passivseite.

Die effektive Kapitalherabsetzung darf nur mit Zustimmung der Gläubiger der Gesellschaft oder bei Sicherstellung der Gläubigeransprüche durchgeführt werden. Für die Aktionäre wirkt sich eine effektive Kapitalherabsetzung in vielen Fällen positiv aus, da sich der Wert der verbleibenden Aktien rechnerisch erhöht und der Börsenkurs normalerweise steigt.

Als negativer Schritt ist hingegen eine *nominelle Kapitalherabsetzung* einzustufen. Diese ist für eine Aktiengesellschaft immer dann von Bedeutung, wenn die Gewinn- und Verlustrechnung (GuV) der AG einen Verlust ergibt, der durch die in der Bilanz ausgewiesenen Rücklagen nicht mehr ausgeglichen werden kann.

Zehrt der Verlust in einem solchen Fall nur einen Teil des Grundkapitals auf, entsteht ein Bilanzverlust und eine so genannte *Unterbilanz*. Ein Bilanzverlust zeigt an, dass die AG mehr Grundkapital bilanziert, als tatsächlich vorhanden ist. Er lässt sich buchtechnisch durch eine Kapitalherabsetzung ausgleichen.

Unterbilanz

Beispiel

Die Bilanzposition »Eigenkapital« der Papagei Beteiligungen AG stellt sich zum 31. 12. 2001 sowie genau ein Jahr später folgendermaßen dar:

PASSIVA	Folgejahr Mio. Euro	2001 Mio. Euro
A. Eigenkapital		
I. Gezeichnetes Kapital (Bedingtes Kapital € 1.200.000,00)	15,000	20,000
II. Bilanzverlust – davon Verlustvortrag Mio. Euro 9.581	- 1,366	- 9,581
	13,644	10,419

Die AG weist unter der Position »Eigenkapital« am 31. 12. 2001 und am 31. 12. im darauf folgenden Jahr weder Kapital- noch Gewinnrücklagen aus. Da in den zurückliegenden Jahren ein Verlust in Höhe von 9,581 Millionen Euro entstanden war, reduziert sich das Grundkapital im Jahr 2001 – aufgrund der fehlenden Rücklagen – rechnerisch exakt um diesen Betrag. Die AG schloss das Geschäftsjahr infolgedessen mit einer Unterbilanz und einem Bilanzverlust in Höhe von 9,581 Millionen Euro ab. Das Grundkapital beträgt effektiv nur noch rund 10,4 Millionen Euro, statt der ausgewiesenen 20 Millionen.

Um einen Ausgleich der Unterbilanz bzw. die buchtechnische »Beseitigung« des Bilanzverlustes zu erreichen, beschließt die Hauptversammlung der Papagei Beteiligungen AG

• eine Herabsetzung des Grundkapitals von 20 Millionen auf 10 Millionen Euro und anschließend
• eine Kapitalerhöhung um 5 Millionen auf 15 Millionen Euro.

Im Zuge der Kapitalherabsetzung werden 400.000 umlaufende Aktien mit einem Nennwert von 50 Euro eingezogen und 200.000 neue Aktien ebenfalls mit einem Nennwert von 50 Euro, aber neuen Wertpapier-Kenn-Nummern, ausgegeben. Die AG führt eine Aktienzusammenlegung im Verhältnis von 2:1 durch. Im HANDELSBLATT erscheinen umgetauschte Aktien mit dem Zusatz »konv.« (konvertiert).

Papagei Bet. StA konv.	0	D	71,00bG	70,00b	103	70
Papagei Bet. VA konv.	0	D	70,70b	72,00bG	103	71

Der »Ertrag« aus der Kapitalherabsetzung (10 Millionen Euro) ermöglicht es der AG, den Bilanzverlust in Höhe von 9,581 Millionen Euro aus dem Geschäftsjahr 2001, der in die Bilanz für das folgende Geschäftsjahr übertragen wurde, auszugleichen. Ihr Grundkapital erhöht die AG parallel von 10 auf 15 Millionen Euro. Dies geschieht durch die Ausgabe von 100.000 Aktien mit einem Nennwert von jeweils 50 Euro. Die Aktien werden genau zum Nennwert ausgegeben, sodass die Bildung von Kapitalrücklagen nicht möglich ist. Im zweiten Geschäftsjahr beträgt das bilanzierte Grundkapital durch die Kapitalherabsetzung sowie die anschließende Kapitalerhöhung 15 Millionen Euro, das bilanzierte Eigenkapital durch einen erneut eingetretenen Bilanzverlust jedoch nur noch 13,644 Millionen Euro.

Das schlimmste Ausmaß einer Unterbilanz tritt dann ein, wenn nicht nur die Kapitalrücklagen durch Verluste aufgezehrt werden, sondern auch das komplette Grundkapital. Die AG ist dann überschuldet. Wie schon angedeutet, schließt die Aktiengesellschaft das Geschäftsjahr auch in diesem Fall mit einer Unterbilanz ab. Die Differenz zwischen Verlust und Grundkapital erscheint dann zusätzlich und zwar auf der Aktivseite der Bilanz als »Nicht durch Eigenkapital gedeckter Fehlbetrag«. Eine Überschuldung kann durch eine Kapitalherabsetzung nicht abgewendet werden und führt für gewöhnlich zum Konkurs.

Aktienrückkaufprogramme und Stock Splits

In den USA schon seit Jahren üblich, halten zwei Verfahren zur Aktienkursbeeinflussung nun auch verstärkt in Europa und insbesondere in Deutschland Einzug: Aktienteilungen, so genannte *Stock Splits*, und *Aktienrückkaufprogramme* (»Stock-Buy-Back-Programs«). Beide Maßnahmen werden von den Aktiengesellschaften selbst vorgenommen und betreffen jeweils die eigenen Aktien.

Stock Split

Kommen wir zunächst zum *Stock Split*. Führt eine Aktiengesellschaft einen solchen durch, entwertet sie die umlaufenden »alten« Aktien und gibt für diese eine höhere Anzahl an neuen Aktien aus. Die Altaktionäre erhalten die neuen Aktien kostenlos und in einem festen Verhältnis, auch Split-Verhältnis genannt. Ein Verhältnis von zum Beispiel 2:1 bedeutet, dass sich die Anzahl der umlaufenden Aktien durch den Stock Split verdoppelt, für eine alte Aktie erhalten die Aktionäre demnach zwei neue.

Einen Stock Split sollte man nicht mit einer Kapitalerhöhung verwechseln, da

- die Gesellschaft dabei weder Kapital von außen erhält, was einer Kapitalerhöhung gegen Einlagen entspräche,
- noch einzelne Eigenkapital-Positionen in der Bilanz umgeschichtet werden, wie dies bei einer Kapitalerhöhung aus Gesellschaftsmitteln der Fall ist.

Beispiel

Das Grundkapital eines Unternehmens beträgt laut Satzung 100 Millionen Euro. Das Kapital wurde durch die Emission von insgesamt 10 Millionen Nennwertaktien mit einem Nennwert in Höhe von 10 Euro je Aktie aufgebracht.

$$\text{Nennbetrag vor dem Stock Split} = \frac{100 \text{ Mio. €}}{10 \text{ Mio. Aktien}} = 10 \text{ € je Aktie}$$

Einige Jahre nach der Gründung fällt in der Hauptversammlung der Beschluss, die Anzahl der umlaufenden Aktien zu verdoppeln, also einen Stock Split im Verhältnis 2:1 durchzuführen und »zwei neue Aktien für eine alte Aktie« auszugeben. In Folge steigt die Anzahl der umlaufenden Aktien von 10 auf 20 Millionen und der Nennwert je Aktie reduziert sich gleichzeitig um die Hälfte.

$$\text{Nennbetrag nach dem Stock Split} = \frac{100 \text{ Mio. €}}{20 \text{ Mio. Aktien}} = 5 \text{ € je Aktie}$$

Aktionäre erhalten für eine alte Aktie (Nennwert 10 Euro) zwei neue Aktien mit einem Nennwert von jeweils 5 Euro. Auf die Besitzverhältnisse hat der Stock Split keinerlei Auswirkungen.

Eine Aktienteilung zieht generell einen Rückgang des Börsenkurses nach sich, denn durch den Stock Split verteilen sich die Vermögenswerte der Gesellschaft auf mehr Aktien als zuvor. Ein Stock Split bietet daher die Möglichkeit, den Aktienkurs zu steuern – ein Split-Verhältnis von zum Beispiel 10:1 hat zur Folge, dass der Kurs der Aktien nach dem Stock Split nur noch ungefähr 1/10 des »alten« Kurses ausmacht. Eine Aktienteilung kommt immer dann in Betracht, wenn der Kurs der Papiere erheblich gestiegen und insbesondere für Kleinanleger zu »schwer« geworden ist. In Deutschland können Unternehmen jedoch nicht beliebig viele Splits durchführen, da eine Vorschrift im Deutschen Aktiengesetz besagt, dass der auf eine Aktie entfallende Anteil am Grundkapital mindestens einen Euro betragen muss. Würde dieser Wert durch eine Aktienteilung unterschritten, dann wäre sie unzulässig.

Aktienrückkaufprogramme

Vor einem *Aktienrückkaufprogramm*, der zweiten kursbeeinflussenden Maßnahme, ist oftmals das Gegenteil von dem passiert, was sich vor einem Stock Split ergeben hat: Die Aktie ist nicht gestiegen, sondern stark gefallen und hat einen Wert erreicht, der unter ihrem eigentlichen Wert (zum Beispiel dem Buchwert) liegt. Um den Kurs zu beleben, nutzt man häufig die Möglichkeit, einen Teil der Aktien zurückzukaufen. Die Unternehmen treten also als Nachfrager ihrer eigenen Papiere auf und sorgen dadurch für steigende Kurse. Ein Aktienrückkauf bedarf – genau wie ein Stock Split – im Regelfall der Genehmigung durch die Hauptversammlung und den Aufsichtsrat. Bei deutschen AGs muss die Hauptversammlung außerdem den niedrigsten und höchsten Börsenkurs festlegen, zu dem Aktien im Rahmen

BB MEDTECH

EINLADUNG

zur 2. ausserordentlichen Generalversammlung der BB MEDTECH AG, Schaffhausen

Die Aktionärinnen und Aktionäre der BB MEDTECH AG
werden hiermit zur ausserordentlichen Generalversammlung

am Donnerstag, 11. Juni 1998, 14.00 Uhr

im UBS-Konferenzgebäude «Grünenhof», Nüschelerstrasse 9, 8001 Zürich,
eingeladen (Türöffnung 13.45 Uhr).

TAGESORDNUNG

Begrüssung und Feststellungen zur Generalversammlung.

Änderung der Kapitalstruktur

1. **Aktiensplit**
   Der Verwaltungsrat beantragt, jede Inhaberaktie im Nominalwert von SFr. 100.– in zehn Inhaberaktien im Nominalwert von SFr. 10.– aufzuteilen und die Statuten entsprechend anzupassen.
2. **Genehmigte Kapitalerhöhung**
   Der Verwaltungsrat beantragt der Generalversammlung die Schaffung eines genehmig-

des Rückkaufprogramms erworben werden dürfen. Obendrein existiert hierzulande die Vorschrift, dass eine Aktiengesellschaft nicht mehr als 10 Prozent ihrer eigenen Aktien halten darf, wodurch das Potenzial für Rückkäufe auf maximal ein Zehntel der ausgegebenen Aktien beschränkt ist. Der Rückkauf eigener Aktien, der lediglich dem Zweck dient, damit eine Art Handel zu treiben, ist in Deutschland nur in Ausnahmefällen erlaubt.

Aktienvernichtung

Betrachten wir Aktienrückkäufe nun etwas genauer und wenden uns zunächst dem Fall zu, dass die erworbenen Papiere von der Gesellschaft vernichtet werden. Eine AG kauft also einen Teil der umlaufenden Beteiligungspapiere zurück und stampft diese anschließend sprichwörtlich ein. Und mit welchem Effekt? Nun, die vorhandenen Vermögenswerte verteilen sich jetzt auf weniger Aktien – und das hat einen Kursanstieg zur Folge.

Motive für ein Aktienrückkaufprogramm

Vernichtung:

- Höherer Börsenkurs – Steigerung des Shareholder-Value
- Höherer Börsenkurs – Schutz vor Übernahmen
- Optimierung der Finanzstruktur (z. B. höhere Rendite auf eingesetztes Kapital)
- Vereinfachung der Aktionärsstruktur (z. B. Rückkauf von Vorzugsaktien)

Einlagerung (US-Bezeichnung: Stocks are held in treasury)

- Verwendung der Aktien als Akquisitionswährung
- Verwendung der Aktien für Mitarbeiterbeteiligungs- oder -optionsprogramme

Aktienrückkaufprogramm

Aktienrückkaufprogramm

In der 3. ordentlichen Hauptversammlung der SW Umwelttechnik Stoiser & Wolschner AG (SW Umwelttechnik) vom 26.5.2000 wurde der Vorstand ermächtigt, bis zu 60.000 Stück eigene Aktien der Gesellschaft (abzüglich bereits gehaltener eigener Aktien) während einer Geltungsdauer von 18 Monaten ab dem Tag der Beschlußfassung zu einem Gegenwert zwischen Euro 10,- und Euro 80,- zu erwerben, wobei gemäß 65 Abs 2 AktG das Ausmaß aller gemäß 65 Abs1 Z1, 4, 5, 8 und 9 AktG gehaltenen eigenen Aktien der Gesellschaft einen Anteil von 10 % des Grundkapitals nicht übersteigen darf. Der Vorstand hat beschlossen von dieser Ermächtigung Gebrauch zu machen.

Angaben zum Aktienrückkaufsprogramm:
1. Tag des Ermächtigungsbeschlusses gemäß 65 Abs1Z9 AktG ist der 26.5.2000.
2. Tag der Veröffentlichung des Hauptversammlungsbeschlusses gemäß 65 Abs 1a AktG im Amtsblatt zur Wiener Zeitung ist der 10.10.2000.
3. Das Rückkaufprogramm beginnt am 16.10.2000 und endet voraussichtlich am 31.5.2001.
4. Das Rückkaufprogramm bezieht sich auf Stammaktien der SW Umwelttechnik.
5. Es wird beabsichtigt bis zu 43.000 Stück Stammaktien, das sind bis zu 7,2% des Grundkapitals der SW Umwelttechnik rückzukaufen.
6. Der Ankaufspreis für den Rückerwerb eigenes Aktien darf den Kurs von EUR 10,- je Aktie nicht unter- und den Kurs von EUR 80,- je Aktie nicht überschreiten.
7. Der Rückkauf soll über und/oder auflerhalb der Börse erfolgen. Der Rückkauf erfolgt insbesondere zum Erwerb eigener Aktien als Akquisitionswährung.
8. Die SW Umwelttechnik hat 1999 einen Stock Option Plan für Vorstandsmitglieder und leitende Angestellte der SW Umwelttechnik Gruppe beschlossen. Derzeit werden 12.000 Stück eigene Aktien zur Deckung der Optionen gehalten.

Die SW Umwelttechnik beabsichtigt, die Veröffentlichungsverpflichtung gemäß 3 und 4 der Veröffentlichungsverordnung durch die Veröffentlichung von Angaben über die öffentlich zugängliche Internetadresse der SW Umwelttechnik (www.sw-umwelttechnik.at) zu erfüllen.

Rückkauf von SW Umwelttechnik Stammaktien						
Datum	Rückgekaufte Stimmzahl	Anteil am Grundkapital	Gewichteter Durchschnittspreis je Aktie	Höchster Peis je Aktie	Tiefster Preis je Aktie	Wert der rückgekauften Aktien
16.10.00	2200	0,37%	49,05	49,30	48,95	107.910,00
17.10.00	1900	0,32%	49,805	49,95	49,50	94.630,00
18.10.00	1600	0,27%	49,575	49,80	49,50	79.320,00
19.10.00	500	0,08%	49,88	50,00	49,70	24.940,00
20.10.00	500	0,08%	49,84	50,00	49,80	24.920,00
24.10.00	800	0,13%	49,95	49,95	49,95	39.960,00
25.10.00	500	0,08%	49,00	49,00	49,00	24.500,00
Summe	**8000**	**1,33%**	**49,52**	**50**	**48,95**	**396.180,00**

Oftmals reicht schon die Ankündigung eines Aktienrückkaufs aus, um die Nachfrage anzuregen und den Börsenkurs nach oben zu bewegen.

Einlagerung

Es kann aber auch sein, dass eine Aktiengesellschaft die zurückerworbenen Aktien nicht vernichtet, sondern in einem Depot einlagert (englischer Fachausdruck: »to hold in treasury«). Die Papiere dienen dann später besonderen Zwecken, zum Beispiel für die Ausgabe an Mitarbeiter im Rahmen von Mitarbeiteroptionsprogrammen oder den Erwerb anderer Gesellschaften durch Aktientausch. Ein Rückkauf ohne Vernichtung der zurückerworbenen Aktien führt zumindest vorübergehend zu einer Angebotsverknappung und unter normalen Umständen auch zu steigenden Kursen. Sobald die Papiere aber an Mitarbeiter vergeben oder zum Kauf einer anderen AG verwendet wurden, kann es schnell zu einer Kompensation der »künstlich ausgelösten« Preissteigerung kommen.

Rückkaufprogramme kann man durchaus positiv bewerten: Unternehmen signalisieren dem Markt damit, dass sie die eigenen Aktien für unterbewertet halten und sprechen damit indirekt eine Kaufempfehlung aus.

Ein Aktienrückkauf hat fast immer eine preissteigernde Wirkung und ist aus Sicht der (verbleibenden) Aktionäre meist lohnenswert.

Doch es gibt auch Fälle, in denen ein derartiger Schritt nicht ganz nachvollziehbar ist. Dies gilt etwa dann, wenn ein junges Unternehmen, von dem man eigentlich ein überdurchschnittliches Wachstum und damit verbunden einen hohen Investitionsbedarf erwartet, plötzlich die vorhandenen Barmittel für Aktienrückkäufe verwendet. Die Wachstumsaussichten scheinen in solchen Fällen eine Fehleinschätzung zu sein.

Mergers & Acquisitions: Ihr Einfluss auf den Aktienkurs

Wer das Börsengeschehen über eine gewisse Zeit verfolgt, wird feststellen, dass Aktienkurse nicht nur auf lange Sicht starken Schwankungen unterliegen. Deutliche Kursveränderungen können auch binnen kurzer Zeit auftreten. Normalerweise sind sie dann auf bedeutende Neuigkeiten zurückzuführen, insbesondere Nachrichten über Firmenzusammenschlüsse (*Mergers*) oder Übernahmen (*Acquisitions*). Darüber hinaus sind kurzfristige Kursreaktionen regelmäßig auch dann festzustellen, wenn Firmen Geschäftsberichte veröffentlichen. Weichen nämlich Umsatz- und Gewinnzahlen deutlich von den Vorhersagen der Analysten ab,

- werden Aktien abgestoßen, sofern die Geschäftszahlen unter den Prognosen liegen,
- kaufen Anleger Aktien hinzu, wenn die Zahlen die Erwartungen übertreffen.

Diese Reaktionen sind nachvollziehbar, laufen allerdings nicht immer so eindeutig ab, wie hier beschrieben. Es ist sogar schon vorgekommen, dass der Aktienkurs eines Unternehmens gefallen ist, obwohl die Zahlen zur Geschäftsentwicklung sehr positiv waren.

Übernahmen

Die Reaktionen der Marktteilnehmer sind häufig nicht berechenbar. Besonders schwierig einzuschätzen sind Kursentwicklungen, wenn *Unternehmensübernahmen* anstehen. Sehr häufig passiert dann Folgendes: Der Aktienkurs des übernehmenden Unternehmens sinkt, wohingegen der Kurs des Übernahmekandidaten nach oben schnellt. Dies hat einen Grund: Will ein Unternehmen ein anderes übernehmen, bieten seine Manager oft einen Kaufpreis an, der den aktuellen Börsenwert des Übernahmekandidaten zum Teil deutlich übersteigt. Um den tatsächlichen Wert feststellen zu können, schauen die Verantwortlichen zunächst darauf, was der Übernahmekandidat an der Börse im Ganzen kosten würde. Im zweiten Schritt überlegen sie sich dann, wie viel sie draufzahlen wollen, um den Aktionären die Übernahme schmackhaft zu machen.

Kursaufschläge

Da derartige Aufschläge üblich sind, nehmen Spekulanten die Ankündigung einer Übernahme zum Anlass, um Aktien des Übernahmekandidaten zu kaufen – und deshalb steigen die Kurse. Warum aber sinken im Gegenzug die Kurse des übernehmenden Unternehmens? Nun, aus dessen Sicht ist eine Prämienzahlung nur dann sinnvoll, wenn die Gewinnsituation durch die Übernahme in Zukunft besser wird. Doch daran zweifeln viele Anleger und stufen den »überteuerten« Kauf eher als negativ für die Ertragsentwicklung ein. Sie verkaufen dann ihre Aktien, was Kursrückgänge zur Folge hat.

Feindliche Übernahme

Bei Androhung einer Übernahme gegen den Willen des Unternehmensvorstandes (auch feindliche Übernahme genannt), gelingt es manchmal, das Vorhaben zu verhindern, indem Kooperationen oder Zusammenschlüsse mit anderen Unternehmen erfolgen. Man muss im Einzelfall genau abwägen, wie wahrscheinlich das Gelingen einer Übernahme wirklich ist.

Neue Variante: Übernahme durch Aktientausch

In jüngster Zeit hört und liest man immer öfter von einer recht ungewöhnlichen Methode der Firmenübernahme: Dem Unternehmenskauf durch *Aktientausch*. Er läuft etwa so ab: Die übernehmende Gesellschaft (Unternehmen A) bietet den Aktionären des Übernahmekandidaten (Unternehmen B) kein Bargeld, sondern Aktien des eigenen Unternehmens an. Akzeptieren die Aktionäre von B die Aktien, kann die Übernahme stattfinden. Dies führt dann zu veränderten Besitzverhältnissen. Unternehmen B fällt praktisch in die Hände von A.

In Deutschland gibt es ein bekanntes Beispiel für diese Form der Übernahme, den Fall *Vodafone/Mannesmann* aus dem Jahre 2000. Die Aktionäre der Mannesmann AG erhielten für eine Aktie 58,96 Papiere von Vodafone. Der Kaufpreis lag insgesamt bei über 200 Milliarden Euro. Auf andere Weise hätte Vodafone diese Übernahme kaum finanzieren können. Die eigenen Aktien fungieren praktisch als Ersatzwährung. Und diese hat einen umso höheren Wert, je höher die Aktien an der Börse notieren.

Aus Aktionärssicht betrachtet, muss ein Aktientausch nicht unbedingt ein Vorteil sein. Die Aktienmenge des übernehmenden Unternehmens steigt möglicherweise in höherem Maße als die Ertragskraft des neu verschmolzenen Unternehmens in Zukunft. Dadurch könnte der Börsenkurs sinken, was – nach Durchführung des Aktientausches – natürlich alle Aktionäre gleichermaßen trifft.

Da kein Bargeld fließt, sind die Aktionäre des Übernahmekandidaten in ihrer Handlungsfreiheit eingeschränkt. Wer mit dem Tausch nicht einverstanden ist, hat allenfalls die Möglichkeit, die erhaltenen Aktien zu verkaufen.

Aktienerträge und ihre steuerliche Behandlung

Ertragskomponenten und ihre Besteuerung

Bei Aktien stammen Erträge aus zwei unterschiedlichen Quellen, die vor allem steuerlich unterschiedlich behandelt werden. In mehr oder minder regelmäßigen Abständen fließen *Dividenden*, das sind die Gewinnausschüttungen der Gesellschaften an ihre Aktionäre. Man nennt sie auch laufende Erträge. Sie unterscheiden sich von Kursgewinnen, die lediglich einmalig sind und beim Verkauf der Aktien realisiert werden.

Erfahrungsgemäß sind rund drei Viertel des gesamten Aktienertrages Kursgewinne, der Rest hingegen Dividenden.

Besteuerung von Veräußerungsgewinnen

Wie behandelt das Finanzamt Kursgewinne? Entscheidend ist, in welchem Zeitraum diese entstehen. Wer ein Wertpapier nicht länger als ein Jahr (*Spekulationsfrist*) behält, muss seine Kursgewinne grundsätzlich versteuern. Voraussetzung ist jedoch, dass der Ertrag die Barriere (= Freigrenze) von 999,99 D-Mark (512 Euro) überschreitet. Sind die Kursgewinne dagegen geringer, geht das Finanzamt leer aus. Das gleiche gilt, wenn Anleger warten und ihre Papiere erst nach Ablauf von einem Jahr wieder abstoßen.

Wichtig ist, dass ein Anleger die Freigrenze für jede Aktie im Einzelnen überprüfen muss. Wer beispielsweise fünf Aktienpositionen zu verschiedenen Zeitpunkten aufgebaut hat und die Papiere gemeinsam zu einem späteren Zeitpunkt wieder verkauft, muss für jede einzelne Position prüfen, ob seit dem Kauf zwölf Monate verstrichen sind. Bei Papieren, die vor Ablauf eines Jahres verkauft wurden, ist der Kursgewinn bzw. -verlust gesondert auszurechnen. Beträgt bereits bei einer einzelnen Aktie der Gewinn 999,99 D-Mark (512 Euro) oder liegt er gar darüber, muss der Gewinn versteuert werden und zudem die Gewinne der übrigen Aktien, die weniger als zwölf Monate im Bestand waren.

Künftig gilt das Halbeinkünfteverfahren

Für Aktienkursgewinne gilt künftig das neue Halbeinkünfteverfahren (siehe auch den gleichnamigen Abschnitt). Innerhalb von 12 Monaten entstandene Gewinne müssen dann nur noch zur Hälfte versteuert werden. Die Freigrenze von 999,99 DM gilt künftig weiterhin, verdoppelt sich rechnerisch aber auf knapp 2.000 DM. Rechenbeispiel: Kursgewinn innerhalb der Spekulationsfrist = 1.999 DM, steuerpflichtig = 50 Prozent von 1.999 DM = 999,50 DM. Der Betrag liegt unter der Freigrenze, womit die gesamten 1.999 DM steuerfrei bleiben.

Steuern und Spekulationsfrist

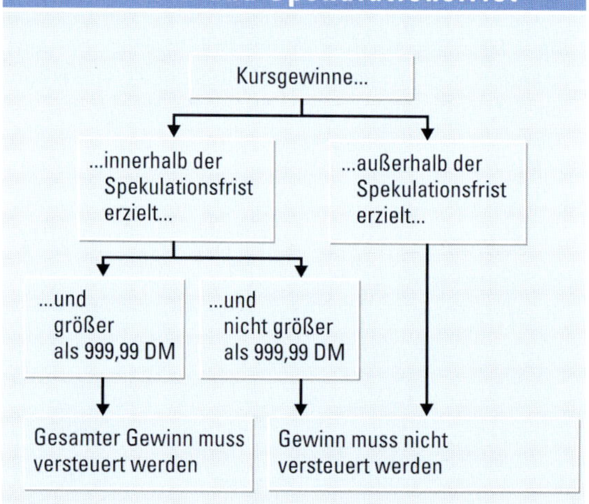

Gewinne dürfen jedoch mit Verlusten verrechnet werden. Wer beispielsweise mit einem Papier innerhalb von zwölf Monaten 999,99 D-Mark (512 Euro) Gewinn erzielt, mit einem anderen jedoch 1 D-Mark (0,51 Euro) Verlust erleidet, bleibt von der Spekulationssteuer verschont. Grundsätzlich gilt also: Liegen die Kursgewinne eines Anlegers bei allen Wertpapieren zusammengenommen unter 999,99 D-Mark (512 Euro), kann er das Geld steuerfrei vereinnahmen. Das Gleiche trifft zu, wenn Anleger warten und ihre Aktien erst nach Ablauf von zwölf Monaten wieder abstoßen, denn Kursgewinne sind – wie erwähnt – nach Ablauf der Spekulationsfrist grundsätzlich steuerfrei. Aufgrund dieser Regelungen kann es sich durchaus lohnen, den Verkauf einer Aktie um einige Zeit zu verschieben, auch wenn bereits Kursgewinne entstanden sind.

Beispiel

Ein Anleger kauft zehn ABC-Aktien zum Kurs von jeweils 1.000 D-Mark (511,29 Euro). 10 Monate später ist der Preis pro Stück auf 1.500 D-Mark (766,94 Euro) gestiegen. Von einem Analysten erfährt der Sparer, dass der Kursgipfel wohl erreicht sei und mit hoher Wahrscheinlichkeit ein Rückgang bevorsteht. Obwohl der Kursgewinn ganz offensichtlich im Augenblick am höchsten ist, könnte es vorteilhafter sein, mit dem Verkauf der Papiere noch zu warten. Trennt sich der Anleger jetzt von seinen Aktien, fällt der Gewinn (5.000 DM oder 2.556,46 Euro) innerhalb der zwölfmonatigen Spekulationsfrist an. Da die Freigrenze (999,99 DM bzw. 512 Euro) überschritten wird, unterliegt der gesamte Profit der Steuer. Bei einem Steuersatz von 30 % verliert er immerhin (rund) 1.500 D-Mark (766,94 Euro) ans Finanzamt und behält selbst nur 3.500 D-Mark (1.789,52 Euro). Geduldet er sich dagegen noch gut zwei Monate lang und verkauft die Aktien anschließend, sagen wir zum Kurs von 1.360 D-Mark (695,36 Euro), muss der Sparer nichts vom Gewinn (3.600 DM oder 1.837,83 Euro) abführen, denn die Spekulationsfrist ist überschritten. Trotz des Kursrückgangs bleibt dem Sparer im Endeffekt ein höherer persönlicher Gewinn.

Nach den Vorschriften des neuen Halbeinkünfteverfahrens wäre der Anleger etwas flexibler, da sich die Freigrenze für Spekulationsgewinne rechnerisch verdoppelt.

Besteuerung von Dividenden – Vollanrechnungsverfahren

Auch Dividendenzahlungen sind für Aktionäre eine Einnahmequelle und auch sie sind zu versteuern. Sobald eine AG Gewinne gemacht hat, sind – zunächst einmal unabhängig von deren weiterer Verwendung – Steuern, genauer *Körperschaftsteuern* (kurz: KöSt), zu zahlen. Der nach deren Abzug verbleibende Restgewinn steht dann frei zur Verfügung. Er kann entweder im Unternehmen einbehalten – man sagt auch thesauriert – oder als Dividende an die Aktionäre ausgeschüttet werden.

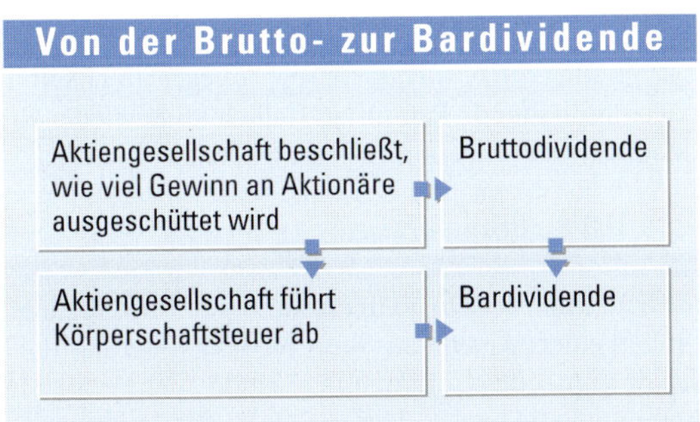

Kommt es zu einer Ausschüttung, so erhalten die Aktionäre Dividenden, die schon vom Unternehmen versteuert worden sind. Da die Erträge aber der AG nicht mehr zur Verfügung stehen, ist nicht das Unternehmen steuerpflichtig, sondern der Empfänger der Dividenden, und das ist der Aktionär.

Man trifft daher eine Unterscheidung zwischen »Brutto-« und »Bardividenden«. Bruttodividenden sind Gewinnausschüttungen vor, Bardividenden hingegen nach Abzug von Steuern.

Ausschüttungen vor Körperschaftsteuern	Ausschüttungen nach Körperschaftsteuern
=	=
Bruttodividenden	Bardividenden

Vollanrechnungsverfahren

Sämtliche Gewinne, die eine Aktiengesellschaft vor dem 1. Januar 2001 erzielt und an ihre Anteilseigner ausgeschüttet hat, sind noch nach den Vorschriften des alten Vollanrechnungsverfahrens zu behandeln. Für spätere Gewinne gilt das neue *Halbeinkünfteverfahren*, das wir im nächsten Abschnitt erläutern. Das folgende Beispiel und auch die Ausführungen bis zum Beginn des nächsten Abschnitts basieren auf den alten Vorschriften und Steuersätzen.

Beispiel

Die »Hypo-Bank« erzielte im Geschäftsjahr 1997 einen ausschüttbaren Bilanzgewinn vor Steuern in Höhe von knapp 550 Millionen D-Mark. Da ihr Grundkapital insgesamt aus 265.275.440 Stück 5-DM-Anteilen besteht, beläuft sich die Bruttodividende (Ausschüttung vor Steuern) auf

$$\frac{549.499.125{,}71 \text{ DM}}{265.275.440 \text{ Anteile}} = 2{,}07 \text{ DM}$$

je 5-DM-Aktie. Die Hypo-Bank muss vor der Ausschüttung jedoch Körperschaftssteuern abführen. Insgesamt sind das 164.849.737,71 D-Mark. Die Bardividende (Ausschüttung nach Steuern) beträgt

$$\frac{384.649.388{,}00 \text{ DM}}{265.275.440 \text{ Anteile}} = 1{,}45 \text{ DM/Anteil.}$$

Deere (USA)		F	-			-	-		128	100
Degussa	10,0	F	449,00b	50,0	48,0	448,50b	449.00b	+0,5	479	382
DePfa-Bank	11,0	F	706,00b	06,0	97,0	700,00b	704.00b	-1	758	646
Dt. Babcock StA	5,0	F	162,00b	64,3	62,0	163,50b	164.30b	+3,8	205	136
Deutsche Bank (5)	19,5	F	69,90b	70,1	69,7	69,90b	70.10b	+0,3	73	63
Dt. Verkehrs-Bank	0	F	-	85,0	85,0	185,00b	185.00b	±0	186	170

Normalerweise ist es auch die *Bardividende*, die Anleger im HANDELSBLATT finden: Mit Hilfe der Bardividende kann man freilich auch wieder Rückschlüsse auf die Bruttodividende ziehen (angenommener Steuersatz = 30 %):

$$\frac{\text{Bardividende}}{70\,\%} \times 100 = \text{Bruttodividende}$$

Die Finanzbehörden stehen bei Dividendenzahlungen vor folgender Situation: Gewinnausschüttungen einer AG sind aus ihrer Sicht in voller Höhe Einkommen der Aktionäre, da sie die Eigner des Unternehmens sind – nicht jedoch Einkommen der Aktiengesellschaften selbst. Die Abgaben auf die Bruttodividende basieren deshalb

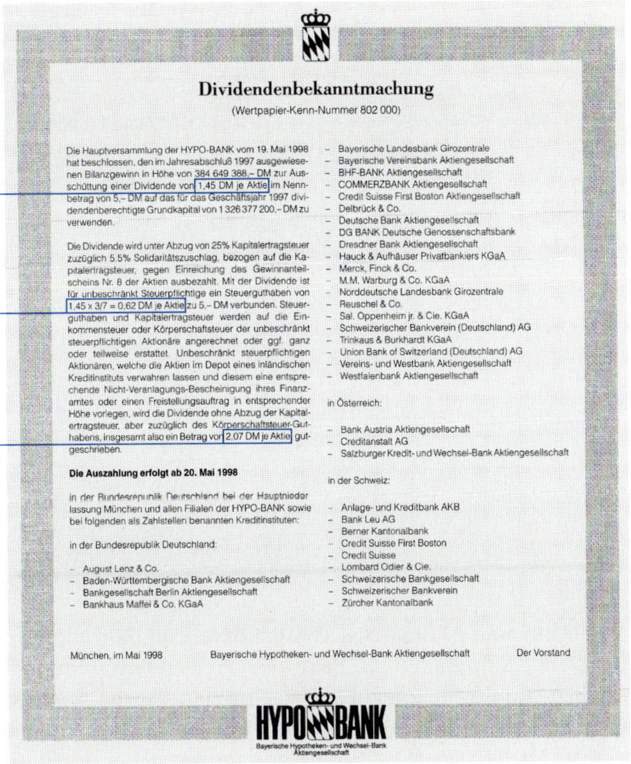

Dividendenbekanntmachung

(Wertpapier-Kenn-Nummer 802 000)

Die Hauptversammlung der HYPO-BANK vom 19. Mai 1998 hat beschlossen, den im Jahresabschluß 1997 ausgewiesenen Bilanzgewinn in Höhe von 384 649 388,– DM zur Ausschüttung einer Dividende von 1,45 DM je Aktie im Nennbetrag von 5,– DM auf das für das Geschäftsjahr 1997 dividendenberechtigte Grundkapital von 1 326 377 200,– DM zu verwenden.

Die Dividende wird unter Abzug von 25% Kapitalertragsteuer zuzüglich 5,5% Solidaritätszuschlag, bezogen auf die Kapitalertragsteuer, gegen Einreichung des Gewinnanteilscheins Nr. 8 der Aktien ausbezahlt. Mit der Dividende ist für unbeschränkt Steuerpflichtige ein Steuerguthaben von 1,45 x 3/7 = 0,62 DM je Aktie zu 5,– DM verbunden. Steuerguthaben und Kapitalertragsteuer werden auf die Einkommensteuer oder Körperschaftsteuer der unbeschränkt steuerpflichtigen Aktionäre angerechnet oder ggf. ganz oder teilweise erstattet. Unbeschränkt steuerpflichtigen Aktionären, welche die Aktien im Depot eines inländischen Kreditinstituts verwahren lassen und diesem eine entsprechende Nicht-Veranlagungs-Bescheinigung ihres Finanzamtes oder einen Freistellungsauftrag in entsprechender Höhe vorlegen, wird die Dividende ohne Abzug der Kapitalertragsteuer, aber zuzüglich des Körperschaftsteuer-Guthabens, insgesamt also ein Betrag von 2,07 DM je Aktie gutgeschrieben.

Die Auszahlung erfolgt ab 20. Mai 1998

in der Bundesrepublik Deutschland bei der Hauptniederlassung München und allen Filialen der HYPO-BANK sowie bei folgenden als Zahlstellen benannten Kreditinstituten:

in der Bundesrepublik Deutschland:

- August Lenz & Co.
- Baden-Württembergische Bank Aktiengesellschaft
- Bankgesellschaft Berlin Aktiengesellschaft
- Bankhaus Maffei & Co. KGaA
- Bayerische Landesbank Girozentrale
- Bayerische Vereinsbank Aktiengesellschaft
- BHF-BANK Aktiengesellschaft
- COMMERZBANK Aktiengesellschaft
- Credit Suisse First Boston Aktiengesellschaft
- Delbrück & Co.
- Deutsche Bank Aktiengesellschaft
- DG BANK Deutsche Genossenschaftsbank
- Dresdner Bank Aktiengesellschaft
- Hauck & Aufhäuser Privatbankiers KGaA
- Merck, Finck & Co.
- M.M. Warburg & Co. KGaA
- Norddeutsche Landesbank Girozentrale
- Reuschel & Co.
- Sal. Oppenheim jr. & Cie. KGaA
- Schweizerischer Bankverein (Deutschland) AG
- Trinkaus & Burkhardt KGaA
- Union Bank of Switzerland (Deutschland) AG
- Vereins- und Westbank Aktiengesellschaft
- Westfalenbank Aktiengesellschaft

in Österreich:

- Bank Austria Aktiengesellschaft
- Creditanstalt AG
- Salzburger Kredit- und Wechsel-Bank Aktiengesellschaft

in der Schweiz:

- Anlage- und Kreditbank AKB
- Bank Leu AG
- Berner Kantonalbank
- Credit Suisse First Boston
- Credit Suisse
- Lombard Odier & Cie.
- Schweizerische Bankgesellschaft
- Schweizerischer Bankverein
- Zürcher Kantonalbank

München, im Mai 1998 — Bayerische Hypotheken- und Wechsel-Bank Aktiengesellschaft — Der Vorstand

HYPO BANK
Bayerische Hypotheken- und Wechsel-Bank Aktiengesellschaft

letztlich auch nicht auf dem Steuersatz der Aktiengesellschaften (30 %, ab 2001: 25 %), sondern auf dem persönlichen Steuersatz der Aktionäre.

Für die Aktionäre – nicht jedoch für die Aktiengesellschaft – stellen die Bruttodividenden steuerpflichtige Einkünfte dar, die in der persönlichen Steuererklärung anzugeben sind. Damit es zu keiner *Doppelbesteuerung* kommt – also zu einer Besteuerung sowohl der AG als auch der Aktionäre – passiert Folgendes: Die bereits abgeführten Körperschaftssteuern erkennt das Finanzamt als Vorauszahlung auf die Steuerschuld der Aktionäre an (zumindest bis zum 31.12.2000). Über diesen Betrag vorab gezahlter Steuern bekommen die Aktionäre einen Beleg. Er trägt die Bezeichnung *Körperschaftsteuergutschrift* und muss zusammen mit der Einkommensteuererklärung beim Finanzamt eingereicht werden. Dazu ein Beispiel: Bei einer Bardividende in Höhe von 700 Euro je Aktionär und einem persönlichen Einkommensteuersatz von 40 %, ergibt sich folgende Steuerzahlung:

Doppelbesteuerung

Bardividende	700 Euro
+ KöSt-Gutschrift	300 Euro
= **Brutto**dividende	1.000 Euro
× persönlicher Steuersatz	× 0,4
= Steuerschuld	400 Euro
- KöSt-Zahlung der AG	- 300 Euro
= **Steuerzahlung des Aktionärs**	100 Euro

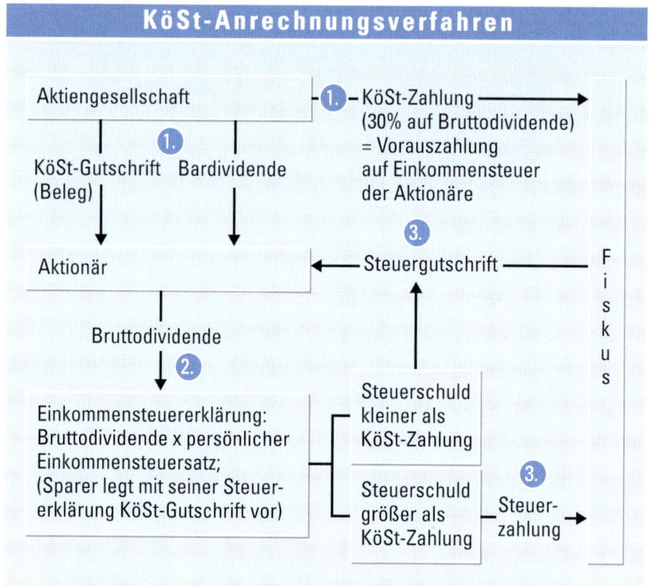

Kapitalertragsteuer

Quellensteuer

Weiterhin sind Aktiengesellschaften bzw. jene Banken, bei denen Aktionäre ihr Depot unterhalten, im Falle von Dividendenzahlungen verpflichtet, zusätzlich zur KöSt einen Kapitalertragsteuerabzug vorzunehmen und das Geld an das Finanzamt abzuführen. Der Steuersatz beträgt 25 % der Bardividende (ab 2001: 20 %). Da die Kapitalertragsteuer direkt an der Quelle einbehalten wird, nennt man sie auch *Quellensteuer*.

Die Dividende nach Abzug von Körperschaft- und Kapitalertragsteuer ist die *Nettodividende*. Letzten Endes fließen (gemäß dem Vollanrechnungsverfahren) lediglich 52,5 % der Bruttodividende an den Aktionär.

Bruttodividende	**1.000 Euro**
./. Körperschaftsteuer (30 % der Bruttodividende)	300 Euro
Bardividende	**700 Euro**
./. Kapitalertragsteuer (25 % der Bardividende)	175 Euro
Nettodividende	**525 Euro**
Fällige Einkommensteuer auf die Bruttodividende (persönlicher Einkommensteuersatz: 40 %)	400 Euro
./. Anrechenbare Körperschaft- und Kapitalertragsteuer	475 Euro
Steuererstattung	75 Euro
Dividende nach Steuern	**600 Euro**

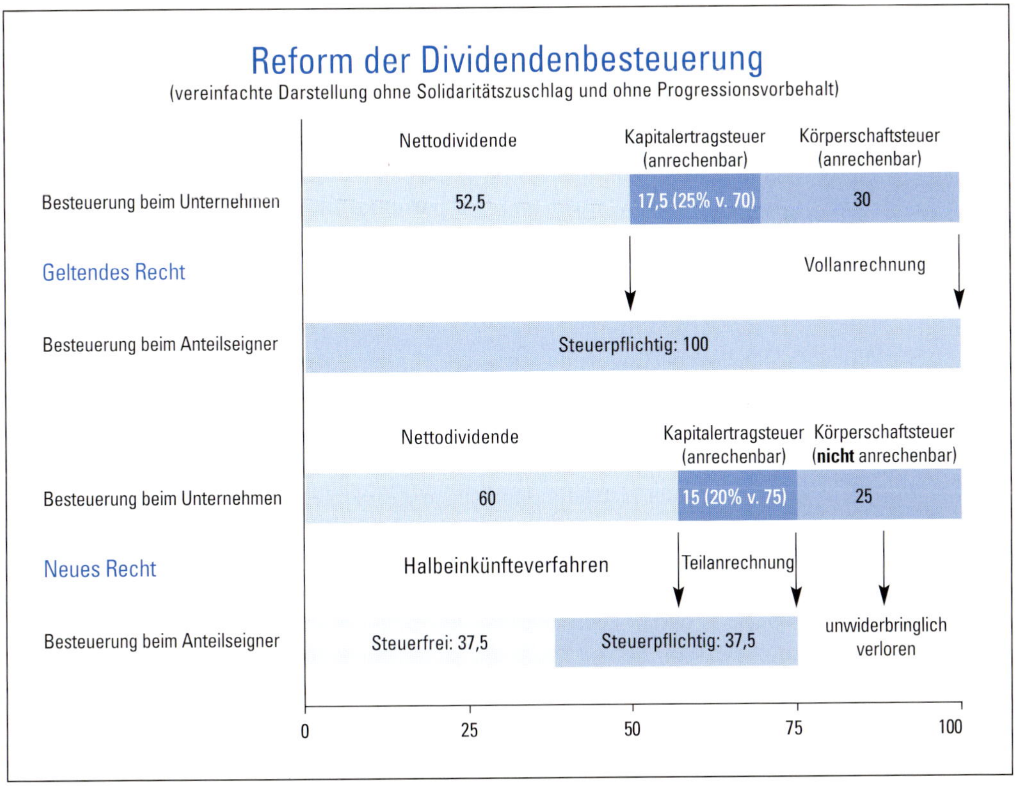

Dividendenbesteuerung nach Anrechnungs- und Halbeinkünfteverfahren

Halbeinkünfteverfahren

Seit dem 1. Januar 2001 gilt das *Halbeinkünfteverfahren*. Betroffen davon sind Gewinne, die Aktiengesellschaften nach dem 1. Januar 2001 erzielen und an ihre Aktionäre ausschütten. Es weist einige grundlegende Unterschiede zum Vollanrechnungsverfahren auf: Thesaurierte und ausgeschüttete Gewinne unterliegen nicht mehr wie bisher unterschiedlichen Steuersätzen (40 % bzw. 30 %), sondern einem einheitlichen Körperschaftsteuersatz von 25 Prozent. Darüber hinaus sind die Körperschaftsteuerzahlungen, die Aktiengesellschaften geleistet haben, nicht mehr auf die Steuerschuld der Anleger anrechenbar. Dies ist der größte Unterschied zum alten Verfahren. Betrachten wir das Halbeinkünfteverfahren etwas näher: Auch hier unterscheidet man zwischen Brutto-, Bar- und Nettodividende. Der Schritt von der *Bruttodividende* zur *Bardividende* erfolgt, indem wir 25 Prozent Körperschaftsteuern abziehen (bisher 30 Prozent).

Bruttodividende
./. $0{,}25 \times$ Bruttodividende
= Bardividende

Die Körperschaftsteuern werden von den Aktiengesellschaften in dem Moment einbehalten, in dem sie Gewinne an ihre Aktionäre ausschütten. Eine

Körperschaftsteuergutschrift erhalten Aktionäre dann jedoch nicht mehr. Die von der AG gezahlten Körperschaftsteuern sind für die Anteilseigner – wenn man so will – verloren.

Von der Bruttodividende fließen nicht 75 % an die Aktionäre, sondern lediglich 60 %. Der Grund: Vor der Überweisung ziehen die depotverwaltenden Banken – wie eben schon angedeutet – noch einmal 20 % Kapitalertragsteuer (Quellensteuer) von der Bardividende ab und leiten das Geld erst danach an die Aktionäre weiter. Die einbehaltene Kapitalertragsteuer fließt an den Staat.

Bardividende
./. 0,20 × Bardividende
= Nettodividende

Für den Anleger bleiben also zunächst 60 % der Bruttodividende übrig. Dies entspricht der Nettodividende nach dem Halbeinkünfteverfahren.

Künftig unterliegt nicht die Bruttodividende der Einkommensteuerpflicht und auch nicht die Bardividende. Stattdessen wird die Hälfte der Bardividende als Berechnungsgrundlage für die Einkommensteuerpflicht herangezogen – daher auch die Bezeichnung *Halbeinkünfteverfahren*. Der Staat besteuert jeweils nur die Hälfte der Bardividende, um auf diese Weise – zumindest annähernd – einen Ausgleich für den Wegfall der Körperschaftsteueranrechnung, wie sie nach dem alten Vollanrechnungsverfahren möglich war, zu erreichen. In einigen Fällen gelingt das. Viele Aktionäre, in erster Linie Kleinanleger, haben durch das Halbeinkünfteverfahren jedoch Nachteile.

An einem Beispiel zeigen wir, wie eine Gewinnausschüttung von 1.000 Euro nach dem neuen Verfahren besteuert wird.

Beispiel

Im Jahr 2001 erzielte eine Aktiengesellschaft 10 Euro Gewinn je Aktie. Dieser Gewinn soll in voller Höhe an die Aktionäre ausgeschüttet werden. Für einen Aktionär, der 100 Aktien besitzt und einem Einkommensteuersatz von 40 Prozent unterliegt, ergibt sich nach dem Halbeinkünfteverfahren folgende Abrechnung:

Bruttodividende	**1.000 Euro**
./. Körperschaftsteuer (25 % der Bruttodividende)	– 250 Euro
Bardividende	**750 Euro**
./. Kapitalertragsteuer (20 % der Bardividende)	– 150 Euro
Nettodividende	**600 Euro**
Steuerpflichtiger Anteil der Bardividende (50 % der Bardividende) = 375 Euro	
Fällige Einkommensteuer auf die Hälfte der Bardividende (persönlicher Einkommensteuersatz: 40 %)	– 150 Euro
./. Anrechenbare Kapitalertragsteuer (20 % der Bardividende)	+ 150 Euro
Dividende nach Steuern	**600 Euro**

Bei einem persönlichen Einkommensteuersatz von 40 Prozent ergibt sich nach altem und neuen Verfahren eine gleich hohe Dividende nach Steuern. Dies ist jedoch ein Ausnahmefall. Normalerweise sind die Beträge unterschiedlich.

Im Allgemeinen werden Anleger mit Einkommensteuersätzen unterhalb von 40 % nach dem Halbeinkünfteverfahren schlechter gestellt, Anleger mit höheren Einkommensteuersätzen hingegen besser. Im Extremfall, einem persönlichen Einkommensteuersatz von 0 %, fällt die Dividendenzahlung nach dem Halbeinkünfteverfahren um 25 Prozent niedriger aus als nach dem Vollanrechnungsverfahren. Bei einer Dividendenzahlung von zum Beispiel insgesamt 1.000 Euro, bleiben nach dem neuen Verfahren 250 Euro weniger übrig.

Dividendenbesteuerung nach Anrechnungs- und Halbeinkünfteverfahren an Zahlenbeispielen

Vollanrechnungsverfahren	Persönlicher Einkommensteuersatz				
	0 %	30 %	35 %	40 %	45 %
Bruttodividende	1.000 Euro	1.000 Euro	1.000 Euro	1.000 Euro	1.000 Euro
./. Körperschaftsteuer (30 % der Bruttodividende)	300 Euro	300 Euro	300 Euro	300 Euro	300 Euro
Bardividende	700 Euro	700 Euro	700 Euro	700 Euro	700 Euro
./. Kapitalertragsteuer (25 % der Bardividende)	175 Euro	175 Euro	175 Euro	175 Euro	175 Euro
Nettodividende	525 Euro	525 Euro	525 Euro	525 Euro	525 Euro
Fällige Einkommensteuer	0 %	- 300 Euro	- 350 Euro	- 400 Euro	- 450 Euro
./. Anrechenbare Körperschaft- und Kapitalertragsteuer	+ 475 Euro	+ 475 Euro	+ 475 Euro	+ 475 Euro	+ 475 Euro
Dividende nach Steuern	1.000 Euro	700 Euro	650 Euro	**600 Euro**	550 Euro

Halbeinkünfteverfahren	Persönlicher Einkommensteuersatz				
	0 %	30 %	35 %	40 %	45 %
Bruttodividende	1.000 Euro	1.000 Euro	1.000 Euro	1.000 Euro	1.000 Euro
./. Körperschaftsteuer (25 % der Bruttodividende)	250 Euro	250 Euro	250 Euro	250 Euro	250 Euro
Bardividende	750 Euro	750 Euro	750 Euro	750 Euro	750 Euro
./. Kapitalertragsteuer (20 % der Bardividende)	150 Euro	150 Euro	150 Euro	150 Euro	150 Euro
Nettodividende	600 Euro	600 Euro	600 Euro	600 Euro	600 Euro
Steuerpflichtiger Anteil der Bardividende (50 % der Bardividende)	375 Euro	375 Euro	375 Euro	375 Euro	375 Euro
Fällige Einkommensteuer	0 Euro	-112,50 Euro	-131,25 Euro	-150 Euro	-168,75 Euro
Anrechenbare Kapitalertragsteuer	150 Euro	150 Euro	150 Euro	150 Euro	150 Euro
Dividende nach Steuern	750 Euro	637,50 Euro	618,75 Euro	**600 Euro**	581,25 Euro

Das Halbeinkünfteverfahren gilt auch für Spekulationsgewinne, also Kursgewinne, die bei Aktienan- und -verkäufen innerhalb von 12 Monaten erzielt werden. Aufgrund dessen erhöht sich die Freigrenze praktisch von 999.99 D-Mark (512 Euro) auf knapp 2.000 D-Mark (1.024 Euro) (siehe auch Kasten unten).

Freibetrag und Freistellungsauftrag

Dividendenerträge bis 3.000 DM/ 6.000 DM bleiben steuerfrei

Während die Besteuerung von Aktienkursgewinnen maßgeblich von der Haltedauer abhängt, spielt die Spekulationsfrist bei laufenden Erträgen für die Finanzämter keine Rolle. Ob Anleger überhaupt einen Teil ihrer Dividenden abführen müssen, hängt im Wesentlichen von der Höhe der Erträge ab. Wer die *Freibeträge* nicht überschreitet, zahlt keinerlei Steuern. Für Ledige liegt dieser Betrag gegenwärtig bei 3.000 D-Mark (1.550 Euro), während Verheiratete 6.000 D-Mark (3.100 Euro) beanspruchen können. Zum Freibetrag kommt noch eine Werbungskostenpauschale von zurzeit 100 DM (200 DM) bzw. 51 Euro (102 Euro) hinzu, sodass insgesamt mindestens 3.100 DM (1.601 Euro) bzw. 6.200 DM (3.202 Euro) von der Besteuerung ausgenommen sind. Liegen Dividendenzahlungen jedoch darüber, wird der Sparer vom Finanzamt zur Kasse gebeten. Allerdings fallen nur für die Erträge Steuern an, die oberhalb des Freibetrags zuzüglich der Werbungskostenpauschale liegen. Gehen Kapitalerträge in einem Jahr über den Freibetrag nicht hinaus, so fallen auch keine Abgaben an. Erst beim Überschreiten fordern die Finanzämter Steuern. Ein Verheirateter etwa, der in einem Jahr Einkünfte aus Kapitalvermögen von insgesamt 7.000 D-Mark (3.579,04 Euro) erzielen konnte, muss 800 D-Mark (7.000 DM minus 6.200 DM) oder 377,04 Euro versteuern.

Halbeinkünfteverfahren und Sparerfreibetrag

Das Halbeinkünfteverfahren, wie wir es im letzten Abschnitt beschrieben haben, wirkt sich indirekt auch auf den Sparerfreibetrag aus. Da die ausgeschütteten Gewinne einer AG künftig nur noch zur Hälfte steuerpflichtig sind, erhöht sich der Sparerfreibetrag praktisch auf das Doppelte. Anleger, die ihren Sparerfreibetrag heute mit Dividendenerträgen bereits voll ausgeschöpft haben, könnten – eine gleichbleibende Gewinnausschüttung vorausgesetzt – in Zukunft noch einmal die gleiche Anzahl an Aktien dazukaufen, ohne dass die Dividendenzahlungen steuerpflichtig würden.

Da Dividenden künftig nur noch zur Hälfte versteuert werden müssen, haben die Finanzbehörden die Werbungskostenpauschale (heute 100 D-Mark bzw. 200 D-Mark) angepasst. Sie halbiert sich künftig.

Wer die genannten Freibeträge mit seinen jährlichen Kapitaleinkünften voraussichtlich nicht überschreitet, kann heute noch – nach dem Vollanrechnungsverfahren – Kapitalertrag- und Körperschaftsteuerabzug (nach dem Halbeinkünfteverfahren nur noch den Abzug von Kapitalertragsteuern) von vornherein vermeiden, indem er bei seiner Bank einen *Freistellungsauftrag* einreicht. Er dient hauptsächlich der Verwaltungsvereinfachung. Versäumt jemand die Freistellung, entsteht dadurch kein Schaden, denn bei der Einkommensteuererklärung muss ohnehin offengelegt werden, was an Einkünften aus Kapitalvermögen angefallen ist. Bereits bezahlte Steuern werden vom Finanzamt angerechnet.

Aktienarten

Nicht alle Aktien haben automatisch auch dieselbe Ausstattung. Zum Teil verbriefen sie sehr unterschiedliche Rechte. Beispielsweise kommt es in Deutschland oft vor, dass neben Aktien mit Stimmrechten auch Papiere ohne derartige »Mitbestimmungsrechte« ausgegeben werden, die zum Ausgleich aber einen höheren oder bevorzugten Dividendenanspruch beinhalten.

Daher ist man gezwungen, beim Kauf genau darauf zu achten, welche Merkmale die Aktie umfasst.

Seit einiger Zeit ist weltweit der Trend hin zu einheitlich ausgestatteten Aktien erkennbar. Insbesondere Aktionärsschützer forcieren mit Aussagen wie »One Share, One Vote« (»eine Aktie, ein Stimmrecht«) den Druck auf die Gesellschaften, jede Aktie mit gleichen Rechten zu versehen, insbesondere um die Vergleichbarkeit untereinander zu verbessern.

Außer nach den Rechten kann man Aktien noch nach zwei weiteren Kriterien unterscheiden: der Möglichkeit zur Eigentumsübertragung sowie der Stückelung des Grundkapitals.

Stamm- und Vorzugsaktien

Im Aktiengesetz trennt man Stamm- von Vorzugsaktien. In den Tabellen des HANDELSBLATTS erkennt der Leser die beiden Aktientypen an den Abkürzungen »StA« (Stammaktie) und »VA« (Vorzugsaktie). Stammaktien stellen quasi die »Ur-Form« dar, denn sie beinhalten das Recht auf

Rechte des Stammaktionärs

- Anteil am Bilanzgewinn,
- Teilnahme an der Hauptversammlung (HV),
- Auskunftserteilung in der HV,
- Stimmrecht in der HV,
- Anteil am Liquidationserlös,
- Anfechtung von Hauptversammlungsbeschlüssen

sowie ein Recht zum Bezug junger Aktien. In der Finanzzeitung sind Aktien ohne besondere Kennzeichnung normalerweise Stammaktien.

Asics (Jap.)		F	-			4,75-T	4,75-T	-0,25	6,00	4,40
Asko StA	10,0	F	785,00b	25,0	85,0	820,00b	825,00b	+60	770	535
Asko VA	11,5	F	700,00b	05,0	00,0	700,00b	705,00b	+45	665	515
AVA	14,0	F	555,00b	64,0	55,0	557,00b	564,00b	-1	585	455

Erweiterung der Rechte

Es ist denkbar, dass Aktien bei Eintritt bestimmter Ereignisse mit zusätzlichen Rechten ausgestattet werden. Ist eine Aktiengesellschaft zum Beispiel mehrere Jahre in Folge nicht in der Lage, Dividenden zu zahlen, so kann es sein, dass man den Vorzugsaktionären als Ausgleich für die entgangenen Erträge in Zukunft Stimmrechte in der Hauptversammlung einräumt. Vorzugsaktien bekommen dann den Charakter von Stammaktien.

Gegenüber Stamm- besitzen Vorzugsaktionäre Vorrechte, zum Beispiel bei der Gewinnverwendung. Die Ausstattung von Vorzugsaktien erfolgt von Unternehmen zu Unternehmen unterschiedlich. Meistens besteht der Vorzug in einer im Vergleich zu Stammaktien höheren Dividendenzahlung (auch prioritätischer Dividendenanspruch genannt). Dafür müssen Vorzugsaktionäre dann für gewöhnlich auf ein Stimmrecht in der Hauptversammlung verzichten (stimmrechtlose Aktien).

Stimmrechtlose Aktien

In folgender Tabelle haben wir die verschiedenen Ausgestaltungsmöglichkeiten aufgelistet.

Prioritätischer Dividendenanspruch	Aus dem ausschüttungsfähigen Gewinn werden zuerst die Vorzugsaktionäre bedient und erst danach die Stammaktionäre.
Prioritätischer Dividendenanspruch mit Überdividende	Die Vorzugsaktionäre werden nicht nur vorrangig bedient, der für sie vorgesehene Dividendensatz liegt zudem auch immer über dem der Stammaktionäre.
Limitierte Vorzugsdividende	Die Vorzugsaktionäre besitzen zwar einen prioritätischen Dividendenanspruch, für die jährliche Dividendenzahlung wird jedoch von vornherein ein Limit bestimmt. Im Falle eines hohen, ausschüttungsfähigen Gewinns kann die Dividendenzahlung an die Stammaktionäre dann unter Umständen höher ausfallen als die Ausschüttung an die Vorzugsaktionäre.
Kumulative Vorzugsdividende	Der Dividendenanspruch der Vorzugsaktionäre besteht auch in Verlustjahren, sodass eine in Verlustjahren nicht erfolgte Dividendenzahlung dann nachgeholt werden muss, wenn die AG wieder Gewinne erzielt.

Inhaber- und Namensaktien

Orderpapiere

Im deutschen Aktiengesetz trifft man eine Unterscheidung zwischen Order- und Inhaberpapieren. *Orderpapiere* gibt es in zwei Formen, als Namensaktien oder vinkulierte Namensaktien. Im HANDELSBLATT sind sie mit dem Zusatz »NA« bzw. »vink. NA« gekennzeichnet. Bei sämtlichen Titeln ohne Kennzeichnung handelt es sich um Inhaberaktien. In einigen Fällen sind aber auch Inhaberaktien mit einem Zusatz – und zwar »Inh.« – versehen.

ABN Amro H. (Holl.)	1,7 F	52,90b	52,9	52,9	52,90b	52,90b	-0,6	55	47
AMB vink. NA	20,0 F	910,00b	40,0	10,0	930,00b	935,00b	+45	1130	877
AMB Inh.	20,0 F	1000,00b	00,0	00,0	1000,00b	1000,00b	+10	1045	955
ADT Ltd. (Berm.)	F	-			-	-		15	14

Inhaberaktien können ohne großen Aufwand und ohne Einhaltung bestimmter Formalitäten weiterveräußert werden. Der Eigentümerwechsel erfolgt einfach durch Einigung (»Vertragsschluss«) und Übergabe. Inhaberaktien sind deshalb sehr leicht an der Börse handelbar.

Die Übertragung einer *Namensaktie* ist im Vergleich dazu aufwändiger. Sie ist auf den Namen ihres Eigentümers ausgestellt, der wiederum in das Aktienbuch der Gesellschaft eingetragen und bei einem Eigentümerwechsel gelöscht werden muss. Nur die namentlich registrierten Aktionäre haben einen Anspruch auf Dividende und Teilnahme an der Hauptversammlung.

Vinkulierte Namensaktien

Noch komplizierter sind *vinkulierte Namensaktien*. Deren Übertragung ist an die Zustimmung durch die Aktiengesellschaft gekoppelt. Dadurch lassen sich die Besitzverhältnisse ziemlich exakt steuern und Übernahmeabsichten durch andere Unternehmen zum Beispiel frühzeitig erkennen.

Der Handel mit Namens- und vinkulierten Namensaktien ist aufgrund des verwaltungstechnischen Aufwandes sehr umständlich. Allerdings gibt es Möglichkeiten, um die Übertragbarkeit zu erleichtern. Häufig werden nicht alle Aktionäre einzeln in das Aktienbuch einer AG eingetragen, sondern nur bestimmte Großaktionäre, in erster Linie Banken, stellvertretend für viele tausend Kleinanleger. Die Übertragung vinkulierter Aktien von einem auf den nächsten Aktionär erfolgt dann einfach durch Unterzeichnung einer speziellen Urkunde, mit welcher der »scheidende« Aktionär seine gesamten Rechte und Ansprüche an die neuen Inhaber abtritt, ohne die Käufer direkt zu kennen. Man spricht auch von einer *Blankozession* (»Blankoabtretung«).

Nennwert- und nennwertlose Aktien

Aktien lassen sich schließlich noch danach unterscheiden, ob sie einen *Nennwert* haben oder nicht. Der Nennwert – auch Nenn- oder Nominalbetrag genannt – drückt aus, mit wie viel Euro eine einzelne Aktie am Grundkapital einer AG beteiligt ist. Angenommen, in der Bilanz einer AG steht ein Grundkapital in Höhe von 1.000.000 Euro und es sind 10.000 Aktien im Umlauf. Dann hat jede einen Nennwert von 100 Euro. Wer hundert Aktien besitzt, hält 10.000 Euro vom Grundkapital oder ein Prozent an der Gesellschaft.

Lange Zeit war für deutsche Aktien ein Nennwert von mindestens 50 D-Mark vorgeschrieben. Im Zuge des Zweiten Finanzmarktförderungsgesetzes wurde der Mindestnennwert dann aber im Jahre 1994 auf 5 D-Mark abgesenkt. Alte Aktien mit einem ursprünglichen Nominalwert von 50 D-Mark dürfen seither auf einen geringeren Betrag herabgesetzt werden.

Nennwertherabsetzung

Viele AGs haben diese Möglichkeit wahrgenommen, denn schließlich führt ein geringerer Nennwert zu einem niedrigeren Börsenkurs und das macht die Aktien zumindest optisch attraktiver und vor allem für Klein- und Kleinstanleger erschwinglicher. Am 1.6.1995 reduzierten beispielsweise die Deutsche und die Dresdner Bank genauso wie die Schering AG den Nennwert ihrer Aktien von 50 auf 5 D-Mark. Die Börsenkurse der beiden Bankaktien vor und nach Durchführung der Nennwertumstellung können dem folgenden Tabellenausschnitt entnommen werden. Am 1.6.1995 hatten die Eröffnungskurse nur noch ungefähr ein Zehntel ihres vorherigen Wertes.

31.5.95	Div.	Anfang	Verlauf	Kasse	Schluß	+/-	H 95	T 95
Coca Cola (USA)	F	83,20 b	83,2 83,1	83,10 bG	83,10 bG	+0,8	87	75
Colgate Palm. (USA)	F	-		-	-		103	87
Commerzbank	13,5 F	334,00 b	34,0 33,0	333,00 b	334,00 b	+0,8	352	312
Computer 2000	6,5 F	488,00 b	90,0 87,0	487,00 b	488,00 b	+3	520	387
Computer 2000 junge	F	463,00 b	63,0 63,0	463,00 b	463,00 G	+0,8	475	420
Contigas	12,0 F	502,00-T	05,0 05,0	502,00-T	505,00 G	+10	516	495
Continental	4,0 F	212,70 b	16,3 12,5	213,00 b	216,30 b	+3,3	234	186
Continental jge.	F	205,00 G	05,0 05,0	205,00 G	205,00 G	±0	224	185
CPC Int. (USA)	F	-		-	-		83	80
CS Holding (Schw.)	F	663,00 b	63,0 60,0	662,00 b	662,00 b	+2	667	547
CSR Ltd. (Aust.)	F	-		-	-		5,60	4,60
Daiei (Jap.)	F	-	17,2 17,2	17,20 G	17,20 G	±0	23	15
Daimler	11,0 F	682,00 b	85,5 79,5	682,00 b	684,50 b	+0,3	762	597
Daiwa Sec. Dt.Zert.(Jap.)	F	-		15,70-T	15,70-T	-0,05	22	14
DBV Hold.	9,5 F	536,00 b	45,0 36,0	540,00 b	545,00 b	+20	551	445
DeBeers(Südafr/Schw)	F	-	35,0 35,0	35,00 b	35,00 b	-1,5	39	29
Deere (USA)	F	-		-	-		128	100
Degussa	10,0 F	441,50 b	43,0 40,5	442,00 b	443,00 b	+2	479	382
DePfa-Bank	11,0 F	686,00 b	90,0 86,0	688,00 b	690,00 b	+5	758	646
Dt. Babcock StA	5,0 F	161,00 b	61,0 60,4	161,00 b	161,00 b	+0,8	205	136
Deutsche Bank	19,5 F	691,50 b	92,0 90,2	691,00 b	692,00 b	+7,5	732	637
Dt. Verkehrs-Bank	0 F	184,50 b	84,5 84,5	184,50 b	184,50 b	-0,5	186	170
Dt. Verkehrs-Bank jge.	F			-	-		172	165
Didier	0 F	109,20 b	09,4 09,2	109,40 b	109,20 b	+0,7	142	105
Digital Equip. (USA)	F	62,00 b	62,0 61,7	61,70 bG	61,70 bG	-1,6	71	43
DLW	2,0 F	334,00 b	36,0 34,0	335,00 b	336,00 b	+6	415	325
Dollfus-Mieg (Frank.)	F	-		84,00-T	84,00-T	+4	82	68
Douglas Hold.	14,0 F	495,00 b	99,0 93,0	497,50 b	496,00 bB	-1	504	415
Douglas Hold. jge.	F							
Dow Chemical (USA)	F	100,50 b	00,5 00,5	100,50 b	100,50 b	+0,5	108	88
Dresdner Bank	13,5 F	392,50 b	94,0 92,5	394,00 b	394,00 b	+3,3	407	372
DSL Holding	0 F	168,50 b	69,0 68,5	168,50 b	169,00 b	+3	175	157
DSM (Holland)	F	120,00 b	20,0 20,0	120,00 b	120,00 b	-0,9	131	105
Dürr Beteiligung	14,0 F	462,00 b	62,0 60,0	460,00 G	460,00 G	±0	588	420
Du Pont (USA)	F	90,50 b	91,5 90,5	91,50 b	91,50 b	-0,5	99	76
Dyckerhoff VA	12,0 F	500,00 b	05,0 00,0	502,00 b	505,00 b	-5	548	480

1.6.95	Div.	Anfang	Verlauf	Kasse	Schluß	+/-	H 95	T 95
Colgate Palm. (USA)	F	-	09,0 09,0	109,00 b	109,00 b		103	87
Commerzbank	13,5 F	338,00 b	38,0 36,2	337,80 b	336,50 b	+2,5	352	312
Computer 2000	6,5 F	500,00 b	02,0 00,0	502,00 b	500,00 b	+12	520	387
Computer 2000 junge	F	477,50 b	78,0 77,5	477,50 b	478,00 G	+15	475	420
Contigas	12,0 F	510,00 b	12,0 10,0	512,00 b	512,00 b	+7	516	495
Continental	4,0 F	220,00 b	20,0 19,0	219,50 b	219,00 b	+2,7	234	186
Continental jge.	F	212,00 G	12,0 12,0	212,00 G	212,00 G	+7	224	185
CPC Int. (USA)	F	-		-	-		83	80
CS Holding (Schw.)	F	661,00 b	61,0 58,0	660,00 G	658,00 G	-4	667	547
CSR Ltd. (Aust.)	F	-		-	-		5,60	4,60
Daiei (Jap.)	F	-		17,30-T	17,30-T	+0,1	23	15
Daimler	11,0 F	697,00 b	98,0 94,0	696,50 b	694,70 b	+10,2	762	597
Daiwa Sec. Dt.Zert.(Jap.)	F	-	16,2 16,2	16,20 b	16,20 b	+0,5	22	14
DBV Hold.	9,5 F	562,00 b	62,0 57,0	562,00 b	557,00 b	+12	551	445
DeBeers(Südafr/Schw)	F	-	36,1 36,1	36,10 b	36,10 b	+1,1	39	29
Deere (USA)	F	-	23,0 23,0	123,00 b	123,00 b		128	100
Degussa	10,0 F	449,50 b	51,0 48,0	449,50 b	448,50 b	+5,5	479	382
DePfa-Bank	11,0 F	708,00 b	10,0 05,0	710,00 b	705,00 bG	+15	758	646
Dt. Babcock StA	5,0 F	163,00 b	64,5 60,5	163,50 b	160,50 b	-0,5	205	136
Deutsche Bank (5)	19,5 F	70,10 b	70,2 69,7	70,00 b	69,80 b	-622,2	732	637
Dt. Verkehrs-Bank	0 F	185,00 b	85,0 85,0	185,00 b	185,00 b	+0,5	186	170
Dt. Verkehrs-Bank jge.	F			-	-		172	165
Didier	0 F	110,00 b	11,5 10,0	111,20 b	111,50 b	+2,3	142	105
Digital Equip. (USA)	F	64,00 b	64,5 63,6	64,00 b	63,60 b	+1,9	71	43
DLW	2,0 F	342,00 b	42,0 38,0	338,00 b	339,00 b	+3	415	325
Dollfus-Mieg (Frank.)	F	85,00 b	85,0 85,0	85,00-T	85,00-T	+1	82	68
Douglas Hold.	14,0 F	498,00 b	04,0 98,0	499,80 b	500,00 b	+4	504	415
Douglas Hold. jge.	F							
Dow Chemical (USA)	F	-	03,7 03,7	103,70 b	103,70 b	+3,2	108	88
Dresdner Bank (5)	13,5 F	40,00 b	40,0 39,7	39,90 b	39,80 b	-354,2	407	372
DSL Holding	0 F	170,00 b	71,0 70,0	171,00 b	171,00 b	+2	175	157
DSM (Holland)	F	121,50 b	21,5 20,5	121,10 b	121,20 b	+1,2	131	105
Dürr Beteiligung	14,0 F	465,00 b	65,0 65,0	465,00 b	465,00 b	+5	588	420
Du Pont (USA)	F	95,60 C	96,7 95,6	96,70 b	96,70 b	+5,2	99	76
Dyckerhoff VA	12,0 F	505,00 b	05,0 03,0	503,00 b	505,00 b	±0	548	480
Dyckerhoff VA jge.	F	485,00 G	85,0 85,0	-	-		530	465

Bis zum Frühjahr 1998 waren hierzulande nur Aktien mit aufgedrucktem Nominalbetrag zulässig. Dies hätte schon allein aufgrund der Euro-Einführung zu Problemen geführt. Bei einem Umrechnungskurs von 1,95583 D-Mark je Euro kommt man bei 5-D-Mark-Aktien beispielsweise auf einen Nominalbetrag von 2,55646 Euro. Um derartige »Nebenerscheinungen« zu unterbinden und den Umstellungsprozess im Allgemeinen zu erleichtern, können Unternehmen seit 1999 Aktien auch ohne Nennbetrag herausgeben bzw. Aktien mit aufgedruckten Nennwert in nennwertlose Titel – auch *Stückaktien* genannt – umwandeln. Letzten Endes unterscheiden sich Stück- im Grunde nur optisch von Nennwertaktien, denn laut Aktiengesetz

Stückaktien

- sind sämtliche Stückaktien einer Gesellschaft in gleichem Umfang am Vermögen beteiligt.
- müssen die nennwertlosen Titel einen Grundkapitalanteil von mindestens einem Euro repräsentieren, besitzen damit also einen »Quasi-Nennwert« und werden daher auch nicht umsonst als »unechte« nennwertlose Aktien bezeichnet.
- dürfen neue Aktien nur zu einem Kurs ausgegeben werden, der mindestens dem auf die alten Aktien entfallenden Grundkapitalanteil entspricht (Verbot einer »Unter-Pari-Emission«).

Damit sind die neuen Stückaktien den bisher üblichen Nennwertaktien sehr ähnlich. Sie sind leicht mit »echten« nennwertlosen Aktien, den *Quotenaktien*, zu verwechseln. Diese kommen etwa in den USA vor und verkörpern einen Bruchteil (z. B. 1/1.000.000) am Unternehmen, nicht jedoch einen bestimmten Mindestbetrag am Grundkapital.

In den Kurstabellen des HANDELSBLATTS ist die neue Aktienform am Zusatz »(o.N.)« zu erkennen, was als Kürzel für »ohne Nennwert« steht. Ansonsten werden Aktien normalerweise nur dann besonders markiert, wenn sie einen Nennwert aufweisen, der von 50 D-Mark abweicht.

5. Umstellung auf Stückaktien, Neueinteilung des Grundkapitals, Satzungsänderungen und Anpassung bestehender Ermächtigungen

Das am 13. Februar 1998 vom Bundestag und am 6. März 1998 vom Bundesrat verabschiedete Gesetz über die Zulassung von Stückaktien (Stückaktiengesetz – StückAG) eröffnet zur Erleichterung der Umstellung auf den Euro die Möglichkeit, das Grundkapital der Gesellschaft in Stückaktien aufzuteilen, die auf keinen Nennbetrag lauten und jeweils in gleichem Umfang am Grundkapital beteiligt sind.

Vorstand und Aufsichtsrat schlagen vor, hiervon Gebrauch zu machen und daher zu beschließen:

a) Die bisher auf bestimmte Nennbeträge lautenden Aktien der Gesellschaft werden in der Weise umgewandelt, daß an die Stelle einer Aktie im Nennbetrag von DM 5,– jeweils eine Stückaktie tritt sowie an die Stelle einer Aktie im Nennbetrag von DM 50,– jeweils zehn Stückaktien, an die Stelle einer Aktie im Nennbetrag von DM 100,– jeweils zwanzig Stückaktien und an die Stelle einer Aktie im Nennbetrag von DM 1 000,– jeweils zweihundert Stückaktien treten.

b) § 4 Abs. 1 der Satzung der Gesellschaft wird wie folgt geändert:

„Das Grundkapital beträgt DM 2 319 821 565,–

Es ist eingeteilt in

463 964 313 Stückaktien."

d) § 20 Abs. 1 der Satzung der Gesellschaft wird wie folgt geändert:

„In der Hauptversammlung gewährt jede Stückaktie eine Stimme."

Auszug aus der HV-Tagesordnung der Commerzbank AG: Ankündigung einer Nennwertherabsetzung

Wolldeckenf.Weil	0	S	24,00-B	24,00-B	35,00	10,00
Wolldeckenf.Weil jge.		S	23,00-B	23,00-B	30,00	8,80
Württ. Hypobank (o.N.)	17,00	S	115,00G	112,00b	120,0	79,0
WürttLeben StA	12,00	S	1020,00b	990,00G	1250	870

Stückaktie

Aktie mit 5-DM-Nennwert

DePfa-Bank	11,0	F	706,00b	06,0	97,0	700,00b	704,00b	-1	758	646
Dt. Babcock StA	5,0	F	162,00b	64,3	62,0	163,50b	164,30b	+3,8	205	136
Deutsche Bank (5)	19,5	F	69,90b	70,1	69,7	69,90b	70,10b	+0,3	73	63
Dt. Verkehrs-Bank	0	F	-	85,0	85,0	185,00b	185,00b	±0	186	170
Dt. Verkehrs-Bank jge.		F				-	-		172	165
Didier	0	F	115,00b	26,0	15,0	119,00b	121,50b	+10	142	105

Teileinzahlung des Nennwertes

Entscheidet sich ein Unternehmen für Namensaktien, so hat es die Möglichkeit, zum Ausgabezeitpunkt lediglich einen Teil des Nennbetrages von den Aktionären einzuziehen und auch nur diesen Teil, der jedoch mindestens 25 Prozent des Nennwertes entsprechen muss, ins Grundkapital einzustellen. Im Vergleich dazu müssen Inhaberaktien hingegen immer voll eingezahlt werden.

Als Emittenten teileingezahlter Aktien findet man typischerweise Rückversicherungsgesellschaften, die für den normalen Geschäftsbetrieb ein geringes Eigenkapital benötigen, aber die Möglichkeit haben, zusätzliches Kapital etwa bei außergewöhnlichen Schadensfällen durch Nachforderung des noch nicht eingezahlten Nennbetrages zu erlangen.

Aktienarten im Ausland am Beispiel der USA

Amerikanische kann man genau wie deutsche Aktienbesitzer in zwei Gruppen aufteilen: Stammaktionäre (*Common Stockholders*) und Vorzugsaktionäre (*Preferred Stockholders*).

Die Ausstattungen US-amerikanischer stimmen im Prinzip mit denen deutscher Stamm- und Vorzugsaktien überein. Man sollte jedoch wissen, dass Vorzugsaktien in den USA vergleichsweise häufig mit einem Wandlungsrecht versehen sind, das dem Inhaber die Möglichkeit einräumt, sie in Stammaktien umzutauschen.

Geläufige Begriffe aus dem amerikanischen Aktienrecht

Stock, Share	Aktie
Corporation	Aktiengesellschaft
Capital Stock	Grundkapital
Stockholder, Shareholder	Aktionär
Shareholders' Ledger	Aktienregister, Aktienbuch
Corporate Charter, Certificate of Incorporation	Unternehmensverfassung

US-Corporations erfassen – anders als deutsche Aktiengesellschaften – ihre Anteilseigner generell mit Namen und Adresse sowie der Anzahl der gehaltenen Aktien im Aktienbuch, dem so genannten Stockholders‹ Ledger. US-Aktien sind deutschen Namensaktien daher sehr ähnlich. Beim Kauf direkt am Bankschalter erhält der Anleger ein Anteilszertifikat, das *Stock Certificate*. Es gleicht einem Auszug aus dem Aktienregister und enthält unter anderem

Stock Certificate der Coca-Cola Company

- den Namen des Aktionärs (»Namenspapier«),
- den Aktientyp (Stamm- oder Vorzugsaktie) und
- die Anzahl der Aktien, die der betreffende Aktionär besitzt.

Heutzutage überträgt man US-Aktien wie allgemein üblich im Giroverkehr. In den Stockholders‹ Ledgers sind daher in den meisten Fällen nur noch die Namen großer Broker-Häuser, etwa von Merrill Lynch oder Lehman Brothers, zu sehen. Die Amerikaner sagen dann: »The Stocks are registered in Street Name«.

Amerikanische Aktionäre dürfen ihre Anteile in aller Regel ohne Zustimmung der anderen Aktionäre oder des Vorstandes veräußern. In einigen Bundesstaaten ist es den Gesellschaften jedoch erlaubt, die freie Übertragbarkeit ihrer Aktien in der Unternehmenssatzung, der Corporate Charter, auszuschließen. Solche Aktien haben den Charakter vinkulierter Namensaktien in Deutschland. Inhaberaktien nach deutschem Verständnis existieren in den USA nicht.

Vorschriften über die Gründung von Aktiengesellschaften legen in den USA die Regierungen der einzelnen Bundesstaaten fest. Das hat zur Folge, dass die Regelungen zum Teil sehr unterschiedlich sein können. Besonders deutlich sichtbar ist dies bei den Nennwertangaben. Während einige Bundesstaaten die Angabe eines Nennwertes zwingend vorschreiben, besteht in anderen Staaten keine derartige Pflicht.

Die ersten nennwertlosen Aktien entstanden im Jahre 1912 und stammen aus dem Bundesstaat New York. Zuvor waren dort – genau wie lange Zeit in Deutschland – ausschließlich Nennwertaktien zulässig.

Emittiert eine Corporation nennwertlose Aktien, darf sie den Emissionserlös normalerweise vollständig in das Grundkapital einstellen.

Beispiel

Eine US-Corporation emittiert

- am **2.1.1999** insgesamt eine Million nennwertlose Stammaktien zu einem Kurs von 20 US-Dollar je Aktie (Serie A) und zwei Jahre später
- am **2.1.2001** 500.000 Aktien derselben Gattung zu einem Kurs von 50 US-Dollar je Aktie (Serie B).

Der Erlös aus beiden Emissionen erscheint vollständig im Grundkapital. Es setzt sich wie folgt zusammen:

1.000.000 Aktien × 20 US-$/Aktie + 500.000 Aktien × 50 US-$/Aktie = 45.000.000 US-$

Quotenaktien

Nennwertlose Aktien, deren voller Ausgabekurs ins Grundkapital eingestellt wird (siehe Beispiel), bezeichnet man auch als *Quotenaktien*. Ihr Anteil am Unternehmen ist – wegen des fehlenden Nennwertes und unter der Bedingung, dass in der Vergangenheit ausschließlich nennwertlose Stammaktien ausgegeben wurden – mit folgender Formel zu berechnen:

$$\frac{1}{\text{Summe aller umlaufenden Aktien}}$$

Jede Stammaktie hat damit ein gleich hohes Gewicht

- in der Hauptversammlung der Corporation,
- bei Dividendenausschüttungen und
- im Falle der Unternehmensliquidation.

Dazu ein Beispiel.

Beispiel

Die folgende Tabelle enthält die wichtigsten Angaben über die Zusammensetzung des Grundkapitals am **31.12.2001** der US-Corporation aus dem letzten Beispiel.

Emissions-serie	Tag der Aktien-emission	Anzahl der emittierten Stammaktien	Emissions-kurs	Grundkapital
A	2.1.99	1.000.000	20 US-$	20.000.000 US-$
B	2.1.01	500.000	50 US-$	25.000.000 US-$
		Summe: 1.500.000		**Summe: 45.000.000 US-$**

Im ersten Quartal 2002 schüttet das Unternehmen einen Gewinn von 375.000 US-Dollar an die Aktionäre aus. Der Dividendenanteil beträgt

$$\frac{375.000 \text{ US-\$}}{1.500.000 \text{ Aktien}} = 0{,}25 \text{ US-\$ je Aktie}$$

Auf jede Aktie entfällt ein gleich hoher Teil der Dividendenausschüttung, obwohl die Aktien der Serien A und B in unterschiedlicher Höhe zur Bildung des Grundkapitals beitragen.

American Depositary Receipts

An amerikanischen Börsen sind nicht nur US-Corporations notiert, sondern beispielsweise auch deutsche Gesellschaften, deren Aktien dann nicht im Original, sondern in der Regel als *American Depositary Receipts*, kurz ADRs, erscheinen. Ein ADR ist ein handelbares Zertifikat, das den Anteil an einer ausländischen Aktiengesellschaft beinhaltet. Die Original-Aktienurkunden hinterlegt man bei einer amerikanischen Bank, dem *Depositary*. ADRs sind auch an deutschen Börsen, aber ausschließlich im Freiverkehr, handelbar.

Auswahlstrategien für Aktien

Eine Kapitalanlage in Aktien ist eine relativ unsichere Sache. Viele Anleger versuchen deshalb, die zukünftige Kursentwicklung vorherzusagen, um auf diese Weise herauszufinden, ob sich der Kauf (oder Verkauf) von Aktien lohnt. Zu diesem Zweck gibt es eine Reihe unterschiedlicher Prognosemethoden, die man zwei Grundrichtungen zuordnen kann: auf der einen Seite die *Fundamentalanalyse*, auf der anderen Seite die *technische Analyse*.

Inzwischen hat man jedoch erkannt, dass sich damit nicht sämtliche Kursbewegungen genau genug erklären lassen. Vor allem bestimmte menschliche Verhaltensweisen scheinen gute Hilfe zu leisten, um Aktienpreisänderungen zu erklären. Diesen Forschungszweig nennt man *Behavioral Finance*.

Aber man sollte sich trotz der vielen unterschiedlichen Methoden nicht blenden lassen: Aktienkurse hängen von so vielen unterschiedlichen – und vor allem unwägbaren – Faktoren ab, dass eine sichere Vorhersage unmöglich ist. Das hat schon der berühmte britische Nationalökonom John Maynard Keynes Mitte des vergangenen Jahrhunderts erkannt: »Um die Zukunft der Aktie einzuschätzen, müssen wir die Nerven, Hysterien, ja sogar die Verdauung und Wetterfühligkeit jener Personen beachten, von deren Handlungen diese Geldanlagen abhängen.«

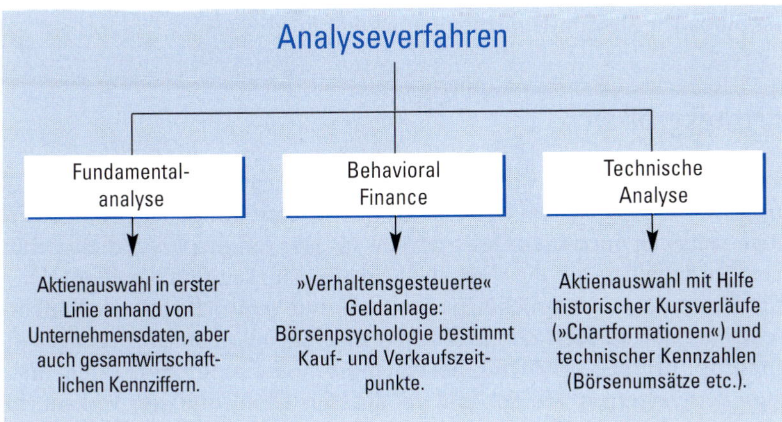

Fundamentalanalyse

Im Mittelpunkt: Unternehmen, Branche, Gesamtwirtschaft

Inhalt der *Fundamentalanalyse* ist die Untersuchung der grundlegenden (»fundamentalen«) wirtschaftlichen Zusammenhänge, die für die Aktienkursbildung verantwortlich sind. Dies können zum einen Faktoren aus dem Unternehmen selbst sein (Mikrofaktoren), ebenso auch gesamtwirtschaftliche Zusammenhänge (Makrofaktoren) wie zum Beispiel die Konjunkturentwicklung, der private Konsum, Inflationsraten oder Zinssätze.

Schwerpunkt der Analyse sind in vielen Fällen die Mikrofaktoren. Um einen Eindruck vom Gewinnpotenzial einer Aktiengesellschaft zu bekommen, ziehen Fundamentalanalysten etwa Zahlen aus der Unternehmensbilanz heran. Diese sind im Zeitpunkt ihrer Veröffentlichung zwar schon relativ alt, da sie meist erst vier bis sechs Monate nach dem Ende des letzten Geschäftsjahres erscheinen. Dennoch liefern sie zumindest Anhaltspunkte für die Zukunft.

Hilfreich kann beispielsweise ein Blick auf die Vermögens- und Finanzsituation eines Unternehmens sein. Schließlich wird hier die Basis für künftiges Umsatz- und Gewinnwachstum gelegt. Ein Unternehmen, das in den letzten Jahren hohe Verluste eingefahren hat, kann in seiner Existenz bedroht und deshalb für Anlagezwecke ungeeignet sein.

Ein anderes Bild geben Gesellschaften ab, die in der Vergangenheit ohne Unterbrechung gute Gewinne erzielt haben. In solchen Fällen kann man aus den Vergangenheitsdaten durchaus eine hohe Wahrscheinlichkeit für eine positive Zukunftsentwicklung ableiten.

Analysten

Ob ein Unternehmen Wachstumsmöglichkeiten besitzt, ist allein anhand von Bilanzzahlen nur schwer abzulesen. Deshalb bevorzugen *Analysten* eine Vorgehensweise, die stärker in die Zukunft gerichtet ist. Untersucht wird zum Beispiel, ob ein Unternehmen in einer »aussterbenden« Branche (Stahl, Montanindustrie) tätig ist oder einem wachstumsstarken Sektor (Informationstechnologie, Telekommunikation, Pharma usw.) angehört, welche Markteintrittsbarrieren existieren und wie hart der Wettbewerb geführt wird.

Auf welche Punkte die Analysten im Einzelnen achten, wollen wir in den kommenden Abschnitten näher betrachten.

Ertragsgrößen

Wenn Analysten Unternehmen in Augenschein nehmen, bringen sie zunächst in Erfahrung, wie viel Gewinn oder Verlust aus dem gewöhnlichen, man sagt auch operativen Geschäft, Jahr für Jahr resultiert. Nur diese Größe lässt Rückschlüsse auf die wirkliche Leistungsfähigkeit und damit auf künftige Gewinne des Unternehmens zu. Auch sind Vergleiche mit der Konkurrenz nur dann aussagekräftig, wenn das Ergebnis aus operativer Tätigkeit als Indikator herangezogen wird. Bei einem Computerproduzenten sollte man zum Beispiel fragen, wie viel Geld mit der Herstellung und dem Verkauf von Computern nach Abzug aller Kosten verdient wird. Unbedeutend hingegen sind Gewinne und Verluste, die aus betriebsfremden, außergewöhnlichen oder einmaligen Ereignissen resultieren, etwa aus Börsenspekulationen, dem

Aktienbewertung mit Kennziffern

Barwertmodelle

- Ertragswertmethode (Diskontierung des Ergebnisses je Aktie)
- Discounted-Cash-Flow (DCF)-Methode (Diskontierung des Free Cash-Flow)
- Modifizierte DCF-Methode (= DCF + Realoptionen)

Multiplikatormodelle

- KGV
- PEG oder dynamisches KGV
- Kurs-Cash-Flow-Verhältnis
- EV / EBITDA-Ratio
- Umsatzmultiplikator

Verkauf einer Lagerhalle, einer Steuerrückzahlung oder einem Versicherungsfall.

Wer ein Unternehmen analysieren und hierzu Zahlen aus dem Jahresabschluss heranziehen möchte, steht darüber hinaus vor dem Problem, dass diese durch bilanzpolitische Maßnahmen verwässert werden können. Der Bilanzgewinn beispielsweise ist maßgeblich von den jeweils gewählten Abschreibungs- und Rückstellungsmethoden abhängig und kann daher von Unternehmen zu Unternehmen auf ganz unterschiedliche Art und Weise zustande kommen.

Kurzum: Der Jahresabschluss als solcher lässt kaum Rückschlüsse auf die tatsächliche Gewinnsituation einer Unternehmung zu. Aus diesem Grund suchen Analysten permanent nach Kennzahlen, mit denen sich die hier skizzierten Probleme eliminieren lassen. Die bekanntesten Ertragsgrößen, die für Unternehmensbewertungen herangezogen werden, sind das Ergebnis je Aktie, der Cash-Flow und das EBITDA.

Ergebnis je Aktie

Die aus Aktionärssicht wichtigste Größe bei der Unternehmensbewertung ist der Gewinn, der pro Aktie während der kommenden Jahre anfällt. Von Jahr zu Jahr steigende Gewinne führen normalerweise auch zu steigenden Aktienkursen. Hochprofitable Unternehmen sind in der Lage, Investitionen in neue Maschinen, in neues Hightech-Equipment und qualifizierte Mitarbeiter zu tätigen, um so ihren Marktvorsprung weiter auszubauen und vielleicht sogar vollkommen neue Geschäftsfelder zu erschließen. Die Profitabilität ist essenziell für das Überleben eines Unternehmens. Je höher die künftigen Gewinne einer Aktiengesellschaft über dem Marktdurchschnitt liegen, desto besser für den Aktionär. Die geeignete Gewinngröße für Unternehmensbewertungen ist das so genannte Ergebnis je Aktie. Hierbei handelt es sich jedoch nicht um den anteiligen, nach bilanzrechtlichen Vorschriften ermittelten Jahresüberschuss pro Aktie, sondern um eine modifizierte Gewinngröße. In Deutschland versteht man unter dem Ergebnis je Aktie normalerweie das DVFA/SG-Ergebnis. Hierbei handelt es sich um ein Berechnungsschema, das von der Deutschen Vereinigung für Finanzanalyse und Anlageberatung (DVFA) in Zusammenarbeit mit der Schmalenbach-Gesellschaft (SG) entwickelt wurde. Bei dem DVFA/SG-Ergebnis handelt es sich um ein von Sondereinflüssen bereinigtes Jahresergebnis, das besser als der ausgewiesene Jahresüberschuss geeignet ist, um

DVFA/SG-Ergebnis

- den Ergebnistrend eines Unternehmens im Zeitablauf aufzuzeigen (das Ergebnis liefert eine klar definierte Ausgangsbasis für die Schätzung künftiger Gewinne),
- Vergleiche zwischen verschiedenen Unternehmen zu ermöglichen.

Bei der Berechnung des DVFA/SG-Ergebnisses wird der Jahresüberschuss aus der Bilanz zum Beispiel um außerordentliche Aufwendungen und Erträge (= für die geschäftlichen Aktivitäten untypische und nur selten anfallende Positionen) oder um periodenfremde Aufwendungen und Erträge bereinigt. Insbesondere sollen auch solche Erfolgskomponenten eliminiert werden, die aus der Anwendung von Bilanzierungs- und Bewertungsregeln sowie aus Ermessensspielräumen resultieren. Deutschen Unternehmen wird empfohlen, das DVFA/SG-Ergebnis zusätzlich zum Jahresüberschuss/-fehlbetrag im Jahresabschluss auszuweisen.

Ermittlungsschritte DVFA/SG-Ergebnis

1. Jahresüberschuss/-fehlbetrag
2. Bereinigung um Ingangsetzungsaufwendungen
3. Bereinigungspositionen im Anlagevermögen
4. Bereinigungspositionen im Umlaufvermögen
5. Bereinigungspositionen bei den Passiva
6. Bereinigung von Fremdwährungs- und sonstigen Einflüssen
7. Summe der zu berücksichtigenden Korrekturen
8. Ergebnis nach DVFA/SG (Gesamtunternehmen)
9. Ergebnis nach DVFA/SG ohne Anteile Dritter
10. Adjustiertes Ergebnis nach DVFA/SG je Aktie ohne Anteile Dritter
11. Ergebnis nach DVFA/SG je Aktie »voll verwässert«
12. Adjustiertes Ergebnis je Aktie im Falle von Kapitalmaßnahmen

Quelle: Steiner, M., Bruns, C., Wertpapiermanagement, 7. Auflage, 2000, S. 224.

Mit der Ermittlung des DVFA/SG-Ergebnisses sollten sich »Normalanleger« nicht beschäftigen. Sie können sich im Regelfall auf die Zahlen verlassen, die zum Beispiel im Internet veröffentlicht werden.

Das Ergebnis je Aktie kann für ein abgeschlossenes Geschäftsjahr konkret berechnet werden, was bei Anlageentscheidungen jedoch kaum weiterhilft. Letztere müssen an künftigen Gewinnen orientiert werden, wobei wiederum Probleme auftreten, da man im Voraus gar nicht weiß, wie viel Umsatz ein Unternehmen in den kommenden Jahren erzielen wird, wie hoch die Aufwendungen sein werden, und was schließlich unterm Strich übrig bleibt. Professionelle Unternehmensanalysten sorgen hier für Abhilfe. Sie stellen regelmäßig Gewinnschätzungen für die Zukunft an, auf die auch Privatanleger zurückgreifen können.

Whisper-Numbers

Neben den offiziellen Analystenschätzungen existieren so genannte Whisper-Numbers (»Flüsterzahlen«). Hierbei handelt es sich ebenfalls um Schätzungen von Marktexperten. Die Zahlen besitzen jedoch keinen offiziellen Status. Vielmehr hören sich Börsendienste nahezu täglich im Markt um, um aktuelle Schätzungen einzuholen. Der Vorteil gegenüber den offiziellen Analystenschätzungen: Die Prognosen liegen aufgrund ihrer hohen Aktualität meist näher an den tatsächlich veröffentlichten Ergebniszahlen. Anleger finden Whisper-Numbers im Internet zum Beispiel unter www.whispernumbers.com (siehe auch Auszug aus Internet auf folgender Seite).

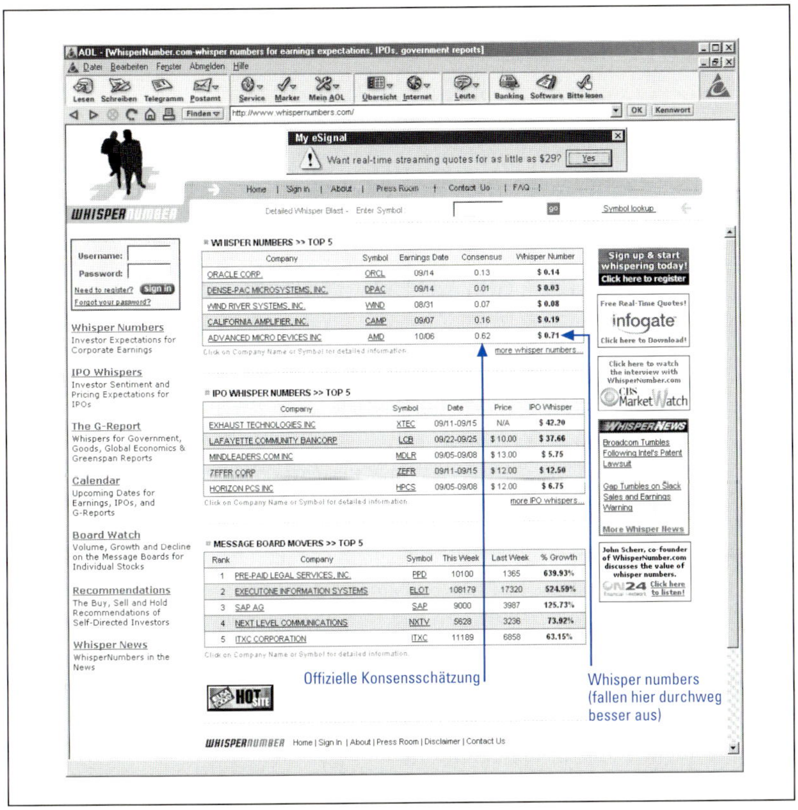

Whisper-Numbers im Internet

Cash-Flow

Eine bekannte Kennzahl, die den Jahresüberschuss/-fehlbetrag um Abschreibungen und Rückstellungen und damit »manipulationsanfällige« Größen bereinigt, ist der Cash-Flow. Der Cash-Flow repräsentiert den in einer Periode aus eigener Kraft erwirtschafteten Überschuss der Einnahmen über die Ausgaben. Man könnte auch vom Umsatz-Überschuss sprechen.

Der Cash-Flow wird berechnet, um festzustellen,

- ob ein Unternehmen aus eigener Kraft Investitionen tätigen kann;
- wie viel Geld für Investitionen, zur Schuldentilgung und zur Ausschüttung an Aktionäre vorhanden ist;
- ob Konkursgefahren bestehen. Schließlich wird ein über die Jahre hinweg negativer Cash-Flow in aller Regel zum Konkurs des betreffenden Unternehmens führen.

Bei der Berechnung des Cash-Flow unterscheidet man zwischen einer direkten und einer indirekten Methode. Das Unternehmen selbst kann den Cash-Flow direkt berechnen, indem es die finanzwirksamen Aufwendungen von den finanzwirksamen Erträgen abzieht. Außenstehende müssen jedoch den indirekten Weg einschlagen, wie er nebenstehend beschrieben wird.

Obwohl der Cash-Flow eigentlich eine finanzwirtschaftliche Größe ist, also Einnahme- und Ausgabeströme misst, wird er im Rahmen der Aktienanalyse immer häufiger auch als Ertragskennzahl herangezogen. Anleger werden schnell feststellen, dass in der Praxis relativ viele Wege existieren, den Cash-Flow zu ermitteln. Ausgangspunkt sämtlicher Rechnungen, die durch Außenstehende (etwa Analysten) vorgenommen werden, ist der Jahresüberschuss bzw. -fehlbetrag aus der Gewinn- und Verlustrechnung. Um die

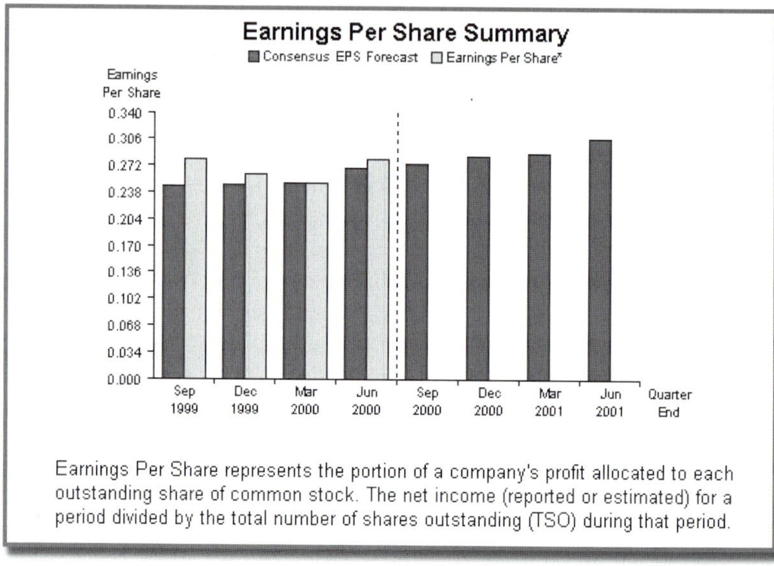

Ergebnisse vergangener Quartale sowie Ergebnisschätzungen zur Amgen-Aktie im Internet

einfachste Form des Cash-Flows zu berechnen – oder genauer – um den Jahresüberschuss/-fehlbetrag um wesentliche bilanzpolitische Maßnahmen zu bereinigen, werden alle Abschreibungen und Rückstellungen zum Jahresüberschuss hinzuaddiert, die innerhalb der Rechnungsperiode vorgenommen wurden.

Jahresüberschuss/-fehlbetrag
\+ Abschreibungen
± Veränderungen der Pensionsrückstellungen
± Veränderungen des Sonderpostens mit Rücklagenanteil

= **Cash-Flow** (einfachste Form)

Diese Form des Cash-Flows hat für Analysezwecke Vorteile, da sie wegen der Herausrechnung von Abschreibungen und Rückstellungen vom Unternehmen schwieriger zu »manipulieren« ist. Die Berechnung des Cash-Flows – ganz unabhängig davon, welche Form wir gerade betrachten – bereitet für Außenstehende normalerweise erhebliche Schwierigkeiten. Gerade für Privatanleger ist es fast unmöglich, die notwendigen Zahlen aus dem Jahresabschluss zu ermitteln. Für Abhilfe sorgt eine Vorschrift, die besagt, dass alle börsennotierten Unternehmen seit dem letzten Jahr eine Cash-Flow-Rechnung veröffentlichen müssen. Der Cash-Flow wird also immer vom Unternehmen selbst berechnet und im Jahresabschluss publiziert.

Firmen, die auf gute Beziehungen zu Anlegern setzen, also ihre »Investor Relations« pflegen, veröffentlichen den Cash-Flow und alle sonstigen anlegerrelvanten Zahlen per se, zum Beispiel im Internet. Für börsennotierte Unternehmen gilt das fast ausnahmslos.

Konzern-Kapitalflussrechnung:
für die Zeit vom 01. September 1999 bis zum 31. Mai 2000

	01.09.1999 31.05.2000	01.09.1999 31.05.2000
nach US-GAAP	in €	in DM
Jahresüberschuss	1.407.139	2.752.125
Berichtigung für die Überleitung des Konzern-Ergebnisses zum Cashflow aus betrieblicher Tätigkeit:		
Abschreibungen	146.430	286.392
Ertrag/Aufwand ohne Ein-/Auszahlung	-34.434	-67.348
Ergebnis aus Verkauf von Anlagevermögen	4.421	8.646
Ergebnis aus Verkauf von Wertpapieren (available-for-sale)	-94.596	-185.014
Veränderung der Forderungen aus Lieferungen und Leistungen	-2.481.899	-4.854.172
Unfertigen Projekte	0	0
Sonstigen Vermögensgegenstände und Rechnungsabgrenzungsposten	-535.608	-1.047.558
Aktiven latenten Steuern	605.949	1.185.133
Verbindlichkeiten	830.481	1.624.280
Rückstellungen	1.509.845	2.952.999
Passiven Rechnungsabgrenzungsposten	-67.554	-132.124
Cashflow aus der betrieblichen Tätigkeit	**1.290.173**	**2.523.359**
Kauf von Sachanlagen und Immat. Vermögenswerten, netto	-360.134	-704.360
Kauf von Finanzanlagen	-585.000	-1.144.160
Kauf von Wertpapieren (available-for-sale), netto	-31.192.324	-61.006.883
Cashflow aus der Investitionstätigkeit	**-32.137.457**	**-62.855.403**
Einzahlung ausstehender Einlagen	25.000	48.896
Einzahlung auf neu ausgegebene Stammaktien (Erlös aus dem Börsengang)	29.700.000	58.088.151
Kosten des Börsengangs	-1.664.852	-3.256.167
Cashflow aus der Finanzierungstätigkeit	**28.060.148**	**54.880.880**
Veränderung der liquiden Mittel	**-2.787.136**	**-5.451.164**
Liquide Mittel zu Beginn der Periode	3.144.388	6.149.889
Liquide Mittel am Ende der Periode	357.252	698.725

Cash-Flow-Rechnung aus einem Jahresabschluss. Problemlos auch im Internet abrufbar.

EBITDA

In den USA verwenden Analysten das EBITDA (ausgesprochen »ebit di-äi«) schon seit Jahren bei der Unternehmensbewertung. Die Abkürzung steht für »Earnings Before Interest, Tax, Depreciation and Amortization« und kennzeichnet eine Ertragszahl, bei der das Ergebnis der gewöhnlichen Geschäftstätigkeit – nicht der Jahresüberschuss/-fehlbetrag aus der Bilanz – um Faktoren wie Steuern, Abschreibungen und betriebsfremde Einnahmen und Ausgaben bereinigt wird. Die Kennzahl setzt sich international immer stärker durch und ist heute in fast jedem Analysebericht zu finden.

Ergebnis der gewöhnlichen Geschäftstätigkeit (**E**arnings)
\+ Nettozinszahlungen (**I**nterest)
\+ Steuern (**T**axes)
\+ Abschreibungen (**D**epreciation/**A**mortization)

= **EBITDA** (vereinfachte Darstellung)

Vom Begriff her würden wir Deutschen sowohl Depreciation als auch Amortization normalerweise mit »Abschreibung« übersetzen. Angelsachsen unterscheiden jedoch begrifflich zwischen Abschreibungen auf den Firmenwert (Amortization) und Abschreibungen auf reale Vermögensgegenstände (Depreciation). Deshalb heißt die Kennzahl im Regelfall EBITDA. Hin und wieder findet man aber auch die Bezeichnung EBDIT.

Viele Unternehmen, insbesondere High-Tech-Gesellschaften, weisen in ihrer Gewinn- und Verlustrechnung das EBITDA aus. Anleger brauchen dann die gerade skizzierte Bereinigungsrechnung gar nicht selbst vorzunehmen, da sie die Kennzahl direkt dem Jahresabschluss entnehmen können. Folgende Übersicht zeigt eine Gewinn- und Verlustrechung der SAP AG in vereinfachter Form.

EBITDA im Geschäftsbericht

Positionsbezeichnung	in Millionen D-Mark
Umsätze	6.020
Materialkosten	- 606
Personalkosten	-2.075
Sonstige Produktionseinnahmen	+80
Sonstige Produktionsausgaben	-1.645
EBITDA	**1.774**
Abschreibungen	-195
EBIT	1.579
Zinseinnahmen	56
Zinsaufwendungen	-4
Einnahmen von Tochterunternehmen	4
Abschreibungen/Wertberichtigungen auf Finanzanlagevermögen	-3
Sonstige Finanzeinkünfte	1
Finanzergebnis	55
EBT (Ergebnis der gewöhnlichen Geschäftstätigkeit vor Steuern)	**1634**
Steuern	708
Nettoergebnis der gewöhnlichen Geschäftstätigkeit	**925**

EBITDA zeigt einem Anleger, ob das Unternehmen aus seiner gewöhnlichen Geschäftstätigkeit einen Überschuss erzielt. Gerade bei jungen Firmen bzw. neuen Geschäftsmodellen ist diese Kennzahl ein wichtiger Bewertungsmaßstab. Sobald nämlich das EBITDA positiv ist, überschreitet ein Unternehmen die Schwelle zur Profitabilität. Die Geschäftsidee scheint aufzugehen.

Im Folgenden werden wir die beiden eingangs skizzierten Bewertungsverfahren, also Barwertmethoden und Multiplikatormodelle, näher erläutern und – soweit möglich – ihre Aussagekraft an Praxisbeispielen demonstrieren.

Barwertmethoden

Kommen wir zunächst zu den Barwertmethoden. Zumindest theoretisch können Anleger den Kurs einer Aktie bestimmen, indem sie alle zukünftigen Zahlungsströme, also Dividendenzahlungen und Erlöse aus der Veräußerung von Unternehmenseigentum, auf den heutigen Tag abzinsen. Auf diese Weise beantworten sie die Frage: Was sind die künftigen Zahlungen, die aus dem Kauf der Aktie resultieren, heute wert? Das Ergebnis ist der Barwert oder der »theoretisch richtige« Wert einer Aktie.

Beim Barwert handelt es sich um ein mathematisches Modell, das für Wertpapiere mit begrenzter Laufzeit, zum Beispiel Anleihen, noch recht praktikabel ist. Im Falle von Aktien kann das Barwert-Modell jedoch nur grobe Anhaltspunkte für den »fairen Wert« liefern.

Ein Beispiel: Wenn eine Aktiengesellschaft in einem Jahr einen Euro Dividende zahlt, so ist diese Zahlung für den heutigen Wert der Aktie natürlich relevant, da sie aus dem Besitz des Papiers resultiert. Allerdings ist die künftige Dividendenzahlung heute weniger als einen Euro wert. Wie hoch der Wert tatsächlich ist, hängt von verschiedenen Faktoren ab, insbesondere vom Zinssatz für 1-Jahres-Termingeld und von der Sicherheit, mit der die Zahlung voraussichtlich eintritt. Solange Sparer davon ausgehen können, die Dividendenzahlung in Höhe von einem Euro mit hundertprozentiger Sicherheit zu bekommen, brauchen sie nur den Zinssatz für 1-Jahres-Termingeld zu kennen, um den Barwert der Dividendenzahlung festzustellen. Angenommen, der einjährige Zinssatz liegt derzeit bei drei Prozent, dann ist die Dividendenzahlung in Höhe von einem Euro heute 1 geteilt durch 1,03 = 0,97 Euro wert. Anders ausgedrückt: Wenn wir in einem Jahr über einen Euro verfügen möchten, können wir heute 0,97 Euro zu drei Prozent als Termingeld anlegen (Alternative A) oder aber die Aktie kaufen, die uns einen Euro Dividende verspricht (Alternative B) – die Aktie kostet allerdings viel mehr als 0,97 Euro, da sie nicht nur das Recht auf eine einzige Dividendenzahlung verbrieft, sondern den Anspruch auf sehr viele Dividenden verkörpert, die das Unternehmen in Zukunft noch ausschütten wird. Falls wir nicht ganz sicher sein können, ob wir die Dividendenzahlung tatsächlich bekommen können, müssen wir zu dem einjährigen Zins einen Risikoaufschlag hinzuaddieren. Bei einem Risikoaufschlag von zum Beispiel 10 Prozentpunkten erhalten wir im nebenstehenden Beispiel einen Barwert (»fairen Wert«) von 1 dividiert durch 1,13 = 0,88 Euro.

Die Berechnung des Barwertes verdeutlicht, dass künftige Gewinne bei der Unternehmensbewertung im Mittelpunkt stehen.

Je länger der Zahlungsstrom einer Aktie, das heißt, je öfter wir in Zukunft Dividenden erwarten können, desto mehr einzelne Dividenden-Barwerte müssen wir berechnen und desto höher ist der aktuelle Kurs der Aktie. Erhalten wir beispielsweise zusätzlich zum Euro im ersten Jahr einen weiteren Euro Dividende in zwei Jahren und gehen unverändert von einem Zinssatz plus Risikoprämie in Höhe von 13 Prozent aus, so ergibt sich ein aktueller Wert beider Dividendenzahlungen in Höhe von $1/1{,}13 + 1/(1{,}13^2) = 1{,}67$ Euro. Das ist jedoch noch längst nicht der Kurs der Aktie. Um diesen exakt berechnen zu können, müsste man im Voraus alle künftig eingehenden Gewinne kennen und außerdem jenen Betrag, der bei einem eventuellen Verkauf der Aktiengesellschaft in der Zukunft an die Anteilseigner zurückfließt.

Das Barwertmodell wird hier nur grob umrissen. In den vorgenannten Beispielrechnungen haben wir Dividendenzahlungen herangezogen, um den Gegenwartswert zu berechnen. Die zur Ausschüttung gelangenden Dividenden spiegeln zwar die Barrückflüsse an den Aktionär wider. Man darf jedoch

Benjamin Graham, eine der bekanntesten US-Börsenkoryphäen, in seinem Buch »The Intelligent Investor« (New York u. a., 1995):

»The concept of future prospects, and particularly of continued growth in the future, invites the application of formulas out of the higher mathematics to establish the present value of the favored issues. But the combination of precise formulas with highly imprecise assumptions can be used to establish, or rather to justify, practically any value one wishes, however high, for a really out-standing issue.«

nicht vergessen, dass auch reinvestierte Gewinne dem Aktionär durch einen anschließend höheren Vermögenswert und damit einen normalerweise steigenden Aktienkurs zugute kommen. Als sinnvoller erscheint es daher, nicht geschätzte, künftige Dividendenzahlungen abzuzinsen, sondern die Ergebnisse je Aktie, die man in Zukunft Jahr für Jahr erwartet.

Bei der Barwertberechnung unterstellt man im Regelfall obendrein, dass eine Aktiengesellschaft für einen unendlichen Zeitraum besteht und niemals verkauft oder aufgelöst wird. In die Kalkulation fließen dann ausschließlich die künftig anfallenden Gewinne je Aktie ein.

Barwert = Summe aller künftigen Gewinne, die zuvor jeweils auf den heutigen Zeitpunkt »abgezinst« (abdiskontiert) werden

Discounted-Cash-Flow-Methode

Die Barwertberechnung mittels Diskontierung künftiger Gewinne (»Ergebnis je Aktie«) nennt man auch Ertragswertverfahren. Daneben existiert die so genannte *Discounted-Cash-Flow-Methode*. Hier wird nicht das Ergebnis je Aktie, sondern der je Aktie frei zur Verfügung stehende Cash-Flow (»Free Cash-Flow«) abgezinst.

Als Vorteil dieser Vorgehensweise wird oft angeführt, dass der Cash-Flow als bilanzpolitisch nicht beeinflussbare Größe eine bessere Aussagekraft für langfristig orientierte Betrachtungen, insbesondere Barwertmodelle, besitzt. Die meisten Shareholder-Value-Ansätze greifen ebenfalls auf den Disounted-Cash-Flow zurück, um den Gegenwartswert einer Unternehmung zu bestimmen.

Betrachtet man die bei bei den Barwertmodellen gemachten Annahmen (künftige Gewinne bzw. Cash-Flows, Zinssätze und Risikoprämien werden Jahre im Voraus geschätzt) wird klar, wie schwierig es ist, den fairen Kurs einer Aktie mit Hilfe von Barwertmodellen zu bestimmen. Ausnahmslos jede der genannten Größen ist mit Unsicherheiten behaftet. Anleger müssen die zukünftigen Erträge schätzen, was genauso für die zukünftigen Zinssätze gilt, und sich außerdem einen realistischen Risikoaufschlag überlegen. Die genannten Größen werden von einer Vielzahl unterschiedlicher Faktoren beeinflusst, etwa der Managementqualität, der künftigen Kostenstruktur oder dem Konkurrenzumfeld.

Real-Options-Modell als Ergänzung zur Discounted-Cash-Flow-Methode

Unternehmensbewertungen können nach Meinung vieler Experten durch Real-Optionen (»real options«) verbessert werden. Die Basis der Unternehmensbewertung bildet unverändert die Discounted-Cash-Flow-(DCF-)-Methode. Zusätzlich versucht man jedoch, bestimmte Handlungsalternativen, die ein Unternehmen im gegenwärtigen Zeitpunkt besitzt, zu bewerten. Da die Handlungsalternativen aus Managementsicht Optionen (»Real-Optionen«) darstellen und - ähnlich wie Aktien oder Anleihen - zu Zahlungsströmen in der Zukunft führen, ziehen Analysten zur Bewertung der Alternativen herkömmliche Optionspreismodelle aus der Finanzmathematik heran, zum Beispiel die Black-Scholes-Formel. Im letzten Schritt wird dann der per Optionspreismodell berechnete Wert der Optionen dem Unternehmenswert nach DCF-Methode zugeschlagen, um so zum Gesamtwert zu gelangen.

Ein Beispiel für eine Real-Option: Etwa fünf Millionen Menschen haben sich als Mitglieder einer Internet-Seite registrieren lassen und sind per E-Mail direkt erreichbar. Bisher nutzt die Internet-Seite nur eine einzige Einnahmequelle: Werbe-Banner. Sie hat aber die Option, genau wie ähnlich geartete Internet-Seiten, auch Waren an die registrierten Mitglieder zu verkaufen. Da die besagte Internet-Seite schon heute positive Cash-Flows generiert, lässt sich der (theoretische) Wert des Unternehmens durch Fortschreibung der gegenwärtigen Cash-Flows und anschließende Abzinsung der Cash-Flow-Reihe problemlos ermitteln. Um den Wert einschließlich der gegebenen Möglichkeit, auch Waren über das Internet zu verkaufen, zu berechnen, würde man nun die genannte Option gesondert bewerten und den ermittelten »Preis« zum Unternehmenswert nach DCF-Methode hinzuaddieren.

Multiplikatormodelle

In der Praxis gibt es eine ganze Reihe an Kennzahlen, mit denen die Ertragslage eines Unternehmens transparent dargestellt werden kann. Die bekannteste dürfte das Kurs-Gewinn-Verhältnis (KGV) sein. Daneben haben sich das Kurs-Cash-Flow-Verhältnis und die so genannte EV/EBITDA-Ratio als maßgebliche Bewertungskennziffern durchgesetzt. In jüngster Zeit zieht man darüber hinaus sehr häufig Hilfsgrößen heran, um Unternehmenswerte besser beurteilen zu können. Als Bewertungsgrößen werden mangels Gewinn und oftmals nur geringer Umsätze etwa die Kundenanzahl (z. B. bei Telekomgesellschaften) oder die Anzahl registrierter Mitglieder (bei Web-Sites) herangezogen. Die hier aufgeführten Kennzahlen nennt man auch Multiplikatoren, doch dazu im Folgenden mehr.

Hilfsgrößen

Bevor wir die Berechnung der einzelnen Multiplikatoren durchführen und die Ergebnisse interpretieren, müssen wir zunächst die Bezugsgrößen, das heißt die Größen im Zähler der jeweiligen Multiplikator-Formel, vorstellen. Der Grund: Multiplikatoren stellen immer einen Zusammenhang zwischen dem Gesamtwert einer Unternehmung bzw. deren Aktienkurs sowie einer zweiten Größe, etwa dem Cash-Flow, dem EBITDA, dem Umsatz oder dem Ergebnis je Aktie, her. Der (Aktienkurs) taucht im Zähler der Multiplikatorformel auf, die Bezugsgröße im Nenner.

$$\text{Multiplikator} = \frac{\text{Unternehmenswert}}{\text{Bezugsgröße (z. B. Ergebnis oder Umsatz)}} = \frac{\text{Aktienkurs}}{\text{Bezugsgröße}} \text{ (z. B. Ergebnis je Aktie oder Umsatz je Aktie)}$$

Wo Anleger die Bezugsgröße finden können, haben wir bereits beschrieben. Jetzt werfen wir einen genaueren Blick auf den Unternehmenswert. Bei allen Multiplikatormodellen wird der Unternehmenswert aus aktuellen Börsenkursen abgeleitet. Multiplikatoren werden daher – im Gegensatz zu den oben beschriebenen Barwerten – nicht mit dem Ziel ermittelt, einen Wert für das Unternehmen zu berechnen.

Multiplikator als Vergleichsmaßstab

In erster Linie dienen Multiplikatoren dazu, die Bewertungen verschiedener Unternehmen einer Branche miteinander zu vergleichen. Allerdings ist es auch möglich, den Wert eines Unternehmens indirekt über Multiplikatoren zu schätzen: Bewertet die Börse einen Kunden der Deutschen Telekom mit rund 2.000 Euro, dann hat ein neues Telekommunikationsunternehmen, das bereits vor seinem Börsengang über 1.000.000 Kunden verfügt, einen theoretischen Wert von etwa zwei Milliarden Euro.

Der Wert wird vielmehr als gegeben hingenommen. Aber wozu dann die Multiplikatorberechnung? Die Zahlen sollen Anlegern helfen, den Börsenwert eines Unternehmens besser beurteilen zu können: Ist das Unternehmen im Vergleich zu anderen Firmen aus der Branche teuer (= relativ hoher Multiplikatorwert) oder billig (= relativ niedriger Multiplikatorwert)?

Multiplikatoren = Vergleichsgrößen: Wie teuer oder billig ist ein Unternehmen im Vergleich zu anderen Firmen aus der Branche?

Multiplikatoren können entweder für das ganze Unternehmen oder auch auf eine einzelne Aktie der betreffenden Gesellschaft heruntergebrochen werden. Im ersten Fall setzt man die Marktkapitalisierung eines Unternehmens im Zähler ein und zum Beispiel den Unternehmensgewinn im Nenner, im zweiten Fall den Kurs einer einzelnen Aktie sowie – bezogen auf das Beispiel – das Ergebnis je Aktie.

Fall 1: Multiplikator auf Unternehmensbasis:
Marktkapitalisierung (= Anzahl Aktien × Börsenkurs) / Bezugsgröße (z. B. Unternehmensgewinn)

Fall 2: Multiplikator auf Basis einer einzelnen Aktie:
Aktienkurs / Bezugsgröße je Aktie (z. B. Ergebnis je Aktie)

Enterprise Value

Neben dem reinen Börsenwert einer Aktiengesellschaft, also der Marktkapitalisierung, gibt es eine zweite Größe, die bei der Multiplikatorberechnung eventuell im Zähler eingesetzt wird, der so genannte Enterprise Value. Er drückt aus, wie viel man für ein Unternehmen im Ganzen ausgeben muss, um es *schuldenfrei* (!) zu erwerben: Wer eine börsennotierte Aktiengesellschaft kaufen möchte, hat über zwei Dinge Gewissheit: Erstens kennt er den Preis, den er gegenwärtig (mindestens) für das Unternehmen zahlen muss, nämlich die Marktkapitalisierung. Und zweitens steht auch der Wert der Schulden fest, die das Unternehmen künftig noch zu begleichen hat. Sind alle Verbindlichkeiten in Form von Anleihen verbrieft, braucht man nur die Börsenkurse der Schuldverschreibungen aufzuaddieren, um zur Summe der Schulden zu gelangen. Unter der Voraussetzung, dass sich Aktien- und Anleihekurse durch die Übernahme nicht verändern, ergibt sich der wirkliche Marktwert einer Aktiengesellschaft – die Angelsachsen sprechen auch vom *Enterprise Value* – folgendermaßen:

Enterprise Value = Marktkapitalisierung + Marktwert der Nettoschulden
(= Schulden ./. Bankguthaben)

Die offenen Verbindlichkeiten werden zur Marktkapitalisierung hinzugezählt, nicht abgezogen. Als Wertmaßstab dienen zum Beispiel Börsenkurse für Anleihen, die dem Barwert aller künftigen Zins- und Tilgungszahlungen entsprechen. Nehmen wir an, sämtliche Schulden wären tatsächlich in Form von Anleihen verbrieft und der Unternehmenskäufer würde im Zeitpunkt der Übernahme alle ausstehenden Schuldverschreibungen mit einem Schlag an der Börse erwerben. Dann würden alle Verbindlichkeiten im Grunde genommen gegenüber dem Unternehmen selbst bestehen, was nichts anderes heißt, als dass die Gesellschaft von all ihren Schulden befreit wäre.

Sind Barbestände bzw. Kontoguthaben vorhanden, muss man diese zur Berechnung des Enterprise Value von der Marktkapitalisierung subtrahieren. Das ist verständlich. Schließlich bekommt jemand, der ein Unternehmen zum Börsenkurs kauft, Zugriff auf sämtliche Guthaben. Er wird also Eigentümer des vorhandenen Geldes. In Deutschland ist der Enterprise Value eine relativ neue Größe, die jedoch auch hier immer öfter bei der Unternehmensbewertung herangezogen wird.

Mehrere Kennzahlen benutzen

Anleger sollten sich bei der Unternehmensbewertung niemals auf eine einzelne Kennzahl verlassen. Ein umfassendes Bild kommt erst dann zustande, wenn man ein Unternehmen aus mehreren Blickwinkeln unter die Lupe genommen hat. Auch Vergleiche mehrerer Aktiengesellschaften aus einer Branche sollten auf einer ganzen Reihe von Kennzahlen basieren. Nur so werden Stärken und Schwächen der einzelnen Unternehmen aufgedeckt und zuverlässige Aussagen möglich.

Gewinnmultiplikator: KGV

Der erste Multiplikator, den wir hier berechnen möchten, ist das *Kurs-Gewinn-Verhältnis*, kurz KGV. Es lässt sich ganz einfach bestimmen, indem man den Aktienkurs durch den Gewinn pro Aktie, genauer: das Ergebnis je Aktie, dividiert. Auf das gleiche Ergebnis kommen wir, wenn wir die Marktkapitalisierung der Unternehmung durch den Unternehmensgewinn teilen.

Häufig verwendet man für das KGV auch den angelsächsischen Begriff Price-Earnings-Ratio, oder kurz P/E.

$$\text{KGV} = \frac{\text{Aktienkurs}}{\text{Gewinn pro Aktie}} = \frac{\text{Marktkapitalisierung}}{\text{Gewinn}}$$

Im Regelfall ist es jedoch nicht notwendig, das KGV eines Unternehmens selbst zu ermitteln. Denn für die meisten Aktiengesellschaften werden nicht nur Unternehmensdaten, sondern auch aktuelle KGVs im Internet veröffentlicht.

Forward und Trailing P/E

Normalerweise findet man gleich mehrere KGVs: Zum einen das KGV für das abgelaufene Geschäftsjahr, das auf dem tatsächlich vorliegenden Gewinnen basiert (so genanntes trailing P/E). Und zum anderen KGVs für die kommenden Jahre, die allesamt mit Hilfe von Gewinnschätzungen für die Zukunft berechnet werden. Geschätzte KGVs kennzeichnet man normalerweise mit dem Kürzel »e« (= estimated). Amerikaner sagen auch »Forward P/E« zu dieser Größe.

Im Zähler setzt man sowohl bei der Berechnung des aktuellen KGV als auch bei der Berechnung der geschätzten Kennzahlen den aktuellen Börsenkurs ein. Geschätzt wird also nur der Gewinn, nicht jedoch der künftige Kurs.

$$\text{Trailing P/E} = \frac{\text{aktueller Kurs}}{\text{Gewinn aus letztem Jahresabschluss}}$$

$$\text{Forward P/E} = \frac{\text{aktueller Kurs}}{\text{Gewinnschätzung}}$$

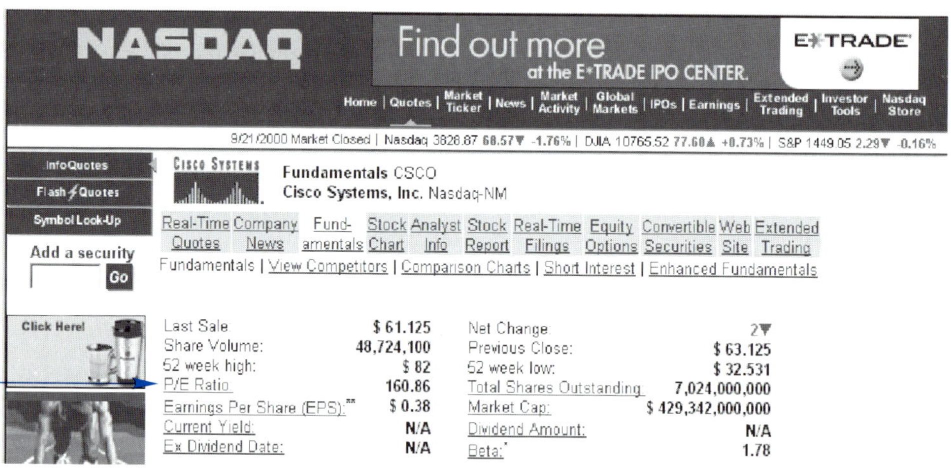

Kurs-Gewinn-Verhältnis für Cisco-Systems im Internet

Vorsicht bei Schätzungen

Kennzahlen, die auf Schätzungen basieren, bergen die besondere Gefahr, dass sie schon nach kurzer Zeit revidiert werden müssen. In der Praxis kommt es nur allzu häufig vor, dass professionelle Analysten Gewinnschätzungen bereits nach einigen Wochen widerrufen, weil sich die Ausgangsbedingungen entscheidend verändert haben. Bei Unternehmen, die bisher noch keine Gewinne erwirtschaften konnten – und das trifft für viele Wachstumsunternehmen zu –, sind Schätzungen noch schwieriger anzustellen. Niemand weiß, ob die Firmen überhaupt jemals in die Gewinnzone gelangen. Anleger können KGVs daher nur bedingt zur Bewertung von Wachstumsaktien heranziehen.

Beispiel

Zur Interpretation des KGV: Für das Biotech-Unternehmen Amgen ergibt sich am 15.9.2000 ein KGV von 63,2 (Gewinn der zurückliegenden vier Quartale: 1,07 Dollar pro Aktie; Kurs am 15.9.: 67,625 Dollar). Im Vergleich dazu weist die Biotech-Gesellschaft Biogen zum selben Zeitpunkt ein KGV von 29,98 auf (Gewinn: 2,07 Dollar; Kurs: 62,0625 Dollar). Welche der beiden Aktien ist günstiger bewertet? Zieht man ausschließlich das KGV als Bewertungsmaßstab heran, so ist Biogen billiger bewertet und damit günstiger als die Amgen-Aktie. Warum? Nun, bei einem KGV von über 60 zahlen Anleger für einen Dollar Gewinn, den Amgen in den zurückliegenden Monaten erwirtschaftet hat, mehr als 60 Dollar. Bei Biogen geben sie für einen Dollar Gewinn weniger als die Hälfte aus, nämlich 29,98 Dollar. Oder anders ausgedrückt: Wenn Amgen den gesamten Gewinn in diesem Jahr als Dividende ausschüttet, und sich der Gewinn in den kommenden Jahren nicht verändert (und immer wieder in voller Höhe ausgeschüttet wird), so müssen Amgen-Aktionäre über 60 Jahre warten, bis sie ihre Anfangsinvestition durch Gewinnausschüttungen zurückerhalten. Bei Biogen verkürzt sich dieser Zeitraum auf etwa 30 Jahre. In Relation zur Amgen-Aktie ist der Titel von Biogen derzeit daher sehr günstig bewertet.

Dieser Vergleich ist legitim, sofern die betrachteten Unternehmen aus ein und derselben Branche stammen, wie im vorliegenden Beispiel der Fall. Sobald Anleger jedoch verschiedene Sektoren unter die Lupe nehmen, werden sie feststellen, dass die KGVs von Branche zu Branche zum Teil erheblich voneinander abweichen. Dieser Sachverhalt soll noch einmal mit Hilfe der beiden vorgenannten Unternehmen sowie zwei Firmen aus den Bereichen »Internet-Hardware« und »Software« demonstriert werden. Die Aktien aus der Biotechnologiebranche erscheinen viel günstiger als die Werte aus den anderen Sektoren.

Unternehmen	Amgen	Biogen	Sun Microsystems	Siebel Systems
Branche	Biotech	Biotech	Internet-Hardware	Software
KGV am 15. 09. 2000	63,2	29,98	103,73	330

* Alle KGVs auf Basis der Kurse vom 15.09.2000

Vorsicht bei branchenübergreifenden KGV-Vergleichen

Sofern sich die KGVs einzelner Firmen aus ein und derselben Branche voneinander unterscheiden, liegt das an den Firmen selbst – das heißt, eine Firma ist möglicherweise besser als die andere (zum Beispiel weil sie besser gemanagt wird). Sofern die Unternehmen jedoch aus verschiedenen Branchen stammen, kommen unterschiedliche KGVs zwar auch aufgrund der unterschiedlichen Unternehmenssituationen zustande, aber zusätzlich auch aufgrund der unterschiedlichen Bedingungen innerhalb der Branchen. Bei KGV-Vergleichen sollte man den Brancheneffekt herausrechnen, um auf faire Ergebnisse zu kommen (der Gewinn eines Autoherstellers kommt ganz anders zustande als der einer Bank – dementsprechend hat auch das KGV eine andere Wertigkeit). Für Abhilfe sorgt das dynamische KGV.

Dynamisches KGV oder PEG

Bei einem sektorübergreifenden KGV-Vergleich werden branchenspezifische Unterschiede, insbesondere die Wachstumsraten der einzelnen Branchen, nicht berücksichtigt. Um entsprechende Einflüsse auf das KGV auszumerzen, verwenden Analysten heute immer häufiger eine modifizierte Kennzahl, das dynamische KGV oder Price-Earnings-to-Growth-Ratio (kurz: PEG; man könnte auch sagen »Kurs-Gewinn-Verhältnis in Relation zum Wachstum«). Diese Kennzahl kommt insbesondere bei Unternehmen mit überdurchschnittlichen Wachstumsraten zur Anwendung. Bei der Berechnung des PEG teilt man ganz einfach das herkömmliche KGV durch die Rate, mit der der Gewinn eines Unternehmens von Jahr zu Jahr voraussichtlich wachsen wird.

$$\text{PEG} = \frac{\text{KGV}}{\text{Wachstum}} = \frac{\text{PE}}{\text{Growth}}$$

Grundsätzlich gilt: Je höher die künftige Wachstumsrate, desto größer kann das KGV heute ausfallen, oder besser: desto teurer darf ein Unternehmen heute relativ bewertet sein. Denn ein im Vergleich zu anderen Gesellschaften sehr hohes, künftiges Gewinnwachstum kann das hohe KGV von heute durchaus rechtfertigen. Die PEGs von Unternehmen aus Wachstumsbranchen liegen häufig nicht höher als die PEGs von Gesellschaften aus althergebrachten Branchen, zum Beispiel Automobilhersteller. Das hohe KGV wird dann durch die hohe Wachstumsrate relativiert.

Firma (Branche)	Infineon (Hardware)	Deutsche Bank (Banken)	DaimlerChrysler (Auto)
KGV	49,78	18,90	8,84
Wachstumsrate	53,24 %	19,61 %	4,39 %
PEG	0,94	0,96	2,01

Stand: 15.09.2000

Interpretation

Um festzustellen, ob ein Unternehmen im Vergleich zur Konkurrenz und in Relation zu Firmen aus anderen Branchen fair bewertet ist, können Anleger auf die Faustformel »KGV = Langfristiges Wachstum« zurückgreifen. Dies entspricht einem PEG von 1. Ist das KGV größer als das langfristige Wachstum, ist das PEG größer als eins. Ein Unternehmen gilt dann als relativ teuer. Ein PEG von unter eins hingegen zeigt eine günstige Bewertung an. Das Gewinnwachstum ist dann größer als das KGV, was von Analysten als Kaufsignal gesehen wird.

Wer das PEG als Bewertungsmaßstab heranzieht, sollte jedoch nicht nur auf die Zahl als solche schauen, sondern auch einen Blick auf die Komponenten werfen, die zur Berechnung eingeflossen sind. Ein PEG von unter 1, und damit eine günstige Unternehmensbewertung, kann sich verständlicherweise bei ganz verschiedenen Wachstumsraten und KGVs ergeben. Dazu ein Beispiel: Unternehmen A mit einem KGV von 15 und einer Wachstumsrate von 20 Prozent hat ein PEG von 0,75. Das gleiche gilt in etwa für Unternehmen B, das ein KGV von 10 und eine Wachstumsrate von 13 Prozent vorweisen kann. Nehmen wir an, die KGVs seien folgendermaßen zustande gekommen:

	aktueller Kurs	aktuelle Gewinnschätzung	KGV	Gewinnwachstumsrate	PEG
Unternehmen A	450 Euro	30 Euro	15	20%	0,75
Unternehmen B	100 Euro	10 Euro	10	13%	0,77

Wir stellen fest, dass Unternehmen A mit einer viel höheren Rate wächst, als das Unternehmen B. Sofern beide Gesellschaften aus der gleichen Branche stammen, ist es angebracht, die Gründe dafür zu hinterfragen. Was macht es A möglich, schneller zu wachsen als B? Weist B vielleicht Schwächen auf, die ein angemessenes Wachstum verhindern? Besteht bei B die Gefahr, eines Tages den Anschluss ans Branchenwachstum zu verpassen und damit die gegenwärtige Marktstellung zu verlieren? Es wird deutlich, dass die alleinige Betrachtung von PEGs zu Fehlschlüssen führen kann.

Beispiel

Wir wollen den Einsatz des PEG an zwei Unternehmen aus unterschiedlichen Bereichen demonstrieren. Zum einen schauen wir auf den Softwarehersteller Microsoft, zum anderen auf Cisco Systems, Produzent von Internet-Infrastruktur. Die Firma Microsoft wies im Juni 2000 ein KGV von 35,52 auf (auf Basis der geschätzten Gewinne für 2001). Für Cisco betrug die entsprechende Größe 90,80. Der Unterschied in der Bewertung der beiden Unternehmen fällt sehr deutlich aus, könnte jedoch gerechtfertigt sein, wenn das Wachstum bei Cisco Systems in Zukunft viel höher ist als bei Microsoft. Im Betrachtungszeitraum schätzten Analysten die langfristigen Gewinnwachstumsraten beider Unternehmen auf 25 Prozent (Microsoft) und 30 Prozent (Cisco) pro Jahr. Über das PEG stellt man nun eine weitere Relation zwischen beiden Firmen her. Für Microsoft ergab sich ein PEG von 1,4208 und für Cisco ein PEG von 3,0267. Folgendes wird deutlich: Zieht man das PEG als entscheidendes Auswahlkriterium heran, erscheint der damalige Kurs von Cisco als viel zu hoch, da die künftig erwarteten Gewinnsteigerungen die Bewertung nicht rechtfertigen können. Anders ausgedrückt: Selbst das um das Wachstum bereinigte KGV, also das PEG, ist immer noch viel höher als bei Microsoft. Hierbei darf man nicht vergessen, dass Microsoft mit einem PEG von über 1 bereits als teuer gilt.

Cisco Systems und Microsoft – die weltweit größten Wachstumsunternehmen im Vergleich.

Jim Slater, Finanzanalyst aus Großbritannien und der »Erfinder« der Kennzahl, hat einige Punkte festgelegt, die Anleger bei PEG-Vergleichen unbedingt beachten sollten:

Genaue Informationen zu Jim Slater findet man im Internet unter www.global-investor.com/slater/

1. Die Kennziffer PEG kann im Grunde genommen nur bei wirklichen Wachstumsunternehmen verwendet werden. Das Wachstum muss kontinuierlich sein und darf sich nicht auf einige Ausnahmeperioden mit überdurchschnittlichem Wachstumsraten beschränken. Damit ein Unternehmen als Wachstumsunternehmen eingestuft werden kann, sollte es mindestens über vier Jahre hinweg kontinuierlich über Branchendurchschnitt gewachsen sein.
2. Ein niedriges PEG ist nicht unbedingt ein Kaufsignal. Idealerweise sollten auch die Bedingungen »Markt- und Technologieführer«, »hoher Cash-Flow«, »geringer Schuldenstand« sowie »Strom an positiven Unternehmensnachrichten« erfüllt sein.
3. PEGs, die auf sehr hohen KGVs basieren, sind mit Vorsicht zu genießen. Die Mischung »hohe aktuelle Kurse« bei gleichzeitig »hohen *geschätzten* Wachstumsraten« ist sehr gefährlich. Die kleinste Negativnachricht, etwa das Unterschreiten einer Gewinnprognose um ein paar Cents pro Aktie, kann zu einem rasanten Kurssturz führen. Relativ zuverlässig ist das PEG nur bei KGVs zwischen 12 und 20, so zumindest die Meinung des Erfinders.
4. Das PEG basiert im Regelfall auf geschätzten Wachstumsraten. Je mehr Analysten zum Wachstum eines Unternehmens befragt wurden und je näher die Schätzungen beieinander liegen (man könnte auch sagen: Je geringer die Standardabweichung), desto höher die Qualität des PEG. Vergleichbares gilt natürlich auch für Gewinnschätzungen, die ins KGV einfließen.

Dividendenrendite

Neben dem KGV existiert eine weitere, althergebrachte Kennzahl zur Aktienbewertung, die Dividendenrendite. Für Firmen, die Dividenden zahlen, kann die Kennzahl folgendermaßen bestimmt werden:

$$\text{Dividendenrendite in \%} = \frac{\text{Dividende je Aktie}}{\text{Kurs}} \times 100\,\%$$

Aussagekraft begrenzt

Junge Unternehmen leisten im Regelfall keine oder nur sehr geringe Dividendenzahlungen. Deswegen ist die Kennzahl für ihre Bewertung in der Regel unbrauchbar.

Kurs-Cash-Flow-Verhältnis

Analog zum Kurs-Gewinn-Verhältnis kann man auch ein Kurs-Cash-Flow-Verhältnis, kurz KCV, berechnen:

$$\text{KCV} = \frac{\text{Aktienkurs}}{\text{Cash-Flow pro Aktie}} = \frac{\text{Marktkapitalisierung}}{\text{Cash-Flow}}$$

Die Kennziffer zeigt in eine ähnliche Richtung wie das KGV: Wie viele Jahre muss ein Aktionär warten, bis sein Kapitaleinsatz, nämlich der heute gezahlte Aktienkurs, aus dem aktuellen Cash-Flow finanziert werden kann?

Um die Zahl besser interpretieren zu können, könnte man hier einfach die Annahmen treffen, dass

- der Cash-Flow künftig unverändert ist,
- der Cash-Flow in voller Höhe als Dividende an die Aktionäre ausgeschüttet wird und
- der Wert der künftigen Ausschüttungen dem Gegenwartswert entspricht.

Generell gilt: Je höher das KCV, desto teurer eine Aktie. Da das KCV um Abschreibungen usw. bereinigt ist, kann die Unternehmensbewertung mit dieser Kennziffer ein ganz anderes Bild ergeben als jene mit Hilfe des KGV.

Ergebnismultiplikator: EV/EBITDA-Ratio

Bei der Berechnung des EV/EBITDA-Ratios wird der schon angesprochene Enterprise Value in Relation gesetzt zum operativen Betriebsergebnis, dem EBITDA.

$$\text{EV/EBITDA-Ratio} = \frac{\text{Enterprise Value}}{\text{EBITDA}}$$

Auch das EV/EBITDA-Ratio ist dem KGV was den Aussagegehalt betrifft, sehr ähnlich. Ein relativ hoher EV/EBITDA-Multiplikator lässt auf eine vergleichsweise teure Aktie schließen, ein relativ geringes hingegen zeigt eine günstige Bewertung an. Bei Unternehmensvergleichen kommt es aber leider nur allzu häufig vor, dass KGV und EV/EBITDA zu widersprüchlichen Aussagen führen.

Das EV/EBITDA-Ratio lässt sich relativ gut im Zusammenhang mit Wachstumsraten interpretieren. Allgemein gilt: Ein niedriges EV/EBITDA-Ratio bei überdurchschnittlichen Wachstumsraten deutet auf eine günstige Bewertung hin. Unglücklicherweise besitzen die meisten Unternehmen mit sehr geringen Ratios ein ebenso geringes Wachstumspotenzial. Für zuverlässige Aussagen reicht das EV/EBITDA-Ratio allein also ebenfalls nicht aus.

Umsatzmultiplikator: Cap/Sales-Ratio

Während das KGV den meisten Anlegern längst ein Begriff sein dürfte, ist das so genannte Cap/Sales-Ratio (kurz C/S-Ratio) eine relativ neue Bewertungskennziffer, die insbesondere bei Hightech-Werten angewendet wird. Bei der Ermittlung dieser Zahl setzt man einfach die Marktkapitalisierung (Capitalization) eines Unternehmens ins Verhältnis zum Umsatz (Sales).

$$\text{Umsatzmultiplikator} = \frac{\text{Marktkapitalisierung}}{\text{Umsatz}}$$

Das Kurs-Umsatz-Verhältnis sollte wirklich nur in Ausnahmefällen für Unternehmensbewertungen herangezogen werden.

Je höher das Ergebnis, desto teurer und riskanter ist eine Aktie im Vergleich zu anderen Firmen derselben Branche. Sofern wir das C/S-Ratio auf eine einzelne Aktie herunterbrechen, ergibt sich der Umsatz pro Aktie. Man könnte auch vom Kurs-Umsatz-Verhältnis (kurz: KUV) sprechen. Bereits an dieser Begriffsgebung wird die Nähe zum Kurs-Gewinn-Verhältnis (kurz KGV) deutlich. Analysten fragen sich, wie viel Geld Marktteilnehmer gerade für einen Euro Umsatz ausgeben. Da bei Wachstumsfirmen oftmals kein Gewinn vorhanden ist, bedient man sich ganz einfach des Umsatzes, um eine dem KGV vergleichbare Kennziffer zu bekommen. Ein KUV von 50 sagt beispielsweise aus, dass Marktteilnehmer derzeit 50 Euro für einen Euro Umsatz zu zahlen bereit sind. Bis ihr Kapitaleinsatz durch Umsätze gedeckt wird, müssen sie – sofern sich an den Ausgangsbedingungen künftig nichts ändert – fünfzig Jahre warten. Einen Überschuss über das eingesetzte Kapital hinaus haben sie bis dahin jedoch noch nicht erzielt. Bis die Gewinne je Aktie den Einstandskurs decken, vergeht noch einige Zeit.

Wer eine Aktie mit »50er-KUV« erwirbt, muss schon etwas Wachstumsfantasie mitbringen und dem Unternehmen künftig die Entstehung von ausreichend Gewinnen zutrauen. Ein Beispiel:

Beispiel

Das Internet-Unternehmen Critical Path Inc., Anbieter von Business-Services, wies im Juli 1999 eine Marktkapitalisierung von 1,54 Mrd. US-Dollar auf. Der 98er-Umsatz betrug 897.000 US-Dollar (bei einem Verlust von 11,4 Mio. US-Dollar!). Hieraus ergab sich ein C/S-Ratio von

1,54 Mrd. US-Dollar/0,000897 Mrd. US-Dollar = 1.716,83

Der Börsenwert beträgt das 1.717fache des Umsatzes. Anleger, die eine Aktie mit derart hohem KUV erwerben möchten, gehen sehr hohe Risiken ein. Unter den gegebenen Bedingungen müssten sie 1.717 Jahre warten, bis der Umsatz je Aktie den gegenwärtigen Aktienkurs deckt.

Generell lässt sich sagen: je niedriger das C/S-Ratio, desto günstiger ist eine Aktie bewertet. Das C/S-Ratio darf jedoch in keinem Fall als einziges Auswahlkriterium angesehen werden. Seine Aussagekraft kann zwar durch Zeitreihenvergleiche (wie hoch war das C/S-Ratio vor einem, vor zwei oder drei Jahren?) sowie durch Gegenüberstellungen mit direkten Wettbewerbern gesteigert werden. Dennoch liefert es nur grobe Anhaltspunkte für die Gewinnfantasien, die die Marktteilnehmer derzeit mit der betreffenden Aktie verbinden.

Vorsicht bei Umsatzangaben

Viele Vorstände junger Wachstumsunternehmen haben die Bedeutung des Umsatzes für die Unternehmensbewertung erkannt. Sie versuchen mit allen Mitteln, möglichst hohe *Quartalsumsätze* in ihren Geschäftsberichten auszuweisen. Wir haben hier insgesamt fünf Beispiele aufgeführt, die Anlegern zeigen, was nach geltendem US-Bilanzierungsrecht möglich ist, um den Umsatzzahlen auf »legale« Weise etwas auf die Sprünge zu helfen.

Bruttoumsatz statt Provision

Internet-Firmen, die als Mittler zwischen zwei Parteien treten und zum Beispiel Werbeanzeigen im Namen eines Dritten verkaufen, setzen mitunter den gesamten Verkaufserlös (hier: Anzeigenpreis) in der eigenen Gewinn- und Verlustrechnung an. Eigentlich fließt ihnen aber nur ein Teil des Umsat-

Profitabilität ist letzten Endes die einzig ausschlaggebende Größe

Wählt man den Umsatz eines Unternehmens als Hauptbewertungskriterium, kann das zu Fehlentscheidungen führen. Ein fiktives Beispiel: Eine Internet-Firma handelt auf ihrer Homepage mit US-Dollar. Sie bietet einen Dollar für nur fünfzig Cents an – das Unternehmen verschenkt also 50 Cents an jeden Surfer, der das Angebot wahrnimmt und einen Dollar kauft. Sobald sich das in der Internet-Gemeinde herumspricht, wird der Umsatz des Unternehmens rasant in die Höhe schnellen. Abhängig davon, über wie viel Kapital die Internet-Seite verfügt, kann der Umsatz vielleicht sogar über Wochen oder Monate rasant gesteigert werden. Irgendwann ist jedoch Schluss. Dann ist das Kapital aufgezehrt und die Internet-Seite muss das Angebot vom Netz nehmen. Bis dahin hat das Unternehmen für jeden verkauften US-Dollar einen halben US-Dollar Verlust gemacht.

Abhängig von der Kapitalausstattung kann der Umsatz während der Verkaufszeit ein Niveau von mehreren hundert Millionen Dollar erreichen. Das Unternehmen steht am Ende der Aktion jedoch mit leeren Händen dar, hat das gesamte Eigenkapital aufgebraucht, und muss – mangels Masse – Konkurs anmelden. Das Beispiel ist freilich übertrieben, aber gar nicht so weit von der Realität entfernt.

zes, zum Beispiel eine anteilige Vermittlungsprovision, zu. Der Umsatz der Mittler wird dadurch mitunter recht deutlich erhöht, obwohl es sich beim Großteil der angesetzten Geldbeträge nur um einen »durchlaufende Posten« handelt. Beispiel: Die Internet-Werbeagentur Doubleclick setzte lange Zeit den gesamten Umsatz für vermittelte Werbeflächen in der eigenen Gewinn- und Verlustrechnung an. Nach Abrechnung mit jenen Unternehmen, die die Werbeflächen eigentlich zur Verfügung stellten – Doubleclicks Aufwendungen erhöhten sich in diesem Moment –, verblieb aber nur eine Provision in Höhe von 25 Prozent der Gesamtumsätze in den Büchern der Werbeagentur. Doubleclicks Umsätze fielen auf dem Papier viermal höher aus, als sie tatsächlich waren.

Umsatz durch Tauschgeschäfte

Unter Internet-Portalen ist es üblich, sich gegenseitig Werbeflächen zu vermieten. Dies erfolgt oft in Form eines Tauschgeschäftes – das heißt, es fließt kein Geld zwischen den beiden beteiligten Firmen. Dennoch setzen die Kontrahenten in vielen Fällen sowohl die Erträge (= Erhöhung der Umsätze) als auch die Kosten der Transaktion an. Erfolgen die Transaktionen im selben Quartal, so gleichen sie sich gegenseitig aus und haben keinerlei Auswirkung auf den Nettoerlös. Beispiel: Bei StarMedia und iVillage, zwei Internet-Portalen, machten Tauschgeschäfte zum Teil 25 Prozent der Umsätze aus. Die Firmen schalteten gegenseitig Internet-Banner auf ihren Internet-Seiten, ohne dass dabei jemals Geld fließt. Der Nettoerlös war Null.

Umsatz durch Gutscheine

Einige Internet-Einzelhändler versenden regelmäßig Gutscheine an ihre Kunden. Entstehen daraufhin Umsätze, so wird der Warenwert nicht selten in voller Höhe in der GuV angesetzt, auch wenn nur ein Teil der Waren tatsächlich bezahlt wird (bezahlt wird nur der Warenwert minus dem Wert des

Gutscheine sind ein beliebtes Mittel, um Umsätze zu stimulieren.

Gutscheins). Den Wert des Gutscheins buchen die Unternehmen als Aufwand (Marketingkosten) gegen. Mit Hilfe von Gutscheinen können die Umsätze daher sehr leicht in die Höhe getrieben werden, auch wenn niemals Geld in entsprechendem Umfang von den Kunden an die Einzelhändler fließt. Beispiel: CDNow verschickte mehrmals rechtzeitig eine Woche vor Quartalsende 10-Dollar-Gutscheine. Kaufte ein Kunde daraufhin für 50 Dollar CDs und reichte den Gutschein mit ein, so wurden 50 Dollar als Umsatz in der GuV angesetzt und 10 Dollar als Aufwand verbucht. Der Nettoerlös betrug also nur 40 Dollar.

Umsatz inklusive Versandkosten

Internet-Einzelhändler verbuchen Versandkosten oftmals als eigenen Umsatz, auch wenn die Leistung durch Dritte erbracht wird. Die Kosten werden gleichzeitig als Aufwand verbucht, sodass der Nettoerlös Null ist.

Aktien als Gegenleistung

Unter Internet-Firmen werden Werbebanner zum Teil mit Aktienpaketen bezahlt. Der Umsatz wird dabei in voller Höhe erfasst, auch wenn die Aktienpakete im Laufe der Zeit an Wert verlieren. Beispiel: Amazon hat Drugstore.com eine Verkaufsfläche für drei Jahre für 105 Millionen Dollar vermietet. Als Gegenleistung bekam Amazon Aktien von Drugstore.com. Die Wertpapiere kosteten damals noch 28 Dollar je Stück. Heute sind sie fast wertlos.

Vergleiche nur bei ähnlichen Business-Modellen zulässig

Neben den gerade beschriebenen Möglichkeiten, ein wenig Kosmetik bei den Umsätzen zu betreiben und damit die Aussagefähigkeit des Umsatzmultiplikators zu schwächen, sollten Anleger bei der Berechnung und Nutzung von Umsatzmultiplikatoren einen weiteren Aspekt beachten: Der Vergleich dieser Kennzahlen ist nur bei Unternehmen zulässig, die in etwa dieselben Geschäftsfelder betreiben. Der Grund dafür ist nicht auf den ersten Blick ersichtlich. Erst wenn man genauer auf die Gewinnspannen verschiedener Branchen/Geschäftsmodelle schaut, wird deutlich, dass ein Euro Umsatz in sehr unterschiedlich hohen Nettogewinnen resultieren kann. Die nebenstehende Tabelle zeigt die durchschnittlichen Nettogewinnspannen einiger ausgewählter Internet-Bereiche.

Internet-Sparte/ -Geschäftsmodell	Netto-Gewinn-spanne
Portale	21 bis 35 Prozent
Contentanbieter	21 bis 32 Prozent
Services	10 bis 21 Prozent
Internet-Einzel-händler	3 bis 14 Prozent

Es zeigt sich, dass der Umsatz eines Portals aus Anlegersicht eine deutlich höhere Wertigkeit besitzt als der Umsatz eines Internet-Einzelhändlers. Der Gewinn je einem Euro Umsatz kann bei einem Internet-Einzelhändler im Extremfall um 32 Cents unter demjenigen eines Portals liegen. Ähnliche Differenzen existieren auch in anderen Branchen bzw. zwischen anderen Geschäftsmodellen. Der Umsatz eignet sich daher nicht als Bewertungsmaßstab für Firmen aus verschiedenen Bereichen.

AMAZON.COM, INC. Statements of Operations (in thousands, except per share data) (unaudited)				
	Three Months Ended June 30		**Six Months Ended June 30**	
	2000	1999	2000	1999
Net sales	$577,876	$314,377	$1.151,765	$608,019
Cost of sales	$441,812	$246,846	$ 887,567	$475,696
Gross profit	$136,064	$ 67,531	$ 264,198	$132,323

Weder im Geschäftsabschluss noch in den Quartalsberichten wird näher aufgeschlüsselt, wie sich der Umsatz zusammensetzt. Weitere Details müssen Anleger telefonisch oder per E-Mail bei der Investor-Relations-Abteilung erfragen.

Wir stellen fest, dass die Bewertung mit Multiplikatormodellen nicht unproblematisch ist. Eine einzelne Zahl liefert normalerweise keine zuverlässigen Anhaltspunkte und führt gegebenenfalls zu Fehlentscheidungen. Dennoch ist die Existenz der genannten Kennziffern durchaus gerechtfertigt. Schließlich bekommen Anleger, die gleich mehrere Zahlen heranziehen und auch deren Zustandekommen näher unter die Lupe nehmen, im Allgemeinen einen besseren Eindruck von den Ertragsstrukturen der untersuchten Unternehmen.

Sell- und Buy-Side-Analysen

Es ist für private genauso wie für institutionelle Anleger häufig vor allem aus Zeitgründen gar nicht möglich, umfangreiche Aktienanalysen selbst durchzuführen. Daher übernehmen Banken, Brokerhäuser und andere häufig unabhängige Institutionen diese *Researchleistungen*.

Research

Eine derartige Arbeitsteilung zwischen Aktienanalysten auf der einen und Anlegern auf der anderen Seite hat grundsätzlich Vorteile: Ein Analyst kann sich auf einen bestimmten Bereich konzentrieren, zum Beispiel Aktien aus einer bestimmten Branche abdecken – man sagt auch »covern« –, und so einen tiefen Einblick in den jeweiligen Sektor gewinnen und damit Informationsvorsprünge aufbauen.

Das klingt zunächst einleuchtend, dennoch haben Researchberichte in vielen Fällen nicht die Qualität, die man erwarten könnte. Denn Analysten verfolgen oft unterschiedliche Interessen, je nachdem ob sie die Verkäuferseite (*Sell-Side*) vertreten oder die Käuferseite (*Buy-Side*).

Sell-Side-Analyse

Widmen wir uns zunächst den *Sell-Side-Analysen*. Wir wissen, dass es zu den (häufig lukrativen) Aufgaben der Banken gehört, Unternehmen bei ihrem Gang an die Börse zu begleiten. Für das Ansehen eines Emissionshauses und seine Auftragslage ist es natürlich von hoher Bedeutung, Aktien möglichst erfolgreich zu platzieren. Die Bank hat deshalb großes Interesse daran, die Aktien eines Unternehmens vollständig und zu einem hohen Kurs am Markt unterzubringen und sich damit auch nach außen als kompetenter Partner zu empfehlen.

Wie man sich leicht vorstellen kann, lassen sich Aktien besonders gut verkaufen, wenn die Interessenten von deren Werthaltigkeit und Zukunftschancen überzeugt sind. Da Anleger, insbesondere private, nicht die Möglichkei-

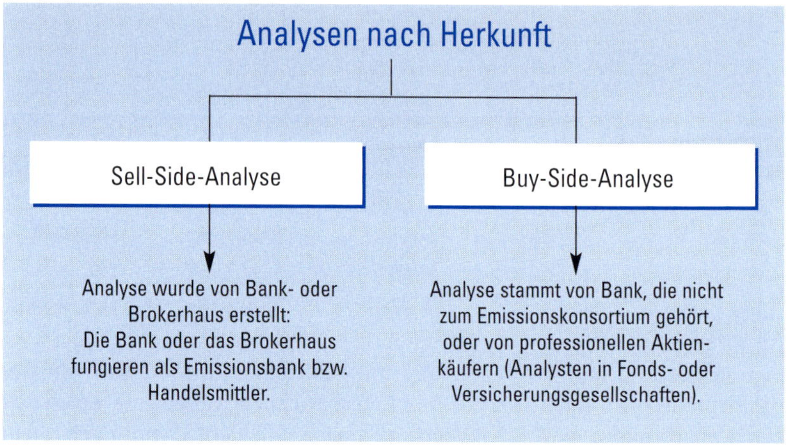

ten und das Wissen haben, sich praktisch direkt vor Ort oder zumindest anhand von Originalunterlagen (z.B. Geschäftsberichten) selbst ein Bild vom Unternehmen zu machen, sind sie auf die Urteile von Analysten angewiesen.

Sell-Side-Analyse

Erstellt nun ein Bankanalyst eine Studie über eine Aktie, deren Emission die Bank selbst begleitet, nennt man dies Sell-Side-Analyse.

Interessenkonflikte sind vorprogrammiert, wenn Analysten über Unternehmen schreiben, die zugleich Kunden der Bank sind. Es ist in solchen Fällen im Allgemeinen nicht einfach, sowohl den Interessen der Bank – die eine möglichst positive Bewertung will – und denen der Anleger – die eine möglichst objektive Darstellung wünschen – gerecht zu werden. Der Analyst ist von der Bank abhängiger (weil er dort arbeitet und von ihr bezahlt wird) als von den Anlegern. Daher besteht grundsätzlich die Gefahr, dass Sell-Side-Analysen stärker an die Interessen der Bank als an die der Anleger angelehnt sind.

Auch in einem etwas anderen Zusammenhang spielen Sell-Side-Analysen eine Rolle. Wie bekannt ist, führen Banken auch Handelsaufträge für private und institutionelle Anleger durch. Dafür erhalten Sie Provisionen. Unter Ertragsgesichtspunkten sind Banken also daran interessiert, dass Anleger in Aktien investieren. Ebenso kommt es vor, dass eine Bank Aktien im eigenen Depot hat, die sie gerne – zu einem hohen Kurs – verkaufen möchte. Auch in dieser Situation besteht der Wunsch nach kaufwilligen Anlegern.

Eine positive und erwartungsvolle Berichterstattung würde die Kauflust beflügeln. Auch hier geraten die Mitarbeiter in den Researchabteilungen der Institute wieder in einen Konflikt: Banken und Broker wünschen sich Berichte, die sie als Verkaufshilfen verwenden können, Anleger erhoffen sich dagegen sachliche Informationen. Weil die Analysten im Auftrag der Banken arbeiten, besteht im Prinzip immer die Gefahr, dass Unternehmensberichte (Sell-Side-Analysen) aufgrund der Institutsinteressen zumindest leicht verfälscht sind.

Doch nicht immer stecken Banken in der Verkäuferrolle, da sie Aktien ja auch für ihre eigenen Anlagedepots brauchen. Dann müssen die Häuser selbst Aktien kaufen und sind nun natürlich nicht an Analysen interessiert, welche die Situation auf den Aktienmärkten zu rosig darstellen. Nun kommt es auf eine sachliche Berichterstattung an, um herauszufinden, ob sich eine Investition tatsächlich lohnt.

Buy-Side-Analyse

Steht hingegen bereits fest, welche Aktien gekauft werden sollen, so hat die Bank ein Interesse, die Papiere möglichst günstig einzukaufen. Ziel einer Analyse aus Käufersicht – auch *Buy-Side-Analyse* genannt – ist es, die Aktie so weit wie möglich im Wert herabzustufen, um sie preiswert kaufen zu können. Auch Buy-Side-Analysen beinhalten daher grundsätzlich das Risiko, von Bank- und Brokerinteressen gefärbt zu sein.

Nach Abschluss einer Unternehmensanalyse erhält die Aktie ein *Rating*. Es liegt zwischen den beiden Extrempunkten »Unbedingt Kaufen« (Strong Buy) und »Unbedingt Verkaufen« (Strong Sell). Im Prinzip hat nahezu jede Bank und jedes Brokerhaus ein eigenes Bewertungssystem, doch die folgenden Einstufungen findet man am häufigsten:

- Unbedingt kaufen (Strong Buy)/Entwickelt sich weit überdurchschnittlich (Significant Market Outperformer)
- Kaufen (Buy)/Aufstocken (Add)/Akkumulieren (Accumulate)/Unterbewertet (Undervalued)/Kurzfristig Unterbewertet (Trading Buy)/Langfristig Kaufen (Long-Term Buy)/Entwickelt sich überdurchschnittlich (Outperformer)
- Übergewichten
- Halten (Hold)/Entwickelt sich im Marktdurchschnitt (Marketperformer)/Neutral
- Reduzieren (Reduce)/Verkaufen (Sell)/Entwickelt sich unterdurchschnittlich (Market Underperformer)/Überbewertet (overvalued)
- Unbedingt Verkaufen (Strong Sell)/Entwickelt sich deutlich unter Marktdurchschnitt (Significant Market Unterperformer)

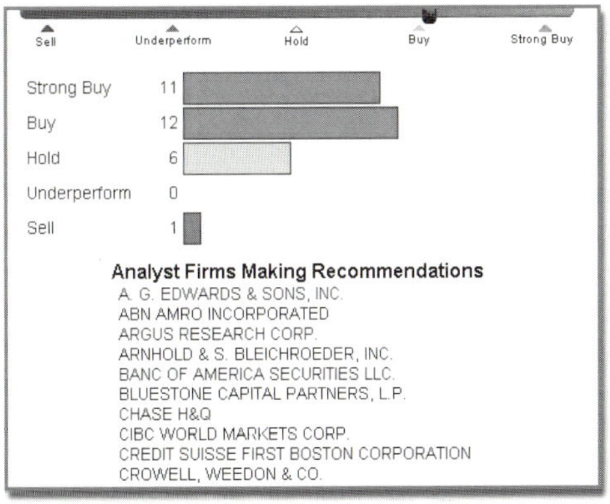

Im Internet lassen sich Auswertungen abrufen, wie viele Analysten eine Aktie mit welchem Rating versehen haben. Daran lässt sich ablesen, ob die Mehrheit ein Papier positiv oder negativ einschätzt.

Ein Rating ist im Grunde genommen nichts anderes als eine Empfehlung, die ein Analyst für eine bestimmte Aktie zu einem bestimmten Zeitpunkt ausspricht. Das Urteil eines Analysten ist immer so formuliert, dass man erkennen kann, ob er die Einschätzung im Vergleich zum letzten Mal unverändert gelassen, sie heraufgesetzt (*Upgrade*) oder herabgestuft hat (*Downgrade*).

Upgrade/
Downgrade

Nur relativ selten sprechen Analysten »echte« Verkaufsempfehlungen (Sell/Strong Sell) aus. Das hängt zum einen damit zusammen, dass eine pessimistische Haltung schlecht für die Börsenumsätze ist (und damit für die Wertpapierprovisionen der Bank), da die Anleger von Aktienkäufen Abstand nehmen. Zum anderen sind Analysten – insbesondere, wenn sie bei einer Bank angestellt sind – nicht daran interessiert, Unternehmen herunterzustufen, mit denen die Bank vielleicht Geschäfte macht oder möglicherweise in Zukunft machen möchte. Daher gilt in der Praxis eine ungeschriebene Regel: Die Einstufung »Halten« ist in vielen Fällen bereits eine versteckte Verkaufsempfehlung.

> Wie zuverlässig Analysen sind, kann man häufig daran erkennen, ob Banken und Broker ihre Berichte kostenlos abgeben oder Geld damit verdienen.
>
> Stellt der Verkauf von Researchleistungen schon seit längerer Zeit eine gute Ertragsquelle dar, dann kann man von einer relativ hohen Qualität der Analysen ausgehen. Werden Studien hingegen unentgeltlich verteilt, erzielt die Bank dafür aber hohe Einnahmen im Emissionsgeschäft und beim Aktienhandel, dann bestehen mitunter Zweifel an der Qualität ihrer Analysen.

Derartige Gefahren sind bei Buy-Side-Analysen im Allgemeinen dann relativ gering, wenn sie aus einer unabhängigen Quelle stammen. Dies können zum Beispiel Fondsgesellschaften sein. Dort fertigen Analystenteams (*Inhouse-Research*) Unternehmensstudien für die eigenen Fondsmanager an. Aufgrund der Untersuchungsergebnisse erfolgen Aktienkäufe und -verkäufe, von denen wiederum der Fondserfolg – mit anderen Worten: die Entwicklung der Anteilwerte – unmittelbar abhängt. Daher kann man davon ausgehen, dass die Analysten nach einer fairen und interessenfreien Berichterstattung streben.

Außenstehende (z. B. Privatleute) haben zum Inhouse-Research meist keinen Zugang, da die Ergebnisse, um Wettbewerbsvorteile zu wahren, nicht oder erst mit zeitlicher Verzögerung an die Öffentlichkeit gelangen.

Technische Analyse

Noch in den achtziger Jahren basierten Aktienanalysen vor allem in Europa überwiegend auf Verfahren der Fundamentalanalyse. Kritiker bemängeln jedoch, dass diese Methoden nicht die erforderliche Flexibilität besitzen, um unerwartete Marktveränderungen frühzeitig genug zu erkennen.

Für langfristige Anlageentscheidungen hingegen haben sich fundamentale Analysemethoden immer noch am besten bewährt.

Die Treffergenauigkeit bei kurzfristigen Vorhersagen ist erfahrungsgemäß bei Technischen Analysemethoden höher. Sie basieren auch auf einer gänzlich anderen Anschauung als fundamentale Verfahren. Wesentliches Merkmal ist, dass aus Kursen der Vergangenheit Rückschlüsse auf die zukünftige Aktienentwicklung gezogen werden. »Techniker« sind davon überzeugt, dass sich bestimmte charakteristische Kursmuster in der Zukunft wiederholen.

Charts

Typisch für diese Verfahren ist die grafische Darstellung des Kursverlaufs in Form von *Charts*. Dieser Begriff stammt aus dem Englischen und stand ursprünglich für »Seekarte«. Inzwischen verwendet man die Bezeichnung allgemein für »Schaubild«.

Ein Aktienchart kann man sich als Diagramm vorstellen, bei dem auf der horizontalen Achse die Zeit, auf der vertikalen hingegen die Kurse abgetragen werden. »Erfinder« war *Charles Dow*, der auch das »Wall Street Journal« gründete und einem der weltweit bekanntesten Aktienindizes, dem Dow-Jones, den Namen verliehen hat. Dow verfolgte ursprünglich das Ziel, aus der unüberschaubaren Flut von kurzfristigen Kursschwankungen einen Trend herauszulesen. Seine Überlegungen brachten ihn schließlich auf die Idee, Kurse komprimiert als Börsenindex darzustellen. Man fertigt aus den einzelnen Indexständen der Vergangenheit einen Chart an und versucht, an dessen Verlauf einen Trend abzulesen und in die Zukunft fortzuschreiben. Das ist das Grundprinzip der Technischen Analyse. Träfe es tatsächlich zu, dann ließe sich die zukünftige Entwicklung des Indexes – oder allgemeiner: von Aktien – damit vorhersagen.

Charles Dow

Doch dieser Ansatz kann nur funktionieren, wenn zwei wesentliche Voraussetzungen erfüllt sind. Da Aktienkurse immer das Ergebnis menschlichen Verhaltens sind, muss man erstens davon ausgehen, dass die Verhaltensweisen erkennbaren Mustern folgen. Denn nur dann können sich gewisse charakteristische Kursverläufe mit der Zeit auch wiederholen. Ob die Mehrheit der Menschen tatsächlich immer nach festen Regeln Wertpapiere kauft oder verkauft ist aber umstritten. Fest steht nur, dass das Verhalten auf den Märkten nicht ausschließlich das Ergebnis rationaler Handlungen ist, sondern zum Teil überaus stark von Emotionen abhängt. Und es lässt sich zumindest an Vergangenheitsdaten nachweisen, dass sich – wenn auch nicht in allen Fällen – bestimmte Handlungsmuster durchaus wiederholen.

Zweitens müssen Aktienkurse (und damit natürlich auch Indexstände) als Ergebnis von Angebot und Nachfrage sämtliche verfügbaren Informationen und Meinungen beinhalten. Wäre das nicht der Fall, dann gäbe es kursrelevante Informationen, die bereits existieren – etwa eine starke Zunahme der Auftragseingänge bei einer Aktiengesellschaft –, die aber lediglich bestimmten Personenkreisen zur Verfügung stehen, nicht jedoch der Allgemeinheit. Dies hätte bezogen auf die Beispielsituation zur Folge, dass der Kurs nicht oder nicht stark genug ansteigt, denn viele Marktteilnehmer können den wahren Wert der Aktie aufgrund der vorenthaltenen Information nicht richtig einschätzen. Die privilegierte Gruppe hat aufgrund ihres Wissensvorsprungs die Möglichkeit, das Papier preiswert zu kaufen und dann abzuwarten, bis alle anderen die kurssteigernde Information ebenfalls haben und durch Käufe den Kurs und damit den Wert der Aktie erhöhen.

Ein Aktienchart hätte in einer solchen Situation keinen Aussagegehalt mehr. Niemand wüsste, ob die Kurse in der Grafik den tatsächlichen Verhältnissen entsprechen oder – aufgrund vorenthaltener Informationen – eigentlich viel niedriger oder höher liegen müssten.

Es geht bei Technischen Analyseverfahren im Kern immer um die Frage, ob eine Aktie (oder ein Index) die eingeschlagene Richtung in naher Zukunft beibehält oder ein *Trendwechsel* bevorsteht. Zunächst ist es daher besonders wichtig, die aktuell vorhandene Grundrichtung sichtbar zu machen. Aber es ist gar nicht so einfach, dies zu erkennen, denn die Kurse bewegen sich oft ziemlich hektisch auf und ab und dadurch ist die grundsätzliche Richtung kaum erkennbar. Doch es gibt eine Möglichkeit, um die Tagesschwankungen auszuschalten. Man verwendet dafür *gleitende Durchschnitte*. Sie basieren auf folgendem Prinzip: Für jeden Börsentag wird ein Durchschnittswert aus den Kursen der zurückliegenden Tage – meist nimmt man die letzten 200, 100, 80

Trendwechsel

Gleitende Durchschnitte

oder 38 Börsentage – gebildet, je nachdem welchen Durchschnitt man wünscht. Ein gleitender 200-Tage-Durchschnitt für den heutigen Börsentag wird berechnet, indem man die Kurse der vergangenen 200 Börsentage einschließlich des heutigen Kurses zusammenzählt und die Summe durch 200 teilt. Da man bei der Berechnung an jedem folgenden Börsentag den jeweils ältesten Kurs weglässt und den aktuellen Börsenkurs hinzurechnet, bezeichnet man diesen Durchschnitt als »gleitend«. Tragen wir nun sämtliche errechneten Durchschnittskurse für die einzelnen Tage in einen Chart ein und verbinden sie, so erhalten wir eine Kurve, die man *200-Tage-Linie* nennt.

200-Tage-Linie

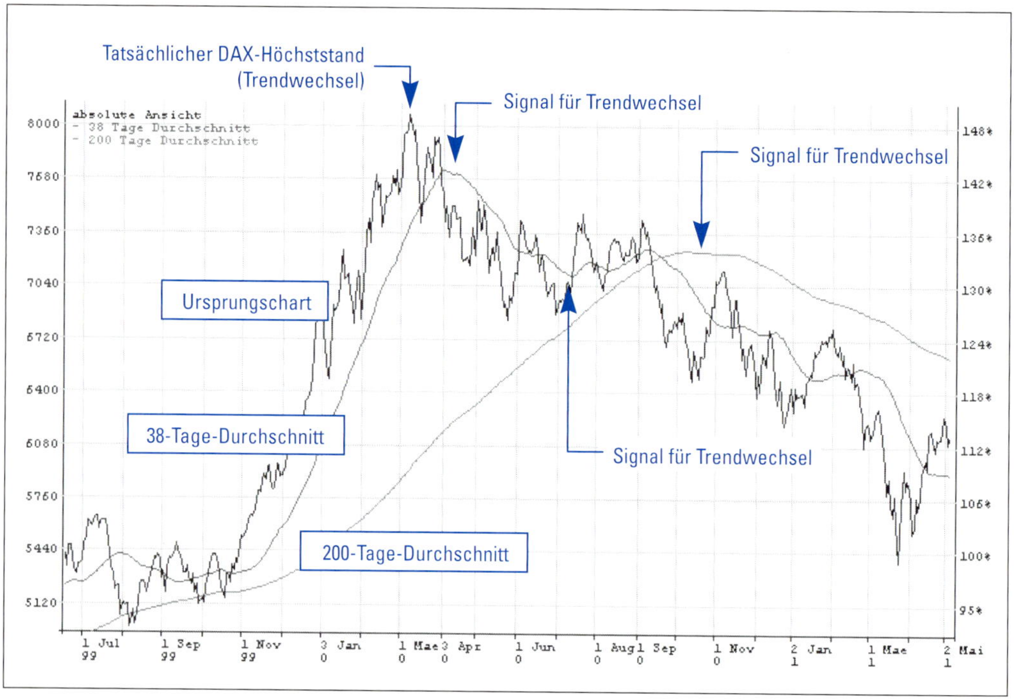

Aufgrund der Durchschnittsbildung haben einzelne Kurse – vor allem natürlich starke Ausschläge (»Ausreißer«) nach oben oder unten – einen entsprechend geringen Einfluss und der Verlauf des Charts glättet sich insgesamt. Die grundsätzliche Richtung (Trend) ist daher viel leichter erkennbar.

Je mehr Kurse in den Durchschnitt eingehen, umso geringer ist der Einfluss kurzfristiger Kursbewegungen. Nachteil ist, dass Trendwechsel erst sehr spät erkannt werden. Dies sieht man zum Beispiel am obigen Chart, das neben dem DAX-Verlauf (Ursprungschart) auch dessen 38- und 200-Tage-Durchschnitte enthält. Die 200-Tage-Linie weist – was auch der tatsächlichen Indexentwicklung entspricht – lediglich einen einzigen Trendwechsel auf. Allerdings kommt das Signal erst sehr spät. Tatsächlich hatte der DAX seinen Höchststand Anfang März 2000 erreicht. An der 200-Tage-Linie zeichnet sich dies aber erst ungefähr sechs Monate später ab.

Die 38-Tage-Linie liefert einen Hinweis zur Trendwende zwar schon wenige Wochen später. Doch dafür beinhaltet diese Linie auch deutlich häufiger Trendwechsel (siehe Abbildung), die in Wirklichkeit gar keine Änderungen der grundsätzlichen Entwicklung sind, sondern schlicht Fehlsignale. Dies liegt daran, dass in den Durchschnitt lediglich 38 Kurse einfließen und einzelne Kursausschläge den Mittelwert daher erheblich stärker prägen als beim 200-Tage-Durchschnitt. Fazit: Je weniger Kurse der gleitende Durchschnitt umfasst, umso schneller zeigt er Trendwechsel an, umso höher ist aber auch das Risiko von Fehlsignalen.

Fehlsignale

Man kann an diesem einfachen Beispiel bereits sehen, mit welchem Dilemma die Analysten zu kämpfen haben. Eine klare und einwandfreie Aussage über die Kurse kann man oft erst dann machen, wenn die Entwicklung bereits sehr stark vorangeschritten ist. Doch dann ist es häufig bereits zu spät, um die Erkenntnisse noch für gewinnbringende Prognosen verwenden zu können. Legt man für eine Vorhersage dagegen Signale zugrunde, die sich noch gar nicht richtig herausgebildet haben, ist die Gefahr von Fehlinterpretationen und damit Falschprognosen sehr groß.

Wir haben uns hier auf gleitende Durchschnitte konzentriert. In der Realität gibt es jedoch noch weitaus mehr Verfahren, wie man aus historischen Kursen die zukünftige Entwicklung herauslesen kann. Selbst eine lediglich überblicksartige Darstellung würde den Rahmen dieses Buches bereits sprengen. Daher verzichten wir auf weiterführende Erläuterungen. Um dennoch einen Eindruck vom Ablauf und den Ergebnissen einer Technischen Analyse zu bekommen, zeigen wir ein konkretes Beispiel aus der Praxis (siehe Abbildung auf der Folgeseite).

Behavioral Finance

An den Aktienbörsen treffen Anleger ihrer Entscheidungen nicht (immer) nach rationalen Kriterien, wie man lange Zeit meinte. Oftmals folgen die Menschen nur begrenzt ihrer Vernunft und lassen sich vielmehr von Stimmungen und Gefühlen leiten. Diese Auffassung teilen zumindest die Vertreter der Behavioral Finance, einer noch relativen jungen Forschungsrichtung, die sich um die Frage dreht, wie man das Handeln der Anleger verhaltenspsychologisch (englisch: behavioral) erklären kann. Anhänger dieser Denkschule argumentieren, das Verhalten der Menschen allgemein – und damit das Handeln von Anlegern im Speziellen – sei geprägt von der Erziehung, dem kulturellen Umfeld, der individuellen Wahrnehmung, von Gefühlen und ihrer Stellung in der Gesellschaft, aber auch von der Art und Weise, wie sie zum Beispiel in einer Bank beraten werden. Deshalb bewerten Anleger Informationen (z. B. Ad hoc-Meldungen) nicht ausschließlich nach »vernünftigen« Kriterien – wie Anhänger der klassischen Finance-Theorie bislang geglaubt haben. Scheinbar ist der Mensch doch kein homo oeconomicus, wie ihn vor allem Wirtschaftswissenschaftler immer beschrieben haben: ein Wesen, das mechanisch handelt und nur darauf bedacht ist, seinen wirtschaftlichen Nutzen zu maximieren.

Verhaltenspsychologie

Die Erkenntnisse der Behaviorial Finance vermitteln ein völlig anderes Menschenbild. Die Forscher sind dabei zu einigen sehr interessanten Ergebnissen gekommen, von denen wir einige ausgewählt haben:

EM.TV & Merchandising: Bärenfalle oder Doppel-Top

Das internationale Medienunternehmen und Indexschwergewicht EM.TV gilt als Inbegriff der Erfolgsgeschichte des Neuen Marktes. Zuletzt erlitt die Aktie allerdings einen Schwächeanfall.

Gerüchten zufolge soll der jüngste Kursverlust durch Verkäufe von Altaktionären der Formel Eins ausgelöst worden sein, die sich nach Ablauf der Lock-up-Period von der Aktie getrennt haben. Diese Kursverluste haben dazu geführt, dass die Aktie derzeit als technisch angeschlagen zu bezeichnen ist. Es besteht die Gefahr, dass die Verkaufswelle weitere Kreise zieht.

Ausgehend vom Allzeithoch Mitte Februar dieses Jahres bei 120 Euro sind die Kurse innerhalb von viereinhalb Monaten um mehr als 50 Prozent gefallen.

Während der NEMAX 50 Performance-Index im Bereich seiner 200-Tage-Glättungslinie nach oben gedreht hat, haben die EM.TV-Kurse ihre 200-Tage--Glättungslinie nach unten geschnitten. Dies ist insbesondere deshalb negativ zu werten, weil der Durchschnitt der letzten 200 Börsentage in der Vergangenheit als Unterstützung wirkte.

Außerdem hat sich seit Februar dieses Jahres eine Doppel-Top-Formation ausgebildet. Diese obere Umkehrformation könnte einen ausgeprägten Kursrückgang einläuten. Die Nackenlinie dieser Formation, die man als Horizontale an den Tiefpunkt zwischen den beiden Hochpunkten bei ca. 63 Euro anlegt, wurde zuletzt unterschritten. Dies war ein Verkaufsignal und die Kurse „purzelten" auf fast 56 Euro.

Das Mindestkursziel, das sich aus dieser Formation gemäß klassischer charttechnischer Regeln ableiten läßt, bemißt sich nach dem Abstand zwischen dem Niveau des höchsten Hochs und dem Niveau der Kerbe. Im vorliegenden Fall beträgt diese Entfernung ca. 47 Prozent. Dieser Prozentwert wird an der Ausbruchstelle nach unten abgetragen. Aufgrund der logarithmischen Skalierung des Charts kann dies graphisch gelöst werden, indem man den Abstand zwischen Kerbe und Kopf am Niveau der Kerbe nach unten spiegelt. Die Kurse könnten somit in den unter 40 Euro fallen.

Dieses Kursziel sollte aber nicht als „Dogma" aufgefaßt werden, sondern in Beziehung gesetzt werden zu möglichen Unterstützungsmarken. Im vorliegenden Fall sind die Unterstützungen bei 56 Euro, 52 Euro, 47 Euro, 41 Euro und bei ca. 38 Euro zu beachten.

Zuletzt testeten die Kurse eine Unterstützungszone im Bereich von 56 bis 58 Euro. Sollte diese Zone unterschritten werden, könnten die Kurse die Marke bei 52 Euro testen. Danach könnten die Kurse die vorgenannten Unterstützungen anpeilen.

Der mittelfristige technische Indikator, das 100-Tage-Momentum ist allerdings auf ein niedriges Niveau gesunken und würde bei einer unteren Wende eine Kurserholung ankündigen. Dennoch könnte die Grundrichtung der Kurse weiter abwärtsgerichtet sein, weil die zeitlich weit ausgedehnte Doppel-Top-Formation ein Indiz dafür liefert, dass sich das Erreichen des Mindestkursziels durchaus über mehrere Wochen hinziehen könnte. Entwarnung wäre erst gegeben, wenn die Kurse die 200-Tage-Glättungslinie und die Abwärtstrendlinie und den Widerstand bei 96 Euro überwinden würden.

Michael Hanf / Dr. H.-D. Schulz

- In Untersuchungen hat man herausgefunden, dass Anleger ihre eigenen Kenntnisse und die Treffsicherheit ihrer Prognosen oft ebenso überschätzen wie den Informationsgehalt von Börsennachrichten. Fachleute bezeichnen dies als *Overconfidence Bias*.

Overconfidence Bias

- Es ist kein Geheimnis mehr und mittlerweile nicht nur theoretisch, sondern auch praktisch nachgewiesen, dass eine breite Aktienstreuung – insbesondere auch auf internationale Werte – eine überlegene Anlagestrategie darstellt. Obwohl dies seit langem bekannt ist, neigen private und sogar institutionelle Anleger dazu, heimischen Papieren ein Übergewicht zu verleihen. Man spricht in diesem Zusammenhang auch von einem *Home Bias*. Eine Erklärung für dieses Verhalten sehen Fachleute in der unterschiedlichen Vertrautheit der Anleger mit heimischen und ausländischen Aktien. Anleger sind in dem Glauben, Werte aus dem eigenen Land besser beurteilen zu können als ausländische und ziehen deshalb Inlandspapiere vor.

Home Bias

- Stark verbreitet ist die Angewohnheit, Aktien, die im Plus notieren, zu früh wieder abzustoßen, während Anleger an Verliereraktien zu lange festhalten. Anders gesagt, verhalten sich Anleger eher risikofreudig, wenn mit Verlusten zu rechnen ist, sind aber risikoscheu, wenn sie Gewinne laufen lassen könnten. Dieses Phänomen bezeichnet man auch als *Dispositionseffekt*. Menschen ärgern sich über Verluste mehr, als sie sich über Kursgewinne freuen können. Das führt in letzter Konsequenz dann dazu, dass Aktien, die bereits im Minus sind, weiter im Depot bleiben, weil Anleger die Niederlage nicht eingestehen wollen. An den Werten wird festgehalten in der Hoffnung, dass sie sich in Zukunft wieder erholen.

Dispositionseffekt

- Untersuchungen in der Praxis haben bestätigt, dass sich private sowie institutionelle Anleger, ja sogar professionelle Analysten bei ihrer eigenen Willensbildung oft an Vorbildern orientieren. An der Börse lässt sich also mitunter ein regelrechter Herdentrieb beobachten. Die große Masse der Akteure folgt bestimmten Meinungsführern – oft aus Sorge, sonst nicht kompetent zu erscheinen – und im Endeffekt verstärken sich dadurch Börsentrends.

Herdentrieb

Es ist ohne Zweifel interessant, dass man mit Phänomenen wie dem Overconfidence Bias oder dem Dispositionseffekt neue Ansätze gefunden hat, um das Verhalten der Anleger besser zu verstehen. Doch so eindrucksvoll diese Erkenntnisse auch sind, sie können das Handeln an der Börse nicht vollständig erklären. In Wirklichkeit ist es wahrscheinlich so, dass ein Teil der Entscheidungen durchaus rational zu begründen ist, während der Rest auf Ursachen zurückzuführen ist, die man verhaltenspsychologisch erklären kann. Welcher Einfluss letztlich überwiegt, werden Forschungen in der Zukunft noch genauer zeigen.

Man darf darüber hinaus natürlich nicht vernachlässigen, dass Behavioral Finance eine sehr junge Disziplin ist, die gerade am Anfang ihrer Entwicklung steht. Dennoch können Anleger – insbesondere an Wachstumsbörsen – schon jetzt einige Schlüsse ziehen. Allerdings sollte man so realistisch sein und sagen, dass man von dieser Theorie keine Wunder erwarten darf. Klare Handlungsempfehlungen, wie man in kurzer Zeit zum Millionär wird, können auch Protagonisten dieser Theorieströmung nicht liefern. Sie liefern jedoch Erklärungsansätze, mit denen wir das Entscheidungsverhalten vieler Anleger besser durchblicken. Dies kann wiederum dazu beitragen, dass die eigenen Anlageentscheidungen zielgerichteter erfolgen.

- Den Erkenntnissen der Behavioral Finance zufolge übergewichten Anleger inländische Aktien. Aufgrund dieses *Home Bias* wird das investierte Kapital nicht breit genug gestreut. Die positiven Effekte, die damit einhergehen, können deshalb nicht richtig zur Geltung kommen. Die Handlungsempfehlung lautet: Anleger sollten sich nicht auf inländische Werte konzentrieren, sondern auch internationale Aktien in ihren Bestand aufnehmen, auch wenn sie sich dabei nicht ganz sicher fühlen. Dadurch lassen sich Verzerrungen aufgrund der eingeschränkten subjektiven Wahrnehmung korrigieren. Dennoch sollten die Anleger nicht den Fehler begehen und blindlings irgendwelche Aktien kaufen, nur weil die Werte aus dem Ausland stammen.
- Auch aus dem *Dispositionseffekt* ergeben sich Leitlinien für eine auf Dauer erfolgreiche Strategie: Anleger sollten immer gleich risikobereit sein, unabhängig davon, ob die Aktie Gewinn oder Verlust abgeworfen hat. Das heißt konkret: Gewinner-Aktien lange genug halten, Verlierer dagegen früh genug wieder verkaufen. Umsetzen lässt sich diese Handlungsempfehlung am besten, indem man klare Limite für den maximal tolerierten Verlust setzt und zum Beispiel *Stop-loss-Orders* erteilt. Dagegen sollten Aktien, die bereits im Kurs gestiegen sind, im Bestand bleiben (»Aktien liegen lassen«) und sogar noch zugekauft werden. Die Praxis hat gezeigt, dass Gewinner in überdurchschnittlich vielen Fällen auch Gewinner bleiben, während Verlustwerte auch in Zukunft tendenziell zu den Verlierern zählen. Erkennen kann man Gewinneraktien daran, dass sie in der Vergangenheit besser abgeschnitten haben als der Markt (Index).

Aus den Erkenntnissen über den Herdentrieb von Börsenakteuren können Anleger ebenfalls Lehren ziehen: Sie sollten sich an echten Meinungsführern orientieren und deren Empfehlungen bei den eigenen Entscheidungen berücksichtigen. Zu erkennen sind echte Meinungsführer an mehreren verschiedenen Kriterien. Sie haben meist aufgrund ihres Berufs eine enge Beziehung zum Markt (z. B. Fondsmanager, Analysten bei Banken, Zentralbankpräsidenten, Journalisten), erscheinen regelmäßig in der Öffentlichkeit und ihre Meinung ist eine wichtige Entscheidungsgrundlage für andere professionelle Börsenakteure.

Investmentstile

Jeder verfolgt natürlich das Ziel, sein Kapital so anzulegen, dass am Ende eine möglichst hohe Rendite dabei herauskommt. Die ideale Lösung existiert aber nicht. Denn es gibt unterschiedliche Mittel und Wege, wie man bei der Wertpapierauswahl vorgehen kann. Einige bedeutende Ansätze wollen wir skizzieren, die aktive und passive Aktienauswahl sowie das Value- und Growth-Style-Investment.

Es gibt darüber hinaus noch eine Reihe weiterer Methoden, die man zur Hilfe nehmen kann. Aus Platzgründen können wir hier jedoch nicht jedes Verfahren vorstellen.

Man sollte wissen, dass im Laufe der Zeit zwar immer neue Methoden hinzukommen – natürlich auch deshalb, weil sich die Erkenntnisse weiterentwickeln –, viele davon aber den Charakter von Modeerscheinungen haben. Sie dienen oftmals etwa Fondsgesellschaften als Marketingargumente zur Platzierung neuer Fondsprodukte.

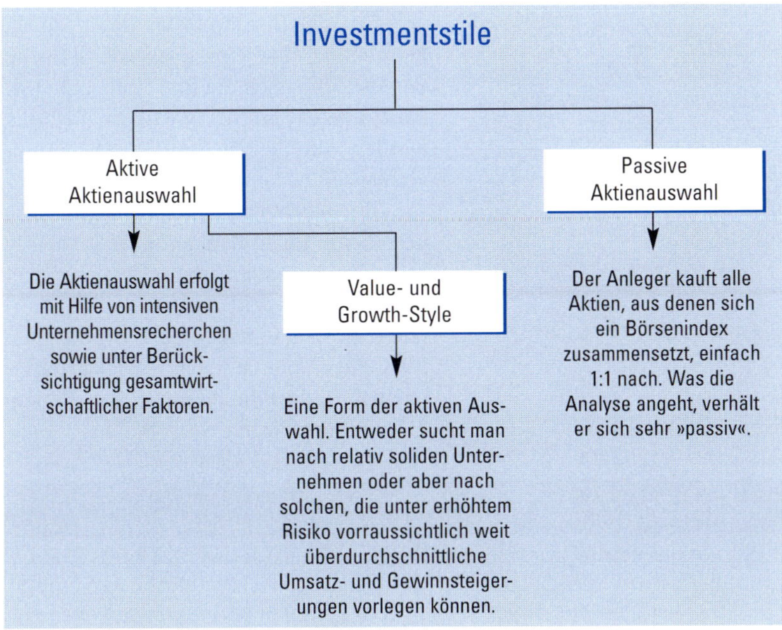

Aktive und passive Aktienauswahl

Lautet das Ziel, die allgemeine Marktentwicklung zu übertreffen, so spricht man von *aktivem* Management. Die Kunst liegt darin, genau diejenigen Aktien herauszupicken – man sagt auch zu selektieren –, die nicht richtig be- Selektion
wertet sind, also entweder besonders preiswert zu haben sind (= unterbewertete Papiere) oder zu hoch im Kurs stehen (= überbewertete Papiere). Unterbewertete Papiere werden gekauft, in der Hoffnung, dass ihr Wert im Vergleich zum Gesamtmarkt stärker steigt, während man überbewertete Aktien leerverkauft. Hat man die Werte richtig eingeschätzt, sinkt ihr Preis und die Aktien können später preiswerter zurückgekauft werden.

Doch nicht nur gekonnte *Selektion*, auch geschicktes *Timing* führt zu Timing
überdurchschnittlichen Renditen. Wer solche Fähigkeiten besitzt, steigt idealerweise am Ende einer Hausse aus dem Markt aus und verlagert sein Kapital etwa auf verzinsliche Anlageformen (z. B. Floating-Rate-Notes). Ist die anschließende Baisse (oder Seitwärtsbewegung) abgeschlossen, werden die Anleihen wieder abgestoßen und Aktien gekauft, um an der nächsten Hausse-Phase zu partizipieren.

Der Ansatz, durch Selektion und Timing den Markt zu schlagen, klingt zwar einleuchtend, ist aber schwieriger, als man meinen könnte. Kaum jemand schafft es auf Dauer, einen höheren Wertzuwachs zu erzielen als der Marktdurchschnitt – und das gilt auch für professionelle Vermögensverwalter, zum Beispiel Fondsmanager oder die Wertpapierhändler von Banken.

In den meisten Fällen ist es sogar umgekehrt: Falsch bewertete Aktien zu erkennen, ist eine ebenso unsichere Sache, wie das Abpassen der richtigen Ein- und Ausstiegszeitpunkte. Kritikern zufolge werden durch Selektion und Timing keine »Überrenditen« erwirtschaftet, sondern regelrecht Werte vernichtet. Das bestätigen sogar Banken. Wir verdeutlichen das einmal an einem Praxisbeispiel: In einem Prospekt der Deutschen Bank (siehe Auszug links), in dem Werbung für DAX-Zertifikate gemacht wird, kann man nachlesen, dass die Renditen von Aktienfonds im Durchschnitt unter denen des Indexes liegen.

Zur Veranschaulichung dieser Aussage lassen Sie uns die Wertentwicklung des Xetra DAX® Index-Zertifikats, das 1996 von der Deutschen Bank ausgegeben wurde, mit der durchschnittlichen Wertentwicklung deutscher Aktienfonds, die in deutsche Aktien anlegen, vergleichen. Für den Zeitraum von Juni 1996 bis Dezember 2000 übertraf das Xetra DAX® Index-Zertifikat die Wertentwicklung dieser Fonds um mehr als 3,6% pro Jahr."

Neben den X-perts gibt es auch andere Produkte, die auf die Nachbildung der Wertentwicklung eines zugrunde liegenden Aktienindex abzielen. Viele von ihnen haben jedoch Probleme, den Tracking Error (Abweichung der Performance des Portfolios im Vergleich zum Benchmark-Index) gering zu halten.

Xetra DAX® Index-Zertifikat im Vergleich zum Durchschnitt deutscher Aktienfonds

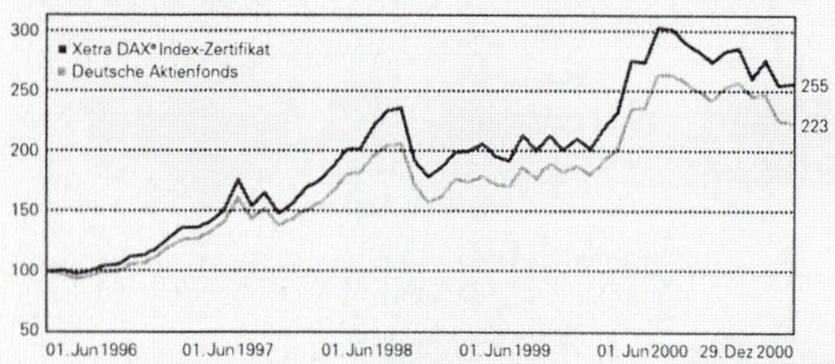

Quelle: Micropal, Deutsche Bank

Index-Tracking ist nicht leicht

Es ist in der Realität gar nicht so einfach, einen Index wie zum Beispiel den amerikanischen S & P 500 eins zu eins nachzubauen. Man müsste in diesem Fall 500 verschiedene Aktien kaufen, verwalten und bei Indexänderungen – die ja laufend vorkommen – Umschichtungen vornehmen. Das ist häufig aus Zeitgründen nicht möglich und verursacht außerdem relativ hohe Kosten. Daher konzentriert man sich normalerweise auf einige wenige Aktien und versucht mit diesen die Wertentwicklung des Indexes so gut es geht nachzuahmen (zu »tracken«). Um möglichst gute Ergebnisse zu erzielen, pickt man zum Beispiel die zehn oder fünfzehn Aktien heraus, die sich am meisten parallel zum Index entwickeln. So gelingt es in vielen Fällen, mit relativ wenigen Titeln den Wertverlauf recht genau nachzubilden.

Darum gewinnt passives Management immer stärker an Bedeutung. Viele Anleger wollen auf den Versuch verzichten, die allgemeine Marktentwicklung zu übertreffen. Sie orientieren sich an einem Index, bilden dessen Zusammensetzung eins zu eins nach – was man auch *Index-Tracking* nennt – und verhalten sich damit passiv (daher auch die Bezeichnung).

Tracking-Error

Wie gut die Nachbildung eines Indexes ist, lässt sich am *Tracking-Error* erkennen. Er zeigt an, wie stark die tatsächliche Rendite von der Indexrendite abweicht. Am Tracking-Error ist ablesbar, wie hoch das Risiko ist, die angestrebte Indexrendite zu verfehlen. Je höher der Wert ist, umso größer ist auch das Risiko. Gelingt es, einen Index perfekt nachzuahmen, dann entwickelt sich auch die Rendite vollkommen gleich zum Index. Der Tracking-Error ist in dem Fall Null. Mittlerweile besteht auch in Deutschland die Möglichkeit, einen Index direkt zu kaufen. Die bekanntesten derartigen Anlageformen sind Indexzertifikate und Indexfonds.

Semi-aktives Management

Zwischen aktivem und passivem steht noch das »semi-aktive« Management. Ein Aktienindex dient lediglich als (grobe) Richtschnur, wird jedoch nicht eins zu eins nachgebildet. Bestimmte Aktien werden zum Beispiel anders gewichtet als im Index. Außerdem kann es vorkommen, dass bestimmte Titel überhaupt keine Berücksichtigung finden oder die Wahl auf Aktien fällt, die gar nicht im Index vertreten sind.

Value- und Growth-Style

Traditionell teilt man Aktien oder besser Aktiengesellschaften in die Kategorien »Value«, was mit »werthaltig« übersetzt werden könnte, und »Growth« (Wachstum) ein. Die Zuordnung in Value und Growth erfolgt in erster Linie anhand quantitativer Größen, etwa der Relation aus Börsen- zu Buchwert, dem Kurs-Gewinn-Verhältnis oder der Dividendenrendite. Tendenziell bestehen folgende Beziehungen:

	Relation Börsen- zu Buchwert	Kurs-Gewinn-Verhältnis	Dividenden-rendite
hoch	Growth-Aktie	Growth-Aktie	Value-Aktie
niedrig	Value-Aktie	Value-Aktie	Growth-Aktie

Wenn sich Anleger ausschließlich auf Value- oder Growth-Aktien konzentrieren, spricht man auch von Value- bzw. Growth-Style-Investoren. Werfen wir zunächst einen genaueren Blick auf die Auswahl von Value-Aktien – oder anders ausgedrückt – auf *Value-Style-Investment*. Hierbei steht die Relation aus Börsen- zu Buchwert, englisch Price-Book- oder kurz P/B-Ratio, eindeutig im Mittelpunkt. Als Value-Werte werden insbesondere solche Unternehmen eingestuft, die ein P/B-Ratio von unter eins aufweisen. Im Klartext: Bei einem typischen Value-Unternehmen liegt die Marktkapitalisierung unter dem aktuell geschätzten Wert der materiellen und immateriellen Vermögensgegenstände. Bevor wir die Frage klären, wie es zu solch einer »Unterbewertung« an der Börse kommen kann, noch ein wichtiger Hinweis: Normalerweise zieht man aus Gründen der Praktikabilität nur den Wert der materiellen Vermögensgegenstände bei der Berechnung des P/B-Ratios heran. Analysten ermitteln also den Marktwert der vorhandenen Immobilien und Maschinen, des Fuhrparks, der Bankguthaben und Finanzbeteiligungen und stellen die Summe dem aktuellen Börsenwert des Unternehmens gegenüber.

Unterbewertung

Wenn ein Unternehmen an der Börse unter seinem Buchwert notiert, kann das mehrere Ursachen haben. Der häufigste Grund dürften jedoch Managementschwächen sein. Oftmals sind die Vorstände unterbewerteter Unternehmen nicht in der Lage, ihre vorhandenen Ressourcen (Markennamen, Kundenstamm, gut ausgebildetes Personal, moderne Produktionsanlagen usw.) so einzusetzen, dass das Unternehmen eine angemessene Rendite auf das gebundene Kapital erwirtschaftet. Ein Value-Investor erkennt die

Warren Buffett

Schwachstellen sowie das Potenzial, das in derartigen Unternehmen steckt, und kauft die Aktien in großer Stückzahl, um die Geschicke anschließend in die richtige Richtung zu lenken. Großanleger wie *Warren Buffett* – der weltweit wohl bekannteste Value-Investor – haben in der Vergangenheit einige Male nach diesem Muster gehandelt und dafür gesorgt, dass komplette Vorstandsriegen ausgetauscht wurden. Eine derart drastische Maßnahme verbreitet sich rasch im Markt und führt dann dazu, dass der Aktienkurs der betreffenden Gesellschaften eine Kehrtwende vollzieht.

Managementschwächen sind, wie schon angedeutet, nur ein Grund für Unterbewertungen. Ein weiterer sind Änderungen in der Gesetzeslage. Werden beispielsweise bestimmte Bereiche wie die Briefpost oder das Telefonnetz für den Wettbewerb geöffnet, haben Unternehmen, die bisher lediglich unbedeutende Anbieter waren, mit einem Mal völlig neue Bewertungen verdient. Sie können ihre bisher im Markt gesammelten Erfahrungen und Kenntnisse plötzlich auf breiter Basis einsetzen, die Umsätze binnen kürzester Zeit – bei annähernd gleicher Ressourcenausstattung – vervielfachen und somit relativ leicht zum größten Konkurrenten für die Ex-Monopolisten aufsteigen. Anleger, die dieses Potenzial erkennen und die betreffenden Aktien bereits in einem sehr frühen Stadium erwerben – vielleicht sogar schon Jahre vor dem Fall des Monopols –, haben die Chance, weit überdurchschnittliche Kursgewinne zu erzielen. Ähnlich die Situation für Anleger, die sich an jungen, bisher weitgehend unbekannten Unternehmen beteiligen. Hier kann es schon allein deshalb zu Bewertungsanomalien kommen, weil Außenstehende zu wenig über die betreffenden Firmen wissen. Existieren zu einer bestimmten Aktiengesellschaft bisher überhaupt keine Analystenurteile, scheuen sich institutionelle Investoren (Investmentfonds, Versicherungsgesellschaften usw.), aber auch Privatanleger, Aktien des betreffenden Unternehmens zu erwerben. Das kann sich schlagartig ändern, sobald die Gesellschaft von einem renommierten Analystenhaus »gecovered« und aufgrund des vorhandenen Potenzials vielleicht sogar mit »strong buy« beurteilt wird. Je mehr Anleger von dem Analystenurteil erfahren, desto größer ist tendenziell die Nachfrage und desto stärker der Kursanstieg.

Unterbewertungen können folglich sehr viele, zum Teil recht unterschiedliche Ursachen haben. Noch zwei wichtige Aspekte zu Value-Werten:

- Value-Unternehmen findet man am ehesten in althergebrachten Sektoren wie dem Maschinenbau, der Stahlindustrie, der Finanzdienstleistungsbranche oder dem Versorgungssektor. Insbesondere in Zeiten, da Hochtechnologieaktien regelrecht in Mode sind, werden diese Bereiche von Anlegern oftmals vernachlässigt.
- Eine Anlage in Value-Aktien ist eher mittelfristig ausgerichtet und mit vergleichsweise häufigen Portfolioumschichtungen verbunden.

Wachstumswerte

Was aber sind im Gegensatz zu Value- nun *Wachstumsaktien*? Sicherlich könnte man auch hier Kennziffern wie die Dividendenrendite oder das KGV als Einteilungskriterium heranziehen. Es gibt einige typische Merkmale für Wachstumsaktien, die Anleger sehr leicht auch per Internet-Recherche überprüfen können: Analysten erwarten erstens für die nächsten Jahre relativ hohe Gewinnwachstumsraten (normalerweise 10 Prozent und mehr). Zweitens, ist die Dividendenrendite sehr gering (oftmals kleiner 1 Prozent) oder gar nicht zu berechnen, da bisher keine Dividenden gezahlt wurden. Wachstumsunternehmen benötigen die erwirtschafteten Gewinne, um laufend Investitionen tätigen sowie Forschungs- und Entwicklungsarbeiten durchführen zu können. Für Ausschüttungen an die Aktionäre bleibt – zumindest in den ersten Jahren nach Gründung – nichts übrig. Microsoft etwa hat in der Vergangenheit noch nie Dividenden gezahlt. Drittens fällt das KGV vergleichsweise hoch aus oder ist nicht zu ermitteln, da die Unternehmen noch nicht profitabel sind. Bei Wachstumsfirmen, die ein KGV vorweisen können, sind Werte von 100 und mehr nicht ungewöhnlich. Bleibt nur die Frage, was bestimmte Unternehmen befähigt, jahrelang mit überdurchschnittlichen Raten zu wachsen, um derart hohe KGVs zu rechtfertigen? Zum Beispiel die Branche, aus der sie stammen: Unternehmen, die in Zweigen mit sehr guten Zukunftsaussichten, etwa der Software- oder Mobilfunkbranche, dem Internet- oder Biotechnologiesektor, aktiv sind, wachsen tendenziell schneller als Unternehmen aus weitgehend gesättigten Wirtschaftszweigen, wie Stahl, Automobile oder Elektronikgeräte. Aber selbst in gesättigten Marktbereichen kann es Wachstumsunternehmen geben. Im Regelfall handelt es sich dabei dann allerdings um Nischenanbieter. Sind Unternehmen beispielsweise in der Lage, nach und nach als Spezialteillieferant für alle großen Firmen einer bestimmten Branche tätig zu werden, haben sie das Potenzial, über Jahre hinweg besonders stark zu wachsen. Obendrein ist es besonders günstig, wenn die jeweilige Nische auch noch relativ konjunkturunabhängig ist. Ein gutes Beispiel sind die Hersteller von Luxusgütern (z. B. teure Sportwagen) – sie können normalerweise selbst dann starkes Wachstum vorweisen, wenn alle anderen Unternehmen aus der Branche (hier: Automobilindustrie) gleichbleibende oder gar fallende Umsätze und Gewinne hinnehmen müssen.

Schließlich können noch hohe Markteintrittsbarrieren dafür sorgen, dass ein Unternehmen seine Absatzzahlen überproportional steigern kann. Hohe Markteintrittsbarrieren, zum Beispiel extrem hohe Investitionskosten oder gesetzliche Vorschriften, halten potenzielle Wettbewerber davon ab, in das Tätigkeitsfeld des Unternehmens einzudringen. Bestenfalls ist eine Aktiengesellschaft in der Lage, jahrelang nahezu konkurrenzlos in einem bestimmten Markt zu agieren und damit zu einem umsatzstarken Konzern aufzusteigen.

Problematik

Abschließend auch hier noch zwei wichtige Aspekte zur Abgrenzungsproblematik:

- Wachstumsaktien sind insbesondere an Börsen wie dem Neuen Markt oder der Nasdaq zu finden. Allerdings gibt es entsprechende Werte auch an traditionellen Börsen, etwa an der New York Stock Exchange, bzw. in herkömmlichen Börsensegmenten wie dem amtlichen Handel an der Deutschen Börse.
- Die Unternehmensgröße, gemessen an der Marktkapitalisierung, ist kein zuverlässiges Kriterium für Wachstumsaktien. Wachstumsaktien können Small-, Mid- oder Large-Caps sein, also sowohl Unternehmen mit einem relativ geringen, jedoch auch sehr hohem Börsenwert.

- Eine Anlage in Wachstumsaktien ist im Vergleich zu einer Anlage in Value-Werten langfristig ausgerichtet. Der Wertpapierbestand bleibt oft über relativ lange Zeiträume hinweg nahezu konstant.

Anlegertypen

Nicht jeder, der an den Aktienmärkten handelt, verfolgt auch die gleichen Motive. Viele investieren ihr Kapital für einen längeren Zeitraum, andere dagegen wollen lediglich die kurzfristigen Kursschwankungen zu ihrem Vorteil nutzen. Je nach dem, welche Haltedauer sie bevorzugen, teilt man Anleger grob in zwei Klassen ein: kurz- und langfristig orientierte (siehe Abbildung).

Daytrader

Am bekanntesten von den kurzfristigen Anlegern sind die *Daytrader*. Sie halten ihre Aktien nur für sehr kurze Zeit und unter normalen Umständen nicht über Nacht (»overnight«) im Bestand. Am Ende eines Tages haben sie ihre Positionen in aller Regel wieder geschlossen. Geschäft und Gegengeschäft finden also innerhalb desselben Tages statt (daher die Bezeichnung *Daytrading*), oft während weniger Minuten.

Erstreckt sich die Haltedauer über mehrere Tage oder sogar Monate, spricht man von *Positionentrading* (mitunter auch Positionkeeping genannt).

Scalper

Schließlich gibt es noch *Scalper* (»Skalpierer«). Sie halten eine Position typischerweise nur wenige Sekunden, höchstens einige Minuten aufrecht und streben an, kleinste Kursdifferenzen gewinnbringend zu nutzen. Ein Scalper nimmt sich sozusagen ein kleines Stück einer Kursbewegung, er »skalpiert« sie – im günstigsten Falle genau in einem Moment starker Kursausschläge.

Insbesondere an großen Computerbörsen wie der NASDAQ verfolgen Scalper häufig einen Ansatz, den man *Cutting the Spread* nennt. Ist der Abstand (»Spread«) zwischen dem niedrigsten Kauf- und dem höchsten Verkaufsgebot groß genug, lassen sich Gewinne erzielen, wenn der Scalper die Aktie leicht über dem besten Geldkurs ankauft und sie praktisch sofort wieder etwas unterhalb des besten Briefkurses verkauft. An einem einfachen Beispiel wollen wir einmal zeigen, wie Händler einen »Cut« machen.

Beispiel

Angenommen, die Adidas-Aktie (Börsenkürzel: ADS) steht mit »68,00–68,50« im XETRA-Handelssystem. Die Spanne beträgt 50 Cents und reicht für einen Scalptrade aus. Wir geben folgende Kauforder ab: 1.000 ADS zu 68,10. Da wir damit oberhalb der aktuellen Geldseite liegen, stellen wir – wie man sagt – den Markt. Nun müssen wir abwarten. Unterstellen wir einmal, Sekunden später kommt eine unlimitierte Verkaufsorder (Market-Order) ins System. Wir erhalten die Aktien und zahlen einen Gesamtpreis von 68.100 Euro. Jetzt lautet die Devise, die Position schnell wieder aufzulösen bevor sich der günstige Spread ändert. Dabei wenden wir dasselbe Prinzip an wie beim Kauf. Auch jetzt wollen wir wieder den Markt stellen. Daher müssen wir etwas unterhalb der aktuellen Ask-Quotierung anbieten, sagen wir zu 68,40. Angenommen, die Order wird abgewickelt. Unsere Verkaufserlöse betragen 68.400 Euro und die Gewinne folglich 300 Euro.

Scalptrading in der geschilderten Weise führt allerdings nur dann zum Erfolg, wenn der Spanne nicht zu eng und der Markt gleichzeitig so aufnahmefähig ist, dass die Aktie umgehend verkauft werden kann. Das ist im Allgemeinen – selbst an Börsen wie der NASDAQ – nur selten der Fall.

Ein Scalper trägt grundsätzlich das Risiko, auf einem Papier »sitzen zu bleiben« und damit unbeabsichtigt zum Daytrader zu werden. Überschneidungen sind also durchaus möglich. So kann es passieren, dass ein ursprünglich geplanter Scalptrade zu einem Daytrade wird oder ein Positionentrade zu einem Investment, weil Aktien länger gehalten werden als geplant. Untersuchungen haben ergeben, dass kurzfristige Kursschwankungen sehr stark vom Zufall abhängen. Deshalb unterliegen die Handelserfolge beim Daytrading zu einem großen Teil solchen Zufallseinflüssen. Nicht umsonst zieht man gerne einen Vergleich zum Glücksspiel.

> Ein typischer Handel (Trade) sieht so aus: Der Kurs der Aktie steht um 10 Uhr 35 Minuten und 23 Sekunden – kurz 10:35:23 – bei 90,20 Euro. Der Anleger rechnet in den nächsten Sekunden mit einer Aufwärtsbewegung und kauft 1.000 Aktien (Gesamtpreis: 90.200 Euro). Um 10:36:28 kommt die nächste Notierung: 90,50 Euro. Daraufhin verkauft der Trader seine Aktien wieder (»er schließt die Position«) und kann einen Gewinn von 300 Euro verbuchen.

Damit eine Aktie – oder irgendein anderes Finanzinstrument – zum Daytrading geeignet ist, müssen bestimmte Bedingungen erfüllt sein. Zunächst muss die Aktie sehr liquide sein. Denn die beste Handelsstrategie nützt wenig, wenn ein Trader nicht schnell genug ein- und wieder aussteigen kann, oder lediglich geringe Stückzahlen handeln kann, bei denen sich kurzfristig orientierte Strategien nicht lohnen. Profitabel wird ein Kauf und Verkauf innerhalb weniger Sekunden oder Minuten ohnehin nur dann, wenn die Aktie sich am Tag stark auf- und abwärts bewegt, sodass es in kurzen Zeitabständen auch entsprechende Kursänderungen gibt, an denen man verdienen kann.

Zudem muss der Markt, auf dem ein Daytrader aktiv ist, transparent sein. Das bedeutet, dass über die dort gehandelten Aktien sämtliche Informationen sofort für jeden zugänglich sind und nicht nur für bestimmte Kreise (z. B. Banken). Man kann mit Daytrading kein Geld verdienen, wenn andere solche Daten früher haben und nutzen können. Deshalb ist eine entsprechende – meist auch teure – Datenversorgung unumgänglich. Erforderlich ist im Allgemeinen die Anbindung an ein Informationssystem über eine Standleitung. Nur so gelangt der Daytrader ohne Zeitverzögerung (»realtime«) an Kurse und andere Nachrichten.

Realtime

Eine weitere wichtige Voraussetzung ist der Direkthandel (zum Beispiel mit einer Bank). Wenn, wie man es von Aktienorders normalerweise kennt, mehrere zeitraubende Stationen zwischengeschaltet sind (etwa verschiedene Bankangestellte, die Aufträge bearbeiten und erst mit einiger Verzögerung an die Börse weiterleiten), dann ist es kaum möglich, kurzfristige Kursschwankungen gewinnbringend zu nutzen. Im Prinzip ist es so: Je kürzer die angestrebte Haltedauer, umso aufwändiger muss die technische Ausstattung sein.

Für eine Handelsentscheidung ist weniger der fundamentale Wert einer Aktie ausschlaggebend als vielmehr die Frage, in welcher »technischen« Verfassung sie ist. Daytrader orientieren sich deshalb sehr stark an Kurscharts.

Investoren

Dies ist bei den *Investoren* anders. Denn deren Absicht liegt darin, den auf lange Sicht (steigenden) Trend bei Aktienkursen zu nutzen. Investoren wollen also an der langfristigen Entwicklung teilhaben. Ziel ist es nicht, das ständige Auf- und Ab an der Börse ausnutzen. Aus diesem Grund ist der fundamentale Wert einer Aktie maßgebend und nicht so sehr die charttechnische Situation.

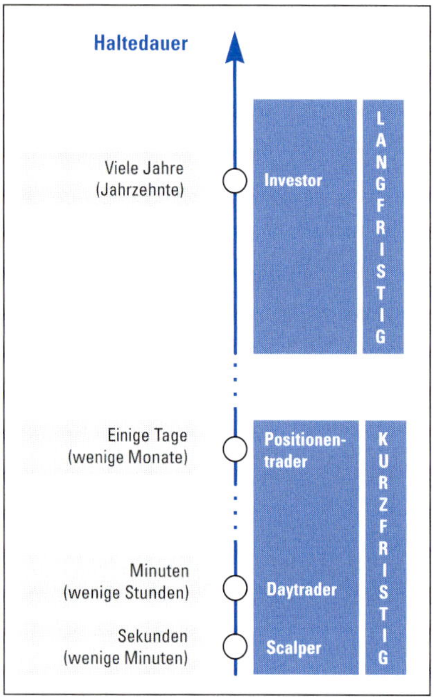

Auch die Risiken, die Investoren übernehmen, sind besser kalkulierbar und im Allgemeinen weitaus geringer. Grundsätzlich gilt: Je länger man ein breit gestreutes Aktiendepot hält, umso unwahrscheinlicher sind Verluste. Betrachtet man die Entwicklung des DAX in den vergangenen Jahrzehnten, so zeigt sich, dass es praktisch keinen längeren Zeitraum gegeben hat, in dem es zu Vermögenseinbußen gekommen ist. Dies lässt sich sehr gut an historischem Zahlenmaterial belegen. Häufig verwendet man für solche Zwecke das Rendite-Dreieck des Deutschen Aktieninstituts (DAI), das auch im Internet unter www.dai.de zur Verfügung steht. Es zeigt, welche Ergebnisse mit dem DAX in zurückliegenden Jahren erzielbar waren. Bemerkenswert ist, dass es – völlig unabhängig vom Kaufzeitpunkt – keinen einzigen längeren Zeitraum (15 Jahre und länger) gegeben hat, in dem deutsche Standardwerte Verluste zu verzeichnen hatten.

Reine Investoren kommen in der Realität selten vor. Viele legen einen Teil ihres Kapital längerfristig an und nutzen die übrigen Mittel dagegen für Positionen- oder Daytrading.

Aktien in der Finanzzeitung

Aktienkurstabellen im Handelsblatt

In der Finanz- und Anlegerzeitung des HANDELSBLATTS finden Anleger mehrere, sehr umfangreiche Tabellen mit Aktienkursen. Bei deren Aufbau orientierte man sich an bedeutenden Aktienindizes (z. B. DAX 30, Stoxx 50, Dow Jones 30, Nasdaq 100), an Börsensegmenten (SMAX, Neuer Markt) oder entschied sich für Sammeldarstellungen (»Sonstige Aktien an Deutschen Börsen«, »Neuer Markt – Sonstige Aktien«).

Da die Kurstabellen im Prinzip nach demselben Muster aufgebaut sind, konzentrieren wir uns auf die Angaben zu den Aktien aus dem DAX 30. Diese Tabelle enthält die wichtigsten Daten zu den größten deutschen Titeln (»Blue Chips«). Die dort – oder generell in Printmedien – zu findenden Angaben sind prinzipiell relativ alt und spiegeln nicht mehr die aktuelle Marktsituation wider. Zeitnahe Kurse und sonstige Kennzahlen kann man im Internet, im Videotext oder im Fernsehen auf eingeblendeten Laufbändern einiger Sender (z. B. n-tv) sehen.

Aktualität

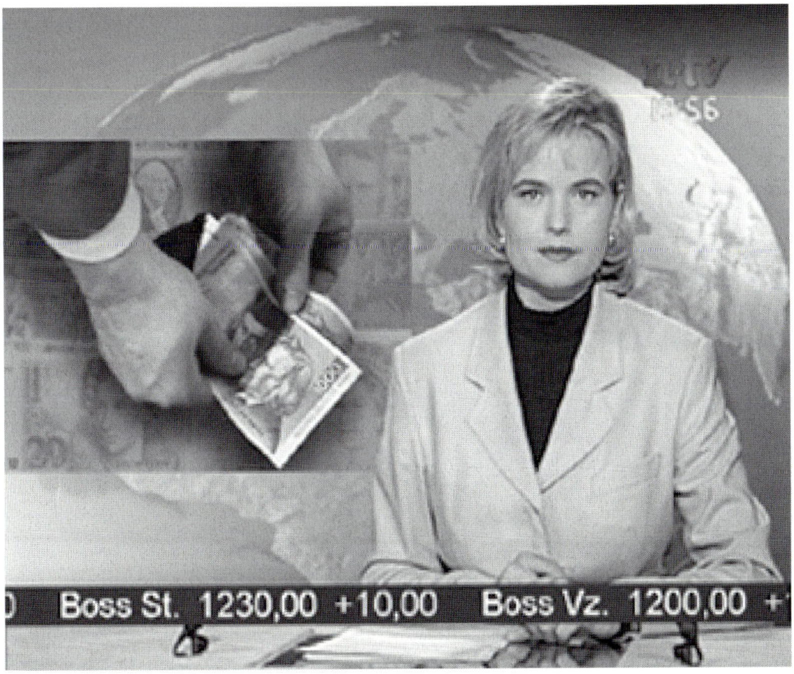

Der Nachrichtensender »n-tv« blendet permanent aktuelle Börsendaten auf Laufbändern ein.

o.N. = ohne Nennwert; Abkürzung für Stückaktien

Zuletzt gezahlte Bardividende

Schlusskurse vom Vortag

Ergebnis je Aktie: dient als Grundlage für die KGV-Berechnung

DAX-30 FRANKFURTER KURSE (ANGABEN IN EURO) — Aktuelle Kurse im Internet www.handelsblatt.com /realtime

4.6.2001	WPKN	Letzte Div.	Div.-Sch. für 2000	Börsenkap. in Mill.Euro	Anfang	Tages H/T		Schluss	+/-
Adidas-Salomon(o.N.)	500340	0,92	k. A.	3139,5	70,50 b	70,50	68,50	68,90 b	-1,10
Allianz NA vink.(o.N.)[2]	840400	1,50	1,45	84660,9	337,80 b	346,90	336,80	344,50 b	+6,00
BASF (o.N.)[2]	515100	2,00	1,80	28856,2	47,25 b	47,75	47,25	47,60 G	+0,30
Bayer (o.N.)[2] ♣	575200	1,40	1,40	34486,8	47,25 b	47,50	46,80	47,25 G	+0,25
BMW StA (o.N.)	519000	0,46	0,40	26786,7	39,99 b	40,45	39,70	40,00 b	+0,30
Commerzbank (o.N.)	803200	1,00	1,00	16135,6	29,20 b	29,40	29,15	29,30 b	+0,10
DaimlerChr.NA(o.N.)[2]	710000	2,35	2,35	55118,9	53,60 b	54,20	53,60	54,10 G	+0,65
Degussa (o.N.)	542190	1,10	1,10	7114,6	34,93 b	35,00	34,60	34,60 b	-0,15
Deutsche Bank NA (o.N.)[2]	514000	1,30	k. A.	55319,8	89,10 b	90,20	89,10	89,70 G	+0,70
DeutschePost NA (o.N.)	555200	0,27	0,27	20264,1	18,11 b	18,29	18,11	18,28 b	+0,08
Dt. Telekom NA(o.N.)[2]	555750	0,62	0,62	74861,5	25,10 b	25,35	24,56	24,80 b	+0,12
Dresdner Bank NA(o.N.)[2]	535000	0,90	k. A.	29501,5	52,80 b	53,80	52,70	53,50 G	+0,50
E.ON (o.N.)[2]	761440	1,35	1,35	45652,9	59,15 b	60,00	59,15	59,80 b	+0,50
Epcos NA (o.N.) ♣	512800	1,00	1,00	4629,8	71,70 b	71,70	70,80	71,40 G	+0,60
Fres.Med.Care StA (5)	578580	0,78	0,90	6961,9	80,20 b	80,20	79,30	79,30 G	-0,20
Henkel VA (o.N.) ♣	604843	1,12	1,12	10401,5	72,00 b	72,00	71,30	71,30 G	-0,20
Hypo-Vereinsbk. (o.N.)[2] ♣	802200	0,85	0,85	29594,3	56,70 b	57,00	56,60	56,95 b	+0,45
Infineon Tech. NA (o.N.)	623100	0,65	k. A.	25207,7	40,20 b	41,15	39,90	40,20 G	+0,15
Linde (o.N.)	648300	1,35	1,35	6068,1	50,50 b	51,00	50,50	51,00 b	±0
Lufthansa NA vink.(o.N.)	823212	0,60	0,60	8242,6	21,60 b	21,65	21,35	21,60 b	+0,30
MAN StA (o.N.) ♣	593700	0,50	1,00	4271,3	27,35 xD	27,75	27,00	27,40 xD	-0,65
Metro StA (o.N.)	725750	1,02	1,19	15070,9	46,80 b	46,80	46,10	46,10 b	-0,70
Münchener R. v. NA(o.N.)[2] ♣	843002	1,25	2,20	59193,6	327,70 b	330,80	327,70	328,50 b	+1,00
Preussag (o.N.)	695200	0,97	0,77	7435,4	39,10 b	39,10	38,35	38,60 b	-0,40
RWE StA (neu)(o.N.)[2] ♣	703712	1,00	1,10	25555,9	44,50 b	45,60	44,50	45,10 G	±0
SAP VA (o.N.)	716463	0,58	0,53	53287,3	166,00 b	169,80	166,00	169,30 b	+6,30
Schering (o.N.) ♣	717200	1,00	1,00	12453,2	62,00 b	62,35	62,00	62,20 G	+0,20
Siemens NA (o.N.)[2]	723610	2,40	2,40	73869,4	83,30 b	83,90	83,00	83,40 G	+0,10
Thyssen Krupp (o.N.)	750000	0,75	0,75	8988,1	17,40 b	17,50	17,40	17,50 b	+0,10
VW StA (o.N.)[2]	766400	1,20	1,20	24282,7	58,20 b	58,30	57,70	58,00 G	-0,10

4.6.2001	Xetra (E)	Tages H/T		Xetra (S)	52 Wochen Hoch	52 Wochen Tief	Ergebnis je Aktie 2000	2001s	2002s	KGV 2001	KGV 2002	Div. Rend.	Umsatz 4.6.2001 Stück	Tsd. Euro	Stück (F)
Adidas-Salomon(o.N.)	70,20	70,20	68,56	69,20	78,75	50,50	k. A.	k. A.	k. A.	k. A.	k. A.	k. A.	211332	14633	207106
Allianz NA vink.(o.N.)[2]	337,50	47,10	36,50	344,90	419,80	286,50	9,08s	10,70	13,13	31,8	25,9	0,6	2520719	847977	2451002
BASF (o.N.)[2]	47,25	47,81	47,15	47,61	50,98	38,80	3,35	3,22	3,93	14,8	12,1	5,4	1529428	72698	1489213
Bayer (o.N.)[2] ♣	47,23	47,58	46,74	47,23	57,80	38,52	2,65s	2,68	3,29	17,7	14,4	4,2	2177172	102571	2132479
BMW StA (o.N.)	40,00	40,53	39,86	39,90	42,12	30,70	1,63	2,36	2,47	17,1	16,3	1,4	1528276	60236	1518684
Commerzbank (o.N.)	29,15	29,43	29,03	29,35	41,50	28,05	2,59	1,22	1,51	24,1	19,5	4,9	1529434	44642	1507088
DaimlerChr.NA(o.N.)[2]	53,79	54,39	53,63	54,22	63,80	42,70	3,47	1,30	3,53	41,4	15,3	6,3	2506050	133925	2434765
Degussa (o.N.)	34,56	35,04	34,50	34,58	39,49	28,30	2,38	0,85	2,18	41,1	16,0	4,5	657775	22647	628190
Deutsche Bank NA (o.N.)[2]	89,50	90,39	89,26	89,90	105,70	72,70	k. A.	k. A.	k. A.	k. A.	k. A.	k. A.	2222318	199158	2181784
DeutschePost NA (o.N.)	18,15	18,32	18,10	18,26	24,70	17,40	1,50	1,50	1,53	12,2	11,9	2,1	980803	17807	964588
Dt. Telekom NA(o.N.)[2]	25,07	25,33	24,63	24,87	73,20	23,30	-0,08s	-0,05	0,24	k. A.	k. A.	3,5	40744793	1010963	40468967
Dresdner Bank NA(o.N.)[2]	52,98	53,88	52,75	53,60	55,10	40,60	k. A.	k. A.	k. A.	k. A.	k. A.	k. A.	8088292	424347	8053365
E.ON (o.N.)[2]	59,20	60,10	59,20	59,87	66,85	46,50	2,11s	2,38	2,94	25,2	20,4	3,2	1825653	108305	1804241
Epcos NA (o.N.) ♣	71,65	71,65	70,61	71,40	149,00	57,00	3,71	3,91	5,04	18,3	14,2	2,0	460584	32585	455181
Fres.Med.Care StA (5)	81,20	81,20	79,29	80,00	104,00	67,75	3,69s	3,82	4,44	20,9	18,0	1,1	165644	13192	163579
Henkel VA (o.N.) ♣	72,18	72,39	70,65	70,90	77,77	57,50	4,38	4,64	5,04	15,4	14,2	2,2	269768	19237	261941
Hypo-Vereinsbk. (o.N.)[2] ♣	56,65	57,09	56,50	56,92	72,10	55,10	2,50	2,84	2,53	20,0	22,4	2,1	1576481	88633	1564697
Infineon Tech. NA (o.N.)	40,00	41,10	39,80	40,20	93,40	33,70	2,08s	0,70	1,28	57,7	31,8	k. A.	2074419	83296	2059817
Linde (o.N.)	51,58	51,58	50,80	51,09	56,85	41,05	3,18	3,57	4,29	14,3	11,9	3,8	318488	16231	310517
Lufthansa NA vink.(o.N.)	21,55	21,62	21,30	21,60	27,99	18,90	1,20	1,15	1,40	18,7	15,4	4,0	1402588	30063	1393110
MAN StA (o.N.) ♣	27,31	27,79	26,90	27,70	38,40	25,30	2,84s	2,34	2,49	11,8	11,1	3,6	536056	14955	532257
Metro StA (o.N.)	46,38	46,74	46,00	46,25	56,00	34,15	1,86	2,01	2,33	23,1	19,9	2,6	1013718	46171	975921
Münchener R. v. NA(o.N.)[2] ♣	330,15	31,40	26,10	330,00	397,00	299,50	7,07s	9,60	11,40	34,3	28,9	1,0	1006471	329440	996497
Preussag (o.N.)	38,90	39,10	38,31	38,70	45,15	30,20	2,85s	3,32	3,61	11,7	10,7	2,7	540157	21098	517421
RWE StA (neu)(o.N.)[2] ♣	44,51	45,52	44,51	44,96	51,50	33,70	2,77s	2,37	2,62	19,1	17,3	3,5	1422420	63904	1399902
SAP VA (o.N.)	164,97	69,90	64,50	169,20	309,50	102,20	2,09	3,13	4,11	53,7	40,9	0,5	1935466	314735	1915473
Schering (o.N.) ♣	62,19	62,50	61,31	62,40	75,80	49,10	1,95	2,38	2,69	26,1	23,1	2,3	534020	32713	513518
Siemens NA (o.N.)[2]	83,30	83,98	82,82	83,45	126,50	68,47	5,64	2,46	3,44	34,0	24,3	4,1	4710550	392038	4544564
Thyssen Krupp (o.N.)	17,27	17,53	17,27	17,50	20,79	13,30	1,44	1,02	1,59	17,2	11,0	4,3	1150176	20035	1137330
VW StA (o.N.)[2]	58,38	58,38	57,55	58,34	62,95	39,10	5,88	6,52	7,00	8,9	8,3	2,9	1475964	85358	1451268

NA = Namensaktie

Marktkapitalisierung der einzelnen DAX-Gesellschaften

Dividendenrendite auf Basis der Bardividende

Besondere Aktienkennzeichnungen

Folgende Tabelle enthält – außer den bereits beschriebenen Kurszusätzen – die wichtigsten Abkürzungen, die in den Kurstabellen des HANDELSBLATTS zu finden sind.

Rieter	6,0	F	165,00 B	165,00 B	165	152
Rinteln LitA (1000)	0	H	2300,00 -G	2250,00 -G	2205	1150
Rinteln LitB (1000)	0	H	2300,00 -G	2250,00 -T	2250	1150
Rodamco (Holl.)		D	44,50 G	45,50 b	46	39

Aktien ein und derselben Gesellschaft, die dieselbe Wertpapier-Kenn-Nummer aufweisen, aber zum Beispiel unterschiedliche Rechte dokumentieren, sind in den Kurstabellen mit

- »Lit.« zuzüglich eines Buchstabens – also zum Beispiel »Lit.A« – oder
- nur mit einem Buchstaben versehen.

»Lit.« ist die Abkürzung für »Litera« und bedeutet soviel wie »Buchstabe«.

Pascale, Jean	16,50	H	442,00 G	442,00 b	465	375
Patrizier-Bräu	0	M	126,00 bG	125,00 B	155	125
Pegasus Bet. StA konv.	0	D	71,00 bG	70,00 b	103	70
Pegasus Bet. VA konv.	0	D	70,70 b	72,00 bG	103	71
Pelikan Holding (Schw.)		D	103,00 b	100,00 b	130	92
Pietzsch StA	4,08	S	185,00 G	185,00 xD	205	185

Die Abkürzung »konv.« steht für »konvertiert« und drückt einen Aktienumtausch aus. Ein Aktienumtausch erfolgt zum Beispiel

- nach einer »Verschmelzung« zweier oder mehrerer Aktiengesellschaften – die Aktien der aufgenommenen Gesellschaft bzw. Gesellschaften werden in Aktien der aufnehmenden Gesellschaft getauscht;
- unter Umständen bei einer Kapitalherabsetzung.

Aus den Angaben der Kurstabelle wird der Grund für einen Aktienumtausch nicht ersichtlich. Dies ist vielmehr für jeden Einzelfall zu ergründen, indem die Motive, die zu einer Konvertierung führten, zum Beispiel bei der betreffenden Aktiengesellschaft erfragt werden.

Moenus	0	F	43,00 b	43,0	42,0	42,20 b	42,00 b	-2	73	37
Moksel	0	F	64,00 b	64,0	60,0	64,00 b	60,00 G		147	35
Montedison StA (I)		F	0,98 bG	0,99	0,98	0,99 b	0,99 b	-0,02	1,31	0,85
Montedison Spar o.W.(I)		F	0,86 b	0,86	0,84	0,84 G	0,84 G	-0,05	1,10	0,70
Montedison Spar m.W.(I)		F	1,08 b	1,08	1,08	1,08 -T	1,08 -T	-0,12	1,40	0,92
Münchn. R. NA(100)	12,0	F	2845,00 b	70,0	45,0	2870,00 b	2865,00 b	+35	2895	2450

Das Kürzel »Spar« kennzeichnet eine besondere Aktienform italienischer Gesellschaften, die so genannte Sparaktie. Sparaktien sind nicht stimmberechtigt, bieten dem Anleger aber nach italienischem Steuerrecht erhebliche Vorteile gegenüber herkömmlichen Wertpapieren.

Montedison Spar o.W.(I)		F	0,86 b	0,86	0,84	0,84 G	0,84 G	-0,05	1,10	0,70
Montedison Spar m.W.(I)		F	1,08 b	1,08	1,08	1,08 -T	1,08 -T	-0,12	1,40	0,92
Münchn. R. NA(100)	12,0	F	2845,00 b	70,0	45,0	2870,00 b	2865,00 b	+35	2895	2450

Occidental Petr. (USA)	F	32,30 b	32,3	32,3	-	-		34	27
ÖMV (Österr.)	F	151,00 b	55,0	51,0	155,00 -T	155,00 -T	+5	150	124
Olivetti StA (Ital)	F	1,39 b	1,4	1,3	1,39 bG	1,40 bB	±0	2,21	1,24
Olivetti VA (Ital)	F	1,82 b	1,8	1,8	1,80 b	1,80 b	-0,09	2,70	1,80
Olivetti SpA o.WR(Ital)	F	1,09 b	1,0	1,0	1,09 -T	1,09 -T	-0,01	1,65	1,00
Olympus Op.(Jap.)	F	-	12,8	12,8	12,80 G	12,80 G	±0	16	12
Omron Corp. (Jap.)	F	-			26,60 -T	26,60 -T	+1,1	29	22

Die Abkürzungen »m. W./o. W.« oder »m. WR./o. WR.« stehen für »mit« bzw. »ohne Wandlungsrecht« und werden in aller Regel nur bei Sparaktien in den Kurstabellen ausgewiesen. Eine »Sparaktie mit Wandlungsrecht« kann im Laufe der Zeit in eine »herkömmliche« Aktie getauscht werden, wohingegen dem Besitzer einer »Sparaktie ohne Wandlungsrecht« eben dieses versagt bleibt.

Mövenp.Hold.(Schw)		F	680,00 -T	679,00 b	680	475
Mövenpick PS (Schw)		F	680,00 G	675,00 b	680	485
Monachia	24,0	M	4392,00 G	4392,00 b	4420	4070
Mühle Rüningen	10,0	Hn	325,00 G	327,00 G	363	325

Eine besonders in der Schweiz und Liechtenstein weit verbreitete Wertpapierform ist der *Partizipationsschein*. In den Kurstabellen sind diese Papiere an der Abkürzung »PS« zu erkennen, die direkt hinter dem Namen der Gesellschaft zu finden ist. Durch den Kauf eines Partizipationsscheins erlangt der Inhaber keine Mitspracherechte im Unternehmen, sondern einen Anspruch auf eine angemessene Beteiligung an dessen Gewinn und Vermögen. Der Partizipationsschein ist mit einem deutschen Genussschein vergleichbar.

Verseidag	5.0	D	139,00b	140,00b	152	118
Vereinte Vers. (100)	43.0	M	2450,00G	2450,00G	2520	2350
V.Ver.NAo.D.G(100)	43.0	M	2100,00G	2100,00G	2200	1980
V.Ver.NAm.D.G(100)	43.0	M	2100,00G	2100,00G	2200	2000
V.Ver.NA jge.m.D.G		M	1040,00G*	1040,00G	1050	910
Verbund A (Österr.)		F	102,50b	100,00-T	100	82

Die Aktie der Vereinte Versicherungs-AG (vgl. Tabelle SONSTIGE AKTIEN AN DEUTSCHEN BÖRSEN) ist mit dem Zusatz »m. D. G. « versehen. Das Kürzel steht für »mit Dividendengarantie«. Dem Inhaber einer Aktie mit Dividendengarantie wird – wie es der Bezeichnung schon zu entnehmen ist – eine feste jährliche Dividendenzahlung garantiert (z. B. 5 % vom Nennwert). Die Dividende wird auch dann gezahlt, wenn die Gesellschaft in einem Geschäftsjahr keinen Gewinn erzielt. Zur Tilgung der Dividendenverbindlichkeiten muss die AG dann unter Umständen Teile der Gewinnrücklage auflösen.

Ikon	5,00	S	181,00G	180,00G*	185	178
Isar-Amperwerke	9,0	M	530,00b	525,00b	561	510
Isenbeck	0	D	a	a	125	73
IFI (Ital.)		F	19,00b	20,00-T	21	21

Es kann vorkommen, dass der Börsenvorstand die Kursnotierung eines bestimmten Wertes aussetzt. Bei einer Aussetzung können in dem betreffenden Papier keine Umsätze mehr getätigt werden. In den Tabellen der Finanzzeitung findet der Leser dann keine Kursnotiz, sondern das Wort »ausgesetzt« oder eine entsprechende Abkürzung. Gründe für die Aussetzung sind zum Beispiel Neuigkeiten über eine Aktiengesellschaft (Übernahmeangebote, Kapitalerhöhungen etc.), die voraussichtlich einen entscheidenden Einfluss auf die Bewertung der Aktie haben werden. Die Gruppe der Anleger soll hierdurch vor Maßnahmen bestimmter Personen (z. B. Insider) geschützt werden, die aufgrund von Informationsvorteilen den eingetretenen Umstand ausnutzen könnten.

Aktienkurse Ausländischer Börsen

Das HANDELSBLATT veröffentlicht unter der Rubrik AKTIENKURSE AUSLÄNDISCHER BÖRSEN die an den wichtigsten Wertpapierbörsen der Welt am letzten und vorletzten Börsentag festgestellten Kurse bedeutender Aktien.

Einen besonderen Stellenwert nehmen die Wertpapierbörsen der USA ein, denn dort kommen die höchsten Aktienumsätze zustande. Gehandelt wird in Amerika hauptsächlich an der *New York Stock Exchange* (NYSE), der *American Stock Exchange* (AMEX) und über das vollelektronische Handelssystem der *National Association of Securities Dealers* (NASD), kurz NASDAQ.

Nimmt man die Börsenkapitalisierung als Maßstab, dann zählen die New York Stock Exchange – besser bekannt als *Wall Street* – und die NASDAQ zu den größten Börsen weltweit. Die Wall Street existiert bereits seit 1792 und gilt als Leitbörse für die übrigen Aktienmärkte rund um den Globus. Der Börsenhandel findet zwischen 15.30 Uhr und 22 Uhr mitteleuropäischer Zeit (9.30 Uhr bis 16 Uhr Ortszeit) statt.

Warum heißt die NYSE auch Wall Street?

Die weltweit bedeutendste Börse, die New York Stock Exchange, steht in der Wall Street im New Yorker Stadtteil Manhattan. Der Name »Wall Street«, zu deutsch etwa Mauer- oder Wallstraße, ist auf die Stadtmauer zurückzuführen, die in früheren Zeiten an dieser Stelle verlief.

Aktien werden in den USA nicht nur an Präsenzbörsen, sondern auch über Computer gehandelt. Das wichtigste vollelektronische Kursinformations- und Handelssystem ist das NASDAQ-System, das von der NASD betrieben wird. Die NASDAQ ist ein Computernetzwerk, an das mehrere hunderttausend Terminals von Wertpapierhändlern in der ganzen Welt angeschlossen sind. Sie wurde am 8. Februar 1971 gegründet und war die erste Börse überhaupt, an der Wertpapierkäufe und -verkäufe ausschließlich elektronisch abgewickelt wurden. Diese Exklusivstellung hat sie heute jedoch nicht mehr, da inzwischen weitere Computer-Börsen hinzugekommen sind, in Deutschland zum Beispiel XETRA. Berühmtheit hat die NASDAQ durch Aktien aus dem Hochtechnologiebereich (»Hightech-Werte«) wie Microsoft, Intel oder Cisco Systems erlangt. Es dauerte jedoch fast zwei Jahrzehnte, bis sich die US-Technologiebörse weltweites Ansehen verschaffen und neben den großen Präsenzbörsen NYSE und AMEX etablieren konnte. Heute sind Hightech-Unternehmen aus allen Kontinenten bestrebt, dort eine Zulassung zum Handel zu bekommen.

Hightech-Werte

Die, der oder das NASDAQ?

In der Finanzpresse und im Börsenfernsehen werden zum Teil unterschiedliche Artikel (zumeist »der« oder »die«) verwendet, wenn von der Computer-Börse NASDAQ die Rede ist. Genau genommen müsste man sagen »das NASDAQ«, da es sich um die Abkürzung für ein Handelssystem, das »National Association of Securities Dealers Automated Quotation System« handelt. Wir haben uns jedoch, da wir von einer Computer-Börse reden, für »die« entschieden.

S = Schluss-Kurse

Nasdaq-Kurse

AUSLÄNDISCHE BÖRSEN ZEITEN IN MEZ, S = SCHLUSSKURSE

New York	22:00 Uhr 4.6.01S	1.6.01
A		
Abbott Labor.	51,84	51,62
Advanced Micro	27,61	29,60
Aflac Inc.	33,04	32,10
Air Prod. & Chem.	47,73	47,25
Alberto Culver A	36,60	35,64
Alberto Culver B	43,25	42,45
Albertsons Inc.	27,90	28,48
Alcan	46,26	45,97
Allegheny Energy	52,45	53,00
Allegheny Tech.	20,29	20,75
Allergan Inc.	92,10	90,91
Allied Waste	16,90	17,02
Alza Corp.	48,61	47,50
Amerada Hess	86,66	85,28
Am. Electr. Pw.	49,12	49,00
Am. General	44,75	44,46
Am. Greetings	12,71	12,59
Am. Home	63,25	63,25
Am. Int. Group	81,07	80,09
Am. Financial Gr.	27,82	27,92
Am. Supercond. *	26,73	25,73
Ameriserv Fin.*	5,35	5,22
AMR	37,71	37,63
Andrew Corp.*	18,36	18,25
Anheuser Busch	42,95	43,74
AOL Time Warner	51,95	52,75
Aon	34,97	34,71
Applera Biosystems	30,75	32,10
Archer-Daniels	13,31	13,36
Armstrong World	3,65	3,80
ASA Ltd.	19,80	19,86
Ashland Oil	41,92	41,04
Autodesk Inc.*	32,53	31,58
Autom. Data Proc.	55,28	54,65
Avery Int.	58,20	58,20
Avon	44,61	43,94
B		
Baker-Hughes	39,60	39,20
Ball Corp.	48,28	46,90
Bank One Corp	39,34	39,15

New York	22:00 Uhr 4.6.01S	1.6.01
Genesco Inc.	31,88	31,15
Genuine Parts	28,65	28,46
Georgia Pacific	35,44	35,40
German Fund	8,47	8,58
Gillette	28,91	28,75
GlaxoSmithKline	55,29	55,51
Gold. State Bncp.	29,35	28,89
Golden West Fin.	63,59	63,10
Goldman Sachs	96,51	96,70
Goodrich	42,45	41,70
Goodyear	28,36	30,10
Grace & Co.	1,83	1,85
Grainger Inc.	44,79	44,58
Great A. & P.	12,42	12,40
Great Lakes Chem.	34,44	33,91
H		
Halliburton	47,51	46,12
Handleman Co.	12,75	12,13
Harcourt General	57,90	57,86
Harland (John H.)	19,15	18,93
Harrahs Entert.	37,29	36,93
Harris Corp.	29,22	29,13
Hartmarx Corp.	2,82	2,80
Hasbro Inc.	15,48	15,20
HCR Manor Care	25,63	24,90
Health Net	18,88	18,70
Hecla Mining	1,24	1,23
Heinz (H.J.)	43,20	43,25
Helmerich & Payne	39,51	39,28
Herbalife A*	8,68	8,70
Hercules Inc.	13,79	13,81
Hershey Foods	61,23	60,90
Hilton	12,28	12,29
Homestake	6,77	6,75
Household Intern.	66,43	65,74
Humana Inc.	9,90	9,61
Hyperion Solutions*	15,69	15,46
I		
Ikon Office	8,79	8,30
Illi. Tool Works Inc.	68,87	68,45
[illegible]	18,83	[illegible]

New York	22:00 Uhr 4.6.01S	1.6.01
Progress Energy	42,58	42,11
Providian Cp.	57,98	57,52
Public Service Ent.	51,34	51,05
Q		
Qiagen* ♣	25,11	24,86
Quaker Oats Co.	95,99	95,80
Qwest Com.Intl.	36,15	36,91
R		
Radioshack	28,13	27,25
Ralston Purina	30,99	31,01
Raymond James F.	29,84	29,10
Raytheon	29,15	29,35
Reebok Intern.	29,00	28,83
Reliant Energy	45,50	45,55
Rite Aid	8,79	8,76
Rockwell Int.	45,88	46,14
Rohm & Haas Co.	33,26	32,90
Rofin-Sinar*	12,69	12,00
Rowan	30,54	29,58
Royal Dutch	62,11	60,89
Russell Corp.	17,76	18,33
Ryan's Fa. Steak H.*	12,30	12,45
Ryder System Inc.	22,00	21,94
Ryerson Tull	13,76	13,37
S		
Safeco Corp.*	27,66	27,47
SAP	36,50	35,23
Sara Lee Corp.	19,08	19,19
Schering Plough	42,62	42,70
Schlumberger ♣	64,92	62,83
Scientific-Atlanta ♣	52,03	53,10
Scudder N.A.Fund	9,32	9,20
Sears Roebuck	39,83	39,66
Service Corp. Int.	6,99	6,90
Shell Transport	53,39	52,53
Sherwin Will. Co.	21,68	21,50
Silicon Graphics	2,18	2,13
Skyline Corp.	24,68	24,55
Snap-On Tools	29,01	29,07
Sodexho Marriott	31,90	31,88

Die *American Stock Exchange* (AMEX) war lange Jahre neben der NYSE die bedeutendste Wertpapierbörse New Yorks. Dort sind heute jedoch weitaus weniger Aktiengesellschaften gelistet als an der Wall Street und der NASDAQ. Früher nannte man die AMEX auch »Curb Exchange« (Bordstein-Börse), da der Aktienhandel anfangs auf offener Straße stattfand.

Curb Exchange

Im HANDELSBLATT findet man unter der Rubrik NEW YORK vorwiegend Kurse von Aktien, die an der NYSE notieren. Die Kurse der im NASDAQ-System gelisteten Papiere sind in der Tabelle mit »*« gekennzeichnet.

Aus der Tabelle AKTIENKURSE AULÄNDISCHER Börsen kann der Leser die exakte Uhrzeit entnehmen, zu der die Kurse – und das betrifft nicht nur Werte aus New York – übertragen wurden. Aufgrund von Zeitdifferenzen zwischen Deutschland und dem Ausland kann es sein, dass an einer ausländischen Börse (z. B. New York) der Handel noch läuft, während das Handelsblatt bereits Redaktionsschluss hat. Aus diesem Grunde enthalten die Tabelle nicht nur Schlusskurse (»S«), sondern auch Anfangskurse (»A«) oder Kurse aus dem Börsenverlauf (»V«).

Kurs-Notiz in Pence und nicht in Pfund!

London	17:30 Uhr 4.6.01S	1.6.01
Abbey National	1243,00	1235,00
Aga Foodserv.Grp. ♣	250,25	247,00
Allied Domecq ♣	431,25	428,00
Allied Irish Bk. 2)	12,92	12,99
Alvis Group	143,50	137,50
Anglo American	1143,00	1127,00
Arcadia Group	281,00	276,00
Asda Prop.	240,50	241,00
Ashley (Laura)	24,75	25,75
Assoc. Br. Foods	398,00	399,00
Astrazeneca	3410,00	3380,00
AWG	569,00	563,50
BAA Plc.	620,00	620,00
BAE Systems	361,00	360,25
Balfour Beatty	196,50	193,50
Bank of Ireland 2)	11,68	11,79
Bank of Scotland	802,00	801,00
Barclays	2149,00	2119,00
Bass	778,00	778,00
BG Group	277,00	274,00
Blue Circle Ind.	490,00	489,50
BOC Intern.	1098,00	1074,00
Boots	589,00	586,00
BP	638,00	631,50
British Airways	387,00	373,75
British Am.Tobacco	548,00	545,00
British Land Co.	526,50	520,00
BT British Telecom	443,00	435,00
Cable Wireless	462,50	465,00
Cadb.Schweppes ♣	459,00	461,00
Carlton Comms.	388,00	387,50
Charter Consolid.	205,00	202,00
Chloride	107,50	103,50
CGNU	922,50	912,00
CMG	420,00	416,00
Coats	56,25	56,25
Compass Group	523,00	525,00
Cordiant	251,50	243,50
Corus Group	73,75	72,75

Die Aktienkurse ausländischer Börsen erscheinen in aller Regel in der größtmöglichen Recheneinheit, also zum Beispiel in US-Dollar und nicht in Cent, in Französischen Franc und nicht in Centime usw. Eine Ausnahme bilden die Aktiennotierungen an der Londoner Börse. Dort lauten die Notierungen stets auf Pence.

An den US-amerikanischen und kanadischen Wertpapierbörsen war es lange Zeit üblich, Aktienkurse als Bruchzahlen (z. B. 27 7/8 US-Dollar) darzustellen. Heute gibt man aber auch in den USA und in Kanada die Kurse mit zwei Nachkommastellen an, an der NYSE beispielsweise seit dem 29.01.2001. Die Börsenaufsichtsbehörde SEC setzte die *Dezimalisierung* auf Druck des US-Kongresses durch, um den Handel an den US-Börsen zu vereinfachen.

Dezimalisierung

Round- und Odd-Lots

Die Abwicklung von Aktienorders erfolgt in Nordamerika meist in *Round-Lots* (das entspricht 100 Stück) oder einem ganzzahligen Vielfachen davon (Multiple Round Lot). Allerdings haben vor allem Privatanleger die Möglichkeit, auch geringere Stückzahlen als 100 zu ordern. Solche *Odd-Lots* sind unter Umständen aber nur schwer zusammenzuführen und verursachen höhere Gebühren.

Die New York Stock Exchange, auch »Wall Street« genannt (Foto Poly-Press, Bonn)

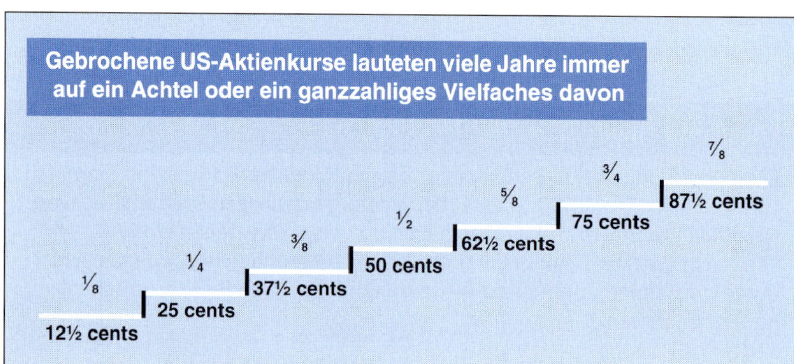

Indizes

Historie

Ihren Anfang nahmen Börsenindizes im Jahr 1884, als sich der Wall-Street-Reporter *Charles Henry Dow* auf die Suche nach Unternehmen machte, die als Repräsentanten für die amerikanische Wirtschaft standen. Er fand schließlich neun Eisenbahngesellschaften und zwei Industrieunternehmen, deren Kurse er von da an ständig verfolgte und zu einem einzigen Wert zusammenfasste. Dow summierte einfach die täglichen Schlusskurse der Unternehmen und dividierte den Betrag durch elf. Das Ergebnis teilte er täglich in einem Rundschreiben Brokern und Anlegern an der Wall Street mit.

Obwohl seine Methode einfach war, hatte Dow damit großen Erfolg. Kurze Zeit später gründete er gemeinsam mit seinem Partner Edward Davis Jones die Dow Jones & Company, die den Börsenindex *Dow Jones* ab 1889 im neu gegründeten »Wall Street Journal« veröffentlichte.

Dow Jones

Heute, mehr als hundert Jahre danach, existieren weltweit derartig viele Indizes – und beinahe täglich kommen neue hinzu –, dass man die genaue Anzahl kaum noch überblicken kann. Die bedeutendsten davon werden wir in den folgenden Abschnitten vorstellen. Doch zunächst zeigen wir, wie Indizes grundsätzlich aufgebaut sind.

Funktionsweise

Ein Aktienindex ist eine Maßzahl, die angibt, wie sich der Wert einer ganzen Gruppe von Aktien im Vergleich zu einem früheren Zeitpunkt verändert hat.

Beispiel

Am 5. Januar 1998 haben wir folgende Aktien gekauft (siehe Tabelle unten). Genau

Aktie	Kurs am 5. 1. 1998	Gekaufte Stückzahl	Anlagebetrag
Deutsche Telekom	17,38 Euro	20	347,60 Euro
Volkswagen	52,68 Euro	10	526,80 Euro
Mannesmann	49,77 Euro	30	1.493,10 Euro
Gesamtwert			**2.367,50 Euro**

zwei Jahre später, am 5. Januar 2000, möchten wir gerne wissen, was aus unserem Aktienbestand geworden ist. Deshalb berechnen wir den Wert jeder einzelnen Aktienposition auf Basis der aktuellen Kurse. Der Preis der Telekom-Aktie ist um 47,67 Euro gestiegen, der von Mannesmann sogar um 167,03 Euro. Die VW-Aktie hingegen hat 0,88 Euro an Wert eingebüßt. Für jede einzelne Position können wir problemlos eine Angabe über die absolute Wertänderung (ausgedrückt in Euro) sowie den relativen Anstieg/Rückgang (ausgedrückt in Prozent) machen. Zur Ermittlung der absoluten Änderung zeigen wir einfach die alten Börsenkurse von den neuen ab und multiplizieren das Ergebnis mit der jeweiligen Anzahl der Aktien. Die relative Änderung bekommen wir heraus, indem wir den Kursanstieg/-rückgang einer einzelnen Aktienposition ins Verhältnis setzen zum Wert von vor zwei Jahren. Die Ergebnisse enthält diese Tabelle:

Aktie	Wert am 5. 1. 1998	Wert am 5. 1. 2000	Absolute Veränderung	Relative Veränderung
Deutsche Telekom (20 Aktien)	347,60 Euro	1.301,00 Euro	953,40 Euro	+ 274,3 %
Volkswagen (10 Aktien)	526,80 Euro	518,00 Euro	- 8,80 Euro	- 1,7 %
Mannesmann (30 Aktien)	1.493,10 Euro	6.504,00 Euro	5.010,90 Euro	+ 335,6 %
Gesamtwert:	**2.367,50 Euro**	**8.323,00 Euro**	**5.955,50 Euro**	**+ 251,6 %**

Die Betrachtung aller einzelnen Positionen ist nicht notwendig, wenn man sehen möchte, wie sich der Aktienbestand im Ganzen verändert hat. Hierzu reicht ein Blick auf die Veränderung des Gesamtwertes. In unserem Fall kommt man auf eine positive Änderung des Bestandes von 5.955,50 Euro oder rund 251,6 Prozent. Das Ganze lässt sich auch anders ausdrücken. Man kann auch sagen, dass das Aktiendepot am 5. 1. 2000 einen Wert hat, der das

$$\frac{8.323\ €}{2.367{,}50\ €} = \mathbf{3{,}516}\text{fache}$$

des Ausgangswertes beträgt. Setzt man den Ausgangswert gleich 100 oder 1.000 (Punkte), so ist der Aktienbestand auf einen Wert von jetzt 351,6 bzw. 3.516 (Punkte) gestiegen.

100,0 = 2.367,50	1.000 = 2.367,50
351,6 = 8.323,00	3.516 = 8.323,00

Wir haben jetzt quasi einen Index für unser Depot entwickelt. Am 5. 1. 1998 ist dieser Index mit 100 (oder 1.000) Indexpunkten gestartet, bis zum 5. 1. 1999 auf 208,5 (oder 2.085) gestiegen – auf die Rechenschritte haben wir hier verzichtet –, um am 5. 1. 2000 schließlich einen Wert von rund 351,6 (oder 3.516) Indexpunkten zu erreichen. Führt man derlei Berechnungen nun noch für einen zweiten oder gleich mehrere, ebenfalls am 5. 1. 1998 gestartete Aktienbestände durch, kann man die Wertänderungen all dieser Depots von Jahr zu Jahr sehr leicht miteinander vergleichen.

Kurs- und Performanceindizes

In unserem Aktienbestand aus dem Fallbeispiel im letzten Abschnitt haben wir nur Kursveränderungen in den Gesamtwert einfließen lassen. Dividendenzahlungen hingegen blieben unberücksichtigt.

Der abgeleitete Index ist in zwei Jahren von 1.000 auf 3.516 gestiegen, und das allein aufgrund von Kursveränderungen. Man bezeichnet einen entsprechenden Index deshalb auch als Kursindex.

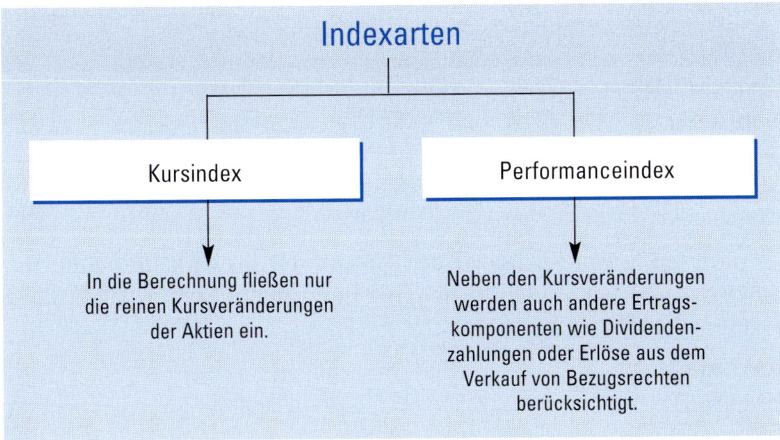

Daneben existieren *Performanceindizes.* Diese erfassen alle Ertragsbestandteile der zugrunde liegenden Aktien, also auch die Dividendenzahlungen und sonstige Erlöse, und haben daher eine andere Aussagekraft als reine Kursindizes.

Der DAX beispielsweise ist ein Performanceindex, der Dow Jones hingegen ein Marktbarometer, das nur die Kursveränderungen erfasst. Bei der Berechnung des DAX nimmt die Deutsche Börse an, dass die im Laufe der Zeit gezahlten Dividenden von den Aktionären umgehend wieder in Unternehmensanteile angelegt werden, und zwar in jene Aktien, von denen die Dividenden stammen. Um die Beträge restlos wieder anlegen zu können. unterstellt die Börse, dass auch Aktienbruchstücke (z. B. 0,35 Aktien) erworben werden können. Veranschaulichen wollen wir das am Aktienbestand des vorgenannten Beispiels. Hier die notwendigen Angaben zur Dividendenzahlung und Wiederanlage (die Dividendenzahlungen und -Termine sind nur fiktive Größen).

Wiederanlage

Aktie	Dividendentermin	Dividendenhöhe	Aktienkurs bei Ausschüttung
Deutsche Telekom	2. 4. 1998	3,00 Euro	20,09 Euro
Volkswagen	4. 5. 1998	6,00 Euro	76,08 Euro
Mannesmann	20. 5. 1998	8,00 Euro	77,56 Euro

Wir bekommen im Fall der Deutschen Telekom eine Dividende in Höhe von 3,00 Euro pro Aktie, weil wir 20 Aktien besitzen insgesamt 60 Euro. Sofort legen wir diese Zahlung wieder in T-Aktien an. Da der Kurs am Tag der Dividendenzahlung 20,09 Euro beträgt, können wir 2,99 T-Aktien kaufen. Unser Bestand erhöht sich nach Wiederanlage der übrigen Dividenden außerdem um 0,79 Volkswagen-Aktien und um 3,09 Aktien von Mannesmann. Wie sich unser Depotwert nach einem Jahr, also am 5. 1. 1999, darstellt, zeigt folgende Aufstellung:

Aktie	Anzahl im Bestand am 5. 1. 1999	Kurs am 5. 1. 1999	Betrag
Deutsche Telekom	22,99	32,50 Euro	747,18 Euro
Volkswagen	10,79	74,70 Euro	806,01 Euro
Mannesmann	33,09	118,00 Euro	3.904,62 Euro
Gesamtwert			5.457,81 Euro

Im nächsten Schritt setzen wir den Gesamtwert ins Verhältnis zum Ausgangswert (2.367,50 Euro am 5.1.1998) und multiplizieren das Ergebnis wieder mit 1.000:

$$\frac{5.457{,}81\,€}{2.367{,}50\,€} = \mathbf{2{,}305}$$

$$2{,}305 \times 1000 = \mathbf{2.305}$$

Vergleichen wir den Stand des Performanceindexes nach einem Jahr (= 2.305) mit dem Stand des Kursindexes nach Ablauf des selben Zeitraums (= 2.085), so stellen wir fest, das der Index inklusive Dividendenzahlungen tatsächlich höher ausfällt. Das Anlageergebnis wird realistischer dargestellt als mit einem Kursindex. (Auf die Berechnung des Performanceindexes für das zweite Jahr verzichten wir, genauso auf die Berücksichtigung von Bezugsrechtserlösen.)

Wer beispielsweise die Wertentwicklung eines Aktienfonds einem Aktienindex gegenüberstellen möchte, sollte einen Performanceindex heranziehen. Kursindizes eignen sich für einen derartigen Vergleich nur bedingt, da Dividendenzahlungen unberücksichtigt bleiben und daher nur ein Teil vom Anlageerfolg widergespiegelt wird.

Einsatzgebiete

Auf den Finanzmärkten nehmen Indizes eine immer wichtigere Rolle ein. Der Bedeutungszuwachs ist auch darauf zurückzuführen, dass sich die Einsatzgebiete im Laufe der Zeit immer stärker ausgeweitet haben.

Im Regelfall muss ein Index mehrere Aufgaben gleichzeitig erfüllen. Seine Verbreitung und Nutzung hängt davon ab, wie gut er dazu imstande ist.

Ein Index sollte so konstruiert sein, dass er die allgemeine Marktentwicklung widerspiegelt. Seine Berechnung darf nicht zu lange dauern, damit man bei Veränderungen der Aktienkurse sofort sieht, welche Auswirkungen dies auf den Gesamtmarkt hat. Im Allgemeinen dienen Indizes als Messlatte

Benchmark

(*Benchmark*), insbesondere für Investmentfonds. Durch den Vergleich mit dem Wertverlauf eines Indexes lässt sich ablesen, ob ein Fondsmanager gegenüber der allgemeinen Marktentwicklung besser oder schlechter abgeschnitten hat. Schließlich haben Indizes noch eine weitere Funktion: Sie dienen als Basis für Derivate und sollten daher so aufgebaut sein, dass die Termingeschäfte leicht zu verwenden und für die Marktteilnehmer besonders interessant sind. Dies ist grundsätzlich der Fall, wenn im Index nicht zu viele Werte enthalten und diese gleichzeitig sehr liquide sind.

An Stellenwert haben Indizes auch aufgrund börsengehandelter *Indexfonds* (*Exchange Traded Funds*) gewonnen. In den USA sind solche Anlageformen schon seit längerem bekannt, in Europa haben sie erst in den letzten Jahren an Bedeutung gewonnen. An der Deutschen Börse kann man sie im neuen Marktsegment XTF handeln. Bei einem Indexfonds – ob börsengehandelt oder nicht – entscheidet nicht mehr der Manager über die Aufnahme einer Aktie in das Depot, sondern diejenige Institution, die den Index berechnet. Ist eine Aktie im Index vertreten, muss sie von Indexfondsmanagern zwangsläufig gekauft werden.

Indexfonds

Bild manchmal unscharf

Ein Indexstand kann das Bild von der tatsächlichen Marktlage durchaus verfälschen. Da es sich bei Indizes um Durchschnittskurse mehrerer unterschiedlicher Aktien handelt, ist daran nicht die Entwicklung einzelner Werte abzulesen, sondern immer nur die der Gesamtheit. Erleiden Aktien, die ein hohes Gewicht im Index haben, Kurseinbrüche, dann reißt dies den gesamten Index nach unten, selbst wenn die Mehrzahl der übrigen Papiere im Plus schließt. Dies beeinträchtigt die Aussagekraft, denn der Index soll ja ein Bild der Gesamtsituation vermitteln.

Ein weiteres Problem: In den Index fließen die Umsätze vom Börsentag normalerweise nicht mit ein. Ob viel oder wenig Papiere gehandelt wurden, beeinflusst den Indexstand also nicht. Theoretisch könnte es passieren, dass an einem Tag zum Beispiel lediglich eine T-Aktie zu einem im Vergleich zum Vortag höheren Preis gehandelt wird. Dies hätte einen Anstieg des DAX zur Folge.

Wovon die Akzeptanz abhängt

Auf Akzeptanz stößt ein Index nur dann, wenn zwei wichtige Bedingungen erfüllt sind: Transparenz und Kontinuität. Zum einen muss verständlich sein, nach welchen Regeln Gesellschaften in den Index aufgenommen oder aus dem Index wieder entfernt werden. Diese Kriterien müssen in einem Regelbuch stehen, das öffentlich zugänglich ist. Zudem müssen diese Regeln von Dauer – und damit verlässlich – sein und dürfen nicht permanenten Änderungen unterliegen.

Bedeutung und Akzeptanz eines Indexes hängen darüber hinaus natürlich sehr stark von den Aktien ab, die darin enthalten sind. Mit Papieren von Eisenbahngesellschaften konnte man die Märkte vor hundert Jahren recht gut abbilden. Solche Titel haben in der heutigen Zeit, in der Gentechnologie und Digitaltechnik überwiegen, nur noch eine untergeordnete Bedeutung. Die Indexzusammensetzung muss also ständig überprüft und angepasst werden.

Früher dominierten *Länderindizes*. Dies hat sich inzwischen aber geändert, da die internationale Verflechtung der Märkte immer stärker zugenommen hat. Es herrscht weitgehend Einigkeit darüber, dass nationale Indizes wie der DAX an Bedeutung einbüßen. Doch ausgedient haben sie noch nicht, denn solange nationale Ereignisse wie Wahlen oder Steuergesetze die Entwicklung von Unternehmen und Branchen noch beeinflussen, bleiben nationale Börsenindizes zuverlässige Leistungsindikatoren. Im Zuge der Europäisierung werden sie jedoch auch über kurz oder lang vermutlich anderen Indizes – etwa den STOXX-Indizes – weichen müssen.

Länderindizes

An Bedeutung gewonnen haben bereits *Branchenindizes* oder anders gesagt: der richtige Branchenmix in einem globalen Index.

Branchenindizes

Doch von Bedeutung ist nicht nur die Qualität der Titel im Index, sondern auch der Umfang des Indexdepots. Gerade internationale Indizes müssen eine ausreichende Anzahl an Aktien aufweisen, damit sie für einen globalen Markt überhaupt repräsentativ sein können. 30 Werte – so wie im DAX – reichen im Allgemeinen nicht aus, meist sind zwischen 50 und 100 verschiedene Titel erforderlich.

Im Dow-Jones-Index hat jede Aktie ein gleich hohes Gewicht, obwohl nicht jeder Wert unbedingt eine gleich große Bedeutung für den Gesamtmarkt hat. Daher ist der Dow Jones auch kein guter Repräsentant für den amerikanischen Aktienmarkt. Seine – auch heute noch – hohe Beachtung hat vor allem historische Gründe.

Börsenumsatz und Marktkapitalisierung

Moderne Indizes sind dagegen so konzipiert, dass die einzelnen Aktien unterschiedlich starke Bedeutung haben. Die hauptsächlichen Gewichtungskriterien fast aller modernen Indizes sind der *Börsenumsatz* und die *Marktkapitalisierung* (= Aktienanzahl mal Börsenkurs). In der Vergangenheit orientierte man sich an der gesamten Marktkapitalisierung eines Wertes, berücksichtigt wurden also auch Aktien, die in festen Händen sind und dem Handel gar nicht zur Verfügung stehen. Inzwischen gehen die Indexkonstrukteure immer mehr dazu über, statt der gesamten Marktkapitalisierung lediglich den *Streubesitz* (Free Float) heranzuziehen, also die tatsächlich handelbaren Werte.

Free Float

Für eine Aktiengesellschaft hat es im Übrigen eine besondere Bedeutung, Bestandteil eines Indexes zu sein. Häufig kann man beobachten, dass die Aktienkurse bereits in dem Augenblick im Wert steigen, wenn über die Aufnahme einer Aktie in einen Börsenindex lediglich spekuliert wird. Gelangt ein Wert schließlich in den Index, so gewinnt die Aktie nicht nur an Liquidität, sondern auch an Publizität. Sie wird von Anlegern und Analysten in aller Regel genauer beobachtet als vorher.

Deutsche Aktienindizes

Indizes der Deutschen Börse im Überblick

Die bekanntesten und am meisten beachteten Aktienindizes hierzulande sind die der Deutschen Börse. Sie sind weitestgehend nach demselben Schema konstruiert. Für die Aufnahme einer Aktie ist eines von folgenden Kriterien maßgebend: *Börsenkapitalisierung* und *Marktsegment*. Indizes der ersten Gruppe sind so aufgebaut, dass sie lediglich Aktien enthalten, die, was ihre Börsenkapitalisierung und ihren Free Float betrifft, bestimmte Anforderungen erfüllen müssen. So befinden sich im MDAX beispielsweise nur Werte mit mittlerer Marktkapitalisierung. Sämtliche Gesellschaften haben zwar die entsprechende Börsenkapitalisierung, doch sie stammen nicht aus dem selben Segment. Vertreten sind neben Papieren aus dem Amtlichen Handel zum Beispiel auch Werte aus dem Geregelten Markt.

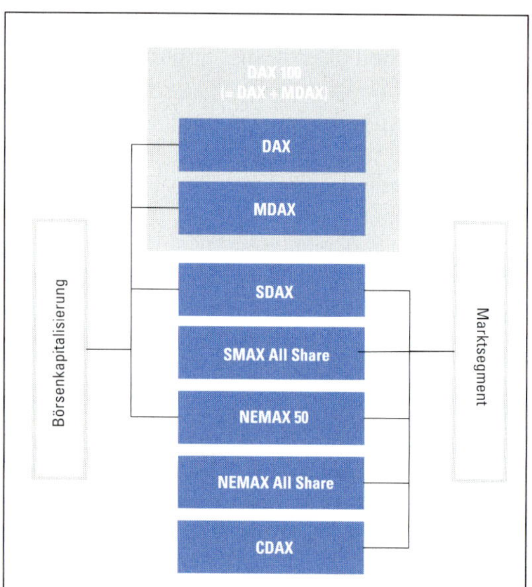

Zur zweiten Kategorie zählen indes Indizes, deren Gesellschaften nicht nach ihrer Größe ausgewählt werden. Entscheidend für die Zuordnung ist das Börsensegment, dem sie angehören. So sind beispielshalber im NEMAX All Share ausschließlich Papiere aus dem Neuen Markt vertreten.

Einige Indizes wie etwa den SDAX kann man in keine der beiden Rubriken eindeutig einklassifizieren. Er enthält einerseits ausschließlich Aktien mit geringer Börsenkapitalisierung (*Small Caps*) und andererseits lediglich Werte, die aus dem Segment SMAX stammen. Damit erfüllt er praktisch beide Kriterien gleichzeitig (siehe Abbildung).

Man könnte die Indizes auch noch nach einem dritten Kriterium untergliedern, dem Umfang der enthaltenen Aktien. So genannte Auswahlindizes wie DAX, MDAX oder NEMAX 50 enthalten nur einige Aktien, während Gesamtindizes alle Aktien (»all share«) beinhalten, Branchenindizes hingegen lediglich die Werte einer bestimmten Branche. Auf einzelne Arten kommen wir später noch zurück.

Die Indizes der Deutschen Börse erscheinen im HANDELSBLATT in der Tabelle DAX-INDIZES XETRA, von der wir einen Teil im Schaubild rechts zeigen. Außerdem findet man aktuelle Stände und weitere Informationen auf der Internetseite der Deutschen Börse (www.exchange.de).

DAX-INDIZES XETRA

15.2.2001	Anfang	Settlement
Dax	6480,34	6516,01
MDax	4854,77	4835,33
Dax 100	3133,41	3158,52
Automobil	2041,90	2036,17
Bau	1259,79	1257,03
Chemie	3116,97	3116,50
Elektro	5929,94	6117,21
Banken	2929,40	2919,69
Maschinenbau	5704,40	5718,15
Versorger	2971,87	2901,08
Versicherung	4753,08	4770,43
Konsum	1395,00	1393,28
CDax	512,01	515,16
Nemax-All-Share	2467,43	2460,25
Nemax 50	2376,20	2387,95
SDAX	3216,84	3196,62
Smax All Share	299,86	298,05
VDax (% p.a.)	17,78	
Jex*)	110,8330	
Pex*)		110,7790
Rex*)	112,5233	

Quelle: Deutsche Börse AG (ohne Gewähr); *) Jex, Pex, Rex :

DAX

Von sämtlichen Indizes ist der DAX mit Abstand das populärste Barometer für den deutschen Aktienmarkt. Er umfasst die 30 Aktienwerte (Bluechips) mit dem größten Börsenumsatz und der höchsten Marktkapitalisierung. Die Deutsche Börse führte den Deutschen Aktienindex – kurz DAX – Ende 1987 mit einem Anfangsstand von 1.000 Punkten ein. Da er eng an den inzwischen nicht mehr bestehenden »Index Börsenzeitung« (früherer »Hardy-Index«) angelehnt und mit diesem verknüpft ist, kann man seine Entwicklung bis in die 50er-Jahre zurückverfolgen.

Seine Zusammensetzung verändert sich im Zeitablauf. Nicht nur die Gewichtungen der einzelnen Aktien wechseln ständig, auch die Aktien selbst werden in aller Regel einmal jährlich im September überprüft und wenn Anlass dazu besteht gegen andere ausgetauscht. Sowohl die im DAX enthaltenen Werte als auch deren aktuelle Gewichtung findet man im Internet auf der Seite der Deutschen Börse (www.exchange.de).

Beim DAX handelt es sich um einen *Performanceindex* (Total-Return-Index). Neben Kursveränderungen fließen auch die sonstigen Aktienerträge (Dividendenzahlungen, Erlöse aus der Veräußerung von Bezugsrechten) in den Indexstand mit ein. Der DAX spiegelt praktisch die Strategie eines Anlegers wider, der Kapital in die 30 Indexwerte investiert, auf Entnahmen verzichtet und für Dividendenzahlungen wieder Aktien kauft. Bei Kapitalerhöhungen (Ausgabe junger Aktien) erfolgt eine aus Sicht des Anlegers »zahlungsneutrale« Ausübung eines Teils der Bezugsrechte, die im Besitz sind. Man nennt das auch *Operation Blanche*. Der Anleger verkauft von den vorhandenen Bezugsrechten genau so viel (zum rechnerischen Bezugspreis), dass die Einnahmen exakt ausreichen, um mit den noch verbliebenen Rechten junge Aktien zu kaufen. Der Anleger muss also kein neues Geld für junge

Operation Blanche

Aktien ausgeben, für ihn ist der Vorgang zahlungsneutral. Eine solche Operation Blanche unternimmt auch die Deutsche Börse, wenn eine der DAX-Gesellschaften ihr Kapital erhöht.

Am Stand des DAX kann man demnach ablesen, was ein Anleger mit deutschen Standardwerten insgesamt erzielt hat, wenn man davon ausgeht, dass sämtliche Mittel sofort wieder in entsprechende Aktien investiert wurden.

Laufindex

Die Deutsche Börse berechnet den DAX während der Börsenphase in Abständen von 15 Sekunden neu und veröffentlicht den aktuellen Stand sofort. Er heißt daher auch als *Lauf-* oder *Real-Time-Index*. Sehr bekannt ist die Anzeigetafel im Frankfurter Börsensaal, auf der der DAX unmittelbar nach seiner Neuberechnung erscheint (siehe Foto).

Im HANDELSBLATT findet man den DAX in der Tabelle DAX-INDIZES XETRA. Dort erscheint nicht nur der Schlusskurs vom letzten Börsentag, sondern eine Reihe weiterer DAX-Stände. Der Leser kann sich dadurch ein gutes Bild vom Verlauf in der Vergangenheit machen.

Neben dem Performance- berechnet die Deutsche Börse auch noch einen *DAX-Kursindex*. Vergleicht man die beiden miteinander, wird der Einfluss von Dividenden und sonstigen Ertragskomponenten sichtbar. So hatte der DAX (Performance) am 15. Februar 2001 beispielsweise einen Stand von 6.590, der Kursindex von 5.050 Punkten. Rechnet man diese Werte ausgehend vom Basistag (31.12.1987) in jährliche Renditen um, dann hat der Performanceindex circa 15,4 Prozent erzielt, der Kursindex hingegen lediglich 13,1 Prozent. Der Unterschied pro Jahr liegt damit immerhin bei 2,3 Prozentpunkten.

MDAX, SDAX und SMAX

Nach dem DAX kommt – zumindest was die Börsenkapitalisierung betrifft – der MDAX. Er hat dasselbe Konstruktionsprinzip und die identischen Basisdaten wie der DAX (1.000 Punkte am 31.12.1987), basiert jedoch auf 70 Aktien aus der »zweiten Reihe«. Dem MDAX liegen Werte mit mittlerer Börsenkapitalisierung (*Mid-Caps*) zugrunde, daher die Bezeichnung. Im Unterschied zum DAX aktualisiert die Deutsche Börse den MDAX im Minutentakt. Auch den MDAX gibt es in zwei Ausführungen, als Kurs- und Performanceindex.

Für *Small-Caps* hat die Deutsche Börse mit SMAX ein eigenes Segment geschaffen. Für Aktien, die dort gelistet sind, existieren eigene Indizes, der SDAX und der SMAX All Share. Der SDAX enthält die 100 aufgrund ihrer Marktkapitalisierung größten Werte, während der SMAX All Share sämtliche Aktien aus dem SMAX umfasst. Die Deutsche Börse plant aber, die Zahl der Werte im SDAX auf 50 zu verringern. Die Konstruktionsprinzipien sind im Wesentlichen identisch mit denen des DAX und MDAX. Auch die Basisdaten decken sich. Ebenso werden beide Indizes jeweils in zwei Versionen – als Kurs- und Performanceindex – angeboten. Die Berechnung erfolgt wie beim MDAX im Rhythmus von einer Minute.

DAX 100

Der DAX 100, der von der Deutschen Börse minütlich aktualisiert wird, umfasst die 30 DAX und 70 MDAX-Aktien. Man kann auch sagen, dass der DAX 100 dem »DAX plus MDAX« entspricht. Sein Konstruktionsprinzip deckt sich mit dem des DAX und MDAX, er hat jedoch einen Anfangswert von 500 Punkten (Basiszeitpunkt: 31.12.1987).

DAX plus MDAX

Neben dem DAX 100 (Gesamtindex) existieren noch insgesamt 10 Branchenindizes. Sowohl für den Gesamt- als auch jeden einzelnen Branchenindex stellt die Deutsche Börse eine Kurs- und eine Performancevariante zur Verfügung.

Nemax

Obwohl der *Neue Markt* noch gar nicht so lange existiert, gibt es für dieses Börsensegment bereits ein Reihe von Indizes. Am bedeutendsten sind die der Deutschen Börse. Sie bietet zurzeit zwei Gesamtmarktindizes – den NEMAX-All-Share und den NEMAX 50 – sowie zehn einzelne Branchenindizes an.

Der NEMAX-All-Share-Index umfasst – wie man an der Bezeichnung ablesen kann – sämtliche Aktien (»all shares«) aus dem Börsensegment »Neuer Markt«. Er deckt damit das gesamte Segment ab und ist nicht auf eine bestimmte Anzahl von Aktien beschränkt.

INDIZES NEUE MÄRKTE EUROPA

Index	30.3.2001	29.3.2001
Neuer Markt Perf. (D)	1684,93	1694,37
Neuer Markt Kurs (D)	1676,60	1686,00

Die Deutsche Börse bietet den NEMAX-All-Share-Index in zwei Versionen an, als Kurs- sowie als Performanceindex. Beide sind im HANDELSBLATT in der Tabelle INDIZES NEUE MÄRKTE EUROPA zu finden (siehe Abbildung), haben denselben Ausgangswert von 1.000 Punkten und auch das selbe Basisdatum (30.12.1997). Da der Performanceindex nicht nur die reinen Aktienkurse beinhaltet, sondern auch Dividenden, liegt er natürlich höher als der NEMAX-All-Share-Kursindex. Doch die Unterschiede sind (noch) nicht sehr groß. So lag der Performanceindex Anfang 2001 gut eine halbes Prozent über dem Kursindex (siehe Abbildung letzte Seite). Dies liegt an der kurzen Bestehensdauer, doch es gibt noch einen weiteren Grund. Wie wir in den vorhergehenden Kapiteln bereits erläutert haben, schütten Unternehmen aus den Wachstumsbranchen – wenn überhaupt – nur sehr spärliche Dividenden aus. Deshalb wird der Indexstand hierdurch nicht sonderlich beeinflusst, sodass im Endeffekt kaum Differenzen zum Kursbarometer zu beobachten sind.

Blue-Chip-Index

Verglichen mit dem NEMAX-All-Share-Index umfasst der NEMAX 50 nicht sämtliche Unternehmen, die am Neuen Markt gelistet sind, sondern nur die nach Börsenumsatz und Marktkapitalisierung 50 größten. Man bezeichnet ihn deshalb oft auch als *Blue-Chip-Index*. Der NEMAX 50 ist genauso alt wie der All-Share-Index und besitzt denselben Basiswert (1.000 Punkte am 30.12.1997). Die Deutsche Börse bietet auch den NEMAX 50 in zwei Versionen an, als Kurs- und als Performanceindex (Aktualisierung: minütlich).

Verglichen mit dem All-Share-Index verwendet man den Nemax 50 sehr viel häufiger als *Underlying* für andere Finanzinstrumente (beispielsweise Futures oder Optionsscheine). Er hat sich außerdem als Benchmark durchgesetzt, etwa für Fondsmanager und andere institutionelle Anleger, die sich am Neuen Markt engagieren.

Branchenindizes

Die Zahl der Unternehmen, die am Neuen Markt gelistet sind, hat im Laufe der Zeit immer mehr zugenommen. Daher wurden im Mai 2000 die Gesamtmarktindizes – wie man es von anderen bedeutenden Börsensegmenten kennt – um zehn branchenspezifische Indizes erweitert (Internet, Technology, Software usw.).

Im Vergleich zu den Gesamtmarkt- sind die *Branchenindizes* jünger. Sie haben als Basisdatum den 30.12.1999 und einen Ausgangswert von lediglich 100 Punkten und nicht 1.000 wie die Gesamtmarktindizes. Außerdem gibt es die Branchenindizes jeweils nur in der Ausführung als Performanceindex.

Um die Subindizes bilden zu können, wurden sämtliche Titel vom Neuen Markt zehn Sektoren zugewiesen.

An den Gesamtmarktindizes kann der Anleger zwar ablesen, wie sich der Neue Markt im Ganzen entwickelt hat. Einen tieferen Einblick, welche Sektoren besonders gut oder schlecht abgeschnitten haben, gewähren sie jedoch nicht. Dieser Mangel ist mit der Einführung der Branchenindizes behoben. Nun besteht die Möglichkeit, Gewinner- und Verliererbranchen zu identifizieren.

Die Subindizes erleichtern Anlegern außerdem die Beurteilung einzelner Aktien. Wie die Wertentwicklung eines Einzeltitels einzuschätzen ist, lässt sich kaum durch einen Vergleich mit dem Gesamtmarkt feststellen, sondern eher durch einen Abgleich mit der jeweiligen Basisgruppe.

Im HANDELSBLATT sind die Subindizes in einer eigenen Tabelle unter dem Titel NEUER MARKT abgedruckt (siehe Abbildung).

NEUER MARKT

(30. 12. 99 = 100)	30.3.01	29.3.01	H 2001	T 2001
Biotechnologie	98,38	97,04	171,17	80,34
Finanzdienstleistungen	66,51	68,59	117,03	60,39
Industrie & Ind. Dienstl.	110,31	109,54	174,97	106,14
Internet	16,71	16,98	36,20	16,01
IT Dienstleistungen	43,98	43,57	66,34	40,99
Medien & Unterhaltung	21,28	21,24	35,95	20,25
Med.technik & Gesundh.	71,31	72,26	111,09	68,91
Software	30,68	31,01	54,30	30,44
Technologie	73,07	72,75	117,20	69,10
Telekommunikation	22,32	22,52	54,38	21,96

CDAX

CDAX ist die Abkürzung für *Composite-DAX* und beinhaltet sämtliche Aktien, die im Amtlichen Handel, Geregelten Markt und Neuen Markt gelistet sind. Damit bildet dieser Index praktisch den gesamten deutschen Aktienmarkt ab. Er ist deshalb gut für bestimmte Analysezwecke verwendbar, für die insbesondere enger ausgerichtete Indizes nicht so gut geeignet sind. Da er eine Vielzahl an unterschiedlichen Aktien umfasst, sind detaillierte Branchenanalysen möglich.

Aus diesem Grunde hat man den CDAX in insgesamt 19 Branchenindizes untergliedert. Im HANDELSBLATT sind sie in der Tabelle CDAX abgedruckt (siehe Abbildung rechts). Eine genaue und aktuelle Liste ist ebenfalls im Internet direkt bei der Deutschen Börse abrufbar (www.exchange.de).

Der Stand des CDAX erscheint minütlich neu, während die Branchenindizes lediglich einmal am Tag berechnet werden. Sowohl den Gesamt- als auch jeden einzelnen Branchenindex gibt es jeweils in zwei Ausführungen, als Kurs- und Performanceindex.

CDAX

(30. 12. 87 = 100)	30.3.01	29.3.01	H 2001	T 2001
Autos	356,47	366,51	402,68	335,70
Banken	474,35	465,05	515,22	423,85
Chemie	527,69	536,90	590,76	501,37
Medien	322,09	318,89	523,35	315,03
Grundstoffe	482,11	484,35	541,66	460,40
Nahrungs-u.Genussm.	207,37	206,42	213,45	192,26
Technologien	535,67	550,22	703,56	495,79
Versicherungen	663,08	650,38	754,51	616,34
Transport	445,43	456,55	548,27	436,09
Maschinenbau	283,01	281,88	315,92	277,24
Industrie	2804,86	2818,22	3034,20	2715,18
Bau	221,75	217,60	231,82	188,18
Pharma	879,44	872,94	1012,41	814,89
Einzelhandel	257,69	259,13	281,68	250,39
Software	7696,33	7904,72	11436,13	7696,33
Telekom	145,61	147,90	207,03	131,25
Versorger	552,51	551,68	622,23	501,58
Finanzdienste	676,51	668,28	846,82	631,07
Konsum (zykl.)	263,26	261,11	292,54	252,19

Indizes außerhalb der Deutschen Börse

Außer den von der Deutschen Börse angebotenen gibt es noch eine Reihe weiterer Indizes, die in aller Regel von Banken oder Zeitungen herausgegeben werden. Sie haben jedoch kaum praktische Bedeutung. Im HANDELSBLATT sind zwei davon in der Tabelle DEUTSCHE INDIZES abgedruckt (siehe Abbildung rechts).

Am bekanntesten ist der *FAZ-Index*, der vor vielen Jahren – insbesondere zu der Zeit, als es den DAX noch nicht gab – einer der wichtigsten Aktienindizes hierzulande war. Er stammt von der Frankfurter Allgemeinen Zeitung, hat inzwischen jedoch deutlich an Bedeutung eingebüßt. Man kann den FAZ-Index bis ins Jahr 1958 zurückverfolgen. Sein Basiszeitpunkt ist der 31.12.1958, der Ausgangswert betrug damals 100 Punkte.

DEUTSCHE INDIZES

	30.3.2001	29.3.2001
FAZ-Index (31.12.58=100)		
Jahres-H/T 2509,19/1676,78	1819,75	1787,07
Baader Gold-Index (31.12.87=1000)		
Jahres-H/T 222,97/142,39	149,35	152,86
Tubos-Index (30.12.87=1000)		
Jahres-H/T 9130,16/6125,14	7395,76	7238,36

Der Index der FAZ ist ein reiner Kursindex. Er beinhaltet 100 Aktien und wird einmal am Tag – gegen 13 Uhr – unter Berücksichtigung der dann aktuellen Aktienkurse berechnet.

Neben dem FAZ- findet man im HANDELSBLATT noch den *Baader Gold-Index*. Er beinhaltet ausschließlich internationale Goldminenaktien, die in Deutschland zum offiziellen Handel zugelassen sind. Berücksichtigt werden die dreißig größten Goldproduzenten weltweit. Auffällig am Baader Gold-Index ist vor allem sein Konstruktionsprinzip, denn es handelt sich um einen *geometrischen Index*. Die einzelnen Aktienkurse werden nicht addiert, wie man es von sonstigen Indizes kennt, sondern multipliziert. Aus dem Ergebnis wird dann die dreißigste Wurzel gezogen.

Geometrischer Index

INTERNATIONALE INDIZES

Ausland	4.6.	1.6.	Hoch 01	Tief 01
Dow Jones Global Titans	220,42	218,80	426,54	190,64
Amsterdam AEX	geschl.	579,91	647,61	512,45
Athen Composite	geschl.	3010,29	3360,51	2966,65
Bangkok SET	313,96	312,06	339,68	272,03
Bogota IBB	883,86	881,07	883,86	708,61
Bombay BSE	3498,38	3557,64	4437,99	3183,77
Bratislava SAX	100,54	98,58	100,54	81,89
Brüssel Allgemein	geschl.	1698,61	18185,93	1659,24
Budapest BUX	geschl.	7054,47	8146,03	6389,07
Buenos Aires General	15312,38	15102,63	18146,38	14614,26
Caracas IBC	7785,88	7749,18	8329,85	6839,68
Dublin ISEQ	geschl.	6330,85	8743,54	4929,44
Europa				
Eurotop 100	3308,35	3292,78	3574,51	2888,51
Eurotop 300	1454,03	1448,01	1556,76	1273,49
Dow Jones Stoxx	343,02	341,57	365,04	299,34
Dow Jones Euro-Stoxx	366,24	365,27	398,15	322,71
Helsinki KOP Hex	10150,48	10045,24	11343,17	7571,88
Hongkong Hang Seng	13207,40	13141,30	16274,60	12061,50
Istanbul IMKB NAT 100	11760,99	11270,98	12829,84	7159,66
Jakarta Composite	geschl.	396,51	458,95	342,85
Johannesburg				
JSE-Industrial	7793,20	7740,80	10196,00	6746,10
JSE-Goldminen	1161,10	1134,20	1335,00	752,30
Kopenhagen KFX	geschl.	316,22	348,11	273,09
Kuala Lumpur				
KLSE-Composite	geschl.	571,26	736,34	553,34
Lissabon PSI 20	9046,07	9056,82	10371,31	10287,15
BVL Allgemein	2238,79	2243,25	3372,31	2238,79
London				
FTSE 100	5856,50	5809,60	6360,30	5279,60
FT Gold Mines*	789,54	777,11	955,41	570,32
Madrid Gesamt	919,45	905,25	966,85	818,55
Ibex	9561,50	9399,40	10205,50	8531,80
Mailand BCI	1699,37	1704,95	1948,25	1609,59
Mibtel	27088,00	27261,00	31170,00	25276,00
Mib 30	38215,00	38534,00	45242,00	35695,00
Mexico IPC	6627,28	6619,66	6627,28	5556,71
Moskau RTS	218,18	213,47	218,18	130,06
RTX	geschl.	429,23	557,79	267,94
Oslo				
Industrie	geschl.	2295,71	2467,73	2064,32
Gesamt	geschl.	1383,96	1410,88	1222,94
Paris CAC 40	geschl.	5432,71	5999,18	4804,40
Prag PX 50	435,20	434,70	515,10	405,80
Santiago de Chile				
IGPA-General		5503,41	5224,48	4878,78
Sao Paulo Bovespa	15067,39	14761,51	17243,30	13892,65
Seoul Korea Composite	610,91	607,07	632,05	491,21
Shanghai B-Index	220,95	231,89	239,73	78,59
Singapur Straits				
Time Industrials	1666,12	1649,78	2000,33	1558,04
Stockholm OMX	geschl.	917,07	1129,85	771,28
Sydney All ordinaries	3359,30	3327,30	3378,70	3088,60
Taipeh Weighted-Price	4985,11	5013,96	6104,24	4894,79
Tel Aviv Tel Aviv 100	410,69		477,53	370,57
Tokio				
1.Sektion	1314,17	1310,09	1440,97	1161,97
2.Sektion	2159,97	2157,07	2229,02	1800,71
Nikkei	13312,30	13261,80	14556,10	11433,80
Warschau WIGA	15335,46	15597,13	17940,97	14061,09
Wellington Capital 40	geschl.	2022,82	2120,39	1875,18
Wien ATX	geschl.	1209,86	1229,54	1048,54
Zürich SMI	geschl.	7478,40	8180,10	6501,00

Am Baader Gold-Index lässt sich grob gesagt ablesen, welchen Wert eine Goldminenaktie im Durchschnitt aufweist. Diese Aktie ist quasi ein Repräsentant für sämtliche 30 Papiere, die dem Index zugrunde liegen.

Der Index wurde am 31.12.1987 auf einen Wert von 1.000 Punkte gesetzt. Ein Stand von 149,35 (siehe Ausschnitt oben) sagt demnach aus, dass der Wert einer Goldminenaktie von 1.000 Punkte Ende 1987 auf im Schnitt 149,35 Punkte gefallen ist. Anders gesagt: Goldminenaktien haben in diesem Zeitraum im Mittel rund 85 Prozent an Wert verloren.

Es gibt einen gravierenden Nachteil, der vor allem die Einsatzmöglichkeiten eines geometrischen Indexes (z. B. als Benchmark) einschränkt: Seine Entwicklung lässt sich nicht durch ein Aktienportfolio nachbilden. Anders als etwa den DAX kann man die Wertschwankungen des Baader Gold-Indexes – noch nicht einmal theoretisch – durch Aktientransaktionen kopieren.

In der Tabelle ist schließlich noch ein dritter Index enthalten, der *Tubos*. Da es sich hierbei nicht um einen Aktien-, sondern um einen *Optionsscheinindex* handelt, erläutern wir ihn im Kapitel über Derivate.

Ausländische Aktienindizes

Tabelle Ausländische Indizes im Handelsblatt

Legt man verschiedene internationale Aktienindizes nebeneinander, kann man generell ein recht gutes Bild von der Marktentwicklung in unterschiedlichen Ländern gewinnen. Doch eine direkte Gegenüberstellung ist auch mit einigen Problemen verbunden: Eine der Hauptschwierigkeiten ist darin zu sehen, dass die Konstruktionsprinzipien verschiedener Indizes häufig grundlegend voneinander abweichen. So ist etwa der DAX ein Performance-, der Dow Jones hingegen ein reiner Kursindex. Daher ist zum Beispiel eine 50 %ige Wertzunahme beim DAX innerhalb eines bestimmten Zeitraums keineswegs mit einem entsprechenden Anstieg beim Dow Jones gleichzusetzen.

Dennoch vermitteln Indexvergleiche gute Anhaltspunkte, inwieweit sich die Aktien verschiedener Märkte parallel entwickelt haben.

Einen Überblick über das weltweite Börsengeschehen am letzten und vorletzten Handelstag vermittelt die Tabelle INTERNATIONALE INDIZES im HANDELSBLATT. Hier findet man Indizes der wichtigsten Märkte.

Folgende Übersicht enthält ausgewählte Merkmale zu bedeutenden Indizes (z. B. Konstruktionsprinzipien, Basiswerte und -zeitpunkte). Nordamerikanische Indizes findet man ebenso in einer eigenen Tabelle wie paneuropäische Kursbarometer. Für weiterführende Informationen über internationale Aktienindizes ist die Internet-Seite www.ihs.ac.at zu empfehlen.

Index		Kennzeichen
Amsterdam AEX-Index		Niederländischer Aktienindex, der 25 bedeutende, an der Aktienbörse zu Amsterdam (Amsterdam Stock Exchange) gehandelte niederländische Aktientitel umfasst, die nach dem Kriterium »Börsenkapitalisierung« ausgewählt werden. Keine der im Index vertretenen Aktien erhält ein höheres Gewicht als 10 % (Indexbasis: 100 am 1.5.83)
Brüssel Allg. Index		Belgischer Aktienindex, der alle in Belgien gehandelten Aktien belgischer Gesellschaften berücksichtigt und einmal pro Tag berechnet wird. Die einzelnen Titel werden entsprechend ihrer Börsenkapitalisierung gewichtet (Indexbasis: 1.000 am 1.1.1980).
Helsinki KOP Hex		Finnischer Aktienindex, der alle an der Wertpapierbörse zu Helsinki gehandelten Aktien umfasst und von der finnischen Bank »Kansallis Osake Pankki« in Zusammenarbeit mit der Helsinki Stock Exchange entwickelt wurde. Die dem Index zugrunde liegenden Titel werden entsprechend ihrer Börsenkapitalisierung gewichtet. Der KOP Hex wird seit Januar 1987 berechnet und um Dividendenzahlungen, Kapitalerhöhungen usw. bereinigt (Indexbasis: 1.000 am 1.1.1987).
Hongkong Hang Seng		Der Hang-Seng-Aktienindex, der von der gleichnamigen Hang Seng Index Services Ltd. berechnet wird, basiert auf ca. 35 bedeutenden Aktientiteln, die in Hongkong notieren. Die Titel repräsentieren ca. 75 % der Börsenkapitalisierung und werden nach ihrer Kapitalisierung zum Basiszeitpunkt gewichtet. Auf den Hang Seng werden zum Beispiel an der Hong Kong Futures Exchange (HKFE) Derivate gehandelt (Indexbasis: 100 am 31.7.1964).
Johannesburg	JSE-Industrial	Südafrikanischer Aktienindex, der ca. 400 an der Johannesburg Stock Exchange (JSE) notierte Industrie-Aktien umfasst. Auf den JSE-Industrial werden zum Beispiel an der South African Futures Exchange (SAFEX) Derivate gehandelt (Indexbasis: 281,8 am 1.11.1978). Weitere Informationen zum JSE-Industrial erfolgen im Anschluss an die Beschreibung des JSE-Goldminen-Index.
	JSE-Goldminen	Der JSE-Goldminen-Index basiert auf den Aktien von ca. 48 südafrikanischen Goldminen-Gesellschaften. Er wurde aufgrund der großen Bedeutung der Goldminen für Südafrika gebildet (Indexbasis: 243,3 am 1. 11. 1978). Der JSE-Goldminen- und der JSE-Industrial-Index sind Branchenindizes und gehören zur Gruppe der JSE-Actuaries Equity Indizes. Beide werden aus dem All Share Index (Gesamtindex) abgeleitet, der ca. 530 Aktientitel abbildet und eine Basis von 304,2 am 1.11.1978 aufweist. Die Zusammensetzung der Branchenindizes wird zweimal jährlich überprüft und gegebenenfalls angepasst. Bei der Auswahl der Aktiengesellschaften einer Branche werden stets so viele Gesellschaften ausgewählt, dass diese ca. 80 % der Börsenkapitalisierung der betreffenden Branche repräsentieren. Die Anzahl der Aktientitel, die in einen Branchenindex einbezogen werden, ist somit im Zeitverlauf nicht konstant. Alle JSE-Actuaries Equity Indizes sind börsenkapitalgewichtet und werden alle $2^1/_2$ Minuten während der Börsenzeit berechnet.

Index		Kennzeichen
Kopenhagen	KFX	Der »Københavns Fondsbørs Index«, kurz KFX, umfasst 20 dänische Aktiengesellschaften, wobei die Auswahl nach Börsenumsatz und Börsenkapitalisierung erfolgt. Der KFX ist ein kapitalgewichteter Performanceindex und wird minütlich von der Kopenhagener Börse berechnet (Indexbasis: 100 am 3.7.1989).
Lissabon	BTA-Index	Ältester portugiesischer Aktienindex, der von der Banco Totta & Açores SA (BTA) ermittelt wird. Die Indexkonstruktion entspricht in etwa einem arithmetischen Mittelwert der einbezogenen Aktienkurse. Aufgrund seines Konstruktionsprinzips verliert der BTA-Index immer mehr an Bedeutung.
	BVL-Index	Von der Wertpapierbörse zu Lissabon, der »Bolsa de Valores de Lisboa« (BVL), werden folgende Aktienindizes berechnet und veröffentlicht: • BVL-General (Gesamtindex) • BVL-Sectorials (Branchenindizes) • BVL-30 (Index der 30 bedeutendsten portugiesischen Aktientitel) • BVL-Index National Continuous (BVL-INC). Dies ist ein Index, der auf Aktienkursen basiert, die mittels eines Computer-Handelssystems festgestellt werden. Der Indexstand des BVL-General wird börsentäglich im HANDELSBLATT unter der Bezeichnung »BVL-Index« veröffentlicht. Dem BVL-General liegen alle Aktientitel der Wertpapierbörse zu Lissabon zugrunde, für die eine offizielle Kursfeststellung vorgenommen wird. Die Börse berechnet den Index nur einmal täglich unter Berücksichtigung der Börsenschlusskurse (Indexbasis: 1.000 am 5.1.1988).
London	FT.SE 100	Dem von der Financial Times und der London Stock Exchange (LSE) berechnete FT.SE 100, umgangssprachlich »Footsie« genannt, liegen 100 Aktien der größten, börsennotierten Unternehmen Großbritanniens zugrunde, die an der LSE notieren. Die Aktien werden nach dem Kriterium »Börsenkapitalisierung« ausgesucht. Der FT.SE 100 wird börsenminütlich berechnet. Auf ihn werden zum Beispiel an der London International Financial Futures and Options Exchange (LIFFE) Derivate gehandelt (Indexbasis: 1.000 am 31.12.1983).
	FT.Goldminen	Aktienindex der Financial Times, der die Aktien der ca. 35 weltweit größten Goldförderunternehmen umfasst. Die Indexwerte werden entsprechend ihrer Börsenkapitalisierung gewichtet. Die Indexzusammensetzung wird vierteljährlich überprüft, wobei die Zahl der im Index vertretenen Aktiengesellschaften nicht fixiert ist (Indexbasis: 1.000 am 31.12.1992).
Madrid	Ges.-Index	Der Gesamtindex wird von der Wertpapierbörse zu Madrid seit 1986 berechnet und von dieser als »Madrid General Index« bezeichnet. Der Gesamtindex ist ein Performanceindex. Bereinigungen erfolgen bei Dividendenausschüttungen und Bezugsrechtsabschlägen (Indexbasis: 100 am 31.12.1985).
	Ibex	Spanischer Aktienindex, der auf 35 bedeutenden, an den vier spanischen Wertpapierbörsen fortlaufend notierten Aktien basiert, die nach den Kriterien »Börsenkapitalisierung« und »Liquidität« ausgewählt werden. Der Ibex, offiziell IBEX-35 genannt, wird von der Sociedad de Bolsas S.A. ermittelt, seine Zusammensetzung halbjährlich geprüft und gegebenenfalls verändert. Er dient als Underlying für Derivate (Indexbasis: 3.000 am 29.12.1989).

Index		Kennzeichen
Mailand	BCI-Index	Italienischer Aktienindex, der von der Banca Commerciale Italiana seit 1973 einmal täglich berechnet wird. Der BCI-Index umfasst alle an der Mailänder Börse gehandelten Aktien. Die einzelnen Titel werden entsprechend ihres Börsenkapitals gewichtet (Basis: 100 am 31. 12. 1972).
	Mibtel	Aktienindex der »Milano borsa telematica«, der ca. 300 an der Mailänder Wertpapierbörse notierte Aktien repräsentiert (Indexbasis: 1.000 im Jahre 1975).
Oslo	Industrie-Index	Die Wertpapierbörse zu Oslo berechnet neben dem Gesamtindex vier Branchenindizes. Einer dieser Indizes ist der Industrie-Index, der insgesamt ca. 60 Aktientitel aus den Bereichen Industrie, Handel und Finanzen berücksichtigt. Seine Berechnung erfolgt börsenminütlich (Indexbasis: 100 am 2.1.1983).
	Gesamtindex	Norwegischer Aktienindex, der über 100 an der Wertpapierbörse zu Oslo gehandelte Aktien umfasst. Der Gesamtindex wird jede Minute während der Börsenhandelszeit ermittelt. Die einzelnen Titel werden entsprechend ihrer Börsenkapitalisierung gewichtet (Indexbasis: 100 am 2.1.1983).
Paris	CAC 40 Index	Französischer Aktienindex, der die 40 umsatzstärksten an der Pariser Wertpapierbörse amtlich gehandelten Aktien umfasst und börsenminütlich berechnet wird. Die Börsenkapitalisierung jeder Aktie bestimmt ihr Gewicht im Index. Der CAC 40 Index (Cotation Assistée en Continu 40 Index) dient als Underlying für Derivate (Indexbasis: 1.000 am 31.12.1987).
Singapur	Straits Time Industrials	Singapurischer Aktienindex, der 30 bedeutende, in Singapur gehandelte Aktien umfasst. Der Straits Time Industrials wird von der Wirtschaftszeitung »Straits Time« erstellt. Er enthält nicht nur Industrie-, sondern zum Beispiel auch Bank- und andere Dienstleistungswerte (Indexbasis: 100 am 30.12.1964).
Stockholm	Affärsvärlden Index	Schwedischer Index, der vom Wirtschaftsmagazin »Affärsvärlden« berechnet wird und ungefähr 140 an der Stockholmer Börse notierte Aktien berücksichtigt. Das Gewicht jeder Aktie wird durch ihre Börsenkapitalisierung bestimmt (Indexbasis: 100 am 31.12.1979).
Sydney	All ordinaries	Australischer Aktienindex, der von der Australian Stock Exchange (ASX) berechnet wird und Aktientitel von ca. 300 australischen Unternehmen erfasst. Die im All ordinaries Share Price Index vertretenen Aktienwerte werden entsprechend ihrer Börsenkapitalisierung gewichtet. Der Index dient als Underlying für Derivate (Indexbasis: 500 im Jahre 1968).
Tokio	Index 1. Sektion	Japanischer Aktienindex, der unter dem Namen »Tokio Stock Price Index« (TOPIX) bekannt ist. Er umfasst alle in der 1. Sektion (amtlicher Handel) der Tokioter Börse notierten Werte, gewichtet die einzelnen Titel entsprechend ihrer Börsenkapitalisierung und wird minütlich während der Börsenzeit berechnet. Auf den TOPIX werden zum Beispiel an der Tokio Stock Exchange (TSE) Derivate gehandelt (Indexbasis: 100 am 4.1.1968).
	Nikkei Index	Japanischer Aktienindex, der seit dem 16.5.1949 von der japanischen Finanzzeitung Nihon Keizai Shimbun veröffentlicht wird. Dem Nikkei liegen 225 an der Börse Tokio in der 1. Sektion (amtlicher Handel) notierte Aktien zugrunde. Er wird minütlich während der Börsenzeit berechnet. Der Indexstand zu einem Zeitpunkt entspricht dem arithmetischen Mittel der ungewichteten Börsenkurse zu eben diesem Zeitpunkt. Die Aktienauswahl ist immer noch von der relativen Bedeutung der einzelnen Wirtschafts-

Index		Kennzeichen
		zweige in den Nachkriegsjahren geprägt und repräsentiert deshalb nicht die tatsächliche Struktur des japanischen Aktienmarktes. Alle Versuche, den Nikkei als »Barometer« für den japanischen Aktienmarkt durch aussagekräftigere Indizes wie den Nikkei-300 oder den Tokio Stock Price Index (TOPIX) abzulösen, sind bislang fehlgeschlagen. Auf den Nikkei werden zum Beispiel an der Osaka Securities Exchange (OSE) Derivate gehandelt.
Wien	ATX-Index	Österreichischer Aktienindex (Austrian Traded Index), der 20 an der Wiener Börse im Fließhandel (variabler Handel) notierte Aktien umfasst und seit 2.1.1991 laufend während der Börsensitzung ermittelt wird. Die Gewichtung der Aktien erfolgt nach Free Float. Auf den ATX werden zum Beispiel an der »Österreichischen Termin- und Optionsbörse« (ÖTOB) Derivate gehandelt (Indexbasis: 1.000 am 2.1.1991).
	Börsenkammer Index	Aktienindex, der von der Wiener Börse berechnet wird und ca. 120 dort amtlich gehandelte Aktien umfasst (Indexbasis: 100 am 31.12.1967).
	CA-Index	Aktienindex des Credit Anstalt Bankverein in Wien. Der CA-Index umfasst 23 österreichische Aktien, die die tatsächliche Struktur des Aktienmarktes aber nicht mehr abbilden. Der CA-Index hat seit der Einführung des ATX stark an Bedeutung verloren.
Zürich	SBV-Index	Schweizer Aktienindex, der vom »Schweizer Bank Verein« seit April 1987 berechnet wird. Der Index umfasst alle in Zürich, Basel und Genf börslich gehandelten Aktien und Partizipationsscheine. Die Indexwerte werden entsprechend ihrer Börsenkapitalisierung gewichtet.
	SMI-Index	Schweizer Aktienindex (Swiss Market Index), der marktbreite, an den Wertpapierbörsen zu Zürich, Genf und Basel variabel gehandelte Schweizer Aktien abbildet, und laufend während der Börsenzeit ermittelt wird. Sobald an einer der drei Börsen ein neuer Kurs für einen der Indexwerte festgestellt wird, erfolgt eine Neuberechnung des SMI. Die Auswahl der Indexwerte erfolgt anhand der Kriterien »Börsenkapitalisierung« und »frühe Verfügbarkeit der Eröffnungskurse«. Auf den SMI werden zum Beispiel an der EUREX Derivate gehandelt (Indexbasis: 1.500 am 30.6.1988).

Nordamerikanische Indizes

In der Tabelle AUSLÄNDISCHE INDIZES sind Indizes aus den USA und Kanada unter der Überschrift »Nordamerika« getrennt von den übrigen ausländischen Indizes ausgewiesen. Das HANDELSBLATT veröffentlicht für einen Index aus Nordamerika

- vom letzten Börsentag entweder den Eröffnungs- (»E«), Verlaufs- (»V«), Schlussstand (»S«) oder den Stand kurz vor Börsenschluss (»N«),
- vom vorletzten Börsentag den Index-Schlussstand sowie
- für das Kalenderjahr den Index-Höchst- (Hoch) und -Tiefststand (Tief).

Indexstände kurz vor Börsenschluss

Nordamerika	4.6. N	1.6. S	Hoch 01	Tief 01
New York				
DJ-Industrie	11061,65	10990,41	11346,96	9106,97
Tageshoch tats.	11071,54	11021,57		
Tagestief tats.	10938,88	10835,62		
DJ-Transport	2878,24	2887,05	3157,44	2578,87
DJ-Versorgung	390,25	389,52	412,48	330,95
DJ-20-Bonds		101,89	102,72	97,59
NYSE-Index	646,51	642,81	667;71	550,57
AMEX-Index	946,82	945,23	961,05	827,92
St. & P. 100	654,49	649,61	725,42	548,16
St. & P.500	1267,12	1260,67	1383,37	1081,19
Nasdaq Comp.	2155,99	2149,44	2892,36	1619,58
MMI	1085,90	1078,48	1112,23	917,02
Toronto				
TSE 300	8281,45	8250,94	9425,52	7382,00

* Index vom Vortag.
E = Eröffnung; S = Schluss; N = kurz vor Schluss, V = Verlauf.

Dow Jones Industrial Average

Der wichtigste US-amerikanische und gleichzeitig weltbekannte Aktienindex ist der *Dow Jones Industrial Average* (DJIA), den man umgangssprachlich »Dow Jones« nennt. Er wird seit dem 26. Mai 1896 vom US-amerikanischen Verlagshaus Dow Jones & Co., das unter anderem das *Wall Street Journal* herausgibt, berechnet und seit dem 7. Oktober 1896 in der vorgenannten Zeitung veröffentlicht. Dow Jones & Co. berücksichtigten zunächst 12 Aktien, ab 1916 dann 20 Werte und ab 1928 insgesamt 30 Standardtitel (Blue Chips) aus der Industrie.

Mittlerweile sind große Unternehmen aus der Finanzdienstleistungs-, Computer-, Pharma-, Nahrungsmittel- und Einzelhandelsbranche im Index vertreten. Redakteure des Wall Street Journal wählen die Aktien aus. Bis vor kurzem war ein Listing an der New York Stock Exchange Voraussetzung, um in den Dow Jones zu gelangen. 1999 traf man jedoch den Entschluss, auch Werte von der NASDAQ zu berücksichtigen. Um Firmen wie Intel oder Microsoft, die an der Computerbörse zu stattlichen Unternehmen gereift waren, konnten und wollten die Redakteure keinen Bogen mehr machen.

NASDAQ

Die Zusammensetzung des Dow Jones hat sich im Laufe der Zeit mehr als 40-mal geändert. Folgende Übersicht aus dem HANDELSBLATT zeigt den Stand im Sommer 2001.

DOW JONES 30

Kurse www.handelsblatt.com /realtime

4.6.01	Währung	WPKN	Letzte Div.	Börsenkap. in Mill.	Anfang	Schluss	+/-	Tages-Hoch/Tief		Erg./Aktie 2001	KGV 2001	Div. Rend.	Umsatz/St.	Schluss dt. Börse[1] (€) 4.6.01	+/-	52 Wochen Hoch	52 Wochen Tief
Alcoa	$	850206	0,53	37919,7	43,70	**43,75 b**	**+0,2**	43,96	43,30	2,08	21,05	1,20	2419000	51,60 -T	**+0,1**	52,40	26,90
American Express Co.	$	850226	0,32	56676,0	42,39	**42,74 b**	**+0,4**	42,85	42,00	2,07	20,65	0,75	2270500	50,00 b	**+0,5**	72,50	38,00
A T & T Corp.	$	868400	0,70	81555,8	21,60	**21,26 b**	**-0,2**	21,75	21,08	0,22	96,64	3,28	7660000	25,00 b	**±0**	39,50	17,00
Boeing Co.	$	850471	0,59	57303,6	64,90	**66,03 b**	**+1,0**	66,70	64,90	3,75	17,60	0,89	2464100	78,00 b	**+1,5**	81,00	39,00
Caterpillar Inc.	$	850598	1,35	·19030,9	54,85	**55,78 b**	**+0,9**	56,04	54,38	2,64	21,14	2,41	1384900	65,00 G	**+1,3**	66,00	34,50
Citigroup Inc.	$	871904	0,45	263739,2	52,15	**52,28 b**	**+0,5**	52,30	51,20	3,03	17,23	0,86	10864400	61,00 b	**+0,5**	66,50	45,00
Coca Cola Co.	$	850663	0,69	116691,8	47,50	**47,57 b**	**-0,2**	47,60	46,90	1,61	29,54	1,45	1992400	55,85 b	**-0,2**	73,30	48,10
DuPont Co.	$	852046	1,40	52443,3	46,56	**46,53 b**	**+0,5**	46,65	46,02	2,10	22,17	3,01	2331900	54,50 b	**+1,2**	58,20	44,20
Eastman Kodak Co.	$	850937	1,76	13914,2	47,85	**48,34 b**	**+0,4**	48,42	47,51	3,89	12,42	3,64	664500	57,00 B	**+1,0**	73,00	39,00
Exxon Mobil Corp.	$	852549	1,76	311545,7	89,80	**90,83 b**	**+1,9**	90,85	89,71	4,76	19,03	1,94	4912000	106,80 b	**+1,8**	114,00	80,00
General Electric Co.	$	851144	0,59	490786,0	49,10	**49,45 b**	**+0,5**	49,62	48,91	1,48	33,38	1,20	13377500	58,00 G	**+0,5**	69,95	41,00
General Motors Corp.	$	850000	2,00	31566,1	58,60	**58,00 b**	**-0,5**	58,60	57,35	3,58	16,22	3,44	2194500	68,05 -T	**+0,5**	87,00	52,50
Hewlett-Packard Co.	$	851301	0,32	57760,3	29,07	**29,60 b**	**+0,4**	29,98	29,01	1,10	26,90	1,08	4117400	35,00 b	**+0,5**	72,25	28,60
Home Depot Inc.	$	866953	0,16	114508,5	49,50	**50,00 b**	**+0,7**	50,05	48,86			0,32	4721600	58,50 b	**+0,9**	65,20	40,70
Honeywell Int.Inc.	$	870153	0,75	39280,9	48,62	**48,74 b**	**+0,4**	49,00	48,25	2,73	17,85	1,54	3384700	57,00 G	**+0,5**	64,00	34,75
IBM Corp.	$	851399	0,52	199816,0	113,25	**113,64 b**	**+0,8**	114,75	112,85	4,88	23,26	0,46	3809700	134,50 B	**+1,5**	153,00	85,00
Intel Corp.[2]	$	855681	0,08	190791,2	29,12	**28,50 b**	**-0,2**	29,20	28,06	0,55	51,73	0,26	37053300	33,60 G	**+0,1**	85,50	24,80
International Paper Co.	$	851413	1,00	18893,9	39,27	**39,35 b**	**+0,1**	39,76	38,81	0,44	89,20	2,55	1542600	46,00 b	**±0**	46,40	31,00
Johnson & Johnson	$	853260	1,28	138126,7	98,00	**100,14 b**	**+2,1**	100,59	97,90	3,84	26,07	1,28	4587700	117,00 -T	**+2,0**	117,00	86,50
JP Morgan Chase	$	850628	1,28	96767,6	48,75	**49,50 b**	**+0,6**	49,50	48,39	3,37	14,66	2,59	4251200	57,60 b	**+0,1**	67,00	40,00
McDonalds Corp.	$	856958	0,22	37842,7	29,55	**29,23 b**	**-0,5**	29,60	29,08	1,51	19,38	0,73	3556600	34,25 b	**-0,8**	40,95	27,65
Merck & Co.	$	851719	1,31	169605,6	73,90	**74,32 b**	**+0,1**	74,45	73,40	3,19	23,29	1,76	2499600	87,20 b	**+0,2**	110,20	67,80
Microsoft Corp.[2]	$	870747	0	375302,7	70,55	**70,80 b**	**+0,5**	71,02	69,80	1,79	39,46		21439600	83,20 B	**+0,4**	87,00	44,25
Minnesota M.&M. Co.	$	851745	2,34	47423,5	119,05	**120,00 b**	**+0,6**	121,05	118,53	4,93	24,31	1,95	1199000	142,00 B	**+0,5**	143,50	82,00
Philip Morris Cos.	$	851777	2,07	112705,0	51,05	**51,16 b**	**-0,1**	51,55	50,04	4,07	12,57	4,05	4656800	60,30 b	**+0,3**	61,00	25,10
Procter & Gamble Co.	$	852062	1,37	82333,7	63,50	**63,60 b**	**+0,1**	63,74	63,04	3,11	20,46	2,15	2458800	74,50 b	**-0,5**	91,50	56,01
SBC Communications	$	868406	1,02	141992,6	42,35	**42,04 b**	**-0,0**	42,55	41,75	2,37	17,73	2,42	4506900	49,50 b	**-0,5**	69,00	43,00
United Technologies Corp.	$	852759	0,85	38925,8	83,30	**84,32 b**	**+1,2**	84,65	49,27	4,08	20,68	1,01	766100	98,50 G	**+1,0**	101,00	57,50
Wal-Mart Stores Inc.	$	860853	0,24	226518,4	51,55	**50,99 b**	**-0,7**	51,80	50,50			0,47	5589800	60,00 b	**-1,0**	65,30	48,50
Walt Disney Co.	$	855686	0,21	65321,3	31,60	**31,62 b**	**-0,1**	31,75	31,21	0,80	39,43	0,67	2862400	37,00 G	**±0**	48,00	28,00

Zwar wird der Dow Jones ebenso wie der Deutsche Aktienindex laufend während der Börsenzeit ermittelt. Doch die Berechnungsmethoden unterscheiden sich grundlegend voneinander. Während das Gewicht einer Aktie im DAX von ihrem Börsenkapital abhängt, ist im Dow Jones einzig und allein der Kurs der jeweiligen Aktie maßgebend.

Der Stand des Dow Jones entspricht dem einfachen Mittelwert aus den Kursen der zugrunde liegenden Aktien.

Einfacher Durchschnitt

$$\text{Dow Jones zum Zeitpunkt } t = \frac{1}{c} \times \frac{\text{Summe der Aktienkurse zum Zeitpunkt } t}{30}$$

Mit c = Korrekturfaktor

Der Korrekturfaktor »c« erfüllt den Zweck, den Indexstand im Falle von Stock Splits sowie beim Austausch einer Indexgesellschaft so anzupassen, dass keine »Sprünge« auftreten. Am Fall eines *Stock Splits* zeigen wir, wie eine derartige Bereinigung erfolgt.

Beispiel

Unterstellen wir aus Vereinfachungsgründen, jede Aktie im Dow Jones habe einen Kurs von 100 Dollar. Da der Indexstand wie erwähnt dem einfachen Durchschnittswert entspricht, erhalten wir folgendes Ergebnis:

$$\frac{3.000}{30} = 100.$$

Nehmen wir an, sämtliche Unternehmen führen einen 2:1 Stock Split durch. Jede Aktie sinkt daraufhin um 50 Dollar im Wert und damit auch der Durchschnittskurs.

Lassen wir den Stock Split bei der Berechnung des Dow Jones unbeachtet, dann halbiert sich der Indexstand:

$$\frac{1.500}{30} = 50.$$

Auf einen außenstehenden Betrachter erweckt der Indexstand den Eindruck als hätten Aktien erheblich an Wert verloren. Das entspricht aber nicht der Realität. Nicht die wirtschaftliche Entwicklung ist Auslöser für den Indexeinbruch, sondern eine formale Prozedur. Aus diesem Grund ist eine Korrektur erforderlich, um den Index wieder auf den Stand zu bringen, den er vor dem Split hatte.

$$\frac{1}{c} \times \frac{1.500}{30} = \frac{1}{0{,}5} \times \frac{1.500}{30} = 100.$$

Zwar zählt der Dow Jones zu den bekanntesten Aktienindizes und in den Medien wird auch regelmäßig über ihn berichtet. Das hat aber vorwiegend historische Gründe, denn der Dow Jones existiert am längsten von allen Aktienindizes. Für praktische Zwecke ist er dagegen nicht so gut geeignet. Das liegt zum einen daran, dass er nur einen Teil der Aktienerträge – genauer: lediglich die Aktienkurse – widerspiegelt und Dividendenzahlungen unberücksichtigt bleiben. Zum anderen ist es aufgrund seines Konstruktionsprinzips schwierig, den Wertverlauf des Dow Jones nachzubilden.

Das HANDELSBLATT veröffentlicht für den Dow Jones, neben einem Stand aus dem Handelsverlauf (zum Beispiel dem Schlusstand) noch

- den tatsächlichen Tageshöchststand (»Tageshoch tats.«) und
- den tatsächlichen Tagestiefstand (»Tagestief tats.«).

Hierbei handelt es sich – wie der Name sagt – um den im Verlauf eines Börsentages beobachteten höchsten bzw. niedrigsten Stand.

Vom Verlagshaus Dow Jones & Co. stammen neben dem DJIA noch eine Reihe weiterer Aktienindizes (Branchenindizes), darüber hinaus auch Renten- und Rohstoffpreisindizes usw.

Branchenindizes

In der Tabelle AUSLÄNDISCHE INDIZES erscheinen unter der Überschrift »Nordamerika« die Indexstände des letzten und vorletzten Börsentages sowie die Index-Höchst- und -Tiefst-Stände aus dem laufenden Jahr für

- den Dow Jones Transportation Average (*DJ-Transport*), der 20 Aktien von US-Unternehmen der Transportbranche umfasst und seit 1884 besteht,
- den Dow Jones Utility Average (*DJ-Versorgung*), der auf 15 Aktien von US-Unternehmen der Versorgungsbranche basiert (Berechnung seit 1929), und
- den Dow Jones Bond Average (*DJ-20-Bonds*), der 20 Anleihen ausgewählter US-Versorgungs- und -Industrieunternehmen umfasst.

S & P 500-Index

Die Rating-Agentur *Standard & Poor's*, New York, berechnet seit Ende der zwanziger Jahre einen Aktienindex, den S & P 500. Zunächst lagen dem Index nur 90 Titel zugrunde. 1957 stieg die Anzahl jedoch auf insgesamt 500 Werte, daher auch die Bezeichnung.

Der S & P 500 umfasst die größten Aktiengesellschaften der USA. Die Größenunterschiede, gemessen an der Marktkapitalisierung, sind enorm: So schwankt der Börsenwert der Indexunternehmen zwischen wenigen hundert Millionen und mehreren hundert Milliarden Dollar.

Maßgeblich für die Aktienauswahl- und -gewichtung ist nicht nur die Marktkapitalisierung, sondern auch die Anzahl an frei handelbaren Aktien (*Free Float*), die Börsenumsätze, Branchenbedeutung und finanzielle Stabilität. Auf diese Weise will man vermeiden, dass Aktien, die eine wirtschaftlich unbegründet hohe Börsenkapitalisierung haben – zum Beispiel wegen einer Euphorie –, nicht deswegen automatisch Bestandteil des Indexes werden.

Neben Industriewerten (Automobil-, Computer-, Chiphersteller usw.), die den größten Anteil verbuchen (ca. 75 %), gehören auch Versorgungs-, Finanz- und Transportwerte dazu. Rund 90 Prozent aller Aktien sind an der NYSE gelistet, der Rest an der Nasdaq.

Der »traditionelle« S & P 500, dessen Wert auch im Handelsblatt steht, beinhaltet keine Dividendenzahlungen. In seiner Ursprungsform ist der S & P 500 ein reiner Kursindex. Ein entsprechender Performanceindex steht erst seit einigen Jahren zur Verfügung.

Der Basiszeitpunkt des S & P 500 ist im Laufe der Zeit mehrfach geändert worden. Gültig ist jetzt ein Basiswert von 10 (Basisdatum: 1.3.1957). Aktualisierungen finden im Sekundentakt während der Handelszeit statt.

S & P 100

Der S & P 100 stellt einen Ausschnitt aus dem S & P 500 dar. Sein Konstruktionsprinzip ist daher an das seines größeren Bruders angelehnt. Der S & P 100 bildet die Wertentwicklung von insgesamt 100 »Blue Chips« der Industrie-, Versorgungs-, Finanz- und Transportbranche ab.

Indizes an der Nasdaq

Nasdaq Composite
Nasdaq 100

Wer die Wertentwicklung an der Nasdaq verfolgen möchte, kann dabei auf verschiedene Indizes zurückgreifen. Die beiden bekanntesten sind der »Nasdaq Composite«, ein Gesamtmarktindex mit über 5.000 Gesellschaften, sowie der Nasdaq-100-Index. Der Nasdaq-Composite-Index wird auch in der HANDELSBLATT-Tabelle NORDAMERIKANISCHE INDIZES veröffentlicht. Der Nasdaq-100-Index beinhaltet die 100 größten Unternehmen der Nasdaq mit Ausnahme von Finanztiteln. Erfasst werden die Branchen Computerhard- und Software (inklusive Internethard- und -software), Telekommunikation, Groß- und Einzelhandel sowie Biotechnologie. Für Banken, Versicherungen und sonstige Finanzdienstleister gibt es jeweils eigene Indizes.

Die wichtigsten Indizes an der Nasdaq

Nasdaq-Composite-Index
Erfasst werden sämtliche an der Nasdaq gehandelten Werte

- Startzeitpunkt: 5.2.1971
- Indexbasis: 100

Nasdaq-100-Index
Erfasst werden die 100 größten Werte; ausgenommen sind Bank- und Finanztitel

- Startzeitpunkt: 3.1.1983
- Anfangswert: 114,56

Bei sämtlichen Indizes, die von der Nasdaq berechnet werden, handelt es sich um marktkapitalgewichtete Börsenbarometer. Das gilt auch für den Nasdaq-100 Index. Allerdings fließen in diesen Index seit Dezember 1998 nicht mehr die echten Marktkapitalisierungen ein, sondern modifizierte Größen. Das Gewicht besonders großer Gesellschaften wie Cisco Systems oder Microsoft wird von der Nasdaq rechnerisch so angepasst, dass ihr Anteil im Index eine gewisse Größenordnung nicht überschreitet. Ziel: Der Nasdaq-100 Index soll ein sehr gut diversifiziertes Portfolio abbilden, dessen Wertentwicklung nicht maßgeblich von einigen wenigen Firmen bestimmt wird. Die Zusammensetzung des Nasdaq-100 wird vierteljährlich überprüft. Sofern notwendig, erfolgt dann auch eine Anpassung der Gewichte.

Aufnahmekriterien

Wesentliche Kriterien für die Aufnahme einer Aktie in den Nasdaq-100 Index sind:

- Das durchschnittliche Handelsvolumen muss bei mindestens 100.000 Stück pro Tag liegen.
- Ein Unternehmen muss mindestens zwei Jahre an einer der großen US-Börsen gelistet gewesen sein. Ausnahme: Gehört ein Unternehmen zu den 25 größten Nasdaq-Gesellschaften, reicht eine einjährige Börsennotiz im Inland aus.
- Ausländische Aktiengesellschaften müssen zusätzlich eine weltweite Marktkapitalisierung von mindestens zehn Milliarden US-Dollar aufweisen, einen Marktwert in den USA von mindestens vier Milliarden US-Dollar haben sowie ein Minimumhandelsvolumen von 200.000 Aktien am Tag.

Index	Kurzbeschreibung
Nasdaq Composite Index	Der Index erfasst alle in- und ausländischen Aktiengesellschaften, die an der Nasdaq gelistet sind. Der Nasdaq Composite ist marktkapitalgewichtet und enthält über 5.000 Aktien (Liste der Gesellschaften unter: http://dynamic.nasdaq-amex.com/dynamic/composite_0.stm).
Nasdaq-100 Index	Die Wertentwicklung der 100 größten Aktiengesellschaften an der Nasdaq wird durch diesen Index widergespiegelt (für eine detaillierte Beschreibung siehe Fließtext). Allerdings sind Bank- und Versicherungsunternehmen ausgeklammert. Für diese existiert jeweils ein eigener Index (siehe unten). Die Liste der Gesellschaften steht im Internet unter: http://dynamic.nasdaq-amex.com/dynamic/nasdaq100_activity.stm.
Nasdaq National Market Composite Index	Ist ein Subindex des Nasdaq Composite. Der Index berücksichtigt alle Unternehmen, die im Nasdaq-National-Market-Segment gelistet sind. (Liste der Gesellschaften unter: http://dynamic.nasdaq-amex.com/dynamic/nnm_0.stm).
Nasdaq Financial-100 Index	Beinhaltet die 100 größten Finanzunternehmen aus dem Nasdaq-National-Market-Segment (Liste der Gesellschaften unter: http://dynamic.nasdaq-amex.com/dynamic/fin100_0.stm).
Nasdaq Bank Index	Der »Bank Index« schließt alle Nasdaq-Unternehmen ein, die im Bankgewerbe direkt (Banken) oder indirekt (Handel mit Fremdwährungen, Scheckinkasso, Verwahrung von Vermögensgegenständen, Auslandsbankgeschäfte) tätig sind (Liste der Gesellschaften unter: http://dynamic.nasdaq-amex.com/dynamic/bank_0.stm).
Nasdaq Biotechnology Index	Dieser Index ist auf Unternehmen aus der Biotechnologiebranche ausgerichtet. Insgesamt werden über 100 Firmen berücksichtigt (Liste der Gesellschaften unter: http://dynamic.nasdaq-amex.com/dynamic/bio_0.stm).
Nasdaq Computer Index	Erfasst mehr als 600 Hard- und Softwarehersteller. Darunter fallen auch solche Firmen, die elektronische Komponenten herstellen oder Bürogebäude mit DV-Anlagen ausstatten (Liste der Gesellschaften unter: http://dynamic.nasdaq-amex.com/dynamic/comp_0.stm).
Nasdaq Insurance Index	Index, der auf die Versicherungsbranche ausgerichtet ist. Die Unternehmen kommen aus allen denkbaren Versicherungssparten (Leben, Gesundheit, Eigentum, Unfall, Haftpflicht). Eine Liste der Gesellschaften ist unter http://dynamic.nasdaq-amex.com/dynamic/insur_0.stm zu finden.
Nasdaq Other Finance Index	Neben dem Bank und Insurance Index ist dies ein weiterer Index mit Finanztiteln. Erfasst werden zum Beispiel Kreditvermittlungen, die keine Banken sind, Immobilien- und Wertpapiermakler, Börsen oder Wertpapierhändler (Liste der Gesellschaften unter: http://dynamic.nasdaq-amex.com/dynamic/fin_0.stm).
Nasdaq Transportation Index	Hierin finden sich über 100 Unternehmen aus den Bereichen Eisenbahn, LKW-Schwerverkehr (Speditionen), Luftfahrt, Pipelines. Außerdem erfasst der Transportation-Index Dienstleister, die in den genannten Sektoren tätig sind, zum Beispiel Logistikunternehmen oder Lagerhausverwaltungen (Liste der Gesellschaften unter: http://dynamic.nasdaq-amex.com/dynamic/trans_0.stm).

Indizes an der Nasdaq

Index	Kurzbeschreibung
Nasdaq Telecommunications Index	Erfasst an die 200 Telekommunikationsunternehmen (Liste der Gesellschaften unter: http://dynamic.nasdaq-amex.com/dynamic/tele_0.stm).
Nasdaq National Market Industrial Index	In diesem Index, der sich nur auf den Nasdaq National Market bezieht, sind in erster Linie Firmen der Old Economy zu finden. Erfasst werden über 2.000 Aktiengesellschaften aus den Sektoren Landwirtschaft, Rohstoffförderung, Bau, Industrie, Dienstleistungen und öffentliche Verwaltung (Liste der Gesellschaften unter: http://dynamic.nasdaq-amex.com/dynamic/NNMInd_0.stm).
Nasdaq Industrial Index	Der Nasdaq Industrial Index ist ein Gesamtmarktindex, der dieselben Branchen umfasst wie der vorgenannte. Insgesamt befinden sich mehr als 3.000 Unternehmen in diesem Börsenbarometer (Liste der Gesellschaften unter: http://dynamic.nasdaq-amex.com/dynamic/indust_0.stm).

Sonstige US-Indizes

Die HANDELSBLATT-Tabelle NORDAMERIKANISCHE INDIZES zeigt weiterhin den *NYSE-Index*, der auch »NYSE Composite Index« heißt. Er existiert seit 1966 und ist einer der umfassendsten US-amerikanischen Aktienindizes, da er sämtliche an der New York Stock Exchange notierten Aktien abdeckt. Man gewichtet die Aktien entsprechend ihrer Börsenkapitalisierung. Dividendenzahlungen beeinflussen den Indexstand nicht.

Nordamerika	4.6. N	1.6. S	Hoch 01	Tief 01
New York				
DJ-Industrie	11061,65	10990,41	11346,96	9106,97
Tageshoch tats.	11071,54	11021,57		
Tagestief tats.	10938,88	10835,62		
DJ-Transport	2878,24	2887,05	3157,44	2578,87
DJ-Versorgung	390,25	389,52	412,48	330,95
DJ-20-Bonds		101,89	102,72	97,59
NYSE-Index	646,51	642,81	667;71	550,57
AMEX-Index	946,82	945,23	961,05	827,92
St. & P. 100	654,49	649,61	725,42	548,16
St. & P.500	1267,12	1260,67	1383,37	1081,19
Nasdaq Comp.	2155,99	2149,44	2892,36	1619,58
MMI	1085,90	1078,48	1112,23	917,02
Toronto				
TSE 300	8281,45	8250,94	9425,52	7382,00

* Index vom Vortag.
E = Eröffnung; S = Schluss; N = kurz vor Schluss, V = Verlauf.

Den *NYSE Composite Index* berechnet die Börse fortlaufend während der Handelszeit. Seine Basis ist 50 (Basiszeitpunkt: 21.12.1965). Neben dem NYSE Composite Index (Gesamtindex) existieren noch die Branchenindizes »Industrial« (Industrie/Gewerbe), »Utility« (Versorgung), »Financial« (Finanzsektor) und »Transport« (Transport), die – zumindest bei Redaktionsschluss für dieses Buch – nicht im Handelsblatt erscheinen.

Von der American Stock Exchange stammt der *AMEX-Index*, den das HANDELSBLATT ebenfalls unter der Rubrik »Nordamerika« in der Tabelle AUSLÄNDISCHE INDIZES veröffentlicht. Er umfasst sämtliche an der American Stock Exchange gelisteten Aktien und steht seit dem 31.8.1973 zur Verfügung (Basiswert: 100).

Der *Major Market Index* (MMI) ist ein Aktienindex, der von der American Stock Exchange (AMEX) seit 1987 im Rhythmus von 15 Sekunden während der Börsenzeit berechnet wird. Dem MMI liegen 20 Blue Chips zugrunde. Seine Konstruktion entspricht in etwa der des Dow Jones. Ebenso sind die meisten der im MMI enthaltenen Aktien auch im Dow Jones zu finden.

Zu den nordamerikanischen Aktienindizes, die das HANDELSBLATT veröffentlicht, zählt schließlich noch der *Toronto Stock Exchange Composite Index* (TSE 300). Er wird seit 1977 von der Toronto Stock Exchange, der umsatzstärksten kanadischen Aktienbörse, für 300 dort notierte inländische Aktien ermittelt. Die Titel sind entsprechend ihrer Börsenkapitalisierung gewichtet. Die Basis des TSE 300 ist 1.000 im Jahre 1975.

Europäische Indizes

STOXX

Die *STOXX-Indizes* sind zwar noch relativ jung, aufgrund des ausgefeilten Konzeptes und entsprechend aufwändiger Vermarktung ist deren Bekanntheitsgrad und vor allem ihre Akzeptanz in der Praxis ausgesprochen hoch. Eingeführt wurden sie Anfang 1998 von den Börsen in Deutschland, Frankreich und der Schweiz gemeinsam mit dem Verlagshaus *Dow Jones*.

Dow Jones

Die Indizes sind so aufgebaut, dass sie den veränderten Bedürfnissen vieler Anleger besser gerecht werden als die bereits vorhandenen. Sie sind länderübergreifend, nach Branchen ausgerichtet und decken den Markt breit ab. Berücksichtigt werden außerdem lediglich liquide und handelbare Aktien.

Die STOXX-Familie besteht aus vielen einzelnen Indizes, die man zu vier Hauptgruppen zusammenfassen kann: Total Market, Size, Branchen und Blue Chips.

Der umfassendste von allen ist der *STOXX Total Market Index* – kurz TMI – (Europa). Er deckt den jeweiligen Markt in seiner gesamten Breite ab und besteht wiederum aus vier TMI, die jeweils nur Aktien aus folgenden Gebieten beinhalten: Eurozone (EURO STOXX Total Market Index), Skandinavien (STOXX NORDIC Total Market Index), Europa ohne Großbritannien (STOXX ex UK Total Market Index) und Europa ohne Eurozone (STOXX ex Eurozone Total Market Index).

Von den Size-Indizes gibt es drei Varianten, einen Large-, Mid- und Small-Cap-Index, und zwar für die gleichen Gebiete, für die auch TMI existieren.

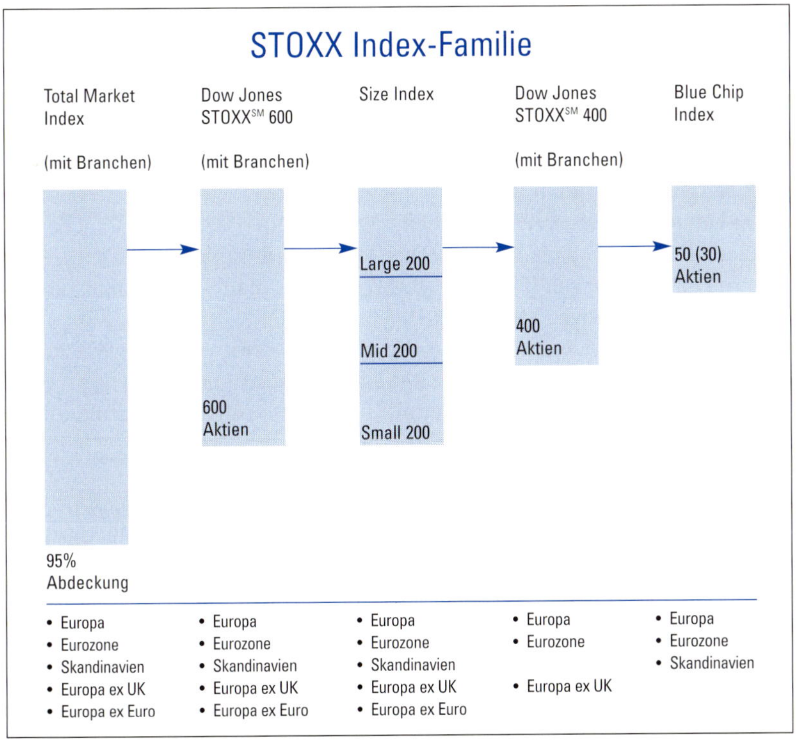

Branchenindizes

Außerdem werden Indizes für sehr viele unterschiedliche Branchen angeboten. Eine vollständige Auflistung können wir aus Platzgründen nicht vornehmen. Es besteht jedoch die Möglichkeit, sie im Internet unter www.stoxx.com nachzusehen. Einen Teil von ihnen zeigt auch das HANDELSBLATT in einer entsprechenden Tabelle (siehe Abbildung). *STOXX-Branchenindizes* gibt es für folgende Gebiete: Europa, Eurozone sowie Europa ohne Großbritannien.

STOXX-INDIZES

	Dow Jones Stoxx				Dow Jones Euro-Stoxx			
30.3.2001	Anfang	Schluss	Vortag	% a. Jahr	Anfang	Schluss	Vortag	% a. Jahr
Gesamtindex	320,16	321,70	320,12	-10,59	346,45	347,78	346,48	-11,24
Gesamtindex Perf.		415,07	413,00	-10,22		438,31	436,60	
Blue-Chip Index (50)	3980,71	4004,89	3980,12	-12,12	4165,81	4185,00	4165,75	-12,31
Blue-Chip Index (50) Perf.		5154,40	5121,95	-11,74		5296,73	5271,38	-12,19
Large	368,55	370,51	368,51	-11,19	404,68	406,10	404,72	-11,98
Mid	211,20	211,25	211,21	-7,90	217,53	218,29	217,59	-8,64
Large + Mid	338,34	339,93	338,32	-10,82	367,86	369,15	367,91	-11,62
Small	125,79	126,72	125,73	-5,55	126,99	128,24	126,88	-3,80
Autos	234,94	230,35	235,12	5,25	231,45	226,87	231,64	5,27
Banken	375,12	381,58	374,96	-4,85	311,41	316,49	311,37	-4,97
Grundstoffe	228,73	229,58	229,35	1,47	172,84	172,37	174,22	-6,42
Chemie	304,79	301,56	305,07	-8,49	384,09	377,56	384,33	-9,62
Bau	206,47	208,83	206,13	0,36	228,90	232,13	228,54	2,36
Konsum (zykl.)	153,62	153,09	153,45	-12,34	132,45	131,70	132,26	-16,09
Konsum (nicht zykl.)	279,47	278,69	279,45	-4,73	403,57	402,67	403,60	-7,41
Energie	354,21	356,32	353,98	2,71	343,22	343,18	342,85	-0,41
Finanzdienste	306,85	313,94	307,18	-8,69	270,43	276,40	270,53	-11,56
Nahrungs- und Genussmittel	229,13	231,74	229,07	-6,01	235,10	239,13	235,11	-9,03
Industrie	292,16	291,03	291,91	-14,62	436,17	436,23	436,31	-12,66
Versicherungen	369,63	374,28	369,95	-19,26	306,85	313,94	307,18	-8,69
Medien	370,46	371,55	370,44	-13,18	375,13	376,74	375,16	-8,94
Pharma	452,44	461,47	453,28	-5,91	537,00	540,93	536,85	-6,66
Einzelhandel	243,56	244,17	243,60	-0,01	331,28	333,22	331,48	-6,90
Technologie	491,40	479,84	491,38	-36,00	557,28	544,90	557,14	-32,67
Telekom	416,67	412,43	416,55	-16,71	602,14	603,38	602,02	-9,48
Versorger	281,82	283,20	281,57	-6,71	303,75	301,55	301,16	-8,28

Quelle: Deutsche Börse AG (ohne Gewähr)

STOXX 50 und EURO STOXX 50

Am bekanntesten sind schließlich die Blue Chip-Indizes STOXX 50 und EURO STOXX 50. Sie umfassen jeweils 50 Standardwerte aus Europa bzw. aus Euroland. Für Skandinavien gibt es sogar noch einen eigenen Blue Chip-Index, den STOXX NORDIC 30.

Im Unterschied zu den TMI dienen die Blue Chip-, Size- und Branchenindizes auch als Grundlage für Derivate. Der Basiszeitpunkt für alle Indizes ist der 31.12.1991. Für die Blue Chip-Indizes wählte man 1.000 Punkte als Basiswert, für alle übrigen 100 Punkte.

Im HANDELSBLATT findet man die STOXX-Indizes in einer gleichnamigen Tabelle (siehe Abbildung). Sie beinhaltet ausgewählte Blue Chip-, Size- und Branchenindizes, jeweils getrennt für Gesamteuropa und Euroland.

FTSE-Eurotop-Indizes

Zu den Mitkonkurrenten der STOXX- zählen die britischen *Eurotop-Indizes*. Sie stammen ursprünglich von den FTSE-Eurotrack-Indizes ab, die seit 1992 von der britischen Finanzzeitung Financial Times in Kooperation mit der London Stock Exchange berechnet, Anfang 1998 aber durch die FTSE-Eurotop-Indizes ersetzt wurden. Für die Berechnung ist inzwischen die Amsterdam Stock Exchange (AEX) zuständig, beteiligt sind aber weiterhin die Financial Times und die London Stock Exchange.

Hohe Aufmerksamkeit genießt der Eurotop 300. Er enthält die 300 bedeutendsten Aktiengesellschaften aus Europa. Die Aufnahmekriterien sind in etwa vergleichbar mit denen der meisten anderen Indizes. Ausschlaggebend für eine Erfassung ist die Marktkapitalisierung eines Unternehmens. Völlig unabhängig davon gelangen Gesellschaften aber nur dann in den Index, wenn sich die Aktien zu mindestens 25 Prozent in Streubesitz (25 % *Free Float*) befinden. Außerdem scheiden Papiere aus, falls das Handelsvolumen pro Jahr nicht mindestens 10 Prozent vom gesamten Emissionsvolumen entspricht.

Eurotop 300

Derzeit erfasst der Eurotop 300 unter anderem alle im FTSE 100 (siehe unten), DAX sowie dem französischen CAC 40 enthaltenen Aktien und deckt ungefähr 70 % der gesamten Marktkapitalisierung der 14 europäischen Länder ab. Basiswährung war früher die ECU, seit dem 1.1.1999 ist es der Euro. Bei der Indexberechnung fungiert die Amsterdam Stock Exchange als so genannter *Compiler*: Alle erforderlichen Daten laufen bei ihr zusammen. Die aktuellen Aktienkurse stammen von den jeweiligen Heimatbörsen, wobei die Daten des jeweils umsatzstärksten Handelsplatzes maßgebend sind. Für deutsche Aktien zieht man beispielsweise die Notierungen aus dem XETRA-System heran.

Compiler

Der *Eurotop 300* existiert in zwei Varianten, als Kursindex (1.000 Punkte am 25.7.1997) und Performanceindex (ebenfalls 1.000 Punkte am 25.7.1997).

Neben dem Eurotop 300 ist der *FTSE Eurotop 100* noch relativ bekannt. Er beinhaltet 100 europäische Blue Chips. Im Unterschied zum Eurotop 300 wird seine Zusammensetzung nur einmal jährlich überprüft. Da die Indexzusammensetzung aus diesem Grund für längere Zeit gleich bleibt, nennt man ihn auch *Fixed-Basket-Index*. Dennoch kann es auch hier zu außerplanmäßigen Änderungen kommen, etwa im Falle von Unternehmensübernahmen oder Firmenzusammenbrüchen.

Eurotop 100

Fixed-Basket-Index

Und noch etwas unterscheidet den Eurotop 100 ganz entscheidend von seinem großen Bruder: Ein Land muss bestimmte Voraussetzungen erfüllen, damit Aktien überhaupt berücksichtigt werden. Neben der Mitgliedschaft in der OECD als unabdingbare Grundbedingung, ist die Gesamtbörsenkapitalisierung ein ausschlaggebender Faktor. Eine Aufnahme in das Kursbarometer erfolgt nur dann, wenn die Börsenkapitalisierung eines Landes im Ganzen 2,5 Prozent der Indexgesamtkapitalisierung überschreitet. Die Ländergewichtung wird im selben Rhythmus überprüft wie die Unternehmensstruktur.

Es kann daher passieren, dass eine bestimmte Aktiengesellschaft zwar zu den größten 100 europäischen Gesellschaften gehört, im Index aber nicht enthalten ist, da das Heimatland zu unbedeutend ist.

Auch den Eurotop 100 gibt es als Kursindex (1.006,01 Punkte am 29.12.1989) und Performanceindex (1.000 Punkte am 4.5.1998). FTSE gibt noch eine Reihe weiterer Indizes heraus, die wir aus Platzgründen hier jedoch nicht besprechen können. Man findet detaillierte Informationen dazu – und natürlich auch zum Eurotop 300 und Eurotop 100 – auf der Internetseite www.ftse.com.

Weltindizes

In Zukunft nimmt die Bedeutung von Weltindizes vermutlich immer mehr zu. Hierfür gibt es einen entscheidenden Grund: Viele Unternehmen sind weltweit und vor allem branchenübergreifend aktiv. Nehmen wir zum Beispiel Vivendi. Die Gesellschaft ist weltweit nicht nur als Wasserversorger bekannt, sondern spielt auch im Bereich Medien eine wichtige Rolle.

Wer etwa als Fondsmanager seine Anlageentscheidungen lediglich an Länder- oder Sektorindizes ausrichtet, berücksichtig einen Wert wie Vivendi möglicherweise gar nicht oder nicht angemessen genug. Von dieser Sorte Aktien wird es in Zukunft aber mit einiger Sicherheit immer mehr geben. Außerdem zeichnet sich der Trend ab, dass Anleger ihre Depots weltweit und nach Themen zusammenstellen (Stichwort: *Globalisierung*). Deshalb steigt der Bedarf an Indikatoren für die weltweiten Märkte.

Globalisierung

Bei Aktien-Weltindizes dominieren zurzeit vier Anbieter: Am längsten ist Morgan Stanley Capital International auf dem Markt, deren *MSCI World* in etwa 2.500 Aktien umfasst. Der *DJGI World* (Anbieter: Dow Jones) übertrifft ihn mit rund 2.900 Werten sogar noch. Auch die FTSE-Gruppe gibt einen vergleichbaren Index heraus.

Das Problem derartiger Indizes ist ihre Komplexität. Eine Nachbildung ist für Fondsmanager aus Kostengründen kaum möglich. Daher schafft man neue Weltindizes – am bekanntesten ist der *Global 100* des vierten Anbieters, Standard & Poor's –, die lediglich (relativ wenige) Blue Chips beinhalten und daher von institutionellen Anlegern sehr gut nachgebaut werden können. In diese Rubrik fällt auch der *Dow Jones Global Titans*, der insgesamt 50 Werte enthält.

MSCI-Indizes

Indizes wie der DAX oder Dow Jones bilden lediglich die Aktienmarktentwicklung eines einzelnen Landes ab. Hinzu kommt, dass sich die Konstruktionsprinzipien solcher Indizes – etwa Aktiengewichtungen, Berücksichtigung von Kapitalmaßnahmen usw. – mitunter deutlich voneinander unterscheiden und eine direkte Gegenüberstellung dadurch erschwert wird.

Dies gab den Anstoß für die *Capital International* (Genf), einheitliche Indizes für die Aktienmärkte einzelner Länder zu schaffen. Da die US-amerikanische Investmentbank Morgan Stanley 1986 die Rechte an diesen Indizes erwarb, tragen sie seitdem den Namen Morgan-Stanley-Capital-International-Indizes, kurz *MSCI-Indizes*. Institutionelle Anleger, insbesondere Fondsmanager, die ihre Gelder global investieren, nutzen MSCI-Indizes am häufigsten als Benchmark.

Aktienindizes existieren für einzelne Länder (entwickelte Märkte). Diese werden zum Teil zusammengefasst, sodass zusätzlich entsprechende Regionenindizes zur Verfügung stehen (z. B. Europa) und – auf der höchsten Aggregationsstufe – sogar Weltindizes. Teilweise existieren sehr spezifische Regionenindizes – etwa Europa ohne BRD –, an denen man die Entwicklung in ganz bestimmten Gebieten ablesen kann.

Außerdem gibt es MSCI-Barometer für Schwellenmärkte (Emerging Markets) und für einzelne Branchen.

Man findet MSCI-Indizes im HANDELSBLATT in der Tabelle MSCI-INDIZES DER WELT-AKTIENMÄRKTE (siehe Ausschnitt).

MSCI-INDIZES DER WELT-AKTIENMÄRKTE

Märkte	Tages-Index auf Euro-Basis	Veränderungen in Prozent: Euro-Basis gegenüb. Vortag	Euro-Basis gegenüb. M.-Beginn	Euro-Basis gegenüb. Beg. 2001	Lokale-Währungs-Basis gegenüb. Vortag	Lokale-Währungs-Basis gegenüb. M.-Beginn	Lokale-Währungs-Basis gegenüb. Beg. 2001	$-Basis gegenüb. Vortag	$-Basis gegenüb. M.-Beginn	$-Basis gegenüb. Beg. 2001
Regionen/Länder	8.2.01									
Welt	133,5	–1,0	–2,3	0,5	–0,8	–2,5	0	–0,9	–2,9	–1,1
Welt (F) *	134,1	0,6	–1,7	1,1	–0,5	–2,5	0	–0,9	–2,9	–1,1
EAFE	131,1	0,3	–2,2	–1,3	–0,2	–2,5	–1,2	–1,2	–3,4	–3,4
EAFE + Kan.	133,6	0,3	–2,2	–1,1	–0,2	–2,5	–1,0	–1,2	–3,4	–3,2
EAFE (F) *	130,9	0,3	–2,2	–1,3	–0,2	–2,5	–1,2	–1,2	–3,4	–3,4
Europa	127,3	0,1	–2,2	–1,3	0	–2,2	–0,9	–1,4	–3,4	–3,4
Eur. ex BRD	126,6	0	–2,3	–1,9	–0,1	–2,3	–1,4	–1,5	–3,5	–4,0
EMU	130,9	0,4	–2,7	–1,2	0,4	–2,7	–1,2	–1,0	–3,8	–3,3
Nordamerika	137,2	0,8	–1,3	3,2	–0,7	–2,5	1,0	–0,7	–2,5	1,0
Nord. Länder	179,7	–0,8	–6,7	–8,0	–1,0	–6,7	–8,1	–2,3	–7,8	–10,0
Pazifik	141,7	0,6	–2,1	–1,4	–0,7	–3,1	–1,9	–0,9	–3,3	–3,6
Ferner Osten	142,9	0,6	–2,2	–2,0	–0,9	–3,5	–2,7	–0,9	–3,4	–4,1
Australien	131,8	0,7	–1,1	3,9	0,8	–0,1	5,1	–0,8	–2,3	1,7
Belgien	85,0	–0,8	0,8	–0,9	–0,8	0,8	–0,9	–2,3	–0,5	–3,1
Dänemark	155,0	–0,4	–3,5	8,9	–0,5	–3,5	8,8	–1,9	–4,6	6,6
Deutschland	127,7	0,8	–1,7	3,0	0,8	–1,7	3,0	–0,7	–2,9	0,8
Finnland *	200,8	–1,4	–10,4	–24,9	–1,4	–10,4	–24,9	–2,9	–11,5	–26,5
Frankreich	148,4	0,4	–3,5	–2,4	0,4	–3,5	–2,4	–1,1	–4,7	–4,5

Die Übersicht enthält den jeweiligen Indexstand berechnet auf Euro-Basis. Daneben sind die Wertänderungen aufgeführt im Vergleich zum:

- Vortag
- Monatsanfang
- Jahresbeginn.

Interessant ist, dass die Wertschwankungen nicht nur in der entsprechenden Landeswährung, sondern auch in Euro und US-Dollar zu sehen sind. So kann man erkennen, welchen Einfluss Währungskursänderungen hatten.

Währungseinfluss

Die Basis der meisten Indizes ist 100 am 1.1.1970. Für solche, die im HANDELSBLATT mit einem Stern gekennzeichnet sind, gilt die Basis 100 am 1.1.1988.

In einigen Staaten können Anleger aus dem Ausland nicht jede Aktie kaufen. Zugang zu den Papieren haben lediglich Inländer. Dies trifft oftmals für Titel von Versorgungsunternehmen (Elektrizitäts-, Wasserwerke usw.) zu, die ursprünglich staatliche Unternehmen waren und nun in Aktiengesellschaften umgewandelt, also privatisiert wurden. In solchen Fällen umfassen die jeweiligen Indizes nur die für jeden – gleichgültig, ob In- oder Ausländer – zugänglichen Aktien. Sie sind im HANDELSBLATT mit »(F)« gekennzeichnet.

Detailinformationen zu den einzelnen Indizes findet man ebenso wie aktuelle Indexstände direkt im Internet auf der Seite www.msci.com.

Sonstige

Die bislang existierenden Weltindizes haben wie bereits erwähnt den Nachteil, dass sie sehr umfangreich sind, den weltweiten Aktienmarkt zu detailliert abbilden und deshalb kaum als Benchmark für einen Fondsmanager geeignet sind. Aus diesem Grund hat Standard & Poor's gemeinsam mit

Underlying

mehreren Partnern (u.a. der Deutschen Börse) den *Global 100* entwickelt. Das Ziel bestand darin, einen Index zu schaffen, der sich relativ einfach nachbilden lässt und im Gegensatz zu den traditionellen Weltindizes – etwa den von MSCI – übersichtlich genug ist, um ihn als *Underlying* für Derivate zu verwenden.

Der *S & P Global 100* ist ein Performanceindex und beinhaltet die weltweit 100 größten Aktiengesellschaften, deren Geschäftstätigkeiten global ausgerichtet sind (Basis: 1.000 Punkte am 31.12.1997).

Deutlich umfassender ist der *S & P Global 1200*, der 1.200 Aktien weltweit umfasst. Er hat denselben Ausgangswert und dasselbe Basisdatum wie der Global 100.

Ausführliche Informationen zu diesen Indizes halten Standard & Poor's auf ihrer Internetseite bereit (www.spglobal.com).

Auch von Dow Jones und FTSE stammen Indizes, die so ausgerichtet sind, dass sie Aktien weltweit beinhalten. Und auch diese Anbieter haben – ähnlich wie Standard & Poor's – Indizes, die sehr viele Aktien umfassen und solche, die sich lediglich auf einige bedeutende Blue Chips beziehen. Auf Details verzichten wir aus Platzgründen und verweisen auf die entsprechenden Internetseiten, die sehr umfassend über die jeweiligen Indizes informieren (www.dowjones.com und www.ftse.com).

Dow Jones Sustainability Group Index

Das HANDELSBLATT veröffentlicht mit dem *Dow Jones Sustainability Group Index* (kurz: DJSGI) einen Index, der Unternehmen umfasst, die bestimmte ökologische und soziale Prinzipien einhalten. An seiner Konzeption und Berechnung sind neben Dow Jones & Co. auch die Schweizer *SAM-Gruppe* beteiligt.

DOW JONES (DJSGI*)

Index für ökologisch und sozial orientierte Firmen
Schlusskurs: 1.6.2001

Index	Wert	Veränderung	Veränd. in %
World	1309,10	+5,20	+0,40
US	1174,03	+9,28	+0,80
Europe	1254,53	+2,04	+0,16
North America	1230,43	+10,07	+0,83
Pacific	2043,85	-1,85	-0,09

*Dow Jones Sustainability Group Index
Werte in Euro; Quelle: Dow Jones

Die Bezeichnung *Sustainability* bedeutet Nachhaltigkeit und stammt ursprünglich aus der Forstwirtschaft. Dort bedeutet Nachhaltigkeit, dass zum Beispiel in einem Wald nur so viele Bäume gefällt werden dürfen, wie gleichzeitig neu angepflanzt werden.

Sustainabiltiy-Investments liegt eine solche »erhaltende« Philosophie zugrunde: es handelt sich einfach gesagt um Kapitalanlagen in Unternehmen, die vor allem bestimmte ökologische und soziale Prinzipien beachten.

Maßgeblich für die Aufnahme eines Unternehmens in den Dow Jones Sustainability Group Index sind folgende Kriterien:

- **Technologie:** Die Herstellung von Produkten und Dienstleistungen soll auf einer innovativen Technologie und Organisationsstruktur basieren, um die zur Verfügung stehenden finanziellen, natürlichen und gesellschaftlichen Ressourcen möglichst effizient zu nutzen.
- **Unternehmenskultur:** Entscheidend ist eine Unternehmenskultur, die sich durch eine umfassende Verantwortungsbereitschaft auf allen Führungsebenen auszeichnet. Die Belange aller am Unternehmen Beteiligten (Mitarbeiter, Kunden, Lieferanten, Anleger und Anwohner) sind ebenso zu berücksichtigen wie die Interessen der allgemeinen Öffentlichkeit.

- **Shareholder Value:** Auch die Aktionäre sollen durch stabile Erträge, langfristiges Wachstum und durch eine starke Marktstellung vom globalen Wettbewerb profitieren.
- **Branchenaspekt:** Nachhaltig wirtschaftende Unternehmen findet man prinzipiell in jeder Branche – zum Beispiel auch im Öl-, Pharma- oder Chemiesektor –, auch wenn es sich auf den ersten Blick um Zweige handelt, bei denen man eine Ökologieorientierung kaum vermutet. Doch selbst in diesen Sektoren trifft man auf Firmen, die sorgsamer mit Ressourcen umgehen als andere. Diese gelangen in den Index, um den anderen Unternehmen praktisch als Leitbild zu dienen.
- **Gesellschaft:** Der dauerhafte soziale Wohlstand soll durch solche Unternehmen gefördert werden, die die sozialen Herausforderungen wie Zu- oder Abwanderung, steigende Lebenserwartung, sinkende Geburtenrate, die Notwendigkeit des Lernens und der Ausbildung sowie die Änderung der Formen des kulturellen Lebens aktiv begleiten.

SAM Sustainability Group

Die *SAM Sustainability Group* – SAM stand ursprünglich für Sustainable Asset Management – ist eine unabhängige Vermögensverwaltungsgesellschaft mit Hauptsitz in Zürich. Gegründet wurde sie 1995 als einer der ersten weltweit tätigen Vermögensverwalter, der sich auf Sustainability-Investments spezialisierte. Zu ihren Kunden zählen Investmentgesellschaften, Versicherungsunternehmen und Privatanleger.

Auswahlverfahren

Das Auswahlverfahren erfolgt in erster Linie über umfangreiche, branchenspezifische Fragebögen, die an die rund 2.000 Indexgesellschaften im Dow Jones Global Index World gerichtet werden. Dabei vergibt SAM für jedes Kriterium Punkte. Die Unternehmen mit der höchsten Punktzahl ihrer Branche kommen in den Index. Zur Überprüfung und Ergänzung der Antworten in den Fragebögen nutzt SAM aber auch externe Quellen (z.B. Analysen von Wirtschaftsprüfungsgesellschaften oder Arbeitnehmervertretungen). Schließlich werden die Indexkandidaten fortlaufend beobachtet und daraufhin untersucht, wie sie mit aktuellen Problemen umgehen. Bestimmte Defizite, zum Beispiel ein schlechtes Management von Umweltproblemen, kann im Extremfall zum Ausschluss aus dem Index führen.

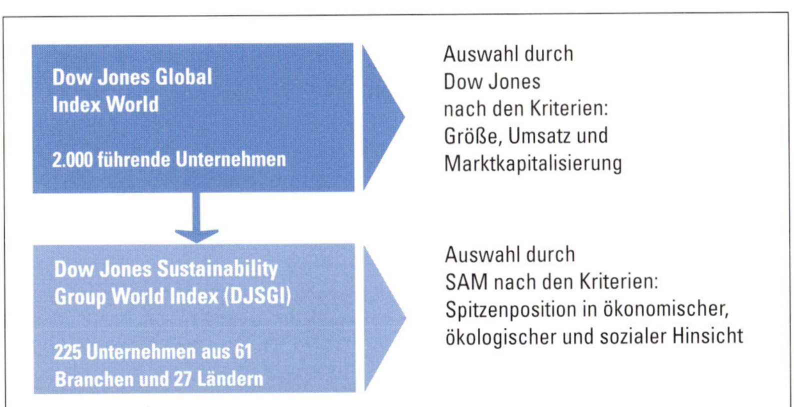

Die wichtigsten Daten zum *Dow Jones Sustainability Group Index* haben wir in folgender Übersicht zusammengestellt.

Indexfamilie	Die DJSG-Familie besteht aus 25 Indizes: Einem globalen Index, einem Länderindex für die USA, drei Regionenindizes für Europa, Nordamerika und den Pazifikraum sowie jeweils insgesamt vier Spezialindizes, die aus den fünf zuvor genannten Regionen- und Länderindizes (den fünf so genannten »Composites«) abgeleitet werden: DJSGI ohne Zigarettenproduzenten (1.), DJSGI ohne Alkoholhersteller (2.), DJSGI ohne Glückspielunternehmen (3.), DJSGI ohne Zigaretten-, Alkohol- und Glückspielfirmen (4.).
Repräsentativität	Der DJSG-Global-Index (Composite) umfasst mehr als 200 Firmen, welche die führenden Nachhaltigkeitsgesellschaften in über 60 Branchen und rund 30 Ländern repräsentieren.
Gewichtung	Die Aktiengesellschaften in den Indizes werden anhand der Aktien im Streubesitz (»Free Float«) gewichtet.
Kurs- und Performanceindizes	Alle DJSG-Indizes sind sowohl als Kurs- wie auch als Performanceindizes verfügbar. Die Kursindizes werden im Regelfall real-time während der jeweiligen Börsenzeiten berechnet. Die Performanceindizes normalerweise nur einmal am Tag.
Basisdatum/-wert	Der Startzeitpunkt für alle DJSG-Indizes ist der 31.12.1998. Der Basiswert ist jeweils 1.000 Punkte.
Prüfung der Indexzusammensetzung	Die Zusammensetzung der Indizes wird einmal im Jahr jeweils im Oktober überprüft. Daneben tagt die Indexkommission aber auch regelmäßig, um außerplanmäßige Ereignisse wie Firmenzusammenschlüsse, Übernahmen, Pleiten, Umweltkatastrophen, Streiks usw. rechtzeitig im Index berücksichtigen zu können.

Umsätze

Gehandelte Aktienmenge

Der Kurs ist nicht unbedingt immer ein zuverlässiger Indikator für den Wert, den eine Aktie tatsächlich hat. Nur wenn eine große Zahl von Anlegern bereit ist, die Aktie auch zu diesem Preis zu kaufen, drückt der Börsenkurs den wahren Wert aus. Doch am Kurs allein ist das nicht zu erkennen. Aus diesem Grund spielt der Umsatz (oder alternativ die gehandelte Stückzahl) – also Kurs mal gehandelte Aktienmenge – eine wichtige Rolle. Bei vergleichsweise geringen Umsätzen kann die Kursnotierung auch sehr zufallsbedingt sein.

Beispiel

Nehmen wir an, von der Aktie der Telekom AG wurden gestern mehrere Million Stück umgesetzt, zu Preisen im Bereich von 29 bis 31 Euro pro Stück. Bei einer solch hohen Menge ist anzunehmen, dass der Wert der Aktie bei ca. 30 Euro liegen wird. Denn die Wahrscheinlichkeit, dass derartig hohe Mengen zu marktfernen Preisen die Besitzer wechseln ist im Allgemeinen gering.

Denkbar wäre es, dass – zumindest theoretisch – heute lediglich eine einzige Aktie gehandelt wird, sagen wir zum Kurs von 100 Euro. Im Kurszettel würden wir dann eine entsprechende Notierung finden. Ob diese einen angemessenen Wert der T-Aktie darstellt, ist aufgrund des geringen Umsatzes zu bezweifeln. Es handelt sich hier wohl eher um einen Zufallswert.

Allein an einer einzigen Umsatz- oder Stückzahl ist allerdings auch noch nicht zu sehen, ob die gehandelte Menge hoch oder niedrig ist. Wenn an einem Börsentag zum Beispiel 100.000 Aktien umgesetzt werden, ist das für ein kleines Unternehmen vielleicht viel, für einen Weltkonzern hingegen sehr wenig. Außerdem ist die Umsatzentwicklung im Zeitablauf mit entscheidend, ob die Handelsmenge an einem Tag als hoch oder gering einzustufen ist.

Die Umsätze werden regelmäßig im HANDELSBLATT in der Tabelle GESAMTUMSÄTZE publiziert und sind wichtig bei der Beurteilung der jeweiligen Kursnotierung.

Man kann davon ausgehen, dass der Kurs einer Aktie nachhaltig die allgemeine Marktmeinung zum Ausdruck bringt, wenn er bei relativ hohen Umsätzen (Stückzahlen) zustande gekommen ist.

GESAMTUMSÄTZE

Titel	Anzahl Stück in 1000 9.2.01	8.2.01	Kurswert in Mill. Euro 9.2.01	0.2.01
Gesamtumsatz Aktien	123004	135631	3774	3713
Deutsche Aktien	73644	70704	3292	3286
Ausländische Aktien	49359	64926	482	427
Gesamtums.Opt.Scheine	206120	160589	61	51
Deutsche Opt.Sch.	192118	150780	58	48
Ausl. Opt.Sch.	14001	9808	3	3

Titel	Nennwert in Mill. Euro 9.2.01	8.2.01	Kurswert in Mill. Euro 9.2.01	8.2.01
Gesamtumsatz Renten	1007,39	851,90	998,40	858,42
Deutsche Renten	947,51	802,73	969,62	829,88
Anleihen Bund,Bahn,Post	893,75	759,67	921,37	790,29
Sonst. öffentl. Anleihen	11,06	3,53	10,86	3,67
Pf/KO/Bankschuldversch.	37,50	34,50	32,45	31,45
Options.- u. Wandelanl.	4,90	4,12	4,68	3,65
Währungsanleihen	0,02	0,02	0,01	0,00
Industrieanleihen	0,24	0,86	0,23	0,80
Ausländische Renten	59,88	49,17	28,77	28,54
DM-Auslandsanleihen	23,41	26,45	12,50	16,14
Währungsanleihen	36,38	22,59	16,21	12,30
Opt.- u. Wandelanl.	0,08	0,12	0,05	0,09

Wie man Erträge und Risiken bei Aktien messen kann

Erwartungswert für die Rendite

Die Ertragskraft einer Anlageform misst man mit der *Rendite*. Dies ist im Prinzip ein Prozentwert, der zeigt, zu welchem Satz sich das angelegte Kapital verzinst hat.

Ein Beispiel: Angenommen wir kaufen eine Aktie für 100 € und verkaufen sie ein Jahr später zum Kurs von 110 €. Zwischendurch haben wir noch 2 € Dividende kassiert. Unser Gesamtertrag von 12 € setzt sich zusammen aus 10 € Kursgewinn und 2 € Dividende. Setzt man die Summe ins Verhältnis zum Anfangskapital, ergibt sich eine Rendite von 12 %.

Tatsächliche Rendite

Abgesehen von wenigen Ausnahmen steht die tatsächlich erzielte Rendite – so auch in unserem Beispiel – erst nach Ablauf des Anlagezeitraums endgültig fest. Dies gilt vor allem für Aktien. Wer eine Aktie kauft und für eine bestimmt Zeit hält, weiß beim Kauf noch nicht, ob er das Papier später mit Gewinn wieder verkaufen kann und – wenn überhaupt – wie viel Dividende gezahlt wird. Das hilft einem Anleger natürlich nicht weiter, der heute vor der Frage steht, ob es sich lohnt, bestimmte Aktien zu kaufen. Ein Blick in die

Zukunft wäre sicher ganz nützlich. Doch das ist, wie wir wissen, ja leider nicht möglich. Die einzigen Renditedaten, die uns zur Verfügung stehen und an denen wir uns orientieren können, sind die aus der Vergangenheit. Man bezeichnet sie auch als *historische Renditen.*

Historische Renditen

Diese Informationen, so argumentieren viele, sind immer noch besser als überhaupt keine. Sie geben dem Anleger zumindest eine Vorstellung, mit welchen Erträgen er rechnen kann. Man sagt auch, dass die historischen Renditen als Schätzwert für die Zukunft verwendet werden. Damit Ausreißerwerte – also besonders hohe oder niedrige Renditen – das Bild nicht verfälschen, nimmt man die Renditen mehrerer Perioden und errechnet daraus einen Durchschnitt. Man nennt diesen auch Erwartungswert. Es ist praktisch die Rendite, die man in Zukunft im Mittel erwarten darf, natürlich nur unter der Voraussetzung, dass sich die historische Entwicklung in der Zukunft noch einmal wiederholt.

Von der Brutto- zur Nettorendite

Werden bei der Renditeermittlung nur laufende Erträge (z. B. Dividenden) und die Marktpreisveränderungen berücksichtigt, spricht man von *Bruttorendite*. Die wirkliche Rentabilität einer Anlage zeigt sich jedoch erst, wenn neben Erträgen auch Aufwendungen einbezogen werden, die für An- und Verkauf sowie Verwaltung entstehen. Fließen diese Faktoren in die Berechnung mit ein, handelt es sich um die *Nettorendite*, genauer: die *Nettorendite vor Steuern*. Für Anleger ist sie allerdings eher von untergeordneter Bedeutung. Viel größere Beachtung wird aus verständlichen Gründen der *Rendite nach Steuern* geschenkt. Nur diese Größe bringt zum Ausdruck, was dem Anleger tatsächlich zur freien Verfügung bleibt. Häufig wird die Rendite nach Steuern noch um die Inflation (Änderung des Preisniveaus) während der Haltezeit einer Anlage bereinigt, sodass man zur *Realrendite* gelangt. Vergleicht man die Kaufkraft des Geldbetrages, der zum Zeitpunkt der Anlage investiert wird, mit der Kaufkraft des an den Investor zurückgeflossenen Betrages, so gibt die Realrendite die gewonnene bzw. verlorene Kaufkraft an.

Risiken messen

Es ist inzwischen allgemein bekannt, dass es bei Aktien nicht nur auf die erwarteten Renditen ankommt, sondern auch auf Risiken. Dies gilt für Privatleute, insbesondere aber für institutionelle Akteure. So ist es zum Beispiel Banken schon allein aufgrund der gesetzlichen Anforderungen nicht gestattet, bei ihren Eigenanlagen beliebig hohe Aktienrisiken einzugehen. Doch um die von den Behörden vorgegeben Grenzen überhaupt einhalten zu können, muss man die Aktienrisiken messen können. Das geschieht mit verschiedenen Kennzahlen, von denen Volatiliät, Betafaktor und Korrelationskoeffizient – kurz: Korrelation – die bekanntesten sind. Diese Werte – soviel vorweg – stehen in einer ganz bestimmten Beziehung zueinander: Die *Volatilität* misst das gesamte Aktienrisiko. Dieses ist wiederum zurückzuführen auf systematische Faktoren (messbar durch den *Betafaktor*) und unsystematische Einflussgrößen (messbar durch die *Korrelation*). Vereinfacht kann man den Zusammenhang so darstellen:

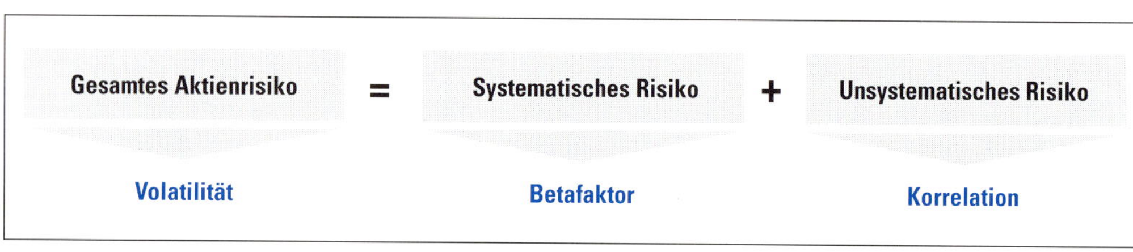

Diese Risikokennziffern erscheinen täglich im HANDELSBLATT, zwar nicht für jede Aktie, aber zumindest für sämtliche Werte im DAX. Man findet sie in einer eigenen Tabelle DAX-KENNZAHLEN. In den nun folgenden Abschnitten wollen wir erläutern, was sich hinter den Kennzahlen verbirgt und wie man sie für praktische Zwecke nutzen kann.

DAX-KENNZAHLEN

Kürzel	Volatilität 30 Tage p. a.	Volatilität 250 Tage p. a.	Korrelation 30 Tage	Korrelation 250 Tage	Beta 250 Tage
DAX	32,40 %	22,69 %	1,0000	1,0000	1,0000
ADS	30,21 %	36,78 %	0,4630	0,2994	0,4853
ALV	41,20 %	28,33 %	0,6743	0,5962	0,7444

Obwohl der Begriff *Risiko* fast schon zum Alltagsvokabular gehört, ist es gar nicht so einfach, ihn zu definieren. Einige verbinden mit Risiko ausschließlich Verlustmöglichkeiten: Ein eingesetzter Geldbetrag wird entweder gar nicht oder zumindest nicht vollständig zurückgezahlt. Andere verstehen unter Risiko bereits die Unsicherheit, dass ein angestrebtes Anlageziel wie etwa eine bestimmte Mindestrendite nicht erreicht wird (Gefahr einer Zielverfehlung). Vor allem in der Praxis hat sich hingegen eine dritte Sichtweise durchgesetzt: Danach fasst man Risiko auf als Schwankung – sowohl in positive als auch negative Richtung. Risiko umfasst demnach einerseits Verlustgefahren (»Kursschwankung nach unten«), andererseits auch Gewinnchancen (»Kursschwankung nach oben«).

Schwankung

Beispiel

Betrachten wir zwei Aktien (Aktie A und Aktie B), die in den letzten fünf Jahren folgende Renditen erwirtschaftet haben:

	1997	1998	1999	2000	2001
Aktie A	10 %	2 %	10 %	2 %	10 %
Aktie B	7 %	5 %	7 %	5 %	7 %

An den Zahlen kann man bereits sehen, dass die Renditen von A deutlich stärker schwankten als die von B. Zur besseren Veranschaulichung tragen wir die Werte in ein Diagramm ein und verbinden die einzelnen Punkte miteinander (siehe nächste Seite). Nun kann man den Schwankungsbereich der beiden Papiere noch besser erkennen. Die Ausschläge nach oben sowie unten sind bei Aktie A erheblich stärker als bei Aktie B; und damit ist auch das Risiko bei A am größten. Das heißt aber nicht, dass Aktie A deswegen unbedingt das Wertpapier mit den größten Nachteilen sein muss. Denn Risiken beinhalten ja auch Chancen. So muss sich ein Anleger bei B mit bestenfalls 7 % Rendite begnügen, während man bei A – zumindest in der Vergangenheit – auch die Chance auf deutlich höhere Erträge hatte.

Es ist natürlich sehr umständlich, stets lange Renditereihen zu betrachten oder Abbildungen anzufertigen, um Aussagen über das Risiko einer Aktie zu treffen. Man versucht daher, den Schwankungsbereich durch eine einzige, möglichst »griffige« Kennzahl auszudrücken. Diesen Zweck erfüllt die *Standardabweichung*.

Standardabweichung – Grundlage für die »Vola«

An der *Standardabweichung* kann man ablesen, wie weit die einzelnen Renditen einer Aktie im Durchschnitt um ihren Mittelwert streuen. Betrachten wir zur Veranschaulichung ein Beispiel.

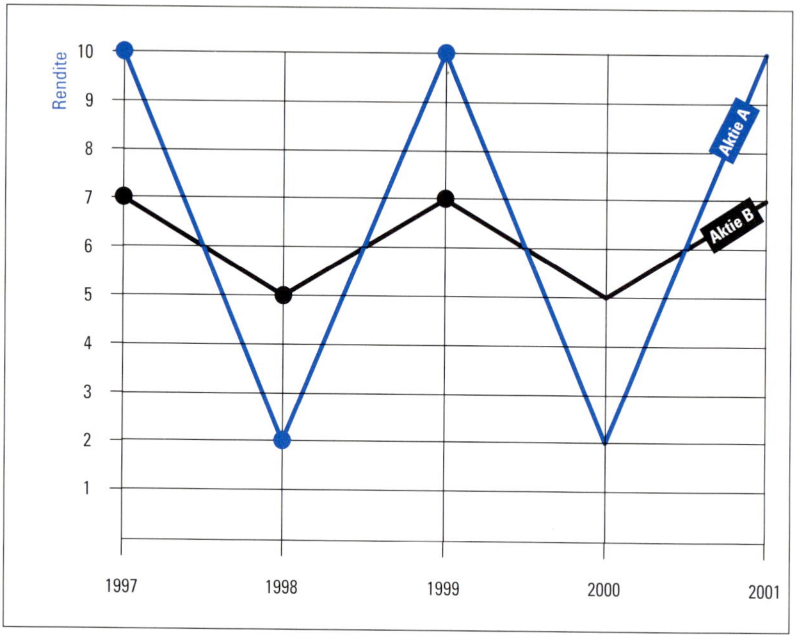

Beispiel

In den letzten sechs Jahren konnten mit einer Aktie die in folgender Übersicht enthaltenen Renditen erzielt werden.

1996	1997	1998	1999	2000	2001
3 %	8 %	1 %	7 %	2 %	9 %

Im Schnitt lag die Rendite bei 5 % im Jahr. Nun schauen wir uns an, wie stark die Renditen in den einzelnen Jahren vom Durchschnittswert abgewichen sind. 1996 lag der Wert 2 % darunter, 1998 um 3 % darüber usw. In folgender Tabelle haben wir die Abweichungen aufgelistet:

1996	1997	1998	1999	2000	2001
-2 %	+3 %	-4 %	+2 %	-3 %	+4 %

Nun könnte man auf die Idee kommen, aus den Einzelabweichungen einen Durchschnitt zu bilden. Doch das bringt uns nicht weiter, denn wir hätten immer ein Ergebnis von Null. Grund: Wegen der wechselnden Vorzeichen führt die Addition der Einzelwerte stets zu einer Summe von Null.

Um die Vorzeichen zu »beseitigen« – und aus bestimmten anderen vor allem statistischen Gründen –, quadriert man die Einzelwerte. Dann erhalten wir folgende Ergebnisse:

1996	1997	1998	1999	2000	2001
4	9	16	4	9	16

Nun bilden wir daraus einen Mittelwert (9,67) und ziehen schließlich die Wurzel. Das Ergebnis lautet 3,11 und ist die *Standardabweichung der Renditen.* Man kann sie interpretieren als mittlere Abweichung vom Durchschnittswert. Der Wert von 3,11 bringt zum Ausdruck, dass die Renditen der Aktie in den vergangenen sechs Jahren im Schnitt um 3,11 Prozentpunkte um ihren Mittelwert schwankten (sowohl nach oben als auch unten). Was damit genau gemeint ist, lässt sich an einer Grafik gut erkennen (siehe unten).

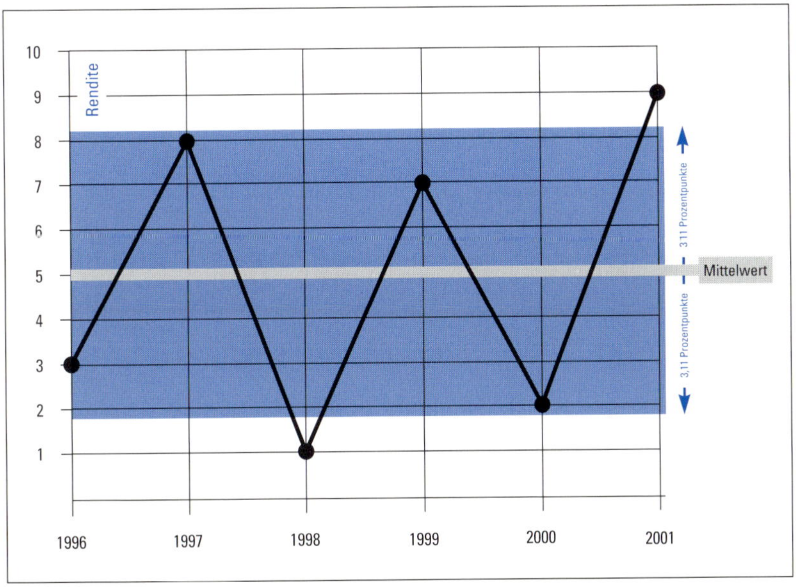

Man sieht, dass die meisten Renditen in den blau gefärbten Korridor (= Schwankungsbreite) fallen, der sich von 1,89 Prozent (= Durchschnittsrendite minus Standardabweichung) bis 8,11 Prozent (= Durchschnittsrendite plus Standardabweichung) erstreckt. Eine Praktikerregel besagt, dass ungefähr zwei Drittel der Renditen innerhalb dieser Bandbreite liegen.

Schwankungsbreite

Die Standardabweichung basiert zwar auf Vergangenheitsdaten, sie gibt uns aber zumindest einen Anhaltspunkt, mit welchen Schwankungen wir in Zukunft rechnen müssen. Ob sich eine Aktie dann tatsächlich so entwickelt, kann – ähnlich wie bei der erwarteten Rendite – niemand im Voraus mit Sicherheit sagen.

Volatilität – Maßzahl für das Gesamtrisiko

Eine der bekanntesten Risikokennziffern in der Finanzwelt basiert auf der Standardabweichung. Es ist die *Volatilität.* Der Begriff ist eng verwandt mit dem italienischen Wort »volare« (= fliegen) und bedeutet übersetzt etwa soviel wie »Flatterhaftigkeit« oder »Auf und Ab«. Mittlerweile ist Volatilität – oder *Vola*, wie man auch sagt – fester Bestandteil der Börsensprache geworden.

Vola

Die Berechnung erfolgt ganz ähnlich wie bei der Standardabweichung. Statt Jahresrenditen wie in unserem Beispiel oben verwendet man im Regel-

Tagesrenditen

fall jedoch *Tagesrenditen*. Diese reflektieren die prozentuale Wertentwicklung von einem Börsentag zum nächsten. Meist werden die Renditen noch ein wenig »nachbearbeitet«, damit sie bestimmte statistische Eigenschaften aufweisen. Dies ist für die weiteren Erläuterungen aber unerheblich.

Für die Aktien im DAX und den DAX selbst berechnet die Deutsche Börse täglich Volatilitäten in zwei Ausführungen, 250- und 30-Tage-Volatilitäten. Sie basieren auf den zurückliegenden 250 bzw. 30 Börsentagen. Die Werte werden auf ein Jahr hochgerechnet (p.a. = per annum), damit sie sich direkt miteinander vergleichen lassen. Die Angabe von Jahreswerten ist auf Finanzmärkten ohnehin Standard. Auch ein Zinssatz für einen Dreimonatszeitraum (etwa 3-Monats-Euribor) erscheint beispielsweise als Jahreswert.

DAX-INDIZES XETRA

12.2.2001	Anfang	Settlement	Tages-Hoch	Tages-Tief	Schluss
Dax	6498,93	6534,04	6572,37	6498,93	6564,91
MDax	4842,95	4840,13	4853,02	4808,91	4837,57
Dax 100	3133,23	3156,63	3159,19	3128,70	3156,92
Automobil	1982,88	1993,22	2004,57	1979,52	1992,69
Bau	1206.40	1213.92	1216.87	1189.01	1214,07

DAX-KENNZAHLEN

Kürzel	Volatilität 30 Tage p. a.	Volatilität 250 Tage p. a.	Korrelation 30 Tage	Korrelation 250 Tage	Beta 250 Tage
DAX	18,51 %	21,81 %	1,0000	1,0000	1,0000
ADS	39,64 %	40,59 %	0,2258	0,2411	0,4486
ALV	23,00 %	34,17 %	0,5521	0,5014	0,7855

Volatilitäten erscheinen wie erwähnt im HANDELSBLATT in der Tabelle DAX-KENNZAHLEN. Dort haben wir einen Wert von 18,51 % für die 30-Tage-Volatilität des DAX gefunden (siehe Ausschnitt). Er zeigt uns, dass die Renditen des DAX – ausgehend von den Werten der letzten 30 Börsentage – im Jahr durchschnittlich um gut achtzehneinhalb Prozentpunkte nach oben oder unten schwanken. Der DAX (Schlusskurs: 6.564, 91, siehe Tabelle links) wird demnach – vorausgesetzt, die Zahlen der letzten 30 Börsentage sind eine verlässliche Schätzgrundlage für die zukünftige Entwicklung – in den kommenden 12 Monaten höchstwahrscheinlich im Intervall von 5.349,75 (6.564, 91 minus 18,51 %) bis 7.780,07 (6.564, 91 plus 18,51 %) liegen.

Gesamtrisiko entspricht nicht der Summe der Einzelrisiken

Wenn wir statt in eine Aktie in mehrere verschiedene Papiere investieren, kommt es in vielen Fällen zu einer Verringerung der Risiken. Dies klingt zunächst verblüffend, wird an einem konkreten Beispiel aber plausibel.

Beispiel

Betrachten wir einen Anleger, der insgesamt 10.000 € anlegen möchte. Als Alternativen stehen ihm Aktien eines Bademodenherstellers (»Badeaktien«) und eines Regenschirmproduzenten (»Regenaktien«) zur Auswahl. Er überlegt sich, dass eine Anlage des gesamten Geldbetrages in Badeaktien in Jahren mit einem verregneten Sommer zu einer schlechten Ertragslage beim Bademodenhersteller führt und die Aktie an Attraktivität und Kurs verliert. Bei Regenaktien verhält es sich dagegen genau umgekehrt. Jahre mit einem verregneten Sommer steigern die Gewinne des Produzenten, weil verhältnismäßig viele Regenschirme verkauft werden können. Daher kommt der Anleger zu dem Ergebnis, sein Kapital auf beide Aktien aufzuteilen. Welchen Effekt das hat, wollen wir an Daten aus der Vergangenheit demonstrieren. Zu diesem Zweck listen wir die Renditen der letzten vier Jahre auf:

	1998 (verregnet)	1999 (sonnig)	2000 (verregnet)	2001 (sonnig)
Badeaktie	2 %	10 %	2 %	10 %
Regenaktie	10 %	2 %	10 %	2 %

Mit Badeaktien konnte in der Vergangenheit eine Durchschnittsrendite von 6 % erzielt werden, das Risiko – gemessen durch die Standardabweichung – lag bei 4 %. Das Gleiche gilt für Regenaktien.

Teilt der Anleger sein Kapital jeweils zur Hälfte auf Bade- und Regenaktien auf, so beläuft sich der Ertrag im Jahre 1998 auf

5.000 € × 2 % (Badeaktie) +5.000 € × 10 % (Regenaktie) = 600 €,

oder ausgedrückt in Form eines Prozentwertes auf 6 Prozent. Im nachfolgenden Jahr ist es umgekehrt. Aufgrund des guten Wetters erwirtschaftet die Badeaktie die höhere Rendite, während die Regenaktie deutlich schlechter abschneidet:

5.000 € × 10 % (Badeaktie) +5.000 € × 2 % (Regenaktie) = 600 €

Anschließend ist es wieder umgekehrt und im letzten Jahr liegt die Badeaktie erneut vorn. Mit dem aus Bade- und Regenaktien bestehenden Portfolio ließen sich demnach folgende Renditen erzielen:

	1995 (verregnet)	1996 (sonnig)	1997 (verregnet)	1998 (sonnig)
Portfolio	6 %	6 %	6 %	6 %

Sie weisen im Zeitablauf keinerlei Schwankungen mehr auf. Die Standardabweichung lag deshalb bei Null. Am Durchschnittsertrag hat das jedoch nichts geändert, denn die mittlere Rendite beim Portfolio betrug ebenfalls sechs Prozent. Die Erklärung: Mit der einen Hälfte seines Kapitals hat der Investor stets relativ hohe Renditen erzielt, mit dem Rest dagegen geringe, sodass er im Durchschnitt in jedem Jahr auf einen Wert von sechs Prozent kam. Zwischen den Renditen besteht also eine Wechselbeziehung – man sagt auch *Korrelation* – dergestalt, dass in Jahren geringer Erträge bei der einen Aktie die Renditen bei der anderen hoch sind und umgekehrt.

Korrelation

Der Zusammenhang muss nicht unbedingt negativ ausgeprägt sein, so wie in unserem Fall. Nimmt man etwa Badeaktien und die Aktien eines Herstellers von Speiseeis, so wird er vermutlich positiv sein. Denn in Jahren mit einem schönen Sommer erzielt nicht nur der Produzent von Bademoden gute Erträge, sondern auch der Eishersteller. Bei Regen verkaufen beide hingegen relativ wenig von ihren Produkten und die Erträge fallen bei beiden entsprechend gering aus.

In unserem Fallbeispiel haben wir die Realität stark vereinfacht dargestellt. In Wirklichkeit hängen Aktienrenditen von einer Vielzahl unterschiedlicher Faktoren ab (z. B. Zinsniveau, Wechselkurse, Bautätigkeit, Ölpreisentwicklung usw.), die sich in ihrer ganzen Fülle kaum darstellen lassen. Die Renditen einiger Anlagen reagieren auf bestimmte Faktoren gar nicht oder nur schwach, auf andere Einflussgrößen dagegen weitaus sensibler. Unter Risikogesichtspunkten kann es sinnvoll sein, Aktien so zu kombinieren, dass sie auf die einzelnen Faktoren unterschiedlich reagieren – ähnlich wie in unserem Beispiel –, damit sich Risiken zumindest teilweise gegenseitig aufheben.

Noch einmal zurück zum Fallbeispiel: Die Kapitalaufteilung auf mehrere (»diverse«) Aktien hat eine Risikoreduktion bewirkt. Diesen Effekt bezeichnet man daher auch als *Diversifikationseffekt*.

Welche Auswirkungen hat es eigentlich für den Anleger, wenn man Risiken auf diese Weise verringert? Bei einer Kapitalaufteilung je zur Hälfte auf Bade- und Regenaktien kann ein Investor sicher sein, eine Rendite von sechs Prozent zu erzielen, unabhängig davon, wann er ein- und wieder aussteigt. Diese Gewissheit besteht bei einem einzelnen Wertpapier dagegen nicht. Möchte der Anleger sein Kapital zum Beispiel nur für ein Jahr binden, läuft er stets Gefahr, die falsche Aktie (mit entsprechend geringer Rendite) erwischt zu haben. Auf der anderen Seite besteht natürlich auch die Chance auf einen ziemlich hohen Ertrag, und zwar dann, wenn das Wetter – je nach ausgewählter Aktie – schön bzw. schlecht ist. Risiko hat – wie wir in einem der vorhergehenden Abschnitte bereits festgestellt haben – eben zwei Seiten. Durch Diversifikation verschwindet zum einen zwar die Gefahr geringer Renditen, zum anderen ist aber auch keine Chance mehr vorhanden, überdurchschnittlich hohe Erträge zu erzielen.

Risikoreduktion durch langen Anlagezeitraum

Außer der Streuung auf mehrere verschiedene Aktien ist auch die »Streuung über die Zeit« eine gute Möglichkeit, um Risiken zu vernichten. Aufgrund der Entwicklungen in der Vergangenheit kann man sagen, dass die Renditeschwankungen um so geringer sind, je länger Aktien gehalten werden. Auf ein Jahr gesehen, sind bei einem breit gestreuten Aktiendepot Renditen zwischen 35 % Verlust und 80 % Gewinn möglich. Dehnt man den Haltezeitraum auf 15 oder 20 Jahre aus, schwanken die Renditen in einem deutlich engeren Rahmen und bei noch längeren Anlagezeiträumen sind Aktien von anderen Anlageformen (z. B. Anleihen) nicht mehr zu schlagen.

Kürzel	Volatilität 30 Tage p. a.	Volatilität 250 Tage p. a.
DAX	16,11 %	21,80 %
ADS	38,58 %	40,41 %
ALV	20,66 %	34,16 %
BAS	25,85 %	28,46 %
BAY	20,64 %	27,17 %
BMW	35,26 %	41,55 %
CBK	24,16 %	30,13 %
DCX	37,93 %	31,08 %
DGX	28,14 %	31,08 %
DBK	33,75 %	37,68 %
DRB	30,95 %	40,44 %
DTE	50,94 %	55,78 %
EPC	45,96 %	62,91 %
EOA	31,84 %	31,74 %
FME	34,25 %	32,43 %
HEN3	31,52 %	34,91 %
HVM	27,62 %	33,34 %
IFX	45,09 %	59,85 %
KAR	40,09 %	43,93 %
LIN	20,80 %	29,53 %
LHA	29,32 %	34,16 %
MAN	38,18 %	33,63 %
MEO	23,55 %	38,24 %
MUV2	28,80 %	38,66 %
PRS	26,33 %	30,29 %
RWE	34,85 %	31,84 %
SAP3	96,00 %	69,40 %
SCH	45,13 %	39,37 %
SIE	31,52 %	47,51 %
TKA	25,97 %	40,78 %
VOW	33,31 %	33,39 %

In der Realität lassen sich Renditeschwankungen durch eine breite Streuung auf unterschiedliche Aktien zwar reduzieren. Anders als im Fallbeispiel in eine vollständige Risikobeseitigung im Normalfall jedoch nicht möglich. Dennoch: Die Verringerung kann durchaus hohe Ausmaße annehmen. Der DAX zum Beispiel ist im Grunde Abbild eines sehr breit gestreuten Depots mit 30 Aktien. Seine Volatilität ist daher verglichen mit den Einzelwerten zum Teil deutlich geringer. Das bestätigt auch ein Blick in die Tabelle DAX-KENNZAHLEN (siehe Abbildung links).

Durch eine breite Streuung lassen sich lediglich unsystematische Risiken reduzieren, während systematische Risiken weiter bestehen bleiben.

Systematische und unsystematische Risiken

Als *unsystematisch* – oder titelspezifisch – bezeichnet man Risiken, die nur ein einziges Unternehmen oder einige wenige Gesellschaften betreffen. Sie beruhen auf Vorkommnissen in einer Aktiengesellschaft oder etwa einer Branche. Treffen beispielsweise die Manager der Bademoden AG eine Fehlentscheidung, so wirkt sich das auch nur auf die Erträge dieses Unternehmens aus, hat im Regelfall jedoch keine Konsequenzen für andere Aktiengesellschaften. Wer sein Kapital auf sehr viele unterschiedliche Unternehmen aufteilt – also diversifiziert –, wird kaum befürchten müssen, dass überall Entscheidungen zum Nachteil der Anleger getroffen werden. In Wirklichkeit ist es eher so, dass nachteilige Entwicklungen bei einigen Gesellschaften durch besonders positive bei anderen quasi aufgefangen werden und sich die Extremausschläge dadurch in etwa ausgleichen.

Marktrisiken

Zur Reduktion von systematischen Risiken nützt eine breite Streuung hingegen wenig. Denn *systematische Risiken* – man sagt auch *Marktrisiken* – sind eher auf allgemeinwirtschaftliche Faktoren zurückzuführen, die sämtliche Unternehmen gleichermaßen berühren. Nehmen wir als Beispiel einen Anstieg des Euro/US-Dollar-Wechselkurses. Er hat für sämtliche Unternehmen in Euroland, die Güter aus dem Ausland importieren, einen Preisanstieg und – sofern die höheren Kosten nicht auf die Verbraucher abgewälzt werden können – Ertragsrückgänge zur Folge.

Ein Anleger oder der Risikomanager einer Bank hat natürlich großes Interesse daran, den Anteil systematischer und unsystematischer Risiken am Gesamtrisiko (Volatilität) einer Aktie zu erfahren. Bei Papieren mit viel unsystematischen Risiken wüsste man dann, dass durch eine Beimischung anderer Werte Risiken (kostenlos) vernichtet werden können.

Es gibt spezielle Kennzahlen, mit denen man diese Risiken bestimmen kann. Dies sind der Betafaktor und die Korrelation.

Betafaktor und Korrelation

	DAX-Rendite	BMW-Rendite
...	...	...
30. Januar	0,6 %	0,5 %
31. Januar	0,5 %	0,4 %
1. Februar	1,5 %	1,0 %

Beginnen wir mit dem *Betafaktor* oder kurz: *Beta*. Am Beta einer Aktie erkennt man, wie sich deren Wert im Verhältnis zum DAX entwickelt (oder besser: in der Vergangenheit entwickelt hat). Die Deutsche Börse berechnet an jedem Börsentag für alle DAX-Werte Betafaktoren. Wie sie dabei im Einzelnen vorgeht, kann man sich so vorstellen: In einer Tabelle werden die Tagesrenditen des DAX und der betrachteten Aktie – nehmen wir an es sei die Aktie der BMW AG – eingetragen. Eine derartige Auflistung sieht dann so aus, wie in dem nebenstehenden Ausschnitt gezeigt.

Am 1. Februar lag die DAX-Tagesrendite laut Liste bei 1,5 %, die der BMW-Aktie bei 1 %. Das Renditepaar an diesem Börsentag beträgt »1,5 % – 1 %«. Diese Daten können wir auch in ein Schaubild übertragen. Auf der waagerechten Achse stehen die DAX- und auf der senkrechten die BMW-Renditen (Schaubild 1).

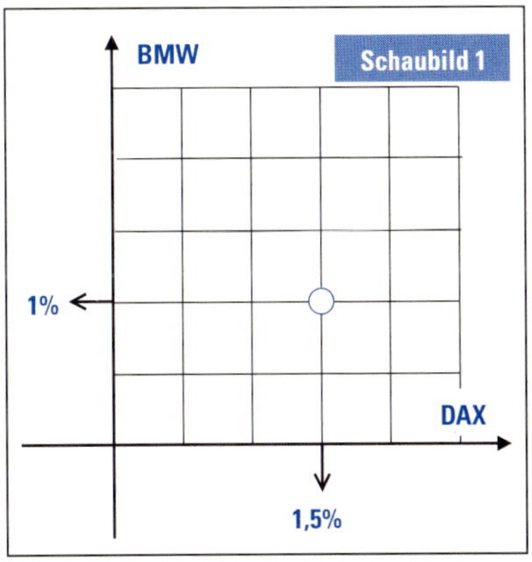

In das Diagramm lassen sich die Renditepaare der übrigen Tage ebenfalls mit einzeichnen. Da die Deutsche Börse die vergangenen 250 Börsentage berücksichtigt, erscheinen 250 Punkte in der Grafik. Eine derartige Anhäufung nennt man auch »Punktwolke« (Schaubild 2).

Bereits durch bloßes Hinsehen ist erkennbar, dass zwischen Aktien- und DAX-Renditen ein positiver Zusammenhang besteht: hohe (niedrige) Renditen beim DAX bedeuten tendenziell hohe (niedrige) Aktienrenditen. Die Wolke zeigt deshalb nach rechts oben. Mit Hilfe eines speziellen statistischen Verfahrens erreichen wir, eine Gerade durch die Punktwolke zu legen, die die vorhandene Richtung möglichst gut wiedergibt (Schaubild 2).

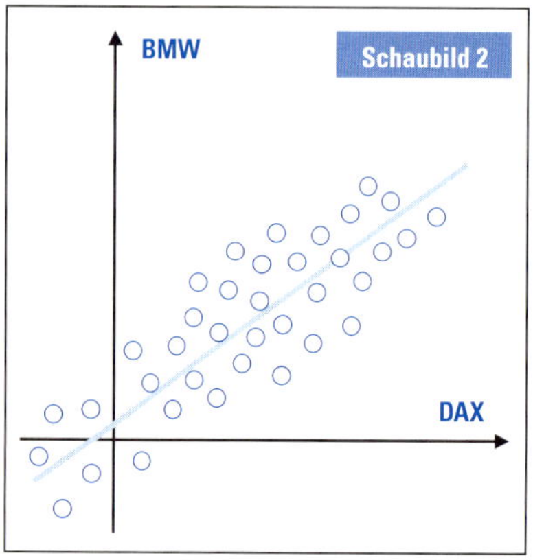

Die Steigung dieser Geraden ist das Beta für die BMW-Aktie. Angenommen, es beträgt in unserem Fall 1,2. Das bedeutet, dass sich die Tagesrenditen der BMW-Aktie im Verhältnis zum DAX 1,2 mal stärker veränderten. Nun sieht man an der Abbildung, dass die Punkte sowohl über als auch unter der Linie liegen. Es gibt demnach Fälle, in denen sich die Aktienrendite mehr und es existieren Fälle, in denen sie sich weniger als 1,2 mal so stark veränderte. Die Steigung ist ein Durchschnittswert, von dem die einzelnen Änderungen nach oben und unten abweichen können. Je stärker die Einzelpunkte von der Gerade abweichen – man sagt auch streuen – um so schwächer ist der Zusammenhang zwischen Aktie und DAX. Oder anders: Je enger die Punkte an der Linie verlaufen, desto mehr entwickelt sich die Aktien- wie die DAX-Rendite. Im Extremfall – sämtliche Punkte liegen direkt auf der Geraden – bewegen sich Aktie und DAX vollkommen synchron. Dann ergibt sich ein Bild, wie wir es links sehen (Schaubild 3). Die Steigung beträgt weiterhin 1,2, nur hat sich in diesem Fall jede einzelne Aktienrendite jedes Mal – und nicht nur im Schnitt – 1,2 mal so stark verändert wie die des DAX.

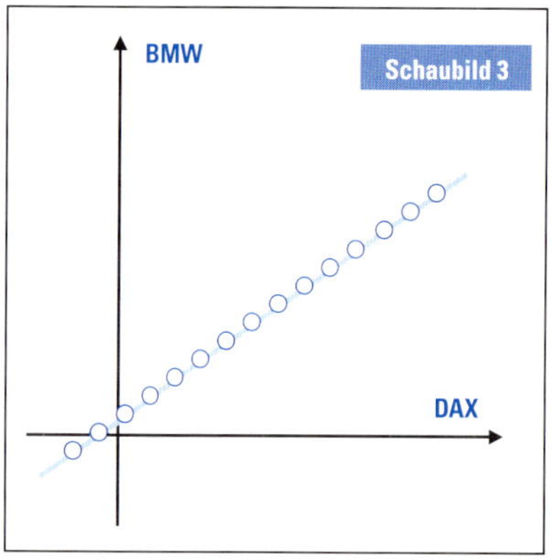

Aktien, für die das zutrifft, haben ausschließlich systematische Risiken. Das kann man so erklären: Beim DAX handelt es sich um ein Portfolio, das aufgrund seiner breiten Diversifizierung praktisch keinerlei unsystematische Risiken mehr beinhaltet. Der Index ist praktisch ein Abbild des Gesamtmarktes. Entwickelt sich nun eine Aktie vollkommen parallel zum Markt, dann kann man davon ausgehen, dass es nur Marktrisiken sind, die dies bewirken. Wären titelspezifische Einflussgrößen im Spiel, würden sie Abweichungen von der Linie – also von der allgemeinen Marktentwicklung – zur Folge haben. Je weiter der Abstand von der Geraden, umso höheres Gewicht haben unsystematische Faktoren.

Ist das Beta größer als 1, wie in unserem Fall, dann hat die Aktie höhere systematische Risiken als der DAX. Bei Werten unter 1 ist es dagegen umgekehrt.

Titelspezifische Risiken erkennt man wie erwähnt daran, dass nicht alle Punkte auf der Linie liegen, sondern streuen (Schaubild 2). Aktien- und DAX-Renditen entwickeln sich zwar grundsätzlich gleichgerichtet, aber eben nicht vollkommen parallel. Wie stark der Gleichlauf ist, können wir mit der Korrelation messen. Sie ist so konstruiert, dass Werte lediglich in den Bereich von –1 bis +1 fallen können. Je näher die Korrelation bei +1 (–1) liegt, umso stärker positiv (negativ) ist der Zusammenhang ausgeprägt.

Korrelation

Beträgt die Korrelation +1, so besteht ein perfekt positiver Zusammenhang. Immer dann, wenn der DAX steigt bzw. sinkt, steigt oder sinkt auch die Aktie, und zwar in einem gleichbleibenden Verhältnis, etwa 1,2, wie in unserem Beispiel.

Bei einer Korrelation von 0,9 folgt die Aktie zwar immer noch sehr präzise dem DAX. Doch es gibt bereits Phasen, in denen sie sich nicht mehr völlig parallel zum Index verhält. Jetzt üben unsystematische Faktoren einen (geringen) Einfluss aus.

Je näher die Korrelation einer Aktie an den Wert Null kommt, umso stärker beruht deren Risiko (Volatilität) auf unsystematischen Faktoren.

Negative Betas und Korrelationen

Es kann – zumindest theoretisch – auch Aktien mit einem negativen Beta geben. Sie entwickeln sich dann genau entgegengesetzt zum DAX. Steigt der Index, dann sinken die Aktienrenditen und umgekehrt. Auch die Korrelation hat nun ein negatives Vorzeichen, da der Zusammenhang gegenläufig ist.

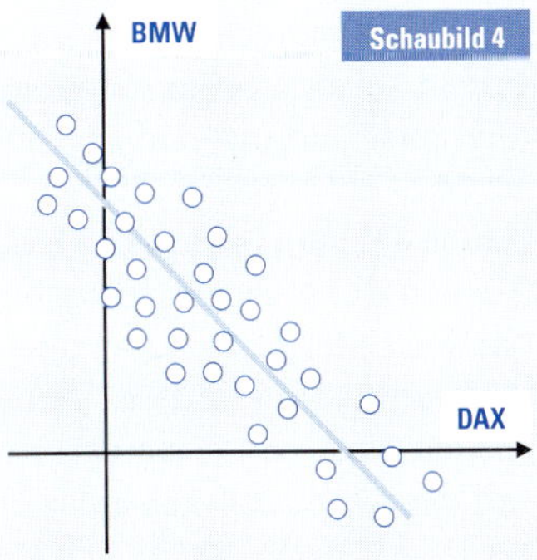

Die Lage einer entsprechenden Punktwolke haben wir in Schaubild 4 skizziert. Legt man eine Gerade durch diese Wolke, dann hat sie eine negative Steigung.

Negative Betafaktoren und Korrelationen existieren praktisch nicht. Daher sind wir auch nur am Rande darauf eingegangen.

Wofür man Beta und Korrelation benötigt

Insbesondere für Portfoliomanager (Fondsmanager) sind Beta und Korrelation zu einem wichtigen Hilfsmittel geworden. Am Betafaktor erkennt ein Fondsmanager, wie sich eine Aktie im Vergleich zum Gesamtmarkt verhält. Rechnet er mir einer Haussephase, so kann er Aktien mit hohen Betafaktoren wählen und – vorausgesetzt, seine Prognose tritt tatsächlich ein – von dieser Entwicklung viel stärker profitieren als der Gesamtmarkt. Umgekehrt geht er hingegen bei einer vorausgesagten Baisse vor. Jetzt könnte er in Werte mit sehr geringem Beta umschichten. Bricht der Markt wie erwartet ein, fallen die Verluste des Managers geringer aus als die des Gesamtmarktes. In der Praxis verwendet man den Betafaktor außerdem häufig bei der Absicherung von Aktienbeständen. Angenommen, in unserem Depot befinden sich drei Aktien: BMW, SAP und Allianz. Wir wollen die Papiere verkaufen, können dies aus bestimmten Gründen aber nicht sofort, sondern erst in vier Wochen tun. Um Verluste bis dahin auszuschalten, wollen wir uns an der Terminbörse EUREX mit Hilfe des DAX-Futures absichern. Der Future hat ein Beta von praktisch 1,0. Steigt oder sinkt der DAX, dann verändert sich der Wert des Futures im gleichen Verhältnis. Unser Aktiendepot ist jedoch anders strukturiert als der DAX und entwickelt sich daher auch mit anderem Ausmaß als der Index. Wenn wir die Papiere dennoch mit dem DAX-Future absichern wollen, müssen wir die Reagibilität unseres Depots in Bezug auf den

Haussespekulation

Baissespekulation

Absicherung

Das Absicherungsverhältnis nennt man allgemein auch Hedge-Ratio.

DAX – oder anders: das Depot-Beta – berücksichtigen. Das Beta zeigt uns, in welchem Verhältnis wir Depot und Absicherungsinstrument miteinander kombinieren müssen, damit eine möglichst hohe Sicherungswirkung erreicht wird.

Ausgangspunkt für die Berechnung von Betafaktoren sind Vergangenheitsdaten. Dies ist in aller Regel nicht unproblematisch, denn die Zukunft entwickelt sich häufig anders als die Vergangenheit. Doch wir können unter Zuhilfenahme der Korrelation abschätzen, mit welcher Wahrscheinlichkeit das Beta auch in Zukunft stabil bleibt. Beträgt die Korrelation 1 – erinnern wir uns: sämtliche Punkte liegen auf der Linie –, besitzt das Beta eine hohe Güte. Man kann fast mit Sicherheit davon ausgehen, dass die Aktie auch in Zukunft in einem festen Verhältnis zum Index schwankt. Je näher die Korrelation dagegen bei Null liegt, um so loser ist der Zusammenhang zwischen Aktie und DAX. Jetzt weicht das Verhältnis von Aktien- zu DAX-Änderung – Beta ist ja lediglich ein Durchschnitt – im Einzelfall entsprechend stark vom berechneten Beta ab. Daher ist der Betafaktor in solchen Situationen kein guter Indikator und zum Beispiel für Sicherungsentscheidungen nur bedingt brauchbar.

Diversifikationspotenzial

Wie erwähnt kann man an der Korrelation auch ablesen, inwieweit Markt- bzw. titelspezifische Faktoren die Volatilität einer Aktie verursacht haben. Grundsätzlich gilt: Ein Papier mit einer Korrelation unter 1 beinhaltet unsystematische Risiken. Diese lassen sich durch Beimischung anderer Aktien praktisch kostenlos eliminieren, in vielen Fällen sogar ohne bemerkbare Renditeeinbußen. Ein Fondsmanager kann an der Korrelation also das *Diversifikationspotenzial* einer Aktie ablesen.

Was Beta und Korrelation über eine Aktie verraten

Korrelation \ Beta	**Kleiner als 1,0**	**Größer als 1,0**
Nahe bei 1	• Geringes systematisches Risiko • Geringes unsystematisches Risiko	• Hohes systematisches Risiko • Geringes unsystematisches Risiko
Nahe bei Null	• Geringes systematisches Risiko • Hohes unsystematisches Risiko	• Hohes systematisches Risiko • Hohes unsystematisches Risiko

Die Quadrierung der Korrelation ergibt den Anteil am Gesamtrisiko, der auf Marktfaktoren zurückgeht. Der Rest beruht dann auf titelspezifischen Einflussgrößen.

Beispiel

Im HANDELSBLATT finden wir in der Tabelle DAX-KENNZAHLEN für die Allianz-Aktie (Börsenkürzel ALV) eine 250-Tage-Korrelation von 0,8000. Wir quadrieren den Wert und erhalten 0,64 oder anders: 64 %. Die Volatilität der Aktie lässt zu fast zwei Drittel »durch den Markt erklären«, während 36 % auf titelspezifische Faktoren zurückzuführen sind.

Beta und Korrelation – die Probleme

Der Ansatzpunkt, Risiken mit Hilfe von Volatilitäten, Betafaktoren und Korrelationen zu messen, ist sicherlich zu begrüßen. Sinnvoll berechnen und steuern lassen sich Risiken aber nur, wenn die Kennzahlen die Zukunftsentwicklung wiedergeben. Die Werte, die wir beschrieben haben und die man im HANDELSBLATT findet, sind jedoch ausschließlich vergangenheitsbezogen. Es gibt eigentlich auch keinen anderen Weg, als sich an historischen Daten zu orientieren. Das Problem an der Sache ist, dass sich die Zukunft meist nicht nach der Vergangenheit richtet. Das trifft auch für unsere Kennzahlen zu. Zur Verdeutlichung haben wir zwei Tabellen DAX-KENNZAHLEN ausgesucht, die ein Jahr auseinander liegen, und Volatilitäten, Betafaktoren sowie Korrelationen verglichen.

Vergangenheitsdaten

Beispiel

Die Aktie der MAN AG hatte am 2.2.2000 ein Beta von 0,8200. Als Schätzwert für die Zukunft war es – wie sich nachher herausstellte – ungeeignet. Denn sein Wert war ein Jahr danach nicht einmal mehr halb so hoch (0,3949). Oder betrachten wir die Korrelation der Allianz-Aktie (Börsenkürzel: ALV). Ihr 250-Tage-Wert betrug Anfang 2000 noch 0,7310, ein Jahr später hingegen 0,4992. Ähnliches gilt auch für Volatilitäten. Die 250-Tage-Schwankungen der T-Aktie lagen im Jahr 2000 bei 43,15 %, 12 Monate danach sind sie um mehr als 10 Prozentpunkte gestiegen.

Februar 2000

DAX-KENNZAHLEN

Kürzel	Volatilität 30 Tage p. a.	Volatilität 250 Tage p. a.	Korrelation 30 Tage	Korrelation 250 Tage	Beta 250 Tage
DAX	31,57 %	21,90 %	1,0000	1,0000	1,0000
ADS	46,26 %	37,63 %	0,2543	0,2361	0,4100
ALV	51,92 %	35,20 %	0,7574	0,7310	1,1700
BAS	42,66 %	31,73 %	0,4062	0,5149	0,7500
BAY	39,18 %	30,35 %	0,6156	0,5439	0,7500
BMW	47,29 %	40,11 %	0,6142	0,4630	0,8500
CBK	27,28 %	26,59 %	0,7085	0,6036	0,7300
DCX	32,03 %	28,12 %	0,6400	0,6876	0,8800
DHA	45,72 %	41,04 %	0,4064	0,3234	0,6100
DBK	56,21 %	34,74 %	0,5834	0,6102	0,9700
DRB	55,74 %	41,12 %	0,6589	0,6362	1,1900
DTE	61,40 %	43,15 %	0,7426	0,6351	1,2500
FME	35,19 %	39,54 %	0,5060	0,2366	0,4300
HEN3	31,37 %	29,13 %	0,5595	0,3673	0,4900
HVM	47,44 %	40,48 %	0,6151	0,4775	0,8800
KAR	68,03 %	44,16 %	0,4721	0,4170	0,8400
LIN	46,05 %	34,41 %	0,1774	0,3832	0,6000
LHA	38,40 %	32,30 %	0,0036	0,3197	0,4700
MAN	42,43 %	39,78 %	0,1971	0,4488	0,8200
MEO	49,00 %	34,21 %	0,3480	0,5073	0,7900
MMW	55,61 %	45,29 %	0,6319	0,5755	1,1900
MUV2	71,10 %	43,08 %	0,6387	0,6597	1,3000
PRS	40,90 %	37,59 %	0,4798	0,5189	0,8900
RWE	31,44 %	34,16 %	0,1659	0,4148	0,6500
SAP3	76,76 %	52,22 %	0,5263	0,5272	1,2600
SCH	30,39 %	25,02 %	0,6141	0,5277	0,6000
SIE	49,21 %	33,91 %	0,7133	0,6605	1,0200
THA	45,60 %	42,50 %	-0,0201	0,3667	0,7100
VEB	43,80 %	35,04 %	0,3796	0,3856	0,6200
VIA	50,74 %	37,49 %	0,3644	0,4024	0,6900
VOW	27,98 %	32,18 %	0,5606	0,5317	0,7800

Mitgeteilt am 2.2.00; Quelle Deutsche Börse AG (ohne Gewähr)

Februar 2001

DAX-KENNZAHLEN

Kürzel	Volatilität 30 Tage p. a.	Volatilität 250 Tage p. a.	Korrelation 30 Tage	Korrelation 250 Tage	Beta 250 Tage
DAX	17,42 %	21,69 %	1,0000	1,0000	1,0000
ADS	39,57 %	41,04 %	0,2291	0,2347	0,4441
ALV	21,96 %	34,12 %	0,5383	0,4992	0,7853
BAS	26,22 %	28,55 %	-0,0516	0,3327	0,4378
BAY	23,01 %	27,22 %	0,1500	0,3674	0,4610
BMW	39,96 %	42,05 %	0,1704	0,2564	0,4970
CBK	27,99 %	30,37 %	0,5311	0,4166	0,5833
DCX	36,97 %	30,84 %	0,4939	0,3487	0,4958
DHA	30,87 %	31,15 %	0,3859	0,3057	0,4390
DBK	36,37 %	38,29 %	0,7240	0,4684	0,8268
DRB	31,23 %	40,44 %	0,5551	0,4060	0,7570
DTE	48,34 %	55,56 %	0,6035	0,7007	1,7948
EPC	45,26 %	62,79 %	0,3489	0,5771	1,6706
EOA	30,57 %	33,19 %	0,3206	0,1453	0,2224
FME	32,51 %	32,39 %	0,2271	0,1652	0,2466
HEN3	31,07 %	35,30 %	0,2394	0,1576	0,2564
HVM	26,08 %	33,57 %	0,1759	0,3105	0,4805
IFX	46,85 %	60,24 %	0,7022	0,6461	1,7943
KAR	40,07 %	44,20 %	-0,4924	0,2064	0,4206
LIN	21,01 %	29,65 %	0,2129	0,2775	0,3793
LHA	33,32 %	34,77 %	0,1193	0,2039	0,3268
MAN	39,09 %	33,99 %	0,0643	0,2521	0,3949
MEO	25,00 %	38,55 %	0,2905	0,2152	0,3824
MUV2	31,91 %	38,75 %	0,4775	0,4404	0,7868
PRS	26,21 %	30,85 %	0,1350	0,1630	0,2319
RWE	34,85 %	31,91 %	0,2701	0,2723	0,4007
SAP3	95,45 %	69,30 %	0,5974	0,6814	2,1769
SCH	44,99 %	39,71 %	0,0887	0,2277	0,4168
SIE	29,80 %	47,53 %	0,7911	0,7353	1,6113
TKA	27,52 %	41,00 %	-0,0282	0,3340	0,6313
VOW	34,81 %	33,29 %	0,0907	0,3335	0,5119

Mitgeteilt am 7.2.2001; Quelle Deutsche Börse AG (ohne Gewähr)

Wenn die Kennzahlen so instabil sind, fragt man sich natürlich, warum sie dennoch verwendet werden. Ein Begründung lautet, dass es immer noch besser ist, Risiken mit Vergangenheitswerten zu kalkulieren, als wenn man sie gar nicht oder willkürlich schätzt. Außerdem werden berechnete Werte als Argumentationshilfen verwendet. So lassen sich zum Beispiel Anlageentscheidungen, die ein Fondsmanager vielleicht gefühlsmäßig getroffen hat, besser rechtfertigen, wenn man sie mit entsprechenden Kennzahlen begründen kann.

Risiken steuern

Simple Verfahren

Viele Finanztitel unterliegen im Laufe der Zeit mehr oder weniger starken Wertschwankungen. Nehmen wir als Beispiel Aktien, deren Kurse sich im Regelfall laufend verändern und dadurch mitunter hohe Risiken hervorrufen. Man kann sich leicht ausmalen, dass Marktteilnehmer, insbesondere solche, die regelmäßig größere Mengen von Aktien bewegen (z. B. Wertpapierhändler, Fondsmanager), ein Instrument benötigen, um Kursrisiken möglichst effizient zu steuern.

Volumenlimite

Vor gar nicht allzu langer Zeit herrschten in der Praxis noch sehr einfache Prinzipien vor. Ziemlich bekannt sind *Volumenlimite*. Es handelt sich dabei um eine fest vorgegebene Stückzahl für jede Aktie, die ein Händler in seinem Depot nicht überschreiten darf. Je nachdem, wie volatil eine Aktie ist, liegt diese Obergrenze geringer bzw. höher. Von einem Standardwert wie etwa Siemens darf nach diesem Prinzip zum Beispiel grundsätzlich eine höhere Stückzahl gehalten werden als von sehr schwankungsreichen Aktien aus dem Neuen Markt.

Position-Keeping

Erreicht ein Händler das vorgegebene Limit, darf er keine weiteren Papiere dieser Sorte mehr zukaufen, weil das Verlustrisiko sonst zu groß wird. Verdeutlichen wir das Gesagte an einem Beispiel: Der Aktienhändler einer Bank ist spezialisiert auf deutsche Standardwerte. Er kauft Papiere, von denen er meint, dass sie das Potenzial für einen Kursanstieg besitzen. In aller Regel werden die Aktienpositionen eine gewisse Zeit gehalten – man nennt das auch *Position-Keeping* – und dann zu einem hoffentlich höheren Preis mit Gewinn wieder veräußert.

Unser Händler kauft unter anderem auch Siemens-Aktien (aktueller Kurs: 150 €). Da die Titel – wie für Aktien allgemein üblich – im Kurs sowohl nach oben als auch unten schwanken, darf der Händler Siemens-Positionen nicht im beliebigen Umfang aufbauen. Denn die Bank ist nicht bereit, Verluste zu tolerieren, die eine bestimmte Grenze überschreiten. Deshalb muss sich der Händler an einer vorgegebenen Menge (*Limit*) orientieren. Seine Siemens-Position darf diesen Wert nicht überschreiten.

Doch wie ermittelt die Bank ein derartiges Limit? Nun, sie hat die Kursbewegungen in der Vergangenheit analysiert und festgestellt, dass es Phasen gegeben hat, in denen die Aktie im Monat 20 % an Wert verloren hat. Aus Erfahrung ist weiterhin bekannt, dass der Händler Aktien im Schnitt rund einen Monat hält und sich dann wieder von seinen Papieren trennt.

Pro Aktienposition toleriert die Bank einen monatlichen Verlust von höchstens 120.000 €. Mit diesen Informationen kann man nun ausrechnen, dass der Händler insgesamt allenfalls 4.000 Siemens-Aktien halten darf. Denn 4.000 Aktien haben aktuell einen Wert von 600.000 € und 20 % davon sind 120.000 €.

Limitanpassungen

Ändert sich der Wert der Aktie gravierend oder verändert sich ihr Schwankungsverhalten, kann man natürlich darüber nachdenken, ob das Limit nach oben oder unten gesetzt wird.

Instrumente wie zum Beispiel Volumenlimite sind wie oben bereits gesagt, sehr einfache Verfahren, um Kursrisiken zu steuern. Dies kann man an einem einfach Beispiel belegen.

Beispiel

In einer Tabelle haben wir die Monatsanfangskurse der beiden Aktien A und B für das vergangene halbe Jahr aufgelistet. Jede Aktie hat für sich allein betrachtet ziemliche Schwankungen vollzogen. Das erkennt man besonders deutlich an den Wertveränderungen gegenüber dem Vormonat. A hat zum Beispiel 25 % im April, B mehr als 23 % im Juni an Wert verloren. Nehmen wir an, ein Aktienhändler handelt sowohl A als auch B. Aufgrund der relativ starken Kursbewegungen würde man dem Händler lediglich geringe Volumenlimite einräumen, um die Verlustmöglichkeiten zu begrenzen.

	Aktie A	Wertänderung gegenüber Vormonat	Aktie B	Wertänderung gegenüber Vormonat
01.03.2001	100	–	100	–
01.04.2001	120	20,00 %	80	-20,00 %
01.05.2001	90	-25,00 %	110	37,50 %
01.06.2001	70	-22,22 %	130	18,18 %
01.07.2001	100	42,86 %	100	-23,08 %
01.08.2001	115	15,00 %	85	-15,00 %

Dass eine solche Herangehensweise nicht unbedingt sinnvoll ist, zeigt sich, wenn wir die beiden Aktien nicht mehr einzeln betrachten, sondern zusammen. Gehen wir einmal davon aus, dass der Händler Anfang März jeweils eine A- und eine B-Aktie kauft. Welchen Wert dieses Aktienpaket am jeweiligen Monatsanfang hat, ist in folgender Tabelle enthalten.

	Aktie A	Aktie B	Wert von A und B (Aktienpaket)
01.03.2001	100	100	200
01.04.2001	120	80	200
01.05.2001	90	110	200
01.06.2001	70	130	200
01.07.2001	100	100	200
01.08.2001	115	85	200

Man sieht sofort, dass das Aktienpaket überhaupt nicht mehr im Wert schwankt. Dies scheint auf den ersten Blick etwas merkwürdig zu sein. Doch wenn man genauer hinsieht, wird klar, warum das Depot wertstabil bleibt. Zwischen beiden Aktien besteht nämlich ein Zusammenhang. In Monaten, in denen A an Wert verliert, gewinnt B entsprechend hinzu und umgekehrt. Das eine Papier gleicht – wenn man so will – die Schwankungen des anderen immer wieder aus.

Nun stellt sich die Frage, ob man einen Händler, der beide Aktien zugleich in seinem Bestand hat, mit Volumenlimiten richtig steuern kann. Wohl kaum, denn der Aktienzusammenhang wird dabei völlig außer Acht gelassen. Hält unser Aktienhändler zum Beispiel stets die gleiche Anzahl von A und B, ist ein Volumenlimit eigentlich gar nicht mehr erforderlich, da der Händler – vorausgesetzt, die Entwicklung in der Zukunft verläuft so wie in der Vergangenheit – keinerlei Verluste erleiden kann, gleichgültig, ob er jeweils 10, 100, 1.000 oder erheblich mehr Aktien von A und B kauft.

Unser Fallbeispiel ist sicherlich etwas extrem. Doch es macht deutlich, dass Methoden wie die beschriebenen Volumenlimite zur Risikosteuerung nicht richtig geeignet sind. Sie haben lange Zeit dominiert und werden auch heute noch von vielen Banken und anderen Institutionen angewendet. Inzwischen hat man aber auch in der Praxis die Schwächen erkannt. Finanzdienstleister und andere Unternehmen gehen immer mehr zu anspruchsvolleren Verfahren über. Das am weitesten verbreitete ist der so genannte Value-at-Risk.

Value-at-Risk

Der *Value-at-Risk* – kurz *VaR* – ist ein sehr ausgefeiltes Verfahren, mit dem sich Kursrisiken besonders gezielt steuern lassen. Das Prinzip, auf dem diese Methode beruht, ist in der Statistik eigentlich schon sehr lange bekannt, von der Praxis aber nie richtig akzeptiert worden. Am Durchbruch des VaR haben letztlich die Nachrichtenagentur Reuters und die amerikanische Investmentbank JPMorgan maßgeblichen Anteil. Sie haben gemeinsam die Methode verfeinert, für den Einsatz in der Finanzpraxis nutzbar und dann unter dem Namen *RiskMetrics* bekannt gemacht. Via Internet werden der Allgemeinheit Datensätze (z. B. Devisenkurse) und Berechnungsverfahren zur Verfügung gestellt, wodurch insgesamt die Transparenz im Bereich der Marktpreisrisikomessung steigt und echte Standards geschaffen werden. Inzwischen setzen nahezu alle größeren Banken RiskMetrics oder ein abgewandeltes Verfahren zur Messung von Kursrisiken ein.

RiskMetrics

Auf welchem Prinzip der Value-at-Risk – und damit RiskMetrics – basiert wollen wir Schritt für Schritt an Beispielen zeigen.

Beispiel

Beginnen wir mit einem sehr einfachen Fall. Wir betrachten die historischen Kurse einer bestimmten Aktie. Konkret nehmen wir deren Schlusskurse der vergangenen 101 Börsentage. Dann berechnen wir die Kursänderung von einem Börsentag zum nächsten, sodass wir auf insgesamt 100 tägliche Kursänderungen kommen. In folgender Abbildung haben wir ausschnittsweise gezeigt, was wir genau tun. Zur Verdeutlichung der Vorgehensweise greifen wir die Kursänderung vom 5. auf den 6. April heraus. Unsere Aktie notiert am 5. April zu einem Kurs von 505 €, einen Tag später sinkt ihr Schlusskurs auf 503 €. Das ergibt eine Veränderung von 0,40 %. Das Vorzeichen lassen wir weg, da in der Finanzpraxis allgemein davon ausgegangen werden kann, dass – zumindest auf kurze Sicht – ein Ausschlag nach oben (unten) sich irgendwann auch wieder in die andere Richtung umkehrt (siehe vierte Tabellenspalte).

		Aktienkurs	Veränderung zum Vortag	Veränderungen (aufsteigend sortiert)
⋮	⋮	⋮	⋮	⋮
Montag	29. März	498 €	0,10 %	·
Dienstag	30. März	495 €	0,60 %	0,79 %
Mittwoch	31. März	501 €	1,21 %	0,80 %
Donnerstag	1. April	500 €	0,20 %	0,82 %
Freitag	2. April	502 €	0,40 %	0,84 %
Samstag	3. April	–	–	0,86 %
Sonntag	4. April	–	–	0,87 %
Montag	5. April	505 €	0,60 %	1,00 %
Dienstag	6. April	503 €	0,40 %	1,23 %
Mittwoch	7. April	498 €	0,99 %	1,49 %
Donnerstag	8. April	490 €	1,61 %	2,20 %
Freitag	9. April	492 €	0,41 %	5,08 %

95 %

»Grenzwert«

Dann sortieren wir die Änderungen der Reihe nach, beginnend mit dem kleinsten Wert. Als Ergebnis ergibt sich eine Zahlenreihe wie in der letzten Spalte der Tabelle. Wir haben hier lediglich das Ende der Auflistung abgedruckt, da wir sonst mehrere Seiten im Buch füllen müssten.

Unser Ziel liegt darin, das mit der Aktie verbundene Risiko angemessen darzustellen. Nun könnte man hergehen und die größte Änderung ansetzen (in unserem Fall 5,08 %) und diese Wertänderung als mögliche Tagesschwankung verwenden. Doch dieser Weg ist nicht unbedingt zu empfehlen, denn die 5,08 % sind wie man an der Zahlenreihe leicht sieht schon eher ein extremer Wert (»Ausreißer«). Wir aber wollen das Schwankungspotenzial möglichst realistisch wiedergeben und die tatsächlich vorhandenen Risiken nicht dramatisieren. Wir wollen vielmehr angeben, mit welcher Schwankung man unter Normalbedingungen pro Tag rechnen kann. Würde man hingegen auch die Extremwerte mit berücksichtigen, wären die Risikobeträge schnell so hoch, dass es oft gar nicht mehr sinnvoll erscheint, Aktien selbst in kleineren Mengen zu handeln.

Ausreißer

Aus diesem Grund blenden wir Prozentwerte aus, die am Ende der Liste stehen. In der Praxis klammert man häufig ein Prozent oder fünf Prozent der Werte aus der Betrachtung aus (wir haben uns für fünf Prozent entschieden). Da wir genau einhundert Kursänderungen ermittelt haben, sind die letzten fünf Änderungen (= 5 %) für uns nicht mehr relevant. Anders ausgedrückt: Wir zählen die Reihe von unten bis zum 95ten Wert ab. Dieser obere Wert in der Auflistung – wir nennen ihn Grenzwert – beträgt in unserem Fall 0,87 %. Was können wir damit anfangen? Nun, wir wissen, dass (in der Vergangenheit und unter Berücksichtigung der letzten 101 Börsentage) in 95 % aller Fälle die Wertschwankung von einem auf den nächsten Handelstag nicht höher war als 0,87 %. Nebenbei: Die Zeit von Freitag bis Montag zählt in der Finanzpraxis als ein Börsentag, da an Wochenenden (noch) nicht gehandelt wird.

Wenn man jetzt unterstellt, dass die Aktie in Zukunft im gleichen Ausmaß schwankt wie in der Vergangenheit, können wir das Risiko, das ein Händler eingeht, sehr genau beziffern. Betrachten wir ein konkretes Zahlenbeispiel: Unser Händler hat die Absicht, für 10 Millionen Euro diese Aktie zu kaufen. Aus unserer Analyse ist bekannt, dass die Aktie (mit 95 %iger Sicherheit) am Tag allenfalls um 0,87 % im Wert schwankt. Umgerechnet auf das investierte Kapital entspricht dies einem Geldbetrag von

10 Mio. € mal 0,87 % = 87.000 €.

Und diesen Wert von 87.000 € nennt man auch »riskanten Wert« oder fachmännischer *Value-at-Risk*. Der VaR besagt also in unserem Fall:

> Mit einer **Sicherheit von 95 %** liegt der größtmögliche Verlust, der mit der Aktienposition **innerhalb eines Tages** entstehen kann bei 87.000 €.

Sicherheitsniveau

In der Praxis passiert es immer wieder, dass lediglich ein Geldbetrag genannt wird. Man findet beispielsweise den Hinweis, der VaR für ein Aktiendepot betrage 250.000 €, ohne weitere Zusätze. Derartige Informationen sind vollkommen wertlos. Denn es ist erstens nicht klar, für welches Sicherheitsniveau die Angabe gilt (90 %, 95 %, 99 % oder ein anderes Niveau) und zweitens kann man dem Wert nicht entnehmen, innerhalb welchen Zeitraums die Wertschwankungen eintreten können.

Haltedauer

Ein VaR-Wert besitzt daher nur dann eine Aussagekraft, wenn sowohl das Sicherheitsniveau als auch die Haltedauer mit angegeben werden.

Warum ein VaR zur Risikosteuerung besser geeignet ist als etwa Volumenlimite wird erst richtig deutlich, wenn wir ein Depot mit mehreren verschiedenen Aktien betrachten. Wie man in solchen Fällen bei der VaR-Bestimmung vorgeht und wo der Nutzen der VaR-Methode liegt, wollen wir an einem fiktiven Fall erläutern.

Beispiel

Ein Aktienhändler hat die Möglichkeit, X- und Y-Aktien in seinen Bestand zu nehmen. Er darf jedoch einen Value-at-Risk von 50.000 Euro (Sicherheitsniveau: 90 %, Haltedauer: 1 Tag) nicht überschreiten. Schauen wir einmal, wie sich die beiden Aktien in den letzten 11 Tagen entwickelt haben und verwenden diese Daten als Basis für die Berechnung des Value-at-Risk (siehe Tabelle). Wir haben uns diesmal bewusst für relativ wenig Vergangenheitsdaten entschieden, um die Vorgehensweise vollständig zeigen zu können. In der Realität würde man einen längeren Zeitraum berücksichtigen. Aus der Tabelle lässt sich entnehmen, dass die täglichen Änderungen bei Aktie X in 90 % der Fälle 1,44 % nicht überschreiten, für Y beträgt dieser Wert 1,41 %.

	Aktie X	Wertänderung gegenüber Vortag	Wertänderungen (aufsteigend sortiert)	Aktie Y	Wertänderung gegenüber Vormonat	Wertänderungen (aufsteigend sortiert)
1. April	500	–	**0,20%**	500	–	**0,39%**
2. April	498	−0,40%	**0,21%**	504	0,80%	**0,40%**
3. April	495	−0,60%	**0,40%**	510	1,19%	**0,59%**
4. April	499	0,81%	**0,60%**	501	−1,76%	**0,60%**
5. April	500	0,20%	**0,60%**	499	−0,40%	**0,80%**
6. April	–	–	**0,81%**	–	–	**0,80%**
7. April	–	–	**0,84%**	–	–	**0,99%**
8. April	503	0,60%	**0,99%**	495	−0,80%	**1,19%**
9. April	498	−0,99%	**1,44%**	502	1,41%	**1,41%**
10. April	485	−2,61%	2,61%	505	0,60%	1,76%
11. April	478	−1,44%		510	0,99%	
12. April	482	0,84%		508	−0,39%	
13. April	–	–		–	–	
14. April	–	–		–	–	
15. April	483	0,21%		511	0,59%	

Beide Aktien haben aktuell einen Kurs von 500 €. Zuerst wollen wir herausfinden, wie viel X-Aktien der Händler insgesamt nehmen darf, um den vorgegebenen Value-at-Risk nicht zu überschreiten. Wir suchen also eine bestimmte Anzahl an X-Aktien. Rechnet man 1,44% vom Gesamtwert dieser Aktien, muss sich ein Betrag von 50.000 Euro ergeben. Das Ganze lässt sich auch so formulieren:

[Anzahl X-Aktien mal 500 €] mal 1,44% = 50.000 €

Nach einiger Rechnerei erhalten wir als Ergebnis eine Aktienmenge von exakt 6.944,44 oder abgerundet 6.944 Stück.

Nun machen wir die Probe: Unser Händler ordert diese Menge zum Kurs von 500 € je Aktie, sodass er insgesamt 3.472.000,00 € investiert. Rechnen wir 1,44% von diesem Betrag, erhalten wir fast genau 50.000 Euro.

Kauft der Händler 6.944 X-Aktien kann man – vorausgesetzt, die Daten aus der Vergangenheit gelten auch für die Zukunft – mit einer Wahrscheinlichkeit von 90% davon ausgehen, dass er mit seiner Aktienposition bis zum nächsten Handelstag einen Verlust von 50.000 € nicht überschreitet.

Bei der Y-Aktie beträgt der Grenzwert nicht 1,44%, sondern nur 1,41%. Das Risiko ist hier etwas geringer. Daher kann der Händler 7.092,20 oder abgerundet 7.092 Y-Aktien kaufen und damit 3.546.000,00 € investieren, also 74.000 € mehr, ohne dass sich das Verlustrisiko dadurch erhöht.

Unser Händler ist selbstverständlich nicht gezwungen, sich auf eine einzige Aktie zu konzentrieren. Er kann seine Mittel auch auf X und Y aufteilen. Nehmen wir an, er kauft zunächst von jeder Aktie eine. Welchen Wert sein Depot an den einzelnen Tagen hat, steht in der vierten Spalte der folgenden Tabelle. In der fünften Spalte haben wir die Wertänderung des Depots gegenüber dem Vortag aufgeführt. In

Event-Risiken

Auch die Messung mit VaR hat Grenzen, denn mit diesem Ansatz kann man lediglich »normale« Kursschwankungen messen, im Prinzip so, wie sie aufgrund der Vergangenheitsdaten zu erwarten sind. Kommt es hingegen zu abrupten und extremen Kursausschlägen – zum Beispiel aufgrund einer Gewinnwarnung – nutzt auch der VaR nichts mehr. Solche *Event-Risiken* lassen sich nicht – zumindest nicht mit dem hier dargestellten VaR-Ansatz – quantifizieren.

der letzten Spalte schließlich sind die Änderungen wie gewohnt der Reihe nach sortiert.

Der Grenzwert ist erheblich geringer als bei der X- bzw. Y-Aktie. Er beträgt lediglich 0,50 %. Zurückzuführen ist dies auf den zum Teil gegenläufigen Zusammenhang zwischen den beiden Aktien. Die relativ starke Wertänderung bei einer Aktie wird häufig durch eine entgegengesetzte Änderung bei der anderen Aktie teilweise wieder ausgeglichen. Die gesamte Wertschwankung des Depots ist deshalb nicht mehr so stark. Betrachten wir zur Verdeutlichung einmal die Entwicklung vom 8. auf den 9. April. Die X-Aktie hat 0,99 % ihres Wertes verloren, der aufgrund der Kurssteigerung von Y (1,41 %) jedoch wieder aufgefangen wird (siehe Tabelle oben). Übrig bleibt letztlich eine moderate Veränderung von 0,20 % (siehe Tabelle unten).

	Aktie X	Aktie Y	Depotwert (1 X- und 1 Y-Aktie)	Wertänderung gegenüber Vortag	Wertänderungen (aufsteigend sortiert)
1. April	500	500	1000	–	**0,10 %**
2. April	498	504	1002	0,20 %	**0,10 %**
3. April	495	510	1005	0,30 %	**0,20 %**
4. April	499	501	1000	-0,50 %	**0,20 %**
5. April	500	499	999	-0,10 %	**0,20 %**
6. April	–	–	–	–	**0,20 %**
7. April	–	–	–	–	**0,30 %**
8. April	503	495	998	-0,10 %	**0,40 %**
9. April	498	502	1000	0,20 %	**0,50 %**
10. April	485	505	990	-1,00 %	1,00 %
11. April	478	510	988	-0,20 %	
12. April	482	508	990	0,20 %	
13. April	–	–	–	–	
14. April	–	–	–	–	
15. April	483	511	994	0,40 %	

Der Händler kann nun von X und Y jeweils 10.000 Stück kaufen, ohne den vorgegebenen Value-at-Risk zu überschreiten. Rechnen wir nach: Er investiert in jedes Papier 5 Millionen Euro, macht zusammen 10 Millionen Euro.

10.000 X-Aktien × 500 €/Aktie =	5.000.000 €
10.000 Y-Aktien × 500 €/Aktie =	5.000.000 €
	10.000.000 €

Da er von beiden Aktien die gleiche Stückzahl hält, können wir zur Berechnung des Value-at-Risk den Grenzwert aus der obigen Tabelle verwenden (ist die Aufteilung dagegen anders, müssen die Wertänderungen und damit der Grenzwert für diese Depotzusammensetzung neu ermittelt werden):

10.000.000 € × 0,50 % = 50.000 €

Fazit: Steuern wir die Risiken mit einem VaR-Ansatz, werden die Zusammenhänge zwischen den Aktien (»Korrelationen«) mit berücksichtigt.

Man kann natürlich auch einen Schritt weiter gehen und Depots, die vollkommen unterschiedliche Finanzinstrumente beinhalten, mit einer einzigen Risikokennzahl steuern. Es reicht beispielsweise aus, dem Händler einer kleineren Bank, der vielleicht für Aktien und Devisen verantwortlich ist, einen einzigen Value-at-Risk vorzugeben. Die Korrelation zwischen Aktien- und Devisenwertänderungen wird automatisch mitberücksichtigt. So lassen sich die Risiken unterschiedlicher Finanzinstrumente auf einen einheitlichen Nenner bringen und damit direkt miteinander vergleichen. Dies ist ein ganz entscheidender Vorteil gegenüber Volumenlimiten. Ein weiterer Vorzug ist darin zu sehen, dass Risiken in Form von potenziellen Verlusten gesteuert werden und damit zum Beispiel für einen Händler viel besser vorstellbar sind.

Korrelation wird erfasst

Geldmarkt und Devisen

markt und Devisen +++ Geldmarkt und Devisen +++ Geldmarkt und Devisen +++ Geldmarkt und Devisen +++ Geldmarkt u

Das Orakel von Washington

In der Antike wurden die Verlautbarungen des Orakels von Delphi mit großer Aufmerksamkeit verfolgt und verursachten häufig mehrdeutige Interpretationen.

Von ähnlichem Einfluss ist ein »Orakel der Neuzeit«: Tritt Alan Greenspan, der Chef der US-Notenbank, vor die Mikrofone, verlangsamt sich die Schlagzahl an den internationalen Finanzmärkten und die Marktteilnehmer hängen gebannt an seinen Lippen. Die Entschlüsselung der Greenspan-Botschaften ist oft schwierig. Kündigt er einen geldpolitischen Kurswechsel an, reagieren die Märkte unmittelbar. Im wahrsten Sinne des Wortes muss er jedes seiner Worte auf die Goldwaage legen. Auf die Frage nach seinem augenblicklichen persönlichen Befinden soll er einmal verschmitzt geantwortet haben: »Ich darf es nicht sagen.« Sein geflügeltes Wort vom »irrationalen Überschwang« an den Aktienmärkten sorgte mittelfristig für eine Rückkehr zu realistischeren Bewertungen. Wie wichtig der »zweitmächtigste Mann« der Welt für die Weltwirtschaft ist, zeigte die Asienkrise 1997. Nach dem Schwarzen Montag pumpte er entschlossen Liquidität in den Geldmarkt und verhinderte so einen Kollaps. Auch nach der russischen Finanzkrise 1998 konnte er durch sein entschlossenes und schnelles Handeln Schaden abwenden.

Zusammen mit seinen Kollegen von den anderen wichtigen Notenbanken der Welt schneidert er den Geldmantel, in dem die reale Wirtschaft wachsen kann. Die zentrale Bedeutung einer unabhängigen und verlässlichen Geldpolitik zeigt die Geschichte. Wenn die Notenbanken für politische Zwecke von Regierungen missbraucht wurden, litt regelmäßig die Volkswirtschaft. Starke Zentralbankpräsidenten wie Alan Greenspan oder Karl Otto Pöhl, der frühere Bundesbankpräsident, trafen auch Entscheidungen, die ihren Ziehvätern in der Politik die Zornesröte ins Geicht trieben oder gar deren Gewinnchancen beim bevorstehenden Wahltermin schmälerten.

Das Verständnis des Zusammenspiels von Geld-, Devisen-, Aktien- und Rentenmarkt ist eine Grundvoraussetzung für den langfristigen Anlageerfolg. Ausführlich werden deshalb die institutionellen Besonderheiten und geldpolitischen Instrumente der FED – der US-Notenbank – und der Europäischen Zentralbank erläutert. Mit einem Rückblick auf die Bundesbank wird die Musterinstitution der deutschen Nachkriegsgeschichte gewürdigt. Ausführlich werden anschließend die Handelsusancen, Referenzzinsätze und Produkte am Euro- und US-Geldmarkt dargestellt. Im Teil »Devisen« gibt es zum Einstieg einen Abschnitt zum größten geld- und währungspolitischen Experiment der Neuzeit, der Euro-Einführung. Dann folgt eine verständliche Einführung in die Terminologie und die Theorie des Devisenmarkts. Abschließend wird das notwendige Know-how für das Handelsgeschäft vermittelt.

Geldmarkttransaktionen

In diesem Abschnitt beschäftigen wir uns nicht mit einer einzelnen Wertpapierform, also etwa mit Aktien, Anleihen, Optionsscheinen oder Indexzertifikaten, sondern mit einem ganz bestimmten Teil des Finanzmarktes, dem *Geldmarkt*. Der Begriff als solcher lässt nicht ohne weiteres Rückschlüsse auf das tatsächliche Geschehen auf diesem Markt zu. Zumindest handelt man am Geldmarkt nicht mit Bargeld. Vielmehr geht es um das Verleihen und das Ausleihen von Geld über relativ kurze Zeiträume, definitionsgemäß Zeiträume bis zu maximal einem Jahr. Die Grenze zwischen kurz- und längerfristigen Geldausleihungen wird allerdings nicht immer konsequent gezogen, sodass hin und wieder auch Geschäfte mit einer Laufzeit von bis zu zwei Jahren dem Geldmarkt zugeordnet werden.

Im Englischen heißt Geldmarkt »Money-Market«. Diese Bezeichnung oder das Kürzel »MM« wird auch hierzulande immer öfter zur Kennzeichnung von Geldmarkttransaktionen benutzt.

Geldmarkt = Geldausleihungen
unter – in erster Linie – institutionellen Marktteilnehmern
mit Laufzeiten bis zu einem Jahr

Mit Bargeld als solchem handeln Marktteilnehmer prinzipiell nur dann, wenn sie ausländische Banknoten und -münzen (Sorten) kaufen und verkaufen. Das erläutern wir im zweiten Teils dieses Kapitels im Abschnitt über den Devisenmarkt.

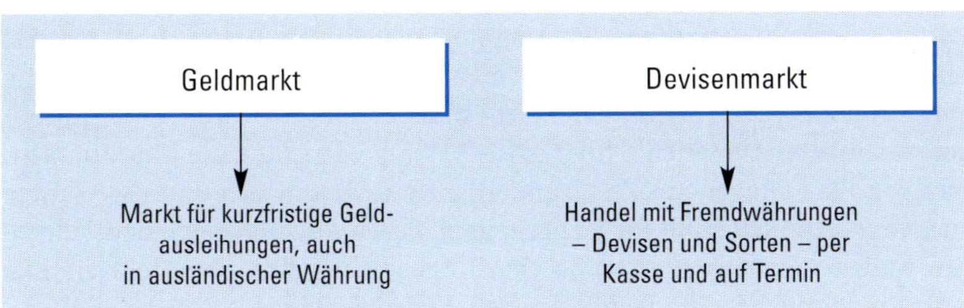

Doch nun zurück zur kurzfristigen Geldleihe, wie sie auf dem Geldmarkt praktiziert wird. Generell lassen sich hier vier Transaktionen unterscheiden:

1. Aufnahme kurzfristiger Kredite ohne Besicherung, im Fachjargon *Tages-* und *Termingeld*;
2. Aufnahme kurzfristiger Kredite mit Besicherung (Beispiele: *Geldleihe* am Discount-Window der US-Notenbank, Nutzung der Spitzenrefinanzierungsfazilität bei der EZB);
3. Kurzfristige Geldleihe über die Ausgabe (Emission) von Wertpapieren, so genannte *Geldmarktpapiere*;

4. Kurzfristige Geldbeschaffung über den Verkauf oder die Verpfändung von Wertpapieren, wobei von vornherein vereinbart wird, dass die Papiere an einem bestimmten Termin und zu einem festen Preis zurückgekauft bzw. zurückübereignet werden. Diese Geschäfte heißen treffend *Repurchase-Agreements.*

Die Reuters-Seite zeigt unter anderem Quotierungen für Tages- und Termingeld in Euro. Die Erklärungen zu den Kürzeln im Folgenden.

Die genannten Transaktionen erstrecken sich im Regelfall über Summen von mehreren hunderttausend Euro und werden in erster Linie unter institutionellen Marktteilnehmern wie Geschäftsbanken, Industrie- und Handelsunternehmen, Versicherungs- und Fondsgesellschaften oder öffentlichen Stellen (Finanzministerien, Zentralbanken) abgewickelt. Das heißt, als »Geldleiher« und »-verleiher« treten am Geldmarkt nahezu ausschließlich institutionelle Teilnehmer auf. Bei den meisten Geldmarkttransaktionen kommen Private für gewöhnlich nicht als Kontrahenten in Frage und werden normalerweise auch nicht als solche akzeptiert. Eine Ausnahme bilden bestimmte Geldmarktpapiere (in den USA zum Beispiel Treasury-Bills), die jedermann kaufen kann und die aufgrund vergleichsweise geringer Nennbeträge auch für Privatanleger erschwinglich sind.

```
Printed By Reuters : VOGLER                              Monday, 27 December 1999 10:57:38
0954 GELDHANDELS GMBH, FFM   TEL:069-9206020  DEALING: GEHA GEHA
=======DEPOT-EURO= ===========*=EONIA-SWAP====*=DEPOT-USD=======
O/N 3.05-07    * 4MS 3.43-47   * 1WK 3.39-42   * O/N
T/N 3.05-10    * 5MS 3.47-51   * 2WK 3.25-28   * T/N
S/N 3.05-10    * 6MS 3.51-55   * 3WK 3.21-24   * S/N
1WK 4.02-07    * 7MS 3.56-60                   * 1WK 7.75-85
2WK 3.73-78    * 8MS 3.62-66   * 1MS 3.17-20   * 1MS 6.55-60
3WK 3.52-57    * 9MS 3.67-72   * 2MS 3.17-20   * 2MS 6.27-32
               * 10M 3.75-79   * 3MS 3.22-25   * 3MS 6.24-29
1MS 3.52-54    * 11M 3.78-82   * 6MS 3.42-45   * 6MS 6.24-29
2MS 3.41-43    * 12M 3.81-86   * 9MS 3.61-64   * 9MS 6.35-40
3MS 3.41-43    * 24M 4.40-50   * 12M 3.78-81   * 12M 6.50-55
```

Overnight
Tom/Next
Spot/Next

Schauen wir uns die einzelnen Transaktionen etwas näher an. Zunächst zu Punkt 1: *Tages- und Termingeld.* Darunter versteht man unbesicherte Kredite mit Laufzeiten von einem Tag über mehrere Monate bis hin zu einem Jahr. Die Aufnahme/der Verleih von Tages- und Termingeld wird immer mündlich vereinbart. Auf einen schriftlichen Vertrag verzichten die Marktteilnehmer vor allen Dingen aus Zeitgründen, aber auch, um sich unnötige Kosten zu sparen. Ähnliches gilt für Sicherheiten: Tages- und Termingeldausleihungen finden normalerweise ohne eine Besicherung statt. Der Geldverleiher vertraut darauf, dass der Leiher den geliehenen Betrag plus Zinsen bei Fälligkeit in voller Höhe zurückzahlen kann.

Tagesgeld

Bei *Tagesgeld* kann es sich um die im Folgenden beschriebenen Geschäfte handeln. Die Transaktionen unterscheiden sich lediglich durch den Zeitpunkt der Verfügungstellung der geliehenen Geldbeträge. Dies ist der Zeitpunkt der effektiven Gutschrift auf dem Konto des Geldleihers. Man nennt ihn auch »Wertstellung« oder »Valuta«. In Deutschland ist es üblich, Finanzgeschäfte, insbesondere Wertpapieran- und -verkäufe »Valuta zwei Tage« abzuwickeln. Das heißt, Zahlung und Lieferung erfolgen am zweiten Werktag nach Geschäftsabschluss. Das gilt zum Großteil auch für Geldmarktgeschäfte – allerdings nicht für alle, wie wir gleich sehen werden.

Overnight

Ein Geldbetrag wird von einem auf den nächsten Tag, also quasi über Nacht, verliehen. Man spricht daher auch von *Overnight-Geschäften* oder kurz *Overnight* (O/N). Das Geld wird umgehend nach Geschäftsabschluss auf dem Konto des Leihers gutgeschrieben (= Valuta heute) und muss von diesem am folgenden Tag inklusive Zinsen zurückgezahlt werden. Beispiel: Am 23.4. erfolgt die Gutschrift auf dem Konto des Leihers und am 24.4. muss dieser das Geld inklusive Zinsen zurücküberweisen. Da das Overnight-Geschäft eine besondere Bedeutung für Geschäftsbanken hat, erläutern wir weitere Details dazu im Abschnitt »Wichtige Zinssätze am Geldmarkt«. O/N

Tomorrow-against-Next-Day

Ein Geldbetrag wird von »morgen (= Valuta morgen) bis übermorgen« (*Tomorrow-against-Next Day*), verliehen, das Geschäft schließen die Marktteilnehmer jedoch schon »heute« ab. Geldausleihungen von »morgen bis übermorgen« werden *Tom/Next-Geschäfte* genannt und mit T/N abgekürzt. Beispiel: Am 23.4. wird vereinbart, dass am 24.4. ein bestimmter Geldbetrag auf dem Konto des Leihers gutgeschrieben wird. Letzterer muss den Betrag dann am 25.4. inklusive Zinsen zurückzahlen. Tom/Next

Spot-against-Next-Day

Ein Geldbetrag wird von »übermorgen (= Valuta zwei Tage) bis überübermorgen« verliehen, das Geschäft jedoch – genau wie bei Tom/Next – schon »heute« von den Marktteilnehmern abgeschlossen. Die Bezeichnung *Spot-against-Next-Day* (kurz: *Spot/Next* oder S/N) lässt sich folgendermaßen erklären: »Valuta zwei Tage« umschreibt man im Fachjargon normalerweise mit dem Begriff »Spot«, das heißt, alle Geschäfte mit Wertstellung in zwei Tagen sind immer auch so genannte Spot-Geschäfte. Läuft ein Spot-Geschäft nur über Nacht, also bis zum nächsten Tag (aus heutiger Sicht ist das »überübermorgen«), spricht man auch von *Spot-against-Next-Day.* Ein Beispiel für ein Spot/Next-Geschäft: Am 23.4. einigen sich Leiher und Verleiher, dass am 25.4. ein bestimmter Geldbetrag auf dem Konto des Leihers gutgeschrieben wird, und der Leiher den Betrag am 26.4. inklusive Zinsen an den Verleiher zurückzahlt. Spot/Next

Warum gibt es diese unterschiedlichen Terminvereinbarungen für Tagesgelder? Der Hauptgrund sind unterschiedliche Verwendungszwecke. Hat eine Geschäftsbank ihr Mindestreservesoll bei der Zentralbank unterschritten, so muss sie innerhalb der nächsten Stunden, Geld bei einer anderen Bank ausleihen, um den Fehlbetrag auszugleichen. Für eine derartige Transaktion kommt ein Overnight-Geschäft in Frage, Spot-Geschäfte hingegen, bei denen die Wertstellung ja erst in zwei Tagen stattfindet, scheiden aus. Ganz anders die Situation, wenn eine Bank Geld benötigt, um einen »heute« getätigten Wertpapierkauf zu bezahlen. Wertpapiergeschäfte werden normalerweise »Valuta zwei Tage« abgewickelt. Dementsprechend muss auch die Bezahlung erst in zwei Tagen erfolgen. Hier reicht ein Spot-Next-Geschäft aus, damit die Bank ihre Verpflichtungen erfüllen kann (s. folgende Abbildung.

Nebenstehendes Schaubild zeigt die unterschiedlichen Terminierungen bei Geldmarktgeschäften.

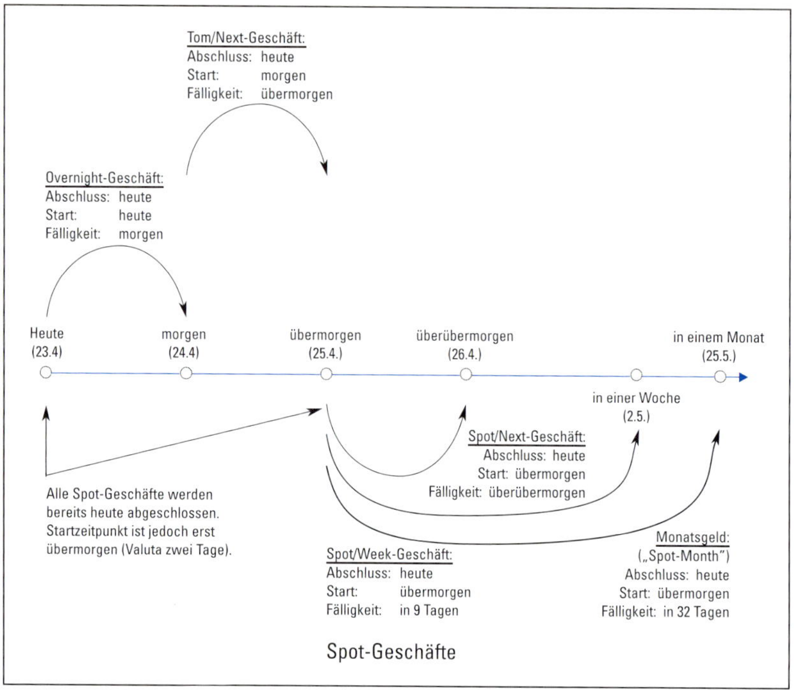

Actual/360-Tage-Methode

Die Zinsberechnung bei Geldmarktgeschäften erfolgt normalerweise nach der Actual/360-Tage-Methode. Die Zinsberechnungsformel lautet:

$$\text{Zinszahlung} = \frac{\text{Kapital in Euro} \times \text{Zinssatz in \% p.a.} \times \text{tatsächlich verstrichene Tage bis zur Fälligkeit}}{100 \times 360}$$

Im Zähler stehen also die tatsächlichen Tage bis zur Fälligkeit eines Geldmarktgeschäftes (auch bei Monaten mit 31 Tagen). Im Nenner taucht hingegen nicht die tatsächliche Zahl an Jahrestagen auf, sondern 360. Das ist nicht in jedem Land so (siehe Tabelle).

	Geldmarkt		Geldmarkt
Großbritannien	ACT/365	Schweiz	ACT/360
Hongkong	ACT/365	Schweden	ACT/360
Griechenland	ACT/365	Australien	ACT/360
Euroland	ACT/360	Norwegen	ACT/360
USA	ACT/360	Polen	ACT/360
Japan	ACT/360		

GELDMARKTSÄTZE BASIS EURO (IN PROZENT)

Inland	20.4.2001	19.4.2001	18.4.2001	17.4.2001	16.4.2001
Tagesgeld (unter Banken)	4,55 - 4,60	4,30 - 4,40	4,50 - 4,80	5,62 - 5,75	-
Termingeld (unter Banken taxiert)					
1 Monat	4,79 - 4,81	4,75 - 4,78	4,75 - 4,88	4,75 - 4,85	-
3 Monate	4,73 - 4,76	4,62 - 4,67	4,63 - 4,79	4,66 - 4,76	-
6 Monate	4,62 - 4,64	4,50 - 4,55	4,55 - 4,70	4,54 - 4,64	-

Zinssätze für Tagesgeld im Handelsblatt

Zinssätze für Termingeld im Handelsblatt

Termingeld

Geldanlagen und -aufnahmen, die sich über mehr als einen Tag erstrecken, werden als *Termingeld* bezeichnet. Das Geld wird »heute« geliehen und zu einem ganz bestimmten Termin in der Zukunft zurückgezahlt, zum Beispiel

- nach zwei bis sechs Tagen – dann spricht man auch von »Terminiertem Tagesgeld« –,
- nach einer Woche bis drei Wochen (*Wochengeld*),
- nach einem Monat bis 11 Monaten (*Monatsgeld*) oder
- nach genau einem Jahr (*Jahresgeld*).

Die meisten Termingelder sind Spot-Geschäfte, haben also eine Wertstellung binnen zwei Tagen. Eine Ausnahme bilden terminierte Tagesgelder, die normalerweise sofort auf das Konto des Geldleihers überwiesen und zum Beispiel nach Ablauf von zwei Tagen zurückgezahlt werden. Ein gutes Beispiel für ein Termingeld-Geschäft sind *Spot/Week-Transaktionen*: Ein Marktteilnehmer legt einen Geldbetrag in zwei Tagen (= Valuta zwei Tage) für eine Woche, also genau sieben Tage lang, an, wobei die Konditionen bereits heute vereinbart werden. Ein Beispiel: Am 23.4. vereinbaren Bank X und Bank Y, dass Bank Y am 25.4. einen bestimmten Geldbetrag leihweise auf das Konto von Bank X überweist. Der Betrag muss – vom 25.4. aus gesehen – in einer Woche, also am 2.5., von Bank X zurückgezahlt werden. Der Zinssatz für diesen kurzfristigen Kredit wird bereits »heute«, am 23.4., zwischen den beiden Instituten ausgehandelt.

Geld b.a.w.

Eine Mischform zwischen Tages- und Termingeld stellt »Geld bis auf weiteres« dar: Ein Geldbetrag wird heute geliehen (= Valuta heute) und die Vereinbarung **b**is **a**uf **w**eiteres (»Geld b.a.w.«) aufrechterhalten. »B.a.w.« deutet an, dass die Geschäftspartner keinen festen Termin vereinbaren, zu dem der geliehene Geldbetrag zurückzuzahlen ist. Die Händler prüfen vielmehr an den folgenden Tagen, ob die Vereinbarung bestehen bleibt, der Geldbetrag ganz oder teilweise zurückzuzahlen, die Verzinsung anzupassen ist usw. Wird Geld b.a.w. bereits einen Tag nach der Vereinbarung zurückgezahlt, so fällt das Geschäft in die Rubrik »Tagesgeld«. Läuft das Geschäft länger, also über mehrere Tage oder gar Wochen, so handelt es sich hingegen um Termingeld.

Termingeld darf nicht mit Termingeschäften, denen Geldmarktsätze zugrunde liegen, verwechselt werden. Termingeld wird bereits heute zu den aktuell gültigen Konditionen ausgeliehen, wohingegen man bei Termingeschäften unterstellt, dass die Kreditvergabe erst zu einem späteren Zeitpunkt stattfindet.

Besicherte Geldmarktkredite

Kommen wir nun zu Punkt 2. Es ist üblich, dass bestimmte Marktteilnehmer Geldmarktkredite nur gegen Sicherheiten (z.B. gegen die Übereignung von Staatsanleihen) begeben, was insbesondere für Zentralbanken zutrifft. Ein Beispiel für *besicherte Geldmarktkredite* sind Ausleihungen, die US-amerikanische Geschäftsbanken am Discount-Window der regionalen Federal-Reserve-Banks vornehmen können. Ähnliches gilt für die Spitzenrefinanzierungsfazilität bei der EZB. Näheres dazu im Abschnitt über »Die Rolle der Zentralbanken am Geldmarkt«.

Geldmarktpapiere

Unter Punkt 3 geht es um die kurzfristige Geldleihe über die Ausgabe (Emission) spezieller Wertpapiere. Konkret heißt das: Der Kreditnehmer bestätigt dem Kreditgeber durch die Ausgabe einer Urkunde schriftlich, dass er einen bestimmten Geldbetrag ausgeliehen hat, diesen nach Ablauf einer gewissen Frist zurückzahlen und obendrein eine Zinszahlung leisten wird. Als Herausgeber (Emittenten) kurzfristiger Schuldtitel, die man auch *Geldmarktpapiere* nennt, treten vor allen Dingen Staatsregierungen, Banken sowie Industrie- und Handelsunternehmen auf. Normalerweise handelt es sich bei Geldmarktpapieren um abgezinste Schuldverschreibungen (Diskontpapiere). Ihr Verkaufspreis errechnet sich aus dem Nennwert abzüglich der für die Laufzeit insgesamt anfallenden Zinsen:

$$\text{Kaufpreis} = \text{Nennwert} - \left[\frac{\text{Nennwert} \times \text{Zinssatz in \% p.a.} \times \text{Laufzeit tatsächliche Tage}}{360\ \text{Tage} \times 100}\right]$$

Zu unterscheiden sind »echte Geldmarktpapiere«, also Schuldtitel, die von vornherein mit einer Laufzeit von bis zu maximal einem Jahr ausgegeben werden, und längerfristige Schuldverschreibungen (Anleihen), die durch die permanent abnehmende Zeit bis zu ihrer Fälligkeit irgendwann automatisch eine (Rest-)Laufzeit von unter einem Jahr aufweisen. Blickt man ausschließlich auf die Laufzeit, so müssten auch diese Titel als Geldmarktpapiere klassifiziert werden. Bei den Managern von Geldmarktfonds sind zum Beispiel Bundesanleihen mit Laufzeiten von unter einem Jahr durchaus Anlagealter-

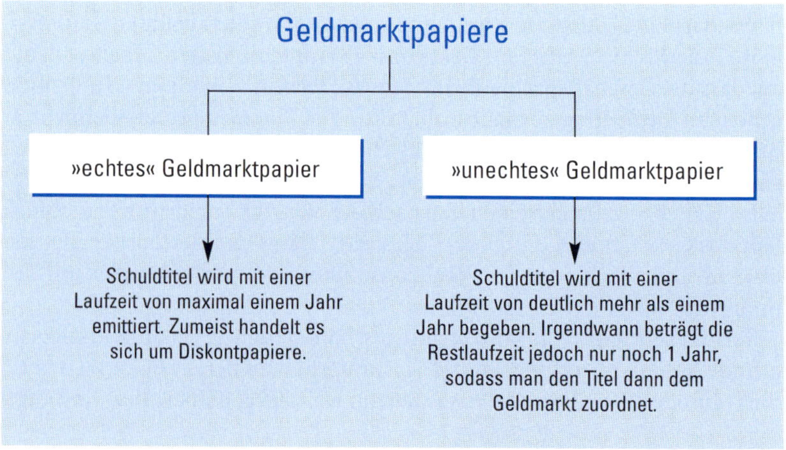

nativen, obwohl es sich streng genommen nicht um »echte« Geldmarktpapiere handelt.

Bestimmte Geldmarktpapiere können – ähnlich wie Aktien und Anleihen – jederzeit gehandelt, also ge- und verkauft werden. Dazu gehören zum Beispiel Commercial-Papers oder Certificates of Deposit. In der Übersicht unten haben wir die wichtigsten Geldmarktpapiere kurz beschrieben. Weitere Ausführungen folgen im Abschnitt »Zinssätze für Geldmarktpapiere«.

Handelbarkeit

Die wichtigsten Geldmarktpapiere im Überblick

Treasury-Bills	Kurzfristige Schuldverschreibungen der US-Regierung (»Schatzwechsel«), die immer mit einer Mindeststückelung von 1.000 US-Dollar und abgezinst begeben werden. Treasury-Bills weisen eine Laufzeit von maximal einem Jahr auf - werden in letzter Zeit jedoch fast ausschließlich mit Laufzeiten von 3 und 6 Monaten ausgegeben.
Unverzinsliche Schatzanweisungen (»Bubills«)	Schuldtitel, die von der Deutschen Bundesregierung mit einer Laufzeit von jeweils 6 Monaten ausgegeben werden. Die Papiere tragen auch die Bezeichnung *U-Schätze* oder - analog zu den kurzfristigen Schuldverschreibungen der US-Regierung - »Bubills«. Bubills sind - genau wie Treasury-Bills - Diskontpapiere. Die Mindeststückelung beträgt eine Million Euro. Es existiert eine weitere Form kurzfristiger Bundeswertpapiere: so genannte *Bundeskassenscheine*. Diese haben im Regelfall eine Laufzeit von einem Monat (maximal beträgt die Laufzeit 364 Tage), werden ebenfalls abgezinst begeben und häufig als *Bund-Cash-Management-Bills* oder kurz *Cash-Bills* bezeichnet. Die Mindeststückelung beläuft sich hier erneut auf eine Million Euro.
Commercial-Papers	Schuldverschreibungen mit einer Laufzeit von wenigen Tagen bis unter zwei Jahren. Commercial-Papers (CPs) werden von bedeutenden Industrie- und Handelsunternehmen zur flexiblen Deckung eines kurzfristigen Kreditbedarfs ausgegeben. CPs sind - genau wie die zuvor beschriebenen Geldmarktpapiere - Abzinsungspapiere. Die Mindeststückelung beträgt normalerweise mehrere hunderttausend Euro.
Certificates of Deposit	Zu deutsch etwa Einlagenzertifikate. Diese Schuldtitel werden von Banken zur Beschaffung kurzfristiger Mittel eingesetzt. Die Laufzeit liegt im Regelfall unter einem Jahr. Certificates of Deposit (CDs) haben den Charakter handelbarer Bankeinlagen. Im Klartext: Ein Investor legt Geld für einen festen Zeitraum (Termingeld) bei einer Geschäftsbank an. Die Geschäftsbank stellt dem Anleger im Gegenzug ein Zertifikat quasi als Beleg für die Einlage aus. Hierauf wird zwar die Höhe der eingelegten Mittel bescheinigt, normalerweise jedoch nicht der Name des Anlegers vermerkt. Die Termineinlage wird damit verbrieft und ist als Inhaberpapier problemlos übertragbar. Im Gegensatz zu einer herkömmlichen Termineinlage kann ein Anleger ein Certificate of Deposit vor Fälligkeit wieder veräußern und damit einen unvorhergesehenen Kapitalbedarf decken. CDs können sowohl abgezinst als auch als Aufzinsungspapiere ausgegeben werden. Die Mindeststückelung beträgt nur wenige Tausend Euro, wenn die Titel in erster Linie an Privatanleger verkauft werden sollen, oder beläuft sich auf 100.000 Euro und mehr, wenn institutionelle Anleger die Zielgruppe sind.

U-Schätze

CDs

Repurchase-Agreements

Repo-Rates sind etwas niedriger als normale Geldmarktsätze, da die Ausfallrisiken aufgrund der als Sicherheit gegebenen Wertpapiere geringer ausfallen.

Verbleibt noch die vierte Form von Geldmarkttransaktionen, die *Repurchase-Agreements*, kurz *Repo-Geschäfte* oder *Repos*. Hierbei handelt es sich – vereinfacht dargestellt – um besicherte Kredite mit vergleichsweise kurzen Laufzeiten. Normalerweise geschieht im Rahmen eines Repo-Geschäftes Folgendes: Ein institutioneller Marktteilnehmer, nehmen wir an eine Geschäftsbank mit umfangreichen Wertpapierbeständen, benötigt kurzfristig Geld. Die Bank fragt daher bei einem anderen Marktteilnehmer mit überschüssiger Liquidität, zum Beispiel einer Fonds- oder einer Versicherungsgesellschaft an, ob diese ihr einen Teil der Wertpapiere aus ihrem Bestand für kurze Zeit abkaufen kann. Gleichzeitig verspricht sie dem potenziellen Kontrahenten,

a) die Wertpapiere an einem bestimmten Tag innerhalb der nächsten Wochen – bei Overnight-Repos ist das bereits der direkt folgende Tag – zu einem festen Preis zurückzuerwerben und
b) für die Laufzeit des Geschäftes einen bestimmten Zinssatz auf die ausgetauschte Geldsumme zu zahlen.

Obwohl die gesamte Transaktion weitaus mehr als nur eine Rückkaufvereinbarung umfasst, wird sie gemeinhin nur als Repurchase-Agreement (wörtlich übersetzt: Rückerwerbsvereinbarung), kurz: Repo-Geschäft, bezeichnet. Geldverleiher sprechen mitunter jedoch nicht von einem Repo-Geschäft, sondern davon, dass sie ein *Reverse-Repo-Geschäft* eingegangen sind. Dadurch bringen sie deutlich zum Ausdruck, auf welcher Seite sie bei der Transaktion stehen.

Ablauf eines Repurchase-Agreements

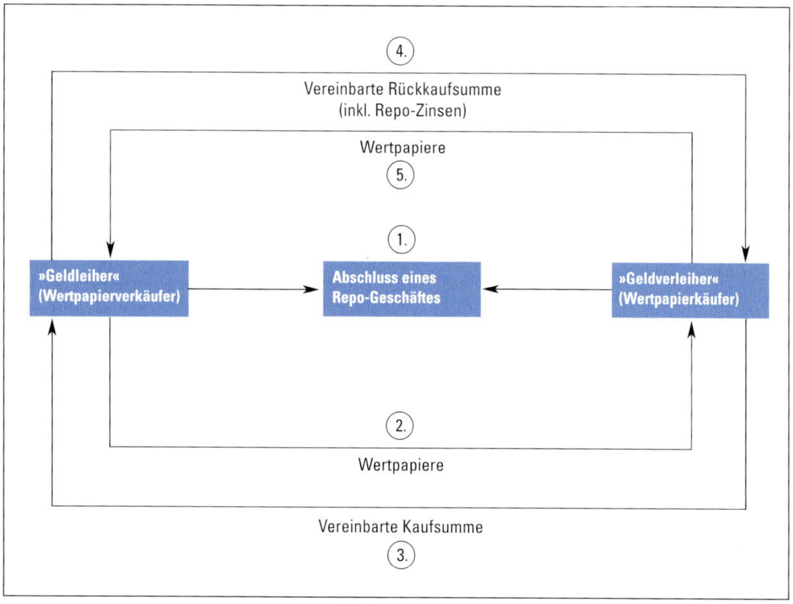

Wir möchten anhand eines Praxisbeispiels zeigen, wie ein Repo-Geschäft konkret abläuft. Im vorliegenden Fall hat sich eine deutsche Fondsgesellschaft per Repurchase-Agreement einen Geldbetrag von knapp fünf Millionen Euro bei einer Geschäftsbank beschafft. Alle Angaben zu diesem Geschäft sind auf dem unten abgebildeten Beleg, in der Fachterminologie *Ticket*, festgehalten. Wir werden die Angaben Schritt für Schritt erläutern und damit das Ticket, auf den ersten Blick ein Buch mit sieben Siegeln, entschlüsseln. Noch eine Anmerkung: Im Folgenden bezeichnen wir den Geldbetrag, der im Zuge des Repo-Geschäftes zwischen den Kontrahenten »ausgetauscht« wird, als geliehenen Betrag, obwohl es sich rein rechtlich nicht um eine Geldleihe, sondern um einen Wertpapierkauf mit Rückkaufvereinbarung handelt.

Ticket

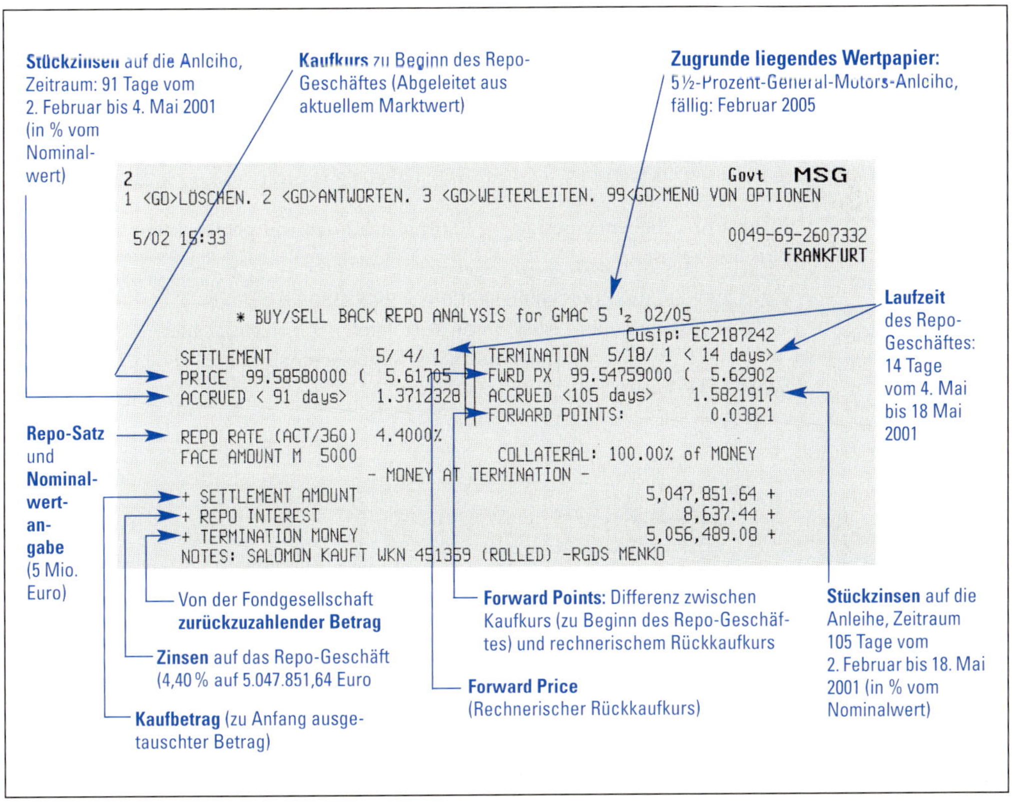

Hier noch einmal die wichtigsten Angaben zum Repo-Geschäft:

Laufzeit:	04.05.2001–18.05.2001 = 14 Tage
Zugrunde liegendes Wertpapier:	Anleihe der General Motors Corporation, fällig am 2. Februar 2005, Kupon: 5,5 %
Nominalwert:	5 Millionen Euro
Aktueller Marktwert des Wertpapiers:	99,58580 %
Repo-Rate:	4,4 % p. a.

Im ersten Schritt erwirbt die Geschäftsbank von der Fondsgesellschaft Anleihen der General Motors Corporation im Nominalwert von 5 Millionen Euro. Sie zahlt dafür den aktuellen Kurswert und zusätzlich – wie bei Anleihekäufen üblich – die Stückzinsen, die seit dem letzten Zinstermin angefallen sind:

1. Schritt: Ermittlung des Kaufpreises und damit des von der Fondsgesellschaft geliehenen Geldbetrages:

Berechnung der Stückzinsen bis zum Beginn des Repo-Geschäftes (Zinsberechnungszeitraum: 02.02.2001–04.05.2001):

$$\frac{5.000.000 \text{ Euro} \times 5{,}5\ (\%) \times 91 \text{ Tage}}{100 \times 365 \text{ Tage}} = 68.561{,}64 \text{ Euro}$$

Auf dem Ticket erscheinen die Stückzinsen nicht als absolute Größe, sondern in Prozent vom Anleihenominalwert:

$$\frac{68.561{,}64 \text{ Euro} \times 100}{5.000.000 \text{ Euro}} = 1{,}3712328\,\%$$

Stückzinsen in % vom Nominalwert

```
SETTLEMENT             5/ 4/ 1   || TERMINATION  5/18/ 1 < 14 days>
PRICE  99.58580000 (  5.61705    || FWRD PX  99.54759000 (  5.62902
ACCRUED < 91 days>    1.3712328  || ACCRUED <105 days>     1.5821917
                                 || FORWARD POINTS:          0.03821
```

Auch der Stückzinsanspruch wird im Rahmen des Repo-Geschäftes an die Bank verkauft!

Insgesamt geliehener Betrag (= Kaufpreis für die »ausgetauschten« Wertpapiere plus Stückzinsen):

4.979.290,00 Euro	(= 5.000.000 Euro × 99,58580 %)
+ 68.561,64 Euro	(= Stückzinsen vom letzten Zinstermin, hier: 02.02.2001, bis zum Beginn des Repo-Geschäftes, hier: 04.05.2001)
5.047.851,64 Euro	

Kaufpreis

```
                    - MONEY AT TERMINATION -
+ SETTLEMENT AMOUNT                            5,047,851.64 +
+ REPO INTEREST                                    8,637.44 +
+ TERMINATION MONEY                            5,056,489.08 +
NOTES: SALOMON KAUFT WKN 451359 (ROLLED) -RGDS MENKO
```

Im ersten Schritt überweist also die Geschäftsbank einen Betrag in Höhe von 5.047.851,64 Euro auf das Konto der Fondsgesellschaft. Dafür erhält die Bank von der Fondsgesellschaft Anleihen der General Motors Corporation im Nominalwert von 5.000.000 Euro. Die Fondsgesellschaft kann für einen Zeitraum von 14 Tagen vollkommen frei über den ihr gutgeschriebenen Betrag verfügen. Danach jedoch muss sie ihrerseits die eigentliche Verpflichtung aus dem Repurchase-Agreement erfüllen. Denn schon bei Geschäftsabschluss hatten die Kontrahenten vereinbart, dass die Fondsgesellschaft die Anleihen nach Ablauf von 14 Tagen von der Bank zurückkauft. Der dabei insgesamt zu zahlende Betrag steht ebenfalls schon zum Zeitpunkt des Geschäftsabschlusses fest. Zu zahlen ist der ursprünglich geliehene Betrag (5.047.851,64 Euro) plus die für das Repo-Geschäft fälligen Zinsen. Diese ergeben sich wiederum aus dem insgesamt geliehenen Betrag multipliziert mit dem Repo-Satz, unter Berücksichtigung der Laufzeit des Repo-Geschäftes von 14 Tagen.

2. Schritt: Berechnung des insgesamt zurückzuzahlenden Betrages bei Fälligkeit des Repo-Geschäftes:

Zinsen auf das Repo-Geschäft:

$$\frac{5.047.851{,}64 \text{ Euro} \times 4{,}4\ (\%) \times 14 \text{ Tage}}{100 \times 360 \text{ Tage}} = 8.637{,}44 \text{ Euro}$$

Insgesamt zurückzuzahlender Betrag:

5.047.851,64 Euro (= geliehener Betrag)
+ 8.637,44 Euro (= Zinsen auf das Repo-Geschäft)

5.056.489,08 Euro

Kaufpreis (verliehener Betrag)

```
                    - MONEY AT TERMINATION -
+ SETTLEMENT AMOUNT                              5,047,851.64 +
+ REPO INTEREST                                      8,637.44 +
+ TERMINATION MONEY                              5,056,489.08 +
NOTES: SALOMON KAUFT WKN 451359 (ROLLED) -RGDS MENKO
```

Zins auf Repo-Geschäft

vereinbarte Rückkaufsumme (zurückzuzahlender Betrag)

Bei Fälligkeit des Repo-Geschäftes zahlt die Fondsgesellschaft also insgesamt 5.056.489,08 Euro an die Bank. Im Gegenzug erhält sie die vor 14 Tagen verkauften Wertpapiere, also die Anleihen der General Motors Corporation, zurück.

Mit Hilfe dieser Angaben kann man auch die verbleibenden Daten auf dem Ticket im Detail nachvollziehen. Beginnen wir mit der Berechnung des effektiven Rückkaufkurses, auf dem Ticket als Forward-Price bezeichnet. Um diesen zu ermitteln, müssen zunächst die Stückzinsen berechnet werden, welche die Fondsgesellschaft beim Rückkauf der Wertpapiere an die Geschäftsbank zu entrichten hat:

Die Erklärung des Repo-Geschäfts ist an dieser Stelle abgeschlossen. Wir entschlüsseln jetzt die übrigen Zahlen auf dem Ticket, die aber eher »abwicklungstechnischer« Natur sind und für das Grundverständnis keine Rolle spielen.

Stückzinsen bis zum Ende des Repo-Geschäftes (02.02.2001-18.05.2001):

$$\frac{5.000.000 \text{ Euro} \times 5{,}5\ (\%) \times 105 \text{ Tage}}{100 \times 365 \text{ Tage}} = 79.109{,}59 \text{ Euro}$$

```
SETTLEMENT             5/ 4/ 1  || TERMINATION  5/18/ 1 < 14 days>
PRICE  99.58580000 (  5.61705   || FWRD PX  99.54759000 (  5.62902
ACCRUED < 91 days>    1.3712328 || ACCRUED <105 days>     1.5821917
                                || FORWARD POINTS:          0.03821
REPO RATE (ACT/360)  4.4000%
FACE AMOUNT M  5000                 COLLATERAL: 100.00% of MONEY
```

Stückzinsen (in % vom Nennwert)

Berechnung des effektiven Rückkaufkurses (Forward-Price) in Euro:

5.056.489,08 Euro (= insgesamt zurückzuzahlender Betrag)
– 79.109,59 Euro (= Stückzinsen bis zum Ende des Repo-Geschäftes)

4.977.379,49 Euro

Berechnung des effektiven Rückkaufkurses (Forward-Price) in Prozent:

$$\frac{4.977.379{,}49 \text{ Euro} \times 100}{5.000.000 \text{ Euro}} = \mathbf{99{,}54759\,\%}$$

```
                                              Cusip: FC2187242
SETTLEMENT             5/ 4/ 1  || TERMINATION  5/18/ 1 < 14 days>
PRICE  99.58580000 (  5.61705   || FWRD PX  99.54759000 (  5.62902
ACCRUED < 91 days>    1.3712328 || ACCRUED <105 days>     1.5821917
                                || FORWARD POINTS:          0.03821
```

rechnerischer Rückkaufkurs

Der berechnete Forward-Price (99,54759 %) ist in diesem Fall niedriger als der Marktwert (99,58580 %) im Zeitpunkt des Geschäftsabschlusses. Das heißt, rein rechnerisch muss die Fondsgesellschaft beim Rückkauf der Papiere einen geringeren Kurs zahlen als die Bank beim Kauf. Diese Konstellation (Geldleiher zahlt rechnerisch geringeren Kurs als Verleiher) ergibt sich immer dann, wenn die Repo-Rate unter dem Kupon der Anleihen liegt. Implizit findet eine Verrechnung des (höheren) Stückzinsanspruchs mit dem (geringeren) Repo-Zinsanspruch, bezogen auf den Zeitraum des Repo-Geschäftes, statt.

Die Stückzinsanspruch für den Zeitraum des Repo-Geschäftes beläuft sich auf

$$\frac{5.000.000 \text{ Euro} \times 5{,}5\ (\%) \times 14 \text{ Tage}}{100 \times 365 \text{ Tage}} = 10.547{,}95 \text{ Euro.}$$

Der Repo-Zinsanspruch beträgt – wie oben schon berechnet – 8.637,44 Euro. Als Differenz zwischen beiden Zinsansprüchen ergibt sich

  10.547,96 Euro
– 8.637,44 Euro
1.910,52 Euro

In Bezug auf den Nominalwert der Anleihen sind das

$$\frac{1.910{,}52 \text{ Euro} \times 100}{5.000.000 \text{ Euro}} = 0{,}038210\,\%,$$

was genau der Differenz zwischen Kauf- und Rückkaufkurs (ausgedrückt in Prozent) entspricht:

  99,58580 %
– 99,54759 %
0,03821 %

Auf dem Ticket ist dieser Betrag als »Forward Points« ausgewiesen.

```
                                                   Cusip: EC2187242
SETTLEMENT              5/ 4/ 1  ||  TERMINATION  5/18/ 1 ( 14 days)
PRICE  99.58580000 (  5.61705    ||  FWRD PX  99.54759000 (  5.62902
ACCRUED ( 91 days)    1.3712328  ||  ACCRUED (105 days)     1.5821917
                                 ||  FORWARD POINTS:          0.03821
```

Differenz zwischen Kaufkurs und rechnerischem Rückkaufkurs

Würde sich ein (rechnerischer) Rückkaufkurs ergeben, der dem ursprünglichen Verkaufkurs entspricht oder sogar über diesem liegt, so wäre das Geschäft aus Sicht des Geldleihers (hier: der Fondsgesellschaft) zu teuer. Der effektive Zinssatz für das Repurchase-Agreement entspräche dann aufgrund der Stückzinsanrechnung nicht mehr dem Repo-Satz (4,4 %), sondern mindestens dem Kupon-Zins der Anleihe (5,5 %).

Repo-Geschäfte nach Laufzeit

Je nachdem, welche Laufzeit einem Repo-Geschäft zugrunde liegt, unterscheidet man

- *Overnight-Repos* (Geschäfte von »heute bis morgen«)
- *Term-Repos* (»Terminrepos« mit einer Laufzeit von mehr als einem Tag) und
- *Open-Repos*, bei denen – ähnlich wie beim Tagesgeld b.a.w. – jeden Tag aufs Neue geprüft wird, ob das Geschäft aufrechterhalten werden soll.

Repurchase-Agreements spielen eine sehr zentrale Rolle am Geldmarkt und stellen für Geschäftsbanken heute eine der wichtigsten Refinanzierungsquellen dar. Man schätzt, dass sich das Volumen offener Repos in den USA täglich (!) auf über zwei Billionen US-Dollar beläuft. Im großen Umfang werden Repo-Geschäfte auch von den Zentralbanken in den USA und Europa verwendet, um geldpolitische Ziele umzusetzen. Dazu im Abschnitt über die Zentralbanken mehr.

Repos stellen eine der wichtigsten Refinanzierungsquellen dar.

Die folgende Abbildung ist der Tabelle MONEY RATES aus dem WALL STREET JOURNAL EUROPE entnommen. Sie zeigt den Zinssatz für Overnight-Repurchase-Agreements in den USA (»Repo-Rate«). Der hier ausgewiesene Satz gilt für Repo-Geschäfte, denen US-Staatsanleihen zugrunde liegen.

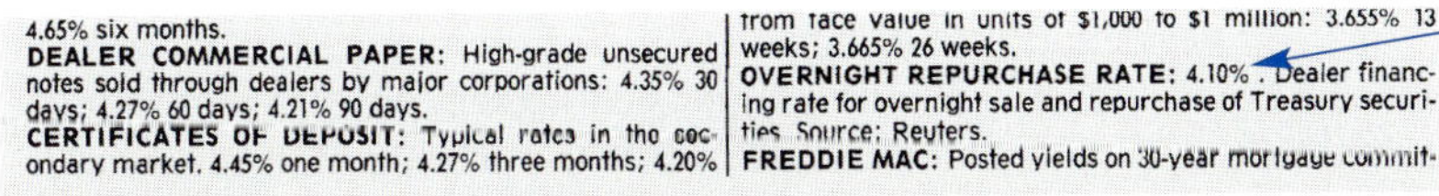
4.65% six months.
DEALER COMMERCIAL PAPER: High-grade unsecured notes sold through dealers by major corporations: 4.35% 30 days; 4.27% 60 days; 4.21% 90 days.
CERTIFICATES OF DEPOSIT: Typical rates in the secondary market. 4.45% one month; 4.27% three months; 4.20%

from face value in units of $1,000 to $1 million: 3.655% 13 weeks; 3.665% 26 weeks.
OVERNIGHT REPURCHASE RATE: 4.10% . Dealer financing rate for overnight sale and repurchase of Treasury securities. Source: Reuters.
FREDDIE MAC: Posted yields on 30-year mortgage commit-

Repo-Rate im Wall Street Journal Europe (Ende April 2001)

Obwohl es sich bei den hier genannten Geldmarkttransaktionen immer um kurzfristige Kredite handelt und obwohl die beschriebenen Geschäfte auf den ersten Blick nichts mit herkömmlichen Handelsgeschäften – zum Beispiel den Geschäften an einer Wertpapierbörse – zu tun haben, spricht man im Fachjargon in allen Fällen vom »Geldhandel«. Der Geldmarkt, so könnte man sagen, ist der Markt, auf dem Geld gehandelt wird. Der Preis für Geld ist der Zins. Genauso wie die Preise von Waren oder Wertpapieren sind auch Zinssätze im Zeitverlauf Schwankungen unterworfen, was wir in den folgenden Abschnitten noch vertiefen werden.

Warum die Bezeichnung Geldhandel?

Geldhandel

Usancen

Wenn Marktteilnehmer anderen Marktteilnehmern zeitweise Geld überlassen, dann verlangen sie dafür ein Entgelt, das man als »Zins« bezeichnet. Der Zins wird üblicherweise als Prozentsatz angegeben, auf ein Jahr bezogen und häufig mit dem Zusatz »p.a.«, das für »**p**er **a**nnum« (pro Jahr) steht, versehen.

Die Zinsen auf dem Geldmarkt heißen *Geldmarktsätze*, oder kurz *Sätze*. Sie werden nicht offiziell – zum Beispiel durch amtliche Makler – festgesetzt oder notiert, sondern vielmehr unmittelbar zwischen den Geldhändlern vereinbart. Geldhändler geben bei Anfragen anderer Marktteilnehmer immer zwei Sätze, auch *Quotierung* oder *Quote* genannt, an, und zwar zuerst

- den *Geldsatz*, das ist der Satz, zu dem ein Händler bereit ist, Geld aufzunehmen und dann
- den *Briefsatz*, zu dem der Händler bereit ist, Geld zu verleihen.

Quotierung

Die Quotierung »4,70 zu 4,83« zeigt beispielsweise an, dass ein Händler Geld zu einem Zinssatz von 4,70 % p.a. aufnehmen und zu einem Zinssatz von 4,83 % p.a. verleihen will. Händler nennen häufig jedoch ausschließlich einen einzigen Satz, zum Beispiel »4,70 Brief« oder »4,68 Geld«, und deuten damit an, dass sie Geld verleihen wollen bzw. benötigen, aber kein Geld annehmen bzw. verleihen möchten.

Aufgrund der Liquidität auf dem Geldmarkt liegen der höchste Satz eines Geldnachfragers und der niedrigste Satz eines Geldanbieters im Regelfall sehr dicht beieinander. Die Differenz beträgt oftmals einige wenige Basispunkte, wobei ein Basispunkt einem Hundertstel Prozentpunkt entspricht. 5 Basispunkte sind zum Beispiel 0,05 %.

Der rege Handel auf dem Geldmarkt führt dazu, dass sich die Sätze enorm schnell – häufig sogar innerhalb von Sekunden – ändern.

Händlersprache

Im Laufe der Zeit haben Geldhändler für die Kommunikation untereinander eine eigene Sprache (Händler-Jargon) entwickelt, die Missverständnisse unterdrückt und zudem hilft, Handelswünsche rasch vorzutragen sowie Geschäftsabschlüsse zu beschleunigen. Ein Händler, der zum Beispiel mitteilt, er »laufe über«, will höhere Beträge am Geldmarkt anlegen. Händler nennen bei Quotierungen oftmals nicht die vollständigen Sätze, sondern lediglich die Nachkommastellen der Geld- und Briefsätze. Aus der Quotierung »4,71 zu 4,73« wird dann zum Beispiel »71 zu 73«.

Auf dem Geldmarkt haben die Geschäfte unterschiedliche Laufzeiten (vgl. folgende Abbildung). Für jeden Laufzeitbereich werden eigene Sätze zwischen den Marktteilnehmern vereinbart. Der auf ein Jahr bezogene Zinssatz für Tagesgeld unterscheidet sich in aller Regel vom Zinssatz für Monatsgeld usw.

Sätze gelten für Geschäfte unter inländischen Banken

GELDMARKTSÄTZE BASIS EURO (IN PROZENT)

Inland	20.4.2001	19.4.2001	18.4.2001	17.4.2001	16.4.2001
Tagesgeld (unter Banken)	4,55 - 4,60	4,30 - 4,40	4,50 - 4,80	5,62 - 5,75	-
Termingeld (unter Banken taxiert)					
1 Monat	4,79 - 4,81	4,75 - 4,78	4,75 - 4,88	4,75 - 4,85	-
3 Monate	4,73 - 4,76	4,62 - 4,67	4,63 - 4,79	4,66 - 4,76	-
6 Monate	4,62 - 4,64	4,50 - 4,55	4,55 - 4,70	4,54 - 4,64	-

Termingeld ist im Regelfall teurer als Tagesgeld

Tabelle GELDMARKTSÄTZE im HANDELSBLATT

Die Geldmarktsätze für bedeutende Laufzeitbereiche werden regelmäßig im HANDELSBLATT in der Tabelle GELDMARKTSÄTZE veröffentlicht. Es werden nur Sätze ausgewiesen, die auf dem deutschen Geldmarkt (Inland), und zwar »unter Banken«, gehandelt wurden. Die Geldsätze, die Geschäftsbanken anderen Geschäftsbanken für Tages- und Termingeld stellen, sind normalerweise höher als die Sätze, die sie zum Beispiel bedeutenden Industrieunternehmen bieten. Der Grund sind Bonitätsunterschiede.

Die Tabelle zeigt die *Spanne* innerhalb derer an den zurückliegenden fünf Werktagen

- Tagesgeld sowie
- 1-, 3- und 6-Monats-Termingeld

gehandelt wurde. Die Sätze werden täglich bei einer ausgewählten Geschäftsbank (z. B. DG-Bank, Frankfurt am Main) abgefragt, die – stellvertretend für alle Geldmarktteilnehmer – einen unteren und oberen Geldmarktsatz angibt. Die beiden Sätze grenzen den Bereich ab, innerhalb dessen der größte Teil der Umsätze des gesamten Tages abgewickelt wurde. Aus diesem Grunde sind die Sätze relativ »breit gestellt«. Dieser Terminus bedeutet, dass die Sätze weit auseinander liegen.

Die Quotierung »Tagesgeld 4,55 – 4,60« am 20. April 2001 zeigt beispielsweise an, dass an diesem Tag der überwiegende Teil des Tagesgeldes im Bereich zwischen 4,55 % p.a. und 4,60 % p.a. gehandelt wurde.

4,55 % und 4,60 % sowie alle Sätze dazwischen sind – auch wenn es zunächst merkwürdig klingt – sowohl Geld- als auch Briefsätze. Ein Geschäft kommt nur zustande, wenn zu ein und demselben Geldmarktsatz sowohl Angebot (*Brief*) als auch Nachfrage (*Geld*) besteht. Ein Geldmarktsatz ist aus Sicht des Händlers, der Geld verleiht, ein Brief-Satz und für die Gegenpartei (Counterpart), also den Händler, der das Geld zu diesem Satz aufnimmt, ein Geld-Satz.

Counterpart

Der Geldhändler der Bank A quotiert am 20.04.2001

4,55 Brief, (100 Millionen Euro),

wohingegen der Händler der Bank B

4,55 Geld, (100 Millionen Euro),

angibt. Das Geschäft kommt zustande. Der Händler der Bank A möchte 100 Millionen Euro zu einem Zinssatz in Höhe von 4,55 % p.a. verleihen, für ihn ist 4,55 % ein Brief-Satz. Der Händler der Bank B ist bereit, zu einem Zinssatz von 4,55 % p.a. Geld »hereinzunehmen«, für ihn ist 4,55 % ein Geld-Satz.

Ein Blick auf die Tabelle Geldmarktsätze zeigt, dass die Spannen von Tag zu Tag stark differieren können. Am 20. April 2001 liegt die Spanne für Tagesgeld zum Beispiel bei 5 Basispunkten, wohingegen sie am 18. April 2001 immerhin glatt das sechsfache davon betragen hatte.

Eine verhältnismäßig breite Spanne könnte beispielsweise darauf zurückzuführen sein, dass während der Handelszeit Neuigkeiten (z. B. »...die EZB plant eine Veränderung der Leitzinsen...«) entstehen, die dazu führen, dass die Händler ihre Quotierungen im Tagesverlauf drastisch nach oben oder unten anpassen.

Die Tabelle GELDMARKTSÄTZE zeigt die Sätze der zurückliegenden fünf Werktage, sodass der Leser die Entwicklung der Konditionen für Geldmarktgeschäfte nachvollziehen kann. Sie ist auch für Privatinvestoren von Interesse, die relativ geringe Geldbeträge für eine kurze Zeit anlegen wollen. Viele Geschäftsbanken bieten mittlerweile auch Kleinanlegern zum Beispiel Tagesgeldkonten an, deren Verzinsung sich an den Konditionen auf dem Geldmarkt, in diesem Fall also am Tagesgeldsatz, orientiert.

Wir haben es schon mehrfach erwähnt: Am Geldmarkt werden nur Teilnehmer mit einwandfreier Bonität (erste Adressen), also vor allem Banken, als Kontrahenten akzeptiert. Daneben agieren dort aber auch bedeutende, hinsichtlich ihrer Bonität einwandfreie Industrie- und Handelsunternehmen (Nichtbanken) sowie Bundes- und Landesregierungen. Nichtbanken, die über eigene Geldhandels-Abteilungen verfügen, tätigen Geschäfte selbst, wohingegen Unternehmen ohne eine entsprechende Infrastruktur Geschäftsbanken einschalten. Das Bundesfinanzministerium schließt Geldmarktgeschäfte in Zukunft über eine eigene Finanzagentur ab.

Transaktionen am Geldmarkt werden, im Unterschied zu Aktien-, Renten- und Termingeschäften, nicht über eine Börse abgewickelt. Der Geldhandel konzentriert sich nicht auf einen Ort; er lässt sich also nicht lokalisieren. Geldhändler treten bei der Durchführung von Geldmarktgeschäften in direkten Kontakt zueinander oder sie schalten Makler ein, welche die Geschäfte zwischen ihnen und anderen Marktteilnehmern vermitteln.

Händler und Makler nehmen vorwiegend über das Telefon Verbindung zueinander auf und schließen Geschäfte auch am Telefon ab. Diese Form der Kommunikation hat sich bewährt, weil Kontakte zwischen einzelnen Marktteilnehmern schnell und unkompliziert hergestellt werden können. Damit wird beispielsweise den raschen Veränderungen im Tagesgeschäft einer Geschäftsbank (z. B. Defizite an Zentralbankgeld aufgrund der an einem Geschäftstag von ihr vergebenen Kredite), die ebenso rasche Reaktionen auf dem Geldmarkt erfordern, Rechnung getragen. Nach einem Bschluss am Telefon wird in aller Regel eine Bestätigung – oft *Dealingslip* oder *Ticket* genannt – zu Kontroll- und Buchungszwecken erstellt und dem Handelspartner per Telefax oder Telex übermittelt. Ein schriftlicher Vertrag wird bei Geldmarktgeschäften im Regelfall nicht aufgesetzt.

Dealingsysteme

Der Handel findet auch – ähnlich wie bei Devisen – über *Dealingsysteme* statt, die zum Beispiel von Nachrichtenagenturen wie Reuters (*Reuters-Dealing*) bereitgestellt werden. Unter einem Dealingsystem versteht man ein Computernetzwerk, an das eine Vielzahl institutioneller Marktteilnehmern angeschlossen ist. Geldhändler, die auf das System Zugriff haben, können – völlig unabhängig von ihrem jeweiligen Standort – am Terminal

- eigene Handelswünsche (Geldanlage, -aufnahme) sowie die Konditionen (Zinssätze, Handelsvolumina), zu denen sie zum Handel bereit sind, direkt eingeben und damit den anderen Marktteilnehmern unterbreiten, aber auch
- die Angebots- und Nachfragewünsche anderer Marktteilnehmer sichten.

Die eingestellten Zinssätze sind für gewöhnlich *Indikationen*, also Orientierungsgrößen, die näherungsweise anzeigen, zu welchen Sätzen ein Händler bereit ist, Geschäfte abzuschließen. Ein konkreter Zinssatz wird erst dann vereinbart, wenn ein Händler zum Beispiel das Volumen eines Geschäftes und die Bonität der Gegenpartei genau kennt. Das Geschäft kommt zum Abschluss, wenn ein Händler das Angebot eines anderen mittels »Tastendruck« annimmt. Dealingsysteme tragen zur Transparenz auf dem Geldmarkt bei, weil die Informationen allen Marktteilnehmern gleichzeitig zur Verfügung stehen.

Geld wird an Werktagen vormittags und zumeist am frühen Nachmittag gehandelt. Die Handelszeiten sind, anders als beispielsweise an Börsen, nicht standardisiert und können, falls dies erforderlich ist, ausgedehnt oder verkürzt werden. Vor Handelsbeginn informieren sich Geldhändler gewöhnlich bei Händlern anderer Geschäftsbanken oder bei Maklern über die Lage sowie Tendenzen am Geldmarkt.

Geldmarktgeschäfte unter Banken werden in aller Regel dadurch erfüllt, dass der Geldbetrag vom Zentralbankkonto des Geldgebers auf das Zentralbankkonto des Geldnehmers übertragen wird. Der Geldmarkt zählt zu den Finanzmärkten mit der höchsten Liquidität. Während der Handelszeit ist es nahezu problemlos möglich, beliebig viel Geld anzulegen und aufzunehmen, weil sich so viele Marktteilnehmer am Geldhandel beteiligen und so große Volumina gehandelt werden, dass Angebot und Nachfrage ziemlich dicht beieinander liegen.

Handelsobjekte am Geldmarkt

	Geld	Geldmarktpapiere
Objekte	• Tagesgeld • Termingeld • Refinanzierungskredite bei der Zentralbank • Repo-Geschäfte	• kurzfristige Schuldtitel der Staatsregierungen (z. B. Treasury-Bills, Unverzinsliche Schatzanweisungen) • Commercial-Papers • Certificates of Deposit
Markt-teilnehmer	• Zentralbanken • Geschäftsbanken • Staats- und Landesregierungen • Industrie- und Handelsunternehmen	
Motive	• Steuerung der Liquidität der Geschäftsbanken durch die Zentralbanken • Beschaffung von Geld, kurzfristige Verpflichtungen erfüllen zu können (zum Beispiel Mindestreservesoll bei der Zentralbank) • Anlage (Verleih) von »überschüssigem« Geld • Erzielung von Arbitrage- und Spekulationsgewinnen	

Am Geldmarkt operieren neben Geschäftsbanken und sonstigen Unternehmen auch die Zentralbanken. Sie beeinflussen durch den Einsatz geldpolitischer Instrumente die Liquidität der Geschäftsbanken, steuern auf diese Weise deren Möglichkeiten zur Kreditvergabe und üben damit direkten Einfluss auf das Zinsniveau aus. Die vorstehende Abbildung zeigt die Handelspartner und deren Motive.

Geldhändler und ihre Motive

Die Motive für Tages- und Termingeldgeschäfte der Banken, aber auch anderer großer Unternehmen, sind in erster Linie

- Liquiditätsmanagement (Cash-Management),
- Arbitrage,
- Spekulation sowie
- kurzfristige Geldaufnahme und -anlage.

Banken nehmen darüber hinaus zur Erfüllung ihrer Mindestreservepflicht bei der Zentralbank kurzfristig Geld auf. Für Staats- und Landesregierungen spielen normalerweise nur das Liquiditätsmanagement sowie die kurzfristige Geldaufnahme und -anlage eine Rolle.

Cash-Management

Geschäftsbanken und andere Unternehmen müssen gewährleisten, immer dann zahlungsfähig (liquide) zu sein, wenn eine Zahlung erforderlich ist. So müssen Banken zum Beispiel über Liquidität verfügen, wenn Kunden Bargeld von ihren Konten abheben, Industrieunternehmen müssen Rechnungen ihrer Lieferanten bezahlen können usw. Die Zahlungsein- und -ausgänge an ein und demselben Tag gleichen sich zumeist nicht aus, sodass häufig kurzfristig ein Geldüberschuss oder ein zusätzlicher Geldbedarf entsteht, welcher durch die Vergabe bzw. Aufnahme von Tages- oder Termingeld ausgeglichen wird.

Die Geldbestände vieler Unternehmen ändern sich oftmals unvorhergesehen von einem auf den anderen Tag, sodass »heute« noch gar nicht abgeschätzt werden kann, wie viel Geld »morgen« angelegt oder benötigt wird. Aus diesem Grund kommt sehr kurzfristigen Geschäften, insbesondere dem Tagesgeld, eine besondere Bedeutung zu.

Ein Händler, der zu einem bestimmten Zeitpunkt Geld von einem anderen Händler leiht und im selben Augenblick das Geld an einen anderen Händler zu einem höheren Satz wieder verleiht, erzielt einen Gewinn, ohne dass er sich einem Zinsänderungsrisiko aussetzt. Diesen Vorgang bezeichnet man auch als *Arbitrage*. Dennoch bleiben Restrisiken, schließlich sind Ausfallrisiken am Geldmarkt aufgrund der zumeist fehlenden Besicherung der Geschäfte nicht ausgeschlossen, weshalb eine Geldmarkttransaktion auch niemals als wirklich risikolos eingestuft werden kann.

Arbitrage

Beispiel

Der Geldhändler der Bank A quotiert am 20. April 2001 um 9 Uhr 45

Tagesgeld: 4,55–4,57.

Der Geldhändler der Bank B kann exakt zu diesem Zeitpunkt Tagesgeld in Höhe von 100 Millionen Euro an den Geldhändler eines großen Industrieunternehmens zu einem Satz von 4,60 % verleihen. Er nimmt daraufhin 100 Millionen Euro »Overnight« bei der Bank A zu 4,57 % auf und verleiht das Geld im selben Augenblick für einen Tag an das Industrieunternehmen zu 4,60 %. Damit erzielt er folgenden Arbitragegewinn:

Zinsaufwand für die Aufnahme von Tagesgeld bei der Bank A:	– 12.694,44 Euro
Zinsertrag für die Vergabe von Tagesgeld an das Industrieunternehmen:	+ 12.777,78 Euro
Arbitragegewinn:	83,34 Euro

Auf dem Geldmarkt lassen sich Arbitragegewinne aufgrund der hohen Markttransparenz allerdings nur ausgesprochen selten realisieren.

Spekulation

Viele Geldhändler versuchen, die Zinsentwicklung zu prognostizieren, und daraus Gewinne zu schlagen. Ist ein Händler beispielsweise davon überzeugt, dass die Zinsen auf dem Geldmarkt in Zukunft steigen, so nimmt er Geld für einen bestimmten Zeitraum (z. B. 6 Monate) auf und legt diesen Geldbetrag für einen kürzeren Zeitraum (z. B. 1 Monat) wieder an. Wenn sich die Zinsprognose bestätigt, dann kann er das Geld, das aus der Geldanlage zurückfließt, zu einem höheren Zinssatz bis zur Fälligkeit der Geldaufnahme anlegen. Bei einem entsprechend hohen Zinsanstieg erzielt der Händler einen Gewinn.

Im Unterschied zum Arbitrage-Geschäft ist diese Transaktion mit Zinsänderungsrisiken behaftet. Der Händler hofft, dass sich die Zinsentwicklung in der Zukunft mit seiner Prognose deckt und leitet daraufhin Geschäfte am Geldmarkt ein. Er spekuliert und setzt sich der Gefahr aus, dass seine Vorhersage nicht zutrifft und ein Verlust entsteht.

Beispiel

Nehmen wir an, am 1. Juni quotiert der Geldhändler der Bank A

1-Monats-Geld: 4,50 – 4,52,
6-Monats-Geld: 4,51 – 4,54.

Der Geldhändler der Bank B stellt am selben Tag eine Zinsprognose auf und gelangt zu dem Ergebnis, dass das Zinsniveau in einem Monat steigen könnte. Daraufhin beschließt er, 50 Millionen Euro bei der Bank A

- für 6 Monate zum Zinssatz von 4,54 % p. a. (6-Monats-Brief-Satz) aufzunehmen und das Geld
- für 1 Monat zum Zinssatz von 4,50 % p. a. (1-Monats-Geld-Satz) bei der Bank A anzulegen.

Die Zinsprognose des Geldhändlers der Bank B bestätigt sich. Am 1. Juli desselben Jahres quotiert der Geldhändler der Bank A

5-Monats-Geld: 4,74 – 4,77.

Der Händler der Bank B legt am 1. Juli, dem Fälligkeitstag des 1-Monats-Geldes, die zurückgeflossenen 50 Millionen Euro sowie die Zinsen darauf (187.500 Euro) wiederum für fünf Monate bei der Bank A zum Zinssatz von 4,74 % p. a. (5-Monats-Geld-Satz) an.

Der Gewinn des Händlers lässt sich folgendermaßen ermitteln:

Zinsaufwand für die Aufnahme des 6-Monats-Geldes:	– 1.135.000 Euro
Zinsertrag für die Anlage des 1-Monats-Geldes:	+ 187.500 Euro
Zinsertrag für die Anlage des 5-Monats-Geldes:	+ 991.203 Euro
Gewinn:	43.703 Euro

Geldanlage

Geld, das für einen verhältnismäßig kurzen Zeitraum – zum Beispiel 6 Monate – benötigt wird oder zur Verfügung steht, wird oftmals am Geldmarkt beschafft bzw. angelegt. Der Geldhändler steht dabei vor der Entscheidung,

- das Geld von vornherein für den gesamten Zeitraum (Planungszeitraum) anzulegen bzw. aufzunehmen oder aber
- das Geld zunächst für einen kürzeren Zeitraum als den Planungszeitraum anzulegen bzw. aufzunehmen, um den Geldbetrag bei Fälligkeit der Anlage bzw. des Kredits erneut für die restliche Laufzeit anzulegen oder aufzunehmen.

Die Auswahl einer der beiden Strategien hängt entscheidend von der Erwartung des Geldhändlers über die zukünftige Zinsentwicklung ab. Er wird sich für die zweite Strategie entscheiden, wenn

- mit einem Anstieg der Geldmarktsätze gerechnet werden kann, und Geld angelegt werden soll, oder
- ein Rückgang der Zinsen zu erwarten ist, und Geld aufgenommen werden soll.

Diese Strategie ist jedoch nicht risikolos. Entwickeln sich die Geldmarktsätze anders als erwartet, so kann sie zu geringeren Zinserträgen bzw. höheren Zinsaufwendungen führen, als eine Geldanlage bzw. -aufnahme für den gesamten Planungszeitraum. Aus diesem Grunde spielt neben der Erwartung über die zukünftige Zinsentwicklung auch die Risikoeinstellung des Händlers, oder besser der Geschäftsbank bzw. des Industrie- oder Handelsunternehmens, das der Händler vertritt, eine Rolle bei der Strategieauswahl.

Zu den Aufgaben der Geldhändler gehören nicht nur die Sicherung der Liquidität und die Erzielung von Arbitrage- und Spekulationsgewinnen. Die Händler haben auch dafür zu sorgen, dass die Banken ihre Mindestreservepflicht bei der Zentralbank erfüllen können. Banken sind normalerweise verpflichtet, für ihre Verbindlichkeiten (also etwa Spareinlagen ihrer Kunden), bei der jeweiligen Zentralbank eine Mindestreserve zu halten. Reichen die Einlagen auf dem Zentralbankkonto nicht aus, um das von der Zentralbank verlangte Mindestreservesoll zu erreichen, so müssen die Banken Geld beschaffen. Sie nehmen, je nachdem für welchen Zeitraum das Geld voraussichtlich benötigt wird, Tages- oder Termingeld auf.

Inlandsgeldmarkt und Euro-Geldmarkt

Wenn der Begriff Geldmarkt verwendet wird, ist damit im Regelfall ein geographisch abgrenzbares Gebiet gemeint, genauer gesagt eine Region, in der es eine gemeinsame Währung gibt. Das kann ein Land sein oder aber auch ein Verbund aus mehreren Staaten, wie die Europäische Währungsunion. Dementsprechend gibt es zum Beispiel einen Geldmarkt in den USA, einen weiteren in Japan, einen in Großbritannien und schließlich einen *Euro-Geldmarkt*, auf dem die Geldgeschäfte innerhalb der Teilnehmerstaaten der Europäischen Währungs- und Wirtschaftsunion (im Folgenden kurz EWWU) abgewickelt werden.

Die Bezeichnung Euro-Geldmarkt hat seit der Einführung des Euro jedoch eine Doppelbedeutung. Zum einen umschreibt sie – wie schon angedeutet – kurzfristige Geldleihen innerhalb der europäischen Währungsunion. Zum anderen ist der Begriff Euro-Geldmarkt seit Jahrzehnten Synonym für eine besondere Form von Geldmarktgeschäften: Dem Handel mit Krediten und Geldmarktpapieren, die auf die Währung eines bestimmten Landes X lauten, in einem anderen Land Y. Ein typisches Euro-Geldmarktgeschäft ist beispielsweise die Aufnahme eines US-Dollar Termingeldes am Finanzplatz London. Die folgenden Ausführungen verdeutlichen, wie und warum es zur Bildung des Euro-Geldmarktes kam.

Ende der 50er-Jahre hatten politische Spannungen zwischen den USA und der ehemaligen UdSSR dazu geführt, dass die Staaten des damaligen Warschauer Paktes einen Großteil ihrer US-Dollar-Guthaben von amerikanischen zu europäischen Geschäftsbanken übertrugen. Dieser Transfer und die zwischen den wichtigsten westeuropäischen Staaten im Jahre 1957 vereinbarte freie Austauschbarkeit der Währungen untereinander bilden den Ursprung für den Euromarkt. Zunächst dienten nur europäische Finanzplätze – in erster Linie der Finanzplatz London – als Anlaufstelle für US-Dollar-Guthaben. Dies führte zu der Bezeichnung *Euromarkt*. Mittlerweile werden auch Finanzplätze in der Karibik, in Asien oder im Nahen Osten zum Euromarkt gezählt, was die Vorsilbe »Euro« jedoch verschleiert. Die Bezeichnung Welt-Finanzmarkt wäre in diesem Zusammenhang treffender. Euromarkt

Beibehalten wurde aber der Ausdruck Euromarkt, der heutzutage einen Finanzmarkt beschreibt, auf dem die Teilnehmer über Länder- und Kontinentgrenzen hinweg Geld anlegen und aufnehmen sowie Forderungs- und Beteiligungspapiere begeben und handeln können. Die Handelsobjekte des Euromarktes werden zumeist mit dem Zusatz Euro (Euro-Dollar, Euro-Anleihe, Euro-CPs usw.) versehen, um sie von den Handelsobjekten nationaler Finanzmärkte abzugrenzen. Dollar-Termingeld, das außerhalb des US-amerikanischen Geldmarktes, zum Beispiel zwischen einer französischen und einer britischen Geschäftsbank, gehandelt wird, heißt dann Euro-Dollar-Termingeld, auf Dollar lautende Commercial-Papers, die im Ausland begeben werden, Euro-Dollar-CPs usw. Die den Handelsobjekten am Euromarkt zugrunde liegenden Währungen bezeichnet man als Euro-Währungen. Hierzu zählen grundsätzlich alle Währungen, die frei konvertierbar (austauschbar) sind. Dies sind vor allem der US-Dollar, der Yen oder das Britische Pfund, die am Euromarkt Euro-Dollar, Euro-Yen bzw. Euro-Pfund genannt werden.

Im Laufe der Zeit haben sich Euromarkt-Zentren herausgebildet, auf die sich der Euro-Geldhandel konzentriert. Banken haben im Ausland, insbesondere an den Euromarkt-Zentren (London, Luxemburg usw.), Tochterinstitute gegründet, um an diesen Handelsplätzen präsent zu sein.

Kommen wir nun konkret zum Euro-Geldmarkt. Dieser ist das Segment des Euromarktes, auf dem

- Marktteilnehmer Euro-Geld, also kurzfristige, unbesicherte Kredite, handeln sowie
- Euro-Geldmarktpapiere emittiert und gehandelt werden.

Euro-Geld kann – genau wie kurzfristige Kredite an herkömmlichen Geldmärkten – in Euro-Tages- und Euro-Termingeld unterschieden werden. Geschäfte mit *Euro-Tagesgeld* sind überwiegend Tom/Next-Geschäfte.

Produkte am Euro-Geldmarkt

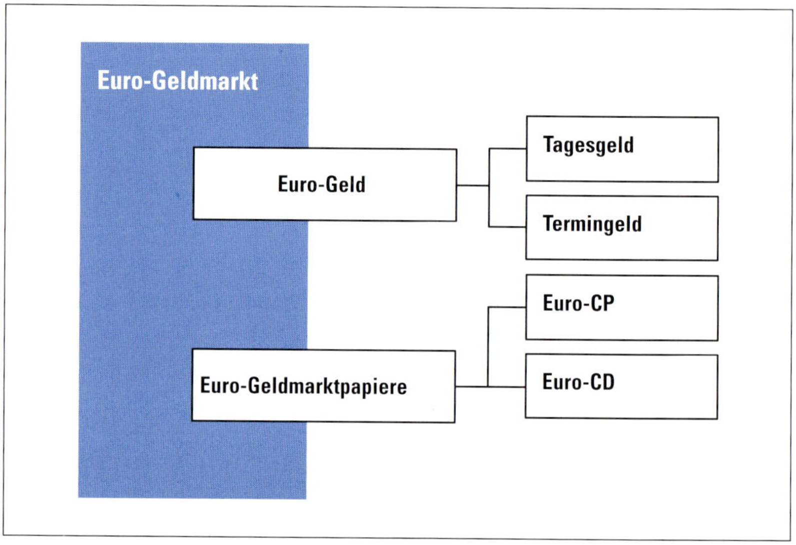

Euro-Termingeld umfasst sämtliche Euro-Geldanlagen und -aufnahmen mit Laufzeiten von einem Monat bis zu einem Jahr. Es wird – wie auch in Deutschland – »Valuta zwei Tage« gehandelt, was ausdrückt, dass das Geld erst zwei Tage nach Geschäftsabschluss zur Verfügung gestellt und auch von da an verzinst wird.

Den Euro-Geldmarkt nutzen weltweit in erster Linie Geschäftsbanken, um ihre Geldüberschüsse anzulegen oder – bei Bedarf – Geld aufzunehmen. Der Handel mit Euro-Geld wird per Telefon oder über *Dealingsysteme* abgewickelt. Bedeutende Geschäftsbanken stellen an jedem Handelstag Geld- und Briefsätze für Euro-Geld in entsprechende Systeme ein. Die Abbildung auf der nächsten Seite zeigt einen Ausschnitt eines Reuters-Schirms, auf dem Tages- und Termingeldsätze unterschiedlicher Geschäftsbanken für Euro-Dollar angezeigt werden.

Euro-Geldmarktsätze wurden früher in Bruchzahlen, also zum Beispiel $5\,^1/_2$–$5\,^3/_4$, gestellt. Heute jedoch erfolgt eine Quotierung immer mit zwei dezima-

```
Printed By Reuters :                                       Tuesday, 8 May 2001 17:57:42
USDD=                  US DEPOS & SPOTS
RIC         Bid       Ask       Srce Time    RIC         Bid       Ask       Srce Time
USDOND=     4.38      4.46      HALI 17:09   DEM=S       2.2087    2.2100         17:56
USDTND=     4.37      4.50      ABCZ 17:12   JPY=S       121.62    121.65         17:56
USDSND=     4.37      4.50      ABCZ 17:12   GBP=S       1.4321    1.4325         17:56
USDSWD=     4.32      4.44      ABCZ 17:13   CHF=S       1.7411    1.7421         17:56
USD2WD=     4.32      4.44      CLD1 10:53   FRF=S       7.4078    7.4119         17:56
USD1MD=     4.02      4.14      ABCZ 17:13   NLG=S       2.4887    2.4901         17:56
USD2MD=     4.00      4.12      ABCZ 17:13   ITL=S       2186.64   2187.88        17:56
USD3MD=     3.94      4.06      ABCZ 17:14   EUR=S       0.8850    0.8855         17:56
USD6MD=     3.92      4.04      ABCZ 17:14   CAD=S       1.5438    1.5448         17:56
USD9MD=     4.01      4.11      SELY 17:00   AUD=S       0.5182    0.5189         17:56
USD1YD=     4.10      4.20      SELY 17:00   SGD=S       1.8237    1.8247         17:55
USD2YD=     4.59      4.69           08:05   MYR=S       3.7999    3.8000         12:34
                                             NZD=S       0.4209    0.4217         17:52
                                             HKD=S       7.7992    7.8000         17:56
```

len Nachkommastellen. Die erste Zahl zeigt den Geld- und die zweite den Briefsatz an.

Am 6. Mai 2001 signalisiert eine Geschäftsbank den an das Reuters-System angeschlossenen Euro-Geldmarkt-Teilnehmern (siehe Abbildung oben), dass sie bereit ist, US-Dollar für einen Monat

- zu 4,02 % p. a. »hereinzunehmen« und
- zu 4,14 % p. a. zu verleihen.

Anzumerken ist, dass die eingestellten Sätze lediglich Orientierungsgrößen (Indikationen), sind. Marktteilnehmer, die zum Beispiel einen Euro-Dollar-Betrag für einen Monat aufnehmen möchten, handeln mit der betreffenden Bank per Telefon oder Dealingsystem den Satz für das Geschäft konkret aus.

Sätze für Euro-Tage- und -Termingeld werden im HANDELSBLATT in der Tabelle EUROGELDMARKTSÄTZE wiedergegeben.

Eurogeldmarktsätze im HANDELSBLATT

Sätze für Euro-Tagesgeld in verschiedenen Währungen

Sätze für Euro-Termingeld in verschiedenen Währungen (Euro-Spot-Geschäfte)

EUROGELDMARKTSÄTZE UNTER BANKEN (IN PROZENT)

20.4.2001	Tagesgeld	1 Monat	2 Monate	3 Monate	6 Monate	12 Monate
Euro	5,5200 - 5,6200	4,7800 - 4,8300	4,7400 - 4,8400	4,7500 - 4,8000	4,5800 - 4,6800	4,5300 - 4,6600
US-$	4,4000 - 4,5000	4,5900 - 4,6900	4,4700 - 4,5700	4,4500 - 4,5500	4,3200 - 4,4200	4,3500 - 4,4700
Pfund	4,6200 - 4,7500	5,2500 - 5,4000	5,2600 - 5,3600	5,2100 - 5,2700	5,1800 - 5,2400	5,1300 - 5,2300
sfr	2,8500 - 3,1000	3,0700 - 3,2200	3,0700 - 3,2200	3,0700 - 3,2200	3,1600 - 3,2200	3,1600 - 3,2200
YEN	- 0,1200	0,0300 - 0,1300	0,0300 - 0,1300	0,0400 - 0,1400	0,0500 - 0,1500	0,0800 - 0,1800
kan-$	4,6200 - 4,7500	4,5700 - 4,7000	4,4600 - 4,5900	4,3900 - 4,4800	4,3000 - 4,4000	4,3700 - 4,4700
Dr.	5,5200 - 5,6200	4,7800 - 4,8300	4,7400 - 4,8400	4,7500 - 4,8000	4,5900 - 4,7100	4,5300 - 4,6600
A-$	4,5000 - 4,8000	4,6000 - 4,7900	4,5200 - 4,7100	4,4600 - 4,6500	4,3400 - 4,5300	4,4200 - 4,6100
NZ-$	5,7000 - 5,9500	5,7600 - 5,9500	5,6200 - 5,7200	5,5900 - 5,7800	5,4500 - 5,6400	5,4800 - 5,6700
HK-$	3,8700 - 4,2500	4,4400 - 4,6400	4,4100 - 4,6100	4,4200 - 4,6200	4,4200 - 4,6200	4,6000 - 4,8000
n. Zloty	17,0000 - 17,5000	17,1000 - 17,3500	16,8000 - 17,1500	16,6000 - 16,9000	16,1000 - 16,5000	15,6500 - 16,0000
SG-$	1,6250 - 1,7500	2,0500 - 2,2500	2,0900 - 2,2900	2,0900 - 2,2900	2,1500 - 2,3500	2,2800 - 2,4800
Rand	9,7500 - 10,2500	10,5000 - 10,7500	10,4700 - 10,7200	10,5400 - 10,7900	10,5900 - 10,8400	10,9100 - 11,1600
tsch. Krone	4,8300 - 4,9100	4,9900 - 5,2400	4,6500 - 4,9000	4,9900 - 5,2400	4,8600 - 5,1100	4,8600 - 5,1100

$ = 24 Monate 4,8100-4,8400, 36 Monate 5,1400-5,1700, Euro = 24 Monate 4,6700-4,7000, 36 Monate 4,7400-4,7700.
Eonia (Euro) = 5,43% (19.04.2001); **Euribor** (Euro) = 1 Mon. 4,817%, 2 Mon. 4,786%, 3 Mon. 4,765%, 6 Mon. 4,653%, 12 Mon. 4,591%,

Sätze für Dollar- und Euro-Termingeld mit Laufzeiten von 24 und 36 Monaten (2- und 3-Jahresgeld; Spot-Geschäfte)

Die Tabelle ist nach Laufzeiten und Währungen gegliedert. Die ausgewiesenen Sätze gelten für Geschäfte unter Banken und sind dem Reuters-System – unter anderem der Seite »USDD=« – entnommen. Unter der Tabelle EURO-GELDMARKTSÄTZE findet der Leser weitere Angaben für Euro-Termingeld auf Euro- und US-Dollar-Basis mit einer Laufzeit von 24 und 36 Monaten. Diese Sätze entstammen ebenfalls dem Reuters-System und werden dort von bedeutenden, institutionellen Euro-Geldhändlern eingestellt.

Die Rolle der Zentralbanken auf dem Geldmarkt

Ziele und Instrumente

In den westlichen Industrienationen spielen Zentralbanken eine entscheidende Rolle auf den Finanzmärkten. Der Grund: Ihnen wird per Gesetz die Möglichkeit eingeräumt, direkten Einfluss auf das Zinsniveau am Geldmarkt auszuüben und damit (indirekten) Einfluss auf die Renten- und Aktienmärkte sowie auch auf die wirtschaftliche Entwicklung eines Landes zu nehmen.

Wesentliches Ziel aller Zentralbankaktivitäten ist es, die Inflation im Zaum zu halten und dennoch angemessenes wirtschaftliches Wachstum zu ermöglichen. Zu Preissteigerungen kommt es – einfach dargestellt – immer dann, wenn die Menge an Geld, die den Menschen zum Kauf von Gütern und Dienstleistungen zur Verfügung steht, in einem bestimmten Zeitraum stärker ansteigt als das Angebot an Gütern und Dienstleistungen. Einer steigenden Nachfrage steht dann irgendwann kein entsprechendes Angebot mehr gegenüber und Preissteigerungen sind die unausweichliche Folge.

Mindest-reservepolitik

Da die Geschäftsbanken eines Landes durch die Vergabe von Krediten in der Lage sind, »neues« Geld zu schaffen, üben sie maßgeblichen Einfluss auf die Geldmengenentwicklung und auch auf die Preissteigerung aus. Damit die Geldschöpfung durch die Geschäftsbanken nicht unkontrolliert vonstatten geht, installieren Staatsregierungen eine Zentralbank, welche die Aktivitäten der Geschäftsbanken überwacht und zum Beispiel das Recht hat, einen Teil der Bankeinlagen als Mindestreserve zurückzuhalten. Zum Verständnis: Banken können immer nur soviel Geld verleihen, wie ihnen durch Einlagen zur Verfügung stehen. Müssen sie einen Teil der Einlagen permanent auf einem Konto bei der Zentralbank vorhalten, kann dieser Teil nicht für die Vergabe von Krediten genutzt werden. Die Geldmenge ist durch die Mindestreserve – wenn auch nur in geringem Umfang – steuerbar.

Refinanzierungs-politik

Neben der Mindestreservepolitik gibt es noch ein weiteres, effektiveres Instrument, mit dem die Zentralbanken auf das Geschehen am Geldmarkt einwirken können, die *Refinanzierungspolitik*. Dahinter steckt im Grunde genommen folgender Gedanke: Die Zentralbank tritt als direkter Konkurrent zu anderen Refinanzierungsquellen für die Geschäftsbanken auf und versucht auf diese Weise, die Refinanzierungskosten (zum Beispiel die Zinssätze für Tagesgeld) in eine bestimmte Richtung zu lenken: In Boomphasen strebt sie im Regelfall an, die Refinanzierungskosten für die Geschäftsbanken – konkret: die Zinsen am Geldmarkt – zu erhöhen, in einer Rezession hinge-

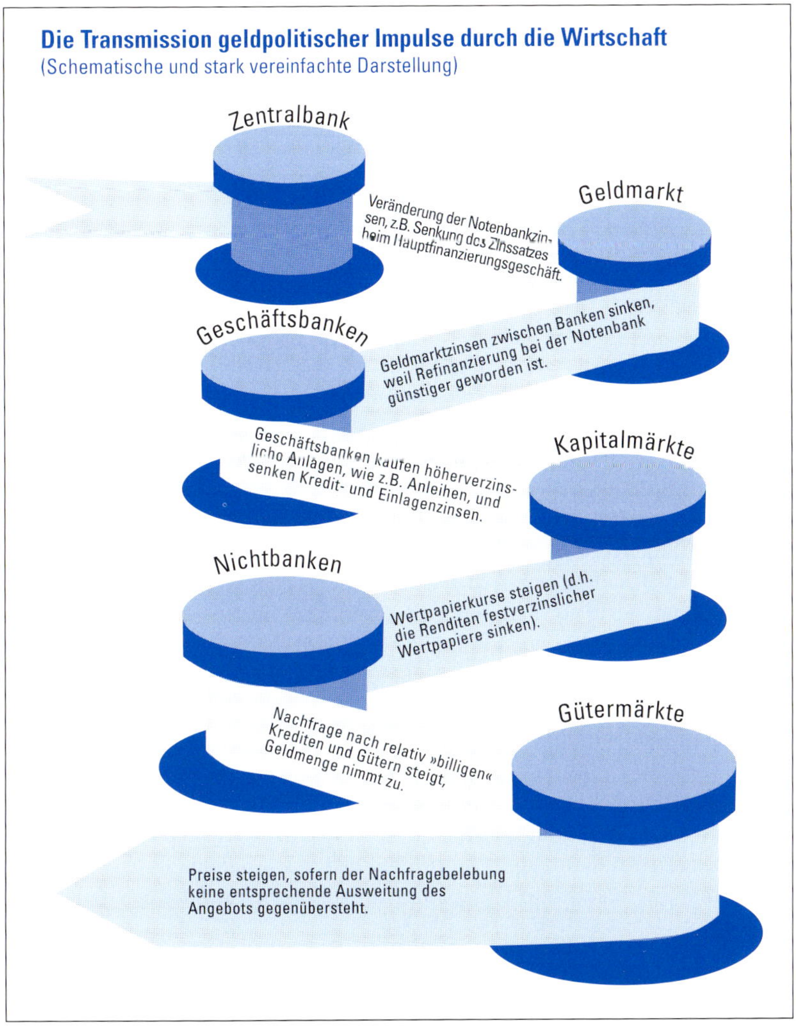

Das Schaubild zeigt stark vereinfacht, wie ein expansiver Schritt der Notenbank im Regelfall auf die Gesamtwirtschaft wirkt.

gen, die Geldmarktsätze zu senken, um die Kreditvergabe durch die Geschäftsbanken anzukurbeln und damit die Nachfrage nach Gütern und Dienstleistungen zu stimulieren.

Refinanzierung

Während man bei Unternehmen außerhalb des Bankensektors von »Finanzierung« spricht, wenn sie sich Kapital beschaffen, um etwa neue Maschinen zu erwerben oder neues Personal einzustellen, gebraucht man im Falle von Geschäftsbanken den Begriff *Refinanzierung*. In erster Linie geschieht dies wohl deshalb, weil die Banken das geliehene Geld zu einem beachtlichen Teil wiederum für Kredite an die eigenen Kunden verwenden. Vereinfacht könnte man auch sagen, eine Re-Finanzierung ist die Finanzierung einer vorausgegangenen Finanzierung: Die Banken geben ihren Kunden, also zum Beispiel Unternehmen und Privatpersonen, Kredit, damit diese den Kauf von

Gütern und Dienstleistungen bezahlen (finanzieren) können. Damit aber die Banken wiederum selbst in der Lage sind, diese Finanzierung zu erbringen, müssen sie sich vorher Kapital besorgen, etwa aus Spareinlagen oder aber Krediten bei anderen Banken. In der Praxis wird der Ausdruck »Refinanzierung« typischerweise dann verwendet, wenn sich Geschäftsbanken Kapital bei der jeweiligen Zentralbank leihen.

Wie aber ist das möglich? In Nordamerika und Europa existieren zwei bedeutende (Refinanzierungs-)Instrumente zur Beeinflussung des Zinsniveaus am Geldmarkt:

a) Das Angebot einer Refinanzierung durch den Abschluss von Repurchase-Agreements direkt mit der Zentralbank; da die Zentralbank hierbei auf eigene Initiative und für eigene Rechnung am »offenen« Markt Wertpapiere an- und verkauft, spricht man auch von *Offenmarktpolitik*.
b) Das Angebot einer direkten Kreditaufnahme bei der Zentralbank; im Unterschied zu Repurchase-Agreements kann diese Möglichkeit der Kreditaufnahme jederzeit, also Tag für Tag, auf Initiative der Geschäftsbanken hin in Anspruch genommen werden. In den USA werden direkte Kreditaufnahmen bei der Zentralbank als Diskontkredite bezeichnet. Die direkte Kreditaufnahme bei der Europäischen Zentralbank ist in Form der *Spitzenrefinanzierungsfazilität* möglich.

Offenmarktpolitik

Betrachten wir zunächst die Offenmarktpolitik und ihre Wirkung auf das Zinsniveau am Geldmarkt etwas näher. Als Offenmarktpolitik wird – wie schon angedeutet – der Kauf und Verkauf von Wertpapieren durch die Zentralbank bezeichnet. Im Mittelpunkt stehen hierbei Repurchase-Agreements: Die Zentralbank bietet liquiditätssuchenden Banken in regelmäßigen Abständen an, bestimmte Wertpapiere anzukaufen, damit sich die Banken

Ablauf eines Repo-Geschäftes mit der Zentralbank

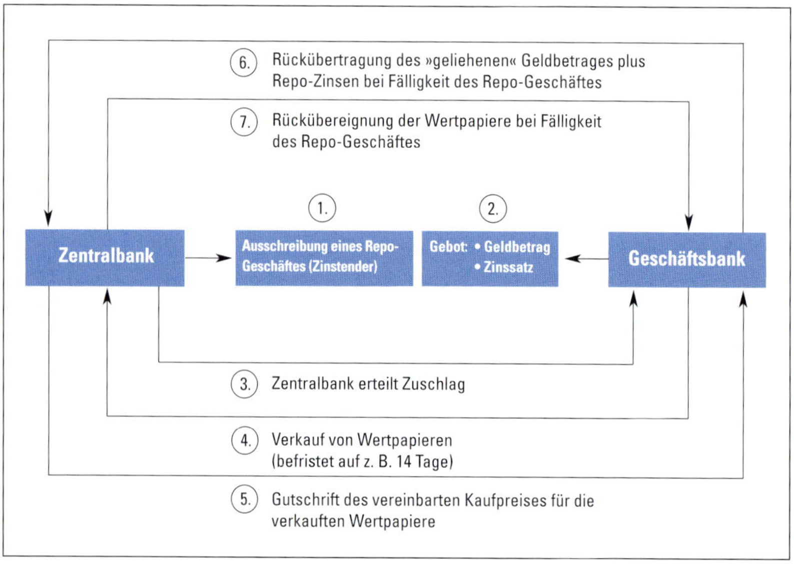

auf diese Weise Geld direkt von der Zentralbank beschaffen können. Gleichzeitig verpflichtet sie die Banken aber, die Wertpapiere nach Ablauf einer relativ kurzen Frist, zum Beispiel nach 14 Tagen, zurückzukaufen. Darüber hinaus müssen die Banken für den bereitgestellten Geldbetrag Zinsen an die Zentralbank zahlen. Der Zinssatz heißt auch *Repo-Rate*.

Repo-Rate

Die Geschäftsbanken erhalten im Rahmen eines Repurchase-Agreements folglich für einen exakt bemessenen Zeitraum eine Art Kredit, der durch den Verkauf von Wertpapieren an den Kreditgeber, die Zentralbank, besichert wird.

Pensionsgeschäfte und Pensionssatz

Die Bundesbank nannte Repurchase-Agreements *Pensionsgeschäfte*, weil die Geschäftsbanken Wertpapiere für eine kurze Zeitspanne gewissermaßen »in Pension gaben«, bevor sie sie wieder zurückkaufen mussten. Der Zinssatz, den die Bundesbank auf die bereitgestellten Geldbeträge berechnete, trug die Bezeichnung *Pensionssatz*. Vor Gründung der EZB war der Pensionssatz der wichtigste Leitzinssatz in Deutschland.

Da die im Zuge von Repurchase-Agreements verliehenen Geldbeträge in direkten Wettbewerb mit Krediten treten, die die Geschäftsbanken bei anderen Marktteilnehmern, zum Beispiel anderen Banken, Fonds- oder Versicherungsgesellschaften, aufnehmen können, bieten sie der Zentralbank die Möglichkeit, nachhaltig Einfluss auf die Situation am Geldmarkt zu nehmen. Dies geschieht über die Variation des Zinssatzes, also der Repo-Rate. Eine Erhöhung (Senkung) der Repo-Rate führt zwangsläufig zu einem steigenden (sinkenden) Zinsniveau am Geldmarkt, da Geschäftsbanken mit Liquiditätsreserven ihre Konditionen für Interbankkredite umgehend nach oben oder unten anpassen werden, um ihre Gewinne zu maximieren bzw. konkurrenzfähig zu bleiben.

Usancen bei Offenmarktgeschäften

Eine Notenbank kann Wertpapiere endgültig (»outright«) kaufen und verkaufen oder aber im Rahmen eines Repo-Geschäftes nur für einen bestimmten Zeitraum. Der Kauf von Wertpapieren mit Rückkaufvereinbarung kommt heute weitaus häufiger vor. Während Outright-Geschäfte im Regelfall über die Börse abgewickelt werden, schließen Notenbanken Repo-Geschäfte immer direkt mit den Banken ab.

Beim zweiten Refinanzierungsweg über die Notenbank, der direkten Kreditaufnahme, tritt der Zusammenhang zwischen den Zentralbankkonditionen und den Zinssätzen am Geldmarkt noch deutlicher hervor: Sobald eine Zentralbank Geschäftsbanken die Möglichkeit einräumt, einen kurzfristigen Geldbedarf jederzeit direkt bei ihr zu decken, tritt sie in Wettbewerb zu jenen Geschäftsbanken, die über Liquiditätsreserven verfügen und diese am Geldmarkt verleihen möchten. Eine Variation der Zinssätze für Zentralbank-Kredite wirkt sich dementsprechend unmittelbar auf die Konditionen am Geldmarkt aus.

Im Folgenden haben wir die Struktur sowie die geldpolitischen Instrumente der US-Notenbank sowie der Europäischen Zentralbank näher erläutert. Parallelen zwischen beiden Systemen sind unverkennbar.

Federal-Reserve-System

Struktur und Aufgaben

Die Zentralbank der USA ist das Federal-Reserve-System. Sie wird häufig kurz als *Federal-Reserve* oder auch FED bezeichnet und hat einen föderativen Aufbau mit einer zentralen Regierungsbehörde, dem Board of Governors mit Sitz in Washington D. C., und zwölf regionalen Federal-Reserve-Banks in großen Städten bundesweit.

Geographische Struktur des Federal-Reserve-Systems

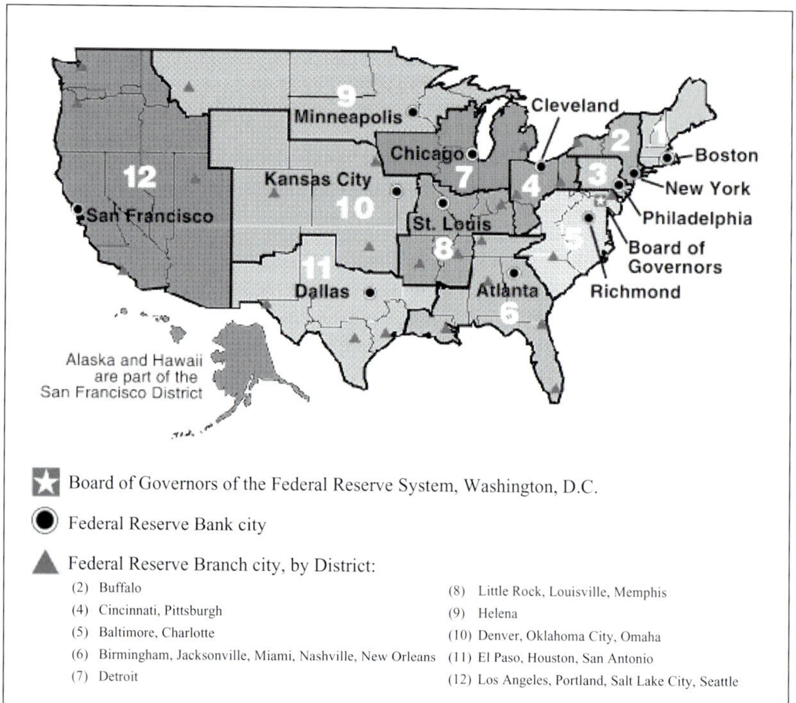

Board of Governors

Das Board of Governors besteht aus insgesamt sieben Gouverneuren, die vom US-Präsidenten vorgeschlagen und vom Senat für eine Amtszeit von jeweils 14 Jahren ernannt werden. Den Vorsitzenden des Boards, momentan *Alan Greenspan*, und seinen Stellvertreter schlägt ebenfalls der Präsident vor. Der Senat bestimmt den ersten und zweiten Vorsitzenden für eine Amtszeit von insgesamt vier Jahren. Das Board wird durch rund 1.800 Mitarbeiter am Sitz in Washington D. C. unterstützt und ist zusammen mit den Federal-Reserve-Banks verantwortlich für

- die Aufsicht über die meisten US-Geschäftsbanken,
- die Regulierung bestimmter Geldgeschäfte und

- die Abwicklung von Geldgeschäften für die US-Regierung und Geschäftsbanken.

FOMC

Das bedeutendste Organ der FED ist jedoch das Federal-Open-Market-Committee (FOMC). Es besteht aus

- den sieben Gouverneuren des Board of Governors,
- dem Präsidenten der Federal-Reserve-Bank von New York City und
- den Präsidenten von vier weiteren Federal-Reserve-Banks, die jeweils für eine Amtszeit von zwölf Monaten berufen werden.

Die Termine für die regelmäßigen Treffen des FOMC sind im Internet unter www.federalreserve.gov/FOMC/ zu finden.

Erster Vorsitzender des FOMC ist immer der Vorsitzende des Board of Governors, derzeit also *Alan Greenspan*, und zweiter Vorsitzender der Präsident der New Yorker Federal-Reserve-Bank. Das FOMC ist für alle Offenmarktoperationen der FED verantwortlich und legt deren Geldmengenziele fest. Gemeinhin spricht man daher auch vom »Offenmarktausschuss der FED«. Die Entscheidungen des Ausschusses werden von den Finanzmarktteilnehmern in der ganzen Welt mit Argusaugen beobachtet, da sie die Entwicklung an den Renten- und Aktienmärkten rund um den Globus nachhaltig beeinflussen können. Händler führen starke Kursausschläge an den US-amerikanischen Börsen oftmals auf die anstehenden Treffen des FOMC, die planmäßig achtmal pro Jahr stattfinden, zurück. Schon Tage vor diesen Treffen spekuliert man darauf, ob die FED die Leitzinsen anhebt oder senkt, oder vielleicht doch unverändert lässt.

Member-Banks

Die unterste Organisationsebene der FED bilden Mitglieds-Geschäftsbanken (*Member-Banks*), die rund Dreiviertel aller US-Bankeinlagen auf sich vereinen. Sie sind per Gesetz dazu verpflichtet, Aktien der Federal-Reserve-Bank ihres Bezirks zu zeichnen, besitzen Stimmrechte bei der Wahl des Vorstandes der Federal-Reserve-Bank und erhalten von dieser jedes Jahr eine Dividendenzahlung in Höhe von 6 % ihrer Beteiligungssumme. Banken, die nicht Mitglieder der FED sind, werden als Nonmember-Banks bezeichnet. Sowohl Member- als auch Nonmember-Banks unterliegen Mindestreservevorschriften und haben die Möglichkeit, Refinanzierungskredite bei den zwölf Federal-Reserve-Banks aufzunehmen.

Die FED ist eine unabhängige Zentralbank, die geldpolitische Entscheidungen ohne die Zustimmung anderer Regierungsbehörden treffen und ausführen kann. Im Mittelpunkt aller FED-Aktionen steht bereits seit den 1980er-Jahren der Tagesgeldsatz, die Federal-Funds-Rate. Dieser Zinssatz kann zwar nicht direkt durch die FED festgesetzt werden, da er sich grundsätzlich frei durch den Tagesgeldhandel der Banken am Geldmarkt bildet. Doch kann die FED durch liquiditätssteuernde Instrumente nachhaltigen Einfluss auf die Höhe der Federal-Funds-Rate ausüben. Der Offenmarktausschuss veröffentlicht seit Mitte der 90er-Jahre regelmäßig eine Zielgröße, ein so genanntes *Target-Level*, für den Tagesgeldsatz.

Target-Level im Wall Street Journal (Ende April 2001)

DISCOUNT RATE: 4.00% (effective 04/18/01). The charge on loans to depository institutions by the Federal Reserve Banks. **FEDERAL FUNDS:** 4 3/8 % high, 4 3/8 % low, 4 3/8 % near closing bid, 4 3/8 % offered. Reserves traded among commercial banks for overnight use in amounts of $1 million or more. Source: Prebon Yamane(U.S.A) Inc. FOMC fed funds target rate 4 1/2 % effective 04/18/01 .
CALL MONEY: 6.25% (effective 04/19/01). The charge on loans to brokers on stock exchange collateral. Source: Reuters.
COMMERCIAL PAPER: Placed directly by General Electric

Senkt er diese Zielgröße oder hebt er diese an, so spricht man in den USA von einer Leitzinssenkung bzw. Leitzinserhöhung. Parallel wird normalerweise auch der Diskontsatz angepasst, den wir weiter unten beschreiben.

Die Abbildung auf der folgenden Seite verdeutlicht, dass die FED ihre Geldpolitik, also die Beeinflussung der Geldmenge und damit des Zinsniveaus am Geldmarkt grundsätzlich mit Hilfe von

- Offenmarktoperationen (*Open-Market-Operations*),
- Veränderungen des Zinssatzes für Refinanzierungskredite (*Discount-Rate*) und
- Mindestreservebestimmungen (*Reserve-Requirements*)

Open-Market-Operations

steuert. Entscheidungen über Art und Umfang von Offenmarktoperationen (*Open-Market-Operations*), dem wichtigsten geldpolitischen Instrument der FED, werden täglich von Vertretern des FOMC getroffen und allen Präsidenten der Federal-Reserve-Banks mitgeteilt. Die Ausführung der Offenmarktoperationen erfolgt durch das *Domestic-Trading-Desk*, einer Abteilung der Federal-Reserve-Bank von New York City. Mitarbeiter des Desk kaufen und verkaufen im Auftrag der FED Wertpapiere – in aller Regel Schuldverschreibungen der US-Regierung und anderer Bundesbehörden (Agencies) – von den bzw. an die Geschäftsbanken und weiten so die Geldmenge aus oder beschneiden diese. Im Mittelpunkt liquiditätsfördernder Maßnahmen stehen dabei Repurchase-Agreements, wohingegen eine kurzfristige Geldmengenbeschneidung durch so genannte *Matched-Sale-Purchase-Transaktionen* erreicht wird. Bei letzteren verkauft die Zentralbank zunächst Wertpapiere (normalerweise Treasury-Bills) gegen »Cash« und verpflichtet sich, die Titel nach einer bestimmten Frist wieder zurückzukaufen. Matched-Sale-Purchase-Transaktionen durch die FED heißen auch *Reverse-Repurchase-Agreements* oder kurz *Reverse-Repos*.

Die Veränderungen der Federal-Funds-Target-Rate in den letzten Jahren

Leitzinserhöhung

Leitzinssenkung

Intended federal funds rate Change, 1990 to present

Date	Change (basis points) Increase	Decrease	Level (percent)
2001			
May 15	...	50	4.00
April 18	...	50	4.50
March 20	...	50	5.00
January 31	...	50	5.50
January 3	...	50	6.00
2000			
May 16	50	...	6.50
March 21	25	...	6.00
February 2	25	...	5.75
1999			
November 16	25	...	5.50
August 24	25	...	5.25
June 30	25	...	5.00
1998			
November 17	...	25	4.75
October 15	...	25	5.00
September 29	...	25	5.25
1997			
March 25	25	...	5.50
1996			
January 31	...	25	5.25
1995			
December 19	...	25	5.50
July 6	...	25	5.75
February 1	50	...	6.00

Im Rahmen von Repurchase-Agreements zahlt die US-Notenbank normalerweise nicht den vollen Marktwert für die von den Geschäftsbanken erworbenen Wertpapiere. Vielmehr schlägt sie dem aktuellen Kurs einen gewissen Prozentsatz, die so genannte Marge, ab. Der Preisabschlag soll der FED Schutz vor plötzlichen Kursrückschlägen bei den erworbenen Wertpapieren bieten. Es kann nämlich vorkommen, dass eine Geschäftsbank bei Fälligkeit eines Repo-Geschäftes nicht in der Lage ist, die Wertpapiere wie vereinbart von der FED zurückzukaufen. Die Notenbank ist dann gegebenenfalls gezwungen, die Papiere am Markt deutlich unter Einstandspreis wieder zu verkaufen, was ihr Verluste einbringen würde. Seit August 1982 berechnet die

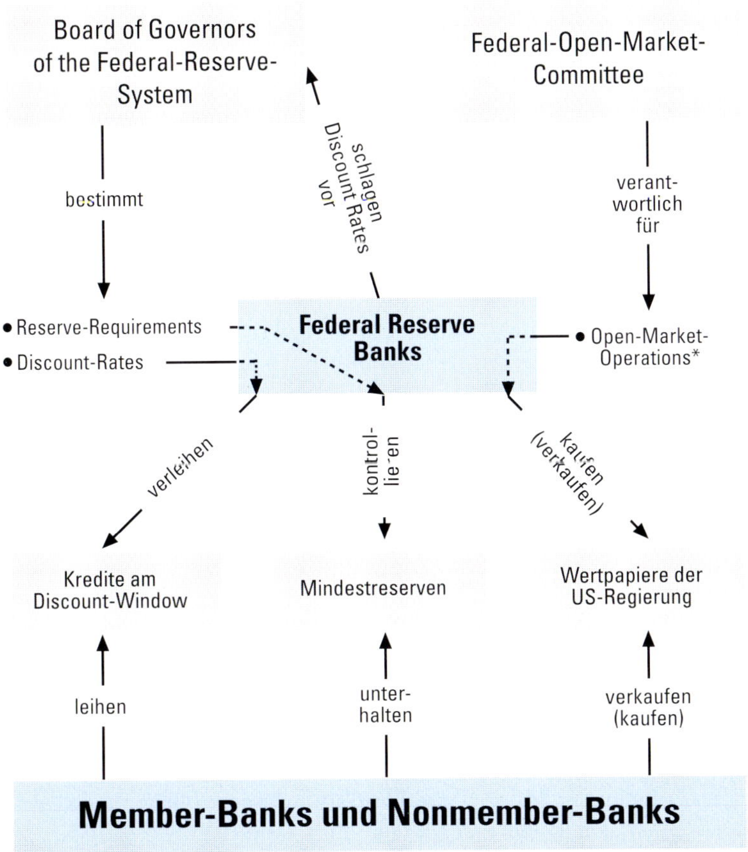

* Open Market Operations werden in aller Regel nur von der Federal Reserve Bank in New York City ausgeführt.

Federal-Reserve-System – geldpolitische Instrumente

FED bei Wertpapieran- und -verkäufen im Rahmen von Repo-Geschäften außerdem Stückzinsen. Im Rahmen eines herkömmlichen Repos schreibt sie ihren Kontrahenten beim Ankauf von Wertpapieren den vereinbarten Preis (Marktwert minus Marge) plus Stückzinsen gut, wohingegen sie den Geschäftsbanken bei Wertpapierverkäufen im Zuge eines Reverse-Repos die angefallenen Stückzinsen zusätzlich zum Marktwert in Rechnung stellt.

Kredite am Discount-Window

Kommen wir zur zweiten Refinanzierungsmöglichkeit über die FED: Member- und Nonmember-Banks können bei den regionalen Federal-Reserve-Banks kurzfristige Refinanzierungskredite am *Discount-Window* aufnehmen. Der Ausdruck Discount-Window stammt noch aus den Anfangsjahren des amerikanischen Zentralbanksystems, in denen Vertreter der Geschäftsbanken zur Aufnahme eines Zentralbankkredites persönlich am Window, einem Schalterfenster, der Federal-Reserve-Banks vorsprechen mussten. Federal-Reserve-Banks vergeben Kredite am Discount-Window nur in Ausnahmefällen und nur für kurze Zeiträume. Für gewöhnlich handelt es sich bei hierbei um *Adjustment-Credits*, mit denen Banken einen unvorhergesehenen Liquiditätsengpass zum Beispiel über Nacht oder über das

Wochenende decken können. Die Kredite gewähren die Federal-Reserve-Banks allerdings erst dann, wenn alle anderen Möglichkeiten zur Kreditaufnahme ausgeschöpft wurden. Die Nachfrage nach Refinanzierungskrediten steuern sie in Abstimmung mit dem Board of Governors durch Veränderungen des Refinanzierungssatzes, der Discount-Rate. Das Discount-Window wird heutzutage nur noch sehr selten in Anspruch genommen, sodass Adjustment-Credits letzten Endes eine nur untergeordnete Rolle spielen. Dennoch schenken Marktteilnehmer den Anpassungen der Discount-Rate große Aufmerksamkeit, da die FED durch eine Veränderung dieses Refinanzierungssatzes signalisiert, ob sie derzeit eine eher expansive oder eher restriktive Geldpolitik verfolgt.

Reserve-Requirements

Das dritte geldpolitische Instrument der Fed sind Mindestreservebestimmungen (*Reserve-Requirements*). Member und Nonmember Banks sind verpflichtet, einen Teil ihrer Einlagen bei den Federal-Reserve-Banks zu halten. Das Board of Governors ist als einziges FED-Organ befugt, Mindestreservesätze festzulegen und beauftragt die Federal-Reserve-Banks, die Mindestreserven der Geschäftsbanken in regelmäßigen Abständen zu kontrollieren.

Ein Tag im Trading-Desk der Federal-Reserve-Bank von New York

Der typische Arbeitstag der Mitarbeiter des Domestic-Trading-Desk bei der New Yorker Federal-Reserve-Bank beginnt damit, aktuelle Marktinformationen zu sammeln. Die Händler der Notenbank telefonieren mit den Händlern bedeutender Geschäftsbanken und Wertpapierhandelshäuser, den *Primary-Dealers*, und fragen nach der aktuellen Stimmungslage sowie den Erwartungen für den anstehenden Handelstag. Die Händler der Primary-Dealers können den Mitarbeitern der FED durch einen Blick in die eigenen Bücher einen sehr guten Eindruck darüber vermitteln, welchen Finanzierungsbedarf sie aktuell voraussichtlich haben werden. Schließlich wissen sie ziemlich genau, ob im Laufe des Tages zum Beispiel Repo-Geschäfte mit Kontrahenten wie Fonds- und Versicherungsgesellschaften fällig werden oder Kreditvereinbarungen (Tagesgeld, Termingeld) mit anderen Banken auslaufen. Wichtiger Ansprechpartner für die Händler der Federal-Reserve-Bank von New York sind darüber hinaus die Geldhändler im US-Finanzministerium (Bundesschatzamt). Denn auch hier werden tagtäglich Kredite fällig, müssen Zinsen gezahlt oder neue Finanzierungen durchgeführt werden. Parallel zu den Gesprächen mit den wichtigsten Marktteilnehmern am Geldmarkt tragen andere Desk-Mitarbeiter die Daten vom letzten Handelstag zusammen und versuchen unter Abwägung bestimmter Szenarien, eine Prognose für den anstehenden Tag abzugeben.

Auf Grundlage der vorliegenden Informationen und Prognosen entwickeln die Mitarbeiter des Desk einen Plan aller vorgesehenen Offenmarktoperationen für den anstehenden Tag. Dieser Plan wird mit einem Vertreter des FOMC, normalerweise einem Präsidenten der dort vertretenen Federal-Reserve-Banks, in einem Conference-Call erörtert und – sofern das FOMC-Mitglied zustimmt – anschließend von den Händlern des Desk umgesetzt. Ein Protokoll über alle vorgesehenen Maßnahmen geht umgehend auch an alle weiteren Mitglieder des FOMC um diese ständig auf dem Laufenden zu halten.

Nehmen wir an, der aktuelle Plan sieht vor, den Geschäftsbanken Liquidität über ein Repurchase-Agreement mit einer siebentägigen Laufzeit zur Verfügung zu stellen. Im ersten Schritt würden dann die Desk-Mitarbeiter eine elektronische Nachricht an alle Primary-Dealers senden, diesen die Absicht der FED, ein Repo-Geschäft durchzuführen, mitteilen und sie bitten, binnen der nächsten 10 bis 15 Minuten eine konkretes Gebot für das ausgeschriebene Repurchase-Agreement einzureichen. Den Banken wird dabei normalerweise weder ein Zinssatz noch das vorgesehene Gesamtvolumen der Transaktion mitgeteilt (*Zinstender*). Das Gebot einer Bank muss daher neben der gewünschten Geldmenge auch einen Zinssatz enthalten, zu dem sie bereit ist, ein in unserem Beispiel siebentägiges Repo-Geschäft mit der FED einzugehen. Zinstender

Nach Ablauf der Frist sichten die Desk-Mitarbeiter im zweiten Schritt alle eingegangenen Gebote. Anschließend erfolgt eine Zuteilung des vorgesehenen Repo-Volumens vom höchsten Gebot (konkret: vom höchsten gebotenen Zinssatz) abwärts. Banken, die einen Zinssatz unter der vom Desk anvisierten Repo-Rate bieten, werden nicht bedient. Alle anderen bekommen zumindest einen Teil der nachgefragten Geldmenge. Das Ergebnis der Auktion steht normalerweise bereits fünf Minuten nach Ablauf der Gebotsfrist fest und wird allen beteiligten Banken sofort übermittelt.

Europäische Zentralbank

Struktur und Aufgaben

Mit Inkrafttreten der dritten Stufe der **E**uropäischen **W**ährungs- und **W**irtschafts**u**nion (EWWU), das heißt mit der Einführung des Euro am 1. Januar 1999, wurden dem **E**uropäischen **S**ystem der **Z**entralbanken (kurz: ESZB) folgende geldpolitischen Aufgaben übertragen: ESZB

- Festlegung der Geldpolitik innerhalb der EWWU-Teilnehmerstaaten;
- Durchführung von Devisengeschäften;
- Verwaltung der Währungsreserven der EWWU-Teilnehmerstaaten;
- Förderung der Zahlungssysteme innerhalb des Euro-Raumes.

Die *Europäische Zentralbank* (EZB) mit Sitz in Frankfurt am Main ist das Spitzeninstitut des ESZB. Organisatorisch unter ihr stehen die nationalen Zentralbanken der EWWU-Teilnehmerstaaten, zum Beispiel die Deutsche Bundesbank, die Banque de France oder die Banca d'Italia. Mit der Einführung des Euro gaben die nationalen Zentralbanken ihre Souveränität auf. Geldpolitische Entscheidungen treffen ihre Präsidenten heute nur noch gemeinsam mit dem Direktorium der EZB im EZB-*Rat*. Die nationalen Zentralbanken und ihre Zweigstellen, in Deutschland sind das die Landeszentralbanken (LZBs), setzen die Entscheidungen des EZB-Rates im jeweiligen Heimatland um. Beispielsweise unterhalten die Geschäftsbanken eines Landes ihre Mindestreservekonten nicht direkt bei der EZB, sondern bei der nationalen Zentralbank bzw. ihren Zweigstellen. Die nationalen Zentralbanken sind entsprechend für die Kontrolle der Mindestreserven verantwortlich – nicht die EZB selbst. EZB-Rat

Vorrangiges Ziel des gemeinschaftlichen Zentralbankensystems (und damit der EZB) ist es, die Preisstabilität innerhalb der Euro-Zone zu gewährleisten. Daneben unterstützt das ESZB die allgemeine Wirtschaftspolitik innerhalb der EU-Staaten – und zwar soweit das ohne eine Beeinträchtigung der Preisstabilität möglich ist.

Für Details: www.bundesbank.de/ezb/de/ecb/kurzdarstellung/organisation.htm

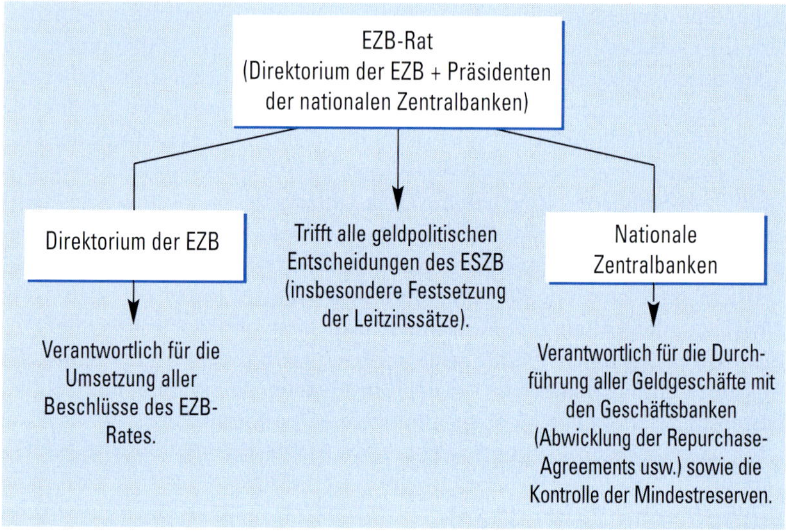

Das ESZB wird von den Beschlussorganen der Europäischen Zentralbank geleitet. Im Einzelnen sind dies das Direktorium der EZB, der EZB-Rat und der Erweiterte Rat. Das Direktorium der EZB umfasst insgesamt sechs Mitglieder:

Direktorium der EZB

- den Präsidenten (derzeit *Wim Duisenberg*), der u. a. die Direktorien »Externe Beziehungen« sowie »Interne Revision« leitet,
- den Vizepräsidenten, verantwortlich für »Verwaltung, Personal und Rechtsdienste«,
- sowie vier weitere Mitglieder, die sich die verbleibenden Ressorts – u. a. sind das Informationstechnik, Volkswirtschaft, Finanzmarktsteuerung und Zahlungsverkehrssysteme – untereinander aufteilen.

Die Mitglieder des Direktoriums werden von den Regierungen der EWWU-Mitgliedstaaten auf der Ebene der Staats- und Regierungschefs ernannt. Ihre Amtszeit beläuft sich auf acht Jahre – ohne Möglichkeit zur anschließenden Wiederernennung. Die Hauptaufgabe des Direktoriums besteht darin, die Geldpolitik gemäß den Leitlinien und Entscheidungen des EZB-Rates auszuführen und hierzu den nationalen Zentralbanken die erforderlichen Weisungen zu erteilen. Damit kommen wir zum EZB-Rat, dem eigentlichen Entscheidungsorgan, das sich wiederum aus sämtlichen Mitgliedern des Direktoriums sowie den Präsidenten der nationalen Zentralbanken der EWWU-Teilnehmerstaaten zusammensetzt. Der EZB-Rat ist im Grunde genommen das wichtigste Organ im ESZB, da er die Geldpolitik innerhalb des

Euro-Raumes bestimmt. Der Rat trifft alle Entscheidungen in Bezug auf Leitzinssatzveränderungen sowie die Bereitstellung von Zentralbankgeld.

Bleibt schließlich noch der Erweiterte Rat. Dieser besteht aus dem EZB-Präsidenten und dem Vizepräsidenten sowie den Präsidenten aller nationalen Zentralbanken innerhalb der Europäischen Union. Im Erweiterten Rat sind also sowohl die Zentralbankpräsidenten der regulären EU-Mitgliedstaaten als auch Zentralbankpräsidenten jener EU-Mitgliedstaaten, die den Euro derzeit noch nicht eingeführt haben (zum Beispiel Großbritannien und Dänemark). Der Erweiterte Rat hat keinerlei Entscheidungsbefugnisse. Ihm kommen in erster Linie Kontroll-, Beratungs- und Datenerhebungsfunktionen zu.

Geldmengendefinitionen der EZB	M1	M2	M3
Bargeld im Umlauf	X	X	X
Täglich fällige Sichteinlagen, z. B. Girokonten	X	X	X
Einlagen mit einer Laufzeit von bis zu zwei Jahren		X	X
Einlagen mit dreimonatiger Kündigungsfrist		X	X
Repurchase-Agreements			X
Anteile an Geldmarktfonds, Geldmarktpapiere			X
Schuldverschreibungen mit Laufzeiten von bis zu zwei Jahren			X

Geldpolitische Instrumente

Wir stellen nun die geldpolitischen Instrumente des Europäischen Systems der Zentralbanken vor. Wir werden dabei begrifflich nicht mehr zwischen ESZB und EZB unterscheiden, sondern immer von der Europäischen Zentralbank oder der EZB sprechen. Im Zentrum der Geldpolitik des neuen Eurosystems steht die Offenmarktpolitik. Genau wie die Deutsche Bundesbank bis 1999 oder die Notenbank in den Vereinigten Staaten stellt auch die EZB den Geschäftsbanken Geld vor allen Dingen in Form von Repo-Geschäften zur Verfügung. Das wichtigste Instrument sind *Hauptrefinanzierungsgeschäfte*, innerhalb derer die EZB Wertpapiere von den Geschäftsbanken für einen Zeitraum von insgesamt 14 Tagen hereinnimmt. Hauptrefinanzierungsgeschäfte werden wöchentlich durchgeführt und finden im Ausschreibungsverfahren statt. Über diese Form des Repurchase-Agreements, die auch *Haupttender* genannt wird, steuert die EZB die Zinsen und die Liquidität am Geldmarkt und setzt Signale für ihren geldpolitischen Kurs. Veränderungen des Zinssatzes für Hauptrefinanzierungsgeschäfte, dem *Mindestbietungssatz*, schlagen normalerweise unmittelbar auf die Konditionen am Geldmarkt durch.

Hauptrefinanzierungsgeschäfte

Wertpapiere werden im Rahmen der Repo-Geschäfte mit der EZB nicht mehr tatsächlich angekauft, sondern nur noch zum Pfand hereingenommen. Man spricht daher auch nicht mehr von Pensionsgeschäften – wie früher die Bundesbank –, sondern neutraler von befristeten Refinanzierungsgeschäften. Wirtschaftlich besteht kein Unterschied.

Mengen- und Zinstender

Zentralbanken bieten Repurchase-Agreements normalerweise in Form von Ausschreibungsverfahren an, die man auch Tender nennt. Dabei geschieht – einfach gesagt – Folgendes: Eine Zentralbank, nehmen wir an die EZB, gibt zunächst bekannt, dass sie an einem bestimmten Termin Wertpapiere ankauft, ohne dabei ein Gesamtvolumen zu nennen. Anschließend bittet sie an einer Refinanzierung interessierte Banken, ein Gebot für das Repo-Geschäft, oder besser: eine konkret formulierte Nachfrage nach Zentralbankgeld, einzureichen. Dabei sind zwei Verfahren zu unterscheiden, nämlich Mengen- und Zinstender.

Mengentender

Beim Mengentender (auch Festsatztender) gibt die EZB den Zinssatz für das anstehende Repo-Geschäft konkret vor und bittet die Geschäftsbanken, in den Geboten lediglich die Geldmenge zu nennen, die sie zum ausgeschriebenen Satz gegen den Verkauf von Wertpapieren ausleihen möchte. Nach Durchsicht der vorliegenden Gebote und nach Abwägung der aktuellen Situation am Geldmarkt legt die EZB anschließend das Gesamtvolumen für das ausstehende Tendergeschäft fest. Bestenfalls bestimmt sie das Gesamtvolumen so, dass alle vorliegenden Nachfragen vollständig bedient werden. Da die EZB jedoch von vornherein konkrete Vorstellungen über die zuzuführende Geldmenge hat, und die Nachfrage im Regelfall sehr hoch ist, kommt es häufig zu einer prozentualen Zuteilung. Dabei werden alle vorliegenden Nachfragen gleichmäßig, also mit demselben Prozentsatz bedient.

Zinstender

Beim Zinstender müssen die Geschäftsbanken nicht nur Gebote über die gewünschte Geldmenge abgeben, sondern auch den Zinssatz nennen, zu dem sie gerade bereit sind, Refinanzierungsgeschäfte abzuschließen. Sie müssen also sowohl eine Mengenangabe machen als auch einen konkreten Preis (Zinssatz) in ihrem Gebot anführen. Die EZB publiziert zuvor jedoch einen *Mindestbietungssatz*, den eine Bank bei einem Gebot auf keinen Fall unterschreiten darf, sofern sie zum Zuge kommen möchte. Nach Eingang aller Gebote schaut die EZB die vorliegenden Offerten sorgfältig durch und bestimmt unter Berücksichtigung des von ihr vorgesehenen Gesamtbetrages bzw. der aktuellen Situation am Geldmarkt, wie viel Geld bei welchen Zinsgeboten zugeteilt wird. Banken, die einen Zinssatz deutlich über dem von der EZB festgelegten Mindestbietungssatz bieten, haben gute Chancen, das nachgefragte Geld in voller Höhe zu erhalten. Wer exakt den Mindestzins geboten hat, läuft Gefahr, dass nur ein Teil des nachgefragten Geldes tatsächlich zugeteilt wird.

Der Mengentender, also die Ausschreibung mit vorgegebenem Zinssatz, ist aus Sicht der Zentralbank das aggressivere Verfahren, da sie eine konkrete Zinsvorstellung äußert und dadurch unmissverständliche Signale an die Marktteilnehmer sendet. Anders beim Zinstender: Die Zinsfindung wird hier zum Großteil dem Markt überlassen. Einzige Restriktion ist der Mindestbietungssatz der EZB, der automatisch die Untergrenze für alle eingehenden Zinsgebote darstellt. Wie viel Geld zu welchem Satz letzten Endes zugeteilt wird, gibt die EZB erst nach Abschluss der Auktion bekannt.

Längerfristiges Refinanzierungsgeschäft

Wo es ein Hauptrefinanzierungsgeschäft gibt, muss es auch ein »Nebenrefinanzierungsgeschäft« geben. Allerdings heißt es im Falle der EZB nicht so, sondern »längerfristiges Refinanzierungsgeschäft« (im Folgenden kurz: längerfristiges Refi-Geschäft) oder *Basistender*. Der Zusatz »längerfristig« bringt den Unterschied zum Ausdruck: Während das Hauptrefinanzierungsgeschäft im wöchentlichen Rhythmus mit einer Laufzeit von jeweils zwei Wochen durchgeführt wird, handelt es sich beim längerfristigen Refi-Geschäft um eine Transaktion, die die EZB nur einmal im Monat abwickelt und dabei eine jeweils dreimonatige Laufzeit zugrunde legt. Das längerfristige Refi-Geschäft führt genau wie das Hauptrefinanzierungsgeschäft in Form von Repurchase-Agreements und per Tenderverfahren durch. Bei beiden Geschäften greift die EZB seit Juni 2000 auf Zinstender zurück.

Geldpolitische Operationen der EZB

Geldpolitische Geschäfte	Transaktionsart: Liquiditätsbereitstellung	Transaktionsart: Liquiditätsabschöpfung	Laufzeit	Rhythmus
Offenmarktgeschäfte				
Hauptrefinanzierungsinstrument	• Befristete Transaktionen	–	• Zwei Wochen	• Wöchentlich
Längerfristige Refinanzierungsgeschäfte	• Befristete Transaktionen	–	• Drei Monate	• Monatlich
Feinsteuerungsoperationen	• Befristete Transaktionen • Devisenswaps	• Devisenswaps • Hereinnahme von Termineinlagen • Befristete Transaktionen	• Nicht standardisiert	• Unregelmäßig
	• Definitive Käufe	• Definitive Verkäufe	–	• Unregelmäßig
Strukturelle Operationen	• Befristete Transaktionen	• Emission von Schuldverschreibungen	• Standardisiert/nicht standardisiert	• Regelmäßig und unregelmäßig
	• Definitive Käufe	• Definitive Verkäufe	–	• Unregelmäßig
Ständige Fazilitäten				
Spitzenrefinanzierungsfazilität	• Befristete Transaktionen	–	• Über Nacht	• Inanspruchnahme auf Initiative der Geschäftspartner
Einlagefazilität	–	• Einlagenannahme	• Über Nacht	• Inanspruchnahme auf Initiative der Geschäftspartner

Neben der Offenmarktpolitik gehört eine direkt von der EZB offerierte Kreditaufnahmemöglichkeit sowie eine direkt von ihr angebotene Geldanlagemöglichkeit zum geldpolitischen Instrumentarium der neuen Notenbank. Die EZB spricht auch von Fazilitäten, was aus dem Lateinischen stammt und wörtlich übersetzt soviel heißt wie »Möglichkeiten«. Zum einen gibt es eine *Spitzenrefinanzierungsfazilität*, die den Banken dazu dienen soll, Tagesgeld direkt auch bei der EZB beschaffen zu können. Kredite im Rahmen dieser Fazilität erhalten Banken nur, wenn sie ausreichend Sicherheiten (Wertpapiere) zum Pfand einreichen können. Da der Zinssatz für die Spitzenrefinanzierungsfazilität vergleichsweise hoch – zum Beispiel höher als der Repo-Satz im Rahmen von Hauptrefinanzierungsgeschäften – liegt, werden Kreditinstitute auf diese Möglichkeit zur Liquiditätsbeschaffung nur in Ausnahmesituationen zurückgreifen. Die EZB kann aber in jedem Fall sicher sein,

Die Spitzenrefinanzierungsfazilität entspricht dem bisherigen deutschen Lombardkredit. Der Zinssatz für die Fazilität ist daher auch per Gesetz zum Nachfolger des Lombardsatzes bestimmt worden.

dass der Tagesgeldsatz am Geldmarkt niemals über den Zinssatz für die Spitzenrefinanzierungsfaziliät steigt, da liquiditätssuchende Banken ansonsten auf das Angebot der EZB zurückgreifen. Die Europäische Zentralbank möchte durch das Anbieten einer direkten Refinanzierungsmöglichkeit verhindern, dass der Tagesgeldsatz unkontrolliert nach oben ausbricht. Sie schreibt damit eine (für sie kontrollierbare) Obergrenze für den Tagesgeldsatz fest.

Einlagefazilität

Quasi das Gegenstück, also eine Untergrenze für den Tagesgeldsatz, bildet der Zinssatz für die *Einlagefazilität.* Im Rahmen dieser können Geschäftsbanken überschüssige Liquidität über Nacht bei der EZB zu einem von ihr bestimmten Zinssatz anlegen. Letzterer ist natürlich niedriger als der Satz für die genannten Refinanzierungsmöglichkeiten, also insbesondere der Satz für die Spitzenrefinanzierungsfazilität sowie für das Hauptrefinanzierungsgeschäft. Das Anbieten einer Geldanlagemöglichkeit zu einem allgemein bekannten Zinssatz verschafft der EZB Gewissheit, dass der Tagesgeldsatz am Geldmarkt niemals unter den Satz der Einlagefazilität sinken wird: Keine Bank wird sich bei einer kurzfristigen Kreditvergabe an andere Banken mit weniger Zinsen zufrieden geben, als sie durch eine Anlage bei der Notenbank erhält.

Zinskanal am Geldmarkt

Das hier beschriebene geldpolitische Instrumentarium führt letzten Endes dazu, dass sich die Zinssätze für Euro-Tagesgeld innerhalb eines bestimmten Korridors bewegen. Die Obergrenze bildet der Zinssatz für die Spitzenrefinanzierungsfazilität, die Untergrenze der Satz für die Einlagefazilität. Der Tagesgeldsatz bewegt sich innerhalb dieses Kanals in etwa in Höhe des Zinssatzes für das Hauptrefinanzierungsgeschäft.

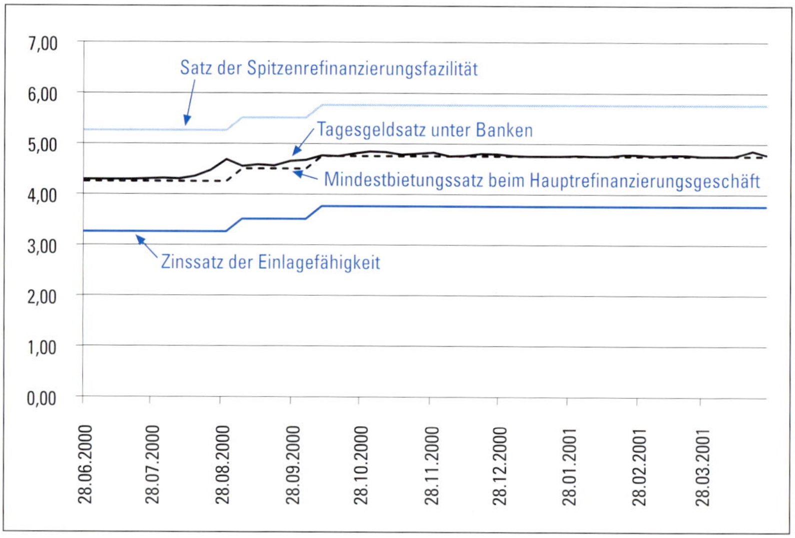

Dieser Zusammenhang erlaubt es der EZB, mit ihren Hauptrefinanzierungsoperationen die Geldmarktsätze sehr gut steuern zu können. Sie ist sowohl in der Lage, die Zinsentwicklung am Tagesgeldmarkt zu verstetigen als auch die Geldmarktzinsen flexibel nach oben oder unten zu bewegen.

Mindestreserve-politik

Kommen wir schließlich zum letzten geldpolitischen Instrument, der Mindestreservepolitik. Genau wie (früher) die Deutsche Bundesbank oder die FED in den Vereinigten Staaten kann auch die EZB Geschäftsbanken in ihrem Hoheitsgebiet dazu verpflichten, einen Teil der Bankeinlagen direkt bei ihr auf einem Sperrkonto anzulegen, um die Einlagen so dem Geldschöpfungsprozess zu entziehen. Grundlage für die Berechnung der Mindestreserve ist die Höhe der Nichtbankeneinlagen einer Geschäftsbank. Mindestreservepflichtig sind unter anderem täglich fällige Einlagen (z.B. Guthaben auf Girokonten), Einlagen mit einer vereinbarten Laufzeit bzw. Kündigungsfrist von bis zu zwei Jahren (z.B. Sparbücher), Schuldverschreibungen mit einer Laufzeit von bis zu zwei Jahren und Geldmarktpapiere. Durch Multiplikation der Nichtbankeinlagen eines bestimmten Instituts mit dem gerade gültigen Mindestreservesatz (derzeit liegt dieser bei zwei Prozent) ergibt sich deren Reservepflicht. Durch eine Erhöhung des Mindestreservesatzes ist die EZB in der Lage, eine strukturelle Liquiditätslücke bei den Geschäftsbanken herbeizuführen oder eine vorhandene noch zu vergrößern. Eine Senkung des Satzes führt hingegen dazu, dass die Banken über mehr Liquidität verfügen und so neues Geld über die Vergabe von Krediten schaffen können.

Instrumente der Deutschen Bundesbank bis 1999

Die Deutsche Bundesbank verfügte bis zur Übernahme der Geldpolitik durch die EZB am 1. Januar 1999 über eine Reihe zum Teil andersartiger Möglichkeiten zur Steuerung der Geldmenge. In Art und Wirkung sind sie mit den geldpolitischen Instrumenten der EZB grundsätzlich jedoch vergleichbar. Wir haben sie an dieser Stelle noch einmal kurz beschrieben, damit sich der Leser ein Bild über die Entwicklung innerhalb der letzten Jahre machen kann.

Zu den Instrumenten der Bundesbank zählten vor allem

- die Vergabe von Diskontkrediten,
- die Vergabe von Lombardkrediten und
- die Durchführung von Wertpapierpensionsgeschäften.

Diskontpolitik

Um die *Diskontpolitik* erklären zu können, müssen wir zunächst etwas weiter ausholen: Die Deutsche Bundesbank war grundsätzlich bereit, von Geschäftsbanken, die sich bei ihr refinanzieren wollten, *Wechsel* anzukaufen. Wechsel gibt es heute noch – die Refinanzierungsmöglichkeit bei der Bundesbank bzw. ihrer Nachfolgerin, der EZB, jedoch nicht mehr. Bei Wechseln handelt es sich, vereinfacht ausgedrückt, um Schecks mit langer Laufzeit. Genau genommen ist ein Wechsel eine Anweisung des Ausstellers (Gläubiger) an den Bezogenen (Schuldner), zu einem bestimmten Zeitpunkt einen bestimmten Geldbetrag an ihn zu zahlen. Der Gläubiger füllt die Wechselurkunde aus und der Schuldner unterschreibt diese. Banken kaufen noch nicht fällige Wechsel zum Beispiel von Industrieunternehmen, die statt der sofortigen Bezahlung Wechsel ihrer Kunden akzeptiert hatten. Die Banken bieten also die Möglichkeit, sich bei ihnen durch den Verkauf von Wechseln Geld zu beschaffen – und das ist auch heute noch der Fall. Ausgezahlt wird bei einer

Wechselrefinanzierung jedoch nicht der auf der Wechselurkunde dokumentierte volle Geldbetrag, sondern dieser um einen Zinsabschlag (Diskont) vermindert:

$$\text{Finanzierungsbetrag} = \text{Wechselbetrag} - \left[\frac{\text{Wechselbetrag} \times \text{Diskontsatz in \% p.a.} \times \text{Tage}}{100 \times 360} \right]$$

Bis zur Gründung der EZB konnten Geschäftsbanken erworbene Wechsel, sofern sie bestimmte Voraussetzungen erfüllten (z. B. Restlaufzeit von höchstens 90 Tagen), direkt an die Deutsche Bundesbank weitergeben, um sich vorübergehend wiederum bei ihr Geld zu beschaffen. Den Vorgang bezeichnete man auch als *Rediskontierung* und die per Wechselverkauf erlangte Summe als *Diskontkredit.*

Beispiel

Die Deutsche Bundesbank vergab am 1.6.1995 einen Diskontkredit an eine Geschäftsbank, die Wechsel mit einem Gesamtbetrag von 50 Millionen D-Mark einreichte. Der Kredit sollte vereinbarungsgemäß am 1.9.1995 zurückgezahlt werden.

Der Zinssatz für einen Diskontkredit betrug zu diesem Zeitpunkt 4 % p.a., das sind für 3 Monate 1 %. Siehe Ausschnitt aus dem HANDELSBLATT

Diskontsatz

Deutsche Leitzinsen

Diskontsatz	(seit 31.3.1995)	4,00%

Der Rückzahlungsbetrag des Kredites lautete 50 Millionen D-Mark und bildete die Basis für die Zinsberechnung. Die Bundesbank berechnete folglich Zinsen in Höhe von

$$50.000.000 \times 0{,}01 = 500.000 \text{ D-Mark}$$

und zahlte der Geschäftsbank

$$50.000.000 - 500.000 = 49.500.000 \text{ D-Mark}$$

aus.

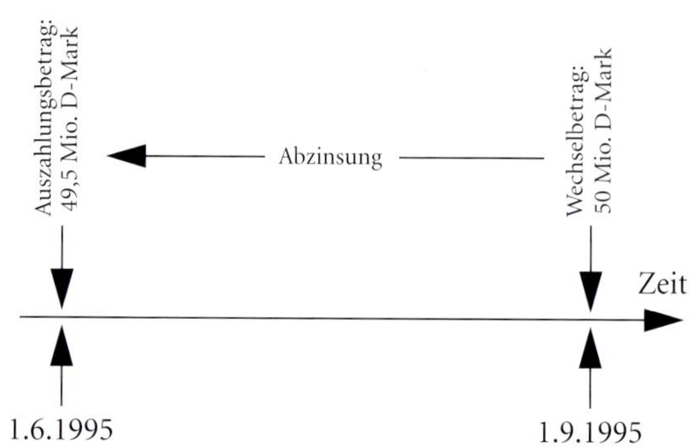

Die Konditionen, zu denen Wechsel »rediskontiert« werden konnten, das waren der Diskontsatz und die Summe, die zu einem bestimmten Zeitpunkt insgesamt über Wechsel refinanziert werden durfte (*Rediskontkontingent*), legte die Bundesbank fest. Der von der Bundesbank fixierte Diskontsatz diente gleichzeitig als Basiszins für den Diskontsatz, den die Geschäftsbanken wiederum ihren Kunden in Rechnung stellten. Je höher der von der Bundesbank festgelegte Diskontsatz war, desto teurer wurde die Refinanzierung der Geschäftsbanken durch eine Weitergabe von Wechseln an die Bundesbank. Die höheren Refinanzierungskosten wälzten die Banken in aller Regel auf ihre Kunden ab, sodass die Konditionen für Wechselkredite Einfluss auf die Konditionen am Geldmarkt hatten.

Die Bundesbank legte aber nicht nur den Diskontsatz fest, sondern begrenzte außerdem die Rediskontkontingente, also das Volumen, bis zu dem die Banken Wechsel an die Bundesbank verkaufen konnten. Wenn die Banken ihr Kontingent ausgeschöpft hatten, dann verweigerte die Bundesbank die Annahme weiterer Wechsel. Eine Ausweitung oder Reduktion der Rediskontkontingente wirkte sich folglich unmittelbar auf das Angebot an Zentralbankgeld aus und beeinflusste damit die Geldmarktsätze.

Lombardpolitik

Neben Diskontkrediten bot die Bundesbank den Geschäftsbanken eine weitere Möglichkeit zur Refinanzierung, indem sie Kredite gegen Verpfändung von Wertpapieren vergab. Die Banken reichten den Pfand (*Lombard*) an die Bundesbank, die im Gegenzug einen Kredit einräumte, der zum *Lombardsatz* verzinst wurde. Lombardkredite wurden für höchstens drei Monate vergeben und von der Bundesbank nur dann gewährt, wenn erkennbar war, dass die jeweilige Bank den Geldbedarf nur kurzfristig überbrücken musste.

Lombardkredite waren »aufgezinste« Kredite, das heißt, dass die Zinsen dem Auszahlungsbetrag »aufgeschlagen« wurden.

Beispiel

Die Deutsche Bundesbank vergab am 1.6.1995 einen Lombardkredit über 100 Millionen D-Mark an eine Bank. Der Kredit sollte am 1.9.1995 zurückgezahlt werden.

Der Zinssatz für einen Lombardkredit betrug Anfang Juni 1995 6 % p.a. (siehe Ausschnitt aus dem HANDELSBLATT), das sind für 3 Monate 1,5 %.

Lombardsatz	(seit 13.5.1994)	6,00%

Der Auszahlungsbetrag lautete 100 Millionen D-Mark und bildete die Basis für die Zinsberechnung. Es werden folglich Zinsen in Höhe von

$$100.000.000 \times 0{,}015 = 1.500.000 \text{ DM}$$

berechnet. Die Bank hatte folglich

$$100.000.000 + 1.500.000 = 101.500.000 \text{ DM}$$

zurückzuzahlen (siehe Abbildung auf der Folgeseite).

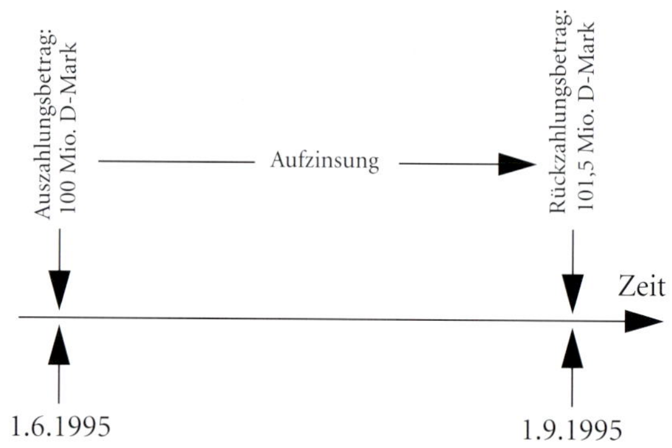

Der Lombardsatz lag im Allgemeinen um wenigstens einen Prozentpunkt über dem Diskontsatz. In Zeiten einer relativ restriktiven Geldpolitik konnte die Differenz zwischen Diskont- und Lombardsatz sogar drei Prozentpunkte betragen. Ähnlich wie beim Diskontkredit konnte die Bundesbank das Volumen an Lombardkrediten begrenzen oder die Vergabe von Lombardkrediten phasenweise sogar völlig aussetzen.

Da Lombardkredite teurer waren als Diskontkredite, haben Geschäftsbanken diese Refinanzierungsquelle nur dann beansprucht, wenn sie ihr Kontingent an Diskontkrediten erschöpft hatten. Die Bundesbank konnte die Nachfrage nach Lombardkrediten steuern und damit – zumindest in gewissen Grenzen – auch die Geldmenge.

Die Diskont- und Lombardpolitik zählten zu den Instrumenten der »Grobsteuerung«, weil sie auf eine längerfristige Anpassung der Geldmenge und des Zinsniveaus am Geldmarkt abzielten. Die Entscheidung für eine Änderung der Refinanzierungssätze sollte oftmals eine von der Bundesbank eingeschlagene geldpolitische Richtung bestätigen oder eine zukünftige Veränderung der Geldpolitik anzeigen.

Wertpapierpensionsgeschäfte

Zum wichtigsten Instrument der Feinsteuerung des Geldmarktes wurden in den 1990er-Jahren jedoch Repurchase-Agreements, die die Bundesbank *Wertpapierpensionsgeschäfte* nannte. Die Abwicklung von Repo-Geschäften nahm die Bundesbank in ähnlicher Weise vor wie heute die EZB oder die FED. Daher verzichten wir auf weitere Details.

Diskont-, Lombard- und Pensionssatz waren die wichtigsten Leitzinssätze am deutschen Geldmarkt. Das HANDELSBLATT veröffentlichte sie in der Tabelle DEUTSCHE LEITZINSEN.

Deutsche Leitzinsen

Deutsche Leitzinsen

Diskontsatz	(seit 31.3.1995)	4,00%
Lombardsatz	(seit 13.5.1994)	6,00%
Pensionsgeschäft	(seit 1.6.1995)	4,51%

Wichtige Zinssätze am Geldmarkt

Am Geldmarkt werden zwei Gruppen von Zinssätzen unterschieden, die von besonderer Bedeutung für alle anderen Zinssätze an den Finanzmärkten sind: Zum einen *Leitzinssätze* und zum anderen *Referenzzinssätze*. Referenzzinssätze wiederum sind – genau wie alle übrigen Zinssätze – von den Leitzinssätzen abhängig.

Bedeutende Zinssätze am Geldmarkt

Leitzinssätze

Kommen im Regelfall nicht am Markt zustande, sondern werden von den Zentralbanken festgesetzt. Durch die Variation der Leitzinssätze versuchen die Zentralbanken, das Zinsniveau am Geldmarkt zu steuern (leiten), um so Einfluss auf die Geldmenge und die Inflation zu nehmen.

Referenzzinssätze

»Zinssätze, auf die Bezug genommen wird«; bei Referenzzinssätzen handelt es sich im Regelfall um Durchschnittszinssätze. Zu ihrer Berechnung werden Zinssätze herangezogen, die tatsächlich am Markt zustande gekommen sind oder tatsächlich von Banken angeboten werden.

Leitzinssätze

Leitzinssätze sind etwas Besonderes. Verändern sie sich, verändern sich anschließend normalerweise auch andere Zinssätze, und zwar nicht nur jene am Geldmarkt, sondern genauso die Sätze am Markt für langfristige Kredite und Kapitalanlagen, dem Kapitalmarkt. Normalerweise wirken sich Leitzinsänderungen auch unmittelbar auf die Aktienmärkte aus, obwohl hier keine direkte Verbindung besteht, da am Aktienmarkt keine verzinslichen Produkte gehandelt werden. Der Zusammenhang ist erst auf den zweiten Blick ersichtlich: Eine Veränderung der Leitzinssätze hat – wie schon angedeutet – durchschlagende Wirkung auf alle anderen Zinssätze am Geld- und Kapitalmarkt. Eine Senkung beispielsweise führt im Regelfall dazu, dass Kredite billiger werden. In der Folge greifen Unternehmen und Verbraucher stärker als zuvor auf Kredite zurück, um Investitionen oder Konsumausgaben zu finanzieren. Das wiederum fördert das Wirtschaftswachstum und lässt die Aktienkurse auf breiter Front ansteigen. Außerdem sind verzinsliche Anlageformen bei einem geringen Zinsniveau unattraktiv und die Nachfrage nach Instrumenten mit höheren Renditeaussichten (das sind in erster Linie Aktien) nimmt zu und auch deshalb steigen die Aktienkurse. Das Gegenteil ist der Fall, wenn Leitzinssätze angehoben werden: Kredite werden teurer, Investitionen und Konsumausgaben gehen zurück, die Wirtschaft wächst langsamer als zuvor oder schrumpft sogar. An der Aktienbörse sind deutliche Kursabschläge nicht selten die Folge. Wer aber ist in der Lage, Leitzinssätze zu steuern und damit Einfluss auf die Finanz- und Gütermärkte auszuüben? Wie bereits erwähnt übernehmen die Zentralbanken diese Aufgabe. Man kann durchaus sagen, dass die Zentralbanken durch Anpassungen der Leitzinssätze versuchen, die Finanzmärkte in eine gewünschte Richtung zu steuern (zu leiten). Dabei ist heutzutage zwischen zwei Arten von Leitzinssätzen zu unterscheiden:

a) Leitzinssätze, deren Höhe direkt von den Zentralbanken bestimmt wird, und
b) Leitzinssätze, auf deren Höhe die Zentralbanken nur indirekt Einfluss nehmen können.

Zunächst zu Punkt a): Wir haben bereits im Abschnitt über die Rolle der Zentralbanken am Geldmarkt gesehen, dass die Notenbanken die umlaufende Geldmenge sowohl über Offenmarkttransaktionen als auch über eine Veränderung der Konditionen für Zentralbankkredite ausweiten oder beschneiden können. In beiden Fällen spielen Zinssätze eine entscheidende Rolle – und zwar Zinssätze, welche die Zentralbanken direkt bestimmen können: bei Offenmarkttransaktionen sind es die Sätze für Repurchase-Agreements (Repo-Rates), im Falle von Refinanzierungsgeschäften die Zinssätze für direkte Kredite bei der Zentralbank. Höhere Repo-Rates bzw. höhere Zinssätze für direkte Zentralbankkredite führen für gewöhnlich umgehend zu höheren Tagesgeldsätzen und – mit einer gewissen Zeitverzögerung – auch zu höheren Verzinsungen bei langfristigen Geldaufnahmen und -anlagen. Zinssätze für Repurchase-Agreements mit der Zentralbank sowie die Sätze für direkte Notenbankkredite besitzen daher echten Leitzinscharakter.

Kommen wir zu Punkt b): Leitzinssätze, auf deren Höhe die Zentralbanken nur indirekt Einfluss nehmen können. Das klingt auf den ersten Blick etwas merkwürdig: Warum sollte eine Zentralbank einen Zinssatz zum Leitzinssatz bestimmen, den sie nicht direkt steuern kann? Die Macht der Zentralbanken ist in diesem Zusammenhang jedoch nicht zu unterschätzen. Die Wirkung geldpolitischer Instrumente ist durchschlagend, sodass eine Notenbank letzten Endes jeden Zinssatz am Geldmarkt dahin lenken kann, wohin sie ihn lenken möchte. Die bedeutendste Zentralbank der Welt, die FED in den USA, hat sich jedenfalls dazu entschlossen, den Satz für Tagesgeld, die *Federal-Funds-Rate*, zur Kerngröße ihrer Geldpolitik zu machen. Dieser Zinssatz bildet sich zwar tagtäglich frei durch den Tagesgeldhandel unter Banken. Durch kurzfristige Offenmarktgeschäfte kann ihn die FED aber sehr effektiv steuern. Sie publiziert permanent eine Zielgröße, das *Target-Level*, für den Tagesgeldsatz. Senkt sie diese Zielgröße oder hebt sie sie an, so spricht man in den USA von einer Leitzinssenkung bzw. Leitzinserhöhung.

AUSLÄNDISCHE LEITZINSEN

	Satz in %	gültig seit
EU-Mitgliedsländer		
Dänemark		
Diskontsatz	4,75	06.10.00
Großbritannien		
Repo Satz	5,50	05.04.01
Schweden		
Pensionssatz	4,00	07.12.00
Andere europäische Länder		
Norwegen		
Deposit Rate	7,00	20.09.00
Polen		
Diskontsatz	20,50	01.03.01
Tschechien		
Diskontsatz	4,00	22.02.01
Außereuropäische Länder		
Hongkong		
Prime Rate	8,00	23.03.01
Japan		
Diskontsatz	0,25	28.02.01
Kanada		
Diskontsatz	5,00	17.04.01
Singapur		
Prime Rate	5,00	23.07.99
Südafrika		
Prime Rate	14,50	20.01.00
Vereinigte Staaten		
Diskontsatz	4,00	18.04.01
Fed Funds Rate	4,50	18.04.01

Am 18. April 2001 senkte die Fed ihre Target-Level für die Federal-Funds-Rate von 5,00 % auf 4,50 %. Der Tagesgeldsatz hatte sich umgehend in die Richtung des Target-Levels verändert, was die Übersicht auf folgender Seite belegt.

Bleibt noch die Erklärung für *Referenzzinssätze*. Referenzzinssätze sind zumeist Durchschnittswerte. Ein Beispiel: Für kurzfristige Geldausleihungen gibt es keinen einheitlichen Zinssatz. Vielmehr legt jede große Geschäftsbank einen eigenen Zinssatz für Tages- und Termingeld – zumindest in gewissen Grenzen – fest. Marktrelevante Veränderungen lassen sich daher nur schwer verfolgen. Um das allgemeine Zinsniveau im Bereich kurzfristiger Geldausleihungen in etwa abschätzen zu können, unternimmt man ganz einfach Folgendes: Man fragt bei möglichst vielen Banken nach, was sie gerade für kurzfristige Geldausleihungen verlangen. Anschließend berechnet man aus den genannten Werten einen Durchschnittssatz, eben den Referenzzinssatz, und gibt diesen allen Marktteilnehmern bekannt. Letztere bekommen durch den Referenzzinssatz einen sehr guten Eindruck von der aktuellen Preislage am Geldmarkt und – bei Beobachtung der täglichen Veränderungen des Referenzzinssatzes – von der Entwicklung im Zeitablauf: Die Durchschnittsberechnung unter Berücksichtigung möglichst vieler Banken macht Referenzsätze zu einer objektiven Größe, die von sehr hohen bzw. niedrigen Einzelwerten (»Ausreißern«) kaum beeinflusst wird. Daher sind Manipulationsmöglichkeiten nahezu ausgeschlossen. In der Praxis verwendet man Referenzsätze sehr häufig als Verzinsungsbasis für variabel verzinsliche Geschäfte. Betrachten wir ein Beispiel: Ein Industrieunternehmen das sich normalerweise nicht direkt am Tages- und Termingeldhandel beteiligt, aber ein kurzfristiges Geldmarktpapier herausgeben möchte, könnte den Zinssatz dieses Papiers am Referenzzinssatz der Banken ausrichten. Höchstwahrscheinlich würde das Unternehmen den Zinssatz für das Geldmarktpapier etwas höher festlegen, da der Referenzzinssatz ausschließlich unter Banken, also für Kreditnehmer mit erstklassiger Bonität, gilt.

Referenzzinssätze

Der Tagesgeldsatz, der im Interbankenhandel zustande kommt, schwankt um das Target-Level herum.

Der Wochendurchschnitt ist deutlich gefallen und entspricht jetzt in etwa dem Target-Level (4,50 %).

H.15 (519) For immediate release April 30, 2001

SELECTED INTEREST RATES
Yields in percent per annum

Instruments	2001 Apr 23	2001 Apr 24	2001 Apr 25	2001 Apr 26	2001 Apr 27	Week Ending Apr 27	Week Ending Apr 20	2001 Mar
Federal funds (effective) 1 2 3	4.40	4.41	4.54	4.57	4.51	4.42	4.98	5.31
Commercial paper 3 4 5 6								
Nonfinancial								
1-month	4.39	4.36	4.35	4.38	4.33	4.36	4.74	5.02
2-month	4.28	4.25	4.21	4.26	4.24	4.25	4.55	4.87
3-month	4.20	4.20	4.18	4.18	4.17	4.19	4.46	4.78

http://www.federalreserve.gov/releases/H15/Current/

Federal-Funds- und Discount-Rate

Die Zentralbank der USA – wie in den vorherigen Abschnitten dargelegt – hat den Tagesgeldsatz unter Banken als wichtigsten Leitzinssatz innerhalb ihrer Geldpolitik bestimmt. Da der *Federal-Funds-Rate* auf den weltweiten Finanzmärkten eine besondere Bedeutung zukommt, liefern wir an dieser Stelle noch weitere Hintergrundinformationen.

Federal-Funds-Rate

Geld wird auf der anderen Seite des Atlantiks, genau wie anderswo in der Welt, überwiegend unter Banken gehandelt. Sobald eine US-amerikanische Geschäftsbank ein Konto bei der Federal-Reserve-Bank ihres Bezirkes unterhält, das ihre Mindestreserveverpflichtung um mindestens eine Million US-Dollar überschreitet, kann sie das überschüssige Zentralbankgeld, die so genannten Federal-Funds, über Nacht (Tagesgeld) oder über einen längeren Zeitraum (Termingeld) an andere Geschäftsbanken verleihen. Tagesgeld wird in den USA als *Overnight-Federal-Funds*, Termingeld hingegen als *Term-Federal-Funds* bezeichnet.

Inter-Dealer-Broker

In den Vereinigten Staaten werden Geldanlagen und -aufnahmen unter Geschäftsbanken häufig durch *Inter-Dealer-Brokers*, die auf Provisionsbasis arbeiten, vermittelt. Es handelt sich um Unternehmen, die Zentralbankgeld nicht im eigenen Namen leihen oder verleihen, sondern Geschäfte ausschließlich zwischen den beteiligten Geschäftsbanken arrangieren. Inter-Dealer-Brokers stellen täglich Bid- und Asked-Rates, also Zinssätze, zu denen bestimmte Geschäftsbanken Geld bei ihnen nachfragen (Bid) bzw. über sie anbieten (Asked) in Dealing-Systeme (z.B. Reuters) ein. Der Zinssatz »Tagesgeld«, der in der Tabelle US-ZINSSÄTZE im HANDELSBLATT erscheint, entstammt beispielsweise der Reuters-Seite RTRTSY1. Er ist der Zinssatz, zu dem ein Inter-Dealer-Broker die letzte Tagesgeldleihe zwischen zwei Geschäftsbanken vermittelt hatte, bevor die Daten vom Reuters-System in die HANDELSBLATT-Tabelle übertragen wurden.

Der Tagesgeldsatz wird in den USA als Federal-Funds-Rate bezeichnet und von Geschäft zu Geschäft neu vereinbart. Er ist der Indikator mit der höchsten Aussagekraft für Liquiditätsveränderungen am US-amerikanischen Geldmarkt. Zinssätze anderer kurzfristiger Geldaufnahmen- und -anlagen, wie zum Beispiel die Zinssätze für Commercial-Papers oder Certificates of Deposit, unterliegen häufig den gleichen Schwankungen wie der Tagesgeldsatz. Welche Bedeutung ihm zukommt, bringt die Tabelle Money Rates im WALL STREET JOURNAL EUROPE (siehe Abbildung auf folgender Seite unten) zum Ausdruck, in der für den jeweiligen Geschäftstag jeweils die Werte

- high,
- low,
- near closing bid und
- offered.

– also insgesamt vier unterschiedliche Zinssätze – für Tagesgeld abgedruckt sind.

US-ZINSSÄTZE

in %		20.4.2001 S	19.4.2001 S
Tagesgeld		4 5/16	4 7/16
Commercial	30 Tage	4,44	4,89
Paper	60 Tage	4,27	4,73
	90 Tage	4,25	4,54
CDs	1 Monat	4,48	4,46
	2 Monate	4,37	4,36
	3 Monate	4,30	4,29
T-Bills – 3 Monate		3,76-3,75	3,89-3,90
T-Bills – 6 Monate		3,83-3,82	3,93-3,94
Diskontsatz		4,00	4,00
Prime Rate		7,50	7,50
Bankers	30 Tage	4,42	4,42
Acceptances	60 Tage	4,28	4,29
	90 Tage	4,21	4,20
Anleihen	10 Jahre	5,29	5,25
	30 Jahre	5,80	5,77

Das HANDELSBLATT übernimmt die Federal-Funds-Rate aus der Reuters-Seite »RTRTSY1«. $4^5/_{16}$ % entsprechend aufgerundet 4,313 %, dem aktuellen Last-Satz (= Satz zu Handelsschluss).

```
Printed By Reuters :                                              Monday, 23 April 2001
03:28 23APR01      US TREASURY/MONEY MKTS COMPOSITE           US35624             RTRTSY1
CPN MAT     LIBERTY BROKERS <LIBINDEX>        CD'S  BID    BA'S  BID        GOV REPOS
3MO 719       3.680-670   UNC   3.764-754          EARLY LATE   EARLY LATE   ON 4.28 - 4.22
6MO 018       3.710-700   UNC   3.831-821    1M   4.48  4.48   4.46  4.42   1W 4.35 - 4.30
1YR 228       3.705-695   UNC   3.850-839    2M   4.37  4.37   4.32  4.28   2W 4.35 - 4.30
2YR 303    100.02+-032  +024   4.206-193    3M   4.30  4.30   4.25  4.21   1M 4.38 - 4.33
5YR N05    103.290-300  +031   4.785 770    4M   4.28  4.28   4.20  4.16   -------------
10Y 211     97.310-000  +064   5.267-263    5M   4.27  4.27   4.18  4.14     <BBALIBORS>
30Y 231     94.130-140  +130   5.770-767    6M   4.25  4.25   4.18  4.09   1MO    4.52625
---------------------------------            -----------------------   2MO    4.46000
FED FUNDS <GARBANINDEX> EURO $ DEP             DEALER COMM'L PAPER OFFER   3MO    4.41750
BID 4.250   OP 4.438   1M 4.460 -4.520   15   4.49   30 4.44   60 4.27   6MO    4.34125
ASK 4.313   HI 4.438   3M 4.300 -4.360   90   4.25 120 4.27 180 4.32   1YR    4.43250
LST 4.313   LO 4.375   6M 4.270 -4.320   -------------------------   -------------
---------------------------------        30Y MBS 7.5% 30Y   <USMBS>    SPOT FX <NFX=>
<.IXIC>    2163.41 -18.73                GNMA  102.15-17 +00 6.674%    <EUR=> 0.9022
<.DJI>    10579.85 -113.86               GOLD  102.06-08 +00 6.970%    <FRF=> 7.2666
```

Der Prozentsatz »high« ist der höchste Briefsatz für Tagesgeld, der von einer Geschäftsbank im Handelsverlauf gestellt wurde. Die Angabe »low« entspricht demgegenüber dem niedrigsten Geldsatz während des Tages.

Die Zinssätze »near closing bid« und »offered« sind Ausdruck für die Marktlage kurz vor Handelsschluss (»near closing«). Tagesgeld wurde beispielsweise am 24. April 2001 kurz vor Handelsschluss zu 4,375 % (»near closing bid«) nachgefragt und zu eben diesem Satz (4,375 % »offered«) auch angeboten. Angebot und Nachfrage waren am Handelsende offensichtlich in etwa ausgeglichen. Allerdings hatte der Tageshöchstsatz (»high«) mit 4,4375 % deutlich darüber gelegen.

MONEY RATES

The key U. S. and foreign annual interest rates below are a guide to general levels but don't always represent actual transactions.

PRIME RATE: 7.50% (effective 04/19/01). The base rate on corporate loans posted by at least 75% of the nation's 30 largest banks.

DISCOUNT RATE: 4.00% (effective 04/18/01). The charge on loans to depository institutions by the Federal Reserve Banks.

FEDERAL FUNDS: 4 7/16% high, 4 3/8 % low, 4 3/8 % near closing bid, 4 3/8 % offered. Reserves traded among commercial banks for overnight use in amounts of $1 million or more. Source: Prebon Yamane(U.S.A) Inc. FOMC fed funds target rate 4 1/2 % effective 04/18/01 .

CALL MONEY: 6.25% (effective 04/19/01). The charge on loans to brokers on stock exchange collateral. Source: Reuters.

COMMERCIAL PAPER: Placed directly by General Electric Capital Corp.: 4.35% 30 to 44 days; 4.28% 45 to 59 days; 4.22% 60 to 89 days; 4.16% 90 to 119 days; 4.10% 120 to 149 days; 4.06% 150 to 179 days; 4.05% 180 to 210 days; 4.03% 211 to 270 days. to days; to days.

EURO COMMERCIAL PAPER: Placed directly by General Electric Capital Corp.: 4.77% 30 days; 4.72% two months; 4.68% three months; 4.64% four months; 4.60% five months; 4.59% six months.

DEALER COMMERCIAL PAPER: High-grade unsecured notes sold through dealers by major corporations: 4.42% 30 days; 4.32% 60 days; 45.25% 90 days.

CERTIFICATES OF DEPOSIT: Typical rates in the secondary market. 4.48% one month; 4.34% three months; 4.26% six months.

BANKERS ACCEPTANCES: 4.48% 30 days; 4.38% 60 days; 4.30% 90 days; 4.28% 120 days; 4.27% 150 days; 4.24% 180 days. Offered rates of negotiable, bank-backed business credit instruments typically financing an import order. Source: Reuters

LONDON LATE EURODOLLARS: 4.50% - 4.38% one month; 4.44% - 4.31% two months; 4.44% - 4.31% three months; 4.38% - 4.25% four months; 4.38% - 4.25% five months; 4.31% - 4.19% six months.

LONDON INTERBANK OFFERED RATES (LIBOR): 4.50625% one month; 4.38375% three months; 4.2800% six months; 4.3600% one year. British Banker's Association average of interbank offered rates for dollar deposits in the London market based on quotations at 16 major banks. Effective rate for contracts entered into two days from date appearing at top of this column.

FOREIGN PRIME RATES: Canada 6.50% ; Germany 4.75% ; Japan 1.375% ; Switzerland 5.125% ; Britain 5.50% . These rate indications aren't directly comparable; lending practices vary widely by location.

TREASURY BILLS: Results of the Monday, April 23, 2001 , auction of short-term U.S. government bills, sold at a discount from face value in units of $1,000 to $1 million: 3.655% 13 weeks; 3.665% 26 weeks.

OVERNIGHT REPURCHASE RATE: 4.13% . Dealer financing rate for overnight sale and repurchase of Treasury securities. Source: Reuters.

FREDDIE MAC: Posted yields on 30-year mortgage commitments. Delivery within 30 days 6.97% , 60 days 7.04% , standard conventional fixed-rate mortgages: 4.875% , 2% rate capped one-year adjustable rate mortgages. Source: Reuters.

FANNIE MAE: Posted yields on 30 year mortgage commitments (priced at par) for delivery within 30 days 7.06% , 60 days 7.13% , standard conventional fixed-rate mortgages; 5.85% , 6/2 rate capped one-year adjustable rate mortgages. Source: Reuters.

MERRILL LYNCH READY ASSETS TRUST: 4.75% . Annualized average rate of return after expenses for the past 30 days; not a forecast of future returns.

CONSUMER PRICE INDEX: March , 176.2 , up 2.9% from a year ago. Bureau of Labor Statistics.

EURO-LIBOR: 4.90215% 1 week; 4.87681% 1 month; 4.84512% 2 months; 4.81597% 3 months; 4.76972% 4 months; 4.7412% 5 months; 4.71142% 6 months; 4.68987% 7 months; 4.6753% 8 months; 4.66453% 9 months; 4.65502% 10 months; 4.65059% 11 months; 4.579% 12 months. British Bankers' Association average of interbank offered rates for euro deposits in the London market based on quotations at 16 major banks. Effective rate for contracts entered into two days from date appearing at top of this column.

EURIBOR: 4.839% 1 week ; 4.811% 1 month ; 4.781% 2 months ; 4.754% 3 months ; 4.706% 4 months ; 4.675% 5 months ; 4.647% 6 months ; 4.621% 7 months ; 4.606% 8 months ; 4.596% 9 months ; 4.589% 10 months ; 4.583% 11 months ; 12 months. European Banking Federation-sponsored rate among 57 Euro zone banks.

GOVERNMENT BONDS

	–Local Currency–	% /period		––U.S. Dollar––	% / period		
Country	Index	Chg	YTD	Index	Chg	YTD	Chg
Australia	423.42	...	0.91	296.92	− 2.30	− 8.06	+ 5.54
Belgium	293.26	+ 0.13	1.5	215.04	− 0.30	− 3.00	+ 5.10
Denmark	341.85	+ 0.11	1.45	249.47	− 0.29	− 3.04	+ 5.05
France	318.85	+ 0.15	1.16	231.91	− 0.28	− 3.32	+ 4.95
Germany	240.37	+ 0.13	1.1	172.99	− 0.30	− 3.38	+ 4.93
Italy	472.17	+ 0.11	1.51	253.64	− 0.32	− 2.99	+ 5.38
Japan	210.49	+ 0.37	2.5	209.22	+ 1.11	− 3.89	+ 1.04
Netherlands	255.51	+ 0.13	1.11	183.6	− 0.30	− 3.37	+ 5.01
Spain	420.13	+ 0.14	1.4	243.08	− 0.29	− 3.10	+ 5.10
Sweden	389.66	− 0.66	0.46	220.78	− 1.67	− 7.09	+ 4.82
U.K.	367.38	+ 0.23	-0.34	280.37	+ 0.08	− 3.98	+ 4.95
Euro	n.a						

YTD - year to date. Final figures.
Yields are semi-annual. Dec. 31, 1987=100.
Source: J.P. Morgan Government Bond Index

Seit Mitte der 1990er-Jahre steht die Federal-Funds-Rate im Mittelpunkt der Geldpolitik der US-Notenbank, weshalb deutliche Veränderungen dieses Satzes zu heftigen Reaktionen an den weltweiten Finanzmärkten führen können. Daneben gibt es einen weiteren Leitzinssatz in den USA, die *Dis-*

Discount-Rate

count-Rate. Sie ist der Zinssatz für Refinanzierungskredite, die Geschäftsbanken bei den regionalen Federal-Reserve-Banks am Discount-Window aufnehmen können. Das HANDELSBLATT weist die Discount-Rate sowohl in der Tabelle US-ZINSSÄTZE als auch in der Tabelle AUSLÄNDISCHE LEITZINSEN aus.

Die Tabellen US-ZINSSÄTZE und AUSLÄNDISCHE LEITZINSEN im HANDELSBLATT zeigen die aktuellen Leitzinsen der USA.

US-ZINSSÄTZE

in %		20.4.2001 S	19.4.2001 S
Tagesgeld		4 5/16	4 7/16
Commercial	30 Tage	4,44	4,89
Paper	60 Tage	4,27	4,73
	90 Tage	4,25	4,54
CDs	1 Monat	4,48	4,46
	2 Monate	4,37	4,36
	3 Monate	4,30	4,29
T-Bills – 3 Monate		3,76-3,75	3,89-3,90
T-Bills – 6 Monate		3,83-3,82	3,93-3,94
Diskontsatz		4,00	4,00
Prime Rate		7,50	7,50
Bankers	30 Tage	4,42	4,42
Acceptances	60 Tage	4,28	4,29
	90 Tage	4,21	4,20
Anleihen	10 Jahre	5,29	5,25
	30 Jahre	5,80	5,77

Tagesgeld- und Diskontsatz sind die Leitzinssätze in den Vereinigten Staaten, was auch die Tabelle »Ausländische Leitzinsen« im Handelsblatt belegt.

AUSLÄNDISCHE LEITZINSEN

	Satz in %	gültig seit
EU-Mitgliedsländer		
Dänemark		
Diskontsatz	4,75	06.10.00
Großbritannien		
Repo Satz	5,50	05.04.01
Schweden		
Pensionssatz	4,00	07.12.00
Andere europäische Länder		
Norwegen		
Deposit Rate	7,00	20.09.00
Polen		
Diskontsatz	20,50	01.03.01
Tschechien		
Diskontsatz	4,00	22.02.01
Außereuropäische Länder		
Hongkong		
Prime Rate	8,00	23.03.01
Japan		
Diskontsatz	0,25	28.02.01
Kanada		
Diskontsatz	5,00	17.04.01
Singapur		
Prime Rate	5,00	23.07.99
Südafrika		
Prime Rate	14,50	20.01.00
Vereinigte Staaten		
Diskontsatz	4,00	18.04.01
Fed Funds Rate	4,50	18.04.01

Target-Level der Fed für die Federal-Funds-Rate

Discount-Rate und Discount-Window

Die in den beiden Tabellen für die Discount-Rate gewählte Bezeichnung »Diskontsatz« ist leicht irreführend, da die Discount-Rate kein Abzinsungs-, sondern ein Aufzinsungssatz ist. Kredite am Discount-Window erlangen Geschäftsbanken seit 1971 ausschließlich in Form von Festsatzkrediten, so genannten Advances, die sie zum Beispiel mit Schuldverschreibungen der US-Regierung oder anderer Bundesbehörden besichern müssen. Die Kredite werden, was die Bezeichnung »Festsatzkredit« schon andeutet, mit einem festen Zinssatz über den Zeitraum ihrer Inanspruchnahme verzinst. Die Rückzahlung umfasst den Kreditbetrag zuzüglich der Zinsen. Obwohl man Refinanzierungskredite seit 1971 nicht mehr abzinst (diskontiert), spricht die FED immer noch von »Discounting« und beim Zinssatz von einer »Discount-Rate«. Kredite am Discount-Window sind – zumindest hinsichtlich Besicherung und Art der Verzinsung – mit den ehemaligen Lombardkrediten in Deutschland vergleichbar.

Die Discount-Rate liegt normalerweise deutlich unter der Federal-Funds-Rate, sodass Geld am Discount-Window generell günstiger ist. Die Federal-Reserve-Banks stellen allerdings durch eine sorgfältige Überprüfung der kreditsuchenden Banken sicher, dass diese die am Discount-Window erlangten Geldbeträge tatsächlich dringend benötigen und nicht für höhere Sätze an andere Banken weiterverleihen.

Wir haben es schon angedeutet: Obwohl Discount-Window-Kredite relativ unbedeutend für die Refinanzierung der Geschäftsbanken sind, genießt

H.15 (519) For immediate release April 30, 2001

SELECTED INTEREST RATES
Yields in percent per annum

Instruments	2001 Apr 23	2001 Apr 24	2001 Apr 25	2001 Apr 26	2001 Apr 27	Week Ending Apr 27	Week Ending Apr 20	2001 Mar
Federal funds (effective) 1 2 3	4.40	4.41	4.54	4.57	4.51	4.42	4.98	5.31
Commercial paper 3 4 5 6								
Nonfinancial								
Bank prime loan 2 3 9	7.50	7.50	7.50	7.50	7.50	7.50	8.00	8.32
Discount window borrowing 2 10	4.00	4.00	4.00	4.00	4.00	4.00	4.43	4.81
U.S. government securities								
Treasury bills (secondary market) 3 4								
3-month	3.66	3.71	3.75	3.74	3.76	3.72	3.87	4.42
6-month	3.66	3.66	3.74	3.71	3.77	3.71	3.89	4.28

Der Tagesgeldsatz (Federal-Funds-Rate) liegt immer über der Discount-Rate.

die Discount-Rate unverändert den Status eines Leitzinssatzes. Im Regelfall verändert die FED den Satz immer dann, wenn sie auch das Target-Level für die Federal- Funds-Rate neu festlegt.

Refinanzierungssätze der EZB

Vor Einführung des Euro waren der Diskontsatz, der Lombardsatz und der Satz für Wertpapierpensionsgeschäfte die Leitzinssätze für den deutschen Geldmarkt. Die Höhe all dieser Zinssätze wurde direkt von der Deutschen Bundesbank festgelegt. Innerhalb ihrer Geldpolitik kam dem Satz für Wertpapierpensionsgeschäfte zum Schluss die größte Bedeutung zu. Der Repo-Satz hatte den Diskontsatz in den 1990er-Jahren als wichtigsten Leitzinssatz abgelöst, da sich Wertpapierpensionsgeschäfte als effektivstes Instrument der Deutschen Bundesbank etabliert hatten. Heute – nach Einführung des Euro am 1. Januar 1999 – gelten folgende Zinssätze innerhalb der Eurozone, und damit auch in Deutschland, als Leitzinssätze:

- Zinssatz für Hauptrefinanzierungsgeschäfte
- Zinssatz für die Spitzenrefinanzierungsfazilität
- Zinssatz für die Einlagefazilität.

Dies kommt auch in der HANDELSBLATT-Tabelle EURO-LEITZINSEN zum Ausdruck, in der sämtliche Zinssätze täglich abgedruckt werden. In der Tabelle sind weitere Sätze, und zwar die Zinssätze für längerfristige Refinanzierungsgeschäfte, der Zinssatz für Mindestreserven und der Basiszins, zu finden, denen jedoch keine Leitzinsfunktion zukommt. Längerfristige Refinanzierungsgeschäfte dienen der EZB zur Grundversorgung des Bankensystems mit Geld – Geldpolitik betreibt sie mit diesen Geschäften nicht. Der Zinssatz für Mindestreserven gilt – wie der Name schon sagt – für die Mindestreserven, die Geschäftsbanken bei der EZB unterhalten müssen. Das bedeutet: Die Pflichteinlagen bei der europäischen Notenbank werden aktuell zum Zinssatz für Mindestreserven (hier: 4,86 Prozent) verzinst. Eine Leitzinsfunktion kommt auch diesem Zinssatz nicht zu. Auf den Basiszins gehen wir ausführlich im nächsten Abschnitt ein.

Bedeutung

Das geldpolitische Instrumentarium der EZB haben wir bereits in einem früheren Abschnitt erläutert. Daher ist die Funktionsweise der zugrunde liegenden Transaktionen, nämlich Offenmarktoperationen durch Repurchase-Agreements (*Refinanzierungsgeschäft*), die Vergabe von direkten Zentralbankkrediten (*Refinanzierungsfazilität*) sowie die Möglichkeit, Geld direkt bei der EZB anzulegen (*Einlagefazilität*), bekannt. Wichtig ist, dass der Zinssatz für das Hauptrefinanzierungsgeschäft, genauer: der Mindestbietungssatz, der wichtigste Leitzinssatz der EZB ist. Dieser Satz ist – wie schon beschrieben – eine Repo-Rate. Die EZB führt Hauptrefinanzierungsgeschäfte regelmäßig jede Woche mit Hilfe von Auktionen durch. Dabei wird seit Juni 2000 das Zinstenderverfahren angewendet: Die EZB kündigt jeweils lediglich an, ein Repurchase-Agreement durchführen zu wollen. Den nächsten Schritt überlässt sie den Geschäftsbanken. Möchte sich eine Bank am angekündigten Repo-Geschäft beteiligen, muss sie in ihrem Gebot sowohl einen konkreten Zinssatz nennen als auch die Geldmenge bestimmen, die sie über das anstehende Repo-Geschäft aufbringen möchte. Allerdings lässt die EZB den Banken nicht vollkommen freie Hand bei den Zinsgeboten: Sie gibt für den Zinssatz einen groben Anhaltspunkt vor, in dem sie permanent einen *Mindestbietungssatz* publiziert. Diesen dürfen die Banken bei einem Angebot nicht unterschreiten. Ist eine Bank nicht bereit, den geforderten Mindestsatz zu zahlen, hat sie keine Chance, beim Repo-Geschäft überhaupt zum Zuge zu kommen. Der Mindestbietungssatz liegt im April 2001 bei 4,75 Prozent, was die Tabelle unten aus dem HANDELSBLATT

Leitzinsen der EZB

EURO-LEITZINSEN

Refinanzierung (Refi)		
Mindestbietungssatz 4,75%		
2-Wochen-Tender, wöchentlich	(fällig 25.04.2001)	4,75%
2-Wochen-Tender, wöchentlich	(fällig 30.04.2001)	4,86%
Längerfristiger Refi-Satz		
3-Monats-Tender, monatlich	(fällig 25.04.2001)	4,66%
3-Monats-Tender, monatlich	(fällig 31.05.2001)	4,69%
3-Monats-Tender, monatlich	(fällig 28.06.2001)	4,47%
Zinskanal für Tagesgeld		
Spitzenrefinanzierungsfazilität	(seit 06.10.2000)	5,75%
Einlagefazilität	(seit 06.10.2000)	3,75%
Mindestreserve		
Verzinsung	(seit 18.04.2001)	4,86%
Basiszins		
Diskontsatz-Ersatz gem. § 1 Überleitungs-Gesetz	(ab 01.09.2000)	4,26%

HANDELSBLATT vom 23.4.2001

Mindestbietungssatz

Der marginale Zinssatz ist mindestens genauso hoch wie der Mindestbietungssatz.

EURO-LEITZINSEN

Refinanzierung (Refi)		
Mindestbietungssatz 4,75%		
2-Wochen-Tender, wöchentlich	(fällig 25.04.2001)	4,75%
2-Wochen-Tender, wöchentlich	(fällig 30.04.2001)	4,86%
Längerfristiger Refi-Satz		
3-Monats-Tender, monatlich	(fällig 25.04.2001)	4,66%
3-Monats-Tender, monatlich	(fällig 31.05.2001)	4,69%
3-Monats-Tender, monatlich	(fällig 28.06.2001)	4,47%
Zinskanal für Tagesgeld		
Spitzenrefinanzierungsfazilität	(seit 06.10.2000)	5,75%
Einlagefazilität	(seit 06.10.2000)	3,75%
Mindestreserve		
Verzinsung	(seit 18.04.2001)	4,86%
Basiszins		
Diskontsatz-Ersatz gem. § 1 Überleitungs-Gesetz	(ab 01.09.2000)	4,26%

Hierbei handelt es sich jeweils um den niedrigsten Zinssatz, den die EZB für das betreffende Hauptrefinanzierungsgeschäft noch akzeptiert hat, also den marginalen Zinssatz.

HANDELSBLATT vom 23.4.2001

Frankfurt am Main, 31. August 2000

EUROPÄISCHE ZENTRALBANK

Pressemitteilung:

Geldpolitische Beschlüsse

Auf der heutigen Sitzung hat der EZB-Rat die folgenden geldpolitischen Beschlüsse gefasst:

1. Der Mindestbietungssatz für die Hauptrefinanzierungsgeschäfte des Eurosystems wird um 0,25 Prozentpunkte auf 4,5 % erhöht und gilt erstmals für das am 6. September 2000 abzuwickelnde Geschäft.

2. Der Zinssatz für die Spitzenrefinanzierungsfazilität wird mit Wirkung vom 1. September 2000 um 0,25 Prozentpunkte auf 5,5 % erhöht.

3. Der Zinssatz für die Einlagefazilität wird mit Wirkung vom 1. September 2000 um 0,25 Prozentpunkte auf 3,5 % erhöht.

Der EZB-Rat ist der Ansicht, dass die Bedingungen und Aussichten für das Wirtschaftswachstum im Eurogebiet sehr günstig sind. Um dieses günstige Umfeld zu erhalten, muss die Preisstabilität auf mittlere Sicht

Nebenstehende Pressemitteilung verdeutlicht, dass die EZB bei Anpassungen ihres wichtigsten Leitzinses (Mindestbietungssatz) auch die von ihr anvisierten Ober- und -untergrenzen für das Zinsniveau am Geldmarkt verändert (siehe auch Abbildung auf folgender Seite).

belegt. Er ist über längere Zeiträume normalerweise konstant und immer dann gemeint, wenn davon gesprochen oder geschrieben wird, dass die EZB den Satz für Hauptrefinanzierungsgeschäfte verändert hat. Der Mindestbietungssatz ist seit Juni 2000 – nach Übergang auf das Zinstenderverfahren bei Repurchase-Agreements – der eigentliche Leitzinssatz der EZB.

Parallel mit ihm wurden bisher immer auch die Zinssätze für die Spitzenrefinanzierungs- und die Einlagefazilität verändert. Beispielsweise hob die EZB die drei Zinssätze per 1. September 2000 und 6. Oktober 2000 jeweils um 25 Basispunkte an. Die Anwendung des höheren Mindestbietungssatzes

Frankfurt am Main, 5. Oktober 2000

EUROPÄISCHE ZENTRALBANK

Pressemitteilung:

Geldpolitische Beschlüsse

Auf der heutigen Sitzung hat der EZB-Rat die folgenden geldpolitischen Beschlüsse gefasst:

1. Der Mindestbietungssatz für die Hauptrefinanzierungsgeschäfte des Eurosystems wird um 0,25 Prozentpunkte auf 4,75 % erhöht. Dies gilt erstmals für das am 11. Oktober 2000 abzuwickelnde Geschäft.

2. Der Zinssatz für die Spitzenrefinanzierungsfazilität wird mit Wirkung vom 6. Oktober 2000 um 0,25 Prozentpunkte auf 5,75 % erhöht.

3. Der Zinssatz für die Einlagefazilität wird mit Wirkung vom 6. Oktober 2000 um 0,25 Prozentpunkte auf 3,75 % erhöht.

Der Präsident der EZB wird die Überlegungen, die diesen Beschlüssen zu Grunde liegen, heute um 14.30 Uhr auf einer Pressekonferenz erläutern.

Auch am 5. Oktober wurden alle drei Zinssätze gleichzeitig variiert (siehe auch Abbildung auf vorheriger Seite).

folgte jeweils fünf Tage später bei der Abwicklung des nächsten Repo-Geschäftes per Zinstender.

Marginaler Zinssatz

Für Hauptrefinanzierungsgeschäfte publiziert die EZB regelmäßig zwei weitere Zinssätze, den marginalen Zinssatz und den Durchschnittssatz. Diese gelten ausschließlich für das jeweils abgeschlossene Repo-Geschäft und werden kurz nach dessen Durchführung über die Presseagenturen und elektronischen Informationssysteme (Reuters, Bloomberg, Bridge) bekannt gegeben. Der marginale Zinssatz zeigt an, welches Zinsgebot als unterste Zinsgrenze beim aktuell durchgeführten Repo-Geschäft noch von der EZB akzeptiert worden ist. Er wird auch in der HANDELSBLATT-Tabelle EURO-

Last update: 26-4-2001

Table 1.2 Interest rates of the European Central Bank and of the Nederlandsche Bank
Per cent

	European Central Bank					
	Deposit rate	Main refinancing operations				Marginal lending rate
		Fixed-rate tenders	Variable rate tenders			
Effective date			Minimum bid rate	Marginal interest rate	Weighted average interest rate	
01.01.1999	2,00	3,00				4,50
04.01.1999 [1]	2,75					3,25
22.01.1999	2,00					4,50
09.04.1999	1,50					3,50
14.04.1999		2,50				
05.11.1999	2,00					4,00
10.11.1999		3,00				
04.02.2000	2,25					4,25
09.02.2000		3,25				
17.03.2000	2,50					4,50
22.03.2000		3,50				
28.04.2000	2,75					4,75
04.05.2000		3,75				
09.06.2000	3,25					5,25
15.06.2000		4,25				
28.06.2000			4,25	4,29	4,32	
05.07.2000			4,25	4,29	4,30	
12.07.2000			4,25	4,29	4,30	
19.07.2000			4,25	4,29	4,30	
26.07.2000			4,25	4,30	4,31	
02.08.2000			4,25	4,31	4,31	
09.08.2000			4,25	4,30	4,31	
16.08.2000			4,25	4,35	4,37	
23.08.2000			4,25	4,47	4,50	
30.08.2000			4,25	4,68	4,71	
01.09.2000	3,50					5,50
06.09.2000			4,50	4,55	4,57	
13.09.2000			4,50	4,58	4,59	
20.09.2000			4,50	4,56	4,58	
27.09.2000			4,50	4,65	4,68	
04.10.2000			4,50	4,67	4,68	
06.10.2000	3,75					5,75
11.10.2000			4,75	4,76	4,78	
18.10.2000			4,75	4,75	4,76	
25.10.2000			4,75	4,80	4,82	
01.11.2000			4,75	4,84	4,85	
08.11.2000			4,75	4,83	4,84	
15.11.2000			4,75	4,78	4,80	
22.11.2000			4,75	4,80	4,82	
29.11.2000			4,75	4,82	4,83	
06.12.2000			4,75	4,75	4,79	
13.12.2000			4,75	4,76	4,78	
20.12.2000			4,75	4,80	4,86	
27.12.2000			4,75	4,79	4,84	
03.01.2001			4,75	4,76	4,78	
10.01.2001			4,75	4,75	4,75	
17.01.2001			4,75	4,75	4,77	
24.01.2001			4,75	4,75	4,76	
31.01.2001			4,75	4,76	4,77	
07.02.2001			4,75	4,75	4,75	
14.02.2001			4,75	4,75	4,75	
21.02.2001			4,75	4,78	4,83	
26.02.2001			4,75	4,78	4,79	
07.03.2001			4,75	4,76	4,77	
14.03.2001			4,75	4,77	4,78	
21.03.2001			4,75	4,77	4,78	
28.03.2001			4,75	4,75	4,75	
04.04.2001			4,75	4,75	4,75	
11.04.2001			4,75	4,75	4,75	
19.04.2001			4,75	4,86	4,91	
25.04.2001			4,75	4,78	4,80	

Nebenstehende Statistik zeigt die Leitzinssätze der EZB im Zeitverlauf (01.01.1999 bis 25.04.2001). Die im Text beschriebenen Zusammenhänge werden hier eindrucksvoll belegt.

PÄISCHE LEITZINSEN abgedruckt. Der marginale Zinssatz entspricht mindestens dem aktuellen Mindestbietungssatz, liegt aber im Regelfall ein paar Basispunkte darüber.

Durchschnitts-zinssatz

Den Durchschnittssatz ermittelt die EZB nach Abschluss des Repo-Geschäftes als (gewichteten) Durchschnitt der Zinssätze aus allen bei der Zuteilung berücksichtigten Geboten. Normalerweise liegt der Durchschnittssatz deutlich über dem Mindestbietungssatz und auch einige Basispunkte über dem marginalen Zinssatz. In seltenen Fällen können alle drei Sätze identisch sein.

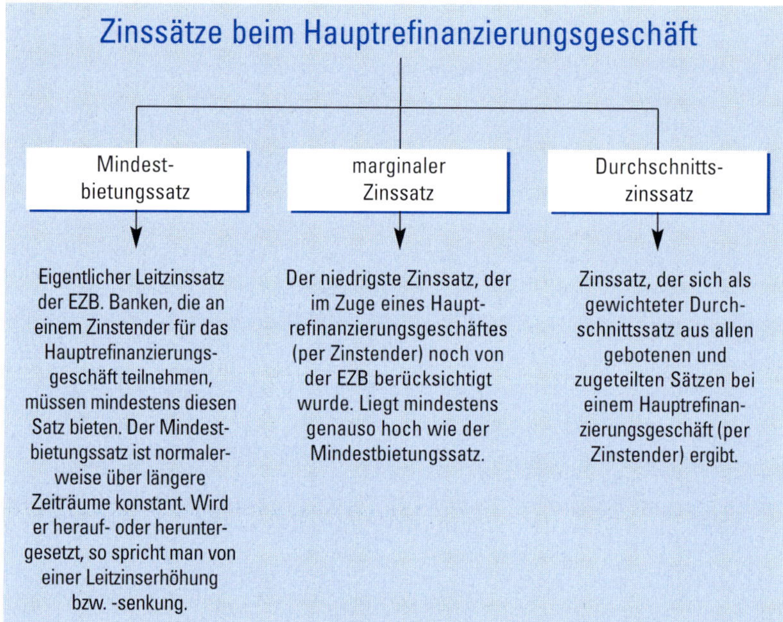

Generell gilt: Je angespannter die Liquiditätslage am Geldmarkt, desto größer die Nachfrage nach Hauptrefinanzierungsgeschäften und desto größer die Abstände zwischen Mindestbietungssatz, marginalem Zinssatz und Durchschnittssatz.

Basiszins: Ersatz für den Diskontsatz

Die Laufzeit längerfristiger Refinanzierungsgeschäfte der Europäischen Zentralbank beträgt – wie bereits im Abschnitt über die EZB beschrieben – immer drei Monate. Bei der Festlegung dieser standardisierten Laufzeit orientierte sich die Europäische Zentralbank an der Höchstlaufzeit der bis 1999 von der Deutschen Bundesbank im Rahmen von Rediskontkrediten angekauften Wechsel. Das geschah nicht ohne Grund, bedarf aber einer etwas längeren Erklärung: Zunächst muss gesagt werden, dass es den traditionellen deutschen Rediskontkredit, wie wir ihn im Abschnitt »Die geldpolitischen Instrumente der Deutschen Bundesbank« ausführlich beschreiben, im System der Europäischen Zentralbanken nicht mehr gibt. Den Zinssatz für Rediskontkredite, den Diskontsatz, gibt es aber noch in Form des so genannten Basiszinses. Den Diskontsatz, früher einmal wichtigster Leitzins in

Deutschland, konnte man aber nicht so ohne weiteres abschaffen, da er zum Beispiel in langfristigen Verträgen, die vor dem 1. Januar 1999 abgeschlossen wurden, oftmals als Grundlage für die Berechnung von Zinszahlungen dient. Es musste also ein neuer, vergleichbarer Zinssatz her. Dieser ist nun der *Basiszins*.

Er wird von der EZB regelmäßig zum 1. Januar, 1. Mai und 1. September eines Jahres berechnet. Da er einen möglichst engen Bezug zum alten Diskontsatz haben sollte, wählte man den letzten Bundesbank-Diskontsatz in Höhe von 2,5 Prozent, der ja noch am 31. Dezember 1998 gültig war, als Ausgangsgröße.

Basiszinsentwicklung seit dem 1. Januar 1999

Gültig ab	Basiszins
1. Januar 1999	2,50 %
1. Mai 1999	1,95 %
1. Januar 2000	2,68 %
1. Mai 2000	3,42 %
1. September 2000	4,26 %

Laufende Veränderungen werden seitdem an jedem Stichtag in Abhängigkeit von der Entwicklung des längerfristigen Refi-Satzes vorgenommen, womit wir nun die Verbindung zwischen dem Rediskontkredit der Bundesbank und dem längerfristigem Refi-Geschäft der EZB herstellen können: Der Basiszinssatz (= fiktiver Diskontsatz) verändert sich immer um jene Prozentpunkte, um welche der Zinssatz für längerfristige Refi-Geschäfte seit der letzten Veränderung des Basiszinssatzes gestiegen oder gefallen ist (für die erste Anpassung war die Veränderung des Refi-Satzes seit der Ersetzung des Diskontsatzes, also seit dem 1.1.1999 maßgeblich). Zur Verdeutlichung des Zusammenhangs demonstrieren wir die Berechnung des Basiszinssatzes am 1. September 2000:

Basiszins am 1. September 2000 =
Basiszins am 1. Mai 2000 (= 3,42 %)
± Veränderung des längerfristigen Refi-Satzes in der Zeit vom 1. Mai 2000 (gültiger Refi-Satz = 4,00 %) bis zum 1. September 2000 (gültiger Refi-Satz = 4,84 %)

= 3,42 % +0,84 % (= 4,84 % – 4,00 %) = 4,26 %

Dieser Wert wird auch im April 2001 im HANDELSBLATT veröffentlicht. Demnach wurde im Januar 2001 keine Veränderung am Basiszins vorgenommen.

Hieran ist erkennbar: Änderungen des Basiszinses finden nicht an jedem dafür vorgesehenen Stichtag statt. Voraussetzung für eine Anpassung ist, dass sich der längerfristige Refi-Satz zwischen den Anpassungsterminen um mindestens 0,5 Prozentpunkte verändert hat. Ansonsten bleibt der Basiszins, zunächst unverändert.

Von enormer Bedeutung war die Bestimmung einer Ersatzgröße genauso für den Lombardsatz. Denn auch dieser ehemalige Leitzins der Deutschen Bundesbank gilt heute unverändert als Bezugs-

EURO-LEITZINSEN

Refinanzierung (Refi)		
Mindestbietungssatz 4,75%		
2-Wochen-Tender, wöchentlich	(fällig 25.04.2001)	4,75%
2-Wochen-Tender, wöchentlich	(fällig 30.04.2001)	4,86%
Längerfristiger Refi-Satz		
3-Monats-Tender, monatlich	(fällig 25.04.2001)	4,66%
3-Monats-Tender, monatlich	(fällig 31.05.2001)	4,69%
3-Monats-Tender, monatlich	(fällig 28.06.2001)	4,47%
Zinskanal für Tagesgeld		
Spitzenrefinanzierungsfazilität	(seit 06.10.2000)	5,75%
Einlagefazilität	(seit 06.10.2000)	3,75%
Mindestreserve		
Verzinsung	(seit 18.04.2001)	4,86%
Basiszins		
Diskontsatz-Ersatz		
gem. § 1 Überleitungs-Gesetz	(ab 01.09.2000)	4,26%

Ersatz für den Lombardsatz (→ Spitzenrefinanzierungsfazilität)

Ersatz für den Diskontsatz (→ Diskontsatz-Ersatz)

größe für Zinsberechnungen in älteren Verträgen. Er musste daher genauso er ersetzt werden wie der Diskont-Satz. Hier hat der Gesetzgeber aber eine vergleichsweise pragmatische Lösung gefunden, indem er den Zinssatz der Spitzenrefinanzierungsfazilität der EZB ganz einfach als Nachfolgezinssatz für den Lombardsatz bestimmte. Dieser ist ebenfalls Tag für Tag im HANDELSBLATT zu finden.

Referenzzinssätze

EURIBOR und EONIA

Seit der Einführung des Euro gibt es spezielle Referenzzinssätze für Tages- und Termingeld, das auf Euro lautet. Der Referenzzinssatz für Euro-Tagesgeld wird von der EZB berechnet und heißt EONIA, der Satz für Euro-Termingeld heißt EURIBOR und entstand in enger Kooperation zwischen der Banking Federation of the European Union (FBE), der Financial Markets Association (ACI) sowie dem Informationsanbieter Bridge-Telerate. Beginnen wir mit der Erklärung des EURIBOR, da ihm eine höhere Bedeutung am Geldmarkt zukommt. So dient der EURIBOR beispielsweise als Basiszinssatz für die meisten Floating-Rate-Notes, die in Euro aufgelegt werden.

Der EURIBOR wird täglich durch Bridge-Telerate als Durchschnitt aus den Euro-Termingeldquotierungen von rund 50 Geschäftsbanken ermittelt. Die Mehrzahl der Institute kommt dabei aus den Mitgliedsländern der Europäischen Währungs- und Wirtschaftsunion (EWWU) – derzeit sind das rund 40 Banken. Damit eine besonders hohe Repräsentativität der EURIBOR-Sätze für die tatsächlichen Marktverhältnisse gewährleistet ist, werden zusätzlich auch Banken

- aus denjenigen EU-Staaten, die den Euro derzeit noch nicht eingeführt haben (zum Beispiel Großbritannien und Dänemark), sowie
- aus Nicht-EU-Staaten

miteinbezogen. Da auf dem Euro-Geldmarkt nicht nur Banken aus EU-Staaten tätig sind, sondern auch Banken aus Ländern außerhalb Europas, etwa große US-amerikanische oder japanische Geldhäuser, sind im EURIBOR-Panel auch internationale Institute vertreten. Von den internationalen Banken dürfen allerdings nur solche Häuser teilnehmen, die eine Niederlassung oder Tochtergesellschaft direkt im Euro-Raum besitzen. Bei allen Panel-Banken, man spricht auch von Referenzbanken, handelt es sich um Häuser erster Bonität. Die Zusammensetzung wird durch das *Steering-Committee*, das aus insgesamt 10 Mitgliedern der FBE und der ACI besteht, festgelegt und regelmäßig von diesem überprüft.

Steering-Committee

Der EURIBOR spiegelt Briefsätze (Offered Rates) für Laufzeiten von einer Woche sowie von einem Monat bis hin zu zwölf Monaten wider. An sämtlichen Öffnungstagen des europaweiten Zahlungsverkehrsnetzwerkes TARGET übermitteln die Banken im EURIBOR-Panel ihre Euro-Termingeldquotierungen an den Informationsanbieter Bridge Telerate (Bridge). Bei den übermittelten Sätzen handelt es sich immer um Spot-Rates, also Zinssätze für Termingeld mit zwei Tagen Valuta. Nach Eingang aller Zinssätze berechnet Bridge einen Durchschnittswert, den EURIBOR, und verbreitet diesen

EUROGELDMARKTSÄTZE UNTER BANKEN (IN PROZENT)

20.4.2001	Tagesgeld	1 Monat	2 Monate	3 Monate	6 Monate	12 Monate
Euro	5,5200 - 5,6200	4,7800 - 4,8300	4,7400 - 4,8400	4,7500 - 4,8000	4,5800 - 4,6800	4,5300 - 4,6600
US-$	4,4000 - 4,5000	4,5900 - 4,6900	4,4700 - 4,5700	4,4500 - 4,5500	4,3200 - 4,4200	4,3500 - 4,4700
Pfund	4,6200 - 4,7500	5,2500 - 5,4000	5,2600 - 5,3600	5,2100 - 5,2700	5,1800 - 5,2400	5,1300 - 5,2300
sfr	2,8500 - 3,1000	3,0700 - 3,2200	3,0700 - 3,2200	3,0700 - 3,2200	3,1600 - 3,2200	3,1600 - 3,2200
YEN	- 0,1200	0,0300 - 0,1300	0,0300 - 0,1300	0,0400 - 0,1400	0,0500 - 0,1500	0,0800 - 0,1800
kan-$	4,6200 - 4,7500	4,5700 - 4,7000	4,4600 - 4,5900	4,3900 - 4,4800	4,3000 - 4,4000	4,3700 - 4,4700
Dr.	5,5200 - 5,6200	4,7800 - 4,8300	4,7400 - 4,8400	4,7500 - 4,8000	4,5900 - 4,7100	4,5300 - 4,6600
A-$	4,5000 - 4,8000	4,6000 - 4,7900	4,5200 - 4,7100	4,4600 - 4,6500	4,3400 - 4,5300	4,4200 - 4,6100
NZ-$	5,7000 6,9600	5,7600 - 5,9500	5,6200 - 5,7200	5,5900 - 5,7800	5,4500 - 5,6400	5,4800 - 5,6700
HK-$	3,8700 - 4,2500	4,4400 - 4,6400	4,4100 - 4,6100	4,4200 - 4,6200	4,4200 - 4,6200	4,6000 - 4,8000
n. Zloty	17,0000 - 17,5000	17,1000 - 17,3500	16,8000 - 17,1500	16,6000 - 16,9000	16,1000 - 16,5000	15,6500 - 16,0000
SG-$	1,6250 - 1,7500	2,0500 - 2,2500	2,0900 - 2,2900	2,0900 - 2,2900	2,1500 - 2,3500	2,2800 - 2,4800
Rand	9,7500 - 10,2500	10,5000 - 10,7500	10,4700 - 10,7200	10,5400 - 10,7900	10,5900 - 10,8400	10,9100 - 11,1600
tsch. Krone	4,8300 - 4,9100	4,9900 - 5,2400	4,6500 - 4,9000	4,9900 - 5,2400	4,8600 - 5,1100	4,8600 - 5,1100

$ = 24 Monate 4,8100-4,8400, 36 Monate 5,1400-5,1700, Euro = 24 Monate 4,6700-4,7000, 36 Monate 4,7400-4,7700.
Eonia (Euro) = 5,43% (19.04.2001); **Euribor** (Euro) = 1 Mon. 4,817%, 2 Mon. 4,786%, 3 Mon. 4,765%, 6 Mon. 4,653%, 12 Mon. 4,591%,
Euro-Libor (Euro) = 1 Mon. 4,82%, 2 Mon. 4,78063%, 3 Mon. 4,75375%, 6 Mon. 4,645%, 12 Mon. 4,585%.
Libor ($) = 1 Mon. 4,52625%, 2 Mon. 4,46%, 3 Mon. 4,4175%, 6 Mon. 4,34125%, 12 Mon. 4,4325%.

EURIBOR-Sätze für ausgewählte Laufzeiten im HANDELSBLATT

anschließend über elektronische Informationssysteme, zum Beispiel das hauseigene System Bridge-Telerate sowie über die Informationssysteme von Reuters und Bloomberg. Von den Angaben der Banken werden jeweils die höchsten und niedrigsten 15 Prozent gestrichen, damit Ausreißer das Bild nicht verfälschen können. Als Tageszeit für die Fixierung der EURIBOR-Sätze wird mit 11.00 Uhr Brüsseler Zeit die aktivste Handelszeit auf dem Geldmarkt gewählt. Die Banken müssen ihre Quotierungen bis spätestens 10.45 Uhr an Bridge übermitteln, damit sie noch berücksichtigt werden können. Änderungen sind allerdings noch bis 11.00 Uhr möglich. Die aus den Nennungen ermittelten EURIBOR-Sätze notieren mit drei Nachkommastellen. Bei der Berechnung unterjähriger Zinsen legen alle von Bridge konsultierten Banken die Euro-Zinsmethode (act/360) zugrunde.

Neben dem EURIBOR, dem Referenzzinssatz für Euro-Termingeld, berechnet die EZB für den Tagesgeldmarkt einen gesonderten Zinssatz, EONIA. Die Abkürzung steht für ***E**uro-**O**ver**N**ight-**I**ndex-**A**verage*, was bereits zum Ausdruck bringt, dass es sich auch hier um einen Durchschnittswert handelt. Die Berechnung erfolgt so: Sämtliche an der EURIBOR-Feststellung beteiligten Banken melden der EZB an jedem Handelstag in der Zeit zwischen 18.00 Uhr und 18.30 Uhr ihre Tagesgeldumsätze und die dabei jeweils vereinbarten Zinssätze. Aus den vorliegenden Daten ermittelt nun die EZB selbst einen Durchschnittssatz mit Namen EONIA, der noch am Tag seiner Fixierung gegen 19.00 Uhr über Bridge-Telerate verbreitet wird. Das HANDELSBLATT entnimmt die EONIA-Daten für die Tabelle »Euro-Leitzinsen« täglich gegen 14.00 Uhr, also drei Stunden vor Veröffentlichung des neuen Satzes, aus dem Reuters-System. Der EONIA-Satz, der an einem bestimmten Tag in der Finanzzeitung erscheint, ist daher bereits zwei Tage alt. (Erklärung: Heute gegen 14 Uhr wird der Satz von gestern abgerufen, um ihn in der Zeitung von morgen zu veröffentlichen.)

EONIA

Die Banken verwenden bei der Zinsberechnung – genau wie bei jenen Sätzen, die in den EURIBOR einfließen – die act/360-Tage-Methode. Während jedoch bei der EURIBOR-Berechnung alle Quotierungen mit demselben Ge-

EUROGELDMARKTSÄTZE UNTER BANKEN (IN PROZENT)

20.4.2001	Tagesgeld	1 Monat	2 Monate	3 Monate	6 Monate	12 Monate
Euro	5,5200 - 5,6200	4,7800 - 4,8300	4,7400 - 4,8400	4,7500 - 4,8000	4,5800 - 4,6800	4,5300 - 4,6600
US-$	4,4000 - 4,5000	4,5900 - 4,6900	4,4700 - 4,5700	4,4500 - 4,5500	4,3200 - 4,4200	4,3500 - 4,4700
Pfund	4,6200 - 4,7500	5,2500 - 5,4000	5,2600 - 5,3600	5,2100 - 5,2700	5,1800 - 5,2400	5,1300 - 5,2300
sfr	2,8500 - 3,1000	3,0700 - 3,2200	3,0700 - 3,2200	3,0700 - 3,2200	3,1600 - 3,2200	3,1600 - 3,2200
YEN	- 0,1200	0,0300 - 0,1300	0,0300 - 0,1300	0,0400 - 0,1400	0,0500 - 0,1500	0,0800 - 0,1800
kan-$	4,6200 - 4,7500	4,5700 - 4,7000	4,4600 - 4,5900	4,3900 - 4,4800	4,3000 - 4,4000	4,3700 - 4,4700
Dr.	5,5200 - 5,6200	4,7800 - 4,8300	4,7400 - 4,8400	4,7500 - 4,8000	4,5900 - 4,7100	4,5300 - 4,6600
A-$	4,5000 - 4,8000	4,6000 - 4,7900	4,5200 - 4,7100	4,4600 - 4,6500	4,3400 - 4,5300	4,4200 - 4,6100
NZ-$	5,7000 - 5,9500	5,7600 - 5,9500	5,6200 - 5,7200	5,5900 - 5,7800	5,4500 - 5,6400	5,4800 - 5,6700
HK-$	3,8700 - 4,2500	4,4400 - 4,6400	4,4100 - 4,6100	4,4200 - 4,6200	4,4200 - 4,6200	4,6000 - 4,8000
n. Zloty	17,0000 - 17,5000	17,1000 - 17,3500	16,8000 - 17,1500	16,6000 - 16,9000	16,1000 - 16,5000	15,6500 - 16,0000
SG-$	1,6250 - 1,7500	2,0500 - 2,2500	2,0900 - 2,2900	2,0900 - 2,2900	2,1500 - 2,3500	2,2800 - 2,4800
Rand	9,7500 - 10,2500	10,5000 - 10,7500	10,4700 - 10,7200	10,5400 - 10,7900	10,5900 - 10,8400	10,9100 - 11,1600
tsch. Krone	4,8300 - 4,9100	4,9900 - 5,2400	4,6500 - 4,9000	4,9900 - 5,2400	4,8600 - 5,1100	4,8600 - 5,1100

$ = 24 Monate 4,8100-4,8400, 36 Monate 5,1400-5,1700, Euro = 24 Monate 4,6700-4,7000, 36 Monate 4,7400-4,7700.
Eonia (Euro) = 5,43% (19.04.2001); **Euribor** (Euro) = 1 Mon. 4,817%, 2 Mon. 4,786%, 3 Mon. 4,765%, 6 Mon. 4,653%, 12 Mon. 4,591%,
Euro-Libor (Euro) = 1 Mon. 4,82%, 2 Mon. 4,78063%, 3 Mon. 4,75375%, 6 Mon. 4,645%, 12 Mon. 4,585%.
Libor ($) = 1 Mon. 4,52625%, 2 Mon. 4,46%, 3 Mon. 4,4175%, 6 Mon. 4,34125%, 12 Mon. 4,4325%.

EONIA-Satz im HANDELSBLATT; erscheint mit zwei Tagen Zeitverzögerung, also zwei Werktage nach Berechnung durch die EZB.

wicht einfließen, werden die gemeldeten Tagesgeldsätze zur Bestimmung des EONIA mit den jeweils dazugehörigen Umsätzen gewichtet. EONIA ist also im Gegensatz zum EURIBOR kein einfacher, sondern ein gewichteter Durchschnittswert. Da ihm zudem noch konkrete Geschäftsabschlüsse zugrunde liegen, ist er ein repräsentatives Abbild der aktuellen Marktverhältnisse. Angaben aus rein taktischen Gründen, die nicht den wirklichen Marktverhältnissen entsprechen, sind ausgeschlossen.

Mit der EONIA-Berechnung folgt die EZB der Praxis einiger anderer Notenbanken, wie etwa der Banque de France, die schon seit mehreren Jahren effektive Tagesgeldzinssätze ermitteln und anschließend verbreiten. Die Referenzsätze EONIA sowie EURIBOR decken das Laufzeitenspektrum von einem Tag (EONIA) bis zu zwölf Monaten (1-Monats-, 2-Monats-EURIBOR usw.) ab.

Libor

Der weltweit wohl bekannteste Referenzzinssatz am Geldmarkt war und ist der *Libor* (***L****ondon-****I****nterbank-****O****ffered-****R****ate*), der in London an jedem Handelstag um 11 Uhr britischer Zeit von der BBA (British Bankers Association) in Zusammenarbeit mit der Nachrichtenagentur Bridge-Telerate berechnet wird. Der Libor entspricht dem Durchschnittszinssatz aus den Brief-Sätzen (Offered-Rates) mehrerer internationaler Geschäftsbanken am Finanzplatz London, zu denen diese anderen Geschäftsbanken Termingeld anbieten. Dabei wird für alle bedeutenden Weltwährungen (insbesondere US-Dollar, Euro, Yen, Britisches Pfund) ein gesonderter Libor zur Verfügung gestellt. Der Dollar-Libor steht im HANDELSBLATT unter der Tabelle EUROGELDMARKTSÄTZE.

Fixing

Die Berechnung des Libor bezeichnet man auch als *Libor-Fixing*. Sie verläuft ähnlich wie das weiter oben beschriebene *EURIBOR-Fixing*. Unterschiede bestehen jedoch

EUROGELDMARKTSÄTZE UNTER BANKEN (IN PROZENT)

20.4.2001	Tagesgeld	1 Monat	2 Monate	3 Monate	6 Monate	12 Monate
Euro	5,5200 - 5,6200	4,7800 - 4,8300	4,7400 - 4,8400	4,7500 - 4,8000	4,5800 - 4,6800	4,5300 - 4,6600
US-$	4,4000 - 4,5000	4,5900 - 4,6900	4,4700 - 4,5700	4,4500 - 4,5500	4,3200 - 4,4200	4,3500 - 4,4700
Pfund	4,6200 - 4,7500	5,2500 - 5,4000	5,2600 - 5,3600	5,2100 - 5,2700	5,1800 - 5,2400	5,1300 - 5,2300
sfr	2,8500 - 3,1000	3,0700 - 3,2200	3,0700 - 3,2200	3,0700 - 3,2200	3,1600 - 3,2200	3,1600 - 3,2200
YEN	- 0,1200	0,0300 - 0,1300	0,0300 - 0,1300	0,0400 - 0,1400	0,0500 - 0,1500	0,0800 - 0,1800
kan-$	4,6200 - 4,7500	4,5700 - 4,7000	4,4600 - 4,5900	4,3900 - 4,4800	4,3000 - 4,4000	4,3700 - 4,4700
Dr.	5,5200 - 5,6200	4,7800 - 4,8300	4,7400 - 4,8400	4,7500 - 4,8000	4,5900 - 4,7100	4,5300 - 4,6600
A-$	4,5000 - 4,8000	4,6000 - 4,7900	4,5200 - 4,7100	4,4600 - 4,6500	4,3400 - 4,5300	4,4200 - 4,6100
NZ-$	5,7000 - 5,9500	5,7600 - 5,9500	5,6200 - 5,7200	5,5900 - 5,7800	5,4500 - 5,6400	5,4800 - 5,6700
HK-$	3,8700 - 4,2500	4,4400 - 4,6400	4,4100 - 4,6100	4,4200 - 4,6200	4,4200 - 4,6200	4,6000 - 4,8000
n. Zloty	17,0000 - 17,5000	17,1000 - 17,3500	16,8000 - 17,1500	16,6000 - 16,9000	16,1000 - 16,5000	15,6500 - 16,0000
SG-$	1,6250 - 1,7500	2,0500 - 2,2500	2,0900 - 2,2900	2,0900 - 2,2900	2,1500 - 2,3500	2,2800 - 2,4800
Rand	9,7500 - 10,2500	10,5000 - 10,7500	10,4700 - 10,7200	10,5400 - 10,7900	10,5900 - 10,8400	10,9100 - 11,1600
tsch. Krone	4,8300 - 4,9100	4,9900 - 5,2400	4,6500 - 4,9000	4,9900 - 5,2400	4,8600 - 5,1100	4,8600 - 5,1100

$ = 24 Monate 4,8100-4,8400, 36 Monate 5,1400-5,1700, Euro = 24 Monate 4,6700-4,7000, 36 Monate 4,7400-4.7700.
Eonia (Euro) = 5,43% (19.04.2001); **Euribor** (Euro) = 1 Mon. 4,817%, 2 Mon. 4,786%, 3 Mon. 4,765%, 6 Mon. 4,653%, 12 Mon. 4,591%,
Euro-Libor (Euro) = 1 Mon. 4,82%, 2 Mon. 4,78063%, 3 Mon. 4,75375%, 6 Mon. 4,645%, 12 Mon. 4,585%.
Libor ($) = 1 Mon. 4,52625%, 2 Mon. 4,46%, 3 Mon. 4,4175%, 6 Mon. 4,34125%, 12 Mon. 4,4325%.

Dollar-Libor im HANDELSBLATT für ausgewählte Termingeld-Laufzeiten

Euro-Libor im HANDELSBLATT für ausgewählte Termingeld-Laufzeiten

- in der Anzahl der einbezogenen Geschäftsbanken, beim Libor-Fixing sind dies – je nachdem, für welche Währung »gefixt« wird – acht bzw. 16 beim EURIBOR-Fixing hingegen rund 50 Geschäftsbanken, und
- in der Anzahl der vor dem Fixing gestrichenen Sätze, beim Libor sind dies die vier höchsten und niedrigsten Werte, beim EURIBOR hingegen die höchsten und niedrigsten 15 Prozent aller genannten Zinssätze.

Während die von den Banken beim Euribor-Fixing genannten Sätze nicht veröffentlicht werden, können Marktteilnehmer die Quotes für die Libor-Ermittlung einsehen. In der nebenstehenden Tabelle sind die Sätze der 16 befragten Banken für 3-Monats-Euro-Termingeld an einem bestimmten Tag dargestellt. Zur Vereinfachung haben wir sie gleich der Größe nach geordnet.

4,37450 %	4,37550 %
4,37455 %	4,37550 %
4,37460 %	4,37555 %
4,37480 %	4,37560 %
4,37535 %	4,37855 %
4,37550 %	4,37855 %
4,37550 %	4,37900 %
4,37550 %	4,38000 %

Bridge-Telerate streicht nun die vier höchsten und niedrigsten Zinssätze und berechnet aus den verbleibenden acht den Mittelwert. Das Ergebnis ist der aktuelle 3-Monats-Euribor, der in diesem Beispiel 4,37550 % beträgt.

Libor-Sätze dienen genau wie der EURIBOR unter anderem als Referenzzinssätze für Euro-CDs, Euro-CPs und Floating-Rate-Notes und zudem als Underlying für Derivate. Neben dem Libor werden

Libid und Limean

- der *Libid* (**L**ondon-**I**nterbank-**Bid**-Rate) und
- der *Limean* (**L**ondon-**I**nterbank-**Mean**-Average-Rate)

berechnet. Der Libid ist ein Durchschnittssatz, der – im Gegensatz zum Libor – aus den Geld-Sätzen (Bid-Rates) bedeutender Geschäftsbanken am Finanzplatz London stammt. Genau wie Libor- werden auch Libid-Sätze für verschiedene Laufzeiten und Euro-Währungen gebildet und anschließend veröffentlicht. Libid-Sätze liegen verständlicherweise immer unter den jeweiligen Libor-Sätzen. Limean ist der Mittelwert (Mean) aus Libid und Libor. Beispielsweise stellt der Limean für 1-Monats-Termingeld auf Basis des Dollars den Mittelwert aus Libid und Libor des betreffenden Tages für entsprechendes Euro-Termingeld dar.

Prime-Rate

Abschließen möchten wir den Abschnitt über Referenzzinssätze mit einem Zinssatz aus den USA, der *Prime-Rate*. Hierbei handelt es sich um jenen Zinssatz, den US-Geschäftsbanken Nichtbanken mit einwandfreier Bonität, insbesondere sind das große Industrie- und Handelsunternehmen, für kurzfristige Kredite in Rechnung stellen. Jede Geschäftsbank legt eine eigene Prime-Rate fest und publiziert diese beispielsweise durch Aushänge im Schalterraum der Bank. Die Prime-Rate, die in der Tabelle US-ZINSSÄTZE im HANDELSBLATT abgedruckt wird, entspricht dem einfachen Durchschnitt aus den Prime Rates der größten US-amerikanischen Geschäftsbanken, gemessen an der Bilanzsumme. Täglich fließen jeweils circa 20-25 verschiedene Zinssätze in die Berechnung ein.

US-ZINSSÄTZE

in %		20.4.2001 S	19.4.2001 S
Tagesgeld		4 5/16	4 7/16
Commercial	30 Tage	4,44	4,89
Paper	60 Tage	4,27	4,73
	90 Tage	4,25	4,54
CDs	1 Monat	4,48	4,46
	2 Monate	4,37	4,36
	3 Monate	4,30	4,29
T-Bills – 3 Monate		3,76-3,75	3,89-3,90
T-Bills – 6 Monate		3,83-3,82	3,93-3,94
Diskontsatz		4,00	4,00
Prime Rate		7,50	7,50
Bankers	30 Tage	4,42	4,42
Acceptances	60 Tage	4,28	4,29
	90 Tage	4,21	4,20
Anleihen	10 Jahre	5,29	5,25
	30 Jahre	5,80	5,77

US-Prime-Rate

Die durchschnittliche Prime-Rate wird zwar auf unterschiedliche Art und Weise ermittelt – die Ergebnisse stimmen aber immer überein.

Bei der Berechnung der durchschnittlichen Prime-Rate für das WALL STREET JOURNAL EUROPE werden die Sätze von mindestens 75 Prozent der 30 größten US-Banken herangezogen. Auf der Internet-Seite der FED (www.federalreserve.gov/releases/H15/Current/) erscheint eine Prime-Rate, die den Durchschnitt der ca. 25 größten US-Banken repräsentiert. Vergleicht man alle gezeigten Sätze (HANDELSBLATT, WALL STREET JOURNAL EUROPE, FED) miteinander, so stellt man fest, dass sie im Regelfall exakt übereinstimmen (siehe auch Schaubild auf nächster Seite).

Die Prime-Rate gewähren US-Geschäftsbanken nur für Kredite an Firmenkunden mit höchster Bonität. Darum auch der Zusatz »Prime«, zu deutsch etwa »außergewöhnlich gut«. Die aktuelle Prime-Rate dient außerdem als Ausgangsbasis für all jene Kredite, die US-Banken an die verbleibenden Kundensegmente vergeben, also etwa für Firmenkunden, die nicht als »Prime« klassifiziert werden, oder für private Haushalte. Es gilt: Je schlechter die Bonität eines Kunden, desto höher der Aufschlag auf die Prime-Rate. Die Zinsklausel für einen Kontokorrentkredit, der einem Unternehmen mit vergleichsweise schlechter Kreditwürdigkeit eingeräumt wird, könnte beispielsweise lauten:

Vierteljährlich anzupassender Zinssatz = aktuelle Prime-Rate + 2 Prozentpunkte

Die (durchschnittliche) Prime-Rate der Geschäftsbanken gilt darüber hinaus als einer der wichtigsten Indikatoren für Zinsveränderungen am US-ameri-

HANDELSBLATT: Keine Angabe, woher die Prime-Rate stammt oder wie viele Banken befragt wurden.

US-ZINSSÄTZE

in %		20.4.2001 S	19.4.2001 S
Tagesgeld		4 5/16	4 7/16
Commercial	30 Tage	4,44	4,89
Paper	60 Tage	4,27	4,73
	90 Tage	4,25	4,54
CDs	1 Monat	4,48	4,46
	2 Monate	4,37	4,36
	3 Monate	4,30	4,29
T-Bills – 3 Monate		3,76 3,75	3,89-3,90
T-Bills – 6 Monate		3,83-3,82	3,93-3,94
Diskontsatz		4,00	4,00
Prime Rate		7,50	7,50
Bankers	30 Tage	4,42	4,42
Acceptances	60 Tage	4,28	4,29
	90 Tage	4,21	4,20
Anleihen	10 Jahre	5,29	5,25
	30 Jahre	5,80	5,77

Trotz unterschiedlicher Angaben, woher die Prime-Rate stammt, sind die Werte identisch!

The key U. S. and foreign annual interest rates below are a guide to general levels but don't always represent actual transactions.
PRIME RATE: 7.50% (effective 04/19/01). The base rate on corporate loans posted by at least 75% of the nation's 30 largest banks.
DISCOUNT RATE: 4.00% (effective 04/18/01). The charge on loans to depository institutions by the Federal Reserve Banks.
FEDERAL FUNDS: 4 3/8 % high, 4 3/8 % low, 4 3/8 % near closing bid, 4 3/8 % offered. Reserves traded among commercial banks for overnight use in amounts of $1 million or more. Source: Prebon Yamane(U.S.A) Inc. FOMC fed funds target rate 4 1/2 % effective 04/18/01 .
CALL MONEY: 6.25% (effective 04/19/01). The charge on

Wall Street Journal Europe:
Prime-Rate ergab sich aus den Sätzen der Mehrheit (>75 %) der 30 größten US-Banken.

	Datum	Datum	Datum	Datum	Datum	Datum	Datum	Datum
Eurodollar deposits (London) 3 8								
1-month	4.45	4.43	4.40	4.40	4.37	4.41	4.76	5.06
3-month	4.28	4.27	4.24	4.25	4.25	4.26	4.56	4.89
6-month	4.21	4.18	4.16	4.17	4.18	4.18	4.47	4.73
Bank prime loan 2 3 9	7.50	7.50	7.50	7.50	7.50	7.50	8.00	8.32
Discount window borrowing 2 10	4.00	4.00	4.00	4.00	4.00	4.00	4.43	4.81
U.S. government securities								
Treasury bills (secondary market) 3 4								

Federal-Reserve-Bank, N.Y.:
Prime-Rate ergab sich aus den Sätzen der Mehrheit der 25 größten Banken des Landes.

7. An average of dealer offering rates on nationally traded certificates of deposit.
8. Bid rates for Eurodollar deposits collected around 9:30 a.m. Eastern time.
9. Rate posted by a majority of top 25 (by assets in domestic offices) insured U.S.-chartered commercial banks. Prime is one of several base rates used by banks to price short-term business loans.
10. Rate for the Federal Reserve Bank of New York.

Ermittlungsmethoden für die Prime-Rate im Vergleich

kanischen Geld- und Kapitalmarkt. Geschäftsbanken erhöhen die Prime-Rate häufig dann, wenn sich die Konditionen für die Refinanzierung der »Prime-Rate-Kredite« verschlechtern (Verteuerung der Kredite am Discount-Window usw.) und senken die Prime-Rate in aller Regel, wenn sich diese Konditionen verbessern. Die aktuelle Prime-Rate übt daher auch eine Art Leitzinsfunktion aus und taucht folgerichtig immer dann auf, wenn über US-Leitzinsen berichtet bzw. die wichtigsten Geldmarktzinssätze der USA publiziert werden (zum Beispiel in Tageszeitungen, im Internet oder in elektronischen Informationssystemen wie Reuters).

Zinssätze für Geldmarktpapiere

US-Geldmarktpapiere

Der US-amerikanische Geldmarkt ist Primär- und Sekundärmarkt für kurzfristige Wertpapiere (Geldmarktpapiere). Hierzu gehören:

- Treasury-Bills,
- Certificates of Deposit,
- Commercial-Papers und
- Bankers-Acceptances.

Emittenten sind Geschäftsbanken, bedeutende Unternehmen anderer Branchen und die US-Regierung. Letztere verschuldet sich am Geldmarkt über die Ausgabe so genannter *Treasury-Bills*, kurz *T-Bills*, die eine Laufzeit zwischen wenigen Tagen und einem Jahr aufweisen können. In jüngster Zeit kamen vorwiegend Treasury-Bills mit Laufzeiten von 3 und 6 Monaten auf den Markt.

US-ZINSSÄTZE

in %		20.4.2001 S	19.4.2001 S	
Tagesgeld		$4\frac{5}{16}$	$4\frac{7}{16}$	← Aufzinsungssatz
Commercial	30 Tage	4,44	4,89	Diskontsätze → (Commercial Paper)
Paper	60 Tage	4,27	4,73	
	90 Tage	4,25	4,54	
CDs	1 Monat	4,48	4,46	Aufzinsungssätze → (CDs)
	2 Monate	4,37	4,36	
	3 Monate	4,30	4,29	
T-Bills – 3 Monate		3,76-3,75	3,89-3,90	} Renditen (!)
T-Bills – 6 Monate		3,83-3,82	3,93-3,94	
Diskontsatz		4,00	4,00	jeweils Aufzinsungssätze → (Diskontsatz, Prime Rate)
Prime Rate		7,50	7,50	
Bankers	30 Tage	4,42	4,42	} Diskontsätze
Acceptances	60 Tage	4,28	4,29	
	90 Tage	4,21	4,20	
Anleihen	10 Jahre	5,29	5,25	
	30 Jahre	5,80	5,77	

Ausgabe per Auktionsverfahren

Die Ausgabe erfolgt jeden Montag im Rahmen einer groß angelegten Auktion. Auktionator ist die Federal-Reserve-Bank von New York, die im Namen und für Rechnung des Bundesschatzamtes agiert. Gebote kommen überwiegend von großen Investmentbanken. Diese schaffen den Sekundärmarkt für Treasury-Bills, indem sie Anlegern zu jedem Zeitpunkt

- Geldsätze (Bid-Rates) stellen, zu denen sie T-Bills ankaufen, und
- Briefsätze (Asked-Rates) offerieren, zu denen sie T-Bills verkaufen.

Aufgrund der hohen Bonität des Emittenten (US-Regierung) und der geringen Stückelung (ab 1.000 US-Dollar) sind T-Bills auch für Kleinanleger interessant. T-Bills werden beim An- und Verkauf diskontiert. Quotierungen sind infolgedessen Diskontsätze. Ein Anleger, der einen Treasury-Bill erwirbt,

- zahlt zum Zeitpunkt des Kaufs den Kurswert, das heißt, den mit dem Diskontsatz über die Restlaufzeit des Papiers abgezinsten Nennwert, und
- erhält, falls er das Papier bis zur Fälligkeit hält, den vollen Nennwert von der US-Regierung ausgezahlt.

Zum Zeitpunkt der Fälligkeit eines T-Bills lässt sich der Zinsertrag folgendermaßen berechnen:

Zinsertrag = Nennwert – Kurswert zum Kaufzeitpunkt

Je höher der Diskontsatz beim Kauf des T-Bills, desto größer ist der Zinsertrag.

T-Bills, Notes & Bonds online

Bureau of the Public Debt online

Recent Treasury Bill Auction Results

Term	Issue Date	Maturity Date	Discount Rate %	Investment Rate %	Price Per $100	CUSIP
91-DAY	04-26-2001	07-26-2001	3.655	3.741	99.076	912795HD6
182-	04-26-2001	10-25-2001	3.665	3.786	98.147	912795HT1
4-DAY	04-19-2001	04-23-2001	4.49	4.56	99.950	912795KH3
91-DAY	04-19-2001	07-19-2001	4.050	4.150	98.976	912795GP0
182-	04-19-2001	10-18-2001	4.060	4.204	97.947	912795HS3
91-DAY	04-12-2001	07-12-2001	3.820	3.912	99.034	912795HC8
182-	04-12-2001	10-11-2001	3.815	3.945	98.071	912795GS4
91-DAY	04-05-2001	07-05-2001	4.125	4.228	98.957	912795HA2
182-	04-05-2001	10-04-2001	4.020	4.160	97.968	912795HR5
13-DAY	04-03-2001	04-16-2001	5.00	5.09	99.819	912795KG5
21-DAY	03-29-2001	04-19-2001	4.93	5.02	99.712	912795GC9
91-DAY	03-29-2001	06-28-2001	4.200	4.305	98.938	912795GN5
182-	03-29-2001	09-27-2001	4.120	4.266	97.917	912795HQ7
91-DAY	03-22-2001	06-21-2001	4.370	4.482	98.895	912795GM7
182-	03-22-2001	09-20-2001	4.220	4.371	97.867	912795HP9
91-DAY	03-15-2001	06-14-2001	4.520	4.638	98.857	912795GL9
182-	03-15-2001	09-13-2001	4.420	4.585	97.765	912795GR6
91-DAY	03-08-2001	06-07-2001	4.700	4.822	98.812	912795GK1
182-	03-08-2001	09-06-2001	4.530	4.700	97.710	912795HN4
13-DAY	03-02-2001	03-15-2001	5.39	5.49	99.805	912795FX4
91-DAY	03-01-2001	05-31-2001	4.710	4.835	98.809	912795GJ4
182-	03-01-2001	08-30-2001	4.495	4.662	97.728	912795HL8
364-	03-01-2001	02-28-2002	4.240	4.442	95.713	912795HJ3
50-DAY	02-28-2001	04-19-2001	4.95	5.05	99.313	912795GC9
91-DAY	02-22-2001	05-24-2001	4.905	5.036	98.760	912795GH8
182-	02-22-2001	08-23-2001	4.770	4.955	97.589	912795HH7

http://www.publicdebt.treas.gov/servlet/OFBills

Im Internet findet man eine sehr umfassende Übersicht über die Ergebnisse der T-Bill-Auktionen.

Die für T-Bills gestellten Bid- und Asked-Sätze eines bestimmten Handelstages erscheinen zum Beispiel in der Tabelle U. S. TREASURY ISSUES im WALL STREET JOURNAL EUROPE (siehe folgende Seite). Die Angaben stammen von der FED. Aus allen Sätzen, die US-Banken gegen 16 Uhr New Yorker Zeit stellten, ermittelt sie den jeweils niedrigsten Geld- sowie den höchsten Briefsatz. Diese Discount-Rates erscheinen dann in der Zeitung. Die nächste und übernächste Seite zeigen den Ausschnitt TREASURY BILLS aus der Tabelle U. S. TREASURY ISSUES vom 24. April 2001.

Die Formeln unten zeigen, wie aus den abgedruckten Diskontsätzen für einen T-Bill Abschlag und Kurs sowohl beim Kauf als auch beim Verkauf berechnet werden können. Zu beachten ist, dass die Laufzeit eines am Montag versteigerten Treasury-Bills am direkt folgenden Donnerstag beginnt. Außerdem wird der Fälligkeitstag selbst bei der Zinsberechnung nicht berücksichtigt.

$$\text{Abschlag} = \frac{\text{Diskontsatz} \times \text{Nennwert} \times \text{Restlaufzeit in Tagen}}{360 \text{ Tage} \times 100}$$

$$\text{Kurs} = \text{Nennwert} - \text{Abschlag}$$

Tabelle
U. S. TREASURY ISSUES im WALL STREET JOURNAL EUROPE

U.S. TREASURY ISSUES

Tuesday, April 24, 2001

Quotes on transactions of $1 million+, or more. Bond, notes, bills as of mid-afternoon; strips as of 3 p.m. Eastern time. Colons represent 32nds; 101:01 means 101 1/32; bills in hundredths. Current 13-week and 26-week bills are boldfaced. For callable bonds, yields computed to earliest call date for issues above par and to maturity for issues below par. Strips yields calculated on asked quotation. n-Treasury note.wi-When issued; change in basis points. ci-stripped coupon interest. bp-Treasury bond, stripped principal. np-Treasury note, stripped principal. Sources: Telerate/Cantor Fitzgerald; Bear, Stearns & Co. via Street Software Technology Inc.

U.S. TREASURY STRIPS

MAT		TYPE	BID	ASKED	CHG.	ASKED YLD.
May	01	np	99:25	99:26	....	3.87
May	01	ci	99:25	99:26	....	4.00
Aug	01	np	98:27	98:27	....	3.82
Aug	01	ci	98:26	98:27	....	3.87
Nov	01	np	97:28	97:29	....	3.92
Nov	01	ci	97:27	97:28	....	3.95
Feb	02	ci	97:18	97:18	....	3.08
May	02	np	95:29	95:30	....	3.99
May	02	ci	95:30	95:30	....	3.98
Aug	02	np	94:29	94:30	....	4.03
Aug	02	ci	94:31	94:31	....	3.99
Nov	02	ci	94:20	94:21	....	3.59
Feb	03	np	92:25	92:26	....	4.18
Feb	03	ci	92:26	92:27	....	4.16
May	03	ci	91:27	91:29	....	4.18
Jul	03	ci	91:08	91:10	....	4.16
Aug	03	np	90:24	90:25	....	4.26
Aug	03	ci	90:27	90:29	....	4.20
Nov	03	np	89:20	89:21	....	4.33
Nov	03	ci	90:09	90:10	....	4.04
Jan	04	ci	88:25	88:26	....	4.41
Feb	04	np	88:10	88:12	....	4.47
Feb	04	ci	88:12	88:14	....	4.44
May	04	np	87:02	87:03	....	4.59
May	04	ci	87:08	87:09	....	4.52
Jul	04	ci	86:23	86:25	....	4.47
Aug	04	np	86:01	86:02	....	4.60
Aug	04	ci	86:10	86:11	....	4.50
Nov	04	bp	84:19	84:21	....	4.76
Nov	04	np	84:27	84:29	....	4.67
Nov	04	ci	85:04	85:06	....	4.58
Jan	05	ci	84:09	84:10	....	4.65
Feb	05	np	83:26	83:27	....	4.69
Feb	05	ci	83:28	83:29	....	4.67
May	05	bp	82:15	82:17	....	4.81
May	05	np	82:26	82:27	+ 4	4.70
May	05	ci	82:22	82:23	....	4.74
Jul	05	ci	82:08	82:10	....	4.68
Aug	05	bp	81:11	81:12	....	4.85
Aug	05	np	81:23	81:24	....	4.74
Aug	05	ci	81:27	81:29	....	4.70
Nov	05	np	80:23	80:25	....	4.76
Nov	05	ci	81:11	81:13	....	4.58
Jan	06	ci	80:02	80:03	– 1	4.76
Feb	06	bp	79:16	79:17	– 1	4.83
Feb	06	np	79:22	79:23	– 1	4.78
Feb	06	ci	79:21	79:22	– 1	4.78
May	06	np	78:16	78:18	– 1	4.84
May	06	ci	78:17	78:18	– 1	4.84
Jul	06	np	77:29	77:30	– 1	4.84
Jul	06	ci	78:02	78:03	– 1	4.79
Aug	06	ci	77:22	77:23	– 1	4.81
Nov	06	ci	76:31	77:01	– 1	4.76
Feb	07	np	75:02	75:03	– 1	5.00
Feb	07	ci	75:09	75:10	– 3	4.95
May	07	np	73:30	73:31	– 1	5.05
May	07	ci	74:07	74:09	– 2	4.98
Aug	07	np	72:29	72:30	– 1	5.07
Aug	07	ci	73:09	73:10	– 2	4.99
Nov	07	ci	72:29	72:30	– 2	4.88
Feb	08	np	70:27	70:29	– 2	5.12
Feb	08	ci	70:27	70:29	– 2	5.12
May	08	np	69:24	69:26	– 2	5.17
May	08	ci	69:24	69:25	– 2	5.17
Aug	08	ci	69:03	69:05	– 2	5.12
Nov	08	np	67:22	67:23	– 2	5.23
Nov	08	ci	68:05	68:06	– 2	5.14
Feb	09	ci	66:23	66:25	– 3	5.25
May	09	np	65:20	65:21	– 3	5.30
May	09	ci	65:23	65:25	– 3	5.28
Aug	09	np	64:17	64:18	– 3	5.34
Aug	09	ci	64:29	64:30	– 3	5.27
Nov	09	bp	62:24	62:26	– 3	5.52
Nov	09	ci	64:03	64:04	– 3	5.27
Feb	10	np	62:20	62:22	– 2	5.38
Feb	10	ci	62:27	62:28	– 2	5.34
May	10	ci	61:29	61:30	– 2	5.37
Aug	10	np	61:00	61:01	– 2	5.38
Aug	10	ci	61:01	61:02	– 2	5.37
Nov	10	ci	60:20	60:22	– 2	5.30
Feb	11	ci	59:03	59:05	– 2	5.43
May	11	ci	58:05	58:06	– 2	5.46
Aug	11	ci	57:09	57:10	– 2	5.48
Nov	11	ci	56:20	56:22	– 2	5.46
Feb	12	ci	55:10	55:11	– 2	5.55
May	12	ci	54:13	54:14	– 2	5.58
Aug	12	ci	53:16	53:17	– 2	5.61
Nov	12	ci	52:31	53:01	– 2	5.57
Feb	13	ci	51:21	51:22	– 3	5.67
May	13	ci	50:26	50:27	– 3	5.70
Aug	13	ci	49:29	49:30	– 3	5.73
Nov	13	ci	49:00	49:02	– 3	5.76
Feb	14	ci	48:03	48:05	– 3	5.80
May	14	ci	47:08	47:09	– 3	5.83
Aug	14	ci	46:13	46:14	– 3	5.85
Nov	14	ci	45:19	45:21	– 3	5.88
Feb	15	bp	44:10	44:11	– 4	5.98
Feb	15	ci	44:23	44:25	– 4	5.91
May	15	ci	43:27	43:29	– 4	5.95

Rate	Maturity Mo/Yr		Bid	Asked	Chg.	Ask Yld.
Nov	20	ci	30:10	30:11	– 3	6.20
Feb	21	bp	29:30	29:31	– 3	6.18
Feb	21	ci	29:25	29:26	– 3	6.21
May	21	bp	29:09	29:10	– 3	6.22
May	21	ci	29:12	29:13	– 3	6.20
Aug	21	bp	28:31	29:00	– 3	6.20
Aug	21	ci	28:29	28:30	– 3	6.20
Nov	21	bp	28:13	28:14	– 3	6.22
Nov	21	ci	28:14	28:15	– 3	6.21
Feb	22	ci	28:00	28:02	– 3	6.21
May	22	ci	27:19	27:21	– 3	6.21
Aug	22	bp	27:14	27:15	– 3	6.16
Aug	22	ci	27:05	27:06	– 3	6.21
Nov	22	bp	26:26	26:27	– 3	6.20
Nov	22	ci	26:24	26:26	– 3	6.21
Feb	23	bp	26:22	26:23	– 4	6.15
Feb	23	ci	26:14	26:15	– 4	6.19
May	23	ci	26:00	26:01	– 4	6.20
Aug	23	bp	26:03	26:04	– 4	6.11
Aug	23	ci	25:18	25:19	– 4	6.21
Nov	23	ci	25:07	25:09	– 4	6.20
Feb	24	ci	24:31	25:01	– 4	6.18
May	24	ci	24:20	24:22	– 4	6.17
Aug	24	ci	24:08	24:09	– 4	6.17
Nov	24	bp	23:31	24:01	– 4	6.16
Nov	24	ci	23:30	23:31	– 4	6.16
Feb	25	bp	23:22	23:23	– 4	6.14
Feb	25	ci	23:20	23:22	– 4	6.15
May	25	ci	23:13	23:14	– 4	6.13
Aug	25	bp	23:04	23:06	– 4	6.11
Aug	25	ci	23:02	23:03	– 4	6.13
Nov	25	ci	22:23	22:25	– 4	6.13
Feb	26	bp	22:20	22:22	– 4	6.08
Feb	26	ci	22:13	22:14	– 4	6.12
May	26	ci	22:01	22:02	– 4	6.13
Aug	26	bp	21:27	21:28	– 4	6.10
Aug	26	ci	21:22	21:23	– 4	6.13
Nov	26	bp	21:16	21:18	– 4	6.10
Nov	26	ci	21:14	21:15	– 4	6.12
Feb	27	bp	21:09	21:10	– 3	6.09
Feb	27	ci	21:04	21:06	– 4	6.11
May	27	ci	20:28	20:29	– 4	6.10
Aug	27	bp	20:23	20:24	– 4	6.07
Aug	27	ci	20:20	20:21	– 4	6.09
Nov	27	bp	20:12	20:14	– 4	6.08
Nov	27	ci	20:12	20:14	– 4	6.08
Feb	28	ci	19:27	19:29	– 4	6.12
May	28	ci	19:19	19:20	– 3	6.12
Aug	28	bp	19:23	19:24	– 3	6.04
Aug	28	ci	19:10	19:11	– 3	6.11
Nov	28	bp	19:13	19:14	– 3	6.04
Nov	28	ci	19:08	19:10	– 3	6.07
Feb	29	bp	19:08	19:10	– 1	6.01
Feb	29	ci	19:06	19:07	– 3	6.03
May	29	ci	19:03	19:04	– 3	5.99
Aug	29	bp	18:24	18:25	– 1	6.00
Aug	29	ci	18:27	18:29	– 3	5.98
Nov	29	ci	19:10	19:11	– 3	5.84
Feb	30	ci	19:00	19:01	– 3	5.85
May	30	bp	18:11	18:13	+ 1	5.92
May	30	ci	19:03	19:05	– 3	5.78
Aug	30	ci	18:30	18:31	– 3	5.76
Feb	31	bp	18:26	18:26	– 3	5.69
Feb	31	ci	19:14	19:15	– 3	5.57

TREASURY BILLS

Maturity Mo/Yr	Days to Mat.	Bid	Asked	Chg.	Asked Yld.
Apr 26 01	1	3.78	3.70	+ 0.10	3.75
May 03 01	8	3.78	3.70	+ 0.05	3.75
May 10 01	15	3.62	3.54	+ 0.07	3.59
May 17 01	22	3.52	3.44	+ 0.08	3.50
May 24 01	29	3.52	3.44	+ 0.07	3.50
May 31 01	36	3.65	3.61	+ 0.07	3.67
Jun 07 01	43	3.55	3.51	+ 0.07	3.57
Jun 14 01	50	3.53	3.49	+ 0.04	3.56
Jun 21 01	57	3.58	3.54	+ 0.06	3.61
Jun 28 01	64	3.62	3.60	+ 0.03	3.67
Jul 05 01	71	3.63	3.61	.....	3.69
Jul 12 01	78	3.63	3.61	+ 0.01	3.69
Jul 19 01	85	3.70	3.68	+ 0.04	3.76
Jul 26 01	92	3.70	3.69	+ 0.06	3.78
Aug 02 01	99	3.67	3.65	+ 0.03	3.74
Aug 09 01	106	3.69	3.67	+ 0.05	3.76
Aug 16 01	113	3.69	3.67	+ 0.04	3.76
Aug 23 01	120	3.69	3.67	+ 0.04	3.77
Aug 30 01	127	3.67	3.65	+ 0.03	3.75
Sep 06 01	134	3.66	3.64	+ 0.01	3.74
Sep 13 01	141	3.66	3.64	+ 0.01	3.74
Sep 20 01	148	3.66	3.64	.....	3.75
Sep 27 01	155	3.65	3.63	.....	3.74
Oct 04 01	162	3.67	3.65	+ 0.02	3.76
Oct 11 01	169	3.67	3.65	+ 0.01	3.77
Oct 18 01	176	3.66	3.64	– 0.01	3.76
Oct 25 01	183	3.65	3.64	.....	3.76
Nov 29 01	218	3.60	3.58	+ 0.02	3.70
Feb 28 02	309	3.60	3.59	.....	3.73

GOVT. BOND & NOTES

Rate	Maturity Mo/Yr	Bid	Asked	Chg.	Ask Yld.
6 5/8	May 02n	102:27	102:29		3.89
6 1/4	Jun 02n	102:20	102:22		3.90
6 3/8	Jun 02n	102:24	102:26		3.91
3 5/8	Jul 02i	102:03	102:04	– 1	1.86
6	Jul 02n	102:14	102:16		3.95
6 1/4	Jul 02n	102:24	102:26		3.95
6 3/8	Aug 02n	103:00	103:02		3.95
6 1/8	Aug 02n	102:23	102:25		3.98
6 1/4	Aug 02n	102:28	102:30		3.98
5 7/8	Sep 02n	102:16	102:18		4.01
6	Sep 02n	102:22	102:24		4.00
5 3/4	Oct 02n	102:14	102:16		4.03
11 5/8	Nov 02	111:06	111:10		4.04
5 5/8	Nov 02n	102:10	102:12		4.07
5 3/4	Nov 02n	102:17	102:19		4.06
5 1/8	Dec 02n	101:20	101:22		4.07
5 5/8	Dec 02n	102:15	102:17		4.05
4 3/4	Jan 03n	101:01	101:03		4.10
5 1/2	Jan 03n	102:10	102:12	+ 1	4.09
6 1/4	Feb 03n	103:17	103:19		4.16
10 3/4	Feb 03	111:06	111:10		4.19
4 5/8	Feb 03n	100:26	100:27		4.14
5 1/2	Feb 03n	102:11	102:13	+ 1	4.13
4 1/4	Mar 03n	100:06	100:07		4.13
5 1/2	Mar 03n	102:13	102:15		4.15
5 3/4	Apr 03n	102:31	103:01		4.16
10 3/4	May 03	112:20	112:24		4.21
5 1/2	May 03n	102:17	102:19		4.19
5 3/8	Jun 03n	102:12	102:14	+ 1	4.19
5 1/4	Aug 03n	102:05	102:07	+ 1	4.23
5 3/4	Aug 03n	103:08	103:10	+ 1	4.23
11 1/8	Aug 03	114:23	114:27	– 1	4.30
4 1/4	Nov 03n	99:24	99:26	+ 1	4.33
11 7/8	Nov 03	117:26	117:30	– 1	4.38
4 3/4	Feb 04n	100:27	100:29	+ 1	4.40
5 7/8	Feb 04n	103:26	103:28	+ 1	4.39
5 1/4	May 04n	102:05	102:07		4.46
7 1/4	May 04n	107:24	107:26		4.48
12 3/8	May 04	122:00	122:06		4.52
6	Aug 04n	104:13	104:15		4.53
7 1/4	Aug 04n	108:06	108:08		4.54
13 3/4	Aug 04	127:23	127:29		4.57
5 7/8	Nov 04n	104:06	104:08		4.57
7 7/8	Nov 04n	110:19	110:23		4.57
11 5/8	Nov 04	122:17	122:23	– 1	4.62
7 1/2	Feb 05n	109:29	109:31		4.62
6 1/2	May 05n	106:24	106:26		4.64
6 3/4	May 05n	107:20	107:21		4.66
12	May 05	126:18	126:24		4.68
6 1/2	Aug 05n	106:31	107:01		4.68
10 3/4	Aug 05	123:00	123:06		4.74
5 3/4	Nov 05n	104:07	104:08		4.70
5 7/8	Nov 05n	104:21	104:23		4.71
5 5/8	Feb 06n	103:25	103:27	+ 1	4.72
9 3/8	Feb 06	119:17	119:21	+ 1	4.75
6 7/8	May 06n	109:09	109:11		4.77
7	Jul 06n	109:27	109:29		4.83
6 1/2	Oct 06n	107:22	107:24	– 1	4.87
3 3/8	Jan 07i	101:22	101:23	+16	3.04
6 1/4	Feb 07n	106:23	106:25		4.89
7 5/8	Feb 02-07	102:22	102:24	+ 2	4.12
6 5/8	May 07n	108:21	108:23		4.94
6 1/8	Aug 07n	106:02	106:04		4.98
7 7/8	Nov 02-07	105:10	105:12		4.26
3 5/8	Jan 08i	102:22	102:23	+ 8	3.17
5 1/2	Feb 08n	102:19	102:21		5.03
5 5/8	May 08n	103:07	103:09	– 1	5.07
8 3/8	Aug 03-08	108:15	108:17		4.44
4 3/4	Nov 08n	97:18	97:20	– 1	5.13
8 3/4	Nov 03-08	110:02	110:06		4.48
3 7/8	Jan 09i	104:06	104:07	+ 6	3.25
5 1/2	May 09n	102:00	102:02	– 1	5.18
9 1/8	May 04-09	112:16	112:20	+ 6	4.64
6	Aug 09n	105:05	105:07	– 2	5.22
10 3/8	Nov 04-09	118:06	118:10	– 1	4.72
4 1/4	Jan 10i	106:06	106:07	–18	3.42
6 1/2	Feb 10n	108:21	108:23	– 2	5.25
11 3/4	Feb 05-10	124:01	124:07	+ 4	4.73
10	May 05-10	118:25	118:29		4.81
5 3/4	Aug 10n	103:12	103:13	– 2	5.28
12 3/4	Nov 05-10	131:27	132:01	– 1	4.83
3 1/2	Jan 11i	101:21	101:22	+11	3.30
5	Feb 11n	98:14	98:15	– 2	5.20
13 7/8	May 06-11	139:18	139:24	– 2	4.90
14	Nov 06-11	143:08	143:14	– 1	4.96
10 3/8	Nov 07-12	128:14	128:20	– 3	5.17
12	Aug 08-13	140:21	140:27	– 2	5.21
13 1/4	May 09-14	151:28	152:02	+ 3	5.24
12 1/2	Aug 09-14	148:03	148:09	– 2	5.26
11 3/4	Nov 09-14	144:09	144:15	– 2	5.23
11 1/4	Feb 15	153:23	153:29	– 4	5.59
10 5/8	Aug 15	148:13	148:19	– 3	5.63
9 7/8	Nov 15	141:09	141:15	– 5	5.66
9 1/4	Feb 16	135:06	135:12	– 4	5.68
7 1/4	May 16	115:09	115:13	– 4	5.71
7 1/2	Nov 16	117:28	118:00	– 6	5.73

Treasury-Bill-Quotierungen im Wall Street Journal Europe

Fälligkeitstag

Restlaufzeit in Tagen

Diskont bei Kauf durch Makler (Bid-Rate)

Diskont bei Verkauf durch Makler (Asked-Rate)

Rendite bis zur Fälligkeit

Auf der Auktion am Montag, 16. April 2001, wurden 3-Monats-T-Bills mit einer Mindeststückelung von 1.000 US-Dollar emittiert. Laufzeitbeginn ist der 19. April 2001, fällig werden sie am 19. Juli 2001.

Auszug aus Auktionsübersicht

Term	Issue Date	Maturity Date	Discount Rate %	Investment Rate %	Price Per $100	CUSIP
91-DAY	04-26-2001	07-26-2001	3.655	3.741	99.076	912795HD6
182-	04-26-2001	10-25-2001	3.665	3.786	98.147	912795HT1
4-DAY	04-19-2001	04-23-2001	4.49	4.56	99.950	912795KH3
91-DAY	04-19-2001	07-19-2001	4.050	4.150	98.976	912795GP0
182-	04-19-2001	10-18-2001	4.060	4.204	97.947	912795HS3
91-DAY	04-12-2001	07-12-2001	3.820	3.912	99.034	912795HC8
182-	04-12-2001	10-11-2001	3.815	3.945	98.071	912795GS4

Auszug aus Wall Street Journal Europe

TREASURY BILLS

Maturity Mo/Yr	Days to Mat.	Bid	Asked	Chg.	Asked Yld.
Apr 26 01	1	3.78	3.70	+ 0.10	3.75
May 03 01	8	3.78	3.70	+ 0.05	3.75
May 10 01	15	3.62	3.54	+ 0.07	3.59
May 17 01	22	3.52	3.44	+ 0.08	3.50
May 24 01	29	3.52	3.44	+ 0.07	3.50
May 31 01	36	3.65	3.61	+ 0.07	3.67
Jun 07 01	43	3.55	3.51	+ 0.07	3.57
Jun 14 01	50	3.53	3.49	+ 0.04	3.56
Jun 21 01	57	3.58	3.54	+ 0.06	3.61
Jun 28 01	64	3.62	3.60	+ 0.03	3.67
Jul 05 01	71	3.63	3.61	.....	3.69
Jul 12 01	78	3.63	3.61	+ 0.01	3.69
Jul 19 01	85	3.70	3.68	+ 0.04	3.76
Jul 26 01	92	3.70	3.69	+ 0.06	3.78
Aug 02 01	99	3.67	3.65	+ 0.03	3.74
Aug 09 01	106	3.69	3.67	+ 0.05	3.76
Aug 16 01	113	3.69	3.67	+ 0.04	3.76
Aug 23 01	120	3.69	3.67	+ 0.04	3.77
Aug 30 01	127	3.67	3.65	+ 0.03	3.75
Sep 06 01	134	3.66	3.64	+ 0.01	3.74
Sep 13 01	141	3.66	3.64	+ 0.01	3.74
Sep 20 01	148	3.66	3.64	.....	3.75
Sep 27 01	155	3.65	3.63	.....	3.74
Oct 04 01	162	3.67	3.65	+ 0.02	3.76
Oct 11 01	169	3.67	3.65	+ 0.01	3.77
Oct 18 01	176	3.66	3.64	− 0.01	3.76
Oct 25 01	183	3.65	3.64	.....	3.76
Nov 29 01	218	3.60	3.58	+ 0.02	3.70
Feb 28 02	309	3.60	3.59	.....	3.73

Dem WALL STREET JOURNAL EUROPE ist zu entnehmen, dass Investmentbanken für diese T-Bills am 24. April 2001 – die Restlaufzeit beträgt 85 Tage – folgende Sätze gestellt hatten (die Sätze gelten für Beträge ab 1 Million US-Dollar, was wir im Folgenden jedoch vernachlässigen):

bid 3,70 %
asked 3,68 %

Es soll nun gezeigt werden, wie eine Investmentbank den Kurs für T-Bills beim

a) Ankauf und
b) Verkauf

bestimmt. Bei der Diskontierung von 3-Monats-T-Bills werden für 3 Monate 91 Tage, für ein Jahr jedoch 360 Tage angesetzt (act/360-Tage-Usance).

a) **Ankauf eines T-Bills durch die Investmentbank**

Die Investmentbank legt den bid-Satz in Höhe von 3,70 % zugrunde und berechnet zunächst den Abschlag:

$$\frac{3{,}70\ (\%) \times 1.000\ \text{US-\$} \times 85\ \text{Tage}}{360 \times 100} = 8{,}74\ \text{US-\$}$$

Anschließend wird der Abschlag vom Nennwert subtrahiert, sodass die Bank den T-Bill zum Kurs von

1.000 US-$ – 8,74 US-$ = 991,26 US-$

kauft.

b) **Verkauf eines T-Bills durch die Investmentbank**

Die Investmentbank legt den Asked-Satz in Höhe von 3,68 % zugrunde und berechnet folgenden Abschlag:

$$\frac{3{,}68\ (\%) \times 1.000\ \text{US-\$} \times 85\ \text{Tage}}{360 \times 100} = 8{,}69\ \text{US-\$}$$

Ein T-Bill wird von der Investmentbank somit zum Kurs von

1.000 US-$ – 8,69 US-$ = 991,31 US-$

verkauft.

Ein Anleger, der am 24. April 2001 einen T-Bill (Nominalbetrag 1.000 US-$) erwirbt, und das Papier bis zur Fälligkeit hält, erzielt einen Zinsertrag in Höhe von

1.000 US-$ – 991,31 US-$= 8,69 $.

Die Treasury-Bill-Tabelle im WALL STREET JOURNAL EUROPE verdeutlicht, dass eine Investmentbank T-Bills beim Ankauf immer mit einem höheren Satz »abschlägt« als beim Verkauf. Im letzten Beispiel liegt der Bid-Satz um 2 Basispunkte *über* dem Asked-Satz, und der Ankaufskurs infolgedessen um 0,05 US-Dollar *unter* dem Verkaufskurs.

Diskontsätze und Renditen für T-Bills mit Laufzeiten (zum Teil Restlaufzeiten) von 3, 6 und 12 Monaten sowie Stückelungen von einer Million US-Dollar und mehr werden von einer ausgewählten Investmentbank in die Reuters-Seite RTRTSY1 eingestellt. In die HANDELSBLATT-Tabelle US-ZINSSÄTZE werden die Renditen für T-Bills mit 3- und 6-monatiger Laufzeit (Restlaufzeit) übernommen.

Das HANDELSBLATT übernimmt die **Renditen** für Treasury-Bills mit 3- und 6-Monats-Laufzeiten aus der Reuters-Seite »RTRTSY1«.

03:28 23APR01 US TREASURY/MONEY MKTS COM

CPN	MAT	LIBERTY BROKERS		<LIBINDEX>
3MO	719	3.680-670	UNC	3.764-754
6MO	018	3.710-700	UNC	3.831-821
1YR	228	3.705-695	UNC	3.850-839
2YR	303	100.02+-032	+024	4.206-193
5YR	N05	103.290-300	+034	4.785-778
10Y	211	97.310-000	+064	5.267-263
30Y	231	94.130-140	+130	5.770-767

US-ZINSSÄTZE

in %		20.4.2001 S	19.4.2001 S
Tagesgeld		4 5/16	4 7/16
Commercial	30 Tage	4,44	4,89
Paper	60 Tage	4,27	4,73
	90 Tage	4,25	4,54
CDs	1 Monat	4,48	4,46
	2 Monate	4,37	4,36
	3 Monate	4,30	4,29
T-Bills – 3 Monate		3,76-3,75	3,89-3,90
T-Bills – 6 Monate		3,83-3,82	3,93-3,94
Diskontsatz		4,00	4,00
Prime Rate		7,50	7,50
Bankers	30 Tage	4,42	4,42
Acceptances	60 Tage	4,28	4,29
	90 Tage	4,21	4,20
Anleihen	10 Jahre	5,29	5,25
	30 Jahre	5,80	5,77

Certificates of Deposit

Certificates of Deposit (CDs) sind verbriefte Termineinlagen bei US-Geschäftsbanken mit Laufzeiten von sieben Tagen bis zu einem Jahr. In den USA unterscheidet man

- Non-Negotiable CDs (*Consumer-CDs*) mit Nennbeträgen bis zu 100.000 US-Dollar, und
- Negotiable CDs (*Jumbo-CDs*) mit Nennbeträgen von mindestens 100.000 US-Dollar.

Consumer-CDs sind für gewöhnlich Aufzinsungspapiere. Anleger kaufen sie direkt bei einer Geschäftsbank. Consumer-CDs können nicht gehandelt werden und eine Kündigung vor Fälligkeit ist mit relativ hohen Kosten verbunden. Für Jumbo-CDs – oftmals Diskontpapiere – existiert dagegen gewöhnlich ein Sekundärmarkt, auf dem sich auf der einen Seite Maklerfirmen als Market-Maker und auf der anderen Seite institutionelle Großanleger wie zum Beispiel Banken, Investmentfonds und Versicherungsgesellschaften engagieren.

Der Zinssatz für 30-, 60- und 90-Tage-CDs wird in der Tabelle US-ZINSSÄTZE im HANDELSBLATT gezeigt.

US-ZINSSÄTZE

in %		20.4.2001 S	19.4.2001 S
Tagesgeld		4 5/16	4 7/16
Commercial	30 Tage	4,44	4,89
Paper	60 Tage	4,27	4,73
	90 Tage	4,25	4,54
CDs	1 Monat	4,48	4,46
	2 Monate	4,37	4,36
	3 Monate	4,30	4,29
T-Bills – 3 Monate		3,76-3,75	3,89-3,90
T-Bills – 6 Monate		3,83-3,82	3,93-3,94
Diskontsatz		4,00	4,00
Prime Rate		7,50	7,50
Bankers	30 Tage	4,42	4,42
Acceptances	60 Tage	4,28	4,29
	90 Tage	4,21	4,20
Anleihen	10 Jahre	5,29	5,25
	30 Jahre	5,80	5,77

Auszug aus Reuters-Seite

	CD'S EARLY	BID LATE
1M	4.48	4.48
2M	4.37	4.37
3M	4.30	4.30
4M	4.28	4.28
5M	4.27	4.27
6M	4.25	4.25

Eine bedeutende Geschäftsbank in den USA stellt die Sätze täglich in die Reuters-Seite RTRTSY1 ein, von der sie in die HANDELSBLATT-Tabelle übernommen werden. Die Sätze sind Aufzinsungssätze und gelten für CDs mit einem Nennbetrag von mindestens einer Million US-Dollar.

Commercial-Papers

Commercial-Papers (CPs) sind unbesicherte Schuldtitel, die bedeutende Nichtbanken (Industrie- und Handelsunternehmen) mit einwandfreier Bonität emittieren. In aller Regel werden CPs abgezinst und mit Laufzeiten von höchstens 270 Tagen sowie Nennbeträgen von über einer Million US-Dollar begeben.

In den USA können CPs entweder vom Emittenten selbst oder unter Einschaltung einer Investmentbank (Dealer) platziert und gehandelt werden. Im ersten Fall spricht man von Nondealer-CPs, im zweiten Fall von Dealer-CPs. In der Tabelle MONEY RATES im WALL STREET JOURNAL EUROPE findet der Leser Zinssätze für beide Formen. Am 24. April 2001 erscheinen dort beispielsweise Zinssätze für

CALL MONEY: 6.25% (effective 04/19/01). The charge on loans to brokers on stock exchange collateral. Source: Reuters.
COMMERCIAL PAPER: Placed directly by General Electric Capital Corp.: 4.33% 30 to 44 days; 4.27% 45 to 59 days; 4.19% 60 to 89 days; 4.13% 90 to 119 days; 4.07% 120 to 149 days; 4.04% 150 to 179 days; 4.03% 180 to 210 days; 4.02% 211 to 270 days. to days; to days.
EURO COMMERCIAL PAPER: Placed directly by General Electric Capital Corp.: 4.77% 30 days; 4.74% two months; 4.72% three months; 4.69% four months; 4.67% five months; 4.65% six months.
DEALER COMMERCIAL PAPER: High-grade unsecured notes sold through dealers by major corporations: 4.35% 30 days; 4.27% 60 days; 4.21% 90 days.

- Nondealer-CPs, die der Elektronik-Konzern General Electric Corp. selbst – und zwar durch die konzerneigene Finanzierungsgesellschaft General Electric Capital Corp. – am Markt platziert und vertreibt, und
- Dealer-CPs, die über bedeutende Investmentbanken gehandelt werden.

Die für Commercial-Papers in der Tabelle US-ZINSSÄTZE im HANDELSBLATT angegebenen Werte sind Diskontsätze (Brief) für Dealer-CPs mit einem Nennwert von einer Million US-Dollar.

Die Zinssätze entstammen, genau wie die Sätze für CDs, der Reuters-Seite RTRTSY1 und werden täglich von einem bedeutenden Dealer am Finanzplatz New York, wie zum Beispiel Lehman Brothers oder Smith Barney, eingestellt.

US-ZINSSÄTZE

in %		20.4.2001 S	19.4.2001 S
Tagesgeld		4 5/16	4 7/16
Commercial	30 Tage	4,44	4,89
Paper	60 Tage	4,27	4,73
	90 Tage	4,25	4,54
CDs	1 Monat	4,48	4,46
	2 Monate	4,37	4,36
	3 Monate	4,30	4,29
T-Bills – 3 Monate		3,76-3,75	3,89-3,90
T-Bills – 6 Monate		3,83-3,82	3,93-3,94
Diskontsatz		4,00	4,00
Prime Rate		7,50	7,50
Bankers	30 Tage	4,42	4,42
Acceptances	60 Tage	4,28	4,29
	90 Tage	4,21	4,20
Anleihen	10 Jahre	5,29	5,25
	30 Jahre	5,80	5,77

```
-------------------------
 DEALER COMM'L PAPER OFFER
15  4.49 | 30 4.44 | 60 4.27
90  4.25 | 120 4.27 180 4.32
-------------------------
```

Bankers-Acceptances

Eine weitere Form US-amerikanischer Geldmarktpapiere stellen *Bankers-Acceptances* (Bankakzepte) dar. Bankers-Acceptances sind auf eine Geschäftsbank ausgestellte (gezogene) und von dieser durch Unterschrift akzeptierte Wechsel.

Die Wechselurkunden werden häufig von ausländischen Unternehmen, die in die USA exportieren, im Rahmen eines Dokumentenakkreditivs angefertigt und von einer US-Geschäftsbank – anstelle der betreffenden inländischen Importeure – akzeptiert.

Beispiel

Ein US-amerikanischer Autohändler (Importeur) hat mit der DaimlerChrysler AG, Stuttgart (Exporteur) einen Kaufvertrag über 100 Kraftfahrzeuge vom Typ Mercedes im Wert von 10 Millionen US-Dollar abgeschlossen. Da das Geschäft vereinbarungsgemäß über ein Akkreditiv abgewickelt werden soll, beauftragt der Autohändler seine Hausbank in den USA mit der Eröffnung eines *Dokumentenakkreditivs* zugunsten der DaimlerChrysler AG in Deutschland. Hierbei wird die Hausbank der DaimlerChrysler AG als Akkreditivstelle zwischengeschaltet.

Das Dokumentenakkreditiv berechtigt die DaimlerChrysler AG, einen Wechsel über den Wert der Lieferung – in diesem Falle 10 Millionen US-Dollar – auszustellen und auf die Hausbank des US-Autohändlers zu »ziehen«. Nach Verladung der Kraftfahrzeuge reicht sie den gezogenen Wechsel – zusammen mit den im Akkreditiv vorgeschriebenen Dokumenten (z. B. Frachtbrief und Versicherungspolice) – bei ihrer Hausbank in Deutschland zur Diskontierung ein. Letztgenannte

- schreibt dem Konto der DaimlerChrysler AG daraufhin 10 Millionen US-Dollar abzüglich Diskont gut,
- übermittelt der Hausbank des US-amerikanischen Autohändlers die Frachtdokumente,
- legt dieser gleichzeitig den gezogenen Wechsel zum Akzept vor und
- lässt sich von ihr den Wechselbetrag abzüglich Diskont auszahlen.

Die US-Bank wiederum kann das Bankers-Acceptance, also den von ihr akzeptierten Wechsel, an einen Händler für Bankers-Acceptances oder Anleger verkaufen. Zur endgültigen Bezahlung des Wechselbetrages bei Fälligkeit ist der US-amerikanische Autohändler verpflichtet, der die Akkreditiveröffnung veranlasste.

Bankers-Acceptances weisen eine Stückelung von mindestens 10.000 US-Dollar auf und sind ohne Einschränkung Over-The-Counter handelbar. Ihre Laufzeiten betragen für gewöhnlich zwischen 30 und 180 Tagen. Die in der HANDELSBLATT-Tabelle US-ZINSSÄTZE abgedruckten Zinssätze sind Diskontsätze – und zwar Brief-Sätze – und beziehen sich auf Bankers-Acceptances mit Laufzeiten von 30, 60 und 90 Tagen sowie einem Nennbetrag von einer Million US-Dollar.

US-ZINSSÄTZE

in %		20.4.2001 S	19.4.2001 S
Tagesgeld		4 5/16	4 7/16
Commercial	30 Tage	4,44	4,89
Paper	60 Tage	4,27	4,73
	90 Tage	4,25	4,54
CDs	1 Monat	4,48	4,46
	2 Monate	4,37	4,36
	3 Monate	4,30	4,29
T-Bills – 3 Monate		3,76-3,75	3,89-3,90
T-Bills – 6 Monate		3,83-3,82	3,93-3,94
Diskontsatz		4,00	4,00
Prime Rate		7,50	7,50
Bankers	30 Tage	4,42	4,42
Acceptances	60 Tage	4,28	4,29
	90 Tage	4,21	4,20
Anleihen	10 Jahre	5,29	5,25
	30 Jahre	5,80	5,77

US35624

BA'S EARLY	BID LATE
4.46	4.42
4.32	4.28
4.25	4.21
4.20	4.16
4.18	4.14
4.18	4.09

Auch diese Werte entstammen der Reuters-Seite »RTRTSY1« und werden von einem Dealer in New York eingestellt. In den USA sind ca. 20 große Investmentbanken als Händler für Bankers-Acceptances tätig.

Geldmarktpapiere in Deutschland und Europa

In Deutschland sind »echte« Geldmarktpapiere vergleichsweise unbedeutend. Der Handel findet – wenn überhaupt – vor allen Dingen mit solchen Papieren statt, die von der Bundesregierung emittiert wurden, zum Beispiel unverzinslichen Schatzanweisungen. Institutionelle Anleger, die kurzfristige Anlagemöglichkeiten bevorzugen, etwa die Manager von Geldmarktfonds, greifen häufig nicht auf »echte« Geldmarktpapiere zurück, sondern kaufen ganz einfach Anleihen mit Restlaufzeiten unter einem Jahr (insbesondere Bundesanleihen). Dementsprechend spielen typische Geldmarktpapiere wie Commercial-Papers oder Certificates of Deposit in Deutschland eine nach wie vor nur untergeordnete Rolle.

Die Bundesregierung bringt traditionell gleich mehrere unterschiedliche Arten von Geldmarktpapieren in Umlauf. Die heute wichtigste Form sind *unverzinsliche Schatzanweisungen*, auch *U-Schätze* oder *Bubills* genannt. Bubills
Diese Titel weisen eine Laufzeit von jeweils sechs Monaten auf und werden – wie der Zusatz »unverzinslich« schon andeutet – immer als Diskontpapiere begeben. U-Schätze haben eine Mindeststückelung von einer Million Euro. Seit Juli 1996 emittiert sie der Bund im vierteljährlichen Rhythmus (Januar, April, Juli, Oktober) – und zwar ausschließlich durch die Banken innerhalb der Bietergruppe für Bundesemissionen. U-Schätze werden nicht an Börsen eingeführt.

Bubill-Ausschreibung durch die Deutsche Bundesbank

Pressenotiz

Deutsche Bundesbank

Frankfurt am Main, 17. April 2001

Ausschreibung von Unverzinslichen Schatzanweisungen der Bundesrepublik Deutschland („Bubills")

Die Deutsche Bundesbank bietet im Auftrag des Bundes im Wege der Ausschreibung an:

Unverzinsliche Schatzanweisungen der Bundesrepublik Deutschland („Bubills")
Ausgabe April 2001
fällig am 19. Oktober 2001 (182 Zinstage)
WKN 111 438
ISIN DE0001114387
Emissionsbetrag: ca. 8 Mrd €

Bietungsberechtigt sind Mitglieder der Bietergruppe Bundesemissionen. Gebote müssen über einen Nennbetrag von mindestens 1 Mio € oder einem ganzen Vielfachen davon lauten. Kursgebote müssen auf volle 0,005-Prozentpunkte lauten. Gebote ohne Angabe eines Bietungskurses sind möglich. Die vom Bund akzeptierten Kursgebote werden zu dem im Gebot genannten Kurs, Gebote ohne Kursangabe zum gewogenen Durchschnittskurs der akzeptierten Kursgebote zugeteilt. Repartierung bleibt vorbehalten. Die Renditen der zugeteilten Gebote werden auf der Basis der am Geldmarkt üblichen taggenauen Zinsberechnungsmethode (act/360) berechnet.

Zeitlicher Ablauf des Tenderverfahrens:

Abgabe der Gebote:	bis Mittwoch, 18. April 2001, 11.00 Uhr
Valutierungstag:	Freitag, 20. April 2001

Im Übrigen gelten die Verfahrensregeln für Tender, die Besonderen Bedingungen für Tenderverfahren der Deutschen Bundesbank im Automatischen Bietungssystem und die Emissionsbedingungen für Bundesanleihen, Bundesobligationen, Bundesschatzanweisungen und Unverzinsliche Schatzanweisungen des Bundes.

Deutsche Bundesbank
Presse und Information
Wilhelm-Epstein-Straße 14
60431 Frankfurt am Main

Tel. : 069 / 95 66 - 34 55, - 35 11, - 35 12, - 21 57
Fax : 069 / 5 60 10 71, 95 66 - 30 77, 56 87 56
E-Mail: presse-information@bundesbank.de
Internet: http://www.bundesbank.de

Bubills auf einen Blick	
Emissionsverfahren und -rhythmus	Tenderverfahren vierteljährlich
Nennwert	1 Million Euro
Zinszahlung	Abzinsung (Nennwert – Zinsen = Kaufpreis); Eurozinsmethode (Act/360)
Laufzeit	6 Monate
Erwerberkreis	Jedermann

Eine weitere Form kurzfristiger Bundeswertpapiere sind *Schatzwechsel*. Dabei handelt es sich um abgezinste Schuldtitel mit einer Laufzeit von bis zu einem halben Jahr. Schatzwechsel sind für die Finanzierung staatlicher Ausgaben heute bedeutungslos. Sie wurden bis 1999 regelmäßig von der Bundesbank eingesetzt, um damit die Geldmenge »fein zu steuern«. Zur Deckung seines kurzfristigen Liquiditätsbedarfs greift der Bund mittlerweile auf die Ausgabe von *Bundeskassenscheinen* (*Bund-Cash-Management-Bills* oder kurz *Cash-Bills*) zurück. Die Laufzeit dieser Schuldtitel liegt im Regelfall bei rund einem Monat, wobei nicht ausgeschlossen ist, dass der Bund auch mal Kassenscheine mit kürzeren oder deutlich längeren Laufzeiten (maximal jedoch ein Jahr) begibt. Cash-Bills sind – genau wie die meisten Geldmarkttitel – Diskontpapiere. Der Bund kann sich bei der Ausgabe der »Bietergruppe Bundesemissionen« bedienen oder aber auch mit institutionellen Anlegern Einzelabschlüsse tätigen.

Bundeskassen-scheine

Wir haben es bereits angedeutet: Commercial-Papers und Certificates of Deposit sind am Deutschen Geldmarkt eher selten. Deutlich anders ist die Situation am Euro-Geldmarkt, an dem die Marktteilnehmer neben Euro-Geld natürlich auch kurzfristige Wertpapiere, so genannte *Euro-Geldmarktpapiere*, handeln. Kennzeichnend für Euro-Geldmarktpapiere ist, dass Emission und Handel in mehreren Ländern weltweit gleichzeitig stattfinden, und die Papiere in den betreffenden Ländern – in aller Regel einheitlich – auf eine Währung lauten. Der Euro-Geldmarkt ist sowohl Primär- als auch Sekundärmarkt für

- Commercial-Papers – am Euro-Geldmarkt kurz *Euro-CPs*, und
- Certificates of Deposit, die am Euro-Geldmarkt kurz als *Euro-CDs* bezeichnet werden.

Euro-CPs

Zunächst zu Euro-CPs: Ein Unternehmen, das in mehreren Staaten Geld über die Ausgabe von Commercial-Papers beschaffen möchte, legt zunächst ein »Rahmenvolumen« (z.B. 500 Millionen Euro) fest und beauftragt eine Geschäftsbank (den Arrangeur) mit der Emission sowie der Abwicklung der Zahlungen. Außerdem werden weitere Geschäftsbanken – »Platzeure« – einbezogen, die die CPs platzieren, also potenziellen Investoren zum Kauf anbieten.

Der Emittent hat die Möglichkeit, im Zeitablauf einzelne Teilbeträge (Tranchen), die eigentlichen Commercial-Papers, abzurufen. Dies geschieht meistens dann, wenn ein kurzfristiger Geldbedarf entsteht. Den Betrag einer Tranche legt jeweils der Emittent fest. Dabei darf der Rahmen aber nicht überschritten werden. Mit Abruf einer Tranche legt der Emittent, zumeist in Absprache mit den Platzeuren, die Laufzeit sowie die Verzinsung des Commercial-Papers fest. Außerdem erhält jede Tranche eine eigene Wertpapier-Kenn-Nummer. Die Platzeure bieten Anlegern sodann die Tranche zum Kauf an. Sie ist in aller Regel gestückelt, wobei bestimmte Mindestbeträge, häufig 500.000 Euro (nominal), nicht unterschritten werden.

Ist eine Tranche zurückgezahlt, so steht dieser Betrag dem Unternehmen erneut für die Begebung von Commercial-Papers zur Verfügung. Aus diesem Grunde spricht man auch von einem »Commercial-Paper-Programm« und von einer *Daueremission*. Unternehmen können einzelne Commercial-

Papers so lange begeben, bis sie das gesamte Programm wieder vom Markt nehmen.

Der Betrag einer einzelnen Tranche, zum Beispiel 200 Millionen Euro, ist der Rückzahlungsbetrag, auch Nenn- oder Nominalwert genannt. Er wird entsprechend der Laufzeit des jeweiligen Commercial-Papers abgezinst, sodass man den Betrag erhält, der dem Emittenten zufließt. Die Abzinsungsrate (Diskontrate) orientiert sich an den Geldmarktsätzen zum Zeitpunkt der Begebung der jeweiligen Tranche.

Im Zusammenhang mit der Eröffnung eines CP-Programms veröffentlichen die Unternehmen in der Regel ein so genanntes »Informationsmemorandum«, das potenziellen Anlegern Auskunft über den Emittenten, die Bedingungen der Schuldverschreibungen usw. gibt.

Commercial-Papers werden überwiegend von institutionellen Investoren (z.B. Versicherungen und Kapitalanlagegesellschaften), aber auch von vermögenden Privatleuten erworben. Anleger wählen die Papiere zumeist anhand der Kriterien

- Laufzeit,
- Rendite und
- Rating

aus. Investoren, die CPs vor Fälligkeit veräußern wollen, wenden sich generell an den Arrangeur oder die Platzeure, welche die Papiere entweder übernehmen oder anderen Investoren zum Kauf anbieten. Eine vorzeitige Veräußerung ist jedoch – auch wegen der geringen Laufzeit der Papiere – eher selten.

Geschäftsbanken benutzen den Eurogeldmarkt, um dort Certificates of Deposit zu begeben. Die Laufzeit eines CDs liegt in aller Regel zwischen wenigen Tagen und einigen Monaten, in seltenen Fällen verfällt das Papier erst nach Jahren. Die meisten Euro-CDs laufen zwischen 30 und 180 Tagen. Für CDs werden, ähnlich wie für Commercial-Papers, Rahmenprogramme eröffnet, die im Zeitablauf beansprucht werden können. Geschäftsbanken stellen CDs zumeist erst dann aus, wenn ein bestimmter Mindestbetrag angelegt wird.

Euro-CDs

CDs sollen Anlegern den Vorteil hoher Zinssätze für Termineinlagen sichern, ohne den Nachteil in Kauf nehmen zu müssen, das Geld für einen festen Zeitraum zu binden. Sie lassen sich aber nur dann schnell und zu einem fairen Preis vor Fälligkeit veräußern, wenn ein funktionsfähiger Sekundärmarkt dafür existiert.

Die Einführung des Euro

Viele Unternehmen, aber auch Privatleute, sind wirtschaftlich eng mit dem Ausland verbunden. Internationaler Handel, eine freie Entfaltung auf den Weltmärkten und eine fast unbeschränkte Reisefreiheit sind der Grund, dass der Geldverkehr über die Grenzen unseres Landes hinweg einen hohen Stellenwert einnimmt. Da keine Weltwährung, also ein international akzeptiertes einheitliches Zahlungsmittel, existiert, ist bei grenzüberschreitenden Zahlungen ein Umtausch von einheimischer Währung in fremde oder umgekehrt erforderlich. Dies ist immer dann eine relativ sichere und damit kalkulierbare Angelegenheit, wenn die Währungen in einem unveränderlichen Verhältnis zueinander stehen, mit anderen Worten: wenn der Wechselkurs fest ist. Wechselkurs

Bis Anfang der siebziger Jahre war dies für die westlichen Währungen auch der Fall. Man knüpfte sie an den amerikanischen Dollar, der als Leitwährung diente. Die Vereinigten Staaten verbürgten sich, jeden Dollar von ausländischen Notenbanken zu einem festen Preis (35 Dollar je Unze) in Gold einzutauschen. Die übrigen Währungen – unter anderem die D-Mark – besaßen einen festen Umrechnungskurs zum Dollar.

Alle teilnehmenden Ländern hatten die Pflicht, die Kurse ihrer eigenen Währungen in sehr engen Grenzen zum Dollar zu halten. Ihre Notenbanken kauften deshalb immer dann Dollar gegen Hergabe der eigenen Währung, wenn der Dollarkurs am unteren Interventionspunkt lag. War er am oberen Limit angelangt, so veräußerten sie amerikanische Dollar und nahmen im Gegenzug die eigene Währung an. Damit wurden übermäßige Kursschwankungen der eigenen Währung nach oben wie nach unten unterbunden. Da dies automatisch zu einer Stützung des Dollar führte, mussten die Amerikaner im Grunde nichts zur Stabilisierung ihrer eigenen Währung tun. Da die Goldeinlösungsgarantie bestand und die amerikanische Währung außerordentlich stark war, entwickelte sie sich zur dominierenden Weltwährung. US-Dollar

Doch dieses System hielt nicht. Nach seinem Zusammenbruch waren die Kurse nicht länger fest, sondern sie begannen zu schwanken, entsprechend dem Angebot und der Nachfrage.

Die meisten Länder der Europäischen Gemeinschaft vereinbarten im Jahre 1979 im Rahmen des EWS (*Europäisches Währungssystem*) mehr oder weniger feste Kurse für europäische Währungen untereinander. Schwankungen waren nur noch innerhalb fest vorgegebener Bandbreiten möglich. Gegenüber dem amerikanischen Dollar konnten sich die europäischen Währungen hingegen frei nach oben und unten bewegen. EWS

1991 beschlossen die europäischen Staats- und Regierungschefs im niederländischen Maastricht die Währungsunion, also die Abschaffung nationaler Währungen und die Einführung des Euro für sämtliche Mitgliedsländer. Seit dem 1. Januar 1999 ist die dritte und letzte Stufe in Kraft. Seitdem existiert praktisch nur noch der Euro. Alle Geldbeträge sind zu einem festen Kurs in Euro umgerechnet worden, für die D-Mark beträgt er 1,95583 (DM Euro pro €). Geändert haben sich also lediglich die Zahlen, nicht jedoch der wirtschaftliche Wert von Vermögen, Schulden oder Preisen. Einen Wechselkurs zwischen D-Mark und Drittwährungen (etwa US-$) gibt es nicht mehr.

Erst Anfang 2002 gibt es den Euro in physischer Form (Münzen, Geldscheine). Bis dahin existiert er lediglich als Buchgeld (1 Euro = 100 Cent), während die alten Münzen und Banknoten noch als Barzahlungsmittel erhalten bleiben.

Die Einführung des Euro hat ihre Spuren bei Devisengeschäften hinterlassen. Den Handel zwischen den von der Union betroffenen Währungen stellte man ganz ein. Dies sind gegenwärtig belgische Franken, deutsche Mark, Finnmark, französische Francs, irische Pfund, italienische Lire, luxemburgische Franken, niederländische Gulden, österreichische Schilling, portugiesische Escudos, griechische Drachmen und spanische Peseten. Dies sind die so genannten *IN-Währungen*, für die untereinander keine Kursnotierungen mehr bestehen.

IN-Währungen

An den Devisenmärkten findet jetzt Handel zwischen dem Euro und den übrigen, nicht an der Union beteiligten Währungen, statt. Hierzu zählen beispielsweise der amerikanische Dollar, der japanische Yen und der Schweizer Franken. Man bezeichnet diese Währungen auch als *OUT-Währungen*.

OUT-Währungen

Konvertibilität

Eine der notwendigen Voraussetzungen für den freien Devisenhandel ist die unbeschränkte Möglichkeit, Währungen untereinander umtauschen zu können. Der Fachausdruck dafür lautet *Konvertibilität*.

Konvertible Währungen sind eine der wichtigsten Bedingungen für einen funktionierenden Welthandel. So kann etwa ein deutsches Unternehmen für den Erlös aus einem Exportgeschäft mit Kanada direkt neue Güter in den USA einkaufen, ohne durch behördliche Vorschriften behindert zu werden. Doch frei umtauschbar sind längst nicht alle Währungen, zumindest aber die wichtigsten westlichen. Einschränkungen existieren vor allem bei »exotischen« Währungen, oft auch *Second-Rank-Währungen* genannt. Verglichen mit Hauptwährungen wie dem amerikanischen Dollar oder dem Euro sind sie – was die Umsätze an den Devisenmärkten betrifft – in vielen Fällen nahezu bedeutungslos. Deren Kurse findet man im HANDELSBLATT in der Tabelle DEVISEN IM FREIVERKEHR von der wir hier einen Ausschnitt zeigen.

Second-Rank-Währungen

DEVISEN IM FREIVERKEHR

7.2.2001 / Basis 1 Euro		Geld	Brief
Algerien	Dinar	65,7700	70,7700
Argentinien	Peso	0,9290	0,9350
Brasilien	Brasil Real	1,8660	1,8720
Bulgarien	Leva	1,9430	1,9630
China	RMB	7,5427	-
Estland	Krone	15,2900	16,0100

Ob die Umtauschmöglichkeiten für bestimmte Währungen begrenzt sind, kann man im Internet erfahren. So stellt zum Beispiel die Westdeutsche Landesbank (www.westlb.de) entsprechende Informationen dort ein (siehe nächste Seite). Man sieht, dass es Abstufungen zwischen voll, eingeschränkt und nicht konvertibel gibt.

Im Fall von Nichtkonvertierbarkeit ist es im Allgemeinen untersagt, Devisen zu erwerben, sie zu besitzen und zu transferieren. Die einheimische

Land	Währung	ISO	Devisenkassa		
			(1 EUR=)	(1 USD=)	
Algerien	Dinar	DZD	69.05	77.48	eingeschr. konvertibel
Argentinien	Peso	ARS	0.89	1.00	nicht konvertibel
Brasilien	Real	BRL	1.92	2.15	nicht konvertibel
Chile	Peso	CLP	532.69	597.75	nicht konvertibel
China	Rinmimbi	CNY	7.38	8.28	nicht konvertibel
Cypern	Pfund	CYP	1.37	1.54	konvertibel

Dies sind die ISO-Codes. Es handelt sich um international gültige Abkürzungen. Wenn beispielsweise »ARS« auftaucht, weiß jeder (Devisenhändler), dass der argentinische Peso gemeint ist.

Währung ist quasi eine reine Binnenwährung. Sie spielt auf den Devisenmärkten praktisch keine Rolle, da ein Tausch dann ja verboten ist.

Devisenbewirtschaftung

Liegen hingegen lediglich Einschränkungen bei der Konvertibilität vor, spricht man auch von *Devisenbewirtschaftung*. In solchen Situationen regelt der Staat den Zahlungsverkehr mit dem Ausland durch strikte Gebote, Verbote und Kontrollen. Ein freier Austausch ist meistens ebenso begrenzt wie der Besitz von Devisen. Fast immer registrieren und verwalten die Behörden die für ausgeführte Güter oder Dienstleistungen erhaltenen Devisen.

Kurse und Notierungen

Wer den Devisenhandel aufmerksam verfolgt, stellt fest, dass man in der Praxis eine Reihe unterschiedlicher Kursbegriffe kennt. Einige davon (Geld- und Briefkurs, Kassa- und Terminkurs) sind nicht unbedingt typisch für Währungen, da man sie auch bei anderen Finanzinstrumenten findet. Andere hingegen sind lediglich im Devisenhandel anzutreffen (siehe Abbildung).

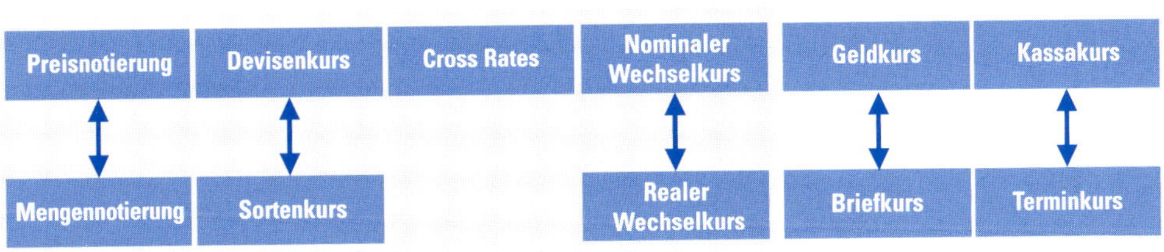

Typische Begriffe aus dem Devisenhandel

Preis- und Mengennotierung

Für Fremdwährungen herrschte in Deutschland früher die *Preisnotierung* vor. Der Kurs war der Preis (ausgedrückt in Inlandswährung) meist für eine Einheit der fremden Währung. Für den US-Dollar notierte man damals beispielsweise 2,19880 DM/Dollar. Beim Kauf von zum Beispiel 100.000 Dollar war folgende Rechnung erforderlich: 100.000 mal 2,19880. Das ergibt einen Betrag von 219.880 DM, die für den Kauf zu bezahlen sind.

Inzwischen hat sich die Situation geändert. Auf Drängen der europäischen Bankenverbände kam mit der Einführung des Euro Anfang Januar 1999 für die DM (und die übrigen IN-Währungen) die *Mengennotierung*, eine Notierungsart, die in Großbritannien schon seit langem üblich ist. Der Währungskurs gibt nun die Menge an fremder Währung an, die einem Euro entspricht. Beispiel: Notiert der US-Dollar zu einem Kurs von 0,88950, sind für einen Euro 0,88950 Dollar zu zahlen. Um den Wert eines amerikanischen Dollar in Euro zu messen, kann man folgenden Zusammenhang nutzen: Die Preis- entspricht dem Kehrwert der Mengennotierung (und umgekehrt). Der Dollarkurs von 0,88950 (Mengennotierung) deckt sich also mit einem Wert von 1,12423 bei Preisnotierung (1 geteilt durch 0,88950).

Da in Großbritannien früher nicht das Dezimalsystem üblich war, notierte man den Gegenwert eines britischen Pfunds in der ausländischen Währung (man nennt das auch indirekte Quotierung).

Kommen wir noch einmal zu unserem ersten Beispiel zurück. Nun müssen wir folgenden Rechenweg verfolgen, wenn wir den Betrag in heimischer Währung (Euro) wissen wollen, der für den Kauf von 100.000 Dollar notwendig ist: 100.000 geteilt durch 0,88950. Das Ergebnis lautet 112.422,71 €.

Devisen- und Sortenkurs

Mit »Devisen« bezeichnet man auf ausländische Währung lautendes Buchgeld. Hierzu zählen vor allem die Guthaben bei Banken (Kontenguthaben), aber auch Wechsel und Schecks. Der Devisenhandel bezieht sich jedoch ausschließlich auf Kontenguthaben. Wechsel und Schecks werden erst dann zu handelbaren Devisen, wenn man sie in Bankguthaben umwandelt, und zwar durch Gutschrift der entsprechenden Gegenwerte auf einem Bankkonto.

Sorten sind demgegenüber Fremdwährungen in Form von Bargeld, also ausländische Münzen und Banknoten. Sie dienen fast ausschließlich für den Reisezahlungsverkehr.

Für den Umtausch von Bargeld in unterschiedlichen Währungen legen die Banken einen anderen (im Normalfall höheren) Kurs – den *Sortenkurs* – zugrunde als bei Buchgeldtransaktionen. Begründet wird dies häufig mit den höheren Lagerungskosten (in Tresoren), Versicherungsaufwand und Personal- sowie Sachkosten bei der Ausgabe. Zudem lassen sich mit Sortenbeständen keine Zinserträge erwirtschaften. Um diesen Nachteil auszugleichen, ist die Spanne zwischen Geld- und Briefkursen bei Sorten grundsätzlich breiter als bei Devisen. Der Geldkurs (Briefkurs) für Sorten liegt stets unter (über) dem Geldkurs (Briefkurs) für Devisen.

Im HANDELSBLATT sind Sortenkurse in der gleichnamigen Tabelle zu finden (siehe folgende Abbildung). Sie enthält die einzigen Kurse, die noch in DM geführt werden. Grund ist, dass es bislang noch kein auf Euro lautendes Bargeld gibt. Ab Anfang 2002 ändert sich das jedoch und die Kurse erscheinen dann in Euro.

Sortenkurse findet man übrigens auch in der Tabelle DEVISEN- UND SORTENKURSE FÜR 1 EURO. Diese stellen wir im Abschnitt über Kassa- und Terminkurse noch ausführlicher vor.

SORTENKURSE IN DM

7.2.2001		Geld	Brief			Geld	Brief
Australien	1 A-$	1,0987	1,2223	Schweiz	100 sfr	124,2586	129,6110
Dänemark	100 dkr	25,0426	27,4310	Singapur	100 S-$	108,0569	129,5252
Großbritannien	1 £	2,9656	3,1827	Slowakei	100 Krone	3,9915	5,1469
Hongkong	100 HK-$	23,1459	30,3229	Südafrika	100 Rand	21,0304	33,1497
Japan	100 Yen	1,7232	1,8539	Thailand	100 Baht	4,4050	6,6525
Kanada	1 kan-$	1,3136	1,4606	Tschechien	100 Krone	5,2017	6,1893
Neuseeland	1 NZ-$	0,8376	1,0375	Türkei	10000 Lire	0,0300	0,0400
Norwegen	100 nkr	22,2001	24,5707	Ungarn	100 Forint	0,6309	0,9097
Polen	100 n. Zloty	42,9853	53,5844	USA	1 US-$	2,0415	2,1683
Schweden	100 skr	20,5769	22,8618				

Mitgeteilt von der Deutschen Bank (16.00 Uhr).

Cross-Rates

Häufig ist es sehr schwierig, Kurse für Währungen zu erhalten, die selten gehandelt werden. Oder es kommt vor, dass zum Beispiel ein deutsches Institut Schweizer Franken verkaufen und sofort dänische Kronen dafür kaufen möchte, direkte Kurse jedoch nicht verfügbar sind. Denn es ist international üblich, Währungen immer gegen den Dollar zu quotieren. Einen Kurs »Franken gegen Dollar« erhält man ebenso problemlos wie »Kronen gegen Dollar«. Kaum ein Händler quotiert jedoch »Franken gegen Kronen«.

In solchen Fällen, in denen direkte Kurse für Währungspaare nicht vorliegen, kommen *Cross-Rates* (»Kreuzkurse«) ins Spiel. Da im Prinzip jede Währung weltweit gegen den amerikanischen Dollar gehandelt wird, kann man den Dollar als eine Art Transportwährung nutzen. Über die Dollarkurse ist der Wert einer Währung gegenüber jeder anderen Währung berechenbar. Das Ergebnis sind Cross-Rates.

Kreuzkurse

Kommen wir auf unser Eingangsbeispiel zurück: Eine direkte Quotierung Franken gegen Kronen ist wie gesagt nicht verfügbar. Von den Devisenhänd-

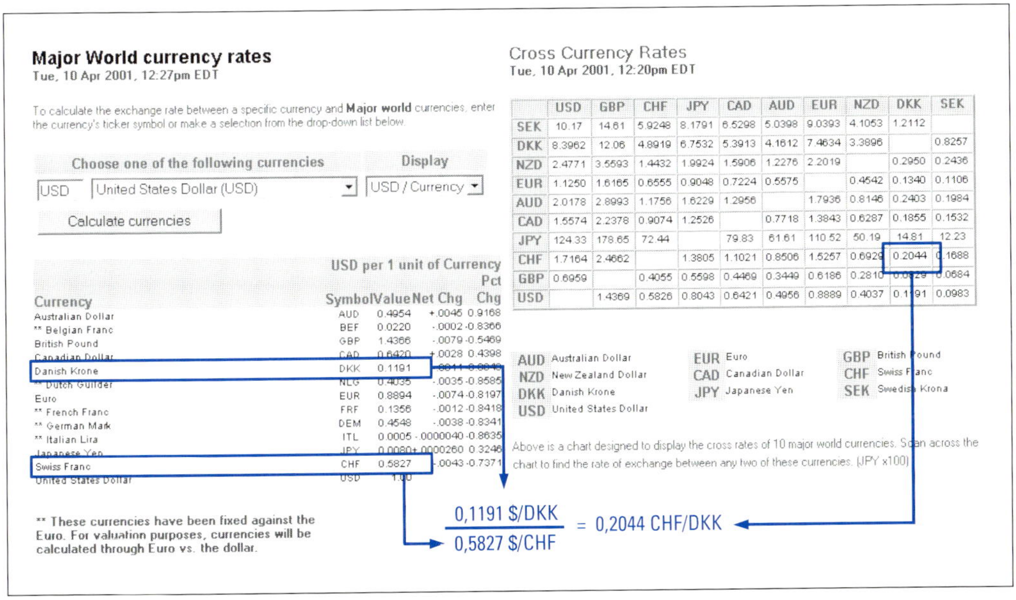

Major World currency rates
Tue, 10 Apr 2001, 12:27pm EDT

To calculate the exchange rate between a specific currency and **Major world** currencies, enter the currency's ticker symbol or make a selection from the drop-down list below.

Choose one of the following currencies | Display
USD | United States Dollar (USD) | USD / Currency
Calculate currencies

Currency	Symbol	Value (USD per 1 unit of Currency)	Net Chg	Pct Chg
Australian Dollar	AUD	0.4954	+.0046	0.9168
** Belgian Franc	BEF	0.0220	-.0002	-0.8366
British Pound	GBP	1.4366	-.0079	-0.5469
Canadian Dollar	CAD	0.6420	+.0028	0.4398
Danish Krone	DKK	0.1191	[illegible]	[illegible]
** Dutch Guilder	NLG	0.4035	-.0035	-0.8585
Euro	EUR	0.8894	-.0074	-0.8197
** French Franc	FRF	0.1356	-.0012	-0.8418
** German Mark	DEM	0.4548	-.0038	-0.8341
** Italian Lira	ITL	0.0005	-.0000040	-0.8635
Japanese Yen	JPY	0.0080	+.0000260	0.3246
Swiss Franc	CHF	0.5827	-.0043	-0.7371
United States Dollar	USD	1.00		

** These currencies have been fixed against the Euro. For valuation purposes, currencies will be calculated through Euro vs. the dollar.

Cross Currency Rates
Tue, 10 Apr 2001, 12:20pm EDT

	USD	GBP	CHF	JPY	CAD	AUD	EUR	NZD	DKK	SEK
SEK	10.17	14.61	5.9248	8.1791	6.5298	5.0398	9.0393	4.1053	1.2112	
DKK	8.3962	12.06	4.8919	6.7532	5.3913	4.1612	7.4634	3.3896		0.8257
NZD	2.4771	3.5593	1.4432	1.9924	1.5906	1.2276	2.2019		0.2950	0.2436
EUR	1.1250	1.6165	0.6555	0.9048	0.7224	0.5575		0.4542	0.1340	0.1106
AUD	2.0178	2.8993	1.1756	1.6229	1.2956		1.7936	0.8146	0.2403	0.1984
CAD	1.5574	2.2378	0.9074	1.2526		0.7718	1.3843	0.6287	0.1855	0.1532
JPY	124.33	178.65	72.44		79.83	61.61	110.52	50.19	14.81	12.23
CHF	1.7164	2.4662		1.3805	1.1021	0.8506	1.5257	0.6929	0.2044	0.1688
GBP	0.6959		0.4055	0.5598	0.4469	0.3449	0.6186	0.2810	[illegible]	0.0684
USD		1.4369	0.5826	0.8043	0.6421	0.4956	0.8889	0.4037	0.1191	0.0983

AUD Australian Dollar; NZD New Zealand Dollar; DKK Danish Krone; USD United States Dollar; EUR Euro; CAD Canadian Dollar; JPY Japanese Yen; GBP British Pound; CHF Swiss Franc; SEK Swedish Krona

Above is a chart designed to display the cross rates of 10 major world currencies. Scan across the chart to find the rate of exchange between any two of these currencies. (JPY x100)

Internet

lern anderer Institute erhalten wir jedoch Kurse »Franken gegen Dollar« und »Kronen gegen Dollar«. Solche Quotes werden auch von Informationsanbietern wie etwa Bloomberg verbreitet. Aktuelle Notierungen haben wir im Internet unter www.bloomberg.com abgerufen (siehe Abbildung oben).

Um an die gewünschte Quotierung zu gelangen, stellen wir uns gedanklich folgende Transaktionen vor: Zunächst veräußern wir Schweizer Franken gegen Dollar zum Kurs von 0,5827 $/CHF (siehe Bloomberg-Seite). Für die erhaltenen Dollar kaufen wir anschließend dänische Kronen (Kurs: 0,1191 $/DKK). Den Umweg über den Dollar kann man auch in einem Rechenschritt zusammenfassen (0,1191 geteilt durch 0,5827). Das Ergebnis ist die Cross-Rate, die einen Wert von 0,2044 hat.

Da auf einer weiteren Internetseite von Bloomberg auch die aktuellen Cross-Rates zu sehen sind, können wir unser Resultat überprüfen. In der entsprechenden Übersicht (siehe Abbildung) ist tatsächlich derselbe Wert zu finden.

Eine Ansammlung von Cross-Rates enthält auch die Finanzzeitung in der Tabelle DEVISEN-CROSS RATES. Dort sind die am Euro beteiligten Währungen noch gesondert aufgeführt. Die Cross Rates dieser Währungen untereinander sind natürlich fest und können im Zeitablauf nicht mehr schwanken.

DEVISEN-CROSS RATES

7.2.2001	Euro	US-$	DM	Pfund	Yen	sfrs	FF	bfrs	hfl	Lira	Pta
Euro	-	0,9340	1,95583	0,6391	108,4679	1,5371	6,55957	40,3399	2,20371	1936,27	166,386
US-$	1,0710	-	2,0947	0,6845	116,1100	1,6462	7,0253	43,2040	2,3602	2073,7452	178,1994
DM	0,511292	0,4775	-	0,3268	55,4588	0,7859	3,35386	20,6255	1,12674	990,000	85,0718
Pfund	1,5647	1,4615	3,0603	-	169,7244	2,4051	10,2638	63,1198	3,4481	3029,6817	260,3442
Yen	9,2193	8,6081	18,0314	5,8919	-	14,1706	60,4746	371,9056	20,3167	17851,0540	1533,9624
sfr	0,6506	0,6075	1,2725	0,4158	70,5686	-	4,2677	26,2451	1,4337	1259,7373	108,2507
FF	1,52449	1,4239	2,98164	0,9743	165,3582	2,3433	-	61,4978	3,35953	2951,82	253,654
bfr	2,47894	2,3153	4,84838	1,5843	268,8854	3,8104	16,2607	-	5,46286	4799,89	412,460
hfl	0,45378	0,4238	0,88752	0,2900	49,2206	0,6975	2,97660	18,3054	-	878,641	75,5027
Lira	0,516457	0,4824	1,01010	0,3301	56,0190	0,7938	3,38774	20,8338	1,13812	-	85,9312
Pta	60,1012	56,1345	117,547	38,4107	6519,0510	92,3816	394,238	2424,48	132,446	116372	-

Yen per 1000, FF per 10, bfrs per 100, Lira per 1000, Pts per 10000, Mitgeteilt von VWD; Stand 15.00 Uhr.

Nominale und reale Wechselkurse

Der nominale Devisenkurs ist das, was wir bislang kennen gelernt haben, also das Verhältnis, zu dem man die Währung eines Landes gegen die eines anderen tauschen kann (z. B. 90 amerikanische Cents pro Euro). Am realen Wechselkurs können wir dagegen ablesen, in welchem Verhältnis wir Güter und Dienstleistungen aus einem Land gegen Güter und Dienstleistungen eines anderen Landes eintauschen können. Betrachten wir ein Beispiel: Bei uns kostet ein Zentner Kartoffeln 100 €, in Amerika hingegen 45 $. Um den realen Wechselkurs zu finden, müssen wir zunächst den nominalen Kurs (angenommen 0,9 $/€) dazu verwenden, die Kartoffelpreise in eine gemeinsame Währung umzurechnen. Für 100 € erhalten wir hier einen Zentner. Wir können den Betrag auch umtauschen in 90 $ (100 € mal 0,9 $/€) und Kartoffeln in Amerika kaufen. Dort erhalten wir – für dasselbe Geld – die doppelte Menge, nämlich zwei Zentner. Deutsche Kartoffeln sind damit zweimal so teuer wie amerikanische. Der reale Wechselkurs beträgt demnach

0,5 Zentner deutsche Kartoffeln pro Zentner amerikanische Kartoffeln (oder 2 Zentner amerikanische pro 1 Zentner deutsche Kartoffeln).

Von Bedeutung ist der reale Wechselkurs insbesondere deshalb, weil er einen Hinweis darauf gibt, wie viel ein Land exportiert bzw. importiert. Wenn beispielsweise ein deutscher Nahrungsmittelkonzern vor der Frage steht, ob es seine Fertigspeisen mit deutschen oder amerikanischen Kartoffeln herstellen soll, dann erhält die preiswertere Alternative den Vorzug. Und die findet man mit Hilfe des realen Wechselkurses heraus.

Der reale Wechselkurs dient so vor allem als Erklärung der Handelsbilanzüberschüsse bzw. -defizite. Zumeist betrachtet man dann die Volkswirtschaft als Ganzes und die gesamten Preise und nicht wie in unserem Beispiel einzelne Warenpreise. Daher verwenden Volkswirte entsprechende Indizes (z. B. den Konsumentenpreisindex). Indizes

Ein mit folgender Formel berechneter realer Wechselkurs misst den Preis eines einheimischen Warenkorbs im Verhältnis zu einem ausländischen.

$$\text{Realer Wechselkurs} = \frac{\text{Ausländ. Preisindex} \times \text{Wechselkurs (in Preisnotierung)}}{\text{Inländ. Preisindex}}$$

Sinkt der reale Wechselkurs, sind deutsche im Vergleich zu ausländischen Waren teurer geworden (Importe aus dem Ausland nehmen zu). Steigt er hingegen, werden deutsche Produkte relativ billiger und die Exporte deutscher Unternehmen steigen generell an.

Geld- und Briefkurs

Wenn Devisenhändler nach einem Währungskurs gefragt werden, stellen sie üblicherweise zwei Preise – oder »Seiten« –, und zwar einen Ankauf- sowie einen Verkaufskurs (auch Geld-/Briefkurs genannt). Vor Einführung des Euro lautete eine DM-Quotierung für den US-Dollar beispielsweise:

1,6510 – 1,6520

Der Händler ist bereit, vom Kunden amerikanische Dollar für 1,6510 DM/je Dollar anzukaufen, während er beim Verkauf der Fremdwährung pro Einheit 1,6520 DM verlangt. Die Differenz zwischen Geld- und Briefseite in Höhe eines Zehntel Pfennigs – allgemein auch als *Spread* bezeichnet – ist praktisch sein Verdienst (»Marge«). Spread

Im Januar 1999 trat die Mengennotierung (wie weiter oben erwähnt) an die Stelle der Preisnotierung. Diese Umstellung ist ein wenig gewöhnungsbedürftig. Denn anders als bei preisnotierten Währungen ist nun nicht mehr die Brief-, sondern die Geldseite relevant, wenn man Devisen vom Händler einer Bank kauft. Dazu ein Beispiel: Ein Devisenhändler stellt für den US-Dollar 0,9288 - 0,9348. Er kauft also einen Euro (nicht Dollar!) für 0,9288 $ an und ist bereit, den Euro für 0,9348 $ zu verkaufen. Angenommen, wir wollen (gegen Zahlung von Euro) 100.000 Dollar von ihm kaufen. Diese Transaktion ist gleichzusetzen mit dem Verkauf von Euro. Wir verkaufen also Euro an den Händler und erhalten im Gegenzug amerikanische Dollar. Deshalb ist die Geldseite maßgebend. Der Kaufpreis beträgt 107.665,81 € (100.000 Dollar geteilt durch 0,9288 $/€).

Wenn wir Dollar an den Händler verkaufen möchten, ist die Situation umgekehrt. Jetzt ist die Briefseite relevant.

Kassa- und Terminkurs

Die Erfüllung eines Devisengeschäfts, also Lieferung und Bezahlung eines Währungsbetrages, kann sofort (Kassageschäft) oder erst zu einem späteren Zeitpunkt (Termingeschäft) erfolgen. Mit »sofortiger Erfüllung« meint man normalerweise eine Zeitspanne von zwei Tagen nach Abschluss, denn die Abwicklung erforderte – zumindest früher – einigen Zeitaufwand (zum Beispiel Zahlungstransfer, Verbuchung auf Konten). Für solche Geschäfte gilt der Kassakurs, auch *Spot-Rate* oder kurz *Spot* genannt. Der Zeitaufwand für die Abwicklung ist heute zwar bei weitem nicht mehr so groß, die zweitägige Valutierungsregelung ist jedoch geblieben. Grundsätzlich ist es aber möglich, Kassageschäfte einen Werktag später oder sogar taggleich zu tätigen. In solchen Fällen gelten nicht die regulären Kassapreise, sondern leicht modifizierte Kurse.

Es ist auch möglich, ein Handelsgeschäft – insbesondere Kurs und Menge – bereits heute fest zu vereinbaren, die Währung aber erst in der Zukunft (z. B. in drei oder sechs Monaten) zu liefern und zu bezahlen. Man nennt eine solche Transaktion *Devisentermingeschäft* (hierauf gehen wir im Kapitel über Derivate noch ausführlich ein) und nutzt sie meistens zur Absicherung gegen Währungsschwankungen. Der dabei vereinbarte Kurs ist der Terminkurs, auch *Forward-Rate* oder einfach *Forward* genannt.

Forward-Rate

Ob der Terminkurs über oder unter dem aktuellen Kassapreis liegt, hängt vom Zinsniveau in den betroffenen Ländern ab. Warum das so ist, zeigen wir an einem Beispiel.

Beispiel

Wir wollen Geld – angenommen 1 Euro – für ein Jahr anlegen. Es besteht die Möglichkeit, den Betrag direkt in Euro zu investieren, dann sind die im Euroraum aktuell gültigen Zinsen maßgebend. Wir können sie im Internet beispielsweise bei der Westdeutschen Landesbank unter www.westlb.de abrufen (siehe Bild 1). Da der Satz bei 4,32 % liegt, erzielen wir Zinsen in Höhe von 4,32 Cents. Unser Kapital ist am Ende auf 1,0432 Euro gestiegen.

Geldmarkt-Indikationen (Interbanken Bid) — Bild 1

Aktualisierung erfolgt mindestens 15 Minuten zeitverzögert

letzte Aktualisierung : 11.04.2001 13:38

Währung	1 Monat	2 Monate	3 Monate	6 Monate	9 Monate	1 Jahr
EUR	4.69	4.59	4.55	4.41	4.33	4.32
GBP	5.35	5.30	5.28	5.17	5.11	5.08
CHF	3.22	3.20	3.19	3.07	3.02	3.00
JPY	0.06	0.06	0.07	0.08	0.08	0.09
USD	4.95	4.78	4.68	4.54	4.51	4.54

Anstatt das Geld in Euro anzulegen, könnten wir den Betrag alternativ aber auch in amerikanische Dollar tauschen und dann zum Dollarzins von 4,54 % anlegen (siehe Bild 1). Aufgrund des aktuellen Kassakurses, den wir ebenfalls im Internet bei der WestLB abrufen, erhalten wir für einen Euro einen Betrag von 0,8895 Dollar (vergleiche Bild 2 links). Legen wir diesen an, ergibt sich ein Zinsertrag von 0,0404 Dollar (0,8895 mal 4,54 %) und wir haben am Schluss 0,9299 Dollar. Diese Summe müssen wir in einem Jahr wieder in Euro tauschen. Aufgrund der unsicheren Kursentwicklung beim Dollar ist heute noch nicht klar, wie viel wir tatsächlich beim Tausch erzielen.

Devisenkurse Kasse/Termin (1 EUR =)

Bild 2

Aktualisierung erfolgt mindestens 15 Minuten zeitverzögert

letzte Aktualisierung : 11.04.2001 13:38

Währung	Kassa	1 Woche	1 Monat	2 Monate	3 Monate	6 Monate	9 Monate	1 Jahr
USD	0.8895	0.8896	0.8898	0.8898	0.8899	0.8902	0.8907	0.8914
GBP	0.6198	0.6199	0.6202	0.6206	0.6210	0.6223	0.6234	0.6247

Doch es gibt ja die Möglichkeit, die Unsicherheit zu beseitigen und den zukünftigen Devisenkurs bereits heute durch ein Termingeschäft festzuschreiben. Wir könnten also den Dollarbetrag – dessen Höhe wir bereits kennen (0,9299 $) »per Termin 12 Monate« verkaufen. Dann wüssten wir heute schon, welches Ergebnis gemessen in Euro die Dollar-Anlage einbringt. Dies darf nicht von dem Ergebnis abweichen, dass wir mit der direkten Euro-Anlage erzielen können (1,0432 €). Denn sonst könnte man mit einer von beiden Alternativen ein besseres Ergebnis erzielen. Dies führt bei den Händlern so lange zu entsprechenden Angebots- und Nachfragereaktionen, bis die Preisunterschiede nicht mehr bestehen.

Der Terminkurs muss also so bemessen sein, dass ein Wert von 1,0432 € herauskommt, wenn man den Dollarbetrag damit umrechnet. Daher können wir folgende Rechnung aufstellen:

$$\frac{0{,}9299\,\$}{\text{Terminkurs}} = 1{,}0432\,€$$

Das gesuchte Ergebnis lautet 0,8914 $/€ und entspricht exakt dem einjährigen Terminkurs, den auch die WestLB im Internet veröffentlicht (vergleiche Bild 2 rechts).

In der Praxis kann man Terminkurse auf zweierlei Art notieren. Eine Möglichkeit besteht darin, den vollen Kurs anzugeben, so wie wir es in Schaubild 2 im letzten Beispiel gesehen haben. Man nennt diese Form von Kursangabe auch *Outright-Quotierung*.

Outright-Quotierung

Die andere Alternative sind die *Swapsätze* (nicht zu verwechseln mit den Swapsätzen bei Zinsswaps). Es handelt sich dabei lediglich um Auf- oder Abschläge zum aktuellen Kassakurs. Zum gesuchten Terminkurs gelangt man durch einen zusätzlichen Schritt, indem man den Swapsatz addiert bzw. subtrahiert, je nachdem, ob es sich um einen Auf- (Report) oder Abschlag (Depot) handelt. Erkennbar ist dies am Vorzeichen. Es gilt: Terminkurs = Kassakurs ± Swapsatz. Man kann es auch anders formulieren: Der Swapsatz

Swapsätze

ist die Differenz zwischen Termin- und Kassakurs. Bezogen auf unser Fallbeispiel erhalten wir einen Satz von 0,0019 $/€ (0,8914 minus 0,8895).

Zu finden sind Swapsätze auch im Internet, etwa auf der bereits bekannten Seite der WestLB (siehe Bild 3). Dort haben wir zeitgleich zu den Zinssätzen (Geldmarkt-Indikationen) und Devisenkursen (siehe Bild 1 und Bild 2) auch die Devisenswapsätze abgerufen (vergleiche Bild 3). Der eingestellte Swapsatz deckt sich mit unseren Berechnungen.

Devisenswapsätze (EUR vs Währung)

Bild 3

Aktualisierung erfolgt mindestens 15 Minuten zeitverzögert

letzte Aktualisierung : 11.04.2001 13:38

Währung	Kassa	1 Monat	2 Monate	3 Monate	6 Monate	9 Monate	1 Jahr
USD	0.8897	0.0002	0.0003	0.0004	0.0006	0.0012	0.0019
GBP	0.6196	0.0003	0.0007	0.0011	0.0024	0.0036	0.0049

Kassa- und Terminkurse erscheinen auch im HANDELSBLATT in der Tabelle DEVISEN- UND SORTENKURSE FÜR 1 EURO. Abgedruckt sind dort Outright-Quotierungen, jedoch keine Swapsätze.

DEVISEN- UND SORTENKURSE FÜR 1 EURO

7.2.2001		Referenzkurse EuroFX[1])		3 Monate[1])		6 Monate[1])		Referenzkurse EZB	Preise am Bankschalter[2])	
		Geld	Brief	Geld	Brief	Geld	Brief		Verkauf	Ankauf
USA	US-$	0,9288	0,9348	0,9303	0,9363	0,9315	0,9375	0,93250	0,9070	0,9620
Japan	Yen	107,7400	108,2200	106,6100	107,0900	105,4800	105,9600	108,36000	103,0000	113,0000
Groflbrit.	£	0,6358	0,6398	0,6373	0,6413	0,6386	0,6426	0,63840	0,6200	0,6640
Schweiz	sfr	1,5366	1,5406	1,5318	1,5358	1,5271	1,5311	1,53920	1,5030	1,5680
Kanada	kan-$	1,4031	1,4151	1,4049	1,4169	1,4060	1,4180	1,40920	1,3300	1,4700
Schweden	skr	8,8833	8,9313	8,8685	8,9165	8,8581	8,9061	8,91250	8,4190	9,5690
Norwegen	nkr	8,1513	8,1993	8,2012	8,2492	8,2547	8,3027	8,18750	7,8000	8,8500
Dänemark	dkr	7,4428	1,4828	7,4533	7,4933	7,4628	7,5028	7,46310	7,1360	7,8260
Australien[3]	A-$	1,6965	1,7125					1,70300	1,5750	1,7750
Neuseeland[3]	NZ-$	2,0985	2,1145					2,10620	1,9580	2,4080
Tschechien[3]	Krone	34,4700	34,8700					34,67200	32,5000	38,5000
Polen[3]	n. Zloty	3,6950	3,8950					3,78700	3,3500	4,2550
Südafrika[3]	Rand	7,1625	7,3625					7,29450	6,0000	9,6000
Hongkong[3]	HK-$	7,2200	7,3200					7,27340	6,4700	8,7700
Singapur[3]	S-$	1,6225	1,6345					1,63020	1,5220	1,8270

[1]) Mitgeteilt von der WestLB Girozentrale, Düsseldorf; [2]) Frankfurter Sortenkurse aus Sicht der Bank, die Bezeichnungen Verkauf und Ankauf entsprechen dem Geld und Brief bei anderen Instituten; mitgeteilt von Deutsche VerkehrsBank; [3]) Freiverkehr.

Sonderziehungsrechte – eine Kunstwährung

In der Praxis kommen Währungen in reiner Form vor oder als künstliche Gebilde. Während reine Währungen alle Funktionen erfüllen, die mit Geld in Zusammenhang stehen, haben Kunstwährungen lediglich eingeschränkte Aufgaben. Reine Währungen existieren zudem als Bar- und Buchgeld, wohingegen Kunstwährungen lediglich als Buchgeld vorkommen.

Buchgeld

Der Wert einer Kunstwährung – also ihr Kurs – kann auf zweierlei Art zustande kommen. Man kann ihn zum einen aus den Kursen echter Währungen ableiten. Zum anderen werden Kunstwährungen wie echte Währungen auf den Märkten gehandelt. Dann liegt ein reiner Marktkurs vor, der sich nach dem Gesetz von Angebot und Nachfrage ergibt.

ECU

Eine bedeutende Kunstwährung war die *European-Currency-Unit* (ECU), wenn man so will die Vorgängerin des Euro. Seitdem die Währungsunion in Kraft ist, hat sie ihre Funktionen verloren.

SZR

Von Bedeutung sind heute lediglich noch die *Sonderziehungsrechte* (kurz SZR). Diese Kunstwährung ist eine Kreation des *Internationalen Währungsfonds* (IWF), der 1945 insbesondere mit dem Ziel gegründet wurde, Devisenbeschränkungen abzubauen, Liquiditätsschwierigkeiten einzelner Staaten zu verhindern, finanzielle Hilfen im Falle von Zahlungsbilanzschwierigkeiten zu gewähren und nationale Wechselkurspolitiken zu überwachen. Deutschland ist Mitglied seit 1952.

Zur Überbrückung von Zahlungsschwierigkeiten können die Mitgliedsstaaten quasi fremde Währungen vom IWF kaufen, indem sie ihre eigene dafür hergeben. Man nennt dies auch *Ziehungsrecht*. Es handelt sich dabei praktisch um einen Kredit.

Um einem Liquiditätsmangel gegenzusteuern, teilte man den Mitgliedern 1970 Sonderziehungsrechte zu. Es handelt sich um eine Art Kunstgeld. Ein Mitgliedsland, das einen Finanzierungsbedarf hat – also fremde Währungen benötigt – kann gegen Abgabe von SZR andere Währungen kaufen. SZR sind zwar nicht durch Gold oder eine andere reine Währung gedeckt (deshalb nennt man sie auch Papiergold), stellen aber innerhalb des IWF echte Reserveguthaben dar. Sie stehen den Mitgliedsländern als Ergänzung zu den bestehenden Währungsreserven zur Verfügung. Eine Zuteilung erfolgt jedoch nur, wenn dadurch kein Anstieg der Inflation zu befürchten ist.

SZR können ausschließlich vom IWF, den Währungsbehörden der Teilnehmerstaaten und bestimmten anderen offiziellen Stellen gehalten und für Zahlungen und andere finanzielle Transaktionen untereinander verwendet werden. Davon zu trennen ist die Recheneinheit SZR, in welcher der IWF seine Bücher führt und seine Geschäfte mit den Mitgliedsländern abrechnet.

Um den Wert eines SZR ausdrücken zu können, hat man es an einen Währungskorb geknüpft, dessen Zusammensetzung im Abstand von fünf Jahren überprüft wird. So ist gewährleistet, dass die im Korb enthaltenen Bestandteile repräsentativ sind für diejenigen Währungen, die bei internationalen Transaktionen die wichtigste Rolle übernehmen. Die Gewichtung der Einzelwährungen ist abhängig von deren Bedeutung im Welthandels- und Finanzsystem.

Bis zum Jahre 1981 bestand der Korb aus insgesamt 16 Währungen, später wurde er dann jedoch reduziert auf die fünf Hauptwährungen (US-Dollar, D-Mark, Französischer Franc, Yen und Britisches Pfund). Mit der Einführung des Euro ersetzte man die Währungsbeträge der D-Mark und des französischen Franc durch den Euro.

Den Wert eines SZR (in US-Dollar) berechnet der IWF täglich zur Mittagszeit auf Basis von Wechselkursen, die auf dem Londoner Markt notieren. Ein SZR entspricht dem Wert des Währungskorbes, dessen Zusammensetzung im Internet direkt beim IWF unter www.imf.org abrufbar ist.

Der Wert eines SZR erscheint auch in der Finanzzeitung in der Tabelle SONDERZIEHUNGSRECHTE. Wir wollen einmal zeigen, wie man ihn rekonstruieren kann. Im Internet rufen wir beim IWF die aktuelle Zusammensetzung des Währungskorbes ab. Um den aktuellen Wert bestimmen zu können, brauchen wir noch die jeweiligen Devisenkurse (zur Mittagszeit in London). Da diese nicht extra im HANDELSBLATT abgedruckt sind, verwenden wir die Kurse aus der Tabelle DEVISEN-CROSS RATES. Mit diesen Angaben kommen wir auf einen Betrag von 1,2608 $ für ein Sonderziehungsrecht (siehe Abbildung). Vergleicht man den Wert mit dem Original (1,26065), dann sind kaum Unterschiede feststellbar.

DEVISEN-CROSS RATES

30.3.2001	Euro	US-$	DM	Pfund	Yen	sfrs	FF	bfrs	hfl	Lira	Pta
Euro	-	0,8851	1,95583	0,6199	110,7703	1,5268	6,55957	40,3399	2,20371	1936,27	166,386
US-$	1,1298	-	2,2097	0,7004	125,1400	1,7250	7,4110	45,5760	2,4898	2187,5978	187,9829
DM	0,511292	0,4525	-	0,3169	56,6360	0,7806	3,35386	20,6255	1,12674	990,000	85,0718
Pfund	1,6132	1,4268	3,1551	-	178,6892	2,4630	10,5819	65,0763	3,5550	3123,5908	268,4139
Yen	9,0277	7,9904	17,6566	5,5963	-	13,7835	59,2178	364,1765	19,8944	17480,0647	1502,0829
sfr	0,6550	0,5797	1,2811	0,4060	72,5507	-	4,2965	26,4226	1,4434	1268,2569	108,9828
FF	1,52449	1,3493	2,98164	0,9450	168,8682	2,3276	-	61,4978	3,35953	2951,82	253,654
bfr	2,47894	2,1941	4,84838	1,5367	274,5929	3,7848	16,2607	-	5,46286	4799,89	412,460
hfl	0,45378	0,4016	0,88752	0,2813	50,2653	0,6928	2,97660	18,3054	-	878,641	75,5027
Lira	0,516457	0,4571	1,01010	0,3202	57,2081	0,7885	3,38774	20,8338	1,13812	-	85,9312
Pta	60,1012	53,1956	117,547	37,2567	6657,4280	91,7625	394,238	2424,48	132,446	116372	-

Yen per 1000, FF per 10, bfrs per 100, Lira per 1000, Pts per 10000, Mitgeteilt von VWD; Stand 15.00 Uhr.

SONDERZIEHUNGSRECHTE

	30.3.2001	29.3.2001
US-$	1,26065	1,26686
Euro	1,42737	1,43309

Währung	Währungskorb (www.imf.org)	Wechselkurs Am 30.3.2001	Gegenwert in Dollar
Pfund Sterling	0,1050 £	1,4268 $/£	0,1498 $
Japanischer Yen	27,2000 ¥	125,1400 ¥/$	0,2174 $
Euro (Deutschland)	0,2280 €	0,8851 $/€	0,2018 $
Euro (Frankreich)	0,1239 €	0,8851 $/€	0,1097 $
US-Dollar	0,5821 $	1,0000 $/$	0,5821 $
Wert eines SZR:			1,2608 $

Devisenhandel

Forex

Auf dem Devisenmarkt – man sagt *FX*- oder *Forex-Markt* (als Abkürzung von Foreign Exchange) handeln Unternehmen, Fondsmanager und Banken Fremdwährungen (auch in großen Summen). Die Gründe dafür sind vielfältig: Unternehmen schließen Geschäfte mit ausländischen Partnern und müssen dabei anfallende Zahlungen je nachdem in heimische oder fremde Währung tauschen. Fondsgesellschaften investieren einen Teil ihrer Mittel in ausländische Wertpapiere und benötigen zum Kauf fremde Währungen. Später, wenn beispielsweise Zins- und Tilgungszahlungen erfolgen, ist ein

Rücktausch in die eigene Währung erforderlich. Insbesondere Banken sind auf dem Devisenmarkt außerordentlich aktiv. Sie kaufen Währungen für ihre Kunden oder bieten Devisen im Namen von Kunden zum Kauf an. Doch es müssen nicht immer derartige originäre Anlässe sein, denn häufig handeln in erster Linie Banken Währungen, ohne dass ein anderes Geschäft Ursache dafür ist. Das Ziel besteht dann darin, Kursschwankungen gewinnbringend zu nutzen.

Genau wie der Geldmarkt lässt sich der Devisenmarkt nicht lokalisieren, denn der Handel findet weder an Börsen statt noch an irgendwelchen anderen festen Plätzen. Händler machen ihre Geschäfte am Telefon und über spezielle Computernetzwerke standortunabhängig und über den gesamten Globus verstreut. Auch deswegen zählen diese Märkte zu den weltweit größten, liquidesten und vor allem transparentesten. Denn nirgendwo sonst können sich die Teilnehmer so schnell und vollständig mit marktrelevanten Daten versorgen wie auf den Devisenmärkten. Im Prinzip hat jeder die gleiche Ausgangsbasis. Insiderwissen, wie man es vom Aktienhandel kennt, kann bei Währungen – abgesehen von Politikern oder Angehörigen der Notenbanken – niemand haben.

London

Der bedeutendste Handelsplatz für Devisen ist London. Man schätzt, dass die Umsätze pro Tag dort in etwa so hoch sind wie in den USA, Japan und Singapur zusammen. Führend ist London vor allem, weil viele internationale Finanztransaktionen aus den Bereichen Versicherungen, Anleiheplatzierungen, Aktienemissionen und Banken hier ihren Ursprung haben. Zugute kommt London zudem seine günstige geografische Lage: Unternehmen, die hier ansässig sind, können untereinander und mit Firmen vom Kontinent schnell in Kontakt treten, ebenso aber auch mit amerikanischen oder fernöstlichen Unternehmen, für die aus Gründen der Zeitverschiebung direkte Geschäftskontakte innerhalb eines Tages schwierig sind. Wenn die Arbeit in den Banken Londons morgens beginnt, sind auch die Institute in Tokio, Hongkong und Singapur noch aktiv. Ab Mittag kann dann von London aus mit Banken in New York gehandelt werden. Wenn sich der Tag in London dem Ende neigt und auch in New York die Institute ihre Arbeit beenden, verlagert sich das Handelsgeschehen an die amerikanische Ostküste (Los Angeles und San Francisco) und anschließend weiter in Richtung Osten (Tokio usw.). Der Handel mit Devisen findet ohne Unterbrechung rund um die Uhr statt.

Die Akteure

Auf dem Devisenmarkt trifft man – sieht man einmal von Zentralbanken ab – drei Gruppen von Akteuren: »Kunden«, Banken und Broker (Makler). Kunden, zum Beispiel multinationale Unternehmen, beteiligen sich direkt selbst am Handelsgeschehen, weil sie aufgrund ihrer normalen (originären) Geschäftstätigkeit zum Devisentausch gezwungen sind. So muss etwa ein Maschinenbauer aus Deutschland amerikanische Dollar einkaufen, um damit eine Rechnung für Rohstoffe zu begleichen, die von einem Lieferanten in Amerika stammen. Viele große Unternehmen haben mittlerweile eigene Devisenhandelsabteilungen und brauchen im Prinzip keine Bank mehr mit der Abwicklung zu beauftragen. Anders ist die Situation bei kleinen und mittleren Firmen oder Privatleuten für die sich allein aufgrund der geringen Devisenbeträge ein direkter Marktzugang nicht lohnt.

Die mit Abstand wichtigste Rolle spielen Geschäftsbanken. Sie handeln auf eigene Rechnung, kaufen und verkaufen aber auch Devisen im Auftrag ihrer Kunden (Unternehmen sowie kleine und mittlere Banken oder Private).

Intermediär

Schließlich gibt es noch eine dritte Gruppe, die Broker oder Makler. Sie treten in aller Regel lediglich als Vermittler – auch Intermediäre genannt – zwischen Banken auf. Gute Makler haben eine direkte Verbindung (Standleitung) per Telefon oder Computer zu bedeutenden Devisenhändlern weltweit, von denen sie praktisch ohne Zeitverzögerung aktuelle Quotierungen erhalten. Sie wissen daher, welche Bank gerade den besten Geld- und welche den günstigsten Briefkurs stellt und sorgen für eine hohe Markttransparenz. Wer einen Broker einschaltet, kann also mit einiger Wahrscheinlichkeit davon ausgehen, dass er sehr vorteilhafte Devisenkurse findet. Da bei Maklern viele Informationen zusammenlaufen bezeichnet man sie häufig auch als Neuigkeitenbörse. Für ihren Service verlangen sie einen Preis (die *Courtage*).

Neuigkeitenbörse

Die Rolle der Notenbanken

Die Vergangenheit hat gezeigt, dass selbst geringfügige Veränderungen im Wert einer Währung Auswirkungen auf eine ganze Volkswirtschaft und die Stimmung in der Bevölkerung haben können. Nach seiner Einführung hat zum Beispiel der Euro stark an Wert verloren, was bei vielen Bürgern zur Beunruhigung geführt hat. Derartige starke Ausschläge – ganz gleich in welche Richtung sie gehen – sind volkswirtschaftlich nicht unbedenklich. Ist eine Währung wie der Euro im Vergleich zum Dollar schwach, dann steigen die Preise für Güter, die in Dollar abgerechnet werden, z. B. für Rohöl. Die Folge ist ein Anstieg der Inflation in Euroland (importierte Inflation).

Eine Notenbank wie die Europäische Zentralbank hat durchaus die Mittel, den Kurs einer Währung zu beeinflussen. Sie könnte bezogen auf unseren Beispielfall Euro ankaufen (gegen Abgabe von Dollar) den Kurs nach oben treiben und die Währung damit stärker machen. Die Zentralbanken machen von diesen Möglichkeiten auch Gebrauch. Anders als Geschäftsbanken handeln sie an den Devisenmärkten aus gesamtwirtschaftlichen Motiven, etwa – wie in unserem Beispiel – um Preissteigerungsraten zu steuern, nicht aber aus einzelwirtschaftlichen Gründen (z. B. zur Maximierung des eigenen Gewinns). Auf kurze Sicht können solche Maßnahmen den gewünschten Erfolg durchaus erzielen. Es hat sich jedoch gezeigt, dass die Notenbanken nicht in der Lage sind, mit ihren Devisenmarktinterventionen grundlegende volkswirtschaftliche Probleme zu bewältigen. Dazu haben andere Instanzen (z. B. die Wirtschaftspolitik) häufig die besseren Instrumente.

Gesamtwirtschaftliche Motive

Interbankenhandel

Einige Großbanken – die Global Player (hierzu zählen vor allem Citibank, Chase Manhattan und Deutsche Bank) – dominieren das Geschehen auf den Devisenmärkten. Sie sind aufgrund ihrer überragenden Marktstellung in der Lage, für beinahe jede Handelssumme – auch *Size* genannt – auf Bitte ande-

Size

rer Banken verbindliche An- und Verkaufskurse (Geld/Brief oder kurz Quotes) zu nennen und zu diesen Preisen die angefragten Mengen auch zu handeln. Hinzu kommt, dass die anderen sie aufgrund ihrer guten Bonität als Gegenpartei bedingungslos akzeptieren. Man bezeichnet solche Institute häufig auch als *Stelladressen* oder *Market-Maker*. Von einer Bank, die Market-Maker für eine bestimmte Währung sein will, erwarten die anderen jederzeit handelbare Quotes auch für hohe Devisenbeträge. Der Abstand (Spread) zwischen An- und Verkaufskurs ist die Gewinnspanne für den Market-Maker. Dafür muss er stets darauf gefasst sein, die Kurse je nach Änderung der aktuellen Marktverhältnisse nach oben oder unten anzupassen. Man kann den Spread auch als Sicherheitspolster ansehen. Je breiter er stellt, umso mehr »Luft« hat der Händler, wenn sich der Markt in eine bestimmte Richtung bewegt. Kauft er beispielsweise bei einer Quotierung von »0,8906–0,8911« Euro an, dann darf der Kurs danach ruhig um 5 Stellen (= 0,0005 $) sinken, ohne dass der Händler in die Verlustzone kommt. Denn er kann anschließend – vorausgesetzt, er lässt die Spanne gleich – einen Kurs von »0,8901 zu 0,8906« nennen und die Währung trotz Kursrückgangs zum Briefkurs von 0,8906 $/€ verkaufen.

Stelladressen

Usancen

Im Devisenhandel der Banken untereinander (Interbankenhandel) existieren bestimmte Gepflogenheiten, die das Geschehen effizienter machen sollen. So hat sich unter den Händlern zum Beispiel eine eigene Sprache eingebürgert. Wenn jemand 20 Millionen Dollar kaufen will, dann braucht er nur zu sagen »kaufe 20«. Jeder weiß dann, dass 20 Millionen Dollar gemeint sind.

Auch Kurse werden nicht in voller Länge genannt, sondern lediglich in Kurzform: Auf Anfrage nennt (»stellt«) ein Händler für den amerikanischen Dollar zum Beispiel: »06 zu 11« (oder »06 gegen 11«). Er signalisiert damit, dass er Euro zum Kurs von 0,8906 $/€ ankauft und zum Preis von 0,8911 $/€ verkauft. 0,89 – die *Big-Figure* – erwähnt der Händler gar nicht, da das zu diesem Zeitpunkt allen anderen im Markt bekannt ist. Genannt werden lediglich die *Pips* (oder »Stellen«), das sind die beiden letzten Stellen.

Big-Figure

Pips

Stellt ein anderes Institut wie man sagt »enger«, etwa 07 zu 10, dann wäre diese Offerte vorteilhafter, denn diese Bank kauft zu einem höheren Kurs an und hat einen geringeren Verkaufspreis.

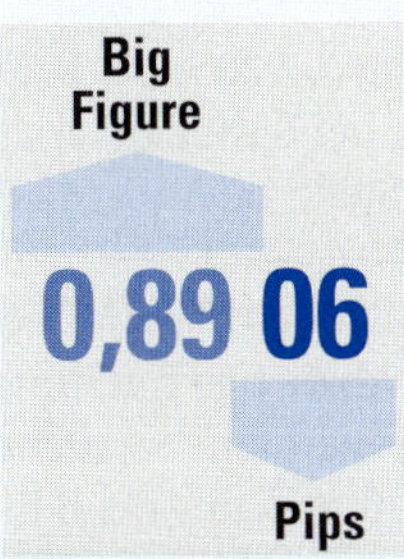

An der Kursstellung lässt sich manchmal auch die aktuelle Marktlage ablesen oder zumindest das Handelsinteresse einer Bank. Angenommen, der amerikanische Dollar müsste aufgrund der Marktsituation in etwa folgende Quotierung haben: 0,8950–0,8960.

Stellt ein Händler seine Kurse sehr »breit« – zum Beispiel 0,8940 zu 0,8970 –, dann ist das ein Indiz für große Unsicherheit und zeigt, dass eigentlich kein Interesse am Geschäft besteht. Ist die Geldseite dagegen ziemlich hoch (0,8955 zu 0,8965), kann man dies als Kaufinteresse werten. Der Händler will sich möglicherweise mit der Währung eindecken, weil er mit steigenden Kursen rechnet. Umgekehrt ist es, wenn der Briefsatz verhältnismäßig niedrig liegt (z. B. 0,8945 zu

0,8955). Hier herrscht vermutlich die Meinung vor, der Dollarkurs könnte sinken.

Lautet die Quotierung »0,8950–0,8960«, handelt es sich um eine marktgerechte Quotierung ohne Präferenzen für eine bestimmte Handelsrichtung. Ist die Spanne dann noch besonders eng (z. B. 0,8955 zu 0,8960), kann man dies als Anzeichen für ein hohes Handelsinteresse interpretieren, gleichgültig in welche Richtung.

Selten kommen auch Quotes vor, die mit der Marktlage überhaupt nicht zu vereinbaren sind (etwa 0,8910 zu 0,8940). Man spricht dann auch von »Kursen aus dem Markt«.

Große Institute, aber in gewissem Rahmen auch kleine und mittlere Banken, beanspruchen den Devisenmarkt ferner, um bestimmte Kurskonstellationen oder erwartete Kursschwankungen gewinnbringend zu nutzen. Dies ist neben der Ausführung von Kundenaufträgen und dem Market-Making das, was viele eigentlich unter *Eigenhandel* verstehen. Im angelsächsischen Sprachgebrauch verwendet man dafür auch die Bezeichnung *Proprietary-Trading*. Und in der Tat: Die Händler kaufen oder verkaufen losgelöst von Kundenorders mit dem Geld oder Vermögen (»Proprietary«) der Bank Devisen, um prognostizierte Marktbewegungen gewinnbringend zu nutzen. Kommt es dabei zu Verlusten, geht das zu Lasten der Institute.

Eigenhandel

Bei den meisten Banken machen diese Transaktionen – was viele gar nicht vermuten – den bei weitem geringsten Teil der gesamten Handelsaktivitäten aus. Häufig fasst man sie unter der Sammelbezeichnung Arbitrage zusammen.

Platzarbitrage

Beginnen wir mit der *Platzarbitrage* oder *Quotierungsarbitrage*. Darunter versteht man die Ausnutzung von Kursdifferenzen an verschiedenen Handelsplätzen, daher die Bezeichnung. Der Händler versucht, Devisen preiswert zu kaufen und – um Schwankungsrisiken zu vermeiden – möglichst zur selben Zeit teurer an einen anderen wieder zu veräußern. Betrachten wir ein Beispiel: Auf seinem Computerbildschirm sieht ein Händler folgende Quotes für den Euro (ausgedrückt in amerikanischen Dollar):

Bank A: 0,9198–0,9204
Bank B: 0,9205–0,9210

Die Briefseite (0,9204) ist bei A geringer als die Geldseite (0,9205) bei B. Unser Händler kann folglich bei A billiger einkaufen, als er bei B wieder verkaufen kann. Pro Euro kann er – wie man sagt – eine Stelle oder einen Pip verdienen.

Aufgrund der hohen Markttransparenz sind solche sicheren Gewinnmöglichkeiten natürlich sehr begrenzt. In der Praxis werden derartige Kursunterschiede in aller Regel von vielen gleichzeitig bemerkt, die dann versuchen, davon zu profitieren. Wenn sich als Folge davon bei Bank A Kauf- bei B hingegen Verkaufsanfragen häufen, werden die Händler das Missverhältnis recht bald bemerken und ihre Quotes nach oben bzw. unten anpassen. Damit sind die Gewinnmöglichkeiten beseitigt.

Devisenhändler am Arbeitsplatz

Foto: Reuters/Ralph Orlowski

Das Bemerkenswerte an der Quotierungsarbitrage ist, dass die Händler ihre Gewinne praktisch risikolos erzielen und damit eine echte Arbitrage durchführen.

Meinungsarbitrage

Dies kann man von der *Zeit-* oder *Meinungsarbitrage* dagegen nicht sagen. Denn Gewinne sind keinesfalls sicher. Ganz im Gegenteil: Die Händler nehmen bewusst Verlustrisiken in Kauf, denn sie kaufen oder verkaufen, weil sie eine bestimmte Meinung haben (meistens aufgrund einer Prognose). Sie spekulieren also. Verlaufen die Kurse dann tatsächlich anders als vermutet, kommt es zu Verlusten. Meinungsarbitrage ist darum eigentlich gleichzusetzen mit Spekulation. Doch diesen Begriff meidet man normalerweise, damit das Ganze nicht unseriös klingt.

An einem Fallbeispiel wollen wir zeigen, wie eine Meinungsarbitrage in der Praxis typischerweise abläuft.

Beispiel

Aufgrund einer eigenen Kursprognose rechnet ein Devisenhändler mit einem steigenden Eurokurs. Über einen Makler kauft er in der Händlersprache »10 Euro« (also 10 Millionen Euro) zum Kurs von 0,9000 $/€. Gleichzeitig erteilt er dem Makler die Anweisung: »Stopp bei 0,8950.« Sollte der Kurs wider Erwarten fallen, werden die Euro automatisch – ohne nochmalige Order – vom Makler zum Verkauf angeboten. Der Händler hat seinen Verlust damit auf 50 Pips begrenzt.

Nun beobachtet er, wie sich der Kurs mit der Zeit (daher die Bezeichnung Zeitarbitrage) entwickelt. Praktisch im Sekundentakt sieht er die Kurse auf seinem Schirm: 0,8997, 0,8991, 0,8987 usw. Schließlich fällt der Wert auf 0,8962. Da der Stopp auf 0,8950 gesetzt ist, unternimmt der Händler nichts. Plötzlich beginnt der Kurs zu steigen, 0,8992, 0,8997, 0,8999 usw. bis er bei 0,9007 landet. Nun entschließt sich der Händler, den Stopp auf 0,9000 zu rücken, um zumindest keine Verluste mehr zu erleiden. Wir gehen davon aus, dass sich der Kurs weiter nach oben bewegt, sagen wir auf 0,9016. Jetzt entscheidet er, das Geschäft zu beenden oder wie man sagt die Position glattzustellen und den aufgelaufenen Gewinn zu realisieren. Pro Euro hat er 16 Pips (0,9016 minus 0,9000) verdient, insgesamt 16.000 Dollar (0,0016 Dollar pro Euro mal 10 Mio. €).

Eine offene Position wie in unserem Beispiel wird in fast allen Fällen nur für kurze Zeit gehalten. Merkt ein Händler, dass er sich verspekuliert hat und quasi auf der falschen Seite liegt, beendet er sein Engagement umgehend. Auch wenn der Markt relativ unbeweglich ist und auf mehr oder weniger gleichem Niveau verharrt, wird das Geschäft nach einiger Zeit meist wieder glattgestellt. Es passiert so gut wie nie, dass Positionen über Nacht (Overnight) ohne Kontrolle aufrechterhalten werden. Wenn sich der Handelstag in Deutschland dem Ende zuneigt, schließen die Händler entweder die noch laufenden Geschäfte (*offene Positionen*) oder sie übergeben die Positionen an einen Kollegen im Ausland, bei dem aufgrund der Zeitverschiebung Handelsaktivitäten weiterhin möglich sind.

Offene Position

Für gewöhnlich spekuliert ein Devisenhändler nicht einfach »ins Blaue hinein«. Einer Handelsentscheidung geht im Normalfall eine gründliche Analyse der aktuellen Marktlage und der wirtschaftlichen Rahmenbedingungen voraus. Da die Versorgung mit relevanten Marktinformationen zu den entscheidenden Erfolgsfaktoren im Devisenhandel zählt, verschaffen sich die Banken über Informationsdienstleister wie Reuters direkten Zugang zum Marktgeschehen. Auf ihren Computerbildschirmen können die Händler die unterschiedlichsten Informationen praktisch realtime mitverfolgen (siehe Abbildung nächste Seite).

Ziel der meisten Handelstransaktionen ist die Ausnutzung (sehr) kurzfristiger Kursschwankungen. Erfahrungsgemäß lassen sich diese relativ gut mit Verfahren der Technischen Analyse einschätzen. Aus diesem Grund spielen diese Methoden eine so überragende Rolle bei der Meinungsbildung.

Handel und »Nachbearbeitung«

Wenn ein Devisenhändler mit einem anderen ein Geschäft gemacht hat, ist die Angelegenheit damit noch längst nicht erledigt. Die eigentliche Arbeit beginnt jetzt erst. Vom Handel – auch *Front-Office* genannt – wandert die Order, die der Händler auf einem Händlerzettel (Ticket) vermerkt, in die Abwicklung (auch als *Back-Office* bezeichnet). Hier erfolgt häufig die Einspeisung der Daten in die Buchungssysteme und die Überwachung bestimmter Limite, die von den Händlern einzuhalten sind. Außerdem kontrolliert man hier, ob Zahlungen fristgerecht und auf den richtigen Konten eingehen und bestimmte gesetzliche Anforderungen eingehalten werden.

Front-Office

Back-Office

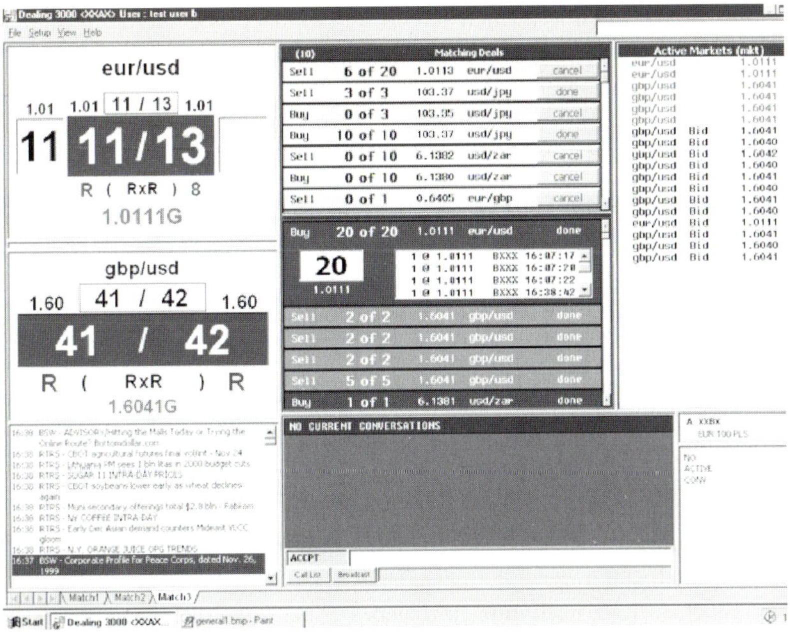

Reuters versorgt die Marktteilnehmer mit unterschiedlichsten Informationen

Referenzkurse

Vor der Einführung des Euro konnte man Devisen in Deutschland an verschiedenen Regionalbörsen handeln. Einmal täglich fand an der Frankfurter Börse zur Mittagszeit ein amtliches Kursfixing statt. Die dort festgestellten Werte hatten verbindlichen (amtlichen) Charakter und bildeten meist die Grundlage zur Abrechnung von Devisentransaktionen zwischen Banken und Kunden, etwa beim Einsatz von Kreditkarten im Ausland, bei Auslandsüberweisungen oder Auslandsschecks. Im Vergleich dazu hat es Devisenbörsen in vielen anderen Ländern nie gegeben oder sie waren längst abgeschafft worden.

Amtliche Kurse

Mit der Umstellung auf den Euro brauchten die Kurse der an der Union beteiligten Währungen gar nicht mehr fixiert zu werden. Außerdem stellte sich die Frage, ob ein lediglich hierzulande durchgeführtes Kursfixing überhaupt Zweck hat und aussagekräftig ist. Man entschloss sich letztlich für die Einstellung und die Abschaffung der Devisenbörsen.

Doch damit blieb das Problem, dass für die übrigen Währungen (OUT-Währungen) auch weiterhin Kurse mit verbindlichem Charakter erforderlich waren. Als Ersatz für das amtliche Fixing bildeten sich drei Systeme:

Marktkurssysteme der Privatbanken

Die privaten Großinstitute (Deutsche Bank, Dresdner Bank, Commerzbank und HypoVereinsbank) ermitteln jeweils in einem eigenen internen Fixing täglich zur Mittagszeit Referenzkurse für die wichtigsten Handelswährungen (siehe Kasten).

Marktkurssystem und Euro-FX

Für folgende Währungen werden Referenzkurse ermittelt:

- Amerikanischer Dollar (USD)
- Japanischer Yen (JPY)
- Britisches Pfund (GBP)
- Schweizer Franken (CHF)
- Kanadischer Dollar (CAD)
- Norwegische Krone (NOK)
- Dänische Krone (DKK)
- Schwedische Krone (SEK)

Jede Bank verschafft sich einen aktuellen Marktüberblick und bestimmt die repräsentativen Kurse auf der Basis tatsächlich abgeschlossener Devisengeschäfte. So soll gewährleistet werden, dass die Preise ein Abbild des echten Marktgeschehens darstellen. Zu finden sind die Referenzkurse in öffentlich zugänglichen Medien wie etwa dem Internet.

Referenzkurssystem Euro-FX

Täglich um die Mittagszeit melden Spitzeninstitute der deutschen Sparkassenorganisation und der genossenschaftlich organisierten Banken nach einem fest vorgegebenen Schema Kurse für Währungen, die im Kasten auf der nächsten Seite abgebildet sind. Die Daten werden in ein Informationssystem eingegeben, das Reuters zur Verfügung stellt. Daraus bildet man dann einen Mittelwert. Um Manipulationsmöglichkeiten zu reduzieren und ein den Marktverhältnissen entsprechendes Bild zu vermitteln, werden marktferne Preise automatisch gestrichen und bei der Durchschnittsbildung nicht berücksichtigt. Die Referenzkurse dienen in erster Linie als Abrechnungsbasis für Devisengeschäfte, insbesondere bei Privat- und kleinen Firmenkunden, von den Banken auch Mengengeschäft genannt. Durch eine in weiten Teilen objektive Kursbildung und transparente Darstellung versucht man, dem Verbraucherschutz Rechnung zu tragen. Die beteiligten Banken haben sich außerdem auf feste Geld-Brief-Spannen geeinigt, sodass Kundengeschäfte im Allgemeinen zu fairen Konditionen abgerechnet werden.

Objektivität und Transparenz

Die Referenzkurse stehen der Öffentlichkeit sofort nach Bekanntwerden zur Verfügung. Darüber hinaus erscheinen die Werte im Internet und in allen wichtigen Tageszeitungen. Man findet sie im HANDELSBLATT in der Tabelle DEVISEN- UND SORTENKURSE FÜR 1 EURO (siehe Abbildung nächste Seite).

An diesem System sind die Privatbanken nicht beteiligt, weil sie sich zu spät entschlossen haben, daran teilzunehmen. Aus bestimmten rechtlichen Gründen war ein späterer Beitritt nicht mehr möglich. Ob sich das in Zukunft ändert, ist bislang ungewiss. Aus diesem Grund haben die Privatinstitute jeweils eigene Fixingsysteme aufgebaut.

Referenzkurse der Europäischen Zentralbank (EZB)

Die EZB berechnet losgelöst von den Geschäftsbanken eigene Referenzkurse für die bereits bekannten Währungen (siehe Kasten auf der vorhergehenden Seite) und darüber hinaus für weitere wie etwa das zypriotische Pfund oder den polnischen Zloty. Die Preise werden in Abstimmung mit anderen Zentralbanken ebenfalls zur Mittagszeit bestimmt. Da diese aber nicht direkt auf das Handelsgeschehen zurückzuführen sind und auch nicht zeitnah genug zur Verfügung stehen, eignen sie sich nicht zur Abrechnung von Kundengeschäften. Sie finden eher dann Verwendung, wenn man einen Kurs mit »amtlichem« Charakter benötigt, beispielsweise für Unternehmensbilanzen oder Steuererklärungen.

»Amtliche« Kurse

Man kann die Kurse direkt im Internet bei der EZB abrufen (www.ecb.de) oder im HANDELSBLATT finden (siehe folgende Tabelle).

DEVISEN- UND SORTENKURSE FÜR 1 EURO

7.2.2001		Referenzkurse EuroFX[1]) Geld	Brief	3 Monate[1]) Geld	Brief	6 Monate[1]) Geld	Brief	Referenzkurse EZB	Preise am Bankschalter[2]) Verkauf	Ankauf
USA	US-$	0,9288	0,9348	0,9303	0,9363	0,9315	0,9375	0,93250	0,9070	0,9620
Japan	Yen	107,7400	108,2200	106,6100	107,0900	105,4800	105,9600	108,36000	103,0000	113,0000
Groflbrit.	£	0,6358	0,6398	0,6373	0,6413	0,6386	0,6426	0,63840	0,6200	0,6640
Schweiz	sfr	1,5366	1,5406	1,5318	1,5358	1,5271	1,5311	1,53920	1,5030	1,5680
Kanada	kan-$	1,4031	1,4151	1,4049	1,4169	1,4060	1,4180	1,40920	1,3300	1,4700
Schweden	skr	8,8833	8,9313	8,8685	8,9165	8,8581	8,9061	8,91250	8,4190	9,5690
Norwegen	nkr	8,1513	8,1993	8,2012	8,2492	8,2547	8,3027	8,18750	7,8000	8,8500
Dänemark	dkr	7,4428	1,4828	7,4533	7,4933	7,4628	7,5028	7,46310	7,1360	7,8260
Australien[3])	A-$	1,6965	1,7125					1,70300	1,5750	1,7750
Neuseeland[3])	NZ-$	2,0985	2,1145					2,10620	1,9580	2,4080
Tschechien[3])	Krone	34,4700	34,8700					34,67200	32,5000	38,5000
Polen[3])	n. Zloty	3,6950	3,8950					3,78700	3,3500	4,2550
Südafrika[3])	Rand	7,1625	7,3625					7,29450	6,0000	9,6000
Hongkong[3])	HK-$	7,2200	7,3200					7,27340	6,4700	8,7700
Singapur[3])	S-$	1,6225	1,6345					1,63020	1,5220	1,8270

[1]) Mitgeteilt von der WestLB Girozentrale, Düsseldorf; [2]) Frankfurter Sortenkurse aus Sicht der Bank, die Bezeichnungen Verkauf und Ankauf entsprechen dem Geld und Brief bei anderen Instituten; mitgeteilt von Deutsche VerkehrsBank; [3]) Freiverkehr.

Was die Devisenkurse bewegt

Auf- und Abwertung

Im Devisenhandel gibt es für viele Dinge eine eigene Sprachregelung, so auch für die Wertänderungen bei einer Währung. Steigt der Wechselkurs (in Preisnotierung) an, sodass man für den Kauf der ausländischen Währung mehr einheimische ausgeben muss als zuvor, dann liegt eine *Abwertung* der eigenen Währung vor (die Kurse mengennotierter Währungen sinken dagegen bei einer Abwertung). Im Falle einer *Aufwertung* ist es genau umgekehrt: Nun sind zum Beispiel weniger Euro für einen amerikanischen Dollar erforderlich. Der Euro hat gegenüber dem Dollar aufgewertet. Der Kurs sinkt bei Preisnotierung, er steigt hingegen bei mengennotierten Währungen.

Hier und da spricht man auch von einer starken oder schwachen Währung. Wird eine Währung aufgewertet, so wird sie stärker, andersherum ist sie schwächer geworden, wenn eine Abwertung erfolgt ist.

Am Verlauf des Euro-Dollar-Kurses ist gut sichtbar, was Abwertung bedeutet. Der Preis eines Euro (ausgedrückt in Dollar) ist im Laufe der Zeit immer weiter zurückgegangen. Waren und Dienstleistungen aus Euroland werden für Amerikaner immer günstiger, während es für uns immer unattraktiver wird, Güter sowie Serviceleistungen aus Amerika in Anspruch zu nehmen.

Fundamentale Einflussfaktoren

Auf mittlere und lange Sicht, so die Meinung von Fachleuten, hängt der Kurs einer Währung von gesamtwirtschaftlichen (fundamentalen) Faktoren ab. Dazu zählen in erster Linie die Kaufkraftparität, Preissteigerungsraten (Inflation) und das allgemeine Zinsniveau.

Kaufkraftparität

Beginnen wir mit der Theorie der *Kaufkraftparität*, die auf dem Gesetz vom einheitlichen Preis beruht. Danach muss ein Produkt – gleichgültig, wo

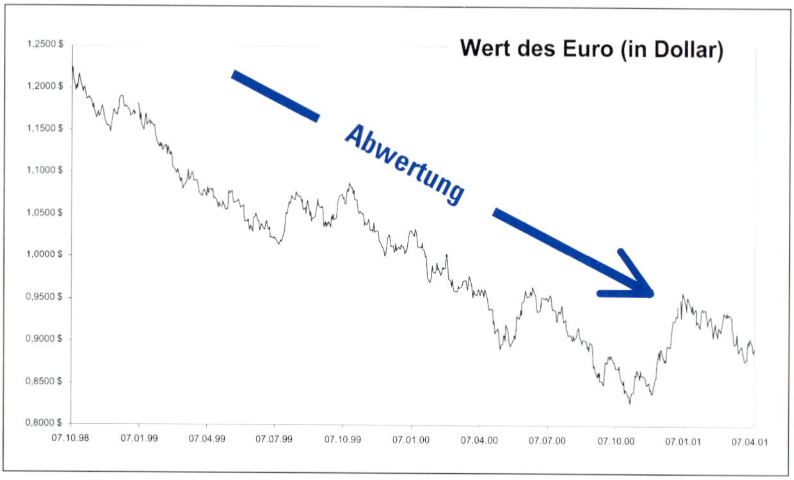

man es kauft – stets den gleichen Preis haben, sonst bestünden Möglichkeiten, Gewinne zu erzielen. Kostet ein Zentner Kartoffeln in Köln 20 €, in Düsseldorf dagegen 30 €, könnten wir in Köln Kartoffeln kaufen und diese in Düsseldorf teurer zum Verkauf anbieten – Gewinn pro Zentner: 10 €. Wahrscheinlich wären wir nicht die einzigen, denen dieses Preisungleichgewicht auffällt. Auch andere werden die Profitmöglichkeit vermutlich entdecken. Nach dem Gesetz von Angebot und Nachfrage steigen die Preise in Köln, während sie in Düsseldorf zurückgehen. Dieser Mechanismus hält so lange an, bis das Preisniveau in beiden Städten in etwa gleich ist und sich die Geschäfte nicht mehr rentieren.

Die gleiche Überlegung können wir auch für internationale Märkte anstellen. Wenn man mit Euro hierzulande weniger Kartoffeln bekommt als in den USA (nachdem man den Euro auf dem Devisenmarkt in Dollar getauscht hat und die Transportkosten eingerechnet hat), dann kauft man besser in den USA. Die Nachfrage nach Kartoffeln aus Amerika nimmt zu und damit gleichzeitig auch die Nachfrage nach Devisen, denn die Bezahlung erfolgt ja in der fremden Währung. Der Dollarkurs steigt so lange, bis »Kaufkraftgleichheit« (Kaufkraftparität) herrscht, also mit einem bestimmten Eurobetrag hierzulande dieselbe Menge an Kartoffeln – oder allgemeiner: an Gütern – gekauft werden kann wie in Amerika.

Natürlich kann es auch umgekehrt sein: Mit Euro sind in Deutschland mehr Güter erhältlich, als wenn man den Betrag in Dollar tauscht und in den USA kauft. In solchen Fällen ist es für Amerikaner vorteilhafter, bei uns zu kaufen. Da sie dafür Euro benötigen, steigt die Nachfrage und damit der Kurs. Das passiert wieder so lange, bis keine Kaufkraftunterschiede mehr vorhanden sind.

Fairer Wert

Diese Erkenntnisse kann man sich nun zunutze machen, um den eigentlichen Wert einer Währung (*fairer Wert*) herauszufinden. Die Analysten in den Banken betrachten einfach, was ein bestimmter Korb an Gütern und Waren hierzulande in Euro kostet. Dann rechnen sie den Eurobetrag zum aktuellen Devisenkurs in Dollar (oder eine andere Währung) um und schauen, ob man mit dieser Summe in Amerika den gleichen Warenkorb kaufen kann. Ist das der Fall, herrscht Kaufkraftparität und der Euro ist gegenüber dem Dollar richtig bewertet. Man sagt auch, der reale Wert beider Währungen ist gleich. Sind dagegen in den USA mehr (weniger) Güter erhältlich als hier, gilt der Dollar als unterbewertet (überbewertet).

Im Internet bei der Bank HSBC Trinkaus & Burkhardt haben wir einmal die Ergebnisse einer solchen Analyse abgerufen (siehe Abbildung). Zum Zeitpunkt der Untersuchung (17.01.2001) hatte der Euro einen Kurs von 0,9350 $. Sein Wert hätte den Analysten zufolge zwischen 1,1253 und 1,2437 Dollar liegen müssen, damit Kaufkraftparität eintritt. Aus diesem Grund haben sie den Euro (im Vergleich zum Dollar) als unterbewertet eingestuft. Gegenüber dem Australischen Dollar ist der Euro hingegen richtig (fair) bewertet, während er beispielsweise in Relation zum Schweizer Franken als zu teuer angesehen wird.

Beispiele für Über- bzw. Unterbewertungen

Kaufkraftparitäten Stand 17.01.2001

Währungsgspaar	Mitte	O. Grenze	U. Grenze	Bewertung
EUR/USD	1,1845	1,2437	1,1253	unterbewertet
EUR/GBP	0,7778	0,8167	0,7389	unterbewertet
EUR/JPY	118,24	124,15	112,33	unterbewertet
EUR/CAD	1,5499	1,6274	1,4724	unterbewertet
EUR/AUD	1,6678	1,7512	1,5844	fair
EUR/NZD	2,0041	2,1043	1,9038	überbewertet
EUR/CHF	1,4473	1,5197	1,3749	überbewertet

www.trinkaus.de

Die Argumentation auf Grundlage von Kaufkraftparitäten klingt zwar einleuchtend, ist aber nicht unproblematisch. Denn erstens gibt es außer der Kaufkraftparität noch andere Einflussfaktoren und zweitens ist ein Gütervergleich und vor allem der -austausch zwischen zwei Ländern in der Praxis nicht ganz so einfach, wie es den Anschein haben könnte. Es gibt viele Güter, die in Amerika entweder gar nicht oder in anderer Qualität vorkommen als hier (nehmen wir zum Beispiel Bier). Daher ist ein direkter Vergleich manchmal schwierig oder sogar unmöglich. Doch selbst wenn die Waren und vor allem Dienstleistungen vollkommen identisch wären, ließen sie sich aufgrund des nicht unerheblichen Aufwands (Transport usw.) nicht ohne weiteres von dort nach hier verfrachten. Wer würde schon seine Hemden zum Reinigen nach Amerika befördern, auch wenn die Preise dort erheblich niedriger wären als hier. Solche Dinge spielen natürlich eine ganz entscheidende Rolle bei der Frage, ob es für Konsumenten und Produzenten sinnvoller ist, Waren und Serviceleistungen hier oder im Ausland nachzufragen. Die Kaufkraftparitätentheorie liefert sicherlich gute Anhaltspunkte, sie sollte aber keineswegs das alleinige Bewertungskriterium sein. Das sieht man auch an den Ergebnissen von HSBC Trinkaus & Burkhardt (siehe Abbildung oben). Wäre allein die Kaufkraftparität maßgebend, dann müsste der Euro im Wert stark steigen. Bei Redaktionsschluss für dieses Buch deutet sich das

Inflation

bereits an. Allerdings sind noch andere Faktoren mitentscheidend für die Bewertung einer Währung.

In eine ähnliche Richtung zielt auch der Ansatz, Devisenkurse durch Inflationsraten zu erklären. Steigen die Preise in den USA zum Beispiel stärker als in Euroland, etwa weil die amerikanische Zentralbank die Geldmenge erhöht hat, so werden unsere Güter und Dienstleistungen für Ausländer attraktiver. Amerikaner können Dollar in Euro tauschen und hier – praktisch für dasselbe Geld – mehr Waren und Dienstleistungen bekommen als im eigenen Land. Auf den Devisenmärkten steigt darum die Nachfrage nach Euro und damit sein Kurs.

Aus demselben Grund hat auch die D-Mark in den zurückliegenden Jahrzehnten gegenüber dem amerikanischen Dollar an Wert gewonnen. In Deutschland lag die Inflation von 1970 bis 1995 im Schnitt lediglich bei ungefähr 3,7 % pro Jahr. Fast zwei Prozentpunkte mehr (5,6 %) betrug hingegen die mittlere Preissteigerungsrate in den USA.

Liegt die Inflation dagegen hier höher als zum Beispiel in Amerika, haben amerikanische Waren einen Preisvorteil. Viele werden versuchen, dies auszunutzen und Güter und Dienstleistungen und damit natürlich auch Devisen nachfragen. Der US-Dollar wird aufgewertet.

Eine alleinige Richtschnur für den fairen Wechselkurs sind Inflationsraten nicht. Sie liefern Anhaltspunkte, sollten jedoch stets im Zusammenhang mit den anderen Einflussfaktoren gesehen werden.

Zinsen

Kommen wir nun zu den Zinsen. Auch sie üben Einfluss auf die Kurse aus. Betrachten wir zur Verdeutlichung ein Beispiel: Angenommen, zwei Fondsmanager – ein deutscher und ein amerikanischer – spielen mit dem Gedanken, entweder deutsche oder amerikanische Staatsanleihen zu kaufen. Sie werden das Kapital dort platzieren, wo die höchsten Erträge zu erwarten sind. Liegen die Zinsen in den USA besonders hoch, ist es aus Ertragssicht auch für die deutsche Gesellschaft attraktiv, dort zu investieren. Um die US-Papiere jedoch kaufen zu können, sind amerikanische Dollar erforderlich, die zuvor am Devisenmarkt – gegen Hergabe von Euro – eingekauft werden müssen. Denken und handeln viele private und institutionelle Anleger ähnlich, dann steigt die Nachfrage nach Dollar und mit ihr der Kurs. Die amerikanische Währung erfährt eine Aufwertung.

Umgekehrt ist die Situation, wenn die Zinsen im Ausland verhältnismäßig niedrig liegen. Nun hält die deutschen Anleger das eigene hohe Zinsniveau davon ab, für ihr Kapital ausländische Anleihen zu kaufen. Im Gegenteil: Die Ertragsaussichten ziehen sogar Investoren aus anderen Ländern an und sorgen für entsprechende Nachfrage beim Euro. Er wird aufgewertet.

Auch jetzt sollte man wieder daran denken, dass eine einzelne Einflussgröße wie die Zinssituation kein alleiniger Bewertungsmaßstab sein darf. Angebot und Nachfrage auf den Devisenmärkten hängen noch von vielen anderen Faktoren ab.

Fundamentale Verfahren sind im mittel- und langfristigen Bereich (sechs Monate bis mehrere Jahre) angesehene Analysemethoden. Mit ihrer Hilfe kann man die Kurse zwar in den meisten Fällen nicht voraussagen, denn dafür müsste man zunächst einmal wissen, wie sich die Zinsen oder Inflationsraten in Zukunft entwickeln. Aber man kennt zumindest im Nachhinein die Gründe, warum sich die Wechselkurse in eine bestimmte Richtung entwickelt haben. In der Praxis wird dies dann rückblickend häufig als Erklärung (oder Rechtfertigung) für bestimmte Handelsentscheidungen herangezogen.

Die Vertrautheit mit fundamentalen Zusammenhängen ist auch aus einem anderen Grund wichtig: Die Ereignisse im Wirtschaftsleben (z.B. die Zinssenkung der Zentralbank) sind nicht selten unmittelbare Auslöser für einen Devisenkursanstieg oder -rückgang, vor allem dann, wenn sich die fundamentalen Faktoren nicht so verändern, wie es die Analysten prophezeit haben. Deshalb sollte man wissen, welcher Mechanismus zwischen Devisenkurs und den Einflussfaktoren herrscht.

Die kurzfristigen Schwankungen

Es ist im Allgemeinen schwierig, Preise vorherzusagen, die sich frei nach Angebot und Nachfrage bewegen. Dies gilt in ganz besonderem Maße für Wechselkurse, denn Devisenmärkte zählen zu den Märkten mit außerordentlich hoher *Informationseffizienz*. Sämtliche (neuen) Informationen, die Einfluss auf das Angebots- und Nachfrageverhalten der Menschen haben, gelangen ohne Verzögerung an die Öffentlichkeit, und zwar in einer Weise, die keinen benachteiligt. Sobald eine Information entsteht, speist man sie in die entsprechenden Datenversorgungssysteme – am bekanntesten ist wohl *Reuters* – und ins Internet ein. Praktisch zeitgleich wissen sämtliche Devisenhändler in der Welt, wenn die Europäische Zentralbank ihre Zinsen anhebt oder absenkt oder wenn Politiker wichtige Entscheidungen treffen. Keinem Händler wird es gelingen, früher davon zu erfahren als die anderen. Und deshalb besitzt auch niemand Informationsvorsprünge, die er gewinnbringend nutzen könnte. Aus diesem Grunde nennt man einen solchen Markt informationseffizient. Wenn man so will, sind sämtliche verfügbaren Informationen im aktuellen Devisenkurs enthalten.

Informations-
effizienz

Niemand weiß also, wann eine neue Information auf den Markt kommt und wie sich diese auf den Kurs auswirkt. Daher überrascht es auch nicht, dass die kurzfristigen Kursbewegungen aussehen, als wären sie zufällig entstanden. Als Beispiel haben wir die Tagesschwankungen des Australischen Dollars (AUD) abgebildet (siehe nächste Seite). Derartige Tagescharts kann man im Internet abrufen (www.mis.dresdner-bank.de).

Da man Zufälle nicht vorhersehen kann, ist es eigentlich unmöglich, Devisenkurse zu prognostizieren.

Informationsvorsprünge

Einige Händler, insbesondere solche in großen Banken, haben häufig Informationsvorsprünge ganz besonderer Art. Sie kennen die Orderströme einiger institutioneller Anleger – etwa von Investmentfonds – und bekommen Informationen über Großaufträge und Stimmungsumschwünge unmittelbar – praktisch aus erster Hand – mit. Sie können deswegen in aller Regel schneller und besser erkennen, in welche Richtung sich der Markt gerade bewegt. Devisenhändlern, die lediglich mit anderen Händlern Kontakt haben, fehlen dagegen derartige Primärinformationen (z. B. Währungsumschichtungen), die direkt von Seiten professioneller Anleger (Fonds, Versicherungen usw.) kommen.

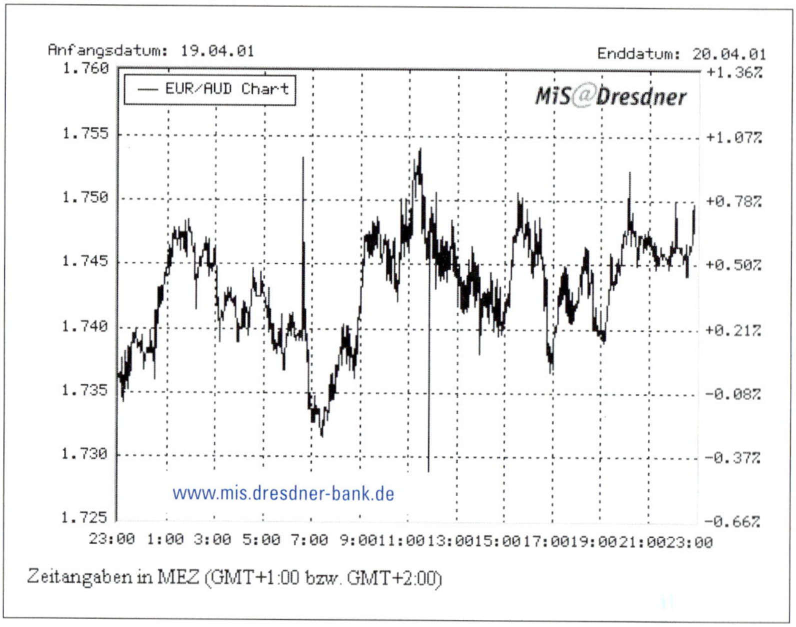

Obwohl sich schon viele Wissenschaftler mit dieser Frage beschäftigt haben, konnte noch keiner mit letzter Sicherheit sagen, ob Kursvorhersagen wirklich unmöglich sind. Vieles deutet zwar darauf hin, dass die Schwankungen tatsächlich Zufällen folgen. Dennoch gibt es auch Anzeichen dafür, dass einige Händler – vermutlich aufgrund ihrer langen Erfahrung oder hervorragenden Menschenkenntnis – die Reaktionen der anderen (bei neu auftretenden Informationen) besonders treffsicher vorhersagen können. Doch ein endgültiger Beweis wird zumindest vorerst wohl nicht gelingen.

In den Banken gehören Kursvoraussagen zum Alltag. Es gilt als einigermaßen sicher, dass die Wechselkurse mittel- und langfristig den gesamtwirtschaftlichen Einflussgrößen – mit anderen Worten: der volkswirtschaftlichen Logik – folgen. Deshalb schenken die Analysten in den Banken diesen Faktoren hohe Aufmerksamkeit. Auf kurze Sicht sind die Kurse hingegen kaum kontrollierbar. Sie sind zufallsbedingt und hängen stark vom Verhalten der Marktteilnehmer bei aufkommenden neuen Informationen ab. Bewährt haben sich für solche Situationen Technische Analyseverfahren, vor allem Methoden der *Chartanalyse*. Zwar lässt sich an einer Grafik auch nur ablesen, welchen Verlauf die Kurse in der Vergangenheit genommen haben. Aber man hat herausgefunden, dass es bestimmte Muster (Formationen) gibt, die wiederholt vorkommen und anscheinend etwas mit den handelnden Personen und deren Verhaltensweisen zu tun haben. Geübte Chartleser können zumindest in der Mehrzahl der Fälle an den Kursbildern erkennen, in welcher Stimmung der Markt gerade ist und in welche Richtung er tendieren könnte. Daher sind Charts als Analyseinstrumente im Devisenhandel außerordentlich stark vertreten. Es gibt kaum einen Händler, der sich nicht danach richtet.

Chartanalyse

Anleihen

hen +++ Anleihen +++ **Anleihen** +++ Anleihen +++ **Anleihen** +++ Anleihen +++ **Anleihen** +++ Anleihen +++ **Anleihen** +++

Von Bonds und Bunds

»Paul? Hier ist Cash. Es geht los. Wir machen es.« Ich erkannte den breiten New Yorker Akzent von Cash Callaghan, dem Topverkäufer bei Bloomfield Weiss, der großen amerikanischen Investmentbank. »Was geht los? Was macht ihr?« fragte ich. »Wir bringen die neue Schwedische in zehn Minuten. Wollen Sie die Konditionen?« Der dringliche Tonfall seiner Stimme weckte meine Aufmerksamkeit. »Ja, bitte.« »Okay. Fünfhundert Millionen Dollar mit einem Coupon von 9,25 Prozent. Laufzeit zehn Jahre. Wird zu 99 angeboten. Rendite 9,41 Prozent. Alles klar?« »Alles klar.« Die Schweden nahmen fünfhundert Millionen Dollar über eine Eurobond-Emission auf. Sie benutzten Bloomfield Weiss als Emissionsbank. Deren Aufgabe war es, die Staatsanleihe an Investoren in der ganzen Welt zu verkaufen. Meine Aufgabe war es zu entscheiden, ob wir kaufen sollten. »9,41 sind doch eine gute Rendite«, fuhr Cash fort. »Die Sache wird hochgehen wie eine Rakete, verstehen Sie mich? Soll ich für Sie zehn Millionen vormerken?« Wenn Cash etwas zu verkaufen hatte, war er sowieso immer Feuer und Flamme. Wenn es jedoch um eine Schuldverschreibung von fünfhundert Millionen ging, kannte sein Enthusiasmus keine Grenzen. Was er da sagte, war aber wirklich nicht uninteressant.

... Ich spürte, wie mir die Kehle eng wurde, als ich langsam und mit Bedacht sagte: »Ich nehme hundert.« Das verschlug sogar Cash die Sprache. Das einzige, was ich vernehmen konnte, war ein geflüstertes »Wow!« Dann forderte er mich auf, ein paar Sekunden dranzubleiben. »Hundert zu 99 können wir nicht machen. Wir können Euch fünfzig zu 99 verkaufen, die zweiten fünfzig müssen wir zu 99,20 abgeben.« Da hatten sie sich aber geschnitten! »Hören Sie. Sie wissen genauso gut wie ich, dass die Leute diese Offerte nicht gerade lieben. Ich mag sie nun zufällig, aber nur zu einem Preis von 99. Entweder hundert zu 99 oder gar nichts.« Pause. »Na, okay, Sie sind drin. Wir verkaufen Ihnen hundert Millionen Dollar von der neuen Schwedischen zum Preis von 99.« Meine Hand zitterte, als ich den Hörer auflegte. Das war bei Weitem der größte Deal, den ich in meinem bisherigen Leben abgeschlossen hatte, und ich quälte mich mit Gedanken an die schrecklichen Folgen, die das Geschäft haben konnte. Was, wenn wir uns völlig verrannt hatten? Was, wenn wir binnen der nächsten paar Minuten Hunderttausende von Dollar verloren? Wie würden wir das den Anlegern erklären, die uns ihr Geld anvertraut hatten.*

Zugegeben: Der Auszug aus dem Roman »Der Spekulant« von Michael Ridpath rückt das Geschäft mit Anleihen in ein abenteuerliches Licht. Herzklopfen und Schweißausbrüche beim Abschluss von Megadeals sind sicherlich die Ausnahme. Aber das »Bondmanagement« hat sich in den letzten Jahren bereits stark verändert: Unternehmensanleihen – Corporate Bonds – haben an Bedeutung gewonnen, quantitative Methoden und ausgefeilte EDV-Programme sind heute ein »must« für die Manager von Rentenportfolios, die Ratingagenturen sorgen schnell und umfassend für Markttransparenz usw. Zukünftig werden die Produktentwickler der Banken, dem Trend zur Verbriefung folgend, viele neue Anleiheformen kreieren.

Zunächst muss man aber die Grundlagen des Geschäfts kennen lernen. Deswegen werden umfassend die wichtigsten Anleiheformen auf dem deutschen und dem amerikanischen Markt erläutert. Ausführlich werden die Bewertung von Straight- und Zerobonds, die Renditebestimmung sowie die verschiedenen Risikoarten erklärt. Zudem gibt es ergänzend eine Analyse »exotischer« Produkte wie Aktienanleihen, Zertifikate und Genussscheine.

---

* Auszug aus: Ridpath, Michael, Der Spekulant, Hoffmann & Campe

Begriff und Klassifizierung

Wer sich per Aktienkauf an einem Unternehmen beteiligt, bekommt Erfolg und Misserfolg unmittelbar zu spüren. Vom Wohlergehen eines Unternehmens weitaus weniger abhängig machen sich demgegenüber Sparer, die ihr Geld nur leihweise zur Verfügung stellen. Auch Kleinanleger können ihr Geld oft zu Recht attraktiven Konditionen verleihen, ohne dass sie sich dessen vielleicht bewusst sind. Denn der Staat, Landesregierungen, Banken und Sparkassen, aber auch Industrieunternehmen wenden sich regelmäßig an breite Bevölkerungsschichten, wenn sie Kapital benötigen. Weil der Bund und die Länder keine Aktiengesellschaften sind, und auch Unternehmen nicht permanent neue Aktien ausgeben können, müssen die genannten Institutionen recht häufig auf Kredite zurückgreifen, um sich Geld zu beschaffen. Und da oftmals mehrere Millionen Euro auf einen Schlag benötigt werden, nimmt man die Kredite bei vielen tausend Anlegern – und zwar sowohl privaten als auch institutionellen – gleichzeitig auf.

Leider kann man aber nicht mit jedem Interessierten einen Kreditvertrag aushandeln, sodass – einfach dargestellt – Folgendes geschieht: Die Kreditnehmer teilen die riesigen Summen in kleine Beträge und notieren diese auf speziellen Wertpapierurkunden. Auf jeder einzelnen steht dann beispielsweise ein Betrag von 100 oder 1.000 Euro – das ist der so genannte *Nennwert* oder *Nominalbetrag* der Urkunden. Daneben versprechen die Kreditnehmer schriftlich, die vermerkte Summe, also den Nennwert, an einem bestimmten Tag in der Zukunft zurückzuzahlen und regelmäßig Zinsen an die Besitzer der Papiere zu überweisen. Die hier beschriebenen Dokumente heißen im Allgemeinen *Schuldverschreibungen* und die aus der Stückelung des Kreditbetrages resultierenden Urkunden *Teilschuldverschreibungen*.

Nennwert/Nominalbetrag

Schuldverschreibungen/Teilschuldverschreibungen

Emissionsprospekt liefert wichtige Informationen

Wer sich ein genaues Bild über die Ausstattung einer Anleihe machen möchte, muss natürlich wissen, wo er die entsprechenden Informationen finden kann. Die zuverlässigste Quelle sind die Anleihebedingungen, die in Form eines Emissionsprospektes veröffentlicht werden.

Vom Gesetzgeber ist grundsätzlich jeder Herausgeber von Wertpapieren dazu verpflichtet, einen Emissionsprospekt zu erstellen. Letzterer enthält eine akribisch angefertigte Auflistung sämtlicher Ausstattungselemente. Hier muss jedes Detail – von der Laufzeit bis hin zu Sonderrechten – zu finden und – das ist besonders wichtig – sachlich dargestellt sein. Anders als in vielen Verkaufsunterlagen und Werbeprospekten werden zum Beispiel Risiken nicht beschönigt oder womöglich gar nicht aufgeführt oder – was bei Beratungsgesprächen manchmal vorkommt – versehentlich vergessen. Im Prinzip ist der Emissionsprospekt für den Anleger die sicherste Informationsbasis, auch wenn die Lektüre bisweilen anmutet wie ein Gesetzestext. Hier ist zum Beispiel haargenau beschrieben, wie die Zinszahlungen in Zukunft be-

Ausstattungsmerkmale einer Bundesanleihe

II. Anleihebedingungen

§ 1
Form und Nennbetrag

(1) Die Anleihe der Bundesrepublik Deutschland („Anleiheschuldnerin"), deren Gesamtnennbetrag in Deutsche Mark nach Abschluß der Ausschreibung (Tender) festgelegt wird, ist während der gesamten Laufzeit als Sammelschuldbuchforderung der Deutscher Kassenverein Aktiengesellschaft, Frankfurt am Main, („Kassenverein") im Bundesschuldbuch eingetragen, das bei der Bundesschuldenverwaltung, Bad Homburg v. d. Höhe, geführt wird.

(2) Die Anleihe kann in Nennbeträgen von DM 1.000,– oder einem ganzen Vielfachen davon in der Form von Miteigentumsanteilen an der Sammelschuldbuchforderung übertragen werden. Die Eintragung von Teilbeträgen aus der Sammelschuldbuchforderung in das Bundesschuldbuch auf den Namen eines bestimmten Gläubigers („Einzelschuldbuchforderung") ist möglich. Die Ausgabe von effektiven Stücken ist für die gesamte Laufzeit ausgeschlossen.

(3) Die Anleiheschuldnerin kann den Gesamtnennbetrag der Anleihe während der Laufzeit ohne Zustimmung der Anleihegläubiger erhöhen.

§ 2
Zinsen

(1) Die Anleihe wird vom 20. September 1994 an verzinst. Die Verzinsung der Anleihe endet mit dem Ablauf des Tages, der dem Tag der Fälligkeit vorausgeht. Dies gilt auch dann, wenn die Leistung nach § 193 BGB bewirkt wird.

(2) Die Zinsen auf die Anleihe sind vierteljährlich nachträglich am 20. März, 20. Juni, 20. September und 20. Dezember eines jeden Jahres (jeder dieser Termine nachstehend „Zinstermin" genannt) fällig. Fällt ein Zinstermin auf einen Tag, der kein Geschäftstag in Frankfurt am Main ist, so werden die Zinsen an dem auf diesen Tag folgenden Geschäftstag in Frankfurt am Main gezahlt. Erster Zinstermin ist der 20. Dezember 1994. Der Zeitraum, der am 20. September 1994 (einschließlich) beginnt und am 20. Dezember 1994 (ausschließlich) endet, und jeder folgende Zeitraum, der an einem Zinstermin (einschließlich) beginnt und am nächstfolgenden Zinstermin (ausschließlich) endet, wird in diesen Anleihebedingungen „Zinsperiode" genannt. „Geschäftstag in Frankfurt am Main" ist ein Tag, an dem Banken in Frankfurt am Main für den Geschäftsverkehr geöffnet sind.

(3) Der jeweils für die Anleihe geltende Zinssatz wird von der Bundesschuldenverwaltung auf der Grundlage der von der Deutschen Bundesbank ermittelten Daten unter Anwendung folgender Bestimmungen festgestellt:

(a) Am zweiten Geschäftstag in Frankfurt am Main vor dem Beginn einer Zinsperiode („Zinsfestlegungstag") wird der Angebotssatz für Einlagen in Deutsche Mark für einen der Zinsperiode entsprechenden Zeitraum ermittelt (3-Monats-FIBOR), der an diesem und für diesen Tag von der Telerate/VWD GmbH, Frankfurt am Main, auf der Telerate-Bildschirm-Seite 22 000 genannt wird. Der Zinssatz für die Zinsperioden entspricht dem ermittelten Angebotssatz abzüglich 0,25 Prozent per annum.

(b) Falls am und für den Zinsfestlegungstag die Telerate/VWD GmbH keinen 3-Monats-FIBOR nennt, werden die FIBOR-Referenzbanken von der Deutschen Bundesbank aufgefordert, ihre Angebotssätze für Einlagen in Deutsche Mark für einen der Zinsperiode entsprechenden Zeitraum zu nennen. Der Zinssatz für die betreffende Zinsperiode entspricht dem jährlichen Zinssatz, der sich aus dem arithmetischen Mittel der Angebotssätze, abzüglich des in Buchst. (a) genannten Abschlags per annum, ergibt.

(4) Die Bundesschuldenverwaltung macht den Zinssatz und den Zinstermin unverzüglich gemäß § 5 bekannt.

Bei der Zinsberechnung werden die tatsächliche Anzahl der Tage der jeweiligen Zinsperiode und das Jahr mit 360 Tagen zugrunde gelegt.

§ 3
Rückzahlung

Die Anleiheschuldnerin zahlt die Anleihe am 20. September 2004 zum Nennwert zurück. Vorzeitige Kündigung ist ausgeschlossen.

§ 4
Zahlungen

Sämtliche Zahlungen werden durch die Bundesschuldenverwaltung geleistet.

Mit der Gutschrift auf den Konten der Hinterleger oder, im Falle von Einzelschuldbuchforderungen, der Überweisung auf die von den betreffenden Anleihegläubigern benannten Konten, sind die Ansprüche der Anleihegläubiger erfüllt.

§ 5
Bekanntmachungen

Bekanntmachungen, welche die Anleihe betreffen, werden im Bundesanzeiger veröffentlicht.

§ 6
Verschiedenes

(1) Erfüllungsort und Gerichtsstand ist Bad Homburg v. d. Höhe.

(2) Sollte eine Bestimmung dieser Anleihebedingungen ganz oder teilweise unwirksam sein oder werden, so bleiben die übrigen Bestimmungen wirksam. Anstelle der unwirksamen Bestimmung gilt eine wirksame Regelung, die den wirtschaftlichen Zwecken der unwirksamen Bestimmung soweit wie rechtlich möglich Rechnung trägt.

Im September 1994

HB Jan. 98

rechnet werden. Offene Fragen und Interpretationsspielräume entstehen so erst gar nicht (siehe Abbildung oben).

Emissions-/Anleihebedingungen

Die jeweiligen Ausstattungsmerkmale eines Schuldtitels legt der Kreditnehmer, auch Emittent genannt, in den *Emissionsbedingungen* fest. Diese regeln die Beziehungen zwischen ihm, dem Schuldner, und den Kreditgebern, also den Inhabern der Papiere. Folgende Abbildung zeigt eine Übersicht über alle diejenigen Merkmale, die ein Emittent bei der Ausstattung einer Schuldverschreibung miteinander kombinieren kann. Zunächst möchten wir die formalen Ausstattungsmerkmale kurz skizzieren, um uns dann ausführlich mit den wichtigsten Elementen, nämlich Verzinsung und Tilgung, zu befassen.

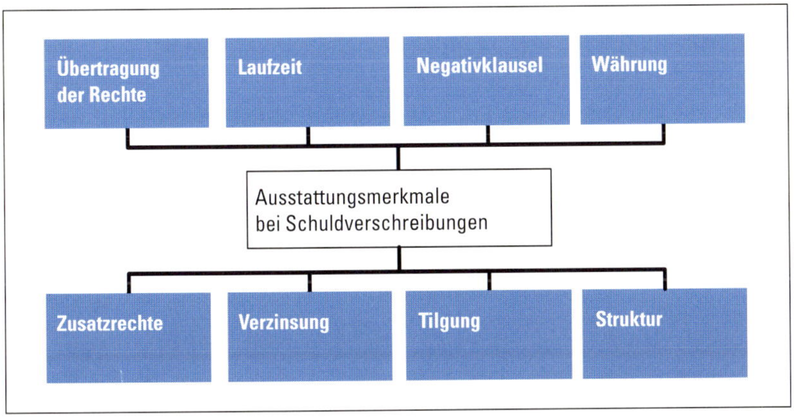

Der Aussteller einer Schuldverschreibung kann sich in den Emissionsbedingungen zunächst vorbehalten, Zins- und Tilgungszahlungen nur an die in den Urkunden benannten Personen zu leisten. Die Ansprüche solcher Schuldverschreibungen, man spricht hier auch von *Namensschuldverschreibungen*, sind nicht ohne weiteres auf Dritte übertragbar. Um aber den reibungslosen Handel mit Schuldverschreibungen zu ermöglichen, statten Emittenten die Schuldtitel normalerweise so aus, dass allein der Besitz der Urkunden genügt, um die verbrieften Rechte auszuüben. Im Klartext: Man gibt *Inhaberschuldverschreibungen* aus, bei denen jeder, der die Papiere in Händen hält, Anspruch auf Zins- und Tilgungszahlungen hat.

Namensschuldverschreibungen

Inhaberschuldverschreibungen

Blankoindossament, Blankozession

Namensschuldverschreibungen sind Inhaberschuldverschreibungen hinsichtlich der Handelbarkeit an der Börse sehr ähnlich, wenn die in den Urkunden genannten Personen alle Ansprüche per *Blankoindossament* oder *Blankozession* auf dritte, namentlich noch nicht bestimmte Personen übertragen (Indossament) bzw. an diese abtreten (Zession).

Die Laufzeit einer Schuldverschreibung beschreibt den Zeitraum zwischen dem Tag der Emission und der vollständigen Rückzahlung des Nennwertes. Man unterscheidet

- kurzfristige Schuldverschreibungen mit Laufzeiten unter zwei Jahren sowie
- mittel- und langfristige Schuldverschreibungen mit Laufzeiten von zwei bis im Regelfall etwa dreißig Jahren.

Anleihen, Obligationen, Renten

Gegenstand der folgenden Ausführungen sind ausschließlich mittel- und langfristige Schuldverschreibungen. Für diese werden im Weiteren einheitlich die Begriffe »Anleihen«, »Obligationen« oder »Renten« verwendet.

Laufzeit und Restlaufzeit

Beim Handel mit Anleihen ist es von großer Bedeutung, zwischen Laufzeit und Restlaufzeit zu unterscheiden. Die Laufzeit beschreibt den Zeitpunkt zwischen dem Emissionstag und dem Fälligkeitszeitpunkt. Die Laufzeit verkürzt sich mit jedem Tag, der seit der Auflegung der Anleihe verstrichen ist. Nach dem Auflegungstag spricht man nur noch von der Restlaufzeit. Beispiel: Eine Anleihe, die gestern mit einer Laufzeit von 10 Jahren emittiert wurde, hat heute noch eine Restlaufzeit von 9 Jahren und 364 Tagen. Nach Ablauf eines ganzen Jahres beträgt die Restlaufzeit nur noch 9 Jahre, nach Ablauf von zwei weiteren Jahren noch 8 Jahre usw.

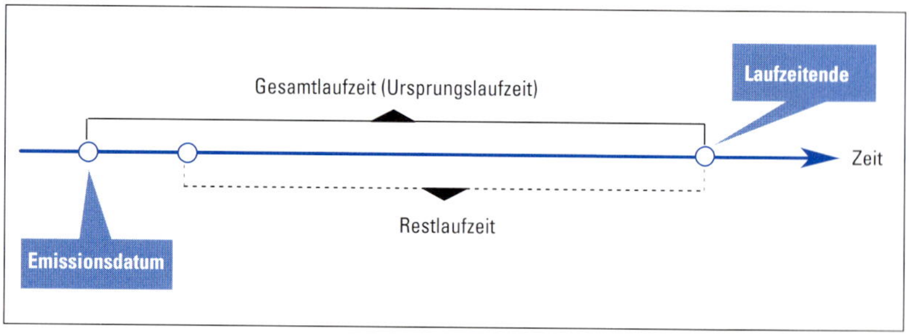

Die Laufzeit wirkt sich insbesondere auf die Verzinsung aus: Im Vergleich zu kurzfristigen Schuldverschreibungen weisen Anleihen – bedingt durch die längeren Laufzeiten – höhere Risiken auf und werden deswegen üblicherweise höher verzinst.

Ewige Anleihe

Hinsichtlich der Laufzeit stellen *ewige Anleihen* den Extremfall dar. Bei einem derartigen Papier legt der Emittent keinen Rückzahlungszeitpunkt fest. Die Laufzeit einer ewigen Anleihe endet nur unter ganz bestimmten Bedingungen, wie beispielsweise der Auflösung oder Liquidation der emittierenden Unternehmung. In der HANDELSBLATT-Tabelle ANLEIHEN AUSLÄNDISCHER SCHULDNER notiert eine ewige Anleihe der Air Canada. Das Kürzel »endl.« in der Spalte »Laufzeit« steht für »endlos« und gibt dem Leser einen Hinweis auf die grundsätzlich endlose Laufzeit der Anleihe.

Beispiel

Im Frühjahr 1987 emittierte die Air Canada eine Anleihe mit einem Gesamtnennbetrag in Höhe von 200 Millionen D-Mark. Angaben zum Zeitpunkt der Fälligkeit bzw. zu den Tilgungsmodalitäten sind in den Anleihebedingungen zu finden. Daraus ein Ausschnitt auf der nächsten Seite.

… § 3 Fälligkeit

(1) Am dritten Banktag … nach dem früheren der unten genannten Termine wird die Anleiheschuldnerin den Nennbetrag der Teilschuldverschreibungen, gegebenenfalls zuzüglich Stückzinsen, zurückzahlen und die Teilschuldverschreibungen werden ohne weiteres und ohne Notwendigkeit einer vorherigen Zahlungsaufforderung fällig

a) *an dem Tag der Wirksamkeit einer vom kanadischen Parlament verfügten Auflösung, Liquidation oder Abwicklung der Anleiheschuldnerin … oder*

ANLEIHEN AUSLÄNDISCHER SCHULDNER (F)

Zins		Zinst.	29.3.01	28.3.01	Rendite	Ratings	
A							
5,625	Abbey Nat. Tr. S. 96/02	30.09.	101,45 G	101,45 b	4,562	AA	Aa2
(FRN)	ABN Amro Bk. 90/05	22.M/S	99,35 B	99,35 B			Aa3
(FRN)	ABN Amro Bk. 95/05	03.M/N	100,20 -T	100,20 -T		AA	Aa2
2,5	Aegon 98/03	24.02.	97,25 b	97,00 b	4,026		Aa3
6,375	Af. Entw. Bk. 95/02	31.10.	102,65 G	102,60 G	4,562	AA+	Aaa
(FRN)	Air Canada 87 endl.	11.03.	59,90 bG	59,95 bB			
7,125	Air Canada 96/01	23.05.	100,00 G	100,05 b	6,716		B1
6,625	Air Canada 98/05	14.01.	100,00 b	100,00 -T	6,603	BB-	B1
6	Allianz Int.F.96/03	14.05.	103,00 G	103,00 b	4,474		
5,75	Allianz Int.F.97/07	30.07.	104,60 b	104,50 b	4,877	AAA	
5	Allianz Fin. 98/08	25.03.	100,50 G	100,65 b	4,913		
(FRN)	Allianz Fin.(DAX)01/04	20.02.	5960,00 -G	6000,00 T			
12,625	Arg.Rep.Bonds 96/02	01.09.	98,20 G	98,20 G	14,337		
5,87	Argentinien 93/23*	31.M/N	68,00 B	68,00 B	9,527	B+	B2

Zins		Zinst.	29.3.01	28.3.01	Rendite	Ratings	
6,125	Dt.Ausglbk.Eu.95/03	19.12.	104,00 G	103,95 G	4,510	AAA	Aaa
6	Dt.Ausglbk.Eu.94/04	05.01.	103,55 G	103,45 G	4,586	AAA	
5,875	Dt.Ausglbk.Eu.96/04	25.10.	103,85 G	103,75 G	4,660	AAA	Aaa
6,75	Dt.Ausglbk.Eu.95/05	04.07.	107,55 G	107,40 G	4,737	AAA	
5,25	Dt.Ausglbk.Eu.S.19/05	21.10.	102,20 G	102,05 G	4,688	AAA	Aaa
6,5	Dt.Ausglbk.Eu95/05	28.11.	107,25 G	107,15 G	4,716	AAA	Aaa
(FRN)	Dt.Ausglbk.Eu96/06	20.D/J	100,25 G	100,25 G		AAA	
(FRN)	Dt.Ausglbk.Eu96/06	01.F/A	100,00 G	100,00 G		AAA	Aaa
6,125	Dt.Ausglbk.Eu96/06	08.11.	106,30 G	106,20 G	4,803	AAA	Aaa
6	Dt.Ausglbk.Eu97/07	04.07.	106,15 G	106,00 G	4,828	AAA	Aaa
6,875	Dt. Bahn Fin.95/02	19.07.	102,60 b	102,70 G	4,723		
5,75	Dt. Bahn Fin.97/07	10.10.	102,90 G	102,90 G	5,201		
5	Dt. Bahn Fin.98/08	10.06.	98,50 G	98,25 b	5,248		
4,875	DB Fin. 99/09	06.07.	97,10 G	97,40 b	5,309		
6	DB Fin. 00/10	15.06.	105,10 G	105,10 G	5,279	AA	Aa1

b) *gegebenenfalls*

(i) *an dem Datum der Beschlussfassung über die Liquidation der Anleiheschuldnerin durch die Hauptversammlung der Anteilseigner der Anleiheschuldnerin; oder*

(ii) *an dem Datum eines von einem zuständigen Gericht verkündeten rechtskräftigen Urteils, mit dem die Auflösung, Liquidation oder Abwicklung der Anleiheschuldnerin verfügt wird;*

in keinem Fall jedoch werden die Teilschuldverschreibungen gemäß diesem Absatz (1) vor dem 12. März 1992 fällig …

Der Tilgungstermin dieser Anleihe wird folglich erst in der Zukunft bestimmt und ist vom Eintritt besonderer Umstände abhängig.

Negativklausel

In den Emissionsbedingungen einer Anleihe ist gegebenenfalls eine »Negativklausel« zu finden, die oftmals auch als »Negativerklärung« oder »Negativverpflichtung« bezeichnet wird. Mit dieser Klausel verpflichtet sich der Emittent, die Teilschuldverschreibungen der aktuellen Anleiheemission hinsichtlich der Besicherung gegenüber den Teilschuldverschreibungen früherer und zukünftiger Emissionen mindestens gleichzustellen. Für mittel- und langfristige Schuldverschreibungen, die mit einer Negativklausel ausgestattet sind, verwendet man auch den Begriff *erstrangige Anleihen*. Das Beispiel zeigt einen Auszug aus den Emissionsbedingungen eines solchen Papiers.

Beispiel

Im September 1993 emittierte der Wiedereingliederungsfonds des Europarates eine erstrangige Anleihe. In den Anleihebedingungen stand Folgendes:

… § 8 (Status, Negativklausel)

(1) Die Teilschuldverschreibungen stellen unter sich gleichberechtigte, unmittelbare, unbedingte und nicht nachrangige Verbindlichkeiten des Anleiheschuldners dar und haben den gleichen Rang wie alle anderen gegenwärtigen oder zukünftigen nicht nachrangigen Verbindlichkeiten des Anleiheschuldners …

(2) Unbeschadet der Bestimmungen des Absatzes (1) verpflichtet sich der Anleiheschuldner, solange Teilschuldverschreibungen ausstehen, …, zugunsten der Gläubiger anderer Anleihen oder langfristiger Verbindlichkeiten sein gegenwärtiges oder zukünftiges Vermögen oder Teile davon nicht mit Grundpfandrechten, Pfandrechten oder

sonstigen Rechten zu belasten oder zum Zweck der Sicherung zu übertragen, ohne die Gläubiger dieser Anleihe gleichzeitig und im gleichen Rang an einer solchen Sicherheit teilnehmen zu lassen. …

Nachrangige und erstrangige Anleihen

Ein Emittent gibt neben erstrangigen Anleihen, also Anleihen mit Negativklausel, gegebenenfalls auch Anleihen aus, für die keine entsprechende Klausel festgeschrieben ist. Diese tragen auch die Bezeichnung *nachrangige Anleihen*. Als Emittenten derartiger Papiere kommen grundsätzlich nur Unternehmen in Frage. Erstrangige Anleihen heißen auch *Senior-Notes*, nachrangige hingegen *Junior-Notes* oder *Subordinated-Notes*.

Beispiel

Die ewige Anleihe der Air Canada, die bereits weiter oben beschrieben wurde, ist eine nachrangige Anleihe. Dies belegt der folgende Ausschnitt aus den Emissionsbedingungen.

… § 8 Nachrangigkeit; Börsennotierung
(1) Die Zahlung von Zinsen und Kapital auf die Teilschuldverschreibungen und Zinsscheine wird hiermit ausdrücklich … für nachrangig erklärt gegenüber dem Anspruch auf vorherige vollständige Zahlung aller Vorrangigen Verbindlichkeiten der Anleiheschuldnerin. Der Begriff »Vorrangige Verbindlichkeit« bedeutet jede gegenwärtige und künftige Verbindlichkeit, die nicht ausdrücklich den Teilschuldverschreibungen gegenüber nachrangig ist oder mit ihnen im gleichen Rang steht. …

Die Ansprüche der Gläubiger nachrangiger Anleihen werden im Konkursfall oder bei Liquidation des Anleiheemittenten erst dann bedient, wenn sämtliche Forderungen der Inhaber »erstrangiger Anleihen« erfüllt worden sind.

Währungs- und Doppelwährungsanleihen

Währung

Der Nennwert einer in Deutschland emittierten Anleihe lautet gegebenenfalls nicht auf Euro, sondern auf die Währung eines anderen Staates. Ein entsprechend ausgestattetes Papier wird als Währungsanleihe bezeichnet. »Echte« Währungsanleihen sind auf dieselbe Währung ausgestellt, in denen der Emittent auch die Zins- und Tilgungszahlungen vornimmt. Doppelwährungsanleihen dagegen werden entweder in einer Währung

- begeben, die sich von derjenigen Währung unterscheidet, in welcher der Emittent Zins- und Tilgungszahlungen leistet, oder in einer Währung
- getilgt, die sich von derjenigen Währung unterscheidet, in der die Emission der Anleihe sowie die Zinszahlungen erfolgen.

Anleihen können in Zeiten niedriger Marktzinsen häufig nur dann das vorgesehene Emissionsvolumen erreichen, wenn sie zusätzliche Rechte verbriefen. Emittenten gewähren Zusatzrechte allgemein aber auch, um günstige Konditionen für eine Fremdkapitalaufnahme zu erzielen. Als Zusatzrecht kommt beispielsweise eine Beteiligung der Anleihegläubiger an den jährlichen Gewinnausschüttungen der Unternehmung in Frage oder das Recht, unter gewissen Bedingungen Aktien vom Emittenten der Anleihe zu beziehen. Anleiheformen mit Zusatzrechten sind unter anderem Wandel- und Optionsanleihen sowie Gewinnschuldverschreibungen.

Eine Anleihe kann entweder als *Kupon-* oder als *Null-Kupon-Anleihe* begeben werden. Im letzteren Fall nimmt der Emittent keine laufenden Zinsausschüttungen vor. Vielmehr leistet er nur eine einzige Zahlung am Ende der Laufzeit, die sowohl die Zinsen als auch die Tilgung enthält. Null-Kupon-Anleihen werden wegen der fehlenden laufenden Verzinsung als Null-Prozenter oder *Zero-Bonds* bezeichnet. Es existieren zwei Arten von Zero-Bonds, zum einen »herkömmliche« oder »echte« Null-Kupon-Anleihen, zum anderen *Kapitalzuwachsanleihen* (Capital-Growth-Bonds). Echte Zero-Bonds stellen *Abzinsungsanleihen* dar. Der Emittent

Null-Kupon-Anleihen/Zero-Bonds

- bestimmt beispielsweise einen Nennwert von 100 oder 1.000 Euro,
- schlägt dem Nominalbetrag einen gewissen Geldbetrag (Diskont) ab, und
- begibt die Papiere zum diskontierten Nennwert.

Kapitalzuwachsanleihen sind demgegenüber *Aufzinsungsanleihen*. Sie werden

- zu einem »normierten« Kurs, zum Beispiel 100 oder 1.000 Euro, begeben und
- zum Nennwert getilgt, der vor Emission durch einen Aufschlag auf den »normierten« Emissionskurs bestimmt wird.

Zum Zeitpunkt der Fälligkeit ergibt sich der gesamte Zinsertrag sowohl für »echte« als auch für Kapitalzuwachsanleihen als Unterschiedsbetrag zwischen Nennwert und Emissionskurs. Im Folgenden wird jeweils ein Beispiel für einen »echten« Zero-Bond sowie eine Kapitalzuwachsanleihe geschildert.

Echter Zero-Bond

Die DG-Bank begab am 3.7.1992 einen echten Zero-Bond mit einer Laufzeit von acht Jahren und einer Mindeststückelung von 1.000 D-Mark. Den Diskont bestimmte die DG-Bank im Emissionszeitpunkt zu 46,20 % bezogen auf den Nennwert, sodass sich ein Emissionskurs in Höhe von 53,80 % ergab. Am Ende der Laufzeit, am 3.7.2000, zahlte die DG-Bank den Nennwert (100 %) zurück. Unterstellt man, dass ein Anleger am Emissionstag eine Teilschuldverschreibung mit einem Nennwert von 1.000 D-Mark erwarb und diese bis zur Fälligkeit hält, so berechnet sich ein Zinsertrag von insgesamt

$$\overbrace{1.000\ \text{DM}}^{\text{Nennwert}} - \overbrace{538\ \text{DM}}^{\text{Emissionskurs}} = 462\ \text{DM}.$$

Kapitalzuwachsanleihe

Die Republik Österreich emittierte am 23.5.1985 eine Kapitalzuwachsanleihe mit 15-jähriger Laufzeit. Die Teilschuldverschreibungen wurden zu 100 Prozent, das heißt zu einem Betrag von 3.400 D-Mark oder 34.000 D-Mark begeben und am Ende der Laufzeit zu 294,17647 % zurückgezahlt. Ein Anleger, der am Emissionstag eine Teilschuldverschreibung zu einem Kurs von 3.400 D-Mark erwarb und das Papier bis zur Fälligkeit hielt, erzielte im Jahr 2000 einen Zinsertrag in Höhe von insgesamt

$$\frac{3.400 \text{ DM} \times 294{,}17647 \ (\%)}{100 \ (\%)} - 3.400 \text{ DM} = 10.002 \text{ DM} - 3.400 \text{ DM} = 6.602 \text{ DM}.$$

Börsenkurse, die an deutschen Wertpapierbörsen am letzten Börsentag für Null-Kupon-Anleihen festgestellt wurden, zeigt die HANDELSBLATT-Tabelle ZERO-BONDS. Die Titel können Schuldverschreibungen öffentlicher Institutionen (z. B. Anleihen der Bundesländer), Bankschuldverschreibungen, Unternehmensanleihen oder internationale Anleihen sein. Echte Null-Kupon-Anleihen notieren normalerweise in Prozent vom Nennwert. Für sie wird ein Börsenkurs von kleiner 100 abgedruckt. Der Zero-Bond »Österreich 86/16«, der im Kurszettel im April 2001 zu finden ist, stellt zwar einen echten Zero-Bond dar, der Kurs ist jedoch eine Stücknotierung. Ein Anleger, der beispielsweise 1.000 D-Mark nominal der Anleihe erwirbt, muss im April 2001 einen Kurs von rund 220 D-Mark entrichten. Hält er das Papier bis zur Fälligkeit am 28.5.2016, zahlt die Emittentin 1.000 D-Mark an den Anleger zurück.

echter Zero-Bond

echter Zero-Bond, aber Stücknotierung

ZERO-BONDS

Amtl. / *Gereg. Markt*		Laufzeit	12.4.2001	Rendite
ABN AMRO Bk.	(F)	99/05	112,70G	
B.-Württ.L-Fin.	(F)	92/02	96,20G	4,612
B.-Württ.L-Fin.	(F)	92/12	55,01b	5,445
Bay. LfA S.171	(M)	92/02	93,45G	4,708
Co.Bk.Overs.Fin.	(F)	91/01	96,95bG	4,751
Cr. Suisse F.	(F)	92/02	93,30-T	4,629
DG-Bank R.259	(F)	92/05	81,90G	4,948
DG-Bank E. 3296	*(F)*	*00/05*	*95,70G*	
Dt.-Fin.	*(F)*	*96/26*	*21,50b*	*6,200*
Dt.Hyp.Fft.S.78	(F)	92/02	94,20G	4,626
Euro DM Securities Ltd.				
Serie 2016	(F)	86/16	43,00G	5,814
dgl. Serie 2011	(F)	86/11	59,75G	5,322
dgl. Serie 2006	(F)	86/06	80,00bG	4,630
Euro DM Securit.Ltd.B				
dgl. Serie 2006	(F)	86/06	79,85-T	4,619
dgl. Serie 2016	(F)	86/16	43,00G	5,793
Euro DM Securit.Ltd.C				
dgl. Serie 2006	(F)	86/06	79,75-T	4,627
dgl. Serie 2016	(F)	86/16	43,75-T	5,664
Euro DM Securit.Ltd.D				
Serie 2006	(F)	86/06	80,00G	4,567
dgl. Serie 2011	(F)	86/11	60,75G	5,111
dgl. Serie 2021	(F)	86/21	31,00G	6,030
dgl. Serie 2026	(F)	86/26	23,20G	6,018
Europ. Inv. Bk.	(F)	96/26	25,00G	5,571
Europ. Inv. Bk.	(F)	97/17	43,75-T	5,352
Fed.Sec.Ltd.	(F)	86/07	76,05b	4,899
Hess.Laba EM.248	(F)	85/05	82,15G	4,760
dgl. EM.251	(F)	85/05	80,70G	4,817
dgl. EM.255	(F)	86/06	79,25b	4,775
dgl. EM.256	(F)	86/16	43,10G	5,775
dgl. EM.320	(F)	91/01	99,00G	4,523
dgl. EM.331	(F)	92/02	95,85G	4,435
KfW	(F)	92/02	96,65b	4,247
KfW Int. Fin.	(F)	97/02	96,60[illegible]	4,405
Österreich	(F)	86/16	219,50-T	
Otto Int. Fin.	(F)	86/01	98,20-T	5,972
Rabobk.	(F)	96/26	22,30b	6,048
Weltbank	(F)	85/15	45,50G	5,505
Weltbank	(F)	96/16	43,40-T	5,504
WestLB Ausg.602	(D)	85/05	80,55b	4,945
dgl.Ausg.603	(D)	86/01	99,40G	4,284
dgl.Ausg.604	(D)	86/06	78,85-T	4,806
dgl.Ausg.606	(D)	87/06	77,95-T	4,802
dgl.Reihe 977	(D)	91/01	99,55G	3,999

Freiverkehr			12.4.2001	Rendite
Exxon Cap.Corp.	(M)	84/04	80,00-T	6,399

Mindestabschlüsse im Nennbetrag von US-$ 10000.-
Preisfeststellung in % pro US-$ 100.-.

Kupon-Anleihe

Im Unterschied zu Zero-Bonds bestimmen die Emissionsbedingungen einer Kupon-Anleihe mehrere Zeitpunkte (Zinstermine), zu denen der Emittent Zinsen zahlt. Die Berechnung der Zahlung zum jeweiligen Zinstermin erfolgt immer häufiger nach der *Actual/actual-Zinsformel*:

$$\text{Zinszahlung} = \frac{\text{Nennwert} \times \text{Zinssatz in \%} \times \text{Zinstage}}{100 \times 365/366 \text{ Tage}}$$

In Deutschland wurden bei der Zinsberechnung für jeden Monat, ungeachtet der tatsächlich verstrichenen Kalendertage, lange Jahre normalerweise 30 Tage und für ein Jahr 360 Tage zugrunde gelegt (so genannte 30/360-Tage-Usance). In vielen Ländern war und ist das jedoch anders. Da wir auch hierzulande in der Zwischenzeit immer häufiger auf andere Zinsberechnungsverfahren treffen – der Bund beispielsweise wendet bei allen langfristigen Schuldverschreibungen die Actual/actual-Methode an –, haben wir die weltweit gebräuchlichsten Zinsmethoden in folgender Übersicht kurz dargestellt. Zur Veranschaulichung wird die Zinsberechnung getrennt für jedes Verfahren anhand eines Zahlenbeispiels demonstriert: Ein Kapitalbetrag in Höhe von 100.000 Euro wird für zwei Monate (Juli und August) zu einem Zinssatz von 10 % p.a. angelegt.

International gebräuchliche Zinsmethoden

Bezeichnung	Charakteristika	Länder/ Anwendungsbereiche
Deutsche oder **kaufmännische Methode (»30/360«)**	• Das Jahr wird mit 360 Tagen angesetzt. • Monate haben einheitlich 30 Tage. • Der 31. eines Monats wird wie der 30. behandelt. • Der Februar zählt ebenfalls mit 30 Tagen, wenn die Laufzeit des zugrunde liegenden Geschäftes über den letzten Tag des Monats hinausgeht. Endet die Verzinsung jedoch am 28. oder 29., werden 28 bzw. 29 Tage angesetzt. • Bei der Berechnung der Zinstage wird der erste Tag nicht mitgezählt, während der letzte Tag einfließt.	• Deutschland • Die kaufmännische Methode wird zum Beispiel bei der Zinsberechnung auf Girokonten angewandt. Für Sparkonten gilt sie jedoch nicht.
Zinszahlung (Fallbeispiel) = $\frac{100.000 \text{ Euro} \times 60 \text{ Tage} \times 10}{360 \text{ Tage} \times 100}$ = 1.666,67 Euro		
Englische Methode (»actual/actual«)	• Das Jahr wird mit 365 Tagen (Schaltjahr: 366 Tage) gerechnet. • Ein Monat wird mit seiner tatsächlichen Tageszahl (28, 29, 30 oder 31) in die Rechnung einbezogen.	• Großbritannien, USA, Kanada, Japan, Portugal und Griechenland • Forderungen zwischen Privatpersonen werden auch in Deutschland nach der englischen Methode verzinst.
Zinszahlung (Fallbeispiel) = $\frac{100.000 \text{ Euro} \times 62 \text{ Tage} \times 10}{365 \text{ Tage} \times 100}$ = 1.698,63 Euro		

Französische oder **Euro-Zinsmethode (»actual/360«)**	• Das Jahr hat hier einheitlich 360 Tage. • Monate werden mit der wirklichen Tageszahl (28, 29, 30 oder 31) erfasst.	• Frankreich, Belgien, Niederlande, Italien, Spanien, Türkei und Österreich • Wie der Name bereits vermuten lässt, werden auch sämtliche Zinsgeschäfte auf dem Euromarkt nach dieser Methode abgerechnet. Bei Refinanzierungsgeschäften wendet die Europäische Zentralbank ebenfalls die Euro-Zinsmethode an. Allgemein wird das Verfahren außerdem von deutschen Banken im Verkehr mit anderen Kreditinstituten verwendet.

$$\text{Zinszahlung (Fallbeispiel)} = \frac{100.000 \text{ Euro} \times 62 \text{ Tage} \times 10}{360 \text{ Tage} \times 100} = 1.722{,}22 \text{ Euro}$$

Fest und variabel verzinsliche Anleihen

Die Zinsmethoden führen nur dann zu voneinander abweichenden Ergebnissen, wenn der Verzinsungszeitraum gebrochen ist (z. B. 3 Monate, 2 Jahre und 4 Monate etc.) und nicht auf volle Jahre lautet. Ist das Gegenteil der Fall (zum Beispiel Verzinsung über genau zwei Jahre), ergibt sich – unabhängig vom gewählten Verfahren – dasselbe Ergebnis.

Zinsmethoden im Ländervergleich

	Kapitalmarkt
Groß-britannien	ACT/365
Euroland	ACT/ACT
USA	30/360 (ACT/ACT Ausnahme)
Japan	30/360 ACT/ACT
Schweiz	30/360
Schweden	30/360

Die Zinsen für Anleihen werden gewöhnlich nachträglich gezahlt, also erst *nach* Ablauf des Verzinsungszeitraumes. Man spricht daher auch von nachschüssiger Zahlung. Der bei der Zinsberechnung herangezogene Zinssatz ist entweder über die gesamte Laufzeit konstant oder wird für jeden Zinstermin neu festgelegt. Kupon-Anleihen werden deshalb in *fest-* und *variabel verzinsliche* Anleihen unterschieden.

Bei einer variabel verzinslichen Anleihe, für die man häufig den Ausdruck *Floating-Rate-Note* verwendet, bestimmt der Emittent zu Beginn der Laufzeit

- einen Referenzzinssatz, zum Beispiel den Euribor, und in aller Regel zusätzlich
- einen festen Prozentsatz, den so genannten *Spread*, der dem Referenzzinssatz

auf- oder abgeschlagen wird.

Beispiel

Die Stuttgarter Bank begab Ende Juli 1996 eine variabel verzinsliche Anleihe mit einer Laufzeit von insgesamt 7 Jahren. Viermal jährlich nimmt sie Zinsanpassungen für diesen Titel vor. In § 2 der Anleihebedingungen sind Details dazu abgedruckt:

1. *Der variable Zinssatz für die Zinsperiode entspricht der London Interbank Offered Rate (»Libor«) für Drei-Monats-Deutsche Mark-Einlagen plus 0,15 % p. a.*
2. *Am zweiten Bankgeschäftstag vor dem jeweiligen Zinstermin bestimmt die Zinsermittlungsbank den Zinssatz für die dem jeweiligen Zinsermittlungstag folgende Zinsperiode.*

Anmerkung: Der DM-Libor wurde am 1. Januar 1999 mit Einführung des Euro durch den Euro-Libor ersetzt. Künftige Zinsanpassungen erfolgen daher auf Basis des neuen Zinssatzes.

Am 30. Juli 2001, einem der Zinsanpassungstermine, veröffentlicht die Bank folgende Finanzanzeige im HANDELSBLATT.

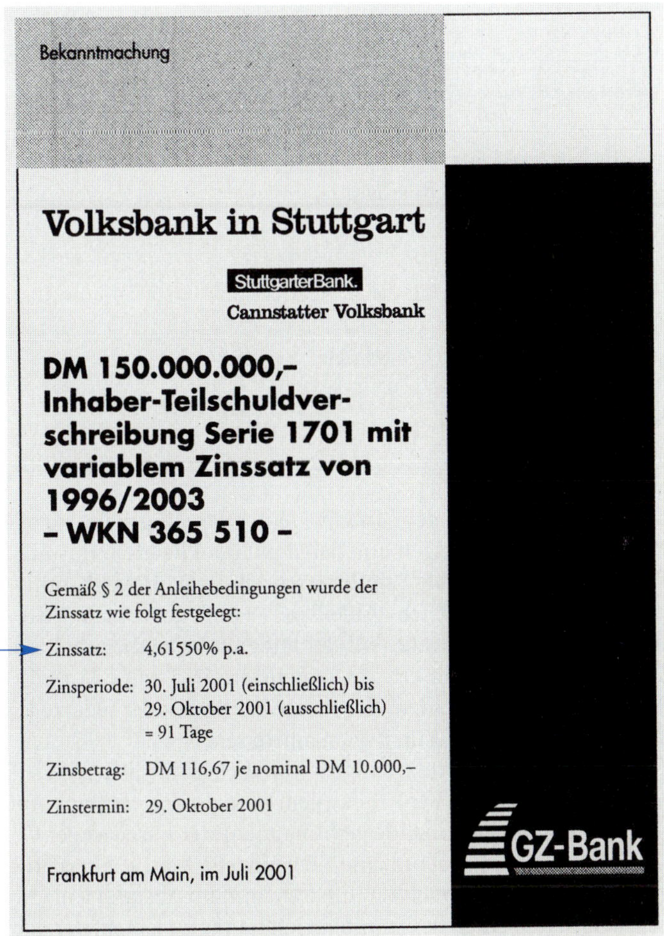
Bekanntmachung

Volksbank in Stuttgart

StuttgarterBank.
Cannstatter Volksbank

**DM 150.000.000,–
Inhaber-Teilschuldverschreibung Serie 1701 mit variablem Zinssatz von 1996/2003
– WKN 365 510 –**

Gemäß § 2 der Anleihebedingungen wurde der Zinssatz wie folgt festgelegt:

Zinssatz: 4,61550% p.a.

Zinsperiode: 30. Juli 2001 (einschließlich) bis 29. Oktober 2001 (ausschließlich) = 91 Tage

Zinsbetrag: DM 116,67 je nominal DM 10.000,–

Zinstermin: 29. Oktober 2001

Frankfurt am Main, im Juli 2001

GZ-Bank

Zinssatz für die nächste Zinsperiode

Der 3-Monats-Euro-Libor beträgt zwei Bankgeschäftstage vor dem Zinsanpassungstermin, genauer gesagt am 26.07.2001, 4,4655 Prozent, was auch dem HANDELSBLATT zu entnehmen ist (siehe Abbildung auf folgender Seite).

Unter Berücksichtigung der Zinsklausel in den Anleihebedingungen und des aktuellen Euro-Libor-Satzes lässt sich der in der Finanzanzeige angegebene Zinssatz für das nächste Vierteljahr wie folgt rekonstruieren:

EUROGELDMARKTSÄTZE UNTER BANKEN (IN PROZENT)

26.7.2001	Tagesgeld	1 Monat	2 Monate	3 Monate	6 Monate	12 Monate
Euro	4,4500 - 4,5400	4,4700 - 4,5700	4,4500 - 4,5500	4,4100 - 4,5100	4,3400 - 4,4400	4,2500 - 4,3800
US-$	3,7300 - 3,7700	3,6700 - 3,7700	3,6510 - 3,7300	3,6300 - 3,7300	3,6200 - 3,7200	3,8000 - 3,9000
Pfund	5,2200 - 5,3400	5,1300 - 5,2500	5,1300 - 5,2500	5,1200 - 5,2200	5,1500 - 5,2500	5,4000 - 5,5200
sfr	3,0000 - 3,5000	3,1900 - 3,2700	3,1600 - 3,2400	3,0500 - 3,1900	3,0100 - 3,1500	2,9400 - 3,0800
YEN	0,0100 - 0,0600	0,0200 - 0,1200	0,0200 - 0,1200	0,0300 - 0,1300	0,0600 - 0,0900	0,0600 - 0,1600
kan-$	4,0900 - 4,2200	4,2000 - 4,3000	4,1600 - 4,2800	4,1500 - 4,2700	4,1500 - 4,2700	4,2400 - 4,3600
Dr.	4,4500 - 4,5400	4,4700 - 4,5700	4,4500 - 4,5500	4,4100 - 4,5100	4,3400 - 4,4400	4,2400 - 4,3700
A-$	4,5000 - 4,8000	4,8300 - 5,0200	4,8400 - 5,0300	4,8500 - 5,0400	4,9000 - 5,0900	5,1400 - 5,3300
NZ-$	5,4300 - 5,7300	5,5700 - 5,7600	5,5700 - 5,7600	5,5700 - 5,7600	5,5900 - 5,7800	5,8100 - 6,0000
HK-$	3,6200 - 3,8800	3,5600 - 3,7600	3,5600 - 3,7600	3,5800 - 3,7800	3,6000 - 3,8000	3,8000 - 4,0000
n. Zloty	15,4000 - 16,2000	15,5000 - 15,8500	15,3000 - 15,8000	15,1500 - 15,6500	14,7500 - 15,3000	14,5000 - 15,1000
SG-$	1,8750 - 2,1250	2,3300 - 2,5300	2,3100 - 2,5100	2,2800 - 2,4800	2,2400 - 2,4400	2,2600 - 2,4600
Rand	10,0000 - 10,5000	9,6900 - 9,9400	9,2800 - 9,5300	9,5100 - 9,7600	9,3500 - 9,6000	9,4100 - 9,6600
tsch. Krone	4,1000 - 4,2000	5,0100 - 5,2600	4,9600 - 5,2100	5,1300 - 5,3800	5,3000 - 5,5500	5,6600 - 5,7600

$ = 24 Monate 4,4700-4,5000, 36 Monate 4,9400-4,9700, Euro = 24 Monate 4,4100-4,4400, 36 Monate 4,5500-4,5800.
Eonia (Euro) = 4,52% (25.07.2001); **Euribor** (Euro) = 1 Mon. 4,523%, 2 Mon. 4,497%, 3 Mon. 4,464%, 6 Mon. 4,383%, 12 Mon. 4,299%,
Euro-Libor (Euro) = 1 Mon. 4,52413%, 2 Mon. 4,49775%, 3 Mon. 4,4655%, 6 Mon. 4,38288%, 12 Mon. 4,29863%.
Libor ($) = 1 Mon. 3,78375%, 2 Mon. 3,74%, 3 Mon. 3,705%, 6 Mon. 3,73%, 12 Mon. 3,915%.

Euro-Libor für 3-Monats-Einlagen dient als Bais für die Verzinsung der Floating-Rate-Note.

$$4{,}4655\,\% + 0{,}1500\,\% = 4{,}6155\,\%$$

Am 29. Oktober 2001 zahlt die Stuttgarter Bank 116,67 DM pro 10.000 DM Nominalwert der Anleihe:

$$\frac{10.000\text{ DM} \times 4{,}6155 \times \overbrace{91\text{ Tage}}^{\text{Echtzeit}}}{100 \times 360\text{ Tage}} = 116{,}67\text{ DM}$$

Floater: Chancen und Risiken

Die Zinserträge, die dem Inhaber einer Floating-Rate-Note während der Laufzeit zufließen, steigen und fallen mit dem Referenzzinssatz. Bei einer Investition in zinsvariable Schuldverschreibungen besteht somit – im Gegensatz zu festverzinslichen Anleihen – auf der einen Seite die Gefahr abnehmender Zinserträge, auf der anderen Seite aber auch die Chance, im Zeitverlauf höhere Zinserträge zu erzielen. Der große Vorteil von Floating-Rate-Notes liegt außerdem darin, dass sie wegen der jederzeit marktgerechten Verzinsung kaum Kursrisiken aufweisen.

Floater: Struktur

Wer sich die Konstruktion einer variabel verzinslichen Anleihe einmal etwas näher anschaut, wird feststellen, dass es sich hier aus Anlegersicht eigentlich um eine Aneinanderreihung mehrerer kurzfristiger Geldausleihungen handelt, also quasi um eine »Termingeld-Kette«. Alternativ könnte man mit dem Emittenten auch vereinbaren, ihm im Abstand von jeweils drei oder sechs Monaten einen bestimmten Geldbetrag zu leihen, der dann für den jeweiligen Zeitraum mit dem gerade gültigen Zinssatz für 3- bzw. 6-Monatsgeld verzinst wird. Es gibt jedoch mehrere Gründe, die für einen Floater sprechen. Zunächst hat der Emittent den Vorteil, dass er mit Hilfe einer Anleiheemission, die gesetzlich geregelt ist und vom Staat sowie gegebenenfalls auch der Börse überwacht wird, auf einen Schlag mehrere tausend Anleger ansprechen kann. Darüber hinaus hat er die Gewissheit, dass ihm das im Emissionszeitpunkt zugeflossene Geld über mehrere Jahre zur Verfügung steht. Die Planungssicherheit ist bei einer Anleiheemission daher viel stärker ausgeprägt als bei einer Aneinanderreihung von Termingeldern. Aus Anlegersicht hat eine Floating-Rate-Note ebenfalls Vorzüge. Die Emission unterliegt normalerweise staatlicher Aufsicht und ist daher aus Anlegerschutzgründen vorteilhaft. Darüber hinaus besteht die Möglichkeit, eine Floating-Rate-Note jederzeit – also auch zwischen den Zinsterminen – an der Börse zu veräußern bzw. an einen Market-Maker zu verkaufen –, und zwar zu einem Kurs, der dem Nennwert entspricht oder nur minimal von diesem abweicht. Demgegenüber müssen Anleger bei Termingeld den Fälligkeitstermin abwarten, bevor sie ihr eingesetztes Kapital zurückbekommen.

Geld- und Kapitalmarktfloater

Floating-Rate-Notes zählen aufgrund ihrer Laufzeit zu den Kapitalmarktprodukten. Ihre Verzinsung orientiert sich dagegen an Geldmarktsätzen. Man könnte daher auch von Kapitalmarktprodukten mit Geldmarktverzinsung sprechen. Es existieren aber auch Floater, deren Kupons an Kapitalmarktsätzen ausgerichtet werden, wie zum Beispiel Corex-Anleihen. Derlei Papiere heißen auch Kapitalmarktfloater.

Zu beachten ist obendrein, dass der Emittent einer Floating-Rate-Note in den Anleihebedingungen von vornherein eine Ober- und/oder Untergrenze für den Zinssatz bestimmen kann. Die Anleihebedingungen einer Floating-Rate-Note könnten zum Beispiel folgende Angaben zum Zinssatz enthalten:

Zinssatz der Anleihe =	6-Monats-Euro-Libor – 0,5 %,	
	höchster Zinssatz:	10 %,
	geringster Zinssatz:	5 %

Cap und Floor

Die Zinsobergrenze (*Zinscap*) in Höhe von 10 % gibt dem Emittenten die Sicherheit, dass die Verzinsung des Floaters niemals die Marke von 10 % übersteigen wird. Die Zinsuntergrenze (*Zinsfloor*) in Höhe von 5 % garantiert dem Inhaber hingegen eine Mindestverzinsung von 5 %. Eine Floating-Rate-Note, deren Zinssatz sowohl nach oben als auch nach unten begrenzt ist, wird auch als *Mini-Max-* oder *Collared-Floater* bezeichnet. Ist in den Anleihebedingungen ausschließlich ein Zinscap oder ausschließlich ein Zinsfloor vorgesehen, so spricht man von *Cap-* bzw. *Floor-Floatern.*

Zinsklausel für Floater mit Cap

(4) Der für jede Zinsperiode maßgebende variable Zinssatz der Anleihe wird nach den folgenden Bestimmungen festgestellt:

a) Der variable Zinssatz für die Zinsperiode entspricht dem gemäß den Absätzen b), c) oder d) bestimmten LIBOR-Satz,wobei in keinem Fall ein höherer LIBOR-Satz als 8 % p.a. gezahlt wird. Soweit der für eine Zinsperiode bestimmte LIBOR-Satz 8 % p.a. beträgt oder übersteigt, wird die Anleihe für diese Zinsperiode mit 8 % p.a. verzinst.

Reverse-Floater

Eine weitere Form der variabel verzinslichen Anleihe stellen *Reverse-Floater* dar. Der Zinssatz eines Reverse-Floaters, auch *Inverse-Floater* genannt, verändert sich – im Gegensatz zum Zinssatz einer »normalen« Floating-Rate-Note – nicht in dieselbe Richtung wie der zugrunde liegende Referenzzinssatz, sondern genau entgegengesetzt. Fällt der Referenzzinssatz, steigt der

Anleihezinssatz und steigt der Referenzzinssatz, so sinkt der Anleihezinssatz. Erreicht wird dies durch die Festsetzung eines Prozentsatzes, von dem am jeweiligen Zinsanpassungstermin der Referenzzinssatz subtrahiert wird.

Zinsklausel für einen Reverse-Floater

(4) Der für jede Zinsperiode maßgebende variable Zinssatz der Anleihe wird nach den folgenden Bestimmungen festgestellt:
a) Der variable Zinssatz für die Zinsperiode entspricht der Differenz von 14% p.a. und dem gemäß den Absätzen b),c) oder d) bestimmten LIBOR, wobei in keinem Fall ein höherer LIBOR-Satz als 14% p.a. in Abzug gebracht wird. Soweit der für eine Zinsperiode bestimmte LIBOR-Satz 14% p.a. oder mehr beträgt, wird die Anleihe für diese Zinsperiode nicht verzinst.

Beispiel

5. 7. 1994

Fibor alt (DM) 3 Monate = 5,10 %, 6 Monate = 5,10 %. **Fibor** neu (DM) 1 Monat = 5,00667 %, 3 Monate = 5,00667 %, 6 Monate = 5,01333 %, 12 Monate = 5,19833 %. **Libor** (DM) 1 Monat = 5,0000 %, 3 Monate = 5,0000 %, 6 Monate = 5,0000 %, 12 Monate = 5,1875 %. **Libor** ($) 1 Monat = 4⅝ %, 3 Monate = 4 15/16 %, 6 Monate = 5 5/16 %, 12 Monate = 5 13/16 %.

Am 7.1.1993 emittierte die Deutsche Ausgleichsbank (DtA) den gerade skizzierten Reverse-Floater mit einem Nennwert von 10.000 D-Mark je Teilschuldverschreibung und einer Laufzeit von 10 Jahren.

Ab dem 7.1.1994

- wurde die Anleihe variabel verzinst;
- umfassten die Zinsperioden 6 Monate;
- bestimmte die DtA den Anleihezinssatz einer Zinsperiode jeweils zwei Tage vor Beginn der betreffenden Periode und auf Grundlage des am Zinsanpassungstermin gültigen 6-Monats-Libor.

In den Anleihebedingungen findet sich zudem folgende Angabe: Zinssatz p. a. am Zinsanpassungstermin = 14 % – 6-Monats-D-Mark-Libor.

Bei Floating-Rate-Notes, deren Verzinsung vor Einführung des Euro am DM-Libor (Fibor/Fibor neu) ausgerichtet wurde, nutzt man heute generell den Euro-Libor (Euribor) als Referenzzinssatz.

Am 5.1.1994 betrug der 6-Monats-D-Mark-Libor 5,6250 %.

Fibor alt (DM) = 3 Monate 5,90 %, 6 Monate = 5,65 %
Fibor neu (DM) = 1 Monat 6,10500 %, 3 Monate 5,88000 %, 6 Monate 5,60833 %, 12 Monate 5,25000 %
Libor (DM) = 1 Monat 6,1250 %, 3 Monate 5,8750 %, 6 Monate 5,6250 %, 12 Monate 5,2500 %.
Libor ($) = 1 Monat 3¼ %, 3 Monate 3⅜ %, 6 Monate 3 9/16 %, 12 Monate 3⅞ %.

Der Zinssatz für den 2. Zinstermin (7.7.1994) lautete

$$14\,\% - 5{,}6250\,\% = 8{,}3750\,\%$$

und die Zinszahlung betrug folglich

$$\frac{10.000 \text{ Euro} \times 8{,}3750 \times \overbrace{181}^{\text{Echtzeit}}}{100 \times 360} = 421{,}08 \text{ Euro}.$$

Der Zinssatz für den 3. Zinstermin am 7.1.1995 wurde entsprechend den Anleihebedingungen bereits am 5.7.1994 bestimmt. Der 6-Monats-D-Mark-Libor betrug an diesem Tag 5,0000 %.

Da der 6-Monats-D-Mark-Libor vom 5.1.1994 bis zum 5.7.1994 um 0,6250 Prozentpunkte gefallen war, stieg die Verzinsung auf

$$14{,}0000\,\% - 5{,}0000\,\% = 9{,}0000\,\% \text{ p. a.}$$

und, ausgedrückt in D-Mark, um
460 DM – 421,08 DM = 38,92 DM je 10.000 DM nominal.

Während der Käufer einer herkömmlichen Floating-Rate-Note von hohen Zinsen profitiert, bei niedrigen aber Nachteile hat, ist es beim Reverse-Floater genau umgekehrt.

Mischformen

Des Weiteren existieren Kupon-Anleihen, die zum Beispiel

- durch die Kombination von fester und variabler Verzinsung (Zinsphasen-Anleihen) oder
- durch die stufenweise Erhöhung oder Verminderung des Zinssatzes während der Laufzeit (Step-up-/Step-down-Anleihen)

gekennzeichnet sind.

Zinsphasen-Anleihe

Die Besonderheit einer *Zinsphasen-Anleihe* besteht darin, dass ihre Laufzeit in mehrere Jahre umfassende Zinsphasen unterteilt ist. Die Anleihe wird von Zinsphase zu Zinsphase im Wechsel mal fest und mal variabel verzinst. Eine Zinsphasen-Anleihe ist somit eine Mischform aus festverzinslicher Anleihe und Floating-Rate-Note.

Ausstattung einer Zinsphasen-Anleihe

(1) Die Anleihe wird vom 02. Februar 1994 (dem „Valutierungstag") an verzinst. Die Verzinsung erfolgt in den Zeiträumen vom Valutierungstag bis zum 01. Februar 1996 einschließlich sowie vom 02. Februar 2000 bis zum 01. Februar 2004 einschließlich mit einem festen Zinssatz (der „erste Festsatz", der „zweite Festsatz") gemäß Ziffer (2). In dem Zeitraum vom 02. Februar 1996 bis zum 01. Februar 2000 einschließlich erfolgt die Verzinsung mit einem variablen Zinssatz („der variable Zinssatz") gemäß Ziffer (3). Der Zinslauf der Anleihe endet mit dem Ablauf des Tages, der dem Fälligkeitstag vorausgeht (und zwar auch dann, wenn die Leistung nach § 193 BGB bewirkt wird).

Step-up-/Step-down-Anleihe

Die Anleihebedingungen von *Step-up-* oder *Step-down-Anleihen* bestimmen ebenfalls mehrjährige Zinsphasen, die aber nicht durch Wechsel zwischen fester und variabler Verzinsung charakterisiert sind, sondern dadurch, dass die Höhe des Zinssatzes variiert. Im Falle einer Step-up-Anleihe steigt der Zinssatz von Zinsphase zu Zinsphase, wohingegen er bei einer Step-down-Anleihe von Phase zu Phase sinkt. Folgender Ausschnitt stammt aus den Anleihebedingungen einer Step-up-Anleihe der Deutschen Ausgleichsbank.

Ausstattung einer Step-up-Anleihe

Die Anleihe wird vom 15. 7. 1993 (dem „Valutierungstag") an verzinst. Die Verzinsung erfolgt in dem Zeitraum vom Valutierungstag bis zum 14. 7. 1996 einschließlich mit 5,50 % p. a. und in dem Zeitraum vom 15. 7. 1996 bis 14. 7. 2003 einschließlich mit 7,50 % p. a.

Step-up- und Step-down-Anleihen tauchen in der Praxis unter verschiedenen Bezeichnungen auf, etwa *Kombi-* oder *Gleitzinsanleihe*. Zerfällt die Laufzeit eines Papiers in zwei Phasen und ist der Nominalzinssatz während der ersten Phase sehr niedrig oder gar null, während der zweiten Phase aber ausgesprochen hoch, so spricht man oft von einer Kombizinsanleihe. Bei mehr als zwei Phasen und von Phase zu Phase steigenden (sinkenden) Nominalzinssätzen ist der Begriff Gleitzinsanleihe geläufig.

Tilgung

Gesamtfällige Anleihen vs. Annuitätenanleihen

Anleihen sind normalerweise *gesamtfällig*, das heißt, dass sie in einer Summe am Ende der Laufzeit zurückgezahlt werden. Demgegenüber kann der Emittent beispielsweise aber auch festschreiben, die Rückzahlung nicht in einer Summe, sondern in Form mehrerer *Annuitätenzahlungen* zu leisten. Der Begriff *Annuität* beschreibt einen über die Restlaufzeit einer Anleihe *konstanten* Geldbetrag, der

- in regelmäßigen Zeitabständen an den Anleiheinhaber gezahlt wird und
- nicht nur die Zinsen auf den Nennbetrag, sondern gleichzeitig auch einen Anteil zur Tilgung des Nennbetrages beinhaltet.

Die Höhe der Annuität wird im Emissionszeitpunkt so bestimmt, dass sich der Emittent mit der am Ende der Laufzeit zu leistenden Annuitäten-Zahlung sämtlicher Verpflichtungen gegenüber dem Anleiheinhaber entledigt. In den ersten Jahren nach Emission einer Annuitäten-Anleihe werden oftmals keine Zahlungen geleistet. Dieser Sachverhalt kommt auch in den Kurszetteln in der Spalte »Laufzeit« zum Ausdruck, in der zu Annuitäten-Anleihen zwei Jahresangaben, zum Beispiel »87/02« für 1987 bis 2002 publiziert werden. Die abgedruckten Jahreszahlen zeigen das Emissionsjahr (hier: 1987), sowie dasjenige Jahr, in dem der Emittent die letzte Annuität für eine bestimmte Anleihe zahlt (hier: 2002).

Auszug aus der Tabelle ANLEIHEN AUSLÄNDISCHER SCHULDNER im HANDELSBLATT

Annuitäten-anleihen in der Finanzzeitung

6	BHF Finance 96/04	20.02.	103,50 G	103,50 G	4,667	Aa3
4,875	BMW Aust.F. 97/02	06.05.	100,00 G	100,00 G	4,854	A1
(An.A.)	BMW Fin. B 87/02	21.04.	88,00 G	88,00 G	12,499	A1
(An.A.)	BMW Fin. C 87/07	21.04.	268,00 G	268,00 G		A1
(An.A.)	BMW Fin. D 87/12	21.04.	266,21 G	266,21 G		A1
(An.A.)	BMW Fin. E 87/17	21.04.	270,10 G	270,10 G		A1
(FRN)	BMW Fin. 93/03	10.M/S	99,25 G	99,25 G		A1
(FRN)	BMW (UK) Cap.93/03	07.A/O	102,50 G	102,50 G		A1
3,875	BMW UK Cap. 99/04	30.12.	97,50 b	97,50 T	4,605	A1

In den Kurstabellen sind Annuitäten-Anleihen grundsätzlich an der Abkürzung »*(*An.A.*)*« zu erkennen, was der vorstehende Ausschnitt belegt. Das folgende Beispiel erläutert die Verzinsungs- und Tilgungsmodalitäten der Annuitäten-Anleihen der BMW Finance N. V., Niederlande, deren Kursnotierungen in der Tabelle ANLEIHEN AUSLÄNDISCHER SCHULDNER zu finden sind.

Beispiel

Im Frühjahr 1987 emittierte die BMW Finance fünf Tranchen D-Mark-Inhaberschuldverschreibungen als Annuitäten-Anleihen. Die Tranchen wurden zur besseren Unterscheidung mit den Buchstaben A, B, C, D und E gekennzeichnet. Der Ausschnitt stammt aus dem HANDELSBLATT von März 2001 und zeigt die Kursnotierungen der Schuldverschreibungen B bis E. Anleihe A ist bereits vollständig getilgt worden. Die Tranchen

(An.A.)	BMW Fin. B 87/02	21.04.	88,00 G	88,00 G	12,499	A1
(An.A.)	BMW Fin. C 87/07	21.04.	268,00 G	268,00 G		A1
(An.A.)	BMW Fin. D 87/12	21.04.	266,21 G	266,21 G		A1
(An.A.)	BMW Fin. E 87/17	21.04.	270,10 G	270,10 G		A1

A bis E wurden an ein und demselben Tag ausgegeben, weisen jedoch nicht dieselben Termine für die Annuitätenzahlungen auf.

Anleihe	Zeitraum der Annuitäten-Zahlung
Anleihe -A-	bis 21.4.1997
Anleihe -B-	bis 21.4.2002
Anleihe -C-	bis 21.4.2007
Anleihe -D-	bis 21.4.2012
Anleihe -E-	bis 21.4.2017

Die Zeiträume der Annuitäten-Zahlungen sind für jede der einzelnen Tranchen in der Spalte »Laufzeit« zu finden. Über die Höhe und die Zusammensetzung der Annuitäten-Zahlungen der bereits getilgten Anleihe -A- enthielten die Emissionsbedingungen Folgendes:

… § 2 Zahlung von Kapital und Erträgen

(2) Jede der Teilschuldverschreibungen der Tranche -A- wird in fünf gleichen Beträgen, die sowohl das Kapital als auch den auf dieses Kapital entfallenden Kapitalzuwachs enthalten, zurückgezahlt. Die Rückzahlungen für jede Teilschuldverschreibung im Nennbetrag von DM 1.000 sind der nachstehenden Übersicht zu entnehmen.

Datum	Annuität	Kapitalzuwachs	Kapitalrückzahlung
21.04.1993	323,64 DM	98,69 DM	224,95 DM
21.04.1994	323,64 DM	111,92 DM	211,72 DM
21.04.1995	323,64 DM	124,37 DM	199,27 DM
21.04.1996	323,64 DM	136,09 DM	187,55 DM
21.04.1997	323,64 DM	147,13 DM	176,51 DM
Summe:	**1.618,20 DM**	**618,20 DM**	**1.000,00 DM**

Je Teilschuldverschreibung im Nennbetrag von DM 1.000 werden also insgesamt DM 1.618,20 zurückgezahlt. Periodische Zinszahlungen werden auf die Teilschuldverschreibungen nicht geleistet. …

Auslosungsanleihe

Sonderformen von Anleihen stellen Auslosungs- und vorzeitig kündbare Anleihen dar. Die Rückzahlungszeitpunkte der einzelnen Teilschuldverschreibungen einer bestimmten Anleiheemission sind unter Umständen nicht identisch. Dies trifft für *Auslosungsanleihen* zu. Der Emittent schreibt in den Emissionsbedingungen Termine fest, zu denen er jeweils nur einen Teil der umlaufenden Schuldverschreibungen tilgt. Die Auswahl erfolgt durch ein Losverfahren, worauf sich die Bezeichnung »Auslosungsanleihe« zurückführen lässt.

Der nachstehende Auszug aus dem HANDELSBLATT zeigt in der Spalte »Laufzeit« für eine Auslosungsanleihe zunächst das Kalenderjahr, in dem die Anleihe begeben wurde (19**91**), dann das Jahr, in dem die erste Serie getilgt wird (19**96**), und schließlich das Kalenderjahr, in dem die vertragliche Laufzeit der Anleihe endet und der Emittent die letzte Serie zurückzahlt (20**35**).

Ausgleichsfonds Währungsumstellg. (F) (FRN) v. 91/96/35v.j.*01 J/A	-	-

Anhand des untenstehenden Beispiels werden die Hintergründe zur Laufzeitangabe »96/35« aufgezeigt.

Beispiel

Der Ausgleichsfonds Währungsumstellung emittierte am 1.7.1991 Floating-Rate-Notes mit einem Gesamtnennbetrag in Höhe von 20 Milliarden D-Mark. In den

Emissionsbedingungen hat der Emittent Tilgungstermine und Auslosungsmodalitäten festgeschrieben.

… § 4 Tilgung

1. *Die Emission wird beginnend mit dem 1.7.1995 jährlich nachträglich in Höhe von 2,5% ihres Nennwertes, also zu 500 Millionen D-Mark, getilgt, erstmals am 1.7.1996. Die Endfälligkeit der letzten zu tilgenden Teilschuldverschreibungen ist der 1.7.2035.*
2. *Die Tilgung der Teilschuldverschreibungen erfolgt durch Auslosung. Die Auslosung findet spätestens drei Monate vor dem jeweiligen Tilgungstermin, erstmalig bis zum 31.3.1996, durch die Staatsbank Berlin statt.*
   Auslosungsverfahren:
   Die vor der ersten Auslosung umlaufenden Teilschuldverschreibungen werden durch den Emittenten zum Zwecke der Auslosung in 40 gleichgroße Serien aufgeteilt. Jede dieser Serien wird in einer Urkunde mit gesonderter Wertpapier-Kenn-Nummer verbrieft. Aus den Serien wird in jedem Jahr jeweils eine Serie zur Tilgung ausgelost, sodass im Jahre 2035 die Tilgung der verbliebenen Serie ohne Auslosung erfolgt. …

Ankündigung einer Auslosung in der Finanzzeitung

WestLB

Auslosung

In der am 26. Oktober 1995 durchgeführten Auslosung wurden zur planmäßigen Tilgung per 1. Dezember 1995 bei den

7½%	WestLB	Pfandbriefen	Reihe 248	—337 008—	die End-Nrn.:	14, 39, 56, 94
7½%	WestLB	Pfandbriefen	Reihe 251	—337 011—	die End-Nrn.:	12, 40, 44, 75

und per 1. bzw. 2. Januar 1996 bei den

6 %	RGP	Pfandbriefen von 1960	Ausg. D	—310 038—	die End-Nrn.:	20, 27, 97
5½%	RGP	Pfandbriefen von 1961	Ausg. B	—310 041—	die End-Nrn.:	60,78, 99
5½%	RGP	Kommunal-Schuldv. von 1961	Ausg. D	—310 333—	die End-Nrn.:	04, 15, 24, 43, 50, 57, 61, 75

ausgelost.

Sämtliche Pfandbriefe und Kommunal-Schuldverschreibungen, deren Stückenummern mit einer der vorstehend aufgeführten zweistelligen Zahlen enden, sind ausgelost und damit zur Rückzahlung zum 1. Dezember 1995 und 1. bzw. 2. Januar 1996 fällig.

Vorzeitige Kündigung

Neben dem eigentlichen Tilgungszeitpunkt enthalten die Emissionsbedingungen einer Anleihe gegebenenfalls Termine, an denen die Rückzahlung des Gesamtnennbetrages vorzeitig, das heißt, vor dem eigentlichen Tilgungszeitpunkt, geleistet werden darf. Zahlt der Emittent an einem dieser Termine den Gesamtnennbetrag zurück, spricht man auch von einer *vorzeitigen Kündigung* bzw. außerplanmäßigen Tilgung der Anleihe.

Beispiel

Am 6.4.1990 emittierte die Bundesrepublik Deutschland eine Floating-Rate-Note mit einer Laufzeit von 10 Jahren. In den Anleihebedingungen findet sich eine Klausel zum Kündigungsrecht der Anleiheschuldnerin.

Kündigungsrecht der Anleiheschuldnerin:
Die Anleiheschuldnerin ist berechtigt, die Anleihe insgesamt, jedoch nicht teilweise, zur vorzeitigen Rückzahlung zum Nennwert zum 6. April 1995 oder zu jedem darauffolgenden 6. April zu kündigen. Die Kündigung hat durch Bekanntmachung … zu erfolgen, wobei eine Frist von mindestens 30 Tagen einzuhalten ist.

Emittenten werden von einem vorzeitigen Kündigungsrecht beispielsweise dann Gebrauch machen, wenn sich ihnen die Möglichkeit zu einer günstigeren »Neu«-Verschuldung bietet. In den Kurstabellen sind vorzeitig kündbare Anleihen in der Spalte »Laufzeit« in aller Regel besonders gekennzeichnet.

In der Praxis existieren nicht nur Anleihen mit Kündigungsrecht für den Emittenten – die Angelsachsen sprechen hier übrigens von *Callable-Bonds* –, sondern auch Anleihen mit einem Kündigungsrecht für die Inhaber. Diese Schuldtitel werden auch *Put-Bonds* genannt. Put-Bonds werden in erster Linie von Unternehmen emittiert, um Anleihegläubiger vor Ereignisrisiken, zum Beispiel einem Qualitätsverlust der Papiere, ausgelöst durch Firmenübernahmen oder -zusammenschlüsse, zu schützen.

Callable-Bonds/ Put-Bonds

Der nebenstehende Ausschnitt aus der Rubrik ÖFFENTLICHE ANLEIHEN bezieht sich auf die eben beschriebene Floating-Rate-Note der Bundesrepublik Deutschland. Die Angabe »(95)« zeigt das Kalenderjahr, in dem der frühestmögliche Rückzahlungstermin liegt. Die Floating-Rate-Note ist entsprechend den Anleihebedingungen zum ersten Mal am 6.4.1995 kündbar. Die beiden Jahreszahlen sind durch eine »Klammer« getrennt und somit von den Laufzeitangaben bei Annuitäten- und Auslosungsanleihen zu unterscheiden.

FRN v. 90 00(95) | 99,49b | 99,50b

Schuldnerkündigungsrecht	Auslosungsanleihe	Annuitätenanleihe
FRN v. 90 00(95) | 99,49b | 99,50b	(FRN) v. 91 96/35 |100,70G |100,70G	(An.A.) BMW Fin. D 87 08-12 F |159,50G |159,50bG (An.A.) BMW Fin. E 87 13-17 F |158,00G |158,00G

Struktur

Anleihen können höchst unterschiedlich beschaffen (strukturiert) sein. Je nachdem, ob sie zu den herkömmlich ausgestatteten oder zu den eher unkonventionellen Papieren zählen, spricht man von Plain-Vanilla- bzw. exotischen Anleihen. Allerdings ist eine scharfe Trennung nicht möglich. Meist fasst man fest- und variabel verzinsliche Schuldverschreibungen (zum Beispiel Bundesanleihen) zu den Plain-Vanillas – einige zählen auch Zero-Bonds hinzu –, während insbesondere Titel wie Reverse-Floater, Cap-, Floor- und Mini-Max-Floater unter die Exoten fallen.

Plain-Vanilla- vs. Exotische Anleihen

Warum gibt es Strukturierte Anleiheformen?

Obwohl man immer öfter von *Strukturierten Finanzprodukten* hört, lässt sich der Begriff nur schlecht eingrenzen, denn der Übergang zu herkömmlichen Wertpapieren verläuft fließend. Ein Strukturiertes Produkt entsteht, wenn bekannte Basisbausteine wie Verzinsung, Laufzeit und Tilgungsmodus neu miteinander kombiniert werden oder ein Finanzinstrument mit einer Eigenschaft versehen wird, die es vorher noch nicht gegeben hat. Im Ergebnis kommen andersartige Strukturen heraus – woher wohl die Bezeichnung rührt –, bei denen sich Zins- oder Aktienkursänderungen stärker auswirken als bei normalen Wertpapieren oder womöglich neue Risiken entstehen. Aktienanleihen sind ein schönes Beispiel dafür.

Erstaunen ruft die Artenvielfalt hervor und das Tempo, in dem Strukturierte Produkte erfunden und auf den Markt gebracht werden. Vertreten sind selbst kleinere Banken, die ihren Kunden früher allenfalls ein Standardsortiment geboten haben.

Warum viele Häuser dieses Geschäft so intensiv betreiben, hat mehrere Gründe: Es ist sicherlich so, dass man den Wünschen der Anleger gerecht werden und bestehende Produktlücken schließen will. Hinzu kommt das Bestreben, mit möglichst spektakulären Angeboten aufzufallen, um sich dadurch von der Konkurrenz abzuheben. Wer selbst strukturiert oder zumindest am Vertrieb beteiligt ist, zählt als kompetent und innovativ. Einer der Hauptgründe liegt wohl darin, dass man gute Gewinne machen kann.

Eine lückenlose Wiedergabe aller exotischen Anleiheformen ist nicht möglich, da sich allein die bereits existierenden Titel kaum noch überblicken lassen und außerdem fast regelmäßig neue Konstruktionen auf den Markt gebracht werden. In vielen Fällen enthalten exotische Papiere eine Kombination aus folgenden Kernelementen:

Kernelemente

- Festzinssatz
- Variabler Zinssatz
- Inverse Verzinsung
- Zinsobergrenze/Zinsuntergrenze
- Kopplung von Rückzahlungen (Zins- und Tilgung) an einen Index (DAX, REX usw.)
- Kündigungsrecht
- Währung.

Die Gründe, warum sich Emittenten für Exoten entscheiden, sind recht unterschiedlich: In einigen Fällen sind derlei Konstruktionen unter Risikogesichtspunkten (Risikomanagement) vorteilhaft. So könnte beispielsweise ein Unternehmen, das sich bereits durch Ausgabe einer herkömmlich variabel verzinslichen Anleihe verschuldet hat, zusätzlich einen *Reverse-Floater* emittieren und dadurch – trotz variabler Verzinsung – die Zinszahlung insgesamt weitestgehend festschreiben.

Damit das Zinsänderungsrisiko durch diesen Schritt ausgeschaltet wird, müssen beide Papiere möglichst exakt aufeinander abgestimmt sein. Dies gilt für den Referenzzinssatz, den Zinstermin und das Volumen.

Beispiel

	Floater	Reverse-Floater (»Sicherungsinstrument«)
Kupon	6-Monats-Euribor	12 % – 6-Monats-Euribor
Volumen	100 Mio. Euro	100 Mio. Euro

Steigt das Zinsniveau künftig, steigt die Zinsbelastung beim Floater. Die Zahlungen beim Reverse-Floater nehmen im Unterschied dazu aber ab. Umgekehrt die Situation bei fallenden Zinsen: Jetzt steigt die Belastung für den Emittenten beim Reverse-Floater, während er für den normalen Floater weniger Zinsen zahlen muss.

Trotz Veränderungen des Marktzinsniveaus bleiben die Zinsverpflichtungen – bezogen auf das gesamte Emissionsvolumen (200 Mio. Euro) – für den Schuldner konstant bei 12 Millionen Euro (= 6 % p.a.). Die Zahlen in der nachfolgenden Tabelle bestätigen das. Dies gilt allerdings nur, solange der Libor die Marke von 12 % nicht überschreitet.

Euribor	Zinsen Floater	Zinsen Reverse-Floater	Zinszahlungen insgesamt
4 %	4.000.000	8.000.000	12.000.000
5 %	5.000.000	7.000.000	12.000.000
6 %	6.000.000	6.000.000	12.000.000
7 %	7.000.000	5.000.000	12.000.000
8 %	8.000.000	4.000.000	12.000.000

Ein typisches Beispiel für eine exotische Anleihe

Neuemission 15. Juli 1998

Diese Anzeige erscheint nur zur Information.
Die genannten Wertpapiere wurden bereits angeboten.

Deutsche Genossenschafts-Hypothekenbank

DM 200.000.000,–
4,625%/5,05% Öffentlicher Pfandbrief von 1998/(1999) 2004
Step-up Callable Bond
Reihe 822

WKN: 234 421

Verzinsung: 15.07.1998 - 14.09.1999 (jeweils einschließlich): 4,625 % p.a.
15.09.1999 - 14.09.2004 (jeweils einschließlich): 5,050 % p.a.

Kündigung: Die Emittentin ist berechtigt, den Öffentlichen Pfandbrief am 08.09.1999 mit Wirkung zum 15.09.1999 zum Nennwert zu kündigen.

Rückzahlung: 15.09.2004 zum Nennbetrag

GZB-Bank
Genossenschaftliche
Zentralbank AG Stuttgart

Baden-Württembergische Bank
Aktiengesellschaft

Commerzbank
Aktiengesellschaft

Deutsche Bank
Aktiengesellschaft

DSL Bank
Deutsche Siedlungs-
und Landesrentenbank

Sakura Bank (Deutschland) GmbH

Sal. Oppenheim jr. & Cie.
Kommanditgesellschaft auf Aktien

SGZ-Bank
Aktiengesellschaft

Stuttgarter Bank
Aktiengesellschaft

WGZ-Bank
Westdeutsche
Genossenschafts-Zentralbank eG

Exoten: Vor- und Nachteile

Weitaus wichtiger als das Risikomanagement ist für viele Emittenten die Tatsache, dass sich Exoten aufgrund ihres Konstruktionsprinzips selbst von Fachleuten in vielen Fällen nicht präzise bewerten lassen. Das gibt Schuldnern die Möglichkeit, ihre Papiere verhältnismäßig teuer am Markt zu platzieren, ohne dass der überhöhte Preis sofort von jedem bemerkt würde. Hinzu kommt, dass Exoten in vielen Fällen einmalig sind und Anleger – im Unterschied zu Plain-Vanilla-Anleihen – daher keinerlei Möglichkeit besitzen, einen direkten Preisvergleich mit Anleihen anderer Emittenten vorzunehmen, um so überteuerte Produkte zu erkennen.

Sonderformen

Wandel- und Optionsanleihen

Emittenten haben die Möglichkeit, Schuldverschreibungen mit einem Bezugsrecht auf Aktien zu versehen und die Papiere dadurch attraktiver zu gestalten. Entsprechend ausgestattete Schuldtitel unterscheidet man in Wandel- und Optionsanleihen, wobei diese Differenzierung in erster Linie deshalb zweckmäßig ist, weil

- sämtliche Ansprüche aus einer Wandelanleihe mit dem Bezug der Aktien erlöschen, wohingegen
- die Forderungsrechte aus einer Optionsanleihe auch nach der Ausübung des Bezugsrechtes weiter bestehen.

Wandelanleihen

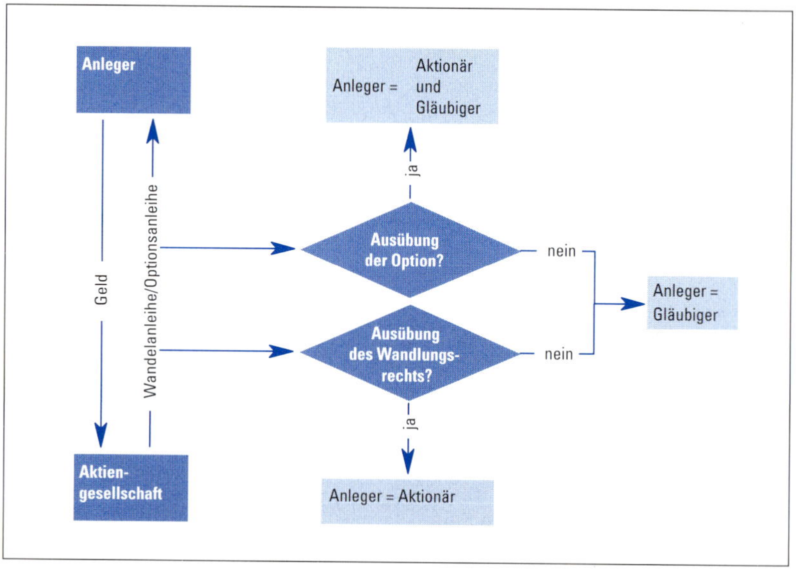

Eine Wandelanleihe berechtigt ihren Inhaber, sie in eine oder mehrere Aktien des Emittenten umzutauschen. Der Inhaber gibt folglich die Anleihe hin und erhält im Gegenzug dafür Beteiligungspapiere. Da er aber zu keinem Zeitpunkt verpflichtet ist, die Wandlung tatsächlich vorzunehmen, kann er ebenso darauf verzichten und stattdessen die regelmäßige Verzinsung und bei Fälligkeit die Rückzahlung des auf der Wandelanleihe verbrieften Nominalbetrages verlangen.
Das Wertpapier-Bezugsrecht aus einer Optionsanleihe wird nicht durch die Anleihe selbst, sondern durch einen Optionsschein (englisch: Warrant) beim Emittenten geltend gemacht. Der Optionsschein wird zum Emissionszeitpunkt zusammen mit Mantel und Zinsscheinbogen begeben. Er ist ein eigenständiges Wertpapier, das seinem Inhaber das Recht einräumt, eine oder mehrere Aktien des Emittenten zu erwerben. Optionsschein und Anleihe sind getrennt voneinander handelbar.

Die Begebung von Wandel- und Optionsanleihen setzt voraus, dass der Emittent einen gewissen Teil seines Grundkapitals für die Lieferung von Aktien an die Inhaber der Wandelanleihen bzw. Optionsscheine reserviert. Das Grundkapital muss vor der Emission infolgedessen durch eine bedingte Kapitalerhöhung soweit aufgestockt werden, wie Umtausch- und Erwerbsrechte in Zukunft ausgeübt werden können. Entsprechend dem deutschen Aktiengesetz

- bedarf der Beschluss über eine bedingte Kapitalerhöhung einer $^{3}/_{4}$-Mehrheit des in der Hauptversammlung anwesenden Kapitals;
- darf der Betrag der bedingten Kapitalerhöhung niemals 50% des zum Zeitpunkt der Beschlussfassung vorhandenen Grundkapitals überschreiten;
- ist den Aktionären zum Zweck der Besitzstandswahrung ein Bezugsrecht auf Wandel- bzw. Optionsanleihen einzuräumen.

Bedingte Kapitalerhöhung

Die *bedingte Kapitalerhöhung* ist mit Ausgabe der Aktien an alle Inhaber von Bezugsrechten, die diese innerhalb der Wandel- bzw. Optionsfrist ausüben, vollzogen. Der Emittent einer Wandel- bzw. Optionsanleihe schreibt in den Anleihebedingungen die Spezifikationen für den Aktienbezug fest. Im Mittelpunkt stehen dabei

Ausstattungsmerkmale

- die Wandlungs- bzw. Optionsfrist,
- das Wandlungs- bzw. Optionsverhältnis,
- die Barzuzahlung bei Wandlung bzw. der Bezugskurs und
- so genannte »Kapitalverwässerungsschutzklauseln«.

Wandlungs- und Optionsfrist

Die *Wandlungs-* bzw. *Optionsfrist* beschreibt den Zeitraum, in dem der Inhaber der Wandelanleihe den Schuldtitel in eine oder mehrere Aktien umtauschen bzw. der Inhaber des Optionsscheins sein Recht zum Bezug von Aktien ausüben kann. Die Emissionsbedingungen einer Wandelanleihe enthalten oftmals eine Klausel, die dem Inhaber in den ersten Jahren nach Begebung untersagt, vom Wandlungsrecht Gebrauch zu machen. Bei Optionsanleihen ist zu beachten, dass die Laufzeit der Anleihe die Optionsfrist des Optionsscheins gegebenenfalls übersteigt.

Beispiel

Am 8.12.1986 emittierte die Berliner Elektro-Beteiligungen AG, eine 6% Wandelanleihe mit Fälligkeitsdatum 30.11.1996 und Nennbeträgen von 500, 1000 und 5.000 D-Mark. In § 6 der Anleihebedingungen wurde Folgendes festgelegt:

… § 6
… (3) Das Wandelrecht kann vom 2. Januar 1990 bis zum 30. November 1996 jederzeit ausgeübt werden …

Der Umtausch in Aktien war den Inhabern der Wandelanleihe somit für einen Zeitraum von mehr als drei Jahren nach Ausgabe des Schuldtitels nicht gestattet.

Die BHF Finance B. V., Amsterdam, begab am 20.10.1989 eine $7^1/_4$% Optionsanleihe. Die Anleiheschuldnerin verpflichtete sich, den Gesamtnominalbetrag am 20.10.1999 in einer Summe zurückzuzahlen. Die Optionsbedingungen der beigefügten Optionsscheine bestimmen:

… § 2 Ausübungszeitraum
Das Optionsrecht kann vom 23. Oktober 1989 bis einschließlich 25. Oktober 1993 (Option A) bzw. 25. Oktober 1996 (Option B) ausgeübt werden …

Die Optionsfrist für Option A endet folglich sechs Jahre und die Optionsfrist für Option B drei Jahre vor Tilgung der Anleihe.

Wandlungs- und Optionsverhältnis

Ein weiteres bedeutsames Ausstattungsmerkmal aller Wandel- und Optionsanleihen stellt das *Wandlungs-* bzw. *Optionsverhältnis* dar. Es drückt aus, wie viele Aktien für eine Wandelanleihe bzw. für einen Optionsschein bezogen werden dürfen. Um den Wert des Wandlungs- bzw. Optionsrechts bestimmen zu können, muss – zusätzlich zum Wandlungs- bzw. Optionsverhältnis

Bezugskurs

- im Falle der Wandelanleihe eine gegebenenfalls in den Anleihebedingungen festgeschriebene »Barzuzahlung bei Wandlung« und
- im Falle der Optionsanleihe der *Bezugskurs*, der auch als Optionspreis bezeichnet wird,

berücksichtigt werden.

Beispiel

In den Optionsbedingungen der $7^1/_4$% Optionsanleihe der BHF Finance war zum Optionsverhältnis sowie zum Bezugskurs Folgendes dokumentiert:

… § 1 (Optionsrecht und Optionspreis; Form der Optionsscheine)
(1) Die Berliner Handels– und Frankfurter Bank, … , bietet dem Inhaber dieses Optionsscheins hiermit eine auf den Inhaber lautende Aktie der Berliner Handels- und Frankfurter Bank im Nennbetrag von DM 50 … zu dem in Absatz (2) genannten Optionspreis … zum Bezug an.

(2) Der Optionspreis je Aktie im Nennbetrag von DM 50 beträgt … DM 440 …

Für Wandelanleihen wird in den Anleihebedingungen zudem häufig ein so genannter Wandlungspreis definiert, der das Wandlungsverhältnis und die

Barzuzahlung bei Wandlung in einer Zahl komprimiert. Allgemein lässt er sich mit folgender Formel bestimmen:

Wandlungspreis

$$\text{Wandlungspreis} = \frac{\text{Nennbetrag der Anleihe}}{\text{Anzahl zu wandelnder Aktien}} + \text{Barzuzahlung je Aktie}$$

Beispiel

Die Anleihebedingungen der 6 % Wandelanleihe der Berliner Elektro gaben den Inhabern der Wandelschuldverschreibungen zunächst

… das unentziehbare Recht, ihre Wandelschuldverschreibungen im Nennbetragsverhältnis 10:1 zuzüglich einer Zuzahlung von DM 225 je Aktie in Stammaktien der Anleiheschuldnerin umzutauschen. Wandelschuldverschreibungen im Nennbetrag von je DM 500 können mithin unter Zuzahlung von DM 225 jeweils in eine Stammaktie der Anleiheschuldnerin über DM 50 getauscht werden; das entspricht einem Wandlungspreis von DM 725 für eine Stammaktie im Nennbetrag von DM 50 …

Dieser Passus wurde seit der Begebung der Anleihe mehrfach geändert, was hier aber nicht weiter ausgeführt wird.

Das Bezugsrecht auf Aktien und der Wandlungs- bzw. Bezugspreis wirken sich auf den Marktwert einer Wandel- bzw. Optionsanleihe aus. Für Optionsanleihen wird im Folgenden die Annahme getroffen, dass Anleihe und Schein ausschließlich zusammengefasst (»cum«) gehandelt werden können und der Börsenkurs der Optionsanleihe deshalb auch den Wert des Bezugsrechts widerspiegelt.

Anleihe cum

Unter der Voraussetzung, dass die Bezugsbedingungen unverändert bleiben, sind die Kursentwicklung von Wandel- bzw. Optionsanleihe und Aktie gleichgerichtet. Der Marktwert der Wandel- bzw. Optionsanleihe fällt (steigt) gewöhnlich dann, wenn auch der Kurs der Aktie fällt (steigt). Diese Konstellation hat zur Folge, dass der Marktwert von Wandel- und Optionsanleihen – neben den Veränderungen des Marktzinsniveaus – auch von Veränderungen des jeweiligen Aktienkurses beeinflusst wird. Die Käufer solcher Anleihen sind somit sowohl einem Zins- als auch einem Aktienkursänderungsrisiko ausgesetzt.

Für Aktienkursänderungen, die durch Kapitalerhöhungen ausgelöst werden, erhalten die Anleiheinhaber einen Ausgleich. In den Wandel- und Optionsbedingungen sind deshalb grundsätzlich *Kapitalverwässerungsschutzklauseln* enthalten, die für die verschiedenen Formen der Kapitalerhöhung jeweils andere Anpassungsmaßnahmen fixieren. Im Falle einer Kapitalerhöhung gegen Einlagen, also der Ausgabe neuer Aktien gegen Bareinlage, sowie einer bedingten Kapitalerhöhung sehen die Emissionsbedingungen zumeist vor, dass der Ausgleich für den Vermögensnachteil über eine Anpassung des Wandlungs- bzw. Optionspreises herbeizuführen ist.

Kapitalverwässerungsschutzklauseln

Der Wortlaut der Kapitalverwässerungsschutzklausel in den Wandelbedingungen der 6 % Wandelanleihe der Berliner Elektro und den Optionsbedingungen der $7\,^1/_4$% Optionsanleihe der BHF Finance war identisch. Die Klausel für eine Kapitalerhöhung gegen Ausgabe junger Aktien wird hier sinngemäß und für beide Gesellschaften zusammengefasst wiedergegeben:

Sofern die Aktiengesellschaft, auf deren Aktien sich die Wandel- bzw. Optionsanleihe bezieht, in der Zeit vom … bis … unter Einräumung eines unmittelbaren und mittelbaren Bezugsrechts an ihre Aktionäre ihr Grundkapital durch die Ausgabe neuer Aktien erhöht und der Bezugspreis je neue Aktie im Nennbetrag von 50 D-Mark unter dem festgelegten Wandlungs- bzw. Optionspreis liegt, wird der Wandlungs- bzw. Optionspreis dieser Wandel- bzw. Optionsanleihe gemäß folgender Formel ermäßigt:

$$E = \frac{P - B}{V + 1}$$

E = Ermäßigungsbetrag für den Wandlungs- bzw. Optionspreis
P = jeweils gültiger Wandlungs- bzw. Optionspreis je Aktie
B = Bezugspreis für eine neue Aktie
V = Bezugsverhältnis für die jungen Aktien.

Beispielsweise erhöhte die Berliner Elektro ihr Grundkapital in den Jahren 1987 und 1989 in zwei Schritten und reduzierte damit gleichzeitig den Wandlungspreis von ursprünglich 725 D-Mark (1986) auf 708 D-Mark (1987) bzw. 677 D-Mark (1989).

Im Falle einer Kapitalerhöhung aus Gesellschaftsmitteln erfolgt der Ausgleich nicht durch eine Reduzierung des Wandlungs- bzw. Optionspreises, sondern aufgrund einer Vorschrift des Aktiengesetzes über eine Änderung des Wandlungs- bzw. Optionsverhältnisses. Die entsprechende Vorschrift im Aktiengesetz besagt, dass sich der für Wandel- und Optionsrechte reservierte Kapitalbetrag bei Kapitalerhöhungen aus Gesellschaftsmitteln immer im gleichen Verhältnis erhöhen muss wie das Grundkapital.

Aktiengesetz

Beispiel

In diesem Beispiel werden erneut die Emissionsbedingungen der 6% Wandelanleihe der Berliner Elektro herangezogen. Im § 7 Absatz (4) ist zur Kapitalerhöhung aus Gesellschaftsmitteln folgende Anpassungsregelung niedergeschrieben:

… § 7 …
(4) Im Falle einer Kapitalerhöhung aus Gesellschaftsmitteln wird – anstelle einer Ermäßigung des Wandlungspreises – das bedingte Kapital kraft Gesetzes (§ 218 Aktiengesetz) im gleichen Verhältnis wie das Grundkapital erhöht. Im gleichen Verhältnis erhöht sich der Anspruch des Inhabers der Wandelschuldverschreibungen, seine Wandelschuldverschreibung in Stammaktien umzutauschen. …

Bei der Kapitalerhöhung aus Gesellschaftsmitteln, die die Hauptversammlung der Berliner Elektro am 23.6.1987 beschloss, wurde diese Regel entsprechend angewendet. Aufgrund des Hauptversammlungsbeschlusses erhöhte die Berliner Elektro ihr Grundkapital von 11 auf 16,5 Millionen D-Mark.

Das Grundkapital wurde um 5,5 Millionen D-Mark erhöht, was – bezogen auf das ursprüngliche Grundkapital – einem Kapitalerhöhungs-Verhältnis von 2:1 entspricht. § 7 Absatz 4 der Emissionsbedingungen fordert nun zum Schutz der Anleiheinhaber eine Anpassung des bestehenden Wandlungsverhältnisses. Dieses beträgt vor der Kapitalerhöhung:

Anleihenennbetrag zu Aktiennennbetrag = 10:1

Da das Grundkapital am 23.6.1987 im Verhältnis von 2:1, also um 50% erhöht wird, verbrieft eine Wandelanleihe im Nennwert von 500 D-Mark nach der Kapitalerhöhung ein Wandlungsrecht auf

$$1 \text{ Aktie} + 0{,}50 \times 1 \text{ Aktie} = 1{,}5 \text{ Aktien}.$$

1,5 Aktien haben zusammen einen Nennwert 75 D-Mark und das Nennbetragsverhältnis lässt sich mit

$$\frac{\text{Anleihe-Nennbetrag (500 Euro)}}{\text{Nennbetrag von 1,5 Aktien (75 Euro)}} = \frac{10}{1{,}5}$$

neu bestimmen

Die Anpassung des Optionsrechtes bei Optionsanleihen wird in ähnlicher Weise vorgenommen wie die gerade skizzierte Anpassung des Wandlungsrechtes bei einer Wandelanleihe. Auf eine Darstellung möchten wir hier verzichten.

Die Bewertung von Wandel- und Optionsanleihen erweist sich aufgrund der gleichzeitig zu berücksichtigenden Wertkomponenten »rechnerischer Wert der Anleihe« und »rechnerischer Wert des Bezugsrechtes« als relativ schwierig. Die Ermittlung des rechnerischen Werts der Anleihe, das heißt, die Bewertung von Zins- und Tilgungszahlungen, zeigt der Abschnitt über Barwert und Rendite. Die Besonderheiten bei der Bewertung von Optionsscheinen findet man im Kapitel Derivate. Den rechnerischen Wert des Wandlungsrechtes werden wir im Weiteren nicht näher erläutern.

Wandlungsaufgeld/ Agio

Um einen Vergleich der Wandelanleihen verschiedener Emittenten untereinander zu ermöglichen, wird in der Praxis oftmals ein *Wandlungsaufgeld*, »Agio« genannt, berechnet. Das *Agio* gibt den Preisunterschied in Prozent an, der zwischen dem Bezug einer Aktie über die Ausübung des Wandlungsrechts und dem direkten Kauf besteht. Zur Berechnung des Agios werden zunächst sämtliche Aufwendungen zusammengefasst, die durch die Wandlung entstehen. Der Einfachheit halber wird im Folgenden die Annahme getroffen, dass die Wandelanleihe am Wandlungstag gekauft und umgehend in Aktien getauscht werden soll. Im Einzelnen sind bei der Agio-Berechnung in einem solchen Fall der Börsenkurs der Wandelanleihe, die beim Kauf der Wandelanleihe zu entrichtenden Stückzinsen und die gegebenenfalls erforderliche Barzuzahlung zu berücksichtigen. Der Wandlungsaufwand je Aktie ergibt sich gemäß folgender Formel:

Wandlungsaufwand

$$\text{Wandlungsaufwand} = \frac{\left(\begin{array}{c}\text{Nennbetrag}\\ \text{der Anleihe}\end{array} = \dfrac{\text{Kurs in \%}}{100}\right) + \text{Stückzinsen} + \text{Barzuzahlungen}}{\text{Anzahl umzutauschender Aktien}}$$

Mit Hilfe des Wandlungsaufwandes wird im zweiten Schritt das Agio der Wandelanleihe berechnet:

$$\text{Agio in \%} = \frac{\text{Wandlungsaufwand} - \text{Börsenkurs der Aktie}}{\text{Börsenkurs der Aktie}} \times 100\ \%$$

Beispiel

Die 6 % Wandelanleihe der Berliner Elektro-Beteiligungen AG konnte am 2.6.1995 mit einem Wandlungsverhältnis von 10:1,5 und unter Zuzahlung von 177 D-Mark je Aktie in 50-D-Mark-Stammaktien der Anleiheschuldnerin umgetauscht werden. Das Papier wird einmal jährlich nachträglich am 2.1. eines Jahres verzinst und weist Stückelungen von 500, 1.000 und 5.000 D-Mark auf. Unter Einbezug des Börsenkurses der Stammaktie, der am 2.6.1995 400 D-Mark beträgt, und dem Börsenkurs der Wandelanleihe vom selben Tag in Höhe von 100,50 % lässt sich nun in drei Schritten das Agio für die Anleihe berechnen.

Wandelanleihen (F)

Kursiv = Geregelter Markt

Zins		Laufzeit	2.6.95
6	*Berl.El.Bet. 86 (B)*	*1996*	*100,50 G*

Wandelanleihen

Bay. Lloyd	0	M	315,00bG	315,00bG	520	315
Berl.El.Hold.StA	20,0	B	400,00b	397,00b	420	350
Berl.El.Hold.StA jge.		B	-	-	363	345

Kassakurse amtlicher Handel

Dabei wird die kleinste Stückelung in Höhe von 500 D-Mark als Anleihenennwert zugrundegelegt.

1. Schritt: Berechnung der Stückzinsen für die Zeit vom 2.1.95–1.6.95:

$$\text{Stückzinsen} = \frac{500\ \text{DM} \times 6 \times 150}{100 \times 360} = 12{,}50\ \text{DM}$$

2. Schritt: Der Wandlungsaufwand beträgt

$$\frac{\left(500\ \text{DM} \times \frac{100{,}5}{100}\right) + 12{,}50\ \text{DM} + 177\ \text{DM}}{1{,}5} = 461{,}33\ \text{DM}$$

3. Schritt: Berechnung des Agios:

$$\text{Wandlungsagio} = \frac{461{,}33\ \text{DM} - 400\ \text{DM}}{400\ \text{DM}} \times 100\ \% = 15{,}33\ \%$$

Der Kauf einer Aktie am 2.6.1995 über die Wandelanleihe ist infolgedessen um 15,33 % teurer als der Direkterwerb des Dividendentitels.

Annualisierung

In der Praxis wird das Agio zumeist auf ein Jahr bezogen (Annualisierung), in dem es durch die Restlaufzeit der Anleihe, ausgedrückt in Jahren, dividiert wird. Erst dann lassen sich die Agios verschiedener Wandelanleihen miteinander vergleichen. Ausschließlich anhand des Agios lässt sich die Vorteilhaftigkeit einer Wandelanleihe gegenüber anderen Wandelanleihen aber nicht beurteilen. Hierzu ist vielmehr eine Analyse der Volatilität der zugrunde liegenden Aktie, der Restlaufzeit der Anleihe usw. notwendig.

Gewinnschuldverschreibungen

Gewinnschuldverschreibungen sind Anleihen, die anstelle des Zinsanspruchs oder zusätzlich zu diesem einen Anspruch auf Beteiligung am Gewinn der emittierenden Unternehmung verbriefen. Sie sind in aller Regel mit

- einem festen Nominalzinssatz (Basisverzinsung) und
- zudem mit einer dividendenabhängigen Zusatzverzinsung

ausgestattet. Eine Gewinnschuldverschreibung wurde beispielweise von der Harpener AG, Dortmund, begeben. Die Emissionsbedingungen enthalten folgende Klausel:

... § 2
Die Teilschuldverschreibungen werden mit 4 1/2 vom Hundert verzinst und sind ferner ausgestattet mit einer Zusatzverzinsung derart, dass die jährliche Gesamtverzinsung, sofern eine Dividende gezahlt wird, immer 2,63 vom Hundert höher ist als das 4,255-fache der auf die Aktien der Gesellschaft zur Ausschüttung gelangenden Dividende. ...

Optionsanleihen (F)

Titel / Laufzeit		29.3.01	
7,5	AdCapital 93 o.O.	2001	100,25 G
Zero	ABN AMRO Bk.99 m.O. (B)	2005	103,60 G
Zero	ABN AMRO Bk.99 o.O. (B)	2005	83,16 G
3,75	Bank Austria o.O.	2001	99,60 bG
4,125	Daimler Chrys.96 m.O.	2003	115,50 -T
4,125	Daimler Chrys.96 o.O.	2003	-
Zero	Deutsche Bank 00 m.O.	2005	85,88 b
Zero	Deutsche Bank 00 o.O.	2005	79,50 G
Zero	Dresdner Fin.92 o.O.	2002	96,17 G
5,5	Dresdner Fin.97 m.O.	2004	174,51 bG
5,5	Dresdner Fin.97 o.O.	2004	102,25 b
(FRN)	*Haniel 91 m.O.(D)*	*2011*	*168,00 G*
(FRN)	*Haniel 91 o.O.(D)*	*2011*	*119,00 G*
7	Heidelb.Zement 95 o.O.	2002	102,75 -T
5,25	*Köt.Led.97m.O.(B) 1)*	*2008*	*1300,00 G*
5,25	*Köt.Led.97o.O.(B) 1)*	*2008*	*90,00 G*
8,5	Metallges.Fin. 91 o.O.	2001	
2,25	Nikkiso 97 m.O.	2001	-
2,25	Nikkiso 97 o.O.	2001	-
6	Pongs&Zahn 01 m.O.	2006	105,99 bB
6	Pongs&Zahn 01 o.O.	2006	92,00 -T
5,75	Preussag 96 m.O.	2001	180,12 bG
5,75	Preussag 96 o.O.	2001	99,95 G
7,5	Stada 00 m.O.	2005	131,60 G
7,5	Stada 00 o.O.	2005	104,00 G
5,125	Tarkett Cap.99 m.O.	2004	97,00 -T
5.125	Tarkett Cap.99 o.O.	2004	88.60 b

Wandelanleihen (F)

Titel / Laufzeit			29.3.01
3	Allianz Fin.98	2003	126,00 -T
3,375	Berl.El.Fin.96	2001	98,25 G
4	Augusta Techn. 00	2005	85,55 b
0,75	Commerzbk.98	2004	84,98 b
2	Continental 99	2004	97,50 -T
13	*Cybernet 99 1)*	*2009*	*100,00 G*
5,75	Daimler 97	2002	54,30 b
0,75	*DBV-Wintherth.98*	*2003*	*96,89 G*
0,875	*DBV-Wintherth.98*	*2003*	*92,86 G*
1	Dt. Fin. 96	2001	155,00 -T
2	Dt.Bk.Fin. 98	2003	105,50 -T
1	*Dresd. Fin. 98 1)*	*2004*	*205,00 -T*
4	EM.TV&Merch.00	2005	60,60 b
4,13	Fuchs Petrol. 97	2002	96,95 b
7	Gold Zack 00	2005	96,50 b
2	Henkel Corp. 97	2003	120,41 G
3,25	Holzmann 98	2003	67,50 b
	Kamps E.Lyons 00	2015	47,40 G
1	Mannesm.Fin.99	2004	96,00 -T
	Metro Int. 98	2013	103,70 b
	Münchener R.00	2005	97,50 -T
2,125	Preussag 99	2004	93,50 b
1,75	SGL Carbon 97	2003	92,00 -T
3,5	SGL Carbon 00	2005	88,00 b
1,75	VW Int.Fin. 97	2003	100,31 G
	Wien.St.All.Ver.98 1) (M)	*2003*	*92,60 -T*

Kursiv=geregelter Markt, Kursiv1)=Freiverkehr

Wandel- und Optionsanleihen im HANDELSBLATT

Die Bewertung von Gewinnschuldverschreibungen ist ähnlich komplex wie die Bewertung von Aktien und stellt auch Profis vor Probleme, da niemand im Voraus weiß, wie viel Gewinn in den kommenden Jahren an die Anleiheinhaber ausgeschüttet wird.

Bond-Stripping

Wie vieles andere in der Finanzwelt, so entstand auch diese Idee in den USA. Die Rede ist vom so genannten *Anleihe-Stripping. Stripping* stammt vom englischen »to strip«, wobei die meisten sofort ans »Ausziehen« denken werden. Sinnvoller wäre es indes, den Begriff hier mit »auseinandernehmen« oder »demontieren« zu übersetzen. Denn genau darum geht es. Eine Anleihe wird in all ihre Einzelteile zerlegt, sprich: den Mantel (Kapital-Strip) sowie sämtliche Kupons (Zins-Strips). Übrig bleibt eine Menge neuer Wertpapiere, die dann völlig losgelöst voneinander gehandelt werden können. Da die Titel nicht mit laufenden Zinszahlungen verbunden sind, handelt es sich um Null-Kupon-Anleihen (Zero-Bonds) im wahrsten Sinne des Wortes.

CATS und TIGRS

In den USA fassten zunächst Investmentbanken wie Salomon Brothers oder Merrill Lynch die Mäntel und Zinsscheine mehrerer Treasury Bonds zu neuen Wertpapieren, auch *Synthetic Strips* genannt, zusammen und verkauften sie unter Bezeichnungen wie CATS (Certificate of Accrual on Treasury Securities) oder TIGRs (Treasury Income Growth Receipts). Die US-Regierung schreibt aber seit 1985 für Treasury Notes und Bonds bereits in den Emissionsbedingungen fest, Mäntel und Zinsscheine abtrennen und sodann losgelöst voneinander handeln zu können. Die dabei entstehenden Zero-Bonds werden schlicht STRIPS genannt, was als Abkürzung für »Separated Trading of Registered Interest and Principal of Securities« steht und das »STRIPS-

Program« der US-Regierung kennzeichnet. Dieses Programm soll die Flexibiltät bei der Kreditaufnahme steigern.

Folgender Ausschnitt aus dem WALL STREET JOURNAL zeigt die Kursnotierungen für

- die gestrippten Mäntel des 30-jährigen Treasury-Bond, der auf der Auktion im Februar 2001 mit einem Nominalzinssatz in Höhe von 5,375 % begeben wurde, sowie dessen
- gestrippte Zinsscheine mit Zinstermin 15.02.2031.

Auszug aus WALL STREET JOURNAL EUROPE

U.S. TREASURY STRIPS

MAT		TYPE	BID	ASKED	CHG.		ASKED YLD.
May	01	np	99:11	99:12		....	4.51
May	01	ci	99:12	99:13		....	4.30
Aug	01	np	98:10	98:11	+	1	4.27
Aug	01	ci	98:10	98:10	+	1	4.29
Nov	01	np	97:11	97:11	+	1	4.21
Nov	01	ci	97:12	97:13	+	4	4.14
Feb	02	ci	96:30	96:31	+	2	3.47
May	02	np	95:10	95:11	+	2	4.22
May	02	ci	95:19	95:19	+	3	3.98
Aug	02	np	94:11	94:12	+	2	4.20
Aug	02	ci	94:17	94:18	+	2	4.05
Nov	02	ci	94:00	94:01	+	3	3.80
Feb	03	np	92:09	92:10	+	3	4.27
Feb	03	ci	92:16	92:17	+	3	4.15
May	03	ci	91:16	91:17	+	4	4.18
Jul	03	ci	90:30	90:31	+	4	4.14
Aug	03	np	90:10	90:11	+	4	4.29
Aug	03	ci	90:18	90:19	+	4	4.18
Nov	03	np	89:11	89:13	+	8	4.30
Nov	03	ci	89:27	89:29	+	4	4.09
Jan	04	ci	88:28	88:29	+	5	4.23
Feb	04	np	88:09	88:10	+	5	4.35
Feb	04	ci	88:15	88:17	+	5	4.26
May	04	np	87:08	87:09	+	5	4.38
May	04	ci	87:13	87:14	+	5	4.32
Jul	04	ci	87:01	87:02	+	6	4.24
Aug	04	np	86:07	86:09	+	6	4.40
Aug	04	ci	86:20	86:21	+	6	4.27
Nov	04	bp	85:00	85:02	+	6	4.50
Nov	04	np	85:06	85:07	+	6	4.44
Nov	04	ci	85:15	85:17	+	6	4.35
Jan	05	ci	84:21	84:22	+	6	4.41
Feb	05	np	84:08	84:09	+	6	4.44
Feb	05	ci	84:09	84:10	+	6	4.43
Nov	29	ci	22:01	22:02	+	7	5.35
Feb	30	ci	21:25	21:26	+	7	5.35
May	30	bp	21:05	21:06	+	7	5.40
May	30	ci	21:29	21:30	+	8	5.28
Aug	30	ci	21:24	21:26	+	8	5.26
Feb	31	bp	21:29	21:30	+	8	5.14
Feb	31	ci	22:12	22:14	+	8	5.07

gestrippter Mantel

gestrippter Zinsschein

Die Abkürzungen bp, ci und np, die im Zusammenhang mit den STRIPS verwendet werden, stehen für »Treasury-Bond, Stripped-Principal«, »Stripped-Coupon-Interest« bzw. »Treasury-Note, Stripped-Principal«. Ein Investor kann STRIPS nicht von der US-Regierung bzw. der Fed direkt, sondern nur über Brokerhäuser und Wertpapierhändler (Dealer) erwerben.

1992 brachte die *Kreditanstalt für Wiederaufbau* (KfW) als erster inländischer Emittent eine festverzinsliche Anleihe in Umlauf, deren Mantel und Zinsscheine sowohl gemeinsam als auch getrennt voneinander an der Börse gehandelt werden konnten. Im Sommer 1997 wurde eine solche Verfahrensweise erstmalig auch für ausgewählte Bundesanleihen zugelassen. Dazu die Bundesbank in einer aktuellen Publikation: »... Jeder Gläubiger einer strippbaren Anleihe ist berechtigt, das Stripping über sein depotführendes Kreditinstitut von Clearstream International durchführen zu lassen. Die Wiederzusammenführung (»Rekonstruktion«) der Anleihe cum aus Kapital- und Zins-Strips ist nur Kreditinstituten, Wertpapierhandelsunternehmen und Wertpapierhandelsbanken für ihre Eigenbestände erlaubt. Für das Stripping und die Rekonstruktion sind Nominalbeträge ab 50.000 Euro erforderlich. Der Mindestnennbetrag der Kapital-Strips und Zins-Strips ist einheitlich 0,01 Euro.«
Etwas scheint auf den ersten Blick ungewöhnlich: Zins-Strips, die aus unterschiedlichen Bundesanleihen stammen, jedoch ein und denselben Fälligkeitstermin aufweisen, werden unter einer einzigen WKN zusammengefasst. Dazu ein Beispiel: Zinstermin der Bundesanleihen

- *»6,25 % Bund 94 (24)«*,
- *»6 % Bund 97 I. (07)«*,
- *»5,25 % Bund 98 (08)«* sowie
- *»5,625 % Bund 98 (28)«*

In diesem Auszug aus den Emissionsbedingungen einer Bundesanleihe wird das Stripping-Verfahren skizziert.

Trennung der Kapital- und Zinsansprüche:

Die Erwerber der Anleihe sind ab 4. Juli 1997 (Liefertag) während der gesamten Laufzeit berechtigt, ihre Sammelbestandsanteile in voller Höhe durch das depotführende Kreditinstitut von der DKV in eine Anleihe ohne Zinsanprüche und in die einzelnen Zinsansprüche aufteilen zu lassen (Stripping).

Bei Einzelschuldbuchforderungen wird die Aufteilung unmittelbar von der Bundesschuldenverwaltung vorgenommen.

Für das Stripping und die Rekonstruktion selbst sind Nominalbeträge (Kapitalbeträge) von 100 000 DM oder einem ganzen Vielfachen erforderlich. Die Rekonstruktion der Anleihe cum aus den Kapital- und Zins-Strips beim DKV ist nur Kreditinstituten für ihre Eigenbestände erlaubt. Inländische Nichtbanken sind dazu aus steuerlichen Gründen nicht berechtigt. Sie können ggf. die Strips verkaufen und die Anleihe cum erwerben.

Für die einzelnen Bestandteile der Anleihe sind folgende Wertpapier-Kenn-Nummern (WKN) festgelegt worden:

Anleihe ex (ohne Zinsen), fällig am 4. Juli 2027: WKN 114 203

Einzelne Zinsansprüche, fällig am:

04.07.1998	WKN 114 301	04.07.2013	WKN 114 316
04.07.1999	WKN 114 302	04.07.2014	WKN 114 317
04.07.2000	WKN 114 303	04.07.2015	WKN 114 318
04.07.2001	WKN 114 304	04.07.2016	WKN 114 319
04.07.2002	WKN 114 305	04.07.2017	WKN 114 320
04.07.2003	WKN 114 306	04.07.2018	WKN 114 321
04.07.2004	WKN 114 307	04.07.2019	WKN 114 322
04.07.2005	WKN 114 308	04.07.2020	WKN 114 323
04.07.2006	WKN 114 309	04.07.2021	WKN 114 324
04.07.2007	WKN 114 310	04.07.2022	WKN 114 325
04.07.2008	WKN 114 311	04.07.2023	WKN 114 326
04.07.2009	WKN 114 312	04.07.2024	WKN 114 327
04.07.2010	WKN 114 313	04.07.2025	WKN 114 328
04.07.2011	WKN 114 314	04.07.2026	WKN 114 329
04.07.2012	WKN 114 315	04.07.2027	WKN 114 330

Alternativen für den Anleger

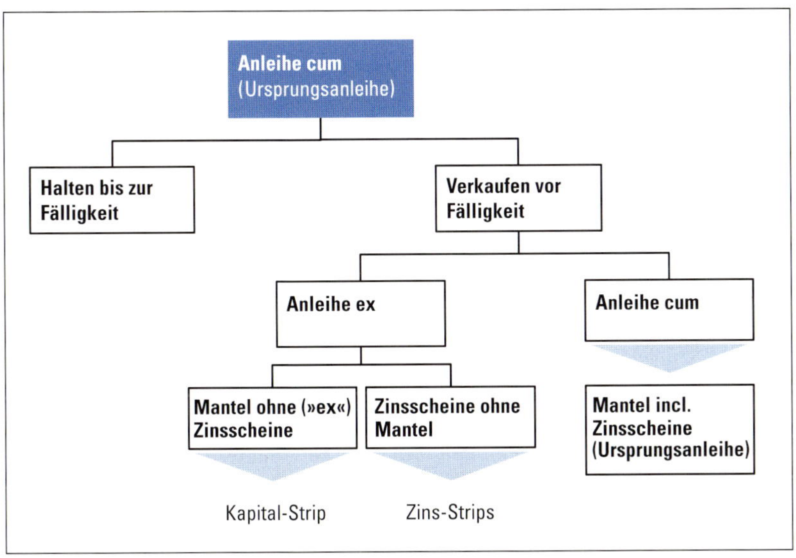

ist jeweils der 4. Januar eines Jahres. Im Jahre 2000 wurden an diesem Tag beispielsweise insgesamt 4,4 Milliarden D-Mark an Zinsen fällig:

gestrippte Tilgungsansprüche von Bundesanleihen

ÖFFENTLICHE ANLEIHEN

Zins	Zinst.	29.3.01	28.3.01	Rend.
Bundesrepublik Deutschland (F)				
6 v. 86II/16	20.06.	111,00 b	111,05 b	4,949
5,625 v. 86I/16	20.09.	106,95 G	107,00 b	4,964
8,375 v. 91/01	21.05.	100,48 b	100,50 b	4,631
8,25 v. 91/01	20.09.	101,67 b	101,70 b	4,445
8 v. 92/02	22.07.	104,62 b	104,64 b	4,250
7,25 v. 92/02	21.10.	104,36 b	104,37 b	4,258
7,125 v. 92/02	20.12.	104,68 b	104,68 b	4,218
6,75 v. 93/03	22.04.	104,92 G	104,90 b	4,201
6,5 v. 93/03	15.07.	104,86 b	104,85 b	4,206
6 v. 93/03	15.09.	104,11 b	104,08 b	4,182
6,25 v. 94/24	04.01.	111,72 b	111,94 b	5,343
6,25 v. 94/24 ex		29,30 B	29,30 B	5,539
6,75 v. 94/04	15.07.	107,27 b	107,28 b	4,315
(FRN) v. 94/04	20.03.	99,65 b	99,65 b	
7,5 v. 94/04	11.11.	110,36 b	110,35 b	4,323
7,375 v. 95/05	03.01.	110,35 b	110,34 b	4,318
6,875 v. 95/05	12.05.	109,35 b	109,36 b	4,339
6,5 v. 95/05	14.10.	108,69 b	108,66 b	4,335
6 v. 96I/06	05.01.	107,11 b	107,10 b	4,307
6 v. 96II/06	16.02.	107,21 G	107,22 b	4,323
6,25 v. 96/06	26.04.	108,87 b	108,87 b	4,264
6 v. 97I/07	04.01.	108,22 b	108,26 b	4,348
6 v. 97I/07ex		77,61 -T	77,61 -T	4,492
6 v. 97II/07	04.07.	108,30 b	108,34 b	4,443
6 v. 97II/07ex		75,76 -T	75,76 -T	4,525
6,5 v. 97/27	04.07.	115,78 b	115,95 b	5,361
6,5 v. 97/27ex		23,75 -T	23,75 -T	5,624
5,25 v. 98/08	04.01.	104,20 b	104,24 b	4,508
5,25 v. 98/08ex		73,87 -T	73,87 -T	4,576
5,625 v. 98/28	04.01.	103,88 b	104,04 b	5,345
5,625 v. 98/28ex		23,50 -T	23,50 -T	5,558
4,75 v. 98/08	04.07.	101,12 b	101,13 b	4,558
4,75 v. 98/08ex		72,02 -T	72,02 -T	4,617
4,75 v. 98/28	04.07.	91,81 b	91,96 b	5,322
4,75 v. 98/28ex		22,36 -T	22,36 -T	5,645
4,125 v. 98/08	04.07.	97,31 b	97,32 b	4,562
4,125 v. 98/08 ex		72,02 -T	72,02 -T	4,617
3,75 v. 99/09	04.01.	94,54 b	94,55 b	4,597
3,75 v. 99/09 ex		70,16 -T	70,16 -T	4,667
4 v. 99/09	04.07.	95,79 b	95,79 b	4,619
4 v. 99/09 ex		68,34 -T	68,34 -T	4,709
4,5 v. 99/09	04.07.	99,08 b	99,09 b	4,630
4,5 v. 99/09ex		68,34 -T	68,34 -T	4,709
5,375 v. 99/10	04.01.	105,21 b	105,22 b	4,632
5,375 v. 99/10 ex		66,54 -T	66,54 -T	4,755
6,25 v. 00/30	04.01.	113,32 b	113,60 b	5,330
6,25 v. 00/30 ex		22,20 G	22,20 G	5,370
5,25 v. 00/10	04.07.	104,45 b	104,47 b	4,641
5,25 v. 00/10ex		64,76 -T	64,76 -T	4,797
5,25 v. 00/11		104,41 b	104,46 b	4,671
5,5 v. 00/31	04.01.	102,76 b	102,95 b	5,309
5,25 v. 00/11ex		63,01 -T	63,01 -T	4,841

Anleihe	Nominalvolumen	Zinsanspruch am 4.1.2000
6,25 % Bund 94 (24)	20 Mrd. DM	1,2500 Mrd. DM
6 % Bund 97 I. (07)	30 Mrd. DM	1,8000 Mrd. DM
5,25 % Bund 98 (08)	15 Mrd. DM	0,7875 Mrd. DM
5,625 % Bund 98 (28)	10 Mrd. DM	0,5625 Mrd. DM
Zinsansprüche insgesamt:		4,4000 Mrd. DM

Damit durch das Stripping nicht eine Vielzahl neuer Schuldverschreibungen mit Fälligkeit 4. Januar 2000 entsteht, stellt der Bund für die Gesamtzinsansprüche dieses Tages nur eine einzige Schuldverschreibung mit WKN 114233 (Nominalwert: 4,4 Mrd. D-Mark) aus. Ähnliches gilt für die folgenden Jahre.

Privatanleger müssen beachten, dass sich das Strippen einer Bundesanleihe samt anschließender Weiterveräußerung der Einzelteile unter steuerlichen Gesichtspunkten normalerweise nicht lohnt, da etwa die Erlöse aus dem Verkauf von Zins-Strips in voller Höhe versteuert werden müssen. Ganz anders jedoch die Situation für Strip-Käufer: Wer sich eine Anleihe in Einzelteilen zulegt, anstatt das Papier »cum« zu kaufen, verschiebt seine Steuerzahlungen weiter in die Zukunft (Steuerstundungseffekt), was zumindest bei der gegenwärtigen Gesetzeslage einen Zinsvorteil einbringt (siehe Ausschnitt auf der Seite gegenüber).

In der Finanzzeitung des HANDELSBLATTES erkennt man gestrippte Bundesanleihen am Zusatz »ex« und außerdem daran, dass die Spalte »Zinstermin« frei bleibt. Es handelt sich hierbei ausschließlich um die Kurse für gestrippte Tilgungsansprüche (Kapital-Strips). Preise für Zins-Strips werden in der Finanzzeitung generell nicht abgedruckt.

Inflationsgeschützte Anleihen (Inflation-Indexed-Securities)

Die Höhe der Rück- und/oder Zinszahlungen einer *Indexanleihe* hängt von der Entwicklung eines Indexes, wie zum Beispiel eines Aktien- oder Verbraucherpreisindexes, ab. Indexanleihen werden als Anleihen mit Sachwertschutz bezeichnet, wenn die Index-Kopplung der Zins- bzw. Tilgungszahlungen dazu führt, dass die Kaufkraft des investierten Geldbetrages trotz gestiegener oder gesunkener Inflationsraten unverändert bleibt.

Anfang 1997 begab die Regierung der Vereinigten Staaten erstmals inflationsgekoppelte Indexanleihen. Die Titel tragen treffenderweise die Bezeichnung »Treasury-Inflation-In-

Besteuerungsverfahren für gestrippte Bundesanleihen

Einkommensteuerliche Regelung bei Stripping

1. Anleihe cum

Die Anleihe cum wird wie eine gewöhnliche Festzinsanleihe mit jährlicher Zinszahlung behandelt. Die Zinszahlungen (auch die erhaltenen Stückzinsen) unterliegen in voller Höhe dem Zinsabschlag bzw. der Einkommensteuer.

2. Veräußerung oder Einlösung des Kapital-Strips durch den ersten Erwerber

Die Veräußerung oder Einlösung des Kapital-Strips (Anleihe ex) durch den Ersterwerber (Erwerber der Anleihe cum) ist steuerlich unbeachtlich, da kein Kapitalertrag erzielt wird.

3. Veräußerung oder Einlösung der getrennten Zins-Strips durch den ersten Erwerber

Die Einnahmen aus der Veräußerung oder Einlösung der Zins-Strips unterliegen in voller Höhe dem Zinsabschlag bzw. der Einkommensteuer.

4. Veräußerung oder Einlösung des separaten Kapital-Strips bzw. der Zins-Strips durch den zweiten oder jeden weiteren Erwerber

Der Kapital-Strip bzw. die einzelnen Zins-Strips werden wie Nullkupon-Anleihen behandelt. Da eine Besteuerung des Kapitalertrags nach der Emissionsrendite nicht möglich ist (kein Stripping ex Emission, sondern erst im Sekundärmarkt), gilt folgendes:

Steuerlicher Kapitalertrag für Zwecke der Einkommensteuer ist der Unterschiedsbetrag zwischen dem Erwerbspreis und den Einnahmen aus der Veräußerung oder Einlösung (Differenzmethode). Dies gilt auch für den Steuerabzug (Zinsabschlag), wenn der Kapital-Strip bzw. Zins-Strip seit dem Erwerb von der auszahlenden Stelle (Kreditinstitut) verwahrt oder verwaltet worden ist. Ist diese Voraussetzung nicht erfüllt (z. B. bei Depotübertragung), beträgt die Bemessungsgrundlage für den Steuerabzug 30 % der Einnahmen aus der Veräußerung oder Einlösung (Ersatzbemessungsgrundlage), auf die der Zinsabschlag von 30 % zu erheben ist.

Der Steuerabzug (Zinsabschlag) nach der Ersatzbemessungsgrundlage kann im Einzelfall zu niedrig oder zu hoch sein. Dies wird bei der Veranlagung zur Einkommensteuer nach dem tatsächlichen Kapitalertrag und unter Anrechnung der einbehaltenen und abgeführten Kapitalertragsteuer ausgeglichen.

dexed-Securities« und sind an den »Consumer Price Index for All Urban Consumers« (kurz: CPI-U) gebunden. Dieser ist mit dem »Preisindex für die Lebenshaltung aller privaten Haushalte« vergleichbar, der in Deutschland vom Statistischen Bundesamt berechnet wird.

Tips

Der Nominalzinssatz der Indexanleihen – man sagt auch *Tips*, was für Treasury-Inflation-Protected-Securities steht, – ist über die komplette Laufzeit fix. Die tatsächliche Zinszahlung wird jedoch jedes halbe Jahr immer wieder aufs Neue berechnet. Als Basis dient dabei der »inflationsbereinigte Wert« der Anleihen:

Inflations-
bereinigter Wert

$$\text{Inflationsbereinigter Wert} = \text{Nennwert (z. B. 1.000 US-\$)} \times \frac{\text{CPI–U (aktuell)}}{\text{CPI–U (bei Emission)}}$$

Beispiel

Am 15. Januar 1999 begab das US-Finanzministerium Tips mit einem Kupon von 3,875 Prozent und einer Laufzeit von 10 Jahren. Bei Emission betrug der CPI-U 164,0 Indexpunkte. Bis zum Juli 1999 war der Inflationsindex auf 166,20 Punkte gestiegen. Da zu diesem Zeitpunkt Zinsen fällig waren, wurden diese auf den angepassten Wert der Anleihe in Höhe von 166,20/164,0 × 100 % = 101,341 % berechnet. Bei einem Kapitaleinsatz von 1.000 US-Dollar bei Emission beläuft sich die Zinszahlung auf

1.013,41 US-Dollar × 3,875 % = 39,27 Dollar.

Sie liegt damit um genau 1,341 Prozentpunkte über dem Nominalkupon.

An dem Beispiel wird deutlich: In Zeiten steigender Preise (Inflationsphasen) steigt der Preisindex (CPI-U, aktuell) und damit auch der inflationsbereinigte Wert. Als Folge nehmen die Zinszahlungen der Anleihen zu. In Zeiten sinkender Preise (Deflationsphasen) ist es hingegen umgekehrt: Fallen die Preise, fällt auch der inflationsbereinigte Wert und die Zinszahlungen nehmen ab.

Der inflationsbereinigte Wert ist ebenso maßgeblich für die Tilgungszahlung der Anleihe. Gemäß den Regeln des US-Finanzministeriums für Indexanleihen kann er niemals unter den Nennwert der Titel sinken. Anleger haben also Gewissheit, bei Fälligkeit mindestens den Nennwert ausgezahlt zu bekommen. Obendrein wird bei den halbjährlichen Zinsberechnungen mindestens der Nennwert der Papiere zugrunde gelegt, sodass Anlegern auch eine Mindestverzinsung sicher ist.

Wer im März 2001 einen Blick ins Wall Street Journal Europe wirft, wird feststellen, dass die Rendite für 10-jährige Tips (Kürzel: 3 1/2 Jan 11i, für Kupon 3,5 % und Laufzeit bis Januar 2011) in etwa um 1,5 Prozentpunkte unter derjenigen von herkömmlichen 10-jährigen Treasury-Notes liegt (3,23 % vs. 4,72 %).

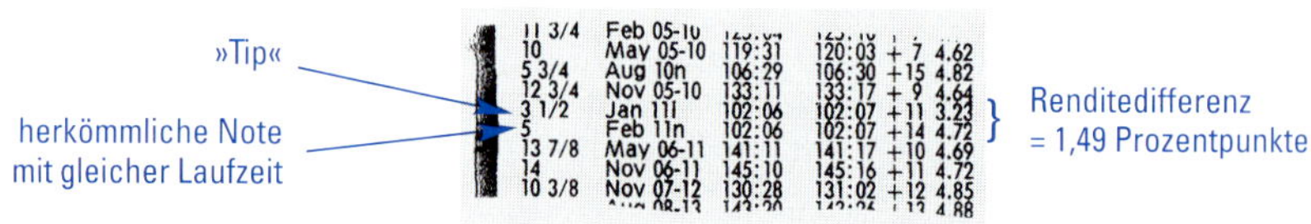

11 3/4	Feb 05-10	[illegible]	[illegible]	[illegible]	[illegible]
10	May 05-10	119:31	120:03	+ 7	4.62
5 3/4	Aug 10n	106:29	106:30	+15	4.82
12 3/4	Nov 05-10	133:11	133:17	+ 9	4.64
3 1/2	Jan 11i	102:06	102:07	+11	3.23
5	Feb 11n	102:06	102:07	+14	4.72
13 7/8	May 06-11	141:11	141:17	+10	4.69
14	Nov 06-11	145:10	145:16	+11	4.72
10 3/8	Nov 07-12	130:28	131:02	+12	4.85
[illegible]	[illegible] 08-13	[illegible]	[illegible]	[illegible]	4.88

Wie lässt sich die Differenz begründen? Bei der Bewertung von Tips zinst man den künftigen, heute schon bekannten Nominal-Zahlungsstrom der Anleihe ab (35 +35 +35 + …+1.000). Die Vorgehensweise entspricht bis hierhin der Bewertung herkömmlicher Zinstitel. Als Abzinsungsrate für den Zahlungsstrom verwenden Marktteilnehmer jedoch nicht die Rendite vergleichbarer Anleihen (hier rund 4,75 %), sondern diesen Prozentsatz minus der erwarteten jährlichen Inflationsrate. Das Ergebnis (etwa 3,25 %) entspricht der angenommenen Realrendite des Tips – mehr Rendite braucht das Papier gegenwärtig nicht zu »bringen«, da die antizipierte Inflation durch Zins- und Tilgungszahlungen ausgeglichen wird. Als Barwert ergibt sich im Betrachtungszeitpunkt ungefähr ein Betrag von 102,06 Prozent.

Die Renditen von Inflation-Indexed-Securities können als Indikator für die Inflation herangezogen werden: Nimmt die Differenz zur Rendite gewöhnlicher Treasury-Notes zu, so erwarten die Marktakteure einen Anstieg der Inflationsrate. Eine enger werdende Spanne (*Spread*) hingegen signalisiert, dass die Händler einen schwächeren Preisanstieg erwarten. Der folgende Chart zeigt deutlich, dass die Inflationsangst unter den Marktteilnehmern seit Anfang des Jahres deutlich abgenommen hat. Der Spread zwischen 10-jährigen Tips und herkömmlichen US-Staatsanleihen liegt im obigen Beispiel bei 1,5–2 Prozent. Im Klartext heißt das, dass die Marktteilnehmer künftig eine jährliche Inflationsrate von 1,5–2 Prozent erwarten.

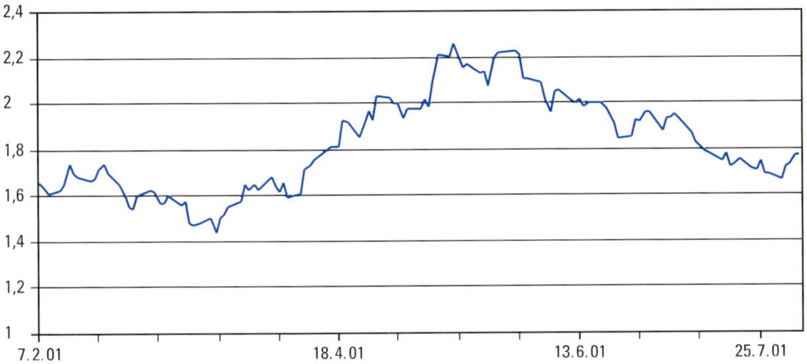

Differenz zwischen 10-jähriger Treasury-Note und vergleichbarer inflationsgeschützter Anleihe

Inflation-Indexed-Securities können wie alle anderen Notes und Bonds der US-Regierung an der Börse gehandelt werden. Auch das Strippen von Indexanleihen ist möglich. Übrigens: Die Papiere der US-Regierung sind den »Real Return Bonds«, das sind inflationsgekoppelte Anleihen des kanadischen Finanzministeriums, sehr ähnlich. Auch in Europa sind vergleichbare Anleihen erhältlich, beispielsweise von der französischen Regierung (so genannte OATi). Weitere Informationen findet man im Internet zum Beispiel unter www.publicdebt.treas.gov.

Ausführliche Informationen zu inflationsgeschützten Anleihen der US-Regierung findet man im Internet unter www.publicdebt.treas.gov.

Bis Ende 1998 war die Emission von D-Mark-Index-Anleihen in Deutschland grundsätzlich untersagt. Marktteilnehmern sollte die Möglichkeit genommen werden, sich gegen Preissteigerungen abzusichern oder gar von Preissteigerungen zu profitieren. Zulässig war eine Kopplung von Zins- und/oder Tilgungszahlungen an einen Index immer dann, wenn den Anleihegläubigern aus der Indexbindung ausschließlich Ertragseinbußen entstehen konnten.

Beispiel

Im Jahre 1993 emittierte die WestLB, Düsseldorf, eine Anleihe »mit DAX-bezogenem Rückzahlungswahlrecht der Emittentin«. Der folgende Ausschnitt stammt aus den Emissionsbedingungen:

… § 3

(1) Die Teilschuldverschreibungen werden am 10. November 1995 nach Wahl der Emittentin entweder (a) zum Nennbetrag oder (b) zu einem gemäß Absatz (2) zu ermittelnden Betrag eingelöst …

(2) Für den Fall, dass der von der Frankfurter Wertpapierbörse am 30. Oktober 1995 zuletzt festgestellte und veröffentlichte Wert (Schlusskurs) des Deutschen Aktienindex (DAX) entweder (a) über 2.500 oder (b) unter 1.850 liegt, ist die Emittentin berechtigt, nach ihrer Wahl die Teilschuldverschreibungen statt zum Nennbetrag zu einem Betrag (der »Rückzahlungsbetrag«) einzulösen, der für jede Teilschuldverschreibung im Nennbetrag von DM 5.000 einem Betrag von mindestens DM 3.500 entspricht und wie folgt berechnet wird:

(a) DAX über 2.500: RB = 20.000 – 6 × DAX-Betrag
(b) DAX unter 1.850: RB = 6 × DAX-Betrag – 6.100
dabei gilt RB als der in DM ausgedrückte, positive Rückzahlungsbetrag in Höhe von mindestens DM 3.500 und der DAX-Betrag als der Schlusskurs des DAX am Feststellungstag, wobei ein Indexpunkt einem Betrag von DM 1 entspricht. …

Am 30.10.1995 wird an der Frankfurter Wertpapierbörse ein DAX-Schlusskurs in Höhe von 2.146,11 festgestellt, was dem folgenden Ausschnitt aus der Finanzzeitung zu entnehmen ist.

Deutsche Indizes / Dax

	30.10.	27.10.
Dax (30.12.87 = 1000) (Jahres-H/T 2320,22/1893,63)* 38/200-Tge.-Ø 2209,31/2122,07 Tages-H/T 2147,49/2136,01 Tages-E/S 2136,01/2146,11	2146,11	2096,08

Das Rückzahlungswahlrecht der Emittentin verfällt somit; die WestLB tilgt die Anleihe zum Nennbetrag in Höhe von 5.000 D-Mark.

Untenstehende Tabelle zeigt die Rückzahlungsbeträge bei unterschiedlichen DAX-Szenarien.

DAX-Stand am 30.10.1995	Rückzahlungsbetrag
2.745	20.000 DM – 6 × 2.745 DM = 3.530 DM
1.590	6 × 1.590 DM – 6.100 DM = 3.440 DM 3.440 DM < 3.500 DM Rückzahlungskurs = 3.500 DM

Die Index-Kopplung hätte für die Anleiheinhaber niemals zu einem höheren Rückzahlungskurs als dem verbrieften Nennwert in Höhe von 5.000 D-Mark und niemals zu einem geringeren als dem verbrieften Mindestrückzahlungskurs in Höhe von 3.500 D-Mark führen können.

Indexierung auch hierzulande zulässig

Inzwischen ist eine Indexierung von Zahlungen auch in Deutschland grundsätzlich möglich. Die Basis dafür wurde im Euro-Einführungsgesetz gelegt. Seit dem 1. Januar 1999 können also auch deutsche Anleiheemittenten Tilgungs- und Zinszahlungen an einen Verbraucherpreisindex koppeln.

Anleiheemission

Die »Unterbringung« von Wertpapieren (Aktien, Anleihen, Optionsscheine, Indexzertifikate usw.) bei Anlegern, also der Verkauf der Papiere an Investoren, wird als Emission oder *Platzierung* bezeichnet. Wertpapiere können grundsätzlich vom Emittenten selbst oder unter Mitwirkung eines Banken-Konsortiums platziert werden. Das Verkaufsangebot wird entweder veröffentlicht (*öffentliche Platzierung*) oder richtet sich nur an wenige Investoren (*Privatplatzierung*).

Platzierung

Im Rahmen einer *Selbstemission* übernimmt der Emittent selbst die Platzierung seiner Anleihe. Er trägt sämtliche damit verbundene Aufgaben, wie zum Beispiel die Ausarbeitung von Verkaufsprospekten oder den Vertrieb, und auch das Platzierungsrisiko. Damit ist die Gefahr gemeint, dass nicht der vollständige Anleihebetrag an Investoren veräußert werden kann, und dem Emittenten folglich nicht der vorgesehene Geldbetrag zufließt. In Deutschland führen überwiegend Geschäftsbanken, aber sehr selten andere Unternehmen, Selbstemissionen durch. Als typisches Beispiel für eine Selbstemission gilt die Begebung von Pfandbriefen oder Inhaberschuldverschreibungen durch Kreditinstitute.

Selbstemission

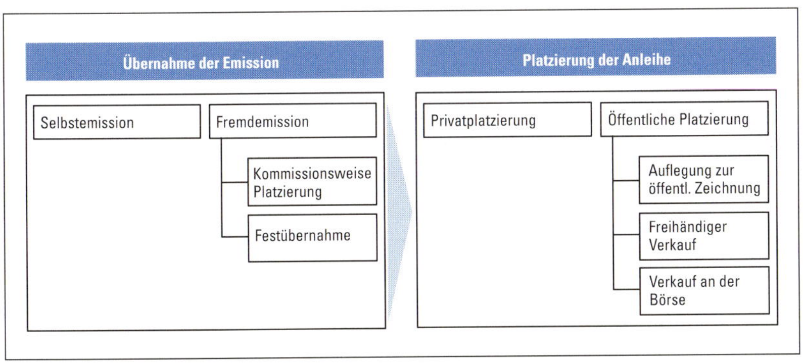

Eine *Fremdemission* ist dadurch gekennzeichnet, dass eine oder mehrere Geschäftsbanken – im Falle mehrerer Banken spricht man von einem Emissionskonsortium – die Schuldverschreibungen eines Anleihe-Emittenten übernehmen und sämtliche mit der Platzierung verbundene Aufgaben erledigen. Das Emissionskonsortium kann die Anleihe fest oder kommissionsweise übernehmen. Bei einer Festübernahme kaufen die Mitglieder des Konsortiums einen Teil des Emissionsvolumens oder gar die gesamte Emission und werden Eigentümer der Papiere. Sie tragen folglich das Absatzrisiko für den übernommenen Teil. Anleihen, die nicht bei Investoren untergebracht werden können, verbleiben im eigenen Bestand der Konsorten. Dies ist bei kommissionsweiser Übernahme der Papiere anders. Hier übernimmt das Konsortium die Emission und verkauft sie im eigenen Namen, aber für Rechnung des Emittenten.

Fremdemission

Emissionsformen

Eine Fremdemission birgt für einen Emittenten den Vorteil, die Infrastruktur (Vertriebswege, Kontakt zu Investoren usw.) sowie das Know-how einiger Geschäftsbanken nutzen und im Falle einer Festübernahme das Platzierungsrisiko auf das Konsortium abwälzen zu können. Diese Dienstleistungen müssen Emittenten den Geschäftsbanken vergüten.

Privatplatzierung

Anleihen können – wie schon erwähnt – grundsätzlich privat oder öffentlich platziert werden. Die *Privatplatzierung* ist dadurch gekennzeichnet, dass die Anleihe nur ausgewählten Investoren angeboten wird. Bei öffentlicher Platzierung hingegen ist der Investorenkreis prinzipiell nicht begrenzt. Hier lassen sich

- die Auflegung zur öffentlichen Zeichnung,
- der freihändige Verkauf sowie
- der börsenmäßige Verkauf

unterscheiden. Im Rahmen der Auflegung zur öffentlichen Zeichnung publiziert das Emissionskonsortium Prospekte und fordert Investoren damit zur Abgabe einer Zeichnungserklärung innerhalb einer vorgegebenen Frist auf. Steht der Kurs, zu dem die Anleihe verkauft wird, von vornherein fest, so spricht man von einem festen Zeichnungskurs. Anleger teilen in diesem Fall nur den Nennbetrag bzw. die Stückzahl mit, die sie erwerben möchten. Nach Ablauf der *Zeichnungsfrist* werden die Wertpapiere den Investoren zugeteilt.

Beim *Auktions-* oder *Tenderverfahren* haben die Anleger die Möglichkeit, während der Zeichnungsfrist sowohl einen Nennbetrag als auch einen Kurs für die Anleihe zu bieten. Das Tenderverfahren spielt bei Emissionen des Bundes eine wichtige Rolle. Hierauf wird an der entsprechenden Stelle näher eingegangen.

Beim freihändigen Verkauf veräußern die Mitglieder des Emissionskonsortiums die übernommenen Anleihen fortlaufend an ihre Kunden und versuchen, ein möglichst großes Volumen unterzubringen. Die Anleihe wird in einem Verkaufsprospekt, der dem Zeichnungsprospekt ähnelt, zu einem freibleibenden Kurs angeboten. Die Geschäftsbanken behalten sich demnach vor, den Kurs im Laufe der Zeit dem jeweiligen Marktzinsniveau anzupassen. Der freihändige Verkauf wird beispielsweise bei Bundesobligationen, die immer in Serien emittiert werden, angewendet.

Ausnahme: Emission über die Börse

Im Rahmen des börsenmäßigen Verkaufs werden die Papiere zunächst an der Börse eingeführt und sodann über die Börse veräußert. Diese Form des Verkaufs kommt jedoch kaum noch vor. Die Papiere werden zumeist erst nach der Platzierung an die Börse gebracht.

Von der Roadshow bis zum Reoffer

In diesem Abschnitt möchten wir uns etwas näher mit der Emission von Anleihen beschäftigen – genau genommen mit der öffentlichen Platzierung einer Unternehmensanleihe durch ein Bankenkonsortium. Im Regelfall umfasst ein solcher Vorgang insgesamt fünf Schritte: Roadshow, Bookbuilding, Preisermittlung, Reoffer, Auflösung des Konsortiums/Handelsfreigabe.

1. Roadshow

Kommen wir zunächst zur *Roadshow*: Vertreter des Anleiheemittenten und Mitarbeiter der Konsortialbanken suchen dabei institutionelle Anleger in den Finanzmetropolen rund um den Globus auf. Ihre Reise führt sie zum Beispiel nach New York, London, Frankfurt und Tokio, wobei sie in all diesen Städten Treffen mit Rentenhändlern in Banken, Verwaltern von Pensionskassen und Managern von Rentenfonds vereinbaren. Ziel der Roadshow ist es, potenziellen »Großabnehmern« die neue Anleihe im Detail vorzustellen und sie von einer Zeichnung des Papiers zu überzeugen. Der persönliche Besuch hat für beide Seiten Vorteile: Anleiheemittent und Konsortialbanken bekommen einen ersten Eindruck davon, wie die Anleihe »vom Markt« akzeptiert wird, und ihre Gegenüber können in einem Gespräch normalerweise deutlich mehr über die Finanzsituation des Emittenten in Erfahrung bringen als beispielsweise mit Hilfe des Emissionsprospektes oder sonstigem Research-Material.

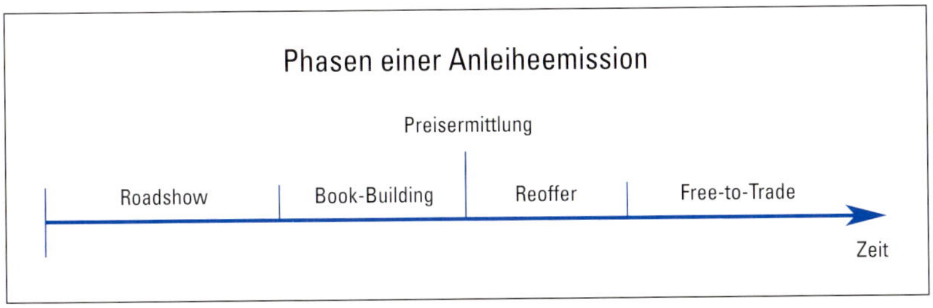

2. Bookbuilding

Kurz nach der Roadshow beginnt die *Bookbuilding-Phase*, auch Zeichnungsfrist genannt. Der Emittent gibt eine Preisspanne (Bookbuilding-Spanne) für die Anleihe vor und Kaufinteressenten reichen anschließend Orders bei den Konsortialbanken ein. Hierbei nennen sie die gewünschte Menge (Nominalwert) sowie normalerweise auch ein Kurslimit. Die Konsortialbanken nehmen die Kaufaufträge in ihre Orderbücher (»Books«) auf und sortieren sie vom höchsten bis zum niedrigsten Kursgebot. Nach Ablauf eines vorher festgelegten Zeitraums, im Regelfall wenige Tage, werden die Bücher geschlossen und alle vorliegenden Aufträge zusammengetragen.

Preis in Form eines Rendite-Spreads

Die Book-Building-Spanne setzt sich bei Anleiheemissionen normalerweise nicht aus konkreten Kursen zusammen (z. B. 98,5 % bis 99,5 %), sondern aus einem Renditespread. Emittenten bzw. Konsortialbanken teilen potenziellen Zeichnern mit, mit welchem Renditeaufschlag gegenüber vergleichbaren Staatsanleihen die Papiere voraussichtlich auf den Markt gebracht werden. Die Book-Building-Spanne könnte beispielsweise »35 bis 45« lauten, was bedeutet, die Rendite der zu begebenden Anleihe wird bei Ausgabe mindestens 35 Basispunkte über der Rendite einer vergleichbaren Staatsanleihe liegen, maximal jedoch 45 Punkte. Wer die Titel zeichnen und dabei ein Limit nennen möchte, nennt dem Emittenten bzw. den Konsortialbanken keinen Preis, sondern den gewünschten Spread gegenüber Staatsanleihen. Eine Order könnte zum Beispiel so lauten: »10 Mio. Euro zu 42«, was bedeutet, dass jemand Anleihen im Nominalwert von 10 Millionen Euro kaufen würde, wenn man ihm 42 Basispunkte Renditeaufschlag gegenüber Staatsanleihen gewährt.

3. Preisermittlung

Jetzt kommen wir zum nächsten Schritt, der *Preisermittlung*. Gemeinsam mit den Konsortialbanken und mit Hilfe der Orderbücher macht sich der Emittent ein Bild von der Auftragslage. Ist die Nachfrage sehr groß, besitzt er einen vergleichsweise großen Spielraum bei der Festlegung des Ausgabepreises (»Issue-Price«). Anders ist es hingegen, wenn nur wenige Aufträge vorliegen. Emittenten sehen sich dann mitunter gezwungen, das untere Ende der Bookbuilding-Spanne als Preis festzusetzen oder bestimmen gar einen Preis, der noch deutlich darunter liegt, nur um die Anleihe überhaupt in ausreichender Menge platzieren zu können. Emittent und Konsortialbanken müssen in jedem Fall genauestens abwägen, welchen Preis sie schließlich als Ausgabepreis bestimmen. Das Ergebnis teilen sie Anleihezeichnern umgehend über Finanzinformationsdienste, per Internet und Finanzpresse mit.

Im nächsten Schritt führen die Konsortialbanken die vorliegenden Kaufaufträge aus, oder anders: Sie beliefern die Anleihekäufer mit Wertpapieren. Da sie während der Zeichnungsfrist normalerweise nicht das Gesamtvolumen unterbringen können, verbleiben auch nach der Zuteilung Anleihen häufig »in den Büchern der Konsortialbanken«, wie es fachsprachlich heißt.

4. Reoffer

Damit gelangen wir zur Reoffer-Phase: Innerhalb dieses Zeitraumes (normalerweise wenige Stunden bis maximal 2 Tage) versuchen die Banken, nun auch die restlichen Papiere im Markt unterzubringen. Dabei müssen sie sich am so genannten *Reoffer-Price* orientieren, das heißt, sie dürfen in keinem Fall Kaufaufträge unter diesem Preis ausführen. Der Reoffer-Price wird von den Konsortialbanken festgelegt und am Issue-Price ausgerichtet. In den meisten Fällen ist er mit diesem sogar identisch. Das Ende der Reoffer-Phase stellt schließlich auch das »offizielle« Ende des Emissionsprozesses dar.

5. Auflösung des Konsortiums/ Handelsfreigabe

Das Konsortium wird aufgelöst und die Anleihe erhält den Status »Free-to-Trade«. Von nun an darf sie zu Preisen gehandelt werden, die die jeweils Beteiligten frei untereinander vereinbaren können.

Handel mit Anleihen

Anleihen werden, ebenso wie andere Wertpapiere, sowohl an Börsen als auch Over-the-Counter gehandelt. Börsennotierte Anleihen lassen sich in Deutschland den drei Marktsegmenten »Amtlicher Handel«, »Geregelter Markt« und »Freiverkehr« zuordnen. Die Zulassung eines Papiers zu einem dieser Segmente hängt von bestimmten Voraussetzungen ab, die vom Emittenten erfüllt werden müssen. Dabei gelten für Emittenten amtlich notierter Anleihen die strengsten und für Emittenten, deren Papiere im Freiverkehr gehandelt werden, die schwächsten Formvorschriften. Die Kursbildung börsengehandelter Anleihen ist mit derjenigen börsengehandelter Aktien vergleichbar, sodass an dieser Stelle auf die entsprechenden Ausführungen verwiesen wird.

Over-the-Counter-schlägt Börsenhandel.

Der Großteil des weltweiten Renten-Handels wird jedoch nicht über Wertpapierbörsen, sondern Over-the-Counter abgewickelt. Am außerbörslichen Handel beteiligen sich Geschäftsbanken und bedeutende andere Unternehmen, wie beispielsweise Fonds- und Versicherungsgesellschaften sowie Industrieunternehmen.

Market-Making auch für Anleihen

Auf dem Rentenmarkt existieren zahlreiche Market-Maker, also Geschäftsbanken, die für bestimmte Papiere fortlaufend

Geld- und Briefkurse stellen. In Deutschland gibt es zum Beispiel mehrere Market-Maker für Bundesanleihen, wobei ein Market-Maker in aller Regel ein bestimmtes Marktsegment, zum Beispiel Bundesanleihen mit dreijähriger Restlaufzeit, abdeckt.

Spreads als Marktindikator

Kommen während des Handels ziemlich hohe Spannen (Spreads) zwischen Geld- und Briefkursen zustande, so drückt dies eine gewisse Unsicherheit aus. Da die Händler nicht genau wissen, wo die Marktpreise eigentlich liegen müssten, haben sie die Befürchtung, Anleihen überteuert anzukaufen und stellen daher verhältnismäßig niedrige Geldkurse. Umgekehrt wollen sie Papiere auch nicht zu billig abgeben und quotieren aus diesem Grunde hohe Verkaufspreise. Sich stark ausweitende Spreads sind generell ein Warnsignal. Marktteilnehmer sollten in solchen Phasen auf Wertpapierankäufe verzichten.

Eigenhandel

Die Rentenhändler der Geschäftsbanken handeln Anleihen im Auftrag ihrer Kunden und für eigene Rechnung (*Eigenhandel*). Der Eigenhandel weist normalerweise keinen direkten Bezug zu den Geschäften der Bankkunden auf und wird zum Beispiel aus Arbitrage- und Spekulationsmotiven betrieben. Grundsätzlich ist der OTC-Handel von Schuldverschreibungen, was organisatorische Abläufe (Kontaktaufnahme der Händler, Einsatz von Informationssystemen usw.) angeht, mit dem Geldhandel vergleichbar. Geschäftsbanken und bedeutende andere Unternehmen, die sich am Rentenhandel beteiligen, sind gewöhnlich an die Finanz-Informationssysteme von Nachrichtenagenturen wie Reuters oder Bloomberg angeschlossen. Die Rentenhändler können dann am Terminal Geld- und Briefkurse für bestimmte Papiere einstellen und die Quotierungen anderer Marktteilnehmer sichten. Die eingestellten Geld- und Brief-Sätze sind Indikationen und zeigen folglich nur näherungsweise an, zu welchen Konditionen ein Akteur bereit ist, ein bestimmtes Papier zu kaufen bzw. zu verkaufen.

Anleihepreise über Reuters und Bloomberg

Anleihehandel – Drei Motive für Geschäftsbanken

Kauf- und Verkaufstransaktionen mit Anleihen kommen am Kapitalmarkt normalerweise nur über Geschäftsbanken zustande. Genau wie bei Aktien treten sie als Handelsmittler, Eigenhändler und Market-Maker auf. Wenn Privatanleger Anleihen kaufen möchten, wenden sie sich normalerweise an ihre Hausbank und betrauen diese mit der Durchführung der Orders. Ähnliches gilt auch für institutionelle Anleger, etwa Versicherungsgesellschaften oder Investmentfonds: Käufe und Verkäufe werden nicht in Eigenregie abgewickelt, sondern fast immer unter Einbeziehung einer Geschäftsbank. Für die Abwicklung einer Order kassieren die Banken – genau wie bei Aktien – Provisionen.

Geschäftsbanken handeln Anleihen darüber hinaus auch für eigene Rechnung. Wenn sie Kapital verzinslich anlegen oder auf sinkende oder steigende Zinsen spekulieren möchten, greifen Banken auf Anleihen zurück und kaufen mittel- und langfristige Schuldtitel in die eigenen Wertpapierdepots. Käufe und Verkäufe werden natürlich mit der Absicht getätigt, dabei Gewinne zu erzielen.

Schließlich kommt Banken eine weitere bedeutende Funktion beim Handel mit Anleihen zu, die Funktion des Market-Makers. Insbesondere im Fall von Staatsanleihen gibt es zahlreiche Banken, die sich bereit erklären, börsentäglich verbindliche An- und Verkaufskurse zu stellen. Auf diese Weise garantieren sie einen liquiden Sekundärmarkt für die Schuldtitel. Als Gegenleistung streichen sie hier die Differenz zwischen An- und Verkaufskursen ein.

Geschäftsbanken haben letzten Endes also drei Motive, mit Anleihen Handel zu treiben:

- Sie wickeln An- und Verkäufe für ihre Kunden ab – kaufen und verkaufen für diese zum Beispiel Anleihen an der Börse;
- sie betreiben Eigenhandel mit mittel- und langfristigen Schuldtiteln;
- sie fungieren als Market-Maker für bestimmte Anleihen.

Ein Geschäft, und demzufolge der endgültige Kurs, wird meist telefonisch zwischen zwei Händlern vereinbart. Rentenhändler orientieren sich aber nicht nur an den über die Informationssysteme der Nachrichtenagenturen verbreiteten Daten aus dem Rentenhandel, sondern auch am Geschehen auf Aktien-, Geld- und Devisenmärkten. Sie

- studieren zudem die wichtigsten Wirtschaftszeitungen (Handelsblatt, Wall Street Journal, Financial Times usw.),
- verfolgen relevante TV-Sendungen (z. B. »n-tv-Teleborse«),
- konsultieren Rentenhändler im In- und Ausland,
- analysieren fundamentale Daten (Inflationsrate, Geldmenge, Arbeitslosenquote usw.) sowie Charts,
- verfolgen die Politik der Zentralbanken,
- wenden sich an Makler, um rasch einen Marktüberblick zu erhalten usw.

Nicht jedes Zinspapier ist an der Börse handelbar

Viele Anleger setzen großes Vertrauen in den Handel an einer Börse. Da das Geschehen dort staatlich beaufsichtigt wird, sind gute Voraussetzungen für einen ordnungsgemäßen, transparenten und fairen Handel gegeben.

Es ist einleuchtend, dass sich Börsenpapiere besser an Anleger verkaufen lassen als nicht notierte Titel. Das haben auch die Emittenten von Anleihen erkannt und die meisten ihrer Papiere deshalb an einer Börse eingeführt. Dennoch existieren Zinstitel, die dort nicht vertreten sind. Ein typisches Beispiel stellen *Sparbriefe* dar, eine Wertpapierart, die zwischen Spareinlage und Börsenanleihe anzusiedeln ist. In den meisten Fällen besitzen Sparbriefe keine Börsenzulassung und werden von Geschäftsbanken direkt am Schalter an Kunden verkauft. Das erspart den Instituten den Aufwand, der mit einer Börsennotiz verbunden wäre (z. B. Börsenzulassung, Kurspflege, Emissions- und Verwaltungskosten). Grundsätzlich ist eine Börseneinführung für Sparbriefe ohne weiteres denkbar und wird in bestimmten Fällen auch beantragt.

Sparbriefe

Eine Rückgabe nicht zur Börse zugelassener Sparbriefe vor Fälligkeit ist ausgeschlossen. Möchte sich ein Anleger wieder von seinen Papieren trennen, kann er höchstens auf eigene Faust versuchen, einen Interessenten zu finden, der sie übernimmt. Das ist meist nicht ganz unproblematisch, denn erstens sind diese schwierig zu finden. Zweitens tritt das Problem auf, für den Sparbrief einen fairen Preis zu ermitteln. Im Unterschied zu Börsenpapieren gibt es nämlich keine laufenden Kurse. Daher bleibt im Grunde nur die Möglichkeit, den Sparbrief selbst zu bewerten.

Zinspapiere ohne Börsenzulassung gibt es nicht nur für private, sondern auch für institutionelle Anleger. Dann erfolgt die Ausgabe nicht als Sparbrief, sondern häufig in Form von *Schuldscheindarlehen*. Da Schuldscheine keine Wertpapiere darstellen, sind sie auch nicht börsenfähig. Es handelt sich lediglich um Urkunden, die belegen, dass der Anleger ein Darlehen an die Bank vergeben hat und ihr gegenüber eine Forderung geltend machen kann.

Schuldscheindarlehen

Kurspflege

Um eine börsennotierte Anleihe zu kaufen (oder zu verkaufen), leitet man einen Auftrag (Order) an die Börse. Dort versucht ein Makler, eine Gegenpartei zu finden, die bereit ist, das Papier zu den vorgegebenen Bedingungen zu verkaufen (kaufen). Dies gelingt nicht immer, da es in der Praxis häufig vorkommt, dass die Zahl an Verkäufern die der Käufer überragt (oder umgekehrt). Der Makler befindet sich dann in einer verzwickten Lage, da er für eingehende Orders keine Gegenseite finden kann und deshalb keine Umsätze zustande kommen.

Müssen Anleger befürchten, dass es für Wertpapiere wie etwa Anleihen in Zukunft möglicherweise keinen Markt gibt, auf dem sich ihre Handelswünsche erfüllen lassen, verlieren die Papiere an Attraktivität und werden im Extremfall sogar gemieden. Dies liegt natürlich nicht im Interesse der Emittenten. Deshalb verpflichten sich einige dazu, ihre eigenen, bereits herausgegebenen Anleihen, aber auch fremde Papiere (vor allem Staatsanleihen) permanent zum Kauf anzubieten und jederzeit – also nicht nur am Laufzeitende – wieder zurückzunehmen. Die Bereitschaft stets für Angebot und gleichzeitig für Nachfrage zu sorgen und damit in gewissem Sinne »den Markt zu machen«, bezeichnet man als *Market-Making*.

Geld- und Briefkurse

Unabhängig davon, ob lediglich Käufer bzw. Verkäufer oder überhaupt keine Handelsinteressenten vorhanden sind, stellt ein *Market-Maker* beidseitig, das heißt: sowohl An- als auch Verkaufskurse.

Derjenige Preis, zu dem er eine bestimmte Anleihe ankauft, heißt Geldkurs – kurz: *Geld* –, während der Verkaufspreis als Briefkurs (*Brief*) bezeichnet wird. Häufig wird auch von Geld- und Briefseite gesprochen. In einigen Häusern werden anstatt der Begriffe Geld/Brief die englischsprachigen Ausdrücke *Bid/Ask* verwendet.

Market-Maker sorgen für einen funktionsfähigen Sekundärmarkt

Die Ausgabe von Anleihen – oder Wertpapieren allgemein – erfolgt auf dem Primärmarkt. Entscheidend ist, dass Papiere, die dort verkauft werden, zum ersten Mal den Besitzer wechseln, vorher also noch nicht existiert haben. Der Begriff darf nicht missverstanden werden, denn es handelt sich dabei nicht um einen bestimmten Punkt, den man genau lokalisieren könnte. »Ort« ist eher im übertragenen Sinne zu verstehen.

Im Unterschied zum Primärmarkt findet der Handel bereits ausgegebener Anleihen auf dem so genannten Sekundärmarkt statt. Ein Anleger, der bereits eine Anleihe besitzt und diese an den Emittenten zurückverkauft, befindet sich gedanklich auf dem Sekundärmarkt.

Abbildung des Reuters-Terminals, das ein Rentenhändler permanent beobachtet

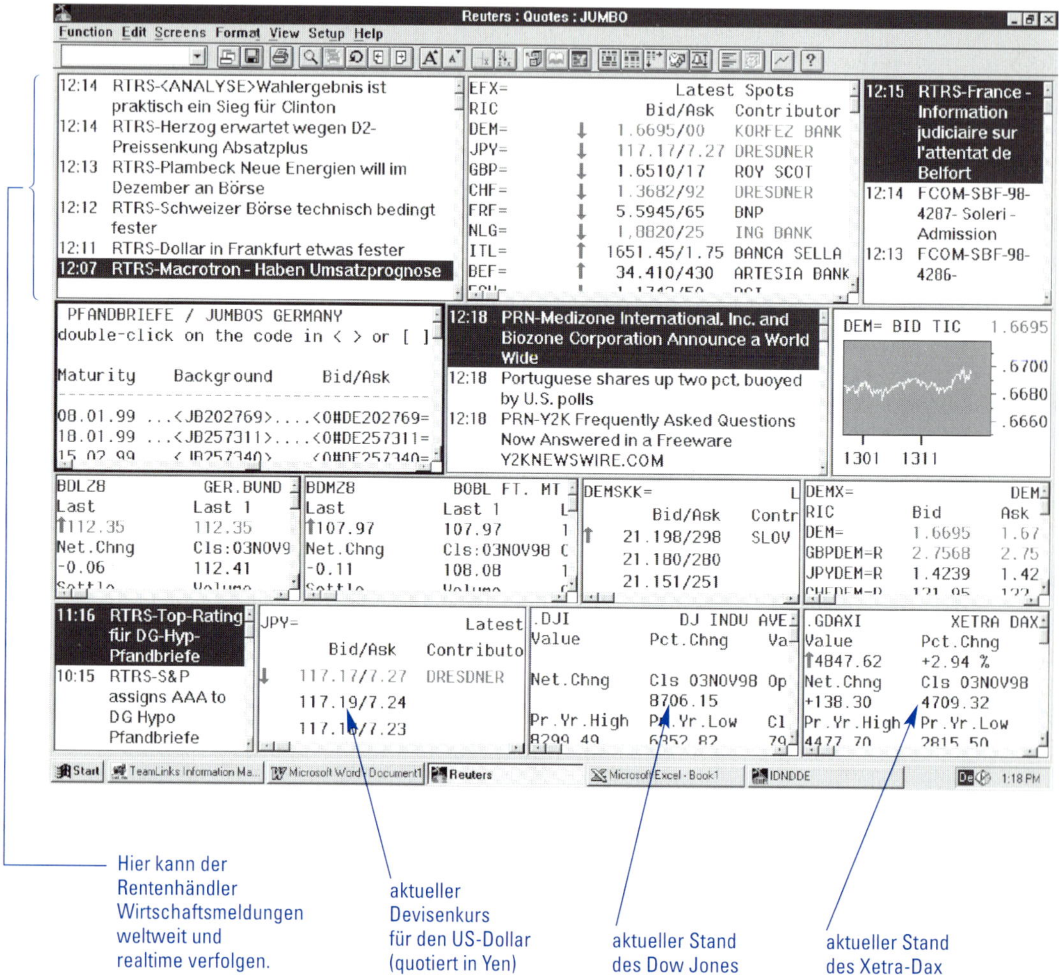

Rentenhändler haben die Möglichkeit, auf ihrem »Reuters-Schirm« nahezu beliebig viele Fenster zu öffnen und so einen schnellen Eindruck vom aktuellen Marktgeschehen an den unterschiedlichen Schauplätzen zu gewinnen.
Für die Händler ist nicht nur die Entwicklung auf den Rentenmärkten entscheidend. Ebenso wichtig sind die Entwicklungen auf den Aktien- und Devisenmärkten sowie politische Geschehnisse.

Geld und Brief zusammen genommen bilden die *Quotierung* (englisch: *Quote*), wobei zuerst der Ankaufs- (Geld) und dann der Verkaufskurs (Brief) genannt (»gestellt«) wird. Quotiert eine Bank beispielshalber 95,30–95,40 (Händler würden sagen »95,30 zu 95,40«), hat das zu bedeuten, dass der Anleger bei Rückgabe an die Bank für die Anleihe einen Kurs von 95,30 Prozent erhält. Möchte jemand im selben Augenblick kaufen, verlangt der Market-Maker für das gleiche Papier dagegen 95,40 Prozent.

Spread

Man sieht, dass zwischen An- und Verkaufskurs eine *Spanne* – englisch: *Spread* – liegt, die im Fallbeispiel einen Prozentpunkt – oder anders: 10 Basispunkte (bp) – beträgt. Das heißt konkret, dass ein Market-Maker Anleihen zu einem bestimmten Zeitpunkt teurer verkauft, als er sie im selben Augenblick wieder zurücknimmt. Einen großen (kleinen) Abstand zwischen Geld und Brief bezeichnet man im Übrigen auch als weiten (engen) Spread. In einigen Instituten wird anstatt vom Spread bezeichnenderweise von *Marge* (= Gewinn) gesprochen. Grundsätzlich gilt: Je enger der Spread, umso vorteilhafter die Kursstellung.

Marge

Am Spread lässt sich leicht erkennen, ob eine gute Kurspflege erfolgt und ein Market-Maker handeln will oder nicht. Enge Spreads geben dem Anleger die Chance, zwischenzeitlich zu angemessenen Preisen wieder auszusteigen.

Je breiter die Spanne hingegen, umso teurer ist eine Anleihe (relativ zum Mittelkurs) beim Kauf und umso weniger Geld fließt andererseits beim Ver-

Wie Geld- und Briefkurse zustande kommen

Briefseite

Geldseite

Emittent	WHG*	Kupon	Fällig	Geld	Brief	Rendite**	Rendite**	Datum/ Zeit	WKN
Bund	EUR	4.000	14.12.01	99.56	99.72	4.66	4.41	16.04. 08:00	113688
Bund	EUR	3.750	26.08.03	98.46	98.60	4.44	4.38	15.04. 08:00	114128
Bund	EUR	4.125	27.08.04	98.81	99.08	4.51	4.42	16.04. 08:00	114132
Bund	EUR	5.000	20.05.05	101.64	101.89	4.55	4.48	16.04. 08:00	114135
Bund	EUR	4.750	04.07.08	99.89	100.29	4.77	4.70	16.04. 09:06	113507
Bund	EUR	4.125	04.07.08	96.13	96.53	4.77	4.70	15.04. 08:00	113509
Bund	EUR	3.750	05.01.09	93.27	93.65	4.81	4.75	16.04. 09:06	113510
Bund	EUR	4.000	06.07.09	94.42	94.80	4.84	4.78	16.04. 09:06	113511

www.trinkaus.de

$$\text{Mittelkurs} = \frac{94{,}42 + 94{,}80}{2} = 94{,}61$$

Mittelkurs

Bei der Kursstellung geht ein Rentenhändler häufig so vor, dass er zunächst den Wert (Barwert) für eine Anleihe feststellt. Dies ist praktisch der Mittelkurs (siehe Abbildung). In der Praxis geschieht so etwas nicht »per Hand«, sondern fast nur noch mit Hilfe von Computern. Man kann sich das ungefähr so vorstellen: In einem Zentralrechner laufen die zur Kursstellung erforderlichen Daten – wie etwa Renditen und die Ausstattungsmerkmale der Anleihe – zusammen, werden dort mit den bestehenden Quotierungen abgeglichen und gegebenenfalls wirft der Computer einen neuen Preis aus. Der Händler passt den Wert mitunter noch an, um anschließend den Geld- und Briefkurs festzulegen.

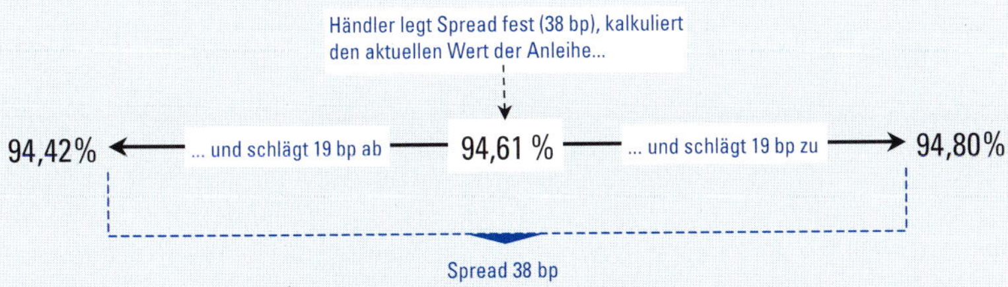

Spread als Indikator für Marktlage

kauf an den Anleger zurück. In einer solchen Situation sind Transaktionen unattraktiv – gleichgültig, ob Kauf oder Verkauf.

Man sieht, dass der Emittent durch Ausweitung oder Verengung von Spreads signalisiert, ob er handeln will.

Die Spanne wird gelegentlich auch aus Gründen der Risikovorsorge ausgeweitet: In hektischen Börsenzeiten, wenn etwa die Renditen in kurzer Zeit große Sprünge machen, schafft sich der Market-Maker durch einen weiteren Abstand zwischen An- und Verkaufskurs etwas »Luft«.

Der Begriff »pari«

Entspricht der aktuelle Kurs einer Anleihe in etwa dem Rückzahlungskurs, dann notiert das Papier zu pari. Kurse über oder unter 100 % werden entsprechend über- oder unter-pari-Notierung genannt. Folgende Ausschnitte aus der Finanzzeitung verdeutlichen exemplarisch die einzelnen Notierungen.

Unter-pari-Notierung

5,625 v. 86 2016 | 82,30b | 82,45b | 7,276

Pari-Notierung

(FRN) 90 V(Br) 1995 |100,00G |100,00G

Über-pari-Notierung

8,375 v. 91 2001 |110,40b |110,28b | 6,231

Börsenkurse und Quotes sind Clean-Prices

Es ist allgemein üblich, Kurse für Anleihen in Form von Prozentsätzen anzugeben. Notiert ein Papier beispielsweise zum Kurs von 97,80, ist das im Normalfall aber nicht gleichzusetzen mit seinem Kaufpreis, da es sich bei Kursen, die an der Börse zustande kommen oder die von Market-Makern gestellt werden, um Clean-Prices handelt. Das bedeutet, dass Stückzinsen noch nicht eingerechnet sind.

Die auf die Zeit zwischen Emissionstermin (Zinslaufbeginn) bzw. letzter Zinsausschüttung und Verkaufstag entfallenden Zinsen bezeichnet man als Stückzinsen. Sie sind vom Anleihekäufer an den Verkäufer zu zahlen. Grund: Der Halter der Anleihe bekommt am Ende einer Zinsperiode (oder am Laufzeitende) die ganzen Zinsen, obwohl ihm nur Erträge für die Zeit zustehen, in der er die Anleihe tatsächlich besessen hat. Dazu ein Beispiel:

Beispiel

Eine Bank legt am 9. Juli 2001 (= Zinslaufbeginn) eine Anleihe mit 12 % Nominalzins auf, die am 29. Dezember des selben Jahres erlischt. Somit umfasst die gesamte Zinsperiode 173 Tage. Gezahlt wird der Kupon wie üblich nachschüssig (= 29.12.2001), zugrunde liegt die Berechnungsmethode »act/act«. Für die Gesamtlaufzeit ergeben sich bei einem Nominalbetrag von 10.000 € Zinsen in folgender Höhe:

$$\frac{10.000 \times 12 \times 173}{100 \times 365} = 568{,}77\ €$$

Angenommen, wir möchten am 13. August 2001 von der Anleihe 10.000 € nominal kaufen. An diesem Tag notiert das Papier an der Börse zum Kurs von 102 Prozent.

Der Inhaber, der die Anleihe am Laufzeitende bei der Bank einreicht, bekommt die komplette Kuponzahlung (568,77 €) – gleichgültig, wie lange er das Papier vorher tatsächlich im Besitz hatte. Da wir die Anleihe erst am 13. August kaufen, stehen uns Zinsen auch nur ab diesem Termin zu. Für die Zeit davor kann der Verkäufer der Anleihe Erträge beanspruchen.

Die Stückzinsen entsprechen also genau dem Teil der gesamten Kuponzahlung, der auf den Zeitraum vom 9. Juli bis 13. August entfällt (= 35 Tage). Es ergibt sich demnach ein Betrag von:

$$\frac{10.000 \times 12 \times 35}{100 \times 365} = 115{,}07\ €$$

Für den vollen Kaufpreis müssen zusätzlich zum Clean-Price noch die Stückzinsen mit einbezogen werden, sodass der Gesamtpreis – englisch: Full-Price (auch Dirty-Price oder Gross-Price genannt) – bei

$$\underbrace{102\,\% \times 10.000}_{\text{Clean-Price}} + \underbrace{115{,}07}_{\text{Stückzinsen}} = 10.315{,}07\ €$$

liegt, oder ausgedrückt als Prozentwert bei 103,15.

Full- und Flat-Price

Das Beispiel zeigt, dass der *Full-Price* den vollen Kaufpreis (unter Einbeziehung von Stückzinsen) ausdrückt. Anleihen, bei denen keine Stückzinsen entstehen können (z. B. Zero-Bonds), notieren »Flat«. Der zeitanteilige Zinsanspruch ist hier im Kurs enthalten. Flat-Notierung sollte nicht mit dem amerikanischen Begriff *Flat-Price* verwechselt werden, der den Preis einer Kupon-Anleihe exklusive der Stückzinsen beschreibt und ein Synonym für den Begriff *Clean-Price* ist.

Anleihen nach Emittenten

Neben den bisher beschriebenen Klassifizierungsmöglichkeiten für Anleihen existiert eine weitere, mit Blick auf die Qualität einzelner Schuldtitel ganz besonders wichtige Form: Die Einteilung von Anleihen nach Emittenten. Drei bedeutende Emittentengruppen sind dabei zu unterscheiden:

- Staatsregierungen, Landesregierungen und Kommunen
- Institutionen mit Sonderaufgaben (nationale und internationale)
- Unternehmen (öffentliche und private).

Anleihen dieser Emittentengruppen aus den USA und Deutschland stellen wir im Folgenden im Detail vor.

US-Anleihen

Treasury-Notes und -Bonds

Als sicherste Schuldverschreibungen weltweit gelten die Schuldtitel der US-Regierung, kurz *Treasuries* genannt. Der Begriff ist vom englischen Wort »Treasure« abgleitet, was zu deutsch soviel wie »Schatz« bedeutet. Treasuries

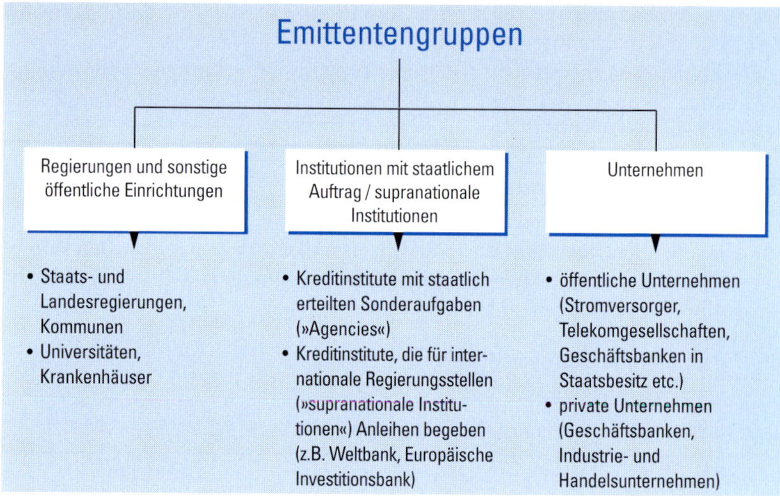

bilden den Kern des US-Rentenmarktes, das heißt, ausgehend von den Renditen dieser Papiere werden die Renditen aller anderen Anleihen und sonstiger langfristiger Kredite in den USA bestimmt. Die Titel besitzen daher eine Art Leitbild-(Benchmark-) Funktion. Außerdem sind sie die Rentenpapiere mit den größten Handelsvolumina und damit die liquidesten Schuldverschreibungen überhaupt. In Krisenzeiten werden sie von Marktteilnehmern oftmals als »sicherer Hafen« genutzt: Kommt es irgendwo auf unserem Globus zu Finanzkrisen, wie zum Beispiel 1998 in Asien und Russland, oder einem Einbruch an den weltweiten Aktienmärkten, steigt die Nachfrage nach Treasuries normalerweise rasant an. Dadurch steigen auch die Kurse für die Papiere, wohingegen ihre Renditen fallen. Dieser Prozess wird auch als »Flight-to-Quality« – zu deutsch etwa »Flucht in Qualität« – bezeichnet.

Flight-to-Quality

US-Treasuries im Detail: Neben kurzfristigen Titeln mit Laufzeiten unter einem Jahr – den bereits im Abschnitt Geldmarkt erläuterten *Treasury-Bills* – existieren zwei weitere, länger laufende Schuldverschreibungsformen der US-Regierung: *Treasury-Notes* (kurz: *T-Notes*) mit Laufzeiten bis zu zehn Jahren und *Treasury-Bonds* (kurz: *T-Bonds*) mit Laufzeiten von über zehn bis maximal 30 Jahren. 30-jährigen Treasury-Bonds dürfen nach Ablauf von 25 Jahren jederzeit gekündigt werden, wohingegen Treasury-Notes grundsätzlich unkündbar sind.

Treasuries nach Laufzeiten

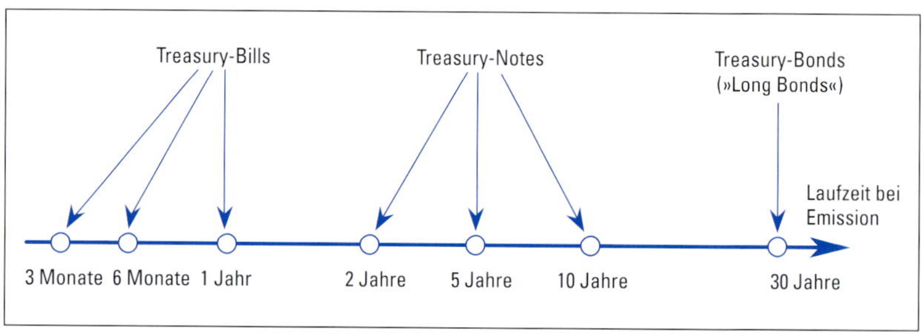

Treasury-Notes emittiert das US-Treasury-Department – das Äquivalent zum deutschen Bundesfinanzministerium und im Folgenden Bundesschatzamt genannt – nur noch mit Laufzeiten von 2, 5 und 10 Jahren (früher zusätzlich: 3, 4 und 7 Jahre) und Treasury-Bonds nur noch mit Laufzeiten von 30 Jahren (früher zusätzlich: 15 und 20 Jahre). 30-jährige Treasury-Bonds werden auch als »Treasury-Long-Bonds« oder »Bellwether-Bonds« bezeichnet. Der Begriff »Bellwether« umschreibt im Allgemeinen das Leittier einer Schafherde (Leithammel) und symbolisiert die Indikatorfunktion der Rendite der 30-jährigen US-Staatsanleihe für die weltweiten Rentenmärkte. Wenn die Medien über die tägliche Entwicklung am US-Kapitalmarkt informieren, konzentriert sich die Berichterstattung im Allgemeinen auf die Rendite für 30-jährige Treasury Bonds. Steigt die Rendite des Bellwether, so gehen die Marktteilnehmer davon aus, dass die Anleihepreise in den USA auf breiter Front gesunken sind. Sinkt sie hingegen, ist das Gegenteil der Fall.

Bellwether-Bonds

Verunsicherung durch künstliche Angebotsverknappung

Es wird darüber spekuliert, ob der 30-jährige Bond bald durch die 10-jährige Note oder einen anderen Schuldtitel in seiner Funktion als Benchmark-(Bellwether-)Bond abgelöst wird. Der Grund: Die US-Regierung hat in der Vergangenheit durch die Ankündigung bestimmter Maßnahmen mehrfach dafür gesorgt, dass die 30-jährige-Bond-Rendite heftigen Schwankungen unterlag. Marktbewegungen wurden dadurch zum Teil konterkariert, weshalb die Rendite als Indikator für die tatsächliche Marktentwicklung zumindest phasenweise nicht in Frage kam. Dafür zwei Beispiele: Das Bundesschatzamt kündigte 1999 an, künftig nur noch einmal jährlich 30-jährige Treasury-Bonds zu versteigern. Die Marktteilnehmer sahen darin ein Signal, dass das Finanzministerium das Angebot an Long-Bonds in den kommenden Jahren insgesamt reduzieren will, was kurzfristig zu einer stark steigenden Nachfrage und entsprechend sinkender Rendite führte.

Darüber hinaus sorgten die 1999 angekündigten Rückkaufprogramme für längerlaufende US-Treasuries für Unruhe. Allgemein ist bekannt, dass das Bundesschatzamt die laufenden Haushaltsüberschüsse in den nächsten Jahren verstärkt nutzen möchte, um die langfristigen Schulden der US-Regierung abzubauen. In erster Linie soll das durch den Rückkauf von Treasuries am Kapitalmarkt geschehen, wobei »Off-The-Run-Securities« mit vergleichsweise hohen Kupons in den nächsten Jahren sehr wahrscheinlich den Schwerpunkt der Aktionen bilden werden. Indirekt betroffen von den Maßnahmen sind aber auch die 30-jährigen Treasury-Bonds: Beispielsweise führte allein die Bekanntgabe des Rückkaufprogramms zu einem Run auf diese Papiere, woraufhin die Rendite gegen den allgemeinen Markttrend deutlich sank.

Treasury-Notes und -Bonds sind im Regelfall Kupon-Anleihen mit halbjährlichem Zinstermin und verbrieften Nennbeträgen in Höhe von 1.000 US-Dollar oder einem Vielfachen davon. Sie werden in aller Regel in einem festen Turnus und in Form einer Auktion begeben. Beispielsweise finden die Versteigerungen für 30-jährige Bonds immer in der zweiten Februar-Woche eines Jahres statt. Die vorgesehenen Auktionsmonate für US-Treasuries sind in der Regel Februar, Mai, August und November. An den Auktionen, die die Federal Reserve Bank in New York im Auftrag des Bundesschatzamtes durchführt, nehmen in erster Linie bedeutende Investmentbanken (»Pri-

Emission über Auktionsverfahren

mary Dealers«) teil – allerdings steht es auch Privatanlegern offen, Kaufgebote für US-Staatsanleihen direkt bei einer Federal Reserve Bank einzureichen. Die Mindestordergröße beträgt 1.000 US-Dollar.

Die Schuldtitel der US-Regierung stellen – genau wie die Wertpapiere der Bundesrepublik Deutschland – *Wertrechtsemissionen* (*Book-Entries*) dar, sind also nicht mehr in Papierform erhältlich. Der Handel mit Treasuries findet ausschließlich Over-The-Counter-(OTC-), also über Telefon bzw. Computer-Netzwerke statt. Der Markt für Treasury-Notes und -Bonds ist – auch ohne Börsenhandel – sehr liquide. Die Papiere können jederzeit über Broker und Geschäftsbanken gekauft und veräußert werden. Insgesamt engagieren sich ungefähr 50 Investmentbanken und spezialisierte Brokerhäuser als Market-Maker. Sie stellen an jedem Geschäftstag verbindliche Geld- und Briefkurse für die Schuldtitel.

On-The-Rund-Securities

Auf der Reuters-Seite »RTRTSY«, werden unter anderem die aktuellen An- und Verkaufskurse für Treasury-Notes mit Laufzeiten von zwei bis zehn Jahren sowie für Treasury-Bonds mit 30-jähriger Laufzeit publiziert. Hierbei handelt es sich immer um die Papiere der jeweils letzten Auktion – die Amerikaner nennen diese Treasuries auch *On-The-Run-Securities* (im Gegensatz zu *Off-The-Run-Securities*, womit die Papiere aus früheren Auktionen gemeint sind). Die Angaben stellt ein Market-Maker in New York ein. Sie gelten für Handelsvolumina von mindestens einer Million US-Dollar. Am 26.03.2001 markierte

Finanzierungsschätze: (Rendite ab 22.03.2001):
1 Jahr 3,95%, 2 Jahre 4,00%

US-ZINSSÄTZE

in %		23.3.2001 S	22.3.2001 S
Tagesgeld		4 15/16	5 1/16
Commercial	30 Tage	4,90	4,91
Paper	60 Tage	4,74	4,76
	90 Tage	4,65	4,70
CDs	1 Monat	5,03	5,02
	2 Monate	4,88	4,88
	3 Monate	4,77	4,76
T-Bills – 3 Monate		4,28-4,27	4,26-4,25
T-Bills – 6 Monate		4,32-4,31	4,28-4,26
Diskontsatz		4,50	4,50
Prime Rate		8,00	8,00
Bankers	30 Tage	5,05	5,04
Acceptances	60 Tage	4,90	4,90
	90 Tage	4,79	4,78
Anleihen	10 Jahre	4,81	4,77
	30 Jahre	5,31	5,27

```
Printed By Reuters :
04:10 26MAR01     US TREASURY/MONEY MKTS COMPOSITE
CPN MAT    LIBERTY BROKERS <LIBINDEX>        CD'S  BID
3MO 621     4.180-170   UNC  4.281-271       EARLY LATE
6MO 920     4.170-160   UNC  4.316-306  1M   5.01  5.03
1YR 228     4.010-000   UNC  4.185-174  2M   4.86  4.88
2YR 203   100.196-216 -022   4.286-252  3M   4.75  4.77
5YR N05   105.050-070 -010   4.504-489  4M   4.69  4.71
10Y 211   101.13+-15+ -010   4.817-809  5M   4.62  4.64
30Y 231   100.30+-31+  UNC   5.311-309  6M   4.58  4.60
-----------------------------------     -------------
```

- »10Y« eine Treasury-Note mit einem Nominalzinssatz in Höhe von 5,0 % und Fälligkeitstermin Februar 2011, begeben im Februar 2001, und
- »30Y« den aktuellen Bellwether-Bond mit einem Nominalzinssatz in Höhe von 5,375 % und Fälligkeitstermin 15.2.2031, der ebenfalls im Februar 2001 emittiert wurde.

Die Kurse für Treasury-Notes und -Bonds erscheinen in Prozent vom Nennwert. Die Werte nach dem Punkt, also zum Beispiel »13–15«, sind keine dezimalen Nachkommastellen, sondern Zweiunddreißigstel. Die Quotierung »101.13 zu 101.15« für die Treasury Note »10Y« bedeutet infolgedessen, dass eine Investmentbank für den Schuldtitel einen

- Ankaufkurs in Höhe von 101 13/32 % = 101,40625 % und einen
- Verkaufskurs in Höhe von 101 15/32 % = 101,46875 %

T-Bills, Notes & Bonds online

Bureau of the Public Debt online

Printable Version

Resources
- Home
- Table of Contents
- Site Index
- Search
- Files to Download
- What's New
- Contact Us
- Forms
- News Room
- FAQs
- Popular Pages
- Mailing Lists

Savings Bonds
- Buy Bonds Online
- Savings Bond Wizard
- For EE/E Bond Investors
- For I Bond Investors
- For HH/H Bond Investors
- Savings Bond Value Files
- Savings Bond Calculators
- Pricing Savings Bonds
- Glossary

T-Bills, Notes, & Bonds
- Auction Information
- *TreasuryDirect*
- *TreasuryDirect* Electronic Services (TDES)

The Public Debt
- Debt Figure
- Monthly Statement of the Public Debt

SLGS
- SLGS rate table

Government Securities Market Regulation
- Government Securities Act Regulations
- Uniform Offering Circular Amendments
- Collateral Eligibility

Recent Treasury Note and Bond Auction Results

Security	Term	Type	Issue Date	Maturity Date	Interest Rate %	Yield %	Price Per $100	CUSIP
9-YEAR	9-MONTH	NOTE	05-15-2001	02-15-2011	5.000	5.189	98.551	9128276T4
5-YEAR		NOTE	05-15-2001	05-15-2006	4.625	4.660	99.845	9128276X5
2-YEAR		NOTE	04-30-2001	04-30-2003	4.000	4.124	99.764	9128276W7
2-YEAR		NOTE	04-02-2001	03-31-2003	4.250	4.300	99.905	9128276V9
2-YEAR		NOTE	02-28-2001	02-28-2003	4.625	4.685	99.887	9128276U1
30-YEAR		BOND	02-15-2001	02-15-2031	5.375	5.460	98.753	912810FP8
10-YEAR		NOTE	02-15-2001	02-15-2011	5.000	5.067	99.479	9128276T4
4-YEAR	9-MONTH	NOTE	02-15-2001	11-15-2005	5.750	4.904	103.527	9128276N7
2-YEAR		NOTE	01-31-2001	01-31-2003	4.750	4.760	99.981	9128276S6
10-YEAR		NOTE	01-16-2001	01-15-2011	3.500	3.522	99.818	9128276R8
2-YEAR		NOTE	01-02-2001	12-31-2002	5.125	5.130	99.990	9128276Q0
2-YEAR		NOTE	11-30-2000	11-30-2002	5.625	5.695	99.869	9128276P2
9-YEAR	9-MONTH	NOTE	11-15-2000	08-15-2010	5.750	5.865	99.134	9128276J6
5-YEAR		NOTE	11-15-2000	11-15-2005	5.750	5.870	99.486	9128276N7
2-YEAR		NOTE	10-31-2000	10-31-2002	5.750	5.845	99.823	9128273L4
28-YEAR	6-MONTH	BOND	10-16-2000	04-15-2029	3.875	3.953	103.628	912810FH6
2-YEAR		NOTE	10-02-2000	09-30-2002	6.000	6.002	99.995	9128276L1
2-YEAR		NOTE	08-31-2000	08-31-2002	6.125	6.204	99.854	9128276K3
29-YEAR	9-MONTH	BOND	08-15-2000	05-15-2030	6.250	5.697	107.860	912810FM5
10-YEAR		NOTE	08-15-2000	08-15-2010	5.750	5.840	99.326	9128276J6
4-YEAR	9-MONTH	NOTE	08-15-2000	05-15-2005	6.750	6.060	102.787	9128276D9
2-YEAR		NOTE	07-31-2000	07-31-2002	6.250	6.284	99.937	9128276H0
9-YEAR	6-MONTH	NOTE	07-17-2000	01-15-2010	4.250	4.030	103.539	9128275W8
2-YEAR		NOTE	06-30-2000	06-30-2002	6.375	6.483	99.800	9128276F4
2-YEAR		NOTE	05-31-2000	05-31-2002	6.625	6.749	99.772	9128276E7
9-YEAR	9-MONTH	NOTE	05-15-2000	02-15-2010	6.500	6.475	100.153	9128275Z1
5-YEAR		NOTE	05-15-2000	05-15-2005	6.750	6.789	99.837	9128276D9
2-YEAR		NOTE	05-01-2000	04-30-2002	6.375	6.484	99.798	9128276C1
2-YEAR		NOTE	03-31-2000	03-31-2002	6.500	6.580	99.852	9128276B3
2-YEAR		NOTE	02-29-2000	02-28-2002	6.500	6.590	99.834	9128276A5
30-YEAR	3-MONTH	BOND	02-15-2000	05-15-2030	6.250	6.340	98.771	912810FM5
10-YEAR		NOTE	02-15-2000	02-15-2010	6.500	6.540	99.710	9128275Z1
4-YEAR	9-MONTH	NOTE	02-15-2000	11-15-2004	5.875	6.741	96.505	9128275S7
2-YEAR		NOTE	01-31-2000	01-31-2002	6.375	6.434	99.891	9128275X6

Unter der Internet-Adresse www.publicdebt.treas.gov veröffentlicht das US-Finanzministerium die Ergebnisse der letzten Auktionen.

stellt. Die Werte für die Tabelle US-ZINSSÄTZE im HANDELSBLATT werden aus der Reuters-Seite »RTRTSY« übernommen. Die Rendite ANLEIHEN 10 JAHRE, die im HANDELSBLATT vom 26.03.2001 beispielsweise für den 23.03.2001 veröffentlicht wird, entspricht exakt der auf der Seite » RTRTSY« wiedergegebenen Rendite für die Treasury-Note »10Y«.

Die Renditen im HANDELSBLATT

- beziehen sich auf die mit »10Y« bzw. »30Y« gekennzeichneten Treasury-Notes und -Bonds, das heißt der jeweils zuletzt versteigerten Schuldtitel (On-The-Run-Securities);
- basieren auf Briefkursen (Asked-Rates) des betreffenden Market-Makers;

- stammen aus der Anfangsphase des New Yorker Handels, wenn die Tabellenspalte mit einem »E« überschrieben, und vom Handelsschluss, wenn die Tabelle mit einem »S« markiert ist.

Lange Laufzeiten bieten nicht die höchste Rendite.

Kurios ist, dass die 30-jährige US-Staatsanleihe – obwohl sie die längste Laufzeit unter allen Treasuries aufweist – normalerweise nicht die höchste Rendite abwirft. Vielmehr findet man die höchsten Renditen sehr häufig bei Treasury-Bonds mit 10 bis 20 Jahren Restlaufzeit. Die Tabelle U. S. TREASURY ISSUES aus dem WALL STREET JOURNAL EUROPE vom März 2001 (siehe folgende Seite) zeigt beispielsweise, dass die höchsten Renditen bei Anleihen mit Restlaufzeiten von 15 bis 28 Jahren zu erzielen sind.

Der Grund: US-Staatsanleihen in den betreffenden »mittleren« Laufzeitklassen werden im Regelfall längst nicht so aktiv gehandelt, wie Anleihen mit 10 oder 30 Jahren (Rest-)Laufzeit. Institutionelle Investoren beispielsweise bevorzugen entweder 10-jährige Treasuries oder aber den ganz langen Laufzeitbereich. Deutlich geringer nachgefragt werden demgegenüber zum Beispiel 20-jährige Anleihen, was zu vergleichsweise niedrigen Kursen und damit zu den erwähnten Renditeaufschlägen gegenüber den *Benchmarkbonds* führt.

Treasuries im Wall Street Journal

Das *Wall Street Journal Europe* publiziert Kursnotierungen für US-Treasuries in der Tabelle U. S. Treasury Issues (siehe folgende Seite). Hier erscheinen die Quotierungen sämtlicher kurz-, mittel- und langfristiger Schuldverschreibungen der US-Regierung. Die Kurse der T-Bonds, -Notes und -Bills übermittelt die Federal Reserve Bank in New York City, die der Treasury Strips die Investmentbank Bear, Stearns & Co. Alle Quotierungen stammen aus dem Over-The-Counter-Handel und basieren auf Transaktionen mit einem Volumen von mindestens einer Million US-Dollar. Da aufgrund der unzähligen OTC-Transaktionen für Treasury-Bonds und -Notes kein repräsentativer Kurs publiziert werden kann, übermittelt die Fed jeweils die höchsten Geld- (bid-) sowie die niedrigsten Brief- (asked-) Kurse, die für die Titel von Geschäftsbanken gegen 16 Uhr New Yorker Zeit gestellt wurden. Die in der Tabelle ausgewiesenen Spannen zwischen An- und Verkaufskursen (*Spreads*) entsprechen also den zum Übermittlungszeitpunkt »engsten« Spannen im Handel. Die Preise für Treasury Strips quotierten Bear, Stearns & Co., die als Market-Maker für Strips fungieren, gegen 15 Uhr New Yorker Zeit.

US-Savings-Bonds

Die US-Regierung gibt neben den jederzeit handelbaren Schuldverschreibungen, also Treasury-Bills, -Notes und -Bonds, außerdem noch eine weitere Art an Schuldtiteln aus, die *Savings-Bonds*. Diese sind in erster Linie für Privatanleger in den USA bestimmt, werden als Namenspapiere emittiert und außerdem in Form effektiver Stücke aufgelegt. Die Laufzeit beträgt bis zu dreißig Jahren. Ein Sekundärhandel mit Savings-Bonds findet – wie schon angedeutet – nicht statt. Wer sich jedoch in Liquiditätsschwierigkeiten befindet und das investierte Geld dringend zurückbenötigt, kann die erwor-

Notierung in Prozent (für Notes und Bonds)

Rendite

Kupon

Gestrippter Mantel einer Treasury Note (»note principal«)

Aktueller Bellwether Bond

Kurse lauten auf 32stel; hier: $40^{13}/_{32}$ %

Kurse für gestrippte Treasury Bonds und Notes

»n« steht als Kürzel für Treasury Note.

Treasury Bonds sind in den letzten fünf Jahren vor Fälligkeit durch die US-Regierung kündbar.

Inflationsgeschützte Treasury Note (Kürzel »i«)

Gestrippte Zinsscheine (stripped coupon interest)

Treasury Bonds sind – im Gegensatz zu Notes – nicht besonders gekennzeichnet.

Gestrippter Mantel eines Treasury Bonds (hier: aktueller Bellwether); das Kürzel »bp« steht für »bond principal«.

U.S. TREASURY ISSUES

Friday, March 23, 2001

Quotes on transactions of $1 million+, or more. Bond, notes, bills as of mid-afternoon; strips as of 3 p.m. Eastern time. Colons represent 32nds: 101:01 means 101 1/32; bills in hundredths. Current 13-week and 26-week bills are boldfaced. For callable bonds, yields computed to earliest call date for issues above par and to maturity for issues below par. Strips yields calculated on asked quotation. n-Treasury note.wi-When issued; changc in basis points. ci-stripped coupon interest. bp-Treasury bond, stripped principal. np-Treasury note, stripped principal. Sources: Telerate/Cantor Fitzgerald; Bear, Stearns & Co. via Street Software Technology Inc.

GOVT. BOND & NOTES

Rate	Mo/Yr	Bid	Asked	Chg.	Yld.
4 7/8	Mar 01n	99:30	100:00		4.76
6 3/8	Mar 01n	99:31	100:01		3.98
5	Apr 01n	100:00	100:02		4.26
6 1/4	Apr 01n	100:04	100:06	– 1	4.20
5 5/8	May 01n	100:03	100:05	– 2	4.40
8	May 01n	100:14	100:16	– 2	4.24
13 1/8	May 01	101:06	101:08	– 2	3.84
5 1/4	May 01n	100:03	100:05	– 1	4.31
6 1/2	May 01n	100:10	100:12	– 2	4.33
5 3/4	Jun 01n	100:10	100:12	– 1	4.26
6 5/8	Jun 01n	100:17	100:19	– 1	4.29
5 1/2	Jul 01n	100:12	100:14		4.20
6 5/8	Jul 01n	100:24	100:26	– 1	4.23
7 7/8	Aug 01n	101:11	101:13	– 2	4.20
13 3/8	Aug 01	103:16	103:18	– 3	4.09
5 1/2	Aug 01n	100:14	100:16	– 1	4.30
6 1/2	Aug 01n	100:27	100:29	– 2	4.33
5 5/8	Sep 01n	100:19	100:21	– 1	4.32
6 3/8	Sep 01n	100:31	101:01	– 1	4.32
5 7/8	Oct 01n	100:27	100:29	– 2	4.31
6 1/4	Oct 01n	101:02	101:04	– 2	4.31
7 1/2	Nov 01n	101:30	102:00	– 2	4.28
15 3/4	Nov 01	107:05	107:07	– 3	4.14
5 7/8	Nov 01n	101:00	101:02	– 2	4.27
6 1/8	Dec 01n	101:11	101:13	– 2	4.23
6 1/4	Jan 02n	101:20	101:22	– 2	4.20
6 3/8	Jan 02n	101:23	101:25	– 2	4.21
14 1/4	Feb 02	108:22	108:24	– 3	4.15
6 1/4	Feb 02n	101:25	101:27	– 3	4.20
6 1/2	Feb 02n	102:00	102:02	– 3	4.21
6 1/2	Mar 02n	102:06	102:08	– 3	[illegible]
6 5/8	Mar 02n	102:10	102:12	– 3	4.21
6 3/8	Apr 02n	102:07	102:09	– 3	4.22
6 5/8	Apr 02n	102:15	102:17	– 3	4.23
7 1/2	May 02n	103:18	103:20	– 2	4.20
6 1/2	May 02n	102:18	102:20	– 3	4.19
6 5/8	May 02n	102:22	102:24	– 2	4.21
6 1/4	Jun 02n	102:14	102:16	– 3	4.19
6 3/8	Jun 02n	102:18	102:20	– 3	4.22
3 5/8	Jul 02i	101:27	101:28	– 5	2.16
6	Jul 02n	102:09	102:11	– 3	4.19
6 1/4	Jul 02n	102:18	102:20	– 3	4.23
6 3/8	Aug 02n	102:27	102:29	– 3	4.20
6 1/8	Aug 02n	102:17	102:19	– 3	4.23
6 1/4	Aug 02n	102:22	102:24	– 4	4.24
5 7/8	Sep 02n	102:11	102:13	– 3	4.22
6	Sep 02n	102:16	102:18	– 4	4.23
5 3/4	Oct 02n	102:08	102:10	– 3	4.23
11 5/8	Nov 02	111:12	111:16	– 6	4.27
5 5/8	Nov 02n	102:04	102:06	– 4	4.26
5 3/4	Nov 02n	102:11	102:13	– 5	4.25
5 1/8	Dec 02n	101:13	101:15	– 4	4.25
5 5/8	Dec 02n	102:09	102:11	– 4	4.23
4 3/4	Jan 03n	100:27	100:28	– 5	4.25
5 1/2	Jan 03n	102:05	102:07	– 4	4.24
6 1/4	Feb 03n	103:16	103:18	– 5	4.27
10 3/4	Feb 03	111:17	111:21	– 6	4.27
4 5/8	Feb 03n	100:23	100:24	– 5	4.21
5 1/2	Feb 03n	102:07	102:09	– 5	4.25
5 1/2	Mar 03n	102:11	102:13	– 5	4.24
5 3/4	Apr 03n	102:29	102:31	– 5	4.25
10 3/4	May 03	112:28	113:00	– 7	4.31
5 1/2	May 03n	102:15	102:17	– 5	4.27
5 3/8	Jun 03n	102:10	102:12	– 5	4.26
5 1/4	Aug 03n	102:04	102:06	– 5	4.28
5 3/4	Aug 03n	103:08	103:10	– 6	4.28
11 1/8	Aug 03	115:03	115:07	– 7	4.35
4 1/4	Nov 03n	99:24	99:26	– 6	4.32
11 7/8	Nov 03	118:10	118:14	– 9	4.39
4 3/4	Feb 04n	101:00	101:02	– 6	4.35
5 7/8	Feb 04n	104:01	104:03	– 6	4.35
5 1/4	May 04n	102:14	102:16	– 6	4.39
7 1/4	May 04n	108:06	108:08	– 7	4.40
12 3/8	May 04	122:27	123:01	– 8	4.43
6	Aug 04n	104:27	104:29	– 7	4.43
7 1/4	Aug 04n	108:23	108:25	– 8	4.43
13 3/4	Aug 04	128:25	128:31	–11	4.46
5 7/8	Nov 04n	104:21	104:23	– 8	4.45
7 7/8	Nov 04n	111:06	111:10	–10	4.47
11 5/8	Nov 04	123:17	123:23	–10	4.48
7 1/2	Feb 05n	110:19	110:23	–10	4.47
6 1/2	May 05n	107:15	107:17	– 9	4.48
6 3/4	May 05n	108:12	108:13	–11	4.50
12	May 05	127:24	127:30	–13	4.52
6 1/2	Aug 05n	107:24	107:26	–11	4.52
10 3/4	Aug 05	124:08	124:14	–12	4.55
5 3/4	Nov 05n	105:08	105:09	–12	4.47
5 7/8	Nov 05n	105:17	105:19	–12	4.52
5 5/8	Feb 06n	104:23	104:25	–11	4.52
9 3/8	Feb 06	120:25	120:31	–13	4.55
6 7/8	May 06n	110:09	110:13	–12	4.58
7	Jul 06n	110:31	111:03	–12	4.62
6 1/2	Oct 06n	108:30	109:00	–13	4.64
3 3/8	Jan 07i	101:12	101:13	– 4	3.11
6 1/4	Feb 07n	107:31	108:01	–12	4.67
7 5/8	Feb 02-07	102:26	102:28	– 1	4.30
6 5/8	May 07n	110:00	110:04	–13	4.71
6 1/8	Aug 07n	107:16	107:18	–15	4.74
7 7/8	Nov 02-07	105:08	105:10	– 6	4.47
3 5/8	Jan 08i	102:30	102:31	– 5	3.14
5 1/2	Feb 08n	104:04	104:06	–16	4.78
5 5/8	May 08n	104:28	104:30	–16	4.80
8 3/8	Aug 03-08	108:20	108:22	– 6	4.50
4 3/4	Nov 08n	99:12	99:14	–16	4.84
8 3/4	Nov 03-08	110:09	110:13	– 5	4.52
3 7/8	Jan 09i	104:15	104:16	– 7	3.22
5 1/2	May 09n	104:05	104:07	–17	4.87
9 1/8	May 04-09	112:31	113:03	– 6	4.59
6	Aug 09n	107:17	107:19	–17	4.89
10 3/8	Nov 04-09	118:27	118:31	– 7	4.64
4 1/4	Jan 10i	107:17	107:18	– 4	3.25
6 1/2	Feb 10n	111:10	111:14	–17	4.90
11 3/4	Feb 05-10	124:28	125:02	– 8	4.64
10	May 05-10	119:23	119:27	– 8	4.67
5 3/4	Aug 10n	106:10	106:11	–19	4.90
12 3/4	Nov 05-10	133:02	133:08	– 9	4.69
3 1/2	Jan 11i	102:00	102:01	– 6	3.26
5	Feb 11n	101:18	101:19	–20	4.80
13 7/8	May 06-11	141:00	141:06	–11	4.74
14	Nov 06-11	144:29	145:03	–13	4.78
10 3/8	Nov 07-12	130:15	130:21	–13	4.91
12	Aug 08-13	143:06	143:12	–14	4.93
13 1/4	May 09-14	154:29	155:03	–19	4.94
12 1/2	Aug 09-14	151:06	151:12	–16	4.95
11 3/4	Nov 09-14	147:09	147:15	–14	4.93
11 1/4	Feb 15	158:23	158:29	–39	5.23
10 5/8	Aug 15	153:15	153:21	–40	5.26
9 7/8	Nov 15	146:08	146:14	–39	5.28
9 1/4	Feb 16	140:03	140:09	–38	5.30
7 1/4	May 16	119:23	119:27	–34	5.32
7 1/2	Nov 16	122:16	122:22	–35	5.34
8 3/4	May 17	136:09	136:15	–38	5.35
8 7/8	Aug 17	137:31	138:05	–38	5.35
9 1/8	May 18	141:19	141:25	–39	5.37
9	Nov 18	140:24	140:30	–39	5.38

Rate	Maturity Mo/Yr	Bid	Asked	Chg.	Ask Yld.
8 7/8	Feb 19	139:18	139:24	–38	5.39
8 1/8	Aug 19	131:09	131:15	–37	5.40
8 1/2	Feb 20	136:05	136:11	–36	5.41
8 3/4	May 20	139:10	139:16	–37	5.41
8 3/4	Aug 20	139:17	139:23	–38	5.42
7 7/8	Feb 21	129:09	129:15	–36	5.43
8 1/8	May 21	132:15	132:21	–37	5.44
8 1/8	Aug 21	132:21	132:27	–37	5.44
8	Nov 21	131:09	131:15	–36	5.44
7 1/4	Aug 22	122:09	122:15	–36	5.46
7 5/8	Nov 22	127:04	127:10	–37	5.46
7 1/8	Feb 23	120:30	121:04	–32	5.46
6 1/4	Aug 23	109:30	110:02	–31	5.47
7 1/2	Nov 24	126:22	126:28	–33	5.46
7 5/8	Feb 25	128:16	128:22	–32	5.46
6 7/8	Aug 25	118:23	118:27	–30	5.47
6	Feb 26	107:04	107:06	–28	5.47
6 3/4	Aug 26	117:13	117:17	–29	5.47
6 1/2	Nov 26	114:02	114:06	–28	5.46
6 5/8	Feb 27	115:27	115:31	–28	5.47
6 3/8	Aug 27	112:17	112:21	–26	5.46
6 1/8	Nov 27	109:04	109:06	–26	5.47
3 5/8	Apr 28i	103:08	103:09	– 9	3.44
5 1/2	Aug 28	100:15	100:17	–24	5.46
5 1/4	Nov 28	96:30	97:00	–23	5.46
5 1/4	Feb 29	97:00	97:02	–23	5.46
3 7/8	Apr 29i	107:28	107:29	– 9	3.43
6 1/8	Aug 29	109:26	109:28	–27	5.44
6 1/4	May 30	112:12	112:13	–25	5.40
5 3/8	Feb 31	101:04	101:05	–24	5.30

TREASURY BILLS

Maturity Mo/Yr	Days to Mat.	Bid	Asked	Chg.	Asked Yld.
Mar 29 01	3	4.55	4.47	+ 0.42	4.53
Apr 05 01	10	4.55	4.47	+ 0.35	4.54
Apr 12 01	17	4.71	4.63	+ 0.40	4.70
Apr 19 01	24	4.79	4.71	+ 0.41	4.79
Apr 26 01	31	4.59	4.55	+ 0.32	4.63
May 03 01	38	4.53	4.49	+ 0.28	4.57
May 10 01	45	4.49	4.45	+ 0.27	4.54
May 17 01	52	4.48	4.44	+ 0.27	4.53
May 24 01	59	4.48	4.44	+ 0.25	4.53
May 31 01	66	4.41	4.39	+ 0.20	4.49
Jun 07 01	73	4.28	4.26	+ 0.11	4.36
Jun 14 01	80	4.28	4.26	+ 0.11	4.36
Jun 21 01	87	4.19	4.18	+ 0.04	4.28
Jun 28 01	94	4.19	4.17	+ 0.05	4.27
Jun 28 01	94	4.19	4.18	+ 0.07	4.28
Jul 05 01	101	4.20	4.18	+ 0.07	4.29
Jul 12 01	108	4.20	4.18	+ 0.07	4.29
Jul 19 01	115	4.20	4.18	+ 0.08	4.30
Jul 26 01	122	4.22	4.20	+ 0.11	4.32
Aug 02 01	129	4.23	4.21	+ 0.13	4.33
Aug 09 01	136	4.23	4.21	+ 0.11	4.34
Aug 16 01	143	4.22	4.20	+ 0.11	4.33
Aug 23 01	150	4.22	4.20	+ 0.10	4.33
Aug 30 01	157	4.19	4.17	+ 0.08	4.31
Sep 06 01	164	4.19	4.17	+ 0.06	4.31
Sep 13 01	171	4.19	4.17	+ 0.07	4.31
Sep 20 01	178	4.16	4.15	+ 0.05	4.30
Sep 27 01	185	4.16	4.15	+ 0.07	4.30
Nov 29 01	248	4.08	4.06	+ 0.06	4.21
Feb 28 02	339	3.98	3.97	+ 0.06	4.14

U.S. TREASURY STRIPS

MAT		TYPE	BID	ASKED	CHG.	ASKED YLD.
May	01	ci	99:13	99:13	....	4.37
May	01	np	99:12	99:12	....	4.57
Aug	01	ci	98:10	98:11	– 1	4.36
Aug	01	np	98:11	98:11	– 1	4.34
Nov	01	ci	97:12	97:12	– 1	4.21
Nov	01	np	97:11	97:11	– 1	4.28
Feb	02	ci	96:29	96:30	– 2	3.54
May	02	ci	95:17	95:18	– 3	4.05
May	02	np	95:09	95:09	– 3	4.29
Aug	02	ci	94:15	94:16	– 3	4.12
Aug	02	np	94:09	94:10	– 3	4.27
Nov	02	ci	93:29	93:30	– 4	3.87
Feb	03	ci	92:12	92:14	– 5	4.21
Feb	03	np	92:06	92:07	– 5	4.33
May	03	ci	91:12	91:13	– 5	4.24
Jul	03	ci	90:25	90:27	– 6	4.20
Aug	03	ci	90:13	90:15	– 6	4.24
Aug	03	np	90:05	90:07	– 6	4.36
Nov	03	ci	89:22	89:24	– 6	4.15
Nov	03	np	89:06	89:08	– 6	4.36
Jan	04	ci	88:23	88:26	– 6	4.28
Feb	04	ci	88:10	88:13	– 6	4.31
Feb	04	np	88:03	88:05	– 7	4.41
May	04	ci	87:07	87:10	– 7	4.38
May	04	np	87:02	87:05	– 7	4.44
Jul	04	ci	86:25	86:28	– 8	4.30
Aug	04	ci	86:12	86:15	– 8	4.33
Aug	04	np	86:00	86:03	– 8	4.47
Nov	04	ci	85:08	85:10	– 9	4.41
Nov	04	bp	84:25	84:27	– 9	4.57
Nov	04	np	84:30	85:01	– 9	4.51
Jan	05	ci	84:13	84:16	– 9	4.48
Feb	05	ci	84:01	84:04	– 9	4.50
Feb	05	np	84:00	84:03	– 9	4.51
May	05	ci	82:31	83:03	– 10	4.53
May	05	bp	82:25	82:28	– 10	4.59
May	05	np	83:02	83:05	– 10	4.51
Jul	05	ci	82:17	82:20	– 10	4.48
Aug	05	ci	82:04	82:08	– 10	4.50
Aug	05	bp	81:22	81:26	– 10	4.63
Aug	05	np	82:00	82:03	– 10	4.54
Nov	05	ci	81:17	81:20	– 11	4.43
Nov	05	np	81:05	81:09	– 11	4.52
Jan	06	ci	80:15	80:19	– 10	4.54
Feb	06	ci	80:03	80:06	– 10	4.56
Feb	06	bp	79:30	80:02	– 10	4.60
Feb	06	np	80:07	80:11	– 10	4.53
May	06	ci	79:05	79:09	– 11	4.57
May	06	np	79:03	79:07	– 11	4.59
Jul	06	ci	78:27	78:31	– 11	4.50
Jul	06	np	78:25	78:29	– 11	4.52
Aug	06	ci	78:15	78:19	– 11	4.52
Nov	06	ci	77:22	77:26	– 11	4.50
Feb	07	ci	76:02	76:06	– 11	4.67
Feb	07	np	75:28	76:00	– 12	4.71
May	07	ci	75:03	75:07	– 12	4.69
May	07	np	74:25	74:29	– 12	4.76
Aug	07	ci	74:05	74:10	– 12	4.70
Aug	07	np	73:27	73:31	– 12	4.77
Nov	07	ci	74:05	74:09	+ 1	4.53
Feb	08	ci	71:31	72:04	– 13	4.80
Feb	08	np	72:00	72:05	– 13	4.79
May	08	ci	71:00	71:05	– 14	4.83
May	08	np	70:31	71:04	– 14	4.83
Aug	08	ci	70:11	70:16	– 14	4.79
Nov	08	ci	69:14	69:19	– 14	4.80
Nov	08	np	69:07	69:12	– 15	4.84
Feb	09	ci	68:02	68:07	– 15	4.90
May	09	ci	67:05	67:10	– 15	4.92
May	09	np	67:06	67:11	– 15	4.92
Aug	09	ci	66:13	66:18	– 15	4.91
Aug	09	np	66:07	66:12	– 15	4.94
Nov	09	ci	65:21	65:26	– 16	4.90
Nov	09	bp	64:07	64:12	– 19	5.16
Feb	10	ci	64:12	64:17	– 17	4.99
Feb	10	np	64:12	64:17	– 17	4.99
May	10	ci	63:15	63:20	– 17	5.01
Aug	10	ci	62:20	62:26	– 17	5.02
Aug	10	np	62:30	63:04	– 17	4.96
Nov	10	ci	62:05	62:10	– 16	4.97
Feb	11	ci	60:25	60:31	– 18	5.07
May	11	ci	59:29	60:03	– 15	5.09
Aug	11	ci	59:03	59:09	– 14	5.10
Nov	11	ci	58:13	58:19	– 12	5.09
Feb	12	ci	57:06	57:12	– 18	5.17
May	12	ci	56:12	56:18	– 18	5.18
Aug	12	ci	55:18	55:23	– 19	5.20
Nov	12	ci	54:29	55:03	– 19	5.19
Feb	13	ci	53:28	54:02	– 12	5.24
May	13	ci	53:02	53:08	– 12	5.26
Aug	13	ci	52:08	52:14	– 12	5.28
Nov	13	ci	51:15	51:21	– 12	5.30
Feb	14	ci	50:17	50:24	– 13	5.33
May	14	ci	49:24	49:31	– 13	5.35
Aug	14	ci	48:30	49:04	– 13	5.38
Nov	14	ci	48:06	48:12	– 13	5.40
Feb	15	ci	47:05	47:12	– 13	5.45
Feb	15	bp	46:30	47:04	– 13	5.49
May	15	ci	46:12	46:18	– 13	5.48
Aug	15	ci	45:20	45:26	– 13	5.50
Aug	15	bp	45:15	45:21	– 13	5.52
Nov	15	ci	44:29	45:03	– 13	5.52
Nov	15	bp	44:23	44:27	– 10	[illegible]
Feb	16	ci	44:06	44:13	– 12	5.53
Feb	16	bp	44:03	44:09	– 12	5.55
May	16	ci	43:18	43:24	– 12	5.54
May	16	bp	43:18	43:24	– 12	5.54
Aug	16	ci	42:28	43:02	– 12	5.55
Nov	16	ci	42:07	42:13	– 12	5.56
Nov	16	bp	42:08	42:14	– 12	5.56
Feb	17	ci	41:14	41:20	– 12	5.59
May	17	ci	40:26	41:00	– 12	5.60
May	17	bp	40:27	41:01	– 12	5.60
Aug	17	ci	40:07	40:13	– 12	5.60
Aug	17	bp	40:10	40:16	– 12	5.59
Nov	17	ci	39:24	39:30	– 12	5.59
Feb	18	ci	38:31	39:05	– 12	5.63
May	18	ci	38:14	38:20	– 12	5.63
May	18	bp	38:13	38:19	– 12	5.63
Aug	18	ci	37:30	38:04	– 12	5.62
Nov	18	ci	37:11	37:17	– 12	5.63
Nov	18	bp	37:11	37:17	– 12	5.63
Feb	19	ci	36:25	36:31	– 12	5.64
Feb	19	bp	36:27	37:01	– 12	5.63
May	19	ci	36:08	36:14	– 12	5.64
Aug	19	ci	35:25	35:31	– 12	5.64
Aug	19	bp	35:27	36:01	– 10	5.63
Nov	19	ci	35:07	35:14	– 12	5.65
Feb	20	ci	34:19	34:25	– 12	5.67
Feb	20	bp	34:24	34:30	– 12	5.64
May	20	ci	34:03	34:09	– 12	5.67
May	20	bp	34:04	34:10	– 12	5.67
Aug	20	ci	33:20	33:26	– 12	5.67
Aug	20	bp	33:22	33:29	– 12	5.66
Nov	20	ci	33:04	33:10	– 12	5.68
Feb	21	ci	32:20	32:26	– 11	5.68
Feb	21	bp	32:25	32:31	– 11	5.66
May	21	ci	32:06	32:12	– 11	5.68
May	21	bp	32:06	32:12	– 11	5.68
Aug	21	ci	31:24	31:30	– 11	5.68
Aug	21	bp	31:26	32:00	– 11	5.67
Nov	21	ci	31:08	31:14	– 11	5.69
Nov	21	bp	31:09	31:15	– 11	5.68
Feb	22	ci	30:24	30:30	– 11	5.69
May	22	ci	30:12	30:18	– 11	5.69
Aug	22	ci	29:30	30:04	– 11	5.69
Aug	22	bp	30:04	30:10	– 11	5.66
Nov	22	ci	29:18	29:24	– 11	5.68
Nov	22	bp	29:18	29:24	– 11	5.68
Feb	23	ci	29:07	29:13	– 10	5.67
Feb	23	bp	29:10	29:16	– 9	5.66
May	23	ci	28:26	29:00	– 10	5.67
Aug	23	ci	28:13	28:19	– 10	5.67
Aug	23	bp	28:23	28:29	– 9	5.62
Nov	23	ci	28:01	28:07	– 10	5.67
Feb	24	ci	27:19	27:25	– 10	5.68
May	24	ci	27:07	27:13	– 10	5.67
Aug	24	ci	26:28	27:02	– 10	5.67
Nov	24	ci	26:17	26:23	– 10	5.66
Nov	24	bp	26:18	26:24	– 10	5.66
Feb	25	ci	26:07	26:13	– 9	5.65
Feb	25	bp	26:09	26:15	– 9	5.64
May	25	ci	25:31	26:05	– 9	5.63
Aug	25	ci	25:20	25:26	– 9	5.63
Aug	25	bp	25:21	25:27	– 7	5.62
Nov	25	ci	25:09	25:15	– 9	5.63
Feb	26	ci	24:29	25:03	– 9	5.63
Feb	26	bp	25:03	25:09	– 9	5.60
May	26	ci	24:19	24:25	– 9	5.63
Aug	26	ci	24:08	24:14	– 9	5.63
Aug	26	bp	24:11	24:17	– 9	5.61
Nov	26	ci	23:30	24:04	– 9	5.62
Nov	26	bp	23:31	24:05	– 9	5.62
Feb	27	ci	23:21	23:27	– 9	5.61
Feb	27	bp	23:22	23:28	– 9	5.61
May	27	ci	23:12	23:18	– 8	5.61
Aug	27	ci	23:03	23:08	– 8	5.60
Aug	27	bp	23:03	23:09	– 8	5.60
Nov	27	ci	22:25	22:31	– 8	5.60
Nov	27	bp	22:26	23:00	– 8	5.59
Feb	28	ci	22:08	22:14	– 10	5.64
May	28	ci	22:00	22:06	– 10	5.63
Aug	28	ci	21:23	21:28	– 10	5.62
Aug	28	bp	22:02	22:08	– 10	5.56
Nov	28	ci	21:15	21:20	– 10	5.62
Nov	28	bp	21:26	21:31	– 12	5.56
Feb	29	ci	21:12	21:18	– 10	5.58
Feb	29	bp	21:20	21:25	– 11	5.54
May	29	ci	21:14	21:20	– 10	5.52
Aug	29	ci	21:10	21:16	– 10	5.49
Aug	29	bp	21:08	21:14	– 10	5.50
Nov	29	ci	21:22	21:28	– 11	5.38
Feb	30	ci	21:14	21:20	– 11	5.37
May	30	ci	21:19	21:25	– 11	5.30
May	30	bp	20:27	21:00	– 11	5.43
Aug	30	ci	21:13	21:19	– 11	5.28
Feb	31	ci	22:01	22:08	– 11	5.09
Feb	31	bp	21:18	21:24	– 11	5.17

benen Stücke jederzeit nach Ablauf von sechs Monaten und unter Zahlung eines »Strafzinses« an das Schatzamt zurückverkaufen. Bei Savings-Bonds unterscheidet man drei verschiedene Arten:

Serie EE

Zero-Bonds

Hierbei handelt es sich um eine besondere Form von Zero-Bonds. Die Papiere werden immer mit einem Abschlag von 50 Prozent auf den Nennwert (50 US-Dollar bis 10.000 US-Dollar) begeben – unabhängig von ihrer Laufzeit und vom aktuellen Zinsniveau. Laufende Zinszahlungen bekommen Anleger nicht. Zinsansprüche entstehen jedoch regelmäßig und werden für ein halbes Jahr im Voraus berechnet. Für den ersten Zinstermin erfolgt die Zinsberechnung bereits im Erwerbszeitpunkt. Als Basis wird dabei der halbierte Nennwert der Papiere, also der tatsächliche Kaufpreis, zugrunde gelegt. Den Zinssatz berechnet das Bundesschatzamt aus den durchschnittlichen Renditen 5-jähriger US-Treasury-Notes im vorausgegangenen halben Jahr, wobei jeweils nur 90 Prozent dieser Größe für die Ermittlung der Zinsen herangezogen werden. Nehmen wir an, wir hätten einen EE-Bond für 25 Dollar erworben (Nennwert = 50 Dollar) und die Rendite der 5-jährigen Treasury-Notes hätte im letzten halben Jahr durchschnittlich bei 10 Prozent p. a. gelegen. Dann wächst der Wert des Bonds bis zum nächsten Zinstermin auf 25 Dollar +25 Dollar × 0,09/2 = 26,125 Dollar. Dieser Betrag bleibt in voller Höhe investiert und dient als Grundlage für die nächste Zinsberechnung. Unterstellen wir noch einmal einen Zinssatz von 10 Prozent p.a., dann steigt der Wert des Bonds bis zum zweiten Zinstermin auf 26,125 Dollar +26,125 Dollar × 0,09/2 = 27,301 Dollar. Über die Jahre hinweg nimmt der Wert des Bonds auf diese Weise von Zinstermin zu Zinstermin zu. Abhängig vom jeweiligen Zinsniveau an den Anpassungsterminen kann der Bond so recht schnell seinen Nennwert erreichen – bei einem durchschnittlichen Zinssatz von 10 Prozent pro Jahr beispielsweise nach ungefähr sieben Jahren. Das Bundesschatzamt garantiert Anleihekäufern, dass der Wert der Bonds nach spätestens 17 Jahren mindestens dem Nennwert entspricht – und zwar vollkommen unabhängig von der zwischenzeitigen Zinsentwicklung. Anleger haben somit Gewissheit, dass sich das investierte Kapital spätestens nach 17 Jahren verdoppelt hat. Da *EE-Bonds* eine vorgesehene Laufzeit von 30 Jahren aufweisen, bleibt das Geld normalerweise weitere 13 Jahre zu variablen Zinssätzen investiert.

Serie HH

Fester Zinssatz von 4 Prozent

Die Zinsen auf Anleihen dieser Serie werden regelmäßig, normalerweise zweimal im Jahr, ausgezahlt. Es handelt sich also um herkömmliche, festverzinsliche Anleihen. Die Nennbeträge liegen zwischen 500 und 10.000 US-Dollar. Die Laufzeit kann der Anleger frei bestimmen. Aktuell (seit 1993) werden *HH-Bonds* mit einem fixen Satz von vier Prozent pro Jahr verzinst. Dieser Satz passt sich erst wieder im Jahr 2003 an. Der Vorzug dieser – auf den ersten Blick – unattraktiven Bonds liegt darin, dass auslaufende EE-Bonds in HH-Bonds getauscht und das investierte Geld auf diese Weise weiter, also über die eigentliche Laufzeit der EE-Bonds (= 30 Jahre) hinaus, steuerfrei angelegt werden kann. Steuerzahlungen auf die Zins- und Tilgungszahlungen der EE-Bonds sind dann erst bei Einlösung der HH-Bonds fällig.

Serie I

Bonds der Serie I sind mit Nennwerten von 50 bis 10.000 Dollar ausgestattet und weisen eine Laufzeit von 30 Jahren auf. Der Erwerb dieser Titel erfolgt zum Nennwert. Zinsen werden regelmäßig berechnet, aber genau wie bei Serie EE während der Laufzeit nicht ausgezahlt, sondern immer wieder mit angelegt. Der Zinssatz an den jeweiligen Zinsterminen setzt sich aus einer fixen sowie einer variablen Komponente zusammen und wird durch das Schatzamt jedes Mal aufs Neue bestimmt. Ausgangsbasis bildet ein über die Laufzeit fester Zinssatz, zu dem die jeweils aktuelle Inflationsrate für das zurückliegende Halbjahr hinzugerechnet wird: Zinssatz eines I-Bonds = Fixer Satz + aktuelle Inflationsrate im zurückliegenden Halbjahr. Das bedeutet, mit steigender (sinkender) Preissteigerungsrate steigt (sinkt) die Verzinsung des Bonds. Daher bieten Anleihen der Serie I – ähnlich wie die bereits beschriebenen Treasury-Inflation-Protected-Securities – Schutz vor Preissteigerungen. »I« steht in der Serienbezeichnung als Kürzel für Inflation.

Eingebauter Inflationsschutz

Serie EE- und *Serie I-Bonds* sind aus steuerlicher Sicht sehr reizvoll für US-Bürger, da die Zinszahlungen bis zur Fälligkeit nicht versteuert werden müssen. Auch danach kann man eine Besteuerung der Erträge unter bestimmten Umständen – zum Beispiel durch Umtausch von EE- in HH-Bonds – weiter hinauszögern. Ausführliche Informationen über US-Savings-Bonds findet man auch im Internet unter www.savingsbonds.gov oder www.publicdebt.treas.gov.

Municipal-Bonds

Munis

Municipal-Bonds, kurz »Munis«, sind Anleihen der US-Bundesstaaten und -Kommunen sowie öffentlicher Pflege- und Bildungseinrichtungen, Transport- und Versorgungsunternehmen. Es gibt rund 50.000 unterschiedliche Emittenten, neben den Bundesstaaten und Kommunen zum Beispiel Krankenhäuser, Hochschulen, Eisenbahngesellschaften oder Stromversorger. Municipal-Bonds haben Laufzeiten von bis zu 40 Jahren und Nennwerte ab 5.000 US-Dollar. Die Zinserträge sind zum Teil auf den drei Ebenen Bund, Staat und Gemeinde von der Einkommensteuer befreit. Munis werden daher auch als *Tax-Exempt-Bonds* bezeichnet und häufig mit dem Slogan »Triple-Tax-Free« beworben.

Durch einschneidende Veränderungen in der US-Steuergesetzgebung Mitte der 1980er-Jahre büßten Municipal-Bonds einen Großteil ihrer Attraktivität für institutionelle Investoren ein. Gleichzeitig wurden sie jedoch für Privatanleger zu einer der steuerlich interessantesten Anlagemöglichkeiten überhaupt. Das zeigt auch ein Blick auf die Nachfragestruktur: Privatanleger sind heute mit einem Anteil von über 30 Prozent am ausstehenden Volumen die bedeutendste Käufergruppe. Trotzdem ist die Nachfrage nach Municipal-Bonds in den letzten Jahren angesichts der Hausse an den weltweiten Aktienmärkten deutlich zurückgegangen, was sich sehr nachteilig auf die Markttransparenz ausgewirkt hat. Nur bestimmte Brokerhäuser bieten die Titel heute aktiv an, was zu vergleichsweise hohen Gebühren bei An- und Verkäufen führt. Municipal-Bonds werden ausschließlich Over-the-Counter und nicht an Wertpapierbörsen gehandelt. Die Papiere sind im Regelfall sehr illiquide. Man schätzt, dass nur rund ein Promille aller ausstehenden Munis

Privatanleger repräsentieren die größte Nachfragegruppe.

im aktiven Handel ist. Beim Großteil der Anleihen finden hingegen über Monate hinweg keine Transaktionen statt, da Privatinvestoren die Titel im Emissionszeitpunkt kaufen und bis zur Fälligkeit in ihren Depots »ruhen«. Ein Vergleich von Preisen und Konditionen ist häufig ausgeschlossen, da auch die Finanzpresse kaum Informationen über Municipal-Bonds bereithält. Internet-Seiten wie www.investinginbonds.com oder www.munistatements.com konnten ein wenig Licht ins Dunkel bringen. Sie tragen heute dazu bei, dass immer mehr Informationen über Munis bereitstehen.

Agency-Bonds

Agencies = Institutionen mit öffentlichem Auftrag

Neben den Bundes- und Landesregierungen sowie den Kommunen treten in den USA weitere Institutionen mit öffentlichem Auftrag, beispielsweise Kreditinstitute mit Sonderaufgaben (Federal Farm Credit Bank, Federal Home Loan Bank usw.), als Schuldner am Kapitalmarkt auf. Die betreffenden Einrichtungen werden auch als *Federal Agencies* bezeichnet. Sie tragen normalerweise das Prädikat *Government-Sponsored-Enterprises*, da ihnen die US-Regierung bei finanziellen Schwierigkeiten umgehend mit Krediten aushilft. Eine der bekanntesten Agencies, die *Government National Mortgage Association (GNMA)*, nimmt hier eine Sonderstellung ein. Sie ist nicht – wie die meisten Agencies – privatisiert worden, sondern nach wie vor eine echte Regierungsstelle und genießt daher die volle finanzielle Deckung durch die US-Regierung.

Federal Agencies werden bereits seit den 1930er-Jahren vom Kongress ins Leben gerufen, um die Kreditaufnahme bestimmter Bevölkerungsgruppen (zunächst insbesondere Hauseigentümer, später dann auch Landwirte und Studenten) zu erleichtern und diesen eine vergleichsweise günstige Verschuldung zu ermöglichen. Durch die Ausgabe mittel- und langfristiger Schuldverschreibungen, treffend auch *Agency-Bonds* genannt, refinanzieren sich Federal Agencies am Kapitalmarkt. Einige Agency-Bonds sind in der folgenden Tabelle kurz skizziert.

Agency- Bonds	Beschreibung
Ginnie-Maes	Anleihen, die durch die *Government National Mortgage Association (GNMA)* garantiert sind und kurz »Ginnie Maes« genannt werden. Die GNMA ist eine Regierungsstelle, die kleineren Kreditinstituten die kostengünstige Refinanzierung von Hypothekendarlehen ermöglicht (siehe nächsten Abschnitt). Ginnie-Maes sind immer durch die entsprechenden Hypotheken gedeckt (*Mortgage-backed-Securities*). Besonders sicher sind sie aber deshalb, weil sie als direkte Verbindlichkeiten der US-Regierung eingestuft werden und daher quasi denselben Status innehaben wie Treasury-Notes und -Bonds.
Fannie-Maes	Anleihen der *Federal National Mortgage Association (FNMA)*, für die man häufig schlicht den Begriff »Fannie-Maes« verwendet. Die FNMA ist seit 1968 eine börsennotierte Aktiengesellschaft, wodurch sie sich von der GNMA unterscheidet, die immer noch Teil des Bauministeriums ist und nicht privatisiert wurde. Die FNMA hat den Auftrag, einen »liquiden Sekundärmarkt« für

Hypothekenkredite zu schaffen und so indirekt den Bau von Häusern und Wohnungen zu fördern. Die Mittel aus dem Verkauf der Fannie-Maes dienen beispielsweise dazu, Hypothekenkredite von Geschäftsbanken zu erwerben. Die Kredite stellen aus Sicht der Banken nichts anderes als Forderungen dar und sind somit ohne weiteres veräußerbar. Die FNMA bietet den Kreditinstituten folglich die Möglichkeit, für den Hausbau vergebene Kredite jederzeit bei ihr refinanzieren zu können. Genau wie Ginnie-Maes sind auch Fannie-Maes grundsätzlich durch Hypotheken besichert (*Mortgage-backed-Securities*). Die Titel genießen zwar nicht die uneingeschränkte Garantie durch die US-Regierung, sind bisher aber ähnlich gut eingestuft worden wie Ginnie-Maes (implizites Triple-A-Rating). Aufgrund der explosionsartigen Ausweitung an Hypothekenkrediten durch die FNMA wurden kürzlich die ersten Stimmen im Kongress laut, die eine umfassende finanzielle Unterstützung der FNMA durch die US-Regierung in Zukunft in Frage stellen – was umgehend zu vergleichsweise hohen Renditeaufschlägen gegenüber Ginnie-Maes führte.

Sallie Maes

Anleihen der *Student Loan Marketing Association (SLMA)*, zu meist als »Sallie-Maes« bezeichnet. Die SLMA ist genau wie die FNMA eine Aktiengesellschaft, deren Aktien an der NYSE gehandelt werden. Sie wurde im Jahre 1972 konstituiert, um die Vergabemöglichkeiten von Studentendarlehen, so genannte »Student-Loans«, zu verbessern. Ähnlich wie die FNMA erwirbt auch die SLMA die jeweiligen Kredite etwa von Geschäftsbanken und offeriert diesen hierdurch eine relativ einfache Refinanzierungsmöglichkeit.

Agency-Bonds weisen Laufzeiten von bis zu 50 Jahren sowie Nennwerte zwischen 1.000 und 25.000 US-Dollar auf. Die Papiere können sowohl als herkömmliche festverzinsliche Schuldverschreibungen ausgestattet sein als auch als Zerobonds oder Annuitätenanleihen. Die Papiere werden Over-the-Counter gehandelt und vor allen Dingen von institutionellen Investoren wie Pensions- und Investmentfonds oder Versicherungsgesellschaften stark nachgefragt. Die Liquidität ist im Regelfall sehr hoch.

Over-the-Counter-Handel

Obwohl Agency-Bonds nur in Ausnahmefällen direkte Verbindlichkeiten der US-Regierung darstellen, sind sie als sehr sichere Anlageinstrumente einzustufen. Das Ausfallrisiko ist unbedeutend und nur geringfügig höher als bei Treasuries. Die Rendite von Agency-Bonds fällt dennoch sehr attraktiv aus und kann in bestimmten Fällen bis zu 150 Basispunkte über derjenigen vergleichbarer US-Staatsanleihen liegen.

Mortgage-Backed-Securities

Anleihen bestimmter Agencies, insbesondere Ginnie- und Fannie-Maes sowie Freddie-Macs (= Schuldtitel der Federal Home Loan Bank), dienen zur Refinanzierung von Hypothekenkrediten. Sie sind durch die zugrunde liegenden Immobilien besichert und heißen deshalb auch Mortgage-Backed-Securities. Aufgrund des hohen Emissionsvolumens spielen sie im US-Kapitalmarkt eine besondere Rolle.

Mortgage-Backed-Securities sind vergleichsweise attraktiv, da sie einen hohen, regelmäßigen Zahlungsfluss versprechen – die Zinszahlungen erfolgen normalerweise monatlich, und nicht halbjährlich wie bei Treasuries –,

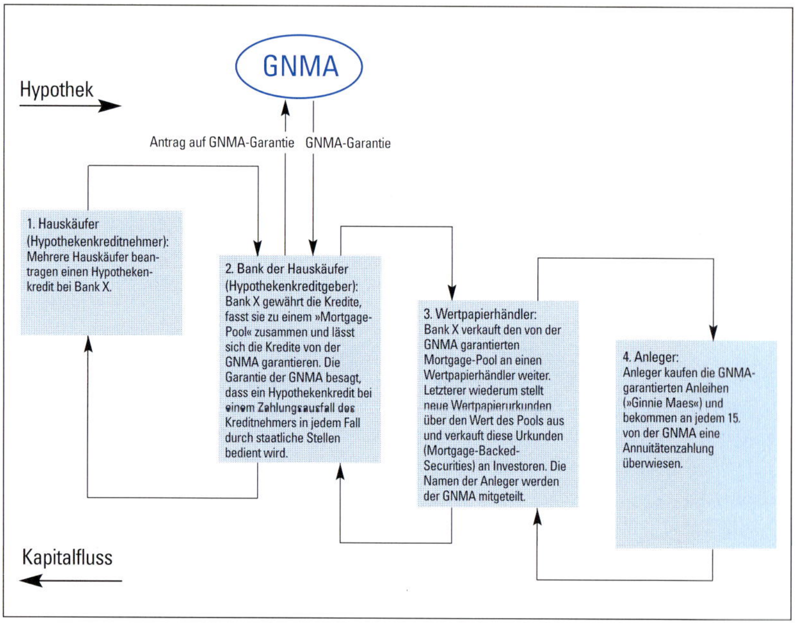

Die Abbildung verdeutlicht, wie mit Hilfe der GNMA Hypothekenkredite verbrieft und an tausende von Anlegern »verkauft« werden können.

ein nur geringes Ausfallrisiko besitzen und dennoch vergleichsweise hohe Renditen bieten. Sie haben einen Nachteil: Die Titel sind für gewöhnlich sehr komplex strukturiert und nur schwer zu bewerten. Ginnie-Maes beispielsweise sind im Regelfall Annuitätenanleihen, bei denen Zeitpunkt und Höhe der Zins- und Tilgungszahlungen im Voraus nicht feststehen.

Kursnotierungen für Agency-Bonds im WALL STREET JOURNAL EUROPE

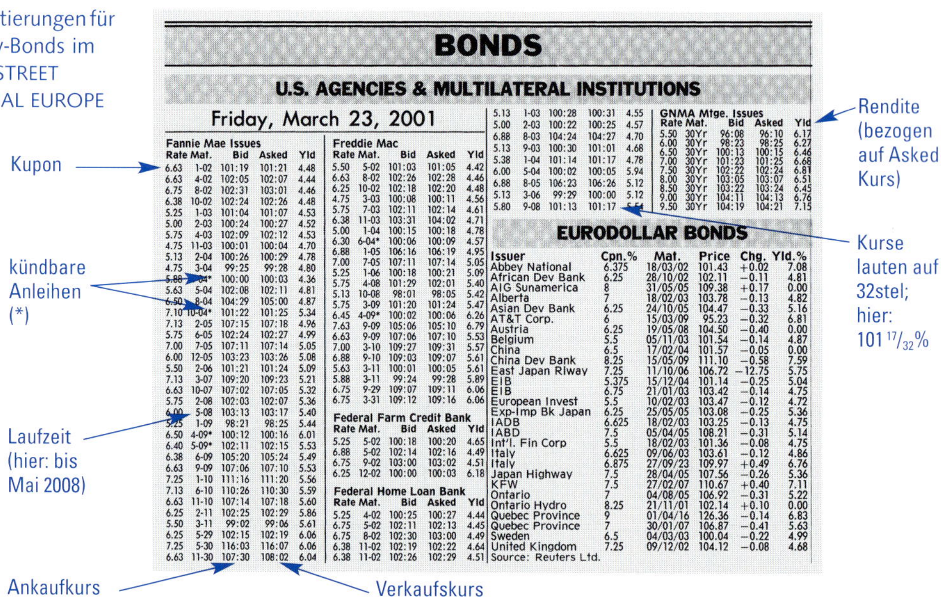

BONDS

U.S. AGENCIES & MULTILATERAL INSTITUTIONS

Friday, March 23, 2001

Fannie Mae Issues

Rate	Mat.	Bid	Asked	Yld
6.63	1-02	101:19	101:21	4.48
6.63	4-02	102:05	102:07	4.44
6.75	8-02	102:31	103:01	4.46
6.38	10-02	102:24	102:26	4.48
5.25	1-03	101:04	101:07	4.53
5.00	2-03	100:24	100:27	4.52
5.75	4-03	102:09	102:12	4.53
4.75	11-03	100:01	100:04	4.70
5.13	2-04	100:26	100:29	4.78
4.75	3-04	99:25	99:28	4.80
5.88	[illegible]-04*	100:00	100:03	4.36
5.63	5-04	102:08	102:11	4.81
6.50	8-04	104:29	105:00	4.87
7.10	10-04*	101:22	101:25	5.34
7.13	2-05	107:15	107:18	4.96
5.75	6-05	102:24	102:27	4.99
7.00	7-05	107:11	107:14	5.05
6.00	12-05	103:23	103:26	5.08
5.50	2-06	101:21	101:24	5.09
7.13	3-07	109:20	109:23	5.21
6.63	10-07	107:02	107:05	5.32
5.75	2-08	102:03	102:07	5.36
6.00	5-08	103:13	103:17	5.40
5.25	1-09	98:21	98:25	5.44
6.50	4-09*	100:12	100:16	6.01
6.40	5-09*	102:11	102:15	5.53
6.38	6-09	105:20	105:24	5.49
6.63	9-09	107:06	107:10	5.53
7.25	1-10	111:16	111:20	5.56
7.13	6-10	110:26	110:30	5.59
6.63	11-10	107:14	107:18	5.60
6.25	2-11	102:25	102:29	5.86
5.50	3-11	99:02	99:06	5.61
6.25	5-29	102:15	102:19	6.06
7.25	5-30	116:03	116:07	6.06
6.63	11-30	107:30	108:02	6.04

Freddie Mac

Rate	Mat.	Bid	Asked	Yld
5.50	5-02	101:03	101:05	4.42
6.63	8-02	102:26	102:28	4.46
6.25	10-02	102:18	102:20	4.48
4.75	3-03	100:08	100:11	4.56
5.75	7-03	102:11	102:14	4.61
6.38	11-03	103:31	104:02	4.71
5.00	1-04	100:15	100:18	4.78
6.30	6-04*	100:06	100:09	4.57
6.88	1-05	106:16	106:19	4.95
7.00	7-05	107:11	107:14	5.05
5.25	1-06	100:18	100:21	5.09
5.75	4-08	101:29	102:01	5.40
5.13	10-08	98:01	98:05	5.42
5.75	3-09	101:20	101:24	5.47
6.45	4-09*	100:02	100:06	6.26
7.63	9-09	105:06	105:10	6.79
6.63	9-09	107:06	107:10	5.53
7.00	3-10	109:27	109:31	5.57
6.88	9-10	109:03	109:07	5.61
5.63	3-11	100:01	100:05	5.61
5.88	3-11	99:24	99:28	5.89
6.75	9-29	109:07	109:11	6.06
6.75	3-31	109:12	109:16	6.06

Federal Farm Credit Bank

Rate	Mat.	Bid	Asked	Yld
5.25	5-02	100:18	100:20	4.65
6.88	5-02	102:14	102:16	4.49
6.75	9-02	103:00	103:02	4.51
6.25	12-02	100:00	100:03	6.18

Federal Home Loan Bank

Rate	Mat.	Bid	Asked	Yld
5.25	4-02	100:25	100:27	4.44
6.75	5-02	102:11	102:13	4.45
6.75	8-02	102:30	103:00	4.49
6.38	11-02	102:19	102:22	4.64
6.38	11-02	102:26	102:29	4.51
5.13	1-03	100:28	100:31	4.55
5.00	2-03	100:22	100:25	4.57
6.88	8-03	104:24	104:27	4.70
5.13	9-03	100:30	101:01	4.68
5.38	1-04	101:14	101:17	4.78
6.00	5-04	100:02	100:05	5.94
6.88	8-05	106:23	106:26	5.12
5.13	3-06	99:29	100:00	5.12
5.80	9-08	101:13	101:17	[illegible]

GNMA Mtge. Issues

Rate	Mat.	Bid	Asked	Yld
5.50	30Yr	96:08	96:10	6.17
6.00	30Yr	98:23	98:25	6.27
6.50	30Yr	100:13	100:15	6.46
7.00	30Yr	101:23	101:25	6.68
7.50	30Yr	102:22	102:24	6.81
8.00	30Yr	103:05	103:07	6.51
8.50	30Yr	103:22	103:24	6.45
9.00	30Yr	104:11	104:13	6.76
9.50	30Yr	104:19	104:21	7.15

EURODOLLAR BONDS

Issuer	Cpn.%	Mat.	Price	Chg.	Yld.%
Abbey National	6.375	18/03/02	101.43	+0.02	7.08
African Dev Bank	6.25	28/10/02	102.11	−0.11	4.81
AIG Sunamerica	8	31/05/05	109.38	+0.17	0.00
Alberta	7	18/02/03	103.78	−0.13	4.82
Asian Dev Bank	6.25	24/10/05	104.47	−0.33	5.16
AT&T Corp.	6	15/03/09	95.23	−0.32	6.81
Austria	6.25	19/05/08	104.50	−0.40	0.00
Belgium	5.5	05/11/03	101.54	−0.14	4.87
China	6.5	17/02/04	101.57	−0.05	0.00
China Dev Bank	8.25	15/05/09	111.10	−0.58	7.59
East Japan Rlway	7.25	11/10/06	106.72	−12.75	5.75
EIB	5.375	15/12/04	101.14	−0.25	5.04
EIB	6.75	21/01/03	103.42	−0.14	4.75
European Invest	5.5	10/02/03	103.47	−0.12	4.72
Exp-Imp Bk Japan	6.25	25/05/05	103.08	−0.25	5.36
IADB	6.625	18/02/03	103.25	−0.13	4.75
IABD	7.5	05/04/05	108.21	−0.31	5.14
Int'l. Fin Corp	5.5	18/02/03	101.36	−0.08	4.75
Italy	6.625	09/06/03	103.61	−0.12	4.86
Italy	6.875	27/09/23	109.97	+0.49	6.76
Japan Highway	7.5	28/04/05	107.56	−0.26	5.36
KFW	7.5	27/02/07	110.67	+0.40	7.11
Ontario	7	04/08/05	106.92	−0.31	5.22
Ontario Hydro	8.25	21/11/01	102.14	+0.10	0.00
Quebec Province	9	01/04/16	126.36	−0.14	6.83
Quebec Province	7	30/01/07	106.87	−0.41	5.63
Sweden	6.5	04/03/03	100.04	−0.22	4.99
United Kingdom	7.25	09/12/02	104.12	−0.08	4.68

Source: Reuters Ltd.

Corporate-Bonds

Unternehmen geben nicht nur Aktien aus, um ihre Geschäftsaktivitäten zu finanzieren, sondern auch mittel- und langfristige Schuldverschreibungen, so genannte Unternehmensanleihen. Rentenhändler sprechen auch von Corporate-Bonds oder einfach *Corporates*. Der größte nationale Markt für Unternehmensanleihen befindet sich in den USA. Die Bedeutung von Corporate-Bonds hat zwar auch in Europa in den letzten Jahren ständig zugenommen, dennoch haben wir den Formen US-amerikanischer Unternehmensanleihen den größten Teil der folgenden Ausführungen gewidmet. Die Nennwerte dieser Titel liegen normalerweise irgendwo zwischen 1.000 und 5.000 US-Dollar. Die Laufzeiten sind häufig ausgesprochen lang. Die Walt Disney Corp. etwa hat vor einigen Jahren einen Bond mit 10-jähriger Laufzeit ausgegeben. Generell kann gesagt werden: Je besser die gesamtwirtschaftlichen Aussichten und je besser die Qualität einer Unternehmensanleihe, desto langer die Laufzeit. Corporate-Bonds mit besonders hohen Bonitätsrisiken, so genannte *Junk-Bonds*, weisen fast immer relativ kurze Laufzeiten von 5 bis maximal 10 Jahren auf.

Vergleichsweise lange Laufzeiten

Die weiteren Ausführungen zeigen, dass die Bewertung von Unternehmensanleihen sehr komplex sein kann. Zum einen liegt das an den Emittenten. Die Zahlungsfähigkeit eines Unternehmens ist deutlich schwieriger zu beurteilen als die eines Staates, Bundeslandes oder einer Bank mit finanzieller Rückendeckung durch den Staat. Ratings können hier zwar Abhilfe schaffen, aber der künftige Werdegang eines Unternehmens lässt sich selbst mit Hilfe von Bonitätsnoten spezialisierter Analysehäuser nur sehr schwer abschätzen.

Corporate-Bonds und Ereignisrisiken

In den Vereinigten Staaten stieg die Zahl neu begebener Corporate-Bonds in den 1980er-Jahren deutlich an. Gleichzeitig kam es zu zahlreichen Unternehmensübernahmen, -zusammenschlüssen und -neuausrichtungen (Restrukturierungen), was sich zum Teil heftig auf die Kurse umlaufender Corporate-Bonds auswirkte: Übernahm beispielsweise ein mit Triple-A geratetes Unternehmen (= Unternehmen A) eine andere Gesellschaft mit deutlich schlechterem *Rating* (= Unternehmen B), konnte das eine Verkaufswelle bei den Corporate-Bonds des Unternehmens A auslösen. Auch die Rating-Agenturen reagierten in einem solchen Fall umgehend: Die ausstehenden Anleihen des Unternehmens A wurden – wegen der verschlechterten Finanzsituation – abgewertet, was im Regelfall zu weiteren Kursverlusten führte.

Ereignisse wie Unternehmensübernahmen oder -zusammenschlüsse sind für die Inhaber von Corporate-Bonds dementsprechend mit einem hohen Risiko verbunden, das im Englischen auch *Event-Risk* (Ereignisrisiko) heißt. Ein sehr hohes Risiko für Anleihekäufer ergibt sich insbesondere dann, wenn Corporate-Bonds einzig und allein deshalb ausgegeben werden, um mit dem Erlös einen Firmenkauf zu finanzieren (so genannter *Leveraged-Buy-Out*). Da niemand im Voraus weiß, ob sich die Übernahme tatsächlich positiv auf die künftige Umsatz- und Gewinnentwicklung des übernehmenden Unternehmens auswirkt, ist auch die Bedienung der ausgegebenen Anleihen ungewiss. Schließlich kann eine fremdfinanzierte Übernahme bei Ausbleiben positiver Effekte zu einer Überschuldung führen.

Unvorhersehbare Ereignisse wie Übernahmen oder Zusammenschlüsse bergen natürlich nicht nur Gefahren: Wer in Anleihen von Übernahmekandidaten investiert, kann damit durchaus hohe Gewinne erzielen – vorausgesetzt, die Übernahmen finden tatsächlich statt.

Zum anderen kommt den Ausstattungsmerkmalen bei Unternehmensanleihen eine besondere Rolle zu: Während Staatsanleihen zumeist als Plain-Vanilla-Papiere ausgegeben werden und daher relativ leicht zu bewerten sind, bringt man Corporate-Bonds nicht selten mit sehr exotischen Elementen auf den Markt, welche die Ermittlung eines fairen Preises nahezu unmöglich machen. Wir möchten die wichtigsten Punkte zu Corporate-Bonds einmal etwas genauer durchleuchten.

Auswahlschema beim Kauf einer Unternehmensanleihe: Top-down

1. Schritt: Anleihen oder Aktien?	Gesamtwirtschaftliches Umfeld • Ist die derzeitige (Real-)Rendite bei verzinslichen Anlageformen attraktiv? Sind Anleihen im Vergleich zu Aktien momentan günstig bewertet oder erscheinen sie eher überteuert? • Wie sieht es mit dem Gewinnwachstum in den nächsten Jahren aus? Sind bei Unternehmen vergleichsweise hohe Wachstumsraten zu erwarten oder werden die Raten eher gering ausfallen? Im ersten Fall spricht vieles für den Kauf von Aktien, im zweiten Fall hingegen vieles für den Kauf von Unternehmensanleihen. (Bei der Beantwortung dieser Frage kann ein Blick auf den Anteil der Unternehmensgewinne am Bruttoinlandsprodukt der letzten Jahre sehr hilfreich sein.)
2. Schritt: Welche Branchen bieten gute Aussichten?	Branche: • Welche Branchen bieten in den kommenden Jahren vergleichsweise sichere Einnahmeströme? • Welche Branchen erfordern in den kommenden Jahren hingegen hohe Investitionsaufwendungen, ohne gleichzeitig hohe Einnahmen zu garantieren?
3. Schritt: Welche Unternehmen sind besonders attraktive Anleiheemittenten?	Unternehmen: • Wie stellt sich die finanzielle Situation einzelner Unternehmen innerhalb der im Schritt 2 ausgewählten Branchen dar (Verschuldungsgrad, Emittentenrating usw.)? • Wird das Unternehmen in den nächsten Jahren voraussichtlich Jahr für Jahr profitabel sein oder besteht die Gefahr, das es in die Verlustzone gerät? • Wie viele Anleiheemissionen eines Unternehmens befinden sich bereits in Umlauf? • Wie hat ein Unternehmen Anleiheinhaber in der Vergangenheit behandelt (Stichwort: *Bondholder-Value*)?
4. Schritt: Welche Anleiheemission eines Unternehmens entspricht den Bedürfnissen des Anlegers am besten?	• Wie sind die einzelnen Anleihen eines Unternehmens ausgestaltet? Konkret: Wie hoch sind die Kupons? Welche Laufzeitbereiche werden abgedeckt? Sind bestimmte Anleihen mit Wandlungsrechten oder Optionsscheinen ausgestattet? Hat sich der Emittent Kündigungsrechte eingeräumt? • Welche Anleihen sind erstrangig, welche nicht? • Liegen für alle Emissionen Ratings vor? Wie fallen diese Ratings aus?

Unter Shareholder-Value versteht man in der Praxis häufig eine kurzfristige Gewinnsteigerung, doch Anleger, die Kapital in Unternehmensanleihen investieren, sind eher an einer langfristig soliden Unternehmensfinanzierung interessiert. Dies ist positiv für den Bondholder-Value.

Emittent

Anleger, die sich einen Corporate-Bond zulegen möchten, befinden sich in einer ähnlich schwierigen Situation wie Aktienkäufer. Sie müssen sich als erstes die Frage stellen, ob das betreffende Unternehmen in den nächsten Jahren in der Lage sein wird, Jahr für Jahr Gewinne zu erzielen, um regelmäßig Zinszahlungen sowie am Ende der Laufzeit auch die Tilgung leisten zu können. Starken Einfluss auf die Zahlungsfähigkeit eines Unternehmens hat zunächst das gesamtwirtschaftliche Umfeld. Beispielsweise fällt es Unternehmen in einem allgemeinen konjunkturellen Abschwung deutlich schwerer, genügend Umsatz zu erzielen, um die laufenden Kosten – Zinsen auf Corporate-Bonds gehören auch dazu – decken zu können. Bei der Beurteilung eines Corporate-Bonds ist darüber hinaus ein genauer Blick auf die Branche des jeweiligen Emittenten unumgänglich. Oftmals sind alle Unternehmen eines Sektors gleichermaßen von Markttrends (insbesondere Nachfrageveränderungen) betroffen, was dann auch nachhaltige Auswirkungen auf die finanzielle Situation der Anleiheemittenten innerhalb dieser Branche hat. Ähnliches gilt für gesetzliche Regelungen, zum Beispiel die Öffnung eines Wirtschaftszweiges für den Wettbewerb, oder strukturelle Veränderungen (Übernahmewellen, Kooperationsvereinbarungen usw.). Wird bekannt, dass ein führendes Unternehmen innerhalb einer Branche in eine finanzielle Schieflage geraten ist, wirkt sich das normalerweise nicht nur negativ auf die Anleihekurse der betreffenden Gesellschaft aus, sondern umgehend auch auf die Corporate-Bond-Emissionen aller Wettbewerber. Vor diesem Hintergrund unterscheidet man bei Corporate-Bonds normalerweise vier Emittentengruppen:

Emittentengruppen bei Corporate-Bonds

- *Versorger* (*Utilities*): In diesen Bereich fallen alle Corporate-Bonds, die von traditionellen Versorgungsunternehmen begeben werden. Emittenten sind zum Beispiel Stromerzeuger, Wasserwerke oder Telekommunikationsunternehmen. Lange Jahre konnten diese Firmen aus einer Monopolstellung heraus agieren, weshalb ihre Anleihen vergleichsweise risikolos waren. Die Gesellschaften verfügten über sichere und kaum schwankende Einnahmeströme. Seitdem jedoch Bereiche wie Telekommunikation oder Stromversorgung für den Wettbewerb geöffnet wurden, hat sich die Situation nachhaltig verändert. Beispiel Telekommunikation: Aufgrund extrem hoher Aufwendungen für den Erwerb von *UMTS-Lizenzen* sitzen viele der großen Telekomkonzerne mittlerweile auf hohen Schuldenbergen. Als Folge haben sich die Spreads zwischen Staats- und Telekommunikationsanleihen deutlich ausgeweitet. Ähnliches gilt für Stromerzeuger. Sie galten lange Zeit ebenfalls als bonitätsmäßig einwandfreie Unternehmen, haben seit der Stromkrise in Kalifornien jedoch einen Teil ihres Ansehens eingebüßt.
- *Banken* und sonstige Finanzdienstleister (*Finance-Companies*): Hierunter fallen alle Anleihen, die von herkömmlichen Kreditinstituten, Investmentbanken, Versicherungsgesellschaften oder unabhängigen Finanzberatern ausgegeben werden. Bankschuldverschreibungen, aber auch Anleihen großer Versicherungskonzerne gehören zu den sichersten Anleihen überhaupt.
- *Transportgesellschaften* (*Transportations*): Anleihen aus dem Transportbereich stammen etwa von Eisenbahn- und Fluggesellschaften, Speditionen oder sonstigen Transport- und Logistikunternehmen (UPS, FedEX usw.).
- *Industrieunternehmen* (*Industrials*): So genannte *Industrieanleihen* sind Schuldverschreibungen, die von allen übrigen Unternehmen ausgegeben werden. Die Gruppe der Emittenten ist entsprechend umfangreich und

heterogen. Hier findet man beispielsweise Anleihen von Automobilherstellern, großen Ölgesellschaften, Chemie- und Pharmakonzernen sowie Hard- und Softwareproduzenten.

Rating

Während bei Staatsanleihen sowie anderen öffentlichen Schuldnern ausschließlich die Anleiheemittenten selbst geratet werden, geben *Rating-Agenturen* wie *Moody's* oder *Standard & Poor's* im Falle von Unternehmensanleihen zusätzlich auch für einzelne Emissionen ein Bonitätsurteil ab. Das liegt vor allen Dingen daran, dass Anleiheemissionen eines Unternehmens unterschiedliche Ansprüche verbriefen können. Beispielsweise werden im Falle eines Konkurses erstrangige Anleihen (*Senior Notes*) bevorzugt bedient, das heißt vor den nachrangigen Verbindlichkeiten (*Junior Notes*). Daher genießen erstrangige Anleihen normalerweise auch ein höheres Rating als nachrangige Titel. Fazit: Wenn man Corporate-Bonds kauft, reicht es nicht aus, sich die Ratings anderer Anleihen eines bestimmten Emittenten anzuschauen. Vielmehr muss jede Unternehmensanleihe vor dem Kauf gesondert analysiert und abschließend bewertet werden.

Jede Anleihe mit eigenem Rating

Die Ratings für Corporates sind von der Form her mit denen bei Staatsanleihen identisch, reichen also auch von Dreifach A (sehr gute Qualität) bis einfach C (sehr hohe Ausfallwahrscheinlichkeit).

Die Tabelle belegt, dass die Anleiheemissionen eines einzigen Unternehmens unterschiedliche Ratings aufweisen können.

Emittent:	Währung	Kupon	Laufzeit	Rating	
				S & P	Moody's
Halifax	Britisches Pfund	6,375 %	April 2008	Aa1	AA
Halifax	Euro	4,750 %	März 2009	Aa2	AA–

Unternehmensanleihen mit einem Rating von unter Baa (Moody's) bzw. unter dreifach B (Standard & Poor's) werden auch als *Junk-Bonds* (Ramsch-/Schundanleihen) oder *High-Yield-Corporates* bezeichnet. Sie spielten lange Jahre eine bedeutende Rolle am US-Rentenmarkt. Nachdem es jedoch zu mehreren drastischen Kurseinbrüchen bei diesen Papieren kam – die durchschnittlichen Spreads zwischen Junk-Bonds und US-Staatsanleihen erreichten zum Teil Niveaus von 1.200 Basispunkten – ging zunächst die Nachfrage und als Folge auch das Angebot stark zurück. Junk-Bonds sind heute ein Nischenprodukt, für das sich in erster Linie die Manager institutioneller Portfolios interessieren – zum Beispiel die Verwalter auf Junk-Bonds spezialisierter Investmentfonds.

Struktur

Corporate-Bonds besitzen mitunter Ausstattungsmerkmale, die bei Anleihen anderer Emittenten entweder gar nicht oder aber nur sehr selten zu finden sind. Hierunter fallen zum Beispiel Kündigungsrechte für Emittenten und Bondinhaber, besondere Klauseln zur Verzinsung (z. B. Step-up- oder variable Verzinsung) oder Wandlungsrechte in Aktien des Emittenten. Im Englischen nennt man diese exotischen Ausstattungsmerkmale auch *Bells and Whistles* – zu deutsch etwa »Glocken und Pfeifen«. Die meisten Zusatzrechte wurden in den 1980er-Jahren eingeführt, um Anleger – trotz eines vergleichsweise hohen Risikopotenzials – zum Kauf von Corporate-Bonds zu bewegen. Ein gutes Beispiel für ein außergewöhnliches Ausstattungsmerkmal eines Corporate-Bond ist das Kündigungsrecht für Anleiheinhaber: Bei Eintreten bestimmter Ereignisse wird Anleihekäufern das Recht eingeräumt, Unternehmensanleihen zu einem vorab festgeschriebenen Kurs an den Emittenten zurückzugeben. Anleger können sich damit beispielsweise vor den negativen Auswirkungen von Unternehmensübernahmen schützen.

Besicherung von Corporates

Corporate Bonds kann man auch danach unterscheiden, ob sie besichert oder unbesichert ausgegeben werden. Eine Besicherung wird insbesondere durch Hypotheken vorgenommen (*Mortgage-Bonds*) sowie durch die Verpfändung von Zahlungsansprüchen (*Collateral-Trust-Bonds*) oder, im Falle so genannter *Equipment-Trust-Certificates*, durch die Verpfändung von Betriebs- und Geschäftsausstattung (Maschinen, Fuhrpark usw.). Beim Kauf unbesicherter Anleihen, im Englischen *Debentures* oder *Notes* genannt, müssen sich Anleger allein auf die Fähigkeit des Unternehmens verlassen, künftig genügend Gewinne zu erwirtschaften, um Zins- und Tilgungszahlungen leisten zu können. Im Konkursfall gehen die Inhaber unbesicherter Anleihen normalerweise leer aus.

Corporate Bonds im Wall Street Journal

Das WALL STREET JOURNAL EUROPE fasst die Schlusskurse großer US-Corporate-Bond-Emissionen im Kurszettel NEW YORK EXCHANGE BONDS zusammen. Die Notierungen stammen von der NYSE und der Amex.

Auf zwei Besonderheiten in der Kurstabelle soll hier kurz eingegangen werden. Die Abkürzung »vi« (momentan nicht in der Tabelle vorhanden) kennzeichnet die Anleihen solcher Unternehmen, die sich in argen Liquiditätsschwierigkeiten befinden (*Distressed Securities*). Sie haben entweder bereits »Konkurs angemeldet« oder werden im Zuge eines Vergleichsverfahrens umstrukturiert. Da entsprechende Gesellschaften ihrer Pflicht zur Leistung von Zins- und Tilgungszahlungen gar nicht mehr bzw. gegenwärtig nicht nachkommen können, sind hinter den Kursnotierungen ferner die Kürzel »na« und/oder »f« zu finden. Diese Zusätze stehen für »no accrual« (»ohne Stückzinsen«) bzw. »Flat-Notierung« (»ohne Stückzinsberechnung«) und bringen zum Ausdruck, dass beim Kauf der betreffenden Titel keine Stückzinsen zu entrichten sind. Als Indikator für die Bonität des Schuldners bzw. die Güte einer Anleihe können normalerweise auch die in der Tabelle NEW YORK EXCHANGE BONDS ausgewiesenen Renditen dienen. Man sollte beachten, dass es sich hierbei nicht um Effektiv-Renditen, sondern um *Current Yields* (= Kupon/Aktueller Kurs) handelt.

Distressed Securities

Current Yields

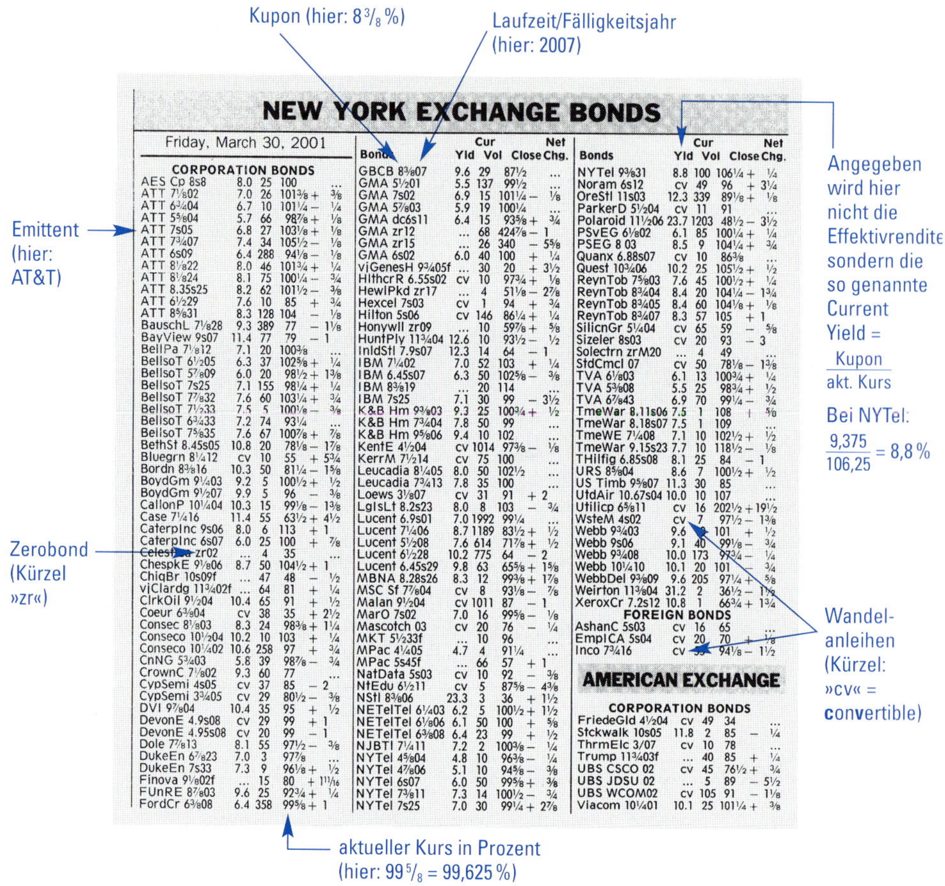

NEW YORK EXCHANGE BONDS

Friday, March 30, 2001

CORPORATION BONDS

Bonds	Cur Yld	Vol	Close	Net Chg.
AES Cp 8s8	8.0	25	100	...
ATT 7⅛02	7.0	26	101⅜	+ ⅜
ATT 6¾04	6.7	10	101¼	– ¼
ATT 5⅝04	5.7	66	98⅞	+ ⅛
ATT 7s05	6.8	27	103⅛	+ ⅛
ATT 7¾07	7.4	34	105½	– ⅛
ATT 6s09	6.4	288	94⅛	– ⅛
ATT 8⅛22	8.0	46	101¾	+ ¼
ATT 8⅛24	8.1	75	100¼	– ¾
ATT 8.35s25	8.2	62	101½	– ⅜
ATT 6½29	7.6	10	85	+ ¾
ATT 8⅝31	8.3	128	104	– ⅛
BauschL 7⅛28	9.3	389	77	– 1⅛
BayView 9s07	11.4	77	79	– 1
BellPa 7⅛12	7.1	20	100⅜	...
BellsoT 6½05	6.3	37	102⅝	+ ¼
BellsoT 5⅞09	6.0	20	98½	+ 1⅜
BellsoT 7s25	7.1	155	98¼	+ ¼
BellsoT 7⅞32	7.6	60	103¼	+ ¾
BellsoT 7½33	7.5	5	100⅛	– ⅜
BellsoT 6¾33	7.2	74	93¼	...
BellsoT 7⅝35	7.6	67	100⅞	+ ⅞
BethSt 8.45s05	10.8	20	78⅛	– 1⅞
Bluegrn 8¼12	cv	10	55	+ 5¾
Bordn 8⅜16	10.3	50	81¼	– 1⅝
BoydGm 9¼03	9.2	5	100½	+ ½
BoydGm 9½07	9.9	5	96	– ⅜
CallonP 10¼04	10.3	15	99⅛	– 1⅜
Case 7¼16	11.4	55	63½	+ 4½
CaterpInc 9s06	8.0	6	113	+ 1
CaterpInc 6s07	6.0	25	100	+ ⅞
Celest[illegible] zr02	...	4	35	...
ChespkE 9⅛06	8.7	50	104½	+ 1
ChiqBr 10s09f	...	47	48	– ½
viClardg 11¾02f	...	64	81	+ ¼
ClrkOil 9½04	10.4	65	91	+ ½
Coeur 6⅜04	cv	38	35	+ 2½
Consec 8⅛03	8.3	24	98⅜	+ 1¼
Conseco 10½04	10.2	10	103	+ ¼
Conseco 10¼02	10.6	258	97	+ ¾
CnNG 5¾03	5.8	39	98⅞	– ¾
CrownC 7⅛02	9.3	60	77	...
CypSemi 4s05	cv	37	85	– 2
CypSemi 3¾05	cv	29	80½	– ⅜
DVI 9⅞04	10.4	35	95	+ ½
DevonE 4.9s08	cv	29	99	+ 1
DevonE 4.95s08	cv	20	99	– 1
Dole 7⅞13	8.1	55	97½	– ⅜
DukeEn 6⅞23	7.0	3	97⅞	...
DukeEn 7s33	7.3	9	96⅛	+ ½
Finova 9⅛02f	...	15	80	+ 1 11/16
FUnRE 8⅞03	9.6	25	92¾	+ ¼
FordCr 6⅜08	6.4	358	99⅝	+ 1
GBCB 8⅜07	9.6	29	87½	...
GMA 5½01	5.5	137	99½	...
GMA 7s02	6.9	15	101¼	– ⅛
GMA 5⅞03	5.9	19	100¼	...
GMA dc6s11	6.4	15	93⅝	+ ¾
GMA zr12	...	68	424⅞	– 1
GMA zr15	...	26	340	– 5⅝
GMA 6s02	6.0	40	100	+ ¼
viGenesH 9¾05f	...	30	20	+ 3½
HlthcrR 6.55s02	cv	10	97¾	+ ⅛
HewlPkd zr17	...	4	51⅛	– 2⅞
Hexcel 7s03	cv	1	94	+ ¾
Hilton 5s06	cv	146	86¼	+ ¼
Honywll zr09	...	10	59⅞	+ ⅝
HuntPly 11¾04	12.6	10	93½	– ½
InldStl 7.9s07	12.3	14	64	– 1
IBM 7¼02	7.0	52	103	+ ¼
IBM 6.45s07	6.3	50	102⅝	– ⅜
IBM 8⅜19	...	20	114	...
IBM 7s25	7.1	30	99	– 3½
K&B Hm 9⅜03	9.3	25	100¾	+ ½
K&B Hm 7¾04	7.8	50	99	...
K&B Hm 9⅝06	9.4	10	102	...
KentE 4½04	cv	1014	97⅜	– ⅛
KerrM 7½14	cv	75	100	...
Leucadia 8¼05	8.0	50	102½	...
Leucadia 7¾13	7.8	35	100	...
Loews 3⅛07	cv	31	91	+ 2
LgIsLt 8.2s23	8.0	8	103	– ¾
Lucent 6.9s01	7.0	1992	99¼	...
Lucent 7¼06	8.7	1189	83½	+ ½
Lucent 5½08	7.6	614	71⅞	+ ½
Lucent 6½28	10.2	775	64	– 2
Lucent 6.45s29	9.8	63	65⅝	+ 1⅝
MBNA 8.28s26	8.3	12	99⅜	+ 1⅞
MSC Sf 7⅞04	cv	8	93⅛	– ⅞
Malan 9½04	cv	1011	87	– 1
MarO 7s02	7.0	16	99⅝	– ⅛
Mascotch 03	cv	20	76	– ¼
MKT 5½33f	...	10	96	...
MPac 4¼05	4.7	4	91¼	...
MPac 5s45f	...	66	57	+ 1
NatData 5s03	cv	10	92	– ⅜
NtEdu 6½11	cv	5	87⅝	– 4⅜
NStl 8⅜06	23.3	3	36	+ 1½
NETelTel 6¼03	6.2	5	100½	+ 1½
NETelTel 6⅛06	6.1	50	100	+ ⅝
NETelTel 6⅜08	6.4	23	99	+ ½
NJBTI 7¼11	7.2	2	100⅜	– ¼
NYTel 4⅝04	4.8	10	96⅜	– ¼
NYTel 4⅞06	5.1	10	94⅝	– ⅜
NYTel 6s07	6.0	50	99⅝	+ ⅜
NYTel 7⅜11	7.3	14	100½	– ¾
NYTel 7s25	7.0	30	99¼	+ 2⅞
NYTel 9⅜31	8.8	100	106¼	+ ¼
Noram 6s12	cv	49	96	+ 3¼
OreStl 11s03	12.3	339	89⅛	+ ⅛
ParkerD 5½04	cv	11	91	...
Polaroid 11½06	23.7	1203	48½	– 3½
PSvEG 6⅛02	6.1	85	100¼	+ ¼
PSEG 8 03	8.5	9	104¼	+ ¾
Quanx 6.88s07	cv	10	86⅜	...
Quest 10¾06	10.2	25	105½	+ ½
ReynTob 7⅝03	7.6	45	100½	+ ¼
ReynTob 8¾04	8.4	20	104¼	– 1¾
ReynTob 8¾05	8.4	60	104⅛	+ ⅛
ReynTob 8¾07	8.3	57	105	+ 1
SilicnGr 5¼04	cv	65	59	– ⅝
Sizeler 8s03	cv	20	93	– 3
Solectrn zrM20	...	4	49	...
StdCmcl 07	cv	50	78⅛	– 1⅜
TVA 6⅛03	6.1	13	100¾	+ ¼
TVA 5⅜08	5.5	25	98¾	+ ½
TVA 6⅞43	6.9	70	99¼	– ¾
TmeWar 8.11s06	7.5	1	108	+ ⅝
TmeWar 8.18s07	7.5	1	109	...
TmeWE 7¼08	7.1	10	102½	+ ½
TmeWar 9.15s23	7.7	10	118½	– ⅛
THilfig 6.85s08	8.1	25	84	– 1
URS 8⅝04	8.6	7	100½	+ ½
US Timb 9⅝07	11.3	30	85	...
UtdAir 10.67s04	10.0	10	107	...
Utilicp 6⅝11	cv	16	202½	+ 19½
WsteM 4s02	cv	7	97½	– 1⅜
Webb 9¾03	9.6	[illegible]	101	+ ½
Webb 9s06	9.1	40	99⅛	– ¾
Webb 9¾08	10.0	173	97¾	– ¼
Webb 10¼10	10.1	20	101	– ¾
WebbDel 9⅜09	9.6	205	97¼	+ ⅝
Weirton 11⅜04	31.2	2	36½	– 1½
XeroxCr 7.2s12	10.8	1	66¾	+ 1¾

FOREIGN BONDS

Bonds	Cur Yld	Vol	Close	Net Chg.
AshanC 5s03	cv	16	65	...
EmplCA 5s04	cv	20	70	+ ⅛
Inco 7¾16	cv	[illegible]	94⅛	– 1½

AMERICAN EXCHANGE

CORPORATION BONDS

Bonds	Cur Yld	Vol	Close	Net Chg.
FriedeGld 4½04	cv	49	34	...
Stckwalk 10s05	11.8	2	85	– ¼
ThrmElc 3/07	cv	10	78	...
Trump 11¾03f	...	40	85	+ ¼
UBS CSCO 02	cv	45	76½	+ ¾
UBS JDSU 02	...	5	89	– 5½
UBS WCOM02	cv	105	91	– 1⅛
Viacom 10¼01	10.1	25	101¼	+ ⅜

Wertpapiere des Bundes und seiner Sondervermögen

Bundesanleihen, -obligationen und -schatzanweisungen

Die Bundesrepublik Deutschland, im Weiteren kurz »Bund« genannt, sowie ihre Sondervermögen finanzieren einen erheblichen Teil ihrer Ausgaben über die Emission von Schuldverschreibungen. Die Schuldtitel sind aufgrund der unmittelbaren und uneingeschränkten Haftung des Bundes bonitätsmäßig untereinander gleichgestellt. Zu den Sondervermögen des Bundes zählen

Sondervermögen des Bundes

- der Erblastentilgungsfonds,
- der Fonds »Deutsche Einheit«,
- der Entschädigungsfonds,
- das European-Recovery-Program (ERP)-Sondervermögen und
- das Bundeseisenbahnvermögen.

In folgender Tabelle werden die Aufgaben der Sondervermögen des Bundes sowie deren Schuldverschreibungen kurz skizziert.

Erblastentilgungsfonds

Der *Erblastentilgungsfonds* wurde per »Gesetz über die Errichtung eines Erblastentilgungsfonds« vom 23.6.1993 als Sondervermögen des Bundes errichtet. Seine Verwaltung obliegt dem Bundesministerium für Finanzen. Das Ministerium ist berechtigt, für den Fonds Kredite am Kapitalmarkt aufzunehmen. Im Erblastentilgungsfonds fasste der Bund zum 1.1.1995 die wesentlichen »Erblasten« der ehemaligen DDR zusammen, indem er unter anderem die Verbindlichkeiten

- der *Treuhandanstalt* (THA), die bis zum 31.12.1994 für die Privatisierung der »volkseigenen Betriebe« (VEB) in der ehemaligen DDR verantwortlich war, und
- des *Ausgleichsfonds Währungsumstellung*, der seit dem 13.9.1990 die Ausgleichsforderungen verwaltet, die den Kreditinstituten und Außenhandelsbetrieben in der ehemaligen DDR aufgrund der Währungsumstellung per Gesetz zugeteilt wurden,

auf den Erblastentilgungsfonds übertrug.

Emissionen: Schuldverschreibungen, die auf den Namen des Erblastentilgungsfonds lauten, wurden bis Juli 1995 nicht emittiert. An dieser Stelle werden deshalb kurz die Schuldtitel skizziert, für die der Erblastentilgungsfonds sämtliche Verpflichtungen übernahm. Es werden noch zahlreiche THA-Anleihen und -Obligationen (*Tobls*) gehandelt. Vom Ausgleichsfonds Währungsumstellung ist hingegen nur eine einzige Emission, eine variabel verzinsliche Anleihe von 1991, im Umlauf. Die Schuldverschreibungen der ehemaligen Treuhandanstalt und des Ausgleichsfonds Währungsumstellung werden aufgrund der Haftungsverhältnisse den börsennotierten Wertpapieren des Bundes hinzugerechnet.

Treuhandanstalt (F)				
7,75 v. 92/02	01.10.	104,48 G	104,78 G	4,477
7,375 v. 92/02	02.12.	104,41 b	104,74 bG	4,475
7,125 v. 93/03	29.01.	104,43 b	104,75 b	4,473
6,5 v. 93/03	23.04.	103,90 b	104,26 b	4,440

Ausgleichsfonds	
Währungsumstellg. (F)	
(FRN) v. 91/96/35v.j.*01.J/A	-

Fonds Deutsche Einheit

Der *Fonds Deutsche Einheit* wurde im Jahre 1990 per »Gesetz zu dem Vertrag über die Schaffung einer Währungs-, Wirtschafts- und Sozialunion« errichtet. Er stellte seine Leistungen Ende 1994 ein, wurde offiziell jedoch noch nicht aufgelöst. Emissionen: Der Fonds emittiert seit dem 31.12.1994 keine Schuldverschreibungen mehr. Es existieren noch zwei Anleihen.

F.Dt.Einheit (F)				
8,75 v. 91/01	20.08.	101,28 b	101,33 b	4,789
8 v. 92/02	21.01.	102,49 G	102,68 b	4,571

Entschädigungsfonds

Der *Entschädigungsfonds* war genau wie die zuvor beschriebenen Fonds im Zuge der deutschen Wiedervereinigung entstanden. Er wurde durch das Entschädigungs- und Ausgleichsleistungsgesetz vom 27.9.1994 ins Leben gerufen und leistet Entschädigungen an Personen und Gesellschaften, an die eine Rückgabe von Vermögenswerten auf dem Gebiet der ehemaligen DDR ausgeschlossen ist.
Emissionen: Die Entschädigungen, die der Fonds leistet, werden den berechtigten Personen und Gesellschaften seit 1995 in

Form handelbarer Entschädigungsschuldverschreibungen zugeteilt. Diese sind bis zum 31.12.2003 zinslos, werden ab dem 1.1.2004 mit 6% jährlich verzinst und am 1.1.2008 getilgt.

Entschädigungsf. (F)		
v. 95/04-08*	88,70 b	89,25 b

ERP-Sondervermögen

Die finanziellen Mittel des *ERP-Sondervermögens* stammten ursprünglich aus dem »Marshall-Plan«. Am 31.8.1953 wurde das Sondervermögen per Gesetz mit der Verwaltung der entsprechenden Mittel beauftragt. Heute dient das ERP-Sondervermögen ausschließlich der Förderung der deutschen Wirtschaft, wobei der Schwerpunkt der Fördermaßnahmen seit 1990 auf dem Aufbau der neuen Bundesländer liegt.
Emissionen: Das Bundesministerium für Wirtschaft ist mit Zustimmung des Bundesministeriums der Finanzen ermächtigt, Kredite für das ERP-Sondervermögen aufzunehmen. Im Juli 2001 waren insgesamt zwei Anleihen des ERP-Sondervermögens am Markt platziert.

ERP-Sonderv. (F)					
8	v. 92/02	02.05.	103,43 G	103,64 G	4,561
6,75	v. 93/03	02.05.	104,20 b	104,57 b	4,551

Bundeseisenbahnvermögen

Im *Bundeseisenbahnvermögen* wurden per 1.1.1994 die ehemaligen Sondervermögen Deutsche Bundesbahn und Deutsche Reichsbahn zusammengefasst. Das Bundeseisenbahnvermögen ist berechtigt, Kredite am Kapitalmarkt aufzunehmen.
Emissionen: Das Bundeseisenbahnvermögen ist für die Verwaltung und Tilgung der Altschulden der ehemaligen Sondervermögen Deutsche Bundesbahn und Deutsche Reichsbahn und somit für die Bedienung der Ansprüche aus den umlaufenden Schuldverschreibungen der betreffenden (aufgelösten) Institutionen verantwortlich.

Bundesbahn (F)					
8,5	v. 91/01	02.07.	100,91 b	100,91 G	4,568
8	v. 92/02	01.07.	104,37 G	104,38 b	4,300
7,5	v. 92/02	30.10.	104,76 b	104,76 b	4,285
6,125	v. 93/03	28.10.	104,04 b	104,03 b	4,409

Bis zu ihrer Neustrukturierung und Wandlung in eine Aktiengesellschaft wurde auch die Deutsche Bundespost den Sondervermögen des Bundes hinzugerechnet. Ihre Verbindlichkeiten gingen mit Wirkung vom 1.1.1995 auf die Telekom AG über. Für die Schuldverschreibungen der ehemaligen Deutschen Bundespost haftet der Bund aufgrund einer Bestimmung des Postumwandlungsgesetzes aus dem Jahre 1994 aber weiter uneingeschränkt.

Anleihen der ehemaligen Bundespost in der Finanzzeitung

Bundespost (F)					
8,375	v. 91/01	01.06.	100,56 b	100,59 b	4,687
8,5	v. 91/01	03.09.	101,58 b	101,60 G	4,491
8	v. 92/02	01.02.	102,91 b	102,93 b	4,330
8,25	v. 92/02	01.08.	104,99 b	105,00 b	4,280
7,5	v. 92/02	02.12.	105,02 b	105,02 b	4,285
6,25	v. 93/03	01.10.	104,22 b	104,20 b	4,407
6,75	v. 94/04	01.04.	106,24 b	106,22 b	4,482
7,5	v. 94/04	02.08.	109,01 b	109,02 b	4,510
7,75	v. 94/04	01.10.	110,14 b	110,14 b	4,531

Es gibt börsen- und nicht börsengehandelte Bundeswertpapiere. Zunächst zu den börsennotierten Schuldverschreibungen des Bundes. Diese lassen sich anhand der »Laufzeit« in Anleihen, Obligationen und Schatzanweisungen unterscheiden.

Übersicht über Bundeswertpapiere

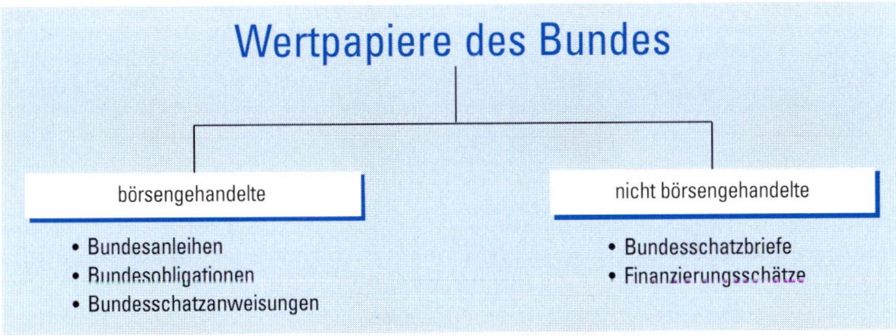

Der Begriff *Bundesanleihe* bezeichnet sowohl die Anleihen des Bundes als auch die seiner Sondervermögen. Folgende Übersicht, die der »Handmappe über Bundeswertpapiere« entnommen ist, enthält die wichtigsten Ausstattungsmerkmale von Bundesanleihen, Bundesobligationen und Bundesschatzanweisungen.

Bundesanleihen, Bundesobligationen, Bundesschatzanweisungen

Wertpapiere des Bundes auf einen Blick

MERKMALE	BUNDESOBLIGATIONEN	BUNDESANLEIHEN
Emissionsverfahren	Freihändiger Verkauf/ Tenderverfahren (nur Mitglieder der Bietergruppe Bundesemissionen)	Tenderverfahren (nur Mitglieder der Bietergruppe Bundesemissionen)
Stückelung	0,01 Euro	0,01 Euro
Mindestauftragswert	100 Euro ex Emission Tenderverfahren: Mindestgebot 1 Mio Euro	0,01 Euro Tenderverfahren: Mindestgebot 1 Mio Euro
Anlagehöchstbetrag	unbeschränkt	unbeschränkt
Zinszahlung	jährlich	jährlich, Floater: vierteljährlich
Zinsberechnungsmethode	taggenau	taggenau Floater: actual/360
Laufzeit	Neuemissionen: 5 Jahre und 6 Monate Börsennotierte Titel: von ca. 1 Monat bis 5 Jahre	Neuemissionen: meist 10 Jahre, gelegentlich 30 Jahre; börsennotierte Titel: von ca. 1 Monat bis unter 30 Jahre
Rückzahlung	zum Nennwert	zum Nennwert
Erwerber	Ersterwerb: nur natürliche Personen sowie gebietsansässige gemeinnützige, mildtätige und kirchliche Einrichtungen; ab Tender: jedermann	jedermann
Verkauf bzw. vorzeitige Rückgabe	nach Börseneinführung täglicher Verkauf zum aktuellen Börsenkurs möglich	nach Börseneinführung täglicher Verkauf zum aktuellen Börsenkurs möglich
Übertragbarkeit auf Dritte	während des freihändigen Verkaufs nur an Ersterwerbsberechtigte; nach Verkaufsende an jedermann	jederzeit
Verkaufsstellen	Banken, Sparkassen, Kreditgenossenschaften sowie Landeszentralbanken (LZB) [2]	
Lieferung	Wertrechte (= Anteile an einer Sammelschuldbuchforderung oder Einzelschuldbuchforderung); keine effektiven Stücke	
Verwahrung/Verwaltung	Banken, Sparkassen, Kreditgenossenschaften, Landeszentralbanken sowie Bundesschuldenverwaltung	

Auszug aus »Handmappe über Bundeswertpapiere«

Kosten und Gebühren Erwerb ex Emission Einlösung bei Fälligkeit Verwaltung durch – Kreditinstitute – Bundesschulden- verwaltung – Landeszentralbanken	 gebührenfrei gebührenfrei bei LZB und Bundesschuldenverwaltung Depotgebühren gebührenfrei Depotgebühren [1]	 übliche Bankprovision gebührenfrei bei LZB und Bundesschuldenverwaltung Depotgebühren gebührenfrei Depotgebühren [1]

1) 1‰ vom Nennwert (Mindestgebühr 5 DM, außer für Finanzierungsschätze)
2) Bundesobligationen ex Emission können auch bei der Bundesschuldenverwaltung gekauft werden.

MERKMALE	BUNDESSCHATZ-ANWEISUNGEN	
Emissionsverfahren	Tenderverfahren (nur Mitglieder der Bietergruppe Bundesemissionen)	
Nennwert	0,01 EUR	
Mindestauftragswert	0,01 EUR Tenderverfahren: Mindestgebot 1 Mio EUR	
Anlagehöchstbetrag	unbeschränkt	
Zinszahlung	jährlich	
Zinsberechnungsmethode	actual / actual	
Laufzeit	Neuemissionen; 2 Jahre börsennotierte Titel: bis unter 2 Jahre	
Rückzahlung	zum Nennwert	
Erwerber	jedermann	
Verkauf bzw. vorzeitige Rückgabe	nach Börseneinführung täglicher Verkauf zum aktuellen Börsenkurs möglich	
Übertragbarkeit auf Dritte	jederzeit	
Verkaufsstellen	Banken, Sparkassen, Kreditgenossenschaften sowie Landeszentralbanken (LZB)	
Lieferung	Wertrechte (= Anteile an einer Sammelschuldbuchforderung oder Einzelschuldbuchforderung); keine effektiven Stücke	
Verwahrung/Verwaltung	Banken, Sparkassen, Kreditgenossenschaften, Landeszentralbanken sowie Bundesschuldenverwaltung	
Kosten und Gebühren Erwerb ex Emission Einlösung bei Fälligkeit Verwaltung durch – Kreditinstitute – Bundesschulden- verwaltung – Landeszentralbanken	 übliche Bankprovision gebührenfrei bei LZB und Bundesschuldenverwaltung Depotgebühren gebührenfrei Depotgebühren [1]	

1) 1‰ vom Nennwert (Mindestgebühr 5 DM, außer für Finanzierungsschätze)

Bundesanleihen, unter Rentenhändlern *Bunds* genannt, sind die langfristigsten Bundeswertpapiere mit Laufzeiten von bis zu 30 Jahren. Sie weisen heute einen Nennwert von 0,01 Euro auf. Die Titel werden in unregelmäßigen Abständen mehrmals im Jahr und immer als Einmalemission, das heißt, mit einem vorher bestimmten Gesamtnennbetrag je Emission begeben. Die Ausgabe erfolgt in Form eines Ausschreibungsverfahrens, dem *Tenderverfahren*, das die Deutsche Bundesbank im Auftrag des Bundes durchführt. An dem Ausschreibungsverfahren dürfen sich alle Geschäftsbanken beteiligen, die Mitglied der *Bietergruppe Bundesemissionen* sind. Mitglied können alle gebietsansässigen Kreditinstitute, Wertpapierhandelsunternehmen und Wertpapierhandelsbanken werden sowie unter bestimmten Voraussetzungen inländische Niederlassungen ausländischer Geschäftsbanken. Die Bundesbank erwartet von den Mitgliedern, dass sie Jahr für Jahr einen bestimmten Mindestbetrag an Bundeswertpapieren ersteigern – das sind mindestens 0,05 Prozent der in einem Kalenderjahr in den Auktionen insgesamt zugeteilten Emissionsbeträge. Mitglieder, welche die Anforderungen nicht erfüllen, scheiden aus der Bietergruppe aus. Das Ausschreibungsverfahren funktioniert folgendermaßen:

Bietergruppe Bundesemissionen

1. Die Konditionen einer neuen Bundesanleihe gibt die Bundesbank durch Pressenotiz und über Wirtschaftsinformationsdienste (Reuters, Bloomberg usw.) bekannt. Wesentlicher Inhalt: Nominalzinssatz und Laufzeit des neuen Bunds. Durch die Ausschreibung fordert die Bundesbank Geschäftsbanken aus der Bietergruppe auf, Kaufgebote für die neue Emission einzureichen.
2. Mitglieder der Bietergruppe, die Interesse an der neuen Emission haben, übermitteln der Bundesbank per e-Mail ihr Gebot. Hierin nennen die Banken den gewünschten Nominalbetrag und den Preis, den sie für die ausgeschriebene Anleihe zu zahlen bereit sind. Die Gebote müssen sich auf einen Nennbetrag von mindestens 1 Million Euro beziehen.
3. Die vom Bund akzeptierten Gebote werden zu dem im jeweiligen Gebot genannten Kurs zugeteilt. Gebote, die über dem niedrigsten vom Bund akzeptieren Preis liegen, teilt die Bundesbank voll zu – Gebote unter dem niedrigsten Kurs hingegen scheiden aus.

Kommen wir zur nächsten Art börsennotierter Bundeswertpapiere, den *Bundesobligationen*, kurz *Bobls*. Eine Veräußerung dieser Titel wird – genau wie der Verkauf von Bundesanleihen – über inländische Geschäftsbanken abgewickelt. Während Bundesanleihen jedoch Einmalemissionen darstellen, sind Bundesobligationen *Daueremissionen*. Darunter ist ein Verfahren zu verstehen, mit dem sich der Emittent über einen Zeitraum von mehreren Jahren durch den Verkauf »gleichartiger« Schuldverschreibungen finanzielle Mittel beschafft. Bundesobligationen, werden in direkt aufeinander folgenden Serien begeben und haben immer diese Ausstattungsmerkmale

Bundesobligationen

Ausgabe in Serien

- Nennbetrag (Stückelung) 0,01 Euro,
- Mindestauftragswert 100 Euro,
- Laufzeit 5 Jahre und 6 Monate,
- fester Kupon sowie
- identischer Nominalzinssatz und Zinstermin innerhalb einer Serie.

Der Ausgabekurs ist variabel und wird von der Bundesbank während der ersten Emissionsphase, dem so genannten freihändigen Verkauf (siehe unten), mehrfach analog zur aktuellen Zinsentwicklung am Kapitalmarkt angepasst. Steigen beispielsweise die Renditen für Anlagen mit vergleichbarer Laufzeit, senkt die Bundesbank den Ausgabekurs und umgekehrt. Folgender Ausschnitt zeigt Merkmale der Serie Nr. 136. Der Abbildung ist zu entnehmen, dass sämtliche Bundesobligationen, die im Rahmen dieser Serie verkauft werden, in den Merkmalen »Zinssatz«, »Laufzeit« sowie »Zins- und Rückzahlungstermin« übereinstimmen. Außerdem wird deutlich, dass die Bundesbank den Emissionskurs zunächst laufend erhöht, dann wieder gesenkt und kurz vor Einstellung der Serie noch einmal angehoben hat.

Ausstattung der umlaufenden Bundesobligationen

Serie	Verkauf ab …12 Uhr	Laufzeit Jahre/Monate Fälligkeit/ Zinstermin	Nominalzins %	Ausgabekurs %	Rendite %	Verkauf ex Emission Mio €	Tender zuteilung Mio €
	2000						
134	04.01.			97,50	4,80		
136	16.05.	19.08.	5	99,50	5,10		
	24.05.	erstmals		99,80	5,04		
	26.05.	19.08.01		100,40	4,90		
	05.06.	für 459 Tage,		101,15	4,74		
	23.06.	Zinslauf-		100,40	4,90		
	13.07.	beginn		100,05	4,98		
	19.07.	17.05.00		99,60	5,08		
	24.07.	19.08.05		99,85	5,02		
	08.08.			100,20	4,94	264,48	5 414,00

Absatz im freihändigen Verkauf

Über das Tenderverfahren abgesetzte Menge

Freihändiger Verkauf

Man erkennt außerdem, zumindest auf den zweiten Blick, dass die Emission von Bundesobligationen immer in zwei Schritten erfolgt. Schritt 1 ist der so genannte *freihändige Verkauf.* Während dieser Phase können Bundesobligationen nur von natürlichen Personen sowie von bestimmten, inländischen Einrichtungen (z. B. gemeinnützige Vereine) erworben werden. Der Verkauf erfolgt über alle inländischen Banken und Sparkassen sowie alle Landeszentralbanken.

Im zweiten Schritt kommt ein weiterer Teilbetrag einer *Bobl-Serie* im Tenderverfahren auf den Markt. Genau wie beim Tenderverfahren für Bundesanleihen können sich am Ausschreibungsverfahren für Bundesobligationen nur Mitglieder der Bietergruppe für Bundesemissionen beteiligen.

Bundesschatzanweisungen

Neben Anleihen und Obligationen emittieren der Bund und seine Sondervermögen eine weitere Form »börsenfähiger« Wertpapiere, die *Schatzanweisungen.* Sie unterscheiden sich von den bereits beschriebenen Arten in erster Linie durch ihre Laufzeit, die seit September 1996 höchstens zwei Jahre beträgt. Schatzanweisungen sind *Einmalemissionen* und werden ausschließlich im Tenderverfahren herausgebracht.

Bundesschatzanweisungen auf einen Blick

Emissionsverfahren	Tenderverfahren
Nennwert	0,01 Euro
Mindestauftragswert	0,01 Euro; Tenderverfahren: Mindestgebot 1 Million Euro
Zinszahlung	Schatzanweisungen haben immer einen über die Laufzeit unveränderlichen Nominalzinssatz; Zinszahlungen erfolgen jährlich.
Laufzeit	2 Jahre
Erwerberkreis	Jedermann

Bundesanleihen (einschließlich der Anleihen der Sondervermögen), Bundesobligationen und Schatzanweisungen werden nach Abschluss des Emissionsverfahrens an allen deutschen Wertpapierbörsen in den amtlichen Handel eingeführt. Bei der Ausgabe dieser Wertpapiere reserviert die Bundesbank prinzipiell einen Teilbetrag der Emission für Zwecke der *Markt-* und *Kurspflege*. Diesen verkauft die Bundesbank nach und nach über die Börse, um beispielsweise

Markt- und Kurspflege

- zufällige Kursschwankungen zu glätten,
- Nachfragespitzen auszugleichen oder
- jederzeit für Liquidität, also ein ausreichendes Handelsvolumen, der Bundeswertpapiere zu sorgen,

aber nicht, um einen Markttrend oder das Marktzinsniveau durch Interventionen zu beeinflussen. Die Bundesbank stockt die Emissionsbeträge börsengehandelter Bundeswertpapiere zudem gegebenenfalls nachträglich, das heißt, einige Monate oder Jahre nach Abschluss des ursprünglichen Emissionsverfahrens, auf. So behält sie sich beispielsweise in den Emissionsbedingungen für Bundesobligationen vor,

- jederzeit weitere Teilbeträge bereits börsennotierter Serien im Wege der Ausschreibung am Markt zu platzieren oder
- jederzeit das Emissionsvolumen für notwendige Marktpflegemaßnahmen zu erhöhen.

Eine Aufstockung des Emissionsbetrages erscheint unter anderem dann zweckmäßig, wenn der Nominalzinssatz eines bereits vor Monaten emittierten Bundeswertpapieres dem aktuellen Marktzinsniveau wieder entspricht.

Kauf- und Verkaufsorders börsennotierter Wertpapiere des Bundes und seiner Sondervermögen werden an der Börse zu ermäßigten Maklergebühren abgerechnet. Zusätzlich fallen beim Kauf und Verkauf die üblichen Bankprovisionen für Wertpapiergeschäfte an.

Börsennotierungen zu Anleihen, Obligationen und Schatzanweisungen, die der Bund sowie seine Sondervermögen emittieren, werden in der Finanzzeitung in der Rubrik ÖFFENTLICHE ANLEIHEN abgedruckt.

Tabelle ÖFFENTLICHE ANLEIHEN im HANDELSBLATT

ÖFFENTLICHE ANLEIHEN

Zins		Zinst.	12.4.01	11.4.01	Rend.
Bundesrepublik Deutschland (F)					
6	v. 86II/16	20.06.	109,10 b	109,42 b	5,119
5,625	v. 86I/16	20.09.	105,10 b	105,42 b	5,132
8,375	v. 91/01	21.05.	100,29 G	100,31 b	5,177
8,25	v. 91/01	20.09.	101,43 b	101,49 bG	4,686
8	v. 92/02	22.07.	104,20 b	104,46 G	4,486
7,25	v. 92/02	21.10.	103,96 b	104,25 G	4,456
7,125	v. 92/02	20.12.	104,18 b	104,50 b	4,461
6,75	v. 93/03	22.04.	104,38 b	104,76 b	4,437
6,5	v. 93/03	15.07.	104,30 G	104,69 b	4,430
6	v. 93/03	15.09.	103,54 b	103,94 b	4,402
6,25	v. 94/24	04.01.	110,02 b	110,01 b	5,464
6,25	v. 94/24 ex		28,92 -T	29,30 B	5,608
6,75	v. 94/04	15.07.	106,54 b	107,03 b	4,526
(FRN)	v. 94/04	20.03.	99,62 b	99,64 b	
7,5	v. 94/04	11.11.	109,44 b	110,00 b	4,558
7,375	v. 95/05	03.01.	109,43 b	109,97 b	4,547
Bundesobligationen (F)					
5	S.119/01	21.05.	100,00 G	100,00 b	4,785
5	S.120/01	20.08.		100,12 b	4,633
4,75	S.121/01	20.11.	100,08 b	100,17 b	4,528
4,5	S.122/02	22.02.	99,98 b	100,12 b	4,495
4,5	S.123/02	17.05.	100,00 G	100,20 b	4,483
4,5	S.124/02	19.08.	100,07 b	100,31 b	4,411
5	S.125/02	12.11.	100,82 b	101,12 b	4,418
4,5	S.126/03	18.02.	100,12 bB	100,43 b	4,413
4,5	S.127/03	19.05.	100,19 b	100,55 b	4,391
3,75	S.128/03	26.08.	98,57 b	98,96 b	4,377
3,5	S.129/03	11.11.	97,87 b	98,26 b	4,374
3,25	S.130/04	17.02.	96,96 b	97,39 b	4,402
3,25	S.131/04	19.05.	96,32 b	96,77 b	4,543
4,125	S.132/04	27.08.	98,97 b	99,46 b	4,446
4,25	S.133/04	26.11.	99,24 b	99,76 b	4,468
4,25	S.134/05	18.02.	99,17 b	99,70 b	4,482
5	S.135/05	20.05.	101,82 b	102,32 b	4,498
5	S.136/05	19.08.	101,75 b	102,26 b	4,535
5	S.137/06	17.02.	101,88 b	102,38 b	4,552
Bundesschatz anweisungen (F)					
3	v. 99/01/II	15.06.	99,70 G	99,68 b	4,640
3,5	v. 99/01	14.09.	99,55 G	99,60 G	4,501
4	v. 99/01	14.12.	99,64 b	99,76 G	4,494
4,5	v. 00/02	15.03.	99,98 b	100,17 G	4,501
5	v. 00/02	14.06.	100,57 b	100,79 b	4,457
5	v. 00/02	13.09.	100,72 G	101,01 G	4,427
4,75	v. 00/02	13.12.	100,51 b	100,81 b	4,398
4,25	v. 01/03	14.03.	99,78 b	100,13 b	4,363

Das Bezugsangebot für Fundierungsschuldverschreibungen vom Oktober 1991 leitete die Deutsche Bundesbank mit den Worten ein:

»*...Zur Abgeltung von Zinsrückständen entsprechend den Bestimmungen des Londoner Schuldenabkommens über deutsche Auslandsschulden vom 27. Februar 1953 .... begibt die Bundesrepublik Deutschland die nachstehend gekennzeichneten 15 Ausgaben von Fundierungsschuldverschreibungen; ...*«

Bevor Ausstattungsmerkmale und Börsennotierungen der Fundierungsschuldverschreibungen beschrieben werden, bedarf es einer kurzen Skizzierung der historischen Ereignisse, die zur Ausgabe dieser Schuldtitel führten. Das Londoner Schuldenabkommen wurde im Jahre 1953 zwischen der Bundesrepublik Deutschland und dem Dreimächteausschuss geschlossen. Es regelt die Bedienung der Kredite, die deutsche Schuldner – in erster Linie öffentliche Institutionen und Industrieunternehmen – in der Zeit vor 1953 im Ausland aufgenommen hatten. Da die Bundesrepublik Deutschland zum Zeitpunkt des Abkommens

- einerseits nicht in der Lage war, die angesammelten Tilgungs- und Zinsrückstände, die beispielsweise aus den Anleihen des »Deutschen Reiches« vorhanden waren, umgehend zu begleichen, und
- sich andererseits der Verpflichtung zur Übernahme der Alt-Schulden nicht entziehen wollte,

ließ sie einen Großteil der Verbindlichkeiten auf »neuen«, langfristigen Schuldverschreibungen verbriefen, setzte sich selbst als Schuldnerin ein und garantierte den ausländischen Gläubigern, die Schuldverschreibungen vertragsgemäß zu bedienen.

Aufgrund der Teilung Deutschlands bestand in der Zeit von 1953 bis 1990 jedoch eine *Schattenquote*. Die Schattenquote bezog sich auf Zinsrückstände der Jahre 1945 bis 1952 aus

- der »7 % Deutsche Äußere Anleihe« von 1924 (*Dawes-Anleihe*),
- der »5 1/2 % Internationale Anleihe des Deutschen Reichs« von 1930 (*Young-Anleihe*) und
- der »6 % Deutsche Äußere Anleihe« von 1930 (*Zündholz-* oder *Kreuger-Anleihe*),

die laut Londoner Schuldenabkommen erst im Falle der Wiedervereinigung Deutschlands endgültig abzugelten waren. Am 5.10.1990, zwei Tage nach der Wiedervereinigung, gab die

Bundesschuldenverwaltung folgendes bekannt:

»…

1. *Die Bundesregierung sieht die im Londoner Schuldenabkommen genannte Voraussetzung für die Bedienung der Zinsansprüche mit dem Wirksamwerden der Einheit Deutschlands am 3. Oktober 1990 als erfüllt an.*
2. *Entsprechend den näheren Bestimmungen … wird die Bundesrepublik Deutschland daher über die Summe der … Zinsrückstände Schuldverschreibungen mit einem halbjährlich zahlbaren Zinssatz von 3 v. H. jährlich und einer Laufzeit von 20 Jahren begeben.*

   Die Zinsrückstände werden dabei wie folgt neu berechnet:
   a) Dawes-Anleihe … : 8 Zinsjahre à 5 %, das sind 40 %
   b) Young-Anleihe … : 8 Zinsjahre à 4,5 %, das sind 36 %
   c) Kreuger-Anleihe … : 7 $^{1}/_{2}$ Zinsjahre à 4 %, das sind 30 %

   Unter Anwendung dieser Prozentsätze auf den Nominalbetrag der ursprünglichen Anleihen errechnet sich der – in der jeweiligen Emissionswährung ausgedrückte – Fundierungswert der Zinsrückstände. …«

Der Publikation der Bundesschuldenverwaltung lässt sich entnehmen, dass die Bundesrepublik Deutschland den Begriff »Fundierungsschuldverschreibung« für alle Schuldverschreibungen verwendet, die heute die Zinsansprüche aus der Schattenquote von 1953 verbriefen. Die ursprünglich kurzfristigen Zinsverbindlichkeiten wurden folglich in langfristige Schuldverschreibungen gewandelt. Eine solche Wandlung bezeichnet man als *Fundierung.*

Die Bundesrepublik Deutschland weitete die Fundierung von Zinsrückständen im Jahre 1990 zudem auf die »6 $^{1}/_{2}$% Äußere Anleihe des Freistaates Preußen« von 1926 und die »6 % Äußere Anleihe des Freistaates Preußen« von 1927 aus. Zinsrückstände für die *Preußen-Anleihen* werden für die Zeit von 1937 bis 1951 bzw. 1952 unter Berücksichtigung des ursprünglichen Nennwertes sowie eines ermäßigten Zinssatzes in Höhe von 5 % berechnet und auf gemeinsamen Fundierungsschuldverschreibungen dokumentiert.

Kurstabelle aus dem HANDELSBLATT

Fundierungs schuldv. (F)					
	£-Teil.		95,50 G	95,50 G	
3	90 I £	96-10	72,50 G	72,50 G	11,016
	£-Teil.		94,20 G	94,20 G	
3	90 II £	96-10	71,20 G	71,20 G	11,519
3	90 III sfr	96-10	82,00 -T	82,00 -T	7,756
3	90 IV skr	96-10	77,50 G	77,50 G	9,217
	$-Teil.		94,70 G	94,70 G	
3	90 V $	96-10	71,70 G	71,70 bG	11,323
	$-Teil.		99,70 G	99,60 G	
3	90 VI $	96-10	77,71 -T	77,71 -T	9,146
	bfr-Teil.		103,10 G	103,10 G	
3	90 VII bfr	96-10	80,10 G	80,10 G	8,356
	£-Teil.		100,50 G	100,60 G	
3	90 VIII £	96-10	78,60 bG	78,60 G	8,847
	DM-Teil.		104,00 G	104,00 G	
3	90 IX DM	96-10	81,00 -G	81,00 -G	8,069
	FF-Teil.		102,90 G	103,00 G	
3	90 X FF	96-10	81,00 G	81,00 G	8,069
	hfl-Teil.		103,10 G	103,10 G	
3	90 XI hfl	96-10	80,10 G	80,10 G	8,356
	skr-Teil.		103,40 G	103,50 G	
3	90 XIIskr	96-10	81,50 G	81,50 G	7,912
	sfr-Teil.		106,00 G	106,00 G	
3	90 XIIIsfr	96-10	83,00 G	83,00 G	7,450
	$-Teil.		94,00 G	93,10 G	
3	90 XIV $	96-10	70,10 -G	71,00 -T	11,956
	$-Teil.		93,10 G	93,10 G	
3	90 XV $	96-10	70,10 -T	70,10 T	11,956

Bundesschatzbriefe und Finanzierungsschätze des Bundes

Neben börsennotierten Bundeswertpapieren, also Bundesanleihen, Bundesobligationen und *Bundesschatzanweisungen*, begibt der Bund *Bundesschatzbriefe* und *Finanzierungsschätze.* Beide Wertpapierformen sind Daueremissionen, die über inländische Geschäftsbanken verkauft, nach erfolgter Emission jedoch nicht an die Börse gelangen. Die wichtigsten Ausstattungsmerkmale von Bundesschatzbriefen und Finanzierungsschätzen enthält die Tabelle auf dieser Seite.

Den Bundesschatzbrief schuf der Bund im Jahre 1969 mit dem Ziel der »Förderung der Eigentums- und Vermögensbildung in allen Bevölkerungsschichten«. Er unterscheidet sich von den bisher beschriebenen Bundeswert-

Auszug aus »Handmappe über Bundeswertpapiere« (Tabelle I)

Wertpapiere des Bundes auf einen Blick

MERKMALE	BUNDESSCHATZBRIEFE	FINANZIERUNGSSCHÄTZE
Emissionsverfahren	Freihändiger Verkauf	Freihändiger Verkauf
Stückelung	0,01 DM ab Ausgaben 1999/5+6	0,01 DM
Mindestauftragswert	100 DM ex Emission	1000 DM ex Emission
Anlagehöchstbetrag	unbeschränkt	500 000 DM je Person und Geschäftstag
Zinszahlung	Typ A = jährlich, Typ B = Zinsansammlung (Auszahlung der Zinsen mit Zinseszinsen bei Rückzahlung des Kapitals)	Abzinsung (Nennwert – Zinsen = Kaufpreis)
Zinsberechnungsmethode	taggenau	taggenau
Laufzeit	Typ A: 6 Jahre Typ B: 7 Jahre	ca. 1 Jahr ca. 2 Jahre
Rückzahlung	Typ A zum Nennwert Typ B zum Rückzahlungswert (= Nennwert + Zinsen)	zum Nennwert
Erwerber	nur natürliche Personen sowie gebietsansässige gemeinnützige, mildtätige und kirchliche Einrichtungen	jedermann außer Kreditinstitute
Verkauf bzw. vorzeitige Rückgabe	jederzeit nach dem ersten Laufzeitjahr bis zu insgesamt 10 000 DM je Gläubiger innerhalb 30 Zinstagen	nicht möglich
Übertragbarkeit auf Dritte	jederzeit auf Erwerbsberechtigte	jederzeit auf Erwerbsberechtigte
Verkaufsstellen	Banken, Sparkassen, Kreditgenossenschaften, Landeszentralbanken (LZB) sowie die Bundesschuldenverwaltung	
Lieferung	Wertrechte (= Anteile an einer Sammelschuldbuchforderung oder Einzelschuldbuchforderung); keine effektiven Stücke	
Verwahrung/Verwaltung	Banken, Sparkassen, Kreditgenossenschaften, Landeszentralbanken sowie Bundesschuldenverwaltung	
Kosten und Gebühren		
Erwerb ex Emission	gebührenfrei	gebührenfrei
Einlösung bei Fälligkeit	gebührenfrei	gebührenfrei
Verwaltung durch		
– Kreditinstitute	Depotgebühren	Depotgebühren
– Bundesschuldenverwaltung	gebührenfrei	gebührenfrei
– Landeszentralbanken	Depotgebühren [1]	Depotgebühren [1]

1) 1‰ vom Nennwert (Mindestgebühr 5 DM, außer für Finanzierungsschätze)

papieren durch die nach einem festgelegten Plan steigende Nominalverzinsung

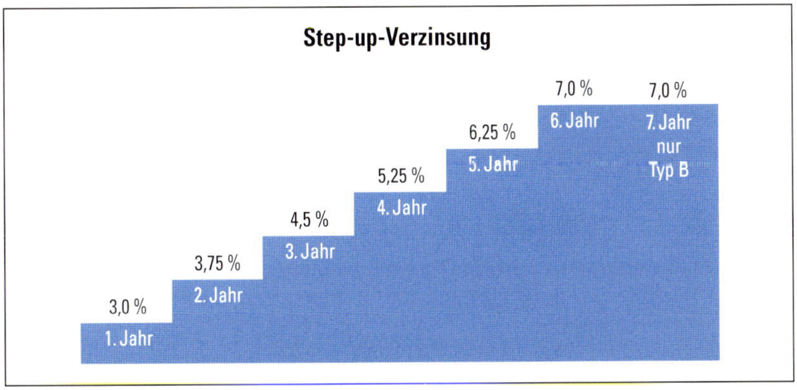

Der Zinssatz eines Schatzbriefes, egal ob Typ A oder B, nimmt von Jahr zu Jahr zu. Inhaber sollten die »Zinstreppe« der jeweils gehaltenen Emission immer mit der Verzinsung künftiger Ausgaben vergleichen. Nach Ablauf der Rückgabesperrfrist (1 Jahr) kann sich ein Umstieg auf neue Schatzbrief-Serien lohnen.

Die Zinsberechnung für Bundesschatzbriefe erfolgt auf Basis der Englischen Zinsmethode, also taggenau; die Zinsen werden nachträglich nach Ablauf einer Zinsperiode gutgeschrieben. Bundesschatzbriefe werden in *Bundesschatzbriefe Typ A* und *Bundesschatzbriefe Typ B* unterschieden. Bei Typ A werden die Zinsen an jedem Zinstermin ausgezahlt, wohingegen die Zinsen des Typs B nicht ausgeschüttet, sondern zusammen mit dem Nennwert in jedem Jahr »automatisch« re-investiert werden. Beim Bundesschatzbrief Typ B spricht man daher auch vom *Zinssammler.*

Beispiel

Der Bundesschatzbrief Typ B (Ausgabe 2000/6) hat nach dem ersten Jahr (erster Zinstermin) einen Wert von 104,25 D-Mark. Dieser setzt sich aus dem Nennwert (100 D-Mark) sowie dem Zinsanspruch für ein Jahr (4,25 D-Mark) zusammen. Der Zinssatz für die Wiederanlage beträgt 4,75 Prozent (vgl. Abbildung auf der folgenden Seite). Hieraus lässt sich der Wert dieses Bundesschatzbriefes zum Zinstermin 31.05.2002 berechnen:

$$104{,}25\ \text{DM} + 104{,}25\ \text{DM} \times 0{,}0475 = 109{,}20\ \text{DM}$$

Die Wiederanlage wird für die folgenden Jahre zum jeweils festgeschriebenen Zinssatz fortgesetzt. Am Ende der Laufzeit (7 Jahre) erhalten die Inhaber einen Betrag von insgesamt 141,71 D-Mark, und ihr Gesamtertrag aus der Investition von anfänglich 100 D-Mark lautet

$$141{,}71\ \text{DM} - 100\ \text{DM} = 41{,}71\ \text{DM}.$$

Der Zinseszinseffekt bei Bundesschatzbriefen Typ B führt dazu, dass diese Papiere höher rentieren als Schatzbriefe vom Typ A derselben Ausgabe.

Bundesschatzbriefe Typ A weisen immer eine Laufzeit von sechs und Bundesschatzbriefe Typ B immer eine von sieben Jahren auf. Trotz der relativ langen Laufzeiten und der fehlenden Möglichkeit, die Papiere über eine Wertpapierbörse zu veräußern, sind ihre Eigentümer nicht gezwungen, das investierte Kapital für die gesamte Laufzeit zu binden. Inhaber von Bundesschatzbriefen haben jederzeit die Möglichkeit, die Papiere auf Dritte, zum Erwerb Zugelassene, zu übertragen. Der Verkauf ist somit grundsätzlich zu keinem Zeitpunkt während der Laufzeit ausgeschlossen. Der Bund räumt Haltern von Schatzbriefen zudem das Recht ein, die Papiere ein Jahr nach Zinslaufbeginn (Sperrfrist) – und zwar bis zu einem Betrag von 10.000 D-Mark je Inhaber und Zinsmonat – über die depotführende Stelle zurückzugeben. Der Bund löst zurückgegebene Schatzbriefe zum Nennwert inklusive Zinsanspruch ein. Der Zinsanspruch umfasst beim Typ A die Stückzinsen, die für die Zeit zwischen dem letzten Zinszahlungstermin (einschließlich) und dem Tag der vorzeitigen Rückgabe (ausschließlich) anfallen.

Typ A und Typ B

Bundesschatzbriefe Ausgaben 2000/5 und 2000/6

Verkauf ab: 31. Mai 2000/12.00 Uhr (Zinslaufbeginn ab 1. Juni 2000)

Ausgaben: **Bundesschatzbriefe A – Ausgabe 2000/5**
– Wertpapier-Kenn-Nr. 110 579 –
Bundesschatzbriefe B – Ausgabe 2000/6
– Wertpapier-Kenn-Nr. 110 580 –

Verzinsung:

Zinssatz für das 2. Jahr = 4,75 %

Laufzeitjahr	Nominalzins	Rendite nach dem ... Jahr	
		Typ A	Typ B
1. Jahr (2000/01)	4,25%	4,25%	4,25%
2. Jahr (2001/02)	4,75%	4,49%	4,50%
3. Jahr (2002/03)	5,00%	4,66%	4,67%
4. Jahr (2003/04)	5,25%	4,79%	4,81%
5. Jahr (2004/05)	5,25%	4,88%	4,90%
6. Jahr (2005/06)	5,50%	4,97%	5,00%
nur Typ B			
7. Jahr (2006/07)	5,75%	–	5,11%

Vorzeitige Rückgabe: jederzeit nach dem 31. Mai 2001

Rückzahlung: Ausgabe 2000/5: 1. Juni 2006
Ausgabe 2000/6: 1. Juni 2007

Rückzahlungswerte für Bundesschatzbriefe B – Ausgabe 2000/6 –

Der Rückzahlungswert (Zinsvaluta) am Ende eines Monats ergibt sich aus Tabelle I. Der Rückzahlungswert an einem bestimmten Tag ergibt sich aus der Summe des Rückzahlungsbetrages am Ende des Vormonats (Tabelle I) und der für die abgelaufenen Tage im Monat der Rückzahlung aufgelaufenen Zinsen (Tabelle II).

Rückzahlungswert nach einem Jahr

Tabelle I: Rückzahlungswert je 100 DM

2001	**DM**	31.12.	112,40	30.06.	121,20	**2006**	**DM**
31.05.	104,25	**2003**	**DM**	31.07.	121,74	31.01.	131,71
30.06.	104,66	31.01.	112,87	31.08.	122,28	28.02.	132,24
31.07.	105,08	28.02.	113,29	30.09.	122,80	31.03.	132,84
31.08.	105,50	31.03.	113,75	31.10.	123,34	30.04.	133,41
30.09.	105,91	30.04.	114,20	30.11.	123,86	31.05.	134,00
31.10.	106,33	31.05.	114,66	31.12.	124,40	30.06.	134,64
30.11.	106,73	30.06.	115,16	**2005**	**DM**	31.07.	135,29
31.12.	107,15	31.07.	115,67	31.01.	124,93	31.08.	135,95
2002	**DM**	31.08.	116,18	28.02.	125,42	30.09.	136,58
31.01.	107,57	30.09.	116,67	31.03.	125,96	31.10.	137,23
28.02.	107,95	31.10.	117,18	30.04.	126,48	30.11.	137,87
31.03.	108,37	30.11.	117,67	31.05.	127,02	31.12.	138,52
30.04.	108,78	31.12.	118,18	30.06.	127,59	**2007**	**DM**
31.05.	109,20	**2004**	**DM**	31.07.	128,19	31.01.	139,18
30.06.	109,65	31.01.	118,69	31.08.	128,78	28.02.	139,77
31.07.	110,11	29.02.	119,17	30.09.	129,35	31.03.	140,42
31.08.	110,58	31.03.	119,68	31.10.	129,95	30.04.	141,05
30.09.	111,03	30.04.	120,17	30.11.	130,52	31.05./	141,71
31.10.	111,49	31.05.	120,68	31.12.	131,11	01.06.	
30.11.	111,94						

Rückzahlungswert bei Fälligkeit

Der Bundesschatzbrief Typ A (Ausgabe 2000/5) wird jeweils am 1.6. eines jeden Jahres verzinst. Die vorzeitige Rückgabe ist jederzeit nach dem 30. Mai 2001 möglich. Ein Anleger, der den Bundesschatzbrief am 1.6.2000 erwirbt, erhält am ersten Zinstermin eine Zinszahlung in Höhe von 4,25 D-Mark. Entschließt sich der Investor, den Schatzbrief 30 Tage später am 1.7.2001 zurückzugeben, so ergibt sich ein Rückzahlungsanspruch in Höhe von

$$100\,\text{DM} + 100\,\text{DM} \times 0{,}0475 \times 30/365 = 100{,}39\,\text{DM}$$

Die Berechnung des Rückgabewertes für Bundesschatzbriefe Typ B ist etwas komplizierter. Die Bundesbank veröffentlicht zu jeder Ausgabe zwei Tabellen, aus denen die exakten Rückzahlungswerte zu einem bestimmten Zeitpunkt nach Ablauf der *Rückgabesperrfrist* abgelesen werden können. Die nächste Seite zeigt diese Tabellen für den Bundesschatzbrief Typ B (Ausgabe 2000/6).

Rückgabesperrfrist

Auszug aus »Handmappe über Bundeswertpapiere« (Tabelle II)

Tabelle II:

Tageszinsen bei Rückzahlungen innerhalb der Monate

Tage	Juni 2001 bis einschl. Mai 2002 Jahreszins 4,75%	Juni 2002 bis einschl. Mai 2003 Jahreszins 5,00 %	Juni 2003 bis einschl. Mai 2004 Jahreszins 5,25 %	Juni 2004 bis einschl. Mai 2005 Jahreszins 5,25 %	Juni 2005 bis einschl. Mai 2006 Jahreszins 5,50 %	Juni 2006 bis einschl. Mai 2007 Jahreszins 5,75 %
	DM	DM	DM	DM	DM	DM
1	0,01	0,01	0,02	0,02	0,02	0,02
2	0,03	0,03	0,03	0,03	0,04	0,04
3	0,04	0,04	0,05	0,05	0,06	0,06
4	0,05	0,06	0,07	0,07	0,08	0,08
5	0,07	0,07	0,08	0,09	0,10	0,11
6	0,08	0,09	0,10	0,10	0,11	0,13
7	0,09	0,10	0,12	0,12	0,13	0,15
8	0,11	0,12	0,13	0,14	0,15	0,17
9	0,12	0,13	0,15	0,16	0,17	0,19
10	0,14	0,15	0,16	0,17	0,19	0,21
11	0,15	0,16	0,18	0,19	0,21	0,23
12	0,16	0,18	0,20	0,21	0,23	0,25
13	0,18	0,19	0,21	0,23	0,25	0,27
14	0,19	0,21	0,23	0,24	0,27	0,30
15	0,20	0,22	0,25	0,26	0,29	0,32
16	0,22	0,24	0,26	0,28	0,31	0,34
17	0,23	0,25	0,28	0,30	0,33	0,36
18	0,24	0,27	0,30	0,31	0,34	0,38
19	0,26	0,28	0,31	0,33	0,36	0,40
20	0,27	0,30	0,33	0,35	0,38	0,42
21	0,28	0,31	0,35	0,36	0,40	0,44
22	0,30	0,33	0,36	0,38	0,42	0,46
23	0,31	0,34	0,38	0,40	0,44	0,49
24	0,33	0,36	0,39	0,42	0,46	0,51
25	0,34	0,37	0,41	0,43	0,48	0,53
26	0,35	0,39	0,43	0,45	0,50	0,55
27	0,37	0,40	0,44	0,47	0,52	0,57
28	0,38	0,42	0,46	0,49	0,54	0,59
29	0,39	0,43	0,48	0,50	0,56	0,61
30	0,41	0,45	0,49	0,52	0,57	0,63

Die erste Spalte der Tabelle I (siehe vorletzte Seite) weist für den 30.06.2001 einen Rückzahlungswert in Höhe von 104,66 D-Mark aus. Dieser lässt sich so rekonstruieren:

Rückzahlungsanspruch am 31.05.2001 (104,25 DM)
+ Zinsen auf den Rückzahlungsanspruch für 30 Tage
($104{,}25 \times 0{,}0475 \times 30/365 = 0{,}41$ DM)

Unter Berücksichtigung der vorliegenden Zahlen ergibt sich ein Rückzahlungswert in Höhe von

$$104{,}25\ \text{DM} + 0{,}41\ \text{DM} = 104{,}66\ \text{DM}$$

Die Spalten zwei bis sieben der Tabelle II (siehe vorige Seite) zeigen die Zinsansprüche, die innerhalb eines Monats anfallen. Der Zinsanspruch, der in der Tabelle beispielsweise für den 15. Mai 2002 ausgewiesen ist, kann wie folgt berechnet werden:

$$104{,}25\ \text{DM} \times 0{,}0475 \times 15/365 = 0{,}20\ \text{DM}$$

Unter Berücksichtigung der beiden Tabellen kann ein Anleger den Rückzahlungswert für jeden Tag innerhalb der Laufzeit des Bundesschatzbriefes Typ B (Ausgabe 2000/6) herleiten.

Schatzbrief-Inhaber sollten nach Ablauf der Rückgabesperrfrist prüfen, ob aktuelle Ausgaben oder alternative Geldanlagen möglicherweise eine höhere Rendite bieten als der Schatzbrief, der gehalten wird. In einem solchen Fall ist die Rückgabe des Schatzbriefes vorteilhaft. Für die Inhaber der Bundesschatzbrief-Ausgaben 1999/3 und 1999/4 von Mai 1999 – eine vorzeitige Rückgabe dieser Titel ist jederzeit nach dem 30. April 2000 erlaubt – hätte sich beispielsweise im Juni 2000 ein Umtausch in die Schatzbrief-Ausgaben 2000/5 bzw. 2000/6 gelohnt. Die Zinssätze letztgenannter Ausgaben lagen für die gesamte Laufzeit deutlich über den Sätzen der Ausgaben 1999/3 bzw. 1999/4.

Zinssätze der neuen Serie sind in jedem Jahr deutlich höher.

Bundesschatzbriefe
Ausgaben 2000/5 und 2000/6

Verkauf ab: 31. Mai 2000/12.00 Uhr (Zinslaufbeginn ab 1. Juni 2000)

Ausgaben: **Bundesschatzbriefe A – Ausgabe 2000/5**
– Wertpapier-Kenn-Nr. 110579 –
Bundesschatzbriefe B – Ausgabe 2000/6
– Wertpapier-Kenn-Nr. 110580 –

Verzinsung:

Laufzeitjahr	Nominalzins	Rendite nach dem ... Jahr Typ A	Typ B
1. Jahr (2000/01)	4,25%	4,25%	4,25%
2. Jahr (2001/02)	4,75%	4,49%	4,50%
3. Jahr (2002/03)	5,00%	4,66%	4,67%
4. Jahr (2003/04)	5,25%	4,79%	4,81%
5. Jahr (2004/05)	5,25%	4,88%	4,90%
6. Jahr (2005/06)	5,50%	4,97%	5,00%
nur Typ B 7. Jahr (2006/07)	5,75%	–	5,11%

Bundesschatzbriefe
Ausgaben 1999/3 und 1999/4

Verkauf ab: 3. Mai 1999/12.00 Uhr (Zinslaufbeginn ab 1. Mai 1999)

Ausgaben: **Bundesschatzbriefe A – Ausgabe 1999/3**
– Wertpapier-Kenn-Nr. 113993 –
Bundesschatzbriefe B – Ausgabe 1999/4
– Wertpapier-Kenn-Nr. 113994 –

Verzinsung:

Laufzeitjahr	Nominalzins	Rendite nach dem ... Jahr Typ A	Typ B
1. Jahr (1999/00)	2,25%	2,25%	2,25%
2. Jahr (2000/01)	2,75%	2,50%	2,50%
3. Jahr (2001/02)	3,00%	2,66%	2,67%
4. Jahr (2002/03)	3,25%	2,80%	2,81%
5. Jahr (2003/04)	3,25%	2,89%	2,90%
6. Jahr (2004/05)	3,50%	2,98%	3,00%
nur Typ B 7. Jahr (2005/06)	3,50%	–	3,07%

Eine Bundesschatzbrief-Ausgabe stellt der Emittent – ähnlich wie die Serien bei Bundesobligationen – dann ein, wenn die Rendite der Papiere nicht mehr dem Marktzinsniveau entspricht. Da Bundesschatzbriefe immer zum Nennwert auf den Markt kommen, ist eine Anpassung der Rendite über Veränderungen des Ausgabekurses – anders als bei Bundesobligationen – nicht möglich. Schatzbrief-Ausgaben werden somit in aller Regel in kürzeren Zeitabständen abgelöst als die Serien bei Bundesobligationen.

Finanzierungsschätze des Bundes sind praktisch Zerobonds, die der Bund ausgibt. Es handelt sich genau wie bei Schatzbriefen und Obligationen um Daueremissionen.

Finanzierungsschätze

Finanzierungsschätze weisen Laufzeiten entweder von einem oder zwei Jahren auf. Die Laufzeit erstreckt sich gewöhnlich aber nicht exakt auf ein bzw. zwei Jahre, sondern reicht von 353 bis 383 bzw. 718 bis 748 Tagen. Diese Spannen ergeben sich, da Finanzierungsschätze zwar an jedem Werktag eines Monats verkauft, aber grundsätzlich zum 20. des gleichen Monats im nächsten oder übernächsten Jahr zurückgezahlt werden. Zu berücksichtigen ist zunächst, dass bei der Zinsberechnung für Finanzierungsschätze – analog zu Bundesschatzbriefen – die Englische Zinsmethode gilt (*actual/actual*). Außerdem wird der Tag der Fälligkeit in die Zinsberechnung nicht miteinbezogen.

Ein Anleger, der beispielsweise am 1.10. im Jahr A einen Finanzierungsschatz mit einer Laufzeit von einem Jahr erwirbt, erlangt einen Zinsanspruch für eine Laufzeit von 383 Tagen, da der Zinsberechnung der Zeitraum zwischen dem 1.10. im Jahr A und dem 20.10. im Folgejahr B zugrunde liegt. Erwirbt er das gleiche Papier am 31.10. im Jahr A, verkürzt sich die Laufzeit um 30 Tage und der Zinsanspruch verringert sich entsprechend.

Der Zinsertrag eines Finanzierungsschatzes entspricht der Differenz zwischen Nennwert und Ausgabekurs. Der Ausgabekurs wird folgendermaßen bestimmt:

Ausgabekurs

$$\text{Ausgabekurs} = \text{Nennwert} - \frac{\text{Nennwert} \times \text{Verkaufszinssatz} \times \text{Laufzeit (Tage)}}{100 \times 365 \text{ Tage}}$$

[bzw. 366 Tage (Schaltjahr)]

Beispiel

Der folgende Ausschnitt aus der *Handmappe über Bundeswertpapiere* zeigt die »Verkaufszinssätze« für sämtliche Finanzierungsschätze, die aus der Zeit vom 25.11.1999 bis zum 08.08.2000 stammen.

2000				
05.11.99	3,29	3,40	3,62	3,83
04.01.00	3,52	3,65	3,95	4,20
25.04.	3,98	4,14	4,19	4,47
04.05.	4,21	4,40	4,41	4,72
11.07.	4,44	4,65	4,41	4,72
19.07.	4,51	4,72	4,63	4,98
08.08.	4,51	4,72	4,54	4,87

Für einen Finanzierungsschatz, den ein Anleger am 5.11.1999 erwirbt, lässt sich der Ausgabekurs wie folgt berechnen:

$$1.000 \text{ DM} - 1.000 \text{ DM} \times 0{,}0329 \times 380/366 = 965{,}84 \text{ DM}$$

Am 20.11.2000 erhält der Anleger eine Auszahlung in Höhe von 1.000 D-Mark. Sein Anlagebetrag von ursprünglich 965,84 D-Mark hat sich infolgedessen in einem Zeitraum von 380 Tagen mit 34,16 D-Mark verzinst. Die Effektivrendite für die Anlage beläuft sich auf

$$\frac{34{,}16 \text{ DM} \times 100 \times 366 \text{ Tage}}{965{,}84 \text{ DM} \times 380 \text{ Tage}} = 3{,}40 \text{ Prozent.}$$

Finanzierungsschätze werden nicht in bestimmten Serien bzw. Ausgaben emittiert. Sie können lediglich einem bestimmten Emissionsmonat zugeordnet werden. Den Verkaufszinssatz ändert der Emittent immer dann, wenn das Marktzinsniveau dies erfordert. Die Schuldtitel dürfen – im Gegensatz zu Bundesschatzbriefen – weder an den Emittenten, den Bund, noch an die Deutsche Bundesbank vorzeitig zurückgegeben werden. Eine Übertragung auf erwerbsberechtigte Dritte ist aber jederzeit gestattet.

Der Börsenhandel mit Finanzierungsschätzen und Bundesschatzbriefen ist aufgrund des eingeschränkten »Erwerberkreises« ausgeschlossen. Der Kauf dieser Schuldtitel ist – genau wie die Rückgabe bei Fälligkeit – immer gebühren- und spesenfrei.

Tabelle Titel des Bundes

TITEL DES BUNDES

Bundesschatzbriefe - Ausgaben ab 02.04.2001

	Zins %	Rendite	Typ A	Typ B
1. Jahr	3,25	1 Jahre	3,25	3,25
2. Jahr	3,75	2 Jahre	3,50	3,50
3. Jahr	4,00	3 Jahre	3,66	3,67
4. Jahr	4,25	4 Jahre	3,80	3,81
5. Jahr	4,25	5 Jahre	3,88	3,90
6. Jahr	4,50	6 Jahre	3,97	4,00
7. Jahr	4,75	7 Jahre		4,11

Bundesobligationen: 5 Jahre 4,50% Nominalzins, 101,60% Ausgabekurs, 4,15% Rendite (ab 22.03.2001)

Finanzierungsschätze: (Rendite ab 22.03.2001): 1 Jahr 3,95%, 2 Jahre 4,00%

Die Emissionsbedingungen zu Bundesobligationen, Bundesschatzbriefen und Finanzierungsschätzen schreiben vor, dass die Bundesbank die Ausstattungsmerkmale neuer

- Serien Bundesobligationen,
- Schatzbrief-Ausgaben und
- Finanzierungsschätze

sowohl inländischen Geschäftsbanken als auch der »Presse« unverzüglich mitzuteilen hat. Das HANDELSBLATT publiziert die aktuellen Emissionsdaten der betreffenden Bundeswertpapiere in der Tabelle TITEL DES BUNDES.

Lieferung und Verwahrung von Bundeswertpapieren

Bundesschuldbuch

Bundeswertpapiere werden seit 1992 in aller Regel nicht mehr in effektiven Stücken, also in Form von Wertpapierurkunden, sondern als Wertrechte auf den Markt begeben. *Bundes-Wertrechte* sind auf den Namen eines bestimmten Gläubigers lautende Forderungsrechte, die zu Lasten des Bundes in ein *Wertrechtsregister*, das *Bundesschuldbuch*, eingetragen werden. Das Bundesschuldbuch erfasst – vereinfacht ausgedrückt – die Verbindlichkeiten, die dem Bund aus der Emission von Anleihen und sonstigen Schuldverschreibungen entstehen und wird von der *Bundesschuldenverwaltung* in Bad Homburg v. d. Höhe geführt. Über den Inhalt des Bundesschuldbuchs darf nur dem eingetragenen Berechtigten, also dem Gläubiger bzw. dessen Vertreter, Auskunft erteilt werden. Man spricht in diesem Zusammenhang auch vom *Schuldbuchgeheimnis*.

Schuldbucheinträge bieten

- Wertpapierkäufern die gleichen Rechte wie effektiv lieferbare Stücke;
- gegenüber Wertpapierurkunden Vorteile, da zum Beispiel Kosten für Lieferung und Verwahrung entfallen;
- Emittenten, Wertpapierbörsen und Geschäftsbanken die Möglichkeit, den Handel komfortabler zu gestalten, da lediglich Buchungen auf Konten erforderlich sind.

Effektengiroverkehr

Werden Wertpapiere stückelos und ausschließlich durch Buchungsvorgänge übertragen, so nennt man dies *Effektengiroverkehr*. Die Konten, auf denen die entsprechenden Buchungen vorgenommen werden, sind – im Falle von Bundeswertpapieren – das Schuldbuchkonto des Bundes und Depotkonten inländischer Geschäftsbanken, die diese bei der Wertpapiersammelbank *Deutsche Börse Clearing AG* in Frankfurt am Main unterhalten. Sie ist die zentrale Verwahrstelle fur umlaufende Bundeswertpapiere und somit gleichzeitig die zentrale Erfassungsstelle für die auf Anleihen und sonstigen Schuldverschreibungen des Bundes verbrieften Forderungsrechte. Die von ihr geführten Depotkonten bilden quasi das Gegenstück zu den von der Bundesschuldenverwaltung geführten Schuldbuchkonten.

Sammelschuldbuchforderung

Der Effektengiroverkehr und die Möglichkeit zur Wertrecht-Emission haben das Emissionsverfahren für Bundeswertpapiere stark vereinfacht. Begibt der Bund beispielsweise eine Anleihe, lässt er eine *Sammelschuldbuchforderung* zugunsten der Deutschen Börse Clearing in das Bundesschuldbuch eintragen. Wertpapierkaufaufträge der Geschäftsbanken werden daraufhin in der Weise beliefert, dass die Papiere im Effektengiroverkehr auf deren Depotkonten bei der Deutsche Börse Clearing AG übertragen werden. Mit der Umbuchung hat der Bund seine Lieferpflicht erfüllt, und die Bundesbank belastet die LZB-Konten der betreffenden Geschäftsbanken mit dem Gegenwert des erworbenen Anteils. Die Grafik auf folgender Seite zeigt – in vereinfachter Form – die Emission einer Bundesanleihe mit einem Gesamtnennbetrag in Höhe von einer Million Euro, von dem die Bank A 500.000 Euro, die Bank B 300.000 Euro und die Bank C 200.000 Euro erwirbt. Wir gehen davon aus, dass die Geschäftsbanken die Anleihen zu einem Kurs von 100 Prozent kaufen.

Ein Anleger, der eine Bundesanleihe der dargestellten Emission erwerben möchte, hat die Möglichkeit,

a) einen Anteil am Depotkonto einer bestimmten Geschäftsbank, das diese bei der Deutschen Clearing unterhält, zu erwerben, oder
b) durch die Bundesschuldenverwaltung die Eintragung einer Einzelschuldbuchforderung in das Bundesschuldbuch vornehmen zu lassen.

a) **Depotgutschrift über Miteigentumsanteile an der Sammelschuldbuchforderung.** Der Anleger verzichtet im Zeitpunkt des Wertpapiererwerbs auf die Übertragung der Wertpapiere auf ein Schuldbuchkonto und beauftragt die zum Kauf der Bundesanleihen eingeschaltete Geschäftsbank, den Gegenwert der erworbenen Papiere seinem Wertpapier-Depotkonto gutzuschreiben. Die Geschäftsbank

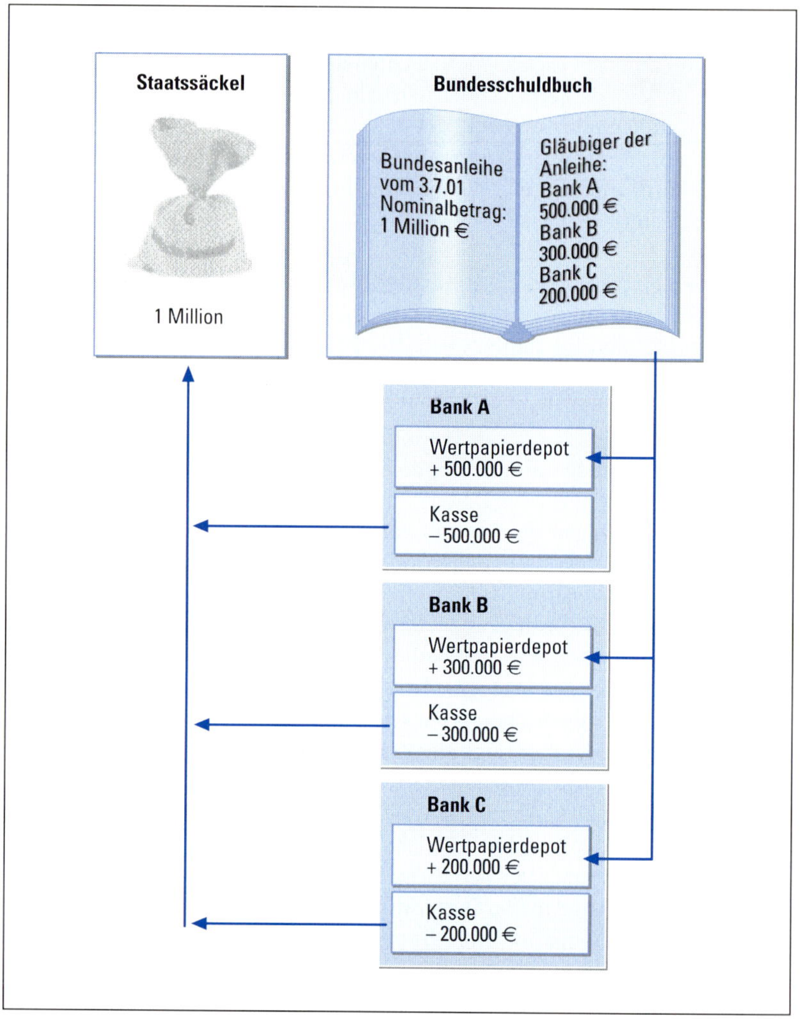

Anleiheemission in Form von Wertrechten

- überträgt daraufhin die Rechte eines Teils der Bundesanleihen, die sie in ihrem Depotkonto bei der Clearstream International hält, auf den Kunden,
- belastet dessen Privatkonto mit dem Kaufpreis und
- erhält auf ihrem LZB-Konto eine entsprechende Gutschrift.

Bei einem Kauf der Bundesanleihen an der Börse erfolgen die Buchungen verständlicherweise nicht unbedingt auf den Depot- und LZB-Konten der mit dem Wertpapierkauf betrauten Geschäftsbank, sondern immer auf den entsprechenden Konten der Geschäftsbank des Wertpapierverkäufers.

Für die Verwaltung eines Depots berechnen die Geschäftsbanken Gebühren.

b) **Eintragung einer Einzelschuldbuchforderung.** Neben der Sammelschuldbuchforderung, die für ein bestimmtes Bundeswertpapier zugunsten der Clearstream International im Bundesschuldbuch erscheint, können für denselben Titel Einzelschuldbuchforderungen ins Bundesschuldbuch aufgenommen werden. Der Käufer eines Bundeswertpapiers kann beim Erwerb von Neuemissionen verlangen, dass sein Kreditinstitut die spesenfreie Eintragung einer Einzelschuldbuchforderung in das Bundesschuldbuch veranlasst. Hierbei entstehen keine Gebühren.

Wer bereits Bundeswertpapiere besitzt, kann sie auch nachträglich von seinem Depotkonto bei einem Kreditinstitut in das Bundesschuldbuch übertragen lassen. Das gleiche gilt für Papiere, die über die Börse erworben werden. In beiden Fällen berechnen die Kreditinstitute die für die Übertragung sammelverwahrter Wertpapiere üblichen Gebühren. An einem einfachen Beispiel wollen wir zeigen, wie eine Eintragung erfolgt.

Beispiel

Kunde Y erteilt der Geschäftsbank A während der Verkaufsfrist (Erstverkauf) einen Kaufauftrag über 100.000 Euro nominal für die Bundesanleihe, für die eine Sammelschuldbuchforderung zugunsten der Clearstream International in Höhe von einer Million Euro registriert wurde. Da er für den entsprechenden Betrag eine Einzelschuldbuchforderung eintragen lassen möchte, aber noch kein Schuldbuchkonto bei der Bundesschuldenverwaltung unterhält, leitet er einen »Antrag auf Eröffnung eines Schuldbuchkontos« über die Geschäftsbank A an die Bundesschuldenverwaltung und lässt den erworbenen Anleihebetrag in das Bundesschuldbuch aufnehmen.

Den Kaufpreis der aufgrund unserer Annahme dem Nennwert der Schuldtitel entspricht, überweist Kunde Y auf das LZB-Konto der Geschäftsbank A. Die Sammelschuldbuchforderung der Deutschen Clearing reduziert sich durch die Eintragung der Einzelschuldbuchforderung auf 900.000 Euro nominal, und im Bundesschuldbuch erscheint neben dem Namen der Wertpapiersammelbank der Name des Kunden Y.

Vorteile des Schuldbuchkontos

Die Verwahrung auf einem Schuldbuchkonto bei der Bundesschuldenverwaltung bietet – gegenüber der Verwahrung auf einem Depotkonto bei einer Geschäftsbank – einige Vorteile:

- Gebührenfreie Verwaltung des Wertpapierbestandes (inklusive kostenloser Wiederanlage der Zinserträge) sowie
- spesenfreie Überweisung von Zins- und Tilgungszahlungen.

Ein Schuldbuchkonto kann im Prinzip jeder eröffnen. Voraussetzung dafür ist lediglich die Angabe eines Kontos bei einer inländischen Geschäftsbank. In das Bundesschuldbuch können

- Bundesschatzbriefe, Finanzierungsschätze, Bundesobligationen,
- Anleihen und Schatzanweisungen des Bundes und seiner gegenwärtigen und ehemaligen Sondervermögen sowie
- Anleihen und Schuldverschreibungen der Deutschen Ausgleichsbank

eingetragen werden. Ausnahmen bilden die Emissionen der Treuhandanstalt sowie der privatisierten Bahn- und Postunternehmen. Der Verkauf börsen-

Wer die gebührenpflichtige Verwahrung bei einer Bank umgehen möchte, lässt seine Bundeswertpapiere einfach als Einzelschuldbuchforderung bei der Bundesschuldenverwaltung eintragen:

Anschrift:
Bundesschuldenverwaltung
61342 Bad Homburg v. d. H.

Die Bundesschuldenverwaltung ist neuerdings auch im Internet vertreten (www.bsv.de). Die Formulare zur Eröffnung eines Schuldbuchkontos müssen nicht mehr bei einer Geschäftsbank oder per Post von der Bundesschuldenverwaltung angefordert werden, sondern stehen als Download bereit.

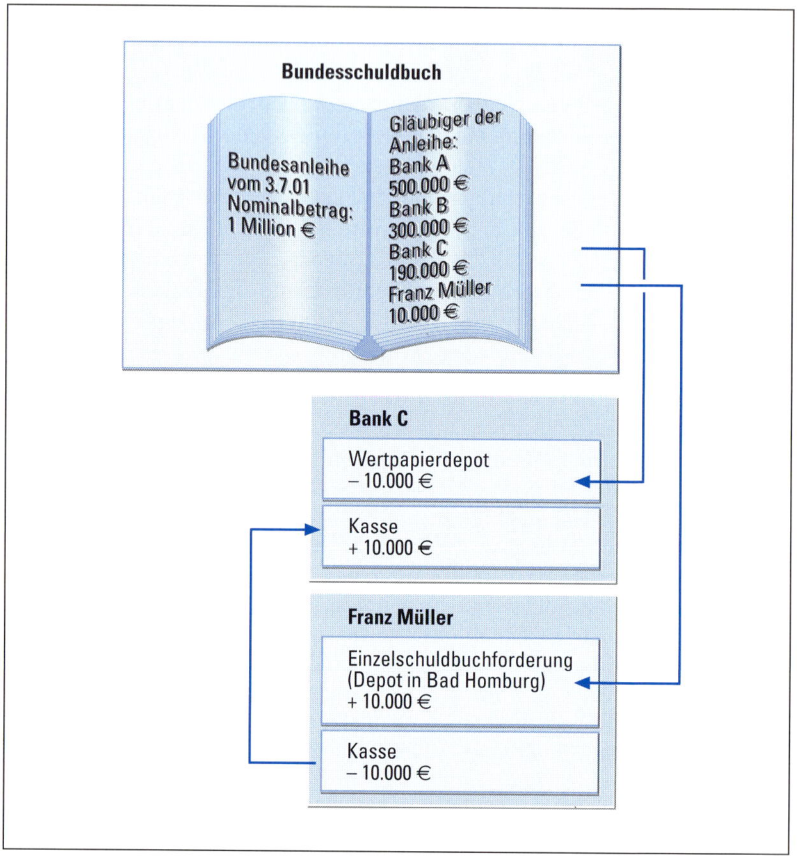

notierter Bundeswertpapiere über die Bundesschuldenverwaltung wird durch die Deutsche Bundesbank gegen Berechnung einer Provision und ausschließlich in Form von »Bestens-Orders« ausgeführt. Bei einer vorzeitigen Rückgabe von Bundesschatzbriefen überweist die Bundesschuldenverwaltung Nennbetrag und Zinsanspruch in voller Höhe auf das Bankkonto des Verkäufers.

Anleihen der Bundesländer und Gemeinden

Die Emission von Anleihen ist auch Bundesländern und Gemeinden gestattet. Die Emissionsvorhaben der öffentlichen Hand werden vom Ausschuss für Kreditfragen koordiniert, der sich aus Vertretern des Bundesfinanz- und -wirtschaftsministeriums, der Bundesländer sowie der Spitzenorganisationen der Landkreise, Städte und Gemeinden zusammensetzt. Der Ausschuss erstellt einen *Emissionsfahrplan*, damit Überlastungen des Kapitalmarktes und störende Einflüsse durch öffentliche Institutionen unterbleiben. Zudem bietet der Emissionsfahrplan nationalen wie internationalen Investoren die

Möglichkeit, sich auf Neuemissionen einzustellen und ihre Planungen daran auszurichten. Um die Liquidität im Segment *Länderanleihen* zu verbessern und damit die Attraktivität dieser Titel zu erhöhen, schließen sich die Bundesländer in jüngster Zeit immer öfter zu Gruppen zusammen, und geben statt mehrerer kleiner Emissionen nur eine einzige große heraus. Genauso wie bei Pfandbriefen versieht man diese Gemeinschaftsemissionen, die ein Volumen von meist mehreren Milliarden D-Mark aufweisen, mit dem Zusatz »Jumbo«.

Länder-Jumbos

Länder-Jumbos, so die exakte Bezeichnung, findet man im HANDELSBLATT in der Tabelle LÄNDER UND STÄDTE unter der Überschrift *Länderschatzanweisungen*. Der folgende Ausschnitt verdeutlicht, dass im Frühjahr 2001 insgesamt acht solcher Zinstitel existieren.

Länder-Jumbos im HANDELSBLATT

Länder-Jumbos erhalten normalerweise umgehend nach Ausgabe eine Börsenzulassung. Obendrein betätigen sich die bei Emission federführenden Banken als Market-Maker, sodass Anleger Gewissheit haben, derlei Wertpapiere jederzeit kaufen und auch wieder verkaufen zu können. Im HANDELSBLATT sind ausschließlich Börsenkurse – und keine Market-Maker-Quotierungen – abgedruckt, die in aller Regel aus Frankfurt stammen und dort am letzten und vorletzten Handelstag von amtlichen Maklern festgestellt wurden.

Zins		Zinst.	29.3.01	28.3.01	Rend.
LÄNDER UND STÄDTE					
Länderschatzanw. (F)					
6,25	1 v. 96/06	21.08.	107,07 G	107,03 G	4,720
6	2 v. 97/07	29.01.	106,10 G	106,07 G	4,769
5,25	3 v. 98/13	02.04.	100,60 -T	100,60 -T	5,181
5,25	4 v. 98/13(B)	29.04.	99,55 G	99,50 G	5,299
5,125	5 v. 98/10	28.05.	100,20 G	100,05 G	5,092
4,25	6 v. 99/09	16.03.	95,10 G	95,05 G	5,010
(FRN)	v. 00/08vj	01.J/O	99,75 G	99,75 G	
5,25	v. 01/11	24.01.	100,70 G	100,65 G	5,152

Das HANDELSBLATT veröffentlicht die Börsenkurse und Renditen für Anleihen der Bundesländer und Gemeinden unter der Überschrift LÄNDER UND STÄDTE in der Rubrik ÖFFENTLICHE ANLEIHEN.

Hinsichtlich Struktur und verwendeter Abkürzungen entspricht der Kurszettel dem bekannten Schema. Die Tabelle belegt, dass Anleihen der Bundesländer und Gemeinden zumeist festverzinslich sind. Weitere Schuldverschreibungen der betreffenden Emittenten sind auch in der Rubrik ZERO-BONDS zu finden.

Bankschuldverschreibungen

Bankschuldverschreibungen sind Papiere, die von Geschäftsbanken stammen. Die Gelder aus der Emission ermöglichen die Kreditvergabe an Kunden, wobei die Laufzeiten der Schuldverschreibungen oftmals an den Laufzeiten der Kredite ausgerichtet sind. Bankschuldverschreibungen trennt man – genau wie alle anderen Schuldverschreibungen – in

- kurzfristige Schuldverschreibungen mit Laufzeiten bis zu zwei Jahren, und
- mittel- und langfristige Schuldverschreibungen mit längeren Laufzeiten.

Zu den kurzfristigen Bankschuldverschreibungen zählen zum Beispiel die meisten verbrieften Termineinlagen (Certificates of Deposit). Mittel- und langfristige Bankschuldverschreibungen lassen sich weiter einteilen in

- Pfandbriefe und Kommunalobligationen,
- Schuldverschreibungen von »Kreditinstituten mit Sonderaufgaben« sowie
- sonstige Bankschuldverschreibungen.

In den USA werden Bankschuldverschreibungen nicht als gesonderte Anleihekategorie, sondern als Untergruppe zu Corporate- sowie Agency-Bonds geführt. Die vorstehende Einteilung von Bankschuldverschreibungen weicht von der in den USA üblichen daher ab.

Emittenten von *Pfandbriefen* und *Kommunalobligationen* unterliegen strengen gesetzlichen Vorschriften, die insbesondere die Verwendung der Kredite und die Haftung der Emittenten betreffen. Die Mittel aus dem Verkauf dürfen,

- im Falle von Kommunalobligationen, ausschließlich als Darlehen an kommunale Körperschaften, wie zum Beispiel Gemeinden, und,
- im Falle von Pfandbriefen, nur als Kredite zur Grundstücks- oder Gebäudefinanzierung, wobei die Kredite durch die betreffenden Grundstücke und Gebäude besichert sein müssen,

vergeben werden. Pfandbriefe und Kommunalobligationen werden auch als gedeckte Bankschuldverschreibungen bezeichnet. Neben den Deckungswerten, also den Kommunaldarlehen bzw. den Grundstücken und Gebäuden, müssen die Emittenten mit ihrem gesamten sonstigen Vermögen für die Verbindlichkeiten aus den Schuldverschreibungen haften.

Pfandbriefe und Kommunalobligationen sind durchweg Straight-Bonds, die an deutschen Börsen meistens im Amtlichen Handel oder Geregelten Markt zugelassen sind. Ein wirklicher Handel findet aber nicht statt, da der Markt wegen der Fülle unterschiedlicher Emissionen viel zu unübersichtlich geworden ist. Gerade bei ausländischen Anlegern stoßen Pfandbriefe und Kommunalobligationen daher auf geringes Interesse.

Tabelle LÄNDER UND STÄDTE im HANDELSBLATT

Laufzeit (1996–2006)

FRN = Floating-Rate-Note

Nominalzinssatz

hj. = Floating-Rate-Note mit halbjährlichem Zinsanpassungstermin

Zinstermin

Zins	Zinst.	29.3.01	28.3.01	Rend.
LÄNDER UND STÄDTE				
Länderschatzanw. (F)				
6,25 1 v. 96/06	21.08.	107,07 G	107,03 G	4,720
6 2 v. 97/07	29.01.	106,10 G	106,07 G	4,769
5,25 3 v. 98/13	02.04.	100,60 -T	100,60 -T	5,181
5,25 4 v. 98/13(B)	29.04.	99,55 G	99,50 G	5,299
5,125 5 v. 98/10	28.05.	100,20 G	100,05 G	5,092
4,25 6 v. 99/09	16.03.	95,10 G	95,05 G	5,010
(FRN) v. 00/08vj	01.J/O	99,75 G	99,75 G	
5,25 v. 01/11	24.01.	100,70 G	100,65 G	5,152
Bayern (M)				
6,7 v. 95/05	25.10.	108,30 G	108,35 G	4,627
6,5 v. 96/06	16.08.	108,25 G	108,25 G	4,713
6 v. 96/06	30.10.	106,25 G	106,20 G	4,689
4 v. 99/09	27.05.	93,60 b	93,50 G	4,968
Baden-Württ. (F)				
7,5 v. 94/04	22.10.	107,00 rB	107,50 T	5,266
Dresden (F)				
6,125 v. 93/03	16.12.	104,21 b	103,77 G	4,424
Hessen (F)				
5,75 v. 97/08	30.01.	105,05 G	105,00 G	4,857
5 v. 98/10	27.04.	99,65 b	99,45 G	5,046
4 v. 99/09	06.07.	93,70 b	93,60 b	4,940
(FRN) v. 99/03hj	05.M/N	99,90 G	99,90 G	
(FRN) v. 99/04hj	10.J/J	-	-	
5,75 v. 00/11 S.3	04.01.	104,90 G	104,75 G	5,093
5,75 v. 00/11 S.4	10.01.	105,00 G	104,75 G	5,082
Leipzig (F)				
6,25 v. 93/03	13.10.	104,10 G	104,00 G	4,478
4,15 v. 99/09	29.01.	94,55 G	94,50 b	5,003

Tabelle SPEZIAL-INSTITUTE im HANDELSBLATT

Nominalzinssatz (hier: 3,125%)

Laufzeit (1998–2013)

Die Deutsche Ausgleichsbank begibt Anleihen in fortlaufenden Serien (»Reihen«, Kürzel »R«).

SPEZIAL-INSTITUTE				
KfW (F)				
3,125 99/01	16.07.	99,45 G	99,45 G	4,911
3,5 99/04	15.07.	97,20 G	97,20 G	4,420
6 96/06	09.02.	105,80 G	105,75 G	4,632
4,5 99/06	03.08.	99,20 G	99,10 G	4,662
5,5 97/07	12.03.	103,80 G	103,85 b	4,749
5 98/09	04.01.	100,45 b	100,30 b	4,922
5,25 99/10	04.01.	101,60 b	101,45 G	5,013
4,75 98/10	11.08.	98,05 b	97,95 b	5,008
5,125 98/13	17.06.	99,00 G	99,00 b	5,232
5,5 98/18	22.01.	100,20 G	100,20 G	5,477
(FRN) 97/02	23.09.	99,85 G	99,85 G	
5,625 00/08	01.09.	104,25 G	104,55 b	4,917
4,5 99/06	03.08.	99,20 G	99,10 G	4,662
Deutsche Ausgleichsbank (F)				
6 R103/04	01.04.	104,10 G	104,00 G	4,509
6,125 R105/04	16.01.	104,20 G	104,10 G	4,477
6,75 R108/02	13.05.	102,55 G	102,52 G	4,343
7 R109/01	01.06.	100,35 G	100,37 G	4,647
R110/02	03.06.	102,92 G	102,92 G	4,364

Deutsche Sparer, die sich für diese Formen der Bankschuldverschreibung entscheiden, halten die Titel in den meisten Fällen bis zum Laufzeitende, um dauerhaft sichere Zinseinnahmen zu kassieren. Im Gegensatz zu Bundesanleihen ist ein aktiver Handel deshalb auch von dieser Seite kaum zu verzeichnen.

Die Lustlosigkeit, Pfandbriefe zu handeln, hat die Verantwortlichen in Banken und Börsen alarmiert. Damit das Interesse nicht vollständig erlahmt und eine wichtige Refinanzierungsquelle der Kreditinstitute ganz und gar versiegt, hat man sich etwas Besonderes einfallen lassen: den *Jumbo-Pfandbrief*, kurz *Jumbo*. Anstelle vieler kleinerer Pfandbriefausgaben, welche die Markttransparenz nicht unbedingt fördern, warten die Banken nur noch mit einigen wenigen Großemissionen auf.

Jumbo

Den ersten Jumbo begab die Frankfurter Hypothekenbank Centralboden im Mai 1995. Seitdem haben sich einige wesentliche Merkmale herauskristallisiert, die ein solches Papier auszeichnen:

- Das Emissionsvolumen muss mindestens 500 Millionen Euro umfassen.
- Nur festverzinsliche, endfällige Pfandbriefe mit jährlich nachträglicher Zinszahlung dürfen angeboten werden.
- Jeder Emittent muss dafür sorgen, dass sich mindestens drei Banken als Market-Maker für einen Pfandbrief verpflichten, wobei auch der Emittent selbst die Funktion eines Market-Makers übernehmen kann. Eine Quotierung sollte für Einzelabschlüsse bis zu 12,5 Millionen Euro gelten und der Spread in einem Bereich von 0,5 Promille (bei dreijähriger Restlaufzeit) bis maximal 1 Promille (bei einer Restlaufzeit von acht Jahren und mehr) liegen.
- Jumbo-Pfandbriefe müssen spätestens 30 Tage nach Ausgabe an einer deutschen Börse in den Amtlichen Handel oder den Geregelten Markt eingeführt werden.

Im HANDELSBLATT werden weder die Börsenkurse für Jumbo- noch die für herkömmliche Pfandbriefe abgedruckt.

Anders sieht es hingegen mit den Schuldverschreibungen der *Kreditinstitute mit Sonderaufgaben* aus. Deren Notierungen erscheinen im HANDELSBLATT in der Tabelle SPEZIALINSTITUTE.

Kreditinstitute mit Sonderaufgaben

Zu den »Kreditinstituten mit Sonderaufgaben« zählen beispielsweise

- Geschäftsbanken, die gemeinschaftlich von anderen Geschäftsbanken gegründet werden, um Liquiditätshilfen für Kreditinstitute zu leisten usw., oder
- Banken, die durch spezielle Gesetze ins Leben gerufen werden, um besondere Finanzierungsaufgaben für den Bund zu erbringen.

Den meisten Kreditinstituten mit Sonderaufgaben stehen aufgrund ihrer speziellen Ausrichtung keine Kundeneinlagen zu Refinanzierungszwecken zur Verfügung, sodass sie einen Großteil ihrer Mittel durch die Emission von Anleihen aufbringen.

Die HANDELSBLATT-Tabelle SPEZIALINSTITUTE enthält unter anderem Börsennotierungen für Schuldverschreibungen, die von der *Kreditanstalt für Wiederaufbau (KfW)* sowie der *Deutschen Ausgleichsbank* begeben werden. Ihre Funktionen sind in folgender Tabelle kurz skizziert.

KfW	Die *Kreditanstalt für Wiederaufbau (KfW)* ist eine Anstalt des öffentlichen Rechts und hat ihren Sitz in Frankfurt am Main. Sie wurde per »Gesetz über die Kreditanstalt für Wiederaufbau« (WiGBl.) im Jahre 1948 konstituiert. Heute vergibt die KfW zum Beispiel Kredite für • Investitionen »kleiner« und »mittlerer« inländischer Unternehmen, • Innovationsvorhaben sowie Umweltschutz- und Infrastrukturinvestitionen im Inland oder für • förderungswürdige Projekte in den Bereichen Landwirtschaft, Gewerbe, Umwelt- und Ressourcenschutz in den Entwicklungsländern. Das Grundkapital der KfW ist durch das WiGBl. mit einer Milliarde D-Mark festgeschrieben, wobei der Bund 80 % und die Länder 20 % davon halten. Fremdkapital beschafft die KfW in erster Linie über die Emission von Schuldverschreibungen, wobei sie Papiere mit drei- bis fünfjähriger Laufzeit als *Kassenobligationen* und Anleihen mit Laufzeiten von sechs Jahren und mehr als *Inhaberschuldverschreibungen* bezeichnet.
Deutsche Ausgleichsbank	Die *Deutsche Ausgleichsbank (DtA)*, Bonn, ist eine Anstalt des öffentlichen Rechts, deren Grundkapital der Bund und einige seiner Sondervermögen halten. Sie wurde im Jahre 1950 und ursprünglich mit dem Ziel gegründet, Hilfen bei der wirtschaftlichen Eingliederung von Vertriebenen und Flüchtlingen zu leisten sowie Aufgaben im Rahmen des Lastenausgleichs zu übernehmen. Die Förderungsschwerpunkte haben sich im Laufe der Jahre jedoch verschoben und umfassen heute • Maßnahmen zur Unterstützung »kleiner« und »mittlerer« Unternehmen im In- und Ausland, • Umweltschutzinvestitionen, Maßnahmen zur Linderung von Kriegsfolgen und • die Finanzierung sozialer Einrichtungen. Die Förderung erfolgt zum Beispiel durch die Vergabe zinsgünstiger Kredite an förderungswürdige Personengruppen bzw. Unternehmen. Zur Refinanzierung emittiert die DtA Schuldverschreibungen, erhält aber auch in großem Maße Mittelzuweisungen aus öffentlichen Haushalten und nimmt Schuldscheindarlehen auf.

Die dritte Gruppe von Bankschuldverschreibungen bilden sämtliche von Geschäftsbanken emittierten Schuldverschreibungen, die nicht den beiden vorgenannten Gruppen zugeordnet werden können. Sie werden auch als *sonstige Bankschuldverschreibungen* bezeichnet, erfüllen somit weder

Sonstige Bankschuldverschreibungen

- das Kriterium besonderer Deckungs- bzw. Haftungsvorschriften (ungedeckte Anleihen), noch
- werden sie von Kreditinstituten mit Sonderaufgaben begeben.

Sonstige Bankschuldverschreibungen sind beispielsweise Sparkassenschuldverschreibungen oder Optionsanleihen von Geschäftsbanken.

Börsennotierungen zu sonstigen Bankschuldverschreibungen inländischer Geschäftsbanken stehen im HANDELSBLATT nicht in einer entsprechend deklarierten Tabelle, sondern unter anderem in den Tabellen OPTIONSANLEIHEN und ZEROBONDS.

Industrieobligationen

Tabelle INDUSTRIE-ANLEIHEN im HANDELSBLATT

Unter dem Begriff *Industrieobligationen* fasst man in Deutschland alle mittel- und langfristigen Schuldverschreibungen zusammen, die von inländischen Unternehmen des Nichtbankensektors, also von Industrie-, Handels- oder Versicherungsunternehmen, emittiert werden. Insgesamt repräsentieren Industrieobligationen, häufig auch als Industrieanleihen bezeichnet, nur einen geringen Anteil aller umlaufenden mittel- und langfristigen Schuldverschreibungen.

Die Tabelle zu Industrieobligationen erscheint im HANDELSBLATT in der Rubrik ÖFFENTLICHE ANLEIHEN.

Weitere Anleihen, die von inländischen Industrie-, Handels- oder Versicherungsunternehmen kommen, sind in den Tabellen ZERO-BONDS, WANDELANLEIHEN und OPTIONSANLEIHEN zu finden.

Industrieobligationen werden zum Teil als Gewinnschuldverschreibungen ausgegeben, was beispielsweise für das Papier der Harpener AG zutrifft. Dies kommt durch den Zusatz »m.ZV.« (»mit Zusatzverzinsung«) zum Ausdruck. In der Spalte »Laufzeit« erscheint außerdem kein Fälligkeitsjahr, da kein fester Fälligkeitszeitpunkt existiert (»ewige Anleihe«). Dies stellt jedoch eine Ausnahme dar.

INDUSTRIEANLEIHEN (F)

Zins		Zinst.	29.3.01	Rend.
5,75	BASF 00/05	25.07.	103,80 -T	4,742
4,875	Ciba Spez.H.98/05	24.06.	99,25 G	5,064
4,5	Claas 99/06	22.03.	94,00 G	5,925
5,875	Coca Cola 00/05	04.07.	103,10 G	5,034
(FRN)	Coca Cola 01/04vj	23.M/A	99,60 G	
6,25	DFS 96/06	09.01.	105,70 G	4,872
5,625	Edeka 98/05	20.05.	99,50 B	5,753
5	Edeka 98/05	02.11.	97,00 -T	5,744
5,25	Escada 97/02	05.08.	100,10 b	5,124
7	Escada 00/04	31.08.	100,95 b	6,643
6,125	FAG Kugelf.99/04	11.11.	101,40 bB	5,661
10,125	Geberit Verw.97/07*	15.A/O	113,00 -T	7,553
6,25	Grammer 99/06	18.10.	95,75 -T	7,180
4,5	Harp. 59m.ZV.	01.07.	2050,00 b	
4,75	Heraeus Hld.99/06	14.07.	94,25 -T	6,037
6	J.M.Voith 99/06	29.09.	101,50 -T	5,657
6,125	LEONI 99/06	17.11.	103,75 -T	5,322
6,75	Mühl Prod.98/05	10.03.	97,00 bB	7,651
7,25	Mühl Prod.99/09	08.07.	90,75 -T	8,850
5,875	Preussag 99/06	23.10.	101,30 b	5,580
5,5	ProSieben 98/05	04.03.	98,80 b	5,844
5,5	Rinol 98/03	15.10.	94,50 B	7,918
5,5	Sixt 96/01	18.12.	100,20 b	5,130

Internationale Anleihen

Anleihen, die von Staatsregierungen, Unternehmen oder supranationalen Institutionen z. B. Europäische Investitionsbank, im Ausland auf den Markt gebracht werden, nennt man auch *Internationale Anleihen*. Diese Schuldtitel zeichnen sich dadurch aus, dass sie durch ein internationales Bankenkonsortium an mehreren Finanzplätzen weltweit gleichzeitig platziert werden. Der Nennbetrag einer internationalen Anleihe lautet dabei für alle einbezogenen Staaten auf ein und dieselbe Währung

Euroanleihen

Internationale Anleihen wurden lange Zeit ganz allgemein als *Euroanleihen* bezeichnet. Dieser Begriff umschreibt seit der Einführung des Euro jedoch nur noch eine bestimmte Gruppe von internationalen Anleihen: Euroanleihen sind jene mittel- und langfristigen Schuldtitel, die von Ländern außerhalb der 12 EWWU-Teilnehmerstaaten stammen und auf Euro ausgestellt sind.

Verwahrung bei internationalen Wertpapiersammelbanken

Internationale Anleihen werden heute in erster Linie telefonisch gehandelt, wobei ein reger Handel gewöhnlich nur in den ersten Monaten nach Emission zu beobachten ist. Zur Vereinfachung des Handels werden diese in aller Regel in Form von Sammelurkunden bei internationalen Wertpapiersammelbanken (Deutsche Börse Clearing AG) hinterlegt. Bedeutende Geschäftsbanken unterhalten Konten bei den Clearinggesellschaften. Transaktionen mit internationalen Anleihen werden im Wege des Effektengiroverkehrs durch Buchungen auf den Konten der Geschäftsbanken abgewickelt. Wertpapiersammelbanken auf verschiedenen Kontinenten, wie zum Beispiel die *Depositary Trust Company* (*DTC*), New York City, oder die Deutsche Börse Clearing AG mit Sitz in Luxemburg und Frankfurt, arbeiten beim grenzüberschreitenden Effektengiroverkehr eng zusammen.

Eine Internationale Anleihe ist zumeist von vornherein auf mehreren Sammelurkunden verbrieft. Diese werden bereits zum Zeitpunkt der Emission bei mehreren Wertpapiersammelbanken weltweit hinterlegt. Darüber hinaus beantragt der Emittent oftmals eine Börsenzulassung für die Teilschuldverschreibungen in den verschiedenen Platzierungs-Ländern.

Beispiel

Ein japanisches Industrieunternehmen platziert im Frühjahr 2001 eine Anleihe mit einem Gesamtnennbetrag in Höhe von 100 Millionen US-Dollar. Der Gesamtnennbetrag wird auf mehreren Sammelurkunden verbrieft und

- ein Teil dieser Urkunden bei der US-amerikanischen Clearingstelle DTC in New York City sowie
- ein weiterer Teil bei der Clearstream International in Luxemburg

hinterlegt. Hierdurch können US-amerikanische Geschäftsbanken, die Konten bei der DTC unterhalten sowie europäische und andere weltweit ansässige Kreditinstitute, die Kontoinhaber bei Clearstream International sind, die Anleihe im Effektengiroverkehr übertragen.

Die Tabelle NEUE ANLEIHEN, die täglich im HANDELSBLATT erscheint, enthält eine Übersicht über die in jüngster Vergangenheit herausgegebenen Internationalen Anleihen. Hier erfährt der Leser die wichtigsten Ausstattungsmerkmale, wie zum Beispiel Währung, Nominalzinssatz oder Laufzeit. Für viele Emissionen sind zudem die Ratings von Standard & Poor's und/oder Moody's wiedergegeben. Die umfangreiche Legende zur Tabelle verdeutlicht, dass die Emissionsbedingungen der Internationalen Anleihen sehr unterschiedliche Klauseln hinsichtlich der Verzinsung, Laufzeit oder Rückzahlungswährung verbriefen können.

NEUE ANLEIHEN **12.4.2001**

Emissionsdatum	Währung	Betrag (in Mill.)	WKN	Emittent	Rating*)	Zins %	Ausgabekurs (%)	Laufz. (max. Jahre)	Valuta	Konsortialführer
05.04.01	€	300	648631	Northern Rock[3])	A/A2	3E+0,15	99,984	3	26.04.	Barclays Cap./Mediobanca
05.04.01	€	250	1590181	Niedersachsen[18])		3E-0,1	99,79	19.01.09	19.04.	Dresdner Bank/Nord/LB
06.04.01	€	100	648650	IBRD	AAA/Aaa	4,3	99,98	7		Daiwa Securities
06.04.01	€	20	620863	BHF-Bank (Allianz)[19])		10	100	11.10.02	11.04.	BHF-Bank
06.04.01	€	20	620864	BHF-Bank (Bayer)[19])		12	99,90	11.10.02	11.04.	BHF-Bank
06.04.01	€	20	620865	BHF-Bank (Siemens)[19])		14,5	99,90	11.10.02	11.04.	BHF-Bank
06.04.01	€	20	620866	BHF-Bank (Volkswagen)[19])		13	99,90	11.10.02	11.04.	BHF-Bank
06.04.01	€	2 000	648660	RWE Finance[20])	AA-/Aa3	5,375	99,716	18.03.08	20.04.	Dt. Bank/DrKW/M. Lynch

Anleihen in der Finanzzeitung

In der Finanzzeitung des HANDELSBLATTS sind Kursnotierungen zu Anleihen auf den Seiten ANLEIHEN und DEVISEN-OPTIONSSCHEINE platziert. Börsenkurse zu Anleihen zeigen die folgenden Tabellen:

Öffentliche Anleihen

ÖFFENTLICHE ANLEIHEN

Zins	Zinst.	29.3.01	28.3.01	Rend.
Bundesrepublik Deutschland (F)				
6 v. 86II/16	20.06.	111,00 b	111,05 b	4,949
5,625 v. 86I/16	20.09.	106,95 G	107,00 b	4,964
8,375 v. 91/01	21.05.	100,48 b	100,50 b	4,631
8,25 v. 91/01	20.09.	101,67 b	101,70 b	4,445
8 v. 92/02	22.07.	104,62 b	104,64 b	4,250
7,25 v. 92/02	21.10.	104,36 b	104,37 b	4,258
7,125 v. 92/02	20.12.	104,68 b	104,68 b	4,218

Anleihen ausländischer Schuldner

ANLEIHEN AUSLÄNDISCHER SCHULDNER (F)

Zins	Zinst.	29.3.01	28.3.01	Rendite	Ratings	
A						
5,625 Abbey Nat. Tr. S. 96/02	30.09.	101,45 G	101,45 b	4,562	AA	Aa2
(FRN) ABN Amro Bk. 90/05	22.M/S	99,35 B	99,35 B			Aa3
(FRN) ABN Amro Bk. 95/05	03.M/N	100,20 -T	100,20 -T		AA	Aa2
2,5 Aegon 98/03	24.02.	97,25 b	97,00 b	4,026		Aa3
6,375 Af. Entw. Bk. 95/02	31.10.	102,65 G	102,60 G	4,562	AA+	Aaa
(FRN) Air Canada 87 endl.	11.03.	59,90 bG	59,95 bB			
7,125 Air Canada 96/01	23.05.	100,00 G	100,05 b	6,716		B1
6,625 Air Canada 98/05	14.01.	100,00 b	100,00 -T	6,603	BB-	B1
6 Allianz Int.F.96/03	14.05.	103,00 G	103,00 b	4,474		
5,75 Allianz Int.F.97/07	30.07.	104,60 b	104,50 b	4,877	AAA	
5 Allianz Fin. 98/08	25.03.	100,50 G	100,65 b	4,913		
(FRN) Allianz Fin.(DAX)01/04	20.02.	5960,00 -G	6000,00 T			
12,625 Arg.Rep.Bonds 96/02	01.09.	98,20 G	98,20 G	14,337		
5,87 Argentinien 93/23*	31.M/N	68,00 B	68,00 B	9,527	B+	B2
6,125 Dt.Ausglbk.Eu.95/03	19.12.	104,00 G	103,95 G	4,510	AAA	Aaa
6 Dt.Ausglbk.Eu.94/04	05.01.	103,55 G	103,45 G	4,586	AAA	
5,875 Dt.Ausglbk.Eu.96/04	25.10.	103,85 G	103,75 G	4,660	AAA	Aaa
6,75 Dt.Ausglbk.Eu.95/05	04.07.	107,55 G	107,40 G	4,737	AAA	
5,25 Dt.Ausglbk.Eu.S.19/05	21.10.	102,20 G	102,05 G	4,688	AAA	Aaa
6,5 Dt.Ausglbk.Eu95/05	28.11.	107,25 G	107,15 G	4,716	AAA	Aaa
(FRN) Dt.Ausglbk.Eu96/06	20.D/J	100,25 G	100,25 G		AAA	
(FRN) Dt.Ausglbk.Eu96/06	01.F/A	100,00 G	100,00 G		AAA	Aaa
6,125 Dt.Ausglbk.Eu96/06	08.11.	106,30 G	106,20 G	4,803	AAA	Aaa
6 Dt.Ausglbk.Eu97/07	04.07.	106,15 G	106,00 G	4,828	AAA	Aaa
6,875 Dt. Bahn Fin.95/02	19.07.	102,60 b	102,70 G	4,723		
5,75 Dt. Bahn Fin.97/07	10.10.	102,90 G	102,90 G	5,201		
5 Dt. Bahn Fin.98/08	10.06.	98,50 G	98,25 b	5,248		
4,875 DB Fin. 99/09	06.07.	97,10 G	97,40 b	5,309		
6 DB Fin. 00/10	15.06.	105,10 G	105,10 G	5,279	AA	Aa1

Optionsanleihen

Optionsanleihen (F)

Titel / Laufzeit		29.3.01
7,5 AdCapital 93 o.O.	2001	100,25 G
Zero ABN AMRO Bk.99 m.O. (B)	2005	103,60 G
Zero ABN AMRO Bk.99 o.O. (B)	2005	83,16 G
3,75 Bank Austria o.O.	2001	99,60 bG
4,125 Daimler Chrys.96 m.O.	2003	115,50 -T
4,125 Daimler Chrys.96 o.O.	2003	-

Wandelanleihen

Wandelanleihen (F)

Titel / Laufzeit		29.3.01
3 Allianz Fin.98	2003	126,00 -T
3,375 Berl.El.Fin.96	2001	98,25 G
4 Augusta Techn. 00	2005	85,55 b
0,75 Commerzbk.98	2004	84,98 b
2 Continental 99	2004	97,50 -T

Industrieanleihen

INDUSTRIEANLEIHEN (F)

Zins		Zinst.	29.3.01	Rend.
5,75	BASF 00/05	25.07.	103,80 -T	4,742
4,875	Ciba Spez.H.98/05	24.06.	99,25 G	5,064
4,5	Claas 99/06	22.03.	94,00 G	5,925
5,875	Coca Cola 00/05	04.07.	103,10 G	5,034
(FRN)	Coca Cola 01/04vj	23.M/A	99,60 G	
6,25	DFS 96/06	09.01.	105,70 G	4,872
5,625	Edeka 98/05	20.05.	99,50 B	5,753
5	Edeka 98/05	02.11.	97,00 -T	5,744
5,25	Escada 97/02	05.08.	100,10 b	5,124
7	Escada 00/04	31.08.	100,95 b	6,643

Zero-Bonds

ZERO-BONDS

Amtl. / *Gereg. Markt*	Laufzeit	12.4.2001	Rendite	Amtl. / *Gereg. Markt*	Laufzeit	12.4.2001	Rendite
ABN AMRO Bk.	(F) 99/05	112,70G		dgl. Serie 2016	(F) 86/16	43,75-T	5,664
B.-Württ.L-Fin.	(F) 92/02	96,20G	4,612	Euro DM Securit.Ltd.D			
B.-Württ.L-Fin.	(F) 92/12	55,01b	5,445	Serie 2006	(F) 86/06	80,00G	4,567
Bay. LfA S.171	(M) 92/02	93,45G	4,708	dgl. Serie 2011	(F) 86/11	60,75G	5,111
Co.Bk.Overs.Fin.	(F) 91/01	96,95bG	4,751	dgl. Serie 2021	(F) 86/21	31,00G	6,030
Cr. Suisse F.	(F) 92/02	93,30-T	4,629	dgl. Serie 2026	(F) 86/26	23,20G	6,018
DG-Bank R.259	(F) 92/05	81,90G	4,948	Europ. Inv. Bk.	(F) 96/26	25,00G	5,571

In den Kurstabellen findet der Leser für ein Papier gewöhnlich

- den Namen des Emittenten,
- den Schuldverschreibungs-Typ, zum Beispiel »Anleihe«, »Schatzanweisung« oder »Obligation«,
- Höhe und Art der Verzinsung, zum Beispiel »6,75 %« oder »FRN«,
- das Emissions- und/oder Tilgungsjahr,
- Kennzeichnungen, wie zum Beispiel »I, II, III« oder »S. 122, S. 123«, die eine Unterscheidung einer bestimmten Tranche bzw. Serie/Reihe von anderen Tranchen bzw. Serien/Reihen desselben Emittenten ermöglichen sollen,
- die Schlusskurse vom letzten und häufig auch vom vorletzten Börsentag,
- Kurszusätze sowie
- die effektive Rendite eines Schuldtitels, sofern diese angegeben werden kann.

Anleihen notieren grundsätzlich in Prozent und nicht in Euro. Der Preis, ausgedrückt in Euro, kann aus den Angaben in der Finanzzeitung nur dann bestimmt werden, wenn die Stückelung des Wertpapiers bekannt ist. Diese ist nicht dem Kurszettel, sondern den Emissionsbedingungen zu entnehmen.

Die abgedruckten Börsenkurse stammen zumeist von der Wertpapierbörse in Frankfurt (»(F)«). Andere Börsenplätze sind in den Tabellen jeweils hinter der Kurzbeschreibung der Anleihen ausgewiesen.

AIBD

Die Renditen der in Frankfurt notierten Titel ermittelt die Deutsche Börse für alle Schuldverschreibungen einheitlich nach der Methode der »Association of International Bond Dealers« (kurz: AIBD). Der Berechnung liegen die Kurse vom letzten Börsentag zugrunde. Renditen für an anderen Börsenplätzen notierte Anleihen sind in den Kurstabellen nicht abgedruckt.

Die in der Finanzzeitung erscheinenden Anleihen sind zumeist im amtlichen Handel vertreten, und bei einigen (insbesondere Bundesanleihen) sind Kauf und Verkauf zu fortlaufenden Kursen über das Xetra-System möglich. Anleihen der Marktsegmente »Geregelter Markt« und »Freiverkehr« sind in den Tabellen oftmals am »Kursivdruck« zu erkennen.

In den Kurszetteln tragen alle zinsvariablen Anleihen einheitlich die Abkürzung »FRN«. Die Kurstabellen enthalten keine Angaben darüber, welcher Zinssatz für eine bestimmte Floating-Rate-Note oder einen Reverse-Floater gerade gültig ist. Diese Informationen müssen anderen Quellen, etwa elektronischen Informationssystemen (Reuters, Bloomberg, Internet), entnommen oder aber direkt beim Emittenten abgefragt werden. FRN

Abschließend fassen wir die wichtigsten Abkürzungen und Kennzeichnungen der Kurstabellen noch einmal zusammen.

Tabellenspalte im Kurszettel	Kennzeichnung im Kurszettel	Kurzbeschreibung
	6,125 v. 87 1997 | 102,03b | 102,02b | 4,762 5,75 v. 87 1997 | 101,39b | 101,39b | 4,853 6 v. 87 1997 | 101,90b | 101,91b | 4,846	Nominalzinssatz (Kupon)
Zins	(FRN) 92 2002 III | 104,25G | 103,75G | (FRN) 93 2003 I | 104,00G | 103,50G | 6 94 2004 | 93,75b | 93,60G | 6,975 (FRN) 94 2004 I | 95,75G | 95,75G | (FRN) 94 2004 II | 94,90G | 94,90b | (FRN) 94 1999 | 100,00-T | 100,00-T |	**F**loating-**R**ate-**N**ote; Kennzeichen für • »herkömmliche« Floating Rate Notes, • Cap-, Floor-, Mini-Max-Floater, • Reverse Floater, • Zinsphasenanleihen und • Step-up-/Step-down-Anleihen.
Zins	(An.A.) BMW Fin. A 87 93-97 F | 60,50G | 60,50bG | 42,239 (An.A.) BMW Fin. B 87 98-02 F | 166,00-T | 167,00-T | (An.A.) BMW Fin. C 87 03-07 F | 159,20G | 159,10G |	**An**nuitäten-**A**nleihe
Zinst. (»Zinstermin«)	Zins Zinst. | 29.7.98 | 28.7.98 | Rend. **Bundesrepublik Deutschland (F)** 6 v. 86II/16 20.06. | 111,20b | 111,09b | 5,033 5,625 v. 86I/16 20.09. | 106,50b | 106,39b | 5,065 6 v. 86III/98 20.10. | 100,52bG | 100,52b | 3,479 6,75 v. 88II/98 20.08. | 100,17bG | 100,17b | 3,463 6,375 v. 88II/98 20.11. | 100,82b | 100,82G | 3,507 6,375 v. 88III/98 21.12. | 101,05G | 101,05b | 3,520 6,5 v. 89/99 02.01. | 101,23b | 101,22b | 3,397 6,75 v. 89/99 22.01. | 101,44b | 101,42b | 3,524 7 v. 89/99 22.02. | 101,81b | 101,80b | 3,598 7 v. 89II/99 20.04. | 102,32b | 102,30b | 3,632 6,75 v. 89II/99 21.06. | 102,60b | 102,58b |	Genaues Datum, an dem Zinsen Jahr für Jahr fällig werden.

Zinst. (»Zinstermin«)

4,125	R125/01	28.02.	99,55 G	99,55 G	4,290
5,25	R126/04	09.06.	102,80 G	102,90 G	4,700
5,625	R127/05	11.11.	104,80 G	104,80 G	4,828
(FRN)	89/99vj.	01.J/A	99,95 G	99,95 G	
(FRN)	90/00vj.	27.A/J	99,95 G	99,95 G	
(FRN)	91I/01	10.A/O	117,00 G	117,10 G	
(FRN)	91II/01	25.A/O	119,40 G	119,55 G	

»vj.« steht für den **viertelj**ährlichen Rhythmus, in dem Zinszahlungen anfallen, oder – im Falle von Floating Rate Notes – Zinsanpassungen vorgenommen werden. »hj.« heißt entsprechend halbjährlich.

(FRN) 91III/01	15.M/N	119,65 G	119,85 G
(FRN) 91IV/01	15.M/N	119,65 G	119,85 G
(FRN) 91V/01	17.M/S	119,00 G	119,15 G
(FRN) 92I/02	21.J/J	120,50 G	120,65 G
(FRN) 92II/02	26.M/N	128,20 G	128,45 G
(FRN) 92III/02	13.M/N	119,75 G	119,95 G
(FRN) 93/03	07.J/J	120,25 G	120,45 G
(FRN) 94I/04	02.F/A	105,95 G	106,05 G
(FRN) 94II/04	18.M/N	99,35 G	99,35 b
(FRN) 94/99vj.	10.M/J	99,95 G	99,95 G

Zeigt die Monate, in denen Zinsen gezahlt werden (z. B. D/M = Dezember/März, J/A = Januar/April oder J/J = Januar/Juli) und gibt somit gleichzeitig Hinweise auf den Zahlungsrhythmus. Normalerweise steht zusätzlich eine Zahl vor dem Monatskürzel. Sie gibt den genauen Kalendertag an, an dem Zinsen fällig sind.

Laufzeit

6,375 v. 87	1997	102,64 b	102,60 b	5,060
6,75 v. 87	1997	103,50 b	103,47 b	5,071
6,375 v. 87 II	1997	102,66 b	102,64 b	5,128
6,375 v. 88	1998	102,72 b	102,74 b	5,212

Fälligkeitsjahr

(FRN) v. 91	96/35	100,70 G	100,70 G

In Verbindung mit Auslosungsanleihen; zeigt das Kalenderjahr, in dem

- die erste Serie zur Tilgung ausgelost (19**96**) sowie
- die Anleihe vollständig zurückgezahlt (20**35**) wird.

7,25	Af. Entw. Bk. 94	1999	F	104,85 b	104,85 b	5,936
(FRN)	Air Canada 87	endl.(94)	F	57,30 b	57,40 b	
7,125	Altana Fin. 93	2000	F	103,00 b	102,50 b	6,410

»**endl**os«; kennzeichnet ewige Anleihen

(FRN)	Bk.v.Griechenl.90	98(95)	F	100,25 G	100,25 G	
7,75	Bk.v.Griechenl.93	1998	F	105,75 b	105,75 bG	5,067

Vorzeitig kündbare Anleihen; in Klammern steht jeweils dasjenige Jahr, in dem der Emittent die Anleihe zum ersten Mal kündigen darf; vor der Klammer ist das Jahr der Endfälligkeit zu finden.

(An.A.)	BMW Fin. A 87	93-97	F	60,50 G	60,50 bG	42,239
(An.A.)	BMW Fin. B 87	98-02	F	166,00-T	167,00-T	
(An.A.)	BMW Fin. C 87	03-07	F	159,20 G	159,10 G	

Zusatz bei Annuitäten-Anleihen, der das Emissionsjahr sowie das letzte Kalenderjahr der Annuitätenzahlungen angibt.

4,375	Footwork Int.92 o.O.	03/96

Zusatz bei Optionsanleihen; zeigt

- das Jahr der Fälligkeit (20**03**) der Anleihe sowie
- das Jahr, in dem die Optionsfrist endet (19**96**).

B.-Württ.L-Fin.(F)	92/02	65,50 b
B.-Württ.L-Fin.(F)	92/12	28,50 bG

In Verbindung mit Zero-Bonds; zeigt Emissionsjahr (19**92**) und Fälligkeitsjahr (20**02**).

Emittent/Anleihebeschreibung

4,5	Harp. 59 m. ZV. (D)	1750,0G

»**m**it **Z**usatz**v**erzinsung«; kennzeichnet Gewinnschuldverschreibungen, die neben fester oder variabler Nominalverzinsung zusätzlich einen Anspruch auf Gewinnbeteiligung verbriefen.

9,25	Fuchs Petrol.91 m.O.	1996	115,00	-T
9,25	Fuchs Petrol.91 o.O.	1996	103,25	b
4,5	Fujisawa 91 m.O.	1006		-
4,5	Fujisawa 91 o.O.	1996		-

»**m**it **O**ptionsschein« bzw. »**o**hne **O**ptionsschein«; kennzeichnet Anleihen, die

- »cum« (einschließlich) bzw.
- »ex« (ausschließlich)

Optionsschein gehandelt werden.

(FRN) Haniel 91 m.O.(D)	2011	121,50	G
(FRN) Haniel 91 o.O.(D)	2011	110,00	b

Börsenplatz

8	92 cum	2012	102,50 G	102,50 G	7,730
8	92 ex	2012	27,75 b	27,00 b	7,826
8	Zsbg	93-12	7250,0 G	7250,0 G	

Kennzeichnen bei einer Anleihe, deren Mantel und Zinsscheine getrennt voneinander handelbar sind, die

- Anleihe einschließlich (»**cum**«) bzw. ausschließlich (»**ex**«) Zinsscheine und
- die getrennt handelbaren Zins scheine.

»***Zsbg***.« steht für »**Z**ins**b**ogen«.

(FRN) 91 IX		1996	99,85 G	99,85 b	
(FRN) 91 X		1996	99,85 G	99,85 b	
8,25	92 R.01	1998	107,05 G	107,00 G	5,505
8,125	92 R.02	1999	107,40 G	107,30 G	5,912

DG-Bank Em.212(F)	92/00	73,60 G
Dt.Hyp.Fft.S.78(F)	92/02	62,85 G

Kennzeichnet die verschiedenen **Em**issionsserien (»***EM***.«, »***S***«) bzw. -reihen (»***R***«) eines Emittenten oder dient zur Unterscheidung (»***I***, ***II***, ***III***«) gleichartiger Anleiheemissionen (identisches Emissions- und Fälligkeitsjahr usw.).

Ratings

Anleihen ausländischer Sch...

Zins		Zinst.	29.7.98	28.7.98	Rendite	Ratings	
4,625	Abbey Nat. Tr. S. 96/00	15.02.	100,70 G	100,70 G	4,117	AA	Aa2
5,625	Abbey Nat. Tr. S. 96/02	30.09.	104,30 G	104,10 G	4,462	AA	Aa2
(FRN)	ABN Amro Bk. 89I/99*	31.J/J	99,90 G	99,90 G			Aa2
(FRN)	ABN Amro Bk. 89II/99*	24.S/M	99,85 G	99,85 G			Aa2
(FRN)	ABN Amro Bk. 90/05	22.M/S	99,70 G	99,70 G			Aa2
6,5	ABN Amro Bk. 89/99	20.09.	102,35 G	102,75 b	4,315		
6,125	ABN Amro Bk. 89/99	29.01.	100,85 G	100,85 G	4,248		
(FRN)	ABN Amro Bk. 95/05	03.M/N	100,00 G	100,00 G			Aa1
6,125	Af. Entw. Bk. 88/98	14.10.	100,40 C	100,55 G	3,969	AA+	Aaa
7,25	Af. Entw. Bk. 89/99	25.09.	103,50 b	103,55 G	4,054	AA+	Aaa
7,25	Af. Entw. Bk. 94/99	21.10.	103,70 G	103,70 G	4,058	AA+	Aaa
6,375	Af. Entw. Bk. 95/02	31.10.	106,95 G	106,85 G	4,528	AA+	Aaa
(FRN)	Air Canada 87 endl.	11.03.	64,50 bG	65,00 b			
7,125	Air Canada 96/01	23.05.	104,70 b	104,60 G	5,265		Ba3
6,625	Air Canada 98/05	[illegible]	103,60 G	103,50 G	5,920	BB-	Ba3
6	Allianz Int [illegible]						

Für viele Anleihen findet man das Rating von Moody's sowie Standard & Poor's.

Barwert und Rendite

Das Prinzip des Barwerts

Pricing

Wer eine Anleihe kauft oder verkauft, will natürlich wissen, wo ihr angemessener (»fairer«) Kurs liegt. Das bekannteste und am häufigsten genutzte Verfahren zur Bewertung – man sagt auch *Pricing* – von Bonds ist die Barwertmethode. Wir wollen im Weiteren Schritt für Schritt durchgehen, wie man den Barwert bestimmt und wie er sich interpretieren lässt.

Nehmen wir einmal an, wir kaufen eine Bundesanleihe (Nominalbetrag: 100.000 €), die noch eine Laufzeit von genau drei Jahren und einen Kupon von sechs Prozent hat. Wir haben dem Bund praktisch Kredit gegeben und deswegen Anspruch auf Zahlungen (Zinsen und Tilgung). Der Erwerb einer Anleihe ist daher quasi der Einkauf zukünftiger Zahlungen. Wir bezahlen heute einen Preis für Geldmittel, die uns erst später zufließen. Dies kann man sehr gut auch an einem Zeitstrahl darstellen (siehe Abbildung).

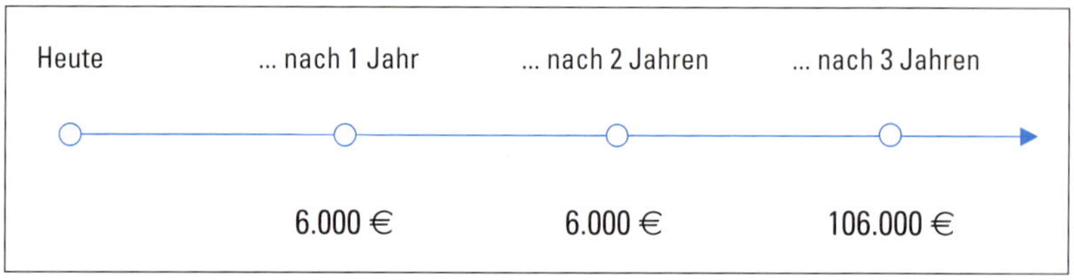

Wir stellen uns nun die Frage, welchen Preis man akzeptieren sollte, um in den kommenden drei Jahren die erwähnten Zahlungen zu erhalten. Anders formuliert: Was sind 6.000 € in einem und 6.000 € in zwei und 106.000 € in drei Jahren heute wert?

Konzentrieren wir uns zunächst auf die ersten 6.000 €. Uns interessiert, was man für eine Auszahlung in dieser Höhe, die in einem Jahr erfolgt, heute ausgeben würde. Um das herauszufinden, lösen wir uns zunächst von der Bundesanleihe und betrachten eine alternative Anlagemöglichkeit, zum Beispiel bei einer Bank. Prüfen wir also, wie viel Geld wir dort anlegen müssten, damit wir später 6.000 € wieder zurückerhalten. Als Zins für eine einjährige Anlage zahlt die Bank einen Satz in Höhe des 12-Monats-Euribor (angenommen 5 %). Wie viel Kapital – kurz K – müssen wir also heute anlegen, damit uns in einem Jahr inklusive Zinsen 6.000 € zur Verfügung stehen? Auf jeden Fall erhalten wir unseren eingesetzten Betrag K wieder zurück und zusätzlich natürlich die Zinsen, das sind 5 % von K. Wir können daher schreiben:

$$K + 0{,}05 * K = 6.000\ €$$

Klammert man K aus, dann ergibt sich:

$$K * (1 + 0{,}05) = 6.000\ €$$

Abzinsung

Wir müssen jetzt nur noch 6.000 durch 1,05 dividieren, um das gesuchte Ergebnis zu erhalten. Man nennt diesen Vorgang auch *Abzinsung*. 6.000 € werden für ein Jahr mit einem Satz von 5 % abgezinst. Das Resultat lautet: 5.714,29 €. Zum Beweis machen wir die Probe. Angenommen, wir legen 5.714,29 € für ein Jahr an. Dann erhalten wir Zinsen auf unseren Anlagebetrag in Höhe von 285,71 € (5.714,29 mal 5 %). In einem Jahr erhalten wir deshalb insgesamt zurück:

Eingesetzter Kapitalbetrag:	**5.714,29 €**
Zinsen:	285,71 €
Gesamt:	6.000,00 €

Fazit: Für eine Zahlung von 6.000 € in einem Jahr, geben wir – bei einem Zinsniveau von 5 % – heute 5.714,29 € aus.

Nun zurück zu unserer Bundesanleihe. Sie bringt uns in einem Jahr ebenfalls eine Zahlung in Höhe von 6.000 €. Warum sollten wir dafür einen anderen Preis bezahlen als für die Bankeinlage, nämlich 5.714,29 €. Man nennt diesen Betrag auch *Barwert* oder Gegenwartswert, englisch: Present Value. Es wäre unklug, für die zukünftige Zahlung aus der Bundesanleihe mehr auszugeben. Wir könnten unser Kapital in diesem Fall besser bei der Bank zum Satz von 5 % anlegen.

Barwert

Doch die Bundesanleihe wirft nicht nur eine einzige Zahlung ab, sondern nach dem zweiten und dritten Jahr noch weitere. Daher sind wir gezwungen, auch die beiden anderen Zahlungen noch zu bewerten (siehe nächster Abschnitt).

Zusammenhang zwischen Zins und Barwert

Zins und Barwert stehen in umgekehrter (inverser) Beziehung zueinander. Je höher (niedriger) der Zins, umso geringer (höher) ist der Barwert. Dieser Zusammenhang ist auch nachvollziehbar. Bei einem hohen Zinssatz müssen wir heute weniger Geld anlegen, um auf eine bestimmte Summe zu kommen. Umgekehrt die Situation bei niedrigen Zinsen. In solchen Fällen sind die Zinseinnahmen entsprechend gering und wir sind gezwungen, von vornherein mehr Kapital anzulegen, um am Ende den gewünschten Betrag zu erhalten.

Die Beziehung zwischen Zins und Barwert beeinflusst auch die Anleihekurse. Steigen (sinken) die Zinsen, dann sinken (steigen) im Allgemeinen die Kurse festverzinslicher Bonds.

Mehrjährige Laufzeiten

Bleiben wir bei der Bundesanleihe aus dem letzten Abschnitt. Den Gegenwartswert der ersten Zahlung kennen wir. Nun ist es unser Ziel, den Barwert für die zweite Zahlung (6.000 €) zu bestimmen. Wir können wieder die Frage stellen, wie viel Kapital man bei einer Bank anlegen muss, um – diesmal nach zwei Jahren – 6.000 € zurückzubekommen. Aus Gründen der Einfachheit gehen wir zunächst von einer flachen *Zinsstruktur* aus. Das bedeutet, dass die Zinsen unabhängig von der Laufzeit (Anlagedauer) gleich hoch sind. Wir gehen hier von einer flachen Zinsstruktur auf einem Niveau von 5 % aus. Es ist demnach gleichgültig, für welchen Zeitraum wir unser

flache Zinsstruktur

Kapital anlegen, die Bank zahlt pro Jahr gleichbleibend 5%. Da wir noch nicht wissen, wie viel Geld wir heute an die Bank geben müssen, um in zwei Jahren 6.000 € zu erhalten, nennen wir den Betrag wieder K. Da die Bank für jedes Jahr Zinsen bezahlt, erhalten wir 5% mal K für das erste Jahr und noch einmal 5% mal K für das zweite Jahr.

Zinseszinsen

Doch die Zinsen für das erste Jahr, werden – wie es in der Praxis üblich ist – auch direkt am Ende des ersten Jahres ausbezahlt. Wir können die Zinsen also unmittelbar für ein weiteres Jahr wieder anlegen, annahmegemäß ebenfalls zu 5%. Wir erhalten deshalb für das zweite Jahr Zinseszinsen in folgendem Umfang: 5% bezogen auf die Zinsen für das erste Jahr oder ausgedrückt in Zahlen: 0,05 * 0,05 * K. Nachdem die zwei Jahre verstrichen sind, summieren sich die einzelnen Komponenten wie folgt:

Zinszahlung fürs erste Jahr:	0,05 * K
Zinseszins:	0,05 * 0,05 * K
Zinszahlung fürs zweite Jahr:	0,05 * K
Eingesetzter Kapitalbetrag	K

Der Anlagebetrag muss also so gewählt werden, dass wir nach zwei Jahren – mit Zins- und Zinseszins – insgesamt genau 6.000 € wieder herausbekommen. Daher können wir schreiben:

$$K + 0{,}05 * K + 0{,}05 * K + 0{,}05 * 0{,}05 * K = 6.000 €$$

Die linke Seite kann man auch so schreiben: $K * (1 + 0{,}05)^2$ oder einfacher: $K * 1{,}05^2$. Wir erhalten den gesuchten Anlagebetrag also, indem wir 6.000 € durch $1{,}05^2$ teilen. Man nennt dies auch Abzinsung für zwei Jahre (mit einem Satz von 5%). Als Ergebnis erhalten wir einen Wert von 5.442,18 €. Wie kann man dieses Ergebnis deuten? Nun, wenn wir heute 5.442,18 € zum Satz von 5% für zwei Jahre anlegen, haben wir am Ende genau 6.000 €. Hier der Beweis: Wir bekommen in jedem Jahr 272,11 € Zinsen (5% mal 5.442,18 €) und am Ende das eingesetzte Kapital wieder zurück. Die Zinsen für das erste Jahr legen wir sofort wieder zu 5% an, das macht 13,60 € (5% mal 272,11). Nun zählen wir alle Mittelzuflüsse zusammen:

Eingesetzter Kapitalbetrag:	**5.442,18 €**
Zinszahlung fürs erste Jahr:	272,11 €
Zinseszins:	13,60 €
Zinszahlung fürs zweite Jahr:	272,11 €
Summe:	6.000,00 €

Für die 6.000 €, die bei unserer Bundesanleihe in zwei Jahren fällig sind, würden wir heute also einen Preis von 5.442,18 € zahlen. Wäre der Preis höher, könnte man günstiger eine Kapitalanlage bei einer Bank abschließen.

Nun bleibt nur noch die Zahlung im dritten Jahr, deren Wert wir bestimmen müssen. Auch hier kommen wir zum Ziel, wenn wir den Endbetrag (106.000 €) abzinsen. Diesmal müssen wir für einen Zeitraum von drei Jahren (wieder mit einem Satz von 5%) rechnen. Man erhält das Ergebnis –

ohne dass wir die Rechenschritte im Einzelnen zeigen – indem der Endwert durch $1{,}05^3$ geteilt wird. Der Barwert lautet 91.566,79 €.
Nun können wir die Einzelbeträge zum Gesamtbarwert zusammenzählen:

Barwert 1. Kuponzahlung:	5.714,29 €
Barwert 2. Kuponzahlung:	5.442,18 €
Barwert 3. Kuponzahlung und Tilgungszahlung:	91.566,79 €
Barwert der Bundesanleihe:	102.723,26 €

Setzt man den Anleihebarwert zum Nominalbetrag (100.000 €) ins Verhältnis, ergibt sich ein Kurs von 102,72 %. Dieses Ergebnis nennt man wie gesagt Barwert oder auch »rechnerischer Kurs«. Er entspricht dem fairen Preis der Bundesanleihe. Liegt ihr tatsächlicher Kurs darüber, dann ist eine alternative Kapitalanlage (z. B. bei einer Bank) vorteilhafter.

Berücksichtigung der Zinsstruktur

Normale Struktur

Im vorherigen Abschnitt sind wir davon ausgegangen, dass die Zinsstruktur einen flachen Verlauf hat. So etwas kommt in der Praxis zwar vor, aber nur in seltenen Fällen. Realistischer ist eine normale Struktur. In einer solchen Situation liegen die Zinsen umso höher, je länger die Laufzeiten sind. Dies muss man bei der Bewertung von Anleihen berücksichtigen.

Außerdem waren wir bislang von einem Zinssatz (5 %) ausgegangen, der heute schon bekannt ist und auch in der Zukunft gilt. Auch das entspricht nicht der Realität. Keine Bank würde uns bereits heute fest zusagen, dass wir das Kapital zu einem Termin in der Zukunft auf jeden Fall wieder zu 5 % neu anlegen können. Wir müssen die Gegebenheiten in der Praxis deshalb besser berücksichtigen. Zur Vereinfachung verwenden wir erneut die Bundesanleihe aus dem ersten Abschnitt.

Forward-Rates

Die erste Zahlung, die nach einem Jahr erfolgt, können wir noch ohne Probleme nach dem bekannten Schema bewerten. Wir zinsen sie mit dem einjährigen Zinssatz ab (5 %). Schwieriger wird es mit der zweiten Zahlung, denn der Zeitraum bis dahin erstreckt sich über zwei Jahre und wir müssen das Kapital zwischenzeitlich wieder anlegen. Doch es gibt in der Praxis Zinssätze, die bereits heute bekannt sind und zu denen man Geld in einem Jahr anlegen kann. Solche Sätze nennt man Forward-Rates. Da dieses Thema im Kapitel Derivate vertieft wird, verzichten wir hier auf weitere Details. Für unsere Bundesanleihe benötigen wir die Forward-Rate »12*24«. Nehmen wir an, dass sie einen Wert von 6 % hat. Das bedeutet, dass die Verzinsung für einen Betrag, der in einem Jahr für ein weiteres Jahr angelegt wird, bereits heute (durch ein Geschäft namens FRA) auf 6 % festgeschrieben werden kann.

Einen praxisnahen Barwert erhalten wir, wenn wir die 6.000 € zunächst für ein Jahr – vom Ende des zweiten auf das Ende des ersten Jahres – mit 6 % abzinsen. Wir erhalten 5.660,38 € (6.000 geteilt durch 1,06). Diesen Wert zinsen wir noch einmal für ein Jahr mit 5 % ab, sodass wir schließlich einen Barwert von 5.390,84 € haben (siehe Abbildung).

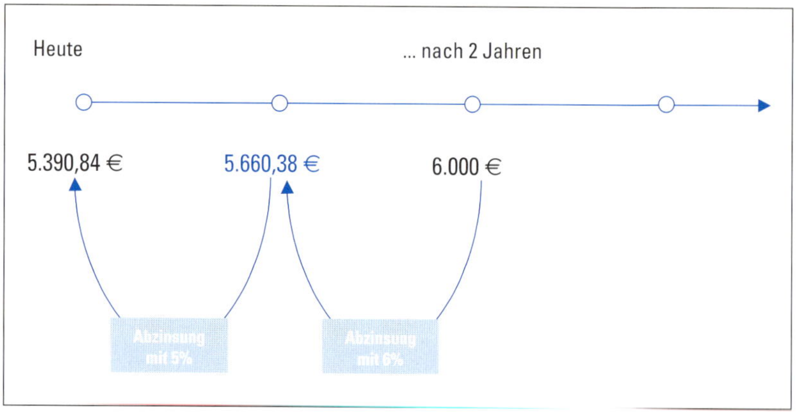

Hinter diesem Ergebnis verbergen sich folgende, in der Praxis tatsächlich durchführbare Geschäfte: Wir legen 5.390,84 € für ein Jahr zu 5 % an. An Zinsen bringt uns das 269,54 €, sodass wir nach diesem Jahr 5.660,38 € für ein weiteres Jahr zu einem (durch ein Termingeschäft) vorab fixierten Satz von 6 % wiederanlegen können. Die Zinsen für das zweite Jahr betragen 339,62 € (5.660,38 mal 6 %). Addiert man sie zum Anlagebetrag, kommt als Resultat 6.000 € (5.660,38 plus 339,62) dabei heraus.

Nach dem gleichen Schema wird auch die Zahlung bewertet, die in drei Jahren fällig ist. Benötigt wird dafür zusätzlich noch die Forward-Rate »24 * 36«. Unterstellen wir, sie liegt bei 7 %. Dann würden wir die 106.000 € im dritten Jahr mit 7 %, im zweiten mit 6 % und im ersten Jahr mit 5 % abzinsen, um deren Barwert zu erhalten.

Man sieht, dass mit diesem Verfahren der normale Verlauf der Zinsstruktur beachtet wird. Je weiter entfernt eine Zahlung in der Zukunft erfolgt, umso höher ist – bei normaler Struktur – der Satz, mit dem sie zunächst abgezinst wird.

Vereinfachung durch Zerobondabzinsungsfaktoren

Die Bewertung mit Forward-Rates ist ziemlich aufwändig. Erschwerend kommt hinzu, dass man solche Terminzinssätze im Normalfall lediglich für kürzere Laufzeiten direkt erhält. Benötigt man welche für längere Fristen, dann muss man sie extra berechnen.

Doch diese Mühe kann man sich ersparen, denn solche Terminzinsen werden von Banken berechnet, zum Teil auch veröffentlicht und damit der Allgemeinheit zur Verfügung gestellt. Häufig gibt man die Sätze jedoch in komprimierter Form als so genannte Diskontfaktoren an, auch Zerobondab-
ZAF zinsungsfaktoren genannt (kurz »Zeroabzinsfaktoren«) oder schlicht »ZAF«. Es handelt sich dabei gewissermaßen um rechnerische Zerobondkurse. Greifen wir zur Verdeutlichung noch einmal auf unsere Zahlen aus dem letzten Abschnitt zurück. Dort hatten wir folgende Zinssätze genannt:

- 5 % für das erste Jahr
- 6 % für eine einjährige Verzinsung, die in einem Jahr beginnt

Angenommen, wir wollen eine Zahlung von 1 € bewerten, die in einem Jahr erfolgt. Ihr Barwert beträgt 0,9524 € (1 geteilt durch 1,05). Man nennt das Ergebnis auch Zeroabzinsfaktor 0/1 oder »$ZAF_{0,1}$«. »0,1« bedeutet, dass die Zahlung von heute (0) an gesehen in einem Jahr (1) erfolgt.

Betrachten wir nun eine Zahlung von 1 €, die nicht in einem Jahr entsteht, sondern erst in zwei Jahren. Um deren Barwert zu bestimmen, zinsen wir sie zunächst mit 6 % ab. Das ergibt 0,9434 (1 geteilt durch 1,06). Dann müssen wir diesen Wert noch einmal mit 5 % abzinsen oder »diskontieren«. Das Endergebnis lautet 0,8985 (0,9434 geteilt durch 1,05) und ist der »$ZAF_{0,2}$«. Eine Zahlung in Höhe von 1 € in zwei Jahren hat heute also einen Wert von 0,8985 €. Oder anders formuliert: Wir legen heute 0,8985 € an (Auszahlung) und erhalten in zwei Jahren 1 € zurück (Einzahlung). Diese Zahlungsstruktur hat sehr viel Ähnlichkeit mit der eines Zerobonds. Daher kommt auch die Bezeichnung Zeroabzinsfaktor.

Diskontfaktoren

An der Berechnung der Diskontfaktoren ist erkennbar, dass sie die Zinsstruktur mit beinhalten. Daher ist die Bewertung mit Diskontfaktoren sehr realistisch.

Ein ZAF ist im Prinzip nichts anderes als der (rechnerische) Kurs eines entsprechend lang laufenden Zerobonds. Die Rückzahlung hat man bewusst auf 1 € festgelegt (normiert), um das Rechnen komfortabler zu machen. Im Grunde lässt sich der Barwert für jede Rückzahlungshöhe leicht bestimmen, wenn man weiß, wie hoch der rechnerische Kurs für 1 € ist. Ein Beispiel: Wie groß ist der Barwert einer Zahlung in Höhe von 738.000 €, die in zwei Jahren fällig ist? Nun, 1 € hat heute einen Wert von 0,8985 €. Dann ist der Gesamtbetrag 663.093 € wert (738.000 mal 0,8985).

Inzwischen findet man Diskontfaktoren auch im Internet. So hat zum Beispiel die WestLB auf ihrer Seite entsprechende Sätze veröffentlicht (siehe Ausschnitt). Wie man diese Werte für praktische Zwecke nutzen kann, zeigen wir im nächsten Abschnitt.

Datum	Nullcoupon	Diskontf.	6-M-Fwd.
-22.03.01-	4,929%	0,99973	-
-24.09.01-	4,726%	0,97640	4,624%
-22.03.02-	4,538%	0,95633	4,220%
-23.09.02-	4,491%	0,93586	4,257%
-24.03.03-	4,506%	0,91516	4,474%
-22.09.03-	4,551%	0,89446	4,577%
-22.03.04-	4,597%	0,87362	4,718%

www.westlb.de

Mit Diskontfaktoren Anleihen bewerten

Wenden wir uns noch einmal unserer Bundesanleihe zu (siehe erster Abschnitt dieses Kapitels). Kaufen wir dieses Papier heute, dann haben wir – etwas abstrakt ausgedrückt – Zahlungen erworben, die in Zukunft zufließen oder anders gesagt: wir haben einen zukünftigen Zahlungsstrom gekauft. Den gleichen Zahlungsstrom könnten wir uns auch auf andere Art und

Weise beschaffen. Wir hätten zum Beispiel die Möglichkeit, drei einzelne Zerobonds zu kaufen. Der erste hätte eine Laufzeit von einem Jahr und einen Rückzahlungskurs von 6.000 €. Der zweite hätte den gleichen Rückzahlungskurs, aber eine zweijährige Laufzeit. Und die Laufzeit des dritten Zerobonds läge schließlich bei drei Jahren, seine Rückzahlung bei 106.000 €.

Mit dem Bündel Zerobonds könnten wir also in den Genuss des gleichen Zahlungsstroms gelangen wie mit der Bundesanleihe. Wir hätten – wie man fachmännisch sagt – die Zahlungsstruktur der Bundesanleihe nachgebildet

Replizierung

oder »repliziert«. Aus einzelnen Zerobonds haben wir quasi die Bundesanleihe nachgebaut (siehe Abbildung).

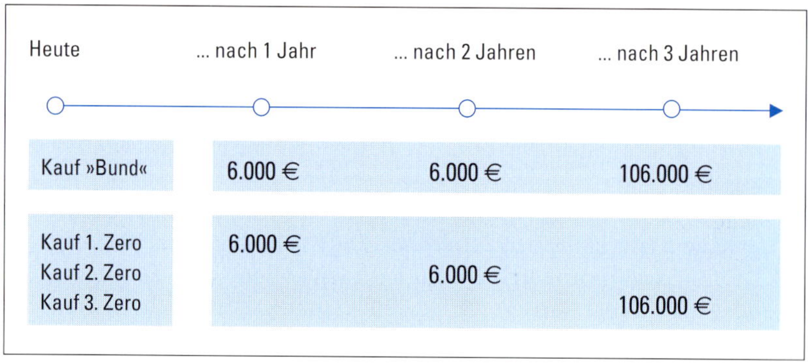

Andersherum könnte man natürlich auch die Bundesanleihe »auseinandernehmen«, denn sie ist ja eigentlich nichts anderes als ein Bündel von Zerobonds. Wer die Bundesanleihe im Bestand hält, hat rein wirtschaftlich betrachtet drei einzelne Zerobonds gekauft. Deshalb muss der aktuelle Wert der Anleihe (Barwert) genau so hoch sein wie der Wert des Zerobond-Pakets.

Wir brauchen also nur jeden einzelnen Zerobond zu bewerten und können die Einzelwerte anschließend aufsummieren. Das Ergebnis entspricht dann dem Wert der Bundesanleihe. Dazu ein Fallbeispiel:

Beispiel

Wir wollen die aus dem ersten Abschnitt bereits bekannte Bundesanleihe bewerten. Gedanklich lässt sich das Papier in drei einzelne Zerobonds zerlegen. Für jeden einzelnen »Zero« können wir dann mit Hilfe des jeweiligen Diskontfaktors (siehe folgende Liste) den Barwert bestimmen.

- $ZAF_{0,1} = 0{,}9524$
- $ZAF_{0,2} = 0{,}8985$
- $ZAF_{0,3} = 0{,}8340$

Wir multiplizieren jede einzelne Zahlung mit dem zugehörigen Diskontfaktor und addieren dann die Einzelwerte. Das Ergebnis lautet:

Bewertung 1. Zahlung: 6.000 mal 0,9524 =	5.714,40 €
Bewertung 2. Zahlung: 6.000 mal 0,8985 =	5.391,00 €
Bewertung 3. Zahlung: 106.000 mal 0,8340 =	88.404,00 €
Summe (Barwert der Bundesanleihe)	99.509,40 €

Für die Anleihe ist ein Wert von 99.509,40 € angemessen (fair), das entspricht einem Kurs von knapp 99,51 %. Läge ihr Preis darüber, wäre es – vorausgesetzt entsprechende Papiere sind erhältlich – sinnvoller, ein Bündel von Zerobonds zu kaufen.

Auch Floater lassen sich bewerten

Eine Anleihe, die neu auf den Markt kommt, hat im Regelfall einen Kupon, der mit dem aktuellen Zinsniveau übereinstimmt. Bringt beispielsweise der Bund eine neue festverzinsliche 10-jährige Anleihe heraus und liegt das Zinsniveau im zehnjährigen Bereich bei 6 Prozent, dann erhält die Anleihe einen entsprechend hohen Nominalzins.

Nun bleibt das allgemeine Marktzinsniveau natürlich nicht konstant. Einige Zeit nachdem die Anleihe an die Anleger verkauft worden ist, ändern sich die Zinsen. Sie können steigen oder sinken. Und das hat natürlich zur Folge, dass sich auch die Zinskonditionen anpassen. Anleger erhalten jetzt – je nachdem wie die Entwicklung war – mehr oder weniger Zinsen. Daher ist der Kupon unserer Bundesanleihe, der vor einiger Zeit noch den Marktbedingungen entsprach, nun nicht mehr aktuell. Man kann ihn nachträglich auch nicht mehr verändern, denn er ist zum Emissionszeitpunkt für die gesamte Laufzeit festgelegt worden. Nehmen wir einmal an, die Zinsen sind gestiegen. Anleihen, die jetzt neu herauskommen, haben deswegen einen höheren Kupon. Niemand würde deshalb die alte Bundesanleihe zu ihrem Ursprungspreis kaufen. Der Preis wird vielmehr so weit sinken, dass im Endeffekt eine effektive Verzinsung herauskommt, die den Marktverhältnissen entspricht. Die Anpassung an das aktuelle Niveau erfolgt also über den Kurs. Kursanpassung

Doch es gibt auch Anleihen, die keinen starren, sondern einen im Zeitablauf veränderlichen Zinssatz besitzen. Bei solchen variabel verzinslichen Papieren (auch *Floater* genannt) wird der Satz in fest vorgegebenem Rhythmus an das aktuelle Marktniveau angepasst. Steigen die Zinsen, dann steigt auch der Kupon und umgekehrt. Eine Angleichung über den Kurs ist daher prinzipiell nicht erforderlich. Floater weisen aus diesem Grund im Regelfall deutlich geringere Kursschwankungen auf als laufzeitgleiche festverzinsliche Papiere.

Doch ganz ohne Kursrisiko kommen auch variabel verzinsliche Papiere nicht aus. Betrachten wir einen Floater, bei dem im Jahresabstand eine Zinsangleichung erfolgt (Kupon: 12-Monats-Euribor). Angenommen, heute ist ein solcher Anpassungstermin und der Euribor liegt aktuell bei 5 %. Damit beträgt die Verzinsung für das nächste Jahr 5 %. Nun gehen wir davon aus, dass einen Monat später die Zinsen ansteigen. Davon profitieren wir mit unserem Floater nicht, weil die nächste Zinsanpassung erst in elf Monaten stattfindet. Deswegen sinkt der Kurs unseres Floaters. Je mehr wir uns dem Zinsanpassungstermin jedoch nähern, umso stärker bewegt sich der Kurs auf den Wert von 100 % zu, bis er schließlich am Tag der Anpassung genau dort liegt. Dies kommt auch in den Anleihetabellen der Finanzzeitung zum Ausdruck (siehe folgende Abbildung). Die Kurse variabel verzinslicher Anleihen (FRN) weichen im Regelfall nur geringfügig von 100 % ab.

ÖFFENTLICHE ANLEIHEN

Zins	Zinst.	20.2.01	19.2.01	Rend.
Bundesrepublik Deutschland (F)				
6 v. 86II/16	20.06.	110,40 b	110,57 b	5,006
5,625 v. 86I/16	20.09.	106,20 G	106,40 b	5,035
8,375 v. 91/01	21.05.	100,79 G	100,81 b	4,870
8,25 v. 91/01	20.09.	101,94 b	101,96 b	4,656
8 v. 92/02	22.07.	104,57 b	104,64 b	4,550
7,25 v. 92/02	21.10.	104,17 b	104,24 b	4,557
7,125 v. 92/02	20.12.	104,45 b	104,52 b	4,516
6,75 v. 93/03	22.04.	104,48 b	104,56 b	4,515
6,5 v. 93/03	15.07.	104,29 b	104,39 G	4,543
6 v. 93/03	15.09.	103,39 b	103,50 b	4,546
6,25 v. 94/24	04.01.	111,16 b	111,35 b	5,386
6,25 v. 94/24 ex		29,22 -T	29,22 -T	5,525
6,75 v. 94/04	15.07.	106,50 b	106,63 b	4,619
(FRN) v. 94/04	20.03.	99,66 b	99,66 b	
7,5 v. 94/04	11.11.	10[illegible],55 b	109,70 b	4,631

Zins	Zinst.	20.2.01	19.2.01	Rend.
LÄNDER UND STÄDTE				
Länderschatzanw. (F)				
6,25 1 v. 96/06	21.08.	105,95 b	106,10 G	4,972
6 2 v. 97/07	29.01.	105,00 b	105,10 G	5,003
5,25 3 v. 98/13	02.04.	105,50 -T	105,00 T	4,643
5,25 4 v. 98/13(B)	29.04.	98,25 G	98,35 G	5,445
5,125 5 v. 98/10	28.05.	98,80 G	99,10 b	5,284
4,25 6 v. 99/09	16.03.	93,70 G	93,80 G	5,224
(FRN) v. 00/08vj	01.J/O	99,75 G	99,75 G	
5,25 v. 01/11	24.01.	99,55 b	99,75 b	5,307
Bayern (M)				
6,7 v. 95/05	25.10.	107,00 G	107,50 G	4,970
6,5 v. 96/06	16.08.	106,75 -G	107,05 -G	5,045
6 v. 96/06	30.10.	105,05 G	105,16 b	4,948
4 v. 99/09	27.05.	92,30 b	92,30 G	5,161
Baden-Württ. (F)				

geringfügige Abweichung von 100 %

Anpassungsrhythmus

Grundsätzlich ist das Kursrisiko umso geringer, je öfter die Zinsen angeglichen werden. Ein Floater mit dreimonatigem Roll-over weist im Vergleich zu unserem Papier zum Beispiel deutlich geringere Schwankungen auf.

Rendite

In der Finanzzeitung stoßen wir im Kurszettel auf eine Bundesanleihe (Anleihe A) mit einer Restlaufzeit von genau drei Jahren (Kupon: 6 %). Sie hat einen Kurs von 102,72 Prozent. Direkt darunter ist eine zweite Anleihe (Anleihe B) zu finden, die ebenfalls in exakt drei Jahren fällig wird. Doch sie hat einen Zinssatz von 7 % und notiert zum Kurs von 106,87 Prozent. Welches Papier ist nun vorteilhafter?

Dies ist gar nicht so einfach zu beantworten. Ein direkter Preisvergleich hilft uns nicht weiter, denn die erste Anleihe ist zwar billiger (102,72 %), hat dafür aber auch einen kleineren Zins. Bei B müssen wir dagegen am Anfang mehr Kapital einsetzen, erhalten in Zukunft allerdings auch höhere Zinsen zurück (siehe Abbildung).

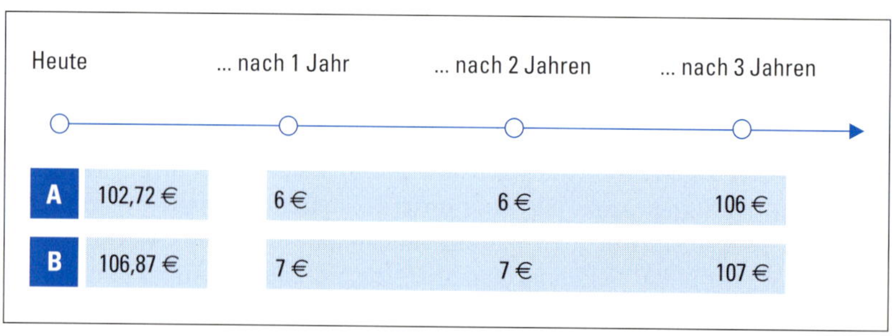

Nun lautet die Frage, welche Anleihe mehr Vorteile bietet oder anders: Wo verzinst sich das investierte Kapital am höchsten? Die Nominalzinsen sind auch kein guter Gradmesser, um das zu beurteilen. Wenn wir A kaufen, erhalten wir 6 € Zinsen – das sind 6 % bezogen auf 100 €. Doch wir bezahlen für die Anleihe beim Kauf nicht 100 €, sondern 102,72 €. Die wirkliche (effektive) Verzinsung ist also geringer.

Effektivzins

Wir brauchen deshalb eine Art Effektivzins, der uns anzeigt, wie sich das angelegte Geld tatsächlich verzinst. Dafür gibt es eine spezielle Kennzahl, die *Rendite*. Um sie besser zu verstehen, gehen wir gedanklich noch einmal zur Berechnung des Barwerts zurück. Wir haben eine Anleihe bewertet – also deren (fairen) Kurs gesucht –, indem wir die zukünftigen Zahlungen abgezinst haben. Den Zinssatz, der dafür nötig war, haben wir wie man so schön sagt »aus dem Markt geholt«. Wir haben den Euribor verwendet oder einen Satz, den Banken für entsprechend langlaufende Geldanlagen bieten.

Der Nominalzins

Wenn es Anleihen noch in Form von Urkunden gäbe (in wenigen Fällen ist das noch so), dann wäre der Nominalzinssatz der auf dem Wertpapier aufgedruckte Zinssatz. Er wird bei der Neuausgabe der Anleihe festgelegt und ist abhängig vom dann gültigen Zinsniveau auf den Finanzmärkten. Der Nominalzins zeigt an, wie viel Zinsen unverändert Jahr für Jahr bezahlt werden.

Nun ist unser Problem etwas anders geartet. Wir suchen diesmal keinen Kurs (denn wir haben ja bereits den Börsenkurs), sondern denjenigen Zins, der zu diesem Börsenkurs führt. Mit anderen Worten: Uns fehlt der Satz, mit dem wir die zukünftigen Anleihezahlungen abzinsen müssen, damit wir einen Wert (Barwert) in Höhe des aktuellen Börsenkurses erhalten. Der Zinssatz, der unser Problem löst, heißt auch *Effektivzins* oder *Rendite* (englisch: *Yield-to-Maturity* kurz YTM).

YTM

Es gibt – zum Teil mathematisch sehr anspruchsvolle – Verfahren, mit denen man die Rendite exakt bestimmen kann. Hierauf wollen wir aber nicht näher eingehen. Denn die Berechnung erfolgt heutzutage im Normalfall sowieso mit entsprechenden Computerprogrammen und nicht »per Hand«. Viel wichtiger ist, dass man weiß, was der Wert eigentlich zu bedeuten hat. Betrachten wir deshalb konkret unsere Anleihe A. Wir haben ausgerechnet, dass sie eine Rendite von 5 % hat. Zum Beweis zinsen wir zunächst die erste Zahlung entsprechend ab. Es ergibt sich ein Wert von 5,71 € (6 geteilt durch 1,05). Dann zinsen wir die zweite Zahlung für zwei Jahre ab, Ergebnis: 5,44 € (6 geteilt durch $1{,}05^2$). Schließlich müssen wir noch die letzte Zahlung abzinsen, diesmal für einen Zeitraum von drei Jahren. Wir erhalten jetzt einen Wert von 91,57 € (106 geteilt durch $1{,}05^3$). Zählt man die einzelnen Barwerte zusammen, muss als Ergebnis der aktuelle Börsenkurs dabei herauskommen. Machen wir die Probe:

Barwert 1. Kuponzahlung:	5,71 €
Barwert 2. Kuponzahlung:	5,44 €
Barwert 3. Kuponzahlung und Tilgungszahlung:	91,57 €
Barwert der Bundesanleihe:	102,72 €

Die Rendite liegt also in der Tat bei 5 %. Doch was hat dieser Wert wirtschaftlich betrachtet für eine Aussage? Nun, die Rendite gibt an, wie sich das angelegte und – das ist entscheidend – noch gebundene Kapital verzinst. Verdeutlichen wir das an unserem Zahlenbeispiel. Wir kaufen 100 € nominal der Anleihe A und bezahlen dafür 102,72 €. Das Kapital ist damit gebunden, das heißt, es ist nicht mehr frei für andere Dinge verfügbar.

Nach dem ersten Jahr sind Zinsen von 5,14 € aufgelaufen (5 % mal 102,72), sodass wir jetzt rein rechnerisch ein Vermögen von 107,86 € haben (102,72 plus 5,14). Nach dem ersten Jahr erhalten wir unsere erste Auszahlung: 6 €. Darüber können wir nun frei verfügen. Dieser Betrag ist demnach nicht mehr gebunden; deshalb müssen wir ihn von unserem rechnerischen Vermögen abziehen. Nun sind nur noch 101,86 € gebunden (107,86 minus 6). Diese Summe verzinst sich wieder zum Satz von 5 %. Im zweiten Jahr entstehen daher Zinsen in Höhe von 5,09 € (5 % mal 101,86), sodass am Ende dieser Periode ein Vermögen von 106,95 € vorhanden ist (101,86 plus 5,09). Auch am Ende des zweiten Jahres werden 6 € Zinsen an uns ausgezahlt, die von uns beliebig verwendet werden können. Die Kapitalbindung am Anfang des dritten Jahres beträgt deswegen lediglich noch 100,95 € (106,95 minus 6). Und erneut verzinst sich das gebundene Geld zu einem Satz von 5 %. Der Ertrag im letzten Jahr liegt also bei 5,05 € (5 % mal 100,95). Zählt man das Kapital hinzu, ergibt sich eine Summe von 106 € (100,95 plus 5,05). Das entspricht exakt dem Rückzahlungsbetrag bei Fälligkeit der Anleihe.

Gebundenes Kapital

Man sieht, dass die Rendite die Verzinsung des noch gebundenen Kapitals widerspiegelt. Zur besseren Veranschaulichung haben wir das Gesagte noch einmal in einer Abbildung zusammengefasst. Wir erkennen auch – und das ist ganz wichtig –, dass die Rendite nur dann einen Aussagegehalt hat, wenn wir die Anleihe bis zum Ende behalten und nicht zwischendurch wieder verkaufen. Täten wir das, dann könnten wir heute noch gar nicht wissen, welchen Verkaufserlös wir erzielen. Doch dieser ist maßgebend für den Gesamtertrag und damit die Rendite (dazu mehr im nächsten Abschnitt).

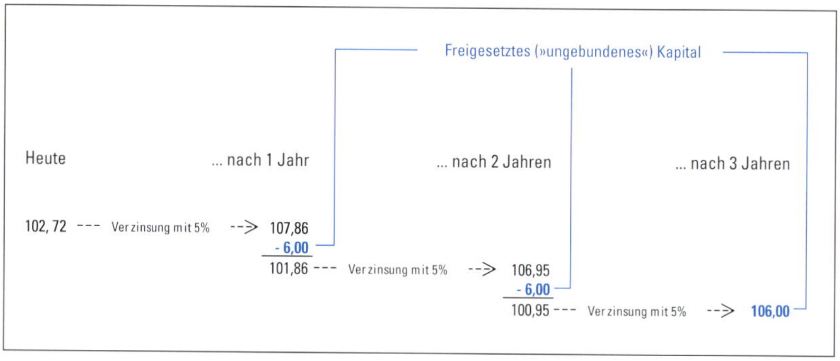

Kommen wir nun zurück zur Ausgangsfrage, welche von beiden Anleihen die vorteilhaftere ist? Um das sagen zu können, benötigen wir noch die Rendite von B. Sie beträgt lediglich 4,5 %. Damit ist klar, dass man – vorausgesetzt, die Rendite ist das einzige Entscheidungskriterium – A den Vorzug geben sollte.

Die Rendite ist eine weit verbreitete Kennzahl. Man trifft sie regelmäßig im Zusammenhang mit Anleihen. Auch in der Finanzzeitung sind Renditen zu finden (siehe folgender Ausschnitt).

ÖFFENTLICHE ANLEIHEN

Zins	Zinst.	13.2.01	12.2.01	Rend.
Bundesrepublik Deutschland (F)				
6 v. 86II/16	20.06.	111,08 b	111,00 b	4,946
5,625 v. 86I/16	20.09.	106,85 b	106,75 b	4,977
8,375 v. 91/01	21.05.	100,87 b	100,87 b	4,792
8,25 v. 91/01	20.09.	102,04 b	102,04 b	4,595
8 v. 92/02	22.07.	104,78 b	104,75 bG	4,447
7,25 v. 92/02	21.10.	104,43 b	104,40 b	4,427
7,125 v. 92/02	20.12.	104,70 b	104,68 b	4,405
6,75 v. 93/03	22.04.	104,73 b	104,71 b	4,414

Zins	Zinst.	13.2.01	12.2.01	Rend.
LÄNDER UND STÄDTE				
Länderschatzanw. (F)				
6,25 1 v. 96/06	21.08.	106,63 G	106,55 b	4,838
6 2 v. 97/07	29.01.	105,70 b	105,70 b	4,872
5,25 3 v. 98/13	02.04.	103,00 -T	102,00 T	4,912
5,25 4 v. 98/13(B)	29.04.	99,40 b	99,30 b	5,312
5,125 5 v. 98/10	28.05.	99,54 G	99,60 G	5,181
4,25 6 v. 99/09	16.03.	94,40 G	94,37 G	5,109
(FRN) v. 00/08vj	01.J/O	99,75 G	99,75 G	-
5,25 v. 01/11	24.01	100,15 G	100,30 G	5,228

In der Praxis werden Renditen wie erwähnt mit Hilfe exakter mathematischer Verfahren und Computerunterstützung berechnet. Kaum ein Privatanleger hat jedoch Mittel und Werkzeuge wie die Profis. Dennoch kann jedermann die Effektivverzinsung zumindest überschlägig selbst bestimmen. Dafür verteilt man einfach den Unterschiedsbetrag zwischen Rückzahlungs- und Kaufkurs gleichmäßig auf die Restlaufzeit, zählt die Kuponzahlung hinzu und setzt alles ins Verhältnis zum Kaufpreis.

Faustformel

Ein Beispiel: Eine dreijährige Anleihe notiert gegenwärtig zum Kurs von 94 Prozent. Sie hat einen Kupon von 5 Prozent. Die Differenz zwischen Rückzahlungs- und Kaufkurs beträgt 6 (100 minus 94) und wird durch die Anzahl an Jahren geteilt, die noch bis zur Fälligkeit bleiben. Das Ergebnis lautet 2 (6 geteilt durch 3) und wird zum Kupon (5) hinzugezählt. Schließlich setzt man die Summe (7) noch ins Verhältnis zum Kaufpreis. Die Rendite nach dieser Faustformel liegt bei 7,45 Prozent. Rechnet man mathematisch exakt, ergibt sich ein Renditewert von 7,30 Prozent. Die Berechnungen werden grundsätzlich umso ungenauer, je länger die Restlaufzeit der Anleihe ist.

Kuponeffekt

In der Realität kann man ein erstaunliches Phänomen beobachten: Anleihen haben trotz gleicher Laufzeit häufig unterschiedlich hohe Renditen. Man fragt sich dann, warum für ein und dasselbe Papier unterschiedliche Verzinsungen zustande kommen. Grund sind im Regelfall unterschiedlich hohe Kupons. Meist haben Anleihen mit einem geringen Nominalzins eine geringere Rendite (und damit einen verhältnismäßig hohen Kurs) als laufzeitgleiche Papiere mit höherem Kupon. Das liegt an der Besteuerung. Denn Privatanleger müssen den Kupon versteuern, Kursgewinne außerhalb der Spekulationsfrist hingegen nicht. Deshalb versuchen viele, ihre Erträge nach Möglichkeit in Form von Kurszuwächsen zu erzielen und nicht als Zins.
Nehmen wir ein Beispiel: Wir können eine zweijährige Anleihe (Kupon 6 %) zum Preis von 100 kaufen. Unsere Freibeträge sind ausgeschöpft und Zinseinkünfte werden mit dem persönlichen Satz von 50 % belastet. Von den Zinsen bleibt also jeweils die Hälfte übrig (3 %), sodass wir nach Steuern

jedes Jahr einen Ertrag von 3 € (pro 100 € nominal) erzielen. Insgesamt haben wir einen Ertrag von 6 € (3 plus 3) erwirtschaftet.

Alternativ könnten wir aber auch eine laufzeitgleiche Anleihe mit einem Kupon von 2 % kaufen. Angenommen, sie hat dieselbe Rendite (6 %). Ihr Kurs liegt deshalb bei 92,67 %. Das Papier notiert folglich mit einem Abschlag (Disagio). Da wir am Laufzeitende auf jeden Fall den vollen Nominalwert (100 %) zurückbekommen, erzielen wir einen steuerfreien Kurszuwachs von 7,33 %. Vom (relativ geringen) Kupon fließt wieder die Hälfte ans Finanzamt, sodass pro Jahr 1 % übrig bleibt. Nun können wir dieselbe Rechnung machen wie bei der ersten Anleihe. Insgesamt erzielen wir einen Zinsertrag von 2 € (1 plus 1) und zusätzlich den Kurszuwachs von 7,33 €, ergibt zusammen 9,33 €. Das sind immerhin 3,33 € mehr als im ersten Fall.

Der Gesetzgeber hat die Möglichkeit, sichere Kursgewinne zu kassieren (siehe Beispiel nebenan) begrenzt. An der so genannten Disagio-Staffel ist ablesbar, wie viel vom Disagio tatsächlich steuerlich frei bleibt.

An diesem Beispiel kann man sehen, dass Niedrigkuponanleihen aus steuerlicher Sicht attraktiv sind und von Privatpersonen bevorzugt werden (für Institutionelle Anleger gelten andere steuerliche Regelungen). Aufgrund der Nachfrage steigen – wie es nach dem »Gesetz von Angebot und Nachfrage« nun einmal ist – die Preise oder anders: die Renditen sinken. Anleihen mit höheren Kupons werden hingegen eher gemieden (»Überangebot«) und daher sinken hier die Preise (bzw. die Renditen steigen). Dieses Phänomen bezeichnet man auch als Kuponeffekt.

Emissions- und Umlaufrendite

Die Rendite, die eine Anleihe bei Ausgabe aufweist, bezeichnet man als *Emissionsrendite*. Ein Beispiel: Eine Bundesanleihe (Laufzeit: 10 Jahre, Nominalzins: 6 %) kommt zum Kurs von 100 % (Erstausgabekurs) auf den Markt. Ihre Emissionsrendite beträgt 6 %.

Nach Abschluss der Emissionsphase – die Anleihen befinden sich – wie man sagt – »im Umlauf« – ist die Bezeichnung *Umlaufrendite* üblich. Angenommen, die Situation am Kapitalmarkt hat sich verändert und die Bundesanleihe notiert einen Monat später zum Kurs von 93,48. Ihre Umlaufrendite beträgt dann 7 %.

In der Praxis steht der Begriff Umlaufrendite als Synonym für die durchschnittlichen Umlaufrenditen von Bundesanleihen. Deren Berechnung und Veröffentlichung fallen in den Aufgabenbereich der Deutschen Bundesbank. Sie fasst die Renditen sämtlicher Bundesanleihen zu einem Durchschnitt zusammen. Je nachdem welche Bedeutung (Nominalvolumen, Umsatz) eine bestimmte Anleihe hat, erhält deren Rendite bei der Mittelwertbildung ein entsprechend großes Gewicht.

TAGESSTATISTIK FRANKFURT

	20.2.2001	19.2.2001
Aktienmarkt		
CDax Kursindex		395,93
CDax Kursindex Settlement	397,68	396,16
Kurse (CDAX) verbessert	unerh.	174
rückläufig	unerh.	315
unverändert	unerh.	306
Rentenmarkt		
Durchschnittliche Umlaufrendite		
öffentlicher Anleihen insgesamt	4,82	4,79
3–5 Jahre	4,63	4,59
5–8 Jahre	4,71	4,69
8–15 Jahre	4,80	4,78
15–30 Jahre	5,35	5,34

Die Bundesbank berechnet täglich Umlaufrenditen getrennt für einzelne Laufzeitbereiche. Darüber hinaus ermittelt sie einen Wert – die in der Praxis eigentlich bekannte Umlaufrendite –, bei der alle Bundesanleihen unabhängig von ihrer Restlaufzeit berücksichtigt werden.

Umlaufrenditen kann man im HANDELSBLATT der Tabelle TAGESSTATISTIK FRANKFURT entnehmen (siehe Abbildung links). Die einzelnen Werte sind ein Indikator für das durchschnittliche Renditeniveau.

Die Rendite und die Probleme

Die Rendite ist nur dann wirklich informativ, wenn die Voraussetzung erfüllt ist, dass eine Anleihe bis zur Endfälligkeit gehalten wird. In solchen Fällen steht der Rückzahlungskurs fest (100 %). Veräußert man ein Papier hingegen zwischenzeitlich wieder, verliert die Rendite viel von ihrer Aussagekraft. Wie sich das eingesetzte Kapital tatsächlich verzinst, hängt nun natürlich stark davon ab, wie viel der Verkauf der Anleihe einbringt. Dazu ein Beispiel: Betrachten wir nochmals Anleihe A aus dem vorletzten Abschnitt. Sie hat eine Rendite von 5 %. Angenommen, wir kaufen das Papier zum aktuellen Kurs von 102,72 und veräußern es ein Jahr danach wieder an der Börse. Dort erzielen wir einen Verkaufserlös von 101. Nimmt man die Zinsen (6 €) noch hinzu, dann fließen insgesamt 107 € an uns zurück. Der Ertrag liegt damit bei 4,28 € (107 minus 102,72). Setzen wir ihn ins Verhältnis zum Kapitaleinsatz (102,72), dann haben wir eine effektive Verzinsung von 4,17 % erzielt. Sie weicht doch deutlich von der ursprünglichen Rendite ab.

Verkauf vor Fälligkeit

Würden wir die Anleihe dagegen bis zum Schluss halten, so wüssten wir bereits zum Kaufzeitpunkt, wie sich das Kapital verzinst. Denn es ist von vornherein klar, wie viel am Ende zurückfließt. Unsichere Börsenkurse spielen keine Rolle.

Renditen haben Geld- und Briefseiten

Als Preis für eine Anleihe hat sich in der Praxis die Rendite durchgesetzt, denn aufgrund unterschiedlich hoher Kupons haben selbst laufzeitgleiche Papiere unterschiedlich hohe Kurse. Mit der Rendite sind Vergleiche viel besser möglich. Doch man muss sich etwas umgewöhnen, wenn man die Rendite als Preis nutzt. Denn aus Sicht einer Bank ist der Ankaufspreis (Geld) höher als der Verkaufspreis (Brief). Dabei ist es normalerweise genau spiegelbildlich. Grund: Zwischen Kurs und Rendite besteht ein inverser Zusammenhang. Steigende Renditen sind gleichbedeutend mit sinkenden Preisen und umgekehrt.

Zur Demonstration haben wir im Internet einmal Kurse und Renditen für Bundesanleihen abgerufen. Man sieht, dass bei der Kursnotierung alles »normal« ist. Die Geld-Renditen sind hingegen höher als die Briefwerte.

Die Geld- ist geringer als die Briefseite

Emittent	WHG*	Kupon	Fällig	Geld	Brief	Rendite**	Rendite**	Datum/ Zeit	WKN
Bund	EUR	4.000	14.12.01	99.69	99.83	4.42	4.22	25.03. 16:54	113688
Bund	EUR	3.750	26.08.03	99.03	99.19	4.17	4.10	25.03. 12:23	114128

www.trinkaus.de

Die Geld- ist höher als die Briefseite

Renditen von Floatern und Zerobonds

Für eine variabel verzinsliche Anleihe kann man eigentlich keine Rendite ausrechnen, da man die Höhe der zukünftigen Rückzahlungen noch nicht kennt. Die Zinsen werden ja erst in der Zukunft festgelegt. Dennoch trifft man auch bei solchen Titeln häufiger auf Renditeangaben. Im Allgemeinen handelt es sich dann um die effektive Verzinsung, gerechnet bis zum nächsten Kupontermin. Denn der Wert der Anleihe am nächsten Zinstermin ist ja bekannt, er beträgt 100 %.

Rendite bis zum Zinsfixing

Die Rendite zeigt uns also an, welchen Zins wir erwirtschaften, wenn wir den Floater zum aktuellen Kurs kaufen und ihn bis zum nächsten Zinsfixing (nicht bis zur Endfälligkeit!) halten.

Am einfachsten zu berechnen sind die Renditen von Zerobonds. Dafür braucht man kein ausgefeiltes Computerprogramm, sondern lediglich einen einfachen Taschenrechner. Das liegt daran, dass Zerobonds keine laufenden Zinsen abwerfen, sondern nur eine endfällige Rückzahlung existiert. Die Rendite kann in drei Schritten berechnet werden: Man teilt zunächst den Endwert durch den aktuellen Kurs. Aus diesem Ergebnis wird im zweiten Rechenschritt – je nachdem wie lange der Bond noch läuft – die entsprechende Wurzel gezogen. Ist die Endfälligkeit in zwei Jahren erreicht, zieht man die zweite, bei drei Jahren die dritte Wurzel usw. Von dem, was dann übrig bleibt, subtrahiert man schließlich die Zahl 1 (Rechenschritt 3). Das Ergebnis ist die Rendite. Zur Veranschaulichung ein Zahlenbeispiel:

Beispiel

Ein Zerobond mit einer Restlaufzeit von genau drei Jahren notiert an der Börse zum Kurs von 83,96. Welche Rendite kann ein Anleger erzielen, wenn er den Bond bis zum Ende hält? Zur Beantwortung dieser Frage wenden wir strikt die Rechenschritte an. Zunächst dividieren wir den Rückzahlungskurs durch den Kaufpreis, Ergebnis: 1,1910 (100 geteilt durch 83,96). Daraus ziehen wir die dritte Wurzel (Ergebnis: 1,06). Schließlich subtrahieren wir noch 1 und erhalten ein Endresultat von 0,06 oder 6 %.

$$\text{Rendite} = \sqrt[3]{\frac{100}{83{,}96}} - 1 = \sqrt[3]{1{,}1910} - 1 = 0{,}06$$

Die Rendite gibt auch in diesem Fall die Verzinsung des gebundenen Kapitals an. Machen wir zum Beweis die Probe: Der »Zero« wird zum Börsenkurs gekauft. Wir binden also 83,96 €. Im ersten Jahr erzielen wir einen Ertrag von 5,04 € (6 % mal 83,96). Unser Gesamtvermögen liegt jetzt bei 89,00 € (83,96 plus 5,04). Dieser Betrag verzinst sich erneut mit 6 %; das macht 5,34 € Zinsen (6 % mal 89), sodass unser Vermögen am Ende des zweiten Jahres auf 94,34 € (5,34 plus 89) angewachsen ist. Im letzten Jahr noch einmal dasselbe: Das angesammelte Vermögen bringt auch im dritten Jahr einen Ertrag von 6 %, das entspricht 5,66 €. Addieren wir ihn zum bereits vorhandenen Vermögen (94,34 €), kommen wir auf ein Endergebnis von 100. Das entspricht exakt dem Rückzahlungskurs.

Hinter Anleihen, die von der Bundesrepublik Deutschland (Bund) stammen, stehen ein solider Staat und seine Steuerzahler. Hier besteht keinerlei Risiko, dass Zinsen oder ausgeliehenes Kapital aufgrund von Zahlungsproblemen nicht an den Anleger zurückfließen. Nicht ohne Grund gelten Renditen von Bundesanleihen als Richtschnur (Benchmark) schlechthin.

Doch nicht jeder Emittent hat eine Bonität wie der Bund. Viele Schuldner – und hierzu zählen neben Unternehmen auch Staaten – haben eine mehr oder minder zweifelhafte Kreditwürdigkeit und deswegen gehen Anleger, die ihr Geld an derlei Schuldner verleihen, das Risiko ein, dass ein Teil der Forderungen oder schlimmstenfalls sogar der Gesamtbestand – wie man sagt – »ausfallen«. Daher nennt man diese Form von Risiko auch *Ausfallrisiko*. Ausfallrisiko

Natürlich sind Anleger nur bereit, solche Risiken zu übernehmen, wenn sie dafür an anderer Stelle entsprechend entschädigt werden. Konkret bedeutet das, dass umso höhere Renditen verlangt werden, je schlechter es um die Bonität des Emittenten bestellt ist. Doch wie lässt sich so etwas quantifizieren, denn man benötigt schon konkrete Zahlenwerte, um damit die Bonds richtig bewerten zu können. Nun, das Prinzip, nach dem man dabei vorgeht, ist eigentlich ziemlich einfach. Nehmen wir zur Veranschaulichung einen Corporate-Bond, der aus Vereinfachungsgründen nur noch eine Laufzeit von einem Jahr hat. Ob das Unternehmen zur Rückzahlung in der Lage sein wird, kann man heute noch nicht mit letzter Gewissheit sagen, denn bei einer entsprechend schlechten wirtschaftlichen Entwicklung in den nächsten Monaten kann es durchaus zu Zahlungsschwierigkeiten kommen. Welche Rendite werden wir verlangen, wenn wir unser Geld in einen derartigen Bond investieren? Nun, wir möchten zunächst einmal mindestens den Zins erzielen, den ein laufzeitgleicher risikofreier Bond auch einbringt, also etwa eine einjährige Bundesanleihe. Dies ist gewissermaßen die Untergrenze. Zusätzlich verlangen wir einen Aufschlag (Spread) für das bestehende Ausfallrisiko – quasi eine Risikoprämie. Deshalb spricht man im Übrigen auch vom *Spread-Handel* (Spread-Trading), wenn der Handel mit Credits gemeint ist. Spread-Handel

Die Rendite setzt sich aus zwei »Bausteinen« zusammen:

Rendite eines Credits	=	Rendite einer laufzeitgleichen Anleihe ohne Ausfallrisiko	+	Risikoprämie (»Spread«)

Das Problem in der Praxis liegt nicht in der Bestimmung der Untergrenze. Dafür müssen wir keinen großen Aufwand treiben, denn welche Rendite Bundesanleihen gleich welcher Laufzeit erwirtschaften, kann man in Finanzzeitungen nachlesen oder im Internet in Erfahrung bringen. Viel schwieriger ist es, den Risikoaufschlag zu kalkulieren.

Wie dies funktioniert, wollen wir einmal an einem konkreten Fall demonstrieren. Wichtig ist zunächst, dass man Ausfallrisiken messbar macht. Dies geschieht in der Realität mit Hilfe von *Ratings*. Anhand einer Buchsta- Rating

benskala, die bei A anfängt und bei C oder D aufhört, ordnet man die Schuldner entsprechend ihrer Bonität. Je weiter vorne im Alphabet ein Emittent landet, umso besser ist seine Bonität. Ein Schuldner mit dem Rating A hat demnach eine bessere Bonität als jemand mit B usw.
Ratings werden von speziellen Gesellschaften – am bekanntesten sind *Standard & Poor's* und *Moody's* – vergeben, wie wir an anderer Stelle in diesem Buch noch sehen. Die traditionsreichen Gesellschaften Standard & Poor's und Moody's gibt es seit mehr als 100 Jahren. In dieser Zeit sind viele Unternehmen »geratet« worden und bei einigen ist es später auch tatsächlich zu Zahlungsausfällen gekommen. Diese Daten sind von den Gesellschaften penibel dokumentiert worden, sodass heute umfassende Statistiken vorliegen.

Migrationsmatrix

Für unseren Zweck besonders gut geeignet sind *Migrationsmatrizen*. Wie man mit deren Hilfe den »Spread« bestimmen kann, demonstrieren wir an einem Fallbeispiel.

Beispiel

Als Beispiel haben wir eine Migrationsmatrix bei Moody's im Internet abgerufen (www.moodys.com). Die Tabelle beinhaltet Prozentsätze, die angeben, mit welcher Wahrscheinlichkeit ein Unternehmen innerhalb der nächsten 12 Monate von einer Ratingkategorie in eine andere wandert oder »migriert«, daher die Bezeichnung Migrationsmatrix. Angenommen, wir wollen wissen, wie wahrscheinlich es ist, dass sich ein Unternehmen bonitätsmäßig innerhalb eines Jahres von »A1« auf »A3« verschlechtert. Wir suchen dann zunächst in der Spalte »From Rating« die Ausgangskategorie »A1« und anschließend in der Kopfzeile (»To Rating«) die Rubrik »A3«. In der Tabelle steht ein Wert von 3,7 %. Dies bedeutet: Von 1.000 Unternehmen, die jetzt eine Bonität von A1 besitzen, sind 3,7 % – also 37 Unternehmen – in 12 Monaten auf A3 abgewertet worden. Oder anders: Die Wahrscheinlichkeit für ein Downgrading von A1 nach A3 liegt bei 3,7 %.

12-Month Rating Migration Rates Ending February 2001

From Rating / To Rating	Aaa	Aa1	Aa2	Aa3	A1	A2	A3	Baa1	Baa2	Baa3	Ba1	Ba2	Ba3	B1	B2	B3	Caa-C	Default
Aaa	96.1%	0.8%	0.0%	0.0%	2.4%	0.0%	0.8%	0.0%	0.0%	0.0%	0.0%	0.0%	0.0%	0.0%	0.0%	0.0%	0.0%	0.0%
Aa1	0.8%	95.8%	0.0%	0.0%	0.0%	2.5%	0.0%	0.0%	0.8%	0.0%	0.0%	0.0%	0.0%	0.0%	0.0%	0.0%	0.0%	0.0%
Aa2	0.6%	2.9%	87.1%	5.3%	0.6%	2.3%	0.6%	0.0%	0.6%	0.0%	0.0%	0.0%	0.0%	0.0%	0.0%	0.0%	0.0%	0.0%
Aa3	0.3%	0.0%	3.0%	87.6%	7.4%	1.7%	0.0%	0.0%	0.0%	0.0%	0.0%	0.0%	0.0%	0.0%	0.0%	0.0%	0.0%	0.0%
A1	0.0%	0.0%	0.0%	12.0%	73.1%	10.6%	3.7%	0.0%	0.0%	0.0%	0.0%	0.0%	0.0%	0.0%	0.6%	0.0%	0.0%	0.0%
A2	0.0%	0.0%	1.6%	4.1%	3.9%	79.8%	5.4%	1.8%	0.7%	0.2%	0.9%	0.0%	0.2%	0.0%	0.2%	0.0%	0.7%	0.2%
A3	0.0%	0.0%	0.3%	0.3%	1.1%	8.4%	75.5%	7.8%	4.9%	1.1%	0.0%	0.3%	0.0%	0.0%	0.3%	0.0%	0.0%	0.0%
Baa1	0.3%	0.3%	0.3%	0.6%	0.9%	1.2%	7.0%	75.6%	9.3%	2.0%	0.3%	1.5%	0.0%	0.0%	0.0%	0.0%	0.3%	0.6%
Baa2	0.0%	0.0%	0.0%	0.8%	1.1%	1.1%	8.0%	5.4%	72.9%	7.8%	0.5%	0.5%	0.0%	0.0%	1.1%	0.3%	0.5%	0.0%
Baa3	0.0%	0.0%	0.0%	0.0%	0.0%	0.7%	3.4%	4.4%	7.4%	76.1%	3.0%	1.0%	0.3%	1.3%	1.0%	0.0%	0.7%	0.3%
Ba1	0.0%	0.0%	0.0%	0.5%	0.5%	0.5%	1.9%	1.9%	4.7%	15.0%	61.7%	5.1%	3.3%	0.9%	2.3%	0.5%	0.0%	0.9%
Ba2	0.0%	0.0%	0.0%	0.0%	0.0%	0.0%	0.0%	0.0%	0.7%	2.7%	13.5%	69.6%	4.7%	4.1%	1.4%	0.7%	1.4%	1.4%
Ba3	0.0%	0.0%	0.0%	0.0%	0.0%	0.0%	1.1%	0.5%	0.0%	1.6%	9.7%	5.4%	68.3%	2.7%	5.4%	1.1%	2.2%	2.2%
B1	0.0%	0.0%	0.0%	0.0%	0.0%	0.3%	0.0%	0.0%	0.0%	0.0%	0.6%	1.5%	2.5%	77.8%	7.4%	4.9%	3.1%	1.8%
B2	0.0%	0.0%	0.0%	0.0%	0.0%	0.0%	0.5%	0.0%	0.0%	0.0%	0.5%	0.5%	1.8%	13.1%	67.0%	7.3%	5.5%	3.7%
B3	0.0%	0.0%	0.0%	0.0%	0.0%	0.9%	0.0%	0.0%	0.0%	0.0%	0.4%	0.4%	0.0%	1.8%	5.8%	68.0%	15.1%	7.6%
Caa-C	0.0%	0.0%	0.0%	0.0%	0.0%	0.0%	0.0%	0.0%	0.0%	0.0%	0.0%	0.0%	0.4%	0.4%	0.4%	6.1%	75.7%	17.0%

Die Wahrscheinlichkeit, dass sich die Bonität eines »A1«-Unternehmens innerhalb eines Jahres auf »A3« verschlechtert, beträgt 3,7 %.

Die Werte aus der Migrationsmatrix beruhen zwar auf echten Fällen aus der Vergangenheit und sind damit sehr praxisnah. Aber es darf nicht übersehen werden, dass es sich um historische Daten handelt, die man nicht unbedingt eins zu eins in die Zukunft übertragen kann. Dennoch liefern die Werte zumindest einen Anhaltspunkt, mit welcher Entwicklung zu rechnen ist.

Kehren wir zu unserer Ausgangsfrage zurück: Wie hoch muss der Spread sein, den wir für Ausfallrisiken verlangen können? Nehmen wir an, unser Corporate-Bond hat ein Rating von »Ba2«. Die Wahrscheinlichkeit eines Zahlungsausfalls (englisch: Default) können wir der letzten Tabellenspalte der Migrationsmatrix entnehmen. Sie beträgt 1,4 %. Aus der Vergangenheit ist also bekannt, dass 1,4 % aller Unternehmen mit entsprechendem Rating nach einem Jahr nicht mehr in der Lage waren, ihre Schulden zu begleichen. Anders formuliert: Wenn wir eintausend Anleihen (à nominal 100 €) kaufen, die zwar von verschiedenen Emittenten stammen, jedoch übereinstimmend ein Ba2-Rating besitzen, dann sind 14 davon in einem Jahr wertlos. Hier verlieren wir also unser Kapital und die Zinsen. Die übrigen 986 Emittenten zahlen ihre Anleihen hingegen vollständig zurück. Nun überlegen wir, wie hoch die Zinsen bei den zurückgezahlten Bonds sein müssen, um den erlittenen Schaden auszugleichen. Durch folgenden Gedankengang gelangen wir zur Lösung: Hätten wir statt der Corporate-Bonds eintausend sichere Bundesanleihen (Verzinsung für ein Jahr: 5 %) gekauft, dann würden 100.000 € Kapital (1.000 mal 100) und 5.000 € Zinsen zurückfließen, insgesamt also 105.000 €.

Da wir die Unternehmensanleihen besitzen, erhalten wir lediglich in 986 Fällen unser Geld wieder zurück. Damit wir insgesamt nicht schlechter abschneiden als mit Bundesanleihen, sollten die Rückflüsse der 986 Corporate-Bonds zusammen auch 105.000 € betragen oder – bezogen auf eine einzige Anleihe – 106,49 € (105.000 geteilt durch 986). Zieht man das Kapital (100 €) von diesem Wert ab, bleiben Zinsen von 6,49 E bzw. 6,49 % übrig. Verglichen mit dem Satz für Bundesanleihen (risikofreier Satz), beträgt der Spread 1,49 % oder 149 Basispunkte. Fazit: Für die Übernahme des Ausfallrisikos sollten Anleger bei einer Ba2-Anleihe eine Risikoprämie von 149 Basispunkten verlangen.

Credits-Down- und Up-Grading

Nun kommen in der Praxis natürlich nicht immer nur Totalausfälle vor. Viel öfter sind Wanderungen (Migrationen) zwischen einzelnen Ratingklassen zu beobachten. Die Bonität verändert sich aufgrund von Ereignissen und die Ratingagenturen nehmen daraufhin eine Abstufung (*Down-Grading*) oder eine Aufwertung (*Up-Grading*) vor. Dies hat dann unmittelbare Auswirkungen auf den Kurs des betreffenden Bonds, denn das Ausfallrisiko wird ja jetzt anders gesehen als vorher. Betrachten wir noch einmal unseren Ba2-Bond aus dem letzten Abschnitt, dessen Rendite bei 6,49 % lag. Angenommen, die wirtschaftliche Situation für das Unternehmen hat sich derart verschlechtert, dass Moody's das Ausfallrisiko jetzt höher einschätzt und den Bond auf Ba3 setzt. Für Anleihen dieser Kategorie liegen die einjährigen Renditen augenblicklich jedoch bei 6,75 %. Als Folge davon wird unser Bond einen Kursverlust erleiden. Migration

Umgekehrt wäre die Situation, wenn die Agentur in Zukunft eine bessere Zahlungsfähigkeit gesehen und das Unternehmen zum Beispiel auf Ba1 aufgewertet hätte. Dann wäre der Risikoaufschlag und damit auch die Rendite insgesamt geringer. Dies hätte – unter sonst gleichen Bedingungen – einen Kursanstieg zur Folge.

Renditearten

Yield

Par-Bond

Im Laufe der Zeit haben sich für Renditen abhängig von der Art des betrachteten Finanzproduktes unterschiedliche Bezeichnungsweisen ergeben. Die Rendite eines Zerobonds heißt *Spot-Rate* oder *Zero-Yield* (Yield ist der englischsprachige Ausdruck für Rendite). Handelt es sich dagegen um eine Kuponanleihe, so spricht man von *Redemption-Yield*. Schließlich existiert noch die *Par-Yield*. Dies ist eine spezielle Form der Redemption-Yield, denn sie stellt die Rendite so genannter Par-Bonds dar. Das sind Kuponanleihen, die einen Börsenkurs von exakt 100 haben, also zu pari notieren, daher auch die Bezeichnung. Das Bemerkenswerte an einem Par-Bond ist, dass Kupon und Rendite immer identisch sind. Man braucht die Rendite also nicht extra auszurechnen, da sie direkt am Nominalzins ablesbar ist.

Spot-Rate [Zero-Yield]	**Redemption-Yield**	**Par-Yield**
Rendite eines Zerobonds	Rendite einer Kuponanleihe mit Über- oder Unter-pari-Notierung	Rendite einer Kuponanleihe mit Pari-Notierung

Die Renditestruktur

Glatte und gebrochene Laufzeiten

Schon öfter haben wir festgestellt, dass die Höhe der Zinsen abhängig ist von der Länge der Laufzeit. Ordnet man die Sätze nach ihrer Laufzeit, erhält man eine so genannte Zins- oder Renditestruktur. Wir haben einmal exemplarisch die Renditen aus der HANDELSBLATT-Tabelle EURO-RENDITEN in einem Diagramm entsprechend angeordnet. Das Ergebnis ist in folgender Abbildung zu sehen. Wir haben die einzelnen Punkte noch direkt miteinander verbunden, um einen echten Kurvenverlauf darzustellen. Auf den Verbindungslinien liegen die Renditen, die wir nicht aus der Tabelle entnehmen konnten und die auch nicht wie man sagt »im Markt verfügbar sind«. Denn das wären einfach zu viele verschiedene Werte. In aller Regel sind lediglich Renditen für »glatte« Laufzeiten erhältlich, also für volle Jahre. Doch für Bewertungszwecke braucht man oft »gebrochene«, denn viele bereits umlaufende Anleihen haben natürlich keine auf volle Jahre lautenden Laufzeiten mehr.

Wann Zins- und wann Renditestruktur

Die Bezeichnung Zinsstrukturkurve ist genau genommen nur richtig, wenn es sich um Spot-Rates handelt. In den übrigen Fällen spricht man von Renditestruktur. Allerdings werden die Begriffe in der Praxis häufig nicht exakt auseinandergehalten.

Deswegen muss man Zwischenwerte aus den jeweils benachbarten Sätzen berechnen oder – wie es in der Fachsprache heißt – interpolieren. In der Praxis wird sehr häufig die *lineare Interpolation* angewendet. Dieses Verfahren ist recht einfach: Beträgt der Zins für ein Jahr zum Beispiel vier und der für zwei Jahre fünf Prozent, dann wird angenommen, dass der Satz für anderthalb Jahre genau dazwischen liegt (4,5 Prozent).

Lineare Interpolation

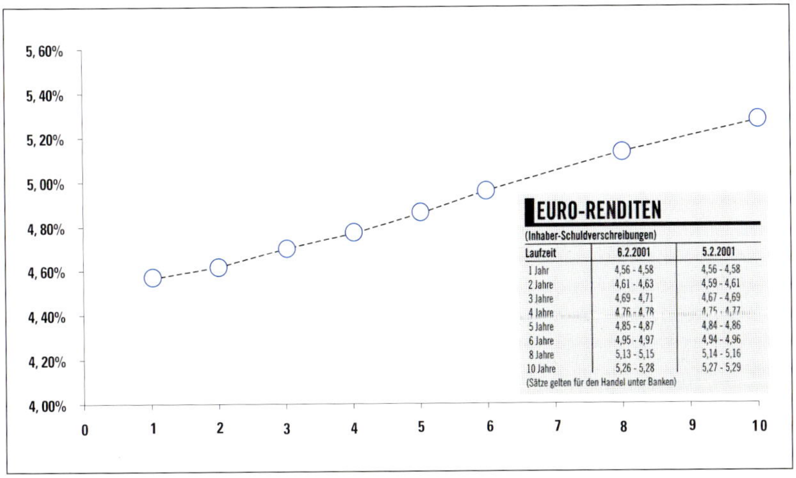

EURO-RENDITEN

(Inhaber-Schuldverschreibungen)

Laufzeit	6.2.2001	5.2.2001
1 Jahr	4,56 - 4,58	4,56 - 4,58
2 Jahre	4,61 - 4,63	4,59 - 4,61
3 Jahre	4,69 - 4,71	4,67 - 4,69
4 Jahre	4,76 - 4,78	4,75 - 4,77
5 Jahre	4,85 - 4,87	4,84 - 4,86
6 Jahre	4,95 - 4,97	4,94 - 4,96
8 Jahre	5,13 - 5,15	5,14 - 5,16
10 Jahre	5,26 - 5,28	5,27 - 5,29

(Sätze gelten für den Handel unter Banken)

In der Realität existiert nicht eine einzige Kurve, da es unterschiedliche Emittenten und unterschiedliche Finanzprodukte gibt. Am meisten beachtet wird im Allgemeinen die so genannte *Government-Kurve*. Sie gibt die Renditen von Staatsanleihen wieder. In Deutschland nennt man sie auch *Bundkurve*. Sie enthält im Prinzip genau jene Renditen, die man ohne Übernahme von Ausfallrisiken erzielen kann.

Bundkurve

Daneben genießt die *Swapkurve* große Aufmerksamkeit. Sie spiegelt die festen Sätze (Swap-Sätze) wider, die – im Rahmen von Zins-Swaps – gegen variable Sätze getauscht werden. Da bei Swaps nicht der Bund, sondern Banken beteiligt sind, beinhalten derartige Geschäfte auch Ausfallrisiken. Denn es kann passieren, dass eine Bank ihren Zinszahlungsverpflichtungen in Zukunft nicht mehr nachkommt. Daher liegt die Swap- immer ein wenig über der Bundkurve.

Swapkurve

Da man bei einem Zins-Swap lediglich Zinsen tauscht, nicht jedoch die zugrunde liegenden Kapitalbeträge, beschränkt sich das Ausfallrisiko hier auf die reinen Zinszahlungen. Dies ist bei Bankanleihen hingegen anders. Hier sind grundsätzlich nicht nur die Zinsen, sondern auch die Kapitalbeträge vom Ausfallrisiko bedroht. Daher liegen die Renditen von Bankanleihen wiederum etwas höher als die Swap-Sätze.

Wie hoch die Abstände zwischen »Bunds«, Swaps und Bankanleihen sind, lässt sich mittlerweile auch im Internet nachsehen. So hat die WestLB entsprechende Informationen dort eingestellt. Unter ihrer Adresse (www.westlb.de) kann sie jeder abrufen. Gezeigt werden die Spreads zwischen Swaps und Bundesanleihen und die Abstände, die zwischen Swaps und Bankanleihen liegen. An den Spreads kann man ablesen, wie der »Markt« das Banken- im Vergleich zum Bundrisiko einschätzt und welche Risikoprämien verlangt werden.

Internet

	Bunds	Swaps-Bunds	Swapsätze	Swaps-BankBonds	BankBonds
Laufzeit:		Spreads in bp		Spreads in bp	Rendite
1 Jahr			4,350	-4,0	4,390
2 Jahre	4,132	19,8	4,330	-5,5	4,385
3 Jahre	4,208	24,2	4,450	-4,5	4,495
4 Jahre	4,246	33,4	4,580	-3,0	4,610
5 Jahre	4,228	47,2	4,700	-2,5	4,725
6 Jahre	4,374	43,6	4,810	-2,5	4,835
7 Jahre	4,503	42,7	4,930	-2,0	4,950
8 Jahre	4,574	45,6	5,030	-1,5	5,045
9 Jahre	4,596	51,4	5,110	-1,5	5,125
10 Jahre	4,628	54,2	5,170	-2,0	5,190

www.westlb.de

Abstand (Spread) von »Swaps« zu »Bunds«

Abstand (Spread) von »Swaps« zu »Bank-Bonds«

Securitisation

Für Corporate Bonds sind Renditekurven – zumindest in Deutschland – zurzeit nur sehr spärlich vorhanden. Dies liegt einfach daran, dass zu wenig Emissionen existieren, auf deren Basis man eine aussagefähige Kurve ableiten könnte. Doch dies wird sich in Zukunft mit einiger Wahrscheinlichkeit ändern, denn der Trend zeigt in Richtung *Verbriefung*, auch *Securitisation* genannt. Das heißt, dass Unternehmen weniger Kredite bei Banken aufnehmen und sich stattdessen durch die Ausgabe von Anleihen direkt am Kapitalmarkt finanzieren.

Government-Spread

Für einige Credits kann man im Internet den Renditeabstand zu entsprechenden Staatsanleihen abrufen, den *Government-Spread* (Govt.-Spread). Für eine Anleihe der Deutschen Telekom haben wir einen Spread von »151« gefunden (siehe folgende Abbildung). Diese Zahl stellt Basispunkte dar, sodass der Renditeabstand zu vergleichbaren Bundesanleihen bei 1,51 % liegt.

Normalerweise sind die Zinsen für lange Laufzeiten – man sagt auch am »langen Ende« – höher als für kurze. Daher nennt man die Renditestrukturkurve in solchen Fällen normal. Doch es gibt manchmal auch Phasen, in denen die Situation umgekehrt ist. Die Renditen am »kurzen Ende« sind dann höher als diejenigen für lange Laufzeiten. Ganz selten kommt schließlich noch eine dritte Möglichkeit vor, die flache Renditestruktur. Jetzt liegen die Renditen vollkommen unabhängig von der Laufzeit auf einem in etwa gleich hohen Niveau.

In der Praxis existieren für alle drei Situationen Beispielfälle. Wir haben sie einmal in der Abbildung auf der nächsten Steite aufgeführt.

Ein inverser Verlauf der Renditen ist häufig ein zuverlässiger Indikator für eine sich anbahnende wirtschaftliche Rezession. Dahinter steckt folgende Überlegung: Die Nachfrage nach länger laufenden Anleihen ist vor wirtschaftlichen Abschwüngen meist ziemlich

Kurs aktualisiert sich alle 5 Sekunden automatisch!

Währung	EUR
Kupon	6.125
Fälligkeit	06.07.2005
Guarantor	Dt. Telekom AG
Rating Moodys	A2
Rating S&P	A-
Geld	101.35
Brief	101.85
Rendite (bzgl. Geldkurs)*	5.7500
Rendite (bzgl. Briefkurs)*	5.6200
Govt. Spread	151 ←
Datum/Zeit	23.03.2001 21:45:53

www.trinkaus.de

groß, da die Marktteilnehmer Leitzinssenkungen erwarten. Außerdem flüchten viele Anleger aus Aktien und bevorzugen sichere Alternativen. Aufgrund der zunehmenden Nachfrage nach Langläufern steigen deren Kurse, während die Renditen am langen Ende zurückgehen. Die Situation bei kurzlaufenden Bonds bleibt zunächst unverändert oder die Renditen steigen sogar, weil die Nachfrage nach kurzfristigen Anleihen sinkt. Erst wenn es dann tatsächlich zu entsprechenden Leitzinssenkungen kommt, erlangt die Renditestruktur irgendwann ihr normales Aussehen zurück.

Renditestruktur-Kurven

2.6.1995

DM-Renditen
(Inhaber-Schuldverschreibungen)

Laufzeit	2.6.	1.6.
1 Jahr	4,57 - 4,63	4,60 - 4,65
2 Jahre	4,90 - 4,94	4,97 - 5,00
3 Jahre	5,36 - 5,40	5,40 - 5,47
4 Jahre	5,78 - 5,82	5,85 - 5,87
5 Jahre	6,08 - 6,12	6,14 - 6,16
6 Jahre	6,30 - 6,32	6,36 - 6,39
8 Jahre	6,74 - 6,76	6,77 - 6,81
10 Jahre	6,88 - 6,91	6,92 - 6,94

(Sätze gelten für den Handel unter Banken)

16.2.1989

Renditen von Inhaber-Schuldverschreibungen

Laufzeit	16.2.	15.2.
1 Jahr	6,90—6,95	6,85—6,95
2 Jahre	6,95—7,00	6,90—6,97
3 Jahre	6,95—7,00	6,90—7,00
4 Jahre	6,95—7,00	6,90—7,00
5 Jahre	6,95—7,00	6,90—7,00
6 Jahre	6,97—7,01	6,93—7,00
8 Jahre	6,97—7,01	6,95—7,00
10 Jahre	6,97—7,01	6,98—7,02

(Sätze gelten für den Handel unter Banken) — T = Taxe

20.2.1992

DM-Renditen
(Inhaber-Schuldverschreibungen)

Laufzeit	20. 2.	19. 2.
1 Jahr	9,40 — 9,45	9,40 — 9,45
2 Jahre	8,85 — 8,90	8,85 — 8,90
3 Jahre	8,53 — 8,56	8,53 — 8,56
4 Jahre	8,41 — 8,44	8,41 — 8,44
5 Jahre	8,29 — 8,32	8,29 — 8,32
6 Jahre	8,10 — 8,12	8,10 — 8,12
8 Jahre	8,02 — 8,04	8,02 — 8,04
10 Jahre	8,02 — 8,04	8,02 — 8,04

(Sätze gelten für den Handel unter Banken)

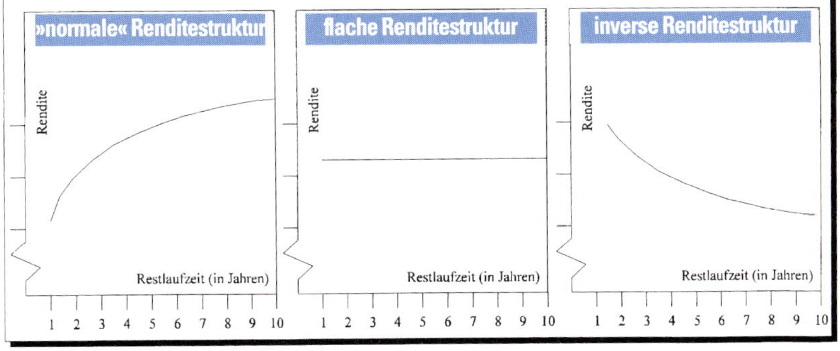

Sinn und Zweck von Spreads

Je weiter der *Bundspread* ist – also der Abstand zwischen Bund- und anderen Bondrenditen – umso attraktiver sind die alternativen Bonds. In aller Regel sind dies Pfandbriefe, weil sie ein ähnlich geringes Ausfallrisiko haben wie Bundesanleihen. Anleger – insbesondere Institutionelle (Rentenhändler bei Banken, Fondsmanager usw.) – fragen jetzt verstärkt Pfandbriefe nach. Das hat dann steigende Kurse (sinkende Renditen) und damit ein Abschmelzen des Spreads zur Folge. Der geringe Spread signalisiert den Händlern jetzt, dass Bundesanleihen die bessere Alternative darstellen, weil sie liquider sind als Pfandbriefe. Erst wenn der Renditeunterschied wieder auf ein entsprechendes Niveau gestiegen ist, werden Pfandbriefe für viele Anleger wieder interessant. Am Spread können Händler die Attraktivität bestimmter Bonds besonders leicht ablesen. Deshalb genießen Spreads in der Praxis eine so hohe Aufmerksamkeit.

Obwohl das Ausfallrisiko in etwa mit »Bunds« identisch ist, haben Pfandbriefe höhere Renditen. Dies liegt an ihrer geringeren Liquidität. Will man Pfandbriefe vor Endfälligkeit veräußern, sind die Kurse im Allgemeinen geringer als bei vergleichbaren Bundesanleihen.

Exoten bewerten

In den vorhergehenden Abschnitten haben wir gesehen, dass man für viele Anleihearten – normale Festverzinsliche, Floater und Zerobonds – mit der Barwertmethode prüfen kann, wo der faire Kurs des Papiers in etwa liegen müsste. Doch dieses Verfahren ist nicht für jeden Anleihetyp gleichermaßen geeignet. Insbesondere für eine Menge exotischer oder strukturierter Anleihen muss man anders vorgehen. Denn im Unterschied zu einem normalen festverzinslichen Papier lässt sich der Zahlungsstrom nicht vorherbestimmen und es ist – anders als bei einem Floater – auch nicht bekannt, wo der Kurs am nächsten Kupontermin steht.

Zahlungsstrom nicht vorherbestimmbar

Der Weg, den wir einschlagen müssen, um strukturierte Papiere wie zum Beispiel Aktienanleihen oder Reverse-Floater zu bewerten, sieht so aus: Man versucht, das Papier so weit zu zerlegen – man sagt auch »strippen« –, bis nur noch solche Einzelteile übrig sind, die sich auf altbekannte Weise bewerten lassen. Dazu ein Beispiel:

Beispiel

Betrachten wir zur Veranschaulichung einen *Floor-Floater* (siehe folgende Tabelle).

Zinstermin	Jährlich am 1.6.
Laufzeit	3 Jahre
Kupon	12-Monats-Euribor, Zinsuntergrenze (Floor): 4 %.

Die Zinszahlungen dieser Anleihe schwanken zwar bei Veränderungen des allgemeinen Zinsniveaus, können jedoch nicht unter vier Prozent fallen. Daher handelt es sich weder um eine echte festverzinsliche noch um eine rein variabel verzinsliche Schuldverschreibung. Einen Barwert in der gewohnten Weise können wir deswegen nicht bestimmen. Wir versuchen daher, die Anleihe in solche Bestandteile zu zerlegen, die man bewerten kann.

Es ist zu vermuten, dass der Grundbaustein dieser Anleihe ein ganz normaler Floater (Plain-Vanilla) ist, der ebenfalls an den Euribor gekoppelt ist und noch eine Laufzeit von drei Jahren hat. Zusätzlich dazu benötigt man noch ein anderes Finanzinstrument, das die Zinsuntergrenze von 4 % bildet. Das Produkt, das wir suchen, ist ein so genannter Zinsbegrenzungsvertrag, konkreter ein *Floor* mit einem Strike von 4 %, ebenfalls dreijähriger Laufzeit und einem Anpassungstermin jährlich am 1.6.

Mit diesem »Finanzpaket«, bestehend aus FRN und gekauftem Floor, erzielen wir exakt die gleichen Rückflüsse wie mit dem Floor-Floater. Zur Verdeutlichung machen wir die Probe und schauen uns an, welche Zinszahlungen man bei unterschiedlichen Euriborsätzen jeweils zurückerhält (siehe folgendes Tableau). Außerdem liefern beide Alternativen nach drei Jahren dieselbe Tilgungszahlung (100 %). Rein wirtschaftlich gesehen sind sie deswegen gleichwertig, denn wir kaufen in beiden Fällen denselben Zahlungsstrom. Also muss der Floor-Floater mit dem Preis des Finanzpakets übereinstimmen. Ansonsten gäbe es für ein- und dasselbe Produkt unterschiedliche Preise.

12-Monats-Euribor	Zuflüsse beim Floor-Floater (»Original«)	Zuflüsse beim Floor-Floater (»Duplikat«)				
		Zinszahlung beim Floater	+	Ausgleichszahlung beim Floor		
0	4	0	+	4	=	4
1	4	1	+	3	=	4
2	4	2	+	2	=	4
3	4	3	+	1	=	4
4	4	4	+	0	=	4
5	5	5	+	0	=	5
6	6	6	+	0	=	6
7	7	7	+	0	=	7
8	8	8	+	0	=	8

Nun haben wir den Floor-Floater in solche Einzelteile aufgespalten, die man relativ leicht einzeln bewerten kann oder für die man leicht Preise »aus dem Markt« erhält, da es sich um Standardgeschäfte handelt. Aus den Preisen der Einzelteile können wir dann im nächsten Schritt auf den Wert des Exoten schließen. Diese Methodik bezeichnet man auch als *Pricing-by-Duplication*. Das bedeutet übersetzt soviel wie »Bewertung (Bepreisung) durch Nachbildung (Duplizierung)«.

Pricing-by-Duplication

Nehmen wir zum besseren Verständnis an, ein Plain-Vanilla-Floater notiert aktuell zum Kurs von 100 % und ein dreijähriger Floor hat einen Preis in Höhe von 0,15 % (Einmalprämie). Dann hat das Finanzpaket – und damit der Floor-Floater – ein Preis von 100,15 %.

Nach diesem Muster lassen sich sehr viele andere strukturierte Anleihen ebenfalls bewerten. Hierauf können wir jedoch nicht weiter eingehen, da wir sonst den Rahmen dieses Buches überschreiten würden.

Risiken

Überblick

Wer sein Kapital in Anleihen investiert, muss damit rechnen, am Ende weniger (oder mehr) zu haben als ursprünglich geplant, denn Rentenpapiere sind nicht risikolos. Typischerweise sind sie mit zwei Arten von Risiken behaftet, Ausfall- und Zinsrisiken. Hinzu kommen noch sonstige Risiken, auf die wir am Schluss dieses Kapitels näher eingehen.

Was Ausfallrisiken sind, haben wir bereits im letzten Kapitel (Abschnitt »Credits – Ausfälle bewerten«) gesehen. Jeder Anleger, der eine Anleihe kauft, übernimmt grundsätzlich die Gefahr, dass der Schuldner seine Verpflichtungen nicht mehr erfüllen kann und die Zahlungen dann ausfallen.

Ausfallrisiken hängen weitgehend vom Emittenten ab und sind nur begrenzt auf die allgemeine wirtschaftliche Entwicklung zurückzuführen. Deshalb muss man sich sehr genau mit dem Schuldner befassen, wenn man Ausfallrisiken bewerten will. Dies ist beim Zinsrisiko anders. Für die Schwankungen der Zinssätze sind nicht die Emittenten verantwortlich, sondern die allgemeine Entwicklung an den Finanzmärkten. Dass sich Veränderungen bei den Zinsen auf die Anleihekurse auswirken, haben wir bereits bei der Besprechung des Barwerts gezeigt. Darüber hinaus üben sie auch Einfluss auf die Wiederanlage von Zinskupons aus. Darauf gehen wir im kommenden Abschnitt ausführlicher ein.

Wir wollen im Weiteren erklären, wie sich Zins- und Ausfallrisiken äußern, wie man sie greifbar (»messbar«) macht und welche Möglichkeiten Anleger haben, um sie zu beeinflussen (»zu steuern«). Diese Punkte sind im Allgemeinen fester Bestandteil einer systematisch durchgeführten Anlageentscheidung.

Zinsrisiken

Ein Anleger, der sein Geld in Anleihen investiert, hat normalerweise einen festen Zeitraum geplant, nach Ablauf dessen er sein Kapital wieder braucht. In den meisten Fällen werden zwischenzeitliche Zuflüsse – in aller Regel Kupons – nicht sofort wieder benötigt, sondern erst am Ende der geplanten Anlagezeit. Man muss die Zinszahlungen also wieder anlegen. Doch das ist nicht ohne Risiko, denn die Wiederanlage erfolgt zu dem gültigen Zins in der Zukunft und wo der steht, kann man aufgrund der Schwankungen im Zeitablauf bei der Planung nicht wissen. Veranschaulichen wir die Problematik einmal an einem einfachen Beispiel. Angenommen, wir wollen Kapital für zwei Jahre anlegen und kaufen eine Bundesanleihe mit entsprechender Restlaufzeit (Nominalbetrag: 100.000 €) und einem Kupon von 10 %. Da wir das Geld erst in zwei Jahren wieder benötigen, müssen wir die Zinszahlung (10.000 €) in einem Jahr für weitere 12 Monate wiederanlegen. Zu welchem Zinssatz dies geschieht, bleibt ungewiss. Liegt er beispielsweise bei 5 %, erzie-

Wiederanlage

len wir 500 € Zinseszins, liegt er bei 7 % sind es 700 € usw. Damit ist auch die Höhe unseres Endvermögens fraglich.

Für den Anleger besteht das Risiko, dass die Zinsen sinken und Kupons lediglich zu geringeren Sätzen wieder angelegt werden können. Andererseits besteht natürlich auch die Chance auf steigende Zinsen und damit hohe Erträge bei der Wiederanlage. Diese Problematik betrifft diejenigen Anleger, die von vornherein planen, die Kupons nicht zu »entnehmen« und anderweitig zu verwenden (z. B. für Konsumzwecke). Dabei gilt: Je länger die Anleihe noch läuft, umso öfter müssen Zinsen wieder angelegt werden und umso größer ist deshalb die Unsicherheit über die Höhe der Zinseszinsen. Doch es gibt eine Ausnahme, und zwar Zerobonds. Hier fallen zwischenzeitlich keine Kupons an und deshalb besteht auch kein Wiederanlagebedarf. Halten wir fest: Grundsätzlich sind sinkende Zinsen nachteilig, steigende hingegen vorteilhaft für die Wiederanlage.

Kursrisiko

In der Praxis kommt es häufiger vor, dass die Laufzeit der Anleihe, die man ausgesucht hat, nicht mit dem persönlichen Anlagezeitraum übereinstimmt. Oft läuft die Anleihe länger. Dann bleibt nichts anderes übrig, als sie (an der Börse) zu verkaufen, wenn der persönlich gesetzte Endtermin erreicht ist. Auch das ist nicht ohne Risiko, denn der Börsenkurs hängt – wie wir beim Barwert gesehen haben – vom Zinsniveau ab. Sind die Zinsen hoch, dann ist der Kurs entsprechend gering und umgekehrt. Der Rückzahlungskurs lässt sich also ziemlich schlecht planen, wenn die Anleihe vor ihrer eigentlichen Endfälligkeit verkauft wird. Dieses Problem wiegt umso schwerer, je höher die Restlaufzeit der Anleihe am Verkaufstag ist.

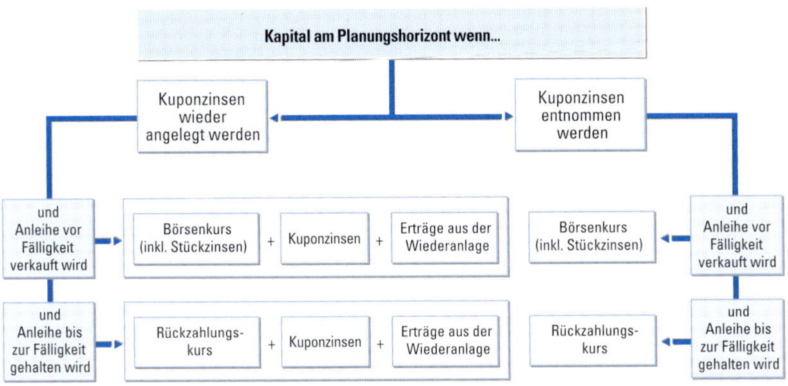

Man kann Kuponzinsen wieder anlegen oder »entnehmen« (also für andere Zwecke verwenden, z. B. die Finanzierung einer Reise).

Beispiel

Wir wollen für zwei Jahre Kapital anlegen. Zur Auswahl stehen eine dreijährige (Anleihe A) und eine zehnjährige Bundesanleihe (Anleihe B). Beide haben eine Kupon von 5 %. Am Ende unserer persönlichen Planungsperiode hat A noch eine einjährige, B hingegen eine siebenjährige Laufzeit. Liegt das allgemeine Zinsniveau dann bei 5 %, haben beide Papiere einen Kurs von 100 %. Steigt es hingegen um einen Prozentpunkt auf 6 %, dann sinkt A auf etwa 99 %, B jedoch auf knapp 94,5 %. Man sieht, dass die noch verbleibende Laufzeit einen erheblichen Einfluss auf die Kursreagibilität ausübt.

Inverser Zusammenhang

Im Unterschied zu den Wiederanlageerträgen reagieren die Kurse jedoch genau entgegengesetzt auf Zinsänderungen. Steigende Zinsen sind nun nachteilig, sinkende haben demgegenüber Vorteile. Man kann aber, wie wir später noch sehen, Anleihen so geschickt auswählen, dass sich diese Risiken zumindest annähernd kompensieren. Doch dafür ist es notwendig, das Risiko von Anleihen messbar zu machen. Damit sind wir beim Thema *Duration*.

Kursrisiken von Anleiheart abhängig

Nicht bei jeder Anleihe sind Kursrisiken gleich stark ausgeprägt. Abhängig ist dies – wie bereits gesehen – von der Restlaufzeit. Großen Einfluss übt aber auch der Anleihetyp aus. Zerobondkurse reagieren bei Marktzinsveränderungen im Allgemeinen am stärksten, gefolgt von festverzinslichen Kupon-Anleihen. Nur geringfügige Schwankungen weisen hingegen variabel verzinsliche Anleihen auf. Am Beispiel von drei Papieren mit in etwa übereinstimmender Restlaufzeit (ca. 5 Jahre), kann man sehr gut sehen, wie die Kurse in einem Zeitraum von gut drei Monaten schwankten. Es handelt sich um Originalausschnitte aus Kurstabellen des HANDELSBLATTS.

Anleihen-Typ	Floating-Rate-Note	Kupon-Anleihe	Zero-Bond
Kurs am 16. 5. 1995	(FRN) 95 2000 | 99,95 G | 99,95-T	8,5 v. 90 2000 |109,42bG |109,31b | 6,318	EM.246 (F) 85/00 | 72,35 G | 6,612
Kurs am 29. 8. 1995	(FRN) 95 2000 | 100,10 G | 100,10 G	8,5 v. 90 2000 |110,72b |110,70b | 5,945	Hess.Laba EM.246 (F) 85/00 | 74,80-T | 6,281
Kursveränderung	$\frac{100{,}10-99{,}95}{99{,}95}\times 100\,\% = 0{,}15\,\%$	$\frac{110{,}72-109{,}42}{109{,}42}\times 100\,\% = 1{,}19\,\%$	$\frac{74{,}80-72{,}35}{72{,}35}\times 100\,\% = 3{,}39\,\%$

Duration

Schon vor mehr als 60 Jahren machten sich Wissenschaftler Gedanken darüber, wie sich das Zinsrisiko einer Anleihe messen lässt. Man hat schnell festgestellt, dass das Risiko direkt mit der noch verbleibenden Laufzeit (Restlaufzeit) zusammenhängt. Es ist prinzipiell umso höher, je länger ein Bond noch läuft oder genauer: je länger das Kapital des Anlegers noch gebunden ist. Man hat daraufhin versucht, eine Maßzahl zu entwickeln, die etwas über die Bindungsdauer aussagt.

Bindungsdauer

Eine Vorschlag lautet, einfach die noch verbleibende Restlaufzeit der Anleihe als Risikomaß zu verwenden. Doch diese »Kennzahl« ist nicht für jeden Bond ein gleichermaßen guter Kapitalbindungsindikator. Für Zerobonds leistet sie sehr gute Dienste, denn dort ist das gesamte Kapital in der Tat bis zum Ende gebunden. Doch bei einer Kuponanleihe sieht die Situation schon anders aus. Denn hier fließen schon weit vor der Endfälligkeit Zahlungen (Kupons und bei bestimmten Bondarten wie etwa Annuitätenanleihen zum Teil auch schon Kapitalbeträge) und das Kapital ist eben nicht bis zum Schluss gebunden.

Man hat sich dann überlegt, aus den unterschiedlichen Zeitlängen bis zur Fälligkeit einen Durchschnitt zu bilden. Also etwa nach folgendem Prinzip: Bei einer Bundesanleihe mit dreijähriger Restlaufzeit (Kupon 6 %) fließt die erste Zahlung nach einem Jahr, die zweite nach zwei und die letzte nach drei Jahren. Es dauert – folgt man dieser Idee – im Schnitt also zwei Jahre (1 plus 2 plus 3, dividiert durch 3), bis das Kapital an den Anleger zurückgeflossen ist. Doch auch diese Zahl hat keinen richtigen Aussagewert, denn die Beträge sind nicht gleich hoch, wie mit der Kennziffer suggeriert wird. In den ersten beiden Jahren kommen lediglich Zinsen, am Ende dann die Tilgung.

Um zu einem vernünftigen Ergebnis zu gelangen, müssen die Zeitlängen gewichtet werden, und zwar mit den Kapitalbeträgen, die jeweils fließen. Nach dieser Theorie müssten wir das erste Jahr mit 6, das zweite ebenfalls mit 6 und das letzte mit 106 gewichten. Dieser Ansatz ist zwar schon sehr viel besser und genauer als die beiden vorangegangenen, er entspricht allerdings noch immer nicht der korrekten Vorgehensweise. Denn man sollte daran denken, dass die Zahlungen ja erst in der Zukunft fließen und heute – aufgrund der Verzinsung – einen geringeren Wert (Barwert) haben. Um zum richtigen Ergebnis zu gelangen, müssen wir den Barwert jeder Zahlung bestimmen. Er dient schließlich als Gewichtung.

Demonstrieren wir das Gesagte einmal am Beispiel unserer Bundesanleihe: Angenommen, die Renditen für dreijährige »Bunds« liegen aktuell bei 7 %. Die erste Zinszahlung hat einen Barwert von 5,61 € (6 geteilt durch 1,07), die zweite von 5,24 (6 geteilt durch $1{,}07^2$) und die letzte von 86,53 (106 geteilt durch $1{,}07^3$). Um einen Nominalbetrag von 100 € zu kaufen, müssen wir 97,38 € investieren oder »binden« (5,61 plus 5,24 plus 86,53). Die erste Zahlung (6 €) erhalten wir in genau einem Jahr zurück. Sie hat heute einen Wert von 5,61 € oder anders: wir müssen heute 5,61 € an Kapital für ein Jahr binden. Also gewichten wir das eine Jahr mit den 5,61 € und rechnen: 1 Jahr mal 5,61 €. Das macht 5,61 (»Eurojahre«). Für die zweite Zahlung ergeben sich 10,48 (2 Jahre mal 5,24 €) und für die letzte 259,58 (3 Jahre mal 86,53 €). Nun zählen wir die Einzelwerte zusammen und erhalten 275,67. Dieses Ergebnis spiegelt die mit der jeweiligen Laufzeit gewichteten Barwerte (gebundenen Kapitalbeträge) wider. Nun brauchen wir die Summe nur noch durch den aktuellen Wert der Anleihe (Barwert) zu teilen und wir erhalten die *durchschnittliche Kapitalbindungsdauer*, auch Duration genannt. Sie beträgt 2,83 Jahre und zeigt uns, dass es durchschnittlich 2,83 Jahre dauert, bis wir unser eingesetztes Kapital (97,38 €) wieder zurückerhalten haben. Bildlich kann man sich die Barwerte als Säulen auf einer Art »Zeitstrahlwippe« vorstellen. Legt man am Punkt 2,83 einen Keil unter, befindet sich die Wippe im Gleichgewicht.

Durchschnittliche Bindungsdauer

An den einzelnen Rechenschritten lässt sich ablesen, dass die Duration von mehreren Faktoren abhängig ist:

- Laufzeit der Anleihe (je länger die Restlaufzeit, umso höher die Duration)
- Höhe der Kupons (je höher diese, umso »schneller« fließt das Kapital wieder zurück und umso kleiner ist die Duration)
- Rendite (je höher die Rendite, umso schneller fließt das gebundene Kapital aufgrund der Verzinsung zurück und umso geringer ist die Duration)

Entdeckt worden ist die Duration ursprünglich von einem Mann namens Macaulay, daher nennt man sie auch *Macaulay-Duration*. Der Namenszusatz ist häufig deshalb zu finden, weil die Kennzahl im Laufe der Zeit weiterentwickelt wurde. Am bekanntesten – nach Macaulay – ist wohl die Duration von Hicks, auch *Modified-Duration* genannt, auf die wir später noch intensiver eingehen.

Macaulay-Duration

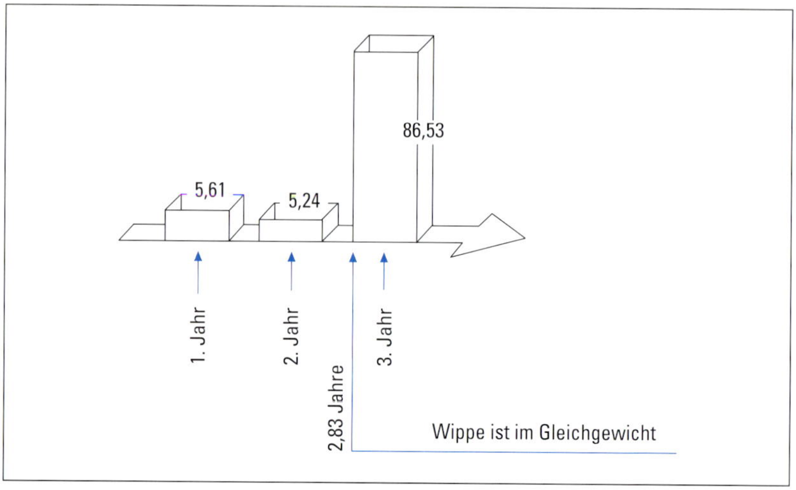

Die Macaulay-Duration ist eine praktische Kennzahl, da sich die Zinsrisiken unterschiedlicher Anleihen mit ihrer Hilfe direkt vergleichen lassen. So hat zum Beispiel ein fünfjähriger Zerobond ein in etwa gleiches Zinsrisiko wie eine siebenjährige Kuponanleihe, die einen Nominalzins von 12 % aufweist. Beide Papiere haben übereinstimmend eine Duration von 5 Jahren (angenommenes Renditeniveau: 14 %). Manchmal werden auch für Instrumente, die eigentlich aufgrund ihrer Art gar keine Duration haben können, dennoch Durationskennzahlen genannt. Dies geschieht zum Beispiel bei Zinsoptionen. Man findet dann etwa den Hinweis, dass eine Option eine Duration von 80 Jahren hat. Daran ist erkennbar, dass die Option ein zehnmal so großes Zinsrisiko aufweist wie zum Beispiel eine Anleihe mit einer Duration von 8 Jahren. Ändert sich das allgemeine Zinsniveau, ist bei der Option mit einer zehnmal höheren Kursänderung zu rechnen als beim Bond.

Zerobonds und Duration

Für Zerobonds kann man sich die Berechnung der Duration sparen, da sie stets der Restlaufzeit des Bonds entspricht. Ein »Zero« beispielsweise, dessen Endfälligkeit in 6 Jahren erreicht ist, hat eine Duration von 6, ein viereinhalbjähriger hätte eine von 4,5 usw.

Zwar beruht die Macaulay-Duration auf allerlei unterschiedlichen Annahmen, auf die wir hier nicht näher eingehen wollen, für praktische Anlageentscheidungen ist sie dennoch brauchbar. Eine einfache Faustformel besagt: Um Zinsänderungsrisiken möglichst gering zu halten, sollten Anleihen so ausgewählt werden, dass deren Duration in etwa mit dem Planungshorizont des Anlegers übereinstimmt. Befolgt man diesen Rat, dann kompensieren sich Wiederanlage- und Kursrisiken im Idealfall fast vollständig (man spricht

Immunisierung

auch von *Immunisierung*). Schwanken die Zinsen, so bleibt der Endwert davon mehr oder weniger unberührt. Aus diesem Grund schenkt man der Macaulay-Duration in der Praxis eine hohe Beachtung. Als Beispiel haben wir einmal einen amerikanischen Rentenfonds herausgepickt, in dessen Verkaufsprospekt auch Angaben über die Duration des Bond-Portfolios (durchschnittliche Duration der Anleihen) zu finden sind. Man sieht, dass die Duration (5,2 Jahre) doch deutlich von der mittleren Restlaufzeit der Anleihen (7,7 Jahre) abweicht. Für Anleger, die einen Planungshorizont von un-

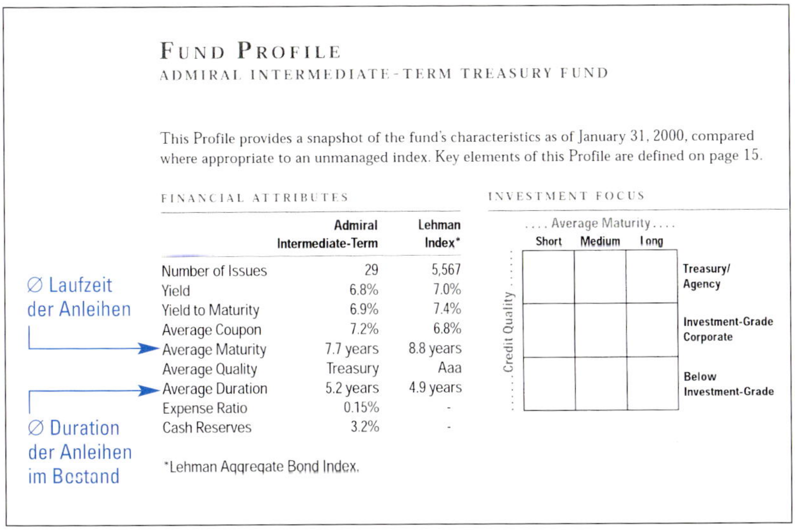

FUND PROFILE
ADMIRAL INTERMEDIATE-TERM TREASURY FUND

This Profile provides a snapshot of the fund's characteristics as of January 31, 2000, compared where appropriate to an unmanaged index. Key elements of this Profile are defined on page 15.

FINANCIAL ATTRIBUTES

	Admiral Intermediate-Term	Lehman Index*
Number of Issues	29	5,567
Yield	6.8%	7.0%
Yield to Maturity	6.9%	7.4%
Average Coupon	7.2%	6.8%
Average Maturity	7.7 years	8.8 years
Average Quality	Treasury	Aaa
Average Duration	5.2 years	4.9 years
Expense Ratio	0.15%	-
Cash Reserves	3.2%	-

*Lehman Aggregate Bond Index.

INVESTMENT FOCUS

gefähr 5 Jahren haben, kommt dieser Fonds unter Zinsrisikoaspekten – unter Vernachlässigung anderer Entscheidungskriterien – durchaus in Frage (siehe Abbildung).

Anhand einer Fallstudie demonstrieren wir, dass ein Depot, dessen Duration dem Planungshorizont entspricht, gegen Zinsänderungen »immun« ist.

Beispiel

Ein Anleger möchte am 1.1.2001 einen Geldbetrag in Höhe von 300.000 Euro für einen Zeitraum von drei Jahren investieren. Für Anleihen mit dreijähriger Restlaufzeit lässt sich zu diesem Zeitpunkt eine Rendite von 6,5 % erzielen.

Der Anleger rechnet in Zukunft mit einer Änderung des Marktzinsniveaus, wünscht für den investierten Geldbetrag jedoch eine Rendite von wenigstens 6,5 % p. a., sodass nach Ablauf des Planungszeitraums zumindest

$$300.000\,€ \times (1 + 0{,}065)^3 = 362.384{,}89\,€$$

zur Verfügung stehen sollen. Der Investor teilt den Geldbetrag im Verhältnis 2:1 auf Zero-Bond A und Zero-Bond B auf, deren Ausstattungsmerkmale folgende Tabelle zeigt.

Anleihe	Kurs am 1.1.01	Kupon	Tilgung
Zero-Bond A	88,17	–	100 am 1.1.2003
Zero-Bond B	72,99	–	100 am 1.1.2006

Es lässt sich folgende Zahlungsreihe aus Sicht des Anlegers aufstellen.

	1.1.2001	1.1.2002	1.1.2003	1.1.2004	1.1.2005	1.1.2006
Zero-Bond A	-200.000	–	+226.835			
Zero-Bond B	-100.000	–	–	–	–	+137.005

Man muss die einzelnen Durationen mit dem Kapitalanteil des jeweiligen Bonds gewichten und die so gewichteten Durationen addieren. Das Ergebnis ist die Portfolio-Duration. Da der Anleger einen Planungszeitraum von 3 Jahren hat, erfolgt eine Gewichtung der Zerobonds im Verhältnis 2 : 1. Bei dieser Struktur ist das Portfolio gegen Zinsänderungen (Verluste) »immun«. Dies belegen die Rechnungen auf der nächsten Seite.

Da der Investor den Geldbetrag für drei Jahre anlegen möchte, muss

- die Tilgungszahlung des Zero-Bonds A für ein weiteres Jahr investiert und
- Zero-Bond B am 1.1.2004 verkauft werden.

Wir wollen nun ausrechnen, welchen Wert das Anleihe-Portefeuille nach drei Jahren aufweist, wenn das Marktzinsniveau ein Jahr nach der Geldanlage um

- einen Prozentpunkt gestiegen ist, anschließend jedoch unverändert bleibt;
- zwei Prozentpunkte gesunken ist, anschließend jedoch unverändert bleibt.

Anstieg des Marktzinsniveaus auf 7,5 %

Das angestrebte Endvermögen (362.384,89 €) wurde um ...

Wiederanlage der Tilgungszahlung (Zero-Bond A) in Höhe von 226.835 € für ein Jahr zum Zinssatz von 7,5 %:

$$\overbrace{\underbrace{226.835\times 0{,}075}_{\substack{\text{Wiederanlageertrag}\\ \text{bei einem Zinssatz}\\ \text{von 7,5 \%}}}-\underbrace{226.835\times 0{,}065}_{\substack{\text{Wiederanlageertrag}\\ \text{bei einem Zinssatz}\\ \text{von 6,5 \%}}}}^{\text{Wiederanlagegewinn durch Zinsanstieg}} = +2.268{,}35\ \text{€}$$

Verkauf des Zero-Bonds B:

$$\overbrace{\underbrace{\frac{137.005}{(1+0{,}075)^2}}_{\substack{\text{rechnerischer Kurs}\\ \text{bei einem Zinssatz}\\ \text{von 7,5 \%}}}-\underbrace{\frac{137.005}{(1+0{,}065)^2}}_{\substack{\text{rechnerischer Kurs}\\ \text{bei einem Zinssatz}\\ \text{von 6,5 \%}}}}^{\substack{\text{rechnerischer Kursverlust durch}\\ \text{Zinsanstieg}}} = -2.236{,}84\ \text{€}$$

... 31,51 € überschritten ...

Σ **+31,51 €**

Rückgang des Marktzinsniveaus auf 4,5 %

Wiederanlage der Tilgungszahlung (Zero-Bond A) in Höhe von 226.835 € für ein Jahr zum Zinssatz von 4,5 %:

$$\overbrace{\underbrace{226.835\times 0{,}045}_{\substack{\text{Wiederanlageertrag}\\ \text{bei einem Zinssatz}\\ \text{von 4,5 \%}}}-\underbrace{226.835\times 0{,}065}_{\substack{\text{Wiederanlageertrag}\\ \text{bei einem Zinssatz}\\ \text{von 6,5 \%}}}}^{\text{Wiederanlageverlust durch Zinssenkung}} = -4.536{,}70\ \text{€}$$

Verkauf des Zero-Bonds B:

$$\overbrace{\underbrace{\frac{137.005}{(1+0{,}045)^2}}_{\substack{\text{rechnerischer Kurs}\\ \text{bei einem Zinssatz}\\ \text{von 4,5 \%}}}-\underbrace{\frac{137.005}{(1+0{,}065)^2}}_{\substack{\text{rechnerischer Kurs}\\ \text{bei einem Zinssatz}\\ \text{von 6,5 \%}}}}^{\substack{\text{rechnerischer Kursgewinn durch}\\ \text{Zinssenkung}}} = +4.667{,}85\ \text{€}$$

... 131,15 € überschritten. Unterschritten worden wäre es hingegen nie.

Σ **+131,15 €**

Bei der oben dargestellten Portefeuille-Struktur übertreffen die Wiederanlagegewinne im Falle eines Anstiegs des Marktzinsniveaus die Kursverluste, wohingegen ein Rückgang des Zinsniveaus dazu führt, dass die Kursgewinne größer als die Wiederanlageverluste sind.

Modified-Duration

Viele Anleger empfinden Kursschwankungen als große Bedrohung und möchten daher gerne wissen, auf welche Risiken sie sich beim Kauf von Anleihen einlassen. Zu diesem Zweck entwickelte John Hicks Mitte der 40er-Jahre die *Modified-Duration*, häufig auch abgekürzt mit »MD« oder »md«. Man erhält sie, indem man die Duration der Anleihe durch den Faktor (1 + Rendite) teilt. Dazu ein Zahlenbeispiel: Eine 10-jährige Bundesanleihe (Kupon: 6 %) notiert zum Kurs von 100 Prozent. Ihre Rendite beträgt 6 %, die Duration 7,8 Jahre. Die Modified-Duration hat folglich einen Wert von 7,36 % (7,8 geteilt durch 1,06). Wir können das Ergebnis so interpretieren: Ändert sich das Renditeniveau um einen Prozentpunkt (100 Basispunkte), dann verändert sich der Kurs der Bundesanleihe ungefähr um 7,36 %. Steigt die Rendite von gegenwärtig 6 auf 7 %, so hätte die Anleihe anschließend einen Kurs von schätzungsweise 92,64 Prozent (100 minus 100 mal 7,36 %).

Hicks

Die Modified-Duration ist also ein Maß für die Kursreagibilität bei Zinsänderungen. Je höher ihr Wert ist, umso stärker schwanken die Anleihekurse. Zu beachten ist jedoch, dass sie lediglich eine Näherung darstellt. Die tatsächlichen Kursänderungen weichen meist (geringfügig) davon ab.

Da die Modified-Duration direkt mit der Macaulay-Duration zusammenhängt, kann man diese Schlussfolgerung ziehen: Je höher die Macaulay-Duration, umso größer ist die Schwankungsintensität einer Anleihe. Aus den Einflussfaktoren für die »normale« Duration kann man also eine Verbindung zum Kursrisiko ziehen (z. B. je länger die Restlaufzeit, umso höher das Kursrisiko).

Eng verwandt mit der MD ist der *Price-Value-of-a-Basis-Point*, kurz PVBP. Auch diese Kennzahl ist in der Praxis weit verbreitet. Im Unterschied zur MD gibt der PVBP jedoch die absolute Änderung des Anleihekurses an, wenn das Renditeniveau um einen Basispunkt (0,01 %) schwankt. Unsere Beispielanleihe hat einen PVBP von 0,0736 Euro. Steigt die Rendite also um einen Basispunkt an, dann verlieren wir pro 100 € nominal circa 7,36 Cents. Umgekehrt erzielen wir einen in etwa identischen Kurszuwachs, wenn die Rendite um einen Basispunkt sinkt.

PVBP

Mit Ratings Bonitätsrisiken messen

Schwankungen der Zinsen betreffen alle Anleihen gleichermaßen. Steigen die Zinsen, dann gehen – unter sonst gleichen Bedingungen – die Kurse zurück. Dabei ist es im Prinzip gleichgültig, ob es sich um Staatsanleihen oder Corporate-Bonds handelt. Man zählt die Zinsschwankungen deswegen auch zu den systematischen Risiken. Außerdem beinhalten Anleihen aber auch ganz spezifische Risiken, die nicht gleichzeitig für alle Bonds von Bedeutung

Systematisches Risiko

Unsystematisches Risiko

sind, sondern lediglich für ganz bestimmte. Dies sind insbesondere Risiken, die vom Emittenten selbst ausgehen, die *Bonitätsrisiken*. Dafür verwendet man auch die Bezeichnung *unsystematische Risiken*.

Rating

Vor allem Anleger, die High-Yield-Bonds (*Junk-Bonds*) in ihrem Bestand haben, fragen sich, wie gut eigentlich die Aussichten sind, das eingesetzte Kapital und die versprochenen Zinsen in Zukunft auch zu erhalten. Eine derartige »Rückzahlungswahrscheinlichkeit« ist sehr schwierig zu bestimmen. In der Praxis versucht man es mit Hilfe von *Ratings*. Sie sind in etwa vergleichbar mit Schulnoten und zeigen die Bonität eines Schuldners an. Üblich ist es, »Noten« von A (für höchste Kreditwürdigkeit) bis C (schlechte Qualität) zu vergeben, wobei innerhalb einer Buchstabengruppe noch Abstufungen erfolgen (also etwa AAA, AA+ usw.).

Die Beurteilung und damit die Notenvergabe ist Aufgabe von *Rating-Agenturen*. Am bekanntesten und größten sind die beiden amerikanischen Rating-Agenturen *Moody's Investors Service* (Moody's) und *Standard & Poor's* (S & P). Außerdem gibt es noch eine Vielzahl mittlerer und kleiner Agenturen.

Wie Agenturen zum Rating gelangen

Rating-Agenturen prüfen Anleihen und insbesondere natürlich die Emittenten, die dahinter stehen. Die Initiative für ein Rating geht gewöhnlich vom Emittenten (Staat, Unternehmen usw.) aus, der die Bonitätsprüfung bei einer Agentur beantragt. Daraufhin werten Analysten alle verfügbaren Daten aus, die man überhaupt beschaffen kann und die für die Beurteilung relevant sein könnten (öffentlich zugängliche aber auch Insider-Informationen, soweit verfügbar).

Analysiert werden die wirtschaftlichen Rahmenbedingungen (Makro-Faktoren) ebenso wie die Situation im jeweiligen Unternehmen (Mikro-Faktoren). Die Analysten in den Agenturen schauen also auf

- die politische und wirtschaftliche Situation des Staates, in dem der Emittent seinen Sitz hat,
- die Konkurrenzsituation und die Zukunftsperspektiven der Branche des Emittenten,
- unternehmensspezifische Aspekte wie die Wettbewerbsposition, die Qualität des Managements, die Möglichkeit, zukünftige Zahlungsströme (Cash-Flows) vorherzusagen, Verschuldungsgrad, Rechnungslegungspraktiken usw., und zwar stets vor dem Hintergrund der politischen und ökonomischen Situation im jeweiligen Land sowie der Konkurrenz- und Branchensituation,
- Spezifika des Papiers, wie zum Beispiel die Art der Schuldverschreibung, die Emissionsbedingungen, die Stellung des Anleihe-Käufers im Falle eines Konkurses usw.

Außer Unternehmen werden auch Länder bewertet, oder, wie man sagt, »geratet«. In solchen Fällen prüft die Rating-Agentur beispielsweise das Steueraufkommen, die Verschuldung, das Bruttoinlandsprodukt, die Inflationsrate, die Arbeitslosenquote usw.

Triple-A

In der Tabelle auf der nächsten Seite haben wir die *Rating-Symbole* der beiden großen Agenturen erläutert. Anleihen mit der besten Note (AAA bzw. Aaa) nennt man *Triple-A-Papiere*. Üblicherweise billigt man Anleihen bis zur Note Baa3 bei Moody's und BBB- bei S & P Investmentqualität zu (*Investment-Grade*). Notenstufen, die unterhalb davon liegen, deuten auf entsprechend höhere Ausfallrisiken hin und werden nicht umsonst auch *Speculative-Grade* genannt. Solche Papiere tragen auch die Bezeichnung *High-Yield-Bonds*.

Investment-Grade

Speculative-Grade

Diese Zweiteilung hat eine hohe praktische Bedeutung, denn bei vielen institutionellen Anlegern (z. B. für Eigenanlagen von Banken, Versicherungen, Pensionskassen gibt es die Vorschrift, dass lediglich Anleihen mit Investmentqualität gekauft werden dürfen).

Rating-Symbole sind für Anleger eine wertvolle und zumeist die einzige Orientierung. Aufgrund der Vielzahl an Anleihen ist eine Einschätzung der Bonität ohne ein Rating im Prinzip nicht möglich. Daran sieht man auch, wie wichtig Ratings für Unternehmen sind, die sich durch Ausgabe von Anleihen finanzieren wollen. Ohne Rating ist dieser Weg mehr oder weniger verschlossen oder meist nur unter Inkaufnahme höherer Finanzierungskosten (aufgrund der größeren Unsicherheit für die Anleger) begehbar. Daher spricht man Ratings oft auch die Funktion einer »Eintrittskarte« für die Finanzmärkte zu.

Bonitätsbewertung	Rating-Symbol Moody's	S & P
Sehr gute Anleihen		
Beste Qualität geringstes Ausfallrisiko.	Aaa	AAA
Hohe Qualität, aber etwas größeres Risiko als die Spitzengruppe.	Aa1 AA2 AA3	AA+ AA
Gute Qualität, viele gute Investmentattribute, aber auch Elemente, die sich bei veränderter Wirtschaftsentwicklung negativ auswirken können.	A1 A2 A3	A+ A A–
Mittlere Qualität, aber mangelnder Schutz gegen die Einflüsse sich verändernder Wirtschaftsentwicklung.	Baa1 Baa2 Baa3	BBB+ BBB BBB–
Spekulative Qualität		
Spekulative Anlage, nur mäßige Deckung für Zins- und Tilgungsleistungen.	Ba1 Ba2 Ba3	BB+ BB BB–
Sehr spekulative Anlage, generell fehlende Charakteristika eines wünschenswerten Investments, langfristige Zinszahlungserwartung gering.	B1 B2 B3	B+ B B–
Junk-Bonds		
Niedrigste Qualität, geringster Anlegerschutz. In Zahlungsverzug oder indirekt Gefahr des Verzugs.	Caa Ca C	CCC CC C

Abrufbar sind Ratings im Internet entweder beim Emittenten (meist unter der Rubrik »Investor Relations«) oder direkt bei der Rating-Agentur. Zur Veranschaulichung haben wir bei Moody's (www. moodys.com) das Rating

Ratingagentur Moody's straft Fiat ab

HANDELSBLATT, 20.4.2001

mab MAILAND. Trotz nach oben korrigierter Ertragsprognosen hat die Ratingagentur Moody's die Kreditwürdigkeit des größten italienischen Industriekonzerns **Fiat** von A3 auf Baa2 herabgesetzt. Fiat hatte gestern mitgeteilt, dass das Unternehmen in diesem Jahr den operativen Gewinn von 900 Mill. Euro auf 1,1 Mrd. Euro steigern will. Für 2002 rechnet das Unternehmen sogar mit 1,8 Mrd. Euro.

Moody's begründet die Herabstufung mit der schwachen Ertragslage des Autobereichs sowie den Risiken durch die Expansion des Geschäftsfelds Dienstleistungen, in dem beispielsweise Versicherungen und Gebäudemanagement gebündelt sind. Im Zentrum der Analysten-Schelte stehen aber die enormen operativen und finanziellen Schwierigkeiten der Land- und Baumaschinentochter Case New Holland (CNH). Das Unternehmen hat im vergangenem Jahr 17% des Fiat-Umsatzes generiert und mehrheitlich zum Konzern. „Stünde CNH allein da, müsste dessen Kreditqualität als äußerst spekulativ bezeichnet werden", so die Analysten von Moody's.

CNH bläst der Wind gleich aus drei Ecken ins Gesicht: Erstens wird die Firma auch 2001 auf dem amerikanischen Traktormarkt schwer unter Druck bleiben. Zweitens geht die Nachfrage nach Landmaschinen in Europa – wegen BSE und Maul-und-Klauen-Seuche – zurück. Drittens steckt das Unternehmen mitten in einer Restrukturierung, die durch die Fusion von Case und der Fiat-Tochter New Holland nötig wurde. In Folge dessen ist CNH im vierten Quartal 2000 mit 61 Mill. Euro in die Verlustzone gerutscht. Positiv beurteilt Moody's hingegen Fiats renditestarke LKW-Tochter Iveco, sowie die Möglichkeit des Konzerns, bald aus dem Autogeschäft aussteigen zu können. General Motors hatte mit seiner strategischen Allianz nicht nur 20% der Fiat-Autosparte erworben, sondern auch die Option, ab 2004 den Rest zu kaufen.

für eine Anleihe der »ProSiebenSat.1 Media AG« in Erfahrung gebracht (siehe Grafik auf der nächsten Seite). Es betrug bei Redaktionsschluss für dieses Buch »Baa2«. In der Tabelle ist ebenfalls zu sehen, für welche Anleihe das Rating gilt und wie alt es bereits ist. Man sollte außer dem Rating auch den *Watch-Status* im Auge haben, der meist ebenfalls im Internet zu finden ist (siehe Abbildung). Bei der Watchlist handelt es sich um eine Aufreihung von Schuldnern, die quasi unter Beobachtung stehen, da mit einer Ratingänderung zu rechnen ist. Nach Meinung der Rating-Agentur geben die aktuellen Entwicklungen Anlass dazu, einen Watchlist-Kandidaten genauer unter die Lupe zu nehmen. Bei solchen Emittenten ist eine Herabstufung – auch *Down-Grading* genannt – oder eine Notenverbesserung (*Up-Grading*) wahrscheinlich. Aber es kann durchaus auch vorkommen, dass die Schuldner ohne Ratingänderung wieder von der Liste verschwinden.

Ein Beispiel für ein Down-Grading durch Moody's zeigt der HANDELSBLATT-Artikel links, der ausführlich die Herabsetzung des italienischen Industriekonzerns Fiat begründet.

Anleihen mit »Bonitätsschutz«

Für Anleihebesitzer ist Down-Grading ein Risiko, das man – trotz Rating und umfangreicher statistischer Datensätze – nur sehr schwer kalkulieren kann. Es gibt jedoch verschiedene Möglichkeiten, Verluste aufgrund von Ratingherabstufungen ganz oder zumindest teilweise zu vermeiden. Einige Anleihen sind mit einer »Reset-Klausel« versehen. Reset bedeutet übersetzt soviel wie zurückstellen. Gemeint sind damit Papiere, deren Kupon im Falle von Ratingänderungen entsprechend angeglichen wird. Kommt es zu einer Herabstufung – und damit zu Kursverlusten –, erhöht der Emittent den Kupon in einer vorher festgelegten Weise.

Darüber hinaus kann man eine Anleihe mit einem Recht zur vorzeitigen Tilgung ausstatten, das Anleger genau dann in Anspruch nehmen können, wenn eine bestimmte, im Voraus fixierte Ratingnote erreicht oder unterschritten wird.

Zur Veranschaulichung ein konkretes Beispiel: Eine Bank aus einem fernöstlichen Land hat im Jahre 1997 Anleihen emittiert, die einen »Bonitätsschutz« in der oben geschilderten Form beinhalten. Zum Zeitpunkt der Ausgabe lag das Rating bei A3 (Moodys). In den Emissionsbedingungen stand, dass mit jeder Verschlechterung des Ratings um eine Stufe der Nominalzins um 50 Basispunkte steigt. Sollte es gar zu einem Down-Grading unter Baa3 (Moodys) oder BBB- (Standard & Poor's) kommen, konnten die Inhaber der Anleihen eine vorzeitige Rückzahlung verlangen.

Bemerkenswert ist, dass die Agenturen für jede Anleihe, die von einem Unternehmen stammt, separat ein Rating vergeben. Bei Staatsanleihen bezieht sich die Beurteilung hingegen im

Regelfall auf den Schuldner. Das liegt daran, dass Corporate-Bonds und Bankanleihen im Unterschied zu Staatspapieren besondere Merkmale aufweisen. So werden Papiere ausgegeben, die im Konkursfall nachrangig bedient werden oder die andere Sonderausstattungen beinhalten. Diese Faktoren haben nicht unmittelbar etwas mit der Bonität des Schuldners zu tun, üben aber dennoch Einfluss auf die Höhe des Ausfallrisikos aus.

DEBT DESCRIPTION

CUSIP/ISIN :	XS0121016272
OLD CUSIP :	
COUPON :	5.875
MATURITY :	28 MAR 2006
DEBT TYPE :	EUROBONDS
ORIGINAL FACE AMOUNT :	EUR 400.00
SENIORITY :	Senior Unsecured
SALE DATE :	15 MAR 2001
CURRENT RATING :	Baa2
RATING DATE :	28 FEB 2001
RATING ACTION :	Assign
DEBT HAS SUPPORT :	N
WATCH STATUS :	N
WATCH DATE :	
DIRECTION :	

Die Sicherheit, dass eine Anleihe »bedient« wird – also Zins- und Tilgungszahlungen wie vereinbart fließen – ist bei AAA-Anleihen am größten. Je weiter man in der Notenskala nach unten wandert, umso größer wird jedoch das Risiko für Zahlungsausfälle. An den Ratingsymbolen selbst lässt sich natürlich nicht unmittelbar ablesen, wie hoch die Wahrscheinlichkeit für Verluste ist. Doch auch solche Werte lassen sich im Internet finden, zum Beispiel direkt bei Moody's. Dort haben wir folgende Tabelle abgerufen. Sie enthält *Cumulative-Default-Rates*, die auf echten Zahlungsausfällen aus der Vergangenheit beruhen.

Default Rates

An einem Beispiel erklären wir, wie man solche Werte nutzen kann. Die Zahlen in der Tabelle geben an, wie viel Prozent der Schuldner nach einer bestimmten Zeit ihre Zahlungsverpflichtungen nicht mehr erfüllen und damit Ausfälle (»Defaults«) verursacht haben. So waren beispielshalber 1,37 % aller Emittenten mit einem AAA- und 8,01 % aller Baa-Rating nach 15 Jahren in Zahlungsverzug geraten. Man kann die Werte auch als Wahrscheinlichkeiten sehen. So beträgt die Wahrscheinlichkeit lediglich 3,98 %, dass ein Bond mit Investmentqualität in den kommenden 15 Jahren nicht bedient wird, bei Anleihen mit Speculative-Grade ist der Wert hingegen fast zehnmal so hoch (siehe Tabelle auf den beiden folgenden Seiten).

Besitzt eine Anleihe ein Rating von sagen wir Baa und eine Restlaufzeit von fünf Jahren, so beträgt das Ausfallrisiko 1,82 %. Nun können wir viel besser beurteilen, ob der höhere Zins, den eine solche Anleihe im Vergleich etwa zu einer Bundesanleihe hat, ein angemessener Ausgleich für das Ausfallrisiko ist.

Ratings findet man auch in der Finanzzeitung. Sie sind zum Beispiel in der Tabelle ANLEIHEN AUSLÄNDISCHER SCHULDNER aufgeführt (siehe Ausschnitt). In der Ratingspalte ist links die Einstufung von Standard & Poor's und rechts die von Moody's abgedruckt.

Zins		Zinst.	13.2.01	12.2.01	Rendite	Ratings	
5,625	Rheinhyp. Fin. 97/07	15.10.	102,60 b	102,30 b	5,143		Aa3
4,5	Rolls Royce 98/05	22.12.	95,80 b	96,00 b	5,501	A-	A3
7,75	Rumänien 97/02	17.06.	99,70 B	99,50 b	7,884	B-	B3
11	Rumänien 00/03	06.10.	104,75 -T	104,50 T	8,822	B-	
9	Russische Föd. 97/04	25.03.	93,90 bG	93,60 bG	11,390	B-	B3
9,375	Russische Föd. 98/05	31.03.	93,90 -T	93,35 T	11,264	CCC	B3

Ratings sind fester Bestandteil der Finanzpraxis geworden und eigentlich durch nichts zu ersetzen. Dennoch haben sie einige gravierende Schwächen: Die größten Probleme sehen Kritiker in der oftmals verspäteten Anpassung von Ratings an sich verändernde wirtschaftliche Verhältnisse des Schuldners. Mitunter wird eine Anleihe erst dann herabgestuft, wenn die Verschlechterungen beim Emittenten selbst für Außenstehende offensichtlich sind. Dann ist eine Ratinganpassung keine große Hilfe mehr, denn die meisten Anleger haben längst reagiert, die Kurse an der Börse sind entsprechend gesunken und der Schaden ist damit eingetreten. Bekannte Beispiele sind die Russland- oder Asienkrise. Die Rating-Agenturen reagierten erst, als die Krise ihren Höhepunkt mehr oder weniger erreicht hatte.

Rating-abweichungen

Bemängelt werden auch die manchmal deutlich voneinander abweichenden Einstufungen durch die Agenturen. Einige sehen einen Schuldner als erheblich kreditwürdiger an als andere. Dies ist für den Anleger natürlich eine verzwickte Lage, weil er sich entscheiden muss, wem er mehr Vertrauen schenkt.

Bond- und Shareholder

Oft laufen die Interessen von Aktionären (Shareholder) und Gläubigern (Bondholder) auseinander. Nehmen wir einmal an, zwei Unternehmen planen eine Fusion. In aller Regel treibt das sowohl den Kurs der einen als auch der anderen Aktien in die Höhe. Bei Anleihen ist die Situation anders: Besitzt das eine Unternehmen ein AA2-Rating auf der Moody's-Skala, das andere hingegen eine Bewertung mit Baa3, dann wird – der Zusammenschluss vorausgesetzt – die B-Anleihe ein Up-Grading erhalten und im Kurs steigen. Die Besitzer der anderen Bonds werden dagegen Kursverluste erleiden. Denn das fusionierte Unternehmen wird in seiner Bonität irgendwo zwischen AA2 und Baa3 eingestuft.

Sonstige Risiken

Zwar gelten Anleihen allgemein als relativ sichere Anlageform, doch sie beinhalten neben Zins- und Bonitäts- noch eine Reihe anderer Risiken. Hierzu zählen:

- Inflationsrisiko,
- Kündigungsrisiko,

Exhibit 41 - Average Cumulative Default Rates by Letter Rating From 1 to 20 Years - 1970

Rating	1	2	3	4	5	6	7	8	9
Aaa	0.00%	0.00%	0.00%	0.04%	0.12%	0.21%	0.31%	0.42%	0.54%
Aa	0.02%	0.04%	0.08%	0.20%	0.31%	0.43%	0.55%	0.67%	0.76%
A	0.01%	0.05%	0.18%	0.31%	0.45%	0.61%	0.78%	0.96%	1.18%
Baa	0.14%	0.44%	0.83%	1.34%	1.82%	2.33%	2.86%	3.39%	3.97%
Ba	1.27%	3.57%	6.11%	8.65%	11.23%	13.50%	15.32%	17.21%	19.00%
B	6.16%	12.90%	18.76%	23.50%	27.92%	31.89%	35.55%	38.69%	41.51%
Investment-Grade	0.05%	0.17%	0.35%	0.59%	0.82%	1.07%	1.34%	1.61%	1.91%
Speculative-Grade	4.15%	8.39%	12.19%	15.48%	18.56%	21.26%	23.48%	25.60%	27.54%
All Corporates	1.30%	2.61%	3.76%	4.77%	5.67%	6.46%	7.13%	7.76%	8.37%

- Fungibilitätsrisiko,
- Devisenkursrisiko,
- Rückzahlungskursrisiko.

Wer in Sachwerte (z. B. Immobilien) investiert, ist vom Risiko steigender Preise generell nicht oder zumindest nicht sehr stark betroffen. Anders ist die Situation für Anleger, die Anleihen kaufen. Steigt das allgemeine Preisniveau, dann sinken die Nominalzahlungen (Zins und Tilgung) real im Wert. Der Anleger erleidet Vermögensverluste. Sinken die Preise, ist es hingegen umgekehrt.

Inflationsschutz

Es gibt zwar Anleihen mit *eingebautem Inflationsschutz*, doch solche Papiere sind derzeit hierzulande noch nicht verbreitet.

Es befinden sich Anleihen auf dem Markt (zurzeit sind dies ausschließlich einige Bankanleihen und Corporate-Bonds), die zwischenzeitlich vor Erreichen des eigentlichen Laufzeitendes zurückgezahlt werden können. Davon machen die Emittenten natürlich nur dann Gebrauch, wenn es Vorteile bringt. Für den Anleger ist das dann meistens ungünstig. Ein Beispiel: Eine Bank hat die Möglichkeit, eine von ihr herausgegebene festverzinsliche Anleihe (Ursprungslaufzeit 5 Jahre; Kupon 6 %) nach zwei Jahren zum Nennwert zurückzuzahlen. Diese Möglichkeit wird sie nutzen, wenn das Zinsniveau zu diesem Zeitpunkt geringer ist als 6 %. Die Bank tilgt die Anleihe und nimmt für die noch verbleibenden 3 Jahre neue Mittel zum geringeren Satz auf. Der Anleger hat dann das Problem, das zurückgeflossene Kapital wieder anlegen zu müssen. Dies ist aufgrund des gesunkenen Zinsniveaus lediglich zu einem niedrigeren Satz möglich.

Bundesanleihen gehören zu den Papieren mit der höchsten Liquidität. Man findet, wenn man kaufen oder verkaufen will, an der Börse fast immer eine entsprechende Gegenseite. Für andere Schuldverschreibungen gilt das nicht. So ist die Liquidität bei Pfandbriefen zum Beispiel deutlich geringer. Oft findet man an der Börse keinen geeigneten Handelspartner und es bleibt dann nur noch die Möglichkeit, das Papier direkt mit einer Bank zu handeln.

-2000										
10	11	12	13	14	15	16	17	18	19	20
0.67%	0.81%	0.98%	1.16%	1.26%	1.37%	1.50%	1.63%	1.77%	1.77%	1.77%
0.83%	0.91%	1.03%	1.18%	1.39%	1.45%	1.52%	1.68%	1.78%	1.99%	2.24%
1.43%	1.68%	1.92%	2.14%	2.35%	2.65%	2.96%	3.28%	3.64%	4.03%	4.30%
4.56%	5.20%	5.86%	6.54%	7.25%	8.01%	8.80%	9.60%	10.30%	10.84%	11.27%
20.76%	22.67%	24.73%	26.63%	28.25%	29.87%	31.61%	33.15%	34.49%	35.54%	36.50%
44.57%	46.69%	48.19%	49.52%	51.54%	52.83%	53.88%	54.52%	54.52%	54.52%	54.52%
2.21%	2.54%	2.88%	3.23%	3.59%	3.98%	4.39%	4.82%	5.23%	5.60%	5.90%
29.46%	31.32%	33.15%	34.83%	36.38%	37.83%	39.35%	40.66%	41.74%	42.61%	43.40%
8.96%	9.56%	10.15%	10.72%	11.26%	11.81%	12.38%	12.94%	13.44%	13.88%	14.24%

Liquiditätsrisiko

Im Allgemeinen kommen dabei ungünstigere Kurse heraus als an der Börse. Diese Gefahr bezeichnet man auch als *Liquiditäts-* oder *Fungibilitätsrisiko.*

Anleihen, deren Zins- und Tilgungszahlungen in einer fremden Währung erfolgen, beinhalten für den Anleger ein *Währungsrisiko.* Die Zahlungen müssen in Zukunft in einheimisches Geld getauscht werden. Damit hängt der Wert von Zins und Tilgung vom zukünftigen (unsicheren) Währungskurs ab.

Indexanleihen

Doch die Unsicherheit über die zukünftige Rückzahlungshöhe muss nicht unbedingt auf Währungskurse zurückzuführen sein. Auch andere Faktoren können ausschlaggebend sein. So gibt es zum Beispiel Anleihen, deren Tilgungsbetrag an einen Aktienindex gekoppelt ist (so genannte *Indexanleihen*). Auch hier ist von vornherein nicht klar, wie hoch der Rückzahlungswert sein wird.

Man könnte die Liste mit Risiken beliebig fortsetzen. Inzwischen existieren viele zum Teil sehr spezielle Anleiheformen, die mit entsprechend spezifischen Risiken behaftet sind. So hat beispielsweise eine Optionsanleihe neben den Risiken einer herkömmlichen festverzinslichen Schuldverschreibung zusätzlich die Risiken, die wir von Warrants kennen. Eine Optionsanleihe verändert ihren Wert beispielsweise bei Volatilitätsschwankungen oder Kursbewegungen der zugrunde liegenden Aktie.

Auf eine vollständige Abhandlung müssen wir hier jedoch aus Platzgründen verzichten.

Rentenindizes

Konstruktionsprinzipien

Von den Aktienmärkten wissen wir, wie komfortabel es für die Teilnehmer ist, wenn sie das gesamte Marktgeschehen in komprimierter Form quasi auf einen Blick sehen können. Zu diesem Zweck sind Aktienindizes entwickelt worden. Für Rentenmärkte gilt im Grunde dasselbe. Auch hier besteht großes Interesse an Indexzahlen, welche die allgemeine Preislage am Rentenmarkt zusammengefasst in einer Zahl widerspiegeln. Doch die Umsetzung ist nicht ganz so einfach wie bei Aktien. Das liegt erstens daran, dass Anleihen – anders als Aktien – feste Laufzeiten haben, die sich von Tag zu Tag verringern. Eine ursprünglich zehnjährige Bundesanleihe hat 12 Monate nach ihrer Emission nur noch eine Laufzeit von 9 Jahren. Die Dauer bis zur Endfälligkeit (Restlaufzeit) verkürzt sich also ständig – man nennt dies auch *Laufzeitabschmelzung.* Aufgrund dessen repräsentiert ein und dieselbe Anleihe, wenn man es ganz genau nimmt, täglich einen anderen Laufzeitbereich. Bei ihrer Emission spiegelt sie das Renditeniveau für zehnjährige wider, 12 Monate danach deckt ihre Rendite nur noch den neunjährigen Bereich ab usw.

Laufzeit-
abschmelzung

Zweitens haben Anleihen unterschiedlich hohe Kupons. Eine zehnjährige Bundesanleihe erhält zum Ausgabezeitpunkt einen Nominalzins, der dem aktuellen Marktniveau entspricht. Deswegen ändern sich die Kupons mit jeder neuen Emission. Das wäre eigentlich kein Problem, wenn es nicht den Kuponeffekt gäbe. Anleihen mit einem hohen Nominalzins sind aufgrund der steuerlichen Benachteiligung tendenziell preiswerter als Papiere mit geringem Nominalzins. Derartige Effekte würden das Marktbild verfälschen.

Kuponeffekt

Aufgrund von Laufzeitabschmelzung und Kuponeffekt sollte man Anleihepreise nicht »ungefiltert« in einen Index einrechnen, wenn man die tatsächliche Zinssituation richtig wiedergeben will. In der Praxis gibt es zwei Lösungsansätze, um die vorhandenen Mängel zu beheben.

Erste Möglichkeit: Typisch für Indizes dieser Kategorie ist die Tatsache, dass echte Anleihekurse im Prinzip unverändert in den Index einfließen. Es gibt feste Laufzeitsegmente (z. B. 0,5 bis 2 Jahre, 2 bis 5 Jahre usw.), denen die Anleihen zunächst zugeordnet werden. Während ihres Bestehens durchläuft eine Anleihe also jedes Segment. Aus den Kursen der jeweiligen Papiere bildet man nun einen Durchschnitt, sodass für jedes Laufzeitsegment ein Mittelwert (»Segmentmittel«) vorliegt. Daraus bildet man schließlich den Index (im Prinzip also wieder einen Durchschnitt), wobei die einfließenden Segmentmittel ihrer Bedeutung entsprechend gewichtet werden. Ausschlaggebend für die Gewichtung ist der Marktanteil des Segmentes aus dem der jeweilige Mittelkurs stammt.

Zweite Möglichkeit: Indizes dieser Kategorie beruhen nicht auf echten, sondern auf *hypothetischen Anleihen* (auch *fiktive* oder *notionelle Anleihen* genannt). Wie die Bezeichnung bereits andeutet, handelt es sich nicht um wirklich existierende Papiere, sondern um rein gedankliche Gebilde. Die Vorgehensweise kann man sich in etwa so vorstellen: Man definiert einen hypothetischen Bond mit einer Laufzeit von beispielsweise exakt 10 Jahren und einem Kupon von 6 %. Typisch für ein derartiges Konstrukt sind die im Zeitablauf unveränderlichen Merkmale. Die fiktive Anleihe hat permanent einen identischen Kupon und vor allem eine gleichbleibende Restlaufzeit. Unser Bond hat also auch morgen, in zwei Monaten oder in drei Jahren eine Restlaufzeit von unverändert 10 Jahren. Ungewollte Einflüsse durch unterschiedlich hohe Nominalzinsen oder Laufzeitabschmelzung entstehen somit nicht.

Fiktive Anleihen

Nun muss man »nur« noch herausfinden, wo der aktuelle Marktpreis (Kurs) für die fiktive Anleihe liegt. Sollte es am Markt zufällig ein Papier geben, das exakt so ausgestattet ist wie unser hypothetischer Bond, dann brauchen wir den Kurs nicht extra zu ermitteln. Wir können ihn direkt übernehmen. In der Praxis kommt dies jedoch so gut wie nie vor. Regelfall ist vielmehr, dass die Laufzeiten und Kupons der meisten »echten« Bonds von denen der fiktiven abweichen. Was kann man nun tun, um für den fiktiven Bond einen aussagefähigen Kurs – sprich: Marktpreis – zu erhalten? Nun, man sucht aus den echten Bonds zunächst diejenigen heraus, deren Ausstattungen (Laufzeit, Kupon) der fiktiven Anleihe sehr nahe kommen. Dies könnten zum Beispiel eine 9½- und eine elfjährige Anleihe sein (angenommen, beide haben einen Kupon von 6 %). Bei normaler Zinsstruktur wird die Rendite unserer fiktiven Anleihe zwischen den Renditen der beiden »echten« Bonds liegen. Mit bestimmten, sehr präzisen statistischen Verfahren kann man dies auch berechnen. Das wollen wir hier aber nicht vertiefen. Mit der ausgerechneten Rendite zinsen wir dann die Zahlungen des hypothetischen Bonds ab. Der Barwert, der sich ergibt, ist dann der gesuchte Marktpreis. So hat man täglich einen unverzerrten Marktpreis für zehnjährige Anleihen und ist somit in der Lage, das Preisniveau an unterschiedlichen Tagen direkt zu vergleichen. Der Kurs spiegelt also lediglich Markteffekte (insbesondere Zinsänderungen) wider, nicht aber Ausstattungseffekte (Laufzeit, Kupon).

Nach dem oben geschilderten Muster berechnet man Kurse für hypothetische Anleihen aller Laufzeitklassen. Anschließend wird aus den einzelnen Kursen ein Durchschnitt (Index) gebildet, wobei die einzelnen Werte ein Gewicht erhalten, das dem Marktanteil des jeweiligen Laufzeitsegments entspricht.

Wofür Rentenindizes gebraucht werden

Aus mehreren Gründen sind Rentenindizes (Bondindizes) mittlerweile fester Bestandteil der Anlagepraxis. Renten spielen traditionell eine sehr wichtige Rolle bei einer Reihe von institutionellen Anlegern. Viele Versicherungen, Pensionskassen und Fondsgesellschaften haben einen Großteil ihrer Gelder in Anleihen investiert. Auch die Eigenanlagen der meisten insbesondere kleinen und mittleren Banken bestehen überwiegend aus Renten. Zudem bevorzugen viele Privatanleger trotz der Aktieneuphorie in den letzten Jahren immer noch (sichere) festverzinsliche Instrumente.

Benchmark

Natürlich brauchen diese Anleger eine Richtschnur – besser: *Benchmark* –, an der sie den Erfolg einer Rentenanlage messen können. Diese Funktion übernimmt ein Bondindex.

Indexfonds

In den letzten Jahren sind Indexfonds und -zertifikate immer populärer geworden. Dieser Trend zeichnet sich hierzulande bislang vornehmlich im Aktienbereich ab, in anderen Ländern (vor allem USA) ist er in zwischen auch auf Renten übergegangen. Zurückzuführen ist diese Entwicklung auf die Erkenntnis vieler Bond-Manager, dass es auf lange Sicht fast unmöglich ist, den Markt zu schlagen. Es scheint weitaus sinnvoller zu sein, die vorhandene Marktstruktur einfach nachzuahmen anstatt aktiv zu versuchen, die allgemeine Marktentwicklung zu übertreffen. Daher benötigt man eine Kenngröße, die ein Spiegelbild des Rentenmarktes darstellt. Auch diese Funktion übernimmt ein Bondindex.

Kurs- und Performanceindizes

Auch im Rentenbereich unterscheidet man zwei Indexarten, Kurs- und Performanceindizes. Rentenkurse schwanken im Prinzip ständig um einen Wert von 100 %. Bei niedrigen Zinsen liegen die Kurse im Allgemeinen darüber, in Phasen mit relativ hohen Zinsen notieren die Kurse unter 100 %. Daher hat ein Rentenkursindex – im Unterschied zu einem Aktienkursindex – auf lange Sicht auch keinen steigenden Trend, sondern lediglich Schwankungen um einen konstanten Mittelwert (100 %). Denn in einen *Kursindex* werden ausschließlich Anleihekurse eingerechnet. Er spiegelt das allgemeine Kursniveau am Rentenmarkt wider und ist ein Indikator für die Zinssituation. Ist sein Stand niedrig, so deutet das auf ein entsprechend hohes Marktzinsniveau hin, während es bei hohen Indexwerten umgekehrt ist. Ein Rentenkursindex ist also in erster Linie ein Barometer für das allgemeine Zinsniveau. Als Richtschnur zur Erfolgsmessung einer Rentenanlage ist er überhaupt nicht zweckdienlich, denn die wesentliche Ertragsquelle – die Zinskupons – bleiben vollkommen unberücksichtigt. Weitaus besser geeignet ist für solche Fälle ein *Performanceindex*. Er ist so aufgebaut, dass neben Kursen auch die ausgeschütteten Zinsen in den Indexstand mit eingerechnet werden. Ein Performanceindex beinhaltet demnach den Gesamtertrag (»Performance«), den man mit einer Rentenanlage erzielen kann. Aus diesem Grunde ist er auch ein geeigneter Maßstab zur Erfolgsbeurteilung. Wir werden im nächsten Abschnitt noch sehen, dass ein Performanceindex im Zeitablauf einen klaren Aufwärtstrend zu verzeichnen hat.

REX und REXP

Die bekanntesten und bedeutendsten Rentenindizes hierzulande sind der REX und der REXP, die seit dem 30.12.1987 von der Deutschen Börse berechnet werden. Beginnen wir mit dem REX. Dieser ist ein Kursindex, der auf insgesamt 30 hypothetischen Anleihen mit ganzzahligen Laufzeiten von einem Jahr bis zu zehn Jahren und drei unterschiedlichen Nominalzinssätzen (6, 7,5 und 9%) basiert. Das Index-Gewicht jeder Anleihe leitet man aus den Marktanteilen realer Bonds der zurückliegenden 25 Jahre ab.

Zur Berechnung der Kurse der hypothetischen Anleihen benötigt man, wie wir zu Beginn dieses Kapitels gesehen haben, echte Schuldverschreibungen. Die Deutsche Börse greift ausschließlich auf Papiere zurück, die vom Bund stammen und noch eine Restlaufzeit zwischen 0,5 und 10,5 Jahren haben.

Berechnungsschritte

Die Berechnung des REX erfolgt in fünf Schritten:

Schritt 1: Ausgehend von den Kursen öffentlicher Anleihen werden die dazu passenden Renditen ermittelt.

Schritt 2: Aus den Renditen leitet die Börse eine Renditestrukturkurve ab. Die Restlaufzeiten der jeweiligen Anleihen werden dabei ebenso berücksichtigt wie Effekte aufgrund unterschiedlich hoher Kupons (»Kuponeffekte«).

Schritt 3: Der ermittelte Zusammenhang zwischen Rendite, Kupon und Laufzeit (Renditestruktur) dient als Ausgangsbasis zur Berechnung der Renditen der 30 künstlichen Anleihen. Hat man die Renditen gefunden, erfolgt eine Umrechnung in Kurse.

Schritt 4: Jeder einzelne Kurs wird mit dem entsprechenden Gewicht multipliziert. Die Gewichte sind im Zeitablauf unverändert (siehe Tabelle nächste Seite).

Schritt 5: Die gewichteten Kurse werden schließlich addiert. Als Ergebnis erhält man den REX (Gesamtindex).

Laufzeit	6 %	Gewicht 7,50 %	9 %	Summe	Gewichteter Kupon
1 Jahr	3,10	1,73	2,56	7,39	7,39
2 Jahr	3,50	2,43	2,87	8,80	7,39
3 Jahr	4,06	3,03	3,16	10,25	7,37
4 Jahr	4,88	3,37	3,70	11,95	7,35
5 Jahr	4,87	3,15	4,02	12,04	7,39
6 Jahr	4,09	2,84	4,32	11,25	7,53
7 Jahr	3,82	3,02	4,79	11,63	7,63
8 Jahr	3,38	3,14	4,06	10,58	7,60
9 Jahr	3,65	2,62	3,38	9,65	7,46
10 Jahr	3,15	1,47	1,84	6,46	7,20
Summe	**38,50**	**26,80**	**34,70**	**100,00**	**7,44**

Der REX hat keinen Basiszeitpunkt. Er stellt den Kurs einer künstlichen (fiktiven) Bundesanleihe dar, die einen konstanten Kupon von 7,44 % und eine stets konstante Restlaufzeit von 5,49 Jahren hat. Da es sich um einen Kursindex handelt, spiegelt der REX lediglich das aktuelle Preisniveau – oder anders das Zinsniveau – wider, nicht jedoch die Entwicklung der Gesamterträge. Dies geschieht mit Hilfe des REXP. Er beinhaltet den gesamten Anlageerfolg (*Total-Return*), neben Kursänderungen also auch Zinserträge. Daher trägt er die Bezeichnung Performance- oder *Total-Return-Index*. Er stellt im Unterschied zum REX keine Momentaufnahme der Zinssituation dar, sondern einen Maßstab für die längerfristige Wertentwicklung deutscher Staatsanleihen.

Ausgangsbasis für die Berechnung des REXP ist der REX. Zusätzlich zu den Kursen fließen auch die Zinskupons sowie deren Wiederanlage (»Zinseszins«) in den Indexstand mit ein. Der REXP bildet die Wertentwicklung eines aus Bundesanleihen bestehenden Depots ab, dessen Durchschnittslaufzeit 5,49 Jahre beträgt. Die Anleihen im Bestand haben im Mittel einen Kupon von 7,44. Der Index ist so konzipiert, dass eine Zinszahlung umgehend wieder angelegt wird. Ausschüttungen sind nicht vorgesehen.

TAGESSTATISTIK FRANKFURT

	14.2.2001	13.2.2001
Aktienmarkt		
CDax Kursindex	397,90	402,34
CDax Kursindex Settlement	398,16	403,77
Kurse (CDAX) verbessert	170	214
rückläufig	324	282
unverändert	300	298
Rentenmarkt		
Durchschnittliche Umlaufrendite öffentlicher Anleihen insgesamt	4,76	4,73
3–5 Jahre	4,55	4,51
5–8 Jahre	4,65	4,63
8–15 Jahre	4,75	4,72
15–30 Jahre	5,31	5,28
Deutscher Rentenindex (Rex) gesamt Tages-H/T 112,8395/112,6645	112,7123	112,9675
1jährig	102,7356	102,7759
5jährig	112,1308	112,3562
10jährig	118,3967	118,8197
Rex-Performanceindex	239,8293	240,1480
Pfandbriefindex (Pex) gesamt	111,0676	111,2229
Pex-Performanceindex	242,7378	243,0428
Jumbo-Pfandbriefindex (Jex) gesamt	110,9978	111,1926
Jex-Performanceindex	125,1731	125,3745
Index DG-Bank	119,833	119,862
Reuters GOVTOP Perf. 15h	114,362	114,471
Reuters GOVTOP Kurs 15h	97,399	97,539
Reuters PFANDTOP Perf. 15h	133,404	133,522
Reuters PFANDTOP Kurs 15h	104,409	104,545
Reuters CORPTOP Perf. 15h	104,680	104,762
Reuters CORPTOP Kurs 15h	96,146	96,267
Reuters EMTOP Perf.	unerh.	151,261
Reuters EMTOP Kurs	unerh.	103,215

Da der REXP den Total-Return erfasst, hat er einen vollkommen anderen Verlauf als der REX. Der Kursindex schwankt mit der Zeit wie gesagt um die Marke von 100 %, während der REXP einem klaren Aufwärtstrend folgt (siehe nächste Seite). Um die Wertentwicklung im Zeitablauf zeigen zu können, braucht der REXP einen Basiszeitpunkt (31.12.1987) und Basiswert (100).

Im HANDELSBLATT sind REX und REXP in der Tabelle TAGESSTATISTIK FRANKFURT zu finden (siehe Abbildung links). Sie enthält jeweils den Gesamtindex und für den REX außerdem noch so genannte Subindizes für ein-, fünf- und zehnjährige Laufzeiten. Der Subindex gibt das durchschnittliche Kursniveau wieder, das entsprechend langlaufende fiktive Bundesanleihen mit Kupons von 6 %, 7,5 % und 9 % aufweisen.

Am Stand des REXP ist die mittlere Wertenwicklung deutscher Staatsanleihen ablesbar. Wer zum Basiszeitpunkt 100 € in Bundesanleihen aller Laufzeitklassen (0,5 bis 10,5 Jahre) angelegt hat, dessen Depot ist gut 13 Jahre danach 239,8293 € wert (siehe HANDELSBLATT-Tabelle). Das entspricht einer Rendite von 6,89 % p.a.

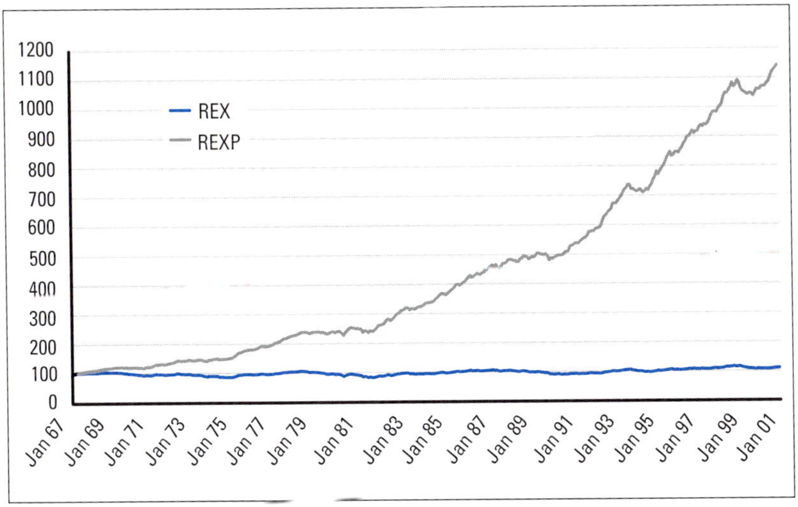

Sonstige Rentenindizes

REX und REXP decken den Markt für deutsche Staatsanleihen ab. Auch für Anleihen anderer Emittentengruppen existieren Indizes. Sehr bekannt sind der PEX und der JEX, die ebenfalls von der Deutschen Börse stammen. Sie bilden das Kursniveau (PEX und JEX) sowie die Performance (PEXP und JEXP) von Pfandbriefen bzw. Jumbopfandbriefen ab. Das Konstruktionsprinzip deckt sich in etwa mit dem des REX (REXP). Auch die Stände dieser Indizes sind in der Finanzzeitung zu finden (siehe letzte Seite). Außerdem beinhaltet die Tabelle noch einen Rentenindex der DG Bank. Schließlich enthält sie noch mehrere Rentenindizes, die vom Informationsanbieter Reuters stammen und Staatsanleihen (GOVTOP), Pfandbriefe (PFANDTOP), Corporate Bonds (CORPTOP) sowie Anleihen von Emerging Markets (EMTOP) abdecken. Im Folgenden haben wir die wichtigsten Merkmale für die erwähnten Indizes zusammengefasst.

Pfandbriefindex (PEX) gesamt

Der Deutsche Pfandbriefindex (PEX) bildet den Kurs eines fiktiven Pfandbriefes ab, der genau wie die fiktive Anleihe des REX einen Kupon von 7,44 % und eine Laufzeit von 5,49 Jahren aufweist. Das Indexportfolio ist analog zu dem des REX aufgebaut, um einen direkten Vergleich zu ermöglichen. Ausstattungsmerkmale und Gewichtungen der 30 hypothetischen PEX-Papiere entsprechen exakt denen der 30 REX-Anleihen. Da für Pfandbriefe praktisch kein Sekundärmarkt existiert, stehen kaum Marktdaten von der Börse oder aus dem Interbankenhandel zur Verfügung. Der PEX basiert deshalb auf Emissionsrenditen und wird als Primärmarkt-Index bezeichnet. Die zur Berechnung erforderlichen Emissionsrenditen stammen von Geschäftsbanken und öffentlich-rechtlichen Banken. Auf Basis der Emissionsrenditen berechnet man die Emissionskurse der hypothetischen Anleihen.

Pex-Performance-Index

Der PEX-Performance-Index (PEXP) basiert auf dem PEX, beinhaltet im Unterschied zu diesem nicht nur Kurse, sondern auch Zinserträge. Der PEXP (Basis = 100 am 30.12.1987) besitzt dieselbe Aussagekraft wie der REXP.

Index DG-Bank Der Rentenkursindex der DG Bank basiert auf insgesamt 25 tatsächlich gehandelten Bundesanleihen mit Restlaufzeiten von vier bis zehn Jahren. Der mittlere Kupon sowie die mittlere Restlaufzeit der zugrunde liegenden Papiere entsprechen dabei den Durchschnittswerten aller umlaufenden Bundesanleihen. Das Portfolio wird mindestens halbjährlich aktualisiert. Titel mit einer Restlaufzeit von weniger als vier Jahren werden durch Neuemissionen ersetzt. Um »Indexsprünge« zu unterbinden, wird im Zeitpunkt der Aktualisierung ein Korrekturfaktor bestimmt. Die DG Bank berechnet den Rentenkursindex börsentäglich als gewichtetes arithmetisches Mittel der Börsenschlusskurse der 25 zugrunde liegenden Bundesanleihen.

Jumbo-Pfandbriefindex (JEX) gesamt Einen speziellen Index für Jumbo-Pfandbriefe, den so genannten Jumbo-Pfandbriefindex (JEX), stellt die Deutsche Börse zur Verfügung. Er beruht auf dem selben Konzept wie REX und PEX (synthetische Anleihe mit einer Laufzeit von 5,49 Jahren und einem Kupon in Höhe von 7,44 %). Laufzeit- und Kuponstruktur stimmen mit den beiden Vorbildern exakt überein, sodass direkte Vergleiche zwischen der Kursentwicklung bei Bundesanleihen (REX), herkömmlichen Pfandbriefen (PEX) sowie schließlich Jumbo-Pfandbriefen (JEX) möglich sind.

JEX-Performance-Index (JEXP) Analog zum REX und PEX existiert auch beim JEX ein Performance-Index, der JEXP. Er erfasst alle Ertragsbestandteile der JEX-Anleihen. Seine Basiswert beträgt 100 (Datum: 30.12.1996).

Reuters-Rentenindizes

Die Nachrichtenagentur Reuters berechnet insgesamt fünf Rentenkurs- und -performanceindizes, denen jeweils auf Euro lautende Anleihen zugrunde liegen. Es gibt

- einen Reuters-Index für Staatsanleihen (»Governments«), den Reuters-GOVTOP-Index, in dem ausschließlich Schuldtitel der Teilnehmerstaaten der Europäischen Wirtschafts- und Währungsunion (EWWU) erfasst sind,
- einen für Euro-Pfandbriefe, den Reuters-PFANDTOP-Index,
- einen für auf Euro lautende Unternehmensanleihen (»Corporates«), den Reuters-CORPTOP-Index, sowie
- einen für Euro-Anleihen aus Schwellenländern (»Emerging Markets«), den Reuters-EMTOP-Index.

Sämtliche Marktbarometer tragen das Kürzel »Top« im Namen, was andeutet, dass für ihre Berechnung ausschließlich liquide Anleihen (»Top-Anleihen«) mit einem Emissionsvolumen von mehreren hundert Millionen Euro berücksichtigt werden. Beispielsweise nehmen die Indexkonstrukteure in den Pfandbrief- und den Unternehmensanleiheindex nur Schuldverschreibungen auf, die bei Emission einen Gesamtnennwert von mindestens 500 Millionen Euro haben. Beim EMTOP-Index liegt die Schwelle mit 200 Millionen Euro allerdings deutlich niedriger.

Mindestemissionsvolumen

Neben dem Mindestnennwert gibt es weitere Aufnahme- bzw. Ausschlusskriterien. So dürfen die Titel keine exotischen Ausstattungsmerkmale aufweisen, müssen also Straight-Bonds mit fester Verzinsung und fester Laufzeit (mindestens ein Jahr) sein. Kündbare Anleihen oder Floating-Rate-Notes werden demgegenüber nicht aufgenommen. Für die Papiere im Unternehmensanleihe-Index existieren noch weitere Aufnahme- bzw. Ausschlusskriterien – zum Beispiel fließen in den Reuters-CORPTOP-Index nur die Kurse solcher Schuldtitel ein, die einen Investment-Grade besitzen (AAA bis BBB–). Im EMTOP-Index berücksichtigen die Indexkonstrukteure wiederum überhaupt keine Unternehmensanleihen, sondern nur Titel von Staatsregierungen, öffentlichen Einrichtungen und Zentralbanken der Emerging-Markets.

Portfolioanpassungen nimmt Reuters jeweils am Monatsende vor (beim EMTOP-Index am Quartalsende). Neue Anleihen, die die Aufnahmekriterien erfüllen, werden ab dem Ende des Emissionsmonats (bzw. am Ende des betreffenden Quartals) berücksichtigt, Anleihen, die die Mindestlaufzeit von einem Jahr unterschreiten, werden am Monatsende (Quartalsende) ausgeschlossen und eventuelle Aufstockungen beim Emissionsvolumen bereits umlaufender Anleihen ebenfalls am Monatsende (Quartalsende) erfasst.

Echte Anleihen

Den Reuters-Indizes liegen echte Anleihen zugrunde – im Falle des Reuters-GOVTOP-Index etwa alle Staatsanleihen, die von den Teilnehmerstaaten der EWWU emittiert worden sind. Zur Berechnung der Kursindizes bewertet man die ausstehenden Nominalwerte der einbezogenen Schuldtitel jeweils mit Echtzeitkursen. Die Indexkonstrukteure nehmen also eine Kapitalgewichtung vor. Bei den Performance-Indizes erfassen sie zusätzlich zu den Kursveränderungen auch (Stück-)Zinserträge. Der Basiswert beträgt für den GOVTOP-, den PFANDTOP- und den CORPTOP-Index einheitlich 100 Punkte. Da der EMTOP-Index aus dem Commerzbank-Emerging-Markets-Index hervorgegangen ist, wurde er im Startzeitpunkt nicht auf 100 gesetzt, sondern vom letzten Wert des Commerzbank-Indexes aus fortgeschrieben. Der erste »offizielle« Wert des Indexes war 123,76 am 1. April 1999. Direkte Vergleiche der einzelnen Marktbarometer sind aber nicht nur aufgrund unterschiedlicher Ausgangswerte schwierig, sondern auch deshalb, weil alle Indizes unterschiedliche Startzeitpunkte besitzen. Der Reuters-GOVTOP-Index startete bereits am 4. Mai 1998, der Reuters-PFANDTOP-Index am 1. Januar 1999, der EMTOP-Index am 1. April 1999 und der CORPTOP-Index schließlich am 1. Juli 1999. Weitere Informationen über diese Indizes sind direkt auf der Reuters-Seite »Bondtop« abrufbar.

iBOXX-Indizes

In den USA existieren zwar anerkannte Rentenindizes von Banken wie Merrill Lynch, Lehman Brothers, Goldman Sachs oder J. P. Morgan. Doch bislang gibt es weder in Amerika noch Europa Indizes – analog zu den STOXX-Indizes für europäische Aktien –, die von einer unabhängigen Institution stammen und die vor allem als Benchmark für Fondsmanager verwendet werden können. Diese Lücke sollen die iBoxx-Indizes der Deutschen Börse schließen, die den Markt für festverzinsliche, auf Euro lautende Anleihen abbilden. iBoxx ist ein Kunstbegriff, der aber eng an die Abkürzung für »International Bond Indizes« angelehnt ist.

Bei Renten- gibt es anders als bei Aktienindizes ein grundsätzliches Problem: Denn im Unterschied zu Aktien werden Anleihen – zumindest in Europa – in den meisten Fällen immer noch auf altbekannte Weise außerbörslich am Telefon gehandelt. Man bekommt echte Marktpreise daher nur direkt von Banken und nicht von Börsen, da die Preise dort aufgrund der geringen Umsätze nur eine geringe Aussagekraft haben. Deshalb stammen die Kurse für die iBoxx-Indizes von Banken. Die Berechnung übernimmt die Deutsche Börse. Sämtliche iBoxx-Indizes haben ihren Basiszeitpunkt am 31.12.1998.

Telefonhandel

Ein weiterer entscheidender Aspekt: iBoxx-Indizes basieren auf Echtzeitdaten – Indexstände werden somit laufend aktualisiert. Die Banken liefern permanent Bid- und Ask-Quotes, während die Deutsche Börse ihre Kompetenz auf dem Gebiet der Indexberechnung einbringt und ein neutraler Informationsanbieter ist.

Bondklassen

Man trennt insgesamt vier Bondklassen: Reine Staatsanleihen, staatlich garantierte Anleihen (z. B. Anleihen von Städten), besicherte Anleihen (z. B. Pfandbriefe) und schließlich Unternehmensanleihen, die aber zumindest »Investment Grade« aufweisen müssen. Für jede Bondklasse berechnet die Deutsche Börse sowohl einen Gesamtindex, in dem sämtliche Anleihen ohne Berücksichtigung ihrer Restlaufzeiten enthalten sind, als auch spezielle Laufzeitindizes, die lediglich Papiere mit entsprechenden Fälligkeiten beinhalten. Zusätzlich ermittelt man noch eine Art »Dachindex«, auch »Overall Index« genannt, in dem sämtliche Anleihen – unabhängig von ihren Restlaufzeiten und Emittenten – enthalten sind (siehe Abbildung). Für jeden einzelnen Index gibt es eine Kurs- und gleichzeitig auch eine Performancevariante.

iBoxx € Overall Index
Gesamt- und Laufzeitindizes (1–3, 3–5, 5–7, 7–10, + 10 Jahre)

iBoxx € sovereigns	**iBoxx € sub sovereigns**	**iBoxx € collateralized**	**iBoxx € corporates**
Gesamt- und Laufzeitindizes	Gesamt- und Laufzeitindizes	Gesamt- und Laufzeitindizes	Gesamt- und Laufzeitindizes
Staatsanleihen	Staatlich garantierte Anleihen	Besicherte Anleihen	Unternehmens-anleihen

Bei den Subsovereigns-, den Collateralized- sowie den Corporate-Indizes untergliedert die Börse noch weiter entsprechend den marktspezifischen Besonderheiten (z. B. normale Pfandbriefe, Jumbo-Pfandbriefe). Für den Corporate-Sektor erscheinen separate Subindizes für einzelne Ratingklassen und Unternehmenssektoren. Die Unternehmenssektoren teilt die Börse in einem finanziellen (Banken) und nicht finanziellen Sektor (Nichtbanken) ein. Neben dieser Grob- erfolgt noch eine Feingliederung nach Marktsektoren. Diese sind so gewählt, dass sie den Sektoren der Aktienindizes STOXX entspricht.

Im HANDELSBLATT sind – zumindest bei Redaktionsschluss dieses Buches – lediglich iBoxx-Indizes für Jumbo-Pfandbriefe abgedruckt. Man findet sie in der Tabelle TAGESSTATISTIK FRANKFURT.

iBoxx Indizes für Jumbo-Pfandbriefe im HANDELSBLATT

TAGESSTATISTIK FRANKFURT

	8.5.2001	7.5.2001
Aktienmarkt		
CDax Kursindex	374,85	375,14
CDax Kursindex Settlement	375,99	375,37
Kurse (CDAX) verbessert	247	268
rückläufig	241	232
unverändert	305	293
Rentenmarkt		
Durchschnittliche Umlaufrendite		
öffentlicher Anleihen insgesamt	4,90	4,91
3–5 Jahre	4,61	4,63
5–8 Jahre	4,77	4,78
8–15 Jahre	4,91	4,92
15–30 Jahre	5,52	5,53
Deutscher Rentenindex (Rex)		
gesamt Tages-H/T 112,2889/111,8573	112,0663	112,0701
1jährig	102,6474	102,6445
5jährig	111,7066	111,7330
10jährig	116,8569	116,8776
Rex-Performanceindex	241,1196	240,9359
Pfandbriefindex (Pex) gesamt	110,7710	110,6661
Pex-Performanceindex	244,9968	244,7294
iBoxx Jumbo gesamt	95,8612	95,8283
iBoxx Jumbo Perf.	106,7525	106,7029
Index DG-Bank	118,824	118,737
Reuters GOVTOP Perf. 15h	114,673	114,767
Reuters GOVTOP Kurs 15h	96,460	96,555
Reuters PFANDTOP Perf. 15h	134,208	134,277
Reuters PFANDTOP Kurs 15h	103,924	103,992
Reuters CORPTOP Perf. 15h	105,777	105,806
Reuters CORPTOP Kurs 15h	95,983	96,025
Reuters EMTOP Perf.	unerh.	150,573
Reuters EMTOP Kurs	unerh.	100,647

iBoxx Jumbos

Wertpapierzwitterformen

Genussscheine

Eine besondere Stellung bei der Kapitalbeschaffung einer Unternehmung, unabhängig von deren Rechtsform, nehmen Genussscheine ein. Dies sind Wertpapiere, die eine »Mischform« aus Aktien (Eigenfinanzierung) und Anleihen (Fremdfinanzierung) darstellen. Sie sind ebenfalls zum Handel an Wertpapierbörsen zugelassen.

Mischform

Die Emission und die Ausgestaltung von Genussscheinen ist weder durch den Gesetzgeber noch durch Wertpapierbörsen vorgeschrieben. Genussscheine sind unstandardisierte Wertpapiere, die sich als ausgesprochen flexibel hinsichtlich ihrer Ausgestaltung erweisen. Daher kommen viele, zum Teil höchst unterschiedliche Varianten vor.

Sie verbriefen in erster Linie Gläubigerrechte; darüber hinaus können Genussscheine aber auch bestimmte Vermögensrechte etwa den Anspruch auf einen Teil des Unternehmensgewinns, Options- und Wandlungsrechte usw. beinhalten. Eine Beteiligung am Liquidationserlös ist für gewöhnlich bei allen Genussscheinen ausgeschlossen.

Genussscheine sind gegenüber Anleihen gegebenenfalls mit einer zusätzlichen Risikokomponente versehen, und zwar dann, wenn sie eine Verlustbeteiligung verbriefen.

Keine Mitbestimmung

Obwohl die Ausstattung einer Aktie ähneln kann, nimmt ein Genussscheininhaber nicht die rechtliche Stellung eines Gesellschafters ein; er besitzt weder Mitbestimmungs- noch Mitspracherechte in der Gesellschafterversammlung.

Eine herausragende Bedeutung erlangen Genussscheine für Unternehmen, die nicht die Rechtsform einer Aktiengesellschaft aufweisen. Sie ermöglichen diesen Unternehmen eine Kapitalbeschaffung bei einem »breiten« Publikum über die Börse.

Der größte Teil sämtlicher emittierter Genussscheine stammt von Geschäftsbanken. Das hat seinen Grund: Genussrechtskapital wird in Deutschland – vorausgesetzt, die Scheine sind entsprechend ausgestaltet – als haftendes Eigenkapital im Sinne des Bankenaufsichtsrechts anerkannt. Die Kapitalaufbringung durch Genussscheine verbessert daher z. B. die Möglichkeiten, Kredite zu vergeben, bewirkt aber, im Gegensatz zur Ausgabe junger Aktien, keine Änderung der Anteilsverhältnisse. Dies hat dazu geführt, dass der mit Abstand größte Teil des börsennotierten Genussscheinvolumens auf die Geschäftsbanken entfällt.

Die Zuordnung des Genussscheinkapitals zum Eigen- oder Fremdkapital einer Unternehmung hängt von der Ausgestaltung der Genussrechte im Einzelfall ab. Die Abbildung auf der nächsten Seite zeigt exemplarisch die Ausgestaltung eines Scheins der Bertelsmann AG.

Genussscheine werden, genau wie Aktien, an der Wertpapierbörse in drei Marktsegmenten gehandelt – und zwar im amtlichen Handel, im geregelten Markt und im Freiverkehr. Sie besitzen meist

- eine feste Ausschüttung,
- ein Rückzahlungsversprechen des Emittenten sowie
- eine begrenzte Laufzeit, aber
- keinerlei Ansprüche auf einen Anteil am Liquidationserlös.

Wenn der Emittent sich zur Rückzahlung verpflichtet, gleichen Genussscheine Forderungspapieren (Anleihe usw.). Dies führt dazu, dass das durch Genussscheine aufgebrachte Kapital nicht immer eindeutig dem Eigen- oder Fremdkapital des Emittenten zuzuordnen ist.

Kurstabelle

In der Tabelle GENUSSSCHEINE (siehe übernächste Seite) findet der Leser ähnliche Informationen wie in den Kurstabellen zu Aktien. Eine Trennung nach Marktsegmenten gibt es jedoch nicht. Man findet in der Tabelle sowohl

Genußscheinbedingungen

§ 1 Ausgabe von Genußscheinen

Die Satzung der Bertelsmann AG - im folgenden: Gesellschaft - sieht die Schaffung von Genußkapital und die Ausgabe von Genußscheinen vor.

§ 2 Ausstattung der Genußscheine

(1) Die Genußscheine lauten auf den Inhaber. Der Grundbetrag der Genußscheine beträgt DM 100,-.

(2) Jede Genußscheinurkunde enthält die Bezeichnung der Urkunde als Genußschein, die Genußscheinbedingungen, den durch die Urkunde verbrieften Betrag, die Gesellschaft als Ausstellerin sowie die Faksimile-Unterschriften des Aufsichtsratsvorsitzenden und des Vorstandsvorsitzenden der Gesellschaft. Jede Urkunde ist mit einem Prägestempel der Gesellschaft versehen und von einem Kontrolleur eigenhändig unterzeichnet.

(3) Jeder Genußscheinurkunde ist ein Bogen mit 20 Ausschüttungsanteilscheinen und einem Erneuerungsschein beigefügt.

§ 3 Ansprüche der Genußscheininhaber und Abgrenzung zu Aktionärsrechten

(1) Die Genußscheine gewähren einen dem Gewinnanteil der Aktionäre vorgehenden Gewinnanspruch (§§ 4, 5) und einen Rückzahlungsanspruch bei Beendigung der Genußscheine (§ 15).

(2) Die Genußscheine verbriefen Gläubigerrechte und keine Gesellschafterrechte, insbesondere kein Teilnahme-, Mitwirkungs- und Stimmrecht in der Hauptversammlung der Bertelsmann AG.

§ 4 Bestimmung von Gewinn- und Verlustbeteiligung

(1) Der Gewinnanteil der Genußscheine bestimmt sich nach der Gesamtkapitalrendite der Gesellschaft und ihrer In- und ausländischen Konzernunternehmen. Gesamtkapitalrendite ist das Verhältnis des Gewinns zum arithmetischen Mittel des Vermögens zu Beginn und Ende des Geschäftsjahres. Bei einer Gesamtkapitalrendite zwischen 12% und 16% beträgt der Gewinnanteil der Genußscheine 15% des Grundbetrages. Beträgt die Gesamtkapitalrendite weniger als 12% oder mehr als 16%, ist der Gewinnanteil um einen Prozentpunkt höher als die Gesamtkapitalrendite.

(2) Gewinn und Vermögen werden aus dem vom Abschlußprüfer geprüften Konzernjahresabschluß wie folgt abgeleitet:

a) Gewinn ist der Konzernjahresüberschuß zuzüglich der Aufwendungen (nach Verrechnung mit entsprechenden Erträgen) für Steuern vom Einkommen und vom Ertrag und für eine freiwillige Gewinnbeteiligung der Arbeitnehmer in Deutschland.

b) Das Vermögen entspricht der Konzernbilanzsumme.

c) Gewinn und Vermögen werden wie folgt verändert: Aufwendungen zur Schaffung immaterieller Wirtschaftsgüter (außer Firmenwert) werden abweichend von § 248 Abs. 2 HGB aktiviert, wenn es sich um Erweiterungsinvestitionen handelt und wenn die Aufwendungen im Rahmen eines Investitionsvorhabens in dem Geschäftsjahr den Betrag von 1% der Konzernbilanzsumme zu Beginn des Geschäftsjahres übersteigen. Der aktivierte Betrag ist entsprechend der betriebsgewöhnlichen Nutzungsdauer, höchstens jedoch in vier Jahren, planmäßig abzuschreiben.

(3) Im Falle einer negativen Gesamtkapitalrendite bestimmt deren Prozentsatz, auf den Grundbetrag bezogen, die Verlustbeteiligung der Genußscheine. Ein Verlust, der auf das Genußkapital entfällt, ist gesondert auszuweisen und durch Gewinnanteile der Folgejahre auszugleichen.

§ 5 Gewinnanspruch

Anspruch auf den Gewinnanteil haben die Genußscheininhaber, soweit der Jahresüberschuß der Gesellschaft, erhöht um Gewinnvorträge und gemindert um Verlustvorträge und Zuführungen zur gesetzlichen Rücklage, für die Gewinnanteile aller Arten von Genußscheinen der Gesellschaft ausreicht. Reicht er nicht aus, erhöhen Fehlbeträge den Gewinnanspruch des Folgejahres, gegebenenfalls späterer Folgejahre, soweit der nach Satz 1 korrigierte Jahresüberschuß des Folgejahres oder der Folgejahre ausreicht.

§ 6 Prüfung durch den Abschlußprüfer

Die Gesellschaft läßt durch ihren Abschlußprüfer prüfen, ob der Gewinnanteil (§ 4) und der Gewinnanspruch (§ 5) nach diesen Genußscheinbedingungen ermittelt wurden. Über das Ergebnis dieser Prüfung erteilt der Abschlußprüfer einen Bestätigungsvermerk.

§ 7 Bilanzpolitik der Gesellschaft

Die Gesellschaft verpflichtet sich, bei der Aufstellung der Jahresabschlüsse der Konzernunternehmen und insbesondere bei der Bildung und Auflösung von Rücklagen den berechtigten Interessen der Genußscheininhaber auf Ausschüttung Rechnung zu tragen.

§ 8 Gewinnausschüttung

Der Gewinnanspruch wird am ersten Bankarbeitstag nach der ordentlichen Hauptversammlung fällig. Die Auszahlung erfolgt gegen Einreichung des jeweiligen Ausschüttungsanteilscheins bei einer der gemäß § 9 bezeichneten Zahlstellen. Bei Verlust oder Vernichtung des Ausschüttungsanteilscheins kann der bisherige Inhaber entgegen § 804 Abs. 1 Satz 1 BGB keine Zahlung verlangen.

§ 9 Zahlstellen

Die Stellen, bei denen Ausschüttungsanteilscheine eingelöst werden können, bei denen die Kündigung (§ 15 Abs. 2) vorgenommen werden kann und bei denen die Rückzahlung (§ 15 Abs. 3) erfolgt (Zahlstellen), werden zusammen mit der Ankündigung der Gewinnausschüttung jeweils mit Wirkung bis zur Ankündigung der nächsten Gewinnausschüttung bekanntgemacht.

§ 10 Unterrichtung der Genußscheininhaber

Zur Unterrichtung über ihre wirtschaftlichen Verhältnisse stellt die Gesellschaft einen Jahresbericht (einschließlich Konzernjahresabschluß) und einen Zwischenbericht auf die Mitte des Geschäftsjahres zur Verfügung. Die Berichte werden den Depotbanken zugeleitet. Außerdem kann sie jeder Genußscheininhaber bei der Gesellschaft anfordern.

§ 11 Erwerb eigener Genußscheine

Die Gesellschaft ist berechtigt, eigene Genußscheine zu erwerben. Aus eigenen Genußscheinen darf sie kein Stimmrecht in der Versammlung der Genußscheininhaber ausüben. Der Gesamtgrundbetrag der von der Gesellschaft und ihren Konzerngesellschaften zu einem Zeitpunkt gehaltenen eigenen Genußscheine darf 10% des Genußkapitals nicht übersteigen.

§ 12 Genußkapitalerhöhungen

(1) Mit Zustimmung ihrer Hauptversammlung kann die Gesellschaft ihr Genußkapital durch Ausgabe weiterer Genußscheine zu gleichen oder anderen Bedingungen erhöhen. Sie wird den Inhalt anderer Bedingungen danach ausrichten, was sie aufgrund der jeweiligen Gegebenheiten des Kapitalmarktes für erforderlich hält.

(2) Neue Genußscheine mit den gleichen Bedingungen dürfen nicht für einen geringeren Betrag als den Grundbetrag ausgegeben werden. Auf jeden solchen Genußschein entfällt ein rückständiger Betrag gemäß § 5 Satz 2 oder ein nicht ausgeglichener Verlust gemäß § 4 Abs. 3 in der gleichen Höhe wie zuvor auf jeden alten solchen Genußschein.

§ 13 Änderung der steuerlichen Behandlung von Genußscheinen

(1) Falls sich die steuerliche Behandlung im Zusammenhang mit Genußscheinen ändert, ist die Gesellschaft berechtigt, diese Bedingungen durch einseitige Willenserklärung nach billigem Ermessen (§ 315 BGB) an die veränderten Umstände anzupassen.

(2) Wenn die Gewinnausschüttung auf die Genußscheine bei der Gesellschaft mit Körperschaftsteuer belastet wird, geschieht die Anpassung durch Minderung der Ausschüttung um die Körperschaftsteuer.

§ 14 Änderung von Genußscheinbedingungen

(1) Die in diesen Genußscheinen verbrieften Rechte können nur mit Zustimmung einer Versammlung der Genußscheininhaber geändert werden, die mit Monatsfrist durch Bekanntmachung im Bundesanzeiger vom Vorstand der Gesellschaft nach Gütersloh oder an einen deutschen Börsenplatz einberufen wird. Die Einberufung muß die Firma, den Sitz der Gesellschaft, Zeit und Ort der Versammlung und die Bedingungen angeben, von denen die Teilnahme an der Versammlung und die Ausübung des Stimmrechts abhängen. Der Wortlaut der vorgesehenen Änderung ist beizufügen.

(2) Die Änderung von Genußscheinbedingungen ist angenommen, wenn 75% der abgegebenen Stimmen ihr zustimmen. Je DM 100,- Grundbetrag gewähren eine Stimme.

(3) Jeder Beschluß der Versammlung ist durch eine über die Versammlung notariell aufgenommene Niederschrift zu beurkunden. § 130 Absätze 2 bis 4 AktG gelten.

(4) Der Bestand der Genußscheine wird durch eine Erhöhung oder Herabsetzung des Grundkapitals der Gesellschaft nicht berührt.

(5) Änderungen der Genußscheinbedingungen, die nur die Fassung betreffen, kann die Gesellschaft mit Zustimmung des Aufsichtsrats vornehmen.

§ 15 Beendigung der Genußscheine

(1) Die Gesellschaft kann den Genußschein nicht kündigen.

(2) Der Inhaber kann den Genußschein kündigen. Die Kündigung kann erstmals zum 30. Juni 2017 erfolgen, danach mit Wirkung zum Ende jedes fünften Geschäftsjahres. Die Kündigungsfrist beträgt zwei Jahre. Die Kündigung ist gegenüber der Gesellschaft oder gegenüber einer Zahlstelle (§ 9) schriftlich zu erklären.

(3) Gekündigte Genußscheine sind zurückzuzahlen. Der Rückzahlungsbetrag ist das gewogene Mittel der Ausgabekurse aller Emissionen von Genußkapital mit diesen und den früheren Bedingungen, erhöht um rückständige Beträge gemäß § 5 Satz 2 und gemindert um nicht ausgeglichene Verluste gemäß § 4 Abs. 3. Der Rückzahlungsbetrag wird auf den Tag ermittelt, auf den gekündigt wird. Er ist am ersten Bankarbeitstag nach diesem Tag fällig. Die Rückzahlung erfolgt bei einer der gemäß § 9 bezeichneten Zahlstellen.

(4) Von der Rückzahlung bleibt der Anspruch auf die Gewinnanteile für die Geschäftsjahre vor der Rückzahlung unberührt.

(5) Rückzahlungsbeträge, die nicht angefordert werden, kann die Gesellschaft unter Verzicht auf das Recht zur Zurücknahme bei dem Amtsgericht Gütersloh zugunsten der Inhaber hinterlegen.

(6) Bei Auflösung der Gesellschaft sind die Genußscheine mit dem sich nach Abs. 3 ergebenden Betrag zurückzuzahlen. Der Anspruch auf Rückzahlung tritt gegenüber den Forderungen aller Gesellschaftsgläubiger, die nicht ebenso nachrangig sind, im Rang zurück.

§ 16 Bekanntmachungen

(1) Bekanntmachungen der Gesellschaft, die die Genußscheine betreffen, erfolgen im Bundesanzeiger.

(2) Bekanntzumachen sind

- Gewinnausschüttungen mit dem Bestätigungsvermerk des Abschlußprüfers,
- die Zahlstellen nach § 9,
- Genußkapitalerhöhung und -herabsetzung,
- Änderung von Genußscheinbedingungen gemäß §§ 13 und 14,
- Einberufung einer Versammlung der Genußscheininhaber,
- Beendigung der Genußscheine.

(3) Einer Benachrichtigung der einzelnen Genußscheininhaber bedarf es nicht. Für die Wirksamkeit der Bekanntmachung genügt die Veröffentlichung im Bundesanzeiger.

§ 17 Schlußbestimmungen

(1) Erfüllungsort ist Gütersloh. Es gilt deutsches Recht.

(2) Wenn sich einzelne Bestimmungen der Genußscheinbedingungen als unwirksam oder undurchführbar erweisen, bleiben die anderen wirksam. Im übrigen gilt diejenige Regelung, die dem in diesen Bedingungen erkennbar gewordenen Willen am nächsten kommt und wirksam und durchführbar ist.

Gütersloh, im Oktober 1992 **Bertelsmann Aktiengesellschaft**

2045904 **Bertelsmann AG Genußscheine Genußscheinbedingungen** **RW**

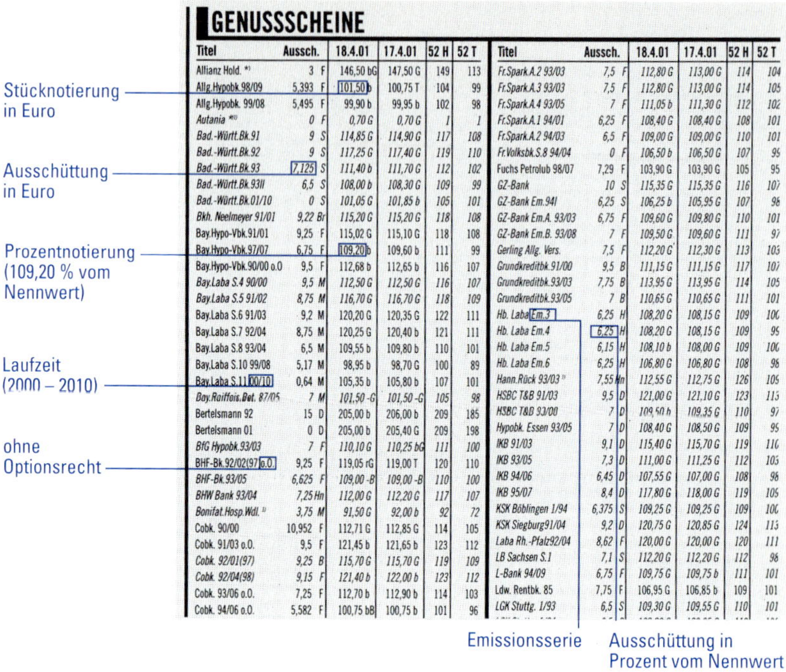

GENUSSSCHEINE

Titel	Aussch.	18.4.01	17.4.01	52 H	52 T
Allianz Hold. *)	3 F	146,50 bG	147,50 G	149	113
Allg.Hypobk.98/09	5,393 F	101,50 b	100,75 T	104	99
Allg.Hypobk. 99/08	5,495 F	99,90 b	99,95 b	102	98
Autania *1)	0 F	0,70 G	0,70 G	1	1
Bad.-Württ.Bk.91	9 S	114,85 G	114,90 G	117	108
Bad.-Württ.Bk.92	9 S	117,25 G	117,40 G	119	110
Bad.-Württ.Bk.93	7,125 S	111,40 b	111,70 G	112	102
Bad.-Württ.Bk.93II	6,5 S	108,00 b	108,30 G	109	99
Bad.-Württ.Bk.01/10	0 S	101,05 G	101,85 b	105	101
Bkh. Neelmeyer 91/01	9,22 Br	115,20 G	115,20 G	118	108
Bay.Hypo-Vbk.91/01	9,25 F	115,02 G	115,10 G	118	108
Bay.Hypo-Vbk.97/07	6,75 F	109,20 b	109,60 b	111	99
Bay.Hypo-Vbk.90/00 o.0	9,5 F	112,68 b	112,65 b	116	107
Bay.Laba S.4 90/00	9,5 M	112,50 G	112,50 G	116	107
Bay.Laba S.5 91/02	8,75 M	116,70 G	116,70 G	118	109
Bay.Laba S.6 91/03	9,2 M	120,20 G	120,35 G	122	111
Bay.Laba S.7 92/04	8,75 M	120,25 G	120,40 b	121	111
Bay.Laba S.8 93/04	6,5 M	109,55 b	109,80 b	110	101
Bay,Laba S.10 99/08	5,17 M	98,95 b	98,70 G	100	89
Bay.Laba S.11 00/10	0,64 M	105,35 b	105,80 b	107	101
Bay.Raiffeis.Bet. 87/05	7 M	101,50 -G	101,50 -G	105	98
Bertelsmann 92	15 D	205,00 b	206,00 b	209	185
Bertelsmann 01	0 D	205,00 b	205,40 G	209	198
BfG Hypobk.93/03	7 F	110,10 G	110,25 bG	111	100
BHF-Bk.92/02(97 o.O.	9,25 F	119,05 rG	119,00 T	120	110
BHF-Bk.93/05	6,625 F	109,00 -B	109,00 -B	110	100
BHW Bank 93/04	7,25 Hn	112,00 G	112,20 G	117	107
Bonifat.Hosp.Wdl. 1)	3,75 M	91,50 G	92,00 b	92	72
Cobk. 90/00	10,952 F	112,71 G	112,85 G	114	105
Cobk. 91/03 o.O.	9,5 F	121,45 b	121,65 b	123	112
Cobk. 92/01(97)	9,25 B	115,70 G	115,70 G	119	109
Cobk. 92/04(98)	9,15 F	121,40 b	122,00 b	123	112
Cobk. 93/06 o.O.	7,25 F	112,70 b	112,90 b	114	103
Cobk. 94/06 o.O.	5,582 F	100,75 bB	100,75 b	101	96
Fr.Spark.A.2 93/03	7,5 F	112,80 G	113,00 G	114	104
Fr.Spark.A.3 93/03	7,5 F	112,80 G	113,00 G	114	105
Fr.Spark.A.4 93/05	7 F	111,05 b	111,30 G	112	102
Fr.Spark.A.1 94/01	6,25 F	108,40 G	108,40 G	108	101
Fr.Spark.A.2 94/03	6,5 F	109,00 G	109,00 G	110	101
Fr.Volksbk.S.8 94/04	0 F	106,50 b	106,50 G	107	99
Fuchs Petrolub 98/07	7,29 F	103,90 G	103,90 G	105	95
GZ-Bank	10 S	115,35 G	115,35 G	116	107
GZ-Bank Em.94I	6,25 S	106,25 b	105,95 G	107	98
GZ-Bank Em.A. 93/03	6,75 F	109,60 G	109,80 G	110	101
GZ-Bank Em.B. 93/08	7 F	109,50 G	109,60 G	111	97
Gerling Allg. Vers.	7,5 F	112,20 G	112,30 G	113	103
Grundkreditbk.91/00	9,5 B	111,15 G	111,15 G	117	107
Grundkreditbk.93/03	7,75 B	113,95 G	113,95 G	114	105
Grundkreditbk.93/05	7 B	110,65 G	110,65 G	111	101
Hb. Laba Em.3	6,25 H	108,20 G	108,15 G	109	100
Hb. Laba Em.4	6,25 H	108,20 G	108,15 G	109	99
Hb. Laba Em.5	6,15 H	108,10 b	108,00 G	109	100
Hb. Laba Em.6	6,25 H	106,80 G	106,80 G	108	98
Hann.Rück 93/03 1)	7,55 Hn	112,55 G	112,75 G	126	105
HSBC T&B 91/03	9,5 D	121,00 G	121,10 G	123	113
HSBC T&B 93/00	7 D	109,50 b	109,35 G	110	97
Hypobk. Essen 93/05	7 D	108,40 G	108,50 G	109	99
IKB 91/03	9,1 D	115,40 G	115,70 G	119	110
IKB 93/05	7,3 D	111,00 G	111,25 G	112	103
IKB 94/06	6,45 D	107,55 G	107,00 G	108	98
IKB 95/07	8,4 D	117,80 G	118,00 G	119	105
KSK Böblingen 1/94	6,375 S	109,25 G	109,25 G	109	100
KSK Siegburg91/04	9,2 D	120,75 G	120,85 G	124	113
Laba Rh.-Pfalz92/04	8,62 F	120,00 G	120,00 G	120	111
LB Sachsen S.1	7,1 S	112,20 G	112,20 G	112	98
L-Bank 94/09	6,75 F	109,75 G	109,75 b	111	101
Ldw. Rentbk. 85	7,75 F	106,95 G	106,85 b	109	101
LGK Stuttg. 1/93	6,5 S	109,30 G	109,55 G	110	101

Scheine aus dem Amtlichen Handel als auch aus dem Geregelten Markt und dem Freiverkehr.

%-Notierung

Genussscheine notieren meistens in Form von Prozentsätzen. Nur sehr wenige weisen eine Stücknotiz auf. Die Prozentangaben beziehen sich auf den Nennwert der Papiere, den der Leser der Tabelle aber nicht entnehmen kann. Sie variieren häufig zwischen 100 und 10.000 Euro.

Flat-Notierung

Genussscheine notieren »flat«. Damit ist gemeint, dass die Stückzinsen in der Kursnotierung »enthalten« sind und nicht separat ausgewiesen werden, wie bei Anleihen. Ein Genussschein hat demzufolge unmittelbar nach einer Ausschüttung – genau wie Aktien nach einer Dividendenzahlung – einen Kursrückgang zu verzeichnen.

S. 1, A. 1, Em. 1

Einige Scheine sind in den Kurstabellen mit Zusätzen versehen wie etwa:

- S.1, S.2, ...
- A.1, A.2, ...
- Em.1, Em.2, ...
- Tr.A, Tr.B, ...
- I, II, ...
- 1, 2, ...
- A, B, ...
- usw.

Dies soll eine bessere Unterscheidung der verschiedenen Emissionen *eines* Emittenten gewährleisten.

Hb. Laba Em.3	*6,25 H*	*108,20 G*	*108,15 G*	*109*	*100*
Hb. Laba Em.4	*6,25 H*	*108,20 G*	*108,15 G*	*109*	*99*
Hb. Laba Em.5	*6,15 H*	*108,10 b*	*108,00 G*	*109*	*100*
Hb. Laba Em.6	*6,25 H*	*106,80 G*	*106,80 G*	*108*	*98*

Der im zurückliegenden Geschäftsjahr ausgeschüttete Gewinn pro Genussschein erscheint in der Tabellenspalte AUSSCHÜTTUNG – und zwar in aller Regel in Form eines Prozentsatzes. Eine Angabe von 15 bedeutet beispielsweise, dass die Inhaber eine Zahlung in Höhe von 15 % vom Nennwert des Papiers erhalten haben.

Ausschüttung

Genussschein
ab 1997 kündbar

BfG Hypobk.93/03	*7 F*	*110,10 G*	*110,25 bG*	*111*	*100*
BHF-Bk.92/02(97)o.O.	9,25 F	119,05 rG	119,00 T	120	110
BHF-Bk.93/05	*6,625 F*	*109,00 -B*	*109,00 -B*	*110*	*100*
BHW Bank 93/04	*7,25 Hn*	*112,00 G*	*112,20 G*	*117*	*107*

In der Tabelle GENUSSSCHEINE findet der Leser auch Hinweise auf die Laufzeiten. Die Angabe 94/06 kennzeichnet ein Papier, das im Jahre 1994 emittiert wurde und im Jahre 2006 verfällt. Am Ende der Laufzeit erfolgt zumeist eine Rückzahlung des Nennwertes. Genussscheinbedingungen enthalten mitunter Klauseln, die den Emittenten eine vorzeitige Kündigung der Papiere ermöglichen, also eine Tilgung vor dem eigentlichen Laufzeitende. In solchen Fällen erscheint zusätzlich eine Jahreszahl in Klammern.

DG Bank 89/09	7,5 F	111,75 G	112,25 G	113	103
DG Bank 92/02	0 F	112,25 G	112,25 b	114	105
DG Bank 94/06	6,75 F	109,75 b	109,25 b	111	101
DG Bank 97/04	6,5 F	109,50 G	109,25 G	110	100
DG Bank 99/09	5,691 F	103,90 G	103,95 b	104	100

Wie bereits erwähnt, können Genussscheine auch mit einem Wandlungsrecht ausgestattet sein. Mitunter ist auch ein Optionsschein angeheftet, der später abgetrennt und separat gehandelt werden kann. Ein Genussschein, der noch inklusive Optionsschein notiert, ist mit dem Zusatz »m. O.« (mit Optionsschein), einer ohne mit »o. O.« (ohne Optionsschein) versehen.

m. O., o. O.

ohne Optionsschein

Cobk. 92/04(98)	*9,15 F*	*121,40 b*	*122,00 b*	*123*	*112*
Cobk. 93/06 o.O.	7,25 F	112,70 b	112,90 b	114	103
Cobk. 94/06 o.O.	5,582 F	100,75 bB	100,75 b	101	96

Genussschein-Typen

Genussscheine lassen sich nach ihren »Ausschüttungsbestimmungen« gruppieren. Danach ergeben sich folgende vier »Genussschein-Klassen«:

A) Genussscheine mit Festverzinsung.

B) Papiere mit Mindestausschüttung und dividendenabhängigem Bonus.
C) Scheine mit vollkommen dividendenabhängiger Ausschüttung.
D) Genussscheine mit »renditeabhängiger« Ausschüttung.

Den Angaben in den Kurstabellen kann man nicht entnehmen, um welchen Typ es sich handelt.

Typ A entspricht in etwa einer festverzinslichen Anleihe, wobei der Inhaber zumeist am Verlust der Unternehmung beteiligt ist.

DPF
DPG

Bei Typ B setzt sich die jährliche Ausschüttung aus einer festen Mindestausschüttung und einem dividendenabhängigen Bonus zusammen. In den Genussscheinbedingungen findet der Anleger einen so genannten Dividendenpartizipationsfaktor (DPF), der angibt, wie die Scheine an Dividendensteigerungen teilnehmen und eine Dividendenpartizipationsgrenze (DPG), an der man die Höhe der Mindestausschüttung ablesen kann. Dazu ein Beispiel:

Beispiel

Ein Genussschein weist folgende Ausstattungsmerkmale auf:

- Mindestausschüttung 8,50 Euro
- Dividendenpartizipationsgrenze 7 Euro
- Partizipationsfaktor 0,5

Beträgt die Dividendenzahlung in einem Geschäftsjahr beispielsweise 10 Euro, dann lässt sich die Ausschüttung anhand der obigen Angaben wie folgt ermitteln:

$8{,}50 + 0{,}5 \times (10 - 7) = 10$ Euro

Genussscheine vom Typ C verbriefen eine vollkommen dividendenabhängige Ausschüttung. Sie besitzen also keine Mindestausschüttung.

Die Höhe der Ausschüttung der letzten hier vorgestellten Kategorie (Typ D) ist vom Bezugsergebnis abhängig. Das ist der Teil des Jahresergebnisses, der durch das Bezugskapital (dies entspricht der Summe der Nennwerte sämtlicher Genussscheine), erwirtschaftet wird. Sowohl Bezugsergebnis als auch Bezugskapital sind in den jeweiligen Genussscheinbedingungen genau festgelegt.

Ein Anleger erzielt mit Genussscheinen oftmals eine höhere Rendite als mit Anleihen, weil Genussscheine, im Vergleich zu Anleihen, in aller Regel zusätzliche Risikokomponenten (keine Beteiligung am Liquidationserlös usw.) aufweisen.

Beim Kauf von Genussscheinen hat nicht nur die Bonität des Emittenten sondern – ähnlich wie bei strukturierten Anleihen – auch die genaue Ausgestaltung der Emissionsbedingungen einen entscheidenden Einfluss. Genussscheine sollten grundsätzlich anhand der folgenden Kriterien beurteilt werden:

- Laufzeit,
- Ausschüttungen während der Laufzeit,
- Kündigungsrechte des Genussscheinemittenten sowie des -käufers,

- in den Genussscheinbedingungen verbriefte Sonderrechte (z.B. Options- und Wandelrechte),
- Verlustbeteiligung,
- Stellung des Genussscheininhabers im Falle eines Konkurses oder einer Liquidation des Emittenten.

Zertifikate

Entstehung

In Deutschland zählen Zertifikate zu den erfolgreichsten Anlageprodukten, die in letzter Zeit auf den Markt gebracht wurden. Entstanden sind diese Instrumente vor einigen Jahren auf Initiative institutioneller Anleger (Versicherungsgesellschaften, Pensionskassen usw.), die den Wunsch hatten, Börsenindizes direkt zu kaufen, ohne die aufwändigen Aktientransaktionen und die umständlichen Umschichtungen durchführen zu müssen. Daraufhin haben sich die Produktentwickler in den Banken Gedanken gemacht und *Indexzertifikate* kreiert.

Indexzertifikate

Im Laufe der Zeit ist der Adressatenkreis dann immer stärker ausgeweitet worden. Da diese Instrumente einfach zu handhaben und sehr effizient sind, lag der Gedanke nah, auch Privatkunden den Zugang zu ermöglichen. Daher wurden die ersten Zertifikate mit geringen Stückelungen aufgelegt und Privatanlegern angeboten. Die Nachfrage war ausgesprochen groß und dies hat nicht zuletzt dazu beigetragen, dass sich Zertifikate am Markt fest etabliert haben.

Inzwischen hat sich das Bild völlig gewandelt. Zertifikate zählen immer noch zu den umsatzstärksten Innovationen und es ist zu vermuten, dass die Entwicklung auch in Zukunft anhält. Doch die Banken konzentrieren sich nicht mehr auf reine Indexzertifikate, sondern auf Abkömmlinge, die unter Namen wie *Themen-*, *Basket-* oder *Strategiezertifikat* angeboten werden. Wir kommen darauf später noch ausführlich zurück.

Die Ursachen für diese Entwicklung sind vielschichtig: Derartige Zertifikate lassen sich einfach, kostengünstig und schnell entwickeln. Im Unterschied etwa zu Fonds sind keine langwierigen Genehmigungsverfahren erforderlich. Außerdem handelt es sich um Finanzprodukte, die sich relativ leicht platzieren lassen, da sie nicht sehr erklärungsbedürftig sind. Diese Gründe treffen für Indexzertifikate im Übrigen auch zu. Doch *Themenzertifikate* haben noch einen weiteren, entscheidenden Vorteil für die Banken. Da der Markt für derlei Produkte häufig sehr intransparent ist, haben die Institute bessere Möglichkeiten zur Erzielung attraktiver Erträge.

Funktionsweise

Beginnen wir mit reinen Indexzertifikaten. Sie sind so konzipiert, dass Anleger eins zu eins an der Entwicklung eines Aktienindexes teilhaben. Betrachten wir ein Beispiel: Eine Bank hat ein Zertifikat ausgegeben, das sich auf den DAX bezieht. Für den Inhaber dieses Zertifikats ist es so, als besäße er tatsächlich einen Index, ohne die zugrunde liegenden Aktien oder Fondsanteile gekauft zu haben. Mit jedem Anstieg des DAX nimmt der Wert des Zertifikats im selben Maße zu, mit jedem Rückgang sinkt er entsprechend. *Indexzertifikate* sind quasi das (verbriefte oder »beurkundete«) Versprechen einer Bank, nach Ablauf einer bestimmten Zeit eine Rückzahlung zu leisten, deren Höhe dem dann geltenden Indexstand entspricht.

Anleihen

Rein rechtlich sind Indexzertifikate Anleihen. Sie haben viel Ähnlichkeit mit Indexanleihen, bei denen die Höhe des Tilgungsbetrages ebenfalls an einen Index geknüpft ist. Der Käufer ist Gläubiger und überlässt dem Emittenten (= Schuldner) sein Geld nur leihweise, um es nach Ablauf einer bestimmten Frist zurückzuverlangen. Deshalb haben Zertifikate oft eine feste Laufzeit, inzwischen gibt es allerdings eine Reihe von Produkten, die – ähnlich wie eine ewige Anleihe – keinen festen Rückzahlungstermin mehr aufweisen und damit quasi unbegrenzt (»unlimited«) lang laufen. Oft bezeichnet man sie deswegen auch als *Unlimited- Zertifikate.*

Unlimited

Wer ein Zertifikat kauft, erhält im Normalfall keinerlei Zins- oder sonstige zwischenzeitliche Zahlungen, sondern lediglich eine Rückvergütung am Ende der Laufzeit, vorausgesetzt, es gibt überhaupt eine fest vorgegebene Laufzeit.

Was ihre Zahlungsstruktur betrifft haben Zertifikate große Ähnlichkeit zu Nullkuponanleihen. Verglichen damit ist im Voraus aber nicht bekannt, was am Fälligkeitstermin zurückfließt. Denn die Höhe des Tilgungsbetrages hängt ja von der Höhe des Indexes ab. Ein Beispiel: Angenommen eine Bank hat ein Zertifikat mit einer Gesamtlaufzeit von einem Jahr herausgegeben und den Rückzahlungskurs an den Stand des Deutschen Aktienindexes (DAX) geknüpft. Für jedes Zertifikat zahlt das Institut einen Euro-Betrag zurück, der exakt mit dem DAX am Verfalltag übereinstimmt. Der Preis des Zertifikats entspricht stets dem Stand des gerade aktuellen Indexes. Notiert er am Emissionstag etwa bei 5.000 Punkten, kostet ein Zertifikat 5.000 €. Befindet sich der DAX am Laufzeitende auf einem Niveau von 5.500 Punkten, hat der Anleger 500 € gewonnen, bei einem Stand von 4.400 hingegen 600 € verloren.

Ein einziges Zertifikat kann ziemlich teuer sein, wenn es sich stets auf den vollen Index bezieht. Doch das muss nicht unbedingt so sein. In der Realität ist das sogar eher die Ausnahme. Um derartige Instrumente auch für Klein- und Kleinstanleger attraktiv zu gestalten, legen die Banken oft nur ein Zehntel oder ein Hundertstel eines Indexes zugrunde. Das Bezugsverhältnis beträgt in vielen Fällen also nicht 1,0, sondern lediglich 0,1 bzw 0,01. Ein entsprechendes DAX-Zertifikat hat dann am Emissionstag einen Preis von 500 bzw. 50 €.

Bezugsverhältnis

Kein Anleger ist gezwungen, ein Zertifikat bis zum Schluss zu halten. Denn die meisten Zertifikate können auch an der Börse gehandelt werden. Sollte sich dort einmal keine passende Gegenseite finden, springen im Normalfall die Emittenten ein. Man spricht auch von Market-Making. Die Banken orientieren sich normalerweise eng am Stand des Indexes, wenn sie Quotierungen stellen. Notiert der DAX – wie oben gesagt – bei 5.000 Punkten, wird die Geldseite etwas unter, die Briefseite hingegen etwas über dieser Marke liegen. Die Quotierung könnte vielleicht 4.990 zu 5.010 lauten. Besonderes Augenmerk sollten Anleger auf den Spread (Abstand zwischen Geld- und Briefkurs) richten. Denn: Je enger der Spread, umso vorteilhafter ein Zertifikat. Zu finden sind Geld- und Briefkurse im Internet, entweder direkt auf der Seite des Emittenten oder auf übergeordneten Seiten, zum Beispiel von Finanzinformationsanbietern. Auch in der Finanzzeitung stehen vereinzelt Kurse vom letzten Börsentag. Man findet Zertifikate in der Tabelle AUSSERBÖRSLICHE OPTIONSSCHEINE (siehe Ausschnitt). Dies ist etwas irritierend, da Zertifikate keine Optionen sind und auch nicht deren Eigenschaften – insbesondere Risiken – beinhalten.

WPKN	Name	C/P	Basis	Laufz.	Bez.Verh.	Geld	Brief	Delta
306920	EST.Technolo.			9.9.03	0,1	64,62	65,17	
306921	EST.Telekom			9.9.03	0,1	63,16	63,69	
306922	EST.Versorger			9.9.03	0,1	32,44	32,71	
Themen-Basket								
173490	UMTS-Basket			9.5.03	1	80,37	82,01	
617924	Nasdaq-Japan-B.			15.8.02	0,001	20,19	21,48	
501204	Logistik-Basket			13.3.02	1	77,22	78,59	
701320	Neuer M.Leader B			4.9.02	1	58,76	59,94	
701305	Fibre Optik.B			14.8.03	1	47,97	48,95	
701302	Best of Borse Now			30.4.03	1	104,52	105,57	
575749	DAX Momen. B.			29.11.02	1	86,88	87,54	
575722	Alt.Energie.B			30.10.03	1	71,39	73,22	
586863	Garp Basket			20.12.02	1:1	96,47	98,94	
586866	Bio Tech B			13.12.04	1:1	74,77	76,30	
GZ-Bank AG								
Zertifikate								
813232	TechnoStars			9.4.01	1:1	1332,70	1359,90	
813237	LifeStars			10.9.01	1:1	712,60	727,20	
813316	Global.WebStars			30.4.02	1:1	96,10	98,00	
809530	Gl.TrendSTARS			19.4.10	1:1	78,20	79,70	
809532	Gl.TechnoSTAR			12.5.05	1:1	58,60	59,70	
813317	EuroStars 2			29.7.02	1:1	119,80	122,20	
813318	NemaxStars			10.9.02	1:1	88,70	90,50	
809534	BioTechSTARS			14.9.05	1:1	69,00	70,40	

Von unterschiedlichen Bezeichnungen nicht verwirren lassen

Nicht alle Emittenten verwenden die Bezeichnung Zertifikate. Oft ist auch von *Partizipationsscheinen* – kurz »Participations« – die Rede. Der Begriff kommt daher, dass Anleger an der Wertentwicklung teilhaben (»partizipieren«).

Man findet allerdings noch eine Vielzahl anderer Namen, etwa »Perles«, was als Abkürzung für Performance-Linked-to-Equity-Securities steht. Auch hierbei handelt es sich um Zertifikate. Der Anleger muss stets genau in die Verkaufsprospekte schauen, um herauszufinden, welche Art von Finanzprodukt er vor sich hat.

Klassifizierung

Der Markt für Zertifikate ist im Laufe der Zeit immer unübersichtlicher und vor allem undurchsichtiger geworden. Es erscheint daher sehr sinnvoll, wenn man das vorhandene Produktangebot zunächst ein wenig strukturiert. Da es bislang noch keinerlei Ansätze für eine einfache, den praktischen Anforderungen entsprechende Klassifizierung gibt, haben wir uns dazu entschlossen, zwei Gruppen zu bilden: echte und unechte Indexzertifikate. Warum wir diese Einteilung gewählt haben, hat folgende Gründe: Ein Zertifikat bezieht sich im Regelfall auf Aktien, normalerweise auf mehrere verschiedene Papiere, man könnte auch sagen einen »Aktienkorb«. Ein solcher Korb kann auf unterschiedliche Weise, vor allem aber von unterschiedlichen Stellen konstruiert werden. Wir trennen auf der einen Seite interessenfreie Gruppen – hierzu zählen wir in erster Linie Börsen – und solche, die bestimmte Eigeninteressen verfolgen (insbesondere Banken).

Es gibt auch Zertifikate, denen nur eine Aktie zugrunde liegt (Aktienzertifikate) oder solche, die sich auf einen Währungsbetrag (z. B. 100 US-Dollar) beziehen (Währungszertifikate).

Aktienkörbe, die von einer Börse stammen (z. B. DAX, Euro STOXX 50), bezeichnet man stets als Index. Uneinheitlich ist hingegen die Bezeichnungs-

Korb

weise, wenn der Korb von einer Bank konstruiert wird. Die Institute verwenden Begriffe wie Aktienkorb oder Basket, anzutreffen sind aber auch »Thema«, »Strategie« oder »Index« (siehe Abbildung). Es ist damit zu rechnen, dass in Zukunft noch andere Namen auftauchen. Dadurch steigt im Allgemeinen die Intransparenz.

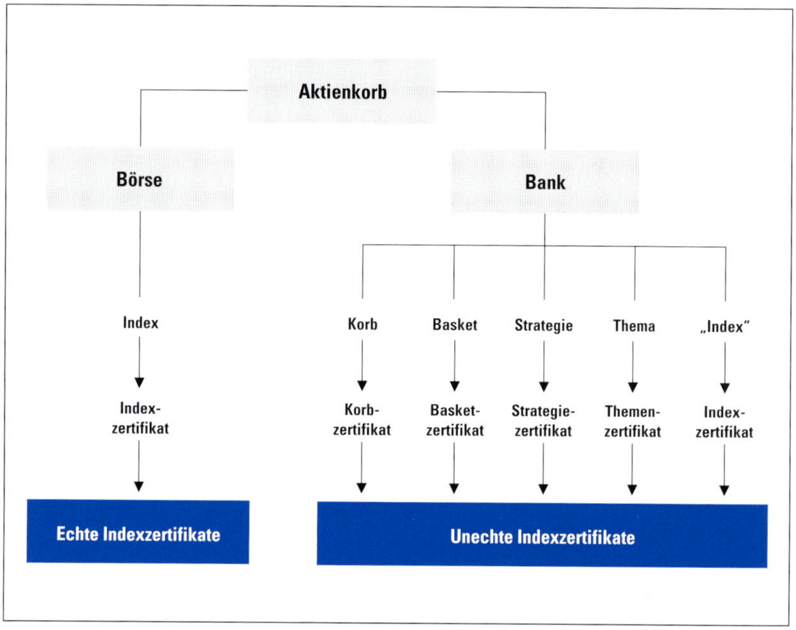

Die von den Banken konstruierten Aktienkörbe weisen im Allgemeinen nicht die Qualitätsmerkmale eines Börsenindexes auf. Deswegen trennen wir echte und unechte Indizes voneinander.

Echte Indexzertifikate

Nach unserer Definition ist ein Index »echt«, wenn er von einer neutralen und unabhängigen Stelle stammt, die das Ziel verfolgt, ein den tatsächlichen Verhältnissen entsprechendes Abbild eines Aktienmarktes (Marktsegmentes) zu schaffen.

Objektivität

Aus diesem Grunde dürfen nur solche Aktien im Index vertreten sein, die das jeweilige Marktsegment auch repräsentieren. Die Gewichtung der Titel muss nach objektiven Kriterien (z. B. Marktkapitalisierung) erfolgen.

Auf derartigen Prinzipien beruhen die Indizes der Deutschen Börse oder die STOXX-Indizes. Bei einer Institution wie der Deutschen Börse kann man sicher sein, dass nicht einzelne Interessengruppen im Vordergrund stehen, sondern Rücksicht auf alle Marktakteure genommen wird – also private und institutionelle Anleger gleichermaßen. Die Gefahr von Manipulationen bei Börsenindizes – oder Indizes, die von einer anderen neutralen Stelle kommen – ist gering. Solche Maßzahlen haben noch weitere Vorteile: Sie werden unter Einhaltung vorher festgelegter Kriterien berechnet und sämtliche Informationen wie etwa das Konstruktionsprinzip, aktuelle Stände, historische Daten oder spezielle Kennzahlen (z. B. Indexvolatilitäten) stehen regelmäßig zur Verfügung, und zwar so, dass sie der breiten Öffentlichkeit zugänglich und von dieser auch nachvollziehbar sind. Die Transparenz ist ausgesprochen hoch. Denn veröffentlicht wird nicht ausschließlich in bestimmten Spezialmedien – hierzu zählt beispielsweise der Nachrichtendienst Reuters –, zu denen nur ein begrenzter Kreis (z. B. Banken) Zutritt hat, sondern in normalen Zeitungen, Radio- und Fernsehsendungen, im Videotext und Internet. Fazit: Bei Börsenindizes handelt es sich um die qualitativ hochwertigsten Indizes. Ein Beispiel für ein Zertifikat, das sich auf einen Börsenindex bezieht (»echtes Indexzertifikat«), zeigen wir in der Abbildung auf der folgenden Seite.

Unechte Indexzertifikate

Einem unechten Zertifikat liegt dagegen kein Börsen-, sondern ein Bankindex zugrunde. Da »Index« ein sehr allgemeiner Begriff ist, kann man im Grunde alles mit diesem Stempel versehen. Wir können also Aktien nach einer Methode auswählen und gewichten, die wir für besonders aussichtsreich halten. Dies hat zum Beispiel die Bank UBS Warburg getan. Sie hat bei der Aktienzusammenstellung eigene, nach ihrer Ansicht Erfolg versprechende Kriterien zugrunde gelegt (siehe übernächste Seite). Das Ergebnis ist ein Korb, in dem jede Aktie ein von der Bank vorgegebenes Gewicht erhält. Diese Zusammenstellung bezeichnet sie als Index. Nach ähnlichem Muster geht auch die Bank Sal. Oppenheim vor. Auch sie hat nach eigener Meinung besonders vielversprechende Aktien ausgewählt und gewichtet. Sie nennt das Ergebnis aber nicht Index, sondern Basket (siehe Seite 448). Statt Basket hätte sie das Instrument auch – wie bei anderen Banken üblich – Strategie- oder Themenzertifikat nennen können.

Im Unterschied zu Börsenindizes sind die Konstruktionen von Banken häufig von geringerer Qualität. Dies hat mehrere Gründe: Eine Bank verfolgt eigene Ziele (zum Beispiel den eigenen Gewinn zu maximieren) und ist im Allgemeinen nicht bestrebt, unterschiedlichen Interessen gerecht zu werden. Außerdem sind Bankindizes für gewöhnlich bei weitem nicht so transparent wie Kennzahlen, die von der Börse stammen. Es ist meist ziemlich schwierig, aktuelle Stände abzurufen oder Details über das Konstruktionsprinzip eines Bankindexes in Erfahrung zu bringen. Oft ist es daher zum Beispiel sehr mühsam, Änderungen bei der Indexzusammensetzung zu überprüfen. Auch historische Daten, an denen man zum Beispiel das Schwankungspotenzial ablesen könnte, stehen häufig nicht zur Verfügung. Darüber hinaus sind Manipulationsgefahren prinzipiell erheblich stärker ausgeprägt als bei einem Börsenindex. Da die Bank den Index selbst konstruiert, kann sie die zugrunde liegenden Aktien frei auswählen, nach eigenen Vorstellungen gewichten und durchaus solche Aktien verwenden, deren Kurse (und damit Indexstände) sich auf leichte Weise durch Transaktionen in geringem Umfang beeinflussen lassen. Zudem ist fraglich, ob auch kleinste Details wie bei Börsenindizes üblich bereits im Voraus genau geregelt sind und willkürliche Änderungen der Indexkonzeption im Nachhinein ausgeschlossen sind.

Da man grundsätzlich davon ausgehen muss, dass der Aufbau derartiger Indizes sehr stark von Bankinteressen abhängt, bezeichnen wir sie als unecht. Das bedeutet aber nicht, dass sie für einen Anleger mit Nachteilen verbunden sein müssen.

COMMERZBANK
SECURITIES
Postfach
60261 Frankfurt am Main
Telefon: +49 69 136 42956
Telefax: +49 69 136 47595

Unlimited DAX Indexzertifikat

Emittentin:	Commerzbank AG, Frankfurt
Lead Manager:	Commerzbank AG, Frankfurt
Wertpapierart:	Indexzertifikat
Verbriefung:	Globalurkunde, keine effektiven Stücke
WKN:	702 979
ISIN Code:	DE000702979/5
Emissionstag:	18.09.2000
Valuta:	22.09.2000
Einlösung:	Jeder Zertifikatsinhaber hat das Recht, von der Emittentin die Einlösung der Zertifikate jeweils zum Einlösungstermin zu verlangen. Dazu muß der Zertifikatsinhaber spätestens am zehnten Bankarbeitstag in Frankfurt am Main vor dem verlangten Einlösungstermin die Zertifkate zur Einlösung bei der Zahlstelle einreichen. Einlösungstermin ist jeweils der letzte Bankarbeitstag in Frankfurt am Main der Monate Dezember, März, Juni, September eines jeden Jahres ab dem Monat Dezember 2000. Die Einlösung pro Zertifikat erfolgt zu einem Hundertstel des in EUR ausgedrückten Schlusskurses des DAX 30 Performance Index am jeweiligen Bewertungstag ("der Einlösungsbetrag"), wobei 1 Indexpunkt EUR 1,00 entspricht.
Bewertungstag:	Jeweils der 5. Bankarbeitstag in Frankfurt am Main vor dem jeweiligen Einlösungstermin bzw. Kündigungstermin.
Kündigungsrechte:	Die Emittentin hat das Recht, die Indexzertifikate zum 20.09. eines jeden 10ten Jahres, erstmals zum 20.09.2010 zum Einlösungsbetrag zu kündigen. Eine solche Kündigung ist mindestens 365 Tage vorher bekanntzumachen.
Emissionspreis:	EUR 69,50
Emissionsvolumen:	10.000.000 Zertifikate
Ausmachender Betrag:	EUR 695.000.000,-
Bezugsverhältnis:	100:1
Index:	DAX 30 Performance Index (Reuters: .GDAXI)
Kupon:	Keiner
Sekundärmarkt:	Das Zertifikat ist an deutschen Börsentagen zwischen 9:15 Uhr und 20:00 Uhr handelbar. Während der gesamten Laufzeit werden fortlaufend Geld- und Briefkurse gestellt. Die Geld- Briefspanne beträgt unter normalen Marktbedingungen ca. 0,20%.
Listing:	XETRA, Frankfurter Wertpapierbörse (Amtlicher Handel), Stuttgarter Wertpapierbörse (Freiverkehr), Düsseldorfer Wertpapierbörse (Freiverkehr)
Informationsquellen:	Reuters: COBACERT15 Videotext: Pro 7 S.176 ff. Internet: http://www.commerzbank.de -> Optionsscheine/Derivate

Die allein maßgeblichen vollständigen Zertifikatsbedingungen und weitere Einzelheiten der Emission sind dem unvollständigen Verkaufsprospekt und den dazugehörigen Nachträgen zu entnehmen, die bei der Commerzbank Aktiengesellschaft, ZGO 3.3, Neuemissionen, Kaiserplatz, 60261 Frankfurt am Main, angefordert werden können.

UBS Warburg

UBS Warburg AG ist eine Tochtergesellschaft der UBS AG

Europe PEG 20 Index™ [1]

Substanz- oder Wachstumswerte? Auf der Suche nach der richtigen Anlagestrategie

Seit Anfang 1999 wird das Bild von europäischen Blue-Chip-Aktien von hohen Volatilitäten, also Schwankungen, sowohl der Einzelwerte als auch des gesamten Aktienmarktes, geprägt. So verzeichnete beispielsweise der Dow Jones STOXX 50℠ innerhalb von 15 Monaten eine Performance von ca. 60%, um dann in den nächsten 10 Monaten wieder um ca. 21% zu fallen.

Einige Analysten haben Ende 1999 auch schon einen Paradigmenwechsel in der Bewertung von Aktien gesehen. Zentrale Bedeutung würden nur noch Wachstumsaussichten und erwartete zukünftige Gewinne haben. Mit der Kehrtwende am Aktienmarkt im März 2000 sind diese Träume wie eine Seifenblase geplatzt. Dieselben Technologiewerte, die vorher den Boom getragen haben, sind die Werte gewesen, die auch den Sturz angeführt haben.

Aber auch Investoren, die ihren Investitionsfokus in den letzten 2 Jahren auf solide Substanzwerte ausgerichtet haben, mussten bis zum Frühjahr 2000 resigniert mit ansehen, wie europäische Indizes historische Höchststände erklommen, klassische europäische Blue Chips hingegen eine Seitwärtsbewegung oder sogar Kursrückgänge verzeichneten. Wie sollte also eine Erfolg versprechende Anlagestrategie im Jahre 2001 aussehen?

Strategie

Eine intelligente und praktische Lösung für dieses komplexe Problem bietet Ihnen UBS Warburg mit dem speziell für den europäischen Aktienmarkt entwickelten Europe PEG 20 Index™. Herzstück dieser innovativen Anlagestrategie ist die Price-Earnings-to-Growth-Kennziffer, kurz PEG-Kennziffer, welche das Kurs-Gewinn-Verhältnis in Relation zum langfristig durchschnittlichen Gewinnwachstum setzt.

Somit werden alle 3 Monate aus dem Pool der großen DJ-STOXX℠-Werte ausschließlich Unternehmen ausgewählt, die sowohl bereits heute Gewinne erwirtschaften (Substanzwerte) als auch positive Gewinnwachstumsaussichten aufweisen (Wachstumswerte). Eine PEG-Strategie bietet dem Investor also das Beste aus beiden Welten.

Ausstattung

Zeichnungsfrist:	19. März bis 30. März 2001
Emissionspreis:	Euro 101,50
Basiswert:	Euro 100,00
Fälligkeit:	4. April 2006
Börsennotierung:	Düsseldorf, Frankfurt und Stuttgart
WKN:	631 942
Valoren-Nr.:	1204835
Indikativer Kurs:	Euro 101,50 am 30. März 2001
Verwaltungsgebühr:	0,375% für das Vierteljahr, wird vierteljährlich nachträglich vom Wert des Zertifikates in Abzug gebracht
Neuanpassung des Index:	Jeweils am 1. März, Juni, September und Dezember eines Jahres
Kursinformationen:	Reuters-Seite WDRCERT07

[1] Europe PEG 20 Index ist eine eingetragene Marke der UBS AG.

[2] Dow Jones STOXX steht im Eigentum der STOXX Limited und ist eine Dienstleistungsmarke von Dow Jones & Company, Inc.

[3] Theoretisch historische Rückrechnung. Chart wurde auf den 2. März 1992 zu 100% zurückgerechnet.

Aktuelle Aktien im Europe PEG 20 Index™

1. März 2001 bis 31. Mai 2001

Aktien	Gewichtung per 1. März in %	Branche
1. Credit Lyonnais	1,7	Bank
2. Thomson Multimedia	3,3	Handel und Konsum
3. Unicredito Italiano	4,8	Bank
4. Peugeot SA	3,6	Auto
5. Repsol SA	6,0	Energie
6. Alcatel	13,6	Technologie
7. Total Fina Elf	15,0	Energie
8. BMW	6,7	Auto
9. Credit Suisse	14,0	Finanzdienstl.
10. ASM Lithography	2,6	Technologie
11. Old Mutual	2,4	Versicherung
12. Christian Dior	2,3	Handel und Konsum
13. Assur Gen De France	1,6	Versicherung
14. Fortis	3,9	Finanzdienstl.
15. Rio Tinto	5,8	Rohstoff verarb. Ind.
16. Gas Natural SDG	2,2	Versorgungswerte
17. Smiths Group	1,5	Industrie
18. Cie De St-Gobain	3,8	Bauindustrie
19. CRH	2,2	Bauindustrie
20. Billiton	3,0	Rohstoff verarb. Ind.

Performancevergleich des Europe PEG 20 Index™ mit dem Dow Jones STOXX℠ und Dow Jones STOXX 50℠ [2]

Zeitraum: 2. März 1992 – 12. Februar 2001 [3]

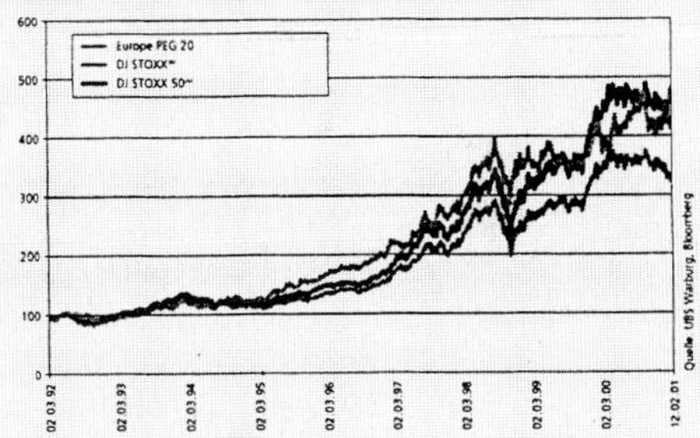

Vorteile auf einen Blick

- Investoren konzentrieren sich auf Unternehmen, die sich sowohl durch ein niedriges KGV als auch durch positive Wachstumsprognosen für den Gewinn auszeichnen
- Konzentration auf ertrags- und wachstumsstarke europäische Unternehmen als Anlageziel mit gleichzeitiger breiter Branchen-Diversifikation
- Der Europe PEG 20 Index™ ist ein Performance-Index, der den Gesamtertrag einbezieht; er berücksichtigt daher auch Dividendenzahlungen
- Kauf und Verkauf zu den jeweiligen Börsenhandelszeiten täglich möglich
- In der historischen Rückrechnung vom März 1992 bis Februar 2001 hat der Europe PEG 20 Index™ den DJ STOXX℠ um 4,8% p.a. geschlagen (jährliche durchschnittliche Performance von 19,0% gegenüber 14,2% p.a. des Dow Jones STOXX℠)

OPPENHEIM AKTIENZERTIFIKAT

Neuemission vom 29. November 2000

Oppenheim Best Buy Zertifikat

Das Oppenheim Best Buy Zertifikat enthält Werte, welche sich nach den jüngsten Kursverlusten derzeit auf attraktiven Bewertungsniveaus befinden und günstige Kaufgelegenheiten darstellen. Mit dem Oppenheim Best Buy Zertifikat hat der Anleger die Möglichkeit, die aktuell günstigen Einstiegsniveaus zu nutzen und mit einem diversifizierten Aktienkorb an einem Rebound dieser Werte des Neuen Marktes direkt zu partizipieren.

Ausstattung im Überblick

Emittentin:	**Sal. Oppenheim jr. & Cie. KGaA, Köln**		
Lead-Manager:	Sal. Oppenheim jr. & Cie. KGaA, Köln		
Best Buy Basket:	**Aktie**	**WKN der Aktie**	**Anzahl**
	Heyde AG	602 670	113
	MobilCom AG	662 240	24
	Pironet AG	691 640	215
	Software AG	724 260	18
	Systematics AG	727 680	47
	Telesens AG	529 970	35
	TOMORROW Internet AG	541 460	112
	United Internet AG	508 903	252
Tilgung:	Die Rückzahlung pro Zertifikat erfolgt in Euro zum Wert des Oppenheim Best Buy Zertifikats am Bewertungstag. Der Wert ermittelt sich aus der mit der Anzahl der Aktien gewichteten Summe der am Bewertungstag in der Schlußauktion des Xetra-Handelssystems der Frankfurter Wertpapierbörse festgestellten Kurse.		
Bezugsverhältnis:	100:1. 100 Zertifikate beziehen sich auf 1 Basket		
Beginn Laufzeit/Valuta:	6. Dezember 2000		
Bewertungstag:	2. Dezember 2003		
Rückzahlung:	9. Dezember 2003		
Emissionsvolumen:	1.000.000 Zertifikate		
Kleinste handelbare Einheit:	1 Zertifikat		
Anfänglicher Verkaufskurs:	EUR 99,90 (freibleibend, Stand 29. November 2000)		
Börsennotierung:	Freiverkehr Düsseldorf, Frankfurt und Stuttgart		
WKN / ISIN Code:	755 743/ DE 000 755 743 1		
Common Code / Valorennr.:	116 26 52 / 121 37 621		

Diese Übersicht dient lediglich zur Information. Allein maßgeblich sind die Zertifikatsbedingungen im Verkaufsprospekt, der kostenlos erhältlich ist bei Sal. Oppenheim jr. & Cie. KGaA, Zertifikate, Unter Sachsenhausen 4, 50675 Köln.

Aktuelle Kurse: Videotext: ARD/ZDF, Seite 835 • Internet: www.oppenheim.de/zertifikate • Reuters: SALOPP150ff

Wie Themen- und Strategiezertifikate entstehen

Story

Sämtliche Themenzertifikate sind im Prinzip nach einem einheitlichen Muster gestrickt. Die Produktentwickler in den Banken suchen sich in aller Regel ein Thema (daher die Bezeichnung) – man sagt auch »Story« –, das für Anleger interessant sein könnte und von den meisten unter wirtschaftlichen Gesichtspunkten positiv gesehen wird. Oft sind Themen vertreten, die gerade aktuell sind. Dann wählt man Aktien aus, die zu dem Thema passen, stellt sie zu einem Korb – auch »Basket« genannt – zusammen und legt sie einem Zertifikat zugrunde. Betrachten wir eine Praxisbeispiel: Im Jahr 2000 häuften sich in den ersten Monaten Fälle von Sicherheitsmängeln im World Wide Web. So verbreitete sich ein Computervirus namens »I LOVE YOU« weltweit und in einer bis dahin nicht gekannten Geschwindigkeit. Er hat riesige Datenbestände auf den Festplatten unzähliger Rechner vernichtet und damit enorme wirtschaftliche Schäden hervorgerufen. Aufgrund dieses Ausmaßes wurde in der Öffentlichkeit ausführlich über den Virus und seine Folgen diskutiert. Für viele Menschen wurde »Sicherheit im Internet« zu einem echten Thema. Damit war die Basis für eine gute Story vorhanden.

Die ABN Amro Bank nahm die Entwicklung zum Anlass, ein *WEB & Security-Zertifikat* aufzulegen. Es bezieht sich auf Unternehmen aus dem Bereich Internet-Sicherheit und wurde in der Phase entworfen und auf den Markt gebracht, als sich die Technikpannen häuften. Dass ein derartiges Produkt in einer solchen Situation bei Anlegern auf fruchtbaren Boden fällt, überrascht kaum.

Doch es müssen nicht unbedingt aktuelle Entwicklungen sein, die Anlass sind für die Auflage eines Zertifikats. Auch althergebrachte »Themen« bieten Gelegenheit, um darauf ein Zertifikat aufzubauen. Nehmen wir ein Beispiel: Es gibt Finanzexperten, die davon überzeugt sind, dass Aktien, die in der Vergangenheit eine relativ hohe Dividendenrendite hatten, in Zukunft ein außerordentliches Ertragspotenzial beinhalten. Also fasst man Papiere, die diese Kriterien erfüllen, zu einem Korb zusammen, und nutzt den Basket als Grundlage für ein Zertifikat. Man könnte auch sagen, die Aktienauswahl basiert auf einer bestimmten Strategie. Deswegen stößt man manchmal auch auf die Bezeichnung »Strategiezertifikate«.

Zertifikate auf Kurs- und Performanceindizes

Ein Zertifikat kann – unabhängig davon, ob es sich um einen Börsen- oder Bankindex handelt – sowohl auf Kurs- als auch Performanceindizes beruhen. Im ersten Fall, dem *Kursindexzertifikat*, partizipiert der Anleger lediglich an Kursveränderungen. Der Index steigt bzw. sinkt, wenn die Kurse der zugrunde liegenden Aktien schwanken. Handelt es sich hingegen um einen *Performanceindex*, dann erhöht sich der Indexstand auch bei Dividendenzahlungen.

Vergleich

Am Beispiel des Euro Stoxx 50 wollen wir einmal demonstrieren, welchen Wert Dividenden besitzen. In einem Diagramm haben wir sowohl den Kurs- als auch Performanceindex für einen Zeitraum von gut 14 Jahren dargestellt (siehe Abbildung nächste Seite). Wir haben beide Indizes auf denselben Anfangswert von 100 gesetzt – man sagt auch »indexiert« –, damit ein direkter Vergleich möglich wird.

Bereits am grafischen Verlauf ist zu erkennen, dass sich die beiden Indexlinien mit der Zeit immer weiter voneinander entfernen. Hätten wir im Januar 1987 ein Kursindexzertifikat zum Preis von 100 € gekauft, dann läge unser Vermögen Ende März 2001 bei 487 €. Mehr als 200 € höher wäre der Wert hingegen, wenn der Performanceindex zugrunde gelegen hätte. Kein Anleger wird daher bereit sein, für die beiden Zertifikate den gleichen Kaufpreis zu bezahlen. Doch welcher Wert ist jeweils fair?

Um diese Frage zu beantworten, stellen wir folgende Überlegung an: Statt eines Kursindexzertifikats könnten wir auch die zugrunde liegenden Aktien direkt kaufen. Deren Kaufpreis entspricht dem aktuellen Stand des Kursindexes.

Doch unser Aktiendepot wird sich in Zukunft besser entwickeln als der Kursindex, aufgrund der Dividenden, die uns zufließen. Deshalb ist es nicht gerechtfertigt, für ein Zertifikat einen Preis in Höhe des aktuellen Indexstands zu verlangen. Sonst würden wir praktisch den vollen Preis bezahlen – wie beim direkten Aktienkauf –, kämen aber nicht in den Genuss der Dividenden.

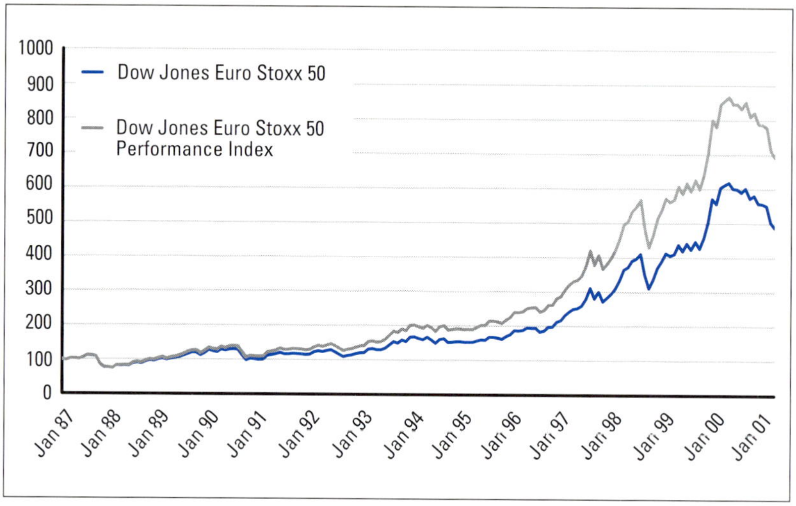

Fairer Preis

Fair wäre es daher, den Zertifikatpreis in Höhe der zukünftig zu erwartenden Dividenden zu reduzieren. Das hört sich zunächst einfacher an, als es ist. Denn man weiß heute nicht, wie hoch die Dividenden in Zukunft sind. Doch wir haben die Möglichkeit, uns an der Entwicklung in der Vergangenheit zu orientieren. Wir haben ausgerechnet, dass der Euro Stoxx 50-Kursindex in den letzten 14 Jahren im Schnitt 11,8 %, der Performanceindex demgegenüber 14,6 % pro Jahr an Wert gewonnen hat. Das ist ein Unterschied von 2,8 % im Jahr. Wenn man davon ausgeht, dass diese Entwicklung in der Zukunft in etwa so anhält, dann sollte man für ein Kursindexzertifikat einen entsprechenden Preisabschlag vornehmen.

Beispiel

Angenommen, der Euro Stoxx 50-Kursindex hat aktuell einen Stand von 4.000 Punkten. Eine Bank bietet ein Zertifikat mit fünfjähriger Laufzeit an (Bezugsverhältnis »1 zu 1«), das sich auf diesen Index bezieht.

Ein Preis in Höhe des aktuellen Indexstands (»4.000 €«) wäre nicht angemessen, denn wir verzichten auf Dividendenerträge von durchschnittlich 2,8 % pro Jahr, das macht 14 % für die gesamte Laufzeit. Unser Zertifikat müsste daher überschlägig gerechnet einen Abschlag von 560 € haben (4.000 mal 14 %). Dieser Wert ist lediglich eine Orientierungsgröße, finanzmathematisch aber nicht ganz korrekt, da der Zinseszinseffekt vernachlässigt wurde. Rechnet man exakt, muss der Indexstand über einen Zeitraum von fünf Jahren mit 2,8 % abgezinst werden. Dann ergibt sich:

$$\frac{4.000}{1{,}028^5} = \frac{4.000}{1{,}1481} = 3.484{,}13\ €$$

Viel einfacher zu bewerten sind hingegen Zertifikate, die sich auf einen Performanceindex beziehen. Deren Wert ist stets identisch mit dem aktuellen Indexstand. Anpassungen in Form von Preisab- oder -aufschlägen sind nicht erforderlich. Daher lassen sich die Kurse solcher Zertifikate praktisch ohne Aufwand auch von relativ unerfahrenen Anlegern kontrollieren.

Aktienanleihen und Discount-Zertifikate

Es gibt – mitunter auch längere – Phasen, in denen einzelne Aktien oder sogar ganze Märkte mehr oder weniger stagnieren. Die Preise verharren über einen gewissen Zeitraum auf einem in etwa gleichen Niveau. Es zeichnet sich kein klarer Trend ab, erkennbar ist also weder eine eindeutige Aufwärts- noch Abwärtsbewegung.

In derartigen Phasen – Fachleute sprechen auch von *Seitwärtsbewegungen* (oder Seitwärtsmärkten) –, kann man mit dem direkten Kauf von Aktien, Indexzertifikaten oder Fondsanteilen – je nachdem wie lange eine Seitwärtsphase anhält – keine oder nur geringe Erträge erwirtschaften. Es existieren dennoch Möglichkeiten, um von Seitwärtsbewegungen zu profitieren. Eine besteht darin, Optionen zu schreiben. Diese Alternative ist grundsätzlich auch für Normalanleger realisierbar. An einer Terminbörse wie der EUREX ist das – zwar mit einigem Aufwand – im Prinzip für jedermann machbar, allerdings beschränkt sich das Spektrum auf bestimmte Aktien. Viele Papiere aus dem Neuen Markt sind zum Beispiel an der EUREX nicht verfügbar. Abhilfe schaffen dagegen so genannte Aktienanleihen und Discount-Zertifikate. Der Markt für derartige Anlageformen hat in den letzten Jahren einen regelrechten Boom erlebt.

Optionen schreiben

11 % Volkswagen Aktienanleihe[Plus]

Emittent	Commerzbank AG
WKN	627 873
Emissionstag	15. 02. 2001
Valuta	20. 02. 2001
Bewertungstag	14. 02. 2002
Fälligkeit	20. 02. 2002
Kupon	11 % p.a. (EUR 110,00 am 20.02.2002)
Stückelung	1.000 EUR
Rückzahlung	Die Rückzahlung pro Inhaberschuldverschreibung erfolgt entweder: • zu 100 % des Nominalbetrags oder • durch Lieferung von 17 Stammaktien der Volkswagen AG*, falls der Xetra-Schlusskurs der Aktie an der Frankfurter Wertpapierbörse am Bewertungstag unter 58,82 EUR liegt **und** mindestens ein festgestellter XETRA-Kurs der Aktie zwischen dem Emissionstag und dem Bewertungstag (jeweils einschließlich) auf oder unterhalb von EUR 40,00 notiert. * Vorbehaltlich einer Anpassung aufgrund von Kapitalmaßnahmen der Volkswagen AG
Börsennotierung	Xetra; Wertpapierbörsen in Frankfurt, Stuttgart und Düsseldorf
Informationen	Videotext: ProSieben ab S. 176 Reuters: COBABOND41

Das Auffällige an einer Aktienanleihe ist ihr hoher, meist erheblich über dem Marktniveau liegender Zins. Ebenso auffällig ist die Art und Weise, wie die Rückzahlung am Laufzeitende zustande kommt. Im Unterschied zu einer klassischen Anleihe ist der Emittent nämlich nicht unbedingt zur Rückzahlung des Nennwertes verpflichtet. Er kann wählen, ob er den Anleihebetrag (Nominalwert) zurückzahlt oder stattdessen eine bestimmte vorher festgelegte Anzahl von Aktien liefert. Betrachten wir als Beispiel eine »14 % Volkswagen« (Laufzeit ein Jahr). Die Bank kann am Ende der Laufzeit pro Anleihe 1.000 Euro zurückbezahlen oder alternativ 17 VW-Aktien liefern.

Für Aktien wird sie sich entscheiden, wenn diese weniger als 1.000 Euro wert sind, eine Aktie also einen Kurs von weniger als 58,82 Euro (1.000 geteilt durch 17) hat (zum Beispiel 40 Euro). Den Preis von 58,82 € bezeichnet man auch als Basispreis oder Strike.

Entweder besitzt die Bank die Papiere bei Fälligkeit der Anleihe schon und gibt sie an den Gläubiger oder sie kauft diese an der Börse und reicht sie anschließend weiter. Damit hat die Emittentin ihre Pflicht erfüllt, faktisch aber nur einen Gegenwert von 680 Euro zurückgezahlt (17 mal 40 €). Verglichen mit dem Nennwert (1.000 €) spart sie 320 Euro. Notiert die Aktie hingegen oberhalb von 58,82 Euro, lohnt sich die Aktienlieferung nicht mehr. Die Bank entscheidet sich dann für eine Rückzahlung.

Der Anleger trägt in punkto Tilgung ein hohes Verlustrisiko, hat aber nur begrenzte Gewinnchancen. In unserem Beispielfall sind das 14 Prozent (Verkaufskurs der Anleihe: 100 Prozent).

Je größer das Risiko ist, dass die Bank am Ende Aktien statt Geld zurückzahlt, umso höher ist auch die Risikoprämie (Kupon) für den Anleger. Man kann die Höhe dieses Rückzahlungsrisikos an der Volatilität der Aktie ablesen. Bei starken Schwankungen besteht entsprechend große Gefahr, dass die Aktie bei Fälligkeit der Anleihe niedrig notiert und die Bank Aktien statt Geld liefert.

Sonderausstattungen

Die meisten Aktienanleihen funktionieren nach dem Prinzip der »14 % Volkswagen«. Doch es sind auch Papiere mit bestimmten Sonderausstattungen auf dem Markt. Da es mittlerweile ziemlich viele verschiedene »Abkömmlinge« gibt, sind wir aus Platzgründen nicht in der Lage, sie vollständig darzustellen. Daher konzentrieren wir uns auf ein Beispiel. Anhand der »11 % Volkswagen AKTIENANLEIHE^Plus« von der Commerzbank wollen wir die Möglichkeiten zur Umgestaltung einmal zeigen (siehe vorhergehende Seite). Das Recht, bei der Tilgung zwischen Aktien und Geld wählen zu können, hat die Bank nur unter einer Voraussetzung: Der Volkswagenkurs muss während der Laufzeit wenigstens einmal auf ein Niveau von mindestens 40 € gesunken sein. Erst wenn diese Bedingung erfüllt ist, kann die Bank am Ende wählen, ob sie Geld oder Aktien liefert. Fällt der Aktienkurs hingegen die ganze Zeit nicht ein einziges Mal bis auf diese Marke – auch *Knock-in-Schwelle* genannt –, wird die Anleihe erst gar nicht zu einer Aktienanleihe und bleibt eine normale festverzinsliche Schuldverschreibung.

Knock-in

Für den Anleger reduziert sich aufgrund des »Knock-ins« einerseits das Risiko, dass die Bank am Schluss Aktien liefert. Dafür muss er andererseits aber auch einen geringeren Nominalzins in Kauf nehmen.

Dresdner Bank

Discounts							
500491	Adidas		70,00	20.12.01	1	60,59	60,84
500492	BASF		50,00	20.12.01	1	42,37	42,62
500496	DaimlerChrysler		100,00	20.12.01	1	84,61	84,86
500511	Epcos		145,00	20.12.01	1	0	0
500497	Lufthansa		30,00	20.12.01	1	23,45	23,70
246237	Nokia		64,00	10.8.01	0,1	3,30	3,40
247744	Olivetti		3,96	7.9.01	1	2,61	2,69
500516	RWE		42,00	20.12.01	1	36,44	36,69
500517	SAP		250,00	20.12.01	1	166,42	166,67
500518	Schering		70,00	20.12.01	1	53,00	53,25
500519	Schering		180,00	20.12.01	1	134,98	135,48
247749	Telecom Italia		17,13	7.9.01	1	12,13	12,50
Aktienanleihen							
575743	16 % DAX		6500,00			99,96	100,16
575744	13 % DAX		6500,00			101,13	101,33
575747	16%EUROST.50		4700,00			98,45	98,65
575748	13 %EUROST.50		4700,00			98,57	98,77
575745	25 % NEMAX 50		4000,00	23.4.01		67,69	67,89
Index (Warrants)							
709972	DAX	C	6800,00	14.6.02	0,01	7,61	7,63
709989	NEMAX50	C	5000,00	17.6.01	0,001	0,25	0,26
750583	STOXX50E	C	5500,00	12.9.01	0,002	0,12	0,13
709791	NASDAQ 100	C	4000,00	21.9.01	0,005	0,19	0,22

Kommen wir nun zu *Discount-Zertifikaten*: Es handelt sich hierbei um Produkte, deren Risiko-Ertrags-Struktur identisch ist mit der von Aktienanleihen. Der wesentliche Unterschied besteht darin, dass der Emittent keine direkten Zinsen zahlt. Betrachten wir ein Beispiel: Eine Bank gibt ein Discount-Zertifikat mit einer Laufzeit von 6 Monaten heraus, das sich auf die Volkswagen-Aktie bezieht. Preis: 44 €. Da der aktuelle Aktienkurs 50 € beträgt, ist das Zertifikat um 6 € preiswerter. Es notiert sozusagen mit einem Preisabschlag (Discount), daher die Bezeichnung. Am Ende der Laufzeit kann die Bank entscheiden, ob sie dem Anleger 50 € oder alternativ 1 Volkswagen-Aktie zurückgibt. Die Wahl fällt natürlich immer dann auf die Aktie, wenn deren Kurs unter 50 € liegt. Die Gewinnmöglichkeiten für den Anleger sind begrenzt, denn er bekommt im Höchstfall 50 € zurück, auch wenn die Aktie viel höher notiert. Die Rückzahlung ist gewissermaßen mit einem Deckel (englisch: Cap) versehen. Daher nennt man den Kurs von 50 € auch *Cap*. Man sieht, dass die Art und Weise, wie die Bank die Rückzahlung vornimmt, absolut identisch ist mit der Aktienanleihe. Der Anleger hat also das gleiche Rückzahlungsrisiko. Allerdings zahlt die Bank die Risikoprämie in diesem Fall nicht in Form eines Kupons, sondern als Abschlag auf den aktuellen Aktienkurs. Rein wirtschaftlich gesehen handelt es sich bei Discount-Zertifikaten und Aktienanleihen um übereinstimmende Anlageformen. Zu beachten ist jedoch die unterschiedliche steuerliche Behandlung. Der Kupon einer Aktienanleihe muss – zumindest nach gegenwärtiger Rechtsprechung – als Zinseinnahme voll versteuert werden (vorausgesetzt, die Freibeträge sind ausgeschöpft). Ein Kursgewinn beim Discount-Zertifikat ist auf Grundlage der aktuellen Vorschriften hingegen steuerfrei, wenn die Haltedauer die Spekulationsfrist überragt. Innerhalb dieser Frist sind Kursgewinne bis zur Freigrenze steuerfrei.

Für Discount-Zertifikate hat sich im Laufe der Zeit ein eigener Sprachgebrauch herausgebildet. In der Praxis verwendet man fast ausschließlich die Bezeichnung »Zertifikate«, während »Anleihe« kaum anzutreffen ist, obwohl es sich rein rechtlich um Schuldverschreibungen handelt. In den Produktbeschreibungen ist so gut wie nie vom Basispreis oder Strike die Rede; gebraucht wird dafür der Ausdruck »Cap«. Der Begriff Wandlungsverhältnis ist zwar bei Aktienanleihen, nicht jedoch bei Discount-Zertifikaten üblich. Hier gibt es ein Bezugsverhältnis, das anzeigt, wie viele Zertifikate erforderlich sind, um am Laufzeitende eine Aktie bzw. den dazu korrespondierenden Nennbetrag als Tilgung zu erhalten.

Obwohl es sich um Anleihen handelt, besitzen Zertifikate keinen Nominalbetrag. Bei ihnen hat sich die Einheit »Stücke« eingebürgert.

Im HANDELSBLATT findet man Kurse für einige ausgewählte Aktienanleihen und Discount-Zertifikate in der Tabelle AUSSERBÖRSLICHE OPTIONSSCHEINE (siehe Ausschnitt).

Bewertung

Aktienanleihen und Discount-Zertifikate kann man nicht direkt bewerten, da sie aus mehreren Finanzbausteinen bestehen. Deshalb ist es zunächst erforderlich, ein Produkt in seine Einzelteile zu zerlegen und jeden Baustein separat zu bewerten. Anschließend kann man aus den Preisen der Einzelbestandteile auf den Wert der Aktienanleihe schließen. Das Prinzip dieser als *Pricing-by-Duplication* bekannten Methode haben wir im Kapitel »Bewertung von Anleihen« besprochen.

Pricing-by-Duplication

Wann sich Aktienanleihen und Discount-Zertifikate bezahlt machen

Der Reiz von Aktienanleihen und Discount-Zertifikaten liegt vornehmlich darin, Gewinne bei in Zukunft mehr oder weniger gleichbleibenden Aktienkursen zu erzielen. Anleger, die darauf eingestimmt sind, dass die Wertentwicklung bestimmter Titel oder vielleicht sogar des gesamten Marktes in absehbarer Zeit weitgehend stagniert und damit einer Seitwärtsbewegung folgt, kann seine Meinung mit Aktienanleihen und Discount-Zertifikaten umsetzen. Mit anderen Finanzprodukten ist dies dagegen nur eingeschränkt möglich. Zwar könnte man auch Optionen schreiben und so von stagnierenden Kursen profitieren. Aber dies ist für den Normalanleger – wenn überhaupt – nur an der EUREX machbar. Dort sind jedoch erstens nicht alle Aktien oder Indizes »veroptionierbar« und zweitens ist dieser Weg relativ aufwändig. Ein Anleger müsste mehrere einzelne Transaktionen durchführen, er wäre außerdem an bestimmte Mindeststückelungen gebunden und ist gezwungen, selbst auszurechnen, in welchem Umfang Optionen geschrieben werden müssen. Diese Arbeit erspart sich der Anleger, wenn er Aktienanleihen oder Discount-Zertifikate erwirbt.

Range-Optionen

Eine weitere Möglichkeit zur Spekulation auf Seitwärtsmärkte bieten bestimmte exotische Optionen (z. B. *Range-Optionen*), die zum Teil sogar als Warrants angeboten werden und damit auch für private Marktteilnehmer zugänglich sind. Bei Range-Warrants erhält der Anleger am Laufzeitende eine Rückzahlung, wenn der Kurs zu diesem Zeitpunkt innerhalb einer vorher festgelegten Bandbreite (Range) liegt. Bewegt sich der Aktienpreis während der Optionslaufzeit weder stark nach oben noch nach unten, folgt er also einer Seitwärtsbewegung, so bleibt er auch innerhalb der Bandbreite und die Option gewinnt an Wert. Deshalb eignen sich Range-Optionen gut, wenn ein Anleger mit einer Seitwärtsentwicklung rechnet. Das Problem ist, dass solche Optionen nicht immer angeboten werden. Als einziger Ausweg bleiben daher lediglich Aktienanleihen und Discount-Zertifikate.

Wann es sinnvoll sein kann, solche Anlageformen zu wählen, wollen wir an einem konkreten Fallbeispiel zeigen. Dafür verwenden wir das im letzten Abschnitt erwähnte Discount-Zertifikat. Da die Rückzahlung auf einen Höchstbetrag von 50 € begrenzt ist, kann man aus stärkeren Aktienkursanstiegen keinen Profit schlagen. Bei entsprechenden Aufwärtsbewegungen wäre ein direkter Aktienkauf die vorteilhaftere Alternative.

Sinkt der Börsenkurs von Volkswagen in Zukunft, können bei entsprechend starker Abwärtsbewegung normal verzinsliche Alternativen – zum Beispiel einfaches Termingeld – ein besseres Ergebnis bringen.

Doppel-Aktienanleihen und -Discount-Zertifikate

Es sind Aktienanleihen und Discount-Zertifikate auf dem Markt, die dem Emittenten nicht mehr eine Aktie zur Auswahl lassen, sondern gleich zwei verschiedene (daher die Bezeichnung »Doppel«). Ein Beispiel sind die so genannten Two-Asset-Discount-Certificates, die sich auf »Cisco Systems« und »Dell Computer« beziehen. Die Bank kann am Ende der Laufzeit (in einem Jahr)

- 1.000 € zurückzahlen,
- 16 Cisco- oder
- 22 Dell-Aktien liefern.

Sie entscheidet sich natürlich für die Alternative, die am günstigsten ist.

Für den Anleger ist das Risiko höher als bei einem herkömmlichen Discount-Zertifikat. Denn welchen Wert die Tilgungsleistung am Ende hat, hängt nun von zwei verschiedenen Aktien ab. Deshalb ist der Discount entsprechend höher oder – wäre es eine Aktienanleihe – der Kupon.

Korrelation

Doch für wen sind derartige Produkte eigentlich sinnvoll? Eine Antwort finden wir, wenn wir prüfen, was den Wert eines Doppel-Discount-Zertifikates beeinflusst. Auswirkungen hat vor allem die Gleichläufigkeit der Aktienkurse. Bewegen sich die Kurse synchron, so steigt bzw. sinkt Cisco im Wert, wenn auch Dell steigt (sinkt). Denkbar sind aber auch gegenläufige Entwicklungen: Steigt Cisco im Kurs, dann sinkt Dell und umgekehrt. In einem solchen Fall steigt natürlich die Wahrscheinlichkeit, dass am Ende eine Aktie einen relativ niedrigen Kurs hat und geliefert wird. Laufen die Kurse der zugrunde liegenden Papiere hingegen mehr oder weniger parallel, so sinkt das Risiko, dass anstatt der 1.000 Euro Aktien beim Anleger landen.

Wie stark sich die Kurse gleichläufig entwickeln, lässt sich auch messen. Man verwendet dafür den *Korrelationskoeffizienten* (kurz Korrelation). Er ist so konstruiert, dass Werte nur in den Bereich von –1 bis +1 fallen können. Läge der Wert für Cisco und Dell zum Beispiel bei +1, so steigen oder sinken Dell-Kurse immer dann, wenn auch Cisco steigt oder sinkt. Das andere Extrem wäre eine Korrelation von –1. Steigt (sinkt) Cisco im Kurs, dann ist es bei Dell stets genau umgekehrt.

Extremwerte von +1 bzw. –1 findet man in der Praxis – zumindest bei Aktien – nicht. Meist liegen die Korrelationen zwischen null und eins. Je näher der Wert bei +1 liegt, umso stärker positiv ist der Zusammenhang ausgeprägt, bei exakt +1 ist er – wie bereits gesagt – perfekt.

Je geringer die Korrelation, umso wahrscheinlicher ist es, dass von der Bank am Laufzeitende Aktien geliefert werden.

Wie stark der Zusammenhang von Aktienkursen in der Zukunft sein wird, kann niemand mit Sicherheit sagen. Als Schätzwert verwendet man in der Praxis daher Korrelationen, die auf historischen Kursen basieren. Diese Werte werden dann unter Umständen – etwa weil die aktuelle Marktsituation Anlass dazu gibt – nach oben oder unten angepasst.

Man kann sich vorstellen, wie sich der Kurs des Doppel-Discount-Zertifikats verändert, wenn die Marktakteure ihre Schätzungen verändern. Gehen sie von einer geringeren Korrelation – also einem schwächeren Kurszusammenhang – aus, dann haben sie die Erwartung, dass sich die Aktienkurse in Zukunft stärker entgegengesetzt entwickeln und damit die Wahrscheinlichkeit einer Aktienandienung steigt. Der Kurs des Doppel-Discount-Zertifikats sinkt in solchen Fällen. Umgekehrt würde sein Wert steigen, wenn von einem Anstieg der Korrelation auszugehen ist.

Nun kann man sich denken, wofür Produkte wie Doppel-Discount-Zertifikate nützlich sein können: Anleger haben die Möglichkeit, auf Veränderungen der Korrelation zu spekulieren. Wer damit rechnet, dass sich zwei Aktien in Zukunft stärker parallel entwickeln, kann mit entsprechenden Doppel-Aktienanleihen oder -Discount-Zertifikaten daraus Gewinne schlagen. Man sollte jedoch wissen, dass der Preisbildungsmechanismus deutlich komplizierter ist als bei herkömmlichen Produkten.

Derivate

ate +++ Derivate +++ **Derivate** +++ Derivate +++ **Derivate** +++ Derivate +++ **Derivate** +++ Derivate +++ **Derivate** +++ D

Von Babylon nach Chicago

Derivate sind vielgestaltige, von Mythen und Missverständnissen umgebene (Finanz-) Geschäfte. Menschen mit Angst und Gier – den Antriebsfedern der Spekulation auf den Finanzmärkten – finden hier die passenden Werkzeuge zur Realisierung sagenhafter Gewinne und zur »Versicherung« gegen Marktschwankungen aller Art.

Die Historie der Termingeschäfte reicht fast 4000 Jahre zurück bis nach Babylon, wo König Hammurabi bereits in die erste Gesetzessammlung der Geschichte einen Optionskontrakt einfügte: Bei einem Ernteausfall durften die Landwirte in Babylon mit dem für das gepachtete Land fälligen Schuldendienst aussetzen. Lange Zeit stand dieser Versicherungsaspekt für reale Güter im Vordergrund. Auch heute werden Schweinebäuche, Orangensaftkonzentrat oder sogar Strom an Börsen »auf Termin« ver- und gekauft. Die Produzenten sichern sich so gegen fallende Preise ab, die Einkäufer können mit bereits feststehenden Preisen verlässlich ihre Endprodukte kalkulieren. Hier wird auch der volkswirtschaftliche Nutzen von Derivaten deutlich: Der berüchtigte »Schweinezyklus« mit vehementen Preis- und Mengenschwankungen wird in einer Welt mit Termingeschäften wahrscheinlich in abgeschwächter Form stattfinden. Durch den zeitlichen Vorlauf können die Produzenten das Angebot bei hohen Terminpreisen noch ausweiten bzw. bei niedrigen Preisen einschränken. Auch die »bösen« Spekulanten sind volkswirtschaftlich wichtig, da sie stets in die Bresche springen, wenn auf dem Markt im Moment ein Gegenpart fehlt. Zudem können sie den Markt mit ihrer sensitiven »Witterung« in die richtige Richtung führen.

In der Folge wurden auch Währungen, Aktien und andere Finanzprodukte aus identischen Motiven auf Termin gehandelt. Eine außerordentlich elegante mathematische Formel und der Fortschritt in der Computertechnologie katapultierten das Geschäft schließlich in ungeahnte Dimensionen. Die von den Nobelpreisträgern Fischer Black und Myron Scholes entwickelte Optionspreisformel macht auch komplizierte derivative Produkte im wahrsten Sinne des Wortes berechenbar.

Doch auch die in mathematischer Hinsicht eleganteste Optionspreistheorie basiert letztendlich auf Annahmen und Vermutungen. Auch eine noch so ausgefeilte Formel hat lediglich einen begrenzten Nutzen, wenn sich Preise nicht nach festen Regeln bilden, sondern von verhaltenspsychologischen Momenten abhängen, für die es leider (noch) keinen Berechnungsalgorithmus gibt.

Wir wollen dem Leser im folgenden Kapitel alle gängigen Finanzderivate vorstellen, deren Funktionsweise erklären und zeigen, für welche Zwecke man Geschäfte dieser Art in der Praxis verwendet. Außerdem gehen wir ausführlich auf Handelsbräuche ein und erläutern, wie Derivate in den Tabellen der Finanzzeitung erscheinen. Schließlich erfährt der Leser – ohne komplizierte mathematische Formeln zu verwenden – wie sich solche Geschäfte zum Beispiel mit Ansätzen wie dem von Black und Scholes bewerten lassen.

Einführung in den Handel »auf Termin«

Was sind Termingeschäfte?

Ein Kaufvertrag ist eine Vereinbarung, die im Normalfall umgehend erfüllt wird. Der Käufer bezahlt und der Verkäufer liefert die Ware sofort.

Kassageschäft

»Sofort« sollte man allerdings nicht ganz wörtlich nehmen, denn in der Realität ist in aller Regel etwas Zeit erforderlich, um das Geld und die Ware zur Verfügung zu stellen. So kann zum Beispiel eine Bank Aktien normalerweise nicht prompt zur Verfügung stellen, da zum Beispiel ein Transfer von einem Depot in ein anderes erforderlich ist, was natürlich Zeit in Anspruch nimmt. Eine alte Regel besagt, dass Kassageschäfte (im Finanzbereich) innerhalb von im Schnitt zwei Tagen erfüllt werden. Bei Termingeschäften liegt hingegen eine deutlich längere Zeitspanne zwischen Abschluss und Erfüllung (siehe Abbildung). Vereinbart ein Anleger heute mit seiner Bank, dass er in einem halben Jahr 100 DaimlerChrysler-Aktien zum Kurs von 60 Euro pro Stück kaufen wird, liegt ein Termingeschäft vor. Die Vertragsbedingungen – Gegenstand (100 Aktien) und Preis (60 Euro/Aktie) – werden jetzt fixiert, erfüllt (geliefert und bezahlt) wird aber erst in Zukunft. Der Anleger hat Aktien »auf Termin« gekauft, die Bank hingegen verkauft.

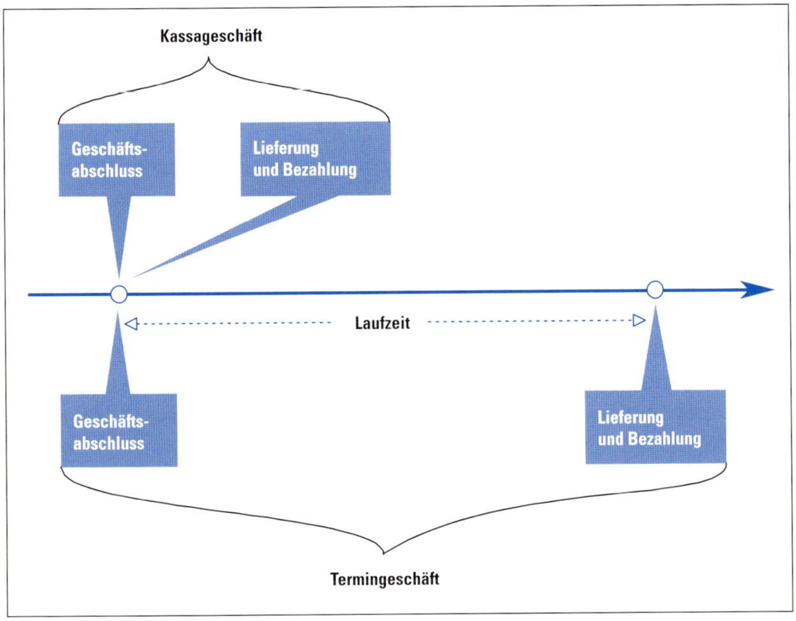

In der Praxis kommen Termingeschäfte in zwei Varianten vor. Verpflichten sich beide Vertragspartner – also sowohl Käufer als auch Verkäufer – dazu, auf jeden Fall – man könnte auch sagen »unbedingt« – zu erfüllen, spricht man von einem *unbedingten Termingeschäft*. Der Bankkunde muss in einem halben Jahr 100 DaimlerChrysler-Aktien abnehmen und 60 Euro pro Papier

Unbedingte Termingeschäfte

bezahlen, unabhängig davon, wo der Preis der Aktie dann tatsächlich steht. Die Bank ist verpflichtet, Aktien für 60 Euro zu liefern, auch wenn ihr Börsenkurs in der Zukunft deutlich höher sein sollte. Der Kunde besitzt damit die Sicherheit, nicht mehr als 60 Euro für die Aktien zahlen zu müssen, während die Bank die Gewissheit hat, dass sie für die Papiere nicht weniger als 60 Euro einnehmen wird. Allerdings geben beide Seiten damit auch die Chance auf, von einer günstigen Kursentwicklung zu profitieren. Sinkt der Aktienkurs in Zukunft, stellt sich das Termingeschäft für den Bankkunden als unvorteilhaft heraus. Er könnte ohne Termingeschäft preiswerter an die Papiere gelangen. Umgekehrt ist die Situation für die Bank: Steigt der Börsenkurs, bekommt sie trotzdem nur 60 Euro.

Doch es gibt auch die Möglichkeit, dem Käufer ein Wahlrecht einzuräumen, das ihm gestattet, das Geschäft in der Zukunft zu den vorab festgelegten Bedingungen wahrzunehmen oder darauf zu verzichten. Wie er sich entscheiden wird, ist abhängig – man kann auch sagen »wird bedingt« – durch den Preis in der Zukunft. Deshalb nennt man derartige Geschäfte *bedingte Termingeschäfte* oder *Optionen.*

Optionen

Die Bezeichnung kommt von der lateinischen Vokabel »optio«, was soviel bedeutet wie »freier Wille«. Daran lässt sich die wichtigste Eigenschaft bereits gut erkennen. Optionen sind Rechte, die in Zukunft ausgeübt werden können, aber nicht unbedingt in Anspruch genommen werden müssen. Der Inhaber hat eine Wahlmöglichkeit, nicht jedoch die Pflicht, das Geschäft zu erfüllen.

Kehren wir noch einmal zu unserem Ausgangsbeispiel zurück. Der Kunde vereinbart mit seiner Bank, dass er in einem halben Jahr DaimlerChrysler-Aktien zum Kurs von 60 Euro kauft. Dieses unbedingte Termingeschäft lässt sich leicht so abwandeln, dass eine Option entsteht. Man ersetzt einfach »kauft« durch »kaufen darf«.

Der Vertrag zwischen Bank und Kunde sieht nun vor, dass der Kunde in sechs Monaten DaimlerChrysler-Aktien für 60 Euro kaufen kann, wenn er will, er muss es aber nicht. Der Anleger hat ein Kaufrecht erlangt. Vorteilhaft ist die Ausübung dann, wenn der Aktienkurs in einem halben Jahr den vereinbarten Kaufpreis überschreitet, denn der Anleger kann die Aktie in diesem Fall preiswerter bei der Bank erhalten als direkt an der Börse. Ist der Kurs dagegen niedriger als 60 Euro, kann der Anleger sein Recht einfach verfallen lassen und die Aktie günstiger direkt kaufen. Man sieht, dass der Anleger mit der Option viel flexibler auf die jeweilige Börsensituation reagieren kann als mit einem unbedingten Termingeschäft.

Kommen wir noch einmal zurück zu unbedingten Termingeschäften: Vereinbart die Bank mit dem Kunden ein derartiges Termingeschäft, hat jede Seite Gewinnchancen und Verlustrisiken. Steigt in Zukunft der Börsenkurs der Aktie, profitiert der Käufer, die Bank hat dagegen Verluste. Sinkt umgekehrt der Kurs, macht der Käufer Verlust, während die Bank profitiert. Chancen und Risiken sind bei beiden Parteien gleichermaßen stark ausgeprägt. Was der eine gewinnt (verliert) ist der Verlust (Gewinn) des jeweils anderen. Man spricht daher auch von symmetrischem Gewinn- und Verlustverlauf oder bei unbedingten Termingeschäften allgemeiner von *symmetrischen Finanzprodukten.* Dazu ein Fallbeispiel:

Nehmen wir an, man könnte Gold »auf Termin« zum Preis von 600 Euro pro Feinunze handeln. Die Laufzeit des Termingeschäfts soll sechs Monate betragen.

Ein Spekulant – nennen wir ihn X – glaubt, dass der Kassapreis für Gold in einem halben Jahr gestiegen sein wird, während ein anderer Spekulant (Y) von einem Preisrückgang ausgeht. X und Y schließen daraufhin am 1. Februar ein Termingeschäft über 100 Feinunzen Gold ab. X ist Käufer und Y Verkäufer.

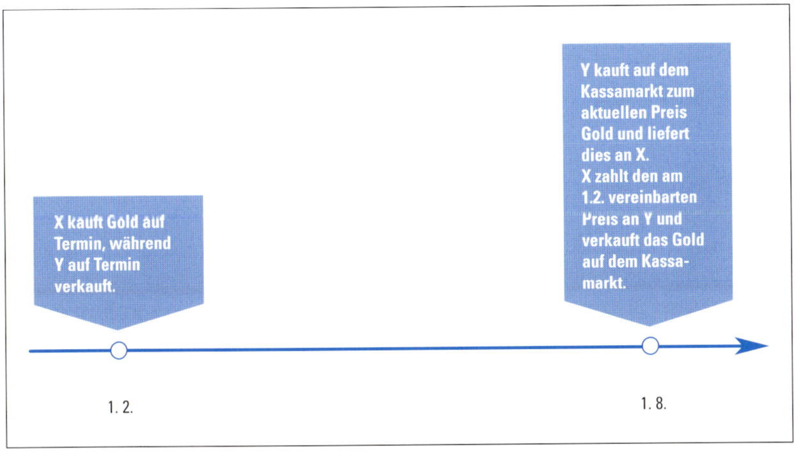

In der folgenden Übersicht haben wir unterschiedliche Kassapreise dargestellt und gezeigt, welche Konsequenzen dies für X und Y hat.

Das Beispiel belegt, dass der Gewinn (Verlust) den X macht, gleichzeitig dem Verlust (Gewinn) von Y entspricht. Bei einem Kassapreis von 600 € erzielt keiner

Kassapreis für eine Feinunze Gold am 1.8.

	500 €		600 €		700 €	
Y kauft am 1.8. 100 Feinunzen Gold am Kassamarkt, die er an X liefert. Damit erfüllt er seine Verpflichtung aus dem Termingeschäft. Y erhält von X insgesamt 60.000 €.	Goldkauf: X zahlt:	50.000 € 60.000 €	Goldkauf: X zahlt:	60.000 € 60.000 €	Goldkauf: X zahlt:	70.000 € 60.000 €
	Gewinn für Y:	10.000 €	Gewinn/Verlust:	0 €	Verlust für Y:	10.000 €
X zahlt am 1.8. 60.000 € an Y. Damit erfüllt er seine Verpflichtung aus dem Termingeschäft. X erhält von Y 100 Feinunzen Gold, die X sofort am Kassamarkt wieder verkauft.	X zahlt: Goldverkauf:	60.000 € 50.000 €	X zahlt: Goldverkauf:	60.000 € 60.000 €	X zahlt: Goldverkauf:	60.000 € 70.000 €
	Verlust für X:	10.000 €	Gewinn/Verlust:	0 €	Gewinn für X:	10.000 €

Nullsummenspiel

von beiden ein positives bzw. negatives Ergebnis. Rechnet man die Gewinne des einen und die Verluste des anderen zusammen, ergibt sich stets eine Summe von Null. Deshalb spricht man bei einem unbedingten Termingeschäft auch von einem »Nullsummenspiel«.

Bei Optionen ist die Situation dagegen anders: Der Käufer nimmt sein Wahlrecht nur dann in Anspruch, wenn es für ihn von Vorteil ist. In allen anderen Fällen lässt er die Option verfallen. Er kann also Gewinnchancen nutzen, unvorteilhafte Kurse dagegen vermeiden. Finanzprodukte, deren Gewinne und Verluste dermaßen ungleich verteilt sind, bezeichnet man auch als *asymmetrische Instrumente*.

Terminologie

Für den Terminhandel hat sich im Laufe der Zeit eine eigene Fachsprache gebildet. Zentrale Begriffe, die auch für das weitere Verständnis wichtig sind, stellen wir in diesem Abschnitt vor. Weitere Ausdrücke aus dem Jargon der Terminhändler lernt der Leser dann in den entsprechenden Buchabschnitten kennen.

Den Handelsgegenstand, auf den sich ein Termingeschäft bezieht, bezeichnet man auch als *Basiswert* oder »Underlying«, den vereinbarten Preis auch als »Terminpreis«. Maßgebend für die »Laufzeit« eines Termingeschäfts ist grundsätzlich die Zeitspanne zwischen Geschäftsabschluss und »Settlement«, damit ist die Lieferung (»Andienung«) und Bezahlung gemeint. Die Position des Käufers und des Verkäufers wird, insbesondere bei Termingeschäften, »Long-« respektive »Short-Position« genannt. Marktteilnehmer, die Handelsobjekte »auf Termin« kaufen, gehen »long«, wohingegen Verkäufer »short« sind. Ein Akteur kann sein Termingeschäft vor Erreichen der Endfälligkeit auflösen, indem er ein entsprechendes Gegengeschäft eingeht (wir werden später noch zeigen, wie das funktioniert). Man spricht dann auch von *Glattstellung*.

Glattstellung

Termingeschäfte heißen Derivate

Terminpreise bilden sich, genau wie die Preise für Kassageschäfte (Kassapreise), aufgrund von Angebot und Nachfrage. Wir werden in den kommenden Buchkapiteln aber noch sehen, dass das Angebots- und Nachfrageverhalten nicht unabhängig von den entsprechenden Kassapreisen ist. Das Verhalten der Marktakteure und damit der Kurs eines Termingeschäfts leitet sich vielmehr aus dem Underlying ab. Der Wert einer Aktienoption ist zum Beispiel abhängig vom Börsenkurs der Aktie und von deren Kursschwankungen. Für den Begriff »ableiten« gibt es im Lateinischen das Wort »derivare«, deshalb bezeichnet man Termingeschäfte allgemein auch als Derivate.

Derivate sind ins Gerede gekommen

Geschäfte mit Derivaten haben in den vergangenen Jahren immer wieder für negative Schlagzeilen gesorgt. Einer der spektakulärsten Fälle war wohl der Zusammenbruch der *Barings Bank*: Der Fall ging 1995 weltweit durch alle Medien. Ein Händler der Bank namens »Nick Leeson« trieb das angesehene Institut in den Ruin und brachte zeitweilig sogar Asiens Börsen in Bedrängnis. Was war geschehen? Leeson war Händler in Singapore an der dortigen Terminbörse SIMEX (Singapore International Monetary Exchange). Aufgrund unzureichender interner Kontrollen konnte er Termingeschäfte auf den japanischen Nikkei-Index und japanische Staatsanleihen in einer Größenordnung abschließen, die eigentlich gar nicht erlaubt war. Er war unter anderem Stillhalter von Nikkei-Call- und Put-Optionen (geschätztes zugrunde liegendes Volumen: knapp 7 Milliarden US-Dollar). Leeson verkaufte Calls und Puts, deren Basispreise und Laufzeiten identisch waren. Solche Geschäfte bringen Gewinn, wenn die Optionen am Ende wertlos verfallen, der Nikkei sich weder stark nach oben noch nach unten bewegt und mehr oder weniger nah am Basispreis notiert.

Doch Mitte Januar 1995 erschütterte ein Erdbeben das Land. Als Folge davon verloren japanische Aktien und mit ihnen natürlich auch der japanische Aktienindex stetig an Wert. Dies wurde Leeson zum Verhängnis. Denn wenn die Aktienkurse sinken, werden Put-Optionen für ihre Besitzer attraktiver, für den Stillhalter hingegen immer mehr zum Verlustgeschäft. So war es auch im Fall Leeson. Die geschriebenen Put-Optionen verloren aus seiner Sicht deutlich an Wert und die Terminbörse verlangte aus Sicherheitsgründen, dass die bereits aufgelaufenen Verluste von der Bank ausgeglichen werden. Die enorm hohen Nachschusspflichten verursachten letztlich den Ruin der Bank.

Die Andienung

Ist das Ende eines Termingeschäfts erreicht, dann müssen die Vertragsparteien ihre Pflicht erfüllen. Dies kann prinzipiell auf zweierlei Art geschehen. Das Geschäft kann zum einen effektiv beliefert (»effektiv angedient«) werden. Dann zahlt der Käufer den vereinbarten Kaufpreis und der Verkäufer liefert das zugrunde liegende Objekt. Möglich ist aber auch ein so genannter Barausgleich (auch als »Cash-Settlement« bezeichnet). In dem Fall zahlt der Verlierer die Differenz an den Gewinner.

effektiv angedient

Cash-Settlement

Verdeutlichen wir alles an einem Beispiel: Zwei Partner vereinbaren ein Termingeschäft über eine Aktie (Laufzeit: 6 Monate, Terminpreis: 100 €). Am Laufzeitende notiert die Aktie zu 90 € an der Börse. Ist eine effektive Andienung vereinbart worden, so zahlt der Käufer 100 € und bekommt im Gegenzug eine Aktie vom Verkäufer. Bei einem Barausgleich müsste dagegen der Verlierer – in diesem Fall also der Käufer – die Differenz aus Termin- und Kassapreis in Höhe von 10 € (100 € minus 90 €) an den Verkäufer zahlen. Beide Varianten führen wirtschaftlich gesehen zum selben Ergebnis:

Effektive Andienung

Verkäufer erhält Terminpreis:	+100 €
Verkäufer kauft Aktie zum Börsenkurs, um sie zu liefern	– 90 €
Ergebnis	+ 10 €

Cash-Settlement

Verkäufer erhält Differenz:	+ 10 €

Wie Derivate entstehen

Ein Derivat entsteht grundsätzlich in dem Moment, in dem zwei Parteien einen derartigen Vertrag abschließen. Interessant ist, dass es bei Termingeschäften grundsätzlich keine Mengenbeschränkungen für das zugrunde liegende Handelsobjekt gibt. Betrachten wir zur Veranschaulichung einmal eine bestimmte Aktie, zum Beispiel die Post-Aktie. Von dieser Aktie existieren nicht unendlich viele Stücke, sondern lediglich eine begrenzte Menge, und zwar genau so viele, wie von der Aktiengesellschaft insgesamt ausgegeben wurden. Das bedeutet gleichzeitig aber, dass man an der normalen Aktienbörse nicht beliebig viele Post-Aktien kaufen kann, sondern auf ein entsprechend beschränktes Angebot trifft. Wenn also von der Post AG beispielsweise nur 2 Millionen Aktien ausgegeben wurden, ist es ausgeschlossen, 2,5 Millionen Stück zu kaufen. Bei Termingeschäften ist das – so merkwürdig es zunächst klingt – jedoch möglich. Man könnte auf Termin ohne weiteres zum Beispiel 2,5 Millionen Post-Aktien handeln, auch wenn es de facto nicht so viele Papiere gibt.

Keine Mengenbeschränkung

Doch wie soll es möglich sein, 2,5 Millionen P-Aktien auf Termin zu verkaufen, wenn man am Laufzeitende höchstens 2 Millionen liefern könnte? Nun, dieses Problem lässt sich umgehen, indem die Papiere nicht effektiv angedient werden, sondern ein Barausgleich vereinbart wird. Der Verkäufer muss dann am Ende gar nicht liefern, sondern allenfalls eine Barzahlung leisten. Für Termingeschäfte existieren – anders als für Kassaprodukte – also keinerlei Mengenbeschränkungen, sie sind im Prinzip beliebig vermehrbar.

Das Problem der Corner-Bildung

Bei Termingeschäften tritt ein Problem auf, dass man bei Kassatransaktionen in der Form nicht kennt. Durch geschicktes Handeln kann es einigen Akteuren durchaus gelingen, eine marktbeherrschende Stellung aufzubauen und die Situation auszunutzen. Ein fiktives Beispiel: Wir schließen mit einer Bank ein Termingeschäft ab und vereinbaren, in einem halben Jahr 100.000 X-Aktien zum Preis von 50 € pro Stück zu kaufen. In den nächsten Monaten beginnen wir damit, sämtliche am Markt erhältlichen X-Aktien aufzukaufen, sodass der Markt anschließend gewissermaßen »leer gefegt« ist. Nun kommt der Zeitpunkt, an dem die Bank uns Aktien liefern muss. Das kann sie aber nicht, weil wir ja sämtliche Papiere besitzen. Also muss sie X-Aktien kaufen – und das geht nur bei uns. Wir haben damit eine marktbeherrschende Stellung erlangt, die Bank quasi in die Ecke (englisch: Corner) gedrängt und können ihr nun den Preis diktieren. Diese Situation bezeichnet man auch als *Corner-Bildung*.

Besonders stark ausgeprägt ist die Gefahr für Corners, wenn das Underlying nur sehr begrenzt vorkommt und man den Markt relativ einfach »leer kaufen« kann. Um dieses Risiko möglichst gering zu halten, werden an Terminbörsen nur Underlyings zugelassen (z. B. Bundesanleihen), die in so großem Umfang existieren, dass es schon enorm aufwändig – insbesondere kapitalaufwändig – wäre, eine marktbeherrschende Stellung aufzubauen.

Was Termingeschäfte so interessant macht

Oft taucht die Frage auf, warum eigentlich Güter, Finanztitel usw. »auf Termin« gehandelt werden, anstatt sie gleich zu liefern und sofort zu bezahlen. Nun, es gibt gute Gründe dafür, denn Derivate besitzen eine Reihe von Eigenschaften, die andere Finanzprodukte nicht haben. Hierauf gehen wir bewusst schon an dieser Stelle ein, da wir denken, dass der Leser die einzelnen derivativen Finanzprodukte später besser versteht, wenn er die Motive der Akteure kennt. Termingeschäfte werden im Normalfall aus einem der folgenden Gründe vereinbart:

- Absicherung gegen zukünftige Preisschwankungen
- Erzielung von Spekulationsgewinnen (unter Ausnutzung des Hebeleffekts)
- Umsetzung spezifischer Markterwartungen (wozu Kassageschäfte nicht eingesetzt werden können)
- Arbitrage.

Gehen wir zunächst auf die Absicherung gegen zukünftige Preisschwankungen näher ein. Mit einem Termingeschäft sichert sich der Käufer gegen mögliche künftige Preissteigerungen auf dem Kassamarkt, wohingegen sich der Verkäufer vor einem Preisrückgang schützt. Man nennt das allgemein auch *Hedging*. Der Begriff stammt aus dem Englischen und bedeutet wortwörtlich übersetzt »mit einer Hecke umgeben«.

Hedging

Marktakteure, die Termingeschäfte zum Schutz gegen steigende oder sinkende Preise abschließen, heißen dementsprechend *Hedger*. Ein Terminkauf wird in diesem Zusammenhang auch Long Hedge und ein Terminverkauf Short Hedge genannt. Verdeutlichen wir das Prinzip einmal an einem Beispiel.

Beispiel

Der Schmuck-Fabrikant B. Rosche weiß bereits am 1. Februar, dass er im August desselben Jahres 1.000 Feinunzen Gold für die Herstellung von Halsketten benötigt. Er könnte Gold direkt am 1. Februar zu einem Preis von 550 Euro pro Feinunze auf dem Kassamarkt kaufen.

Doch Rosche will das Gold im Februar noch nicht erwerben, weil ihm das Geld fehlt und er sich die Kosten für die Lagerung, hierzu zählen etwa die Prämien für eine Diebstahlversicherung, sparen will. Eine Verschiebung des Goldkaufs in den August ist Rosche aber zu unsicher, da er einen Anstieg des Goldpreises befürchtet.

Aus diesem Grunde möchte der Schmuck-Fabrikant das Gold »auf Termin« kaufen (Long Hedge). Er sucht einen Partner für das Termingeschäft und findet G. Rube, der eine Goldmine betreibt.

Rube weiß aus Erfahrung, dass er im Laufe eines Jahres auf größere Goldvorkommen stößt. Er bangt aber um einen Rückgang des Goldpreises und möchte deshalb Gold »auf Termin« verkaufen (Short Hedge).

Rosche und Rube vereinbaren am 1. Februar ein Termingeschäft über die Lieferung von 1.000 Feinunzen Gold am 10. August zu einem Preis von 600 Euro pro Feinunze, Rosche ist Käufer, Rube der Verkäufer.

Rosche kann also bereits heute sicher davon ausgehen, dass er im August für das Gold einen Preis in Höhe von 600 Euro pro Feinunze zahlt und Rube weiß bestimmt, welchen Preis er für sein Gold erzielt – und zwar völlig unabhängig vom Preisniveau auf dem Kassamarkt im August. Die Vertragspartner haben sich folglich gegen Preisschwankungen abgesichert.

Doch es sind nicht ausschließlich Sicherheitsbedürfnisse, die zur Vereinbarung von Termingeschäften führen. Oft genug ist es genau umgekehrt: Derivate werden aufgrund ihrer hohen Gewinnchancen abgeschlossen – was gleichzeitig aber auch hohe Verlustrisiken bedeutet. Wer davon ausgeht, dass die Preise für ein bestimmtes Gut in Zukunft steigen, kauft es heute »auf Termin«, zieht der Kassapreis tatsächlich an – erfüllt sich also die Spekulation –, dann kann das »auf Termin« erworbene Handelsobjekt in der Zukunft teurer am Kassamarkt verkauft und ein Gewinn (»Spekulationsgewinn«) vereinnahmt werden. Doch die Preise können sich natürlich ganz anders entwickeln als erwartet. Sinken sie, ist der Terminkäufer trotzdem verpflichtet, für das Gut den Terminpreis zu bezahlen, und der liegt höher als der aktuelle Marktpreis. Ein Verlust ist die Folge.

Spekulation

Was macht Termingeschäfte eigentlich so reizvoll? Denn Spekulieren lässt sich ja auch auf andere Art und Weise. Man könnte zum Beispiel Aktien, von denen man Kursanstiege erwartet, direkt kaufen und – vorausgesetzt, die Spekulation geht auf – später zum höheren Kurs mit Gewinn wieder verkaufen.

Hebeleffekt

Der Reiz beim Termingeschäft ist der so genannte *Hebeleffekt*. Damit ist gemeint, dass Gewinne mit relativ geringem Kapitaleinsatz erzielt und dadurch »gehebelt« werden.

Betrachten wir zur Verdeutlichung einen Aktienspekulanten, der von steigenden Kursen ausgeht. Kauft er das Papier direkt, muss er sofort 100 Euro dafür bezahlen. Steigt die Aktie tatsächlich, kann er sie in einigen Monaten zum Beispiel für 110 Euro wieder verkaufen. Sein Gewinn beträgt 10 Euro, das eingesetzte Kapital (100 €) hat sich also zu 10 % verzinst. Mit einem Termingeschäft hätte er dagegen kein – oder vielleicht nur sehr wenig – Kapital gebunden. Angenommen er vereinbart ein Aktientermingeschäft (Terminkurs: 102 €). Da die Aktie auf 110 Euro angestiegen ist, hat unser Spekulant einen Gewinn von 8 € erzielt, ohne dass er dafür große Kapitalbeträge einzahlen musste. Doch der Hebel wirkt auch in die umgekehrte Richtung. Gewinne sind zwar schnell zu erzielen, aber ebenso rasch auch zu verlieren. Den hohen Gewinnchancen stehen also entsprechend hohe Verlustrisiken gegenüber. Wir kommen darauf später noch ausführlicher zurück.

Spekulieren ist nichts Schlechtes

Das Spekulieren steht – zum Teil unberechtigt – seit jeher in Verruf. Sehr verbreitet ist die Ansicht, dass dabei nicht selten achtlos mit Geld umgegangen wird, ähnlich wie bei Glücksspielen. Doch damit fügt man zahlreichen Spekulanten Unrecht zu. Denn viele gehen bei ihren Geschäften mit Bedacht vor und verhalten sich nicht wie Spieler.

Dennoch: Der Begriff ist negativ besetzt und viele verbinden damit planlose »Zockerei«. Aus diesem Grunde bezeichnen private und insbesondere institutionelle Anleger ihre Aktivitäten immer öfter als *Trading* und nicht als Spekulation. Man wird zum Beispiel in Banken eine Abteilung »Aktienspekulation« ebenso wenig finden wie Mitarbeiter, die »Aktienspekulanten« heißen, dafür aber Einheiten mit der Bezeichnung »Aktientrading« und Beschäftigte, die »Aktientrader« genannt werden.

Trading

Spekulieren an sich ist nichts Schlechtes und man sollte Spekulanten auch nicht pauschal verurteilen. Viele wissen gar nicht, dass sie eine wichtige, vor allem volkswirtschaftlich nützliche Aufgabe erfüllen, indem sie versuchen, die zukünftige Preisentwicklung auf bestimmten Märkten vorwegzunehmen. Dies kann marktregulierend wirken und außerdem dazu beitragen, dass bestimmte Marktteilnehmer Risiken überhaupt weiterreichen (»verkaufen«) können – und zwar an die Spekulanten. Dadurch, dass Spekulanten bereit sind, Termingeschäfte abzuschließen, vergrößert sich insgesamt die Liquidität solcher Produkte. Die zusätzliche Nachfrage und das zusätzliche Angebot, das Spekulanten erzeugen, verbessert die Möglichkeiten, Derivate schnell und zu einem fairen Preis handeln zu können. Aber das Spekulieren hat auch Schattenseiten: Die Kursschwankungen, die dadurch entstehen, können durchaus zu tiefgreifenden Störungen auf den Finanzmärkten führen und schlimmstenfalls sogar Auslöser für einen Crash sein.

Es ist aber nicht nur der Hebeleffekt, der Termingeschäfte attraktiv macht, sondern auch die Möglichkeit, in beiden Richtungen zu handeln, also sowohl auf steigende als auch sinkende Kurse zu spekulieren. Mit herkömmlichen Kassageschäften ist das – zumindest für Normalanleger – nicht möglich. Nehmen wir zum Beispiel einen Anleger, der in Zukunft mit sinkenden Kursen bei der Telekom-Aktie rechnet und gerne darauf spekulieren möchte. Die Aktie selbst ist im Allgemeinen ungeeignet dafür, denn sie müsste »leerverkauft« werden, was jedoch recht kompliziert und deswegen institutionellen Marktakteuren wie Banken, Fondsgesellschaften und Versicherungen vorbehalten ist. Bei einem Leerverkauf – man spricht auch von Short Selling – wird etwas verkauft, was der Verkäufer in Wirklichkeit gar nicht besitzt (aus diesem Grund die Bezeichnung »leer«). Um zum Beispiel eine T-Aktie zu verkaufen, die man nicht im Besitz hat, muss das Wertpapier für einen bestimmten Zeitraum (z. B. 6 Monate) zunächst ausgeliehen werden (zum Beispiel bei einer Bank). Anschließend verkauft man die Aktie sofort wieder und kassiert den aktuellen Kurs (z. B. 60 Euro). Da die Aktie lediglich entliehen wurde, muss sie nach Ablauf der Leihfrist an den Verleiher zurückgegeben werden. Ist ihr Wert dann gesunken (z. B. auf 45 Euro), entsteht ein Gewinn, denn der Leerverkäufer hat für das Papier beim Rückkauf weniger bezahlt, als er beim Verkauf erlöst hat. Steigt der Aktienpreis dagegen, ist er gezwungen, das Papier teurer zurück zu kaufen und es entste-

Short Selling

hen Verluste. Mit einem Aktienterminverkauf ist nun derselbe Effekt erzielbar wie mit einem Leerverkauf. Man verkauft T-Aktien zum Beispiel zum Preis von 50 €. Liegt ihr Börsenkurs später bei Fälligkeit des Termingeschäfts bspw. bei 40 € können wir die Papiere zu diesem Preis an der Börse kaufen und zur Erfüllung des Termingeschäfts liefern. Im Gegenzug erhalten wir den vereinbarten Terminpreis (50 €). Wir haben damit von sinkenden Kursen profitiert.

Um mit Termingeschäften Gewinne zu erzielen, muss man nicht unbedingt Risiken eingehen. Wir stellen nun eine Möglichkeit vor, wie man sichere Gewinne erreichen kann, indem unangemessene Unterschiede zwischen Kassa- und Terminpreisen ausgenutzt werden. Diesen Vorgang nennt man *Arbitrage*. Er läuft wie folgt ab: Man vergleicht den Terminpreis für ein bestimmtes Handelsobjekt mit dessen Kassapreis unter Berücksichtigung der *Cost-of-Carry*. Diese entsprechen der Differenz aus den Aufwendungen und Erträgen, die entstehen, wenn das Handelsobjekt heute ohne Einsatz eigenen Kapitals erworben und bis zur Fälligkeit des Termingeschäfts gehalten wird. Die Cost-of-Carry stellen also gewissermaßen die »Nettoaufwendungen« für das Halten des Handelsobjektes dar.

Arbitrage

Zu diesen Aufwendungen zählen etwa Lager-, Finanzierungs- oder Versicherungskosten, die Erträge umfassen zum Beispiel Zins- oder Dividendenzahlungen, sofern das Handelsobjekt ein Finanztitel ist (Anleihe, Aktie usw.).

Unterscheidet sich der Terminpreis vom Kassapreis zuzüglich der Cost-of-Carry, ist ein Gewinn – auch *Arbitragegewinn* oder »Free Lunch« genannt – realisierbar. An einem einfachen Fallbeispiel wollen wir einmal die Möglichkeiten zur Erzielung derartiger Gewinne demonstrieren.

Free Lunch

Beispiel

Am 1. Februar können Kühe

- auf dem Kassamarkt zum Preis von 2.000 Euro pro Kuh erworben und
- »auf Termin« zum Preis von 2.100 Euro pro Kuh verkauft werden (Laufzeit des Termingeschäfts: 6 Monate).

Ein Vieh-Händler prüft, ob Arbitrage-Möglichkeiten bestehen, und beschafft folgende Informationen, um die Cost-of-Carry für eine Kuh zu ermitteln:

Kreditkonditionen		Aufwendungen, die eine Kuh pro Halbjahr verursacht		Erträge, die eine Kuh pro Halbjahr erzielt	
Zinssatz	8 % p. a.	Futter	500 €	Milch	950 €
		Stallmiete	400 €		

Der Händler könnte am 1. Februar einen Kredit für ein halbes Jahr aufnehmen und für das Geld eine Kuh auf dem Kassamarkt erwerben. Er bindet folglich kein eigenes Kapital. Die Aufwendungen, die eine Kuh verursacht, belaufen sich pro Halbjahr auf insgesamt 900 €. Während der Haltezeit erzielt der Vieh-Händler für den Verkauf der Milch Erträge in Höhe von 950 €. Die Cost-of-Carry für eine Kuh betragen:

$$\overbrace{\underbrace{\frac{2.000\,€ \times 8\% \times 180\text{ Tage}}{100\% \times 360\text{ Tage}}}_{\text{Kreditzinsen}} + \underbrace{500\,€}_{\text{Futter}} + \underbrace{400\,€}_{\text{Stallmiete}}}^{\text{Aufwendungen}} - \overbrace{\underbrace{950\,€}_{\text{Milch}}}^{\text{Erträge}} = 30\,€$$

Entscheidend ist, dass der Händler dies schon heute weiß.
Der Kassapreis zuzüglich der Cost of Carry in Höhe von

Cost of Carry

$$\underbrace{2.000\,€}_{\text{Kassapreis}} + \underbrace{30\,€}_{\text{cost of carry}} = 2.030\,€$$

liegt unter dem Terminpreis von 2.100 €. Der Händler kann infolgedessen einen Arbitrage-Gewinn erzielen. Er muss am 1. Februar

- einen Kredit aufnehmen,
- für das Geld auf dem Kassamarkt Kühe erwerben und
- die Kuhe »auf Termin« verkaufen.

Nach Ablauf eines halben Jahres liefert der Händler die Kühe und erfüllt damit seine Verpflichtung aus dem Termingeschäft. Vom Käufer erhält er am 1. August einen Geldbetrag in Höhe von 2.100 € pro Kuh.

Die Zahlungen, die der Händler am 1. Februar und 1. August leisten muss bzw. empfängt, haben wir ebenso an folgendem Zeitstrahl verdeutlicht wie die Cost of Carry.

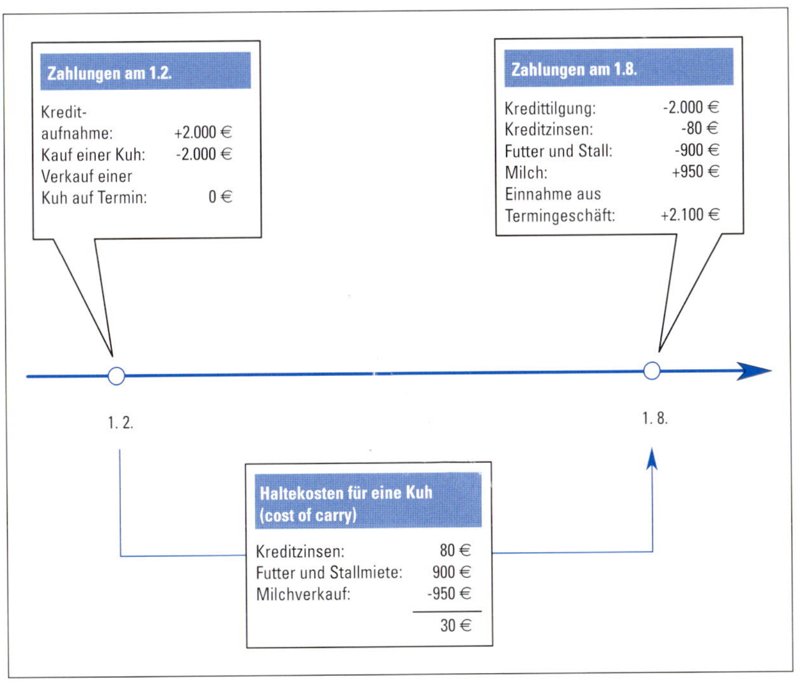

Ohne dass er eigenes Kapital einsetzen muss, erzielt der Vieh-Händler pro Kuh einen Gewinn in Höhe von:

$$\underbrace{2.100\,€}_{\text{Zahlung aus dem Termingeschäft}} - \underbrace{2.000\,€}_{\text{Tilgung des Kredits}} - \underbrace{80\,€}_{\text{Kreditzinsen}} - \underbrace{900\,€}_{\text{Futter und Stallmiete}} + \underbrace{950\,€}_{\text{Verkauf der Milch}} = 70\,€$$

Arbitrage-Gewinne sind ausgeschlossen, wenn der Terminpreis für eine Kuh exakt 2.030 € beträgt.

Transaktionskosten

In diesem Beispiel haben wir Transaktionskosten (z. B. Gebühren, die beim Abschluss des Termingeschäfts oder dem Kauf von Kühen auf dem Kassamarkt anfallen) der Einfachheit halber nicht berücksichtigt. Außerdem wird unterstellt, dass die Kühe während der Haltezeit nicht erkranken oder eingehen können.

Im Unterschied zur Spekulation ist eine Arbitrage wie bereits erwähnt risikolos. Der Händler etwa, der in unserem Beispiel Kühe »auf Termin« verkauft, kennt seinen Gewinn schon im Voraus. Ein Spekulant dagegen nicht.

Arbitrageure tragen maßgeblich dazu bei, dass die Möglichkeit zur gewinnbringenden Ausnutzung von Differenzen zwischen Kassa- und Terminpreisen beseitigt wird. Kehren wir noch einmal zum Fallbeispiel mit den Kühen zurück. Der Unterschied zwischen Kassa- und Terminpreis für Kühe wird Arbitrageure veranlassen, die Tiere auf dem Kassamarkt nachzufragen und auf dem Terminmarkt anzubieten. Dies wird zu steigenden Kassa- und sinkenden Terminpreisen führen. Der Kassapreis könnte auf 2.050 € pro Kuh steigen und der Terminpreis auf 2.082 € fallen. Jetzt lassen sich keine Arbitrage-Gewinne mehr erzielen, denn der Kassapreis zuzüglich der Cost of Carry entspricht nun exakt dem Terminpreis.

$$\underbrace{2.050\,€}_{\text{Kassapreis}} + \underbrace{\frac{2.050\,€ \times 8\% \times 180\text{ Tage}}{360\text{ Tage} \times 100\%}}_{\text{Kreditzinsen}} + \underbrace{900\,€}_{\text{Futter und Stallmiete}} - \underbrace{950\,€}_{\text{Milch}} = 2.050\,€ + \overbrace{82\,€ + 900\,€ - 950\,€}^{\text{cost of carry}} = 2.082\,€$$

Fassen wir alles noch einmal zusammen: Auf Terminmärkten treffen sowohl Hedger als auch Spekulanten und Arbitrageure zusammen. Es kann durchaus passieren, dass zwei Hedger aufeinandertreffen. Der Käufer will sich gegen steigende, der Verkäufer gegen sinkende Preise absichern. Ein Termingeschäft können auch zwei Spekulanten miteinander abschließen, wenn der eine auf steigende, der andere dagegen auf sinkende Preise setzt. Es ist allerdings nicht möglich, dass zwei Arbitrageure direkt zusammentreffen. Denn der Terminpreis ist entweder zu hoch – dann lohnt sich nur ein Verkauf – oder er ist zu niedrig, und dann ist lediglich ein Kauf gewinnbringend.

Natürlich kann auch ein Hedger mit einem Spekulanten oder einem Arbitrageur ein Termingeschäft vereinbaren oder ein Arbitrageur ein Geschäft mit einem Spekulanten.

In folgender Abbildung haben wir noch einmal veranschaulicht, wie die einzelnen Parteien zueinander in Beziehung stehen können.

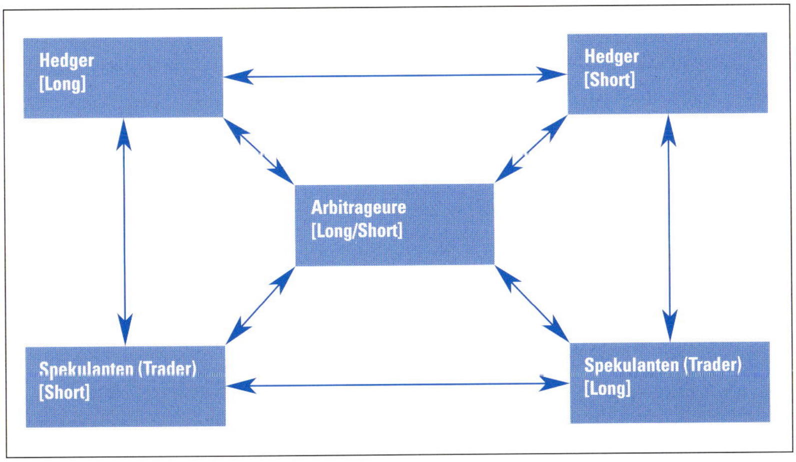

Was Spekulanten und Hedger unterscheidet

Spekulanten und Hedger unterscheiden sich voneinander dadurch, in welchem Umfang sie vor dem Abschluss eines Termingeschäfts bereits Risiken ausgesetzt sind. Der Spekulant hat am Anfang keinerlei Risiko, schließt dann ein Termingeschäft ab und ist von nun an einem Risiko ausgesetzt (in der Hoffnung daraus Gewinne zu schlagen). Beim Hedger ist es genau umgekehrt. Er hat in der Ausgangssituation eine risikobehaftete Position, die zum Beispiel aus seiner gewöhnlichen Geschäftstätigkeit resultiert (siehe das Beispiel mit dem Schmuckfabrikanten). Durch den Abschluss eines Termingeschäfts wird das ursprünglich vorhandene Risiko beseitigt. Übrig bleibt eine sichere Position. Schließen Hedger und Spekulant das Termingeschäft miteinander ab, dann hat der Spekulant das Risiko – natürlich auch die Chance – des Hedgers übernommen.

Risiken weiterleiten

Wie man Termingeschäfte klassifiziert

Gängige Sortierungskriterien

Das Angebot an Derivaten ist inzwischen sehr umfangreich geworden. Man kann daher leicht den Überblick verlieren. Aus diesem Grund ist es hilfreich, Termingeschäfte nach bestimmten Kriterien zu klassifizieren. Es existieren insgesamt vier solcher Merkmale (siehe folgende Abbildung), nach denen wir Derivate im Folgenden sortieren wollen.

Klassifizierung von Termingeschäften			
Underlying	Erfüllungspflicht	Struktur	Handelsform

Underlyings

Prinzipiell kann man jeden Gegenstand und jedes Finanzinstrument auf Termin kaufen und verkaufen. Da derartige Geschäfte jedoch aus Spekulations- und Absicherungsgründen abgeschlossen werden, machen nur solche Basisgüter Sinn, deren Preise in der Zukunft schwanken. Zwecklos wäre es zum Beispiel, als Underlying Bücher zu wählen, da in Deutschland der Preis für ein Buch einmal festgelegt und danach nicht mehr verändert wird. Dagegen sind Aktien viel besser geeignet, da deren Preise ständig in Bewegung sind.

In der Praxis findet man alle nur denkbaren Underlyings. Es ist durchaus nicht übertrieben, wenn behauptet wird, dass es Termingeschäfte auf alles gibt, was man handeln kann. Wir werden dies gleich noch sehen.

Commodities			Finanzinstrumente	
Agrarprodukte	**Rohstoffe**	**Sonstiges**	**Konkrete**	**Abstrakte**
• Schweinebäuche • Brathähnchen • Weizen • Kartoffeln usw.	• Rohöl • Kautschuk • Holz • Edelmetalle usw.	• Temperatur • Niederschlag • Elektr. Strom usw.	• Aktien • Devisen usw.	• Volatilität • Bonität • Inflation usw.

Als Underlying besonders gefragt sind Instrumente, die rege gehandelt werden – idealerweise an einer Börse. Dies hat verschiedene Gründe: Die Emittenten von Optionsscheinen zum Beispiel müssen sich schnell mit dem Underlying eindecken können, um die eigenen Risiken zu begrenzen. Dafür bietet ein Börsenhandel die beste Voraussetzung. Außerdem gilt: Je aktiver der Handel, umso mehr (historische) Preise sind verfügbar, umso transparenter ist das Geschehen und umso leichter fällt im Allgemeinen eine Einschätzung der Preisbewegungen. Wie wir nachher noch feststellen werden, ist dies für die Bestimmung von Terminpreisen außerordentlich wichtig.

Aktiver Handel

Um ein bisschen Ordnung in die Flut von unterschiedlichen Underlyings zu bringen, teilen wir diese zunächst in zwei Gruppen auf: Finanzinstrumente und »Waren« – englisch: Commodities. Wir legen den Schwerpunkt auf Finanztitel und werden daher nur kurz auf *Commodities* eingehen. Zu den bekanntesten Waren zählen Agrarprodukte wie etwa Schweinebäuche, Kartoffeln oder Raps und Rohstoffe (z. B. Rohöl oder Edelmetalle). Doch selbst »Dinge« wie elektrischer Strom und Wetter sind mittlerweile in Form von Termingeschäften handelbar (siehe Kasten).

»Exotische« Underlyings

An bestimmten amerikanischen Terminbörsen werden Optionen gehandelt, die sich auf Naturkatastrophen beziehen. Die Chicago Board of Trade (CBoT) bietet so genannte *Catastrophe Insurance Options* an. Einfach gesagt beziehen sich die Optionen auf einen an jedem Börsentag neu berechneten Index, der den aufgrund von Naturkatastrophen entstandenen Schaden widerspiegelt. Übersteigt der Indexstand (Schadenssumme) den Basispreis der Option, hat ein Call-Inhaber Anspruch auf eine Ausgleichszahlung. Catastrophe Insurance Options werden zum Beispiel von großen Versicherungsgesellschaften verwendet, um sich selbst für den Fall übermäßiger Schadensersatzansprüche ihrer Versicherungsnehmer abzusichern. Detaillierte Informationen über diese Produkte lassen sich im Internet unter http://www.cbot.com abrufen.

Auch an der Deutschen Börse in Frankfurt ist man inzwischen damit beschäftigt, Wetterderivate zu entwickeln. Um Wetter handeln zu können, muss man es messbar machen. Doch das Wetter hat bekanntermaßen viele Seiten. Man könnte also die Temperatur oder den Niederschlag, aber auch Windgeschwindigkeiten, Sonnenscheindauer oder Bedeckungsgrade als Maßstäbe verwenden. Es hat sich aber herausgestellt, dass die Temperatur gegenüber den anderen Größen entscheidende Vorteile besitzt. Sie ist einfach zu messen und regional nicht so stark begrenzt wie etwa der Niederschlag. Außerdem kann man einen starken Zusammenhang zwischen Temperaturschwankungen und Wetterrisiken beobachten. So besteht zum Beispiel eine starke Beziehung zwischen der Lufttemperatur und der Energie, die man zum Heizen benötigt. Daher werden von der Deutschen Börse Wetterindizes auf Temperatur berechnet, die später einmal – so ist es zumindest geplant – als Underlying für Derivate (»Wetterderivate«) dienen.

Temperatur

Weitgehend durchgesetzt haben sich mittlerweile die so genannten »Gradtage«, englisch: Degree Days (DD). Ein Energiegradtag (EDD) entspricht einem Grad Differenz zwischen der täglichen Durchschnittstemperatur und einer fest vorgegebenen Vergleichstemperatur von 18 °C. Als Vergleichstemperatur hat man sich für 18 °C entschieden, da viele Haushalte bei geringeren Temperaturen ihre Heizungen aktivieren, bei höheren Temperaturen dagegen – insbesondere in den USA – die Klimaanlagen. Um das Ganze griffiger zu machen, teilt man die DD in Heiztage und Kühlungstage auf, sodass sich schließlich Heizgradtage (HDD) und Kühlungsgradtage (CDD) angeben lassen. Liegt die Durchschnittstemperatur an einem Tag unter 18 °C, handelt es sich um einen Heizgradtag, ist der Wert größer als 18 °C, spricht man von Kühlungsgradtagen.

Degree Days

Welchen Nutzen Termingeschäfte bringen, die sich auf Gradtage beziehen, belegt eine sehr anschauliche Fallstudie, die von der Deutschen Börse AG stammt:

Eisproduzent Polar-Frost verliert mit jedem Grad Celsius unter dem langjährigen Temperaturdurchschnitt des Monats Juli in dieser Zeit 1.000.000 € an Umsatz.

Der Spezialreiseanbieter Tropical Dreams ist in umgekehrter Weise vom Wetter abhängig. Insbesondere im Last-Minute-Bereich kurbeln kühle Sommer sein Geschäft richtig an. In warmen Jahren bleibt jedoch ein guter Teil des Umsatzes aus, da es dann weniger Kunden zu exotischen Reisezielen zieht. Der Reiseanbieter stellt fest, dass er durchschnittlich 1.000.000 € pro Monat Juli verliert, wenn die Durchschnittstemperatur um ein Grad Celsius über dem langjährigen Durchschnitt liegt.

Sowohl der Reiseanbieter Tropical Dreams als auch Eisproduzent Polar Frost möchten sich gegen das Geschäftsrisiko absichern, welches aus den Temperaturschwankungen resultiert. Beide gehen daher folgendes Geschäft ein: Ein Grad Celsius Abweichung vom Temperaturdurchschnitt über den Monat Juli entsprechen 31 CDD (31 Tage × 1 Grad Celsius). Aufgrund des ohnehin relativ milden Klimas in Deutschland betragen die durchschnittlichen CDD von 1969 bis 1998 für Frankfurt für den Monat Juli knapp 70. Der Maximumwert lag 1994 bei 177,5 CDD und das Minimum 1974 bei 17 CDD. Tropical Dreams schließt mit Polar Frost ein Termingeschäft ab, bei dem Polar Frost für jeden CDD über dem langjährigen Durchschnitt von 70 am Ende des Monats Juli 2001 30.000 € an Tropical Dreams zahlen muss. Umgekehrt verpflichtet sich Tropical Dreams, für jeden CDD unter dem Durchschnitt von 70 jeweils 30.000 € an Polar Frost auszuzahlen.

Folgende Situation ergibt sich bei Auslaufen des Termingeschäfts Ende Juli 2001: Bei 70 CDD muss keiner der beiden Vertragspartner einer Zahlung leisten. Bei beispielsweise 100 CDD erhält Tropical Dreams 900.000 € (30.000 € × (100 CDD – 70 CDD)) von Polar Frost. Dies entspricht in etwa seinen Umsatzeinbußen bei einem Anstieg der Durchschnittstemperatur von 1 Grad Celsius. Werden weniger als 70 CDD gemessen, so muss Tropical Dreams an Polar Frost Zahlungen leisten. Bei 40 CDD wären dies ebenfalls 900.000 € (30.000 € × (70 CDD – 40 CDD)), welche die Umsatzeinbußen des Eisproduzenten fast vollständig ausgleichen würden.

Beide Firmen erreichen durch den Abschluss des Temperatur-Termingeschäfts eine Verringerung in der Schwankungsbreite ihrer Umsätze für den Monat Juli.

Strom

Auch Strom ist inzwischen als Underlying für Optionen zu finden und gewinnt in der Praxis immer mehr an Bedeutung, da zum Beispiel in den USA und Europa die Strommärkte dereguliert wurden. Dauerhaft fixierte Strompreise und Preisgarantien gehören damit der Vergangenheit an. In vielen Ländern – unter anderem auch in Deutschland – werden die Strompreise in Zukunft stark schwanken. Energieanbieter haben dann natürlich ein besonderes Interesse an Strom-Termingeschäften, um sich damit gegen stark schwankende Energiepreise abzusichern.

EEX

So werden beispielsweise an der skandinavischen Strombörse Nord Pool bereits seit 1993 verschiedene Terminkontrakte gehandelt. Die European Energy Exchange (EEX) in Frankfurt, eine Tochtergesellschaft der Deutschen Börse, bietet seit dem 1.3.2001 zwei Futures auf Grundlast- und Spitzenlastblöcke an. Der Handel am Terminmarkt läuft über das Handelssystem der EUREX.

Wir wollen uns im Weiteren auf Finanzderivate konzentrieren. Hier lassen sich zwei Gruppen von Produkten unterscheiden: Dies sind zum einen Derivate, die sich auf konkret greifbare Finanztitel beziehen. Bemerkenswert ist, dass man einige von diesen Instrumenten bei Fälligkeit eines Termingeschäfts tatsächlich liefern kann (z. B. Devisen oder Aktien), während sich bestimmte Underlyings nicht – oder nur mit unverhältnismäßigem Aufwand –

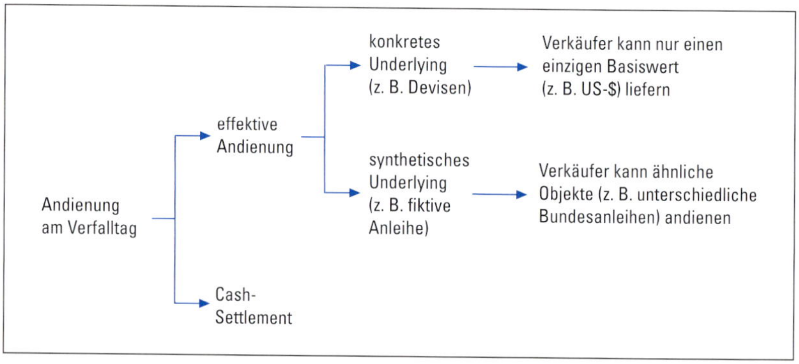

tatsächlich bereitstellen lassen (z. B. Aktienindizes). In diesen Fällen vereinbart man im Regelfall ein *Cash-Settlement.*
Zum anderen existieren abstrakte Finanzobjekte, die man – selbst wenn man wollte – nicht effektiv andienen könnte. Hier ist deswegen ausschließlich ein Barausgleich möglich.

Da wir an dieser Stelle lediglich einen Überblick geben wollen (siehe Abbildung unten), verzichten wir zunächst auf weitere Erklärungen. In den hinteren Teilen findet der Leser die entsprechenden Vertiefungen.

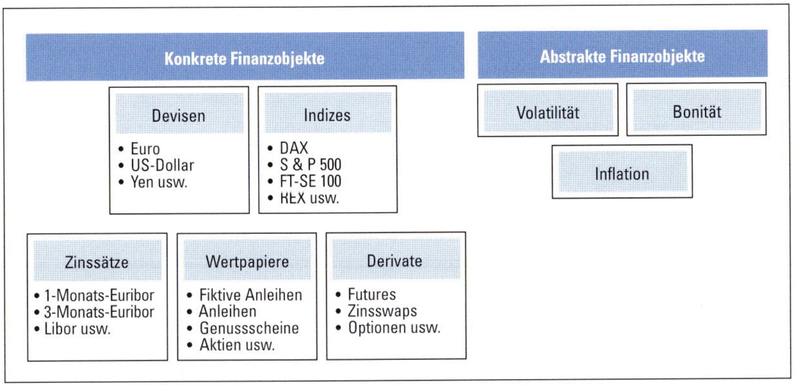

Erfüllungspflicht

Wir hatten am Beginn dieses Buchteils schon gesagt, dass Derivate in zwei Versionen vorkommen, als bedingte und unbedingte Termingeschäfte. Daher brauchen wir auf die Unterschiede hier nicht näher einzugehen. Wir haben lediglich der Vollständigkeit halber, und um die Systematik nicht zu unterbrechen, den Punkt »Erfüllungspflicht« mit aufgenommen.

Handelsmöglichkeiten

OTC- und Börsenhandel im Vergleich

Der Abschluss von Termingeschäften ist grundsätzlich auf zweierlei Arten möglich, entweder an einer Börse oder außerhalb eines solchen Marktplatzes – sozusagen völlig frei. Letzteren Weg bezeichnet man auch als OTC, was als Abkürzung für *Over-the-Counter* steht und übersetzt »über den Tresen« bedeutet. Hiermit wollen wir uns zunächst intensiver befassen.

Over-the-Counter

Eine OTC-Transaktion kann man sich so vorstellen: Zwei Vertragsparteien – mindestens eine davon ist meist eine Bank – vereinbaren das Termingeschäft – in vielen Fällen telefonisch – direkt miteinander. Neben dem Telefon haben auch Computernetzwerke (insbesondere das Internet) eine hohe praktische Bedeutung. Inzwischen kann man Termingeschäfte (z. B. für Devisen) über das Internet abschließen, ohne vorher mit einem Bankhändler persönlich gesprochen zu haben. In Zukunft wird dieser Transaktionsweg noch erheblich an Bedeutung gewinnen.

Individualität

Die Ausstattungsmerkmale – und das ist entscheidend – werden ganz individuell entsprechend den Bedürfnissen der Teilnehmer festgelegt. Es gibt eigentlich keine fixierten Standards, nach denen OTC-Geschäfte abgeschlossen werden. Im Grunde sind die Vertragsinhalte frei aushandelbar. Doch man sollte wissen, dass es für bestimmte Geschäfte, die regelmäßig abgeschlossen werden, inzwischen allgemein anerkannte Musterbedingungen gibt, die in so genannten »Rahmenvereinbarungen« festgehalten werden und den einzelnen Geschäften dann zugrunde liegen. Das hat den Vorteil, dass man gewisse Grundbedingungen nicht bei jedem Geschäft neu aushandeln muss, sondern diesen Vertragspart schnell abhandeln kann, indem man sich auf den allgemeinen Rahmen beruft.

Rahmenvertrag

OTC-Termingeschäfte sind typisch für institutionelle Marktteilnehmer (z. B. Banken, Fondsgesellschaften, Versicherungen) und im Privatkundengeschäft selten anzutreffen.

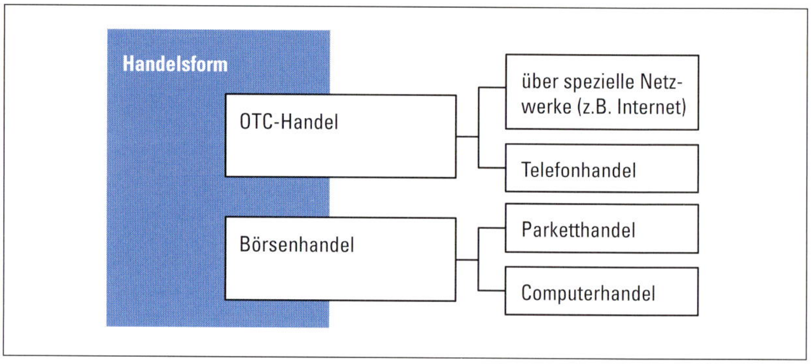

Hat man sich zum Beispiel telefonisch über Ausstattung und Konditionen geeinigt, wird die Vereinbarung im Anschluss schriftlich fixiert, den Vertragspartnern zur Überprüfung zugeleitet und zur Sicherheit von beiden nochmals schriftlich bestätigt.

Es ist leicht nachvollziehbar, dass OTC-Geschäfte nur dann abgeschlossen werden, wenn sich die Vertragsparteien sehr gut kennen und aufeinander verlassen können. So wird etwa eine Geschäftsbank ein Industrieunternehmen nur dann als Kontrahent – man sagt auch Counterpart – akzeptieren, wenn fest davon auszugehen ist, dass das Unternehmen möglichen Verpflichtungen in der Zukunft auch nachkommen kann. Wie wichtig bonitätsmäßig einwandfreie Kontrahenten im Terminhandel sind, belegt folgendes Beispiel.

Counterpart

Beispiel

Der Händler einer Bank vereinbart mit dem Finanzmanager eines Industrieunternehmens ein Termingeschäft, bei dem das Unternehmen sich verpflichtet, in zwölf Monaten 10.000 Aktien zum Stückpreis von 50 € abzunehmen. Vereinbart wird ein Barausgleich.

Einige Zeit nach Abschluss des Termingeschäfts beginnen die Aktienkurse zu bröckeln. Ein Jahr später notieren die Papiere an der Börse nur noch zu einem Kurs von 30 €. Die Bank hat daher eine Forderung von 200.000 € ([50 € minus 30 €] mal 10.000 Aktien). Doch das Unternehmen kann seine Verpflichtung nicht mehr erfüllen, da es inzwischen zahlungsunfähig geworden ist.

Der Händler der Bank hat jetzt nichts mehr von dem vereinbarten Termingeschäft. Er hat durch den Geschäftsabschluss ein hohes Risiko (Spekulationsrisiko) auf sich genommen, Glück gehabt und einen Zahlungsanspruch erworben, doch für seinen Mut wird er am Ende nicht entlohnt, da er den bestehenden Anspruch nicht durchsetzen kann.

Die Situation, die wir im Fallbeispiel dargestellt haben, ist professionellen Akteuren natürlich bewusst und macht OTC-Termingeschäfte unattraktiv. Ein Händler kann sich nur durch eine Bonitätsanalyse der Gegenpartei etwas Sicherheit verschaffen. Doch das ist zeit- und kostenaufwändig und im schnellen Terminhandel sehr hinderlich. Es besteht zwar die Möglichkeit, bei zweifelhafter Bonität Sicherheitsleistungen (z.B. in Form von Geld oder Wertpapieren) einzufordern. Das ist in der Praxis auch durchaus üblich, allerdings nicht unproblematisch. Denn nicht jeder Handelspartner wird Sicherheitsleistungen – so genannte Margins – in gleicher Höhe akzeptieren. Parteien mit guter Bonität wollen natürlich weniger Sicherheiten stellen als Adressen mit höheren Ausfallrisiken. Auch die Bemessung der Sicherheitshöhen ist also mit einigem Aufwand verbunden. Vermieden werden solche Schwierigkeiten hingegen bei Termingeschäften an der Börse (siehe weiter unten).

Margins

	Börsentermingeschäfte	**OTC-Termingeschäfte**
Vorteile	- Unkomplizierter Vertragsabschluss - Hohe Fungibilität - Geringes Erfüllungsrisiko - Bonitätsprüfung der Kontrahenten übernimmt Clearingstelle	- Individuell gestaltbar
Nachteile	- Standardisiert und nicht an individuelle Anforderungen der Kontrahenten anzupassen	- Aufwändiger Vertragsabschluss - Geringe Fungibilität - Hohes Erfüllungsrisiko - Bonitätsprüfung der Kontrahenten erforderlich

Wie oben bereits gesehen, ist die freie Aushandelbarkeit der Ausstattungsmerkmale typisch für OTC-Geschäfte. Die Vertragsparteien können also Underlying, Laufzeit und Andienungsart je nach Wunsch völlig frei vereinbaren. Die Konsequenz ist, dass die Geschäfte mitunter ausgesprochen individuelle Merkmale aufweisen. Das hat sicherlich Vorteile, kann andererseits aber auch sehr hinderlich sein, vor allem dann, wenn sich eine Vertragspartei vorzeitig wieder von dem Geschäft lösen möchte. In der Praxis ist das durchaus häufiger erforderlich. Nehmen wir an, ein Fondsmanager hat vor einiger Zeit ein Termingeschäft abgeschlossen, um damit Aktien gegen sinkende Börsenkurse abzusichern. Nach einiger Zeit ändert sich jedoch seine Meinung. Er ist inzwischen so optimistisch gestimmt, dass er einen Kursrückgang mit großer Wahrscheinlichkeit ausschließt und die Sicherung nun nicht mehr haben möchte, da ihm dadurch nicht nur Verluste erspart bleiben, sondern auch die Gewinnchancen verloren gehen. Deshalb würde er sich gern davon trennen. Voraussetzung ist jedoch, dass sich auch jemand findet, der bereit ist, die Position zu übernehmen. Das ist in vielen Fällen nicht einfach. Schließlich muss ein Interessent gefunden werden, der ein Termingeschäft mit solch spezifischen Ausstattungsmerkmalen auch gebrauchen kann.

Solche Probleme kennt man bei Geschäften an Terminbörsen hingegen nicht. Dafür muss man allerdings auch in Kauf nehmen, lediglich Geschäfte (»Kontrakte«) mit bestimmten genormten (»standardisierten«) Elementen handeln zu können.

Typische Marktteilnehmer

An einer Terminbörse engagieren sich – ähnlich wie bei OTC-Transaktionen – in der überwiegenden Zahl institutionelle Marktteilnehmer (Banken, Kapitalanlagesellschaften usw.). Privatleute sind (noch) in der Minderzahl. Doch es ist nicht zu übersehen, dass deren Interesse nicht nur hierzulande immer stärker zunimmt und auch die Terminbörsen Privatkunden als Klientel entdeckt haben. So hat zum Beispiel die EUREX bei einigen Kontrakten die Mindestabschlussbeträge bewusst deutlich reduziert, um die Geschäfte auch für das »normale« Publikum interessant zu machen.

EUREX

In Deutschland werden Finanztermingeschäfte an der EUREX abgewickelt. EUREX steht nicht als Abkürzung für »European Exchange« wie man meinen könnte, sondern ist ein Kunstbegriff. Die EUREX ist von der Deutschen in Zusammenarbeit mit der Schweizer Börse entworfen worden und aus der ehemaligen »Deutschen Terminbörse« (DTB) sowie der »Swiss Options and Financial Futures Exchange« (SOFFEX) hervorgegangen. Die beiden Partner haben sich darauf verständigt, eine einheitliche Handelsplattform für Derivate mit einem aufeinander abgestimmten Produktsortiment zu schaffen. Der endgültige Zusammenschluss fand am 28. September 1998 statt. Seitdem heißt die gemeinsame Terminbörse EUREX. Sie ist inzwischen zur erfolgreichsten und umsatzstärksten Terminbörse weltweit geworden. Dies ist umso erstaunlicher, wenn man bedenkt, dass Terminhandel in Deutschland nahezu bis Ende der achtziger Jahre aufgrund sehr restriktiver gesetzlicher Rahmenbedingungen fast gar nicht stattfand.

Die wichtigste Eigenschaft von Terminbörsenkontrakten sind deren stark standardisierte Ausstattungsmerkmale. Wer an der EUREX handeln will, kann zum Beispiel Laufzeiten nicht individuell festlegen, sondern lediglich zwischen einigen wenigen fest vorgegebenen Standardterminen wählen. Ebenso wenig lassen sich die Underlyings von den Geschäftspartnern nach eigenem Wunsch festlegen. Denn die EUREX bietet nur ganz bestimmte Finanzinstrumente an. Die starke Reglementierung der Ausstattung schränkt auf der einen Seite zwar das Handelsspektrum ein, bringt andererseits jedoch auch ganz entscheidende Vorteile mit sich. Die Standardisierung hat zur Folge, dass es praktisch nur sehr geringe Auswahlmöglichkeiten für die handelnden Akteure gibt. Jemand, der zum Beispiel Termingeschäfte auf Bundesanleihen abschließen möchte, hat lediglich drei Fälligkeitstermine zur Auswahl. Dies hat allerdings den positiven Effekt, dass die Umsätze bei den einzelnen Produkten – es gibt ja nur drei verschiedene – relativ hoch sind. Dadurch ist eine schnelle Orderausführung selbst bei großen Beträgen gewährleistet und die Möglichkeit zur Auflösung (Glattstellung) zu einem fairen Preis vor dem Ende der Laufzeit wird begünstigt.

Im Vergleich zu OTC-Geschäften läuft der Handel an einer Terminbörse wesentlich transparenter ab. Nicht nur die Preisentwicklung kann jederzeit verfolgt werden, auch die Ausführung von Aufträgen lässt sich problemlos nachvollziehen. Hinzu kommt, dass gegenüber OTC-Transaktionen praktisch keinerlei Bonitätsrisiken bestehen. Und das liegt daran, dass man an einer Terminbörse nicht so ohne weiteres handeln darf. Voraussetzung für die Teilnahme ist eine spezielle Zulassung (auch *Clearinglizenz* genannt) und die wird erst erteilt, wenn bestimmte, sehr restriktive Bedingungen erfüllt sind.

Clearinglizenz

Derivate an Kassabörsen

Derivate kann man nicht nur OTC und an Termin-, sondern auch an herkömmlichen Börsen (Kassabörsen) handeln. Allerdings gilt dies lediglich für eine ganz bestimmte Sorte von Termingeschäften, und zwar Optionsscheine.

Es handelt sich dabei um verbriefte Optionen, die den Charakter eines Wertpapiers besitzen und somit an einer Kassabörse gehandelt werden können. Auf Optionsscheine gehen wir noch sehr ausführlich ein.

Haltedauer

Die Absichten der Marktteilnehmer sind recht unterschiedlich, wenn man die Haltedauer bei Termingeschäften betrachtet. Bei börsengehandelten Kontrakten existieren – wie wir weiter oben gesehen haben – lediglich einige wenige fest vorgegebene Verfallzeitpunkte. Es kann daher nicht erstaunen, wenn solche Termingeschäfte nicht bis zu ihrer Endfälligkeit gehalten werden. Denn es wäre schon Zufall, wenn dieser Termin mit den individuellen Vorstellungen genau übereinstimmt. Deshalb trennen sich die meisten zu gegebener Zeit wieder von ihrem Geschäft, indem sie ein Gegengeschäft abschließen, oder – wie man fachmännisch sagt – die Position glattstellen. An einem einfachen Fallbeispiel wollen wird das Prinzip einmal verdeutlichen:

Glattstellung

Beispiel

Wir planen heute (1. März), in fünf Monaten (1. August) eine bestimmte Aktie zu kaufen (heutiger Aktienkurs: 95 €). Um gegen steigende Preise abgesichert zu sein, möchten wir an einer Terminbörse ein entsprechendes Geschäft abschließen. Die Endtermine sind standardisiert und uns stehen lediglich drei zur Auswahl: 1. Juni, 1. September, 1. Dezember. Keiner davon passt exakt mit unserem Laufzeitwunsch zusammen. Wir entscheiden uns für das sechsmonatige Termingeschäft und vereinbaren den Terminkauf einer Aktie am 1. September (angenommener Terminpreis: 100 €).

Gegengeschäft

Es passiert das, was wir befürchtet hatten. Der Kurs für die Aktie steigt. Am 1. August liegt er bei 140 €. Der Terminkauf hilft uns zu diesem Zeitpunkt nicht, denn wir erhalten die Aktie ja erst einen Monat später, wollen das Kapital aber jetzt anlegen. Wir müssen nun aber nicht bis zum Ende des Termingeschäfts abwarten, da wir ein Gegengeschäft in Form eines Terminverkaufs abschließen können. Wichtig ist, dass wir als Verfalltermin den Standardtermin 1. September wählen. Da der Börsenkurs der Aktie aktuell bei 140 € notiert, ist auch der Terminpreis höher als am 1. März. Er soll jetzt 142 € betragen. Wir vereinbaren also einen einmonatigen Terminverkauf der Aktie zum Preis von 142 €. Damit ist der bestehende Terminkauf praktisch wieder aufgehoben, denn wir haben uns einerseits verpflichtet am 1. September eine Aktie abzunehmen, andererseits besteht die Verpflichtung zum selben Zeitpunkt eine Aktie zu liefern. Die Aktientransaktionen gleichen sich also aus. Außerdem bestehen natürlich noch Zahlungsverpflichtungen bzw. -ansprüche: So müssen wir am 1. September 100 € bezahlen, haben gleichzeitig aber eine Forderung in Höhe von 142 €. Fasst man Ausgabe und Einnahme zusammen, bleibt eine Nettozahlung (in diesem Fall ein Gewinn) von 42 € übrig.

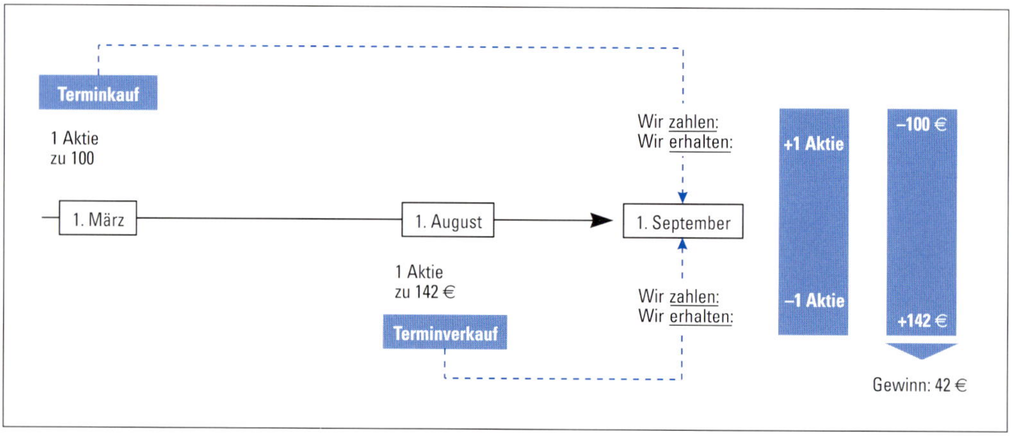

Wir haben uns damit von allen Verpflichtungen und Ansprüchen befreit, wenn wir eine Gewinnzahlung in Höhe von 42 € erhalten. Und genau das passiert – zwar in etwas abgewandelter Form – auch an einer Terminbörse. Mit Abschluss des Gegengeschäfts werden die eigenen Ansprüche und Verpflichtungen gegeneinander aufgerechnet und schließlich der Zahlungssaldo ermittelt, der auszugleichen ist.

Mit unserem Gewinn von 42 € können wir den Einstandspreis der Aktie auf 98 € absenken (140 € minus 42 €). Die Wertänderung der Aktie konnte durch eine entgegengesetzte Entwicklung beim Termingeschäft also größtenteils kompensiert werden. Das Termingeschäft hat die beabsichtigte Sicherungswirkung demnach erbracht.

Clearingstelle

Ein Terminbörsengeschäft schließen die Vertragsparteien nie direkt miteinander ab, sondern immer über eine so genannte *Clearingstelle*, auch *Clearinghouse* genannt. Dies geschieht nicht ohne Grund, denn sie garantiert die Erfüllung der Termingeschäfte und entlastet jeden Kontrahenten von der Bonitätsprüfung des jeweils anderen. Fällt eine Vertragspartei in der Zukunft aus, so ist die Clearingstelle für die Erfüllung verantwortlich. Bevor eine Zu-

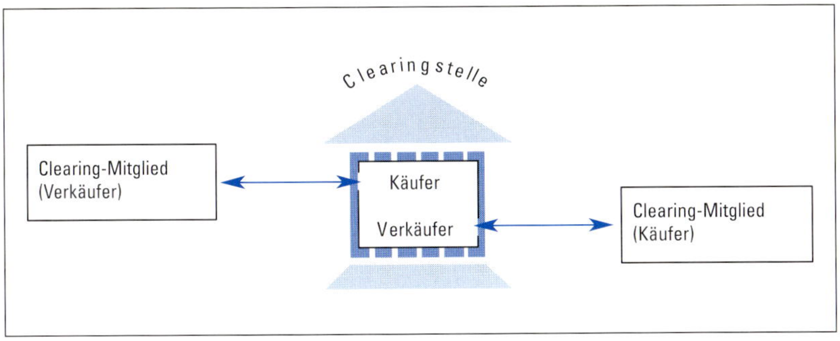

lassung zum Terminbörsenhandel erfolgt, ist daher eine eingehende Bonitätsprüfung der Teilnehmer erforderlich.

In aller Regel hält die Clearingstelle keine offenen Positionen. Sie kauft also nur dann, wenn gleichzeitig ein anderer Partner zur Verfügung steht, der zu den jeweiligen Konditionen zum Verkauf bereit ist. Umgekehrt begibt sie sich erst in die Rolle des Verkäufers, wenn das Handelsobjekt zu gleichen Konditionen zum selben Zeitpunkt von einem anderen Marktteilnehmer verkauft wird. Machen wir das an einem einfachen Beispiel deutlich: Bank A möchte 1.000 Aktien zum Preis von 50 € pro Stück in sechs Monaten kaufen, Bank B ist bereit, zu diesen Konditionen die Verkäuferseite zu stellen. Nun treten sich A und B jedoch nicht direkt gegenüber. Das Geschäft läuft vielmehr so ab, dass A 1.000 Aktien von der Clearingstelle zum Terminpreis von 50 €/Stück kauft. Rein rechtlich ist die Clearingstelle also der Handelspartner von Bank A. Die Clearingstelle wiederum macht dieses Geschäft nur deshalb, weil sie weiß, dass Bank B zum selben Zeitpunkt zu den gleichen Konditionen Aktien verkaufen will. Auch für Bank B ist die Clearingstelle der Geschäftspartner. Praktisch haben A und B also miteinander gehandelt, ohne dass einer von beiden dies weiss. Die Transaktion läuft demnach vollkommen anonym. Als Partner tritt immer nur die Clearingstelle in Erscheinung.

Matching

Zwar macht die Clearingstelle ein Geschäft mit A und eines mit B, deren Wirkungen heben sich aber gegenseitig auf. Man könnte auch sagen, dass die Clearingstelle die Handelswilligen zusammenführt. Man nennt dies *Matching*. Die Clearingstelle selbst hat demnach keine offene Position.

Nun kann man sich natürlich fragen, warum das Geschäft dermaßen umständlich abgeschlossen wird und Bank A und B nicht direkt miteinander in Kontakt treten. Dies hat einen einfachen Grund: Die Clearingstelle ist was ihre Zahlungsfähigkeit und -moral anbelangt eine absolut zuverlässige Institution, bei der weder A noch B auch nur die geringste Sorge haben müssen, dass es in Zukunft zu Zahlungsschwierigkeiten kommen könnte. Dies gibt den Beteiligten vollkommene Sicherheit und befreit sie von der Bonitätsprüfung der Kontrahenten. Das wiederum macht den Terminbörsenhandel besonders attraktiv. Die Beteiligten können sich auf das eigentlich Interessante – den Handel – konzentrieren und müssen ihre Zeit nicht dafür opfern, die Zahlungsfähigkeit und -moral ihrer Kontrahenten zu analysieren. Jeder, der schon einmal einen Terminhändler bei seiner Arbeit beobachtet hat, weiß, wie hektisch das Börsengeschehen sein kann. Oft muss innerhalb weniger Sekunden entschieden werden, ob ein Geschäft abgeschlossen oder eine bestehende Position wieder aufgelöst wird. Da bleibt im Regelfall keine Zeit, um sich über die Bonität seines Kontrahenten zu informieren.

Die Aufgaben der Clearingstelle

Die Clearingstelle übernimmt nicht nur die Bonitätsprüfung der Kontrahenten und das Matching. Sie fordert auch Sicherheiten von den Börsenteilnehmern, ohne die ein Geschäftsabschluss gar nicht erst zugelassen wird (siehe weiter unten). Außerdem ist sie zuständig für die Abwicklung und Überwachung der Transaktionen. Das Clearinghouse kann Bestandteil der Terminbörse sein, aber ebenso ein eigenständiges Unternehmen, das mit der Terminbörse kooperiert.

Präsenz- und Computerbörsen

Termingeschäfte können – wie früher an Börsen allgemein üblich – auf dem Parkett vereinbart werden. Die beteiligten Personen treffen sich dann an einem zentralen Ort (Börse) und handeln dort direkt miteinander. In den USA ist diese Variante auch heute noch üblich, was historische Gründe hat. Denn der Börsenterminhandel hat in den Vereinigten Staaten – anders als zum Beispiel in Deutschland – eine sehr lange Tradition, und die begann natürlich auf einem Parkett.

Zugang zum Terminbörsenparkett haben lediglich Mitglieder (Börsenmitglieder). Hierzu zählen Handelsunternehmen (»Broker-Häuser«), Geschäftsbanken usw., die eine Zulassung für die jeweilige Terminbörse brauchen. Sie erlangen dann in aller Regel entweder den Status eines »Traders« oder »Brokers«. Trader dürfen Termingeschäfte ausschließlich auf eigene Rechnung abschließen, wohingegen Broker vorwiegend Orders für Dritte (Kunden) ausführen. Broker müssen über eine staatliche Lizenz verfügen. Außerdem unterliegen sie sehr restriktiven Vorschriften und werden von Computersystemen überwacht, die Fehlverhalten aufdecken sollen.

Trader

Broker

Den Börsensaal (*Parkett*), englisch »Trading Floor«, dürfen wie erwähnt nur Mitglieder der jeweiligen Börse oder Börsenaufseher und -angestellte oder Mitarbeiter der Nachrichtendienste betreten. Wer kein Mitglied ist, aber Termingeschäfte abschließen will, wendet sich an einen Broker, etwa in Frankfurt, London oder New York, und teilt diesem seine Kauf- bzw. Verkaufswünsche mit. Von hier werden die Orders direkt, beispielsweise telefonisch, an die entsprechende Börse geleitet, wo Boten, so genannte »Runner«, die Aufträge an die »Floor Broker« weiterreichen. Floor Broker sind oftmals Angestellte der Broker-Häuser, Geschäftsbanken usw., die die Kundenorders ausführen. Auf bestimmten, vom Parkett abgegrenzten Börsenringen, den »Trading Pits« (kurz »Pits«) treffen sie auf andere Floor Broker oder Floor Trader. Man kann sich leicht ausmalen, wie hektisch und chaotisch das Geschehen auf dem Pit sein kann und es verwundert daher kaum, dass man die Beteiligten unter normalen Umständen nicht mehr auseinander halten kann. Daher ist es üblich, dass diese Jacken in unterschiedlichen Farben tragen, die Händler sogar noch zusätzlich Abzeichen, damit sie einander identifizieren können und eine Unterscheidung von anderen Angestellten möglich wird.

Runner

Handel an einer Präsenzterminbörse: Chicago Board of Trade

Das Parkett einer Terminbörse vereint in aller Regel mehrere, zumeist achteckige Trading Pits, zum Beispiel einen Pit für Commodities, einen für Währungen, einen für Aktienindizes usw.

Open Outcry

Die Händler verständigen sich untereinander durch offenen Zuruf, englisch »Open Outcry«, und – insbesondere bei lebhaftem Handel – durch entsprechende Handbewegungen (siehe Abbildung übernächste Seite). Wer Kaufwünsche hat, ruft normalerweise zuerst die Menge und dann den Preis aus, zu dem er (höchstens) kaufen möchte, Verkaufswillige dagegen nennen zunächst den Preis und anschließend die Menge. Wenn alle Nachfrager den-

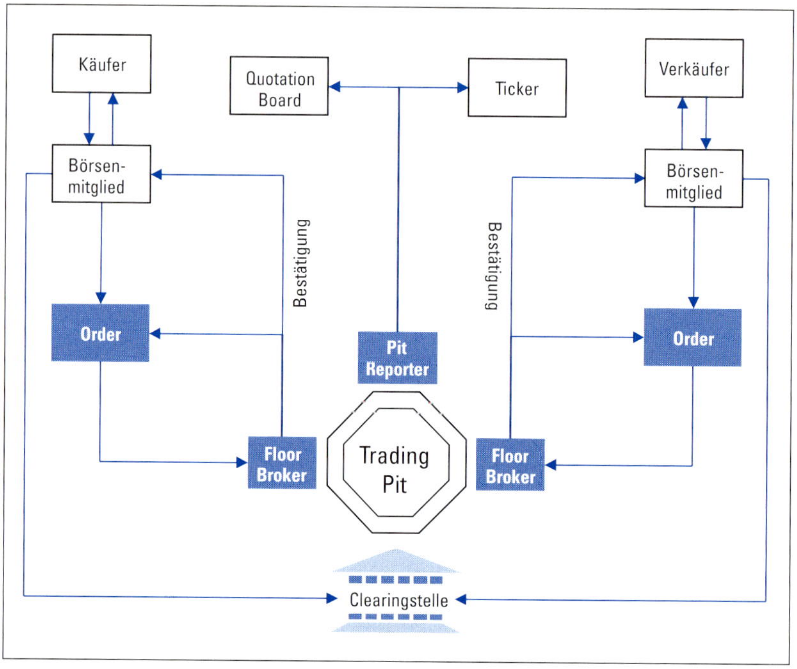

selben Preis verkünden, dann wird ein Verkäufer das Geschäft mit demjenigen machen, dessen Preis er zuerst hört.

Unmittelbar nach einem Geschäftsabschluss (»Trade«) füllen Käufer und Verkäufer jeweils eine Umsatzkarte, die »Trading Card«, aus. Sie enthält unter anderem den Namen des Händlers, das Underlying, den vereinbarten Preis, die Menge, die Position des Händlers (Käufer oder Verkäufer) sowie die Identität des Kontrahenten und wird an die Clearingstelle weitergeleitet. Diese nimmt nachträglich bei Käufern die Position des Verkäufers und bei Verkäufern die des Käufers ein. Das Geschäft zwischen zwei Marktteilnehmern, zum Beispiel einem Broker und einem Trader, wird so in zwei Geschäfte, und zwar eines zwischen Käufer und Clearingstelle und eines zwischen Clearingstelle und Verkäufer aufgespalten. Die Clearingstelle garantiert dann beiden Vertragspartnern die Erfüllung des Termingeschäfts, dem Käufer also die Lieferung, dem Verkäufer dagegen die Zahlung. Die Händler müssen auf dem Pit also nicht auf die Bonität ihres Gegenübers achten.

Reporter

Kursreporter, englisch »Pit Reporter« oder »Pit Observer«, verfolgen entweder direkt im Börsenring oder von einem Hochsitz außerhalb das Treiben auf dem Parkett. Sie schnappen die zwischen den Händlern vereinbarten Terminkurse auf und geben diese über Computerterminals in einen Zentralrechner ein. Von dort werden die Preise unmittelbar auf Monitore und Anzeigetafeln, so genannte »Quotation Boards«, übertragen, die auf dem Börsenparkett installiert sind. Alle Beteiligten sind so in der Lage, das Geschehen auf anderen Pits zu verfolgen. Außerdem gehen die Preise über den »Ticker« und können somit weltweit – zum Beispiel über das Internet – realtime beobachtet werden.

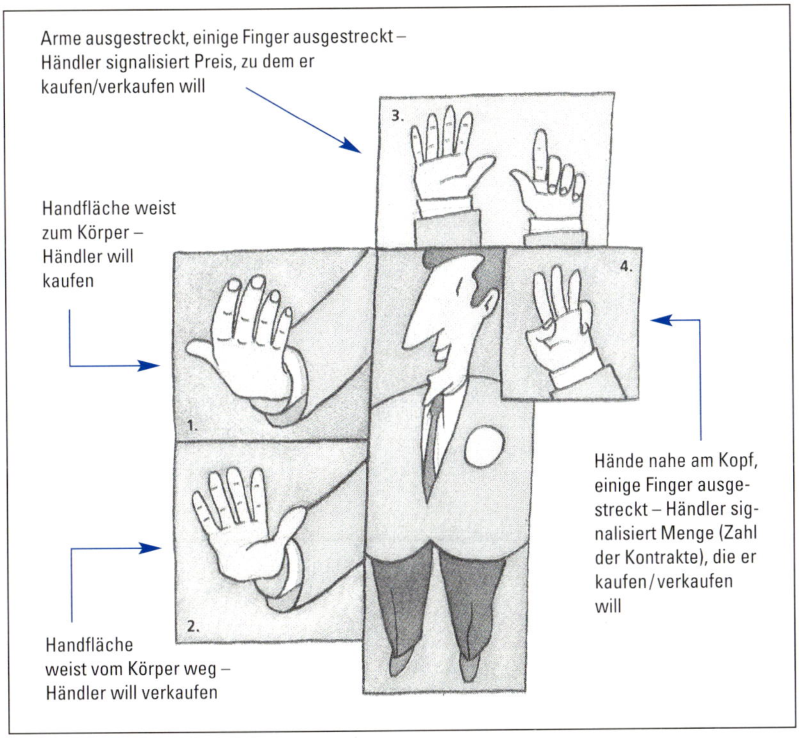

Handzeichen beim Handel an Terminbörsen (Quelle: Chicago Mercantile Exchange)

Der Handel an einer Präsenzbörse, an der die Teilnehmer physisch anwesend sind, ist aufwändig, weil die Händler sich extra an diesen Ort begeben müssen. Fraglich ist auch, ob Mitteilungen durch Zuruf und Handbewegungen heutzutage noch zeitgemäß sind. Dennoch hat der Präsenzhandel einen entscheidenden Vorteil, den Computer – zumindest zurzeit – nicht bieten können. Die Stimmung der Händler (»Hoffen und Bangen«), die ganz wesentlich durch Gestik und Mimik zum Ausdruck kommt, lässt sich dort natürlich erheblich besser erfassen, als wenn die einzelnen Teilnehmer durch ein Computernetzwerk miteinander verbunden sind und nur auf einen Bildschirm mit Zahlen schauen können.

Stimmung

Doch der Trend geht immer mehr zum Terminhandel am Computer. Im Unterschied zu Präsenzbörsen werden Termingeschäfte an Computerbörsen nicht auf dem Parkett durch Open Outcry gehandelt. Vielmehr geben die Teilnehmer über Bildschirmterminals, die weltweit platziert sein können, ihre Aufträge oder Geld-/Brief-Kurse, englisch »Quotes«, ab. Die Händler an der EUREX verfügen über Terminals, die über ein Telekommunikationsnetz mit dem Rechenzentrum verbunden sind. Darüber geben sie ihre Orders ab. Im Zentralrechner laufen diese zusammen und werden, soweit dies möglich ist, sofort mit anderen Aufträgen zusammengeführt. Der Vorteil beim Computerhandel liegt eindeutig darin, dass man vollkommen unabhängig vom Standort direkt ins Börsengeschehen eingreifen kann. Wie weit das Netzwerk der EUREX inzwischen reicht und wie weit es in Zukunft ausgedehnt werden soll, kann man an folgender Weltkarte erkennen (siehe Abbildung). Selbst Händler in Asien und Australien könnten sich dann am EUREX-Handel beteiligen.

Der Handel an der EUREX

Zulassung

Wir haben es oben schon gesagt: Es nicht möglich, einfach so an einer Terminbörse Geschäfte abzuschließen. Wer direkt an der EUREX handeln will, braucht dafür eine spezielle Zulassung. Diese wird auch nur erteilt, wenn bestimmte Voraussetzungen erfüllt sind. Hierzu zählen vor allem eine einwandfreie Bonität, ebenso der Nachweis von Fachkenntnissen im Terminhandel oder eine angemessene technische Infrastruktur, um sich am elektronischen Handel überhaupt beteiligen zu können. Je nachdem, welche der Voraussetzungen sie in welchem Ausmaß erfüllen, erhalten die Börsenteilnehmer jeweils einen unterschiedlichen Status. Sie sind entweder

- General-Clearing-Member (GCM),
- Direct-Clearing-Member (DCM) oder
- None-Clearing-Member (NCM).

Clearing-Lizenz

GCM und DCM wird eine Lizenz (so genannte *Clearing-Lizenz*) erteilt, die zum Clearing berechtigt. *Clearing* ist ein Sammelbegriff für sämtliche mit Termingeschäften verbundenen Abwicklungsaufgaben, wie zum Beispiel die Bereitstellung und Verwaltung von Sicherheitsleistungen (Margins), die tägliche Gewinn- und Verlustrechnung usw.

General-Clearing-Mitglieder haben zum einen die Befugnis zum Clearing eigener Geschäfte oder der Geschäfte ihrer Kunden, sie dürfen aber auch Geschäfte von Börsenteilnehmern ohne Clearing-Lizenz (Nicht-Clearing-Mitglieder) »clearen«. Dagegen sind DCM lediglich zum Clearing eigener Geschäfte oder der Geschäfte ihrer Kunden berechtigt.

Nicht-Clearing-Mitglieder sind ebenfalls Börsenteilnehmer und können, genau wie GCM und DCM, auf die Handelsbildschirme der EUREX zugreifen und sich direkt am Terminhandel beteiligen, indem sie Orders ins System eingeben. Die Geschäfte laufen jedoch über ein General-Clearing-Mitglied. Wenn ein NCM einen Auftrag ins System eingibt, dann kommt rein rechtlich ein Geschäft zwischen NCM und GCM sowie gleichzeitig ein entsprechendes Geschäft zwischen GCM und EUREX zustande. Das General-Clearing-Mitglied ist damit faktisch voll verantwortlich für das Nicht-Clearing-Mitglied und haftet für seine Transaktionen, indem es Sicherheiten für das NCM bei der Börse hinterlegt, für die Erfüllung der Pflichten gerade steht usw.

Zu den Nicht-Clearing-Mitgliedern zählen etwa Institutionen, die keine Banken im Sinne des Kreditwesengesetzes (KWG) sind. Da die GCM für die Transaktionen der Nicht-Clearing-Mitglieder Garantien übernehmen, werden sie bei der Auswahl strenge Maßstäbe anlegen und nur für Akteure mit einwandfreien Voraussetzungen haften. Der NCM-Status hat für die Börse den Vorteil, dass nicht sie sich um die Qualitätsüberprüfung kümmern muss, sondern diese Aufgabe auf die General-Clearing-Mitglieder abwälzen kann. Die GCM überwachen anschließend auch die Aktivitäten der NCM. Für diese Service-Leistung – inklusive der Haftungsübernahme – verlangt ein GCM in aller Regel vom NCM eine entsprechende Vergütung.

Margins

So wenig Kapital wie nötig

Wer ein Geschäft an einer Terminbörse wie der EUREX abschließt, handelt das zugrunde liegende Gut, ohne es sofort bezahlen zu müssen. Dadurch kann man den *Hebeleffekt* nutzen. Er besagt, dass sich mit geringem Kapitaleinsatz – im Idealfall sogar ohne Einsatz von Kapital – eine relativ große Menge des Basisguts handeln – man sagt auch bewegen – lässt. Anders ausgedrückt sind hohe Wertänderungen (Gewinne) erzielbar, ohne dafür große Mengen an Kapital investieren zu müssen. Die Kehrseite der Medaille freilich ist, dass nicht nur die Kapitalvermehrung, sondern auch die -vernichtung erheblich rasanter vonstatten geht als bei gewöhnlichen Geschäften (Kassatransaktionen). Auf den Hebeleffekt gehen wir ausführlicher am Ende dieses Buchabschnitts ein. Wir wollen hier lediglich festhalten, dass es im Interesse der Vertragsparteien ist, nicht sofort den vollen Wert des zugrunde liegenden Gutes zu bezahlen, sondern so wenig Kapital wie möglich zu binden, um vom Hebeleffekt zu profitieren.

Hebeleffekt

Warum Sicherheiten unumgänglich sind

Wir haben schon gezeigt, dass Termingeschäfte mit Erfüllungsrisiken verbunden sind. Um diese so gering wie möglich zu halten, sind an Terminbörsen Sicherheiten – so genannte Margins – zu hinterlegen.

An einem einfachen Fallbeispiel wollen wir zeigen, welche Risiken mit den Margins gedeckt werden sollen: Nehmen wir dazu an, wir hätten eine Bundesanleihe (Nominalvolumen: 1 Million €) zum Kurs von 95 Prozent auf Termin »drei Monate« verkauft. Zur Erfüllung (Lieferung) sind wir erst in einem Vierteljahr verpflichtet, da wir ja ein Termingeschäft abgeschlossen haben. Natürlich erhalten wir den Kaufpreis auch erst in der Zukunft.

Nun wollen wir weiter davon ausgehen, dass die Bundesanleihe aufgrund von Zinsanstiegen ständig im Kurs sinkt und am Ende der Laufzeit unseres Termingeschäfts nur noch einen Wert von 85 Prozent besitzt, das entspricht 850.000 €. Für uns hat sich ein Gewinn von 100.000 € angehäuft (950.000

minus 850.000), den wir jedoch nur realisieren können, wenn der Käufer auch zahlt. Kommt er seiner Verpflichtung dagegen nicht nach, haben wir im Prinzip nichts von dem Termingeschäft. Zwar besteht ein Anspruch gegenüber dem Käufer, doch der nutzt uns wenig, wenn die Gegenpartei inzwischen bankrott ist.

In der Praxis kommt so etwas durchaus vor. Ein Geschäftspartner kann plötzlich nicht mehr zahlen, etwa weil sich seine finanzielle Situation im Laufe der Zeit verschlechtert hat und eine Erfüllung nicht mehr möglich ist. Besonders wahrscheinlich ist ein derartiges Erfüllungsrisiko bei Termingeschäften, da Leistungen erst (weit) in der Zukunft erbracht werden und sich die Situation – häufig im Voraus gar nicht erkennbar – zwischenzeitlich zum Nachteil verändert.

Solche Nebeneffekte machen Termingeschäfte natürlich sehr unattraktiv. Wer ist schon bereit, ein Geschäft etwa zur Absicherung abzuschließen, wenn es anschließend sein kann, dass die Gegenpartei aufgrund ihrer unzureichenden wirtschaftlichen Verhältnisse nicht erfüllt. Um dieses Risiko von vornherein zu vermeiden, werden direkt beim Geschäftsabschluss Sicherheiten verlangt, und zwar von beiden Seiten.

Sowohl Käufer als auch Verkäufer sind zum Einschuss von Margins verpflichtet, weil man ja im Voraus nicht wissen kann, in welche Richtung sich der Terminpreis entwickelt. Steigt er, ist der Verkäufer, sinkt der Preis dagegen, dann ist der Käufer auf der Verliererseite.

Die Höhe der Sicherheiten ist im Wesentlichen abhängig vom Underlying. Handelt es sich um ein Gut, dessen Preise in Zukunft stark schwanken, sind die Margins höher als bei geringer Volatilität des Basiguts. Nehmen wir zur Verdeutlichung eine Bundesschatzanweisung (Laufzeit: 2 Jahre) und eine Bundesanleihe (Laufzeit: 10 Jahre). Aus dem Kapitel über Anleihen wissen wir, dass die Kurse umso stärker schwanken können, je länger die Laufzeit der Anleihe ist. Ändert sich das allgemeine Zinsniveau zum Beispiel um einen halben Prozentpunkt, so reagiert der Kurs der Bundesanleihe ungefähr viermal so stark wie der der Schatzanweisung. Daher sind die Sicherheiten bei Bundesanleihen auch höher als bei Schatzanweisungen.

Höhe der Sicherheiten

Um die Höhe der Sicherheiten ganz genau zu bestimmen, müsste man wissen, wie stark die Preise des Underlyings in der Zukunft schwanken werden. Das weiß aber niemand und kann auch niemand exakt vorhersagen. Es ist allenfalls möglich, das Schwankungspotenzial zu schätzen. Eine in der Praxis weit verbreitete Methode basiert auf der Auswertung historischer Daten. Einfach gesagt wird mit den Preisen (z. B. bestimmten Anleihekursen) der Vergangenheit das Schwankungsausmaß bestimmt und dieses dann als Richtschnur für die Zukunft verwendet.

Schwankungspotenzial

Dazu ein Beispiel (siehe auch folgende Abbildung): Wir betrachten die Börsenschlusskurse, die eine bestimmte Bundesanleihe in den zurückliegenden 101 Handelstagen zu verzeichnen hatte. Am letzten Tag (Donnerstag, 8. April) kam zum Beispiel ein Kurs von 112,70 zustande, im Vergleich zum Vortag (111,85) eine Veränderung um 0,85 Prozentpunkte. Am Tag zuvor lag ihr Kurs bei 111,05 und veränderte sich damit um 0,80 Prozentpunkte usw.

Insgesamt kommen wir auf einhundert einzelne Kursänderungen, die wir aus Platzgründen nicht vollständig in der Abbildung zeigen können.

		Anleihekurs	Veränderung zum Vortag	Änderungen (aufsteigend sortiert)
...	...	...	...	...
Montag	29. März	112,50	0,62	0,85
Dienstag	30. März	112,75	0,25	0,87
Mittwoch	31. März	112,30	0,45	0,89
Donnerstag	01. April	111,90	0,40	0,95
Freitag	02. April	110,85	1,05	1,23
Samstag	03. April	–	–	1,25
Sonntag	04. April	–	–	1,27
Montag	05. April	109,60	1,25	1,35
Dienstag	06. April	111,05	1,45	1,47
Mittwoch	07. April	111,85	0,80	1,51
Donnerstag	08. April	112,70	0,85	2,20

Nun sortieren wir diese – beginnend mit dem kleinsten Wert – der Reihe nach (siehe rechte Spalte in der Abbildung). Man sieht, dass die größte Veränderung in den letzten einhundert Tagen bei 2,20 Prozentpunkten lag. Der höchstmögliche Verlust, den man mit der Bundesanleihe von einem auf den nächsten Handelstag erleiden kann, liegt also bei 2,20 Prozentpunkten – vorausgesetzt natürlich, die vergangenen Werte spiegeln die Zukunft entsprechend wider.

Nun betrachten wir ein dreimonatiges Termingeschäft, das sich auf diese Bundesanleihe bezieht (Nominalwert: 100.000 €). Der Einfachheit halber gehen wir davon aus, dass Kassa- und Terminkurs identisch sind und 100 % betragen.

Dilemma

Die Tatsache, dass die Vertragsparteien den für Termingeschäfte typischen Hebeleffekt nutzen wollen, gleichzeitig aber auch an einem möglichst geringen Erfüllungsrisiko interessiert sind, bringt uns in eine verzwickte Lage. Je weniger Kapital zur Sicherheit hinterlegt werden muss, umso stärker kommt der Hebeleffekt zur Geltung. Zur Minderung des Erfüllungsrisikos wäre es im Gegensatz dazu jedoch zu begrüßen, möglichst hohe Margins zu hinterlegen, mit denen man im Falle eines Falles die aufgelaufenen Verluste decken könnte. Unter Risikogesichtspunkten wäre es deshalb durchaus sinnvoll, aus den Vergangenheitsdaten, die uns vorliegen, herauszurechnen, welche größtmögliche Wertschwankung in den kommenden drei Monaten zu erwarten ist. Man könnte dann eine entsprechend hohe Sicherheitsleistung für die vollen drei Monate direkt am Anfang – also beim Abschluss des Termingeschäfts – einfordern.

Doch damit würde allerdings relativ viel Kapital gebunden und der Hebeleffekt zu sehr abgeschwächt. Deshalb wählt man in der Praxis eine elegantere Lösung. Margins sind nicht für die gesamte Laufzeit zu hinterlegen, sondern lediglich für die Zeit von einem Handelstag auf den nächsten.

Da wir aufgrund von Vergangenheitsdaten wissen, dass die tägliche Kursschwankung bei maximal 2,2 Prozentpunkten liegt, verlangt man von jedem Geschäftspartner einen Einschuss von 2.200 € (100.000 € mal 2,2 %). Am darauf folgenden Handelstag betrachten wir dann die tatsächlich eingetretene Wertänderung der Anleihe. Nehmen wir zur Veranschaulichung einmal an, dass ihr Kurs um 0,8 Prozentpunkte gestiegen ist und nun bei 100,80 Prozent liegt. Der Käufer kann eine Wertsteigerung verbuchen. Daher erhält er eine Gutschrift über 800 €. Zusammen mit der bereits hinterlegten Sicherheitsleistung weist sein Konto – man spricht auch von *Margin-Konto* – einen Betrag von 3.000 € aus. Da zur Abdeckung möglicher Verluste lediglich 2.200 € bereitgehalten werden müssen, kann der Käufer 800 € von seinem Margin-Konto abheben und frei darüber verfügen.

Margin-Konto

Dagegen ist der Verkäufer auf der Verliererseite gelandet. Aufgrund der Kursentwicklung hat sich bei ihm ein Verlust von 800 € angesammelt, der nun mit den bereits eingezahlten Margins verrechnet wird. Sein Konto weist anschließend einen Stand von 1.400 € auf. Das jedoch reicht nicht mehr aus, um entsprechend starke Wertschwankungen aufzufangen, die bis zum nächsten Handelstag eintreffen können. Deshalb muss der Verkäufer so viel Sicherheiten nachschießen, bis sein Margin-Konto wieder einen Stand von 2.200 € aufweist. Kommt er dieser Aufforderung nicht nach, ist das Geschäft an dieser Stelle für ihn zu Ende, seine Position wird (von der Terminbörse) zwangsweise geschlossen, man sagt auch »glattgestellt«. Der Verkäufer erhält dann natürlich nicht die vollen 2.200 € wieder zurück, sondern lediglich 1.400 €.

Ein derartiges Margin-System hat also den Sinn, dass potenzielle Verluste bereits vorher bezahlt werden. Kommt es tatsächlich zu einem Verlust für einen der beteiligten Handelspartner, braucht die Gegenseite (= Gewinner) keine Befürchtungen zu haben, dass sie den entstandenen Gewinn nicht bekommt.

Risk-Based-Margining

In der Praxis kommt es regelmäßig vor, dass Marktakteure mehrere verschiedene Termingeschäfte gleichzeitig abschließen oder zu bereits bestehenden weitere Terminpositionen eingehen. Nun könnte man meinen, dass bei mehreren bestehenden Geschäften jedes einzelne davon auch separat mit Margins zu unterlegen ist. Dies ist in der Realität häufig aber nicht so. Zwar ist ein Termingeschäft grundsätzlich mit einem Erfüllungsrisiko verbunden, doch bei mehreren verschiedenen Positionen gleichzeitig kann es sein, dass sich die Risiken der Einzelgeschäfte zum Teil gegenseitig aufheben. Gehen wir zur Verdeutlichung einmal davon aus, wir hätten eine Bundesanleihe (Laufzeit 10 Jahre, Nominalvolumen 100.000 €) gekauft, eine Bundesobligation (Laufzeit 5 Jahre, Nominalvolumen 100.000 €) hingegen auf Termin verkauft. Für die Bundesanleihe sind Margins von 2.200 € zu hinterlegen, für die Obligation lediglich 900 €, da die möglichen Kursschwankungen wegen der kürzeren Anleihelaufzeit deutlich geringer sind.

Ändert sich das allgemeine Zinsniveau, so verändern sich auch die Werte unserer Terminpositionen – und zwar entgegengesetzt. Steigen die Zinsen zum Beispiel, so verliert der Terminkauf, während für die Verkaufsposition ein Gewinn entsteht. Es kann demnach selbst bei einer extremen Zinsschwankung nicht passieren, dass wir an einem Handelstag mit der Bundesanleihe 2.200 € verlieren, denn die Obligationsposition würde an Wert gewinnen. Wenn mehrere Terminpositionen bestehen, ist es daher sinnvoll, die gegenläufigen Risiken aufzurechnen und nur noch Margins für das Restrisiko zu verlangen. Eine solche Vorgehensweise wird an der EUREX praktiziert. Man bezeichnet sie als *Risk-Based-Margining*. Typisch für diese Methode ist, dass für die Marginberechnung nicht jedes Termingeschäft einzeln gesehen wird, sondern die Gesamtheit, die ein bestimmter Marktteilnehmer hält. Wie oben bereits gezeigt, rechnet man Risiken heraus, die sich gegenseitig aufheben, sodass im Endeffekt nur noch ein Restrisiko übrig bleibt. Dies ist dann maßgebend für die Marginhöhe.

Restrisiko

Marginhöhe von Schwankungsintensität abhängig

Die Höhe der Sicherheitsleistungen hängt maßgeblich davon ab, welches Underlying dem Termingeschäft zugrunde liegt. Bei Aktienindizes fallen sie zum Beispiel grundsätzlich höher aus als bei Zinssätzen. Man orientiert sich bei der Bemessung der Marginhöhe an den historischen Preisschwankungen des Underlyings, versucht aber auch, zukünftige Wertveränderungen zu antizipieren, und legt für einen Terminkontrakt umso höhere Sicherheitsleistungen fest, je größer die potenzielle Verlustgefahr für eben diesen Kontrakt ist. Da sich die Einschätzung über die zukünftige Wertentwicklung von Tag zu Tag ändern kann, differieren auch die Sicherheitsleistungen im Zeitablauf.

Die Termingeschäfte jedes Clearing-Mitglieds werden täglich mit den gerade aktuellen Kursen bewertet und die von einem auf den anderen Börsentag aufgelaufenen Gewinne bzw. Verluste mit den bereits eingezahlten Margins verrechnet. Unterschreiten die noch vorhandenen Sicherheitsleistungen eine bestimmte festgelegte Mindesthöhe, erfolgt die Aufforderung zum Nachschuss, auch *Margin Call* genannt. Kommt ein Börsenteilnehmer dieser Anweisung nicht nach, werden die betroffenen Positionen zwangsweise glattgestellt und damit sofort beendet.

Margin Call

Das alles hört sich recht einfach an, ist in der Praxis dennoch ziemlich kompliziert. Wer sich intensiver mit diesem Thema beschäftigen will, findet im Internet unter www.eurexchange.com ausführliche Informationen zum Risk-Based-Margining an der EUREX.

Der Handelstag an der EUREX

Ein Handelstag an der EUREX gliedert sich in drei Abschnitte. Er beginnt mit einer vorbörslichen Phase – der so genannten *Pre-Trading-Periode* –, in der noch kein echter Handel stattfindet. Man kann sich diese Zeit als eine Art Warmlaufphase vorstellen. Die Teilnehmer können zum Beispiel Kauf- und Verkaufsgebote zunächst einmal ganz unverbindlich ins EUREX-System einstellen und damit ihre eigenen Vorstellungen zum Ausdruck bringen. Ziel ist es, sich langsam an den Markt – insbesondere an Terminpreise – heranzutasten. Ein eingegebenes Gebot ist während des *Pre-Trading* wieder aus dem System löschbar, der Händler kann es aber auch aufrechterhalten und damit in den echten Handel starten. Die eigentliche Handelszeit nennt man *Tra-*

Pre-Trading

ding-Phase. Orders, die jetzt ins System kommen, haben volle Gültigkeit und werden – sofern dies möglich ist – auch ausgeführt. Der offiziellen Handelszeit ist noch eine *Pre-Opening-Phase* vorgeschaltet. Sie dient vor allem dem Zweck, zu prüfen, ob die ins System eingegebenen Preise angemessen sind. Der börsliche Handel, also die eigentliche Handelszeit, fängt an, sobald die EUREX die Preise freigibt. Dann kann man die einzelnen Kontrakte bis zum Schluss der Trading-Phase fortlaufend handeln. Eine Überwachungsstelle beobachtet zum Schutz der Börsenteilnehmer und zur Aufdeckung von Manipulationen ständig das Marktgeschehen und hält von jedem Geschäft die Daten fest.

Trading

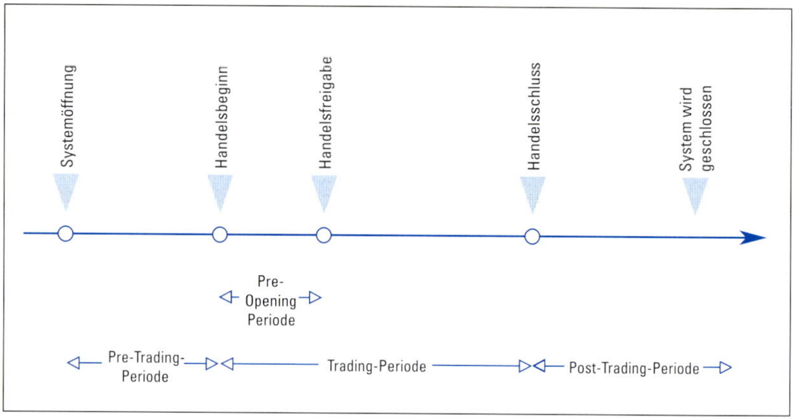

Post-Trading

Im Anschluss an die offizielle Handelszeit setzt die nachbörsliche Phase ein, die *Post-Trading-Periode.* Jetzt können die Teilnehmer vor allem Aufgaben erledigen, die oft den normalen Handel stören und besser in Ruhe nach dem Ende der Börsenzeit gemacht werden können. Diese Zeit wird zum Beispiel genutzt, um Optionen auszuüben oder bereits Orders für den kommenden Handelstag ins System einzugeben.

Die Handelszeiten für die einzelnen Produkte sind durchaus unterschiedlich. Eine genaue Auflistung getrennt nach Produkten hält die EUREX im Internet unter www.eurexchange.com bereit (siehe Ausschnitt unten).

Product	Pre-Trading	Trading (PO+Trad)	Post-Trading*
Dow Jones Euro STOXX® 50	7:30 a.m. - 9:00 a.m.	9:00 a.m. - 5:30 p.m.	5:30 p.m. - 7:30 p.m.
Dow Jones STOXX® 50	7:30 a.m. - 9:00 a.m.	9:00 a.m. - 5:30 p.m.	5:30 p.m. - 7:30 p.m.
Dutch Equity Products	7:30 a.m. - 9:30 a.m.	9:30 a.m. - 5:00 p.m.	5:00 p.m. - 6:30 p.m.
Finnish Equity Products	7:30 a.m. - 9:30 a.m.	9:30 a.m. - 5:00 p.m.	5:00 p.m. - 6:30 p.m.
Finnish Index Products	7:30 a.m. - 9:00 a.m.	9:00 a.m. - 5:00 p.m.	5:00 p.m. - 7:30 p.m.
French Equity Products	7:30 a.m. - 9:30 a.m.	9:30 a.m. - 5:35 p.m.	5:35 p.m. - 6:30 p.m.
German Equity Products	7:30 a.m. - 9:00 a.m.	9:00 a.m. - 8:00 p.m.	8:00 p.m. - 9:00 p.m.

Die Market-Maker an der EUREX

Um ein Termingeschäft an der EUREX abzuschließen, gibt man eine Menge und eine Preisvorstellung (z. B. Höchstpreis) in das System ein. Im Zentralrechner wird dann überprüft, ob ein Auftrag vorliegt, der mit dem gerade eingegebenen zusammenpasst. Ist dies der Fall, erfolgt eine Zusammenführung und das Geschäft wird gemacht. Dies ist sicherlich die Optimalsituation – zwei Teilnehmer wollen handeln, der eine möchte kaufen, der andere verkaufen und die Wunschvorstellungen im Hinblick auf Preis und Menge stimmen ebenfalls überein.

Die Realität entspricht oft genug jedoch nicht diesem Ideal. Nicht selten überwiegt eine Handelsrichtung, die Akteure wollen also in der Mehrzahl entweder kaufen oder verkaufen. Es ist dann natürlich unmöglich, die Handelsinteressen untereinander zum Ausgleich zu bringen. Das wiederum macht den Handel unattraktiv. Denn der große Vorteil einer Börse, soll ja gerade darin liegen, Geschäftsabschlüsse so schnell wie möglich und vollständig herbeizuführen. Um das gewährleisten zu können, hat man sich etwas einfallen lassen – das Market-Maker-System. Bestimmte Börsenteilnehmer verpflichten sich (freiwillig) dazu, einen Markt zu unterhalten, man könnte auch sagen »den Markt zu machen« (engl. Market-Making). Unabhängig davon, wie die Lage am Terminmarkt tatsächlich aussieht, sind Market-Maker stets zum Kaufen und Verkaufen bereit. Es ist also vollkommen gleichgültig, ob Kauf- oder Verkaufswillige überwiegen oder überhaupt keine Handelsinteressenten vorhanden sind, ein Market-Maker stellt beidseitige Preise. Er nennt also verbindlich sowohl An- als auch Verkaufskurse, auch Geld-/Brief- oder englisch Bid- und Ask-Kurse genannt. Geld- und Briefkurs zusammengenommen bezeichnet man auch als *Quote*. Möchte ein Teilnehmer von einem Market-Maker wissen, welche Preise er gerade für einen bestimmten Kontrakt stellt, spricht man von *Quote-Request*.

Market-Maker

Quote

Market-Making gewährleistet letztendlich eine hohe Liquidität (jederzeitige Handelbarkeit). Wer an der EUREX ein Termingeschäft abschließen möchte, findet immer eine Gegenseite. Es herrscht demnach Sicherheit, dass Terminpositionen während der Börsenzeit problemlos aufgebaut und wieder gelöst werden können.

Natürlich besteht immer die Gefahr, dass ein Market-Maker bei einem Quote-Request realitätsferne Preise vorgibt, indem er zum Beispiel außergewöhnlich hohe Spannen zwischen Geld- und Briefkurs stellt. Solche Praktiken sind allerdings nicht zulässig und werden von der Börse entsprechend geahndet. So ist zum Beispiel genau definiert, wie weit der Abstand zwischen An- und Verkaufskurs (Spread) höchstens liegen darf und wie lange ein solcher Maximum-Spread aufrechterhalten werden darf. Verstößt ein Market-Maker gegen diese Regularien, kann es im äußersten Fall dazu kommen, dass die von der EUREX erteilte Market-Maker-Lizenz entzogen wird.

Das Sortiment der EUREX

Börsen sind Unternehmen und unterliegen damit den gleichen wirtschaftlichen Prinzipien wie andere Unternehmen auch. Das bedeutet, dass sie letztendlich nur bestehen können, wenn sie Produkte und Serviceleistungen (lange Handelszeiten, transparentes Marktgeschehen usw.) anbieten, die für ihre Kunden – die Börsenteilnehmer – attraktiv sind. Da sich deren Wünsche im Laufe der Zeit ändern und zum Beispiel Trends folgen, muss auch das Angebot einer Terminbörse regelmäßig auf seine Aktualität hin überprüft werden. Daher kann es passieren, dass bestimmte Termingeschäfte neu in die Angebotspalette aufgenommen werden oder bereits vorhandene irgendwann aus dem Sortiment verschwinden. So hat die EUREX (damals noch unter der Firmierung »Deutsche Terminbörse«) als erste Börse weltweit Anfang 1998 zum Beispiel Termingeschäfte angeboten, die sich auf Volatilität bezogen (so genannte *Volax-Futures*). Doch die Verantwortlichen hatten sich verschätzt, denn die Börsenteilnehmer hatten kein Interesse daran, Volatilität auf Termin zu handeln. Das Produkt konnte daher kaum Umsätze verbuchen und wurde nach einigen Monaten wieder aus dem Programm gestrichen.

Wer sich ein Bild davon machen will, welche neuen Produkte zum Beispiel die EUREX für die Zukunft plant und welche Einsatzmöglichkeiten die Produktentwickler sehen, findet Informationen dazu im Internet direkt bei der EUREX unter www.eurexchange.com.

Überblick

Wir wollen uns nun ausführlicher den *unbedingten Termingeschäften* widmen und die Darstellungen vom Anfang dieses Buchkapitels präzisieren.

Bei einem unbedingten Termingeschäft handelt es sich um einen Kaufvertrag zwischen zwei Parteien, der den Verkäufer verpflichtet,

unbedingte Termingeschäfte

- eine bestimmte Menge (Kontraktgröße) eines Objektes (Underlying),
- zu einem zukünftigen Zeitpunkt (Fälligkeitszeitpunkt),
- zu einem bei Vertragsabschluss festgelegten Preis (Terminpreis),
- zu liefern,

und den Käufer bindet,

- zum Fälligkeitszeitpunkt
- den Terminpreis zu zahlen und
- das gesamte Underlying abzunehmen.

Ein unbedingtes Termingeschäft ist ein zweiseitig bindender Kontrakt – Verkäufer und Käufer sind gleichermaßen zur Vertragserfüllung verpflichtet. Man kann ein unbedingtes Termingeschäft OTC abschließen, also direkt mit einem Kontrahenten (z.B. einer Bank) vereinbaren. Dann lässt sich jedes Ausstattungsdetail (Handelsobjekt, Liefermenge Fälligkeit usw.) vollkommen individuell festlegen. Ein solches Termingeschäft nennt man im Allgemeinen Forward-Geschäft, kurz *Forward*.

Individualität

Es gibt so gut wie kein Finanzinstrument, das man nicht in Form von Forwards handeln könnte. In der Praxis haben Devisen und Zinsprodukte – insbesondere Zinssätze – die höchste Bedeutung. Doch Banken und andere Finanzmarktteilnehmer handeln auch Aktien- und Renten-Forwards.

Stärker an Bedeutung gewinnen seit einigen Jahren Forwards, die sich auf *abstrakte Underlyings* beziehen, insbesondere Bonität sowie Volatilität und Inflation. Auch hierauf gehen wir näher ein.

Im Unterschied zu Forwards sind die Vertragsbestandteile börsengehandelter unbedingter Termingeschäfte wie bereits erwähnt genormt. Bei solchen Geschäften stehen zum Beispiel die Verfalltermine genau fest. Eine individuelle Anpassung ist ausgeschlossen.

Normierung

Unbedingte Termingeschäfte, die an einer Terminbörse gehandelt werden, haben einen speziellen Namen, sie heißen *Futures*. Liegen einem Kontrakt Commodities zugrunde, spricht man von *Commodity-Futures*, *Financial-Futures* beziehen sich hingegen auf Finanztitel. Wir konzentrieren uns im nächsten Kapitel auf Financial-Futures und legen das Schwergewicht auf die an der EUREX gehandelten Kontrakte.

Devisentermingeschäfte

Funktion und Einsatzzwecke

Zu den bekanntesten Forwards zählen Devisentermingeschäfte (DTG). Es handelt sich um eine feste Vereinbarung, in der geregelt ist, zu welchem Wechselkurs ein Währungsbetrag in der Zukunft getauscht wird. Die Parteien müssen folgende Vertragsinhalte festlegen:

- Währungsbetrag (»Volumen«), der in der Zukunft getauscht werden soll;
- Devisenkurs (»Terminkurs«), zu dem in der Zukunft getauscht wird;
- Zukunftszeitpunkt (»Fälligkeitstermin«), an dem getauscht wird.

Da wir uns bereits im Kapitel »Devisen« ausführlich mit Terminkursen befasst haben, brauchen wir auf die Preisbildung hier nicht näher einzugehen. Wir zeigen daher gleich, für welchen Zweck Devisentermingeschäfte häufig abgeschlossen werden. Angenommen, ein deutsches Produktionsunternehmen hat Fertigwaren für 500.000 US-Dollar und mit sechsmonatigem Zahlungsziel an einen Großhändler in New York veräußert. Der Dollar notiert zu einem Kurs von 0,80 US-$/€.

Absicherung

Würde der Produktionsfirma das Geld sofort zufließen, könnte sie es zum aktuellen Kurs tauschen und hätte Einnahmen von 625.000 Euro (500.000 $ dividiert durch 0,80 US-$/€). Doch aufgrund des Zahlungsziels werden die US-Dollar erst in sechs Monaten überwiesen. Wo der Wechselkurs dann steht, weiß heute natürlich noch niemand. Steigt er annahmegemäß auf 0,85 US-$/€, so sinken die Einnahmen um mehr als 36.000 Euro. Geht der Kurs hingegen zurück, steigen entsprechend die Erlöse. Für das Unternehmen ist das eine ziemlich unsichere Angelegenheit. Doch das Risiko kann man auch ausschalten, indem man den zukünftigen Devisenkurs schon heute durch ein Devisentermingeschäft festschreibt. Unterstellen wir einen Swap-Satz von 30 Stellen (Report) für 6 Monate, dann ergibt sich ein Terminkurs von 0,8030 US-$/€. Wird zu diesen Konditionen ein Devisenterminverkauf des Dollarerlöses aus dem Handelsgeschäft vereinbart – dies ist gleichbedeutend mit einem Terminkauf von Euro gegen Dollar –, dann stehen die Einnahmen in Euro schon heute sicher fest. Sie betragen rund 622.665 €.

Effektive Andienung ist üblich

Devisentermingeschäfte werden üblicherweise effektiv angedient. Dann findet tatsächlich ein Währungstransfer statt. Die Beteiligten überweisen sich gegenseitig bestimmte vorher festgelegte Beträge. Denkbar ist natürlich auch ein Barausgleich. In diesem Fall reicht es aus, wenn der Verlierer die Differenz an den Gewinner auszahlt.

Long-dated-Forwards

Die meisten Devisentermingeschäfte haben relativ kurze Laufzeiten von einigen Monaten. Vereinzelt trifft man jedoch auch auf sehr langlaufende Geschäfte (*Long-dated-Forwards*), die sich durchaus auch über 10 oder 15 Jahre erstrecken können.

Hohe Mindestsummen

Devisentermingeschäfte können allein aufgrund der relativ hohen Mindestbeträge nicht von jedem abgeschlossen werden. Oft müssen Summen von mehreren hunderttausend Euro zugrunde liegen, bevor eine Bank zum Abschluss bereit ist.

Spekulation

Natürlich sind die Einsatzmöglichkeiten nicht auf Kursabsicherungen beschränkt. Ein Devisentermingeschäft lässt sich ebenso zu Spekulationszwecken einsetzen. Wer zum Beispiel mit einer Abwertung des US-Dollar gegenüber dem Euro rechnet, verkauft Dollar auf Termin. Tritt die erwartete Entwicklung später tatsächlich ein, kann man die Dollar preiswert am Kassamarkt kaufen und erhält dafür den höheren Terminpreis. Wer mit DTG spekuliert, muss nicht notgedrungen bis zur Fälligkeit warten, um Gewinne einzustreichen. Oft geschieht es, dass sich der Kassakurs schon kurze Zeit nach Abschluss des Termingeschäfts wie erwartet entwickelt. Durch ein entgegengesetztes Geschäft lässt sich der Gewinn dann sichern. Dazu ein Zahlenbeispiel:

Beispiel

Angenommen, der US-Dollar notiert aktuell zum Kurs von 0,80 US-$/€. Wir rechnen mit einer Aufwertung des Euro oder anders formuliert, mit einem steigenden Kurs. Daher vereinbaren wir mit einer Bank einen Devisenterminverkauf von Dollar gegen Euro – oder anders: einen Terminkauf von Euro gegen Dollar – in 6 Monaten zum Terminkurs von 0,8030 US-$/€. Unsere Prognose bestätigt sich. Schon vier Wochen später ist der Kassakurs und mit ihm auch der Terminkurs deutlich gestiegen. Bis zur Endfälligkeit möchten wir nun nicht mehr abwarten und dadurch Gefahr laufen, dass sich die Kurse bis dahin wieder in die andere Richtung bewegt haben. Deshalb entschließen wir uns zu einem Gegengeschäft. Wir kaufen denselben Dollarbetrag jetzt auf Termin (= Verkauf von Euro). Da das erste DTG in 5 Monaten fällig wird, vereinbaren wir bei dem neuen eine Ursprungslaufzeit von 5 Monaten. Der Terminkurs für ein DTG mit dieser Laufzeit liegt bei 0,81 US-$/€. Wir haben damit einen Gewinn von 0,0070 Dollar pro Euro sicher (siehe folgende Abbildung).

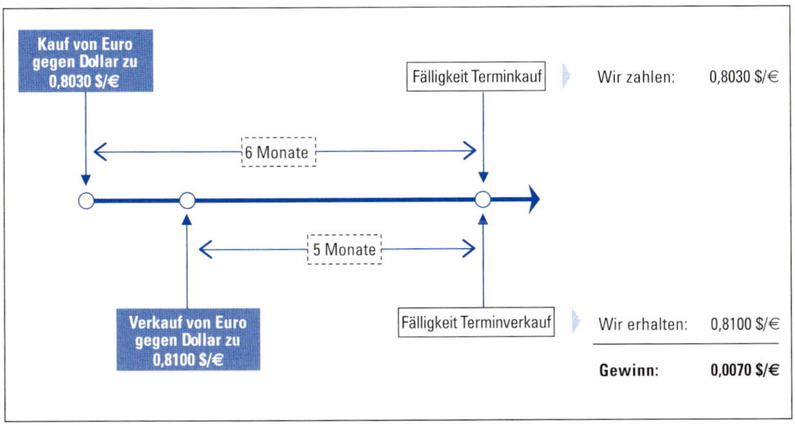

Arbitrage

Neben Sicherungs- und Spekulationsmotiven werden Devisentermingeschäfte auch zur Erzielung von Arbitragegewinnen abgeschlossen. Da wir hierauf bereits intensiv im Kapitel »Devisen« eingegangen sind, möchten wir uns Wiederholungen an dieser Stelle ersparen.

Devisen-Swaps

In der Praxis kommt es häufiger vor, dass eine Devisentransaktion heute und eine weitere, allerdings entgegengesetzte einige Zeit später stattfindet. Für solche Fälle haben die Banken eine spezielle Geschäftsart entwickelt, den so genannten *Devisen-Swap* (nicht zu verwechseln mit einem Währungs-Swap). Betrachten wir einen konkreten Fall: Ein Unternehmen hat aufgrund eines Warenverkaufs heute einen Zahlungseingang in Höhe von 1 Million US-Dollar zu verzeichnen. Aber schon jetzt steht fest, dass in genau 6 Monaten ein Zahlungsausgang in gleicher Höhe auf die Firma zukommt, da eine Rohstoffrechnung beglichen werden muss. Jetzt gibt es die Möglichkeit, die Dollar sofort zum aktuellen Kassakurs in Euro zu tauschen (Kassaverkauf) und gleichzeitig ein entgegengesetztes Termingeschäft – also einen Kauf von Dollar – zu vereinbaren. Auch der umgekehrte Fall ist möglich: Dann kauft man Dollar »in die Kasse« und verkauft die gleiche Summe auf Termin.

Devisen-Swaps haben den Sinn, dass ein kurzfristiger Finanzmittelbedarf (Liquiditätsbedarf) direkt mit einer Kurssicherung kombiniert werden kann. Das Unternehmen aus unserem Beispiel oben kann die Euro also für einen Zeitraum von 6 Monaten für Finanzierungszwecke nutzen, hat den Kurs, zu dem der Rücktausch in Dollar in einem halben Jahr erfolgt, aber bereits heute fixiert. Ein Wechselkursrisiko ist damit ausgeschlossen.

Forward-Rate-Agreements

Ausstattung und Funktionsweise

Eine hohe praktische Bedeutung haben Geschäfte, bei denen bereits heute ein Zinssatz festgelegt wird, zu dem ein bestimmter Kapitalbetrag in der Zukunft verzinst wird. Man könnte dies auch »Vereinbarung über einen zukünftigen Zinssatz« nennen. Durchgesetzt hat sich jedoch die gleichbedeutende englische Bezeichnung Forward-Rate-Agreement, kurz FRA. Die Vertragspartner verständigen sich beim Abschluss auf

FRA

- einen festen Zeitraum in der Zukunft (Referenzperiode),
- die Vorlaufzeit – das ist der Zeitraum vom Abschluss des FRA bis zum Beginn der Referenzperiode –,
- einen Geldbetrag in einer bestimmten Währung (Nominalvolumen), der für die Länge der Referenzperiode verzinst wird,
- die *Forward-Rate* (FR), das ist der Terminzins, und
- einen Referenzzinssatz (z. B. 6-M-Euribor).

Die Vorlaufzeit und die Länge der Referenzperiode werden gewöhnlich in Monaten ausgedrückt. Beginnt der Verzinsungszeitraum in sechs Monaten und dauert dann 12 Monate, so bezeichnet man das Geschäft auch kurz als »6 gegen 18« und schreibt »6*18«. Die erste Zahl gibt den Vorlauf, die zweite die Gesamtlaufzeit an. An den Werten ist damit auch die Länge der Referenzperiode abzulesen, sie beträgt 12 Monate (18 minus 6).

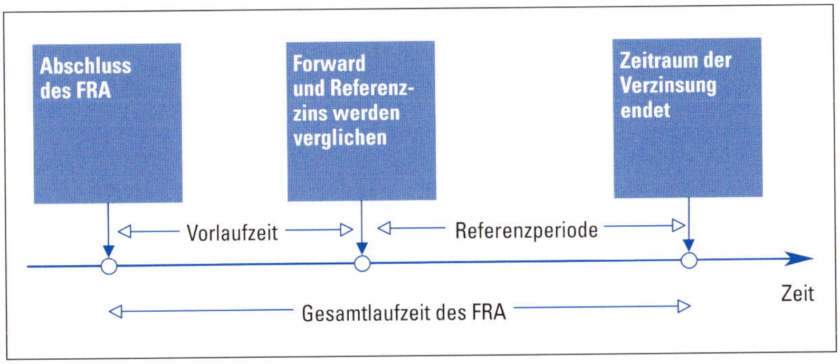

Wie bei Termingeschäften allgemein üblich, so unterscheidet man auch beim FRA Käufer und Verkäufer. Da der Terminpreis ein fest vereinbarter Zinssatz ist, profitiert der Käufer – analog zu anderen Termingeschäften – von steigenden Preisen (=Zinsen), der Verkäufer demgegenüber von einem Rückgang. Eine effektive Andienung erfolgt bei FRAs nicht. Das Nominalvolumen fungiert lediglich als Berechnungsbasis.

Barausgleich

Die übliche Andienungsmethode ist der Barausgleich. Am Ende der Vorlaufzeit – anders gesagt: zu Beginn der Referenzperiode – vergleicht man den Referenzzinssatz mit der vereinbarten Forward-Rate. Liegt er darüber, muss der Verkäufer folgenden Betrag an den Käufer entrichten:

$$\overbrace{\left[\frac{\text{Referenzzinssatz} - \text{FR}}{100}\right]}^{\text{Differenz zwischen Referenzzinssatz und Forward-Rate}} \times \text{Volumen} \times \frac{\text{Länge der Referenzperiode (in Tagen)}}{360\ \text{Tage}}$$

Umgekehrt ist die Situation, wenn der Referenzzinssatz kleiner ist als der Terminzins. Dann ist der Käufer zu einer Zahlung verpflichtet, die man so bestimmt:

$$\overbrace{\left[\frac{\text{FR} - \text{Referenzzinssatz}}{100}\right]}^{\text{Differenz zwischen Forward-Rate und Referenzzinssatz}} \times \text{Volumen} \times \frac{\text{Länge der Referenzperiode (in Tagen)}}{360\ \text{Tage}}$$

In der Praxis hat es sich durchgesetzt, dass die Ausgleichszahlung nicht – wie man es von Zinszahlungen eigentlich kennt – am Ende der Zinsperiode (Referenzperiode) gezahlt wird, sondern schon am Anfang. Daher erhält der »Gewinner« auch nicht den vollen Betrag, sondern lediglich den Barwert (siehe folgende Abbildung), denn er kann den Mittelzufluss ja bis zum Ende der Referenzperiode zum aktuellen Zins anlegen.

$$\text{Ausgleichszahlung zu Beginn der Referenzperiode} = \frac{\text{Ausgleichszahlung am Ende der Referenzperiode}}{\left[1 + \frac{\text{Referenzzinssatz x Länge der Referenzperiode (in Tagen)}}{\text{100 x 360 Tage}}\right]}$$

Abzinsung mit dem aktuellen Referenzzinssatz

Der Kauf eines FRA ermöglicht es Schuldnern, die variabel verzinsliche Mittel aufgenommen haben (z.B. Emittent eines Floaters), sich gegen einen Zinsanstieg abzusichern. Verkäufer erlangen hingegen Schutz vor sinkenden Zinsen.

Abwicklung

In der Praxis erfolgt die Gegenüberstellung von Forward-Rate und Referenzzins in aller Regel nicht direkt am Ende der Vorlaufzeit, sondern meist zwei Tage vorher. Der Grund dafür sind abwicklungstechnische Dinge. Es dauert etwas, bis die Höhe der Ausgleichszahlung bestimmt ist und die entsprechenden Anweisungen erteilt sind. Erst diese Vorbereitungszeit macht es möglich, dass das Geld auch pünktlich am ersten Tag der Referenzperiode dem Begünstigten zur Verfügung steht.

Geldmarkt

Üblich sind FRAs mit einer Gesamtlaufzeit von allenfalls 24 Monaten. Daher rechnet man diese Geschäfte auch dem Geldmarkt zu. In der Praxis können (in seltenen Fällen) jedoch auch deutlich längere Laufzeiten vorkommen.

Im Handelsblatt sind Forward-Rates nicht abgedruckt. Man kann sie jedoch im Internet finden, insbesondere auf den Seiten einiger Geschäftsbanken, etwa bei der WestLB unter www.westlb.de. Dort stehen fast immer glatte Vorlaufzeiten und Referenzperioden, »gebrochene Monate« hingegen nicht (siehe nächste Seite). Doch auch Geschäfte mit »gebrochenen Laufzeiten« sind grundsätzlich möglich, beispielsweise ein Geschäft »zweieinhalb gegen vierdreiviertel Monate«.

Für FRAs werden Geld- und Briefseiten gestellt, auch wenn man auf der Internet-Seite der WestLB lediglich einen einzigen Satz findet. Angenommen, der Händler einer Bank nennt eine Quotierung von 4,51–4,55 für ein »drei gegen sechs«. Man erkennt daran, dass die Bank bei einem entsprechenden FRA zum Satz von 4,51 % die Käuferposition einnimmt, während sie bei 4,55 % zum Verkauf bereit ist.

Hohe Mindestsummen

Für Privatleute kommen FRAs aufgrund der relativ hohen Mindestbeträge nicht in Frage. Im Regelfall verlangen Banken mehrere hunderttausend Euro als Mindestsumme, bevor sie sich zum Abschluss bereit erklären.

FRA Indikationen (EUR) ← Es handelt sich lediglich um Indikationen. Die endgültigen Sätze müssen mit dem Händler im konkreten Einzelfall vereinbart werden.

Bitte beachten Sie unsere Risikohinweise zu Derivaten.

Aktualisierung erfolgt mindestens 15 Minuten zeitverzögert

letzte Aktualisierung : 16.02.2001 21:00

Laufzeit	3 Monate		6 Monate		9 Monate		12 Monate	
	Art	Rate	Art	Rate	Art	Rate	Art	Rate
	1X4	4.67	1X7	4.60	1X10	4.54	-------	
	2X5	4.60	2X8	4.54	2X11	4.53	-------	
	3X6	4.53	3X9	4.48	3X12	4.50	3X15	---
	4X7	4.46	4X10	4.42	-------		-------	
	5X8	4.42	5X11	4.44	-------			
	6X9	4.38	6X12	4.44	6X15	4.46	6X18	4.52
	9X12	4.45	9X15	4.45	9X18	4.51	9X21	4.58
	12X15	4.42	12X18	4.50	12X21	4.57	12X24	4.66
	18X21	---	18X24	4.73	-------		-------	

WestLB

FRAs zur Absicherung und Spekulation

In der Praxis nutzt man FRAs oft zur Absicherung gegen Zinsschwankungen. Wir wollen an einem Fallbeispiel die Vorgehensweise einmal demonstrieren.

Beispiel

Der Manager eines Rentenfonds hat einen Teil der Gelder in festverzinsliche Anleihen investiert. In einem Jahr fließen dem Fonds Kuponzahlungen in Höhe von zehn Millionen Euro zu, die dann für ein halbes Jahr wieder angelegt werden müssen. An einem Zeitstrahl haben wir den Sachverhalt verdeutlicht (siehe Abbildung). Da der Manager sinkende Zinsen befürchtet, will er den Zinssatz für die Wiederanlage festschreiben. Er wendet sich daraufhin an den Zinshändler einer Bank und lässt sich die aktuelle Quotierung für ein FRA »12 gegen 18« geben. Der Händler stellt »4,49 – 4,53«.

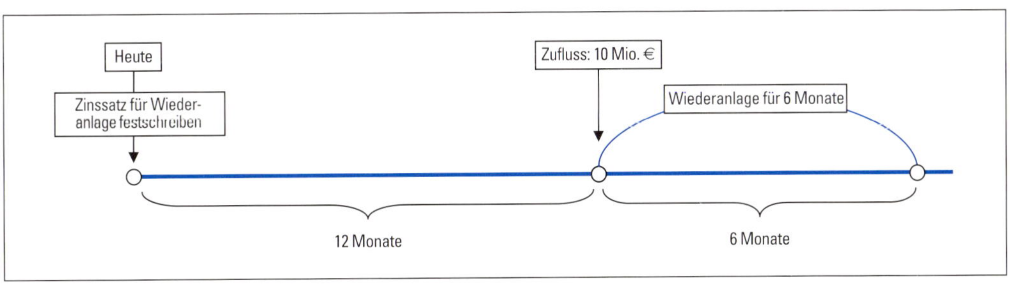

Der Manager will sich gegen sinkende Zinsen absichern. Er braucht also Ausgleichszahlungen, wenn der 6-M-Euribor in einem Jahr zurückgegangen ist. Aus diesem Grund nimmt er bei dem FRA die Position des Verkäufers ein. Für ihn ist deshalb die Geldseite (4,49 %) relevant. Zwischen Zinshändler und Fondsmanager wird nebenstehendes FRA vereinbart.

Volumen	10 Millionen €
Vorlaufzeit	12 Monate
Referenzperiode	6 Monate (182 Tage)
Referenzzinssatz	6-M-Euribor

Damit hat der Manager einen Zinssatz von 4,49 % fixiert. Unabhängig von der tatsächlichen Marktentwicklung wird für die Kuponzuflüsse ein sicherer Wiederanlageertrag von 4,49 % erreicht. An zwei ausgewählten Euribor-Szenarien wollen wir einmal zeigen, dass sich die Mittel tatsächlich immer in dieser Höhe verzinsen.

Erstes Szenario: Euribor notiert in einem Jahr bei 3,50 %

Die Zinsen sind gesunken. Der 6-M-Euribor liegt unter der vereinbarten Forward Rate. Daher hat der Manager Anspruch auf eine sofortige Ausgleichszahlung in folgender Höhe:

$$\underbrace{10.000.000\,€ \times \frac{(\overbrace{4{,}49}^{\text{Forward-Rate}} - \overbrace{3{,}50}^{\text{6-Monats-Euribor}}) \times 182 \text{ Tage}}{100 \times 360 \text{ Tage}}}_{\text{Ausgleichszahlung am Ende der Referenzperiode}} \times \underbrace{\frac{1}{1 + \frac{3{,}5 \times 182 \text{ Tage}}{100 \times 360 \text{ Tage}}}}_{\text{Abzinsung für den Zeitraum von 182 Tagen}} = 49.179{,}79\,€$$

In genau einem Jahr können zu den 10 Millionen € zusätzlich 49.179,79 € zum aktuellen Euribor angelegt werden. Nach Ablauf weiterer sechs Monate steht dem Manager inklusive der Zinsen folgende Summe zur Verfügung:

$$10.049.179{,}79\,€ + \frac{10.049.179{,}79\,€ \times \overbrace{3{,}5}^{\text{6-Monats-Euribor}} \times 182 \text{ Tage}}{100 \times 360 \text{ Tage}} \approx 10.226.994\,€$$

Sein Ertrag beläuft sich damit auf:

$$\underbrace{10.226.994\,€}_{\text{Endbetrag}} - \underbrace{10.000.000\,€}_{\text{Kuponzahlungen}} = 226.994\,€$$

Rechnet man dies in eine Rendite um, kommt man auf einen Wert von exakt 4,49 %. Das ist genau die vereinbarte Forward-Rate.

Zweites Szenario: Euribor notiert in einem Jahr bei 6,05 %

Nun gehen wir von einem Zinsanstieg aus. Der Manager kann von der vorteilhaften Entwicklung nicht in vollem Umfang profitieren, da die Zinsen, die über 4,49 % liegen, an die Bank fließen. Folgende Ausgleichszahlung ist am Ende der Vorlaufzeit fällig:

$$\underbrace{10.000.000\,€ \times \frac{(\overbrace{6{,}05}^{\text{6-Monats-Euribor}} - \overbrace{4{,}49}^{\text{Forward-Rate}}) \times 182 \text{ Tage}}{100 \times 360 \text{ Tage}}}_{\text{Ausgleichszahlung am Ende der Referenzperiode}} \times \underbrace{\frac{1}{1 + \frac{6{,}05 \times 182 \text{ Tage}}{100 \times 360 \text{ Tage}}}}_{\text{Abzinsung für den Zeitraum von 182 Tagen}} = 76.526{,}03\,€$$

Nun kann der Fondsmanager nicht die vollen 10 Millionen € zum aktuellen Euribor wieder anlegen, sondern lediglich:

$$\underbrace{10.000.000\text{ €}}_{\text{Kuponzahlungen}} - \underbrace{76.526,03\text{ €}}_{\substack{\text{Ausgleichszahlung}\\ \text{aus dem FRA}}} \approx 9.923.474\text{ €}$$

Doch dieser geringere Betrag verzinst sich zu dem hohen Satz von 6,05 %. Am Ende der sechsmonatigen Anlagedauer stehen dem Manager folgende Mittel zur Verfügung:

$$9.923.474\text{ €} + \underbrace{\frac{9.923.474\text{ €} \times \overbrace{6{,}05}^{\substack{\text{6-Monats-}\\ \text{Euribor}}} \times 182\text{ Tage}}{100 \times 360\text{ Tage}}}_{\substack{\text{Zinsen aus der Wiederanlage zum}\\ \text{6-Monats-Euribor}}} = 10.226.994\text{ €}$$

Die Summe entspricht exakt der beim ersten Szenario. Setzt man die Differenz (226.994 €) in Beziehung zum Ausgangsbetrag (10 Millionen €), kommt wieder ein Ergebnis von 4,49 % heraus.

In unserem Beispiel haben wir aus Vereinfachungsgründen auf die Berücksichtigung von Transaktionskosten (z. B. Abschlussgebühren) verzichtet. In der Praxis beeinflussen solche Faktoren natürlich das Endergebnis.

Wir können FRAs auch zur Spekulation auf Zinsänderungen einsetzen. Angenommen, wir rechnen mit einem Anstieg des 3-M-Euribor in den nächsten Monaten und entscheiden uns für den Kauf eines FRA »3 gegen 6«. Die WestLB stellt einen Satz von 4,53 % (siehe Ausschnitt aus der Internet-Seite). Tritt die erhoffte Entwicklung tatsächlich ein und der Euribor überschreitet die Forward-Rate, so erhalten wir von der Bank eine entsprechende Ausgleichszahlung. Im umgekehrten Fall sind wir auf der Verliererseite und müssen zahlen. Nur wenn der Euribor exakt bei 4,53 % liegen sollte, hat keiner der Vertragspartner eine Zahlungspflicht.

Wer auf sinkende Zinsen spekulieren will, muss ein FRA hingegen verkaufen.

Man braucht das FRA nicht unbedingt bis zur Endfälligkeit aufrechtzuerhalten, wenn die prognostizierte Zinsentwicklung schon früher eintritt. Wenn wir von der WestLB ein »3 gegen 6« zu einem Satz von 4,53 % kaufen und die Zinsen steigen beispielsweise in den nächsten Wochen entsprechend stark, dann können wir zur Gewinnsicherung ein entsprechendes Gegengeschäft vereinbaren. Nehmen wir an, der Euribor bewegt sich nachdem wir das FRA abgeschlossen haben deutlich nach oben. Das hat zur Folge, dass auch die Terminzinsen in die Höhe klettern. Daher entscheiden wir uns vier Wochen später, unser gekauftes FRA durch einen entsprechenden Verkauf zu neutralisieren (siehe Abbildung nächste Seite).

Gegengeschäfte

Da bereits vier Wochen vergangen sind, müssen wir nun ein FRA »2 gegen 5« verkaufen. Wir können das ursprüngliche Geschäft an die Bank gewissermaßen zurückverkaufen und uns den Gewinn auszahlen lassen. Dies hätte zur Folge, dass keinerlei vertragliche Beziehungen mehr bestünden. Allerdings könnten wir – oder wir müssten sogar, wenn unsere Bank das Geschäft

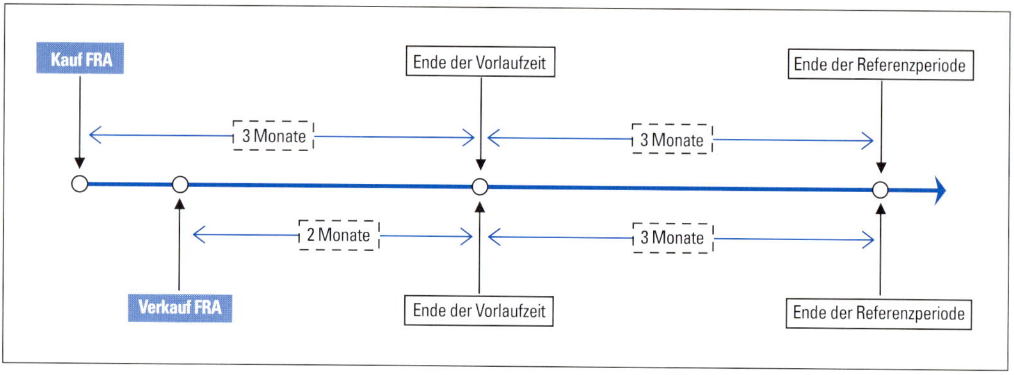

nicht zurücknimmt – mit einem anderen Institut einen entsprechenden Verkauf vereinbaren. Davon wollen wir im Weiteren einmal ausgehen. Angenommen, eine andere Bank ist bereit, mit uns ein derartiges Geschäft zum Satz von 5 % abzuschließen. Damit haben wir einen Gewinn von 0,47 % (5 % minus 4,53 %) bezogen auf den zugrunde liegenden Kapitalbetrag erzielt. Zwar existieren die beiden FRAs weiter, die Ausgleichszahlungen ergeben im Saldo aber stets 0,47 % (siehe folgende Tabelle). Rein wirtschaftlich gesehen, kommt das Gegengeschäft damit einer Rückgabe gleich.

	1. FRA (Kauf)		2. FRA (Verkauf)		
Euribor	Wir zahlen	Wir erhalten	Wir zahlen	Wir erhalten	Saldo
0 %	4,53 %	–	–	5,00 %	+0,47 %
1 %	3,53 %	–	–	4,00 %	+0,47 %
2 %	2,53 %	–	–	3,00 %	+0,47 %
3 %	1,53 %	–	–	2,00 %	+0,47 %
4 %	0,53 %	–	–	1,00 %	+0,47 %
5 %	–	0,47 %	–	–	+0,47 %
6 %	–	1,47 %	1,00 %	–	+0,47 %
7 %	–	2,47 %	2,00 %	–	+0,47 %
8 %	–	3,47 %	3,00 %	–	+0,47 %

Woher kommt die Forward-Rate

Kassazinsen

Der Terminzins für ein FRA bildet sich nicht willkürlich. Er ist vielmehr auf die Zinssätze für Kassageschäfte (Kassazinsen) zurückzuführen. Dazu ein Beispiel: Nehmen wir an, man könnte sein Geld zu folgenden Zinssätzen anlegen:

- Für 6 Monate zu einem Zinssatz von 5 % p.a.
- Für 12 Monate zu einem Zinssatz von 6 % p.a.

Wir wollen einen Betrag von 100.000 € für ein Jahr anlegen und denken nun darüber nach, auf welche Weise wir dies tun könnten. Es gibt zum einen natürlich die Möglichkeit, das Geld sofort für ein Jahr zum Satz von 6 % zu investieren (Alternative 1). Nach Ablauf der 12 Monate hätte sich unser Vermögen auf 106.000 € erhöht (100.000 € Anfangskapital plus 6.000 € Zinsen für ein Jahr).

Anstatt das Geld gleich für 12 Monate zu binden, könnte man es zunächst auch für 6 Monate anlegen und anschließend noch einmal für denselben Zeitraum (Alternative 2). Den Wiederanlagezins könnten wir durch ein FRA »6 gegen 12« festschreiben. Dann stünde – genau wie im Fall der direkten 12-Monats-Anlage – bereits heute fest, welcher Geldbetrag in einem Jahr zur Verfügung steht.

Es handelt sich bei beiden Alternativen in der Gesamtbetrachtung um eine einjährige Geldanlage. Auch wer sein Kapital zunächst nur sechs Monate anlegt, gleichzeitig aber ein FRA »6 gegen 12« vereinbart, bindet sein Kapital faktisch ein Jahr. Daher dürfen die Zinserträge der beiden Alternativen nicht voneinander abweichen, denn sonst wäre eine Anlage vorteilhafter als die andere und es käme zu entsprechenden Marktreaktionen. Die Nachfrage nach der günstigen (rentableren) Alternative steigt, die schlechtere wird hingegen verstärkt angeboten.

Damit beide Alternativen denselben Zinsertrag erwirtschaften, muss die Forward-Rate einen ganz bestimmten Wert annehmen. Wir wollen einmal zeigen, wie man ihn ermittelt. Da unser Kapital für 6 Monate zum Satz von 5 % angelegt wird, erhalten wir Zinsen in Höhe von 2.500 €. Deshalb können wir nach einem halben Jahr insgesamt 102.500 € für weitere 6 Monate investieren. Der Zinssatz für die Wiederanlage – also die Forward-Rate – muss nun exakt so hoch sein, dass wir für die zweiten 6 Monate 3.500 € an Zinsen erzielen. Denn 102.500 € plus 3.500 € ergibt dasselbe Endresultat wie bei Alternative 1 (106.000 €). Der Zinssatz, der zu diesem Ergebnis führt, lautet 6,83 % p.a. Man nennt ihn auch *angemessene* oder *faire Forward-Rate*. Weicht der Terminzins von seinem fairen Wert ab, eröffnen sich Möglichkeiten zur Erzielung sicherer Gewinne (Arbitragegewinne). An einem Fall zeigen wir einmal, wie so etwas in der Praxis ablaufen kann.

Fairer Satz

Beispiel

Der Geldhändler einer deutschen Bank sieht auf einer Reuters-Seite die Sätze für Euro-Geld. Ein luxemburger Institut hat an diesem Tag für ein FRA »drei gegen sechs« eine Quotierung von »3,77–3,79« eingestellt. Zur selben Zeit kann man Geld zum Satz von 3,75 % für drei Monate anlegen und zum Zins von 3,6875 % für 6 Monate (183 Tage) aufnehmen. Unser Händler kalkuliert und stellt fest, dass die Forward-Rate wenn man sie aus den Kassasätzen ableitet, zu hoch ist. Er will aus dieser Situation Gewinn schlagen und entscheidet sich dazu, 50 Millionen Euro für 6 Monate zu leihen und umgehend wieder für 3 Monate (91 Tage) anzulegen. Aus der Geldanlage wird er in drei Monaten folgenden Rückfluss verbuchen:

$$\underbrace{50.000.000\,€}_{\text{Anlagebetrag}} + \underbrace{\frac{50.000.000\,€ \times 3{,}75 \times 91\text{ Tage}}{100 \times 360\text{ Tage}}}_{\text{Zinsen für 3 Monate}} \approx 50.473.958\,€$$

Über diese Summe schließt er heute ein FRA »3 gegen 6« zum Geldsatz von 3,77 % ab. Damit hat er den Zins für eine dreimonatige Wiederanlage (92 Tage) festgeschrieben. Insgesamt erwirtschaftet der Händler einen Anlageertrag von:

$$\underbrace{473.958\ €}_{\text{Zinsen der Anlage}} + \underbrace{\frac{\overbrace{50.473.958\ €}^{\text{Volumen des FRA}} \times \overbrace{3{,}77}^{\text{FR (Geld)}} \times 92\ \text{Tage}}{100 \times 360\ \text{Tage}}}_{\text{Zinsen für 3 Monate}} \approx 960.247\ €$$

Nach Ablauf der sechs Monate muss er für den aufgenommenen Kredit Zinsen in folgender Höhe zahlen:

$$\underbrace{\frac{\overbrace{50.000.000\ €}^{\text{Kreditbetrag}} \times \overbrace{3{,}6875}^{\text{Kreditzins}} \times 183\ \text{Tage}}{100 \times 360\ \text{Tage}}}_{\text{Zinsen für 6 Monate}} \approx 937.240\ €$$

Ihm bleibt folglich dieser Gewinn:

$$\underbrace{960.247\ €}_{\text{Ertrag aus der Geldanlage}} - \underbrace{937.240\ €}_{\text{Kreditzinsen}} = 23.007\ €$$

Die Erzielung eines sicheren Gewinns ist hingegen ausgeschlossen, wenn die Forward-Rate einen Wert von 3,592 % hat.

Aus Einfachheitsgründen haben wir Transaktionskosten nicht berücksichtigt. Sie spielen in der Realität selbstverständlich eine Rolle und wirken sich auf das Ergebnis aus.

Aktien- und Rentenforwards

Nicht so bekannt wie Devisentermingeschäfte und FRAs sind Aktien- und Rentenforwards. Dies sind Termingeschäfte, die sich – wie die Bezeichnung schon sagt – auf Aktien bzw. Renten beziehen. Die Funktionsweise ist weitgehend identisch mit dem Mechanismus, den wir von Devisentermingeschäften bereits kennen. Bei einem Aktienforward vereinbart man zum Beispiel, eine bestimmte Anzahl einer Aktie zu einem vorab vereinbarten Kurs zu einem bestimmten Zeitpunkt in der Zukunft zu kaufen (bzw. zu verkaufen).

Im Unterschied zu Futures können Forwards Ausstattungsmerkmale haben, die man an Terminbörsen nicht realisieren kann. Dies betrifft speziell die Underlyings und Laufzeiten. So ist das Spektrum an handelbaren Basisgütern an einer Terminbörse grundsätzlich eingeschränkt, während man bei Forwards eigentlich jedes beliebige Underlying kaufen und verkaufen kann, im Aktienbereich also beispielsweise auch Nebenwerte. Auch das Laufzeitenspektrum lässt sich bei Forwards viel individueller an die Anforderungen der Marktteilnehmer anpassen. Hier stößt man zum Beispiel relativ häufig auf Geschäfte mit sehr langen Laufzeiten.

Nebenwerte

Langläufer

Sonstige Forwards

Wir haben zu Beginn dieses Buchkapitels bereits erwähnt, dass sich Derivate nicht immer auf konkrete Finanzinstrumente beziehen, sondern auch auf abstrakte Basisgüter. So hat es – verglichen mit anderen Forwards allerdings in verschwindend geringem Umfang – auch schon Termingeschäfte gegeben, denen Volatilität und Inflation zugrunde lagen.

Volatilität

Ein *Volatilitäts-Forward* bezieht sich im Regelfall auf einen Index, der implizite Volatilitäten abbildet wie etwa der VDAX. Man vereinbart eine bestimmte Termin-Volatilität, also etwa 20 % in sechs Monaten, und legt außerdem fest, welcher Geldbetrag einem Prozentpunkt (bzw. Basispunkt) Volatilität entsprechen soll. Einigen könnte man sich zum Beispiel auf einen Wert von 100.000 € pro Prozentpunkt. Der Käufer eines »Vola-Forwards« profitiert von einem Volatilitätsanstieg, der Verkäufer hingegen von einem Rückgang. Liegt der VDAX in sechs Monaten bei 22 %, dann hat der Käufer in unserem Beispiel Anspruch auf 200.000 €, notiert der Index demgegenüber bei 17 %, so muss der Käufer 300.000 € zahlen.

Mit einem Vola-Forward kann man auf Volatilitätsänderungen spekulieren, aber auch bestimmte Geschäfte absichern. So könnten zum Beispiel Emittenten von Optionsscheinen mit derartigen Derivaten ihr *Vega-Risiko* (das sind die Wertschwankungen, die auf Volatilitätsänderungen zurückzuführen sind) begrenzen.

Doch in der Praxis sind solche Produkte bislang – und das gilt für Volatilitäts-Derivate allgemein – vor allem deshalb nicht sehr verbreitet, weil sie schwierig zu bewerten sind. Außerdem ist es für Banken, die solche Produkte anbieten, nicht einfach, offene Positionen, die durch den Handel erst entstehen, wieder entsprechend abzusichern.

Inflation

Ein *Inflations-Forward* ist ähnlich gestrickt. Er bezieht sich allerdings nicht auf Volatilität, sondern auf einen Preisindex. Dies könnte zum Beispiel der Preisindex für die Lebenshaltung (»Inflationsrate«) sein, der regelmäßig vom Statistischen Bundesamt berechnet und veröffentlicht wird. Man könnte sich beim Geschäftsabschluss auf eine bestimmte Termininflationsrate einigen. Liegt die echte Inflation später über der vereinbarten, erhält der Käufer, liegt sie unter der Termininflationsrate, dann erhält der Verkäufer eine Zahlung. Das Muster ist also dasselbe wie bei Volatilitäts-Forwards und auch die Einsatzzwecke sind übertragbar. Da Inflations-Forwards bislang ausgesprochen selten sind, verzichten wir auf weitere Erläuterungen.

Swaps

Swap stammt aus dem Englischen und bedeutet tauschen. Mit diesem Begriff bezeichnet man Vereinbarungen, bei denen heute festgelegt wird, zu welchen Bedingungen die Vertragspartner in der Zukunft tauschen. Besonders häufig anzutreffen sind Swaps in der Finanzwelt. Dort wird so ziemlich alles getauscht, was man sich vorstellen kann. Am weitesten verbreitet sind so genannte Zinsswaps und Swaps, bei denen Währungsbeträge gegeneinander getauscht werden. Wir wollen diese Geschäfte hier ausführlicher vorstellen, aber auch auf – zumindest zurzeit – noch relativ unbedeutende Produkte eingehen, um zu zeigen, wie einfallsreich die Produktentwickler in den Banken inzwischen sind.

Funktionsweise und Motive

Es hört sich am Anfang etwas merkwürdig an, doch bei einem Zinsswap tauschen zwei Parteien Zinszahlungen aus, und zwar zu Konditionen, die sie bei Vertragsabschluss festgeschrieben haben. Eine solche Swapvereinbarung sieht typischerweise so aus, dass ein bestimmter fester Satz gegen einen Satz, der sich laufend verändert (variabler Zins), getauscht wird. Im Detail beinhaltet ein solcher Swap folgende Bestandteile:

- einen Kapitalbetrag von beispielsweise 100 Millionen € (ist notwendig, da Zinszahlungen ohne einen zugrunde liegenden Geldbetrag nicht bestimmt werden können)
- den variablen Zinssatz – auch Referenzzins genannt – (wir nehmen hier den 12-Monats-Euribor)
- eine Gesamtlaufzeit (3 Jahre)
- die Höhe des festen Zinssatzes (wir gehen einmal von 6 % p. a. aus).

Im Jargon der Händler nennt man dieses Geschäft, bei dem eine feste Verzinsung von 6 % p. a. gegen eine variable getauscht wird, kurz »6 % gegen 12-Monats-Euribor«.

Bereits heute werden Konditionen vertraglich fixiert, zu denen in der Zukunft Transaktionen erfolgen. Daher fallen Swaps in die Kategorie der Termingeschäfte.

Payer

Der Vertragspartner, der sich zur Festzinszahlung verpflichtet ist der *Payer* (auch »Zahler« oder »Swapkäufer«), während der andere die an den variablen Satz geknüpfte Zahlung leistet oder anders ausgedrückt, die festen Zinsen erhält. Man nennt ihn daher *Receiver* (auch »Empfänger« oder »Swapverkäufer«).

Receiver

Der Payer hat sich in unserem Beispielfall dazu verpflichtet, über einen Zeitraum von drei Jahren jeweils im Abstand von 12 Monaten 6 Millionen € an den Receiver zu zahlen. Der wiederum muss im Gegenzug einen Betrag in Höhe des 12-Monats-Euribor (bezogen auf 100 Millionen €) überweisen.

Angenommen, der Euribor liegt am Tag, an dem der Swap abgeschlossen wird bei 5,5 %. Dann sind ein Jahr später – weil Zinsen nachschüssig gezahlt werden – folgende Beträge fällig:

Zinsaustausch nach einem Jahr

Payer zahlt:	6.000.000 €	→	Receiver erhält:	6.000.000 €
Payer erhält:	5.500.000 €	←	Receiver zahlt:	5.500.000 €
Verlust Payer	500.000 €		Gewinn Receiver	500.000 €

Der Payer hat einen Verlust von 500.000 € gemacht, der Receiver einen gleich hohen Gewinn. Das kann in einem weiteren Jahr aber ganz anders aussehen, denn der Euribor schwankt ständig. Es ist durchaus möglich, dass er dann bei 7 % liegt. Für die Swappartner ergeben sich in dem Fall folgende Zahlungen:

Zinsaustausch nach zwei Jahren

Payer zahlt:	6.000.000 €	→	Receiver erhält:	6.000.000 €
Payer erhält:	7.000.000 €	←	Receiver zahlt:	7.000.000 €
Gewinn Payer	1.000.000 €		Verlust Receiver	1.000.000 €

Der Austausch von Zinsen erfolgt so lange, bis das Laufzeitende erreicht ist – hier also nach drei Jahren. Auf einen gegenseitigen Zinstransfer kann man auch verzichten, denn es reicht im Grunde aus, wenn der Verlierer den Saldo aus ab- und zufließenden Zinsen an den Gewinner überweist (Barausgleich). Diese Usance findet man gelegentlich auch in der Praxis. Barausgleich

An unserem Fallbeispiel lässt sich bereits erahnen, aus welchen Gründen man Zinsswaps abschließt. Sie eignen sich gut zur *Spekulation* auf bestimmte Zinsänderungen. Ist damit zu rechnen, dass die kurzfristigen Zinsen in Zukunft ansteigen, ist ein Payer-Swap zu empfehlen. Man zahlt im Zeitablauf einen festen Zinssatz, bekommt im Austausch – vorausgesetzt, die Spekulation geht auf – höhere Euribor-Sätze zurück. Im umgekehrten Fall ist dagegen eine Receiver-Position von Vorteil. Sinkt der Euribor wie vermutet, reduziert sich im Laufe der Zeit auch die Höhe der Zinsauszahlungen, während ein gleichbleibend hoher fester Satz zufließt. Es werden mehr finanzielle Mittel eingenommen als ausgegeben, sodass letztendlich ein Gewinn übrig bleibt. Spekulation

Zinsswaps sind aber auch zu *Sicherungszwecken* geeignet. So lassen sich zum Beispiel bestimmte Geschäfte (in diesem Zusammenhang Grundgeschäfte genannt) gegen Zinsschwankungen absichern. Handelt es sich bei einem solchen Grundgeschäft um eine Verbindlichkeit, nennt man den eingesetzten Swap auch *Liability-Swap* (Liability ist die englische Bezeichnung für Verbindlichkeit). Ein *Asset-Swap* bezieht sich dagegen auf eine Vermögensposition (Asset ist der englische Ausdruck für Vermögenswert). Dazu jeweils ein Beispiel: Sicherung Liability-Swap Asset-Swap

Beispiel

Nehmen wir an, die Bank A hat eine fünfjährige variabel verzinsliche Anleihe mit einem Volumen von 100 Millionen € emittiert, um dadurch Kapital aufzunehmen (Zinssatz: 12-Monats-Euribor, zahlbar am 1.7.). Da die zukünftige Zinsbelastung ein Jahr danach als zu unsicher eingeschätzt wird, entscheiden die Verantwortlichen, die Position durch einen Payer-Swap gegen das Risiko schwankender Euribor-Sätze abzusichern. Daher wendet man sich an die Bank B, die bereit ist, den 12-Monats-Euribor gegen einen Festsatz von 7 % zu tauschen. Im Ergebnis bleibt für Bank A letztlich eine feste Zinsbelastung von 7 % übrig. Denn sie empfängt den Euribor vom Swappartner und zahlt quasi parallel Anleihezinsen in derselben Höhe. Die variablen Zahlungen werden gewissermaßen direkt durchgeleitet. Übrig bleibt für Bank A eine feste Auszahlung an Bank B in Höhe von 7 %. Damit ist das Risiko schwankender Zinsen eliminiert.

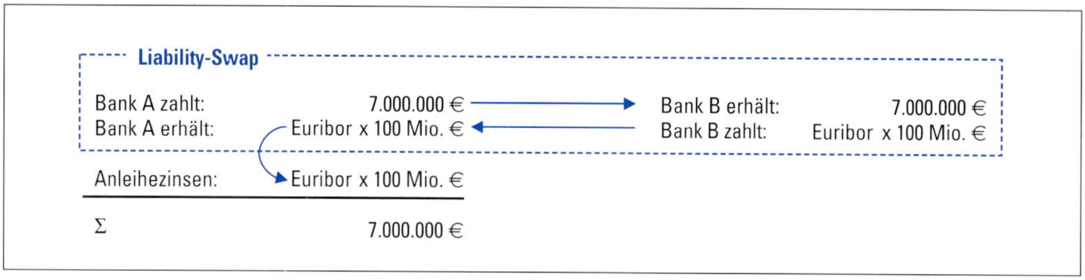

Nun zum Asset-Swap: Stellen wir uns den Manager eines Rentenfonds vor, der vor einiger Zeit 100 Millionen € in einen Floater angelegt hat (Kupon: 12-Monats-Euribor). Aufgrund einer Zinsprognose geht er davon aus, dass die Geldmarktsätze in Zukunft sinken könnten. Nun möchte er sich gegen dieses Risiko absichern und schließt mit dem Swap-Händler einer Bank einen entsprechenden Vertrag ab. Der Fondsmanager »swapt« wie man sagt »die variable Seite raus« und empfängt im Gegenzug einen Festzins von der Bank (angenommen 6 %). Anders ausgedrückt werden die Zinsen aus dem Floater gegen feste Zinsen getauscht.

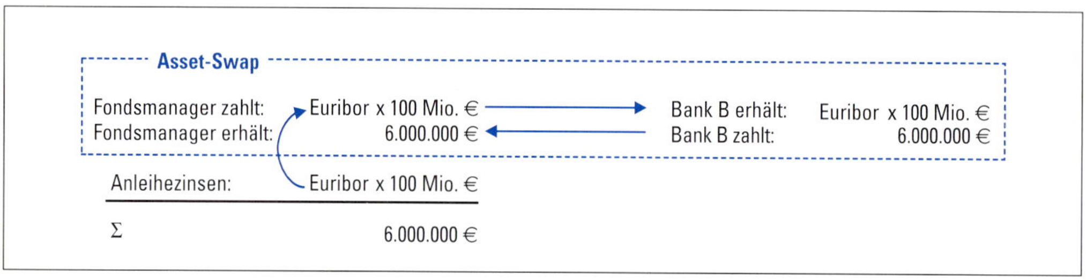

Synthetisierung

In der Praxis kommt es durchaus häufiger vor, dass man bestimmte Geschäfte nicht direkt in der gewünschten Form realisieren kann. Swaps sind in solchen Fällen ausgesprochen nützlich. Denn mit ihrer Hilfe lassen sich Finanzinstrumente künstlich oder man sagt auch »synthetisch« erzeugen. Betrachten wir ein konkretes Praxisbeispiel:

Beispiel

Ein Industrieunternehmen benötigt finanzielle Mittel von insgesamt 100 Millionen Euro. Das Kapital soll durch Ausgabe einer Anleihe (»Corporate Bond«) beschafft werden. Um die Zinsbelastung im Zeitablauf stabil zu halten, soll der Bond mit einem festen Zinssatz versehen sein. Aufgrund der aktuellen Marktlage kann die mit der Platzierung der Anleihe beauftragte Bank einen festverzinslichen Corporate Bond zurzeit nicht – oder nur mit erheblichen Kursabschlägen – unterbringen. Denn Anleger ziehen aufgrund der Zinsentwicklung Floater vor.

Aus diesem Grund hat man sich Folgendes überlegt: Das Unternehmen emittiert einen Floater (Kupon: 12-Monats-Euribor +0,85 %) und schließt gleichzeitig einen Payer-Swap ab (Festsatz: 7 %). Rein wirtschaftlich gesehen bleibt dann eine festverzinsliche Verbindlichkeit übrig:

Unternehmen **zahlt** Zins für den Floater:	12-M-Euribor + 0,85 %
Unternehmen **empfängt** aus dem Swap:	12-M-Euribor
Unternehmen **zahlt** in den Swap:	7 %
Effektive Zinsbelastung (7 % + 0,85 %):	7,85 %

Das Unternehmen hat einen Floater emittiert, anschließend einen Swap »darüber gelegt« und somit künstlich einen festverzinslichen Corporate Bond geschaffen. Aus dem Floater ist damit nachträglich ein festverzinsliches Geschäft geworden.

Roll-over

In den vorhergehenden Beispielen haben wir stets den 12-M-Euribor als variablen Satz unterstellt. Die Zinsanpassung – man sagt auch »Roll-over« – findet also im Jahresrhythmus statt. Dies entspricht allerdings nicht dem Regelfall, denn in der Praxis überwiegen Anpassungen, die alle drei oder sechs Monate stattfinden. Daher trifft man häufiger auf den 3- und 6-M-Euribor. Der Receiver zahlt dann normalerweise in Zeitabständen von drei (sechs) Monaten seine Zinsen an den Payer. Der wiederum kann den Festzins entweder im gleichen Rhythmus überweisen oder einmal jährlich. Dies ist nicht unerheblich für die Höhe des vereinbarten Festsatzes. Wird der feste Satz nicht jährlich, sondern beispielsweise alle 6 Monate gezahlt, dann ist er etwas niedriger als bei jährlicher Zahlungsweise. Das liegt daran, dass die Zinsen früher an den anderen Vertragspartner fließen und dieser den Betrag bis zum Ablauf der zwölfmonatigen Periode verzinslich anlegen kann. Er hat also die Möglichkeit, den Zinseszinseffekt zu nutzen.

3- und 6-M-Euribor

Laufzeit des Swaps

Rhythmus, in dem Festsatz gezahlt wird.

Jährlich [per annum (p.a.)]

Halbjährlich [semi-annual (s.a.)]

Vierteljährlich [quarterly (qtrl.)]

Laufzeit	30/360pa		30/360sa		30/360qtrl	
Jahre	Geld	Brief	Geld	Brief	Geld	Brief
3 Monate						
6 Monate						
1	4,67	4,71	4,62	4,66	4,59	4,63
1,5	4,69	4,73	4,64	4,68	4,61	4,65
2	4,71	4,75	4,66	4,69	4,63	4,67
3	4,80	4,84	4,74	4,78	4,72	4,75
4	4,91	4,95	4,85	4,89	4,82	4,86
5	5,00	5,04	4,94	4,98	4,91	4,95

www.westlb.de

Bei jährlicher Zahlung ist Swap-Satz am höchsten.

Bei vierteljährlicher Zahlung ist Swap-Satz am geringsten.

Quotierung

Auch Zinsswaps haben einen Preis. Dies ist der feste Zinssatz (»feste Seite«), der für den variablen Satz eingetauscht wird. Man könnte einen Swap daher auch als Kauf bzw. Verkauf des variablen Zinssatzes auffassen. Der Kaufpreis ist der feste Zins. Er heißt auch *Swap-Satz* und sollte nicht mit den Swap-Sätzen von Devisentermingeschäften verwechselt werden.

ZINS-SWAPS

12.2.2001	Euro-Euribor		US-$		Yen	
Jahre	Geld	Brief	Geld	Brief	Geld	Brief
1	4,61	4,64	5,11	5,14	0,34	0,37
2	4,62	4,65	5,25	5,28	0,37	0,40
3	4,70	4,73	5,41	5,44	0,48	0,51
4	4,79	4,82	5,52	5,55	0,64	0,67
5	4,88	4,91	5,62	5,65	0,83	0,86
6	4,97	5,00	5,70	5,73	1,01	1,04
7	5,07	5,10	5,79	5,82	1,19	1,22
8	5,15	5,18	5,84	5,87	1,35	1,38
9	5,21	5,24	5,89	5,92	1,49	1,52
10	5,27	5,30	5,95	5,98	1,61	1,64
15	5,51	5,54	6,12	6,15	2,03	2,06
20	5,65	5,68	6,22	6,25	2,26	2,29
25	5,70	5,73	6,24	6,27	2,40	2,44
30	5,70	5,73	6,26	6,29	2,49	2,52

Geld und Brief nach Schluss London; US-$ werden auf Geldmarkt-Basis jährlich actual/360 Tage gegen 3-Monats-Libor quotiert; Yen halbjährlich actual/360 Tage gegen 6-Monats-Libor und Euros auf jährlicher Bond-Basis 30/360 gegen 6-Monats-Euribor - Ausnahme 1 Jahressatz gegen 3-Monats-Euribor. Migeteilt von Garban Intercapital plc.

Im HANDELSBLATT ist täglich eine Tabelle ZINS-SWAPS abgedruckt, in der die Swap-Sätze für unterschiedliche Währungen und Laufzeiten von einem Jahr bis zu 30 Jahren aufgelistet sind (siehe Abbildung). Man findet jeweils zwei Werte, einen Geld- und einen Briefsatz (zusammengenommen auch *Quote* genannt). Sie geben die Sicht der quotierenden Bank wieder. Die Geldseite ist der Festsatz, den die Bank zahlt, wenn sie vom Kontrahenten den variablen Zins erhält. Umgekehrt wird der Briefsatz verlangt, wenn die Bank Receiver ist.

Wie man die Tabellenwerte liest, zeigen wir an zwei Fallbeispielen:

Beispiel

Beispiel 1

Wir rechnen mit einem allgemeinen Anstieg des Euribor in den kommenden 5 Jahren und möchten mit einem Swap entsprechend spekulieren. Aufgrund unserer Prognose müssen wir die Payer-Position einnehmen.

Aus der Handelsblatt-Tabelle (siehe Tabelle oben) entnehmen wir eine Quotierung von »4,88 – 4,91«. Wir zahlen demnach 4,91 % und erhalten von der Bank an den jeweiligen Zinsterminen einen Betrag in Höhe des Euribor.

Beispiel 2

Im Depot einer Sparkasse liegt ein auf US-Dollar lautender Floater (Restlaufzeit: 4 Jahre, Kupon: 3-M-Dollar-Libor). Der Portfolio-Manager möchte daraus gerne nachträglich eine festverzinsliche Dollar-Anleihe machen. Er entschließt sich deshalb dazu, die variablen Anleihezinsen gegen einen Festsatz zu »swapen«. Dem Handelsblatt entnimmt er eine Quotierung von »5,52 – 5,55« (siehe Tabelle oben). Da die Sparkasse Receiver ist, gilt die Geldseite. Der Portfolio-Manager zahlt demnach den 3-M-Dollar-Libor und erhält feste Zinsen in Höhe von 5,52 % bezogen auf den zugrunde liegenden Dollar-Nominalbetrag.

Wo kommt der Swap-Satz her?

Nachbau

Es ist gar nicht so einfach, den Preis für einen Zinsswap zu kalkulieren. Denn man muss heute einen festen (sicheren) Satz finden, gegen den man unsichere zukünftige Zinssätze eintauscht. Es gibt jedoch eine sehr elegante Möglichkeit, um dieses Problem zu lösen. Man baut den Swap – genauer seine Zahlungsstruktur – durch andere Geschäfte nach, von denen die Preise bekannt sind. Zur Veranschaulichung betrachten wir folgenden Swap, bei dem wir Festzinszahler sind:

- Roll-over: jährlich
- Referenzzinssatz: 12-M-Euribor
- Laufzeit: 3 Jahre

Da wir den Swap-Satz nicht kennen, setzen wir dafür zunächst »x« als Unbekannte.

An einem Zeitstrahl können wir die Ein- und Auszahlungen darstellen (siehe Abbildung).

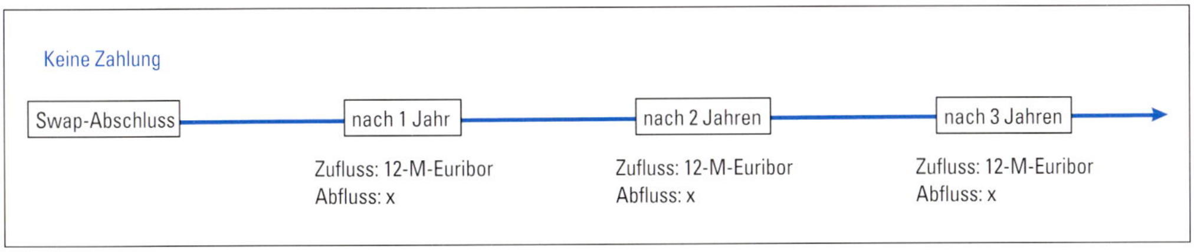

Nun wollen wir überlegen, mit welchen alternativen Geschäften man dieselben Ein- und Auszahlungen nachbauen könnte. Eine Zinszahlung in Höhe des 12-M-Euribor lässt sich einfach erzeugen, indem wir einen normalen dreijährigen Floater kaufen (er hat aktuell einen Kurs von 100 %). Da zum Zeitpunkt des Swap-Abschlusses keine Zahlungen fließen, müssen wir den Kauf unseres Floaters durch Kreditaufnahme finanzieren (z. B. durch Ausgabe einer dreijährigen Anleihe). Wichtig ist, dass die emittierte Anleihe ebenfalls einen Kurs von exakt 100 % hat. Sie wird mit einem festen Zinssatz von angenommen 5 % ausgestattet. Die mit dem gekauften Floater und der emittierten Anleihe verbundenen Zahlungen bilden im Ergebnis dieselbe Zahlungsstruktur wie beim Swap (siehe folgende Abbildung).

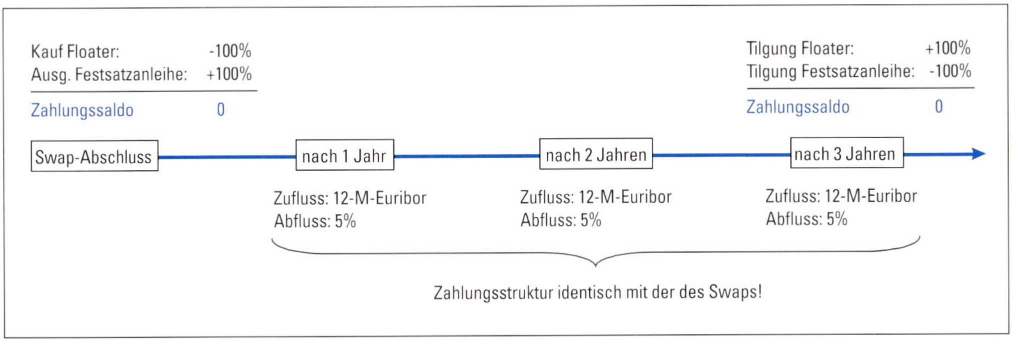

Par-Yield-Bond

Daraus lässt sich der Schluss ziehen, dass der Kupon einer laufzeitgleichen Festzinsanleihe, die zum Kurs von 100 % notiert – also der Kupon eines Par-Yield-Bonds – identisch sein muss mit dem Festsatz eines entsprechenden Swaps. Wenn dies nicht der Fall ist, eröffnen sich Möglichkeiten zur Erzielung von Arbitragegewinnen. Dazu ein einfaches Beispiel. Angenommen, der Swap-Satz liegt nicht bei 5, sondern bei 6 %. Durch folgende Geschäfte ließe sich ein risikoloser (sicherer) Gewinn erzielen:

Abschluss eines Swaps (wir sind Receiver)	
Wir zahlen	Euribor
Wir empfangen	6 %
Kauf eines Floaters	
Wir erhalten	Euribor
Emission einer Festsatzanleihe	
Wir zahlen	5 %
Zahlungssaldo	+1 %

Swap-Sätze und deren Bedeutung

Swap-Sätze genießen in der Praxis eine hohe Aufmerksamkeit, da die Banken Quotes selbst für relativ lange Laufzeiten stellen. So kann man sich ein gutes Bild vom Zinsniveau für »überlange« Fristigkeiten machen. In der Handelsblatt-Tabelle »Zins-Swaps« sind zum Beispiel Sätze für bis zu 30-jährige Swaps abgedruckt (siehe Abschnitt Quotierung).

Glattstellung

Nicht jeder Swap wird auch bis zum Laufzeitende benötigt. In der Praxis kommt es durchaus öfter vor, dass ein solches Geschäft aus bestimmten Gründen nicht mehr erforderlich ist. In solchen Fällen ist man nicht etwa gezwungen, das Geschäft fortzuführen. Es gibt durchaus Möglichkeiten der vorzeitigen Auflösung. Am elegantesten ist es, das Geschäft wieder an diejenige Bank zurückzugeben, mit der man es ursprünglich abgeschlossen hat. Doch wie einigt man sich mit der Bank, denn die Marktbedingungen, sprich: die Swap-Sätze, werden sich in der Zwischenzeit mit einiger Wahrscheinlichkeit zu Gunsten eines der Swappartner – und damit zum Nachteil des anderen – geändert haben. Wer auf der Gewinnerseite steht, ist natürlich nicht bereit, den Swap ohne weiteres zurückzunehmen bzw. zurückzugeben.

Nehmen wir einmal an, wir hätten genau vor einem Jahr einen 5-Jahres-Swap mit einer Bank vereinbart (Kapitalbetrag: 100.000 €), bei dem wir 7 % zahlen und den 12-M-Euribor empfangen. Heute stellt sich heraus, dass wir das Geschäft nicht mehr brauchen. Um es wieder los zu werden, wollen wir den Swap an die Bank zurückreichen. Wir stellen uns jedoch die Frage, ob es sinnvoll ist, den Swap kostenlos aufzulösen. Praktisch würden wir aus einem Geschäft aussteigen, bei dem wir in den nächsten 4 Jahren 7 % zahlen und Euribor erhalten. Um beurteilen zu können, ob das unter den gegenwärtigen Marktbedingungen gute oder schlechte Konditionen sind, schauen wir – zum Beispiel im Internet – nach vierjährigen Swaps. Angenommen, dort finden wir einen Satz von 8 %. Da wir lediglich 7 % zahlen, hat unser Swap also verglichen mit einem Neuabschluss einen Vorteil von einem Prozentpunkt. Diesen Gewinn können wir ganz einfach realisieren, indem wir einen neuen

Gegenswap

Swap (*Gegenswap*) abschließen, dessen Laufzeit vier Jahre beträgt und bei dem diesmal wir der Festsatzempfänger sind. Dann ergeben sich folgende Zinszahlungen:

1. Swap	
Wir zahlen	7 %
Wir empfangen	Euribor
2. Swap	
Wir zahlen	Euribor
Wir empfangen	8 %
Saldo (Gewinn)	1 %

Es wäre deshalb unüberlegt, den ursprünglichen Swap einfach so aufzulösen. Wir können vielmehr erwarten, dass ihn die Bank von uns gegen Zahlung eines angemessenen Betrages – wenn man so will, zum aktuellen Marktwert – zurücknimmt. Und das passiert auch in der Praxis. Die Bank zahlt den noch über vier Jahre laufenden Zinsvorteil üblicherweise in einer Summe aus. Eine solche Vorgehensweise nennt man auch *Close-out*.

Marktwert

Close-out

Rechnet man den Zinsvorteil aus jeder Zinsperiode zusammen, ergibt sich ein Gesamtbetrag von 4.000 €. Allerdings wird diese Summe nicht sofort fällig, sondern in Stücken von jeweils 1.000 € und im Abstand von jeweils einem Jahr. Die ersten 1.000 € fließen in einem Jahr, die letzten in vier Jahren zu. Aus dem Buchkapitel über Anleihen wissen wir, dass eine Zahlung in der Zukunft heute aufgrund des Zinseffektes weniger wert ist. Wir müssen die vier Zahlungen daher abzinsen. Die dafür erforderlichen Zerobond-Abzinsfaktoren sind in folgender Tabelle enthalten:

	Zahlung	Zerobond-Abzinsfaktor	Barwert
in 1 Jahr	1000 €	0,95579	955,79 €
in 2 Jahren	1000 €	0,91364	913,64 €
in 3 Jahren	1000 €	0,87145	871,45 €
in 4 Jahren	1000 €	0,82975	829,75 €
			3.570,63 €

Der Swap hat damit aus unserer Sicht einen Wert von 3.570,63 €. Zu diesem Preis kann ihn die Bank zurückkaufen.

Umgekehrt wäre die Situation, wenn der Swap-Satz nicht 8, sondern 6 % betragen würde. Dann hätten wir in jedem Jahr ein Minus von 1.000 € zu verzeichnen und wir müssten 3.570,63 € an die Bank bezahlen, um den Vertrag wieder zu lösen.

Die gesamte Zinsstruktur ist tauschbar

Es ist möglich, von kurz- bis langfristigen Sätzen nahezu jeden Zins zu tauschen. Wir haben den Euribor als »Tauschobjekt« bereits kennen gelernt, doch gehandelt werden auch Swaps, denen noch kürzere Zinssätze zugrunde liegen. Es handelt sich dabei um *Tagesgeldswaps*, so genannte *Eonia-Swaps*. Sie funktionieren nach dem bekannten Schema, mit dem einzigen Unterschied, dass eine Zinsanpassung im Tagesrhythmus erfolgt. Man kann einen festen Satz oder auch einen variablen Zins wie den 6-M-Euribor gegen den

Eonia-Swaps

Eonia tauschen. In der Praxis geschieht so etwas zum Beispiel, um aus einem herkömmlichen Floater künstlich eine Tagesgeldanlage zu machen.

Doch nicht nur Sätze vom unteren Ende der Zinsstruktur sind tauschbar. In der Praxis stößt man auch auf Geschäfte, bei denen ein längerfristiger variabler Satz (»Kapitalmarktsatz«) getauscht wird. Diese Produkte heißen

CMS

Constant-Maturity-Swap, kurz CMS. Als Referenzsätze verwendet man meist entweder einen bestimmten Subindex des REX (z. B. REX-10) oder einen Swap-Satz (z. B. einen 10-jährigen Swap-Satz). Es klingt zwar etwas komisch, doch bei einem CMS kann es sich um einen Swap handeln, bei dem ein Swap-Satz »geswapt« wird. Ein solches Geschäft sieht häufig so aus, dass eine Bank mit einem anderen Teilnehmer vereinbart, den 6-Monats-Euribor gegen den 10-jährigen Swap-Satz zu tauschen. Bei diesem Geschäft wird also das Zinsniveau am »kurzen Ende« gegen das am »langen Ende« getauscht. Da die »kurzen« Zinsen in aller Regel niedriger liegen als die »langen«, wird niemand bereit sein, den Euribor eins zu eins gegen den 10-jährigen Swap-Satz einzutauschen. Um den Nachteil auszugleichen, muss der Euribor-Zahler entweder einen Aufschlag in Kauf nehmen oder die Gegenseite zahlt nicht den vollen Swap-Satz, sondern nur einen Teil davon. Ein Swap (Laufzeit: 5 Jahre) könnte dann konkret so aussehen:

Euribor im Tausch gegen den 10-jährigen Swap-Satz abzüglich 0,40 %

CM-Swaps kann man zu Sicherungszwecken einsetzen, insbesondere um damit Kapitalmarktfloater zu hedgen. Außerdem eignen sich diese Swaps sehr gut zur Spekulation auf Veränderungen in der Steilheit der Zinsstruktur. Betrachten wir dazu ein konkretes Beispiel:

Beispiel

Angenommen, die *Zinsstrukturkurve* verläuft im Augenblick ziemlich flach. Im kurzfristigen Bereich liegen die Sätze bei ungefähr 5 %, langfristig hingegen lediglich 50 Basispunkte höher. Wir rechnen damit, dass die Kurve in nächster Zeit wieder steiler verlaufen oder anders formuliert der Abstand (Spread) zwischen Euribor und 10-jährigen Renditen deutlich über 50 Basispunkten liegen wird. Daher spielen wir mit dem Gedanken, einen CMS zur Spekulation abzuschließen. Entscheidend ist, dass wir die »kurze Seite« zahlen, die »lange« hingegen empfangen. Eine Bank macht uns für einen dreijährigen CMS folgendes Angebot:

12-M-Euribor gegen **10-Jahres-Swap-Satz minus 0,70 %**

Wir sind damit einverstanden und schließen den Vertrag ab. Nehmen wir an, der Euribor steht aktuell bei 5 %, während der Swap-Satz 5,50 % beträgt. Zwischen Euribor und Swap-Satz liegt demnach ein Abstand von 50 Basispunkten (5,50 % minus 5 %). Bei dieser Konstellation machen wir Verlust, da wir nicht den vollen Swap-Satz erhalten, sondern einen Abschlag von 0,70 % hinnehmen müssen. Weitet sich der Spread in Zukunft jedoch aus – verläuft die Zinskurve also steiler –, dann kommen wir in die für uns vorteilhafte Zone. Spielen wir einmal verschiedene Szenarien durch:

Szenario 1
Der Euribor sinkt um 50 Basispunkte auf 4,5 %, der Swap-Satz bleibt hingegen unverändert. Der Spread steigt auf 100 Basispunkte und die Zinskurve weist einen deutlich steileren Verlauf auf (siehe folgende schematische Darstellung). Wir tauschen nun 4,5 gegen 4,8 Prozent und haben 30 Basispunkte gewonnen.

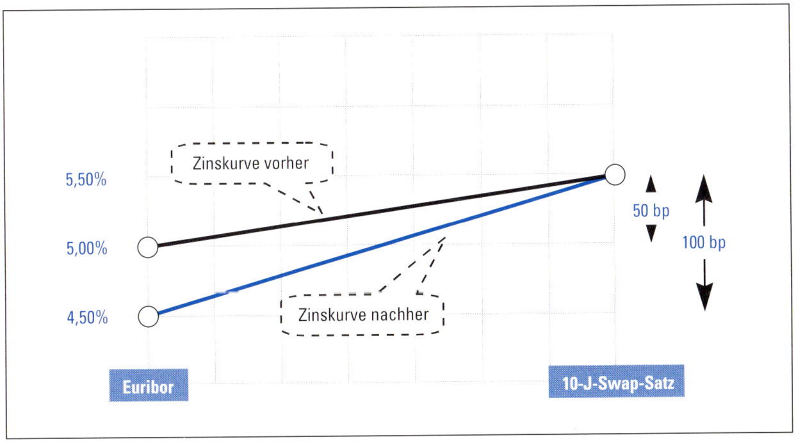

Szenario 2
Der Euribor verändert sich nicht, dafür steigt der Swap-Satz um 50 Basispunkte (neuer Satz: 6 %). Der Abstand zwischen kurz- und langfristigen Zinsen hat sich also wieder vergrößert, die Zinskurve verläuft steiler als vorher (siehe folgende schematische Darstellung). Wir müssen zwar unverändert einen Euribor von 5 % zahlen, erhalten aber jetzt einen höhere Gegenleistung von 5,30 %. Wir haben also erneut gewonnen.

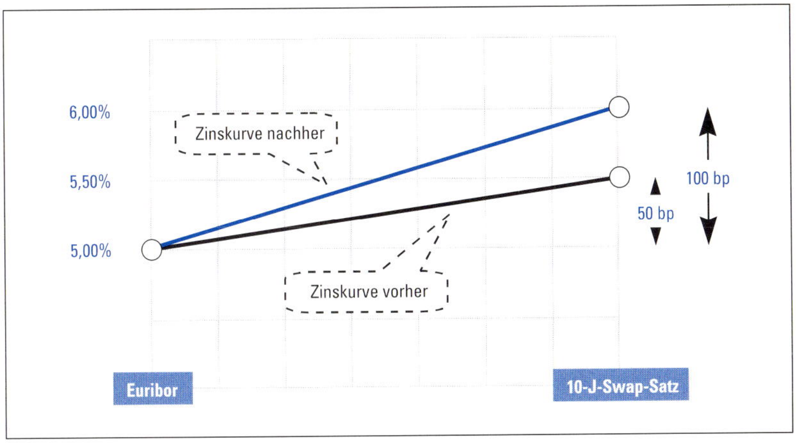

Szenario 3
Nun gehen wir davon aus, dass die Zinsen am »kurzen Ende« um 50 Basispunkte sinken, die am »langen Ende« dagegen um den gleichen Betrag steigen (siehe folgende schematische Darstellung). Der Spread hat sich damit um insgesamt einen Prozentpunkt auf jetzt 1,5 Prozentpunkte ausgeweitet. Wir tauschen demnach 4,5 gegen 5,3 Prozent und realisieren damit einen Gewinn von 80 Basispunkten.

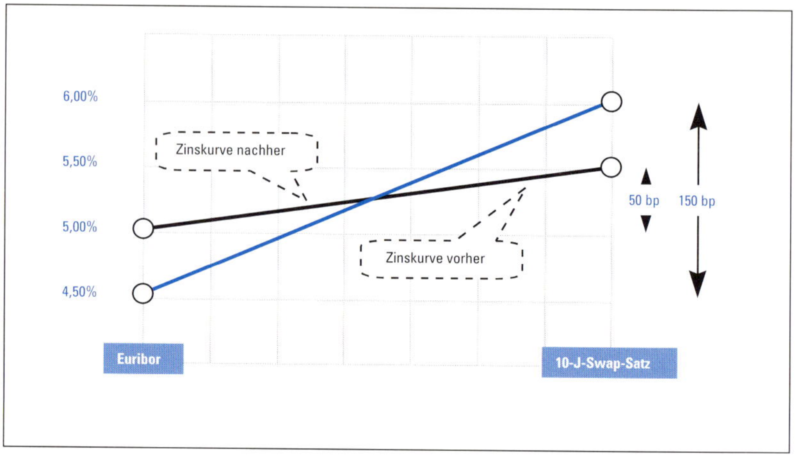

Wird die Kurve hingegen flacher – Euribor und Swap-Satz rücken näher zusammen –, dann ist dies für uns nachteilig, wie man an einem Zahlenbeispiel leicht nachvollziehen kann. In einem solchen Fall ist es ratsam, den Swap-Satz (minus Abschlag) gegen den Euribor zu tauschen.

Varianten

Es ist bei Swaps ähnlich wie bei anderen Finanzprodukten. Man kann zwischen herkömmlich strukturierten Swaps (*Plain-Vanilla-Swaps*) und Exoten trennen. Die in der Praxis bedeutendste Plain-Vanilla-Variante haben wir bereits kennen gelernt, den Swap »fix gegen variabel«. Nicht so häufig anzutreffen ist dagegen der *Basisswap*, bei dem die Vertragsparteien unterschiedliche Referenzsätze tauschen. So kommt es zum Beispiel vor, dass der 3-M-Euribor gegen den 6-M-Euribor »geswapt« wird oder der 6-M-Euribor gegen den 6-M-Euro-Libor. Wir wollen dies jedoch nicht weiter vertiefen, erstens, weil derartige Geschäfte in der Praxis relativ selten vorkommen und zweitens, weil solche Swaps im Prinzip genauso ablaufen wie die bereits bekannten Geschäfte »fix gegen variabel«.

Basisswap

Herkömmlich strukturierte Zinsswaps – man könnte sie auch als Grundversionen bezeichnen – lassen sich nun im Prinzip nach Belieben abändern. Die Ergebnisse sind zum Teil eigentümlich, was zu der Bezeichnung »exotische Swaps« geführt hat. Sämtliche in der Praxis vorkommenden Arten können wir hier aus Platzgründen nicht behandeln. Daher beschränken wir uns auf ein Beispiel, einen so genannten *Swap mit Cap*. Es handelt sich dabei eigentlich um einen gewöhnlichen Swap »fix gegen variabel«; das Exotische liegt darin, dass die Euribor-Zahlungen eine bestimmte vorher festgelegte Obergrenze – auch Cap genannt – nicht überschreiten können. Ein Beispiel: Wir vereinbaren mit einer Bank folgenden »Swap mit Cap«, bei dem wir Receiver (Festsatzempfänger) sind:

Exoten

4,5 % fest gegen 12-M-Euribor (Cap bei 6 %)

Die Bank zahlt uns 4,5 % und wir müssen dafür den aktuellen Euribor geben. Normalerweise kann die Zinsbelastung bei einem »Swap fix gegen variabel« für den Receiver theoretisch beliebig hoch ansteigen. Doch in unserem Fall ist eine Schranke von 6% eingebaut. Wir zahlen den wirklichen Euribor also lediglich bis zu einem Wert von 6%. Übertrifft der Referenzzins diese Marke, steigt die Zahlungsverpflichtung für uns nicht entsprechend, sie bleibt sozusagen bei 6% stehen (siehe Tabelle).

Stand des Euribor am Zinsanpassungstermin	Wir erhalten von der Bank	Wir zahlen an die Bank
0%	4,5%	0%
1%	4,5%	1%
2%	4,5%	2%
3%	4,5%	3%
4%	4,5%	4%
5%	4,5%	5%
6%	4,5%	**6%**
7%	4,5%	**6%**
8%	4,5%	**6%**
9%	4,5%	**6%**
10%	4,5%	**6%**

Verglichen mit einem herkömmlichen Tausch »fix gegen variabel« ist der Swap-Satz bei der Cap-Variante geringer, denn der Festsatzzahler profitiert nicht von hohen Euribor-Werten (in unserem Fall Werte oberhalb von 6%).

Währungsswaps

Streng betrachtet müsste man von einem kombinierten Zins- und Währungsswap sprechen, doch in der Finanzwelt hat sich die Bezeichnung Währungsswap durchgesetzt. Im Unterschied zu einem reinen Zinsswap werden zu Beginn Kapitalbeträge in unterschiedlichen Währungen zum aktuellen Kassakurs ausgetauscht. Ein solcher auch als Ausgangstransaktion bezeichneter Vorgang könnte zum Beispiel so aussehen, dass – bei einem aktuellen Kassakurs von 0,90 $/€ – zwei Banken einen Betrag von 90 Millionen $ und 100 Millionen € miteinander tauschen (siehe Abbildung). Bank A (ein deutsches Institut) zahlt Euro und empfängt dafür Dollar von der US-Bank B. Mit dem Währungsbetrag kann A zum Beispiel eine auf Dollar lautende Anleihe kaufen, B investiert in einen Euro-Bond.

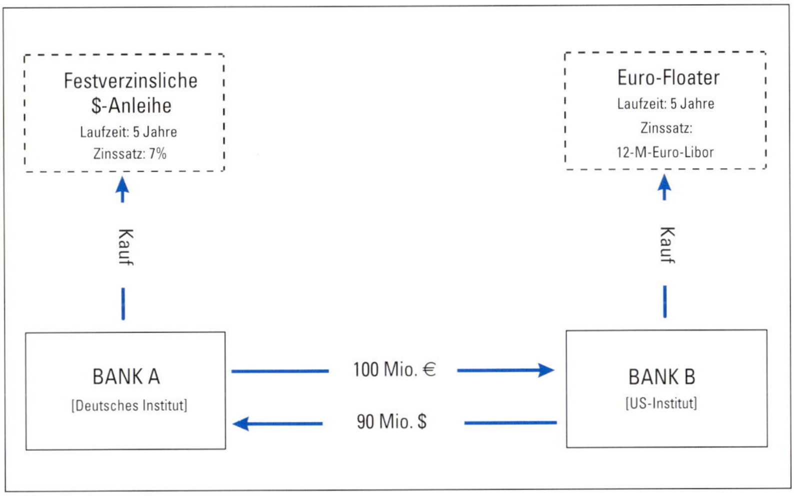

Ausgangstransaktion

Im Swapvertrag wird vereinbart, dass Bank A jährlich für einen Zeitraum von 5 Jahren eine feste Dollar-Zinszahlung von 7% leistet (bezogen auf das Swapvolumen von 90 Mio. $). B muss dagegen Zinsen in Euro zahlen und zwar in Höhe des 12-M-Euro-Libor. Man bezeichnet dies auch als Zinstransaktion. Die Swap-Verpflichtungen können jeweils mit den Kuponzahlungen aus den Anleihen erfüllt werden (siehe Abbildung).

Zinstransaktion

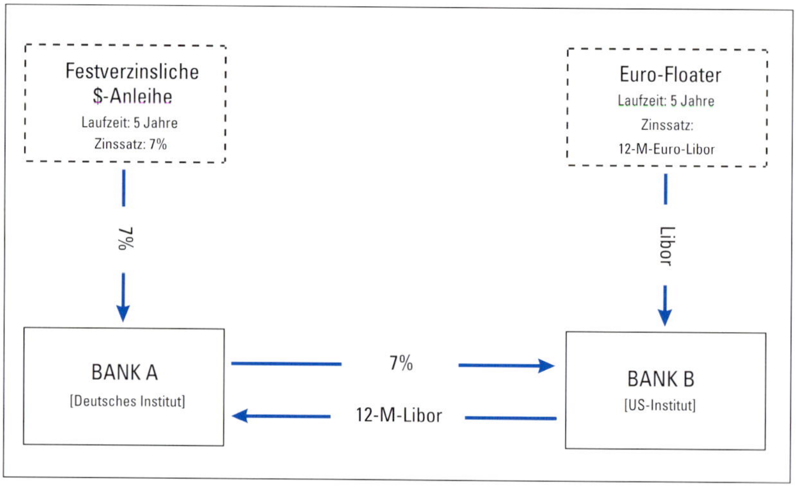

Am Ende – man spricht auch von Schlusstransaktion – werden die zu Beginn getauschten Kapitalbeträge »zurückgeswapt«, und zwar zum gleichen Kurs wie bei der Ausgangstransaktion. Es besteht also keinerlei Wechselkursrisiko, da der Kurs am Anfang auch am Schluss gilt (siehe Abbildung).

Schlusstransaktion

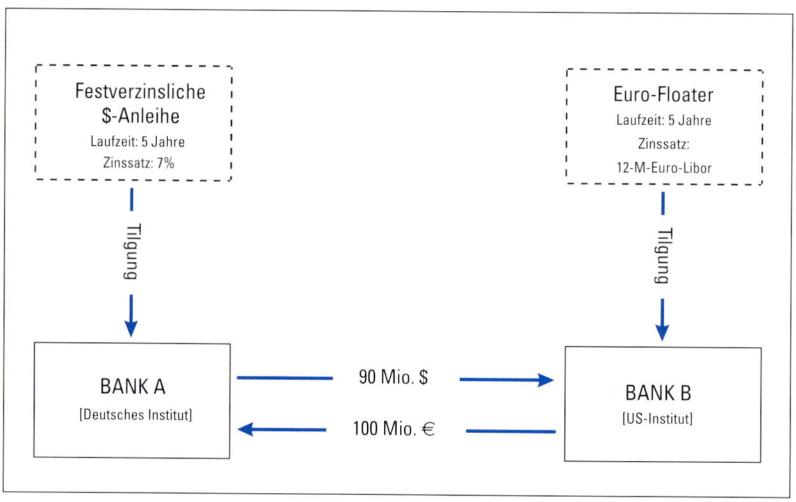

Im Vergleich zu reinen Zinsswaps sind Währungsswaps deutlich seltener zu finden. Sie sind meist an ein Grundgeschäft gekoppelt (so wie in unserem Fallbeispiel oben). Oft lassen sich Finanztransaktionen nicht direkt durchführen, zum Beispiel weil bestimmte Produkte nicht direkt verfügbar sind. Durch den Einsatz von Währungsswaps kann man die gewünschten Strukturen dann produzieren.

Sonstige Swaps

Wir hatten an anderer Stelle schon gesagt, dass es auf Finanzmärkten im Grunde nichts gibt, was man nicht auch swapen könnte. Doch es wäre unsinnig hier jeden Swap vorzustellen, den es schon einmal gegeben hat. Dennoch wollen wir an einem Fallbeispiel – einem Dividendenswap – einmal zeigen, was möglich ist. Bei einem derartigen Geschäft tauschen die Vertragspartner nicht Zinsen, sondern die laufenden Erträge von Aktien. Denkbar ist zum Beispiel, dass die Dividenden der Telekom-Aktie gegen die Dividenden einer anderen Aktie getauscht werden. Man könnte die Dividenden aber auch gegen einen von vornherein festen Betrag swapen. Ein derartiges Geschäft könnte zum Beispiel so aussehen: Man vereinbart, dass jeweils am 1. Dezember eine Vertragspartei die in dem Jahr geflossene Dividende der T-Aktie zahlt und dafür von der anderen Partei eine feste Zahlung von 1 € erhält. Interessant wäre ein derartiger Swap beispielsweise für Vermögensverwalter, die gezwungen sind, eine gewisse Zeit lang für mehr oder weniger stetige Zuflüsse zu sorgen. Aktien sind aufgrund ihrer ungewissen Dividenden in solchen Fällen oft problematisch. Durch einen Dividendenswap ließe sich dieses Problem aber beheben.

Dividendenswap

»Swap« ist ein weiter Begriff

Bei jedem herkömmlichen Termingeschäft findet ein Tausch statt. Betrachten wir ein Devisentermingeschäft: Hier tauschen die Beteiligten in der Zukunft Währungsbeträge aus. Im Unterschied zu einem typischen Swap existiert lediglich ein Tauschtermin. Ein Zinsswap hat dagegen mehrere aufeinander folgende Zeitpunkte, an denen ein Austausch erfolgt.

Kreditderivate

In den letzten Jahren haben *Kreditderivate* einen regelrechten Boom erlebt und sie werden wohl auch in Zukunft noch stark an Bedeutung gewinnen. Der Handel findet statt – zumindest bislang – ausschließlich OTC statt. Über eine Einführung an Terminbörsen ist jedoch schon öfter nachgedacht worden.

Mit Kreditderivaten ist es gelungen, Bonität auch in Form von Termingeschäften handelbar zu machen. Damit erhalten die Marktteilnehmer vor allem die Möglichkeit, sich gegen Bonitätsveränderungen abzusichern.

Das Prinzip, auf dem Kreditderivate beruhen, ist eigentlich recht simpel. In einem Vertrag wird festgelegt, dass der Käufer – man nennt ihn auch *Risikokäufer* – an den Verkäufer (*Risikoverkäufer*) zahlen muss, wenn es in Zukunft zu einem Kreditereignis – auch *Credit Event* genannt – kommt.

Credit Event

Ein Credit Event ist quasi ein Schaden, der entsteht, wenn die Bonität einer bestimmten Institution (z. B. Industrieunternehmen) in Zukunft schlechter wird. Und »schlechter werden« ist ein weiter Begriff, denn er kann die völlige Zahlungsunfähigkeit ebenso umfassen wie Ratingherabstufungen. Man muss ihn im Vertrag also genauestens definieren.

In der Praxis gibt es bereits allerlei unterschiedliche Derivate, mit denen man Bonität handeln kann. Aus Platzgründen können wir hier nicht auf jedes einzelne eingehen. Sie sind von ihrem Prinzip her jedoch ähnlich, sodass es für das Verständnis ausreicht, wenn man ein Instrument intensiver kennen gelernt hat. Deswegen konzentrieren wir uns auf so genannte *Credit-Default-Swaps*.

Credit-Default-Swaps

Beispiel

Dazu eine Fallstudie: Vor einigen Jahren haben wir eine Industrieanleihe (Corporate Bond) gekauft, die jetzt noch eine Restlaufzeit von fünf Jahren hat und im Vergleich zu anderen Anleihen hohe laufende Zinserträge einbringt. Geplant ist, das Papier bis zur Endfälligkeit zu halten. Doch wir denken auch an das Risiko, dass sich die Bonität des Emittenten in Zukunft verschlechtern könnte und wollen uns deshalb gegen einen Totalverlust aufgrund von Zahlungsunfähigkeit absichern. Bei einer Bank, die sich auf den Handel mit Kreditderivaten spezialisiert hat, fragen wir nach einer Absicherungsmöglichkeit. Man bietet uns einen Credit-Default-Swap an, der wie folgt ausgestattet ist: Gegen Zahlung eines jährlichen Betrages von 85 Basispunkten (bezogen auf das Nominalvolumen der Anleihe) übernimmt die Bank die Verpflichtung, den Schaden bei Zahlungsunfähigkeit des Emittenten zu übernehmen. Das bedeutet konkret: Sollte das Unternehmen in den nächsten fünf Jahren in Konkurs gehen und zur Tilgung der Anleihe nicht mehr in der Lage sein, dann springt die Bank zum Ausgleich ein.

Wir haben also einen festen Satz (85 Basispunkte) – wenn man so will – gegen die Bereitschaft zur Risikoübernahme getauscht. Aus einer ausfallgefährdeten Anleihe ist eine (fast) bonitätsrisikofreie Anlage geworden. Denn theoretisch könnte natürlich auch die Bank als Swap-Partner ausfallen und die versprochenen Zahlungen – bei Zahlungsproblemen des Emittenten – nicht leisten.

Man könnte einen Credit-Default-Swap natürlich aus losgelöst von einem Grundgeschäft abschließen, zum Beispiel um damit auf eine Bonitätsverschlechterung des Emittenten zu spekulieren. Tritt dieser Fall tatsächlich ein und das Unternehmen erfährt ein Downgrading, dann steigt verständlicherweise auch der Satz. Wir könnten den Swap dann zum gestiegenen Preis wieder verkaufen und einen Gewinn einstreichen.

Kreditversicherung

Am Rande: Eigentlich ist ein Credit-Default-Swap gar kein richtiger Swap, obwohl er so heißt. Bei genauer Betrachtung handelt es sich um eine *Kreditversicherung*. Die 85 Basispunkte sind eine Art Versicherungsprämie.

Wie der Handel abläuft

Im Prinzip funktioniert ein Future wie ein Forward. Zwei Vertragsparteien handeln aus, zu welchem Preis ein bestimmtes Basisgut in der Zukunft den Besitzer wechselt. Doch die Partner können nicht wie bei einem Forward die Vertragsgestaltung nach Belieben vornehmen, denn Futures sind Börsengeschäfte und deswegen sehr stark standardisiert. Betrachten wir als Beispiel den DAX-Future an der EUREX. Er ist ein Termingeschäft, dem der Deutsche Aktienindex (DAX) zugrunde liegt. Die Vertragspartner handeln einen DAX-Stand aus – den Terminpreis oder besser *Future-Kurs* –, den der Käufer am Fälligkeitstag in der Zukunft für den DAX zahlen muss. Den Fälligkeitszeitpunkt können sich die Beteiligten allerdings nicht nach Belieben selbst aussuchen, da die EUREX feste Termine vorschreibt. Dies ist jeweils der dritte Freitag im März, Juni, September und Dezember. Es stehen also lediglich vier Tage zur Verfügung. Davon können aber nur drei gewählt werden, und zwar die zeitlich jeweils nächsten. Im Februar wären dies beispielsweise der dritte Freitag im März, Juni und September. Man sieht, dass sich das Handelsinteresse auf sehr wenige Alternativen konzentrieren muss. Das hat letztlich zur Folge, dass die Umsätze (Liquidität) der einzelnen Kontrakte außergewöhnlich hoch sind und dadurch permanenter Handel möglich wird. Die Wahrscheinlichkeit, an der EUREX keinen passenden Handelspartner zu finden, ist – natürlich auch aufgrund des Market-Maker-Systems – so gut wie ausgeschlossen.

Future-Kurs

Nehmen wir an, wir befinden uns im Januar, dann steht der dritte Freitag im März, Juni und September als Auswahlmöglichkeit zur Verfügung. Der Kontrakt mit der aus heutiger Sicht kürzesten Restlaufzeit heißt auch *Nearby-* oder *Front-Future*, die übrigen nennt man hingegen *Deferred-Futures*.

Nearby

Deferred

Angenommen, wir spekulieren auf steigende Aktienkurse und hoffen darauf, dass der DAX in Zukunft nach oben klettert. Daher entschließen wir uns dazu, den DAX auf Termin zu kaufen. Als Verfallmonat haben wir den März gewählt. Über eine Bank kaufen wir DAX-Futures (März).

Der Bank teilen wir – wie man es vom normalen Aktienkauf kennt – eine bestimmte Preisvorstellung mit, etwa ein Limit. Wir kaufen zum Beispiel Futures mit Limit 6.900. Das bedeutet, dass wir einen Terminpreis (Future-Kurs) von höchstens 6.900 € akzeptieren würden (wir gehen hier davon aus, dass ein Indexpunkt einem Euro entspricht). Die Order geht so an die EUREX, wo man eine Gegenseite sucht, die bereit ist, den DAX zu diesem Preis am dritten Freitag im März zu liefern. Gehen wir einmal davon aus, ein anderer akzeptiert den Preis und verkauft DAX-Futures (März). Dann müssen wir im März 6.900 € zahlen und bekommen dafür einen DAX. Steigt der Index bis dahin, haben wir ein gutes Geschäft gemacht, denn wir müssen weniger für den DAX zahlen, als er eigentlich wert ist. Bei sinkenden Kursen ist es dagegen genau umgekehrt.

Nun gibt es an der EUREX wie gesagt lediglich drei Verfalltermine – es wäre schon Zufall, wenn einer davon mit unseren persönlichen Vorstellungen genau zusammenfällt. Deshalb darf man sich auch nicht wundern, wenn kaum jemand ein Futuregeschäft wirklich bis zum Ende aufrecht hält. Die Realität sieht so aus, dass die meisten sich vorzeitig wieder trennen, indem sie ein Gegengeschäft abschließen und dadurch die Position »schließen«. Angenommen, der DAX ist nach einigen Tage erwartungsgemäß relativ stark angestiegen. Wer jetzt einen DAX-Future (März) handeln will, findet natürlich niemanden mehr, der einen Terminpreis von 6.900 € akzeptiert, denn der DAX liegt ja nun auf einem viel höheren Niveau. Als Folge davon kann man an der EUREX höhere Kurse für den DAX-Future realisieren. Wir nutzen die Gelegenheit und geben eine Verkaufsorder an die Börse mit Limit 7.100 €. Es kommt zu einem Abschluss.

Half-Turn

Round-Turn

Streng betrachtet haben wir jetzt eine Zahlungs- und Lieferverpflichtung erlangt. Wir haben bei 6.900 € cinc Position geöffnet – auch Half-Turn genannt – und damit die Pflicht übernommen, 6.900 € zu zahlen, wofür uns ein DAX geliefert wird. Einige Tage nachher machen wir ein Gegengeschäft – nun hat sich der Kreis geschlossen und man spricht von Round-Turn – bei 7.100 €, was uns zur Lieferung eines DAX zwingt, aber auch Erlöse von 7.100 € bringt. Fassen wir dies einmal in tabellarischer Form zusammen:

Futurekauf (Position eröffnet)		
Wir müssen zahlen:	am 3. Freitag im März	6.900 €
Wir erhalten:	am 3. Freitag im März	1 DAX
Futureverkauf (Position geschlossen)		
Wir erhalten:	am 3. Freitag im März	7.100 €
Wir müssen liefern:	am 3. Freitag im März	1 DAX
		+ 200 €

Man sieht, dass wir uns durch den Futureverkauf (Gegengeschäft) von unseren Pflichten befreit und eine Nettoposition von Null haben. Im Endeffekt bleibt ein Gewinn von 200 €. Unsere Spekulation ist also aufgegangen. Wir hatten von Anfang an gar nicht vor, die Position bis zum Ende zu halten, sondern waren nur an einer entsprechenden Bewegung des Futurekurses interessiert. Und genau so geht es den meisten Teilnehmern, die an einer Terminbörse aktiv sind. Deswegen wird die überwiegende Zahl der Geschäfte vor ihrem Ende durch ein entsprechendes Gegengeschäft wieder aufgehoben.

Liquiditätsbedarf

Anders als bei Forwards werden Gewinne und Verluste bei Futures täglich ermittelt und - das ist entscheidend - auch verrechnet. Gerät man mit seinem Geschäft in die Verlustzone, sind sofort Nachschusszahlungen erforderlich, da das Geschäft ansonsten automatisch endet. Wer Futures einsetzt, muss sich also darauf einstellen, während der gesamten Dauer liquide Mittel für eventuell anstehende Marginzahlungen vorrätig zu haben.

Opening und Closing

Eröffnet man eine Future-Position – dies kann ein Kauf, aber auch ein Verkauf sein – dann liegt eine *Opening Transaction* (kurz: Opening) vor. Wird das Geschäft durch eine Gegentransaktion später wieder neutralisiert, spricht man von *Glattstellung* oder *Closing* (bzw. Closing Transaction). Ein Börsenteilnehmer hat jedoch die Möglichkeit, ein Geschäft auch dann als Opening zu deklarieren, wenn bereits eine Position in entgegengesetzter Handelsrichtung existiert. Es gibt aber gute Gründe für die scheinbar widersinnige Aufrechterhaltung dieser gegenläufigen Geschäfte. Nehmen wir zum Beispiel eine Bank, die Geschäfte für Kunden abwickelt, welche selbst keine Börsenzulassung haben. Die Bank kauft dann für ihren Kunden Müller einen DAX-Future (März) und einige Tage später verkauft sie für einen anderen Kunden namens Schulz ebenfalls einen DAX-Future (März). An der Terminbörse tritt in beiden Fällen die Bank auf, doch sie macht die Geschäfte nicht für sich, sondern für Müller und Schulz. Deshalb muss sie der Börse beim zweiten Geschäft mitteilen, dass es sich um ein Opening handelt, damit beide Positionen unabhängig voneinander weiter bestehen bleiben.

Glattstellung

Kontraktgröße

Nicht nur die Fälligkeiten sind an einer Terminbörse streng reglementiert, auch die Handelsmengen. Man kann deshalb nicht frei wählen, wie viel man kaufen bzw. verkaufen möchte. Beim DAX-Future beispielsweise schreibt die EUREX vor, dass wenigstens 25 einzelne DAX-Indizes zugrunde liegen müssen (wobei jeder Indexpunkt einem Euro entspricht). Man kann es auch anders formulieren: Die Mindestkontraktgröße beträgt: Indexstand (= Terminpreis) mal 25 €.

Wenn wir also einen Kontrakt vom DAX-Future zum Kurs von 7.000 kaufen, dann müssen wir am Laufzeitende 175.000 € bezahlen (7.000 mal 25 €). Bei größeren Mengen ist stets darauf zu achten, dass ein ganzzahliges Vielfaches der Mindestkontraktgröße erreicht wird. Gebrochene Kontraktzahlen – zum Beispiel 1,4 oder 2,5 – sind nicht handelbar. In solchen Fällen müssen wir entweder auf die nächsthöhere glatte Zahl auf- oder entsprechend abrunden.

Ganzzahlige Vielfache

Kontraktspezifikationen

Im letzten Abschnitt hatten wir bereits erläutert, wie streng die Auftragsgrößen an einer Terminbörse geregelt sind. Doch das trifft für andere Merkmale ebenso zu. Zu denken ist beispielsweise an die Verfalltermine, die genauen Handelszeiten oder die Art der Andienung. Diese so genannten Kontraktspezifikationen werden von der Terminbörse festgelegt und – im Regelfall im Internet – publiziert. Die EUREX macht sie unter www.eurexchange.com zugänglich.

Internet

An einer Terminbörse kann man – ebenso wenig wie an anderen Börsen – nicht rund um die Uhr handeln, sondern nur zu fest vorgegebenen Zeiten. An der EUREX sind die Handelszeiten unterschiedlich, je nach dem, um welchen Kontrakt es geht. Für einige Geschäfte beginnt der Handel früher, für andere später. Die genauen Zeiten stehen im Internet unter der erwähnten Adresse ebenso bereit wie ein *Handelskalender* (Trading Calendar), der die für ein Geschäft wichtigen Termine exakt wiedergibt (siehe Abbildung).

Handelskalender

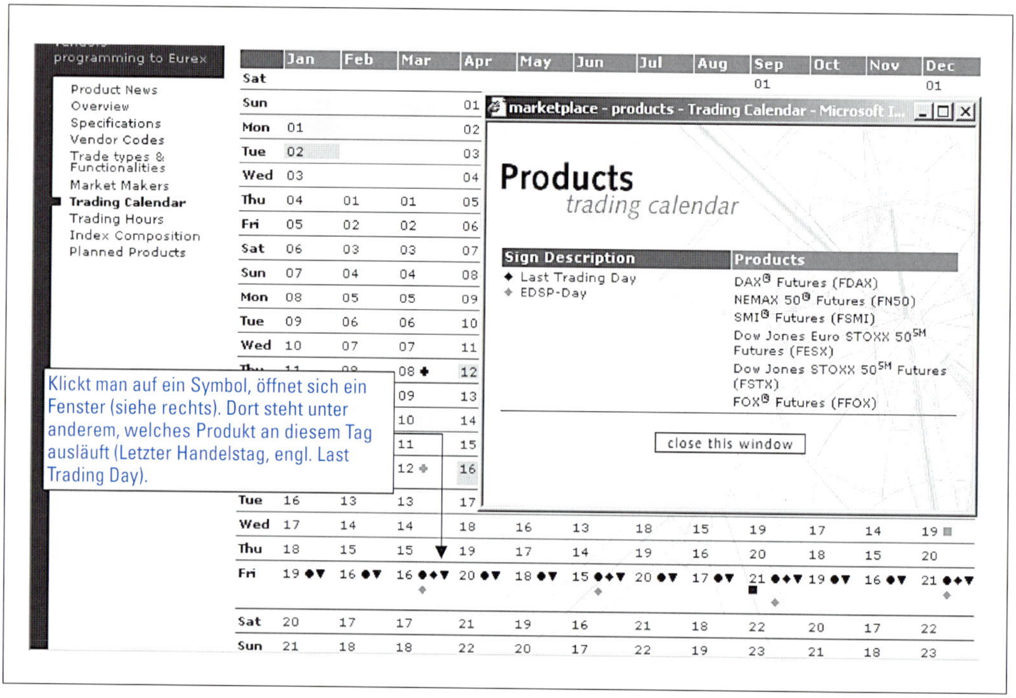

Tick-Size

Die Kurse eines Futures können sich nicht in beliebiger Weise nach oben oder unten bewegen, da es fest vorgegebene Preisabstufungen gibt. Man nennt sie Tick-Size. Verändert sich der Kurs, so muss er wenigstens in Höhe der Tick-Size steigen oder sinken. Möglich ist auch ein Anstieg oder Rückgang um ein Vielfaches der Tick-Size. Ausgeschlossen ist jedoch, dass es zu Kursveränderungen kommt, die geringer sind als die Tick-Size. Betrachten wir als Beispiel den DAX-Future: Hier sind 0,5 Punkte vorgeschrieben. Kurse von 7.256 oder 6.967,50 sind möglich, nicht dagegen zum Beispiel 7.050,25 oder 7.345,88. Aufgrund seiner Kontraktgröße (25 € pro Indexpunkt), entspricht die Tick-Size beim DAX-Future einem Eurowert von 12,50 (25 € pro Indexpunkt mal 0,5 Indexpunkte). Der Wert eines Kontrakts muss sich also mindestens um 12,50 € ändern.

Kurse

Jeder, der schon einmal im Internet auf der Seite der Deutschen Börse den Verlauf des DAX verfolgt hat, weiß, in welch kurzen Zeitabständen sich sein Stand verändert. Im Regelfall schwankt er im Abstand von wenigen Sekunden auf und ab. Auch die Kurse des DAX-Futures sind daher einem ständigen Wandel ausgesetzt und verändern sich fast im Gleichschritt mit dem Index. Das gilt im Übrigen nicht nur für den DAX-Future, sondern auch für alle anderen Kontrakte. Auf der Internet-Seite der EUREX (www.eurexchange.com) ist der zuletzt zustande gekommene Kurs für jeden Future abrufbar (siehe Abbildung). Man kann sich so laufend über die aktuelle Terminpreissituation informieren.

Front-Future

Dort – und auch an anderen Stellen – findet man meist nur Kurse für den *Front-Future*. Dies hat seine Gründe, denn das Handelsinteresse konzentriert sich auf diesen Kontrakt. Die *Deferred-Futures* stehen zwar auch zur Verfügung, können im Regelfall aber nur ausgesprochen geringe Umsätze verbuchen. Das Interesse nimmt erst wieder zu, wenn der Front-Kontrakt kurz vor seiner Endfälligkeit steht. Dann wechseln viele Marktteilnehmer auf den Future mit dem nächstfolgenden Endtermin.

Letzter an der Eurex zustande gekommener Kurs

FDAX ist das Börsenkürzel für DAX-Future

Product name	Delivery month	Diff. to previous day	Last price	Date	Time	Traded contracts	Open interest (adjusted)	Open interest date
FDAX	MAR 01	0.31%	6495.00	Feb 19, 2001	16:23	17,129	200,698	Feb 16, 2001

Settlement-Price

Den Future-Kurs zu Börsenbeginn nennt man Eröffnungskurs, den am Ende eines Handelstages Schlusskurs. Der höchste und niedrigste Kurs im Handelsverlauf ist der Höchst- bzw. Niedrigstkurs. Diese Begriffe sind uns bereits im Zusammenhang mit Aktien oder anderen Kassainstrumenten begegnet und an sich nicht neu. An Terminbörsen existiert hingegen eine Preisart, die man sonst nicht kennt, der so genannte *Settlement-Price*. Es handelt sich dabei um einen Abrechnungskurs, der dem Future am Ende eines Börsentages zugrunde gelegt wird und seinen Wert nach Beendigung des Handels darstellen soll. Der Settlement-Price muss immer ermittelt werden – selbst an Tagen, an denen keinerlei Umsätze stattgefunden haben. Denn man benötigt ihn, um den an diesem Tag aufgelaufenen Gewinn bzw. Verlust für offene Kontrakte zu bestimmen und mit der Margin zu verrechnen.

Abrechnungskurs

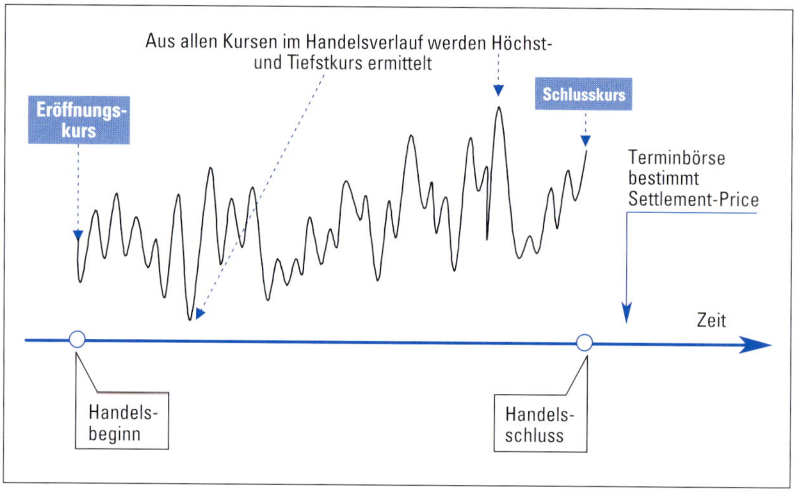

Findet an der EUREX ein reger Handel statt, dann ist es im Allgemeinen recht einfach, den Settlement-Price zu bestimmen. Man kann sich an den Börsenpreisen orientieren und daraus einen Wert ableiten. Oft nimmt man einen Durchschnitt aus den letzten fünf oder zehn Kursen, die an einem Handelstag zustande gekommen sind, denn der Settlement-Price soll die tatsächliche Lage an der Börse abbilden und nicht durch Ausreißerwerte verzerrt werden.

Findet an einem Tag überhaupt kein Handel oder in den letzten Börsenstunden kein Umsatz statt, dann wird der Settlement Price geschätzt. Die Verantwortlichen an der EUREX orientieren sich dabei an den Kursen, die auf dem Kassamarkt zustande gekommen sind (zum Beispiel DAX-Stände) und leiten daraus einen entsprechenden Terminpreis für den Future ab.

Solange der Verfalltag noch nicht erreicht ist, spricht man vom *Daily-Settlement-Price*. Der so genannte *Final-Settlement-Price* ist demgegenüber der Preis, zu dem der Kontrakt letztendlich abgerechnet wird. Man nennt ihn daher auch *Schlussabrechnungspreis*.

Schlussabrechnungspreis

Veröffentlicht wird der Settlement Price, neben Eröffnungs-, Hoch-, Tief- und Schlusskurs in der FINANZZEITUNG des HANDELSBLATTS in den entsprechenden Tabellen. Wir haben exemplarisch einmal den DAX-Future herausgepickt (siehe Abbildung). Auch im Internet auf der Seite der EUREX (www.eurexchange.com) sind diese Werte zu finden.

DAX-FUTURE EUREX (INDEX x 25 EURO)

14.2./22:00	Eröffnung	Hoch	Tief	Schluss	Settlem.	Vortag	Umsatz	Off. Kontr.
März	6555,00	6567,00	6477,50	6514,00	6514,00	6593,50	51283	192737
Juni	6613,00	6616,00	6536,50	6571,50	6567,50	6648,00	7751	45743
Sep.	6639,00	6639,00	6626,00	6626,00	6645,00	6728,00	117	1002

Gesamt-Umsatz: – Offene Kontrakte zur Eröffnung:

Umsatz und Open Interest

Ein gutes Bild vom Geschehen an einer Terminbörse vermitteln auch Umsatz und Open Interest.

Am Umsatz – genauer Tagesumsatz – lässt sich erkennen, wie viele Kontrakte an einem Börsentag gehandelt wurden. Man kann daran die Anzahl gekaufter Futures ablesen und damit automatisch auch die Verkaufsmenge. Denn ein Kauf ohne gleichzeitigen Verkauf ist natürlich ausgeschlossen. Dazu ein Beispiel: Jemand kauft an der EUREX einen DAX-Future (März), ein anderer verkauft, sodass insgesamt ein Kontrakt gehandelt wurde. Diese Transaktion erhöht den Umsatz folglich exakt um eins. Schließen wir unsere Long-Position am selben Tag wieder, indem wir einen DAX-Future (März) verkaufen, so erhöht sich der Umsatz an diesem Tag um einen weiteren Kontrakt.

Die Praxis zeigt, dass der Umsatz in den Nearby-Futures in der Regel am höchsten ist. Ein plausibler Grund existiert dafür nicht. Fragt man Händler, dann lautet die Antwort oft, dass sich das im Laufe der Zeit so ergeben hat.

In vielen Fällen werden Futures lediglich für eine kurze Zeit gehalten. Oft wird ein Geschäft durch eine Gegentransaktion sogar am selben Tag wieder glattgestellt. Es ist deshalb sehr interessant zu wissen, wer seine Positionen mit in den nächsten Tag nimmt – also über Nacht (»overnight«) hält – und damit weiterhin Interesse an einem Geschäft hat. Erkennbar ist dies an einer speziellen Kennzahl, die sinnigerweise *Open Interest* heißt.

overnight

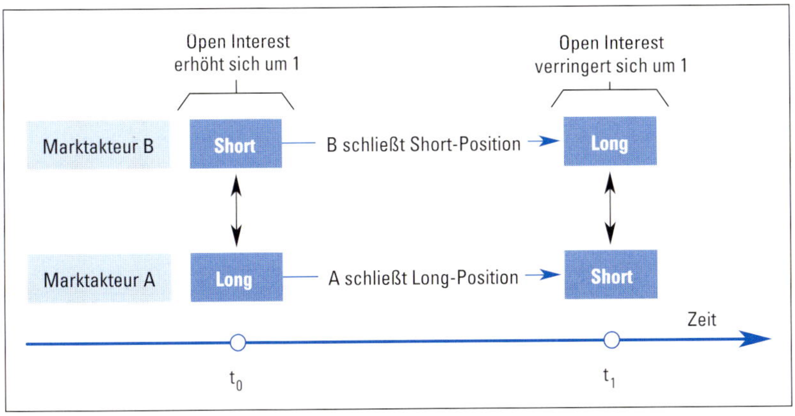

Öffnet jemand eine Position, indem er kauft (bzw. verkauft), dann erhöht sich das Open Interest entsprechend. An vorstehender Abbildung lässt sich der Mechanismus gut erklären. A, der bislang noch keine Position hält, kauft zum Zeitpunkt t_0 einen Kontrakt eines bestimmten Futures. Die Gegenseite (Short-Position) stellt B, der auch noch keine Position eröffnet hat. Die Zahl an offenen Long-Positionen steigt um eins, die Anzahl an offenen Short-Positionen ebenfalls um eins. Insgesamt ist also ein Kontrakt offen. Daher nimmt das Open Interest um eins zu. Nun nehmen wir an, A und B schließen ihre offenen Positionen einige Zeit später (t_1), indem A verkauft, B hingegen kauft. Dadurch verringert sich die Zahl an offenen Long- und Short-Positionen jeweils um eins. Ein offener Kontrakt verschwindet und das Open Interest vermindert sich exakt um eins.

Es kann auch passieren, dass A seine Position in t_1 durch Verkauf schließt, B jedoch weiter im Geschäft bleibt und stattdessen ein weiterer Marktteilnehmer C einen Future kauft. Die Zahl der offenen Long-Positionen sinkt zunächst um eins, weil A short geht, gleichzeitig wird allerdings eine neue offene Long-Position durch C aufgebaut. Das Open Interest bleibt daher unverändert. Jetzt hält C eine offene Long- und B eine offene Short-Position, während A glattgestellt hat (siehe folgende Abbildung).

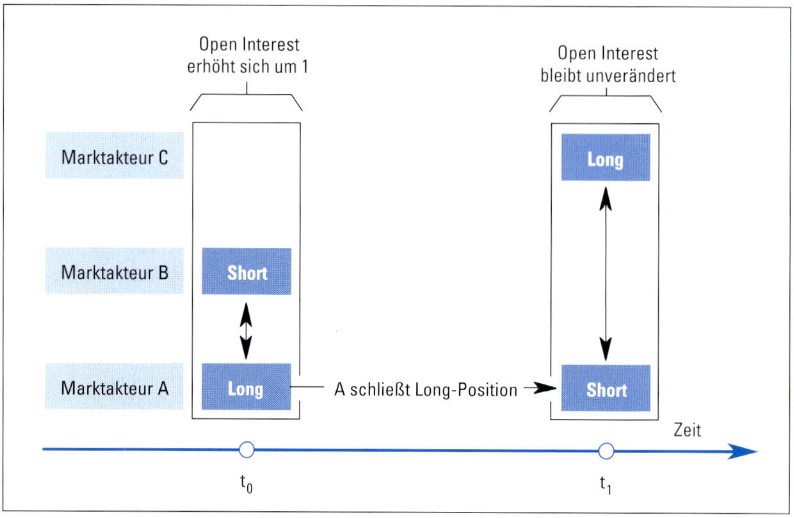

Art der Börsenteilnehmer

Umsatz und Open Interest können Aufschluss über die Struktur der Börsenteilnehmer geben. Handeln an einem Tag viele, die ihre Geschäfte nicht über den Börsenschluss hinaus halten – dies trifft zum Beispiel häufig für Trader (Spekulanten) zu –, dann ist zwar der Umsatz hoch, das Open Interest bleibt jedoch mehr oder weniger konstant. Sind an einem Tag hingegen eher langfristig orientierte Börsenteilnehmer aktiv, etwa Hedger, dann nimmt auch das Open Interest zu. Man spricht in solchen Fällen auch davon, dass Teilnehmer neu in den Markt kommen.

Zu finden sind Umsatz und Open Interest auch in der FINANZZEITUNG des HANDELSBLATTS in den jeweiligen Tabellen. Wir haben beispielhaft einmal den DAX-Future herausgepickt (siehe vorletzte Seite). Auch im Internet auf der Seite der EUREX (www.eurexchange.com) werden diese Kennzahlen bereit gehalten (siehe Abbildung).

Product name	Delivery month	Diff. to previous day	Last price	Date	Time	Traded contracts	Open interest (adjusted)	Open interest date
FDAX	MAR 01	0.31%	6495.00	Feb 19, 2001	16:23	17,129	200,698	Feb 16, 2001

200.698 Kontrakte sind derzeit offen.

DAX-Future

Aktienindizes

Zu den populärsten Futures zählen sicherlich Kontrakte, die sich auf Aktienindizes beziehen. Es gibt kaum einen bekannten Index, zu dem nicht auch ein Future angeboten wird. Neben dem DAX-Future existieren zum Beispiel

Kontrakte auf den Nemax 50, den französischen CAC 40 oder den amerikanischen S & P 500. Nicht jeder davon ist auch an der EUREX handelbar. Einen CAC 40-Kontrakt gibt es hier zum Beispiel ebenso wenig wie einen Future auf den S & P 500.

Im HANDELSBLATT sind die Kurse und weitere Kennzahlen vom Vortag für einige bedeutende Index-Futures zu finden (siehe Abbildungen). Diese Daten lassen sich auch im Internet bei den jeweiligen Terminbörsen abrufen.

Bei Index-Futures durchweg Cash-Settlement

Mit einem Index-Future besteht die Möglichkeit, einen ganzen Aktienkorb auf Termin zu handeln. Theoretisch könnte man einen derartigen Future am Ende der Laufzeit auch effektiv beliefern, indem die Indexaktien in entsprechendem Umfang angedient werden. Da dies jedoch kompliziert und kostenintensiv ist, hat sich in der Praxis das Cash-Settlement durchgesetzt.

Wir wollen uns im Weiteren auf die Index-Futures konzentrieren, die an der EUREX gehandelt werden und den Schwerpunkt auf den DAX-Kontrakt legen, da er mit Abstand die höchsten Umsätze zu verzeichnen hat.

INTERNATIONALE TERMINKONTRAKTE

US-Märkte 19.7.01 Monat	Hoch	Tief	Settl.	Veränd.
T-Bond in % (CBT)				
Sep.	103,34	102,96	103,25	-0,15
Dez.	102,59	102,28	102,53	-0,15
März			101,87	
Vortag-Umsatz	156087	off. Kontr.	441388	+25292
T-Bill in % (CME)				
Sep.	96,64	96,63	96,64	-0,00
Dez.				
März				
Vortag-Umsatz		off. Kontr.		
10 J. T-Notes in % (CBT)				
Sep.	105,43	105,25	105,35	-0,21
Dez.	104,67	104,53	104,62	-0,20
März			103,98	
Vortag-Umsatz	267128	off. Kontr.	551511	+10137
Municip. Bond in % (CBT)				
Sep.	105,21	104,90	105,09	±0
Dez.				
März				
Vortag-Umsatz	920	off. Kontr.	11768	+327
Eurodollar in % (CME)				
Sep.	96,39	96,36	96,39	-0,01
Dez.	96,23	96,17	96,21	-0,01
März	96,04	95,97	96,02	-0,01
Vortag-Umsatz	1244487	off. Kontr.	4500349	+94169
SFR in US-$ (CME)				
Sep.	0,5806	0,5772	0,5794	-0,0014
Dez.	0,5808	0,5785	0,5800	-0,001
März				
Vortag-Umsatz	35748	off. Kontr.	47314	-1929
Euro FX in US-$ (CME)				
Sep.	0,8726	0,8668	0,8703	-0,0008
Dez.	0,8710	0,8666	0,8686	-0,0013
März	0,8685	0,8660	0,8685	±0
Vortag-Umsatz	38833	off. Kontr.	87243	+2808

US-Märkte 19.7.01 Monat	Hoch	Tief	Settl.	Veränd.
Pfund Sterling in US-$ (CME)				
Sep.	1,4294	1,4106	1,4250	+0,0108
Dez.	1,4230	1,4060	1,4220	+0,012
März	1,4100		1,4100	
Vortag-Umsatz	13965	off. Kontr.	33674	+428
Jap. Yen in US-c (CME)				
Sep.	0,8164	0,8131	0,8151	+0,0035
Dez.	0,8240	0,8211	0,8224	+0,0039
März	0,8276		0,8276	
Vortag-Umsatz	22244	off. Kontr.	100522	-2023
Dollar-Index (Finex NY)				
Sep.	117,96		117,53	-0,03
Dez.	118,14	117,85	117,85	-0,07
März			118,17	
Vortag-Umsatz	3839	off. Kontr.	8577	-432
S & P 500 (CME)				
Sep.	1231,00	1210,50	1222,80	+10,80
Dez.	1238,00	1224,50	1224,50	+5,00
März	1232,00	1232,00	1232,00	+2,40
Vortag-Umsatz	81674	off. Kontr.	487771	+720

Ein Terminkontrakt auf den bekannten S & P 500

Paris 19.7.01 Monat	Hoch	Tief	Settl.	Veränd.
FF-Staatsanleihe				
Sep.	88,89	88,63	88,73	+0,08
Dez.			88,67	+0,10
März			88,99	+0,10
Vortag-Umsatz	21356	off. Kontr.	91526	+8848
3-M-Euribor				
Sep.			95,69	-0,02
Dez.	95,87	95,87	95,82	-0,05
März			95,90	-0,04
Vortag-Umsatz		off. Kontr.	8519	

Kontraktspezifikationen und Handel

Der DAX-Future (EUREX-Kürzel: FDAX) existiert bereits seit über zehn Jahren und wurde im November 1990 – damals noch an der Deutschen Terminbörse – erstmals zum Handel angeboten. Seine Kontraktspezifikationen haben wir in folgender Übersicht zusammengefasst:

FDAX

Kontraktspezifikationen des DAX-Futures

Underlying	Deutscher Aktienindex.
Kontraktgröße	25 € pro DAX-Punkt.
Notierung	Indexstand.
Tick-Size	0,5 Punkte, was 12,50 € entspricht.
Liefermonate	Die jeweils nächsten drei Monate des Zyklus März, Juni, September und Dezember.
Daily-Settlement-Price	Kurs des DAX-Futures, der während der letzten 15 Handelsminuten am jeweiligen Börsentag zustande kommt.
Letzter Handelstag	Dritter Freitag des jeweiligen Liefermonats, sofern dieser Tag ein Börsentag ist; ansonsten derjenige Börsentag, der diesem direkt vorangeht.
Schlussabrechnungspreis (Final-Settlement-Price)	DAX-Stand am Schlussabrechnungstag, der im Rahmen der untertägigen XETRA-Auktion (13 Uhr) zustande kommt.
Andienung	Cash-Settlement, und zwar am ersten Börsentag nach dem letzten Handelstag.

Handelsblatt Topix

Aktuelle Termin- und Optionsmärkte bietet www.handelsblatt.com/eurex. Dieser Service ist Bestandteil von Handelsblatt Topix (www.handelsblatt.com/topix), dem Kundenbereich von Handelsblatt.com. Im Handelsblatt-Abonnement ist der Zugang zu Topix kostenfrei. Für die Anmeldung benötigt man lediglich die Abo-Nummer. Eine Anleitung zur Anmeldung steht unter www.handelsblatt.com/anmeldung zum Download zur Verfügung. Nicht-Abonnenten können den Service einige Tage lang kostenlos und unverbindlich testen; danach wird ein monatliches Entgelt fällig.

Kursnotiz

In der Praxis erfolgt die Kursnotiz nicht in Form des vollen Kontraktwerts, sondern durch Angabe eines Indexstands. Beim Kurs von zum Beispiel 7.000 wissen die Börsenteilnehmer, dass ein Geschäft zum Terminpreis von 175.000 € (7.000 Punkte mal 25 € pro Punkt) zustande kam. Diese Usance spiegelt sich auch in der Berichterstattung etwa in Zeitungen oder im Internet wider (siehe Ausschnitt aus der FINANZZEITUNG).

DAX-FUTURE EUREX (INDEX x 25 EURO)

14.2./22:00	Eröffnung	Hoch	Tief	Schluss	Settlem.	Vortag	Umsatz	Off. Kontr.
März	6555,00	6567,00	6477,50	6514,00	6514,00	6593,50	51283	192737
Juni	6613,00	6616,00	6536,50	6571,50	6567,50	6648,00	7751	45743
Sep.	6639,00	6639,00	6626,00	6626,00	6645,00	6728,00	117	1002

Gesamt-Umsatz: – Offene Kontrakte zur Eröffnung:

Am letzten Handelstag ist die Endfälligkeit eines DAX-Futures erreicht. Die EUREX legt am darauf folgenden Börsentag – in aller Regel ein Montag – einen neuen Kontrakt auf. Dann beginnt das »Dasein« eines neuen DAX-Futures. Er wird 9 Monate existieren und während dieser Zeit handelbar sein. Betrachten wir zur Veranschaulichung ein Beispiel: Am dritten Freitag im März läuft der DAX-Future (März) aus und die EUREX legt (einen Börsentag später) einen neuen Kontrakt auf. Da die Fälligkeiten »Juni« und »September« bereits existieren, wird als nächstes ein Dezember-Geschäft eingeführt. Dieses Spiel wiederholt sich alle drei Monate von Neuem. Der im jeweiligen Monat fällige

Kontrakt scheidet aus dem Handel aus und ein neuer entsteht (siehe folgende Abbildung).

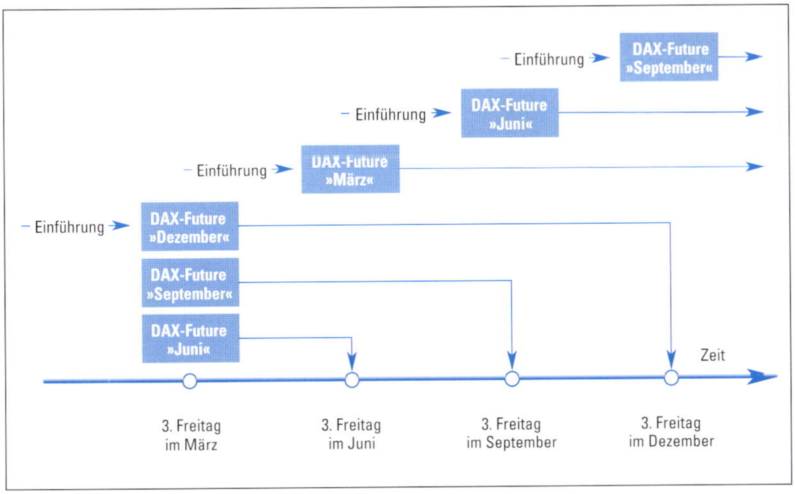

Kaufen und verkaufen kann man den DAX-Future bis zum letzten Handelstag einschließlich. Sind offene Positionen nicht bis spätestens 13 Uhr (untertägige Auktion im XETRA-Handel) glattgestellt worden, dann hat man den DAX-Future bis zu seiner Endfälligkeit gehalten und erhält nun eine Abrechnung zum *Final-Settlement-Price*. Das bedeutet, dass man den DAX-Stand, der in der untertägigen Auktion im XETRA-Handel um 13 Uhr zustande kommt, als Abrechungsgrundlage heranzieht.

Final-Settlement-Price

Ein Käufer hat einen Gesamtgewinn in folgender Höhe erzielt, wenn der Final-Settlement-Price höher ist als der Future-Kurs am Kauftag:

$$\left[\text{Schlussabrechnungspreis} - \text{Kurs des DAX-Future beim Kauf}\right] \times 25\,€ \times \text{Kontraktanzahl}$$

Ist es umgekehrt (Final-Settlement-Price ist kleiner als der Future-Kurs am Abschlusstag), so kann der Verkäufer einen Gewinn in folgender Höhe verbuchen:

$$\left[\text{Kurs des DAX-Future beim Kauf} - \text{Schlussabrechnungspreis}\right] \times 25\,€ \times \text{Kontraktanzahl}$$

Beispiel

Angenommen, wir verkaufen am 7. Februar einen DAX-Future (März) zum Schlusskurs von 6.649,50 (siehe Ausschnitt aus der FINANZZEITUNG), da wir in den nächsten Tagen von sinkenden Aktienkursen ausgehen.

DAX-FUTURE EUREX (INDEX x 25 EURO)

7.2./16:20	Eröffnung	Hoch	Tief	Schluss	Settlem.	Vortag	Umsatz	Off. Kontr.
März	6672,00	6679,50	6619,00	6649,50		6708,00	27332	182604
Juni	6724,00	6724,00	6682,50	6697,00		6764,50	1106	26558
Sep.	6782,50	6782,50	6761,50	6761,50		6845,00	19	977

Gesamt-Umsatz: – Offene Kontrakte zur Eröffnung:

Gut eine Woche später (15. Februar) schließen wir die Position wieder, indem wir einen März-Kontrakt zum Schlusskurs von 6.588 kaufen (siehe folgende Abbildung).

DAX-FUTURE EUREX (INDEX x 25 EURO)

15.2./22:00	Eröffnung	Hoch	Tief	Schluss	Settlem.	Vortag	Umsatz	Off. Kontr.
März	6532,00	6602,00	6506,00	6588,00	6590,00	6514,00	55529	194137
Juni	6602,50	6653,50	6566,00	6645,00	6644,00	6567,50	13495	53164
Sep.	6657,50	6723,00	6657,50	6723,00	6723,50	6645,00	17	987

Gesamt-Umsatz: – Offene Kontrakte zur Eröffnung:

Uns bleibt ein Gewinn, denn wir haben teurer verkauft (6.649,50) als wir gekauft haben (6.588). Die Differenz zwischen Ein- und Verkaufspreis (61,50 Punkte) müssen wir noch mit der Kontraktgröße (25 € pro Punkt) multiplizieren, um zum Gesamtgewinn (1.537,50 €) zu kommen.

Komfort und Risiko

DAX-Futures – oder Futures allgemein – sind auch deshalb so beliebt, weil sie komfortabel sind. Wer einen Kontrakt des DAX-Futures zum Kurs von 7.200 kauft, hat mit einem Schlag, durch lediglich eine einzige Transaktion, faktisch eine Aktienposition im Wert von 180.000 € geschaffen. Um ein Depot in dieser Zusammensetzung mit »normalen« Aktienpapieren zu kaufen, sind mindestens 30 einzelne Transaktionen erforderlich – denn der DAX beinhaltet 30 unterschiedliche Werte – ganz zu schweigen von der sofortigen Bezahlung des gesamten Kurswertes. Beim DAX-Future müssen wir im Vergleich dazu nur einen kleinen Einschuss in Form einer Margin leisten – sie hat erfahrungsgemäß eine Größenordnung zwischen 8.000 und 10.000 € – und können trotzdem voll an den Wertschwankungen teilhaben. Dieser Hebel bringt auf der einen Seite hohe Chancen, andererseits auch hohe Verlustrisiken. Wie riskant eine »Geldanlage« in DAX-Futures ist, zeigt folgende Überlegung: Angenommen, die EUREX verlangt für einen DAX-Future eine Margin von 9.000 €. Mit einem Betrag von 180.000 € könnten wir dann 20 Kontrakte (180.000 durch 9.000) kaufen und damit praktisch Aktien im Gesamtwert von 3,6 Millionen € bewegen. Investieren wir das Geld hingegen direkt, bekommen wir lediglich Aktien im Wert von 180.000 €.

Was würde passieren, wenn die Aktienkurse abrupt um 5 Prozent sinken? Jeder DAX-Future hätte dann 9.000 € an Wert verloren. Da wir 20 Kontrakte besitzen, ist unser gesamtes Kapital verspielt (20 mal 9.000 € macht 180.000 €). Die EUREX – oder besser unsere Bank – wird uns jetzt zu weiteren Marginzahlungen in Höhe von 180.000 € auffordern, damit wir auch am nächsten Tag noch im Geschäft sind. Kommen wir dieser Aufforderung nicht nach, etwa weil kein Kapital mehr verfügbar ist, werden unsere Kontrakte zwangsweise glattgestellt. Innerhalb kürzester Zeit hätten wir einen Totalverlust erlitten.

Totalverlust

Betrachten wir nun als Alternative die Anlage in Aktien. Da die Kurse um 5 Prozent gesunken sind, haben wir von unserem Ursprungsvermögen jetzt immerhin noch 171.000 €. Für einen totalen Verlust müssten die Aktien auf einen Kurs von Null absinken, was zwar theoretisch möglich, aber doch sehr unwahrscheinlich ist.

Der Hebel hat natürlich nicht nur negative Seiten. Denn wenn die Aktienkurse zum Beispiel um 5 Prozent steigen, dann hat ein Aktienanleger auch nur 5 Prozent Gewinn erzielt. Mit 20 DAX-Futures erlangt man indessen eine Wertsteigerung von 180.000 € (9.000 mal 20) und damit eine Verdopplung des eingesetzten Kapitals (Rendite: 100 %).

Aus diesem Beispiel kann man einiges lernen: Wichtig bei der Einschätzung des Risikos ist nicht das investierte Kapital. Denn das ist in unserem Beispiel in beiden Fällen gleich hoch. Viel entscheidender ist das bewegte Kapital. Und das beträgt 3,6 Millionen € bei einer Anlage in DAX-Futures und nur 180.000 € bei Aktien. Setzt man die beiden Werte zueinander ins Verhältnis, kommt als Ergebnis ein Hebel von 20 heraus (3,6 Millionen geteilt durch 180.000). Hebel

Fazit: Das Risiko bei einer Anlage in DAX-Futures ist 20-mal höher als beim Direktkauf von Aktien.

Short-Selling viel einfacher

Zum Komfort eines Futures trägt auch der Umstand bei, dass der Markt leicht »in alle Richtungen« handelbar ist. Nicht nur Long-Positionen sind unkompliziert aufzubauen, der Verkauf von Aktien, die man eigentlich gar nicht besitzt (»Short Selling«), lässt sich genau so einfach realisieren. Man braucht dafür nur DAX-Futures zu verkaufen und kann so sehr leicht auf sinkende Kurse spekulieren. Möchte man den gleichen Effekt mit herkömmlichen Aktien erzielen, sind relativ umständliche Leihegeschäfte erforderlich.

Mark-to-Market

Das Typische – und damit auch das Riskante – an einem Termingeschäft wie dem DAX-Future liegt darin, dass die Erfüllung erst in der Zukunft erfolgt. In vielen Fällen kann man zum Zeitpunkt des Geschäftsabschlusses aber noch nicht richtig absehen, ob die Gegenseite später überhaupt in der Lage sein wird, ihren Verpflichtungen nachzukommen. Um das Ausfallrisiko so weit wie möglich zu begrenzen, sind Sicherheiten zu hinterlegen, auf die man – sollte es tatsächlich zu einem Ausfall kommen – zurückgreifen kann. Dies ist – wie wir am Anfang dieses Buchkapitels bereits gesehen haben – auch an der EUREX üblich. Wie hoch die Sicherheitsleistungen für den DAX-Future sind, ist abhängig von den vergangenen Schwankungen des DAX und natürlich davon, welche Volatilität man in Zukunft erwarten darf. Es kommt daher durchaus vor, dass die Sicherheitsanforderungen im Laufe der Zeit an die möglicherweise veränderten Bedingungen angepasst werden. Über die Höhe der Margins informiert die EUREX ihre Teilnehmer im Internet. Die Seiten sind unter der bekannten Adresse (www.eurexchange.com) für jeden zugänglich. Ausfallrisiko

Gewinne und Verluste, die im Laufe der Zeit entstehen, werden nicht bis zur Glattstellung oder bis zum letzten Handelstag angehäuft, sondern Tag für Tag verrechnet. Man verwendet dafür auch die Bezeichnung Mark-to-Market. Die EUREX saldiert die bereits vorhandenen Sicherheitsleistungen mit den am Börsentag aufgelaufenen Gewinnen bzw. Verlusten und fordert den Teilnehmer – sollten die bereitgestellten Margins nicht mehr ausreichen – zum Nachschuss auf. Passiert nichts, stellt die Börse den Future zwangsweise glatt. Für den betreffenden Teilnehmer ist das Geschäft damit beendet. Nachschuss

Im Falle von Gewinngutschriften kann man über das Geld auf dem Marginkonto – vorausgesetzt, die Mindesthöhe wird nicht unterschritten – im Grunde beliebig verfügen.

Einsatzzwecke

Trader

Besonders beliebt ist der DAX-Future bei Tradern (Spekulanten). Zwar existieren keine offiziellen Statistiken, die Auskunft über die Handelsmotive der Börsenteilnehmer geben. Doch wer den Handel etwas genauer verfolgt, weiß, dass viele den DAX-Future zu Spekulationszwecken nutzen. Im Unterschied zu einem direkten Kauf bzw. Leerverkauf von Aktien ist eine Future-Position erheblich komfortabler. Sie ist nicht nur kostengünstiger und transparenter, sondern auch schneller eröffnet und wieder geschlossen, ganz zu schweigen vom Hebeleffekt, den man mit Kassageschäften auf derart einfache Weise nicht realisieren kann.

Sicherung

Dennoch sollte man nicht dem Eindruck erliegen, an der EUREX tummelten sich nur DAX-Spekulanten. Denn ein nicht unbeachtlicher Teil handelt dort, um Sicherungsgeschäfte zu tätigen. Betrachten wir einmal ein konkretes Beispiel: In der Praxis kommt es öfter vor, dass die Herausgeber von DAX-Zertifikaten zumindest einen Teil ihrer Emission mit dem DAX-Future absichern. Man kann sich leicht vorstellen, wie wichtig Sicherungsmaßnahmen sind, denn der Emittent eines Zertifikats verpflichtet sich ja, den aktuellen Indexstand an den Anleger auszuzahlen, wenn dieser seine Zertifikate an die Bank zurückgibt. Steigt der DAX, nachdem die Zertifikate an die Anleger verkauft sind, ist dies positiv für die Anleger, doch für die Bank bedeutet das natürlich gleichzeitig eine höhere Zahlungsverpflichtung. Kein Institut ist bereit, ein solches Risiko zu übernehmen. Mit dem DAX-Future kann man sich nun dagegen absichern. Je nachdem, in welchem Umfang Kundengelder zufließen, kauft die Bank eine entsprechende Anzahl Futures. Steigt in Zukunft der DAX, nimmt auch der Future an Wert zu. Diesen Gewinn nutzt man dann, um die höheren Zertifikatekurse zu finanzieren. Sinkt der Index, macht die Bank zwar Verluste mit dem Future. Zum Ausgleich muss sie aber auch weniger an die Anleger zurückzahlen.

Geben Anleger ihre Zertifikate zwischendurch wieder an das Emissionshaus zurück oder wollen neue Anleger Zertifikate haben, ist es genauso einfach. Nun werden entsprechend viele Kontrakte glattgestellt oder neu eröffnet. Da der Handel am Computer stattfindet, reicht gewissermaßen ein Tastendruck aus, und der Handel ist vollzogen.

Rollen

Da die Laufzeiten von Zertifikaten meist ziemlich lang sind – oder zum Teil sogar gar keine Laufzeitbegrenzungen mehr existieren –, ist der zugrunde liegende Future – aufgrund seiner kurzen Existenzdauer – eher verfallen als das Zertifikat. Die Banken müssen einen Future nach Ablauf deshalb gegen einen neuen austauschen. Man nennt dies auch als »Überrollen« (englisch: Roll Over). Das funktioniert in etwa so: Kurz bevor ein Future endgültig fällig wird, verkauft der Händler diesen Kontrakt (die Position wird geschlossen), um im selben Augenblick einen Kontrakt mit der nächst längeren Laufzeit zu kaufen (»Eröffnung einer Position«). Bei Zertifikaten ohne Laufzeitbegrenzung wiederholt sich dieser Prozess kontinuierlich.

Probleme in der Praxis

Bei der Absicherung mit Futures ergeben sich oft Probleme aufgrund der festen Kontraktgrößen. So lassen sich zum Beispiel Aktiendepots, die nur einen geringen Wert aufweisen, mit dem DAX-Future nicht vernünftig absichern. Auch bei umfangreicheren Beständen ist es häufig schwierig, eine perfekte Absicherung (»Perfect Hedge«) zu erreichen. Denn erstens lassen sich Spitzenbeträge wegen der genormten Größen nicht eins zu eins mit dem Future abdecken. Man muss also entweder mehr (Übersicherung oder »Over Hedge«) oder weniger Futures (Untersicherung oder »Under Hedge«) kaufen als tatsächlich benötigt. Und zum Zweiten haben die Portfolios im Regelfall eine andere Zusammensetzung als der DAX und deshalb darf man auch nicht erwarten, dass die Wertänderungen durch entgegengesetzte Schwankungen beim DAX-Future immer exakt aufgefangen werden. Doch es gibt Möglichkeiten, das Absicherungsverhältnis – englisch: *Hedge Ratio* – etwas genauer vorzugeben. In der Praxis berechnet man häufig den Beta-Faktor des Aktiendepots – nehmen wir einen Wert von 1,2 an – und richtet den Absicherungsumfang daran aus. Unser Depot weist im Vergleich zum DAX im Schnitt 1,2 mal höhere Wertschwankungen auf. Um diese Schwankungen aufzufangen, muss dass Future-Volumen daher um 20% höher sein als das der Aktien. Umgekehrt ist die Situation hingegen bei Betawerten unter 1. Lediglich bei einem Beta von exakt 1 ist das Futurevolumen identisch mit dem der Aktien.

Hedge Ratio

Arbitrage

In der Realität seltener anzutreffen sind hingegen *Arbitragegeschäfte*. Es kommt in einigen Fällen durchaus vor, dass der Kurs des DAX-Futures von seinem fairen Wert abweicht. Es kann sich dann – auch unter Berücksichtigung von Transaktionskosten – hin und wieder lohnen, die Indexaktien zu kaufen (bzw. zu verkaufen) und in entsprechendem Umfang eine entgegengesetzte Position im DAX-Future aufzubauen und so sichere Gewinne zu erwirtschaften. Hierauf gehen wir auch im folgenden Abschnitt »Preisbildung« noch kurz ein.

Preisbildung

Im Grundlagenteil konnten wir bereits sehen, dass sich Terminpreise nicht zufällig bilden, sondern bestimmte Faktoren dafür maßgebend sind. Das ist beim DAX-Future nicht anders. Sein Kurs hängt vom Kassapreis ab – das ist in diesem Fall der aktuelle DAX-Stand – und den Nettoaufwendungen, die für das Halten der Indexaktien anfallen. Im Unterschied zu unserem »Kühe-Beispiel« (siehe Grundlagenteil) entstehen jedoch keine Halteerträge, da der DAX ein Performance-Index ist. Die Erträge – sprich: Aktiendividenden – werden nicht ausgeschüttet, sondern sofort wieder in den Indexstand mit eingerechnet. Kauft ein Anleger die im Index enthaltenen Aktien, muss er den vollen Preis dafür zahlen. In Zukunft fließen ihm die entsprechenden Aktiendividenden zu. Mit dem Kauf von DAX-Futures profitiert der Anleger in gleicher Weise von Kursveränderungen und Dividendenzahlungen, allerdings mit einem deutlich geringeren Kapitaleinsatz, da nur Marginzahlungen zu leisten sind. Das restliche Kapital könnte also verzinslich angelegt werden. Diese Möglichkeit hat ein Aktienanleger nicht. Deshalb muss der Futurekurs höher sein als der Index, da sonst jeder Futures kaufen würde.

Beim DAX-Future bestehen die *Cost-of-Carry* daher ausschließlich aus den Finanzierungskosten (=Kreditzinsen). Darum lässt sich sein Kurs wie folgt bestimmen:

Future-Kurs = Aktueller DAX-Stand + Cost-of-Carry
(= Zinsaufwand bis zum Verfalltag)

Ein Beispiel: Dem HANDELSBLATT entnehmen wir am 12. Februar einen DAX-Schlusskurs von 6.564,91 Punkten – aufgerundet 6.565 (siehe Tabelle DAX-INDIZES XETRA). Am selben Tag liegt das Zinsniveau für kurzfristige Anlagen bei ungefähr 4,7 % (vgl. Tabelle GELDMARKTSÄTZE BASIS EURO). Wenn unsere Argumentation von oben zutrifft, müsste der Schlusskurs des DAX-Futures (März) in etwa mit dem DAX-Stand zuzüglich der Zinsen für die Laufzeit vom 12. Februar bis 19. März (Tag der Andienung) übereinstimmen. Die Zinsen für diese Zeitspanne (35 Tage) betragen ungefähr 29 €, sodass wir einen rechnerischen (theoretischen) Future-Schlusskurs von 6.594 erhalten. Er weicht in der Tat nur geringfügig vom effektiven Börsenkurs ab (siehe Tabelle DAX-FUTURE EUREX).

DAX-INDIZES XETRA

12.2.2001	Anfang	Settlement	Tages-Hoch	Tages-Tief	Schluss
Dax	6498,93	6534,04	6572,37	6498,93	6564,91
MDax	4842,95	4840,13	4853,02	4808,91	4837,57
Dax 100	3133,23	3156,63	3159,19	3128,70	3156,92
Automobil	1982,88	1993,22	2004,57	1979,52	1992,69
Bau	1206,40	1213,92	1216,87	1189,01	1214,07
Chemie	3083,96	3079,43	3090,18	3067,47	3083,17
Elektro	5977,36	5952,06	6028,62	5913,72	5996,39
Banken	2945,91	2956,35	2972,69	2940,87	2966,88
Maschinenbau	5601,27	5605,55	5652,86	5588,47	5635,87
Versorger	3039,06	3061,93	3096,54	3027,64	3093,25
Versicherung	4753,41	4811,80	4823,99	4752,69	4816,24
Konsum	1400,24	1391,58	1408,86	1388,39	1395,94
CDax	513,36	516,53	516,91	512,80	516,58
Nemax-All-Share	2529,25	2538,18	2553,50	2520,85	2546,19
Nemax 50	2477,62	2491,11	2514,13	2464,30	2500,42
SDAX	3221,73	3207,49	3226,84	3204,10	3214,01
Smax All Share	299,98	299,24	300,50	298,79	299,04
VDax (% p.a.)	17,47		18,04	17,40	17,64
Jex*)	111,1910		111,2090	111,0953	111,0959
Pex*)		111,1782	111,1782	111,1782	
Rex*)	112,9398		112,9911	112,8250	112,8398

Quelle: Deutsche Börse AG (ohne Gewähr); *) Jex, Pex, Rex sind Kursindizes

GELDMARKTSÄTZE BASIS EURO (IN PROZENT)

Inland	12.2.2001	9.2.2001	8.2.2001
Tagesgeld (unter Banken)	4,74 - 4,76	4,73 - 4,76	4,71 - 4,74
Termingeld (unter Banken taxiert)			
1 Monat	4,74 - 4,77	4,74 - 4,77	4,75 - 4,79
3 Monate	4,70 - 4,73	4,70 - 4,73	4,70 - 4,74
6 Monate	4,61 - 4,64	4,61 - 4,64	4,61 - 4,65

DAX-FUTURE EUREX (INDEX x 25 EURO)

12.2./22:00	Eröffnung	Hoch	Tief	Schluss	Settlem.	Vortag	Umsatz
März	6542,00	6599,00	6530,50	6591,50	6591,50	6528,50	37670
Juni	6590,00	6647,00	6585,00	6645,00	6646,50	6583,00	3166
Sep.	6703,00	6727,00	6686,00	6727,00	6726,50	6662,00	32

Gesamt-Umsatz: – Offene Kontrakte zur Eröffnung:

Future-Kurs und Kassapreis (Indexstand) sind im Normalfall also unterschiedlich. Den Differenzbetrag bezeichnet man auch als Basis. In unserem obigen Beispiel liegt sie bei 26,50 (6.591,50 minus 6.565). Damit liegt der Future- um 26,50 € über dem aktuellen Kassapreis. Nach unseren Berechnungen müsste der Future rein theoretisch jedoch zu einem Kurs von 6.594 (= fairer Preis oder theoretischer Preis) notieren. Die Differenz zwischen theoretischem Future-Kurs und Kassapreis bezeichnet man auch als *Carry-Basis*. Sie ist deckungsgleich mit den Cost-of-Carry. Die Abweichung des tatsächlichen vom theoretischen Future-Kurs nennt man hingegen *Value-Basis*. Beide – Carry- und Value-Basis – zusammengenommen ergeben wieder die gesamte Basis.

In der Realität weichen Future-Kurse in vielen Fällen von ihren theoretischen Werten ab – mit anderen Worten: es existiert eine Value-Basis –, was an den Gegebenheiten in der Praxis liegt (z. B. steuerliche Aspekte, Transaktionskosten oder schlicht das Angebots- und Nachfrageverhalten der Marktteilnehmer).

Basis

Die Basis nimmt im Laufe der Zeit immer stärker ab. Oder anders formuliert: Je länger die Restlaufzeit eines Futures, umso höher ist die Basis. Dies kann man gut an den Werten in den obigen HANDELSBLATT-Tabellen erkennen. Bildet man jeweils die Differenz zwischen Future-Kurs und Indexstand für die drei Kontrakte, ist zu erkennen, dass die Basis mit abnehmender Laufzeit schrumpft (siehe Tabelle unten). Am letzten Handelstag ist schließlich der Punkt erreicht, an dem Future-Kurs und DAX-Stand zusammenfallen.

	Future-Schlusskurs am (12. Februar)	DAX-Schlusskurs (12. Februar)	Basis
DAX-Future (März)	6.591,50	6.564,91	26,59
DAX-Future (Juni)	6.645,00	6.564,91	80,09
DAX-Future (September)	6.727,00	6.564,91	162,09

Weitere Index-Futures an der EUREX

Nemax 50-Future

Neben dem DAX- bietet die EUREX noch einen weiteren Indexkontrakt an, den Nemax 50-Future. Er bezieht sich ebenfalls auf den Performance-Index, ist im Vergleich zum DAX-Future jedoch deutlich »leichter«. Denn der Wert eines Kontraktes entspricht dem Indexstand multipliziert mit einem Euro und nicht mit fünf, wie beim DAX. Dies wurde bewusst so gemacht, um den Nemax 50-Future auch für das »normale« Publikum – sprich: Privatanleger – interessant zu gestalten. Die Margin für einen Kontrakt liegt bei lediglich ca. 500 € und ist damit deutlich geringer als beim DAX-Future (ca. 9.000 €).

Es gibt noch einige kleine andere Unterschiede, so zum Beispiel die Tick-Size (DAX: 0,5 Punkte bzw. 12,50 €; Nemax 50: 1 Punkt bzw. 1 €). Im Großen und Ganzen ist der Nemax 50 jedoch mit dem DAX-Future zu vergleichen, sodass wir auf weitere Erläuterungen verzichten und auf das vorhergehende Kapitel verweisen können.

An der EUREX lassen sich also zwei Segmente des deutschen Aktienmarktes in Form von Futures handeln, zum einen Standardwerte (Blue-Chips), zum anderen Wachstumswerte. Früher bot die Börse noch einen dritten Kontrakt an, den MDAX-Future, der den Mid-Cap-Bereich abdeckte. Aufgrund des geringen Interesses wurde der Handel inzwischen aber wieder eingestellt.

Im Produktangebot der EUREX sind darüber hinaus Futures auf den

- Dow Jones STOXX 50
- Dow Jones Euro STOXX 50
- Schweizer Index SMI
- Finnischen Index FOX

Sector-Index-Futures

Seit Mitte März 2001 stehen an der EUREX zudem Futures zur Verfügung, denen Sektor Indizes des STOXX 600 und Euro STOXX zugrunde liegen. Abgedeckt werden zunächst die Branchen Banken, Technologie, Telekommunikation und Healthcare. Beim Design dieser Kontrakte hat sich die EUREX weitgehend an den Spezifikationen des Euro STOXX 50-Futures orientiert. Die Teilnehmer sind nun nicht mehr auf branchenübergreifende Indizes angewiesen, sondern können Futures auf ganz bestimmte Sektoren (Sector-Index-Futures) handeln. Details sind im Internet auf der Seite der EUREX abrufbar.

Es ist damit zu rechnen, dass die Palette in Zukunft um weitere Aktienindizes ergänzt wird. Einen aktuellen Überblick vermittelt die EUREX im Internet (www.eurexchange.com).

Volatilitäts-Future

Einen Future auf Volatilität gibt es zurzeit an keiner Terminbörse weltweit. Die einzige, die jemals ein derartiges Instrument angeboten hat, war die EUREX (damals noch unter dem Namen Deutsche Terminbörse). Im Januar 1998 brachte sie den *Volax-Future* heraus, einen Kontrakt, mit dem man implizite Volatilität auf Termin handeln konnte. Als Basisobjekte für den außergewöhnlichen Future dienten Volatilitätsindizes, die – ähnlich wie der VDAX – aus den Prämien für DAX-Optionen ermittelt wurden und Laufzeiten von einem Monat bis hin zu zwei Jahren hatten.

VDAX

Grundsätzlich verwendete man immer denjenigen Volatilitätsindex als Underlying, der am Verfalltag des Futures eine Restlaufzeit von drei Monaten aufwies. Beispiel: Der Volax-Kontrakt, der im Dezember 1998 auslief, basierte auf dem Volatilitätsindex, der im März 1999 verfiel.

Dieser durchaus als revolutionär einzustufende Kontrakt wurde allerdings nach einigen Monaten wieder eingestellt. Grund für diesen Schritt war in erster Linie das sehr geringe Handelsaufkommen. Es gab während der gesamten Zeit so gut wie keine Umsätze. Dies lag auch daran, dass der Volax-Future ein sehr anspruchsvolles und äußerst schwierig zu bewertendes Instrument darstellt. Außerdem ließen sich Positionen – zum Beispiel gekaufte Volax-Futures – nur sehr schwer mit anderen Instrumenten (insbesondere Optionen) absichern.

Dennoch wollen wir dieses Instrument hier näher vorstellen, weil man durchaus damit rechnen kann, dass es in Zukunft erneut erscheint. Darüber hinaus lässt sich daran gut demonstrieren, wie man abstrakte Underlyings handelbar macht.

Man sollte sich im Weiteren nicht darüber wundern, dass die Beträge auf D-Mark lauten und von DTB (Deutsche Terminbörse) die Rede ist, denn damals war die Umstellung auf Euro noch nicht erfolgt und die EUREX gab es auch noch nicht.

Die wichtigsten Ausstattungsmerkmale des Volax-Futures haben wir in folgender Tabelle zusammengefasst.

Kontraktspezifikationen des Volax-Futures	
Underlying	Implizite Dreimonats-Volatilität des DAX (festgestellt bei At-the-money-DAX-Optionen).
Notierung	In Form von Prozentpunkten bis auf zwei Nachkommastellen.
Tick-Size	0,01 Prozentpunkte, was einem Wert von einer D-Mark entspricht.
Liefermonate	Die jeweils nächsten drei Monate des Zyklus März, Juni, September und Dezember.
Daily-Settlement-Price	Preis desjenigen Geschäftes, das als letztes während der letzten 15 Minuten vor Handelsschluss zustande kommt. Ist eine derartige Preisermittlung nicht möglich oder entspricht der so bestimmte Preis nicht den tatsächlichen Marktverhältnissen, legt die DTB den Settlement-Price fest.
Letzter Handelstag	Dritter Freitag des jeweiligen Verfallmonats, sofern dies ein Börsentag ist, andernfalls der Börsentag davor.
Schlussabrechnungspreis (Final-Settlement-Price)	Durchschnittswert der im Zeitraum von 11:31 Uhr bis 12:30 Uhr berechneten 3-Monats-VDAX-Subindex-Werte.
Andienung	Cash-Settlement
Erfüllungstag	Börsentag nach dem letzten Handelstag.

Implizite Volatilität

Um die mit dem Volax-Future verfolgten Ziele zu verstehen, muss man sich zunächst etwas näher mit der *impliziten Volatilität* befassen. Wie im Kapitel über Aktien dargestellt, versteht man unter einer Volatilität allgemein die durchschnittliche Schwankung von Renditen um ihren Mittelwert. Bei Anlageentscheidungen stellt sich generell die Frage, mit welchen Renditeschwankungen in der Zukunft zu rechnen ist. Da jedoch niemand die Entwicklungen in den kommenden Wochen und Monaten voraussagen kann, orientierten sich Marktakteure lange Zeit ausschließlich an historischen Daten (hier: historische Volatilitäten) und gingen davon aus, dass sich die beobachtete Entwicklung in der Zukunft ähnlich wiederholt.

Da sich derlei Annahmen in der Praxis allerdings nur selten bestätigen, ist man ständig auf der Suche nach neuen Methoden zur Gewinnung besserer Schätzwerte. Eine Alternative könnten Prognosen von Experten sein. Allerdings wäre bereits eine repräsentative Expertenbefragung sehr aufwändig. Zudem bestehen berechtigte Zweifel an der Unabhängigkeit und Objektivität der Aussagen. Aber es gibt einen anderen Weg, wie man dieses Problem lösen kann. Wenn wir einmal in das Kapitel über die Bewertung von Aktienoptionen schauen, sehen wir, dass deren Wert abhängig ist von den zukünftigen Schwankungen der zugrunde liegenden Aktie. Am Optionspreis ist – mit etwas Aufwand – ablesbar, welche zukünftige Volatilität unterstellt wird. Oder anders formuliert: Man kann aus dem Preis einer Option herausrechnen, von welcher zukünftigen Volatilität die Teilnehmer ausgegangen sind, die das Optionsgeschäft abgeschlossen haben.

Geht der Markt von starken zukünftigen DAX-Schwankungen aus, dann haben DAX-Optionen einen höheren Kurs, als wenn mit geringen Schwankungen gerechnet wird. Die in Zukunft erwartete und in den Optionspreisen zum Ausdruck kommende Volatilität wird als (in den Preisen) enthaltene (fachmännisch: implizite) Volatilität bezeichnet. Darauf gehen wir im Abschnitt über Optionen und über den VDAX noch intensiver ein.

Man kann sich leicht vorstellen, dass die Einschätzung des Marktes über die zukünftigen Schwankungen selbst wieder Schwankungen unterliegt. Die implizite Volatilität ist deswegen im Zeitablauf nicht konstant, sondern selbst volatil. Das ist auch nachvollziehbar, denn es kommen ständig neue Informationen auf den Markt, die Anlass zu veränderten Erwartungen geben. Kommen wir nun zum *Volax-Future*: Wer ein solches Geschäft abschließt, spekuliert auf Veränderungen der Erwartungen, nicht aber auf Veränderungen der tatsächlichen DAX-Schwankungen (allerdings muss dazu gesagt werden, dass die tatsächliche Entwicklung oft mitentscheidend für die Meinungsbildung ist). Wer Volax-Futures kauft (verkauft), sollte eine konkrete Vorstellung davon haben, wie die Marktteilnehmer zu einem bestimmten Zeitpunkt in der Zukunft die DAX-Schwankungen für die weitere Zukunft einschätzen. Hieran erkennt man bereits, dass es sich im Vergleich zu den übrigen Futures um ein sehr abstraktes und nur schwierig zu durchschauendes Produkt handelt. Es ist daher auch nicht verwunderlich, wenn sich die Teilnehmer mit Geschäftsabschlüssen sehr zurückhielten.

Abstraktes Geschäft

In den Kurstabellen kam dies damals dadurch zum Ausdruck, dass die Spalte Umsatz häufig frei blieb. Aufgrund der geringen Handelsaktivitäten nahm die EUREX den Kontrakt wieder aus dem Programm.

Damit man sich ein besseres Bild von den Verpflichtungen beim Volax-Handel machen kann, betrachten wir ein konkretes Fallbeispiel. Als Ausgangspunkt dient folgender Volax-Kurszettel, den wir der FINANZZEITUNG entnommen haben. Er enthält auch den Schlusskurs am 25. März.

Volax-Future (Index x 100 DM)

25.3./17:07	Eröffnung	Hoch	Tief	Schluß	Settlem.	Vortag	Umsatz	Off. Kontr.
Juni	24,40	24,40	24,40	24,40		24,10	25	
Sep.						24,10		
Dez.						23,50		

Gesamt-Umsatz: 25 - Offene Kontrakte zur Eröffnung:

Der Wert eines Kontraktes (in D-Mark) entspricht der »Notierung mal 100«. Nimmt man den Schlusskurs, liegt sein Wert bei 2.440 D-Mark (24,40 mal 100).

Angenommen wir kaufen einen Juni-Kontrakt. Dann hätten wir eine implizite DAX-Volatilität in Höhe von 24,40 Prozent fest vereinbart, und zwar für denjenigen Zeitpunkt, an dem der Future endet. Der Verfalltermin ist hier der dritte Freitag im Juni. An diesem Tag wird die aktuelle implizite Volatilität, die wiederum aus den dann beobachtbaren DAX-Optionsprämien herausgerechnet wird, mit derjenigen vom 25. März (24,40 %) verglichen. Liegt sie darüber (z. B. bei 26 %), hat der Käufer einen Gewinn in Höhe von

2.600 DM – 2.440 DM = 160 DM

erzielt; ist der Wert demgegenüber geringer, so ist der Verkäufer auf der Gewinnerseite.

Barausgleich

Die Andienung muss in Form von Barzahlungen erfolgen, da – im Gegensatz zu sämtlichen anderen an der EUREX angebotenen Produkten – noch nicht einmal theoretisch die Möglichkeit zu einer effektiven Andienung besteht. Volatilität ist physisch nicht greifbar und verkörpert auch keine Rechte, sondern stellt eine rein rechnerische Größe dar.

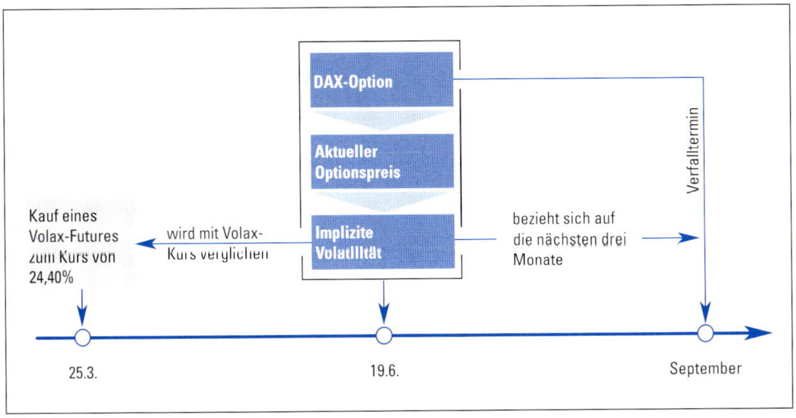

Motive

Wie bei anderen Future-Produkten, so liegen auch die Motive für den Handel mit Volax-Futures in der Erzielung von Spekulations- und Arbitragegewinnen oder in der Absicherung gegen zukünftige Veränderungen der impliziten Volatilität. Wer zum Beispiel befürchtet, dass die implizite Volatilität in Zukunft zunimmt und als Folge davon die Prämien für DAX-Optionen ansteigen, kann sich durch den Kauf von Volax-Kontrakten dagegen absichern.

Zins- und Rentenfutures

Zinsfutures ist ein Sammelbegriff für Kontrakte, die sich auf unterschiedliche Zinsinstrumente beziehen. Hierzu gehören fiktive Anleihen, Geldmarktpapiere und kurzfristige Zinssätze (Termingeld). Da es an der EUREX keine Futures auf Geldmarktpapiere gibt, klammern wir diese Produkte im Weiteren aus. Befassen wollen wir uns zunächst mit Rentenfutures.

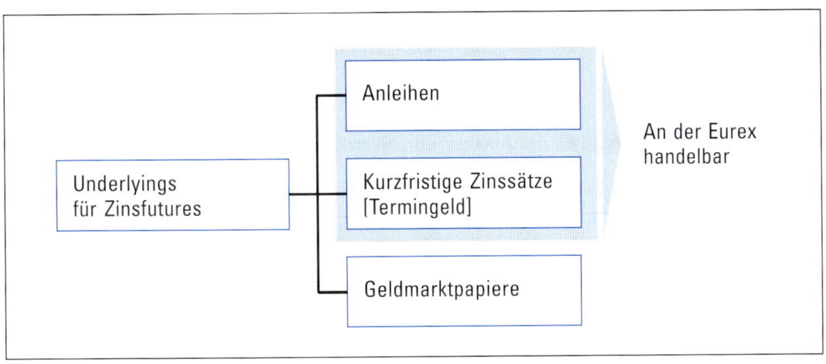

Fiktive Anleihen

Laufzeit-abschmelzung

Der Sinn und Zweck von Rentenfutures liegt darin, ein bestimmtes Laufzeitsegment handeln zu können, also etwa 10-jährige Bundesanleihen. Legt man dem Future nun eine konkrete Bundesanleihe zugrunde, dann hat das Papier zwar am Anfang die gewünschte Laufzeit, doch diese verkürzt sich von Tag zu Tag. Nach zwölf Monaten hat die Anleihe zum Beispiel nur noch eine Laufzeit von neun Jahren. Man bezeichnet diesen Effekt auch als *Laufzeitab-*

schmelzung. Die Schuldverschreibung wandert quasi automatisch in ein anderes Segment. Als Folge davon deckt der Future nicht mehr die ursprünglich angestrebten Underlyings ab.

Nun ließe sich das Problem zwar dadurch beheben, dass man die Anleihe – sobald sie in einen anderen Bereich abrutscht – durch eine neue mit entsprechend langer Restlaufzeit ersetzt. Doch auch das ist nicht ganz unproblematisch. Denn die neuen Papiere haben aufgrund zwischenzeitlicher Zinsänderungen in aller Regel auch einen anderen Nominalzins (Kupon).

Kuponeffekt

An einem ständigen Wechsel der Kupons ist die EUREX aber ebenso wenig interessiert, weil dadurch zum Beispiel Verzerrungen in den Marktpreisen aufgrund von *Kuponeffekten* (Einfluss von Steuern) eintreten. Deshalb hat man eine andere Lösung gewählt und bezieht Rentenfutures nicht auf real existierende Papiere, sondern auf so genannte fiktive Anleihen (auch als *synthetische* oder *notionelle Anleihen* bezeichnet).

Das sind Kunstgebilde, die nicht wirklich existieren, sie wurden nie emittiert und können daher auch nicht gehandelt werden. Doch man kann solche Instrumente mit bestimmten idealtypischen Eigenschaften versehen, insbesondere einer zu jedem Zeitpunkt konstanten Restlaufzeit und einem festen Kupon.

Dem BUND-Future, den wir im nächsten Abschnitt ausführlicher darstellen, liegt eine solche fiktive Anleihe (Bundesanleihe) zugrunde. Sie hat immer eine Laufzeit zwischen $8^1/_2$ und $10^1/_2$ Jahren und einen festen Kupon von 6 %, gleichgültig ob die tatsächlichen Kupons bei Bundesanleihen aktuell höher oder geringer sind. Die Börsenteilnehmer, die den BUND-Future handeln, tun so, als gäbe es dieses Papier wirklich. Damit ist die Möglichkeit geschaffen, stets ein festes Laufzeitsegment handeln zu können, ohne Verzerrungen aufgrund ständiger Kuponwechsel in Kauf nehmen zu müssen.

Effektive Andienung

Rentenfutures sind aus bestimmten praktischen Gründen im Allgemeinen so konzipiert, dass am Ende eine effektive Andienung erfolgt und kein Barausgleich. Für einen Verkäufer ist es jedoch ausgeschlossen, die *fiktive Anleihe* tatsächlich zu liefern, da sie ja nicht existiert. Deshalb hat er die Möglichkeit, seiner Pflicht durch passende echte Papiere – so genannte *lieferbare Anleihen* – nachzukommen. Dies ist auch beim BUND-Future so. Die EUREX stellt ganz spezielle Anforderungen, insbesondere im Hinblick auf den Emittenten und die Restlaufzeit. Geliefert werden dürfen nur Papiere, die vom Bund stammen und in das Laufzeitraster $8^1/_2$ bis $10^1/_2$ Jahre fallen. Diese Kriterien erfüllen lediglich einige Papiere, von denen sich der Verkäufer eines aussuchen kann. Er hat also ein Wahlrecht, das man in diesem Zusammenhang auch als Seller's Option bezeichnet. Weichen die Ausstattungsmerkmale der gewählten von der fiktiven Anleihe ab – was der Regelfall ist –, dann muss der Lieferumfang angepasst werden. Dies geschieht durch den Konversionsfaktor, den wir im kommenden Abschnitt noch ausführlich besprechen.

Seller's Option

BUND-Future

FGBL

Im November 1990 hat die Deutsche Terminbörse den BUND-Future zum ersten Mal angeboten. Er hat sich bis heute zu einem der umsatzstärksten Kontrakte an der EUREX entwickelt (EUREX-Kürzel: FGBL) und bezieht sich, wie im vergangenen Abschnitt bereits erwähnt auf eine fiktive Bundesanleihe. Seine Ausstattungsmerkmale haben wir in folgender Tabelle zusammengefasst.

Fiktive Anleihe

Kontraktspezifikationen des BUND-Future	
Underlying	Fiktive langfristige Bundesanleihe mit einem Kupon von 6 % und einem Nennwert von 100.000 €.
Lieferbare Titel	Bundesanleihen mit einer Restlaufzeit zwischen 8½ und 10½ Jahren und einem Mindestemissionsvolumen von 2 Milliarden Euro.
Notierung	In Prozent, bis auf zwei Nachkommastellen.
Tick-Size	0,01 Prozentpunkte, was 10 € entspricht.
Liefermonate	Die jeweils nächsten drei Monate des Zyklus März, Juni, September und Dezember.
Daily-Settlement-Price	Durchschnitt der letzten fünf Kurse am jeweiligen Börsentag (vorausgesetzt, sie sind nicht älter als 15 Minuten). Kommen in der letzten Handelsminute mehr als fünf Geschäfte zustande, so ist der Settlement Price der Durchschnittskurs aller in der letzten Handelsminute abgeschlossenen Geschäfte.
Letzter Handelstag	Zwei Börsentage vor dem Liefertag.
Liefertag	Der zehnte Kalendertag des Liefermonats, sofern dieser Tag ein Börsentag ist. Ansonsten ist der Liefertag der nächstfolgende Börsentag.
Schlussabrechnungspreis (Final-Settlement-Price)	Der Schlussabrechnungspreis wird am letzten Handelstag um 12 Uhr 30 ermittelt. Die Art und Weise der Berechnung entspricht der des Settlement-Prices.
Andienung	Effektive Andienung. Clearing-Mitglieder mit offenen Short-Positionen müssen der EUREX am letzten Handelstag anzeigen, welche Anleihen sie liefern wollen.

Der BUND-Future notiert in Form eines Prozentsatzes, wie man es von Anleihen allgemein kennt. Kurse vom vergangenen Handelstag enthält die Tabelle EURO-BUND-FUTURE EUREX im HANDELSBLATT. Zu finden sind diese Daten auch im Internet auf der Seite der EUREX. Dort kann man sie bereits direkt nach Handelsschluss einsehen.

EURO-BUND-FUTURE EUREX (6%, 100000 EURO, IN %, 8,5-10,5 JAHRE)

12.2./22:00	Eröffnung	Hoch	Tief	Schluss	Settlem.	Vortag	Umsatz	Off. Kontr.
März	109,44	109,45	109,24	109,32	109,30	109,35	409691	643482
Juni	108,88	108,89	108,76	108,77	108,80	108,82	27819	117934
Sep.					108,80	108,85	330	1857

Gesamt-Umsatz: – Offene Kontrakte zur Eröffnung:

Betrachten wir einmal den Schlusskurs von 109,32 für den März-Kontrakt. Wie ist dieser Wert zu deuten? Kaufen wir zu diesem Kurs einen Kontrakt, haben wir die Pflicht, bei Fälligkeit im März folgenden Betrag zu zahlen:

$$\underbrace{\overbrace{100.000\,€}^{\text{Kontraktvolumen beim Bund-Future}}}_{\text{Nominalwert der fiktiven Anleihe}} \cdot \frac{\overbrace{109{,}32}^{\text{Future-Kurs}}}{100} = 109.320$$

Dafür bekommen wir 100.000 € nominal einer 6prozentigen Bundesanleihe.

Zwar halten die meisten ihre Geschäfte nicht bis zum Ende durch, sondern stellen vorher glatt, dennoch kommt es immer wieder vor, dass Positionen bis zum Schluss gehalten werden. Wer als Verkäufer auch am letzten Handelstag noch keine entsprechende Gegentransaktion abgeschlossen hat, muss am Liefertag Anleihen andienen.

Eigentlich müssten Bundesanleihen mit einer Restlaufzeit zwischen 8½ und 10½ Jahren mit einem Kupon von 6 % geliefert werden. Doch es wäre Zufall, wenn es Bundesanleihen gäbe, deren Merkmale damit übereinstimmen. Deshalb erlaubt die EUREX den Verkäufern, sich Anleihen auszusuchen. Folgende Kriterien müssen sie jedoch erfüllen:

- Emittent muss der Bund sein.
- Die Restlaufzeit muss zwischen 8 ½ und 10 ½ Jahren liegen.
- Das Emissionsvolumen muss wenigstens 2 Milliarden € betragen.

Corner-Effekt

Ein Mindestemissionsvolumen von zwei Milliarden € verlangt man insbesondere, um zu verhindern, dass einige Teilnehmer eine marktbeherrschende Stellung einnehmen und sich den *Corner-Effekt* zunutze machen (siehe auch Grundlagenteil). An die Kuponhöhe werden hingegen keinerlei Anforderungen gestellt. Der Nominalzins kann deswegen ruhig über oder unter sechs Prozent liegen.

Wie sich der Korb von lieferbaren Anleihen konkret zusammensetzt, lässt sich im Internet direkt bei der EUREX in Erfahrung bringen. Dort sind für den März-Kontrakt drei Bundesanleihen aufgeführt, die geliefert werden dürfen (siehe Abbildung).

Market Information
deliverable bonds & conv. factors

Euro-BUND Futures Mar 2001

Deliverable Bond ISIN Code	Coupon Rate (%)	Maturity Date	Conversion Factor
DE0001135135	5.375	04.01.2010	0.957919
DE0001135150	5.25	04.07.2010	0.947168
DE0001135168	5.25	04.01.2011	0.944816

Der Kurs des BUND-Futures richtet sich natürlich nach einer sechsprozentigen Bundesanleihe, auch wenn nachher eine Anleihe mit einem anderen Zins geliefert wird. Wenn wir also einen Kurs von 109,32 Prozent zahlen (siehe Tabelle aus dem HANDELSBLATT), dann wollen wir auch eine Anleihe bekommen, die im Jahr 6.000 € (100.000 € mal 6 %) an Zinsen abwirft. Doch ein Sechsprozenter ist im Korb der lieferbaren Anleihen nicht enthalten, sondern lediglich Papiere mit geringeren Nominalzinssätzen. Es muss also ein Ausgleich geschaffen werden. Dies kann prinzipiell auf zweierlei Art geschehen:

Alternative 1
Der Käufer zahlt einen geringeren (höheren) als den ursprünglich vereinbarten Kurs, wenn der Kupon der gelieferten Bundesanleihe unter (über) 6 % liegt.

Alternative 2
Der Verkäufer liefert pro Kontrakt mehr (weniger) als 100.000 € nominal, wenn der Kupon der gelieferten Bundesanleihe unter (über) 6 % liegt.

Konversionsfaktor

In der Praxis hat sich Alternative 1 durchgesetzt. Wenn der Verkäufer uns zum Beispiel die 5,375 % Bundesanleihe liefert, dann müssen wir nicht den vollen Kurs zahlen, sondern weniger. Um diesen Preis exakt bestimmen zu können, berechnet die EUREX so genannte Konversionsfaktoren – man könnte auch sagen »Umwandlungsfaktoren« – mit denen man den vereinbarten Future-Kurs in den tatsächlichen Kaufpreis umwandeln kann. Nach welchem Prinzip dabei vorgegangen wird, wollen wir jetzt zeigen. Nehmen wir einmal an, der Verkäufer liefert tatsächlich eine sechsprozentige Bundesanleihe. Dann müsste man am Kaufpreis nichts mehr ändern. Der Konversionsfaktor hätte in dem Fall einen Wert von 1,0. Liegt der Kupon hingegen unter sechs Prozent, wäre der ursprünglich vereinbarte Kaufpreis zu hoch. Multipliziert man ihn mit einer Zahl, die kleiner ist als 1, dann verringert er sich. Deshalb ist der Konversionsfaktor bei Anleihen mit einem Nominalzins unter sechs Prozent kleiner als 1 (siehe auch obige Tabelle der EUREX). Anleihen mit einem höheren Zinssatz haben im Vergleich dazu einen Faktor, der größer ist als 1.

Wie Konversionsfaktoren berechnet werden

Die Berechnung von Konversionsfaktoren basiert auf dem Barwertprinzip. Die Zahlungen der betreffenden Anleihe werden mit einem Satz von exakt 6 Prozent abgezinst und damit auf ein Renditeniveau von 6 Prozent gebracht. Zur Verdeutlichung ein Beispiel: Betrachten wir eine Anleihe mit einem Kupon von 7 Prozent und exakt 9 Jahren Restlaufzeit. Sie hat einen Barwert von 106,8017, wie sich an folgender Rechnung nachvollziehen lässt.

$$\frac{7}{1{,}06}+\frac{7}{(1{,}06)^2}+\frac{7}{(1{,}06)^3}+\frac{7}{(1{,}06)^4}+\frac{7}{(1{,}06)^5}+\frac{7}{(1{,}06)^6}+\frac{7}{(1{,}06)^7}+\frac{7}{(1{,}06)^8}+\frac{7}{(1{,}06)^9}=106{,}8017$$

Nun teilt man den Barwert durch 100 und erhält als Ergebnis einen Konversionsfaktor von 1,068017. Die Höhe des Konversionsfaktors hängt nicht nur vom Kupon, sondern auch von der noch verbleibenden Restlaufzeit ab. Deswegen haben zwei Bundesanleihen (siehe EUREX-Tabelle) trotz übereinstimmender Zinssätze unterschiedliche Konversionsfaktoren.

Die EUREX gibt insgesamt drei Anleihen zur Auswahl, wie man aus der Tabelle entnehmen kann. Für den Verkäufer stellt sich nun die Frage, welche für ihn am vorteilhaftesten ist. Er weiß, dass er den Kaufpreis erhält – das sind seine Einnahmen – und dafür eine der vorgeschriebenen Anleihen liefern muss – das sind die Ausgaben. Aus finanzieller Sicht ist diejenige Anleihe für ihn die optimale, bei der der Gewinn am größten bzw. der Verlust (wenn die Ausgaben größer als die Einnahmen sind) am geringsten ist. Also

CTD-Anleihe

entscheidet er sich für diejenige Anleihe, die am billigsten zu liefern ist, englisch »cheapest to deliver«. Man nennt dieses Papier auch *CTD-Anleihe* oder nur kurz CTD. Endgültig steht die CTD natürlich erst am Laufzeitende fest, doch oft zeichnet sich bereits vor Fälligkeit des Futures ab, welches Papier am Ende CTD sein könnte. Wie man dabei prinzipiell vorgeht, wollen wir an folgendem Fall demonstrieren. Als Basis dient die EUREX-Tabelle, die wir im Internet abgerufen haben (siehe oben). Aus dem HANDELSBLATT entnehmen wir dem Kurszettel ÖFFENTLICHE ANLEIHEN (siehe Abbildung links) die Preise für die entsprechenden lieferbaren Anleihen und außerdem den Schlusskurs des BUND-Futures (März).

4,5 v. 99/09ex		67,07 -T	67,07 -T	4,874
→ 5,375 v. 99/10	04.01.	104,42 b	104,71 b	4,750
5,375 v. 99/10 ex		65,28 -T	65,28 -T	4,914
6,25 v. 00/30	04.01.	113,30 G	113,65 b	5,334
6,25 v. 00/30 ex		22,20 G	22,20 G	5,347
→ 5,25 v. 00/10	04.07.	103,27 b	103,62 b	4,801
5,25 v. 00/10ex		63,52 -T	63,52 -T	4,949
→ 5,25 v. 00/11		103,31 b	103,62 b	4,818
5,5 v. 00/31	04.01.	102,85 b	103,17 b	5,305

EURO-BUND-FUTURE EUREX (6%, 100000 EURO, IN %, 8,5-10,5 JAHRE)

15.2./22:00	Eröffnung	Hoch	Tief	Schluss	Settlem.	Vortag	Umsatz	Off. Kontr.
März	108,90	108,97	108,57	108,60	108,61	109,03	978536	637804
Juni	108,40	108,40	108,05	108,12	108,11	108,49	23407	130520
Sep.					108,25	108,60	3255	1166

Gesamt-Umsatz: – Offene Kontrakte zur Eröffnung:

Geht man davon aus, dass der Kontrakt heute verfällt, dann könnten wir folgende Rechnung anstellen:

ISIN »DE0001135135«

	Futurekurs	Konversionsfaktor	
Einnahmen	108,60	0,957919	+104,03
	Anleihekurs		
Ausgaben	104,42		-104,42
			-0,39

ISIN »DE0001135150«

	Futurekurs	Konversionsfaktor	
Einnahmen	108,60	0,947168	+102,86
	Anleihekurs		
Ausgaben	103,27		-103,27
			-0,41

ISIN »DE0001135168«

	Futurekurs	Konversionsfaktor	
Einnahmen	108,60	0,944816	+102,61
	Anleihekurs		
Ausgaben	103,31		-103,31
			-0,70

Es sind sämtliche drei Ergebnisse negativ. Bei der ersten Anleihe (ISIN »DE0001135135«) fällt der Verlust am geringsten aus. Sie ist zumindest aus heutiger Sicht am günstigsten zu liefern und damit CTD. Die Stückzinsen konnten wir aus der Betrachtung ausklammern, weil sie sowohl auf der Einnahmen- als auch auf der Ausgabenseite in jeweils gleicher Höhe erscheinen und sich deshalb eliminieren.

Zuordnung nach dem Zufallsprinzip

Von wem man am Laufzeitende die Anleihen erhält, weiß man vorher nicht, da die Käufer und Verkäufer nach dem Zufallsprinzip zugeordnet werden. Grund: Auch beim Abschluss eines BUND-Futures tritt man seinem Kontrahenten nicht direkt gegenüber, da ein Geschäft immer mit der Clearingstelle gemacht wird. Die Gegenseite bleibt anonym.

Effektive Andienung

Der Bund-Future wird vor allem deshalb effektiv angedient, weil ein Cash-Settlement nur sehr schwierig zu realisieren wäre. Denn bei einem Barausgleich bräuchte man eine konkrete Referenzanleihe, deren Kurs man am Laufzeitende mit dem des Bund-Futures abgleicht, um den Gewinn oder Verlust am letzten Handelstag zu bestimmen. Doch dabei ist die Gefahr besonders groß, dass am letzten Handelstag der Kurs der Referenzanleihe durch entsprechende Handelstransaktionen (Preistreiberei durch massive Käufe oder Verkäufe) von Marktteilnehmern manipuliert wird, um Gewinn daraus zu schlagen. Bei einer effektiven Andienung ist das Spektrum an Anleihen, die in Frage kommen, nicht auf ein Papier beschränkt. Daher sind die Manipulationsmöglichkeiten deutlich geringer.

Handelsmotive

Auch der Handel mit dem BUND-Future ist auf eines der bereits bekannten Motive zurückzuführen: Spekulation, Absicherung oder Arbitrage. Wer zum Beispiel auf Rückgänge bei den langfristigen Renditen (»10-jährige«) spekuliert und somit auf steigende Anleihekurse setzt, kauft BUND-Futures. Soll ein bestehendes Bond-Portfolio gegen Kursverluste abgesichert werden, verkauft man BUND-Futures in entsprechendem Umfang. Man sollte allerdings darauf achten, dass die abzusichernden Papiere – insbesondere hinsichtlich ihrer Restlaufzeit – in etwa vergleichbar sind mit 10-jährigen Bundesanleihen. Außerdem sollten die gehaltenen Titel von Emittenten mit erster Bonität stammen. Auf die Absicherung und Spekulation wollen wir nicht weiter eingehen, da man die Darstellungen im Zusammenhang mit dem DAX-Future durchaus übertragen kann.

Im Unterschied insbesondere zum DAX-Future nutzt man den BUND-Kontrakt häufiger zu *Arbitragezwecken*. Wie solche Transaktionen prinzipiell ablaufen, wollen wir an einem Fallbeispiel demonstrieren.

Beispiel

Nehmen wir an, ein Bund-Future notiert zu einem Kurs von 95 % und hat noch eine Laufzeit von einem halben Jahr. Nun stellen wir fest, dass eine 6 % Bundesanleihe mit einer Restlaufzeit von 9 ½ Jahren aktuell einen Kurs von 93 % hat und Termingeld zu einem Zinssatz von 10 % p.a. gehandelt wird. Wir könnten

- für ein halbes Jahr (180 Tage) einen Kredit über 93 € aufnehmen, für den Geldbetrag 100 € nominal der Bundesanleihe kaufen und
- gleichzeitig einen Bund-Future zum Kurs von 95 verkaufen (das Kontraktvolumen ist zwar höher, aber wir wollen hier aus Vereinfachungsgründen mit kleinen Zahlenwerten rechnen).

Dann müssten wir Kreditzinsen in folgender Höhe zahlen:

$$\frac{\overbrace{93\,€}^{\text{Kredit-betrag}} \times \overbrace{10\,\%}^{\text{Kredit-zins}} \times \overbrace{180\text{ Tage}}^{\text{Laufzeit des Kredits}}}{100\,\% \times 360\text{ Tage}} = 4{,}65\,€$$

Aber wir erhalten auch Kuponzinsen von 3 €, da wir ja die Bundesanleihe für ein halbes Jahr besitzen. Bei Fälligkeit des Futures in sechs Monaten

- liefern wir dem Käufer des Bund-Futures 100 € nominal der Bundesanleihe und
- bekommen im Gegenzug von ihm 95 € (Future-Preis).

Dann zahlen wir den Kredit samt der Zinsen zurück und haben insgesamt einen sicheren Gewinn in dieser Höhe erzielt:

$$\overbrace{95\,€}^{\text{Future-Kurs}} + \overbrace{3\,€}^{\text{Kupon-ertrag}} - \overbrace{93\,€}^{\text{Kredit-betrag}} - \overbrace{4{,}65}^{\text{Kredit-zinsen}} = 0{,}35\,€$$

Wir haben diesen Erfolg erzielt, ohne eigenes Kapital eingesetzt zu haben – ein klassischer Arbitragegewinn. Die Möglichkeit dazu war gegeben, weil die Differenz zwischen Future- und Kassapreis (2 Euro), die Basis, nicht den Cost-of-Carry entsprochen hat.

$$\text{Cost-of-Carry} = \underbrace{4{,}65\,€}_{\text{Kosten für das Halten der Bundesanleihe}} - \underbrace{3{,}00\,€}_{\text{Ertrag für das Halten der Bundesanleihe}} = 1{,}65\,€$$

Hätte der Bund-Future hingegen zum Kurs von

$$\underbrace{93\,€}_{\text{Kassakurs der Bundes-anleihe}} + \underbrace{1{,}65\,€}_{\text{Cost-of-Carry}} = 94{,}65\,€$$

notiert, so wäre eine Erzielung von Arbitragegewinnen ausgeschlossen gewesen – der Kontrakt hätte von Anfang an einen angemessenen Wert gehabt (arbitragefreier Wert). Der Kurs von 95 ist tatsächlich jedoch zu hoch, der Bund-Future also zu teuer. Sein Kurs entspricht nicht seinem wahren Preis (Fair Value). Wer die Fehlbewertung erkennt, kann sie ausnutzen, Bundesanleihen nachfragen und Bund-Futures verkaufen. Dies führt nach und nach zu steigenden Kassa- sowie sinkenden Future-Kursen – und zwar so lange, bis die Basis den Cost-of-Carry entspricht.

Weitere Rentenfutures an der EUREX

Umsatz als Maßstab

Außer dem BUND-Future bietet die EUREX noch eine ganze Reihe weiterer Renten-Kontrakte an, die – nimmt man die Umsätze als Maßstab – im Vergleich zum BUND-Future zum Teil jedoch bedeutungslos sind. Sie beziehen sich ausnahmslos auf deutsche Staatsanleihen. In folgender Tabelle haben wir die Produkte und den Laufzeitbereich, den sie abdecken, zusammengefasst. Da diese Futures – abgesehen vom Underlying – keine nennenswerten Unterschiede zum BUND-Future aufweisen, wollen wir auf weitere Ausführungen verzichten.

Kontrakt	Laufzeitbereich der Underlyings
EURIBOR-Futures	1 und 3 Monate
SCHATZ-Future	1 ¾ bis 2 ¼ Jahre
BOBL-Future	4 ½ bis 5 ½ Jahre
BUND-Future	8 ½ bis 10 ½ Jahre
BUXL-Future	20 bis 30 ½ Jahre

Nimmt man auch die im folgenden Absatz beschriebenen Zinssatzfutures noch hinzu, dann lässt sich sagen, dass an der EUREX praktisch die gesamte Laufzeiten-(Rendite-)struktur handelbar ist, angefangen beim »kurzen Ende« (Laufzeit: 1 Monat) bis hin zum »sehr langen Ende« (Laufzeit: 30 Jahre).

Zur Verfügung steht darüber hinaus auch ein Kontrakt auf langlaufende Schweizer Staatsanleihen, der CONF-Future.

Zinssatzfutures

Rentenfutures beziehen sich auf Anleihen und decken damit den langfristigen Bereich der Renditekurve ab. Daher ordnet man diese Instrumente an der EUREX auch den »Capital Market Products« zu. Doch auch das »kurze Ende« lässt sich an der Terminbörse in Form von Zinssatzfutures handeln. Diese Produkte zählt man deshalb auch zu den Geldmarktinstrumenten (Money Market Products). Es handelt sich dabei im Grunde um standardisierte Forward-Rate-Agreements. Stark vereinheitlicht sind insbesondere

Money Market Products

- der Referenzzinssatz,
- die Referenzperiode,
- die Vorlaufzeit und
- das Volumen.

Im Unterschied zu einem FRA notiert ein Future nicht in Form eines Zinssatzes (Forward-Rate), sondern als Kurs. Diese Notierungsweise hat sich deshalb durchgesetzt, weil sie mit derjenigen bei anderen Zinsinstrumenten (Renten und Rentenfutures) übereinstimmt und so eine gewisse Vereinheitlichung erreicht wird (bei steigenden Zinsen sinken die Kurse und umgekehrt). Zwischen Kurs und Forward-Rate besteht jedoch folgender direkter Zusammenhang:

Futurekurs = 100 minus Forward-Rate

EURIBOR-Futures

Im März 1994 führte die Deutsche Terminbörse den FIBOR-Future ein, einen Kontrakt, der sich auf 3-Monats-Termingeld in D-Mark bezog (Underlying: 3-Monats-FIBOR). Damit bestand in Deutschland erstmals die Möglichkeit, Geldmarkttransaktionen an einer Börse abzuwickeln.

Mit der Einführung des Euro verschwand der FIBOR und damit auch der FIBOR-Future. Seinen Platz nehmen jetzt EURIBOR-Futures ein, von denen es zwei verschiedene an der EUREX gibt, den 1-Monats- und den 3-Monats-Kontrakt. Stellt man die Umsätze dieser beiden Instrumente nebeneinander,

FEU3

dann ist der 1-M-EURIBOR-Future fast unbedeutend. Aus diesem Grunde konzentrieren wir uns hier auf den 3-Monats-Kontrakt (EUREX-Kürzel »FEU3«). Seine Ausstattung haben wir in folgender Übersicht aufgeführt.

Es handelt sich um **fiktives** Termingeld, da es tatsächlich nicht zu einem Abschluss eines Termingeldgeschäfts kommt.

Kontraktspezifikationen des 3-M-EURIBOR-Future	
Underlying	Fiktives auf Euro lautendes Termingeld mit einer Laufzeit von 3 Monaten und einem Volumen von 1.000.000 €.
Notierung	100 minus 3-M-Euribor, bis auf drei Nachkommastellen.
Tick-Size	0,005 Prozentpunkte, was 12,50 € entspricht.
Liefermonate	Die nächsten 12 Monate aus dem Zyklus März, Juni, September und Dezember.
Daily-Settlement-Price	Durchschnitt der letzten fünf Kurse am jeweiligen Börsentag (vorausgesetzt, sie sind nicht älter als 15 Minuten). Kommen in der letzten Handelsminute mehr als fünf Geschäfte zustande, so ist der Settlement-Price der Durchschnittskurs aller in der letzten Handelsminute abgeschlossenen Geschäfte (gewichtet mit ihrem Volumen).
Letzter Handelstag	Zwei Börsentage vor dem dritten Mittwoch des jeweiligen Erfüllungsmonats.
Schlussabrechnungstag	Ist mit dem letzten Handelstag identisch.
Schlussabrechnungspreis	100 minus aktuellem 3-Monats-EURIBOR, wobei der EURIBOR auf drei Stellen nach dem Komma gerundet wird.
Andienung	Cash-Settlement.

Für den 3-M-EURIBOR-Future existieren 12 standardisierte Fälligkeitstermine. Die längste Laufzeit umfasst drei Jahre. Wie bei anderen Futures, so ist auch beim 3-M-EURIBOR-Future das Handelsinteresse bei den kurzen Laufzeiten am größten, während bei den Kontrakten mit weit entfernten Fälligkeiten praktisch so gut wie keine Umsätze zu verzeichnen sind. Dies belegt auch die Tabelle 3-M-EURIBOR-FUTURE EUREX aus dem HANDELSBLATT (siehe Abbildung). Sie enthält indes nicht alle Kontrakte, sondern lediglich die nächsten vier Fälligkeitstermine.

3-M-EURIBOR-FUTURE EUREX (100-ZINSSATZ, 1 MIO. EURO)

15.2./22:00	Eröffnung	Hoch	Tief	Schluss	Settlem.	Vortag	Umsatz	Off. Kontr.
März 01	95,33	95,33	95,30	95,31	95,30	95,34	1806	20838
Juni 01	95,54	95,54	95,50	95,50	95,50	95,56	1401	10659
Sep. 01	95,63	95,63	95,60	95,60	95,60	95,67	492	4809
Dez. 01	95,53	95,53	95,51	95,51	95,49	95,57	75	2500

Gesamt-Umsatz: – Offene Kontrakte zur Eröffnung:

Wie im letzten Abschnitt bereits erwähnt, handelt es sich beim Euribor-Future um ein standardisiertes FRA. Das Laufzeitende eines Euribor-Kontraktes markiert den Anfang der dreimonatigen Referenzperiode. Kaufen wir beispielsweise einen März-Future zum Schlusskurs von 95,31, so haben wir ein FRA über 1 Million € abgeschlossen, dessen dreimonatige Referenzperiode am dritten Mittwoch im März beginnt (siehe folgende Abbildung).

Den Kurs können wir auch in eine Forward-Rate umrechnen:

$$
\begin{aligned}
95{,}31 &= 100 - \text{Forward-Rate} \\
\text{Forward-Rate} &= 100 - 95{,}31 \\
\text{Forward-Rate} &= 4{,}69
\end{aligned}
$$

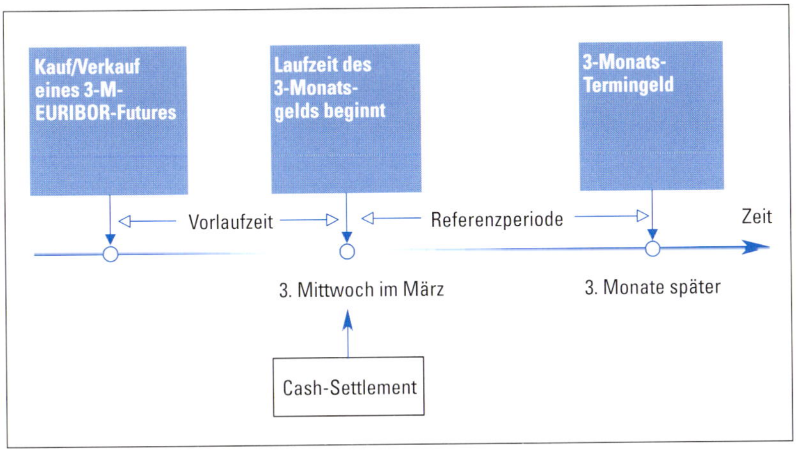

Wir haben praktisch ein FRA mit einem Terminzins von 4,69 % abgeschlossen.

Handelsrichtung

Bemerkenswert ist, dass die Art der Notierung Einfluss hat auf die Handelsrichtung. Kaufen wir einen Future, dann profitieren wir von steigenden Kursen, und das bedeutet gleichzeitig sinkende Zinsen. Wir müssen mit dem EURIBOR-Future also eine entgegengesetzte Handelsrichtung einschlagen wie mit einem FRA. Soll beispielsweise eine Absicherung gegen steigende Zinsen erfolgen, so können wir ein FRA kaufen oder alternativ EURIBOR-Futures verkaufen.

Eingesetzt werden EURIBOR-Kontrakte zu Trading- und Arbitragezwecken. Außerdem kann man sich mit diesem Future gegen Zinsänderungen auf dem Geldmarkt absichern. Dazu ein Fallbeispiel:

Beispiel

Der Finanzmanager einer Fluggesellschaft hat Kapital in einen Zerobond investiert. Er weiß bereits im Mai, dass die Anleihe am 10. Dezember getilgt wird und dann 20 Millionen € zurückfließen, die er anschließend für drei Monate als Termingeld anlegen muss, damit das Kapital Anfang März des Folgejahres für den Kauf eines Flugzeugs wieder zur Verfügung steht.

Doch der Manager befürchtet sinkende Geldmarktsätze und möchte das aktuelle Zinsniveau für 3-Monatsgeld (3-Monats-EURIBOR: 4,55083 %) sichern. Er entscheidet sich für den Dezember-Kontrakt des 3-M-EURIBOR-Future und kauft insgesamt 20 Kontrakte zum Schlusskurs von 95,320. Die Transaktion wickelt er über eine Geschäftsbank ab, die Clearing-Mitglied an der EUREX ist.

Die Vorhersage des Finanzmanagers bestätigt sich. Der EURIBOR ist tatsächlich gesunken und liegt am 10. Dezember nur noch bei 3,44192 Prozent. Als Folge davon kann er die finanziellen Mittel nur noch zu einem geringeren Satz wieder anlegen.

$$\frac{\overbrace{20.000.000\,€}^{\text{Tilgungszahlung aus dem Zero-Bond}} \times (\overbrace{3{,}44192}^{\text{3-Monats-EURIBOR am 10.12.}} - \overbrace{4{,}55083}^{\text{3-Monats-EURIBOR im Mai}}) \times \overbrace{90\text{ Tage}}^{\text{Zeitraum vom 10.12. bis 10.3.}}}{360\text{ Tage} \times 100} = \overbrace{-55.445{,}50\,€}^{\text{verminderter Zinsertrag}}$$

Er stellt am 10. Dezember die Future-Position glatt und verkauft 20 EURIBOR-Futures zum Schlusskurs von 96,590. Pro Kontrakt erzielt er einen Gewinn von:

$$\frac{(\overbrace{96{,}590}^{\text{Verkaufs-kurs}} - \overbrace{95{,}320}^{\text{Kaufkurs}})}{0{,}005} = 254 \text{ Ticks}$$

Sein Gesamterfolg liegt damit bei:

254 Ticks/Kontrakt × 12,50 €/Tick × 20 Kontrakte = 63.500 €

Der Gewinn wurde von der EUREX nach und nach auf dem Margin-Konto der Geschäftsbank gutgeschrieben. Diese leitete die Zahlungen dann an die Fluggesellschaft weiter.

Als Ergebnis lässt sich festhalten, dass aufgrund der Future-Transaktion der Wiederanlageverlust überkompensiert wurde.

Währungsfutures

Von Aktienindex- oder Zinskontrakten unterscheiden sich Währungsfutures (Devisenfutures) im Prinzip nur durch ihr Underlying. Sie basieren auf Währungen und sind quasi standardisierte Devisentermingeschäfte. An der EUREX findet man derartige Instrumente nicht, dafür jedoch an anderen Handelsplätzen. Zu den weltweit führenden und umsatzstärksten Terminbörsen im Bereich von Währungsderivaten zählt die Chicago Mercantile Exchange (CME). Dort kann man unter anderem einen auf den Euro bezogenen Kontrakt handeln, den EURO FX-Future.

EURO FX-Future

Kontraktspezifikationen des EURO FX-Futures an der CME	
Underlying	125.000 €.
Notierung	US-Dollar pro ein Euro, bis auf vier Nachkommastellen.
Tick-Size	0,0001 US-$/€, was 12,50 US-Dollar entspricht.
Liefermonate	Die jeweils nächsten sechs Monate aus dem Zyklus März, Juni, September und Dezember.
Letzter Handelstag	Zwei Börsentage vor dem dritten Mittwoch des jeweiligen Liefermonats.
Liefertag	Dritter Mittwoch des jeweiligen Liefermonats.
Andienung	Effektive Lieferung.

Die Notierung vom letzten Börsentag ist im HANDELSBLATT in der Tabelle INTERNATIONALE TERMINKONTRAKTE zu finden. Aktuelle Kurse und weitere Daten können auch im Internet direkt bei der CME unmittelbar nach Handelsschluss abgerufen werden (www.cme.com).

Die Einsatzmotive von Währungsfutures werden im Abschnitt über Devisentermingeschäfte dargestellt

Einen Währungsfuture wie den EURO FX kann man zu Trading- und Arbitragezwecken ebenso einsetzen wie zur Absicherung gegen Devisenkursrisiken. Der wesentliche Unterschied zwischen einem US-Dollar-Devisentermingeschäft und dem EURO FX-Future liegt erstens in den genormten Ausstattungsmerkmalen und zweitens in der täglichen Gewinn- und Verlustverrechnung.

Funktionsweise

Am Anfang dieses Buchkapitels haben wir bereits festgestellt, dass es sich bei Optionen um Termingeschäfte handelt, die nicht für beide Vertragspartner gleichermaßen verpflichtend sind. Denn der Käufer hat beim Optionsgeschäft ein Wahlrecht und kann selbst bestimmen, ob er das Geschäft zu den festgelegten Bedingungen tätigt oder nicht. Der andere Vertragspartner muss hingegen abwarten, wie sich der Käufer letztendlich entscheidet. Man könnte auch sagen, dass er gezwungen ist, stillzuhalten. Deshalb nennt man ihn auch *Stillhalter*. Häufig anzutreffen ist ebenso die Bezeichnung *Schreiber*. Stillhalter

Im Prinzip kann man zwei Arten unterscheiden, Kauf- und Verkaufsoptionen, englisch: *Call* und *Put*. Der Inhaber einer Option hat das Recht, nicht jedoch die Pflicht, eine Sache zum vorab vereinbarten (geringeren bzw. höheren) Preis zu kaufen (Call) bzw. zu verkaufen (Put). Call/Put

Um den Sinn und Zweck derartiger Transaktionen besser zu verstehen, wollen wir ein einfaches Fallbeispiel betrachten. Angenommen, wir kaufen einen Call, der uns das Recht gibt, in einem Jahr eine Aktie der Metro AG zum Preis von 40 Euro zu kaufen. Für diese Option verlangt eine Bank 5 Euro von uns.

Dieses Recht werden wir in einem Jahr nur dann nutzen, wenn der Börsenkurs die Schwelle von 40 Euro überschreitet. Denn in dem Fall können wir eine Metro-Aktie, die vielleicht tatsächlich 55 Euro wert ist, zum vorab festgelegten Preis von 40 Euro beziehen – unsere Ersparnis: 15 Euro. Zieht man die am Anfang gezahlte Prämie ab, bleibt noch ein Gewinn von 10 Euro übrig.

Liegt der Kurs hingegen unterhalb von 40 Euro, ist eine Ausübung sinnlos. Jetzt ist es vorteilhafter, das Recht verfallen zu lassen, da die Aktie preiswerter direkt bezogen werden kann. Die Option wurde vergeblich gekauft und wir müssen die bezahlte Prämie als Verlust verbuchen.

Beim Call-Schreiber (Bank) ergibt sich ein anderes Bild. Für ihn rentiert sich der Verkauf auf jeden Fall, wenn der Inhaber auf eine Ausübung verzichtet – anders formuliert: Wenn der Börsenkurs der Metro-Aktie den vorab festgelegten Preis – man nennt diesen auch *Basispreis* (englisch: *Strike Price* oder kurz *Strike*) – nicht überschreitet. Dann kommt der Stillhalter ohne Gegenleistung aus und die volle Prämie wird als Gewinn verbucht. Strike

Aber selbst bei einer Optionsausübung kann für den Stillhalter noch etwas übrig bleiben. Und zwar dann, wenn die Differenz zwischen Börsenkurs und Strike kleiner ist als die vereinnahmte *Optionsprämie*. Notiert die Metro-Aktie exakt bei 45 Euro, muss der Stillhalter das Papier für 40 Euro abgeben und die zuvor erhaltene Optionsprämie (5 Euro) ist aufgezehrt. Kurse oberhalb von 45 Euro bringen dem Stillhalter schließlich Verluste, da er die Aktie sozusagen unter Wert verkaufen muss. Notiert sie an der Börse beispielsweise zum Kurs von 52 Euro, bekommt der Schreiber vom Call-Besitzer lediglich 40 Euro. Zieht man die erhaltene Prämie ab, bleibt ein Verlust von 7 Euro (12 minus 5).

Wir können festhalten, dass sich das Schreiben eines Aktien-Calls lohnt, wenn der Aktienkurs in Zukunft

- sinkt,
- unverändert bleibt oder lediglich
- leicht ansteigt.

Welchen Gewinn Käufer bzw. Stillhalter mit Metro-Calls aus dem Beispiel erzielen, wenn sie ihre Position bis zum Verfalltag aufrechterhalten, lässt sich sehr gut anhand von Gewinn- und Verlustdiagrammen veranschaulichen. Da der Verlauf der Profile an einen Hockey-Schläger (englisch: Hockeystick) erinnert, bezeichnet man sie auch als *Hockeystick-Diagramme.*

Hockeystick

Die Frage, in welcher Weise Käufer und Schreiber von der Preisentwicklung in der Zukunft profitieren, stellt sich natürlich auch bei Verkaufsoptionen. Zur Veranschaulichung ziehen wir einen Put heran, dessen Details mit unserem Call von oben übereinstimmen.

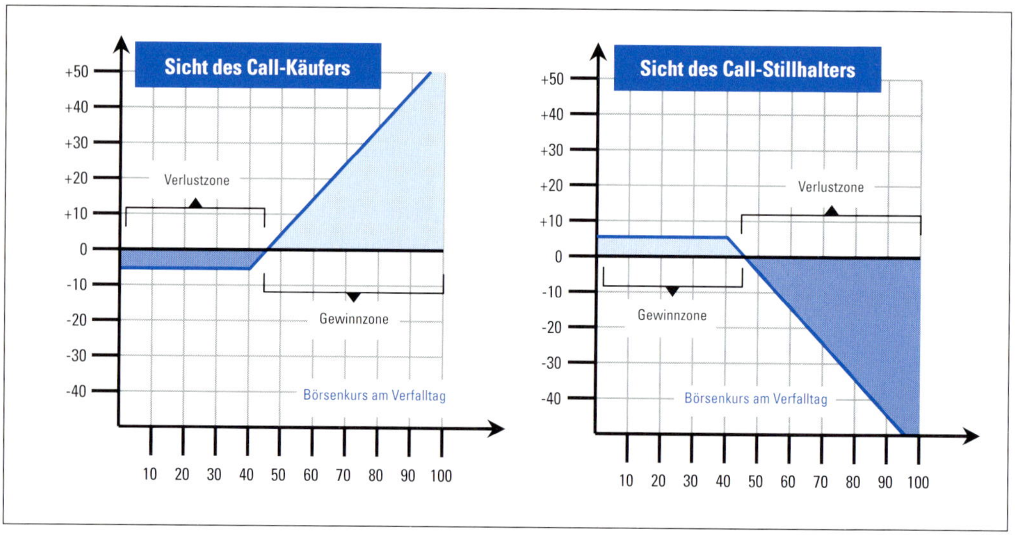

Sinkt der Börsenkurs weit genug unter den Basispreis (40 Euro), ist das Geschäft für den Käufer lukrativ. Hat die Metro-Aktie zum Beispiel einen Wert von 30 Euro, kann er sich das Papier an der Börse kaufen und im Zuge der Optionsausübung umgehend für 40 Euro an den Stillhalter weiterreichen. Berücksichtigt man die bezahlte Prämie (5 Euro), bleibt ein Gewinn von fünf Euro übrig. Puts sind also gut geeignet zur Spekulation auf sinkende Börsenkurse.

Für den Stillhalter ist das Geschäft lukrativ, wenn der Inhaber die Option verfallen lässt, also bei Börsenkursen über 40 Euro. Doch auch bei Kursen, die darunter liegen, kann der Verkäufer noch Vorteile haben. Erst bei einem Metro-Kurs von 35 Euro ist die vereinnahmte Prämie vollständig aufgebraucht und der Stillhalter kommt in die Verlustzone.

Fassen wir zusammen: Der Verkauf von Puts lohnt sich, wenn der Aktienpreis in Zukunft

- steigt,
- unverändert bleibt oder
- nur geringfügig sinkt.

Die Hockeystick-Diagramme beim Put sind im Schaubild auf der vorherigen Seite dargestellt. Man sieht, dass der Maximalgewinn (-verlust) für den Käufer (Stillhalter) begrenzt ist. Bei Calls bestehen hingegen theoretisch unbeschränkte Gewinnmöglichkeiten für den Käufer bzw. Verlustmöglichkeiten für den Verkäufer.

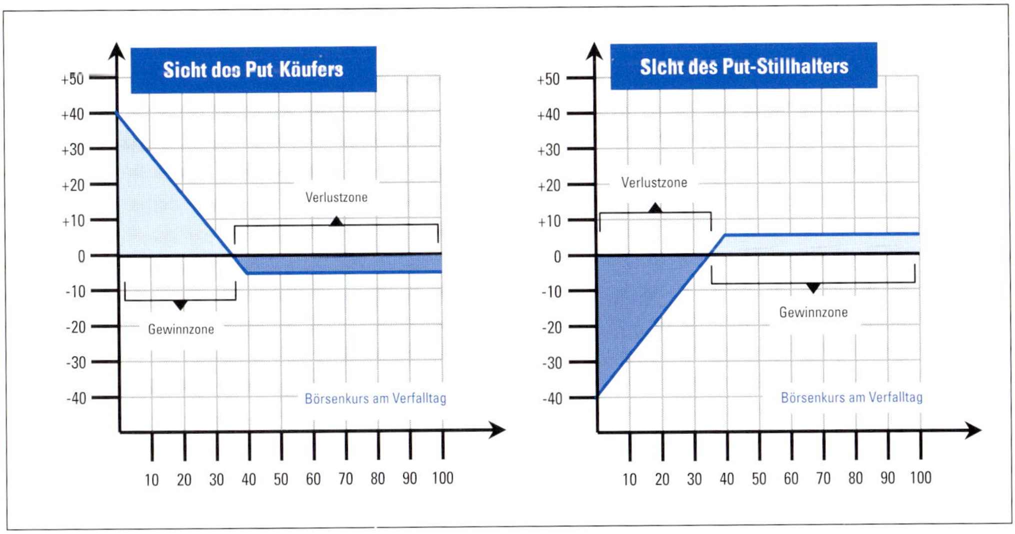

Alles ist geregelt

So wie jedes andere Produkt bestimmte Eigenschaften aufweist – ein Kleidungsstück zum Beispiel eine bestimmte Farbe und Größe –, haben auch Finanzinstrumente Besonderheiten. Anleihen haben beispielsweise eine bestimmte Laufzeit und einen Kupon, Investmentfonds eine bestimmte Anlagestrategie. Jedes dieser Elemente ist ein so genanntes *Ausstattungsmerkmal*. Auch Optionen haben Ausstattungsmerkmale, im Vergleich zu anderen Finanzprodukten sogar ziemlich viele verschiedene. Die wesentlichen werden wir im Weiteren näher betrachten. Dass es sich lohnt, jedes einzelne Ausstattungsdetail zu beachten, werden wir sehen, wenn wir uns intensiver mit der Bewertung von Optionen beschäftigen. Zunächst wollen wir jedoch die einzelnen Ausstattungsmerkmale der Reihe nach besprechen.

Ausstattungsmerkmal

Schließen zwei Parteien ein Optionsgeschäft ab, muss festgelegt werden, ob es sich um ein Kauf- oder Verkaufsrecht handeln soll. Die Parteien müssen sich über den *Optionstyp* einigen. Dann ist zu klären, welche Sache in Zukunft überhaupt ge- oder verkauft werden darf. Man bezeichnet das Ob-

Optionstyp

Basisgut

Strike

Optionsfrist

jekt, das der Option zugrunde liegt als *Basisgut* oder benutzt oft auch die englischsprachige Bezeichnung *Underlying*. Wie wir später noch sehen, beziehen sich Optionen nicht nur auf Aktien, sondern auf eine Vielzahl anderer Finanzinstrumente (Anleihen, Devisen usw.) und sonstiger Dinge (z. B. Rohstoffe). Das wichtigste bei jedem Optionsgeschäft ist sicherlich der *Strike*, der Preis, zu dem der Optionsinhaber das Underlying in Zukunft kaufen oder verkaufen darf. Des weiteren müssen sich Käufer und Stillhalter über die Laufzeit der Option verständigen, auch *Optionsfrist* genannt. Optionen sind also immer zeitlich begrenzt. Die Lebensdauer einer Option bezeichnet man allgemein auch als deren *Laufzeit*. Sie ist gleichbedeutend mit der Zeitspanne gerechnet vom Tag der Ausgabe (Entstehung) bis zur Fälligkeit. An der Laufzeit lässt sich ablesen, wann eine Option letztmalig ausgeübt werden kann. Die Spanne zwischen Emissions- und Fälligkeitstermin wird ganz korrekt als *Gesamtlaufzeit* bezeichnet. Nachdem der Emissionszeitpunkt verstrichen ist, spricht man von der *Restlaufzeit*. Nur am Ausgabetag sind Gesamt- und Restlaufzeit identisch.

Die wichtigsten Ausstattungsmerkmale

- Typ
- Underlying
- Basispreis
- Optionsfrist
- Andienung
- Style
- Bezugsverhältnis

Andienung

Vereinbart werden muss darüber hinaus, ob der Stillhalter im Falle einer Ausübung das Underlying tatsächlich liefert, was man auch als *effektive Andienung* oder physische Lieferung (englisch: *Physical Delivery*) bezeichnet. Dann zahlt der Optionsinhaber 60 Euro (siehe Kasten unten), um im Gegenzug vom Stillhalter eine T-Aktie zu empfangen. Doch statt einer effektiven Andienung könnten sich die Vertragspartner auch für einen *Barausgleich* – englisch: *Cash-Settlement* – entscheiden. Auf einen Austausch des Underlyings wird in diesem Fall verzichtet. Dafür zahlt der Stillhalter quasi ersatzweise die Differenz zwischen aktuellem Aktienkurs und Strike an den Optionsinhaber – vorausgesetzt natürlich, der Aktienkurs liegt über dem Strike. Bei Optionsscheinen ist es inzwischen schon fast zum Normalfall geworden, dass am Ende bar abgerechnet und nicht tatsächlich geliefert wird. Dies liegt zum einen daran, dass die Abwicklung einfacher ist, zum anderen existieren bestimmte Underlyings (z. B. Aktienindizes), die man gar nicht – oder nur unter sehr großem Aufwand – tatsächlich liefern könnte. Festgelegt werden muss darüber hinaus, ob eine Ausübung ausschließlich am Verfalltag möglich ist. In dem Fall liegt eine *europäische Option* vor (»European Style«).

Style

Bei einer *amerikanischen Option* (»American Style«) kann der Inhaber hingegen jederzeit während der Optionsfrist von seinem Recht Gebrauch machen.

Ratio

Schließlich umfassen die Ausstattungsmerkmale noch das Bezugsverhältnis (englisch: *Ratio*). Daran lässt sich ablesen, welche Underlyingmenge mit einer einzigen Option ge- bzw. verkauft werden kann. Manchmal wählt man statt des Bezugsverhältnisses das so genannte *Optionsverhältnis*. Dies entspricht dem Kehrwert des Bezugsverhältnisses. Demnach gibt das Optionsverhältnis an, wie viele einzelne Optionen benötigt werden, um eine Einheit des Underlyings zu beziehen bzw. zu veräußern.

Fassen wir alles noch einmal in einem konkreten Fallbeispiel zusammen.

Wenn wir einen Call kaufen, dann müssen wir 12 Euro dafür bezahlen, haben damit aber das Recht erlangt, jederzeit – letztmalig jedoch am 1.12. – T-Aktien zum Preis von 60 Euro zu kaufen. Aufgrund des Bezugsverhältnisses von 1,0 berechtigt eine Option zum Bezug genau einer Aktie. Machen wir vom Kaufrecht Gebrauch, muss der Schreiber aufgrund des Andienungsmodus (Cash-Settlement) die Aktie nicht tatsächlich liefern, sondern lediglich den Unterschiedsbetrag zwischen Aktienkurs und Basispreis an uns auszahlen. Üben wir die Option zum Beispiel bei einem Aktienkurs von 75 Euro aus, erhalten wir vom Stillhalter einen Betrag von 15 Euro.

Call-Option	
Underlying	T-Aktie
Strike Price	60 Euro
Fälligkeit	1.12.
Ratio	1,0
Andienung	Barausgleich
Ausübung	amerikanisch
Optionspreis:	12 Euro

Dieses Fallbeispiel zeigt, dass ein Barausgleich – insbesondere was die Abwicklung betrifft – um einiges komfortabler ist als eine effektive Andienung. Denn für den Emittenten erübrigt es sich, die Aktie tatsächlich zu liefern. Dies ist in der Praxis durchaus mit einigen Transaktionen verbunden (z. B. Wertpapiere ins Depot des Kunden einbuchen) und verursacht deshalb natürlich entsprechende Kosten. Aber auch der Optionsinhaber erspart sich einigen Aufwand. Er braucht den Basispreis nicht extra zu zahlen. Ein Cash-Settlement bringt also Vorteile für beide Seiten.

Underlyings

Es ist nicht einfach zu sagen, welche Basisgüter bei Optionen überwiegen, denn das hängt ganz davon ab, um welche Art es geht (Traded Options, Warrants usw.), wer die Optionen handelt (Privatleute, Institutionelle) und in welcher Verfassung sich die Finanzmärkte gerade befinden (Hausse, Baisse, hohe oder geringe Volatilitäten usw.). Auf besonders großes Interesse stoßen allgemein *Aktienoptionen* (»Equity Options«), insbesondere solche, die sich auf Blue-Chips beziehen. Dennoch bleibt es insgesamt recht schwierig, pauschal zu sagen, welche Aktien häufiger und welche seltener als Underlying zu finden sind. Denn das ist besonders von der aktuellen Marktverfassung abhängig und davon, was zum Beispiel bei den Anlegern gerade »in Mode« ist. In den Jahren 1999 und 2000 lagen hierzulande Aktien vom Neuen Markt oder von der amerikanischen Wachstumsbörse NASDAQ im Trend. Stark nachgefragt wurden in diesem Zeitraum daher Optionen, die sich auf solche Wachstumswerte beziehen.

Aktienoptionen

Die bedeutendsten Underlyings

- Aktien
- Anleihen
- Indizes
- Baskets
- Währungen
- Zinssätze
- Derivate

Auf der Beliebtheitsskala stehen Aktien ohne Zweifel an der Spitze, doch Optionen beziehen sich auch auf andere Wertpapiere. Am bekanntesten sind wohl *Anleiheoptionen,* auch »Fixed-Income-Optionen« genannt. Nicht jede Anleihe ist als Underlying jedoch gleich gut geeignet. Normalerweise werden lediglich Staatspapiere verwendet, Anleihen anderer Emittenten (z. B. Geschäftsbanken oder Industrieunternehmen) haben so gut wie keine Bedeutung. Dies hat – insbesondere in Deutschland – folgenden Grund: Der Markt für Bankanleihen ist sehr illiquide und Industrieschuldverschreibungen existieren kaum. Das Interesse der Anleger an entsprechenden Optionen ist daher gering. Weitaus beliebter sind Staatsanleihen, insbesondere die der großen Wirtschaftsmächte (USA, Deutschland, Japan, Großbritannien). Unterscheiden lassen sich Anleihen nicht nur durch ihre Herkunft, sondern auch durch ihre Laufzeiten. Da die Kurse bei einer Anleihe prinzipiell umso

Anleiheoptionen

stärker schwanken, je länger deren Laufzeit ist, werden Schuldverschreibungen mit langer Laufzeit bevorzugt. Seltener zu finden sind dagegen Optionen – vor allem Optionsscheine –, die sich zum Beispiel auf Bundesobligationen (Gesamtlaufzeit: 5 Jahre) beziehen. Auf mehr Interesse stoßen »normale« Bundesanleihen (Gesamtlaufzeit: 10 Jahre) oder die in unregelmäßigen Abständen vom Bund herausgegebenen »30-jährigen«. Ein schönes Beispiel ist ein Put-Optionsschein der Deutschen Bank (siehe Abbildung links). Er basiert auf einer 6,50 % Bundesanleihe, die noch bis zum Jahr 2027 läuft.

Underlying	6,50 % Bundesanleihe 97/27
Strike	100,00 Prozent
Ratio	1 Option je 100 Euro nominal
Verfalltermin	04.07.2002
Ausübung	europäisch

Es sind nicht immer Einzelwerte, die einer Option zugrunde liegen. Oft wird ein ganzer Bestand verschiedener Finanzinstrumente verwendet. Man kann unterscheiden zwischen Indizes und Baskets.

Indexoptionen

Konzentrieren wir uns zunächst auf *Indizes* und betrachten als Beispiel den DAX. Er wird von der Deutschen Börse berechnet und gepflegt, einer Institution, bei der man sicher sein kann, dass nicht spezielle Interessengruppen im Vordergrund stehen, sondern Rücksicht auf alle Marktakteure genommen wird – also private und institutionelle Anleger gleichermaßen.

Von der Börse stammen eine ganze Reihe von Indizes, deren Stände ebenso im Internet abrufbar sind wie weitergehende Informationen zur Zusammensetzung, zum Basiszeitpunkt usw. (Adresse: www.exchange.de).

Wir wollen nicht verschweigen, dass es außer Börsen noch andere Institutionen gibt, die Indizes berechnen. Eigene Marktbarometer stellen Zeitungen (z. B. Frankfurter Allgemeine Zeitung) oder Rating-Agenturen (z. B. Standard & Poor's), vor allem aber Banken zur Verfügung.

Am geringsten ist die Gefahr von Manipulationen bei Börsenindizes – oder Indizes, die von einer anderen neutralen Stelle kommen. Solche Indizes haben noch weitere Vorteile: Indexstände werden unter Einhaltung vorher festgelegter Regeln berechnet und sämtliche Daten wie etwa das Konstruktionsprinzip, aktuelle Werte oder historische Volatilitäten laufend zur Verfügung gestellt, und zwar so, dass sie der breiten Öffentlichkeit zugänglich sind. Die Transparenz ist ausgesprochen hoch. Denn veröffentlicht wird nicht ausschließlich in bestimmten Spezialmedien – hierzu zählt beispielshalber der Nachrichtendienst Reuters –, zu denen nur ein begrenzter Kreis (z. B. Banken) Zugang hat, sondern in normalen Zeitungen, Radio- und Fernsehsendungen, im Videotext und insbesondere im Internet. Daher sind Optionen, die sich auf einen Börsenindex beziehen, relativ leicht zu bewerten. Prinzipiell kann sich jedermann die für die Preisstellung notwendigen Daten beschaffen. Ein schönes Beispiel sind die STOXX-Indizes. Unter der Adresse www.stoxx.com stehen im Internet sämtliche Details und umfangreiche historische Datensätze rund um die Indizes zum Abruf bereit.

Es lässt sich nicht eindeutig feststellen, welche Börsenindizes bei Anlegern besonders gefragt sind. Abhängig ist dies – ähnlich wie bei Aktien – von der gegenwärtigen Börsensituation und von bestimmten Trends, die gerade aktuell sind. Doch zu beobachten ist, dass großes Interesse an Indizes besteht, die sich auf Gesamtmärkte und Blue-Chips beziehen. Der DAX gehört ebenso dazu wie Indizes aus der STOXX-Gruppe, etwa der Euro-STOXX 50, der S & P 500 und der Nikkei 225. Dagegen stoßen Branchenindizes im Allgemeinen auf ein geringeres Interesse.

Neben Indizes findet man aber – insbesondere bei Optionsscheinen – auch Körbe (englisch: *Baskets*), die der Emittent nach seinen eigenen Vorstellungen zusammenstellt und als Underlying verwendet. Man nennt derartige Geschäfte *Basket- oder Korboptionen*. Baskets bestehen meistens aus Aktien. Zu einem Korb werden normalerweise nur Aktien zusammengefasst, die bestimmte Gemeinsamkeiten aufweisen, oft ist es dasselbe Herkunftsland oder dieselbe Branche (z. B. Automobil oder Telekommunikation). Doch Körbe lassen sich auch anders bestücken, zum Beispiel mit Aktien, die in der Vergangenheit eine besonders hohe Dividendenrendite zu verzeichnen hatten. Korboptionen geben zum Beispiel Anlegern die Möglichkeit, auf den Trend einer ganzen Gruppe von Aktien zu spekulieren. Im Vergleich zu Indizes sind Baskets allerdings nicht so transparent. Denn den Korb stellt der Emittent selbst zusammen. Er allein bestimmt, welche Aktien darin enthalten sind und welches Gewicht jedes Papier erhält. So kommt es, dass Baskets höchst individuelle Merkmale aufweisen und sich kaum direkt mit anderen Produkten vergleichen lassen. Dies erschwert die Transparenz.

Basketoptionen

Von Nachteil ist auch, dass für Baskets – anders bei Börsenindizes – oft keine Informationen wie aktuelle Werte oder historische Volatilitäten veröffentlicht werden und wenn, dann höchstens in Medien, die dem Normalanleger kaum zugänglich sind. Damit steigt die Gefahr, dass Preise gestellt werden, die sich nicht mehr nachvollziehen lassen. Wer die Kurse selbst mit einem Optionsrechner überprüfen will, muss nicht nur den aktuellen Wert des Baskets eigenhändig bestimmen, sondern auch die Korb-Volatilität. Dies ist eine sehr mühsame Aufgabe, zumal bestimmte Eingabeparameter (z. B. Korrelationen) nur schwierig zu beschaffen sind.

Sonstige Optionen

Aktien und Indizes zählen ohne Zweifel zu den beliebtesten Basisgütern, doch Optionen können sich auch auf andere Finanzinstrumente beziehen. Hierzu gehören in erster Linie Währungen, angeboten werden aber auch Optionen auf Zinssätze oder Derivate. Derartige Produkte bieten die Möglichkeit, auf die zukünftige Entwicklung bestimmter Fremdwährungen, Zinssätze oder Derivatepreise zu spekulieren oder sich gegen die jeweiligen Kursschwankungen abzusichern. Auf Details wollen wir an dieser Stelle jedoch verzichten. Wir werden in den kommenden Kapiteln auf einige dieser Underlyings noch zurückkommen.

Was es mit dem Begriff »Zinsoption« auf sich hat

Zinsoption ist mittlerweile zu einer Sammelbezeichnung für eine Reihe unterschiedlicher Arten geworden. An folgender Übersicht lässt sich erkennen, dass neben Zinssatzoptionen auch Anleihe- und Zinsfuture-Optionen zu dieser Kategorie zählen. Der Begriff Zinsoption soll verdeutlichen, dass die Preise der Underlyings und damit natürlich auch die Optionskurse vom Zinsniveau abhängen. Oft werden Zinssatz-, Anleihe- und Zinsfuture-Optionen deswegen unter der einheitlichen Rubrik »Zinsen« geführt.

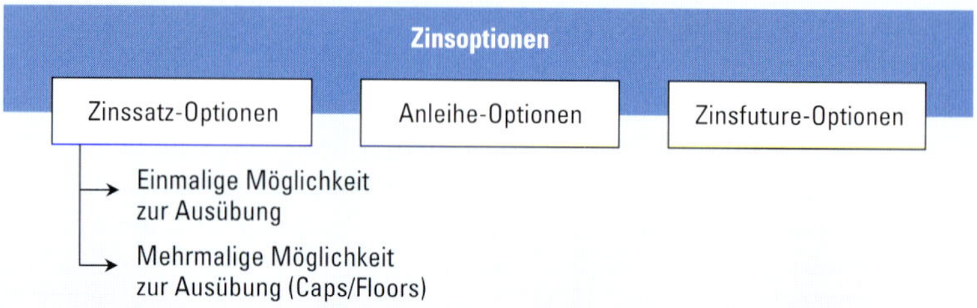

Struktur

Range-Optionen

Herkömmliche Calls und Puts sind nicht für jeden Zweck geeignet. Nehmen wir ein Beispiel: In der Realität kommt es öfter vor, dass sich die Kurse bestimmter Aktien oder anderer Finanzinstrumente eine gewisse Zeit auf mehr oder weniger unverändertem Niveau bewegen, ohne einem Aufwärts- oder Abwärtstrend zu folgen. Man spricht auch von einer *Seitwärtsbewegung*. In solchen Situationen kann man mit dem Kauf gewöhnlicher Calls oder Puts kaum Geld verdienen. Daher wurden spezielle Optionen entwickelt – auch Spezialoptionen genannt –, mit denen man bei stagnierenden Kursen Gewinne erzielt. Ein Beispiel für solch ein Produkt sind *Range-Optionen*. Der Anleger erhält am Ende der Laufzeit eine Rückzahlung, wenn der Kurs zu diesem Zeitpunkt innerhalb einer vorher festgelegten Bandbreite (»Range«) liegt. Bewegt sich der Aktienpreis während der Optionslaufzeit weder stark nach oben noch nach unten, folgt er also einer Seitwärtsbewegung, so bleibt er auch innerhalb der Bandbreite und die Option gewinnt an Wert. Deshalb eignen sich Range-Optionen gut, wenn ein Anleger mit einer Seitwärtsentwicklung rechnet.

Range-Optionen sind längst nicht die einzigen Produkte, die sich von gewöhnlichen Optionen unterscheiden. Es gibt inzwischen eine kaum mehr zu überblickende Vielzahl, mit der man leicht ein ganzes Buch füllen könnte. Mitunter muten derartige Produkte ein wenig eigenartig an. Aus diesem Grund bezeichnet man sie auch als *Exoten*; während normale Calls und Puts auch *Plain-Vanilla*- oder einfach *Vanilla-Optionen* genannt werden.

Für Privatleute haben Exoten kaum eine Bedeutung und sie sind für Normalanleger oft auch nicht zu empfehlen. Dies hat verschiedene Gründe:

- Exoten sind zum Teil so ungewöhnlich – und damit einzigartig –, dass es keine Bewertungsrechner gibt, mit denen jedermann Optionspreise kontrollieren könnte. Dies ist bei gewöhnlichen Calls und Puts grundsätzlich anders: Wie wir im nächsten Kapitel sehen, kann im Grunde jeder Optionspreise nachkalkulieren.
- Die Umsätze der meisten Exoten – im Regelfall exotische Optionsscheine – sind so gering, dass oft gar kein richtiger Börsenhandel zustande kommt. Die Anleger sind deshalb auf den Emittenten und dessen Bereitschaft zum Market-Making angewiesen.
- In vielen Fällen lässt sich nur sehr schwer abschätzen, wie der Wert eines Exoten auf Veränderungen der Preiseinflussfaktoren reagiert.

Häufiger anzutreffen sind exotische Optionen bei institutionellen Marktteilnehmern (z.B. Fondsgesellschaften). Deshalb werden wir an den entsprechenden Stellen noch etwas näher darauf eingehen.

Optionshandel

Optionen werden an unterschiedlichen Plätzen und auf verschiedene Art gehandelt. Die Usancen sind zum Teil verschieden, weil auch die angesprochenen Zielgruppen unterschiedliche Motive haben.

Man trennt Terminbörsenoptionen, so genannte *Traded-Options*, OTC-Optionen und Optionsscheine (auch Warrants genannt). Geschäfte, die zu den beiden erstgenannten Gruppen zählen, werden vorwiegend von institutionellen (»professionellen«) Marktteilnehmern abgeschlosssen. Deshalb sind auch für den Zugang zu diesen Märkten gewisse Voraussetzungen zu erfüllen, wie etwa eine bestimmte Infrastruktur, lizensierte Händler usw.

Zielgruppen

Warrants sind hingegen typische Produkte für Privatanleger und ganz gezielt so ausgestaltet, dass sie zum Beispiel auch für Kleinanleger erschwinglich sind. Sie haben in den letzten Jahren einen regelrechten Boom erlebt und zählen mittlerweile zu den erfolgreichsten Finanzinnovationen in Deutschland.

Wir fassen das Gesagte noch einmal in folgender Übersicht zusammen:

	Traded Options	OTC-Optionen	Warrants
Börsenhandel	Ja (an Terminbörsen)	Nein	Ja (an Wertpapier-/Kassabörsen)
Als Wertpapier verbrieft	Nein	Nein	Ja
Hauptzielgruppe	Institutionelle	Institutionelle	Privatleute

Auf Mathematik kann verzichtet werden

Optionsprämie

Pricing

Black/Scholes

Im ersten Teil haben wir bereits gesehen, dass Optionen nicht kostenlos zu haben sind. Wer das Recht haben möchte, in der Zukunft eine Aktie zu einem heute festgelegten Preis zu kaufen oder zu verkaufen, muss dafür einen Preis – oder besser die *Optionsprämie* – zahlen. Der Schreiber ist an einem hohen, der Käufer natürlich an einem möglichst geringen Optionspreis interessiert. Doch wo liegt der »richtige« – man sagt auch »faire« Wert – für eine Option, der weder dem Käufer noch dem Stillhalter Vor- oder Nachteile verschafft. Diese Frage ist Gegenstand der so genannten Optionspreistheorie. Die Bewertung – englisch *Pricing* – von Optionen hat über Jahrzehnte viele Gelehrte beschäftigt und treibt auch heute noch Wissenschaftler und Praktiker um. Für »normale« Optionen (z. B. Aktien-Calls und-Puts) gibt es inzwischen jedoch akzeptable Bewertungsmodelle, die auch in der Praxis anerkannt sind. Am bekanntesten ist ein vor knapp 30 Jahren von den amerikanischen Professoren Fischer Black und Myron Scholes entwickelter Ansatz zur Bewertung von Optionen. Es handelt sich einfach ausgedrückt um eine Formel, in die man bestimmte Preiseinflussgrößen einsetzt und dann den Preis der Option ausrechnen kann. Den beiden Amerikanern verlieh man dafür – gemeinsam mit ihrem Kollegen Merton – 1997 den Nobelpreis für Wirtschaftswissenschaften. Das Modell von Black/Scholes ist zur bekanntesten und am häufigsten verwendeten Methode zur Optionsbewertung geworden.

Aktienoptionen am populärsten

Der Leser soll in den kommenden Abschnitten erfahren, wie der Black/Scholes-Ansatz funktioniert. Wer die Literatur zu diesem Themenkomplex etwas genauer studiert, wird feststellen, dass die Darstellungen sehr mathematisch angelegt sind und nur nachvollzogen werden können, wenn ein fundiertes analytisches Grundverständnis vorhanden ist. Nach unserer Auffassung ist dies für ein solides Verständnis der Optionsbewertung eigentlich nicht notwendig. Denn die Zusammenhänge, die in vielen Publikationen lediglich in »Formelsprache« wiedergegeben werden, lassen sich verbal mindestens ebenso präzise, vor allem aber verständlicher darstellen. Wichtig erscheint uns, dass der Leser ein Gefühl dafür bekommt, welche Marktfaktoren den Wert einer Option beeinflussen, und das Prinzip versteht, nach dem Black/Scholes vorgehen. Auf mathematische Formeln kann mittlerweile ohnehin verzichtet werden, da es Optionsrechner gibt – sogar kostenlos im Internet – die dem Anleger die aufwändige Rechenprozedur abnehmen. Wir werden darauf später noch ausführlich eingehen. Da Aktienoptionen am populärsten sind, beschränken wir uns im Weiteren darauf. Unsere Erkenntnisse lassen sich grundsätzlich auch auf andere Optionsprodukte übertragen.

Beginnen wollen wir mit der Bewertung von Optionen an ihrem Fälligkeitstag, da dies am einfachsten ist. Außerdem kann man dabei viele Erkenntnisse gewinnen, die für die Bewertung einer Option vor dem Ende der Laufzeit sehr hilfreich sind.

Als Verfalltag – auch bekannt als Fälligkeitstag, Ende der Laufzeit oder Expiration-Day (Kurzform: Expiration) – bezeichnet man denjenigen Termin, an dem eine Option ausläuft, also letztmalig ausgeübt werden kann. Der Wert eines Calls am Ende der Laufzeit wird etwas anders bestimmt als für Puts. Deshalb besprechen wir beide Typen getrennt. Wir beginnen mit Calls und betrachten als Fallbeispiel eine Call-Option (siehe Abbildung).

Expiration

Call-Option	
Underlying	DaimlerChrysler
Strike	60 Euro
Fälligkeit	1.12.

Die Ausübung des Calls lohnt sich nur dann, wenn der Aktienkurs den Basispreis überschreitet. In diesen Fällen entspricht der Wert der Option der Differenz zwischen aktuellem Aktienkurs und Strike. Ein Beispiel: Angenommen, die DaimlerChrysler-Aktie notiert am 1.12. zum Kurs von 70 Euro an der Börse. Was wäre die Option dann wert? Keinesfalls mehr als zehn Euro, denn der Call würde sich dann nicht rentieren. Bei einem Preis von beispielsweise elf Euro zahlen wir für die Aktie insgesamt 71 Euro, verglichen mit dem direkten Kauf an der Börse also genau einen Euro mehr. Hier die Bestätigung: Wir kaufen einen Call für elf Euro, üben die Option aus und kaufen eine DaimlerChrysler-Aktie vom Stillhalter für 60 Euro. Die Gesamtausgaben betragen 71 Euro.

Entscheidend ist: Am Ende der Laufzeit herrscht Sicherheit über den Aktienkurs!

Man kann verstehen, dass niemand bereit wäre, elf Euro für den Call zu zahlen. Doch wie sieht es mit Preisen unter zehn Euro aus? Nehmen wir einmal an, die Option hätte einen Kurs von neun Euro. Zu diesem Preis kaufen wir einen Call, üben diesen aus und beziehen eine DaimlerChrysler-Aktie für 60 Euro. Insgesamt haben wir dann 69 Euro (Basispreis plus Optionsprämie) für eine Aktie ausgegeben und dadurch gegenüber dem direkten Kauf einen Euro gespart. Als Käufer würden wir diesen Preis also durchaus akzeptieren. Doch der Stillhalter hätte Nachteile: Er erzielt beim Verkauf eines Calls neun Euro und erhält vom Optionsinhaber 60 Euro bei Ausübung, zusammen also 69 Euro. Doch um die Aktie liefern zu können, muss er sie an der Börse für 70 Euro kaufen. Der Stillhalter macht einen Verlust von einem Euro. Niemand wäre daher bereit, den Call für neun Euro zu schreiben.

Zehn Euro ist wirklich ein fairer Wert – man sagt auch Fair Value –, weil er weder Käufer noch Stillhalter benachteiligt.

Fair Value

Liegt der Preis der DaimlerChrysler-Aktie am Verfalltag (1.12.) unterhalb des Strike (60 Euro) kann das Papier günstiger direkt an der Börse gekauft werden.

Fazit: Der Wert eines Aktien-Calls hängt am Ende der Laufzeit lediglich von zwei Faktoren ab, vom Aktienkurs und Strike. Hat die Aktie einen Börsenkurs, der über dem Basispreis liegt, hat der Call einen positiven Wert in Höhe der Differenz aus aktuellem Aktienkurs und Basispreis. Sonst beträgt der Optionswert null. Häufig findet man in der Literatur folgende formale Darstellungsweise (»AK« steht als Abkürzung für »aktueller Kurs des Underlyings« und »BP« für »Basispreis«):

$$\text{Call-Preis am Verfalltag} = \text{MAX}\,[0;\ AK - BP]$$

Am Verfalltag entspricht der Call-Kurs dem größeren (»MAX«) der in der Klammer enthaltenen Werte. An einigen Beispielen wollen wir die Formelschreibweise erläutern (siehe Tabelle). Grundlage ist das Fallbeispiel von oben.

Aktienkurs	Wert des Calls
53 Euro	MAX [0; 53 - 60] → 0 Euro
60 Euro	MAX [0; 60 - 60] → 0 Euro
64 Euro	MAX [0; 64 - 60] → 4 Euro

Häufig findet man auch grafische Darstellungen, die den Wert des Calls in Abhängigkeit vom Börsenkurs der Aktie zeigen. Wir haben den Verlauf in der Abbildung unten dargestellt. Da das Bild Ähnlichkeit mit einem Hockey-Schläger aufweist, nennt man es auch *Hockeystick-Diagramm*. Ein Blick auf den Verlauf macht deutlich, dass die Preisuntergrenze – zumindest theoretisch – beliebig weit steigen kann, da auch der Aktienpreis keine obere Begrenzung aufweist.

Die Gewinn- und Verlustdiagramme (siehe erster Teil) haben ebenfalls die Form von Hockeysticks.

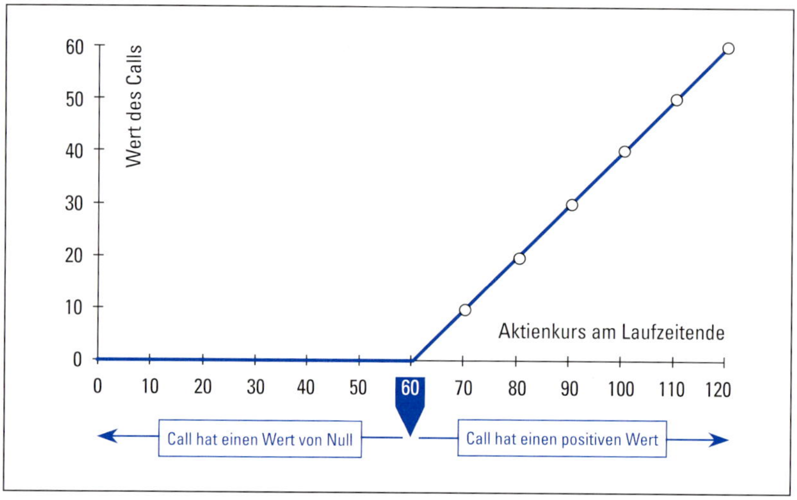

Im Vergleich zu Calls ist die Situation bei Puts umgekehrt: Die Ausübung einer Verkaufsoption lohnt sich nur dann, wenn der Aktienkurs unter dem Strike liegt. Man kann vermuten, dass der Put in diesen Fällen einen positiven Wert besitzt. Überschreitet der Aktienkurs dagegen den Basispreis, ist die Option wertlos. Dazu ein Zahlenbeispiel (siehe Abbildung rechts).

Put-Option	
Underlying	DaimlerChrysler
Strike	60 Euro
Fälligkeit	1.12.

Gehen wir einmal davon aus, dass die Aktie am Verfalltag einen Börsenkurs von 54 Euro hat. Wo liegt dann ihr Fair Value? Er muss auf jeden Fall größer sein als null, denn wenn man die Aktie über die Option verkauft, lässt sich ein höherer Verkaufserlös erzielen als an der Börse. Mit der Option sind die Einnahmen um sechs Euro höher als beim Direktverkauf, also kann man einen Put-Wert von sechs Euro annehmen. Folgende Überlegung bestätigt dies: Verkauft ein Stillhalter eine Option, erhält er sechs Euro. Die Aktie, die der Schreiber vom Optionsinhaber erhält, bringt an der Börse einen Erlös von 54 Euro. Die Gesamterlöse liegen also bei 60 Euro.

Bei einem Preis von sechs Euro macht weder der Stillhalter noch der Optionsinhaber Gewinn oder Verlust. Dieser Kurs ist daher der Fair Value. Formal kann man dies so schreiben:

Putpreis am Verfalltag = Max [0; BP – AK]

Weicht der Preis von diesem Wert ab, kann – je nachdem, in welche Richtung die Abweichung zeigt – entweder der Stillhalter oder Put-Inhaber davon profitieren. Dies muss hier nicht weiter vertieft werden, da die Überlegungen deckungsgleich sind mit denen bei Calls (siehe oben). Wir wollen zum Abschluss noch einen Blick auf das Hockeystick-Diagramm unseres Puts werfen (siehe unten).

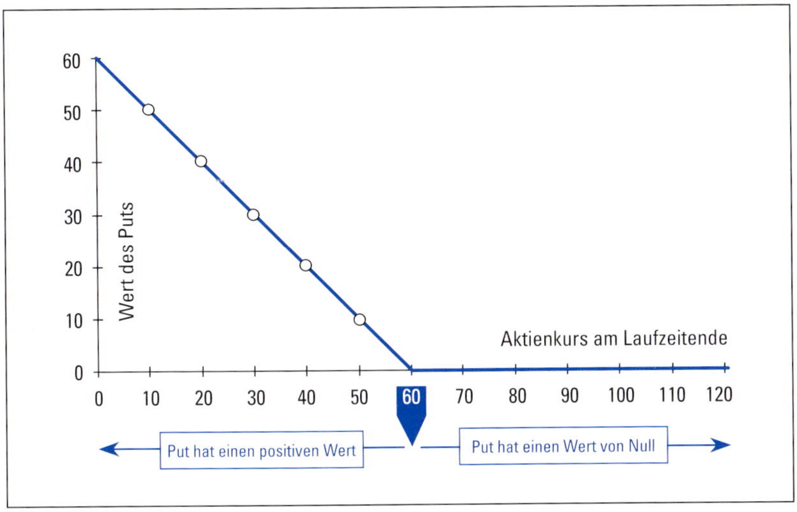

Puts haben einen Höchstwert.

Vergleicht man das Diagramm mit dem des Calls, fällt auf, dass der Putwert eine Höchstgrenze (hier: 60 Euro) nicht überschreiten kann. Begründung: Der Kurs der DaimlerChrysler-Aktie kann allenfalls auf null sinken. Dann hätte der Put seinen größtmöglichen Wert (60 Euro) erreicht.

Fassen wir zusammen: Am Verfalltag hängt der Wert einer Aktienoption lediglich von zwei Einflussfaktoren ab, vom Börsenkurs der Aktie und vom Basispreis (siehe Abbildung unten). Dieses Ergebnis kann man auf andere Optionen übertragen. Bei einer Devisenoption beispielsweise lässt sich der Wert am Ende der Optionsfrist aus Basispreis und aktuellem Devisenkurs ableiten.

	Wert des Calls	Wert des Puts
Aktienkurs > Basispreis	Aktienkurs – Basispreis	Null
Aktienkurs = Basispreis	Null	Null
Aktienkurs < Basispreis	Null	Basispreis – Aktienkurs

Innerer Wert

Den in der Abbildung dargestellten Wert bezeichnet man als Inneren Wert (englisch: *Intrinsic Value*). Er liegt entweder bei null oder er entspricht dem Unterschiedsbetrag zwischen

- aktuellem Aktienkurs und Strike, wenn ein Call betrachtet wird und der Underlying- den Basispreis übertrifft;
- Strike und aktuellem Aktienkurs, vorausgesetzt, es handelt sich um einen Put und der Basispreis liegt über dem Aktienkurs.

Der Innere Wert einer Kaufoption (Verkaufsoption) drückt aus, um wie viel der Aktienkurs den Basispreis überragt (unterschreitet). Daher kann der Innere Wert niemals negativ sein.

Am Ende der Laufzeit lässt sich der Preis einer Option leicht feststellen, da der Aktienkurs mit Sicherheit feststeht. Die Option hat ihren Versicherungscharakter dann verloren. Umso schwieriger ist dagegen die Bewertung vor Erreichen des Verfalltermins. Auf den Preis wirken sich nun neben Basispreis und Aktienkurs noch eine Reihe weiterer Faktoren aus.

Pricing vor Ende der Optionsfrist

Die Bewertung einer Option vor Fälligkeit ist komplizierter. Deshalb wollen wir uns der Lösung schrittweise nähern und zunächst überlegen, ob es einen bestimmten Optionswert gibt, der nicht unterschritten werden kann (»Wertuntergrenze«). Dann werden wir überprüfen, welchen Wert eine Option nicht überschreiten darf (»Wertobergrenze«). Beginnen wir mit einem Call, dessen Ausstattungsmerkmale aus der Tabelle links ersichtlich sind.

Call-Option	
Underlying	Metro
Strike	40 Euro
Laufzeit	6 Monate
Andienung	effektiv
Ausübung	amerikanisch
Aktueller Aktienpreis: 50 Euro	

Da einige Aktienanalysten mit einem Kursanstieg bei Metro-Aktien rechnen, entscheiden wir uns dafür, einen Metro-Call zu kaufen. Für die Option wollen wir natürlich einen möglichst fairen Preis zahlen. Deshalb machen wir uns Gedanken darüber, wo der Mindest- und wo der Höchstpreis liegt, um einen groben Anhaltspunkt zu haben, in welchen Grenzen der Optionswert liegen muss. Beginnen wir mit der Untergrenze. Sie darf nicht kleiner sein als der Innere Wert, denn sonst lassen sich sichere Gewinne erzielen. Dazu eine Beispielrechnung: Beim aktuellen Aktienkurs (50 Euro) beträgt der Innere Wert 10 Euro (50 minus 40). Was passiert, wenn der Callpreis unter diesem Wert liegt, etwa bei 9 Euro? Wir würden die Option kaufen, sie sofort ausüben, den Basispreis (40 Euro) an den Stillhalter zahlen und die Aktie dann zum aktuellen Kurs (50 Euro) an der Börse wieder verkaufen. Gewinn: ein Euro. In der Praxis wird der Profit aufgrund von Transaktionskosten (zum Beispiel Maklercourtage für Kauf an der Börse) zwar geschmälert, wir wollen aus Einfachheitsgründen darauf jedoch verzichten.

Mindestpreis

Erst wenn der Call einen Preis in Höhe des Inneren Wertes hat, sind solche Gewinne ausgeschlossen. Der Mindestpreis liegt demnach bei zehn Euro. Streng genommen entspricht die Preisuntergrenze nicht dem Inneren Wert, sondern dem bis zum Ende der Laufzeit abgezinsten Inneren Wert. Bei einem 6-Monats-Zinssatz von fünf Prozent beträgt die Untergrenze 9,76 Euro. Dies soll jedoch vernachlässigt werden, da es für das Verständnis nebensächlich ist.

Für den Call-Schreiber ist ein möglicher Aktienkursanstieg ein Risiko, für den Optionsinhaber hingegen eine Chance.

Wir wollen nun überlegen, ob es sein kann, dass die Option für zehn Euro gehandelt wird. Zu diesem Preis wird sich niemand bereit erklären, den Call zu schreiben. Denn für den Käufer besteht ja die Chance, dass der Börsenkurs der Metro-Aktie ansteigt – zum Beispiel auf 55 Euro – und damit auch der Innere Wert. Der Stillhalter wird dann Verluste erleiden. Deshalb verlangt er zusätzlich zur Preisuntergrenze eine Prämie für die Chance, dass die Option in Zukunft an Wert hinzugewinnt. Die Prämie kann aber nicht beliebig groß sein, da eine Preisobergrenze existiert. Wir wollen als nächstes herausfinden, wo diese liegt. Da es sich beim Call um das Recht handelt, eine Metro-Aktie kaufen zu dürfen, darf dieses Recht nicht teurer sein als die Aktie selbst. Denn wenn die Option mehr kostet als die Aktie, könnte man gleich die Aktie kaufen. Der Aktienbesitzer ist im Vergleich zum Optionsinhaber nicht im Nachteil, ganz im Gegenteil, er hat sogar einen Vorteil. Sinkt der Börsenkurs unter den Basispreis, z.B. auf 39 Euro, ist die Option am Ende wertlos, der Aktionär besitzt dagegen ein Papier, das immerhin noch einen Wert von 39 Euro besitzt. Wir können festhalten, dass der Wert des Calls die Grenze von 50 Euro nicht überschreiten darf.

Höchstpreis

Preisober- und -untergrenze können in ein gemeinsames Diagramm eingetragen werden (siehe folgende Abbildung). So kann man – abhängig vom Börsenkurs der Aktie – schnell ablesen, in welchem Intervall der Call-Preis jeweils liegen muss. Bei einem Aktienkurs von beispielsweise 50 Euro muss die Optionsprämie zwischen Innerem Wert und Aktienpreis liegen – also zwischen 10 (50 minus 40) und 50 Euro.

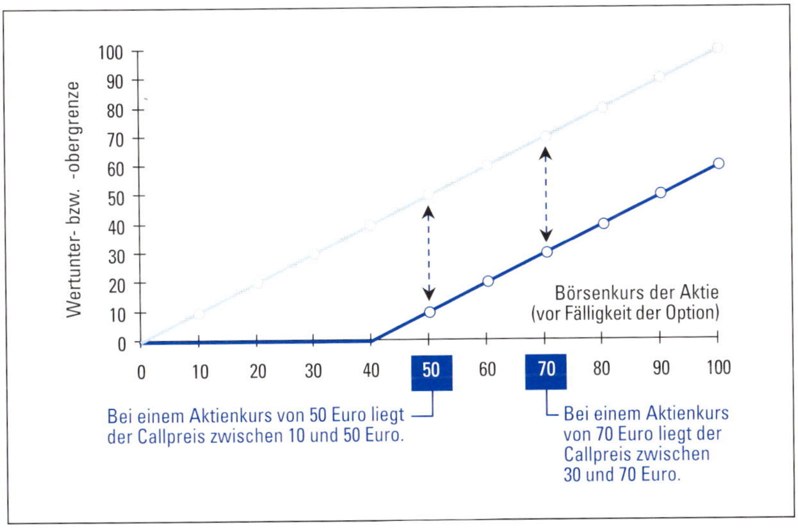

Der Kurs des Calls wird irgendwo zwischen Unter- und Obergrenze liegen. Nehmen wir einmal an, dass die Metro-Aktie an der Börse zum Kurs von 50 Euro gehandelt wird und unser Call einen Preis von 15 Euro hat. Da die Wertuntergrenze (10 Euro) bekannt ist, können wir ausrechnen, dass der

Gesamtpreis um 5 Euro (15 minus 10) über dem Inneren Wert liegt. Die Differenz ist der Preis, den man für die Chance zahlt, dass sich der Wert der Option in der noch verbleibenen Zeit zum Vorteil des Inhabers entwickelt. Deshalb bezeichnet man diesen Preisaufschlag als Zeitprämie (englisch: Time Value), auch bekannt als Aufgeld (»Agio«).

Zeitprämie

Eine Zeitprämie wird nur erhoben, solange die Option noch Gewinnchancen beinhaltet. Dies trifft nur für Optionen zu, deren Ende der Laufzeit noch nicht erreicht ist. Wir können festhalten, dass sich der Gesamtpreis (*Optionsprämie*) vor dem Ende der Laufzeit in zwei Bestandteile zerlegen lässt (siehe unten). Am Verfalltag hat die Option hingegen nur noch einen Inneren Wert.

Für den Schreiber ist die Zeitprämie ein Entgelt für das übernommene Risiko, dass der Aktienkurs ansteigt.

Optionsprämie = Innerer Wert + Zeitprämie

Put-Option	
Underlying	Metro
Strike	40 Euro
Laufzeit	6 Monate
Andienung	effektiv
Ausübung	amerikanisch
Aktueller Aktienkurs: 30 Euro	

Wir wollen jetzt prüfen, ob unsere Ergebnisse auch auf Verkaufsoptionen übertragbar sind. Zur besseren Veranschaulichung betrachten wir wieder eine konkrete Option (siehe Abbildung links).

Sollten die Bewertungsregeln, die wir für Calls gefunden haben, auch für Puts gelten, dann darf der Preis der Verkaufsoption den Inneren Wert nicht unterschreiten. Wir überprüfen dies an einem konkreten Zahlenbeispiel: Nehmen wir an, die Metro-Aktie notiert an der Börse zum Kurs von 30 Euro. Der Put hat dann einen Inneren Wert von:

Mindestpreis

Innerer Wert = Max [0; BP – AK] = Max [0; 40 – 30] = 10 Euro

Dass der Innere Wert die Preisuntergrenze bildet, wird durch folgende Überlegung deutlich: Hat der Put einen geringeren Preis – beispielsweise sieben Euro –, können wir einen sicheren Gewinn erzielen. Wir kaufen sowohl die Option (Ausgabe: 7 Euro) als auch die Metro-Aktie (Ausgabe: 30 Euro) und üben den Put umgehend aus (Einnahme: 40 Euro). Übrig bleibt ein Gewinn von 3 Euro. Transaktionskosten lassen wir dabei unbeachtet.

Ausgeschlossen ist die Erzielung derartiger Gewinne, wenn der Put mindestens zehn Euro kostet. Der Innere Wert bildet also auch hier eine Untergrenze.

Höchstpreis

Ein wenig anders als bei Calls wird die Preisobergrenze bestimmt, denn Verkaufsoptionen werden wertvoller, wenn der Aktienkurs fällt. Er kann jedoch höchstens bis auf einen Wert von null sinken. In diesem Fall weist der Put den denkbar größten Inneren Wert auf (40 Euro). Er entspricht exakt dem Basispreis. Die Preisobergrenze stimmt daher mit dem Strike überein. Ein Put kann niemals einen Wert haben, der darüber liegt (siehe Abbildung nächste Seite).

Notiert die Metro-Aktie zum Betrachtungszeitpunkt etwa zu einem Kurs in Höhe von 22 Euro, muss das Verkaufsrecht also wenigstens 18 Euro und darf nicht mehr als 40 Euro kosten.

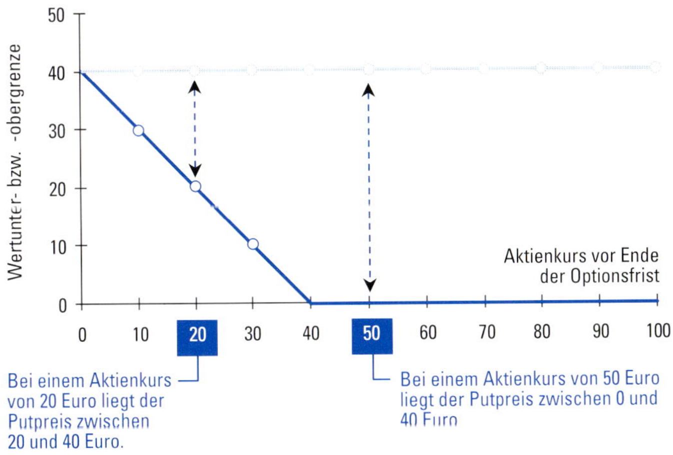

Auch Put-Prämien können (vorausgesetzt, das Ende der Optionsfrist ist noch nicht erreicht) in einen Inneren Wert und die Zeitprämie aufgespalten werden. Nehmen wir an, unser Put hat einen Preis von 22 Euro und die Metro-Aktie einen Börsenkurs von 25 Euro. Der Innere Wert beträgt dann:

Innerer Wert = Max [0; BP – AK] = Max [0; 40 – 25] = 15 Euro

Der gesamte Optionspreis kann nun in seine Einzelkomponenten zerlegt werden:

Optionsprämie	= Innerer Wert	+	Zeitprämie
22 Euro	= 15 Euro	+	Zeitprämie

Zeitprämie = 22 Euro – 15 Euro = 7 Euro

Am Ende der Laufzeit fällt – analog zu Calls – keine Zeitprämie mehr an.

Put kann teurer sein als Aktie.

Auf eine Besonderheit wollen wir noch kurz hinweisen. Wir hatten gesehen, dass ein Call nicht teurer sein kann als die Aktie zum Betrachtungszeitpunkt. Für Puts trifft das nicht zu. Eine Verkaufsoption kann also durchaus einen Wert haben, der den aktuellen Aktienkurs übertrifft. Ein Zahlenbeispiel: Eine Put-Option (Basisgut: Metro-Aktie) besitzt einen Strike von 100 Euro. Die Metro-Aktie hat einen Börsenkurs von 40 Euro. Damit liegt der Innere Wert (»Preisuntergrenze«) bereits bei 60 Euro (100 minus 40), also um 20 Euro über dem Kurs der Aktie.

Optionen und ihr »Zustand«

Mit Optionen, die einen positiven Inneren Wert haben, kann man Aktien günstiger kaufen (bzw. verkaufen) als direkt an der Börse (die Zeitprämie lässt man unbeachtet). Solche Optionen haben einen Zustand, den man »im

in-the-money

Geld« nennt, verwendet wird häufig die englischsprachige Bezeichnung in-the-money. Je mehr der Aktienkurs den Strike überragt (bei Calls) bzw. unterschreitet (bei Puts), umso weiter liegt die Option im Geld. Bei Optionen mit hohem Inneren Wert spricht man daher auch von Optionen, die tief oder weit im Geld sind, englisch: deep-in-the-money.

at-the-money

Optionen können auch »am Geld« notieren (englisch: at-the-money). In diesem Falle entspricht der Aktienkurs zum Betrachtungszeitpunkt dem Strike und die Option hat gerade keinen positiven Inneren Wert mehr. Eigentlich befindet sich eine Option nur dann at-the-money, wenn Aktienkurs und Basispreis wirklich genau identisch sind. Ein Call mit einem Strike von 50 Euro notiert demzufolge at-the-money, wenn die Aktie einen Börsenkurs von exakt 50 Euro hat. Doch solche lupenreinen At-the-money-Optionen trifft man natürlich nur selten. Deshalb wird der Begriff in der Praxis nicht ganz so eng ausgelegt. Auch wenn der Aktienkurs noch leicht nach oben oder unten abweicht, beschreibt man ihren Zustand als at-the-money.

out-of–the-money

Schließlich kann der Aktienkurs den Basispreis eines Calls auch unterschreiten, sodass die Option aus dem Geld (englisch: out-of-the-money) notiert. Ein Put liegt aus dem Geld, wenn der Basispreis überschritten wird. Analog zu Deep-in-the-money-Optionen existieren natürlich auch Calls und Puts, die sich sehr weit aus dem Geld befinden können (deep-out-of-the-money).

Optionen können also sehr unterschiedliche Zustände annehmen. Um das Gesagte noch einmal zu verdeutlichen, haben wir folgendes Zahlenbeispiel gewählt. Das Tableau in der Abbildung beinhaltet fünf europäische Aktien-Calls (Restlaufzeit: 6 Monate), die sich lediglich durch ihre Basispreise voneinander unterscheiden, sonst jedoch identisch ausgestattet sind. Den Optionen liegt dieselbe Aktie zugrunde, die zum Betrachtungszeitpunkt einen Börsenkurs von 70 Euro hat. Ein Hinweis sollte beachtet werden: Allein am Optionspreis kann man den Zustand einer Option noch nicht ablesen. Erforderlich sind zusätzlich Angaben sowohl über den Basispreis als auch den aktuellen Börsenkurs der Aktie.

Moneyness

Im Kapitel über Optionskennzahlen werden wir zeigen, dass man den Optionszustand auch messen und mit Hilfe einer Zahl – der so genannten *Moneyness* – zum Ausdruck bringen kann. Soviel vorweg: Je höher die Moneyness, um so weiter notiert eine Option im Geld. Umgekehrt erkennt man an relativ kleinen Werten Optionen, die out-of-the-money notieren.

Strike	Callprämie	Innerer Wert	Zeitprämie	Zustand
20 Euro	51 Euro	50 Euro	1 Euro	deep-in-the-money
60 Euro	14 Euro	10 Euro	4 Euro	in-the-money
70 Euro	8 Euro	0 Euro	8 Euro	at-the-money
80 Euro	3 Euro	0 Euro	3 Euro	out-of-the-money
140 Euro	0,50 Euro	0 Euro	0,50 Euro	deep-out-of-the-money

Die Preiseinflussgrößen – und wie man sie im Internet abrufen kann

Ein Überblick

Am einfachsten zu berechnen ist der *Innere Wert*, weil man dafür lediglich Aktienkurs und Basispreis miteinander vergleichen muss. Viel schwieriger zu kalkulieren ist dagegen die *Zeitprämie*. Sie wird von einer Reihe zusätzlicher Faktoren geprägt. Wir haben sämtliche Werteinflussfaktoren in nebenstehender Abbildung aufgelistet. Jede dieser Größen und deren Einfluss auf den Optionswert werden wir nun der Reihe nach besprechen.

Preiseinflussgrößen

- Aktienkurs, Strike, Dividende
- Zinsniveau
- Optionslaufzeit
- Ausübungsmodalität
- Volatilität

Wer Optionen selbst bewerten möchte, braucht dafür eine Menge Daten. Damit der Preis, den man auf Basis dieser Daten berechnet, auch aussagekräftig ist, müssen einige Grundregeln beachtet werden. Da sich die Situation auf den Finanzmärkten zum Teil innerhalb kürzester Zeit stark verändern kann, hat es keinen Sinn, mit veralteten Informationen zu arbeiten. Für Pricingzwecke müssen nicht nur aktuelle Daten beschafft werden. Wichtig ist auch, dass die benötigten Werte wie Aktienkurs, Zinssatz oder Volatilität in etwa zur selben Zeit abgerufen werden und keine allzu großen Zeitunterschiede auftreten.

Datenanforderungen

Auf herkömmlichen Wegen – zum Beispiel mit einer Zeitung – lässt sich dies nicht mehr bewerkstelligen. Das einzige Medium, dass den Anforderungen gerecht wird, und zu dem fast jeder mühelos Zugang hat, ist das Internet. Zwar existieren noch andere Quellen (zum Beispiel der Videotext), die sehr aktuelle Informationen liefern. In der Regel ist das Spektrum an abrufbaren Daten jedoch sehr begrenzt. So kann man über den Videotext für viele Aktien zum Beispiel keine historischen oder impliziten Volatilitäten abrufen. Das Internet lässt dagegen keinen Wunsch offen. Selbst Daten, die früher nur bestimmten Kreisen (insbesondere Banken und anderen Finanzdienstleistern) vorbehalten waren, können mittlerweile von jedermann dort abgerufen werden. Die benötigten Informationen lassen sich an mehreren verschiedenen Stellen abrufen. Man sollte darauf achten, seine Daten aus einer zuverlässigen und interessenfreien Quelle zu beziehen. Am sichersten ist es, wenn Daten von namhaften Institutionen verwendet werden, zum Beispiel, Börsen, Wirtschaftszeitungen mit Internet-Auftritt oder Banken. Es sollte aber darauf geachtet werden, dass man sich nicht gerade bei der Bank informiert, von der auch die Option stammt, die bewertet werden soll. Denn das wäre etwa so, als würde man den Wert eines Gebrauchtwagens ausgerechnet von dem Händler einschätzen lassen, der ihn zum Kauf anbietet. Wer sich direkt beim Herausgeber nach Zinssätzen und Aktienkursen erkundigt und anschließend damit die Option bewertet, darf sich nicht wundern, wenn er genau auf den Kurs des Emittenten kommt. Für Pricing-Zwecke besser geeignet sind Daten, die aus einer objektiven Quelle stammen. Zu empfehlen sind beispielsweise Daten von der Deutschen Börse oder der Bundesbank. Es können durchaus auch die Daten einer anderen Geschäftsbank sein.

Datenabruf im Internet

Objektive Datenquellen

Daten mit Qualitätsunterschieden

Die Daten, die man beschafft, haben zum Teil große Qualitätsunterschiede. Abhängig ist dies vom Underlying. Für bekannte Basiswerte (zum Beispiel die im DAX vertretenen Aktien) kann man im Regelfall genügend Angaben über Kurse oder Volatilitäten aus der Vergangenheit erhalten. Schwieriger wird es jedoch bei unbekannten Underlyings, die nur selten gehandelt werden und von denen deswegen nur wenige und bisweilen relativ alte Daten vorliegen. Optionen, die sich auf derartige Instrumente beziehen, sind der Gefahr von Fehlbewertungen besonders stark ausgesetzt. Dies gilt zum Beispiel auch, wenn Aktien von Unternehmen zugrunde liegen, die noch nicht lange an der Börse notiert werden. In diesem Fall existieren oft zuwenig Daten, um zum Beispiel die Schwankungsbreite der Kurse einigermaßen zuverlässig einschätzen zu können.

Die Ausstattungsmerkmale

Stammdaten

Die für die Bewertung richtigen Daten kann man im Internet nur finden, wenn zuvor die Ausstattungsmerkmale vollständig zusammengetragen werden. Auch hierbei leistet das Internet wertvolle Dienste. Hier ein konkretes Beispiel, auf das wir uns im Weiteren beziehen wollen: Bewertet werden soll ein Optionsschein von der Citibank (WKN 752 276), dem die Telekom-Aktie zugrunde liegt. Welche konkrete Ausstattung der Optionsschein hat, lässt sich im Internet abrufen. Sehr umfangreich und übersichtlich gestaltet ist die Seite von OnVista (www.onvista.de). Nachdem er auf der Homepage die Rubrik »Optionsscheine« angeklickt hat, kann der Anleger die WKN eingeben und die für die Bewertung entscheidenden Merkmale (»Stammdaten«) zum Call erscheinen (siehe Abbildung nächste Seite). Wir werden auf die Stammdaten im Verlaufe der nächsten Abschnitte immer wieder zurückkommen. Als Bewertungstag dient der 27. März 2000.

Die Ausstattung eines Optionsscheins können Anleger meistens auch direkt beim Emittenten in Erfahrung bringen. Viele Banken stellen die so ge-

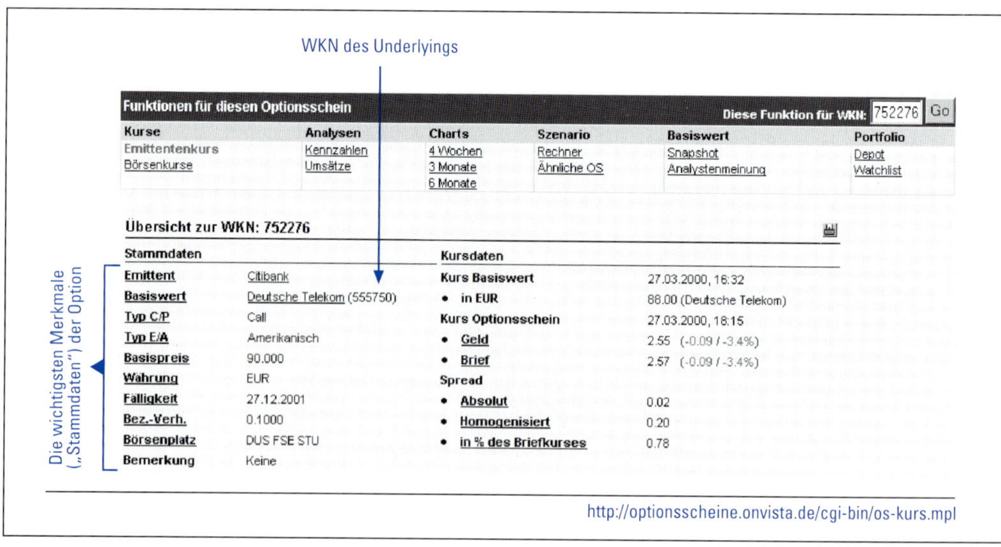

nannten Optionsbedingungen (diese umfassen auch die Ausstattungsmerkmale) zum Download im Internet bereit. Wir kommen hierauf noch ausführlicher im Kapitel »Optionsscheine« zurück.

Aktienkurs, Strike und Dividenden

Aufgrund unserer Überlegungen zur Preisunter- und -obergrenze ist bereits bekannt, dass Calls einen umso größeren Wert besitzen, je höher der aktuelle Aktienkurs notiert. Bei Puts ist es umgekehrt: je geringer der Börsenkurs der Aktie, umso höher der Optionspreis. Statt vom aktuellen Aktienkurs können wir auch vom Strike ausgehen. Ein Call ist dann umso teurer, je geringer der Basispreis ist, während für Puts das Gegenteil gilt.

Zeitnahe Kurse

Angaben über aktuelle Aktienkurse lassen sich auf unzähligen Internet-Seiten abrufen. Viele Banken und andere Dienstleister stellen Kurse noch mit einiger Zeitverzögerung ins Netz. Häufig werden die Preise im Abstand von zehn oder zwanzig Minuten aktualisiert. Inzwischen gibt es jedoch eine Reihe von Anbietern, die den Anlegern in deutlich kürzeren Zeitintervallen Werte zur Verfügung stellen. Einige geben sogar kostenlos *Realtime-Kurse* ab.

Doch man sollte den Begriff Realtime nicht allzu wörtlich nehmen. Denn er bedeutet bei genauer Übersetzung »zeitgleich« und diese Anforderungen können die meisten so genannten Realtime-Kurse gegenwärtig nicht erfüllen. In dem Moment, in dem ein Aktienkurs im Internet erscheint, ist er meist schon einige Sekunden oder gar Minuten alt. Da sich die Preise in aller Regel innerhalb kurzer Zeit jedoch nicht gravierend verändern, haben sie durchaus die Qualität, die für eine Optionsbewertung erforderlich ist.

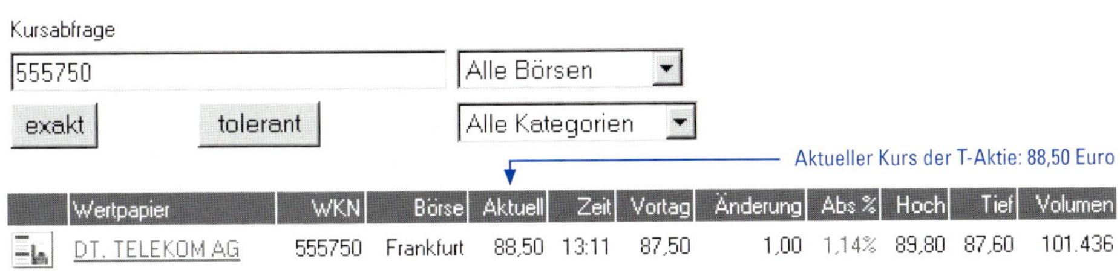

www.maxblue.de

Dividendenabschlag

Erhöht eine Aktiengesellschaft ihre Dividendenzahlungen, äußert sich dies auch durch Wertveränderungen bei Optionen. Denn der Aktienkurs sinkt unmittelbar nach einer Dividendenzahlung entsprechend. Aufgrund dieses als *Dividendenabschlag* bezeichneten Effekts verlieren Calls, während Puts an Wert gewinnen. Da man die Dividendenhöhe im Allgemeinen schon weit vor der Hauptversammlung kennt, ist der Abschlag im Preis der Option – sofern ihre Laufzeit über den Dividendentermin reicht – bereits berücksichtigt, man sagt auch »eingepreist«. Auswirkungen haben plötzliche Dividendenänderungen oder die Ankündigung von Sonderdividenden (wie etwa im Jahre 1998 bei DaimlerChrysler). Anleger sollten beim Kauf von Aktien-Warrants die Dividendentermine im Auge haben. Bei bevorstehenden Divi-

Dividendenschutz

dendenzahlungen wirken Calls wegen des bereits berücksichtigten Abschlags oftmals nur auf den ersten Blick preiswert. Es gibt jedoch Optionen, die mit einem so genannten *Dividendenschutz* ausgestattet sind. Unmittelbar nach erfolgter Ausschüttung wird der Basispreis um die Dividendenhöhe reduziert (bei Calls). Dividendengeschützte Warrants kommen sehr selten vor. Dafür ist diese Ausstattungsvariante bei Terminbörsen- und OTC-Optionen häufiger anzutreffen.

Für die Wertberechnung einer Aktienoption sind Angaben über die Höhe der Dividendenzahlungen erforderlich, die während der Laufzeit der Option anfallen. Da es sich um Zukunftsdaten handelt, sind derlei Größen ähnlich schwierig zu schätzen wie die Volatilität. Doch im Internet lassen sich Prognosewerte abrufen, zum Beispiel bei der Deutschen Bank (siehe Abbildung). Hier finden wir eine Dividendenrendite von 1,14 Prozent, die auf einer Dividendenschätzung basiert. Diesen Wert können wir in den Optionsrechner eingeben, den wir später vorstellen werden.

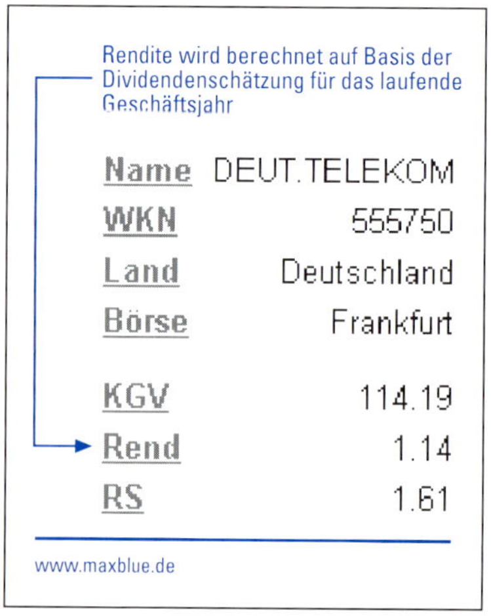

Bezugsverhältnis

Auf den Wert einer Option hat auch das Bezugsverhältnis maßgeblichen Einfluss. Je größer das Bezugsverhältnis, umso höher ist der Wert einer Option. Unser Beispiel-Call (siehe Abschnitt »Ausstattungsmerkmale«) hat ein Bezugsverhältnis von 0,1. Mit einer Option kann daher lediglich ein Zehntel einer T-Aktie bezogen werden. Deshalb beträgt der Preis dieser Option auch nur ein Zehntel des Preises eines T-Aktien-Calls, der zum Bezug einer ganzen Aktie berechtigt.

Zinsniveau

Viele wissen gar nicht, dass auch das aktuelle Zinsniveau Einfluss auf den Optionswert ausübt – und das sogar in mehrfacher Hinsicht. Wir wollen uns einmal in die Lage eines Call-Schreibers versetzen: Er übernimmt die Pflicht, eine bestimmte Aktie zu einem vorab festgelegten Preis (*Strike*) zu liefern. Da er im Voraus nicht wissen kann, ob die Option in Zukunft in Anspruch genommen wird, muss sich der Stillhalter auf eine Ausübung vorbereiten. Er wird seine Lieferpflicht auf jeden Fall erfüllen können, wenn er die Aktie rechtzeitig – also bei Entstehung der Option – kauft und bis zum Verfalltermin hält. Doch mit dem Aktienkauf bindet der Stillhalter Kapital, das er nicht anderweitig verzinslich anlegen kann. Die entgangenen Erträge versucht er natürlich zurückzugewinnen, indem er die Optionsprämie entsprechend erhöht. Daher steigen im Allgemeinen die Callpreise, wenn das Zinsniveau ansteigt.

Kapitalbindung

Aus der Sicht des Stillhalters ist diese Argumentation schlüssig. Doch wird auch der Call-Käufer bereit sein, eine höhere Prämie zu zahlen? Da der Käufer sicher sein kann, am Ende der Laufzeit schlimmstenfalls einen Preis in Höhe des Strikes zu zahlen, kann er einen Aktienkauf getrost in die Zukunft verschieben. Er muss sein Kapital nicht jetzt schon für Aktien ausgeben und kann seine finanziellen Mittel bis zum Verfalltermin verzinslich anlegen. Die Erträge, die er erzielt, sind umso größer, je höher das Zinsniveau ist. Daher erklärt er sich durchaus bereit, einen höheren Call-Preis zu akzeptieren.

Nun wollen wir sehen, welcher Zusammenhang zwischen Zinsänderungen und Putpreisen herrscht. Mit dem Erhalt der Putprämie verpflichtet sich der Stillhalter, die Aktie am Verfalltag zum Basispreis abzunehmen. Er wird die Aktien ohne Schwierigkeiten ankaufen können, wenn er bereits jetzt Geld für den Ausübungsfall zurücklegt. Nehmen wir als Beispiel einen Put mit einer Laufzeit von einem Jahr (Strike: 189 Euro). Um am Ende der Laufzeit seine Zahlungsverpflichtung zu erfüllen, muss der Stillhalter heute nicht den vollen Betrag von 189 Euro beiseite legen. Ein geringerer Betrag reicht aus, da das Geld ja für ein Jahr investiert werden kann. Der Schreiber muss deshalb lediglich soviel Kapital anlegen, dass er nach einem Jahr – inklusive Zinsen – den geforderten Betrag auszahlen kann. Nehmen wir an, man könnte zu einem Zinssatz von 5 % p.a. Kapital anlegen. Dann genügt es, 180 Euro zu investieren, denn mit den Zinsen (5 Prozent von 180 Euro = 9 Euro) stehen die nach einem Jahr unter Umständen geforderten 189 Euro zur Verfügung.

Bei einem höheren Zinssatz von beispielsweise 8 % werden natürlich mehr Erträge erwirtschaftet, sodass der Stillhalter weniger Kapital anlegen muss. Erforderlich sind nun nicht mehr 180, sondern lediglich 175 Euro, um nach einem Jahr einen Betrag in Höhe von 189 Euro zu erreichen.

Inverser Zusammenhang

Zwischen Anlagebetrag und Zinssatz herrscht ein inverser Zusammenhang: Je höher (niedriger) das Zinsniveau ist, desto geringer (höher) der notwendige Kapitalbetrag. Deshalb sinkt der Preis eines Aktienputs mit steigenden Zinsen und umgekehrt.

Geklärt werden muss noch, ob auch ein Put-Käufer diesen Zusammenhang billigt. Mit dem Optionskauf verschafft sich der Käufer die Gewissheit, künftig für eine Aktie auf keinen Fall weniger als den Basispreis zu erhalten. Daher kann ein möglicher Aktienverkauf ruhig in die Zukunft verschoben werden. Damit nimmt der Optionsinhaber allerdings auch in Kauf, dass das im Falle einer sofortigen Aktienveräußerung zufließende Geld erst später zur Verfügung steht. Er verzichtet also auf Zinserträge. Und dieser Verzicht wiegt umso schwerer, je höher das Zinsniveau liegt. Aus verständlichen Gründen verliert ein Verkaufsrecht bei hohen Zinsen an Attraktivität. Umgekehrt ist die Lage, wenn die Zinsen verhältnismäßig niedrig sind, da der Verzicht auf Zinserträge dann nicht so stark ins Gewicht fällt. Der Put-Käufer wird also Verständnis für die Argumentation des Stillhalters haben, den Optionspreis der jeweiligen Zinssituation wie geschildert anzupassen.

Zinsen haben doppelten Einfluss.

Die Wirkung von Zinsänderungen auf Warrant-Preise ist verglichen mit den anderen Einflussgrößen im Allgemeinen gering. Bemerkenswert ist, dass sich Veränderungen des Zinsniveaus auf Optionspreise in zweifacher Weise auswirken. Denn im Regelfall beeinflusst eine Zinsänderung auch die Aktienkurse und damit indirekt die Optionspreise. Steigen die Zinsen, gewinnen verzinsliche Anlageformen (z. B. Bundesanleihen) an Attraktivität, Aktien verlieren an Reiz. Das führt im Regelfall zu einem Rückgang der Aktiennachfrage und damit zu sinkenden Kursen. Bei sinkenden Zinsen ist es genau umgekehrt.

Es ist gar nicht so einfach, Angaben über das aktuelle Zinsniveau zu machen, denn in der Praxis gibt es keinen einheitlichen Zinssatz, den man für jeden Zweck verwenden könnte. Abhängig ist der Satz von der Laufzeit und von der Bonität des Emittenten. Betrachten wir zunächst die Laufzeit: Sie sollte in etwa übereinstimmen mit der Restlaufzeit der Option – in unserem Fallbeispiel folglich gut 21 Monate. Nun zur Bonität: Unser Optionsschein stammt von der Citibank. Emittent ist also ein Kreditinstitut. Deshalb sollte man Zinssätze für Bankpapiere (zum Beispiel Bankschuldverschreibungen) verwenden. Auf der Internet-Seite der Dresdner-Bank werden wir fündig (www.mis.dresdner-bank.de). Dort sind die aktuellen Zinsen (»Renditen«) für Bankschuldverschreibungen abrufbar. Man findet im Normalfall jedoch lediglich Sätze für so genannte »glatte« Laufzeiten, gebrochene Laufzeiten – etwa der von uns benötigte Satz für gut 21 Monate (ca. 1,8 Jahre) – werden dort nicht gestellt. Wir sind gezwungen, den Satz selber zu berechnen, indem wir ihn – wie es in der Fachsprache heißt – »interpolieren«. Das Verfahren ist recht einfach: Beträgt der Zins für ein Jahr zum Beispiel vier und der für zwei Jahre fünf Prozent, dann wird angenommen, dass der Satz für anderthalb Jahre genau dazwischen liegt (4,5 Prozent). Nach diesem Prinzip lässt sich auch ein Zinssatz für eine Laufzeit von einem Jahr und acht Monaten berechnen (siehe Schaubild).

Interpolation

Beim Emittenten des Optionsscheins (Citibank) handelt es sich um eine Bank. Daher verwenden wir zur Bewertung nicht die Renditen für Bundesanleihen, sondern diejenigen für Bankanleihen.

RENDITEN	INHABER PFE/KO	SSD BUND/ LAENDER
1 YEAR	4.37 - 4.36	4.32 - 4.31
2 YEARS	4.75 - 4.74	4.70 - 4.69

Wir legen bei der Bewertung die Geld-Seite (= Ankaufsrenditen) zugrunde.

Differenz zwischen 1- und 2-jährigem Zinssatz wird gleichmäßig verteilt.

$$\frac{4{,}75 - 4{,}37}{12} = 0{,}0317$$

Betrag, um den der Zinssatz für jeden zusätzlichen Monat Laufzeit ansteigt.

Zinssatz für eine Laufzeit von 1 Jahr und 8 Monaten = 4,37% + 8 x 0,0317% = 4,62%

Laufzeit

In der Praxis haben Optionen die unterschiedlichsten Laufzeiten. Man trifft auf Produkte mit extrem kurzer Restlaufzeit (einige Tage) und solche mit langen Optionsfristen (mehrere Jahre). Um herauszufinden, welcher Zusammenhang zwischen Laufzeit und Optionswert herrscht, müssen wir darüber nachdenken, wie sich die Zeitspanne bis zum Verfalltag auf die Chancensituation auswirkt. Je weiter der Verfalltermin in der Zukunft liegt, umso höher ist die Wahrscheinlichkeit, dass sich der Aktienkurs weit vom Basispreis entfernt. Deshalb ist bei länger laufenden Optionen die Chance auf einen hohen Inneren Wert am Ende größer als bei »Kurzläufern«. Dies trifft für Calls genauso zu wie für Puts. Bei einer längeren Laufzeit erhöhen sich deshalb sowohl der Wert von Calls als auch der von Puts.

Über Restlaufzeitveränderung herrscht Sicherheit.

Die Restlaufzeit ist übrigens der einzige Einflussfaktor, dessen künftige Veränderung man mit Sicherheit schon vorher kennt. Eine Option die – von heute an gerechnet – in genau einem Jahr verfällt, hat morgen garantiert eine Laufzeit von nur noch 364 Tagen. Auch wenn alle übrigen Werteinflussgrößen wie Aktienkurs, Zinsniveau oder Volatilität unverändert blieben, verliert ein Warrant allein aufgrund der Restlaufzeitverkürzung an Zeitwert. Allerdings sind diese Verluste nicht gleichmäßig, sondern am Anfang der Laufzeit geringer als ganz zum Schluss. Je näher der Verfalltermin rückt, umso schneller verliert die Option an Wert. Dazu ein Beispiel: Ein DAX-Call (aktueller DAX-Stand: 7000, Strike: 7000, Restlaufzeit: 1 Monat, DAX-Vola: 30 Prozent) verliert allein aufgrund der Laufzeitverkürzung um einen Tag fast 1,7 Prozent von seinem Wert. Ein Call mit zweijähriger Restlaufzeit verliert – unter sonst gleichen Bedingungen – lediglich 0,07 Prozent.

Der Schein trügt

Optionen mit längerer Restlaufzeit weisen generell keine höheren Gewinnchancen auf als Scheine mit kürzerer Laufzeit. Denn die vermeintlich höheren Chancen bei länger laufenden Warrants muss der Anleger mit einer höheren Prämie – und damit verbunden mit einem höheren Verlustrisiko – bezahlen. Die Restlaufzeit wird bei der Kalkulation der Optionsprämie mitberücksichtigt.

Ausübungsmodalität

Die Frage, ob eine Option lediglich am Ende der Laufzeit oder jederzeit ausgeübt werden kann, darf bei der Bewertung nicht vernachlässigt werden. Die Möglichkeit, eine Option während ihrer Laufzeit permanent in Anspruch nehmen zu können, ist ein zusätzliches Recht und deshalb auch extra zu vergüten. Generell sind amerikanische Optionen daher teurer als europäische. Ein Beispiel: Ein amerikanischer DAX-Put (Laufzeit: 1 Jahr, Volatilität: 30 Prozent), der at-the-money notiert, ist rund zweieinhalb Prozent teurer als sein europäisches Pendant.

Volatilität

Erfahrene Optionsanleger schenken der so genannten Volatilität die höchste Aufmerksamkeit, denn sie übt den stärksten Einfluss auf den Zeitwert aus.

Risiko

Wir haben uns im Aktienteil bereits damit beschäftigt. Daher wollen wir hier nicht weiter darauf eingehen. Die Volatilität verkörpert sowohl Verlustgefahren als auch Gewinnchancen – oder allgemeiner: Risiko. Je höher die Volatilität, umso stärker sind die Kursausschläge. Das wiederum heißt, dass die Kurse weit über und unter ihrem Erwartungswert liegen. Man kann die Volatilität auch als Geschwindigkeit auffassen, mit der sich die Aktienkurse verändern.

Liegt einer Option eine sehr volatile Aktie zugrunde, ist die Wahrscheinlichkeit groß, dass sich der Kurs weit vom Strike entfernt. Deshalb sind Optionen – gleich, ob Calls oder Puts – umso teurer, je volatiler die zugrunde liegende Aktie ist. Ein Call etwa, der sich auf Aktie A bezieht (Strike: 40 Euro) ist – unter der Voraussetzung, dass die Aktienkurse in Zukunft im gleichen Intervall schwanken wie in der Vergangenheit – am Ende der Laufzeit höchstens 2 Euro wert. Tauscht man A gegen Aktie B aus, verändert sich die Situation. Da die Aktie deutlich volatiler ist und die Kurse sogar bis auf 46 Euro steigen können, sind auch die Gewinnchancen bei der Option besser. Deshalb hätte sie jetzt einen höheren Preis.

Historische Volatilität

Verglichen mit den übrigen Preiseinflussgrößen ist die Volatilität – besser: die zukünftige Volatilität – nicht direkt ablesbar. Man kann allenfalls versuchen, ihren zukünftigen Wert zu schätzen. Eine Möglichkeit besteht darin, die auf Basis von Vergangenheitsdaten berechnete Volatilität (»historische Volatilität«) zu verwenden. Diese Kennziffer kann man über den so genannten Java Trader im Internet bei mehreren Banken schnell finden, etwa der Deutschen Bank (maxblue) oder comdirect. Der Java Trader ist ein Finanztool, mit dessen Hilfe für nahezu jedes Finanzinstrument vor allem Charts und Kennziffern abrufbar sind.

Die historische Vola (Berechnungsbasis sind die Kurse der zurückliegenden 24 Monate) beträgt 73,5%

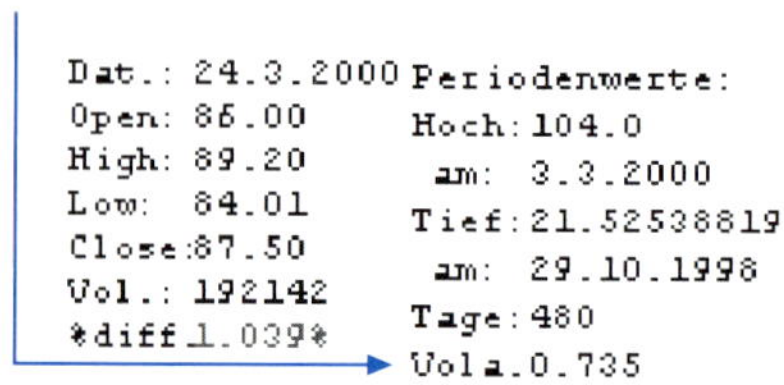

www.maxblue.de

Es genügt, wenn man die WKN der Aktie (555 750) oder den Namen der Gesellschaft (Deutsche Telekom) in das dafür vorgesehene Feld eingibt und anschließend den Button »Suchen« betätigt. Die Daten zur Aktie werden dann geladen und auf dem Bildschirm erscheinen neben einem Kurschart auch mehrere verschiedene Kennziffern, unter anderem die historische Volatilität. Der Anwender hat die Möglichkeit, die Länge des Betrachtungszeitraums selbst festzulegen. Dazu betätigt er in der Kopfleiste den Menüpunkt »Darstellung« und aktiviert den Button »Zeitraum einstellen«. Man sollte eine Zeitspanne wählen, die in etwa mit der noch verbleibenden Restlaufzeit der Option übereinstimmt. Da unser Call noch knapp zwei Jahre besteht, haben wir 24 Monate eingestellt.

Einfluss der Preisfaktoren im Überblick

Wir haben die Ergebnisse in einer Übersicht noch einmal zusammengefasst (siehe nebenstehende Abbildung). Man erkennt, dass einige Faktoren auf Calls einen genau entgegengesetzten Werteinfluss haben wie auf Puts, während die Änderungen anderer Parameter auf beide Optionsarten die gleiche Wirkung haben.

Faktor		Callpreis	Putpreis
Aktienkurs	↑ ↓	↑ ↓	↓ ↑
Strike	↑ ↓	↓ ↑	↑ ↓
Dividende	↑ ↓	↓ ↑	↑ ↓
Zinssatz	↑ ↓	↑ ↓	↓ ↑
Optionsfrist	↑ ↓	↑ ↓	↑ ↓
Volatilität	↑ ↓	↑ ↓	↑ ↓

In der Realität kann man beobachten, dass sich oft mehrere Risikofaktoren gleichzeitig ändern und die Effekte sich daher überlagern. Steigen die Zinsen und geht gleichzeitig die Volatilität zurück, verstärken sich die Wirkungen. Ein Put würde einen entsprechend hohen Wertverlust verzeichnen. Passieren kann es aber auch, dass sich die Effekte gegenseitig zumindest teilweise aufheben. Ein Aktienkursanstieg gepaart mit einem Rückgang der Volatilität kann im Extremfall völlig gegenläufige Effekte haben und letztendlich dazu führen, dass sich der Wert einer Call-Option gar nicht ändert.

Effekte können sich verstärken, aber auch gegenseitig kompensieren.

Es ist im Allgemeinen schwierig abzuschätzen, wie sich Veränderungen verschiedener Einflussfaktoren auf den Optionswert auswirken. Doch es gibt Abhilfe: Im Internet sind so genannte Szenario-Rechner abrufbar, mit deren Hilfe sich so was bewerkstelligen lässt. Sie sind so konzipiert, dass mehrere Werteinflussgrößen gleichzeitig variierbar sind. Der Rechner zeigt anschließend den neuen Optionspreis an. Wir gehen auf Szenario-Analysen im Abschnitt über Optionsscheine noch etwas ausführlicher ein.

Der Verlauf der Optionsprämie

Bis jetzt wissen wir, zwischen welcher Preisober- und -untergrenze der tatsächliche Optionswert liegen muss und welche Faktoren Einfluss auf den Wert ausüben. Wir wollen jetzt überlegen, wie groß die Zeitprämie sein muss. Einen Teil unserer späteren Ergebnisse nehmen wir schon vorweg: Die Zeitprämie hängt maßgeblich vom »Zustand« der Option ab, also davon, wie weit der aktuelle Börsenkurs der Aktie vom Strike entfernt liegt. Wir werden sehen, dass die Zeitprämie am höchsten ist, wenn eine Option at-the-money notiert.

Optionszustand und Zeitprämie

Doch nun Schritt für Schritt. Fassen wir noch einmal zusammen, woraus sich der Gesamtpreis einer Option zusammensetzt: Er besteht aus zwei Bestandteilen, dem Inneren Wert und der Zeitprämie. Out-of-the-money- und At-the-money-Optionen haben einen Inneren Wert von null, Optionen, die im Geld notieren dagegen einen positiven Inneren Wert. Wir wollen nun der Frage nachgehen, wie die Höhe der Zeitprämie vom Zustand der Option abhängt.

Die Zeitprämie ist ein Entgelt für die Chance, dass eine Option an Innerem Wert hinzugewinnt. Je höher diese Chance, umso größer ist auch die Prämie dafür. Wie hängt also diese Chance mit dem Optionszustand zusammen? Dazu betrachten wir den Call-Optionsschein, den wir bereits im Abschnitt »Ausstattungsmerkmale« vorgestellt haben. Zur Erinnerung sind die wichtigsten Merkmale in nebenstehender Tabelle nochmals zusammengefasst worden.

Call-Option	
Underlying	T-Aktie
Strike	90 Euro
Fälligkeit	27.12.2001
Ausübung	amerikanisch

Notiert die T-Aktie unterhalb des Strike (»out-of-the-money«), beispielsweise bei 70 Euro, so muss der Aktienkurs um mehr als 20 Euro steigen, damit die Option am Verfalltag einen Wert hat. Betrachten wir im Vergleich dazu den At-the-money-Fall: Strike und aktueller Aktienkurs stimmen überein. Aus diesem Grund reicht bereits ein geringer Aktienpreisanstieg aus, damit der Call an Innerem Wert hinzugewinnt. Die Chancenprämie muss deshalb größer sein als im Out-of-the-money-Zustand.
Wenden wir uns schließlich dem Fall zu, in dem der Aktienpreis über dem Strike liegt. Auch hier genügt schon ein weiterer kleiner Kursanstieg – etwa von 120 auf 121 Euro –, damit der Call an Innerem Wert hinzugewinnt. Dennoch ist die Zeitprämie hier deutlich geringer als in der At-the-money-Situa-

Gewinne können auf unterschiedliche Weise entstehen

Eine Option muss nicht unbedingt »ins Geld laufen«, um Gewinn zu bringen. Ein Anleger kann auch von starken Kursbewegungen profitieren, ohne dass der Basispreis erreicht wird. Voraussetzung ist natürlich, dass der Schein nicht bis zum Verfalltermin gehalten wird.

tion. Sie ist ungefähr so hoch wie beim Out-of-the-money-Fall. Wie lässt sich das erklären?

Innerer Wert wird mitbezahlt.

Wir kaufen den Call in einer Situation, in der die T-Aktie an der Börse zum Kurs von 120 Euro notiert. Da der Innere Wert relativ hoch ist (30 Euro) und wir diesen hohen Wert mitbezahlen müssen, ist der Optionspreis insgesamt hoch. Zwar gewinnen wir an Innerem Wert dazu, wenn der Aktienkurs weiter steigt. Doch gleichzeitig laufen wir Gefahr, den mitbezahlten Inneren Wert verlieren zu können. Man braucht sich nur vorzustellen, was passiert, wenn der Kurs der Aktie sinkt (zum Beispiel auf 90 Euro). Dann hätte der Call am Ende einen Inneren Wert von null.

Im At-the-money-Fall existiert eine derartige Gefahr nicht, da die Option aufgrund des geringeren Aktienkurses (90 Euro) keinen Inneren Wert besitzt, der zum Kaufzeitpunkt mitbezahlt werden muss und später wieder verloren gehen kann. Wir haben also die Chance, an Innerem Wert zu gewinnen, ohne mit der Gefahr zu leben, bezahlten Inneren Wert zu verlieren. Daher ist die Zeitprämie höher.

Ein Risiko, Inneren Wert zu verlieren, ist im Out-of-the money-Fall zwar ebenfalls nicht vorhanden. Doch dafür ist die Chance, an Innerem Wert zu gewinnen, erheblich geringer. Denn der Aktienkurs muss kräftig steigen, bis der Basispreis erreicht ist. Aus diesem Grund ist die Zeitprämie hier kleiner.

Wir können unsere Ergebnisse nun grafisch darstellen (siehe Abbildung auf der folgenden Seite). Zum besseren Verständnis haben wir die Preisuntergrenze mit eingezeichnet.

Was wir oben bereits verbal erläutert haben, lässt sich in der Grafik gut erkennen. Nehmen wir als Ausgangspunkt den Deep-out-of-the-money-Bereich. Je weiter sich der aktuelle Aktienkurs auf den Strike zu bewegt, umso größer wird die Zeitprämie, bis sie schließlich ihr Maximum bei einem Aktienpreis von 90 Euro erreicht. Von da an nimmt sie ab, während der Innere Wert gleichmäßig steigt.

Die Optionspreisformel von Black/Scholes

Preisberechnung im Internet

Zwar kennen wir jetzt die Preiseinflussgrößen und wir wissen auch, wie sich Veränderungen der einzelnen Faktoren auf den Optionswert auswirken. Doch das reicht noch nicht, um den Kurs auf Mark und Pfennig genau bestimmen zu können. Wir müssen noch wissen, wie man die Einflussfaktoren miteinander verknüpfen muss, oder anders gesagt fehlt uns die Formel, in die man die Werte für die Preisfaktoren einsetzen und dann den Optionspreis ausrechnen kann. Eine solche Formel haben – wir erwähnten es zu Beginn dieses Kapitels – die Amerikaner Black und Scholes entwickelt. Auf die

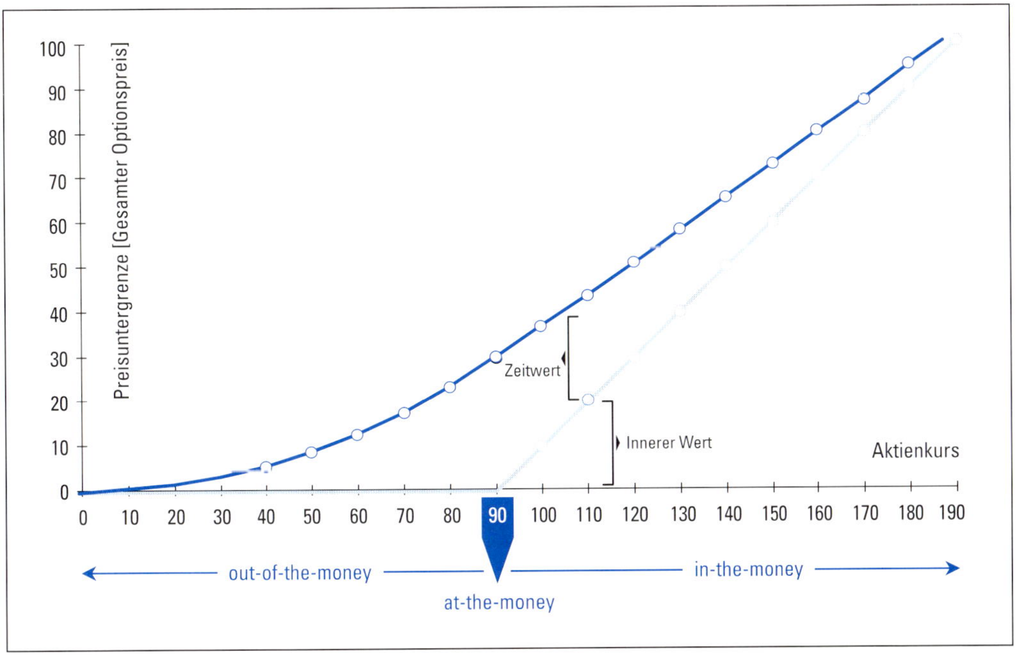

Prämienverlauf im Internet

Am grafischen Verlauf kann man sehr gut erkennen, welcher Zusammenhang zwischen Optionsprämie, Wertuntergrenze und Options-Zustand herrscht. Aber es ist sehr aufwändig, derartige Abbildungen selbst anzufertigen. Das ist mittlerweile auch gar nicht mehr erforderlich, da man solche Grafiken im Internet abrufen kann, zum Beispiel bei der Comdirect-Bank unter www.comdirect.de.

Herleitung verzichten wir. Ebenso ersparen wir uns den Abdruck der Formel, denn inzwischen werden Optionsrechner angeboten, und deshalb muss man die mathematische Struktur der Formel nicht kennen. Der Anwender ist lediglich gezwungen, die Werte für die Preisfaktoren zu beschaffen und einzugeben (siehe nächster Abschnitt).

Dennoch sollte jeder Optionsanleger wissen, auf welchem Prinzip die Formel von Black/Scholes basiert.

Unter bestimmten Voraussetzungen, auf die wir hier aber nicht näher eingehen, lässt sich die (geschätzte) Volatilität in Wahrscheinlichkeiten umwandeln. An der »Vola« kann man also ablesen, wie groß die Wahrscheinlichkeit ist, dass zum Beispiel die T-Aktie in einem Jahr zum Börsenkurs von 100 Euro, 105 Euro oder irgendeinem höheren oder niedrigeren Kurs notiert.

Kurs der Aktie B in einem Jahr	Wahrscheinlichkeit
60 Euro	10 %
80 Euro	20 %
100 Euro	40 %
120 Euro	20 %
140 Euro	10 %

Nehmen wir zur Veranschaulichung zwei Aktien A und B. Der Kurs von A soll in einem Jahr mit einer Wahrscheinlichkeit von 30 % bei 80 Euro, mit 40 % bei 100 Euro und schließlich mit einer Wahrscheinlichkeit von 30 % bei 120 Euro liegen. Aktie B hat eine etwas andere Verteilung (siehe Tabelle rechts).

Damit deutlich wird, wie die Wahrscheinlichkeiten mit der Volatilität zusammenhängen, haben wir die Aktienkurse und ihre Wahrscheinlichkeiten – getrennt für A und B – grafisch dargestellt (siehe Abbildung). Man kann erkennen, dass die Schwankungsbreite der Aktienkurse bei B stärker ausgeprägt ist als bei A.

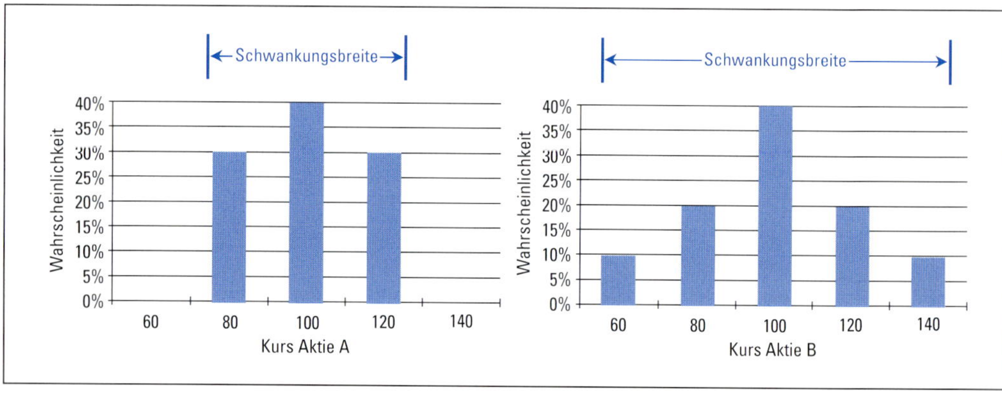

Aus den Verteilungen der Aktienkurse kann man nun herleiten, mit welcher Wahrscheinlichkeit ein bestimmter Innerer Wert am Ende der Laufzeit auftritt. Am Fall einer Call-Option wollen wir das einmal demonstrieren (siehe Tableau links).

Call-Option	
Underlying	Aktie A
Strike Price	100 Euro
Laufzeit	1 Jahr
Andienung	Barausgleich
Ausübung	amerikanisch

Innerer Wert	Wahrscheinlichkeit
0 Euro	70 %
20 Euro	30 %

Am Verfalltag hat der Call nur dann einen Wert (Inneren Wert), wenn der Kurs der A-Aktie den Basispreis überschreitet. In 30 Prozent aller Fälle notiert A zum Kurs von 80 Euro, in 40 Prozent der Fälle hat die Aktie einen Kurs von 100 Euro. Das bedeutet, dass die Option in 70 von 100 Fällen am Ende der Laufzeit wertlos verfällt. Mit 30-prozentiger Wahrscheinlichkeit notiert A in einem Jahr zum Kurs von 120 Euro. Dann besitzt der Call einen Wert von 20 Euro. Für die Optionswerte erhalten wir deshalb die Wahrscheinlichkeiten links in der Tabelle.

Nun stellt sich folgende Frage: Welchen Wert darf ein Finanzprodukt haben, das in 70 Prozent der Fälle wertlos ausläuft und in den restlichen 30 Prozent einen Rückfluss von 20 Euro einbringt? Angemessen wäre ein Preis, der dem gewogenen Durchschnittswert entspricht (siehe folgende Rechnung).

Gewogener Kursdurchschnitt:

$$\frac{70 \times 0 \text{ Euro} + 30 \times 20 \text{ Euro}}{100} = 6 \text{ Euro}$$

Warum sind 6 Euro ein fairer Preis? Angenommen, wir würden hundertmal nacheinander die Option kaufen und jedes Mal 6 Euro dafür bezahlen. Insgesamt hätten wir dann 600 Euro investiert. In siebzig Fällen wäre unser Kapitaleinsatz verloren, in dreißig Fällen fließen jeweils 20 Euro an uns zurück, insgesamt also 600 Euro. Wir hätten im Ganzen betrachtet weder Gewinn

Fairer Optionspreis

noch Verlust erzielt. Als Käufer können wir den Optionspreis deshalb durchaus akzeptieren. Doch ist der Wert auch für den Stillhalter akzeptabel? Für einhundert verkaufte Optionen erzielt er einen Erlös von zusammen 600 Euro. In siebzig Fällen verfällt das Kaufrecht wertlos – der Stillhalter wird nicht in Anspruch genommen. Dagegen ist er in 30 Prozent aller Fälle zu einer Auszahlung von 20 Euro verpflichtet – 30 Zahlungen à 20 Euro machen insgesamt 600 Euro. Genau wie der Käufer gibt der Stillhalter letztlich so viel wieder aus, wie er eingenommen hat. Es entsteht weder Gewinn noch Verlust. Da die Zahlung erst in einem Jahr erfolgt, muss man sie noch abzinsen oder anders gesagt: wir müssen den Barwert bestimmen. Angenommen der Zinssatz für ein Jahr lautet 10 %, dann beträgt der Wert der Option 5,45 Euro (6 geteilt durch 1,1).

Damit man sieht, wie die Volatilität den Optionspreis beeinflusst, tauschen wir bei unserer Kaufoption nun Aktie A gegen B aus. Damit ändert sich die Situation, wie in nebenstehender Tabelle gezeigt wird.

Kurs der Aktie B in einem Jahr	Innerer Wert des Call	Wahrscheinlichkeit
60 Euro	0 Euro	10 %
80 Euro	0 Euro	20 %
100 Euro	0 Euro	40 %
120 Euro	20 Euro	20 %
140 Euro	40 Euro	10 %

Die Wahrscheinlichkeit, dass die Option in einem Jahr wertlos verfällt, liegt weiterhin bei 70 %. Im Vergleich zur Aktie A besteht nun allerdings die Chance, dass Kurse von 140 Euro erreicht werden. In zehn von hundert Fällen ist der Call am Verfalltag 40 Euro wert, in zwanzig Fällen fließen 20 Euro an den Inhaber zurück. Der Durchschnittswert liegt deshalb bei 8 Euro (siehe folgende Rechnung). Die höhere Volatilität führt zu einem um 2 Euro höheren Optionspreis.

Gewogener Kursdurchschnitt:

$$\frac{70 \times 0 \text{ Euro} + 20 \times 20 \text{ Euro} + 10 \times 40 \text{ Euro}}{100} = 8 \text{ Euro}$$

Der Barwert beträgt bei einem Zinssatz von 10 % genau 7,27 Euro (8 geteilt durch 1,1).

Damit haben wir grob beschrieben, auf welchem Prinzip die Methode von Black und Scholes basiert. In vielerlei Hinsicht sind die Fallbeispiele stark vereinfacht. So ist etwa die Wahrscheinlichkeitsverteilung in der Realität erheblich feiner abgestuft.

An unseren Fallbeispielen können wir jedoch erkennen, dass sich der Wert einer Option im Wesentlichen auf die Merkmale des Underlyings zurückführen lässt, insbesondere dessen Preis und Volatilität. Deshalb zählt man Optionen – wie wir im ersten Teil schon erwähnten – zu den derivativen Finanzinstrumenten (kurz: Derivate).

Optionspreise im Internet berechnen

Pricer

Daten allein reichen zur Bewertung natürlich noch nicht aus. Den gesuchten Optionswert erhält man erst, wenn die Daten in die Preisformel eingegeben werden. Dies kann der Anleger, wenn er will, selbst per Hand machen – was zeitaufwändig und mühsam ist – oder indem er einen *Optionsrechner* verwendet. Einen derartigen »Pricer« kann man kaufen, auf seinem Computer installieren und dann für Bewertungszwecke einsetzen. Möglich ist es aber auch, einen Pricer im Internet abzurufen. Zur Kalkulation von Optionspreisen werden im Internet auf zahlreichen Seiten Rechner kostenlos angeboten.

Der berechnete Optionspreis ist höher als der tatsächliche, da die historische Vola höher ist als die implizite.

Wir haben uns für einen Rechner von Sal. Oppenheim entschieden (www.oppenheim.de). Die einzelnen Finanzdaten, die wir zur Bewertung des Call-Optionsscheins in den vorangegangenen Abschnitten gesammelt haben, geben wir nun in den Rechner ein (siehe unten). Es ergibt sich ein Optionswert von 3,37 Euro. Ausgegeben wird nicht nur der Preis für die Option, sondern ebenfalls Kennziffern wie Delta, Theta oder Vega, auf die wir später noch zu sprechen kommen. Dies ist allerdings nicht bei jedem Optionsrechner der Fall. Bei einigen kann lediglich der Optionswert ausgerechnet werden, nicht jedoch derartige Kennzahlen.

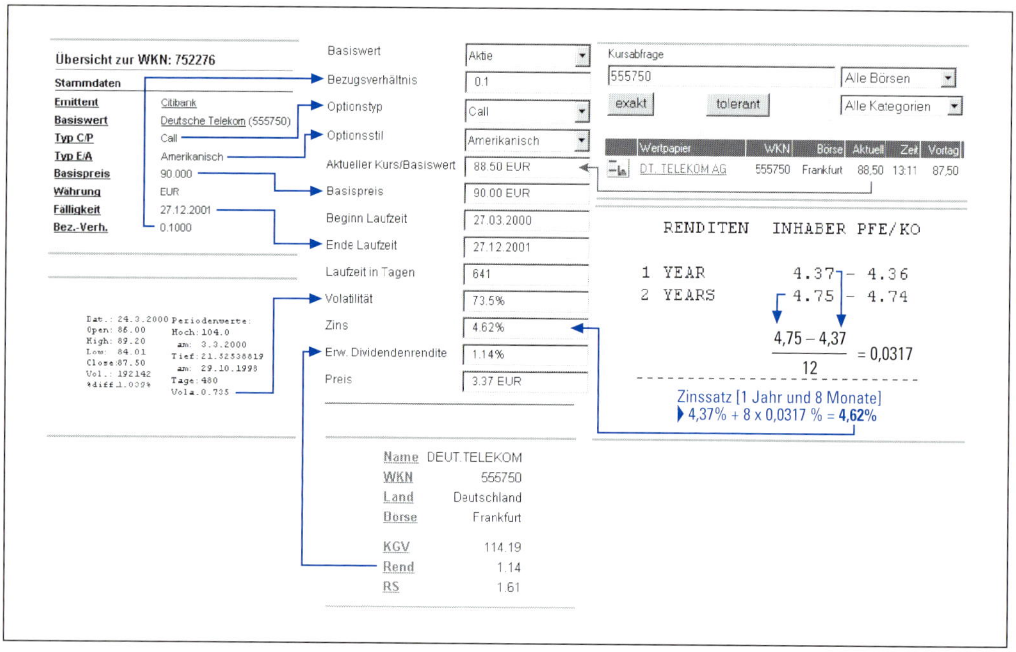

Zukünftige Volatilität am schwierigsten zu schätzen

Der Wert einer Option hängt sehr stark von der Volatilität der zugrunde liegenden Aktie ab – und zwar von der Volatilität in der Zukunft. So weit so gut. Das Problem aber ist, dass sich die zukünftigen Kursschwankungen nicht exakt vorherbestimmen lassen. Denn wer könnte schon mit Sicherheit sagen, was in Zukunft passiert? Deswegen ist der Wert einer Option eigentlich gar nicht präzise berechenbar.

Vergangenheitsdaten als Schätzgrundlage

Wenn man die *zukünftige Volatilität* nicht kennt, muss man den Wert schätzen. Dies kann auf vielerlei Art geschehen. Eine in der Praxis weit verbreitete Vorgehensweise ist die Orientierung an Vergangenheitsdaten. Man errechnet aus historischen Kursen eine Volatilität und verwendet die Zahl als Wert für die Zukunft. Diesem Ansatz liegt die Annahme zugrunde, dass sich die vergangene Entwicklung in der Zukunft wiederholt. Wird die Volatilität auf diese Weise berechnet, nennt man sie auch *historische Volatilität.*

Historische Volatilität

Doch es ist nicht ganz so einfach, aus Vergangenheitsdaten einen verlässlichen Schätzwert zu ermitteln. Die wichtigtste Frage lautet, wie weit man in die Vergangenheit zurückgehen muss, damit die Schätzung gut genug ist. Unklar bleibt auch, ob man die historischen Kurse unter Umständen gewichten muss. Jüngere Daten könnten zum Beispiel ein höheres Gewicht erhalten als ältere mit der Begründung, dass Werte aus der jüngeren Vergangenheit die Zukunft besser beschreiben als ältere. Diese Argumentation klingt zwar einleuchtend, doch die Kurse entwickeln sich in der Realität nicht stringent nach diesem Muster. Es ist – zumindest bis zum heutigen Zeitpunkt – noch keine ideale Lösung gefunden worden, wie man die zukünftige Volatilität am sichersten schätzen kann.

Trotz aller Kritik an Vergangenheitsdaten ist es aber nicht von der Hand zu weisen, dass diese ein Indikator für die Schwankungsintensität sind. Nehmen wir als Beispiel zwei Aktien X und Y. Die eine Aktie (X) hatte in der Vergangenheit heftige Kursschwankungen, bei Y dagegen verliefen die Bewegungen sehr ruhig. Es lässt sich kaum bestreiten, dass die Kurse von X auch in Zukunft wahrscheinlich heftiger schwanken werden als die von Y.

Dass Optionshändler in der Praxis dennoch Werte verwenden, die von denen der Vergangenheit abweichen, hat oft ganz plausible Gründe. Werden zum Beispiel Neuigkeiten über Unternehmen verbreitet, die darauf schließen lassen, dass deren Aktienkurse in Zukunft anders schwanken könnten, werden die historischen Volatilitäten entsprechend korrigiert.

Implizite Volatilitäten im Internet

Historische Daten sind nicht die einzige Alternative, um einen Eindruck davon zu gewinnen, wie Aktienkurse (oder Devisenkurse und Zinssätze) in Zukunft schwanken könnten. Eine andere Möglichkeit ist die Verwendung von Optionspreisen, die in der Praxis tatsächlich zustande gekommen sind. Durch entsprechende Rechenschritte lässt sich herausfinden, auf welchen Volatilitäten diese Preise beruhen. Bildlich gesprochen setzt man die Formel von Black/Scholes mit dem Optionspreis gleich und löst die Gleichung dann nach der Volatilität auf. Dies ist möglich, da die übrigen Preiseinflussfaktoren wie aktueller Aktienkurs, Zinsniveau oder Restlaufzeit ja unzweifelhaft feststehen.

Optionspreise

Volatilität unterliegt subjektiven Einflüssen

Man kann sich leicht vorstellen, wie sehr Annahmen über die zukünftige Volatilität von denjenigen abhängen, die die Annahmen letztlich treffen. Die Volatilität ist der einzige Preiseinflussfaktor, der sich nahezu willkürlich festlegen lässt. Deshalb ist es prinzipiell auch kein Problem, für eine Option fast jeden beliebigen Preis zu setzen. Denn rechtfertigen kann man hohe oder niedrige Preise dadurch, dass man die passende Annahme über die zukünftige Volatilität zugrunde legt. Wir werden später noch sehen, dass die Volatilität ein nützliches Instrument ist, wenn zum Beispiel ein Optionshändler gewisse Kurse erzwingen will oder Argumente benötigt, um eine bestimmte Preisstellung zu rechtfertigen.

Ganz so willkürlich, wie es den Anschein haben könnte, kann eine Volatilität jedoch nicht festgelegt werden. Die Annahmen der einzelnen Marktakteure liegen häufig ziemlich dicht beieinander. Entfernt man sich zu sehr von der Meinung der anderen, kann dies unangenehme Folgen haben. Ein Beispiel: Eine Bank, die DAX-Optionsscheine emittiert und in den Ausgabepreis eine Volatilität von 70 Prozent einrechnet, wird kaum Verkaufserfolge mit ihren Produkten haben, wenn andere Anbieter lediglich mit 30 Prozent rechnen und DAX-Optionen deswegen dort viel preiswerter sind.

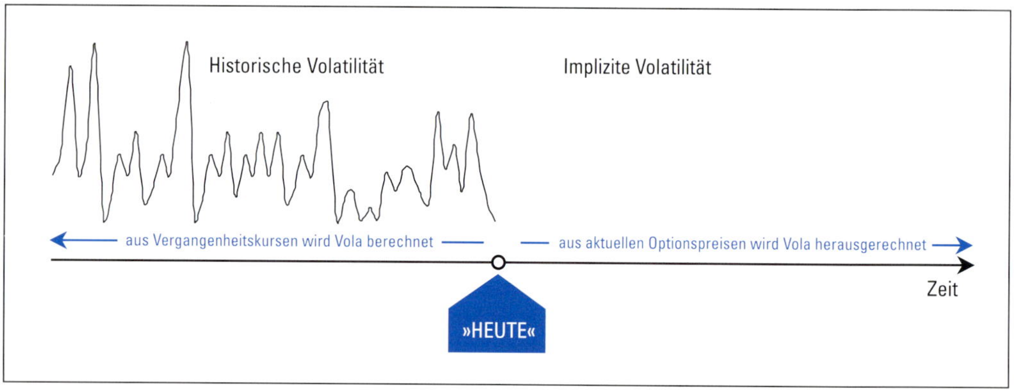

Optionsrechner verwenden

Diese Rechnungen müssen nicht mühsam per Hand durchgeführt werden, da viele Optionsrechner – wie etwa der Rechner der Deutschen Bank (siehe Abbildung nächste Seite) – eine entsprechende Funktion besitzen. Man gibt sämtliche preisbestimmenden Faktoren – außer der Volatilität – sowie die Optionsprämie ein und lässt dann die Volatilität suchen. Als Ergebnis erhält man diejenige Volatilität, die von den Marktteilnehmern beim Geschäftsabschluss zugrunde gelegt wurde. Da sie gewissermaßen im Optionspreis enthalten oder »inbegriffen« ist – fachmännisch »implizit« –, nennt man sie implizite Volatilität. Anders ausgedrückt: Die implizite Volatilität ist exakt die Volatilität, die man in den Optionspreisrechner eingeben muss, damit als Ergebnis ein Wert herauskommt, der genau dem aktuellen Optionspreis entspricht.

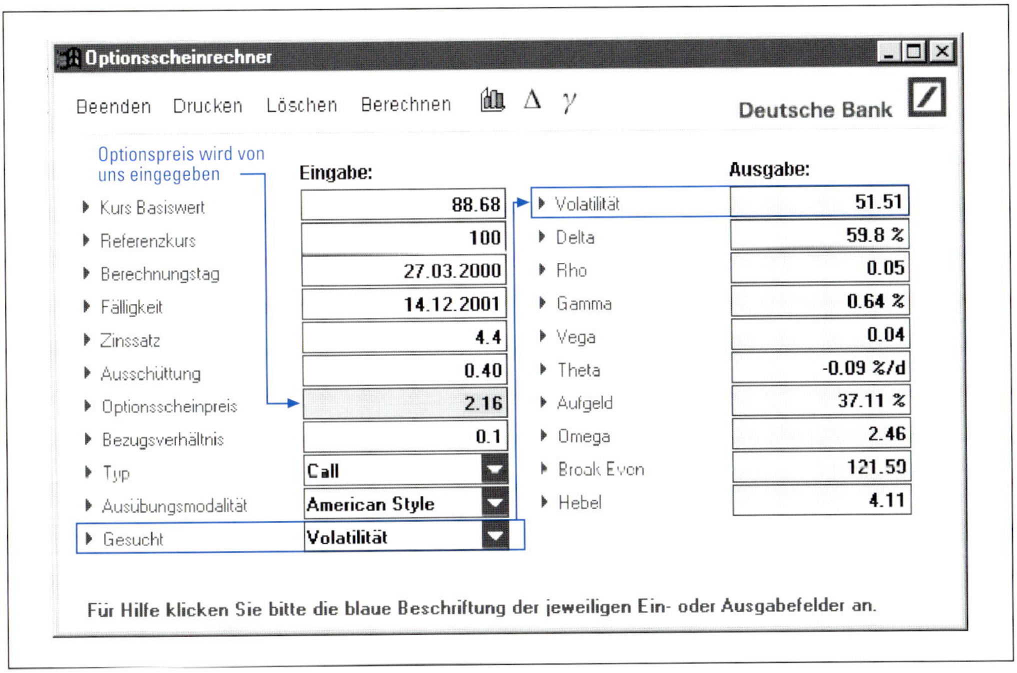

VDAX

Die bekannteste *implizite Volatilität* hierzulande ist wohl der VDAX. Es handelt sich um einen Durchschnittswert aus mehreren impliziten Volatilitäten. Die Deutsche Börse rechnet diese aus DAX-Optionen heraus, die an der EUREX gehandelt werden. Der VDAX existiert seit Dezember 1994 und erscheint täglich in der Tabelle DAX-INDIZES XETRA der Finanzzeitung.

Er ist so konzipiert, dass streng genommen lediglich Optionen mit einer Restlaufzeit von 45 Tagen einfließen. Da Geschäfte mit exakt dieser Länge nicht immer zur Verfügung stehen, zieht man diejenigen Optionen heran, die am dichtesten am Zieltermin liegen. Aus den Preisen, die an der Terminbörse EUREX zustande gekommen sind, rechnet man anschließend die zugrunde liegende Volatilitäten heraus, gewichtet sie nach einem bestimmten Verfahren und fasst sie schließlich zum Indexwert zusammen.

Optionspreisindex

Am Stand des VDAX lässt sich das allgemeine Optionspreisniveau ablesen, denn je höher die Volatilitäten umso teurer grundsätzlich die Optionen. Er erfüllt damit quasi die Funktion eines Optionspreisindexes. Außerdem ist erkennbar, wie die Marktteilnehmer die DAX-Schwankungen für die Zukunft einschätzen. Ist der VDAX hoch, so gehen die Akteure – eigentlich sind es nur die Optionskäufer bzw. -verkäufer – von stärkeren Bewegungen aus. Bei niedrigem Indexstand ist es hingegen umgekehrt.

Wie sich die Zukunftserwartungen der Marktteilnehmer im Zeitablauf entwickelt haben, kann man sehr gut an den Werten in der Tabelle der Finanzzeitung sehen. Denn dort erscheinen neben dem Verlauf am letzten

Börsentag, auch die Hoch- und Tiefstände aus dem laufenden Kalenderjahr (»Hoch 01« bzw. »Tief 01«) sowie die absolut höchsten- und tiefsten Stände, die jemals zustande gekommen sind.

Vergleich

Gute Anhaltspunkte über die aktuelle Marktlage gibt auch ein Vergleich zwischen historischer und impliziter Volatilität. Decken sich die Werte – insbesondere 30-Tage-Vola und VDAX – in etwa, dann ist dies ein Signal dafür, dass die Vergangenheitsentwicklung als guter Schätzwert für die Zukunft angesehen wird. Weichen sie hingegen deutlich voneinander ab, geht man allgemein von stärkeren bzw. geringeren Zukunftsschwankungen aus.

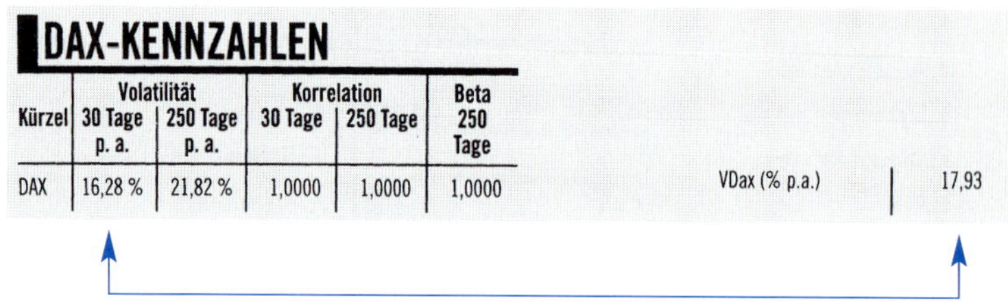

DAX-KENNZAHLEN

Kürzel	Volatilität 30 Tage p. a.	Volatilität 250 Tage p. a.	Korrelation 30 Tage	Korrelation 250 Tage	Beta 250 Tage
DAX	16,28 %	21,82 %	1,0000	1,0000	1,0000

VDax (% p.a.)	17,93

Der »Markt« geht von etwas höheren zukünftigen Schwankungen aus als in der Vergangenheit

Umrechnung in DAX-Schwankungsintervall

Oft rechnet man den VDAX in ein DAX-Schwankungsintervall um. Dazu dient folgende Formel:

$$\text{Schwankungsbreite} = \text{VDAX} \cdot \sqrt{\frac{45 \text{ Tage}}{365 \text{ Tage}}} \cdot \text{DAX}$$

Eine ähnliche Formel haben wir bereits im Aktienkapitel vorgestellt. Dort haben wir jedoch den Schwankungsbereich für einen Zeitraum von einem Jahr errechnet, jetzt ist das Zeitintervall auf 45 Tage verkürzt. Dies geschieht, da in den Optionspreisen lediglich die Erwartungen für diesen kürzeren Zeitraum inbegriffen sind.

Um ein konkretes Ergebnis zu bestimmen, verwenden wir als Grundlage beispielsweise den Anfangswert des DAX (6.471,03) und den des VDAX (18,72) vom 20. Februar 2001.

$$18{,}72\,\% \cdot \sqrt{\frac{45 \text{ Tage}}{365 \text{ Tage}}} \cdot 6.471{,}03 = 425{,}34$$

Der »Markt« rechnet damit, dass der DAX in den kommenden 45 Tagen mit sehr hoher Wahrscheinlichkeit im Intervall zwischen 6.045,69 (6.471,03 minus 425,34) und 6.896,37 (6.471,03 plus 425,34) liegt.

Überblick

Insbesondere bei Anlegern sind Optionen außerordentlich beliebt, weil die Spekulationsmöglichkeiten viel weiter gefächert sind als bei herkömmlichen Finanzprodukten. Für kurzfristig orientierte Akteure sind Aktien nur dann etwas, wenn mit steigenden Kursen gerechnet wird. Dagegen kann man mit Optionen auf Seitwärts- und Abwärtsbewegungen setzen oder auf Veränderungen der Volatilität. Faszinierend sind Optionen für viele außerdem aufgrund ihres überdurchschnittlichen Hebels. Während man mit einer Aktie lediglich eins zu eins an der Kursentwicklung teilnimmt, liegen die Partizipationsmöglichkeiten bei Optionen zum Teil deutlich darüber. Selbstverständlich kann man Optionen auch zu Sicherungszwecken verwenden, etwa ein Aktiendepot vor Kursverlusten schützen.

Spekulationsmöglichkeiten

Schließlich lassen sich Optionen auch mit anderen Produkten kombinieren, wodurch zum Teil sehr interessante Finanzpakete entstehen. Am Beispiel der 90/10-Strategie werden wir dies weiter unten beschreiben.

Man sieht, wie unterschiedlich die Motive für den Handel mit Optionen sein können. Die wichtigsten Strategien wollen wir im Anschluss genauer betrachten und dem Leser damit einen Eindruck von den Möglichkeiten vermitteln. Doch wir können diese Thematik lediglich streifen, denn sie ist so umfangreich, dass man leicht ein Buch darüber schreiben könnte.

Einfache Strategien: Spekulation auf Hausse und Baisse

Rechnet ein Anleger mit steigenden Kursen an Aktien-, Renten- oder Devisenmärkten – ist er also »bullish« eingestellt –, kann er mit entsprechenden Call-Optionen von diesem Aufschwung (»Hausse«) profitieren. Aufgrund des großen Angebots an Optionen (insbesondere Optionsscheinen) kann jeder Anleger die Restlaufzeit und den Strike nach seinen eigenen Vorstellungen aussuchen und das Chancen-Risiko-Verhältnis damit individuell festlegen. Je stärker der erwartete Kursanstieg, umso tiefer darf die Option out-of-the-money notieren. Kann man hingegen lediglich von einer schwachen Aufwärtsbewegung ausgehen, sind At- und In-the-money-Calls die bessere Alternative. Ein wichtiger Aspekt bei der Wahl der richtigen Option ist die Laufzeit. Ist ein Aktienkursanstieg in sehr kurzer Zeit zu erwarten, bietet sich der Kauf von »Kurzläufern« an. Unter sonst gleichen Bedingungen verändert sich ihr Wert stärker als der langlaufender Optionen. Dazu ein Praxisbeispiel:

Beispiel

Mitte April steht der DAX bei knapp 7.300 Punkten. Wir wollen einen langlaufenden In-the-money-Call (»Konservativer« Call) mit einem Out-of-the-money-Kurzläufer (»Agressiver« Call) vergleichen. Produkte suchen wir im Internet mit einem entsprechenden Tool. Ergebnis: Die DG Bank bietet einen konservativen Call (Basispreis: 7000, Laufzeit 11 Monate), einen Optionsschein mit hohem Strike und kurzer Laufzeit (2 Monate) bietet die Citibank (siehe Abbildung).

„Konservativer" Call

Bezeichnung	Wert
WKN	611310
Emittent	DG Bank
Basiswert	DAX
Typ C/P	Call
Typ E/A	Amerikanisch
Basispreis	7000.00
Währung	EUR
Fälligkeit	11 Monate
Bez.-Verh.	0.0100

		Markt bewegt sich sehr moderat		Markt bewegt sich sehr stark		
		Optimistisches Szenario	Pessimistisches Szenario	Optimistisches Szenario	Pessimistisches Szenario	
Parameter	Aktueller Wert	Szenario 1	Szenario 2	Szenario 3	Szenario 4	Szenario 5
Kurs Basiswert	7241.06	7400.00	7100.00	8000.00	6400.00	
Zinssatz EUR (in %)	4.06	4.06	4.06	4.06	4.06	
Volatilität (in %)	33.69	33.78	33.78	33.78	33.78	
Berechnungstag	14.04.	28.04.	28.04.	28.04.	28.04.	
Briefkurs	11.68	12.51	10.57	16.81	6.64	
Veränderung absolut		+0.83	-1.11	+5.13	-5.04	
Veränderung in %		+7.11	-9.50	+43.92	-43.15	

„Agressiver" Call

Bezeichnung	Wert
WKN	837579
Emittent	Citibank
Basiswert	DAX
Typ C/P	Call
Typ E/A	Amerikanisch
Basispreis	7800.00
Währung	EUR
Fälligkeit	2 Monate
Bez.-Verh.	0.0051

Parameter	Aktueller Wert	Szenario 1	Szenario 2	Szenario 3	Szenario 4	Szenario 5
Kurs Basiswert	7241.06	7400.00	7100.00	8000.00	6400.00	
Zinssatz EUR (in %)	3.85	3.85	3.85	3.85	3.85	
Volatilität (in %)	25.18	25.18	25.18	25.18	25.18	
Berechnungstag	14.04.	28.04.	28.04.	28.04.	28.04.	
Briefkurs	0.68	0.75	0.36	2.25	0.03	
Veränderung absolut		+0.07	-0.32	+1.57	-0.65	
Veränderung in %		+10.29	-47.06	+230.88	-95.59	

$$\frac{11{,}68}{0{,}01} = 1.168 \longleftrightarrow 133 = \frac{0{,}68}{0{,}0051}$$

Sowohl für moderate als auch für sehr starke Indexschwankungen in den kommenden zwei Wochen haben wir die Wertveränderungen der beiden Calls im Internet simuliert (siehe Abbildung).

Schwankt der Index nur geringfügig, bringt der konservative Call Vorteile. Bei starken Kursausschlägen kann der Anleger mit der aggressiven Option dagegen deutlich mehr Gewinn erzielen, aber auch extreme Verluste. Mit dem Szenario-Manager lässt sich dies hervorragend nachahmen.

Man sieht an diesem Beispiel auch sehr gut, dass die Höhe des Optionspreises kein geeignetes Entscheidungskriterium ist. Zwar ist der aggressive Schein deutlich günstiger, hier sind jedoch auch die Verlustrisiken erheblich größer. Beachtet werden sollte, dass die Optionspreise aufgrund der unterschiedlichen Bezugsverhältnisse nicht direkt vergleichbar sind. Deshalb ist eine Umrechnung auf ein einheitliches Bezugsverhältnis erforderlich (siehe Abbildung).

Mit dem Kauf von Aktien, Anleihen oder anderen Kassaprodukten kann man lediglich von steigenden Kursen profitieren. Die Märkte bewegen sich jedoch nicht nur in Aufwärtstrends, auch Phasen mit Abwärtsbewegungen (»Baisse«) kommen immer wieder vor. Mit *Put-Optionen* können Anleger an dieser Entwicklung verdienen.

Aus der Vergangenheit weiß man, dass Kursrutsche häufig ein stärkeres Ausmaß haben als Haussebewegungen. Starke Kursverluste in verhältnismäßig kurzen Zeitabständen und der damit einhergehende Volaanstieg machen Puts besonders attraktiv. Durch Auswahl des Basispreises und der Restlaufzeit kann jeder – wie im Zusammenhang mit Calls bereits erläutert – die Chancen-Risiko-Relation selbst bestimmen. Auch hier bietet es sich an, Puts mit unterschiedlicher Ausstattung zu suchen und mit dem Szenario-Manager deren Wertveränderung zu simulieren. Der Ablauf ist bereits von den Calls bekannt (siehe Abbildung oben). Daher gehen wir hierauf nicht mehr ausführlicher ein.

Wir haben die einfachen Optionsstrategien und die mit ihnen verbundenen Erwartungen in folgender Abbildung zusammengefasst.

Grundpositionen bei Optionen

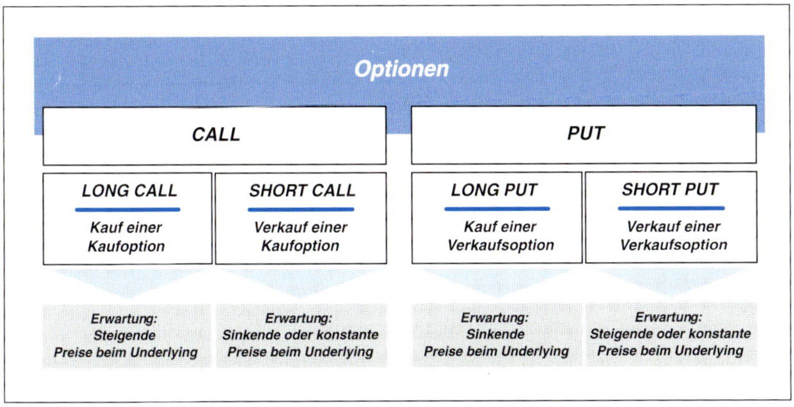

Von Volatilitätsänderungen profitieren

Der Wert einer Option hängt maßgeblich davon ab, wie die Marktteilnehmer die zukünftigen Kursschwankungen des Underlyings beurteilen. Diese Einschätzung (implizite Volatilität) ist keine feste Größe, sondern fortlaufend Änderungen unterworfen. Rechnet ein Anleger damit, dass die implizite Vola in Zukunft ansteigt, kann er durch Auswahl geeigneter Optionen davon profitieren. Wie stark die Gewinne sein können, hängt in erster Linie vom Zustand einer Option ab. Notiert sie sehr tief im Geld, wirkt sich eine Volatilitätsänderung kaum noch aus. Grund: Der Optionspreis setzt sich fast nur aus dem Inneren Wert zusammen. Ein Zeitprämienanteil ist so gut wie gar nicht vorhanden. Doch gerade die Zeitprämie ist diejenige Komponente, die sich bei Volatilitätsschwankungen bewegt.

Anders ist die Lage hingegen bei Optionen, die tief aus dem Geld liegen. Hier führen Schwankungen der impliziten Vola zum Teil zu erheblichen Bewegungen des Optionspreises. Dazu ein Fallbeispiel.

Beispiel

Angenommen, der DAX steht augenblicklich bei 6.000 Punkten, die implizite DAX-Vola (VDAX) bei 30 Prozent. Wir betrachten drei Calls (Restlaufzeit 6 Monate) mit jeweils unterschiedlichem Strike und rechnen aus, was eine abrupte Änderung der impliziten Volatilität für Konsequenzen hätte (siehe Abbildung). Man kann erkennen, wie stark der Einfluss von Volatilitätsänderungen vom Optionszustand abhängig ist.

	Call 1 deep-in-the-money [Strike: 5000]	Call 2 at-the-money [Strike: 6000]	Call 3 deep-out-of-the-money [Strike: 7000]
Optimistisches Szenario DAX-Vola steigt abrupt von 30 auf 35 Prozent	+4%	+15%	+35%
Pesstimistisches Szenario DAX-Vola sinkt abrupt von 30 auf 25 Prozent	–4%	–15%	–33%

In welchen Bandbreiten Volatilitäten schwanken können, verdeutlicht ein Blick auf den VDAX der letzten fünf Jahre. Sein Wert bewegte sich zwischen gut zehn und fast sechzig Prozentpunkten. In Zeiten mit hohen impliziten Volatilitäten verlieren herkömmliche Optionen einiges von ihrer Attraktivität. Bewegt sich die Volatilität nämlich auf ein niedrigeres Niveau zu, hat dies schlimme Folgen, da ihr Wert – unter sonst unveränderten Bedingungen – sinkt. Erwartet ein Anleger für die Zukunft einen Volatilitätsrückgang, sollten Optionen, die (weit) aus dem Geld notieren, besser gemieden werden. Eine tief im Geld liegende Option wird von dieser Entwicklung dagegen nicht so stark getroffen.

Call-Spread

Es gibt jedoch auch Optionen, die auf Volatilitätsschwankungen kaum reagieren. Call- und Put-Spreads sind solche Produkte. Ein *Call-Spread* entspricht einem Finanzpaket aus einem gekauften Call (mit niedrigem Strike) und einem identisch ausgestatteten verkauften Call (mit höherem Strike). Zwar verliert der erste Call bei einem Rückgang der Volatilität, dafür steigt der zweite im Wert. Je nachdem wie weit die Basispreise auseinander liegen, kann es annähernd zu einer Neutralisierung kommen.

Bottom-up-Option

Doch der Anleger hat auch die Möglichkeit, bestimmte exotische Optionen zu kaufen, deren Wert steigt, wenn die Volatilität sinkt. Ein Beispiel sind *Bottom-up-Optionen*. Diese Produkte sind so konstruiert, dass dem Anleger für jeden Tag, an dem der Strike überschritten wird, ein fester Geldbetrag gutgeschrieben und am Ende der Laufzeit ausgezahlt wird. Wie weit der Basispreis überschritten wird, ist gleichgültig. Kauft ein Anleger Bottom-up-Optionen (Underlying zum Beispiel SAP-Aktien), deren Strike vom Aktienkurs (deutlich) überschritten wird, gewinnt der Schein an Wert, wenn die implizite Volatilität für die SAP-Aktie sinkt. Begründung: Bei geringerer Schwankungsbreite sinkt die Gefahr, dass der Aktienkurs unter den Strike fällt. Doch Anleger sollten vorsichtig sein, denn Bottom-up-Optionen gewinnen nicht automatisch an Wert, wenn die implizite Volatilität sinkt. Liegt der Aktienkurs nämlich unterhalb des Strike, ist es genau umgekehrt: Der Optionswert sinkt, wenn die Vola zurückgeht. Grund: Die Chance sinkt, dass der Strike überschritten wird. Eine Bottom-up-Option, die aus dem Geld notiert, steigt im Wert, wenn die Volatilität ansteigt.

Auf Seitwärtsbewegungen setzen

Wer damit rechnet, dass die Kursentwicklung einer Aktie oder vielleicht sogar des gesamten Marktes eine gewisse Zeit lang stagniert, kann davon profitieren, wenn er Optionen schreibt. Denn wenn sich die Erwartungen tatsächlich erfüllen, werden die Basispreise nicht oder lediglich leicht über- bzw. unterschritten. In solchen Fällen kann man die gesamte oder einen Großteil der vereinnahmten Prämie als Gewinn verbuchen.

Optionen schreiben

Im Normalfall ist das Schreiben von Optionen institutionellen Akteuren vorbehalten und für Privatanleger höchstens an einer Terminbörse wie der EUREX möglich. Privatleute sind an der EUREX – zumindest zurzeit – noch eine Ausnahme. Damit diese Gruppe dennoch in den Genuss von Short-Positionen kommt, haben die Banken Produkte wie Discount-Zertifikate und Aktien-Anleihen entwickelt. Hierauf sind wir im Kapitel über Anleihen intensiver eingegangen.

Kombinationen

Man kann Optionen nach Belieben miteinander kombinieren und so unzählige Risiko-Chance-Kombinationen erzeugen, je nachdem, welche Erwartungen man hat. Kombinierbar sind zum Beispiel Optionen mit unterschiedlichen Laufzeiten oder Basispreisen, kombiniert werden können aber auch Optionen unterschiedlichen Typs, zum Beispiel Calls mit Puts – die Möglichkeiten sind nahezu unbegrenzt. Deshalb können wir kombinierte Strategien hier auch nicht umfassend erläutern. Um dennoch zumindest einen kleinen Einblick in das Spektrum an Möglichkeiten zu geben, wollen wir eine Strategie hier etwas ausführlicher darstellen, so genannte Credit Spreads. Wir schreiben eine Call-Option – konkret: einen Call auf die T-Online-Aktie –, die einen Basispreis von 35 Euro hat (»35er Call«). Gleichzeitig kaufen wir einen Call, der – bis auf den Strike (40 Euro) – vollkommen identisch ausgestattet ist (»40er Call«). Beide Optionen haben eine Laufzeit von drei Monaten. Die Volatilität der T-Online-Aktie beträgt 60 Prozent, deren aktueller Kurs 30 Euro. Für den 35er Call kalkulieren wir eine Prämie von 2 Euro, der 40er Call ist aufgrund des höheren Basispreises dagegen billiger. Sein Wert liegt bei 1 Euro. Da wir den teuren Call verkaufen, den günstigen kaufen, bleibt uns ein Überschuss von 1 Euro (2 minus 1).

Credit Spread

Nun wollen wir schauen, welchen Gewinn wir mit dieser Strategie erzielen, wenn die Gesamtposition bis zum Ende aufrecht gehalten wird. Sehr gut geeignet für solche Aufgaben sind Tabellenkalkulationsprogramme wie zum Beispiel Microsoft Excel®. In der Abbildung unten ist dargestellt, wie sich die Gewinne und Verluste mit Excel berechnen und grafisch darstellen lassen. Man erkennt, dass ein Verlust von maximal 4 Euro auftreten kann, dafür ist der Gewinn auf 1 Euro begrenzt. Hätten wir statt des Credit Spread lediglich den 35er Call geschrieben, wäre unser Höchstgewinn zwar größer gewesen (2 Euro), dafür hätten aber theoretisch unbegrenzt hohe Verluste entstehen können.

Spekulation auf gleichbleibende oder sinkende Kurse.

Ein Credit Spread ist – genau wie ein geschriebener Call – eine geeignete Strategie, wenn mit gleichbleibenden oder sinkenden Aktienkursen zu rechnen ist. Im Unterschied zu einem reinen Call-Short ist ein Credit Spread eine konservativere Strategie; denn zur Begrenzung von Verlusten wird ein Call mit höherem Basispreis gekauft.

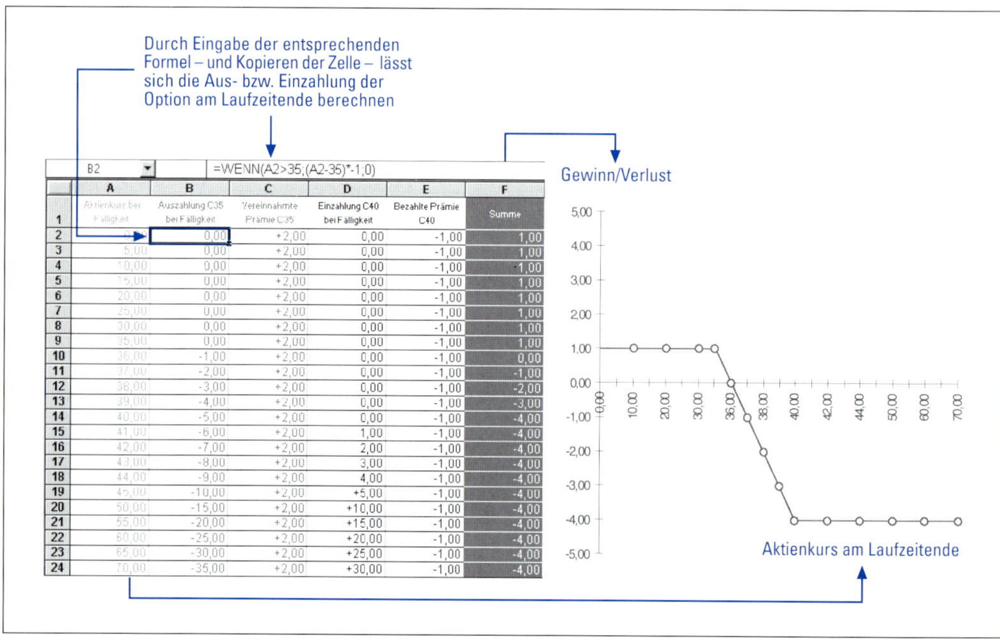

	A	B	C	D	E	F
1	Aktienkurs bei Fälligkeit	Auszahlung C35 bei Fälligkeit	Vereinnahmte Prämie C35	Einzahlung C40 bei Fälligkeit	Bezahlte Prämie C40	Summe
2	0,00	0,00	+2,00	0,00	-1,00	1,00
3	5,00	0,00	+2,00	0,00	-1,00	1,00
4	10,00	0,00	+2,00	0,00	-1,00	1,00
5	15,00	0,00	+2,00	0,00	-1,00	1,00
6	20,00	0,00	+2,00	0,00	-1,00	1,00
7	25,00	0,00	+2,00	0,00	-1,00	1,00
8	30,00	0,00	+2,00	0,00	-1,00	1,00
9	35,00	0,00	+2,00	0,00	-1,00	1,00
10	36,00	-1,00	+2,00	0,00	-1,00	0,00
11	37,00	-2,00	+2,00	0,00	-1,00	-1,00
12	38,00	-3,00	+2,00	0,00	-1,00	-2,00
13	39,00	-4,00	+2,00	0,00	-1,00	-3,00
14	40,00	-5,00	+2,00	0,00	-1,00	-4,00
15	41,00	-6,00	+2,00	1,00	-1,00	-4,00
16	42,00	-7,00	+2,00	2,00	-1,00	-4,00
17	43,00	-8,00	+2,00	3,00	-1,00	-4,00
18	44,00	-9,00	+2,00	4,00	-1,00	-4,00
19	45,00	-10,00	+2,00	+5,00	-1,00	-4,00
20	50,00	-15,00	+2,00	+10,00	-1,00	-4,00
21	55,00	-20,00	+2,00	+15,00	-1,00	-4,00
22	60,00	-25,00	+2,00	+20,00	-1,00	-4,00
23	65,00	-30,00	+2,00	+25,00	-1,00	-4,00
24	70,00	-35,00	+2,00	+30,00	-1,00	-4,00

Die 90/10-Strategie

Man kann Optionen auch mit klassischen Finanzinstrumenten »mischen«. Die Möglichkeiten sind schier unerschöpflich und wir würden den Rahmen dieses Buches sprengen, wenn wir sämtliche Alternativen vorstellen. Daher wollen wir uns auf eine Kombination konzentrieren, die sehr bekannt ist, die 90/10-Strategie.

Statt ihr Geld in Aktien zu investieren, können Anleger den größten Teil ihres Geldes auch festverzinslich anlegen und für den restlichen Kapitalbetrag Call-Optionen kaufen. Die Idee: Der Anleger investiert so viel festverzinslich, dass nach einer bestimmten Zeit ein Betrag – bestehend aus Zinsen und Tilgung – zurückfließt, der nicht aufs Spiel gesetzt werden soll. Ein Verlustrisiko ist hier also ausgeschlossen. Steigen während dieser Zeit die Aktienkurse, erzielt der Anleger Gewinne, die nicht unbedingt viel schlechter sind als bei einer direkten Aktienanlage. Eine Beispielrechnung könnte wie folgt aussehen: Als Betrag stehen 10.000 Euro zur Verfügung, die für ein Jahr angelegt werden sollen. Im Internet rufen wir auf der Seite der Dresdner Bank den aktuellen Satz für eine einjährige festverzinsliche Geldanlage ab (4,34 Prozent). Unser Ziel ist es, von den 10.000 Euro lediglich so viel anzulegen, dass in einem Jahr – mit Zinsen – wieder 10.000 Euro vorhanden sind. Damit wäre sichergestellt, dass kein Kapital verloren gehen kann. Investieren wir 9.584 Euro, erhalten wir dafür 416 Euro Zinsen, sodass nach einem Jahr das am Anfang eingesetzte Kapital erreicht ist (9.584 plus 416 gleich 10.000 Euro). Für den restlichen Betrag von 416 Euro (10.000 minus 9.584) kaufen wir heute DAX-Optionen mit einer Laufzeit von ungefähr einem Jahr. Wir entscheiden uns für einen DAX-Call der DG Bank, der einen Basispreis von 7.600 hat (siehe Abbildung unten).

Kein Verlustrisiko

EURIBOR

EURIBOR	Ref. Zins
EONIA	3.61
EURIBOR 1W	3.654
EURIBOR 1M	3.758
EURIBOR 2M	3.849
EURIBOR 3M	3.920
EURIBOR 4M	3.964
EURIBOR 5M	4.018
EURIBOR 6M	4.065
EURIBOR 7M	4.118
EURIBOR 8M	4.171
EURIBOR 9M	4.233
EURIBOR 10M	4.277
EURIBOR 11M	4.307
EURIBOR 1Y	4.342

www.mis.dresdner-bank.de

Selbst wenn der Anleger das in die Optionen investierte Kapital verliert, bleibt sein Ursprungsbetrag erhalten. Je stärker der DAX aber steigt, umso mehr steigt die Rendite. In der Tabelle auf der nächsten Seite haben wir die 90/10-Strategie mit einer reinen DAX-Anlage (zum Beispiel DAX-Zertifikat)

Übersicht zur WKN: 611312

Stammdaten		Kursdaten	
Emittent	DG Bank	Kurs Basiswert	14.04.2000, 17:04
Basiswert	DAX (957800)	• in EUR	7251.10 (DAX)
Typ C/P	Call	Kurs Optionsschein	14.04.2000, 17:22
Typ E/A	Amerikanisch	• Geld	8.28 (-1.28 / -13.4%)
Basispreis	7600.000	• Brief	8.32 (-1.28 / -13.4%)
Währung	EUR	Spread	
Fälligkeit	12.03.2001	• Absolut	0.02
Bez.-Verh.	0.0100	• Homogenisiert	2.00
Börsenplatz	FSE STU	• in % des Briefkurses	0.24
Bemerkung	Keine		

http://optionsscheine.onvista.de/cgi-bin/os-kennzahlen.mpl?WKN=611312

$\frac{416}{8{,}32}$ = 50 Optionsscheine

$\frac{10.000}{7.251{,}10}$ = 1,38 DAX-Zertifikate

verglichen. »90/10« ist eine Alternative für Anleger, die an der Aktienmarktentwicklung teilhaben möchten, aber ihr Verlustrisiko begrenzen wollen.

Garantieprodukte

Es gibt Banken, die Zinsgeschäft und Option zusammengefasst als eigenständiges Wertpapier herausgeben. Ein Anleger muss die Einzelbestandteile dann nicht selbst kaufen. Solche Instrumente tragen häufig die Bezeichnung Garantieprodukte.

Ein Blick auf die Tabellenwerte macht deutlich, dass die 90/10-Strategie verglichen mit einer reinen Aktienanlage eine eher konservative Strategie darstellt – zumindest bei der Kapitalaufteilung, die wir hier zugrunde legen. Je nachdem, wie hoch der Anteil Optionen im Verhältnis zum verzinslichen Anlagebetrag ist, lassen sich natürlich auch erheblich riskantere Positionen aufbauen.

DAX-Stand in 12 Monaten	90/10 Strategie		Reine DAX-Anlage	
	Depotwert	Rendite	Depotwert	Rendite
0	10.000	0%	0	–100%
1.000	10.000	0%	1.380	–86%
2.000	10.000	0%	2.760	–72%
3.000	10.000	0%	4.140	–59%
4.000	10.000	0%	5.520	–45%
5.000	10.000	0%	6.900	–31%
6.000	10.000	0%	8.280	–17%
7.000	10.000	0%	9.660	–3%
8.000	10.200	+2%	11.040	+10%
9.000	10.700	+7%	12.420	+24%
10.000	11.200	+12%	13.800	+38%
11.000	11.700	+17%	15.180	+52%
12.000	12.200	+22%	16.560	+66%

Woher kommt »90 zu 10«

Die Bezeichnung »90 zu 10« stammt von einer Faustregel, die besagt, man solle 90 Prozent seines Kapitals sicher anlegen und für 10 Prozent Optionen kaufen. Natürlich kann das Verhältnis je nach Risikobereitschaft des Anlegers auch anders festgelegt werden. Durch entsprechende Anpassung der Gewichtung kann das Chance-Risiko-Profil beliebig den individuellen Anforderungen des Anlegers angepasst werden.

Optionen zur Kurssicherung

In der Praxis werden Optionen – insbesondere Optionsscheine – vorwiegend aus Spekulationsgründen gekauft. Dennoch sollte man nicht vergessen, dass diese Geschäfte ursprünglich für Sicherungszwecke gedacht waren und auch heute noch vor allem von institutionellen Akteuren so genutzt werden. Wie man sich mit Optionen gegen Preisschwankungen absichern kann, wollen wir an einem Beispiel veranschaulichen.

Wohl kaum ein Anleger hat nach einer Haussephase nicht schon einmal das Bedürfnis gehabt, die hohen Aktienkurse quasi einzufrieren. Ein Ausstieg kommt oft nicht in Frage, weil man von möglichen weiteren Kurssteigerungen profitieren möchte, wenn es doch nicht zum Crash kommt. In dieser Situation kann es sinnvoll sein, Put-Optionen zu kaufen. Wie man bei einer Absicherung (Hedging) vorgeht, wollen wir uns im Weiteren näher anschauen.

Hedging

Angenommen, in unserem Depot befinden sich 100 T-Aktien, die aktuell einen Kurs von 70 Euro haben. Es könnte durchaus sein, dass die Papiere in den kommenden Monaten einen Teil ihres Wertes verlieren. Aus verschiedenen Gründen wollen wir die Position jedoch erst in einem halben Jahr verkaufen. Deswegen möchten wir sie gegen Wertverluste absichern. Für diesen Zweck geeignet sind natürlich nur Puts, die sich auf T-Aktien beziehen. Geklärt werden muss außerdem, welche Laufzeit die Optionen haben sollen und welchen Basispreis.

Statische Absicherung

Für Normalanleger ist eine *statische Absicherung* ratsam. Typisch für diese Strategie ist, dass Optionen gekauft werden, deren Restlaufzeit mit dem Absicherungszeitraum übereinstimmt. Die Optionen werden also bis zur Endfälligkeit gehalten und nicht vorher verkauft. Liegt der Aktienkurs unter dem Basispreis, werden die Optionen ausgeübt, andernfalls lassen wir sie verfallen. Die Frage, welche Restlaufzeit die Puts in unserem Fall haben müssen, ist damit beantwortet. Wir benötigen Optionen mit einer Restlaufzeit von sechs Monaten. Geprüft werden muss nun noch, welcher Basispreis am sinnvollsten ist. Auf diese Frage gibt es leider keine pauschale Antwort. Möchte ein Anleger das aktuelle Kursniveau sichern, muss er einen At-the-money-Put kaufen. Derlei Optionen haben aber gegenüber laufzeitgleichen In- bzw. Out-of-the-money-Puts die höchste Zeitprämie.

Werden dagegen Out-of-the-money- oder Deep-out-of-the-money-Puts gekauft, wird ein niedriges Kursniveau abgesichert. Solche Optionen sind zwar preiswerter, eignen sich dafür allerdings auch nur für bestimmte Situationen, beispielsweise für Worst-Case-Fälle (Crash).

Worst-Case-Absicherung

Die Entscheidung, welches Kursniveau abgesichert werden soll, muss letztlich jeder Anleger selbst treffen. Sie ist abhängig von seinen individuellen Erwartungen und davon, wie viel Verlust der Anleger verkraften kann.

Kommen wir nun zum Ausgangsbeispiel zurück. Die Telekom-Aktie notiert an der Börse augenblicklich annahmegemäß zum Kurs von knapp 70 Euro. Da wir das aktuelle Kursniveau sichern möchten, kommen nur Optionen in Frage, die am Geld notieren. Geeignete Warrants suchen wir im Internet. Die vorgegebenen Kriterien erfüllt ein Optionsschein der DG Bank einigermaßen (siehe Abbildung). Wir haben uns deshalb für dieses Geschäft entschieden. Zu klären ist nun noch, wie viele Scheine wir kaufen müssen.

In unserem Depot befinden sich 100 Aktien. Also könnten zur Absicherung 100 Optionsscheine verwendet werden, deren Bezugsverhältnis 1,0 beträgt. Der Schein der DG Bank hat aber lediglich ein Bezugsverhältnis von 0,1. Deswegen brauchen wir davon insgesamt 1.000. Für die Absicherung des Depots entstehen Kosten von 1.180 Euro (siehe Abbildung); Gebühren und sonstige Transaktionsaufwendungen lassen wir aus Vereinfachungsgründen unberücksichtigt.

Übersicht zur WKN: 609448

Stammdaten		Kursdaten	
Emittent	DG Bank	Kurs Basiswert	17.04.2000, 15:02
Basiswert	Deutsche Telekom (555750)	• in EUR	69.15 (Deutsche Telekom)
Typ C/P	Put	Kurs Optionsschein	17.04.2000, 15:09
Typ E/A	Amerikanisch	• Geld	1.13 (-0.02 / -1.7%)
Basispreis	70.000	• Brief	1.18 (+0.01 / +0.9%)
Währung	EUR	Spread	
Fälligkeit	14.09.2000	• Absolut	0.05
Bez.-Verh.	0.1000	• Homogenisiert	0.50
Börsenplatz	FSE STU	• in % des Briefkurses	4.24
Bemerkung	Keine		

100 Aktien / 0,1 Aktien/Schein = 1.000 Scheine → x 1,18 Euro/Schein = **1.180 Euro**

Doch wie weit muss der Kurs der T-Aktie eigentlich sinken, damit sich der Kauf der Puts gelohnt hat? Um diese Frage zu beantworten, betrachten wir verschiedene Kursszenarien. Der Wert einer T-Aktie (aktueller Kurs: 69,15 €) muss um mehr als 10,95 Euro – oder anders: um etwa 16 Prozent – fallen, damit die Sicherungsstrategie vorteilhafter ist als ein Verzicht auf die Optionen.

Häufig ist aus Kostengründen eine teilweise Absicherung des Depots ratsam. Wie hoch diese Quote ist, hängt von den persönlichen Ausgangsvoraussetzungen ab (z. B. Risikobereitschaft). Hat ein Anleger verschiedene Aktien im Depot, kann jede Sorte separat mit entsprechenden Puts gesichert werden. Entspricht die Zusammensetzung dagegen in etwa einem Index, zum Beispiel dem DAX oder dem Euro Stoxx, bieten sich zu Sicherungszwecken auch Index-Puts an.

	Depotwert ohne Absicherung	Depotwert mit Absicherung			
Aktienkurs am 14.09.2000	Wert von 100 Aktien	Put-Prämie	Put-Auszahlung	Wert von 100 Aktien	Summe
80,00	**8.000**	–1.180	0	8.000	6.820
70,00	**7.000**	–1.180	0	7.000	5.820
60,00	**6.000**	–1.180	1.000	6.000	5.820
58,20	**5.820**	–1.180	1.180	5.820	**5.820**
50,00	5.000	–1.180	2.000	5.000	**5.820**
40,00	4.000	–1.180	3.000	4.000	**5.820**
30,00	3.000	–1.180	4.000	3.000	**5.820**

Prinzipien beim Handel

Einführung

Die Usancen, die wir vom Futureshandel bereits kennen, findet man ebenso bei Terminbörsenoptionen. Es gibt eigentlich keine grundsätzlichen Unterschiede. Die Optionsgeschäfte, die man beispielsweise an der EUREX abschließen kann, sind stark standardisiert, natürlich vor allem in der Absicht, die Kontrakte möglichst liquide zu machen. Trotzdem ist dies nicht so einfach wie bei Futures, denn die Börse muss in aller Regel viele verschiedene Optionen anbieten, um das Geschäft für die Teilnehmer interessant zu machen. Dies liegt unter anderem daran, dass Optionen einen festen Terminpreis haben – den Basispreis – der sich nicht automatisch an eine veränderte Marktsituation anpasst. Betrachten wir zur Verdeutlichung ein Beispiel: Angenommen, der DAX notiert bei 7.000 Punkten. Ein DAX-Future wird einen in etwa gleichen Kurs (anders formuliert: Terminpreis) haben, sagen wir 7.050. Wir können also ohne Probleme das gerade aktuelle Aktienkursniveau absichern. Unterstellen wir weiter, der DAX steigt in den nächsten Tagen auf 7.300 Punkte. Der Kurs des Futures passt sich dann zwangsläufig mit an und wird vielleicht bei 7.345 liegen. Wer jetzt das aktuelle Marktniveau absichern möchte, kann dazu den gleichen Future verwenden. Es ist nicht notwendig, einen neuen Kontrakt aufzulegen.

Standardisierung

Anders die Situation bei DAX-Optionen. Gehen wir einmal davon aus, dass beim DAX-Stand von 7.000 ein Call aufgelegt wird. Jeder hätte in diesem Augenblick die Möglichkeit, dass aktuelle Aktienkursniveau zu sichern. Nun steigt der DAX in den kommenden Tagen auf 7.300. Doch den Basispreis unserer Option verändert das nicht. Er bleibt fest bei 7.000. Um den Börsenteilnehmern nun die Gelegenheit zu geben, den aktuellen DAX-Stand zu sichern, muss zwangsläufig ein weiteres Optionsgeschäft eingeführt werden (Basispreis: 7.300). Genau das macht auch die EUREX. Sie führt neue Optionen ein, wenn sich die aktuellen Marktpreise verändert haben. Man kann sich leicht ausmalen – insbesondere natürlich bei entsprechenden Preisschwankungen –, dass im Laufe der Zeit eine ganze Reihe von Optionsgeschäften vorrätig sind. Um Missverständnisse auszuschließen: Natürlich legt die EUREX nicht bei jeder noch so kleinen Schwankung sofort eine neue Option auf, sondern erst dann, wenn eine bestimmte in den Kontraktspezifikationen definierte Schwelle über- oder unterschritten wird.

An der EUREX ist man immer darauf bedacht, für jeden Fälligkeitstermin (Verfallmonat) Optionen in allen Zuständen und damit ein komplettes Programm (»Optionsserie«) bereit zu halten. Verfügbar sind stets sowohl Optionen, die at- als auch in- und out-of-the-money notieren. Die Börsenteilnehmer haben damit die Sicherheit, jede Optionsstrategie auch umsetzen zu können.

Optionsserie

Es leuchtet ein, dass das Angebot an unterschiedlichen Optionsgeschäften im Vergleich zu Futures erheblich höher sein muss. Zu erkennen ist dies zum

Beispiel auch im HANDELSBLATT, wenn man einmal die Kurstabellen von DAX-Future und -Option nebeneinander legt. Im Frühjahr 2001 hatte die EUREX 3 DAX-Futures und circa 300 Optionen im Angebot. Bedenkt man, dass jede Option immer in zwei Ausfertigungen (Call und Put) vorkommt, dann beträgt die Zahl sogar 600.

Bei einem derartig vielfältigen Angebot überrascht es nicht, wenn viele Geschäfte kaum liquide sind. Auf »natürlichem« Wege würde man für eine Reihe der angebotenen Optionen also keine Gegenseite finden, wenn man ein Geschäft machen will. Deswegen muss »nachgeholfen« und ein Markt künstlich geschaffen werden. Um sicherzustellen, dass eine Option zu jedem Zeitpunkt handelbar ist, hat die EUREX für jedes Geschäft Market-Maker verpflichtet. Diese müssen bei Anfragen von Börsenteilnehmern (Quote Request) verbindliche Geld- und Briefkurse nennen, sind dabei jedoch an bestimmte Vorschriften der EUREX gebunden (z. B. Maximum-Spread).

Market-Maker

Interessant ist, dass an Terminbörsen allgemein für Optionen – insbesondere für Aktienoptionen – so genannte *Positionslimite* bestehen. Darunter versteht man eine bestimmte Maximalzahl von Kontrakten, die ein Einzelner nicht überschreiten darf. Sinn und Zweck dieser Vorschrift ist es, den Aufbau marktbeherrschender Stellungen zu unterdrücken. Man stelle sich etwa vor, ein großer, kapitalkräftiger Marktteilnehmer kauft Adidas-Calls in hohen Mengen (und deckt sich gleichzeitig mit der Aktie ein), hält die Optionen bis zur Endfälligkeit, übt aus und verlangt dann die Lieferung von Aktien. Wir hätten dann eine typische *Corner-Bildung*. Der Stillhalter müsste – wenn der Markt leer geräumt ist und keine Adidas-Aktien mehr erhältlich sind – beim Optionsinhaber Aktien kaufen. Dieser kann dann quasi die Kurse diktieren.

Positionslimite

Corner

Terminologie

Bestimmte Fachbegriffe, die wir im Zusammenhang mit Futures kennen gelernt haben, sind ebenfalls Bestandteil der Terminologie bei Terminbörsenoptionen. Auch hier gibt es also Settlement-Price, Tick-Size, Open Interest, Umsatzzahlen usw. Deswegen wollen wir hierauf an dieser Stelle nicht weiter eingehen und können auf das Kapitel über Futures verweisen.

Margins

Da Optionsgeschäfte Erfüllungsrisiken beinhalten, verlangt die EUREX Margins. Doch es ist im Unterschied zu Futures nicht etwa so, dass Käufer und Verkäufer gleichermaßen zum Einschuss von Sicherheitsleistungen verpflichtet sind. Denn der Käufer zahlt typischerweise zu Beginn die volle Optionsprämie ein und hat danach keine weiteren Zahlungs- oder Lieferverpflichtungen. Anders formuliert: Der Stillhalter kann, nachdem der Käufer die Optionsprämie geleistet hat, keine weiteren Ansprüche mehr an den Käufer stellen. Deshalb muss der Käufer – abgesehen vom Optionspreis – auch keine zusätzlichen Sicherheiten stellen.

Für den Stillhalter trifft das hingegen nicht zu, weil später Verpflichtungen auf ihn zukommen können. Wird das Recht ausgeübt, dann muss er das Basisgut liefern bzw. den Basispreis zahlen. Und genau diese Verpflichtungen kann er in Zukunft vielleicht nicht mehr erfüllen. Daher hat der Optionsinhaber ein Risiko, welches der Stillhalter durch Marginzahlungen abdecken muss.

Traditional und Future Style

Allerdings gelten an der EUREX nicht für alle Optionen die gleichen Marginbestimmungen. Denn man trennt zwischen *Traditional-Style-Options* – das sind Optionen, die sich auf herkömmliche Kassainstrumente beziehen – und solchen, die – wie man sagt – »Futures Style« abgerechnet werden.

Zu den Traditional-Style-Options gehören all jene Kontrakte, die sich auf Indizes und Aktien beziehen. Hier muss der Käufer die Optionsprämie gleich am Anfang in ganzer Höhe begleichen. Weitere Marginzahlungen sind daher hinfällig.

Im Gegensatz dazu verlangt man bei Futures-Style-Optionen vom Käufer lediglich einen geringen Einschuss – also eine Marginzahlung – nicht jedoch die Optionsprämie in vollem Umfang. Diese Geschäfte werden – was die Marginverrechnung betrifft – behandelt wie Futures, deswegen auch die Bezeichnung. Optionen, bei denen so vorgegangen wird, beziehen sich stets auf Futures (z. B. Option auf den Bund-Future).

Handelsmotive

Die Bezeichnung *Traded Options* ist nicht zufällig entstanden, denn viele setzen diese Geschäfte tatsächlich zu Tradingzwecken ein. Ziel ist es, kurzfristige Preisschwankungen der Optionen Gewinn bringend zu nutzen. Dafür sind Terminbörsenoptionen aufgrund ihrer hohen Liquidität geradezu prädestiniert. Es ist generell immer (während der Börsenzeiten) möglich, Optionen zu handeln, also wie man so schön sagt schnell »rein« und ebenso schnell auch wieder »raus« zu kommen und das zu fairen Preisen.

Genutzt werden Terminbörsenoptionen häufig auch für kombinierte Strategien. Denn zum Teil beinhalten derartige Strategien geschriebene Optionen und derlei Positionen sind am leichtesten an einer Terminbörse abzuwickeln. Außerdem können bestimmte Kombinationen direkt – quasi als Paket – gehandelt werden, ohne umständlich jede Transaktion einzeln durchführen zu müssen.

Faire Preise

Einige – auch private – Teilnehmer handeln lieber an der EUREX, weil dieser Platz für seine fairen Preise bekannt ist. Oft ist die Preisqualität (Höhe der Optionsprämien, Spreads) hier besser als an anderen Plätzen, sodass sich der Schritt an die Terminbörse durchaus lohnt.

Schließlich nutzen viele Institutionelle Teilnehmer die EUREX, um sich selbst quasi rückzuversichern, beispielsweise um eigene emittierte Optionsscheine und Aktienanleihen abzusichern.

Optionen an der EUREX

Überblick

An der EUREX ist ein breites Spektrum an Basiswerten (Underlyings) verfügbar, auf die sich Optionen beziehen. Den angebotenen Geschäfte liegen zum einen Kassainstrumente zugrunde, zum anderen Derivate (siehe Abbil-

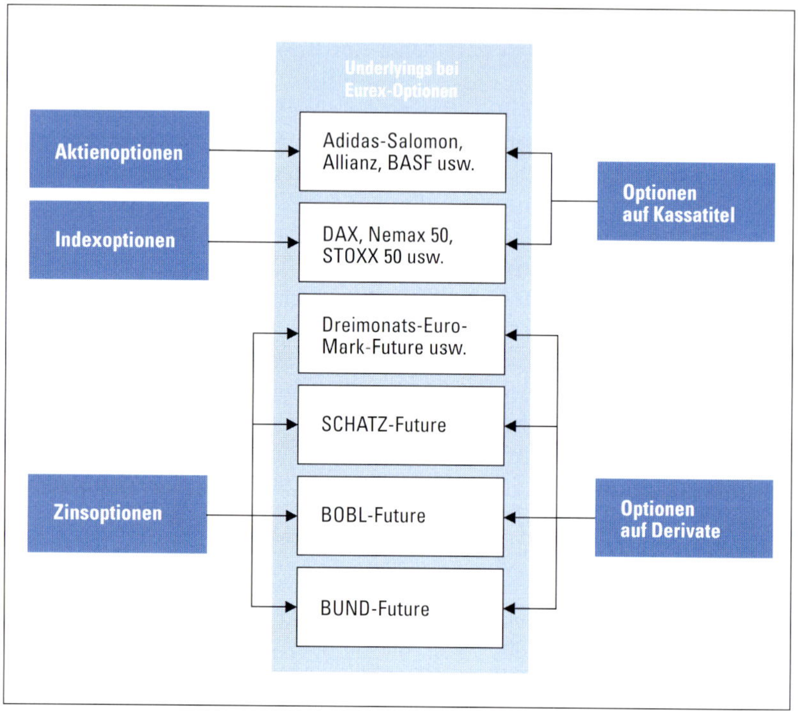

dung). Letztgenannte sind sozusagen Derivate, die sich wiederum auf Derivate beziehen.

Herkömmliche Aktienoptionen

»Normale« Aktienoptionen gehören seit Bestehen der Deutschen Terminbörse zum festen Sortiment und zählen auch an der EUREX zu den häufig genutzten Geschäften. Als Underlying stehen grundsätzlich sämtliche DAX-Werte zur Verfügung und darüber hinaus noch weitere umsatzstarke und vor allem breit gestreute Titel, etwa bestimmte Werte aus dem Neuen Markt.

Zwar sind sämtliche Produkte amerikanische Aktienoptionen, doch viele andere Kontraktspezifikationen sind nicht mehr identisch. Es bestehen zum Teil erhebliche Unterschiede, die in erster Linie zurückzuführen sind auf die zugrunde liegenden Aktien. Je höher zum Beispiel der Kurs einer Aktie, umso größer sind auch die Abstände bei den Basispreisen einer Optionsserie.

Da es keine einheitlichen Kontraktspezifikationen gibt, sondern ganz im Gegenteil sehr viele verschiedene Ausstattungsvarianten, können wir diese hier nicht vollständig darstellen. Dies erscheint uns auch nicht sinnvoll, denn gerade bei Aktienoptionen treten in relativ kurzen Zeitabständen Veränderungen ein. Daher empfehlen wir als Informationsquelle die Internet-Seite

Internet

der EUREX (www.eurex.com), wo man die notwendigen Informationen im Detail und stets auf dem aktuellen Stand findet.

Wer an der EUREX Aktienoptionen handeln möchte muss mindestens einen ganzen Kontrakt abzuschließen, der in der Regel 100 einzelne Optionen umfasst. Größere Orders müssen stets so gestellt sein, dass sie einem ganzzahligen Vielfachen davon entsprechen. Wenn wir beispielsweise Lufthansa-Calls kaufen wollen, ist das Minimum ein Kontrakt (100 einzelne Optionen). Möglich wären auch 2 oder etwa 5 Kontrakte (was gleichbedeutend ist mit 200 bzw. 500 Einzeloptionen), nicht jedoch beispielsweise 160 einzelne Optionen, denn dafür wäre eine »gebrochene« Kontraktzahl erforderlich.

Kontraktzahl

Die Kurse für EUREX-Aktienoptionen erscheinen täglich im HANDELSBLATT unter der Rubrik EUREX DEUTSCHLAND OPTIONEN. Es handelt sich hierbei um Preise vom Börsenvortag. Aktuelle Daten kann man aber auch im Internet direkt bei der EUREX abrufen.

Kontrakt		CALLS						PUTS					
		Letzt-bezahlt	Tages-hoch	Tages-tief	Settle-ment	Volu-men	Offen. Kontr.	Letzt-bezahlt	Tages-hoch	Tages-tief	Settle-ment	Volu-men	Offen. Kontr.
ADIDAS Aktie: Bezahlt 72,20 Schluss 72,20 Schluss Xetra 72,60													
02	72,50				1,18		39	1,50	1,70	1,50	1,06	100	190
03	72,50				3,04						2,67		20
04	70,00				5,71		25	2,80	2,80	2,80	2,55	10	43
06	70,00				6,95		64				4,13		51
09	70,00				9,37		3				5,96		2
12	70,00				11,01						6,94		4

Verfall-monate Basispreise

Die Optionsprämien, die man im HANDELSBLATT oder an anderen Stellen findet, gelten im Normalfall für eine einzelne Option, nicht jedoch für einen ganzen Kontrakt. Im Kurszettel aus der Finanzzeitung (siehe oben) findet man im linken Teil Angaben zu Adidas-Calls, im rechten dagegen zu -Puts. Die erste Spalte enthält den Verfallmonat, die zweite den Basispreis. Der »April-70,00-Put (Adidas)« hat zum Beispiel einen Schlusskurs (»Letztbezahlt«) von 2,80 €. Wer einen Kontrakt zu diesem Kurs gekauft hat, musste 280 € zahlen (100 mal 2,80 €).

Einzeltitel handeln

Mit Aktienoptionen ist man im Gegensatz zu Futures nicht unbedingt gezwungen, den gesamten Markt zu handeln, sondern kann sich auf Einzelwerte konzentrieren. Dadurch erweitert sich das Spektrum an Handelsmöglichkeiten.

LEPOs

Dass wir im vorangegangenen Abschnitt von »normalen« EUREX-Optionen gesprochen haben hat einen Grund: Denn die Börse bietet auch *Low-Exercise-Price-Options*, kurz LEPOs an. Es handelt sich um Geschäfte, die bewusst mit einem ausgesprochen niedrigem Basispreis (»Low Exercise Price«) von einem Euro ausgestattet sind. Bemerkenswert ist zudem, dass es LEPOs nur als Calls gibt und in aller Regel lediglich zwei Serien existieren und damit bei weitem nicht so viele wie bei normalen Optionen.

Niedriger Basispreis

Als Folge des geringen Strike ist der Innere Wert außerordentlich hoch. Betrachten wir eine LEPO, die sich auf eine bestimmte Aktie bezieht (aktueller Aktienkurs: 110 Euro). Ihr Innerer Wert liegt bei 109 € (110 € minus 1 €). Damit entspricht der Wert der LEPO praktisch dem Wert der Aktie. Die Eigenschaften, die man von »normalen« Optionen kennt – insbesondere der Hebeleffekt –, sind bei LEPOs im Grunde überhaupt nicht vorhanden. Die Kurse einer LEPO entwickeln sich vielmehr nahezu vollkommen gleich wie die der Aktie. Für einen Anleger ist es – sieht man einmal von den mit der Aktie verbundenen Rechten (Dividenden, Teilnahme an der Hauptversammlung usw.) ab – daher eigentlich egal, ob er die Aktie kauft oder eine LEPO. Zu Recht wird deswegen auch von *künstlichem* (*synthetischem*) *Aktienhandel* gesprochen.

Synthetischer Aktienhandel

Man fragt sich natürlich, was genau der Zweck von LEPOs sein soll. Die Antworten auf diese Frage sind recht vielschichtig. Zum einen ist es dank LEPOs möglich, quasi Aktien an der EUREX zu handeln. Sollte es – aus welchen Gründen auch immer – an einer Kassabörse einmal zu Engpässen kommen, können die Marktakteure praktisch an der EUREX weiterhandeln.

Motive

Optionen – und damit auch LEPOs – kann man nicht nur kaufen, sondern auch schreiben. Wer eine Stillhalter-Position in einer LEPO eröffnet hat im Prinzip die zugrunde liegende Aktie leerverkauft, ohne dafür die sonst übliche umständliche Prozedur durchlaufen zu müssen. Mit LEPOs verbessert sich – insbesondere für Privatleute – damit die Möglichkeit, Papiere leer zu verkaufen. Aktien lassen sich damit problemlos »in beide Richtungen« handeln.

Im HANDELSBLATT findet man LEPOs seltener. Wenn sie erscheinen, dann tauchen sich meist in den bereits vorhandenen Optionstabellen mit auf. Erkennbar sind sie am Basispreis (1 €).

Die EUREX veröffentlicht leicht zeitverzögerte Kurse im Internet, aber ebenfalls nicht separat, sondern zusammen mit den anderen herkömmlichen Calls (siehe folgende Abbildung). Auch hier kann man LEPOs anhand des Basispreises identifizieren.

	Strike Price	Vers. Num.	Opening Price	High	Low	Last Price	Date	Time	Daily Settlem. Price	Traded Contr.	Open Interest (adj.)	Open Interest Date
	90.00	0	n/a	n/a	n/a	n/a			0.01	0	0	Mar 01
	85.00	0	n/a	n/a	n/a	0.10	Feb 27	09:18	0.01	0	58	Mar 01
	80.00	0	0.10	0.15	0.10	0.15	Mar 02	12:35	0.04	10	844	Mar 01
	77.50	0	0.19	0.19	0.19	0.19	Mar 02	13:51	0.07	45	687	Mar 01
	75.00	0	0.15	0.36	0.15	0.36	Mar 02	14:30	0.20	147	567	Mar 01
	72.50	0	0.55	0.55	0.55	0.55	Mar 02	13:51	0.49	20	0	Mar 01
	70.00	0	0.90	1.03	0.80	0.80	Mar 02	16:05	1.12	305	1,076	Mar 01
	67.50	0	n/a	n/a	n/a	1.85	Mar 01	09:51	2.13	0	20	Mar 01
	65.00	0	3.55	3.55	2.50	2.90	Mar 02	16:55	3.55	12	2,251	Mar 01
	60.00	0	n/a	n/a	n/a	10.75	Feb 27	11:37	7.46	0	67	Mar 01
	55.00	0	n/a	n/a	n/a	17.50	Feb 13	16:37	12.23	0	9	Mar 01
	50.00	0	n/a	n/a	n/a	n/a			17.20	0	1	Mar 01
	48.00	0	n/a	n/a	n/a	n/a			19.19	0	0	Mar 01
LEPO	1.00	0	n/a	n/a	n/a	52.60	Jan 29	00:00	66.10	0	0	Mar 01
	Total									539	5,580	

DAX-Option

Zu den weltweit umsatzstärksten Indexoptionen zählt die DAX-Option (EUREX-Kürzel: ODAX), die seit 1991 – damals noch an der Deutschen Terminbörse – gehandelt werden kann. Die wichtigsten Kontraktmerkmale haben wir in folgender Übersicht zusammengetragen. ODAX

Kontraktspezifikationen der DAX-Option	
Underlying	Deutscher Aktienindex (DAX).
Kontraktgröße	5 Euro pro Indexpunkt.
Tick-Size	0,1 Punkte, was einem Wert von 0,50 Euro entspricht.
Verfallmonate	Stets die drei nächsten aufeinanderfolgenden Monate und die drei darauf folgenden Monate des Zyklus März, Juni, September, Dezember. Außerdem die beiden darauffolgenden Monate des Zyklus Juni und Dezember. Anfang April 2001 sind dies beispielsweise folgende Monate: April 01, Mai 01, Juni 01, September 01, Dezember 01, März 02, Juni 02, Dezember 02.
Daily-Settlement-Price	Schlusskurs am jeweiligen Börsentag. Ist dieser älter als 15 Minuten oder entspricht er nicht den aktuellen Marktverhältnissen, legt die EUREX den Daily-Settlement-Price fest.
Letzter Handelstag	Dritter Freitag eines Verfallmonats, sofern dies ein Börsentag ist. Ansonsten der vorausgehende Börsentag. Handelsschluss ist der Beginn der Aufrufphase der untertägigen Auktion im elektronischen Handelssystem der Frankfurter Wertpapierbörse (Xetra) um 13.00 Uhr MEZ.
Ausübung	Europäisch
Settlement-Price	DAX-Stand, der am letzten Handelstag in der untertägigen Xetra-Auktion zustande kommt.
Andienung	Cash-Settlement

Preise, die an der EUREX zustande gekommen sind, findet man täglich im HANDELSBLATT in der Tabelle EUREX DEUTSCHLAND OPTIONEN (siehe folgender Ausschnitt). Dort sind die Werte vom Börsenvortag abgedruckt. Aktuelle Notierungen lassen sich auch im Internet direkt bei der EUREX abrufen (www.eurexchange.com).

Die Kurse für eine DAX-Option – oder anders: die Optionsprämien – beziehen sich nicht auf den gesamten Kontraktwert, sondern lediglich auf einen Index. Betrachten wir als Beispiel den »Februar-6.400-Call«, dessen Schlusskurs laut den Angaben in der Finanzzeitung bei 169 € liegt (siehe nächste Seite). Für einen Kontrakt müssen wir dann 845 € (169 mal 5) bezahlen. Damit haben wird das Recht erlangt, am Fälligkeitstag fünfmal den DAX zum Preis von jeweils 6.400 € zu kaufen. Notiert der DAX am Ende über dem Basispreis, sagen wir bei 6.600, dann haben wir Anspruch auf folgenden Betrag: Fallbeispiel

$$\underbrace{6.600 - 6.400}_{\text{Barausgleich für 1 Call}} \times \underbrace{5}_{\text{Kontraktgröße}} = 1.000\ €$$

Aktueller DAX-Stand

DT. AKTIENINDEX (DAX) Index: Xetra 6591,67

02	5400	1160,0	1160,0	1137,6	1168,3	3	4				0,10		1009
	5600				968,40		23				0,10		6960
	5800				768,40		20	0,10	0,10	0,10	0,10	545	13403
	5900				668,50		130	0,10	0,10	0,10	0,10	1320	5073
	6000	556,50	556,50	491,10	568,50	110	427	0,10	0,10	0,10	0,10	223	11004
	6050				518,50						0,10		214
	6100	471,00	471,00	471,00	468,50	2	109	0,80	0,80	0,80	0,20	20	7761
	6150				418,50		68				0,20		278
	6200	368,00	368,00	305,00	368,50	17	1406	0,20	1,00	0,20	0,10	496	13236
	6250				318,70		48	0,20	0,80	0,20	0,30	17	926
	6300	257,50	259,00	220,00	268,70	40	2105	0,30	3,00	0,30	0,30	1019	12624
	6350				218,90		200	0,50	3,70	0,50	0,50	159	1423
	6400	169,00	175,00	133,90	169,30	803	7233	1,00	8,50	0,80	0,90	3242	19589
	6450	134,00	134,00	62,50	121,00	226	194	2,20	21,60	2,20	2,60	3310	3990
	6500	76,00	90,00	32,00	75,90	9181	9533	6,60	44,00	6,00	7,50	9571	16964
	6550	37,50	47,50	15,70	39,20	1920	2151	22,00	63,00	19,50	20,70	2134	2367
	6600	16,00	23,10	7,00	16,10	8228	18046	45,10	119,00	44,00	47,60	8324	15356
	6650	4,00	8,50	3,50	5,40	2229	4539	84,00	158,00	84,00	87,00	143	4176
	6700	1,00	3,40	1,00	1,90	4214	8829	132,00	208,00	130,30	133,40	719	6402
	6750	0,60	1,60	0,60	0,80	1238	5015	185,10	187,00	185,10	182,30	10	4376
	6800	0,40	1,00	0,30	0,40	1041	18420	233,00	306,00	230,00	231,90	304	2659
	6850				0,30		1889				281,80		146
	6900	0,10	0,80	0,10	0,20	560	13108	325,00	405,00	325,00	331,70	124	2434
	6950	0,10	0,10	0,10	0,20	120	2969	432,50	432,50	432,50	381,70	20	41
	7000	0,10	0,20	0,10	0,10	60	13200	429,00	508,50	429,00	431,60	122	676
	7100				0,10		12754	540,00	605,00	540,00	531,50	133	321
	7200				0,10		11097	631,00	695,00	630,00	631,50	216	702
	7300				0,10		1920	756,00	796,00	756,00	731,50	48	139
	7400	0,30	0,30	0,30	0,10	31	5747	829,00	893,00	829,00	831,50	306	579
	7500				0,10		201	943,00	980,00	940,00	931,50	32	113
	7600				0,10		1153	1040,0	1109,1	1040,0	1031,5	47	218
	7800				0,10		635	1295,0	1298,3	1295,0	1231,5	8	64
	8000				0,10		554				1431,4		72
03	5000				1583,8		909				0,20		6400
	5100				1484,3						0,40		300
	5200				1384,8		2452				0,50		9128
	5300				1285,3		2				0,60		772
	5400				1185,7		2155	1,50	1,50	1,50	0,60	42	7123
	5500				1086,3		3				0,90		6936
	5600				987.10		609	1,80	3,00	1,80	1,30	70	10682

Calls

Puts

Basispreise

Verfallmonate

Weitere EUREX-Indexoptionen

Mit der Nemax 50-Option bietet die EUREX einen weiteren Kontrakt, dem ein deutscher Aktienindex zugrunde liegt. Er funktioniert wie die DAX-Option, sodass sich weitere Erläuterungen erübrigen. Die EUREX hat – ähnlich wie beim NEMAX 50-Future – als Zielgruppe nicht nur institutionelle Teilnehmer, sondern auch Privatleute im Visier. Dies macht sich insbesondere an der Kontraktgröße bemerkbar, die lediglich ein Euro pro Indexpunkt beträgt.

Nemax 50-Option

Außer der NEMAX-Option sind noch Kontrakte auf europäische Indizes (EURO STOXX und EURO STOXX 50), den Schweizer SMI sowie den finnischen Index FOX im Angebot.

Gemessen an der DAX-Option sind die Umsätze der übrigen Kontrakte jedoch deutlich geringer.

Die Kurse vom Börsenvortag zeigt das HANDELSBLATT unter der Rubrik EUREX DEUTSCHLAND OPTIONEN. Zu finden sind sie außerdem mit geringer zeitlicher Verzögerung auf der Internetseite der EUREX.

Einführung

Die Zinsoptionen an der EUREX beziehen sich ausnahmslos auf Futures. Das Spektrum an handelbaren Underlyings beginnt am unteren Ende der Zinsstrukturkurve beim 3-Monats-EURIBOR-Future und schließt mit der Option auf den BUND-Future am oberen Ende ab. Die Kontrakte vervollständigen zwar das Produktsortiment an der EUREX, sind – abgesehen von der BUND-Futureoption – aber praktisch bedeutungslos, wie wir in den nächsten Abschnitten sehen werden.

Option auf den 3-Monats-EURIBOR-Future

Dieser Kontrakt (EUREX-Kürzel: OEU3) hat als Basiswert den an der EUREX gehandelten 3-Monats-EURIBOR-Future. Übt man ihn aus – was jederzeit möglich ist (amerikanische Option) – ergibt sich für den Käufer und einen entsprechenden Verkäufer eine Position im 3 Monats-EURIBOR-Future. Was das genau zu bedeuten hat, erklären wir im nächsten Abschnitt am Fall der BUND-Futureoption ausführlicher. OEU3

Am Kurszettel im HANDELSBLATT (EUREX DEUTSCHLAND OPTIONEN) kann man erkennen, dass der 3-Monats-EURIBOR-Future von den Börsenteilnehmern so gut wie gar nicht genutzt wird (siehe rechts). Die Kontraktspezifikationen sowie der Produktaufbau sind in etwa vergleichbar mit der BUND-Futureoption und können auf der Internetseite der EUREX eingesehen werden. Deswegen wollen wir hier nicht auf weitere Details eingehen.

3MONATS-EURIBOR-FUTURES

03	95,30				0,13						0,09		
06	95,60				0,18						0,22		
09	95,70				0,25						0,27		
12	95,60				0,30						0,32		

Option auf den BUND-Future

Die bekannteste und umsatzstärkste Zinsoption ist der Kontrakt auf den BUND-Future (EUREX-Kürzel: OGBL). Dieses Geschäft ist 1991 erstmals – damals noch an der Deutschen Terminbörse – zum Handel angeboten worden. In folgender Übersicht auf der nächsten Seite haben wir die wichtigsten Merkmale aufgelistet. OGBL

Oft hört man die Frage, warum die EUREX den BUND-Future als Underlying gewählt hat statt einer normalen Bundesanleihe. Hierfür sind mehrere Ursachen verantwortlich. Verglichen mit dem Markt für Bundesanleihen (Kassamarkt) ist der Handel an der Terminbörse liquider und transparenter. Man kann also während der Börsenzeit stets problemlos auch größere Mengen des BUND-Futures handeln. Dies ist bei Anleihen nicht unbedingt immer der Fall. Es ist deshalb zum Beispiel leichter, Future-Optionen abzusichern als Optionen, die sich auf echte Anleihen beziehen.

Doch es existieren noch andere Gründe. So kann man den Kursverlauf des BUND-Futures viel leichter verfolgen (z. B. im Internet) als die Preise von Bundesanleihen, denn es gibt ja eine Fülle unterschiedlicher Emissionen und nicht wie beim BUND-Future lediglich einen einzigen Kontrakt, auf den sich der Handel konzentriert.

Für den BUND-Future sprechen außerdem Erleichterungen bei der Preisfindung. Eine Future-Option kann man viel einfacher bewerten als Anleihe-

Kontraktspezifikationen der BUND-Futureoption

Underlying	BUND-Future Bei den Verfallmonaten »März, Juni, September, Dezember« ist der Fälligkeitsmonat des zugrunde liegenden Futures mit dem der Option identisch. Bei den übrigen Verfallmonaten gilt: Fälligkeitsmonat des BUND-Futures ist der dem Verfallmonat der Option folgende Quartalsmonat.
Kontraktgröße	Ein BUND-Future.
Notierung	In Prozent, mit zwei Nachkommastellen.
Tick-Size	0,01 Punkte, was einem Wert von 10 Euro entspricht.
Verfallmonate	Stets die drei nächsten aufeinanderfolgenden Monate sowie der darauf folgende Monat aus dem Zyklus März, Juni, September, Dezember.
Daily-Settlement-Price	Schlusskurs am jeweiligen Börsentag. Ist dieser älter als 15 Minuten oder entspricht er nicht den aktuellen Marktverhältnissen, legt die EUREX den Daily-Settlement-Price fest.
Letzter Handelstag	Sechs Börsentage vor dem ersten Kalendertag des Verfallmonats der Option.
Optionsprämie	Zahlung erfolgt nach dem Future-Style-Verfahren.
Ausübung	Amerikanisch.
Erfüllung	Effektive Andienung.

Optionen. Dies liegt erstens daran, dass für den BUND-Future in deutlich kürzeren Zeitabständen – quasi im Sekundentakt – aktuelle Preise entstehen als bei Kassapapieren. Erleichtert wird die Kalkulation einer Future-Option zweitens dadurch, dass das Underlying stets eine gleich bleibende Restlaufzeit hat und damit das Problem der Laufzeitabschmelzung umgangen wird.

Fallbeispiel

An einem konkreten Beispiel wollen wir einmal zeigen, wie eine derartige Option funktioniert. Im HANDELSBLATT findet man unter der Rubrik EUREX DEUTSCHLAND OPTIONEN die Kurse vom Börsenvortag (siehe folgender Ausschnitt). Dort finden wir für den »März-109,00-Call« einen Schlusskurs von 0,28 (Prozent). Angenommen, wir gehen von sinkenden Zinsen und damit steigenden Anleihekursen aus und kaufen deshalb einen Kontrakt zu diesem Preis, dann müssten wir eine Prämie in folgender Höhe zahlen:

$$\frac{\overbrace{0{,}28}^{\text{Kursnotiz}}}{100} \times \overbrace{100.000\,€}^{\text{Kontraktgröße eines BUND-Futures}} = 280\,€$$

EURO-BUND-FUTURES

Verfallmonate	Basispreise	Calls						Puts					
03	109,00	0,28	0,34	0,26	0,27	7925	25345	0,26	0,26	0,18	0,24	5628	18307
04	109,00	0,36	0,43	0,36	0,35	425	6043				0,86		4114
05	109,00				0,55	100	713				1,06		1120
06	108,50	0,99	0,99	0,99	0,95	280	7620				0,96	250	11019

Wir haben jetzt das Recht, einen BUND-Future zum Basispreis von 109 Prozent zu kaufen. Unterstellen wir einmal, unsere Zinserwartungen treten tatsächlich ein, die Preise für langlaufende Bundesanleihen steigen und demzufolge auch der Kurs des BUND-Futures. Er soll einige Tage später bei 110 Prozent notieren. Nun üben wir den Call aus. Wir erhalten darauf hin eine Long-Position im BUND-Future (März), für die wir aber nicht den aktuellen Kurs (110 Prozent), sondern lediglich den Basispreis (109 Prozent) bezahlen müssen. Wenn man so will, haben wir einen um 1 Prozent günstigeren Einstieg. Die EUREX erteilt uns daher eine Gutschrift auf unserem Margin-Konto in folgender Höhe:

$$\frac{\overbrace{110}^{\text{Aktueller Futurekurs}} - \overbrace{109}^{\text{Basispreis}}}{100} \times \overbrace{100.000\,€}^{\text{Kontraktgröße eines BUND-Futures}} = 1000\,€$$

Da wir »long« sind, muss es natürlich auch eine entsprechende Gegenseite geben, die jetzt eine Verkaufsposition hat. Das ist auch der Fall. Denn aus sämtlichen Teilnehmern, die einen »März-109,00-Call« geschrieben haben, bestimmt die EUREX nach dem Zufallsprinzip einen, der anschließend den BUND-Future zum Kurs von 109 Prozent verkaufen muss. Die Zuordnung erfolgt rein zufällig, da sich Käufer und Stillhalter auch beim Abschluss des Optionsgeschäfts nicht unmittelbar gegenüberstehen und man deshalb gar keine direkte Zuordnung vornehmen könnte.

Zufällige Zuordnung

Der (ehemalige) Stillhalter des »März-109,00-Call« hat nun eine Short-Position zum Kurs von 109. Da der aktuelle Wert des BUND-Futures einen Prozentpunkt höher liegt, hat er unter Preis verkauft und einen Verlust von 1.000 €. Daher belastet die EUREX sein Margin-Konto mit diesem Betrag.

Beiden Parteien steht es anschließend frei, ob sie den BUND-Future aufrechterhalten oder sofort durch ein entsprechendes Gegengeschäft wieder schließen.

Mit dem Kauf von BUND-Future-Puts kann man auf steigende Zinsen (sinkende Kurse) setzen. Mit Ausübung der Option erlangt der Inhaber eine Short-Position im BUND-Future, und zwar zum vorab vereinbarten Basispreis.

Weitere Zinsoptionen an der EUREX

An der EUREX können wir außerdem Optionen auf den SCHATZ- und BOBL-Future handeln. Die Kontraktspezifikationen sind in etwa identisch mit denen der BUND-Future-Option. Betrachtet man jedoch deren Umsätze (siehe folgende Kurstabellen aus dem HANDELSBLATT), dann wird klar, wie unbedeutend diese Kontrakte im Vergleich dazu sind. Deswegen wollen wir hierauf auch nicht intensiver eingehen. Details kann man wie gewohnt im Internet direkt bei der EUREX abrufen.

EURO-BOBL-FUTURES

03	105,75				0,24	500	5515	0,09	0,09	0,09	0,13	1250	8817
04	105,75				0,40	1200	2700				0,37	1200	2275
05	105,75				0,54						0,52		
06	105,75				0,66	400	450				0,63	400	235

EURO-SCHATZ-FUTURES

03	102,75	0,03	0,03	0,03	0,02	1000	13535				0,15		8200
04	102,75				0,16		381				0,20		1350
05	102,75				0,21		700				0,25		700
06	102,75				0,26		10650				0,30		3300

Tagesstatistik Terminmarkt

Das Tagesgeschehen an der EUREX erscheint als Zusammenfassung im HANDELSBLATT unter der Rubrik Tagesstatistik Terminmarkt (siehe Abbildung). Die dort genannten Werte sind Umsatzzahlen, die nach den jeweiligen Produktarten aufgeschlüsselt sind. In der Praxis finden insbesondere die Umsätze bei Optionen hohe Aufmerksamkeit, denn daraus lässt sich – wenn man daran glaubt – die Stimmung am Markt ableiten. Sind von einem bestimmten Titel, etwa einer Aktie, mehr Puts als Calls gehandelt worden, dann wertet man dies allgemein als Signal für Pessimismus im Markt. Als eine Art Stimmungsbarometer verwendet man eine spezielle Kennzahl, die *Put-Call-Ratio*. Sie ergibt sich, wenn man die Anzahl an gehandelten Puts durch die Menge an Calls teilt. Betrachten wir als Beispiel die Aktien von Henkel und Preussag. Für Henkel ergibt sich ein Wert von 0,15, für Preussag hingegen 5,19 (siehe Abbildung). Je höher die Zahl ist, umso stärker wird dies als Indiz gewertet, dass die Kurse fallen. Umgekehrt kann man von umso größerem Optimismus ausgehen, je kleiner der Wert ist. Die Grenze bildet 1,0. Liegt die Ratio darüber, dann sind mehr Puts als Calls umgesetzt worden, liegt sie darunter ist es entgegengesetzt.

Put-Call-Ratio

Der Optimismus ist bei Henkel also relativ hoch, bei Preussag überwiegt demgegenüber der Pessimismus. Man sollte bei Analysen auf Basis der Put-Call-Ratio immer daran denken, dass sie kein alleiniges Entscheidungskriterium sein kann.

Ist die Put-Call-Ratio ein Stimmungsbarometer?

Eine hohe (geringe) Put-Call-Ratio muss nicht zwingend auf Pessimismus bzw. Optimismus zurückzuführen sein. Es können auch andere Gründe dafür verantwortlich sein. (Beispiel: Eine Bank hat viele Puts gekauft, um damit ein strukturiertes Finanzprodukt abzusichern.)

Eurex Deutschland

Tagesstatistik Terminmarkt

HANDELSBLATT, 21.2.2001

HB FRANKFURT/M. An der deutsch-schweizerischen Terminbörse Eurex wurden am Dienstag bis gegen 16 Uhr MEZ 1 113 919 Kontrakte umgesetzt. Davon entfielen 709 066 auf Futures und 404 853 auf Optionen. Bei den Optionen spaltete sich das Gesamtvolumen in 227 358 Calls und 177 495 Puts auf. In den einzelnen Kontrakten gab es folgende Umsätze:

>> 264 021 Aktienoptionen (148 560 Calls, 115 461 Puts), C/PR: 1,29;
>> 54 680 Dax-Optionen (28 604 Calls, 26 076 Puts), C/PR: 1,10;
>> 0 DJ Stoxx-Optionen (0 Calls, 0 Puts), C/PR: 0;
>> 30 826 Euro-Stoxx-Optionen (15 841 Calls, 14 985 Puts), C/PR: 1,06;
>> 39 953 Euro-Bund-Future-Optionen (24 219 Calls, 15 734 Puts), C/PR: 1,54;
>> 2 800 Euro-Bobl-Future-Optionen (2 500 Calls, 300 Puts), C/PR: 8,33;
>> 1 610 Euro-Schatz-Future-Optionen (1 460 Calls, 150 Puts), C/PR: 9,73;
>> 34 395 Dax-Futures;
>> 459 DJ-Stoxx-Futures;
>> 30 389 DJ Euro-Stoxx-Futures;
>> 293 029 Euro-Bund-Futures;
>> 188 682 Euro-Bobl-Futures;
>> 148 567 Euro-Schatz-Futures;
>> 3 503 Nemax-50-Futures;
>> 0 Einmonats-Euribor-Futures;
>> 2 499 Dreimonats-Euribor-Futures;
>> 3 166 Nemax-50-Optionen.

Folgende Aktienoptionen wurden bis zur genannten Zeit gehandelt (zuerst werden die Calls genannt, dann die Puts): Adidas (0, 21), Allianz (751, 594), BASF (678, 400), Bayer (4 072, 5 197), BMW (77, 205), Commerzbank (875, 3 288), Consors (121, 250), DaimlerChrysler (4 245, 4 026), Deutsche Bank (7 040, 7 826), Degussa-Hüls (0, 0), Dresdner Bank (1 347, 3 294), Deutsche Telekom (43 899, 27 506), EM.TV (12, 48), E.ON (1 258, 965), Epcos (301, 104), Fresenius Medical Care (206, 235), Henkel (310, 45), Hypo-Vereinsbank (237, 115), Infineon (1 141, 462), Karstadt (238, 0), Lufthansa (587, 1 229), Linde (8, 95), MAN (316, 178), Metro (48, 15), MobilCom (196, 64), Münchener-Rück NA (1 059, 102), Preussag (245, 1 272), RWE-StA (195, 578), SAP-VA (1 294, 497), Schering (44, 92), Siemens (6 633, 5 258), Thyssen-Krupp (1 240, 1 250), T-Online (126, 89), VW (2 578, 806),

$$\frac{45}{310} = 0{,}15$$

$$\frac{1.272}{245} = 5{,}19$$

OTC-Optionen

Einführung

Von ihrem Aufbau und ihrer Wirkungsweise sind OTC-Optionen mit Terminbörsenkontrakten vergleichbar. Unterschiede bestehen vor allem in der freien Ausgestaltung der Geschäfte. Eine OTC-Transaktion unterliegt grundsätzlich keinerlei Restriktionen und kann damit an die individuellen Anforderungen der beteiligten Parteien angepasst werden. Im Unterschied zu Traded Options werden OTC-Produkte öfter bis zur Endfälligkeit gehalten und weniger für Tradingzwecke (kurzfristige Spekulation) genutzt.

Devisen- und Zinsoptionen

In Deutschland sind *OTC-Devisenoptionen* und *-Zinsoptionen* weit verbreitet. Hierauf wollen wir uns im Weiteren konzentrieren.

Auch andere Underlyings wie etwa Aktien und Indizes sind zu finden. Oft greift man auf solche OTC-Geschäfte zurück, wenn entsprechende Kontrakte an der EUREX nicht verfügbar sind. So kommt es zum Beispiel häufiger vor, dass Optionen auf bestimmte Aktien (Nebenwerte etc.) nicht angeboten oder sehr lange Optionslaufzeiten benötigt werden. Einige Marktteilnehmer verlangen zudem bestimmte exotische Strukturen – zum Beispiel Optionen mit einer Knock-Komponente – die an der EUREX ebenfalls nicht handelbar sind. Dort sind lediglich Plain-Vanilla-Produkte im Angebot.

OTC-Optionen werden typischerweise direkt zwischen institutionellen Marktteilnehmern (z. B. Banken, Fondsgesellschaften, Versicherungen) gehandelt und sind im Privatkundengeschäft ganz selten anzutreffen. Häufig vermitteln Makler – wie bei anderen OTC-Transaktionen üblich – derlei Geschäfte und übernehmen nicht selten auch einen Großteil der administrativen Aufgaben.

Makler

Hat man sich – meist telefonisch – über Ausstattung und Konditionen geeinigt, wird die Vereinbarung im Anschluss schriftlich fixiert, den Vertragspartnern zur Überprüfung zugeleitet und zur Sicherheit von beiden nochmals schriftlich bestätigt. Es ist leicht nachvollziehbar, dass OTC-Geschäfte nur dann zustande kommen, wenn sich die Parteien sehr gut kennen und aufeinander verlassen können. Eine Geschäftsbank akzeptiert ein Industrieunternehmen beispielsweise nur dann als Stillhalter, wenn fest davon auszugehen ist, dass Verpflichtungen in der Zukunft auch erfüllt werden, sonst verlangt die Bank entsprechende Sicherheiten vergleichbar den Margins an einer Terminbörse.

Abhängig ist ein Geschäft im Normalfall von bestimmten Mindestbeträgen, denn allein aufgrund der Abwicklungskosten lohnen sich geringfügige Mengen nicht.

Durchhandeln

Für die Banken ist das Geschäft mit OTC-Optionen zum Teil ein reines *Durchhandeln*. Und das kann in der Praxis auf zweierlei Art geschehen: Unterstellen wir, ein Kunde möchte Calls von seiner Bank (Bank A) kaufen. Nun kann Bank A, weil sie aufgrund hoher Risiken oder fehlenden Knowhows zur Eigenproduktion nicht in der Lage ist, das Geschäft einfach nur weitervermitteln. Sie wendet sich dazu an Bank B, bringt den Kunden mit diesem Institut zusammen und kassiert dafür eine Provision. Der Kunde schließt das Geschäft mit B ab und er nimmt auch unmittelbar wahr, dass B sein Geschäftspartner ist. Übt er später die Optionen aus, dann richtet er seine Ansprüche an B.

Es gibt natürlich auch Situationen, in denen Bank A – zum Beispiel aus Imagegründen – lieber selbst als direkter Transaktionspartner in Erscheinung treten möchte. Auch das ist mit relativ geringem Aufwand möglich. A kauft die Calls bei Bank B (B ist Schreiber). Anschließend kauft der Kunde die Calls von Bank A (A ist Schreiber). Angenommen, der Kunde übt seine Calls später aus. Er wendet sich dann an A, um seine Ansprüche geltend zu machen. A kann diese problemlos erfüllen, denn sie übt gleichzeitig die eigenen Calls aus und stellt entsprechende Forderungen an Bank B.

Derartige Durchhandelsgeschäfte tätigen zum Beispiel viele kleine und mittlere Sparkassen, wenn ein Firmenkunde zum Beispiel Devisen- oder Zinsoptionen benötigt. Die Sparkasse wendet sich dann im Regelfall an eine Landesbank und wickelt mit dieser die Transaktionen ab. Normalerweise wird die Landesbank ein solches Geschäft nicht einfach abschließen und das volle Risiko übernehmen, sondern ihrerseits versuchen, die Position entsprechend abzusichern. Dies kann zum Beispiel an einer ausländischen Terminbörse wie der CME (Chicago Mercantile Exchange) geschehen, in dem dort Währungsfutures oder -optionen gehandelt werden.

Terminbörse

Devisenoptionen

Da es an der EUREX keine Devisenoptionen gibt, sind – abgesehen von ausländischen Terminbörsen – OTC-Transaktionen der einzige Weg, um ein derartiges Geschäft hierzulande einzugehen. Nahezu jede Großbank ist heute in der Lage, auch für höhere Volumen (Sizes) Geld- und Briefkurse zu stellen, vorausgesetzt, es handelt sich um Plain-Vanilla-Produkte. Bei exotischen Geschäften ist der Kreis der Anbieter hingegen zum Teil deutlich kleiner.

Im HANDELSBLATT erscheinen in der Tabelle DEVISENOPTIONEN Geld-/Briefkurse sowohl für europäische Calls (Kauf) als auch Puts (Verk.) für drei verschiedene Währungen und vier voneinander abweichende Laufzeiten. Urheber dieser Daten ist die WestLB. Die dort genannten Prämien sind Prozentsätze, die sich auf den gesamten Optionsbetrag (in Euro) beziehen.

Betrachten wir zur Verdeutlichung ein Beispiel: Die Bank stellt für Dollar-Calls mit dreimonatiger Laufzeit (Basispreis: 0,900 Dollar/Euro) eine Quotierung von 1,42–1,57. Wie hoch ist dann der Preis, den wir bezahlen müssen, denn die Angaben sind ja Prozentsätze? Angenommen, wir wollen einen Call kaufen, dem 100.000 Dollar zugrunde liegen. Wir müssen diesen Be-

DEVISENOPTIONEN

Euro / $: Ref.kurs 0,9194 **Stand 14.2.2001, 13.00 Uhr**

Kauf $	1 Monat	3 Monate	6 Monate	12 Monate
0,900	0,47 - 0,62	1,42 - 1,57	2,34 - 2,54	3,53 - 3,78
0,925	1,60 - 1,75	2,64 - 2,79	3,59 - 3,79	4,78 - 5,03
0,950	3,52 - 3,67	4,32 - 4,47	5,15 - 5,35	6,24 - 6,49
Verk. $	**1 Monat**	**3 Monate**	**6 Monate**	**12 Monate**
0,900	2,63 - 2,78	3,66 - 3,81	4,68 - 4,88	6,12 - 6,37
0,925	1,05 - 1,20	2,19 - 2,34	3,28 - 3,48	4,79 - 5,04
0,950	0,26 - 0,41	1,18 - 1,33	2,19 - 2,39	3,67 - 3,92

Euro / Pfund: Ref.kurs 0,6307 **Stand 14.2.2001, 13.00 Uhr**

Kauf Pfund	1 Monat	3 Monate	6 Monate	12 Monate
0,600	0,02 - 0,18	0,24 - 0,39	0,71 - 0,91	1,44 - 1,69
0,625	0,56 - 0,71	1,28 - 1,43	1,97 - 2,17	2,82 - 3,07
0,650	3,08 - 3,23	3,54 - 3,69	4,09 - 4,29	4,79 - 5,04
Verk. Pfund	**1 Monat**	**3 Monate**	**6 Monate**	**12 Monate**
0,600	4,87 - 5,02	5,25 - 5,40	5,86 - 6,06	6,88 - 7,13
0,625	1,53 - 1,68	2,39 - 2,54	3,27 - 3,47	4,52 - 4,77
0,650	0,11 - 0,26	0,74 - 0,89	1,54 - 1,74	2,75 - 3,00

Euro / Yen: Ref.kurs 106,96 **Stand 14.2.2001, 13.00 Uhr**

Kauf Yen	1 Monat	3 Monate	6 Monate	12 Monate
105,000	0,83 - 0,98	2,04 - 2,19	3,21 - 3,41	4,89 - 5,14
107,500	1,87 - 2,02	3,16 - 3,31	4,37 - 4,57	6,08 - 6,33
110,000	3,41 - 3,56	4,57 - 4,72	5,73 - 5,93	7,42 - 7,67
Verk. Yen	**1 Monat**	**3 Monate**	**6 Monate**	**12 Monate**
105,000	2,66- 2,81	3,86 - 4,01	5,02 - 5,22	6,67 - 6,92
107,500	1,37 - 1,52	2,64 - 2,79	3,84 - 4,04	5,54 - 5,79
110,000	0,57 - 0,72	1,72 - 1,87	2,87 - 3,07	4,55 - 4,80

Prämie in Prozent vom Eurobetrag; mitgeteilt von WestLB, Düsseldorf.

trag zum Basispreis in Euro umrechnen. Er stellt die Ausgangsbasis zur Prämienberechnung dar.

$$\frac{100.000\ \$}{0{,}900\ \$/€} = 111.111{,}11\ €$$

Da die Bank die Briefseite verlangt, müssen wir eine Gesamtprämie von 1.744,44 Euro (111.111,11 mal 1,57 %) bezahlen. Nun haben wir das Recht, Euro zum Kurs von 0,900 Dollar zu kaufen. Lohnenswert ist die Ausübung nur dann, wenn der Preis für den Euro steigt (also der Euro aufgewertet wird) oder anders ausgedrückt, wenn der Kurs des Dollar sinkt. Erwartet etwa ein deutsches Handelsunternehmen in drei Monaten einen Zahlungseingang in Dollar, kann es sich mit Euro-Calls gegen Wertverluste sichern.

Absicherung

Dass man zur Absicherung gegen einen sinkenden Dollarwert Calls nutzt, liegt an der Mengennotierung. Der Call ist ja keine Dollar-, sondern eine Euro-Option. Mit Puts sichert man sich im Vergleich dazu gegen steigende Dollarkurse ab. Versetzen wir uns dazu einmal in die Lage eines Finanzmanagers in einem Unternehmen, in dem vor einiger Zeit Rohstoffe für 1.000.000 Dollar gekauft worden sind, deren Kaufpreis in sechs Monaten fällig ist. Aufgrund eigener Prognosen geht der Manager von sinkenden Dollarkursen aus, doch er ist von seiner Vorhersage nicht ganz überzeugt und strebt daher eine Absicherung mit Optionen an. Die Frage ist nun, welche Art benötigt wird. Da er sich gegen steigende Dollarkurse versichern muss, braucht er eigentlich Dollar-Calls. Doch die Banken bieten lediglich Euro-Optionen an. Da steigende Dollarkurse gleichbedeutend sind mit fallenden Europreisen, braucht der Finanzmanager demnach Euro-Puts.

Man sieht, dass Devisenoptionen aufgrund der jetzt üblichen Mengennotierung etwas gewöhnungsbedürftig sind.

Zinsoptionen

Überblick

Für OTC-Optionen kommen grundsätzlich alle Zinsinstrumente als Underlying in Frage. Doch nicht jedes davon besitzt in der Praxis einen gleich hohen Stellenwert. Am höchsten ist das Interesse bei so genannten *Zinsbegrenzungsvereinbarungen* – besser bekannt als *Caps* und *Floors* – sowie Optionen auf *Swaps* (Swaptions). Daher konzentrieren wir uns im Weiteren auf diese Geschäfte.

Caps und Floors

Bevor wir auf Caps und Floors eingehen, wollen wir uns kurz mit Optionen befassen, die auf einem Referenzzinssatz basieren, etwa dem 6- oder dem 3-Monats-Euribor. Denn sie sind die Basis für Caps und Floors. Anhand folgenden Beispiels wollen wir demonstrieren, wie ein derartiges Geschäft aufgebaut ist.

Euribor-Call	
Underlying	6-M-Euribor
Basispreis	4,5 % p. a
Ausübungstag	1.7.
Zinsperiode	1.7. bis 31.12.
Volumen	100.000 €
Ausübung	europäisch

Als Inhaber eines solchen Calls haben wir das Recht auf eine Zahlung, wenn der Euribor am 1. Juli den festgelegten Basispreis von 4,5 % überschreitet. Angenommen, der Euribor liegt dann bei 5,5 %. Wir würden jetzt 1 % (5,5 minus 4,5) für die vereinbarte Zinsperiode (1.7. bis 31.12.) und für einen Kapitalbetrag von 100.000 € erhalten. Das sind 500 €.

Begriffe nicht einheitlich

Bemerkenswert ist die Tatsache, dass Zinssatzoptionen in der Praxis häufig nicht einheitlich gekennzeichnet werden. Oft hat ein Call genau dann einen inneren Wert, wenn der Referenzzins unterhalb des Basissatzes (Strike) liegt. Beim Put ist es dagegen umgekehrt. Er weist einen inneren Wert auf, sofern der Referenzzins den Strike übertrifft. Im Vergleich zu Calls auf andere Underlyings, z. B. Aktien oder Anleihen, profitiert der Käufer eines Zinssatz-Calls also nicht von einem Anstieg des Underlyingpreises, sondern von einem Rückgang! Dieser Sachverhalt lässt sich mit der bereits bei anderen Zinsprodukten beschriebenen inversen Beziehung zwischen Kurs und Zinssatz erklären: Der Käufer eines Zinssatz-Calls setzt (indirekt) auf steigende Anleihekurse, die allerdings durch sinkende Zinsen hervorgerufen werden. Der Inhaber eines Zinssatz-Puts geht hingegen von sinkenden Kursen aus, die sich bei einem Zinsanstieg ergeben. Ein Zinssatz-Call dient damit indirekt der Absicherung gegen steigende Kurse (sinkende Zinsen), wohingegen ein entsprechender Put vor einem Zinsanstieg schützt.

Auch bei Caps und Floors handelt es sich um Zinssatzoptionen, allerdings nicht um ein einzelnes Geschäft, sondern – wie wir später noch sehen – um ein ganzes Bündel gleichartiger Zinssatzoptionen. In der Praxis haben Caps und Floors eine viel höhere Bedeutung erlangt als Zinssatzoptionen. Deswegen beschäftigen wir uns auch ausführlicher damit. Betrachten wir zunächst Caps.

Bündel von Optionen

Es handelt sich um eine vertragliche Vereinbarung mit Optionscharakter, in der folgende Punkte festgelegt werden:

- Referenzzinssatz (standardmäßig verwendet man den 3- oder 6-M-Euribor);
- Roll-over-Termine, etwa jährlich am 1.7. oder halbjährlich, am 1.2. und 1.8;
- Gesamtlaufzeit (z. B. 4 Jahre);
- die Zinsobergrenze (Strike), etwa 7 %;
- das Volumen, beispielsweise 10 Millionen Euro.

Der Cap gibt uns das Recht, bei Überschreiten des Strikes vom Verkäufer eine Ausgleichszahlung zu verlangen. Diese beziffert sich auf:

$$\frac{(\text{Referenzzinssatz} - \text{Strike}) \times \text{Tage}}{100 \times 360} \times \text{Volumen}$$

Der Verkäufer zahlt – wie bei Zinsen üblich – nachschüssig, meistens zwei Tage vor dem nächsten Roll-over-Termin.

Absicherung gegen steigende Zinsen

Ein *Cap* ist also eine Höchstzinsvereinbarung also eine Art »(Zins-)deckel« (englisch Cap), mit der man auf steigende Zinsen spekulieren oder sich gegen einen Zinsanstieg absichern kann. An einem Fallbeispiel wollen wir die Verwendungsmöglichkeiten einmal veranschaulichen.

Beispiel

Ein Industrieunternehmen hat vor einigen Jahren einen variabel verzinslichen Kredit über 10 Millionen Euro aufgenommen, der jetzt noch drei Jahre läuft. Die Zinszahlungen werden jährlich am 1.7. festgelegt. Zinssatz ist der 12-M-Euribor. Da der Finanzmanager in den nächsten Jahren mit starken Zinsschwankungen rechnet, kauft er nebenstehenden Cap (in der Fachsprache auch »6 % gegen 12-M-Euribor« genannt) bei einer Bank.

Cap	
Referenzzinssatz	12-M-Euribor
Roll-over-Termine	jährlich am 1.7.
Gesamtlaufzeit	3 Jahre
Strike	6 %
Volumen	10 Mio. Euro

Am 1.7. eines jeden Jahres wird der aktuelle Euribor dem Strike gegenübergestellt. Notiert er höher, ist eine (nachschüssige) Zahlung fällig. Angenommen, der Euribor liegt bei 9 %. Für unser Unternehmen bedeutet das Kreditzinsen für die kommende Periode in Höhe von 900.000 Euro. Da der Euribor jedoch die vereinbarte Obergrenze um 3 Prozentpunkte überschreitet, muss die Bank als Stillhalter folgende Zahlung an das Unternehmen leisten:

$$\frac{(9 - 6) \times 360}{100 \times 360} \times 10.000.000 \text{ €} = 300.000 \text{ €}$$

Die Zinsbelastung reduziert sich dadurch um 300.000 € und beträgt effektiv nur noch 600.000 €. Das Beispiel belegt, dass ein Cap die Zinsbelastung für einen Kreditnehmer nach oben limitiert. Der Begrenzungsvertrag wirkt erst, wenn die Zinsobergrenze überschritten wird. Bei Referenzzinssätzen, die unterhalb des Strikes liegen, wirkt der Cap hingegen nicht. Das Unternehmen profitiert also weiterhin von niedrigen Zinsen.

Unser Beispiel unterstreicht die große Ähnlichkeit zwischen Caps und Zinssatzoptionen. Der Käufer eines Caps vergleicht – genau wie der Inhaber einer europäischen Zinssatz-Option – Strike und aktuellen Referenzzinssatz. Übertrifft der Referenzzinssatz den Strike, so übt der Cap-Käufer sein Recht aus und verlangt eine Ausgleichszahlung, andernfalls lässt er sein Recht einfach verfallen. Die Verlustgefahr des Cap-Käufers ist auf die Prämie begrenzt, die Gewinnchance dagegen nahezu unlimitiert, weil der Referenzzinssatz beliebig steigen kann.

Der Cap weicht jedoch in einem Punkt von europäischen Zinssatz-Optionen ab. Er kann nicht nur an einem, sondern an mehreren Terminen ausgeübt werden und kommt damit einem Bündel europäischer Zinssatz-

Optionen (eine einzelne Option heißt auch *Caplet*) gleich, die – abgesehen von der Restlaufzeit – jeweils identisch ausgestattet sind. Ein Cap lässt sich folglich in einzelne Zinssatzoptionen zerlegen.

Caplet

Wenn man die Prämie für einen Cap kalkulieren muss, kann man sich diesen Zusammenhang zunutze machen. Man berechnet die Werte für die einzelnen Caplets und addiert sie anschließend. Das Ergebnis entspricht dem Wert des Caps.

Üblicherweise wird die Prämie für einen Cap als Einmalzahlung beim Geschäftsabschluss geleistet. Man nennt das auch *Up-front-Payment*. Die Preisangaben erfolgen für gewöhnlich in Form von Basispunkten (bp) und beziehen sich jeweils auf das zugrunde liegende Volumen.

Up-front-Payment

Inzwischen kann man Quotierungen für Caps im Internet abrufen. Beispielsweise stellt die WestLB entsprechende Sätze unter www.westlb.de ins Netz und aktualisiert die Angaben laufend (siehe folgende Abbildung). Es handelt sich hierbei lediglich um Indikationen. Kommt es zu einem Geschäftsabschluss, muss die Prämie zwischen der Bank und dem Kunden konkret ausgehandelt werden. Die Indikationen geben die tatsächliche Preislage aber schon recht genau wieder.

Basispreise

CAPS:	2,00%	2,50%	3,00%	4,00%	5,00%	6,00%	7,00%
Laufzeit							
1 Jahr							
2 Jahre		287-297	217-226	102-109			
3 Jahre	668-689	553-572	441-458	248-262	129-142	66-76	34-41
4 Jahre	992-1024	837-866	684-707	418-438	241-257	137-150	77-87
5 Jahre	1307-1352	1115-1156	924-956	591-618	361-385	219-238	132-148
6 Jahre	1625-1680	1397-1444	1171-1211	773-807	485-516	304-330	190-211
7 Jahre		1678-1735	1420-1470	960-1002	621-659	396-429	254-282
8 Jahre			1667-1724	1148-1199	757-803	499-540	316-351
9 Jahre				1311-1369	882-935	577-624	384-425
10 Jahre					993-1052	657-710	440-488

Geld-Satz

Brief-Satz

WestLB

WestLB kauft 9-jährigen Cap (Strike: 4%) zum Preis von 1.311 Basispunkten vom Kunden.

WestLB verkauft 9-jährigen Cap (Strike: 4%) zum Preis von 1.369 Basispunkten an den Kunden.

Für einen Cap mit 9 Jahren Laufzeit und einem Strike von 4% stellte die WestLB zum Zeitpunkt des Abrufs der Quotierungen »1.311–1.369«. Kaufen wir einen Cap von der Bank (Volumen: 10 Millionen Euro), dann verlangt sie von uns eine Prämie von 1.369 Basispunkten oder 13,69 Prozent, das ergibt einen Betrag von 1.369.000 €, den wir direkt beim Kauf begleichen müssen. Dafür haben wir dann das Recht, die nächsten 9 Jahre einen Ausgleich zu verlangen, wenn der Euribor die Marke von 4 % überschreitet.

Um die Absicherungskosten etwas transparenter zu gestalten und die effektive Belastung pro Jahr sichtbar zu machen, verteilt man die Einmalprämie häufig auf die gesamte Laufzeit und zwar so, dass zu jedem Zinstermin ein gleich hoher Betrag dabei herauskommt.

Kommen wir nun zu *Floors*. Diese geben dem Inhaber das Recht, bei Unterschreiten eines Strikes vom Stillhalter eine Ausgleichszahlung zu verlangen. Floors sind, was ihre Ausstattung und die Handelsusancen betrifft, mit Caps absolut vergleichbar. Der einzige Unterschied liegt darin, dass die Vertragspartner eine Zinsuntergrenze und keine -obergrenze festlegen. Unterschreitet der Referenzzinssatz an einem Roll-over-Termin den Strike, so empfängt der Käufer eine Ausgleichszahlung in folgender Höhe:

$$\frac{(\text{Strike} - \text{Referenzzinssatz}) \times \text{Tage}}{100 \times 360} \times \text{Volumen}$$

Floorlets

Ein Floor entspricht einem Paket aus europäischen Zinssatz-Optionen, wobei die einzelnen Produkte – auch *Floorlets* genannt –, mit Ausnahme der Restlaufzeit, identisch ausgestattet sind. Die Prämie für einen Floor ergibt sich dann einfach durch Summierung der Einzelpreise der jeweiligen Zinssatz-Optionen. Sie wird – genau wie bei einem Cap – zumeist in Form einer Einmalzahlung bei Abschluss des Zinsbegrenzungsvertrages (Up-front-Payment) erhoben und als Prozentsatz (Basispunkte) angegeben. Der Satz bezieht sich dann auf das zugrunde liegende Volumen und lässt sich so über die Laufzeit des Floors verteilen, dass an jedem Roll-over-Termin rein rechnerisch eine gleich hohe Prämie anfällt.

Caps und Floors auch als Warrants

Einige Banken geben Caps und Floors auch in Form von Optionsscheinen aus. In solchen Fällen sind die zugrunde liegenden Nominalbeträge im Allgemeinen erheblich geringer als bei herkömmlichen Zinsbegrenzungsverträgen. Auch Privatanleger haben dann die Möglichkeit, Caps und Floors zu Spekulations- oder Absicherungszwecken zu kaufen.

Auch *Floor-Prämien* findet man mittlerweile im Internet, etwa auf der bereits erwähnten Seite der WestLB (siehe oben).

An folgendem Beispiel zeigen wir, wie man mit Hilfe eines Floors für eine variabel verzinsliche Anleihe eine Mindestverzinsung – wenn man so will einen (Zins-)boden (engl. Floor) – erreichen kann.

Beispiel

Wir haben eine variabel verzinsliche Anleihe (Kupon: 6-M-Euribor, Zinstermin halbjährlich im Januar und Juli) im Bestand und rechnen mit starken Zinsschwankungen. Um einen Mindestertrag von 5 % zu sichern, kaufen wir einen Floor mit entsprechendem Strike. Dafür müssen wir eine Prämie bezahlen, die – verteilt man sie gleichmäßig auf die Laufzeit – bei 1 % p.a. liegt. In einem Diagramm haben wir einmal schematisch die Ertragslage mit und ohne Floor dargestellt. Die Absicherungskosten von 1 % haben wir dabei bereits eingerechnet.

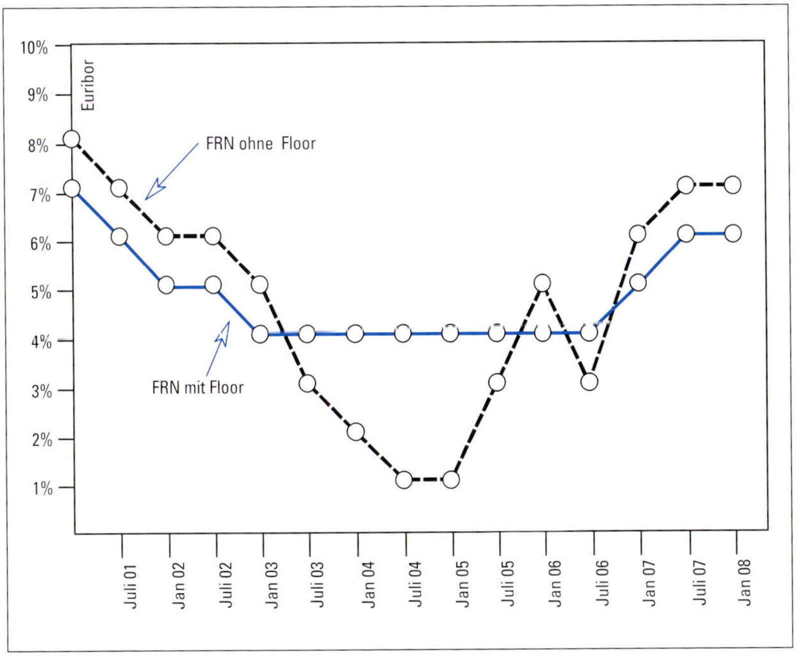

Häufig werden Caps und Floors so miteinander kombiniert, dass ein so genannter *Collar* entsteht. Entscheidend ist, dass wir zum Cap- (Floor-) eine hinsichtlich der Handelsrichtung genau entgegengesetzte Floor- (Cap-) Position eingehen. Mit anderen Worten: Wir kaufen entweder einen Cap und verkaufen gleichzeitig einen entsprechenden Floor, oder umgekehrt: wir kaufen einen Floor und verkaufen zeitgleich einen Cap. Im ersten Fall liegt ein *Long Collar* vor, im zweiten ein *Short Collar*. Die Zinsbegrenzungsverträge müssen hinsichtlich ihrer Ausstattungsmerkmale also Volumen, Referenzzinssatz, Roll-over-Termine und Gesamtlaufzeit übereinstimmen. Der Sinn solcher Konstruktionen liegt vor allem in der Verringerung der Prämie. Der Käufer zahlt einen Preis für den einen Zinsbegrenzungsvertrag, kassiert aber gleichzeitig eine Prämie, weil er einen anderen verkauft. Dadurch reduziert er insgesamt seine Ausgaben. Der Verkauf eines Floors (Caps) bedeutet natürlich, dass man mit dem Cap (Floor) von einem Zinsrückgang (Zinsanstieg) nur eingeschränkt profitiert, weil Ausgleichszahlungen für den Floor (Cap) zu leisten sind. Dazu ein Fallbeispiel.

Collar

Beispiel

Cap	
Referenzzinssatz	12-M-Euribor
Roll-over-Termine	jährlich am 1.7.
Gesamtlaufzeit	5 Jahre
Strike	9 %
Volumen	50 Mio. Euro
Prämie	1 % p. a.

Floor	
Referenzzinssatz	12-M-Euribor
Roll-over-Termine	jährlich am 1.7.
Gesamtlaufzeit	5 Jahre
Strike	6 %
Volumen	50 Mio. Euro
Prämie	0,7 % p. a.

Ein Unternehmen hat vor Jahren eine Floating-Rate-Note emittiert (Nominalvolumen: 50 Mio. Euro), die jetzt noch eine Laufzeit von 5 Jahren hat (Kupon: 12-M-Euribor +0,5 %, jährlich am 1.7.). Da der Finanzmanager von starken Zinsschwankungen ausgeht, plant er, die Anleihe mit einem Cap abzusichern (siehe Tabelle links auf dieser Seite). Die Einmalprämie wurde bereits in eine jährliche umgerechnet.

Doch der Cappreis ist dem Manager zu hoch und er entscheidet sich für einen Long Collar.

Er kauft daher den Cap und verkauft zur selben Zeit den Floor links.

Die Zinsbelastung ist nun sowohl nach oben (9,8 %) als auch nach unten (6,8 %) begrenzt. Die Zinsen können nur noch im Intervall von 6,8 % bis 9,8 % schwanken (siehe Tabelle unten). Durch den Verkauf des Floors ist einerseits zwar der Prämienaufwand pro Jahr von 500.000 € auf 150.000 € gesunken, dafür profitiert das Unternehmen allerdings auch nicht mehr in vollem Umfang vom sinkenden Euribor. Bei einem Euribor von beispielsweise Null, lag die Zinsbelastung ursprünglich bei 0,5 %, nun beträgt sie 6,8 %.

	12-M-Euribor			
	0	5,3	9,3	12
Bedienung der FRN	- 0,5	- 5,8	- 9,8	- 12,5
Cap-Prämie p. a.	- 1,0	- 1,0	- 1,0	- 1,0
Differenzzahlung aus dem Cap	0,0	0,0	+ 0,3	+ 3,0
Floor-Prämie p. a.	+ 0,7	+ 0,7	+ 0,7	+ 0,7
Differenzzahlung aus dem Floor	- 6,0	- 0,7	0,0	0,0
Effektive Zinsbelastung	- 6,8	- 6,8	- 9,8	- 9,8

Exoten

Die bislang vorgestellten Zinsbegrenzungsverträge könnte man auch als Plain-Vanilla-Varianten bezeichnen. Banken bieten daneben auch zum Teil recht ausgefallen strukturierte Caps und Floors an, für die das Attribut »exotisch« durchaus angemessen ist. Zur Verdeutlichung haben wir einen *Dual-Strike-Cap* ausgewählt. Im Unterschied zu einem herkömmlichen hat dieser Cap zwei Strikes. Liegt der Referenzzins am Roll-Over-Termin zwischen beiden Basispreisen, erhält der Inhaber Ausgleichszahlungen ausgehend vom niedrigeren Strike. Notiert der Euribor hingegen über dem höheren Strike, dann wird auch dieser Basispreis – und nicht der niedrigere – für die Berechnung der Ausgleichszahlung verwendet. Verglichen mit einem normalen Cap sind die Zahlungen an den Inhaber beim Übertreffen des zweiten Basispreises geringer. Dafür ist auch der Cappreis niedriger.

Der Kauf eines Dual-Strike-Caps ist zu empfehlen, wenn mit moderaten Zinssteigerungen zu rechnen ist. Man sollte die Erwartung haben, dass der erste Strike überschritten, der zweite hingegen nicht erreicht wird.

Außer Dual-Strike-Caps existieren noch andere Varianten, die wir aus Platzgründen hier nicht vorstellen können. Eine lückenlose Darstellung ist ohnehin unmöglich, da bestimmte Merkmale immer wieder anders miteinander kombiniert werden können und das Produktspektrum dadurch nahezu unbegrenzt ist.

Swaptions

Swaption ist die Kurzschreibweise für »Swap-Option«. Diese verleiht ihrem Inhaber das Recht, bei Ausübung einen Zinsswap zu erhalten, und zwar zu einem vorab festgelegten Swap-Satz (=Basispreis). Ist der Swaptioninhaber der Festsatzempfänger (oder anders: der Zahler der variablen Zinsen), dann bezeichnet man die Option normalerweise als Call- oder Receiver-Swaption. Im umgekehrten Fall (Inhaber zahlt fest und empfängt variabel) liegt eine Put- oder Payer-Swaption vor.

Receiver-Swaption

Payer-Swaption

Ausstattungsmerkmale

Eine Swaptionvereinbarung enthält folgende Punkte:

- Typ (Receiver- oder Payer-Swaption);
- Laufzeit der Option (Optionsfrist oder Vorlaufzeit);
- Ausübungsmodalitäten (»amerikanisch« oder »europäisch«);
- Swap-Laufzeit (z. B. 5 Jahre);
- Roll-over-Termine des Swaps (jährlich, halbjährlich usw.);
- Strike (Swap-Satz);
- Volumen (bspw. 10 Millionen Euro);
- Referenzzinssatz (z. B. 3-Monats-Euribor);
- Art der Erfüllung (Cash-Settlement oder effektive Andienung = Eintritt in einen Zinsswap).

Wie jede andere Option, so ist auch eine Swaption nicht kostenlos zu haben. Die Prämie wird in aller Regel in Form eines Prozentwertes angegeben, der sich auf das zugrunde liegende Swap-Volumen bezieht.

Quotierungen findet man auch im Internet, etwa auf der Seite der WestLB (www.westlb.de). Einen Ausschnitt daraus haben wir auf der nächsten Seite abgebildet.

Die Prämien sind dort in Form von Basispunkten genannt. Der Optionspreis ergibt sich, indem der Satz mit dem zugrunde liegenden Swap-Volumen multipliziert wird. Ein Beispiel: Wir kaufen eine Swaption von der WestLB (Optionslaufzeit: 3 Monate; Swap-Laufzeit 10 Jahre, Swap-Volumen: 100 Millionen Euro). Relevant ist für uns die Briefseite (»276«), sodass wir einen Preis von 2,76 Millionen Euro dafür zahlen müssen. Zu bedenken ist, dass es sich bei den Quotierungen lediglich um Indikationen handelt, die jedoch schon recht gut die aktuelle Preislage wiedergeben. Die genauen Sätze werden im Einzelfall zwischen Bank und Kunde ausgehandelt.

Da der Strike ein fester Zinssatz (Swap-Satz) ist, weist eine *Payer-Swaption* genau dann einen Inneren Wert auf, wenn der am Ausübungstag gültige

EURO Swaptions Strike 5.00%						
Option->:	3 Monate	3 Monate	6 Monate	6 Monate	12 Monate	12 Monate
Swaplaufz.	Receiver	Payer	Receiver	Payer	Receiver	Payer
1 Jahr						
2 Jahre			83-87	10-14	78-83	29-34
3 Jahre	90-95	6-11	95-101	20-26	92-101	49-58
4 Jahre	86-94	13-22	93-102	34-43	92-104	74-86
5 Jahre	70-82	27-39	81-93	57-68	83-98	109-124
6 Jahre	48-63	54-69	64-78	92-106	71-88	159-176
7 Jahre	27-43	96-112	47-62	139-154	60-79	213-231
8 Jahre	15-30	148-163	34-49	191-206	51-70	268-287
9 Jahre	8-20	206-218	25-39	246-261	44-63	325-344
10 Jahre	4-14	267-276	18-32	304-318	37-56	383-402

Geld-Satz

Brief-Satz

Der Referenzzins gegen den geswapt wird, ist normalerweise der 6-M-Euribor.

WestLB kauft Payer-Swaption vom Kunden zum Preis von 267 Basispunkten. Die Option läuft 3 Monate; der zugrunde liegende Swap hat dagegen eine Laufzeit von 10 Jahren.

WestLB verkauft die Swaption an den Kunden zum Preis von 276 Basispunkten.

Swap-Satz über dem Strike liegt. Bei einer *Receiver-Swaption* ist es umgekehrt.

Andienung

Ob am Ende eine Differenzzahlung erfolgt oder tatsächlich ein Swap zustande kommt, hängt davon ab, was die Kontrahenten bevorzugen. Der Vorteil beim Cash-Settlement liegt primär darin, dass keiner der Kontrahenten das mit einem Zinsswap verbundene Risiko (z. B. Ausfallrisiko) übernehmen muss.

An folgendem Fallbeispiel wollen wir einmal zeigen, wie man eine Swaption für Absicherungszwecke nutzen kann.

Beispiel

Nehmen wir an, ein Fondsmanager hat 100 Millionen Euro in folgende Floating-Rate-Note investiert.

FLOATING-RATE-NOTE	
Zinssatz	6-Monats-Euribor
Zinsanpassung	halbjährlich am 1.1. und 1.7.
Restlaufzeit	6 Jahre

Da von heftigen Zinsschwankungen auszugehen ist, überlegt er zu Sicherungszwecken eine Swaption zu kaufen. Nun hat der Fondsmanager Kapital angelegt und ist daher von sinkenden Zinsen negativ betroffen. Er muss die Option also so wählen, dass sie sich zur Sicherung eines bestimmten Mindestertrags eignet. Diesen Anforderungen wird eine Receiver-Swaption gerecht. Im Internet ruft er die Seite der WestLB auf und findet dort den oben abgebildeten Ausschnitt. Er benötigt eine Swaption mit einer Vorlaufzeit (Optionsfrist) von 12 Monaten und einem zugrunde liegenden 5-jährigen Swap. Da er die Käuferseite stellt, ist der Briefsatz von

98 Basispunkten relevant. Der Strike liegt bei 5 %, wie man aus der Abbildung oben entnehmen kann.

Von seinem Recht wird der Fondsmanager in einem Jahr nur dann Gebrauch machen, wenn der 5-jährige Swap-Satz unter 5 Prozent liegt und damit das Zinsniveau insgesamt sehr niedrig ist. Übt er die Swaption aus, dann bekommt er automatisch ein Swap-Geschäft zu den vorab festgelegten Konditionen. Das bedeutet, dass er konstant 5 % erhält und dafür den Euribor eintauschen muss. Fasst man die Zahlungen der Anleihen und die aus dem Swap zusammen, ergibt sich folgendes Gesamtbild:

Zinsen aus der Anleihe (Einzahlung):	+ Euribor
Einzahlung aus dem Swap:	+5 %
Auszahlung aus dem Swap:	– Euribor
Saldo:	5 %

Der Fondsmanager ist nun von Zinsschwankungen nicht mehr betroffen. Er hat das Niveau quasi bei 5 % »eingefroren«.

Swaptions auch als Warrants

Einige Banken verbriefen Swaptions und geben diese dann als Optionsscheine aus. Als Beispiel haben wir einen europäischen Warrant von Trinkaus & Burkhardt gewählt, der sich auf den 5-Jahres-Swap-Satz bezieht und dessen Basispreis 6,50 % beträgt. Seine Laufzeit endet am 13.09.2001. Der Schein hat bei Fälligkeit einen Inneren Wert, wenn der aktuelle Swap-Satz dann unter 6,50 % liegt. Der Inhaber hätte in diesem Fall – vorausgesetzt es handelte sich um eine herkömmliche OTC-Swaption – das Recht, in einen Receiver-Swap einzutreten, bei dem er in den folgenden 5 Jahren Euribor zahlt und im Gegenzug 6,50 % fest erhält. Doch bei Optionsscheinen ist normalerweise keine effektive Andienung vorgesehen, sondern ein Barausgleich. Der Käufer hat am Ausübungstag deshalb das Recht auf Zahlung eines Differenzbetrages. Barausgleich

Nehmen wir einmal an, der 5-Jahres-Swap-Satz liegt am 13.09.2001 bei 5,50 %. Der Inhaber des Scheins hat also gegenüber den aktuellen Marktkonditionen für Swaps einen Vorteil von 100 Basispunkten für die kommenden 5 Jahre. Für ein Nominalvolumen von 100 Euro bedeutet das 1 Euro (100 Euro mal 1,00 %). Der Innere Wert für einen Schein ist demnach identisch mit folgender Zahlungsreihe:

Heute (13.09.01)	nach 1. Jahr	nach 2. Jahr	nach 3. Jahr	nach 4. Jahr	nach 5. Jahr
	1 €	1 €	1 €	1 €	1 €

Da sich die Zahlungen nicht über einen längeren Zeitraum erstrecken, sondern unmittelbar bei Fälligkeit der Option erfolgen sollen, erhält der Inhaber den Barwert. Zur Abzinsung verwendet man den aktuellen 5-Jahres-Swap-Satz (5,50 %). Der Inhaber eines Warrants erhält daher folgende Ausgleichszahlung (pro 100 Euro):

$$\frac{1\,€}{1{,}055} + \frac{1\,€}{1{,}055^2} + \frac{1\,€}{1{,}055^3} + \frac{1\,€}{1{,}055^4} + \frac{1\,€}{1{,}055^5} = 4{,}27\,€$$

Warrantsorten

Von Traded Options und OTC-Optionen unterscheiden sich Optionsscheine – oder einfach Scheine – ganz wesentlich. Denn Scheine sind Wertpapiere. Die mit ihnen verbundenen Rechte bzw. Pflichten sind verbrieft, also – vereinfacht formuliert – durch Ausgabe von Urkunden garantiert. Die *Verbriefung* ist eine wichtige Voraussetzung für eine leichte Handelbarkeit. Anders als unverbriefte Titel werden Wertpapiere zum Beispiel zum Handel an Börsen – nicht Termin-, sondern Kassabörsen – zugelassen. Das bedeutet: Wertpapiere lassen sich in aller Regel leichter kaufen und wieder verkaufen als nicht verbriefte Finanzinstrumente.

Verbriefung

Da es sich um Wertpapiere handelt, müssen Optionsscheine, genau wie Aktien oder Anleihen, ausgegeben (»emittiert«) werden. Warrants können also nur von emissionsfähigen Marktteilnehmern stammen (in der Regel Banken), die dann automatisch Stillhalter sind. Wer keine Wertpapiere herausgeben kann, hat auch keine Möglichkeit, Warrants zu schreiben. In der Praxis kann man diese Barriere umgehen, indem die Bank Scheine für einen anderen Marktteilnehmer ausgibt. Zwar ist offiziell die Bank Herausgeber, zwischen dem Kreditinstitut und beispielsweise einem Industrieunternehmen wird jedoch ein separater Vertrag geschlossen. Hierin vereinbart man, dass die Verpflichtungen aufgrund der ausgegebenen Optionsscheine von der Unternehmung zu erfüllen sind. Ihr fließen selbstverständlich auch die Prämien aus dem Verkauf der Warrants zu.

Warrants können auf verschiedenen Wegen auf den Markt gelangen. Möglich ist es, sie als Bestandteil eines anderen Wertpapiers oder separat auszugeben. Erfolgt die Ausgabe zusammen mit einem anderen Papier, handelt es sich in den meisten Fällen um *Optionsanleihen*, es kommen – allerdings sehr selten – auch andere mit Warrants gekoppelte Wertpapiere vor, etwa *Optionsgenussscheine*. Wir wollen uns hier auf Optionsanleihen konzentrieren. Sie sind aufgebaut wie eine normale Schuldverschreibung, weisen jedoch einen Unterschied auf: Optionsanleihen beinhalten zusätzlich das Recht, in der Zukunft einen bestimmten Gegenstand (Underlying), zumeist einen Finanztitel, zu einem im Voraus vereinbarten Preis (Strike) zu beziehen. Dieses Recht kann von der Anleihe abgetrennt und davon losgelöst gehandelt werden, sodass dann zwei eigenständige Titel vorhanden sind: auf der einen Seite die Anleihe und auf der anderen der Optionsschein. Beide Wertpapiere können, nachdem sie getrennt wurden, völlig unabhängig voneinander verwendet werden. Denkbar ist, dass ein Anleger eine Optionsanleihe erwirbt, irgendwann den Schein von der Anleihe trennt und die Schuldverschreibung veräußert, den Warrant jedoch behält. Scheine, die von einer Optionsanleihe stammen, nennt man auch *Klassische Warrants*. Sie hatten früher den höchsten Marktanteil, sind inzwischen aber fast bedeutungslos geworden. Im HANDELSBLATT erscheinen derlei Scheine auf der Seite ANLEIHEN in der Tabelle OPTIONSSCHEINE (siehe Abbildung). Die Rubrik Aktienscheine haben wir bereits im Kapitel über Anleihen besprochen. Die Kurstabelle für im

Optionsanleihen

Optionsgenuss-scheine

Klassische Warrants

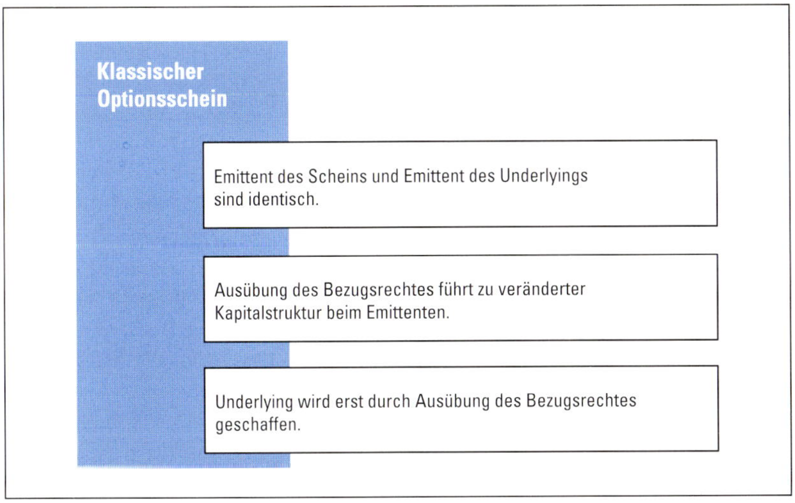

Freiverkehr und telefonisch gehandelte Warrants unterscheidet sich dadurch, dass die Spalten »Zins« und »Laufzeit« nicht separat ausgewiesen werden, sondern in einer Spalte zusammengefasst sind.

Heute können diejenigen Scheine den mit Abstand größten Anteil verbuchen, die von vornherein separat emittiert werden, ohne jemals Bestandteil einer Anleihe zu sein. Da derartige Scheine vollkommen eigenständig – man könnte auch sagen »nackt« – ausgegeben werden, spricht man gelegentlich auch von *Naked Warrants*. Aufgrund ihrer überragenden Bedeutung konzentrieren wir uns auf diese Produkte.

Naked Warrants

Es gibt zwei Hauptgruppen von Naked Warrants. Befassen wir uns zunächst mit dem Fall, der sehr selten vorkommt. Es gibt Unternehmen, die – unter Einschaltung von Banken – Optionsscheine emittieren. Dabei handelt es sich im Prinzip um Optionsanleihen, die praktisch ohne die Anleihekomponente ausgegeben werden. Dies klingt zwar etwas merkwürdig, hat aber Vorteile für Unternehmen, die das Fremdkapital und den damit verbundenen Zufluss an Liquidität nicht benötigen. Dem Unternehmen fließt zum Zeitpunkt der Ausgabe lediglich die Optionsprämie zu. Die ausgegebenen Scheine stellen eine bedingte Kapitalerhöhung dar. Das bedeutet, dass die Aktien neu entstehen, wenn Anleger die Scheine ausüben.

Optionsscheine (F)

Aktienscheine

Freiverkehr/Telefonhandel

Titel / Laufzeit	20.2.01
Allerthal Werke 30.11.01(Hn)	14,50 B
Euwax 18.10.02 (S)	3,70 bB
Fortec Elec. 15.3.01	3,31 b
Kötitzer Leder 14.5.01(B)	5000,00 -T

Amtlicher Handel

Zins	Titel	Laufzeit	20.2.01
3	BASF Fin. 86	9.4.01	300,00 b
5,5	Dresdner Bk.97	30.4.02	21,50 b
	Münchner Rück 98	3.6.02	100,40 b
2,25	Nikkiso 97	28.8.01	1,90 G
5,75	Preussag 96	30.4.01	222,00 b
	Pongs&Zahn 99	30.11.04	11,90 G
	Stada 97	30.9.02	75,50 b
	Stada 00	26.6.15	60,00 b
5,125	Tarkett Sommer 99	30.11.04	2,25 bB
3	VW Int. F. 86	1.8.01	355,00 b

Dies ist bei den Naked Warrants der zweiten Gruppe anders. Diese stammen im Normalfall von Geschäftsbanken und beziehen sich auf bereits vorhandene Aktien. Es handelt sich also nicht um eine bedingte Kapitalerhöhung. Oft halten die Emittenten das Underlying – in aller Regel Aktien – im eigenen Bestand, sodass die Warrants sozusagen »gedeckt« sind (englisch: covered). Aus diesem Grund wird häufig die Bezeichnung *Covered Warrants* verwendet. Die im Depot gelagerten Papiere stammen zum Beispiel von der Bank selbst (»Eigenbestand«). Häufig kommt es auch vor, dass Kapitalanla-

Covered Warrants

gegesellschaften (Fonds), Versicherungen, Pensionskassen oder andere Unternehmen auf Aktien im eigenen Bestand Optionen schreiben. Diese werden nicht selten von Banken verbrieft und als Optionsscheine ausgegeben.

Sinnvoll ist die Bezeichnung Covered Warrants eigentlich lediglich für Calls. Früher war es üblich, dass Kaufoptionen (insbesondere Aktien-Calls) gedeckt wurden, um das Risiko, das der Stillhalter trägt, zu eliminieren. Heute dagegen sichern sich viele Emittenten oft auf andere Weise ab, etwa an Terminbörsen oder durch Abschluss von OTC-Optionen. Deshalb hat der Begriff Covered Warrants nicht mehr die Bedeutung wie früher. Er wird jetzt auch für Scheine verwendet, die durch Termingeschäfte »gedeckt« sind, und das betrifft auch Puts. Da nahezu jede Bank ihre emittierten Optionsscheine absichert, ist praktisch jeder Schein ein Covered Warrant.

Bemerkenswert ist, dass der Emittent von Covered Warrants Optionsscheine auf fremde – bereits existierende – Aktien ausgibt. Im Falle einer Ausübung erfolgt keine Kapitalerhöhung und damit keine Ausgabe neuer Aktien. Die Zahl der im Umlauf befindlichen Aktien bleibt gleich. Sie werden – vorausgesetzt, eine effektive Andienung ist vorgesehen – lediglich vom Emittenten an den Anleger übertragen.

Fassen wir kurz zusammen: Naked Warrants sind entweder klassische Scheine (dann stammen sie aus einer bedingten Kapitalerhöhung) oder es handelt sich um Covered Warrants.

Daueremissionen

Bei großen Instituten haben Covered Warrants auf Standardtitel (z. B. DAX und DAX-Aktien) im Grunde den Charakter von Daueremissionen erlangt. Das heißt, dass ständig neue Serien aufgelegt werden. Nicht nur auslaufende Warrants werden durch neue ersetzt, oft kommen weitere Emissionen hinzu, wenn sich aufgrund der veränderten Marktlage zusätzliche Basispreise anbieten. Dadurch hat der Anleger die Möglichkeit, stets Optionen im gewünschten Zustand (z. B. at-the-money) kaufen zu können.

Wie man Warrants klassifizieren kann

Man kann Warrants nach mehreren Kriterien einteilen. So ist eine Klassifizierung nach dem Underlying möglich. Man trennt dann üblicherweise Aktien-, Index-, Zins-, Währungs- und Derivatescheine. Nicht immer ist eine Zuordnung jedoch eindeutig. So fassen einige einen Schein auf den Bund-Future zum Beispiel zur Gruppe der Derivate-, andere hingegen zu den Zinsscheinen. Des Weiteren ist eine Unterscheidung nach ihrer Herkunft und Entstehungsart denkbar. Hierauf sind wir im Text oben bereits sehr ausführlich eingegangen. Schließlich lassen sich Scheine auch noch nach ihrer Struktur trennen. In diesem Fall lassen sich herkömmliche Warrants (Plain-Vanilla-Scheine) – dazu zählen normale Calls und Puts – von Exotischen Warrants abgrenzen. Letztere haben im Vergleich zu Plain-Vanillas lediglich eine untergeordnete Bedeutung. Daher verfolgen wir dieses Thema hier nicht weiter.

In folgender Abbildung haben wir das Gesagte noch einmal zusammengefasst.

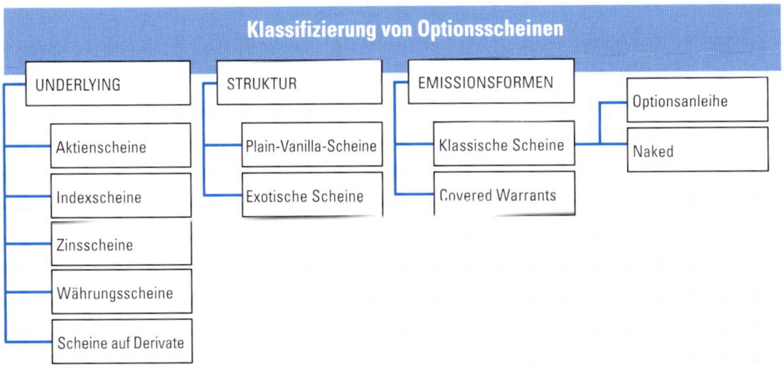

Produktentwicklung

Optionsscheine entstehen nicht willkürlich. In vielen Banken findet ein regelrechter Produktentwicklungsprozess statt. Dabei bilden die Endabnehmer das wichtigste Glied in der Kette. Bevor eine Bank mit der Entwicklung – man sagt auch *Strukturierung* – eines Scheins beginnt, wird zunächst genau untersucht, wie man das Interesse eines Kunden wecken kann. Nur wenn die Chancen gut sind, dass von einem Warrant auch eine entsprechende Menge verkauft werden kann, lohnt es sich für den Emittenten, einen Schein aufzulegen. Die Erfolgschancen steigen, wenn die Produktentwickler etwas Besonderes – eine »Story« – finden, mit der sie die Aufmerksamkeit der Anleger wecken. Dies können zum Beispiel eine anhaltende gute Aktienmarktentwicklung sein oder bestimmte Branchen (z. B. Internet- oder Biotechnologiewerte), von denen sich die Anleger in Zukunft einiges erhoffen. Wichtig ist, dass ein Schein von seiner Ausstattung her zum gerade aktuellen Marktumfeld passt. Ist der Markt zum Beispiel auf einen Abwärtstrend eingestimmt, ist die Nachfrage nach Puts natürlich größer als nach Calls.

Strukturierung

Story

Ob eine Emission Gewinn bringt, hängt nicht allein von einer guten Story ab. Vor Auflegung prüfen die Institute auch, welche Möglichkeiten vorhanden sind, um die emittierten Scheine später zu angemessenen Konditionen absichern zu können. Das Underlying sollte auf jeden Fall eine hohe Liquidität besitzen, damit man es im Bedarfsfall schnell und ohne große Beeinflussung des Kursniveaus kaufen bzw. verkaufen kann. Bedeutsam ist auch die Frage, ob an einer Terminbörse (z. B. EUREX) Derivate mit demselben Underlying angeboten werden, die für Sicherungszwecke genutzt werden können.

Sind diese Fragen geklärt, beginnt die Bank damit, die Vorbereitungen für die Platzierung zu treffen. Dazu zählt zum Beispiel die Anfertigung des Emissionsprospekts ebenso wie die Einleitung von Marketingmaßnahmen (z. B. Finanzanzeigen in Zeitschriften).

Term-Sheet und Verkaufsprospekt

Wer wissen möchte, wie ein Optionsschein ausgestattet ist, findet Angaben oftmals in Werbematerialien von Banken (z. B. Finanzanzeigen), zuverlässiger sind jedoch Unterlagen, die rechtsverbindlich sind.

Am vollständigsten und absolut zuverlässig sind die Optionsscheinbedingungen, auch Emissions- oder Verkaufsprospekt genannt, die – so sieht es der Gesetzgeber vor – von jedem Emittenten erstellt und kostenlos an Anleger ausgehändigt werden müssen. Es handelt sich dabei um ein Schriftstück, das jedes Ausstattungselement beinhaltet. Hier muss jedes Detail aufgelistet und – das ist besonders wichtig – sachlich dargestellt sein. Anders als in vielen Verkaufsunterlagen und Werbeprospekten werden zum Beispiel Risiken nicht beschönigt oder womöglich gar nicht aufgeführt oder – was bei Beratungsgesprächen manchmal vorkommt – versehentlich vergessen. Im Prinzip ist der *Emissionsprospekt* für den Anleger die sicherste Informationsbasis, auch wenn er aufgrund seiner sachlichen Darstellung nicht gerade spannend zu lesen ist. Hier findet man auch eine Antwort auf die Frage, wie der Differenzbetrag bei Scheinen mit Cash-Settlement in Zukunft berechnet wird.

Final-Term-Sheet

Einen guten Einblick in die wichtigsten Merkmale bietet das (Final-) *Term-Sheet* – eine Art verbindliche (endgültige) Schnellübersicht –, die von den Emittenten in den meisten Fällen zur Verfügung gestellt wird. Stehen die Bedingungen noch nicht endgültig fest, nennt man das Term-Sheet auch *Indicative-Term-Sheet* (siehe Abbildung nächst Seite). Oftmals lassen sich Term-Sheets, jedoch auch die vollständigen Verkaufsprospekte im Internet direkt bei den entsprechenden Banken abrufen.

Indicative-Term-Sheet

Geringe Stückelungen

OTC- und Terminbörsen-Optionen sind eher für institutionelle Marktteilnehmer gedacht, Privatleute zählen hingegen zur Hauptzielgruppe der Optionsscheinemittenten. Man erkennt dies auch an den geringen Stückelungen. Anleger können sich also schon mit relativ geringen Beträgen engagieren.

Ratio

Am *Bezugsverhältnis* (englisch: *Ratio*) ist ablesbar, welche Underlyingmenge mit einem einzigen Warrant bezogen bzw. veräußert werden kann. Dazu ein Beispiel: Von einer Bank wird ein ABC-Call angeboten. Einem Warrant liegt aufgrund des Bezugsverhältnisses eine Hundertstel ABC-Aktie zugrunde. Anders ausgedrückt berechtigen erst hundert einzelne Optionsscheine – Gesamtpreis: 135 Euro (100 mal 1,35) – zum Kauf einer einzigen Aktie. Je geringer das Bezugsverhältnis, umso geringer ist auch der Warrantpreis. Während der ABC-Schein bei einem Bezugsverhältnis von 1,0 immerhin 135 Euro kosten würde, reduziert sich die Prämie pro Warrant bei einem Verhältnis von 1 zu 10 auf 13,50 Euro und bei 1 zu 100 wie gesehen sogar auf 1,35 Euro. Durch Auswahl eines entsprechenden Bezugsverhältnisses kann der Kaufpreis – zumindest vom äußeren Eindruck her – attraktiver gestaltet werden. Diese Art der Preiskosmetik findet man bei fast allen Emissionshäusern. Einige verwenden allerdings kein Bezugs-, sondern ein *Optionsverhältnis*. Dies ist nichts anderes als der Kehrwert des Bezugsverhältnisses. Folglich gibt das Optionsverhältnis an, wie viele einzelne Scheine benötigt werden,

Optionsverhältnis

Neuemission Indicative Termsheet

Dresdner Kleinwort Benson
Dresdner Bank AG
Global Structured Products

Dresdner Call- und Put-Warrants auf DAX Index

Emittent Dresdner Bank Aktiengesellschaft, Frankfurt am Main
Lead Manager Dresdner Bank Aktiengesellschaft, Frankfurt am Main

Bezeichnung bis zu 1,000,000 American Style Option Stück je WKN
Underlying DAX , Deutscher Aktienindex, wie er von der Deutsche Börse AG berechnet und veröffentlicht wird. Reuters Ric .GDAXI (XETRA)

Bezugsverhältnis **100:1** 1 Call Optionsschein berechtigt den Inhaber zum Erhalt eines Euro-Betrages, der **einem 1/100** der Differenz entspricht, um die der Ausübungskurs den Basispreis über- bzw. unterschreitet.

Emissionsdatum 26. November 1999
Zahltag 30. November 1999
Fälligkeit siehe Tabelle

Typ	Laufzeit	Basis-preis	indikativer Preis *	WKN/ ISIN-Nr.
Call	16.3.2001	5600	10,93	732 773 6
Call	16.3.2001	5800	9,62	732 774 4
Call	16.3.2001	6000	8,36	732 775 1
Call	16.3.2001	6200	7,18	732 776 9
Call	16.3.2001	6400	6,21	732 777 7
Put	16.3.2001	6000	6,2	732 778 5
Put	16.3.2001	5800	5,47	732 779 3
Put	16.3.2001	5600	4,82	732 780 1
Put	16.3.2001	5400	4,23	732 781 9
Put	16.3.2001	5200	3,7	732 782 7

*Ref. 26.11.99 DAX30: 5995,99

Optionsfrist vom 1. Dezember 1999 bis Laufzeitende siehe Tabelle, automatische Ausübung am Laufzeitende
Mindestausübung 100 Optionsscheine oder ein Vielfaches von 100
Lieferung Barausgleich

Ausübungskurs Ausübungskurs ist der Schlußkurs des DAX Index in XETRA am Ausübungstag
Börsennotierung Freiverkehr der Frankfurter Wertpapierbörse und EUWAX AG in Stuttgart

Mindesthandel 1 Stück Kassahandel, 1 Stück variabel
Anwendbares Recht deutsches Recht.
Sekundärhandel aktuelle Optionsscheinpreise werden auf Reutersseite DRBWAR10 ff gestellt

Frankfurt +49 (69) 2576 5631 **Zurich +44 (1) 261 1660**
London +44 (171) 444 1140 **Paris +33 (1) 4470 4470**

Diese Information kann eine Beratung vor der Kaufentscheidung nicht ersetzen. Eine Gewähr für die Richtigkeit und Vollständigkeit können wir nicht garantieren. Maßgeblich sind allein die Bedingungen, wie sie in den Prospektunterlagen veröffentlicht sind. Diese können bei der Dresdner Bank AG, Jürgen-Ponto-Platz 1 , 60301 Frankfurt angefordert werden.

DAX ist eingetragene Marke der Deutsche Börse AG.

um eine Einheit vom Underlying zu beziehen bzw. zu veräußern. Der Emittent des ABC-Calls hätte statt des Bezugsverhältnisses von 0,01 auch ein Optionsverhältnis von 100 nehmen können.

Fixing

Ob ein Schein am Ende wertlos verfällt, hängt vom Kurs des Underlyings am Verfalltermin ab. In den Optionsbedingungen (Emissionsbedingungen) ist exakt festgehalten, welcher Underlyingpreis herangezogen wird, um den endgültigen Wert der Option zu bestimmen. Diesen Prozess bezeichnet man auch als *Kursfixing* – kurz Fixing. Eine genaue Festlegung der Fixingmodalitäten ist speziell für den Anleger von großer Bedeutung, damit der Emittent nachher nicht den für sich günstigsten Kurs aussuchen kann. Sehr häufig wird der Schlusskurs am Tag der Fälligkeit zugrunde gelegt. Es kommt jedoch auch vor, dass der Emittent eine andere Vorgehensweise wählt. Der Kurs könnte zum Beispiel »gefixt« werden, indem der Durchschnitt aus den letzten zehn Preisen verwendet wird, die am Fälligkeitstag zustande gekommen sind.

Einige Emittenten verlangen bestimmte Mindestausübungsmengen, damit eine Inanspruchnahme der Warrants überhaupt möglich wird. So findet man beispielsweise in den Optionsbedingungen den Hinweis: »Optionsrechte können jeweils nur für mindestens 100 Optionsscheine oder ein ganzzahliges Mehrfaches von 100 ausgeübt werden.« Auch wenn diese Bedingung erfüllt wird, bekommt der Anleger am Verfalltermin nicht zwangsläufig einen eventuell vorhandenen Inneren Wert gutgeschrieben oder Aktien in sein Depot gebucht. Einige Banken fordern, dass der Anleger rechtzeitig eine schriftliche Ausübungserklärung einreicht. Geschieht dies nicht, können die Ansprüche gegenüber dem Institut nicht geltend gemacht werden und der Schein verfällt wertlos, trotz eines positiven Inneren Werts. Dies kann nur verhindert werden, wenn der Anleger früh genug eine entsprechende Mitteilung einreicht oder die Option vorher verkauft. Dabei sollte man jedoch beachten, dass ein Handel an der Börse – je nach Emittent – in der Regel zwei bis fünf Tage vor dem eigentlichen Verfalltermin eingestellt wird. Dann bleibt nur noch die Rückgabe direkt an das Emissionshaus. Auch hier kann allerdings nicht bis zur allerletzten Minute gehandelt werden. Viele Institute nehmen Scheine lediglich bis zu einer festgesetzten Uhrzeit an (zum Beispiel 10 Uhr vormittags).

Ausübungserklärung

Bei vielen Scheinen – insbesondere bei Produkten mit Cash-Settlement – ist eine *automatische Ausübung* vorgesehen. In diesen Fällen kann auf eine ausdrückliche Anweisung verzichtet werden. Die Bank übt den Warrant – vorausgesetzt, er notiert im Geld – automatisch aus. Trotzdem sollte der Anleger genau in die Optionsbedingungen schauen, denn einige Häuser üben nur dann automatisch aus, wenn der Schein am Ende einen bestimmten Mindestwert besitzt (zum Beispiel 5 Cents).

Automatische Ausübung

Sollte der Schein einen positiven Inneren Wert aufweisen, erfolgt eine Gutschrift aus verwaltungs- und abwicklungstechnischen Gründen meist erst einige Tage (in der Regel ca. 5 Tage) nach Ausübung auf dem Konto des Anlegers.

Anbieter

Gegenwärtig werden Optionsscheine in Deutschland von ungefähr dreißig Banken herausgegeben. Marktführer – gemessen am Umsatz – ist die Citibank. Sie hat sich auf Plain-Vanilla-Produkte spezialisiert und bietet überwiegend Scheine an, die sich auf gängige Underlyings – vorwiegend Aktien und Aktienindizes – beziehen.

Nicht jeder Emittent bietet gleichzeitig jedwede Optionen an. Meist konzentrieren sich die einzelnen Häuser auf spezielle Marktsegmente. So ist zum Beispiel HSBC Trinkaus und Burkhardt führend bei Power-Warrants, während die DG Bank als Anbieter von Zinssicherungszertifikaten (Caps und Floors) bekannt ist.

Service

Man sollte Emittenten nicht nur danach beurteilen, welche Produkte sie in ihrem Sortiment haben, sondern auch den Kundenservice beachten. Dazu zählt vor allen Dingen, dass der Emittent einen liquiden Markt für seine Produkte schafft. Anders gesagt sollte jeder Anleger davon ausgehen können, sich jederzeit ohne großen Aufwand und vor allem zu einem fairen Preis wieder von seinem Warrant trennen zu können. Normalerweise versprechen die Optionsscheinhäuser dies. Doch Anleger sollten sich selbst davon überzeugen, ob der Emittent faire Kurse – mit niedrigen Geld-Brief-Spannen – stellt. Inzwischen sollte es selbstverständlich sein, dass Kursinformationen (realtime und kostenlos) im Internet und Videotext veröffentlicht oder telefonisch angesagt werden. Kundenorientierte Banken stellen auch in turbulenten Börsenphasen permanent Preise. Dies allein reicht aber noch nicht aus. Denn was nützen die Informationen, wenn sie nicht verlässlich sind und Anleger zu den angegebenen Kursen keine Geschäfte abschließen können. Fazit: Eine gute Bank erkennt man daran, dass sie für ihre Scheine laufend Kurse stellt, die fair und vor allem auch handelbar sind. Nicht jeder Emittent erfüllt diese Anforderungen gleich gut. Es hat durchaus schon Fälle gegeben, in denen Handelssysteme für eine gewisse Zeit einfach abgestellt wurden und die Anleger währenddessen keine Möglichkeit hatten, Scheine an den Emittenten zurückzugeben.

Für Liquidität sorgen die Emittenten

Market-Maker

Geld/Brief

Bid/Ask

Damit für jeden Optionsschein auch ein Markt vorhanden ist – also stets ge- und verkauft werden kann – stellen die Emittenten selbst laufend An- und Verkaufskurse, zu denen sie handelsbereit sind. Sie machen sozusagen den Markt und werden deshalb auch *Market-Maker* genannt. Unabhängig davon, ob lediglich Käufer bzw. Verkäufer oder überhaupt keine Handelsinteressenten vorhanden sind, stellt ein Market-Maker beidseitig, das heißt sowohl An- als auch Verkaufskurse. Derjenige Preis, zu dem er einen bestimmten Warrant ankauft, heißt *Geldkurs* – kurz: *Geld* –, während der Verkaufspreis als *Briefkurs* (*Brief*) bezeichnet wird. Häufig wird auch von Geld- und Briefseite gesprochen. In einigen Emissionshäusern werden anstatt der Begriffe Geld/Brief die englischsprachigen Ausdrücke *Bid/Ask* verwendet. Geld und Brief zusammengenommen bilden die *Quotierung* (englisch:

Quote

Spread

Marge

Quote), wobei zuerst der Ankaufs- (Geld) und dann der Verkaufskurs (Brief) genannt (»gestellt«) wird. Quotiert eine Bank für einen DAX-Warrant beispielsweise 7,32–7,34 (Händler würden sagen »7,32 zu 7,34«), hat das zu bedeuten, dass der Anleger bei Rückgabe an die Bank für den Schein einen Kurs von 7,32 Euro erhält. Möchte jemand im selben Augenblick kaufen, verlangt der Emittent für das gleiche Produkt dagegen 7,34 Euro.

Man sieht, dass zwischen An- und Verkaufskurs eine *Spanne* – englisch: *Spread* – liegt, die im Fallbeispiel 2 Cents beträgt. Das heißt konkret, dass ein Market-Maker Scheine zu einem bestimmten Zeitpunkt teurer verkauft, als er sie im selben Augenblick wieder zurücknimmt. Für den Anleger ist die Spanne damit ein Kostenfaktor.

Einen großen (kleinen) Abstand zwischen Geld und Brief bezeichnet man im Übrigen auch als weiten (engen) Spread. In einigen Instituten wird anstatt vom Spread bezeichnenderweise von Marge (=Gewinn) gesprochen. Grundsätzlich gilt: Je enger der Spread, umso vorteilhafter die Kursstellung. Am Spread lässt sich leicht erkennen, ob eine gute Kurspflege erfolgt und ein Market-Maker handeln will oder nicht. Enge Spreads geben dem Anleger die Chance, zwischenzeitlich zu angemessenen Preisen wieder auszusteigen. Je breiter die Spanne hingegen, umso teurer ist ein Optionsschein (relativ zum Mittelkurs) beim Kauf und umso weniger Geld fließt andererseits beim Verkauf an den Anleger zurück. In einer solchen Situation sind Transaktionen unattraktiv – gleichgültig, ob Kauf oder Verkauf. Man sieht, dass der Emittent durch Ausweitung oder Verengung von Spreads signalisieren kann, ob er handeln will.

Wovon der Spread abhängt

Die Spannen werden üblicherweise nicht willkürlich festgelegt. Abhängig ist deren Breite davon, mit welchem Geld-Brief-Abstand die Aktien gestellt werden, die der Warrant-Emittent zu Sicherungszwecken kaufen oder verkaufen muss. Ein Beispiel: Angenommen, ein Anleger kauft bei einer Bank 200 Volkswagen-Calls zum Preis von einem Euro pro Stück. Zur Absicherung dieses Geschäfts muss der Emittent 100 Volkswagen-Aktien an der Börse kaufen (zum besseren Verständnis siehe »Delta-Hedging«). Der Makler dort stellt für das Papier: 64 (Geld) zu 65 (Brief). Der Optionshändler bezahlt also insgesamt 6.500 Euro (100 mal 65). Unterstellen wir weiter, kurze Zeit später verkauft ein anderer Anleger 200 VW-Calls an die Bank zurück. Um seine Position angemessen zu sichern, muss der Optionshändler 100 Volkswagen-Aktien verkaufen. An der Börse erhält er nun lediglich den Geldkurs (insgesamt 6.400 Euro). Durch die Aktientransaktion sind der Bank Kosten von 100 Euro (6.500 minus 6.400) entstanden, die über die Warrantkursspanne auf den Anleger abgewälzt werden. Man kann sich leicht ausmalen, dass für unterschiedliche Aktien – je nachdem, wie liquide die Werte sind und je nach Marktverfassung – auch unterschiedliche Spreads von Börsenmaklern und Banken gestellt werden. Dasselbe trifft übrigens für OTC-Optionen zu, die – statt Aktien – zur Absicherung von Warrants ge- und verkauft werden. Dies hat dann unmittelbare Auswirkungen auf die Geld-Brief-Abstände entsprechender Scheine. Der Spread ist während der Laufzeit eines Warrants deshalb auch keine feste Größe.

Die Spanne wird gelegentlich auch aus Gründen der Risikovorsorge ausgeweitet: In hektischen Börsenzeiten, wenn etwa die Basisaktie in kurzer Zeit große Kurssprünge macht, schafft sich der Market-Maker durch einen weiteren Abstand zwischen An- und Verkaufskurs etwas »Luft«. Das Gleiche gilt, wenn man eine hohe *Size* – also eine hohe Stückzahl – handeln möchte. Auch dann weiten Emittenten regelmäßig bei einer Kursanfrage ihre Spannen aus. Denn große Mengen stellen für den Emittenten ein höheres Risiko dar, da ein Sicherungsgeschäft (z. B. Eindeckung mit Aktien) mit entsprechendem Umfang erst nach Kurszusage durchführbar ist und aufgrund des großen Volumens für den Emittenten unter Umständen unvorteilhafte Preise entstehen.

Risikovorsorge

Size

Die geringsten Spreads haben Scheine, die sich auf sehr liquide Underlyings beziehen. Dies trifft in Deutschland insbesondere für herkömmlich strukturierte Scheine – so genannte Plain-Vanillas – zu, denen der DAX zugrunde liegt. Weite Geld-Brief-Spannen trifft man hingegen bei illiquiden Basiswerten oder exotischen Warrants an.

Ob ein Institut hohe oder niedrige Spreads stellt, zeigt ein Vergleich zwischen verschiedenen Anbietern. Um eine verlässliche Aussage über die Kursstellungspraxis verschiedener Emittenten treffen zu können, sollte man Scheine nicht willkürlich auswählen. Vergleichbar sind nur Papiere, die in wesentlichen Ausstattungsmerkmalen – insbesondere Underlying, Bezugsverhältnis und Ende der Laufzeit – weitgehend übereinstimmen.

Was den Spread sonst noch beeinflusst

Einfluss auf den Spread haben auch der Strike und die Laufzeit des Warrants. Langlaufende Scheine haben prinzipiell eine höhere Geld-Brief-Spanne. Grund sind die zu Absicherungszwecken oft erforderlichen OTC- oder Terminbörsenoptionen, deren Liquidität umso geringer ist, je länger ihre Laufzeit. Dies hat entsprechend weite Geld-Brief-Spannen zur Folge, die an die Warrantanleger weitergegeben werden. Je tiefer ein Warrant im Geld notiert, umso größer ist die Aktienmenge, die zu Sicherungszecken ge- bzw. verkauft werden muss. Hohe Volumen erfordern mitunter mehr als eine Aktientransaktion und dadurch können die Kosten für den Emittenten steigen.

Quotierungen im Internet abrufbar

Inzwischen stellen die meisten Emittenten Geld- und Briefkurse für ihre eigenen Optionsscheine ins Internet ein. Häuser, die Wert auf eine gute Kurspflege legen, aktualisieren die Preise in kurzen Zeitabständen, sodass der Anleger ein realistisches Bild von der gegenwärtigen Marktlage erhält. Auf der folgenden Seite ist ein Ausschnitt aus den Realtime-Kursen abgebildet, die von der DG Bank ins Internet eingespeist werden.

Die Quotes lassen sich oft besser verstehen, wenn man weiß, wie ein Optionshändler bei der Kursstellung vorgeht. Aus den aktuellen Marktdaten berechnet der Händler zunächst den Wert der Option. Die Vorgehensweise ist vergleichbar mit dem, was wir im Kapitel über das *Pricing* geschrieben haben. In fortschrittlichen Instituten muss ein Händler die notwendigen Infor-

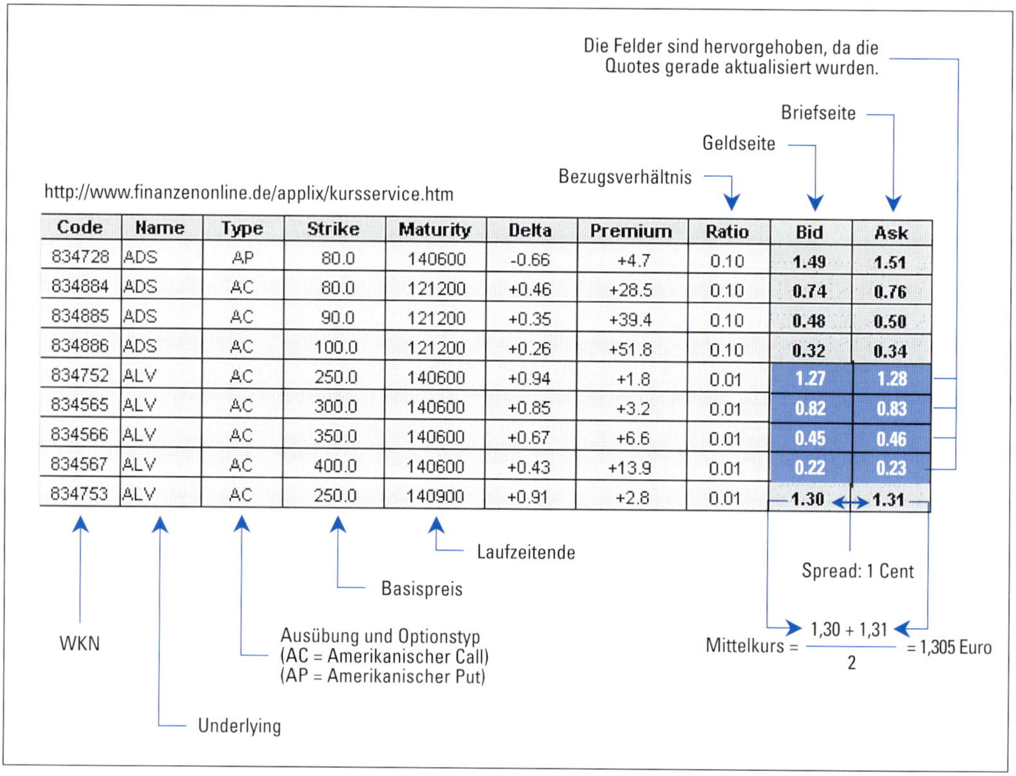

Code	Name	Type	Strike	Maturity	Delta	Premium	Ratio	Bid	Ask
834728	ADS	AP	80.0	140600	-0.66	+4.7	0.10	1.49	1.51
834884	ADS	AC	80.0	121200	+0.46	+28.5	0.10	0.74	0.76
834885	ADS	AC	90.0	121200	+0.35	+39.4	0.10	0.48	0.50
834886	ADS	AC	100.0	121200	+0.26	+51.8	0.10	0.32	0.34
834752	ALV	AC	250.0	140600	+0.94	+1.8	0.01	1.27	1.28
834565	ALV	AC	300.0	140600	+0.85	+3.2	0.01	0.82	0.83
834566	ALV	AC	350.0	140600	+0.67	+6.6	0.01	0.45	0.46
834567	ALV	AC	400.0	140600	+0.43	+13.9	0.01	0.22	0.23
834753	ALV	AC	250.0	140900	+0.91	+2.8	0.01	1.30	1.31

Zentralrechner

mationen nicht selbst beschaffen und in einen Rechner eingeben, da das Pricing automatisch erfolgt. Man kann sich das ungefähr so vorstellen: In einem Zentralrechner laufen die zur Kursstellung erforderlichen Daten – wie etwa der Börsenkurs der Basisaktie oder das aktuelle Zinsniveau – zusammen. Dort wird der Optionspreis kalkuliert und mit den letzten Kursen abgeglichen. Treten Abweichungen auf, wirft der Computer einen neuen Preis aus. Doch das ist nicht unbedingt derjenige Kurs, der anschließend auch gestellt wird. Denn der Händler passt den Wert mitunter noch nach oben oder unten an – meist indem er die implizite Volatilität abändert. Abhängig ist dies von der Marktlage und von der Erwartung des Händlers, ob die Anleger Scheine von der Bank kaufen oder an die Bank zurückverkaufen wollen.

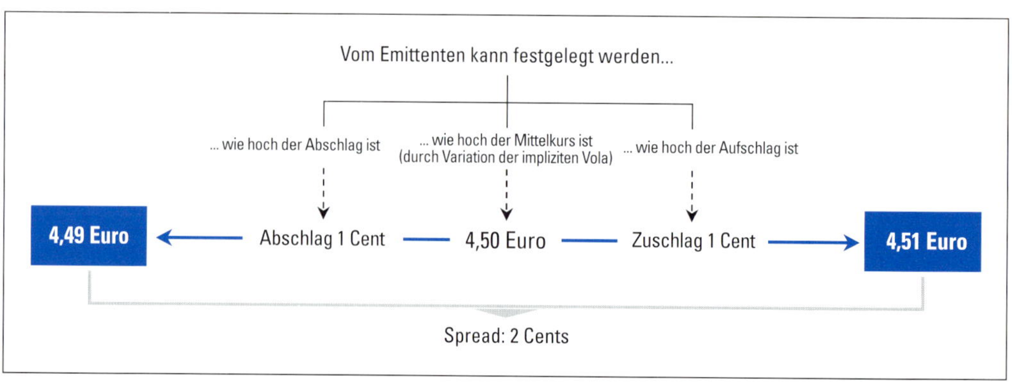

Aus dem kalkulierten Optionspreis werden anschließend zwei Preise gemacht, ein Geld- und ein Briefkurs. In einigen Fällen entsprechen Auf- bzw. Abschlag jeweils dem halben Spread. Man spricht auch von *symmetrischer Quotierung*. Gelegentlich kommt es vor, dass der berechnete Kurs als Briefseite herangezogen wird und ein entsprechend hoher Abschlag für die Geldseite erfolgt.

Symmetrische Quotierung

Beide Preise – also sowohl An- als auch Verkaufskurse – werden nur zwischen Emissions- und Verfalltermin gestellt. Zum Ausgabe- und Fälligkeitszeitpunkt selbst sind lediglich Verkaufs- bzw. nur Ankaufpreise relevant (= einseitige Preisstellung).

Es kommt – in sehr seltenen Fällen – vor, dass ein Optionsscheinhaus sein gesamtes Emissionsvolumen verkauft hat und die Emission nicht ausweitet. In einer derartigen Situation stellt die Bank keine Briefkurse mehr und ein Kauf ist lediglich über die Börse möglich.

Qualität von Quotes

Beim Kauf von neuemittierten Warrants sollten Anleger vorsichtig sein. Denn nicht selten sind Scheine, die neu auf den Markt kommen, überteuert. Gerade zu Beginn versuchen die Emittenten »Extragewinne« einzustreichen, bevor sie ihre Produktpreise an das allgemeine Marktniveau anpassen müssen. Ein Schein, der schon seit geraumer Zeit umläuft, ist in der Regel eher zu empfehlen als eine Neuemission mit gleicher Laufzeit.

Aber selbst Wochen oder Monate nach Ausgabe kommt es regelmäßig zu Situationen, in denen entweder Kauf- oder Verkaufsinteressenten dominieren. Betrachten wir ein Beispiel: Angenommen, ein T-Online-Call (Laufzeit: 1 Jahr) wird zum Kurs von 7 Euro ausgegeben. Die ersten Monate nach Emission bleibt der Börsenkurs der Aktie mehr oder weniger unverändert. Doch mit einem Mal entzündet sich ein richtiges Kursfeuerwerk und die Aktie legt in kürzester Zeit erheblich zu. Auch der Warrant steigt nun natürlich im Wert. Es ist verständlich, dass sich in einer derartigen Situation verhältnismäßig viele Anleger von ihrem Schein trennen möchten, um Gewinne »mitzunehmen«, Kaufinteressenten aber kaum noch zu finden sind. Das kann sich natürlich auch der Emittent ausmalen und die Kursstellung danach ausrichten. Die Preise für die Warrants werden einfach heruntergesetzt. Wer seine Optionen an die Bank zurückgibt, bekommt nicht den echten Preis dafür, sondern ein bisschen weniger.

Es muss gar nicht unbedingt zu einer Kursänderung kommen. Manchmal reicht es bereits aus, wenn Aktien öffentlich zum Kauf angepriesen werden (zum Beispiel im Fernsehen). Denn viele Anleger kaufen dann direkt entsprechende Calls. Da die meisten Händler in den Banken tagsüber immer mit einem Auge Sendungen wie die »n-tv-Telebörse« und die dort ausgestrahlten Empfehlungen verfolgen, wissen sie ziemlich genau, auf welcher Seite die meisten Anleger anschließend handeln wollen. Ist zum Beispiel mit starken Callkäufen zu rechnen, verschiebt der Händler die gesamte Quotierung nach oben (= hohe Briefseite).

Je transparenter ein Finanzprodukt ist, umso leichter kann der Anleger das Gebaren durchschauen. Dies erklärt auch, warum einige Institute ihre Sortimente gern mit ausgefallenen Produkten bestücken, die sich nicht von jedermann bewerten lassen. Meist wird auch genau darauf geachtet, dass kein anderer Anbieter die gleichen Produkte führt, um dadurch direkte Vergleichsmöglichkeiten zu unterbinden.

Börse kann Vorteile bringen

Hat der Anleger einen Optionsschein ausgewählt, muss anschließend entschieden werden, ob dieser an der Börse oder direkt beim Emittenten gehandelt werden soll. Häufig ist der Weg über die Börse sinnvoll. Um die Vorteile zu erklären, müssen wir etwas ausholen: Viele Anleger setzen großes Vertrauen in den Handel an einer Börse. Da das Geschehen dort staatlich beaufsichtigt wird, sind gute Voraussetzungen für einen ordnungsgemäßen, transparenten und fairen Handel gegeben.

Es ist einleuchtend, dass sich Börsenpapiere besser an Anleger verkaufen lassen als nicht notierte Titel. Das haben auch Optionsscheinemittenten erkannt und die meisten ihrer Produkte deshalb an einer Börse eingeführt. Um Warrants zu kaufen oder zu verkaufen, leitet man einen Auftrag (»Order«) an die Börse. Dort sucht ein Makler eine Gegenpartei, die bereit ist, das Papier zu den vorgegebenen Bedingungen zu verkaufen (kaufen). In der Praxis kommt es allerdings häufig vor, dass die Zahl der Verkaufswilligen die der Kaufinteressenten übertrifft (oder umgekehrt). Hat sich der Markt positiv entwickelt und sind die Kurse entsprechend hoch, überwiegen bei Calls im Regelfall Verkaufsorders, da die Anleger ihre Gewinne mitnehmen wollen. Entgegengesetzt die Situation, wenn Aktien niedrig notieren und mit einem kräftigen Kursanstieg gerechnet wird: Jetzt sehen viele eine günstige Einstiegsgelegenheit. In dieser Situation dominieren oftmals Kaufaufträge (für Calls).

Der Makler befindet sich in einer verzwickten Lage, da er für eingehende Orders keine Gegenseite finden kann und deshalb keine Umsätze zustande kommen. Müssen Anleger befürchten, dass es für Wertpapiere wie etwa Optionsscheine in Zukunft möglicherweise keinen Markt gibt, auf dem sich ihre Handelswünsche erfüllen lassen, verlieren die Papiere an Attraktivität und werden im Extremfall sogar gemieden. Dies liegt natürlich nicht im Interesse der Emittenten. Deshalb verpflichten sich die meisten dazu, ihre eigenen, bereits herausgegebenen Scheine permanent zum Kauf anzubieten und jederzeit – also nicht nur am Laufzeitende – wieder zurückzunehmen. Die Bereitschaft stets für Angebot und gleichzeitig für Nachfrage zu sorgen und damit in gewissem Sinne »den Markt zu machen«, bezeichnet man wie bereits erwähnt als *Market-Making* oder *Kurspflege*.

Kurspflege

Sämtliche in Deutschland handelbare Warrants sind auch an einer Wertpapierbörse zum Handel zugelassen. Der Anleger hat die Wahl, ob er seine Optionsscheine hier kauft (verkauft) oder sich direkt an den Emittenten wendet. Leitet er eine Optionsscheinorder an die Börse, wird diese nur dann mit einer anderen Order ausgeführt, wenn der dabei zustande kommende Kurs (Ausführungskurs) innerhalb der Geld-Brief-Spanne des Emittenten liegt. Bei Kursen außerhalb davon oder unlimitierten Aufträgen, bei denen sich keine Gegenpartei innerhalb der Spanne findet, wendet sich der Makler (im Normalfall telefonisch) an das Emissionshaus und fragt die aktuelle Quote ab. Mit anderen Worten: Die Geld-Brief-Sätze werden stets dann an-

Ausführungskurs

gefordert, wenn ein Kaufauftrag unlimitiert ist, oder das vom Kunden gesetzte Limit über dem Brief-Kurs liegt bzw. wenn ein Verkaufsauftrag unlimitiert erteilt wurde oder das Limit den Geld-Kurs unterschreitet.

Bei großen Spreads nicht unlimitiert ordern

Bei großen Geld-Brief-Spannen ist das Risiko, bei unlimitierten Börsenorders ungünstige Kurse zu erhalten, ziemlich groß. Aus diesem Grund sollte man von unlimitierten Aufträgen Abstand nehmen, wenn der Spread des Emittenten nicht bekannt ist. Sind die Spannen hingegen eng, ist die Gefahr bei unlimitierten Orders überschaubar.

Der Makler gibt bei seiner Anfrage den Handelswunsch (Kauf/Verkauf) nicht preis, sondern lässt sich sowohl die Geld- als auch die Briefseite nennen. Erst danach teilt er dem Emittenten mit, ob er für seinen Auftraggeber kaufen oder verkaufen möchte. Nur so ist eine faire Kursstellung zum Schutz des Kunden gewährleistet. Wüsste der Emittent die Handelsrichtung, bevor er seine Quote nennt, könnte er bei einem Kauf (Verkauf) durch den Anleger die Briefseite (Geldseite) zum Nachteil des Kunden nach oben (unten) anpassen, ohne den Spread zu verändern. Sein Trick ist für Außenstehende nicht wahrnehmbar. Kennt er den Handelswunsch hingegen nicht, müsste er gleichzeitig den Geldsatz nach unten und den Briefsatz nach oben anpassen. Dadurch weitet sich die Spanne aus und die unvorteilhafte Kursstellung wird sofort sichtbar.

Die Quotierungen des Emittenten stellen Mindest- und Höchstpreise dar. Keine Optionsscheinorder, die an eine Börse geleitet wird, weicht von den Geld- bzw. Briefsätzen des Emittenten zu Ungunsten des Anlegers ab. An der Börse gilt das *Best-Price-Prinzip*: Außerhalb der Geld-Brief-Spanne kommen keine Börsenkurse zustande. Doch es ist möglich, dass sich Kurse bilden, die zwischen An- und Verkaufskurs des Emittenten liegen. Dies ist im außerbörslichen Handel mehr oder weniger ausgeschlossen.

Best-Price-Prinzip

Außerbörslicher Handel kaum reglementiert

Beim Handel direkt mit dem Emittenten kommt die staatliche Börsenaufsicht nicht zum Tragen. Es gibt zum Beispiel keine Stelle, die das Handelsgeschehen überwacht. Doch dies ist heutzutage eigentlich kein Nachteil mehr, da die Emittenten es sich nicht leisten können, im Direktgeschäft Kurse zu stellen, die völlig marktfern sind.

Wie Optionen zum Anleger gelangen

Zwar handelt es sich bei Optionsscheinen um Wertpapiere, tatsächliche Urkunden (»effektive Stücke«) werden aber nicht mehr hergestellt und an die Käufer ausgehändigt. Eine solche Handhabung ist ziemlich umständlich und deshalb – ganz gleich für welche Art von Wertpapier – heutzutage nicht mehr üblich. Die Banken haben gemeinsam mit anderen Finanzdienstleistern und den Börsen ein Verfahren entwickelt, das dem bargeldlosen Zahlungsverkehr nachempfunden ist und den Handel mit Wertpapieren erleichtert. Die Übertragung erfolgt für gewöhnlich durch Überweisung von einem Konto (Wertpapierdepot) zum anderen, ohne dass die Papiere physisch bewegt werden müssten. Wer Optionsscheine kaufen will, braucht neben einem Wertpapierdepot auch ein normales Girokonto, über das anfallende Zahlungen (z. B. bei Ausübung einer Option mit Cash-Settlement) verrechnet werden.

Verkauf ist nicht gleich Verkauf

Wir wollen schließlich noch auf einen interessanten Aspekt eingehen, der mit dem Verkauf von Warrants zu tun hat. Zu Beginn dieses Kapitels hatten wir bereits gesehen, dass der Stillhalter auch als Optionsverkäufer bezeichnet wird. Doch daraus darf man keineswegs den Umkehrschluss ziehen, dass jeder Warrantverkäufer automatisch Stillhalter ist. Haben wir uns irgendwann zum Kauf eines Optionsscheins entschieden, so sind wir natürlich nicht gezwungen, den Warrant auszuüben oder bis zur Fälligkeit zu halten. Vielmehr haben wir die Möglichkeit, den Schein zwischenzeitlich zu veräußern. Obwohl wir dann eine Option verkauft hätten, sind wir noch lange kein Stillhalter. Die Pflicht zur Erfüllung liegt weiterhin beim Emittenten. Zur besseren

Weiterverkauf

Unterscheidung sollte man deshalb vom Weiterverkauf sprechen, wenn ein Warrant den Besitzer wechselt.

Optionsschein-Index

TUBOS

Es gibt sogar einen Index, der eigens für Optionsscheine vom Bankhaus HSBC Trinkaus und Burkhardt entwickelt wurde, den TUBOS (als Abkürzung von Trinkaus und Burkhardt Optionsschein-Index). Er bezieht sich ausnahmslos auf klassische Optionsscheine. Ausgangspunkt ist also stets eine bedingte Kapitalerhöhung.

Der Index ist so aufgebaut, dass sämtliche in Deutschland auf diese Weise entstandenen Scheine erfasst werden. Im Unterschied zu einem herkömmlichen Aktienindex ändert sich die Zusammensetzung des TUBOS ständig, da Warrants auslaufen und neue Scheine hinzukommen. Bei der Gewichtung der einzelnen Warrants orientiert sich die Bank an der Marktkapitalisierung (aktueller Warrantpreis mal Anzahl umlaufender Scheine). Je höher dieser Wert, umso größer ist auch das Gewicht eines Warrants im Index.

Der TUBOS hat eine Basis von 1.000 Punkten (am 31.12.1987) und spiegelt das Ergebnis folgender Anlagestrategie wider: Man kauft jeden klassischen Schein in der entsprechenden Gewichtung und hält ihn bis zur Endfälligkeit. Sobald ein neuer Warrant erscheint, wird er umgehend zugekauft. Welchen Stand der Index aktuell besitzt, erscheint auch im HANDELSBLATT in der Tabelle DEUTSCHE INDIZES. Hätte man am 31.12.1987 Kapital entsprechend der im TUBOS enthaltenen Strategie gehandelt, hätte sich das Vermögen bis zum 20.2.2001 ungefähr verachtfacht (siehe Abbildung).

DEUTSCHE INDIZES

	20.2.2001	19.2.2001
FAZ-Index (31.12.58=100)		
Jahres-H/T 2509,19/1900,89	1977,06	1966,82
Baader Gold-Index (31.12.87=1000)		
Jahres-H/T 222,97/142,39	150,34	152,21
Tubos-Index (30.12.87=1000)		
Jahres-H/T 9130,16/6125,14	8038,78	7939,36

Covered Warrants in der Finanzzeitung

Covered Warrants findet man im HANDELSBLATT unter der Überschrift AUSSERBÖRSLICHE OPTIONSSCHEINE in einer separaten Tabelle. Die dort aufgeführten Scheine sind zunächst nach Emittenten geordnet und – innerhalb einer Emittentengruppe – nach Underlyings. In diesem Kurszettel sind neben Optionsscheinen noch andere Strukturierte Finanzprodukte, insbesondere Zertifikate und Aktienanleihen, enthalten. Darauf sind wir im Kapitel über Anleihen bereits eingegangen.

Strukturierte Produkte

AUSSERBÖRSLICHE OPTIONSSCHEINE (ANGABEN IN EURO)

WPKN	Name	C/P	Basis	Laufz.	Bez.Verh.	Geld	Brief	Delta
BHF-Bank								
Aktien								
822041	BinTec	C	40,00	30.3.01	10:1	0,01	0,03	
824619	IWKA	C	19,66	30.3.01	10:1	0,03	0,06	
824660	Kinowelt	C	60,00	14.12.01	10:1	0	0,13	
824685	MobilCom	C	120,00	28.9.01	10:1	0,03	0,06	
824652	OnVista	C	100,00	29.6.01	10:1	0,01	0,05	
824689	OnVista	C	40,00	28.9.01	10:1	0,01	0,05	
824668	PlasmaSelect	C	160,00	14.12.01	10:1	0,01	0,05	
824691	PlasmaSelect	C	100,00	28.9.01	10:1	0.01	0,05	

WPKN	Name	C/P	Basis	Lau
573996	Qualcomm	C	80,00	16.1
573343	Rambus	C	62,50	16.1
767345	Siebel Sys.	C	110,00	18.12
651351	Sun Microsys.	C	35,00	23.4
651679	Sycamore Net.	C	60,00	23.1
767066	Texas Instr.	C	70,00	16.1
767436	Vertex Phar.	C	75,00	17.7
651361	Worldcom	C	30,00	22.1
651211	Yahoo	C	45,00	16.1
Neuer Markt				
573458	Aixtron	C	125,00	18.6

Die in der Kurstabelle abgedruckten Informationen stammen von den Emissionshäusern selbst. Der Leser findet dort die wichtigsten Ausstattungsmerkmale, dann die Geld-Brief-Quotes vom Vortag und bei einigen Scheinen zusätzlich die Kennzahl Delta.

In der Gesamttabelle ist außerdem eine Übersicht »TOPS und FLOPS« abgedruckt. Hier erscheinen diejenigen Scheine, die ausgehend vom letzten Börsentag die höchste Wertsteigerung zu verzeichnen hatten bzw. den höchsten Verlust.

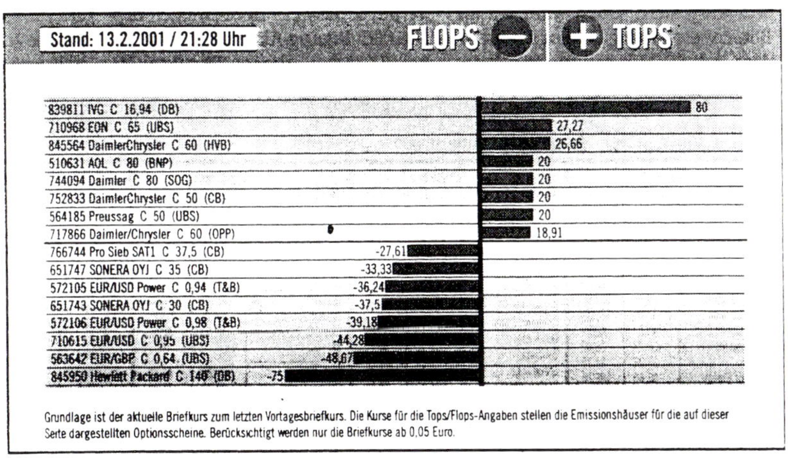

Handelsblatt.com (www.handelsblatt.com) bietet ein umfassendes Archiv von Fachartikeln an. Gibt man in das Feld »Archivsuche« auf der Homepage ein geeignetes Schlagwort ein und definiert einen Zeitraum für die Suche, so erscheinen Links zu allen relevanten Handelsblatt-Artikeln. Wir haben hier nach »Optionsscheinen« gesucht und fast 20 Beiträge gefunden, unter anderem auch ein Glossar mit den wichtigsten Fachbegriffen zum Thema.

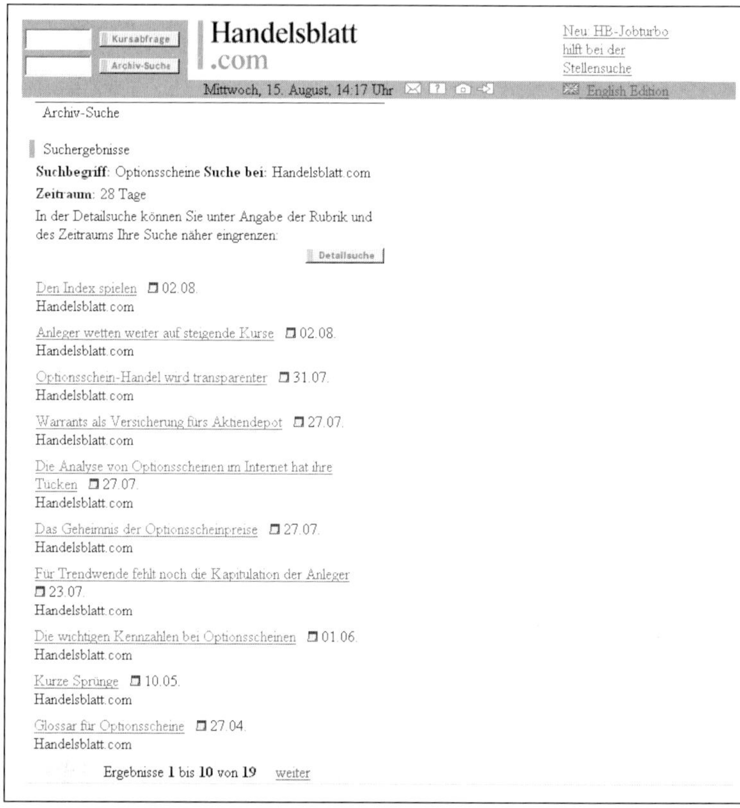

Vor dem Kauf über Chancen und Risiken informieren

Welche Chancen und Risiken eine Option beinhaltet, ist abhängig von vielen verschiedenen Faktoren. Eine wichtige Rolle spielt die Restlaufzeit ebenso wie der Zustand der Option und natürlich das Underlying. Um Anlegern die Kaufentscheidung zu erleichtern, sind im Laufe der Jahre die unterschiedlichsten Kennzahlen entwickelt worden. Doch längst nicht alle haben sich bewährt. Viele Kennzahlen besitzen – obwohl sie in der Praxis regelmäßig verwendet werden – kaum Aussagekraft. Diese Ziffern werden häufig zur Gruppe der »einfachen« oder auch »statischen« Kennwerte zusammengefasst (siehe folgender Abschnitt). Als Entscheidungsgrundlage besser geeignet sind dagegen »moderne« Kennzahlen. Wir werden diese im übernächsten Abschnitt besprechen.

Vorab noch ein Wort zur Berechnung: Vielen Anlegern graut es davor, die Kennzahlen eigenhändig zu berechnen. Doch diese Furcht ist unbegründet. Denn niemand ist gezwungen, solche Werte selbst auszurechnen. Ohnehin ist die Interpretation der Kennwerte viel interessanter als der Rechenweg. Für den Anleger ist es wichtig zu wissen, welche Schlüsse er aus den Kennzahlen ziehen kann. Inzwischen kann man diese Werte im Internet für jeden an der Börse gehandelten Optionsschein finden. Abrufbar sind die Kennzahlen beispielsweise unter der Adresse www.onvista.de oder auf der Web-Site der meisten Direktbanken. Internet

Wir wollen die Optionskennzahlen an einem durchgängigen Fallbeispiel erklären und haben uns für einen Call-Warrant der Dresdner Bank entschieden (WKN 744 455), der auf Adidas-Salomon basiert. Dessen genaue Ausstattungsmerkmale sind im Internet bei OnVista abrufbar (siehe folgende Seite). Die Kennzahlen für diese Option findet man ebenfalls auf derselben Internet-Seite.

Einfache Kennziffern

Agio

Beginnen wir mit dem Aufgeld – auch Agio genannt. Diese Kennziffer zeigt an, wie stark sich der Preis des Underlyings in die richtige Richtung verändern muss, damit die Option am Laufzeitende die Gewinnschwelle erreicht hat. Am Agio lässt sich in bestimmten Fällen ablesen, welchen Vor- bzw. Nachteil die Ausübung einer Option im Vergleich zum direkten Kauf (Verkauf) des Underlyings hat. Wie wir später noch sehen werden, hängt das Agio eng mit dem Zeitwert zusammen. Man kann das Agio als Absolutwert angeben oder, was in der Praxis häufiger der Fall ist, als Prozentzahl. Am Beispiel des Dresdner Bank-Optionsscheins wollen wir demonstrieren, wie man den Wert berechnet und interpretiert. Als Optionspreis verwenden wir den Mittelkurs (Durchschnitt aus Geld- und Briefkurs), also 13,20 Euro.

Agio und Zeitwert

Übersicht zur WKN: 744455

Stammdaten		Kursdaten	
Emittent	Dresdner Bank	Kurs Basiswert	07.04.2000, 12:40
Basiswert	adidas-Salomon (500340)	• in EUR	56.55 (adidas-Salomon)
Typ C/P	Call	Kurs Optionsschein	07.04.2000, 13:19
Typ E/A	Amerikanisch	• Geld	13.17 (-0.53 / -3.9%)
Basispreis	55.000	• Brief	13.22 (-0.53 / -3.9%)
Währung	EUR	Spread	
Fälligkeit	20.09.2001	• Absolut	0.05
Bez.-Verh.	1.0000	• Homogenisiert	0.05
Börsenplatz	FSE STU	• in % des Briefkurses	0.38
Bemerkung	Keine		

Kennzahlen

Parität	1.55	Break-Even	68.19
Aufgeld (in %)	20.59	Aufgeld p.a. (in %)	13.96
Hebel	4.29	Omega	2.84
Theoretischer Wert	17.28	Bewertungsniveau (in %)	-23.65
Historische Volatilität (in %)	60.58	Implizite Volatilität (Mittelkurs) (in %)	44.01
Implizite Volatilität (Geldkurs) (in %)	43.91	Implizite Volatilität (Briefkurs) (in %)	44.11
Totalverlustwahrscheinlichk. (in %)	60.88	Delta	0.66
Theta	-0.10	Vega	0.24
Innerer Wert	1.55	Zeitwert	11.65
Ertragsgleichheit (in %)	27.72	Ertragsgleichheit p.a. (in %)	18.79
Aufgeld p.a./Omega (in %)	4.92	Ertragsgleichheit p.a./Omega (in %)	6.62
Moneyness	1.03	Spread-Move	0.08
Transaktionskosten-Move	0.20	Zeitwert-Move	0.16
Prozentuales Wochentheta	-0.78	Hold-Break-Even	0.43

http://optionsscheine.onvista.de/cgi-bin/os-kennzahlen.mpl?WKN=752441

Agio beim Call

In der Kennzahlenübersicht (siehe oben) steht der Wert für das Agio (11,65) bei »Zeitwert«.

Basispreis
\+ [Optionspreis ÷ Bezugsverhältnis]
– Kurs des Underlyings

Wir gehen strikt nach der Formel vor und berechnen ein Aufgeld von 11,65 Euro. Der Wert ist – in diesem Beispielfall – identisch mit der Zeitprämie (Optionspreis minus Innerer Wert).

Interpretation

Man kann am Agio erkennen, dass eine Adidas-Salomon-Aktie bis zur Fälligkeit der Option um 11,65 Euro steigen muss – ihr Börsenkurs läge dann bei 68,20 Euro –, damit ein Anleger weder Gewinn noch Verlust erzielt.

Agio beim Put

Kurs des Underlyings
– Basispreis
\+ [Optionspreis ÷ Bezugsverhältnis]

Außerdem ist sichtbar, wie unvorteilhaft der Kauf der Aktie über den Call im Vergleich zum Direktkauf ist. Dies gilt unabhängig davon, ob wir die Option bereits besitzen und ausüben (»Szenario 1«) oder sie erst noch erwerben müssen und dann ausüben (»Szenario 2«). Haben wir den Call bereits im Besitz, könnten wir ihn ausüben und eine Aktie für 55 Euro kaufen. Möglich wäre auch ein Weiterverkauf des Calls und ein direkter Aktienkauf an der Börse. Die Aufwendungen lägen dann bei 43,35 Euro. Also ist der Weiterverkauf eindeutig die bessere Lösung (siehe Tabellen).

Ausübung des Warrants	
Kauf der Aktie zum Strike	-55 Euro
Summe	-55 Euro

Weiterverkauf des Warrants	
Weiterverkauf des Warrants	+13,20 Euro
Direktkauf der Aktie	
Summe	

Einfache Kennwerte

- Aufgeld
- Moneyness
- Break-Even
- Hebel

Moderne Kennwerte

- Implizite Vola
- Move-Kennzahlen
- »Griechen«

Nun zum zweiten Szenario: Da wir die Option nicht besitzen, müssen wir zunächst eine kaufen, um sie anschließend auszuüben. Alternativ könnten wir die Aktie direkt kaufen und uns den Umweg über den Call sparen. Auch hier bringt die Ausübung der Option wieder einen Nachteil von 11,65 Euro. Warum man eine Option nicht vorzeitig ausüben sollte, beschreiben wir später noch ausführlich.

Direktkauf der Aktie	
Direktkauf der Aktie	-56,55 Euro
Summe	-56,55 Euro

Kauf und Ausübung des Warrants	
Kauf des Warrants	-13,20 Euro
Kauf der Aktie zum Strike	-55,00 Euro
Summe	-68,20 Euro

Zeitwert und Agio sind nur dann identisch, wenn die Option am Geld oder im Geld notiert. Handelt es sich dagegen um eine Out-of-the-money-Option, sind beide unterschiedlich hoch.

Relatives Agio

Das Agio als Absolutwert ist für einen direkten Vergleich unterschiedlicher Optionen nicht geeignet. Daher setzt man den Wert (11,65 Euro) ins Verhältnis zum Kurs des Underlyings (56,55 Euro). Das Ergebnis ist das relative Agio. Es beträgt für unseren Call 20,59 Prozent.

Bis zum Laufzeitende muss der Aktienkurs mindestens um 20,59 Prozent ansteigen, damit die Gewinnzone erreicht wird. Anders ausgedrückt: Kauft man die Aktie über den Call, ist der Anschaffungspreis um 20,59 Prozent höher als beim Direktkauf an der Börse.

Das Agio hängt von mehreren Faktoren ab. Sein Wert ist umso größer, je weiter eine Option aus dem Geld liegt, je länger die Option noch läuft und je höher die implizite Volatilität ist. Optionen mit geringem Aufgeld gelten als attraktiv und werden zum Kauf empfohlen, da die Gewinnschwelle niedrig ist. Doch Anleger, die sich nur daran orientieren, können zu Fehlschlüssen kommen. Da der Wert des Aufgelds abhängig ist vom Strike und Preis des

Underlyings sowie von der Restlaufzeit und Volatilität, sollte man diese Faktoren stets mit einbeziehen. Nur bei identisch ausgestatteten Scheinen ist eine direkte Gegenüberstellung auf Basis des Agios sinnvoll.

Annualisierung

Um Scheine mit unterschiedlichen Restlaufzeiten vergleichen zu können, wird das Aufgeld so umgerechnet, dass es sich auf ein Jahr bezieht. Man spricht auch von Annualisierung. Agios in annualisierter Form werden mit dem Zusatz »p.a.« (per annum) versehen und nach folgender Formel berechnet:

$$\text{Annualisiertes Aufgeld (in \%)} = \frac{\text{Aufgeld (in \%)}}{\text{Restlaufzeit (in Tagen)}} \times 360$$

Unser Aktiencall (Restlaufzeit: knapp eineinhalb Jahre) hat dann ein Aufgeld von 13,96 Prozent p.a.

Zwar wird die Restlaufzeit berücksichtigt, implizite Volatilität, Underlyingkurs und Basispreis werden beim annualisierten Aufgeld aber nicht mit einbezogen. Deshalb ist auch diese Kennzahl allein nicht als Entscheidungsgrundlage geeignet.

Disagio

Nicht jede Option notiert mit einem Agio. In der Praxis trifft man auch auf Optionen mit Abgeld (Disagio oder »negative Zeitprämie«). Ein Disagio hat zu bedeuten, dass der Preis einer Option geringer ist als ihr Innerer Wert. So etwas kommt öfter bei europäischen Optionen vor, die sehr tief im Geld notieren und deswegen einen hohen Inneren Wert haben. Dieser hohe Wert ist aber nicht sofort realisierbar, da die Option erst am Ende ihrer Laufzeit ausgeübt werden kann. Ist damit zu rechnen, dass sich der Preis des Underlyings bis zum Verfalltag wieder auf den Basispreis zubewegt, ist kaum jemand bereit, eine Zeitprämie zu entrichten. Im Gegenteil! Da die Gefahr besteht, an Innerem Wert zu verlieren, ist oftmals kaum einer gewillt, überhaupt den vollen Inneren Wert zu bezahlen. So kommt es dann zu einem Abgeld.

Auch bei amerikanischen Optionen, die sehr weit im Geld liegen, beobachtet man manchmal Disagios, obwohl man die Optionen ausüben kann. Doch eine Ausübung ist mit Transaktionskosten (Bankgebühren) verbunden, die höher sein können als das Abgeld.

Zu beobachten sind Disagios auch dann, wenn der Option eine Aktie zugrunde liegt und Dividendenzahlungen bevorstehen.

Moneyness

Eine Kennzahl, an der sich ablesen lässt, welchen Zustand eine Option hat, ist die *Moneyness*. Sie zeigt dem Anleger, wie weit die Option im Geld, am Geld bzw. aus dem Geld notiert. Liegt die Moneyness über 1, ist die Option im Geld. Bei Werten unter 1, besitzt sie keinen Inneren Wert (»out-of-the-money«). Sind Börsenkurs und Basispreis deckungsgleich (»at-the-money«), weist die Moneyness einen Wert von genau 1 auf.

Berechnung der Moneyness (Call)

$$\frac{\text{Aktueller Kurs des Underlyings}}{\text{Basispreis}}$$

Unser Dresdner Bank-Call liegt im Geld und hat eine Moneyness von 1,03 (56,55 geteilt durch 55). Gelegentlich findet man die Moneyness auch als Prozentangabe. Für den Call ergeben sich dann 103 Prozent. Je weiter der Wert über 100 Prozent liegt, umso tiefer notiert die Option im Geld. Umgekehrt gilt, dass das Produkt umso weiter aus dem Geld liegt, je mehr die Marke von 100 Prozent unterschritten wird.

Berechnung der Moneyness (Put)

$$\frac{\text{Basispreis}}{\text{Aktueller Kurs des Underlyings}}$$

Der Kauf einer Option ist erst dann vorteilhaft – vorausgesetzt man hält sie bis zum Ende –, wenn sich der Preis des Underlyings am Verfalltag weit genug vom Strike entfernt hat. Der Preis, bei dem der Anleger weder Gewinn noch Verlust macht, ist die (einfache) Gewinnschwelle, auch Break-Even-Kurs oder schlicht *Break-Even* genannt. Damit dieser Punkt erreicht wird, muss die Option am Laufzeitende einen Inneren Wert haben, der so hoch ist wie der Kaufpreis der Option.

Break-Even

Einfacher Break-Even (Call)

Basispreis
\+ [Optionspreis ÷ Bezugsverhältnis]

oder alternativ

Kurs des Underlyings
\+ Aufgeld (in Euro)

Am Break-Even lässt sich erkennen, welche Preisbewegung das Basisgut bis zum Verfalltermin mindestens machen muss, damit der Optionskauf nicht mit einem Verlust endet. Der Anleger muss dann beurteilen, ob er eine solche Entwicklung für realistisch hält. Unser Adidas-Salomon-Call hat einen Break-Even-Kurs von 68,19 Euro. Wohlgemerkt: Bei dieser Indexänderung hat der Anleger noch keinen Gewinn erzielt, sondern lediglich seinen Kapitaleinsatz zurückerhalten.

Einfacher Break-Even (Put)

Basispreis
– [Optionspreis ÷ Bezugsverhältnis]

oder alternativ

Kurs des Underlyings
– Aufgeld (in Euro)

Oft fragen sich Anleger, wie weit der Aktienkurs ansteigen muss, um mit der Option eine höhere Rendite zu erzielen als mit der Aktie selbst. Diese Schwelle bezeichnet man auch als »vergleichenden Break-Even« oder »Er-

Vergleichender Break-Even

tragsgleichheit«. Bedeutung hat sie lediglich für Calls, da die Alternative zur Kaufoption der direkte Aktienkauf ist. Bei Put-Optionen wäre hingegen ein Leerverkauf die Alternative. Da diese Geschäfte bislang für Privatanleger nicht möglich sind, ist der »vergleichende Break-Even« hier bedeutungslos.

Auf der Internet-Seite von OnVista wird ein Wert von 27,72 Prozent angezeigt. Die Adidas-Salomon-Aktie muss demnach einen Kurszuwachs um mehr als 27,72 Prozent verbuchen, damit der Optionsschein einen höheren Ertrag abwirft als ein Kauf der Aktie.

Halteorientierte Kennzahlen

Der »vergleichende Break-Even« ist in jedem Fall größer als der einfache Break-Even. Beide Kennzahlen haben einen umso höheren Wert, je weiter der Warrant aus dem Geld notiert, je länger seine Restlaufzeit und je höher die implizite Volatilität ist. Die Gewinnschwellen sind darauf ausgerichtet, dass ein Warrant bis zum Laufzeitende gehalten wird. In Wirklichkeit verkaufen die meisten Anleger ihre Optionen (Optionsscheine) nach kurzer Zeit aber wieder (im Schnitt nach wenigen Wochen), da sie es lediglich auf kurzfristige Kursänderungen abgesehen haben. Als alleinige Entscheidungsgrundlage sind Gewinnschwellen ungeeignet.

Gearing

Mit Optionen lassen sich Gewinne (aber auch Verluste) erzielen, die – vergleicht man sie mit den Renditen beim Underlying – häufig um ein Vielfaches höher sind. Diese Hebelwirkung lässt sich durch bestimmte Kennzahlen ausdrücken. Die einfachste ist das *Gearing*, auch *Hebel* – oder *einfacher Hebel* – genannt. Er basiert auf folgender Formel:

$$\text{Gearing} = \frac{\text{Kurs des Underlyings}}{\text{Optionspreis} \div \text{Bezugsverhältnis}}$$

Die Zahl soll angeben, wie viel Mal stärker sich der Warrantpreis im Vergleich zum Kurs des Underlyings verändert. Der Call aus dem Ursprungsbeispiel besitzt einen Hebel von 4,29. Häufig deutet man diesen Wert so: Ändert sich der Kurs der Adidas-Salomon-Aktie um ein Prozent, ist die Wertänderung beim Optionsschein 4,29-mal so stark. Doch diese Interpretation ist falsch. Denn unterstellt wird, dass eine Änderung des Aktienkurses beim Warrant lediglich zu einer Anpassung des Inneren Werts führt, die Zeitprämie jedoch gleich bleibt. Wir demonstrieren die Problematik an einem Zahlenbeispiel: Angenommen, der Kurs der Aktie steigt am selben Tag von 56,55 auf 65 Euro (Wertsteigerung knapp 15 Prozent). Unser Warrant hat zu Beginn einen Inneren Wert von 1,55 Euro und eine Zeitprämie von 11,65 Euro. Passt sich nach dem Aktienkursanstieg nur der Innere Wert an, so läge der Optionsscheinkurs anschließend bei 21,65 Euro. Dies entspräche einer Wertsteigerung von 64 Prozent. Setzt man den Prozentsatz ins Verhältnis zum Aktienkursanstieg (14,94 Prozent), erhält man einen Wert von 4,29. Das Ergebnis stimmt mit dem Hebel exakt überein.

In Wirklichkeit nimmt der Wert des Warrants aber deutlich weniger zu, da die ursprüngliche Zeitprämie (11,65) sinkt. Grund: Der Optionsschein notiert, nachdem der Aktienkurs angestiegen ist, tief im Geld. Sein Preis liegt deshalb nicht bei 21,65 Euro, sondern – nach Berechnung mit der Black/Scholes-Formel – in etwa bei 18,40 Euro (Wertsteigerung: knapp 40 Prozent). Die Zeitprämie ist um 3,25 Euro von 11,65 auf 8,40 Euro gesunken. Der tatsächliche Hebel liegt also bei knapp 3.

Man erkennt, dass der Hebel kaum brauchbare Ergebnisse liefert. Lediglich für Optionen, die sehr tief im Geld notieren und deshalb eine geringe Zeitprämie beinhalten, ist er einigermaßen genau. Seine Aussagekraft kann insgesamt jedoch erheblich gesteigert werden, wenn er so angepasst wird, dass auch die Veränderung der Zeitprämie Berücksichtigung findet. Dieser so genannte tatsächliche Hebel, auch als *Leverage* oder *Omega* bezeichnet, lässt sich leicht berechnen, indem das Gearing mit dem Deltawert der Option multipliziert wird (bei Puts lässt man das negative Vorzeichen weg).

Leverage

$$\text{Leverage} = \text{Gearing} \times \text{Delta}$$
$$= \frac{\text{Kurs des Underlyings}}{\text{Optionspreis} \div \text{Bezugsverhältnis}} \times \text{Delta}$$

Der Adidas-Salomon-Warrant hat ein Delta von 0,66 (siehe Internet-Seite von OnVista am Anfang des Abschnitts). Demnach erhalten wir ein Omega von 2,84, das in etwa dem tatsächlichen Hebel entspricht. Verglichen mit dem einfachen Hebel ist das Omega erheblich aussagekräftiger. Sein Wert ist umso höher, je weiter ein Warrant aus dem Geld notiert, je niedriger seine implizite Volatilität und je kürzer die Restlaufzeit ist. Als einziges Entscheidungskriterium ist die Kennzahl nicht geeignet. Man kann allein am Omega nicht ablesen, ob ein Optionsschein günstig oder teuer ist. Dafür muss man weitere Größen mit einbeziehen (insbesondere Restlaufzeit, Strike, Kurs des Underlyings, implizite Volatilität).

Häufig ist zu beobachten, dass Anleger an Optionen mit hohem Hebel großes Interesse zeigen, um von den erwarteten Kursbewegungen des Underlyings besonders stark zu profitieren. Doch man sollte wissen, dass der Hebel in beide Richtungen wirkt. Tritt die erhoffte Änderung nämlich nicht ein, verliert der Anleger auch überdurchschnittlich viel seines eingesetzten Kapitals.

Moderne Kennzahlen

Man muss eine Option nicht unbedingt mit einem Optionsrechner bewerten, um sagen zu können, ob ihr Preis hoch oder niedrig ist. Oft gibt ein Vergleich mit anderen Optionen Aufschluss. Man vergleicht den Optionspreis mit den Kursen von Konkurrenzprodukten und kann auf diese Weise leicht feststellen, ob das Produkt relativ teuer angeboten wird. Diese Methode hat ihre Vorteile, denn der Anleger braucht bestimmte Daten nicht zu erheben, die er benötigt, wenn er den Preis mit einem Optionsrechner kalkuliert. Das aktuelle Zinsniveau ist zum Beispiel ebenso wenig erforderlich wie die Volatilität oder zukünftige Dividendenzahlungen. Doch diesem Vorteil stehen auch Nachteile gegenüber. Oft existieren nämlich keine geeigneten Optionen, die man für direkte Preisvergleiche verwenden könnte. Grund sind die abweichenden Ausstattungsmerkmale. Entweder haben die am Markt ange-

Preisvergleiche

Vergleiche anhand der impliziten Vola

botenen Produkte andere Laufzeiten, eine andere Ausübungsmodalität oder sie besitzen einen höheren oder niedrigeren Basispreis. Doch es gibt einen Ausweg: den Vergleich anhand der impliziten Volatilität. Wir haben in den vorhergehenden Kapiteln gesehen, dass sämtliche Preiseinflussgrößen – mit Ausnahme der geschätzten zukünftigen Vola (implizite Vola) – feststehen. An diesen »Preisschrauben« kann niemand »drehen«. Dagegen bleibt es jedem einzelnen Marktakteur selbst überlassen, wie er in Zukunft die Volatilität der zugrunde liegenden Aktien beurteilt. Je höher der Wert, der für die Volatilität angesetzt wird, umso höher ist auch der Optionspreis. An der impliziten Volatilität kann man also sehr gut ablesen, ob eine Option gegenüber anderen Produkten teuer ist. Ein direkter Vergleich ist grundsätzlich immer möglich, auch wenn die Optionen unterschiedlich ausgestattet sind. Man darf natürlich lediglich Optionen vergleichen, die sich auf den selben Basiswert beziehen. Außerdem sollten sich die Laufzeiten und Basispreise nicht allzu stark voneinander unterscheiden. Eine Praktikerregel besagt, dass die Laufzeiten der zum Vergleich herangezogenen Optionen nicht mehr als 20 Prozent darüber oder darunter liegen sollten. Dazu ein Beispiel: Eine Option hat eine Laufzeit von zehn Monaten. Zu Vergleichszwecken kann man Optionen mit einer Laufzeit zwischen acht (10 Monate minus 2 Monate) und zwölf Monaten (10 Monate plus 2 Monate) heranziehen. Bei den Basispreisen nimmt man oft Abweichungen von fünf bis zehn Prozent in Kauf.

Den auf Basis der historischen Vola berechneten Wert bezeichnet man auch als »Theoretischen Optionspreis«.

Ein Vergleich der impliziten Volas ist jedoch nicht in allen Fällen ein zuverlässiger Indikator für einen fairen Optionspreis. Es kann – zumindest theoretisch – sein, dass sämtliche Vergleichsobjekte zu überhöhten Kursen (impliziten Volas) gehandelt werden. Selbst wenn unsere Option die niedrigste implizite Volatilität besitzt, könnte sie dennoch zu teuer sein. Der Anleger muss überlegen, ob die zugrunde gelegte Vola akzeptabel ist oder ein anderer Wert die wirkliche Situation besser widerspiegelt. Oft ist ein Vergleich mit der historischen Volatilität und eine Überprüfung, ob aufgrund der fundamentalen Situation beim Underlying die entsprechende Volatilität gerechtfertigt erscheint, aufschlussreich.

Es kommt vor, dass die Manager einer Aktiengesellschaft die Banken auffordern, aus bestimmten Gründen keine Optionen auf deren Aktien herauszugeben.

Der direkte Preisvergleich hat noch einen weiteren Nachteil, auf den wir bislang noch nicht eingegangen sind, und zwar ein nicht vorhandenes Angebot an Vergleichsobjekten. Auf Aktien, die erst seit kurzer Zeit auf dem Markt sind oder nur selten gehandelt werden und deshalb lediglich geringe Umsätze verbuchen, beziehen sich meist wenige Optionen. Nehmen wir zum Beispiel die Aktie der Infineon Technologies AG, die im März 2000 emittiert wurde. Ende März gab es ausschließlich eine Bank, die entsprechende Optionsscheine herausgebracht hat. Ein Vergleich mit den Produkten anderer Häuser ist in solchen Fällen natürlich nicht möglich.

Eine Gegenüberstellung mehrerer Optionen anhand der impliziten Volatilität ist, wie gesagt, grundsätzlich empfehlenswert, da man auf diese Weise ein gutes Bild von der aktuellen Marktsituation gewinnen kann. Früher war es – zumindest für den Normalanleger – fast unmöglich, derartige Analysen durchzuführen. Viele Optionspreise wurden lediglich in Printmedien veröffentlicht und waren für aktuelle Vergleiche viel zu alt. Kennzahlen wie die implizite Volatilität fand man häufig nur in Spezialzeitschriften, die im monatlichen Rhythmus erschienen sind. Zwar konnte man vor einigen Jahren Optionskurse bereits über den Videotext oder per Telefon abrufen. Ein Weg, der dennoch relativ umständlich ist, da man sich die für Vergleichszwecke benötigten Werte oft mühsam zusammensuchen muss.

Internet

Seitdem es das Internet gibt, verlieren diese Alternativen immer mehr an Bedeutung. Wer heutzutage Optionsscheine kauft, informiert sich im Regelfall online. Wir haben dies schon an mehreren anderen Stellen erwähnt. Auch für direkte Optionsvergleiche ist das Internet unschlagbar. Der Anleger hat inzwischen die Möglichkeit, im Grunde sämtliche in Deutschland gehandelten Optionsscheine anhand fast jedes nur denkbaren Kriteriums direkt miteinander zu vergleichen. OnVista bietet zum Beispiel ein entsprechendes Finanztool an, das kostenlos genutzt werden kann (siehe unten). Unsere Adidas-Salomon-Option hat eine implizite Volatiliät von gut 44 Prozent. Wir möchten nun gerne wissen, wie dieser Wert im Vergleich zur Konkurrenz zu beurteilen ist. Auf der Homepage von OnVista wählen wir die Rubrik »Optionsscheine« aus und geben anschließend in das Feld »Basiswert« die WKN der Aktie oder deren Bezeichnung ein. Da sich unser Schein auf Adidas-Salomon (WKN 500 340) bezieht, geben wir die Kenn-Nummer in das entsprechende Feld ein. Es öffnet sich eine neue Seite mit der Eingabemaske »Optionsschein-Vergleich«. Hier können wir nun diejenigen Merkmale hinterlassen, nach denen Vergleichsoptionen ausgesucht werden sollen (siehe Abbildung). Das Programm wählt unter allen in Deutschland zum Börsenhandel zugelassenen Scheinen insgesamt siebzehn aus, die die Kriterien erfüllen. Unser Dresdner Bank-Schein ist ebenfalls vertreten. Nun können wir sofort erkennen, wie der DAX-Call im Vergleich zu den übrigen Scheinen abschneidet (siehe Abbildung).

Wer die Kriterien für die Vergleichsobjekte nicht selbst vorgeben möchte, kann in der Rubrik »Funktionen für diesen Optionsschein« unter dem Punkt »Szenario« den Begriff »Ähnliche OS« anklicken. Dann wählt das Tool eigenständig Optionsscheine aus, die mit dem Dresdner Bank-Call vergleichbar

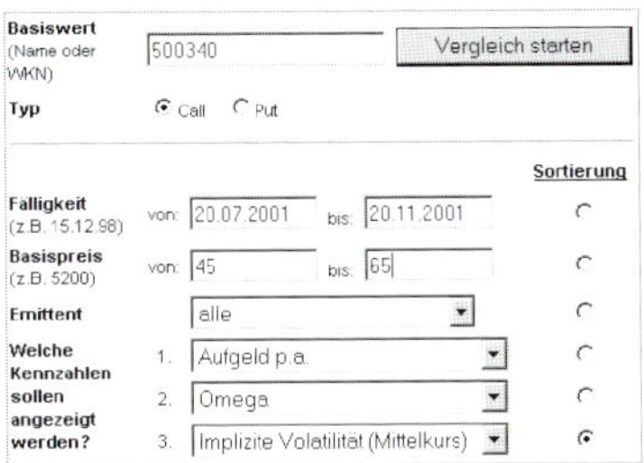

In dieser Maske lassen sich die Kriterien angeben, nach denen anschließend die Auswahl von Optionsscheinen erfolgt. Da unsere Dresdner Bank-Option diese Merkmale erfüllt, ist sie ebenfalls in der Liste unten enthalten.

CALLS auf adidas-Salomon, 500340
Basispreis: 45.00 - 65.00
Fälligkeit: 20.07.2001 - 20.11.2001
Anzahl: 6
Kurs adidas-Salomon am 07.04.2000 um 15:53 Uhr: 57.00

Sortierung: Implizite Volatilität (Mittelkurs) Go

Emittent	WKN	Basispreis	Währung	Fälligkeit	Bez.-Verh.	Geld-Kurs	Brief-Kurs	Zeit	Datum	Aufgeld p.a.	Omega	Implizite Volatilität (Mittelkurs)
Dresdner Bank	744455	55.000	EUR	20.09.2001	1.0000	13.51	13.56	15:21	07.04.2000	13.72	2.81	44.14
Dresdner Bank	744456	60.000	EUR	20.09.2001	1.0000	11.61	11.66	15:21	07.04.2000	17.41	3.06	44.39
Deutsche Bank	845909	45.000	EUR	07.09.2001	0.1000	1.86	1.96	16:22	07.04.2000	8.66	2.25	48.02
Deutsche Bank	845910	55.000	EUR	07.09.2001	0.1000	1.40	1.50	16:22	07.04.2000	15.24	2.62	48.67
Deutsche Bank	845911	65.000	EUR	07.09.2001	0.1000	1.16	1.26	16:22	07.04.2000	24.51	2.74	53.09
Rabobank	820731	65.000	EUR	19.09.2001	0.1000	1.23	1.28	10:22	07.04.2000	24.49	2.65	54.11

Call ist – unter sonst gleichen Bedingungen – am preiswertesten.

Optionen mit höherer impliziter Volatilität. Sie sind – unter sonst gleichen Bedingungen – nachteiliger.

http://optionsscheine.onvista.de/cgi-bin/os-vergleich.mpl

sind. Meist werden zusätzlich Scheine angezeigt, deren Merkmale deutlicher von denen der Ursprungsoption abweichen.

Um beurteilen zu können, ob eine implizite Volatilität und damit ein bestimmtes Bewertungsniveau insgesamt als hoch anzusehen ist, bietet sich ein Vergleich mit der historischen Volatilität an. Auch diese Information kann man im Internet abrufen (www.onvista.de). Man sollte aber darauf achten, dass der Zeitraum, auf dem die historische Vola basiert, in etwa mit der Optionslaufzeit übereinstimmt. Es ist nicht ratsam, auf die Volatilität der letzten vier oder fünf Jahre zurückzublicken, wenn der Warrant nur wenige Monate läuft.

Mal sind hohe, mal niedrige Volatilitäten vorteilhaft

Eine niedrige implizite Volatilität ist für Warrantkäufer vorteilhaft. Werden Scheine an den Emittenten zurückgegeben, ist es indes umgekehrt. Je höher die Vola, umso höher ist der Optionspreis und damit auch der Verkaufserlös.

VDAX

Die bekannteste implizite Volatilität ist diejenige für den DAX. Sie wird regelmäßig in Form eines Indexes veröffentlicht. Der so genannte VDAX (Volatilitäts-DAX) signalisiert, welche Vola in DAX-Optionen »eingepreist« ist, die an der Terminbörse EUREX gehandelt werden.

Zwar ist die implizite Volatilität eine der brauchbarsten Kennziffern. Dennoch muss gesagt werden, dass auch eine niedrige Vola keinerlei Aussage über den zukünftigen Erfolg eines Warrants zulässt. Entscheidend für den Erfolg ist, ob die prognostizierte Kursentwickung tatsächlich eintritt. Die implizite Vola ist jedoch sehr nützlich, um unter sonst gleichen Scheinen den vorteilhaftesten zu erkennen.

Spread-Move

Wenden wir uns nun einer anderen Gruppe von Kennzahlen zu, den Moves. Als erstes wollen wir uns mit dem Spread-Move befassen. Am Spread erkennt der Anleger, um welchen Wert der Kurs einer Option steigen muss, damit zumindest der Verlust aufgrund der Geld-Brief-Spanne ausgeglichen wird. Zur Erinnerung: Ein Market-Maker quotiert – zum Beispiel für Optionsscheine – sowohl einen An- als auch Verkaufskurs. Wer vom Emittenten kauft, muss einen Preis zahlen, der über dem Kurs liegt, den das Institut im selben Augenblick für den Rückkauf vergütet. Bliebe die Quotierung im Laufe der Zeit unverändert, könnte der Warrant lediglich zum geringeren Geld-Kurs an den Emittenten zurückgegeben werden und die Spanne zwischen An- und Verkaufskurs wäre verloren. Zur Vermeidung derartiger Verluste ist grundsätzlich also eine Kursbewegung (engl. »Move«) in Höhe der Geld-Brief-Spanne erforderlich. Dies ist der Spread-Move. Für unseren Adidas-Salomon-Schein beträgt er 5 Cents. Das bedeutet, dass ein Kurszuwachs in dieser Höhe notwendig ist, um einen Verlust aufgrund der Spanne auszuschließen. Steigt der Kurs tatsächlich entsprechend, lautet die neue Quotierung: 13,22 – 13,27. Obwohl sich der Schein positiv entwickelt hat, profitiert der Anleger nicht davon, wenn er das Papier an den Emittenten zurückgibt. Denn er hat beim Kauf die Briefseite (13,22) bezahlt und erhält jetzt den Geldkurs (ebenfalls 13,22).

Vergleicht man unterschiedliche Optionen miteinander, sollte darauf geachtet werden, dass sich die Produkte auf denselben Basiswert beziehen und eine in etwa gleiche Restlaufzeit haben. Außerdem müssen die Bezugsverhältnisse deckungsgleich sein. Nehmen wir als Beispiel einen zweiten Adidas-Salomon-Warrant (Bezugsverhältnis: 0,1), der sonst die gleichen Ausstattungsmerkmale besitzt wie das Produkt der Dresdner Bank. Die Quotierung lautet: 1,32 – 1,34. Die Spanne liegt damit bei 2 Cents und ist nicht einmal halb so groß wie die der Ursprungsoption. Doch dieser Vergleich führt in die Irre, denn die Bezugsverhältnisse unterscheiden sich. Es ist notwendig, die Scheine auf einen einheitlichen Nenner zu bringen – in der Praxis normalerweise ein Bezugsverhältnis von 1,0. Man bezeichnet die Spanne dann auch als »Spread homogenisiert«.

Der homogenisierte Spread beträgt 20 Cents (2 geteilt durch 0,1) und ist damit viermal höher als bei der Ursprungsoption.

Spread homogenisiert

Je höher der homogenisierte Spread, umso stärker muss die erwartete Kursbewegung sein, damit die Gewinnzone erreicht wird. Grundsätzlich gilt, dass ein Warrant umso attraktiver ist, je niedriger sein Spread-Move. Allerdings darf nicht übersehen werden, dass der Spread-Move nur eines von mehreren Beurteilungskriterien sein sollte.

Spread bleibt oft konstant, trotz sinkender Optionspreise

Oft lassen Emittenten den absoluten Spread konstant, auch wenn sich der Wert des Warrants ändert. Bei sinkenden Optionsscheinpreisen steht die Spanne dann in keinem angemessenen Verhältnis mehr zum Warrantkurs und beeinträchtigt die Rendite des Anlegers. Um dies sichtbar zu machen, sollte man die Spanne ins Verhältnis zum Briefkurs setzen. Der »Spread in Prozent des Briefkurses« wird für sämtliche in Deutschland gehandelten Warrants inzwischen auch ins Internet eingestellt.

Transaktionskosten-Move

Betrachten wir nun eine weitere Move-Ziffer, den Transaktionskosten-Move. Beim Kauf und der Verwahrung von Optionen (Optionsscheinen) fallen Kosten an, auch Transaktionskosten genannt. Hierzu zählen etwa Provisionen, die von Banken in Rechnung gestellt werden oder Maklercourtagen. Hinzu rechnen muss man auch die Kosten für die Deponierung.

Der *Transaktionskosten-Move* gibt nun an, wie weit die Option im Kurs steigen muss, damit diese Nebenkosten wieder aufgefangen werden. Im Grunde gelten hier die gleichen Überlegungen wie beim Spread-Move. Allerdings lässt sich der Transaktionskosten-Move nicht ganz so einfach ablesen wie der Spread-Move. Denn wie hoch die Kosten bei der Beschaffung und Lagerung der Optionsscheine im Einzelfall sind, ist zum Beispiel abhängig vom Anlagevolumen und Beschaffungsweg. Daher lassen sich hier nur schwer allgemeine Angaben machen.

Grundsätzlich lässt sich sagen, dass derjenige Beschaffungsweg und Verwahrort am günstigsten ist, der den geringsten Transaktionskosten-Move verursacht. Aber auch hier gilt – genau wie beim Spread-Move –, dass die Kennzahl nur eines von mehreren anderen Beurteilungskriterien sein sollte.

Sensitivitätskennzahlen

Besonders hohe Aussagekraft haben die so genannten *Sensitivitätskennzahlen*. Jeder einzelne dieser Werte bezieht sich auf eine bestimmte Preiseinflussgröße und gibt an, wie empfindlich (sensitiv) der Kurs der Option reagiert, wenn sich der entsprechende Einflussfaktor verändert. Für jede

»Griechen«

Delta

Sensitivitätsziffer hat man als Namen jeweils einen Buchstaben aus dem griechischen Alphabet gewählt. Deshalb werden sie pauschal auch als *Griechen* bezeichnet, häufig verwendet man auch den Begriff »dynamische« Kennziffern.

Am bekanntesten ist das *Delta*. Es zeigt an, wie stark sich der Optionswert ändert, wenn sich der Kurs des Underlyings um einen Euro verändert. Der Optionsschein der Dresdner Bank aus unserem Anfangsbeispiel hat ein Delta von 0,66 – genauer: plus 0,66 –, der in der Übersicht von OnVista enthalten ist. Am Vorzeichen (+) erkennt man die Richtung, am Wert selbst (0,66) das Ausmaß der Optionspreisänderung. Ein positives Vorzeichen bedeutet, dass sich Aktien- und Optionspreis gleichgerichtet verändern. Steigt (sinkt) also der Aktienkurs, dann steigt (sinkt) auch der Wert der Option. Eine Veränderung des Aktienkurses um einen Euro, hat eine Wertänderung von 0,66 Euro bei unserem Optionsschein zur Folge. Fassen wir kurz zusammen: Ein Delta von + 0,66 signalisiert uns, dass ein Kursanstieg (-rückgang) der Adidas-Salomon um einen Euro einen Wertanstieg (-rückgang) beim Warrant um 66 Cents bedeutet.

Calls haben ein Delta zwischen 0 und 1, für Puts liegt die Kennzahl im Intervall von –1 bis 0. Ob das Delta einer Option hoch oder niedrig ist, hängt von deren Zustand ab. Der Wert ist umso höher, je weiter eine Option im Geld notiert. Umgekehrt besitzt das Delta einen umso geringeren Wert, je weiter die Option aus dem Geld notiert (siehe Tabelle).

Zustand / Typ	deep out of the money	out of the money	at the money	in the money	deep in the money
Call	Delta liegt nahe 0	Delta liegt zwischen 0 und 0,5	Delta liegt nahe 0,5	Delta liegt zwischen 0,5 und 1	Delta liegt nahe 1
Put	Delta liegt nahe 0	Delta liegt zwischen 0 und -0,5	Delta liegt nahe -0,5	Delta liegt zwischen -0,5 und -1	Delta liegt nahe -1

Wir wissen, was Delta bedeutet und wollen uns jetzt etwas näher damit befassen, wie diese Kennzahl berechnet wird. Die zur Bewertung des Dresdner Bank-Scheins erforderlichen Daten lassen sich – wie im zweiten Buchkapitel beschrieben – leicht beschaffen. Man gibt sie in einen Optionsrechner ein und lässt den Preis berechnen. Anschließend wiederholen wir den gesamten Vorgang noch einmal, ändern nun jedoch den Aktienkurs um einen Euro, während wir die restlichen Preisfaktoren unverändert belassen. Im Internet bietet die Bank Sal. Oppenheim einen Optionsrechner an, der für diese Zwecke sehr gut geeignet ist. Wir geben die Ausgangsdaten ein, lassen den Optionspreis berechnen und betätigen danach einen eigens angebrachten Button (+), mit dem ein weiterer Rechner hinzugefügt wird, der bereits sämtliche Ursprungsdaten enthält. Nun wandeln wir nur noch den Wert im Feld »Aktueller Kurs/Basiswert« um einen Euro ab – die übrigen Daten bleiben gleich – und lassen den neuen Optionspreis berechnen. Die Differenz zwischen dem neuen und alten Optionspreis ist das Delta. In unserem Fall ergibt sich ein Wert von 65 Cents (siehe Abbildung).

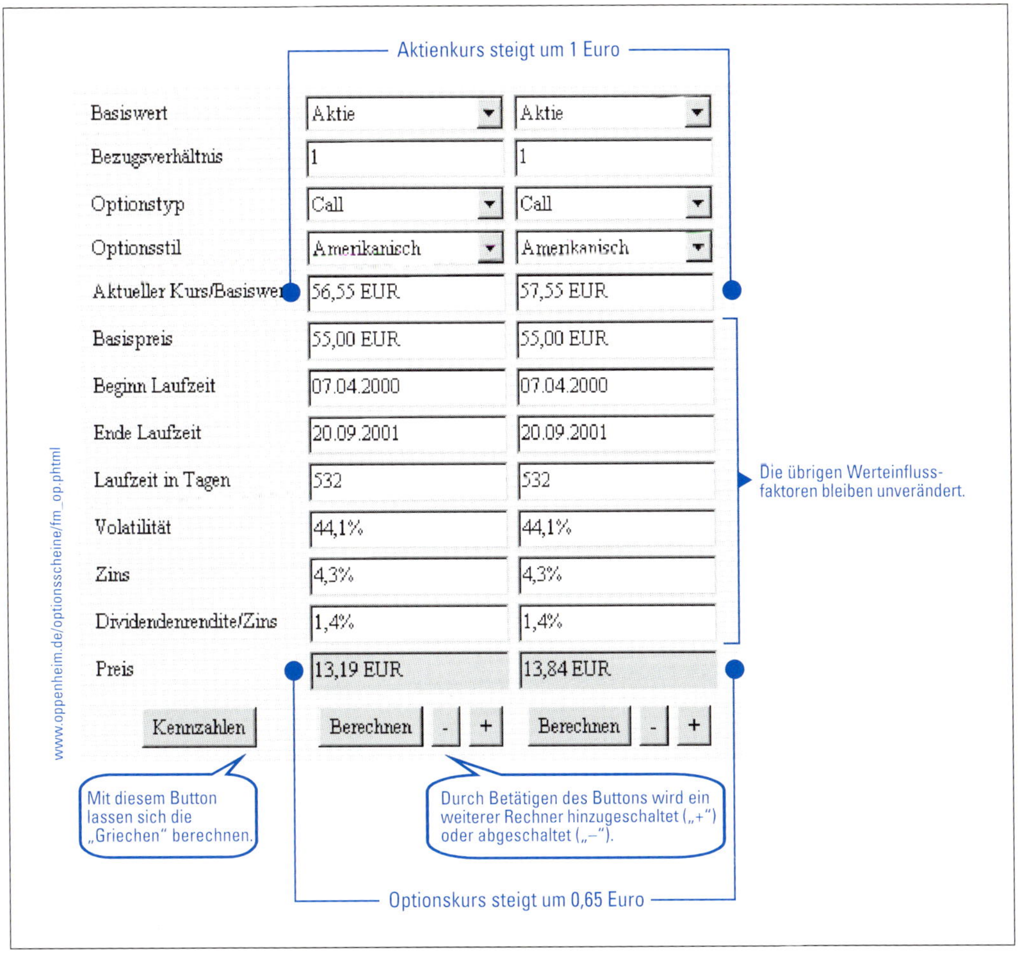

Natürlich muss kein Anleger das Delta auf so umständliche Weise selbst bestimmen. Denn mit den meisten Rechnern lassen sich die Sensitivitätskennzahlen gleich mit kalkulieren. Auch der Pricer von Sal. Oppenheim verfügt über eine derartige Funktion. Aktiviert man den Button »Kennzahlen« werden die Werte berechnet und angezeigt.

Häufig wird gefragt, warum nur ein Preisfaktor abgewandelt wird, während die restlichen Größen unverändert bleiben. Ist es nicht praxisfern, davon auszugehen, dass sich lediglich ein Faktor verändert? Das ist wohl richtig. Doch das Delta soll ja auch nur die Preissensitivität der Option gegenüber Änderungen des Aktienkurses anzeigen. Um diesen Einfluss zu isolieren, bleiben die restlichen Faktoren konstant.

Die tatsächliche Preisänderung (0,65) weicht leicht vom Delta (0,66) ab, weil das Delta aufgrund seiner Berechnungsweise die tatsächliche Änderung nur annäherungsweise trifft.

Wir haben das Delta bislang als Wert zwischen 0 und 1 bzw. –1 und 0 kennen gelernt. In der Praxis wird die Zahl häufig auch als Prozentsatz angegeben. Das Delta eines Calls liegt dann zwischen 0 und 100 Prozent, das eines Puts zwischen –100 und 0 Prozent.

Am Delta lässt sich auch die Wahrscheinlichkeit ablesen, dass die betrachtete Option am Verfalltag einen positiven Inneren Wert aufweist. Unsere Option aus dem Ausgangsbeispiel wird mit 66-prozentiger Wahrscheinlichkeit nicht wertlos verfallen.

Delta ist nicht stabil.

Das Delta ist kein Wert, der im Zeitablauf konstant bleibt. Verändert sich der Preis der Aktie zieht dies gleichzeitig eine Veränderung des Deltawerts nach sich. So könnte nach einem Kursanstieg der Adidas-Salomon-Aktie das Delta hinterher bei 0,70 liegen, bei einem Kursrückgang könnte der Wert anschließend 0,62 betragen. Das Delta ist umso instabiler, je dichter Underlying-Preis und Strike zusammenliegen. Bei At-the-money-Optionen ist die Kennzahl am unbeständigsten. Dagegen ändert sich das Delta von Optionen, die deep-in- und deep-out-of-the-money notieren, bei Kursschwankungen der Aktie am wenigsten.

Auswirkungen auf die Beständigkeit des Delta hat auch die Restlaufzeit. Je weiter der Verfalltermin entfernt ist, umso stabiler ist der Deltawert. Sehr schön zu erkennen ist die Stabilität, wenn man das Delta in Abhängigkeit des Aktienkurses grafisch darstellt. Sehr mühsam ist es, wenn man diese Arbeit per Hand machen muss. Es geht jedoch auch anders, da im Internet Optionsrechner angeboten werden, die als Zusatztool grafische Auswertungsmöglichkeiten beinhalten. Zur Veranschaulichung haben wir den Rechner der Deutschen Bank gewählt und die Ausgangsdaten unseres Adidas-Salomon-Warrants eingegeben. Verändert wurde lediglich die Restlaufzeit. Als Verfalltermin haben wir einmal den 20.06.2000 (kurze Restlaufzeit) und dann den 20.06.2002 (lange Restlaufzeit) gewählt. Am Verlauf der beiden Kurven (siehe Abbildung unten) kann man gut erkennen, wie sich die Laufzeit auf die Stabilität auswirkt.

Gamma

Es gibt eine Kennzahl – das *Gamma* –, die angibt, wie sensibel das Delta auf Änderungen des Underlying-Preises reagiert. Je höher der Gammawert,

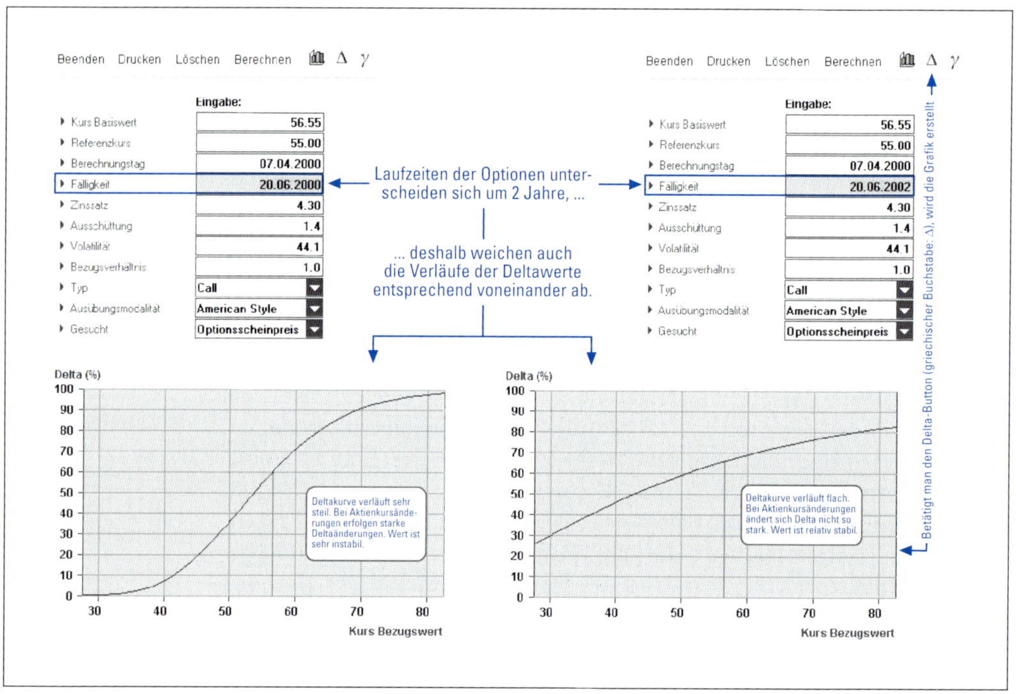

umso instabiler das Delta. Umgekehrt signalisiert ein niedriges Gamma ein relativ beständiges Delta. Das Gamma ist grundsätzlich am höchsten bei At-the-money-Optionen und umso geringer, je weiter eine Option im Geld oder aus dem Geld notiert.

Neben Delta und Gamma existiert für die übrigen Preiseinflussfaktoren ebenfalls jeweils eine Sensitivitätskennzahl. Das Berechnungsprinzip ist in allen Fällen dasselbe wie beim Delta. Auch die Interpretationsmöglichkeiten sind vergleichbar mit denen beim Delta. Aus diesem Grund wollen wir nicht jede Zahl ausführlich besprechen. Wir beschränken uns auf die – neben dem Delta – in der Praxis zweitwichtigste Kennziffer, das *Vega*. Am Wert des Vega kann man ablesen, wie stark sich der Optionswert verändert, wenn die (implizite) Volatilität um einen Prozentpunkt abgewandelt wird. Unser Adidas-Salomon-Warrant hat ein Vega von 0,24. Sein Wert ändert sich demnach um 24 Cents bei Änderungen der impliziten Vola um einen Prozentpunkt.

Die übrigen »Griechen«

Rho
Beziffert die Empfindlichkeit des Optionspreises im Hinblick auf Veränderungen des Zinsniveaus.

Theta
Bringt zum Ausdruck, wie sich der Optionspreis bei einer Verkürzung der Optionsfrist verhält. Theta ist umso größer, je kürzer die Restlaufzeit.

Angaben zu den Griechen findet man oft auch in gedruckter Form, zum Beispiel in den Verkaufsprospekten der Emittenten oder speziellen Zeitschriften. Damit kann man im Regelfall aber kaum noch etwas anfangen. Denn die Kennzahlen spiegeln die Situation wider als die Broschüre bzw. Zeitschrift gedruckt wurde. Bis der Anleger die Informationen in Händen hält vergeht einige Zeit. Die Marktlage hat sich währenddessen meist verändert und damit auch die Höhe der Risikokennziffern. Wirklich brauchbar sind eigentlich lediglich Werte, die die aktuelle Situation beinhalten. Solche Kennzahlen findet man im Internet, nicht jedoch in Printmedien.

Internet

Szenario-Analysen

Was wäre wenn ...

.... sich die implizite Volatilität in den nächsten Wochen verringert oder der Kurs der Basisaktie sinkt? Welche Auswirkungen hat dies auf den Wert einer Option? Oder wie passt sich der Kurs der Option an, wenn sich mehrere Einflussgrößen gleichzeitig verändern? Diese und ähnliche Fragen sind Gegenstand so genannter Szenario-Analysen.

Szenario

Unter einem Szenario versteht man in diesem Zusammenhang eine bestimmte Konstellation der Preiseinflussgrößen, die vom Anleger entsprechend seinen eigenen Vorstellungen vorgegeben werden kann. Ein Szenario könnte zum Beispiel so aussehen: Innerhalb der nächsten drei Tage Anstieg der impliziten Volatilität um fünf Prozentpunkte, Rückgang des Zinsniveaus um 20 Basispunkte (0,2 Prozentpunkte), während die übrigen Preisfaktoren unverändert bleiben.

Auf der Basis solcher oder beliebiger anderer Szenarien lässt sich nun der Wert einer Option bestimmen. Man gibt die Daten des jeweiligen Szenarios in einen Optionsrechner ein und schaut, welchen Kurs die Option bei dieser Konstellation der preisbestimmenden Faktoren annimmt. Vergleicht man den aktuellen mit dem berechneten Preis, dann lässt sich erkennen, wie sich der Optionswert verändert, wenn das entsprechende Szenario in der Zukunft tatsächlich eintritt.

»Griechen« sind spezielle Formen von Szenario-Analysen

Eine spezielle Form von Szenarien haben wir bereits im letzten Kapitel kennengelernt. Auch die »Griechen« sind im Grunde Szenario-Analysen. Allerdings werden nicht mehrere Faktoren gleichzeitig abgewandelt, sondern stets nur ein einzelner Wert.

Zwar kann man im Prinzip beliebige Szenarios bilden und als Kalkulationsbasis verwenden. In der Praxis weit verbreitet ist jedoch eine Vorgehensweise, bei der man drei Szenarios ableitet, ein optimistisches, ein pessimistisches und ein realistisches. Der Anleger soll so einen Eindruck davon gewinnen, mit welchen Erträgen unter normalen Bedingungen zu rechnen ist (realistisches Szenario), was bei schlechter Entwicklung passieren kann (pessimistisches Szenario) und welche Gewinne unter optimistischen Bedingungen zu erwarten sind. Schwierig zu beurteilen ist allerdings, wann ein Szenario realistisch, pessimistisch oder optimistisch ist. Dies muss jeder Anleger selbst entscheiden. Mitunter ist es hilfreich, sich an Vergangenheitsdaten zu orientieren und daran abzuschätzen, welche Szenarien in Zukunft mit welcher Wahrscheinlichkeit eintreten könnten.

Vergangenheitsdaten

Beispiel

Typisch für eine Szenario-Analyse ist zum Beispiel folgende Vorgehensweise. Ein Anleger beobachtet seit einiger Zeit, dass zwei Aktiengesellschaften (A und B) derselben Branche in engen Verhandlungen miteinander stehen. Er hält deshalb eine Fusion für möglich. Da A das größere Unternehmen von beiden ist, wird B – im Falle einer Übernahme – höchstwahrscheinlich von A »geschluckt«. Dies hätte einen deutlichen Kursanstieg der B-Aktien zur Folge.

Eine Entscheidung über den Zusammenschluss der beiden Unternehmen erwartet der Anleger innerhalb der nächsten sechs Monate. Deshalb sucht er im Internet gezielt – zum Beispiel mit dem Finanztool von OnVista – Optionsscheine auf B-Aktien, deren Laufzeiten in etwa bei sechs Monaten liegen. Ausgewählt werden schließlich mehrere Calls, die jeweils einen unterschiedlichen Zustand haben. Einige notieren aus, einige am und die restlichen im Geld. Den Anleger interessiert nun, welche Wertänderungen die jeweiligen Scheine beim Eintreffen unterschiedlicher Szenarien haben werden. Auf Basis seiner Informationen bildet er drei Szenarien, denen er zusätzlich noch eine von ihm persönlich angenommene Eintrittswahrscheinlichkeit zuordnet (siehe Tabelle).

Der Anleger könnte nun für jeden Schein – getrennt nach Szenarien – den Zukunftswert berechnen. Nehmen wir als Beispiel einen Call, der beim Eintritt des ersten Szenarios 25 Prozent und beim zweiten Szenario 5 Prozent an Wert verliert, jedoch einen Gewinn von 30 Prozent beim Dritten Szenario aufweist. Gewichtet man die Wertänderungen mit ihren Eintrittswahrscheinlichkeiten, ergibt sich der so genannte Erwartungswert, also der Wert, mit dem man in Zukunft im Durch-

Szenario	Beschreibung	Marktreaktion	Wahrscheinlichkeit
I	Vermutungen über Fusion erweisen sich als falsch. A und B schließen sich nicht zusammen.	• Kurs der B-Aktie sinkt um 10 Prozent • Volatilität sinkt um 5 Prozentpunkte	30 Prozent
II	A und B schließen sich zwar nicht zusammen, vereinbaren aber eine strategische Zusammenarbeit.	• Kurs der B-Aktie bleibt unverändert • Volatilität geht leicht zurück (minus 1 Punkt)	35 Prozent
III	A und B beschließen die Fusion.	• Aktienkursanstieg um 20 Prozent • Volatilität steigt um 3 Punkte	35 Prozent

schnitt rechnen darf – vorausgesetzt die Prognosen sind realistisch. Für unseren Call erhalten wir einen Erwartungswert von 1,25 Prozent.

Diese Rechnung kann der Anleger für jeden einzelnen Optionsschein vornehmen und schließlich den Warrant mit dem größten Erwartungswert auswählen.

Dank des Internet ist inzwischen jeder in der Lage, einfach und schnell Szenario-Analysen durchzuführen. Es gibt mehrere verschiedene Wege. So besteht die Möglichkeit, die Daten eines Szenarios in einen Optionsrechner einzugeben, den Kurs zu berechnen und ihn anschließend mit dem Ursprungskurs zu vergleichen. Dieser Weg ist ziemlich umständlich und nicht so komfortabel wie spezielle Tools, die von einigen Anbietern ins Netz eingestellt werden und in die man gleich ein vollständiges Szenario eingeben kann (siehe Abbildung).

Eingabe vollständiger Szenarios

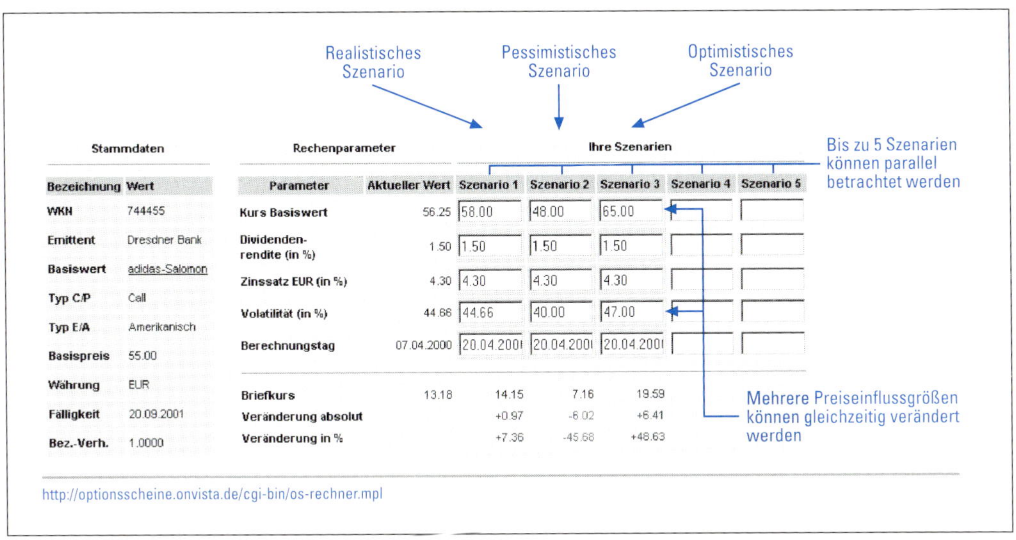

Risiko hat zwei Seiten

Optionen sind mit zum Teil erheblichen Risiken verbunden. Deshalb sollten Anleger wissen, worauf sie sich beim Kauf einlassen. Doch es ist nicht angebracht, Optionen schlecht zu machen, nur weil sie Risiken beinhalten. Denn der Begriff Risiko umfasst – wenn man ihn richtig definiert – zwei Seiten, sowohl Gefahren als auch Chancen. Mit Optionen können einerseits zwar Verluste (= Gefahr) entstehen, anderseits besteht aber auch die Möglichkeit, Gewinne zu erzielen (= Chance).

Gefahr und Chance

Betroffen von den Risiken sind nicht nur Optionskäufer. Auch für Stillhalter (z. B. Banken) ist das Ganze keine risikolose Angelegenheit. Wer aber meint, dass die Banken machtlos sind, täuscht sich. Denn die entstehenden Risiken lassen sich ganz gezielt beeinflussen. Wie das funktioniert, werden wir am Ende dieses Kapitels untersuchen.

Allgemeines Kursrisiko

Wer Optionen kauft, geht das Risiko ein, dass deren Wert im Laufe der Zeit schwankt. Man spricht auch vom allgemeinen Kursrisiko. Für den Anleger ist es positiv, wenn die Optionskurse steigen und Gewinne erzielt werden. Doch der Wert kann natürlich auch sinken und Verluste verursachen.

Optionskurse führen kein Eigenleben, im Gegenteil: Ihre Schwankungen hängen – wie wir festgestellt haben – von mehreren verschiedenen Faktoren ab. Verändern sie sich, passt sich normalerweise auch der Wert der Option an. Der Inhaber einer Option – nehmen wir konkret eine Aktienoption – setzt sich damit indirekt einem ganzen Bündel von Einzelrisiken aus. Er ist nicht nur von Aktienkursschwankungen betroffen, sondern zugleich von Volatilitäts- und Zinsänderungen usw. Handelt es sich dann noch um eine Option (z. B. Warrant), der in einer fremden Währung notiert, muss deren Kurs in Euro umgerechnet werden. Doch Währungskurse schwanken und daher trägt der Anleger obendrein ein Wechselkursrisiko.

Komplexes Finanzprodukt

Unter Risikogesichtspunkten ist eine Option also ein ziemlich komplexes Finanzprodukt. Der Anleger muss sich über viele verschiedene Risiken und deren Zusammenwirken im Klaren sein.

Wie sich die Veränderungen einzelner Risikofaktoren auswirken, lässt sich nicht pauschal sagen. Ob ein Anstieg der Aktienkurse oder sinkende Zinssätze für den Anleger Gewinne oder Verluste bedeuten, hängt davon ab, welche Sorte von Warrant betroffen ist (Calls oder Puts). Aus diesem Grund sind Einzelfallbetrachtungen erforderlich. Wir werden nachher noch ausführlich zeigen, wie man die Risiken im Einzelnen messen kann.

Eines gilt für jede Option: Selbst wenn die Marktpreise (Aktienkurse, Zinsen usw.) gleich bleiben, ein Einflussfaktor ändert sich in jedem Fall, und zwar die Laufzeit bis zum Ende. Dadurch unterscheiden sich Optionen von anderen Finanzinstrumenten. Kauft ein Anleger eine Infineon-Aktie zu 60

Euro in der Hoffnung, dass ihr Kurs steigt, verliert er kein Kapital, wenn der Börsenkurs gleich bleibt. Auch wenn ihr Wert gesunken ist, muss die Aktie nicht unbedingt verkauft werden. Denn der Anleger kann eine Niedrigkursphase »aussitzen« und das Wertpapier auch später noch verkaufen. Sollte die Aktie dennoch zu einem niedrigeren Kurs veräußert werden, können diese Verluste unter Umständen durch andere Erträge (z. B. Dividenden) ganz oder teilweise kompensiert werden.

Feste Laufzeit beinhaltet Gefahr.

Diese Möglichkeiten bieten Optionen nicht. Bei unverändertem Aktienkurs geht definitiv ein Teil vom Optionswert verloren, genauer die Zeitprämie. Der Anleger kann nicht warten, bis sich die Kurse erholen, da Optionen eine begrenzte Laufzeit haben. Da sie zudem keine laufenden Erträge abwerfen – vergleichbar mit Dividenden bei Aktien – besteht natürlich auch keine Möglichkeit, Kursverluste dadurch aufzufangen.

Rainbow-Option

Besonders schwierig einzuschätzen ist das Kursrisiko bei Exotischen Warrants, da solche Produkte in vielen Fällen einem anderen Preisbildungsmechanismus als Plain-Vanilla-Warrants unterliegen. Außerdem treten Preiseinflussgrößen auf, die man von herkömmlichen Scheinen nicht kennt. So hängt zum Beispiel der Wert einer *Rainbow-Option* (Best-of-Option) – neben den bekannten Einflussgrößen – zusätzlich davon ab, wie stark sich die Kurse der beiden zugrunde liegenden Underlyings parallel entwickeln.

Optionen verlieren mit der Zeit an Wert – aber nicht gleichmäßig

Optionen verlieren ihren Zeitwert nicht gleichmäßig, sondern – wie schon erwähnt – umso schneller, je näher der Verfalltermin rückt. Besonders empfindlich auf die Laufzeitverkürzung reagieren also Optionen mit geringer Restlaufzeit.

Hohes Totalverlustrisiko

Fassen wir zusammen: Im Vergleich zu anderen Finanzinstrumenten ist das Totalverlustrisiko bei Optionen deutlich höher. Kauft ein Anleger Aktien, muss deren Wert auf Null sinken, um das gesamte Kapital zu vernichten. Werden hingegen At-the-money-Warrants gewählt, reicht es aus, wenn der Aktienkurs unverändert bleibt, damit ein Totalverlust eintritt. Weil das Totalverlustrisiko so hoch ist, müssen Optionen laufend überwacht werden.

Risiko aufgrund der Hebelwirkung

Ihren Reiz haben Optionen vor allem aufgrund ihrer überdurchschnittlich starken Wertschwankungen. Verändert sich der Kurs des Underlyings, kann man bei Optionen Kursreaktionen beobachten, die um ein Vielfaches höher sind (Hebelwirkung). Mit Optionen besteht deshalb die Chance, Gewinne deutlich schneller zu erzielen als mit anderen Anlageformen. Doch dieser Hebel hat auch seine Schattenseiten. Genauso schnell wie der Wert einer Option steigt, kann er nämlich auch verloren gehen.

Doch nicht bei jeder Option ist die Hebelwirkung gleich stark ausgeprägt. Abhängig ist sie im Wesentlichen von zwei Faktoren. Erstens der Restlaufzeit: Je kürzer die Zeit bis zum Verfalltag, umso größer der Hebel. Zweitens übt der Zustand Einfluss auf den Hebel aus. Optionen, die aus dem Geld notieren, haben unter sonst gleichen Bedingungen einen höheren Hebel als Optionen, die am Geld liegen. Sind Optionen sehr tief im Geld, ist kaum noch eine Hebelwirkung vorhanden. Jetzt weisen Optionen ähnliche Kursreaktionen auf wie das Underlying.

Abhängig ist die Hebelwirkung auch vom Produkttyp. Gegenüber Plain-Vanilla-Optionen haben bestimmte Exoten erheblich höhere Hebel. Ein typisches Beispiel sind Power-Optionen. Liegt der Kurs des Underlyings zwischen Basispreis und Cap (bzw. Floor), sind die Kursreaktionen außergewöhnlich hoch.

Bei Power-Optionen wird der Innere Wert am Laufzeitende quadriert. Damit die Rückzahlung nicht ins Unermessliche steigen kann, ist bei Calls eine Obergrenze (»Cap«) bzw. eine Untergrenze (»Floor«) bei Puts eingebaut.

Pricingrisiko

Für eine Reihe von Optionen – insbesondere Optionsscheine – werden vom Stillhalter (Emittenten) laufend Kurse gestellt, zu denen Anleger kaufen bzw. verkaufen können. Dies ist sicherlich ein nützlicher, allerdings auch nicht ganz risikoloser Service. Denn jeder Anleger trägt das Risiko, dass der Emittent Kurse stellt, die man nicht mehr als gerechtfertigt bezeichnen kann. Pricingrisiko steht für die Gefahr, dass Quotierungen erfolgen, die von einem angemessenen Wert abweichen und zwar zu Ungunsten der meisten Anleger.

In der Praxis kommt es öfter vor, dass der größte Teil aller Anleger die gleichen Handelsabsichten hat – die Mehrzahl will entweder Optionsscheine kaufen oder wieder verkaufen. Ahnt der Händler einer Bank die Seite, auf der der größte Umsatz gemacht wird, kann er sich darauf einrichten und die Quotierung zum eigenen Vorteil gestalten.

Eine typische Situation, in der die Handelsinteressen sehr einseitig gelagert sind, ist die Emissionsphase. Dann überwiegen Käufer und der Market-Maker kann relativ hohe Kurse stellen, ohne Gefahr zu laufen, dass dies von einer Gegenseite durch Rückverkäufe an die Bank ausgenutzt wird. Ein beliebtes Argument, um die Hochpreispolitik zu begründen, ist die angeblich hohe zukünftige Volatilität bei der Basisaktie. Mit der Volatilität lässt sich im Übrigen fast jede Quotierung begründen. Braucht der Händler geringe Kurse, wird eine niedrige Vola »eingepreist«.

Vola als Rechtfertigung

Besonders stark ausgeprägt ist das Pricingrisiko bei neu emittierten Exotischen Warrants. Oft sind keine vergleichbaren Produkte von Konkurrenzbanken im Umlauf, sodass eine direkte Preisgegenüberstellung ausscheidet. Im Unterschied zu Plain-Vanilla-Warrants kann ein Anleger Exotische Scheine häufig nicht selbst »nachpreisen« und dadurch prüfen, ob der Ausgabepreis fair ist.

Spreadrisiko

Es ist üblich, dass Optionsscheine zwischen Ausgabedatum und Laufzeitende uneingeschränkt beim Emittenten gekauft und an ihn auch wieder zurückgegeben werden können, da sich die meisten Häuser zum Market-Making verpflichten. Der Verkaufspreis (Briefseite) ist aus verständlichen Gründen höher als der Kurs, zu dem Optionen wieder zurückgenommen werden (Geldseite), da die Banken ja auch etwas verdienen wollen. Die Spanne zwischen Geld- und Briefkurs stellt für den Anleger einen Verlust dar, der im Voraus nicht einfach zu kalkulieren ist. Denn der *Spread* zählt nicht zu den eigentlichen Ausstattungsmerkmalen (»Primärmerkmalen«). Er bildet vielmehr ein *Sekundärmerkmal.* Während in den Emissionsbedingungen beispielsweise Underlying und Ende der Laufzeit genau festgehalten sind und vom Emittenten nachträglich nicht mehr verändert werden dürfen, sind über die Geld-Brief-Spanne dort keinerlei Angaben zu finden. Das bedeutet, dass ein Institut den Abstand im Nachhinein nach eigenem Geschmack verändern kann. So etwas ist durchaus schon vorgekommen. Zum Emissionszeitpunkt und kurz danach werden besonders enge und damit anlegerfreundliche Spreads gestellt. Erfahrungsgemäß lassen sich viele dadurch leichter zum Kauf verleiten. Später, wenn der größte Teil einer Emission platziert worden ist, gehen die Emittenten dann plötzlich dazu über, ihre Spannen auszuweiten. Welche Folgen das hat, wollen wir an einem kurzen Beispiel zeigen. Unterstellen wir, ein Aktienschein (Bezugsverhältnis: 1,0) sei zum Emissionszeitpunkt und einige Wochen danach mit einem Spread von 30 Cents quotiert worden. Ein Anleger hat 1000 Warrants zum Kurs von 6,50 Euro pro Stück gekauft (Mittelkurs: 6,35 Euro). Da ihr Wert gestiegen ist – neuer Mittelkurs: 6,70 Euro –, möchte sich der Inhaber wieder von seinen Warrants trennen. Bei unveränderter Geld-Brief-Spanne würde eine Quotierung von 6,55 (Geld)/6,85 (Brief) gestellt und der Anleger könnte 6.550 Euro einstreichen (ohne Berücksichtigung von Transaktionskosten). Als er im Internet nachschaut, stellt er jedoch fest, dass der Emittent den Spread von 30 auf 60 Cents verdoppelt hat. Aufgrund der Ausweitung ist der Abstand zwischen An- und Verkaufskurs größer geworden und der Anleger muss sich mit 150 Euro weniger begnügen, denn der Emittent quotiert nun wie folgt: 6,40 (Geld)/7,00 (Brief). Obwohl der Mittelkurs um 35 Cents gestiegen ist, bleibt im Endeffekt sogar ein Verlust von 100 Euro übrig.

Sekundärmerkmal

Spreadausweitung

Weitere Risiken

Optionen beinhalten noch andere Risiken, die aber nicht so offenkundig sind wie zum Beispiel das allgemeine Kursrisiko oder Pricing- und Spread-Risiken. Eines davon ist das *Bonitätsrisiko.* Jeder, der Optionen kauft, muss mit der Gefahr leben, dass der Stillhalter seinen Verpflichtungen in Zukunft nicht mehr nachkommen kann. Was nützt der zugesicherte Anspruch auf den Inneren Wert am Ende der Laufzeit, wenn eine Bank zur Rückzahlung nicht in der Lage ist, weil sie inzwischen Konkurs gemacht hat. Zwar ist – zumindest in Deutschland – bislang noch kein derartiger Fall eingetreten, doch das bedeutet natürlich nicht, dass solche Situationen in Zukunft ausgeschlossen sind. Wie man Ausfallrisiken erkennen kann, haben wir im Kapitel über Anleihen dargestellt. Daher verzichten wir hier auf weitere Erläuterungen.

Bonitätsrisiko

Kommen wir nun vom Bonitäts- zum *Manipulationsrisiko.* Es handelt sich dabei um die Gefahr, dass der Kurs des Underlyings zum Nachteil des Optionsanlegers beeinflusst wird. Zur Verdeutlichung ein einfaches Beispiel: Angenommen, eine Bank hat *Range-Warrants* ausgegeben (Laufzeit: 6 Monate),

Manipulationsrisiko

Risiko durch Streuung mindern

Das Bonitätsrisiko lässt sich auf elegante Weise reduzieren, indem Kapital nicht ausnahmslos einem einzigen Emittenten anvertraut, sondern auf mehrere Schuldner gestreut wird. Diese Methode bezeichnet man allgemein auch als Diversifikation. Der positive Effekt: Verschlechtert sich in Zukunft die Bonität eines Schuldners oder wird er gar zahlungsunfähig, ist davon nicht gleich das gesamte Kapital betroffen.

die sich auf Aktien der Internolix AG beziehen. Die Range reicht von 70 bis 80 Euro. Am Ende der Laufzeit muss der Kurs exakt innerhalb dieser Spanne liegen, damit die Option nicht wertlos verfällt. Nun wäre es denkbar – und in vergleichbaren anderen Fällen ist es tatsächlich schon passiert –, dass die zugrunde liegende Aktie massiv ge- oder verkauft wird, um über die Börsenkursveränderung den Wert des Warrants zu steuern. Gelingt dem Emittenten am letzten Tag eine Börsennotiz von über 80 bzw. unter 70 Euro, würden die Scheine sofort wertlos verfallen und er könnte die vereinnahmte Prämie komplett als Gewinn verbuchen.

Wie stark Manipulationsgefahren ausgeprägt sind, hängt zum einen natürlich vom Emittenten ab, zum anderen vom Underlying. Kurse von Nebenwerten sind leichter zu beeinflussen als die Börsenpreise bedeutender großer Unternehmen. Um dort merkliche Kursveränderungen zu erreichen, müssen schon ziemlich große Orders platziert werden. Bei Titeln wie etwa der Deutschen Telekom ist der Aufwand so groß, dass sich die Beeinflussung meist gar nicht lohnt. Deshalb sind Manipulationsrisiken hier zwar nicht ausgeschlossen, aber doch relativ gering.

Operational Risk

Zum Abschluss wollen wir noch kurz auf eine weitere Risikoart hinweisen, die mit der Wertpapierabwicklung zusammenhängt. Für den Handel und die Übertragung von Finanzprodukten werden heutzutage verschiedene Hilfsmittel eingesetzt, angefangen bei Telefonen bis hin zu Handelssystemen. Dass Defekte und technische Störungen manchmal Schäden für Anleger anrichten, kann man sich leicht vorstellen. Fällt etwa das Handelssystem eines Market-Makers aus, ist er einige Zeit nicht in der Lage, Kurse zu stellen und Warrants zurückzunehmen. In bestimmen Marktphasen – zum Beispiel nach einer kurzen, heftigen Börsenhausse – können Papiere vom Anleger womöglich nicht schnell genug wieder veräußert und Gewinne »mitgenommen« werden. Man sollte ein derartiges Abwicklungsrisiko – auch *Betriebsrisiko* oder *Operational Risk* genannt – nicht ignorieren, da es in der Vergangenheit schon mehrfach vorgekommen ist, dass Anleger deswegen finanzielle Einbußen erlitten haben.

Wie Emittenten sich gegen Risiken absichern

Stillhalter übernehmen außerordentlich hohe Risiken. Das trifft im Besonderen für die Herausgeber von Optionsscheinen zu. Schon allein aufgrund der großen Emissionsmengen können es sich viele Häuser nicht leisten, solche Risiken selbst zu tragen. Für Banken ist der Handel mit Warrants üblicherweise ein so genanntes Margengeschäft. Mit anderen Worten: Die

Margengeschäft

Bank übernimmt prinzipiell die Funktion eines Großhändler. Sie kauft Produkte günstig ein und veräußert diese mit einem Aufschlag an Anleger weiter. Die Bank erbringt also eine reine Dienstleistung und wettet nicht, wie oft kolportiert wird, gegen die Anleger. Ihr Gewinn ergibt sich aus der Differenz zwischen dem Erlös aus den verkauften Optionen (»Verkaufspreis«) und den Kosten für die Absicherung (»Einkaufspreis«).

Die Möglichkeiten zur Absicherung sind vielfältig. Sehr häufig trifft man in der Praxis auf ein Risikomanagement nach folgendem Muster: Sämtliche Optionen, die dasselbe Underlying haben, werden zu einer Position zusammengefasst. Da sich die Risiken einzelner Optionen zum Teil gegenseitig kompensieren, verbleibt lediglich eine Restrisikoposition. Ein Beispiel: Eine Bank hat 50.000 Calls (Delta: 0,60) und 70.000 Puts (Delta: 0,40) emittiert. Beide Optionsscheine beziehen sich auf BASF-Aktien. Schwankt der Kurs der Aktie, verändert sich auch der Wert der Optionen. Messbar ist die Optionspreisänderung mit Hilfe der Sensitivitätskennziffer *Delta*. Bei emittierten Calls ist der Deltawert negativ und beträgt für die gesamte Anzahl an Calls minus 30.000 (50.000 mal minus 0,60), für die geschriebenen Puts plus 28.000 (70.000 mal 0,40). Das Gesamtpositionsdelta hat damit einen Wert von minus 2.000 (minus 30.000 plus 28.000). Daran lässt sich ablesen, dass die Bank insgesamt 2.000 Euro gewinnt (verliert), wenn der BASF-Kurs um einen Euro sinkt (steigt). Das Risiko kann vollständig beseitigt werden, wenn zusätzlich eine Position mit einem Deltawert von plus 2.000 aufgebaut wird. Dies könnte zum Beispiel dadurch geschehen, dass 2.000 BASF-Aktien gekauft werden. Erst dann wäre die Gesamtposition wie man sagt »deltaneutral« (siehe folgende Rechnung).

50.000 emittierte Calls (Delta: 0,60)	−30.000
70.000 emittierte Puts (Delta: 0,40)	+28.000
2.000 gekaufte BASF-Aktien (Delta: 1,00)	+ 2.000
Gesamtpositionsdelta	0

Delta-Hedging

Diese als »Delta-Hedging« bekannte Methode wenden Banken in erster Linie bei Plain-Vanilla-Optionen an. Besonders wichtig ist, dass die Basisaktien hinreichend liquide sind, damit sie später zu Sicherungszwecken schnell ge- und verkauft werden können, ohne dadurch große Kurssprünge auszulösen. Deshalb wird bereits im Vorfeld einer Emission (»Emissionsplanung«) genau auf die Liquidität der zugrunde liegenden Aktie geachtet. Geprüft wird außerdem, ob Derivate (z. B. Terminbörsenoptionen, Futures, OTC-Optionen) angeboten werden, die sich auf die Basisaktie beziehen und die später möglicherweise ebenfalls zur Absicherung der Warrants verwendet werden können.

Dynamische Absicherung

Das Delta der Gesamtposition ist keine konstante Größe, sondern unterliegt selbst wieder Schwankungen wegen der Restlaufzeitverkürzung der Optionen und Aktienkursänderungen oder zum Beispiel aufgrund zurückverkaufter Scheine. Daher muss der Emittent seine Gesamtposition laufend an die veränderten Bedingungen anpassen. Man bezeichnet Delta-Hedging deswegen auch als dynamisches Hedging. Durch das ständige Anpassen entste-

Das Geschick des Händlers entscheidet über den Sicherungserfolg.

hen natürlich Kosten, die den Gewinn der Bank schmälern. In der Praxis reagiert der Emittent daher auch nicht auf jede Veränderung. Meist hat ein Händler einen gewissen Handlungsspielraum, den er auch für die Anpassung seiner Sicherungsentscheidungen an Erwartungen über die zukünftige Markterwartung nutzt. Das heißt, dass in einem bestimmten Rahmen bewusst Risiken übernommen werden, oder anders gesagt: Der Händler spekuliert ein wenig.

Steuerung des Deltarisikos reicht nicht aus

Da der Wert eines Optionsscheins neben dem Aktienkurs noch von weiteren Faktoren abhängt, reicht es eigentlich nicht aus, nur das Deltarisiko zu betrachten. Von Bedeutung sind ebenso zum Beispiel Schwankungen der Warrantkurse aufgrund von Änderungen der impliziten Volatilität (»Vegarisiko«). Normalerweise werden auch diese Risiken abgesichert, wenn gewisse Grenzen überschritten sind.

Spreadausweitung

Ein bewährtes Mittel zur Minderung der Risiken ist die Ausdehnung der Spanne zwischen Geld- und Briefkurs. Diese Möglichkeit wird insbesondere in hektischen Marktphasen genutzt, die gekennzeichnet sind durch plötzliche, zum Teil sehr große Kursbewegungen. Man findet weite Spreads auch bei Underlyings, deren Preise abrupten und starken Änderungen unterliegen. Ein typisches Beispiel sind Aktien aus dem Neuen Markt. Ein Beispiel: Eine Bank emittiert amerikanische Calls, denen Aktien der MobilCom AG zugrunde liegen (Strike: 90 Euro, Laufzeit: 6 Monate). Die Aktie notiert zur Zeit bei 90 Euro, der Warrant hat einen Wert von 16,50 Euro (angenommene Volatilität: 70 Prozent), quotiert wird 16,00/17,00. Nehmen wir an, ein Anleger kauft einen Warrant. Der Emittent verlangt dafür den Briefkurs und kassiert 17 Euro, also 0,50 Euro mehr als der eigentliche Wert (16,50 Euro). Dadurch hat sich der Händler ein Sicherheitspolster zugelegt. Selbst wenn der Kurs der Aktie sprunghaft auf 91,55 Euro ansteigt (neuer Optionswert: 17,50 Euro), hat der Emittent – wenn man die Transaktionskosten vernachlässigt – keinen Schaden. Denn er quotiert jetzt 17,00/18,00 und das bedeutet, dass man die zu 17 Euro gekauften Warrants lediglich zum selben Preis wieder zurückverkaufen kann.

Die Gefahr, durch plötzliche Marktbewegungen Verluste zu erleiden, ist umso geringer, je höher die Spanne zwischen Geld- und Briefkurs ist. Dehnt der Emittent im Fallbeispiel den Spread von einem auf zwei Euro aus (Quote lautet dann in der Ausgangssituation: 15,50/17,50), kann der Preis für die MobilCom-Aktie auf 93,20 steigen (neuer Optionswert: 18,50 Euro), ohne dass der Emittent Schaden nimmt.

OTC-Geschäft

Es gibt noch eine dritte in der Praxis genutzte Sicherungsmöglichkeit, die man oft bei Exotischen Optionen findet. Der Emittent kann das Risiko auch durch ein Gegengeschäft beseitigen oder »rausdrehen«. Bringt eine Bank zum Beispiel Range-Warrants heraus, eliminiert sie das Risiko durch ein entgegengesetztes OTC-Geschäft. Der Emittent kauft (im Regelfall natürlich preiswerter) bei einer anderen Bank identisch ausgestattete Range-Optionen. Entstehen später Verpflichtungen aufgrund der herausgegebenen Option, kann die Bank sich schadlos halten, weil sie die gleichen Ansprüche aufgrund der gekauften OTC-Option geltend machen kann.

»Short gehen« birgt hohe Risiken

Ausschlaggebend ist die Bonität

Normalanleger können Optionen zwar kaufen, sie haben im Regelfall aber keine Möglichkeit, Optionen zu schreiben. Der Grund: die hohen Risiken, die dabei entstehen. Dabei übt das »Stillhalten« nicht nur für institutionelle Marktakteure wie Geschäftsbanken, Fonds- oder Versicherungsgesellschaften Reize aus, sondern auch für Privatleute. Deswegen haben einige Banken Normalanlegern diese Möglichkeit eröffnet. Welche Risiken damit verbunden sind, wollen wir an nebenstehendem Fall demonstrieren: Nehmen wir an, ein Anleger schreibt einen Aktien-Call.

Call-Option	
Underlying	T-Online
Strike	50 Euro
Laufzeit	12 Monate
Andienung	Cash
Bezugsverhältnis	1,0
Ausübung	europäisch
Prämie	6 Euro
Aktueller Aktienkurs: 50 Euro	

Bei Börsenkursen in Höhe des Strike oder unterhalb davon ist die Option wertlos und der Stillhalter ist zu keiner Gegenleistung verpflichtet, sodass er die volle Prämie als Gewinn verbuchen kann. Seine Gewinnchance beläuft sich auf maximal 6 Euro.

Anders sehen dagegen die Verlustmöglichkeiten aus. Bei Kursen oberhalb des Strike ist der Stillhalter zur Auszahlung des Inneren Wertes gezwungen. Dieser kann – zumindest theoretisch – beliebig weit ansteigen. Und genau darin liegt auch eine besonders große Gefahr für den Optionskäufer. Er hat das Risiko, dass ein Innerer Wert – ganz gleich wie hoch – vom Stillhalter nicht bezahlt werden kann. Daher werden als Schreiber nur Anleger akzeptiert, deren Zahlungsfähigkeit und Zahlungsmoral absolut einwandfrei sind. Dazu wäre eine äußerst umfangreiche und gewissenhafte Überprüfung erforderlich und das ist bei Privatpersonen ein viel zu aufwändiges Prozedere.

Bonitätsprüfung

Doch das Problem lässt sich auch anders lösen. Der Schreiber könnte aufgefordert werden, Sicherheiten zu stellen. Am sichersten ist es, wenn er pro Call eine T-Online-Aktie hinterlegt. Denn mit jedem Anstieg des Inneren Wertes um einen Euro steigt der Aktienwert im selben Umfang (siehe folgende Abbildung). Fasst man den geschriebenen Call und die hinterlegte Aktie zu einem »Paket« zusammen, ergibt sich als Ergebnis eine Aktienanleihe (bzw. ein Discount-Zertifikat). Hierauf sind wir im Kapitel über Anleihen schon ausführlich eingegangen. Daher verzichten wir an dieser Stelle auf weitere Ausführungen.

Aktienkurs (Verfalltag)	0	10	20	30	40	50	60	70	80	90	100	110	120
Geschriebener Call (Auszahlung)	0	0	0	0	0	0	–10	–20	–30	–40	–50	–60	–70
Aktie im Bestand (Einzahlung)	0	+10	+20	+30	+40	+50	+60	+70	+80	+90	+100	+110	+120
Nettozahlung für Anleger	0	+10	+20	+30	+40	+50	+50	+50	+50	+50	+50	+50	+50

Vorzeitige Ausübung

Eines ruft bei vielen Anlegern immer wieder Erstaunen hervor: Obwohl amerikanische Warrants jederzeit ausgeübt werden können, ist es im Allgemeinen nicht ratsam, vor Erreichen des Verfalltermins davon Gebrauch zu machen. Zwar kann der Inhaber durch Optionsausübung eine Aktie eventuell günstiger kaufen oder verkaufen als an der Börse, doch er verliert dadurch auf jeden Fall die Zeitprämie, die im Warrantpreis enthalten ist. Betrachten wir ein Fallbeispiel (siehe Abbildung).

Call-Option	
Underlying	T-Online
Strike	40 Euro
Bezugsverhältnis	1/1
Laufzeit	12 Monate
Andienung	effektiv
Ausübung	amerikanisch
Optionspreis	13 Euro
Aktueller Aktienkurs: 50 Euro	

Da der Optionsschein amerikanisch ausgestattet ist, und die Aktie deutlich oberhalb des Strike notiert, liegt der Gedanke der Ausübung des Warrants nahe. Dadurch würden wir 10 Euro weniger zahlen als an der Börse. Noch vorteilhafter wäre es jedoch, den Schein für 13 Euro zu veräußern und die Aktie direkt zu kaufen. Was wir dadurch einsparen, macht ein Vergleich deutlich: Üben wir den Schein aus, kostet die Aktie 40 Euro, der Warrant geht hingegen unter. Kaufen wir sie direkt, zahlen wir zwar 50 Euro, können den Schein aber für 13 Euro weiterverkaufen, sodass wir insgesamt lediglich 37 Euro (50 minus 13) ausgeben müssen.

Zeitprämie geht verloren.

Eine Ausübung lohnt sich nicht, weil wir in diesem Fall nur den Inneren Wert (10 Euro) realisieren können. Die Zeitprämie geht jedoch verloren. Das ist auch verständlich, denn mit der Ausübung erlischt das Recht. Um den vollen Warrant-Wert zu erhalten, muss die Option also bestehen bleiben. Deshalb ist ein Weiterverkauf des Optionsscheins in den meisten Fällen besser als die Ausübung. Wenn eine vorzeitige Ausübung derart unattraktiv ist, fragt man sich natürlich, warum Warrants überhaupt amerikanisch ausgestattet werden. Die Möglichkeit der vorzeitigen Ausübung gibt dem Anleger die Sicherheit, dass er bei einem Weiterverkauf auf jeden Fall den Inneren Wert realisiert. Dazu ein Fallbeispiel. Betrachten wir den T-Online-Schein weiter oben und zusätzlich einen zweiten Warrant, der identisch ausgestattet ist, allerdings nicht amerikanisch, sondern europäisch ausgeübt werden kann.

Nehmen wir nun an, der Kurs der T-Online-Aktie ist außerordentlich stark gestiegen und liegt bei 140 Euro. Die Optionsscheine sind also sehr tief im Geld. Beide haben einen Inneren Wert von 100 Euro (140 minus 40). Möchte sich ein Anleger jetzt von seinen Scheinen trennen, wird er für den amerikanischen mit Sicherheit wenigstens 100 Euro erhalten. Ein geringerer Preis – sagen wir 90 Euro – eröffnet die Möglichkeit der sicheren Gewinne. Dafür müsste der Schein gekauft, unverzüglich ausgeübt und die über den Warrant bezogene T-Online-Aktie sofort wieder zum aktuellen Kurs verkauft werden. Der Gewinn beträgt 10 Euro (siehe nachstehende Rechnung).

Sicherer Gewinn

Kauf des Warrants	– 90 Euro
Ausübung der Option und Bezug einer Aktie	– 40 Euro
Verkauf der T-Online-Aktie zum aktuellen Kurs	+ 140 Euro
Gewinn	10 Euro

Ein Optionspreis von 90 Euro erhöht die Nachfrage nach der amerikanischen Option und damit deren Kurs. Gleichzeitig wird der Kurs für die T-Online-Aktie sinken, da das Wertpapier ja verstärkt angeboten wird. Aufgrund dieser Marktreaktionen bilden sich Kurse, die keine Gewinne mehr ermöglichen, zum Beispiel 95 Euro für den Warrant und 135 Euro für die Aktie. Fassen wir zusammen: Der Besitzer des amerikanischen Scheins hat die Gewissheit, dass er den angesammelten Inneren Wert jederzeit realisieren kann – entweder durch Weiterverkauf oder (sofern kein Käufer zu finden ist) durch Ausübung.

Für den Inhaber des europäischen Warrants ist die Lage anders. Er hat vor Erreichen des Verfalltermins gar kein Recht, den Inneren Wert durch Ausübung zu erzielen. Er kann seinen Schein höchstens weiterverkaufen. Da der Kurs der Aktie jedoch verhältnismäßig hoch ist, könnte es sein, dass die Marktteilnehmer einen weiteren Anstieg für unwahrscheinlich halten. Vermutlich wird der Kurs in Zukunft sogar wieder sinken. Kein Anleger wäre unter diesen Umständen bereit, den vollen Inneren Wert zu bezahlen. Rechnen die Marktakteure tatsächlich mit einem Aktienkursrückgang von beispielsweise 20 Euro in den kommenden Monaten, wird auch der Innere Wert um diesen Betrag sinken. Der Schein ist am Verfalltag dann lediglich noch 80 Euro wert. Für europäische Scheine ist deswegen nicht der aktuelle, sondern der erwartete Innere Wert maßgebend. Aus diesem Grund kommt es vor, dass europäische Warrants mit einem Abgeld (Disagio) notieren. B könnte beispielshalber einen Kurs von 90 Euro haben (= 10 % Disagio) und damit um 10 Euro unter seinem Inneren Wert liegen. Dieser Betrag stellt sozusagen eine negative Zeitprämie dar.

Gelegentlich weisen auch amerikanische Deep-in-the-money-Optionen ein Disagio auf. Das Abgeld ist allerdings geringer als die mit einer Ausübung verbundenen Kosten.

Wann amerikanische Optionen noch sinnvoll sind

Amerikanisch ausgestattete Optionen sind auch sinnvoll, wenn die Märkte auf denen sie gehandelt werden, illiquide sind und ein zwischenzeitlicher Weiterverkauf schwierig ist. Sollte die Option einen (hohen) Inneren Wert angesammelt haben und es findet sich kein Abnehmer, kann der Inhaber seine Option ausüben und den Inneren Wert auf diese Weise realisieren.

Nun ist klar, warum Scheine amerikanisch ausgestattet werden, obwohl man von einer Ausübung vor Fälligkeit eigentlich keinen Gebrauch machen sollte. Der Grund liegt darin, dass Optionsinhaber an einer günstigen Entwicklung des Underlyings in vollem Maße teilhaben und den im Zeitablauf angesammelten Inneren Wert beim Weiterverkauf auch realisieren. Eine amerikanische Option ist deshalb auch teurer als eine vergleichbare europäische.

Amerikanische Ausstattung kostet extra.

Zeitwert versus Dividende

Steht eine Dividendenzahlung bevor, sollte geprüft werden, ob deren Höhe (inklusive der Körperschaftsteuer) kleiner ist als der Zeitwert des Calls. Trifft dies zu, kann man den Schein weiter halten. Übertrifft die Dividende jedoch den Zeitwert, ist eine Veräußerung (bzw. Ausübung) vor Ausschüttung der Dividende ratsam. Bei Ausübung geht zwar der Zeitwert verloren, dafür vermeidet man den Wertverlust wegen des Dividendenabschlags.

In bestimmten Situationen sollten Optionen ausgeübt werden.

Die vorzeitige Ausübung amerikanischer Optionen ist prinzipiell nicht ratsam. Doch Ausnahmen bestätigen die Regel: Angenommen, wir besitzen einen amerikanischen Put, der auf der ABC-Aktie basiert (Strike: 50 Euro). Was passiert, wenn die Aktie plötzlich zum Börsenkurs von null notiert – etwa aufgrund eines Konkurses – oder, was wohl häufiger anzutreffen ist, zu einem so niedrigen Kurs, dass kaum jemand einen weiteren Preisverfall für möglich hält. In dieser Situation ist eine Ausübung dringend zu empfehlen. Da der Put bis zum Verfalltag keinen größeren Inneren Wert aufbauen kann – das Underlying notiert ja schon zum denkbar niedrigsten Kurs –, stellt eine sofortige Ausübung sicher, dass der höchste nur vorstellbare Innere Wert definitiv realisiert wird. Selbst wenn sicher ist, dass der Put den Inneren Wert auch am Verfalltermin noch besitzt, sollte man jetzt sofort ausüben. Denn wir können den Mittelzufluss zinsbringend anlegen. Auf diese Erträge würden wir jedoch verzichten, wenn wir die Ausübung in die Zukunft verschieben. Eine Zeitprämie können wir nicht mehr verlieren, da der Warrant diesen Preisbestandteil nicht mehr aufweist. Wer würde schon eine Zeitprämie (»Chancenprämie«) zahlen, wo die ABC-Aktie doch so niedrig notiert, dass gar keine Chance mehr auf einen Zuwachs an Innerem Wert vorhanden ist.

Optionsscheine meistens amerikanisch

Die meisten Optionsscheine – insbesondere Aktien-Warrants – sind amerikanisch. Doch es gibt Ausnahmen. Daher gilt: genau in die Emissionsbedingungen schauen.

Investmentfonds

stmentfonds +++ Idee, Vorteile und Risiken +++ **Investmentfonds** +++ Idee, Vorteile und Risiken +++ **Investmentfonds** +++

Von Bernie Cornfeld und Peter Lynch

Bereits im 19. Jahrhundert warfen wohlhabende Bürger in Großbritannien und der Schweiz ihr Geld in einen gemeinsamen Topf und vertrauten es professionellen Vermögensverwaltern an. In Deutschland spielten Investmentfonds bis in die 1960er-Jahre nur eine Nebenrolle. Zudem gerieten sie Anfang der 1970er-Jahre durch den Skandal um Bernie Cornfelds IOS in Verruf: Cornfelds Firma Investors Overseas Services, quasi als Dachfonds konstruiert, sammelte in Deutschland mit aggressivem Marketing mehr als 2,5 Milliarden DM von 300 000 Anlegern ein. Sein luxuriöser Lebensstil und Gerüchte um Unregelmäßigkeiten in der IOS-Zentrale führten zu einem Vertrauensverlust. Schließlich plünderte Cornfelds Nachfolger den Fonds aus und schädigte die Anleger weltweit um immense Summen.

Zwar wurden danach die Zulassungsvorschriften für Investmentfonds in Deutschland erheblich verschärft und die Fondsgesellschaften bemühten sich redlich, den Deutschen die Vorteile von Diversifikation und professionellem Management schmackhaft zu machen. Aber der Marktanteil blieb lange Jahre gering.

In den USA dagegen machten Fondsmanager wie der legendäre Peter Lynch Investmentfonds zum beliebtesten Sparprodukt. Peter Lynch leitete den Fidelity Magellan Fund 13 Jahre lang, von 1977 bis 1990. Die Performance kann nur als erstaunlich bezeichnet werden: Wenn man 1977 1000 Dollar in den Magellan investiert hätte, wäre das Kapital bis 1990 auf 28 000 Dollar angestiegen – das entspricht einer Rendite von 29,2 % pro Jahr! Zudem war die Performance extrem beständig. Bis auf zwei Jahre lag Lynch immer besser als der Vergleichsindex S & P 500. Lynchs »goldene Hände« waren keine Zauberei, sondern eine Kombination aus gesundem Menschenverstand und gewissenhafter Arbeit. Er investierte in Unternehmen, die er mit einfachen Mitteln »verstehen« konnte. Beispielsweise wusste er um die Qualität von Volvo aus eigener Fahrerfahrung, und von der Anwenderfreundlichkeit von Apple-Computern überzeugten ihn seine Kinder. Natürlich mussten auch die Zahlen, die Bilanzen der Firmen, stimmen. Wie der Superinvestor Warren Buffett scheute Lynch aber Investments in komplexe Geschäftsmodelle – auch wenn diese mit fantastischen Wachstumsvoraussagen verbunden waren.

Mit der rasanten Ausbreitung des Internets, der boomartigen Entwicklung des Mobilfunks und den Quantensprüngen in der Biotechnologie kam dieser bodenständige Investmentstil zeitweise aus der Mode. Allerdings brachte gerade diese Aufschwungphase Investmentfonds in Deutschland den Durchbruch. Die Fondsgesellschaften erschlossen neue Zielgruppen und verzeichneten immense Kapitalzuflüsse.

Aber die Arbeit des Fondsmanagements wurde durch die technologische Revolution mit Sicherheit komplexer. Wie der folgende Abschnitt zeigt, ist für den Investmenterfolg sowohl bodenständiges »Lynch-Know-how« als auch hoch spezialisiertes Expertenwissen über die Branchen der Zukunft erforderlich. Neben »normalen« Investmentfonds werden auch ausführlich »passiv gemanagte«, indexorientierte Anlageprodukte erklärt.

Dass gesetzliche Vorschriften den Anleger schützen, die Arbeit des Fondsmanagements aber auch erschweren können, zeigt der ausführliche Abschnitt über Hedge Fonds.

Idee, Vorteile und Risiken

Investmentfonds werden von speziellen Investmentfirmen, auch *Kapitalanlagegesellschaften* (kurz: KAGs) genannt, gegründet und anschließend Jahrzehnte lang verwaltet. Sparer können sich jederzeit an einem Investmentfonds beteiligen. Sie zahlen einen bestimmten Geldbetrag an die KAG und erhalten im Gegenzug Fondsanteile auf einem Depotkonto gutgeschrieben. Wie viele Anteile jemand bekommt, hängt vom eingezahlten Geldbetrag und dem Preis pro Anteil ab. Der erste Anteilpreis eines Investmentfonds wird von der KAG bestimmt. Hierzulande gibt es die klare Regel, dass Anteile zu Anfang nicht mehr als 50 Euro kosten dürfen. Dadurch soll sichergestellt werden, dass sich auch Anleger mit kleinen Summen beteiligen können (für Fonds, die im Ausland aufgelegt und in Deutschland vertrieben werden, gilt die Regel allerdings nicht). Die Einzahlungssumme kann der Sparer natürlich frei bestimmen: Bei regelmäßiger, zum Beispiel monatlicher Anlage, akzeptieren die meisten Investmentgesellschaften Beträge ab 50 Euro. Bei

Fondsanteile

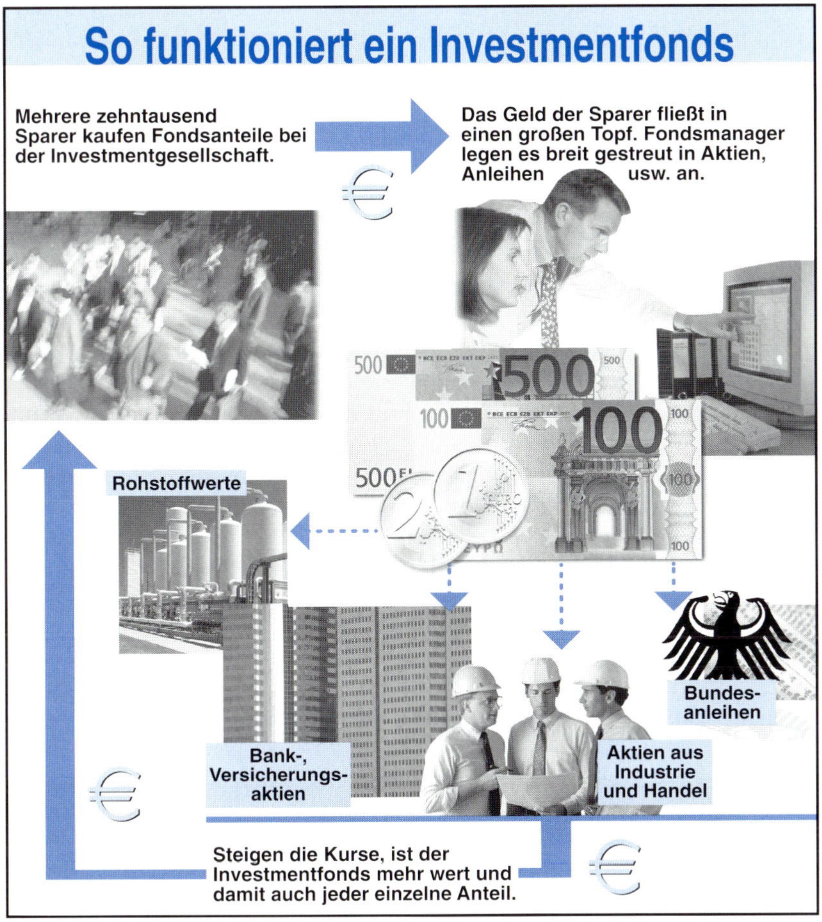

Einmaleinzahlungen liegen die Grenzen normalerweise etwas höher – abhängig von der jeweiligen Gesellschaft zum Beispiel bei 500 oder 1.500 Euro.

Fonds als Kapitalsammelstelle

Ein Investmentfonds ist im Grunde nichts anderes als eine Kapitalsammelstelle. Im Idealfall kommen mittels Anteilverkauf mehrere hundert Millionen Euro zusammen. Bei den beiden weltweit größten Investmentfonds, dem *Magellan-Fonds* von Fidelity Investments sowie dem *S & P500-Indexfonds* der Vanguard Group, verwalten die Manager ein Kapital von sage und schreibe rund 90 Milliarden Euro. Solch gewaltige Summen werden zu dem Zweck zusammengetragen, große Mengen an Wertpapieren zu kaufen, die sich ein einzelner Investor nicht leisten könnte. Anleger genießen hierdurch den besonderen Vorteil, ihren vergleichsweise geringen Geldbetrag breit über die verschiedenen Finanzmärkte streuen zu können und so die Risiken, die gewöhnlich mit dem Kauf einzelner Wertpapiere einhergehen, auf ein Minimum zu reduzieren. Im Folgenden haben wir die Vorteile der Fondsanlage im Einzelnen aufgelistet.

Diversifikation

Breit gestreutes Portfolio

Fondsanleger erwerben einen Anteil an einem diversifizierten Portfolio und entgehen damit – zumindest teilweise – den unsystematischen Risiken. Für die meisten Investoren ist ein vergleichbarer Effekt durch Direktanlagen nicht zu erzielen, da ihnen das Geld zum Aufbau eines breit gestreuten Portfolios fehlt. Anleger haben darüber hinaus die Möglichkeit, sich mit relativ geringen Kapitalbeträgen etwa sowohl an gut diversifizierten Aktien- als auch an breit gestreuten Rentenportfolios zu beteiligen.

Professionelles Management

Das Fondsmanagement setzt sich aus Fachleuten zusammen, die hervorragende Kenntnisse über die Finanzmärkte vorweisen. Sie greifen auf Informationsquellen wie das Research der Depotbank zurück, die Privatleuten nicht zur Verfügung stehen. Von den Fachkenntnissen und dem Informationsvorsprung profitieren die Anteileigner des Fonds. Die Leistung der Manager wird von Privatanlegern, Journalisten usw. kritisch beobachtet. Ihr Ziel kann es aus diesem Grunde nur sein, einen möglichst hohen Wertzuwachs zu verwirklichen. Schließlich ist zu berücksichtigen, dass die Manager bei sämtlichen Anlageentscheidungen die Vertragsbedingungen und die gesetzlichen Vorschriften beachten müssen und permanent, etwa von der Depotbank, kontrolliert werden.

Das Herz einer Investmentgesellschaft: Das Fondsmanagement

Das Herz einer Investmentgesellschaft bilden die Fondsmanager. Meist sitzen sie zusammen in einem großen Handelsraum, in dem es bisweilen genauso hektisch zugeht wie an der Börse.

Um immer auf dem Laufenden zu sein und die Marktentwicklung im Auge zu behalten, werfen die Anlageexperten permanent einen Blick auf ihre

Jeden Morgen stellt der Fondsmanager zuerst fest, wie viel Geld Anleger neu in den Fonds eingezahlt haben.

Anschließend sucht er nach guten Möglichkeiten, das Kapital anzulegen. Um sich über die aktuelle Marktsituation zu informieren, wirft er einen Blick auf seine Handelsbildschirme, studiert aufmerksam die Finanzpresse und tauscht sich mit den Wertpapierexperten anderer Bankhäuser, den so genannten Analysten, aus.

Hat der Fondsmanager eine günstige Kaufgelegenheit entdeckt, greift er zum Telefonhörer, um das Wertpapier zu ordern.

Computerbildschirme. Sobald sie günstige Kaufgelegenheiten aufspüren, greifen sie zum Telefon, um ihre Orders zu erteilen. Verfolgt wird nicht nur, wohin sich Aktienkurse und Zinssätze gerade bewegen. Auch das Geschehen abseits der Börse, zum Beispiel Bundestagswahlen oder neue Steuergesetze, interessiert die Profis brennend.

Fondsmanager setzen alles daran, den Wert des verwalteten Vermögens über die Jahre hinweg nachhaltig zu steigern. Sofern das gelingt, kann sich auch der Anleger darüber freuen, da eine Zunahme des Fondsvermögens automatisch zu einer Wertsteigerung bei den ausgegebenen Anteilen führt.

Günstige Konditionen

Investmentfonds verwalten zumeist relativ hohe Kapitalbeträge und erreichen deshalb gegenüber Privatanlegern *Konditionenvorteile*, etwa beim An- und Verkauf von Wertpapieren oder bei Geldanlagen und -aufnahmen. Zudem werden sie häufig steuerlich bevorzugt behandelt. Deutsche Investmentfonds beispielsweise dürfen Kursgewinne auch innerhalb der Spekulationsfrist steuerfrei vereinnahmen. Die Manager können Anlageentscheidungen infolgedessen weitaus flexibler treffen als etwa ein einzelner Investor.

Steuervorteile

Liquidität

Die gesetzlichen Vorschriften für Investmentfonds sowie deren Vertragsbedingungen sehen grundsätzlich vor, dass Anteile jederzeit zum gültigen Anteilwert von der Gesellschaft zurückgenommen werden müssen. Fondsanteile zeichnen sich somit im Vergleich zu anderen Wertpapieren, etwa Aktien ohne Börsenzulassung, durch eine hohe Liquidität aus. Im Gegensatz zu vielen alternativen Anlagen kann die Rückgabe von Investmentzertifikaten in aller Regel zudem gebührenfrei abgewickelt werden.

Rückgabe jederzeit möglich

Zu beachten ist aber, dass zumindest bei in Deutschland aufgelegten Fonds oftmals *Ausgabeaufschläge* berechnet werden. Hierdurch ist ein kurzfristiges Wechseln zwischen Fonds, im Fachjargon *Switching* genannt, für

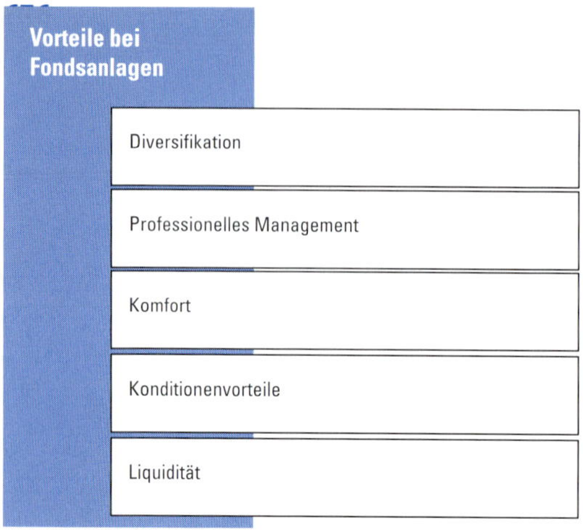

gewöhnlich teurer, als etwa die Umschichtung eines direkt erworbenen Aktien- oder Rentenportfolios.

Komfort

Direktanleger müssen sich permanent um die Wiederanlage von Einnahmen kümmern, die beispielsweise aus Dividenden- und Zinszahlungen resultieren, wohingegen Fondsmanager die Anteileigner von dieser Aufgabe befreien.

Weiterhin kann ein Anleger die Ausschüttungen eines Fonds, anders als Dividenden- und Zinszahlungen aus einer Direktanlage, gemeinhin vollständig reinvestieren. Investmentgesellschaften lassen oftmals den Erwerb von Anteilbruchteilen zu.

Erwerb von Anteilbruchteilen

Die Anlage in einen Investmentfonds bietet außerdem den Komfort, dass die Wertentwicklung des umfangreichen Fondsportfolios täglich durch eine einzige Zahl, den Anteilwert, ausgedrückt wird. Dieser ist für gewöhnlich im Wirtschaftsteil einer Tageszeitung zu finden, und Investoren können die Wertentwicklung somit problemlos verfolgen.

Regelmäßige Überprüfungen und Umschichtungen sind bei Portfolios, die aus Fondsanteilen bestehen, aber genauso notwendig wie bei Direktanlagen. Ändert sich beispielsweise das Zinsniveau, kann es durchaus sinnvoll sein, Anteile an Rentenfonds zu kaufen (verkaufen) und im Gegenzug Anteile an Aktienfonds zu veräußern (erwerben).

Vorteile gelten nicht für alle Fondsarten gleich

Die hier beschriebenen Vorteile gegenüber Direktanlagen sind nicht bei allen Fondsarten gleich stark ausgeprägt, was wir einmal anhand der Aspekte »Professionelles Management« und »Konditionenvorteile« demonstrieren möchten. Es gibt zahlreiche Finanzmarktsegmente, in denen sich die meisten Privatanleger ohne die Unterstützung von Profis, also etwa Analysten und Fondsmanager, zweifelsohne nur schwer zurecht finden würden. Besonders wichtig sind Erfahrung und profunde Kenntnisse beispielsweise beim Abschluss von Derivate-Geschäften, aber auch bei der Auswahl von Aktien und bestimmten Anleihetypen wie Unternehmens- oder Staatsanleihen aus Emerging Markets. Fondsmanager, die sich auf Aktien und spezielle Anleihearten konzentrieren und Derivate nutzen, um beispielsweise Devisenkurssicherungen vorzunehmen, können Anlegern daher einen »echten« Zusatznutzen stiften. Ein wenig anders ist die Situation, wenn man eine vergleichsweise sichere Rendite erzielen und sein Geld daher etwa in Staatsanleihen der westlichen Industrienationen anlegen möchte: Obwohl es zahlreiche Rentenfonds gibt, die sich auf den Kauf entsprechender Staatspapiere (z. B. Schuldverschreibungen der französischen oder deutschen Regierung) konzentrieren, sind die Vorteile des professionellen Managements hier für gewöhnlich begrenzt. Sofern ein Investor seinen Anlagehorizont kennt, also weiß, ob er sein Geld zum Beispiel für fünf oder zehn Jahre investieren möchte, kann er sich einfach eine Bundesanleihe mit entsprechender Laufzeit zulegen. Die Verzinsung dieser Papiere ist normalerweise fair, Kursrisiken werden durch die Übereinstimmung von Laufzeit und Anlagehorizont ausgeschlossen und die Tilgung am Ende der Laufzeit ist so gut wie sicher. Untersuchungen haben gezeigt, dass die Rendite eines vergleichbaren Rentenfonds für gewöhnlich nicht viel höher liegt als die einer direkt erworbenen Bundesanleihe. Fondsmanager können dem Privatanleger hier im Grunde genommen nicht viel weiter helfen, abgesehen davon, dass für ihre Leistung obendrein noch Gebühren fällig werden.

Zusatznutzen begrenzt

Schließlich noch ein Blick auf die Konditionenvorteile. Das oftmals angeführte Argument, Fondsmanager könnten Kauf- und Verkaufsaufträge für Wertpapiere zu deutlich niedrigeren Gebühren abwickeln als Privatanleger, verliert in Zeiten des Discount-Broking sowohl im Fall von Aktien als auch bei Anleihen mehr und mehr an Bedeutung. In der Praxis kommt es sogar vor, dass Privatanleger Wertpapiere ohne zusätzliche Gebühren erwerben können, wohingegen Fondsmanager in vergleichbaren Situationen Transaktionskosten zahlen müssen. Beispielsweise können Privatanleger den Kauf von Bundeswertpapieren unter bestimmten Voraussetzungen kostenlos abwickeln. Für Fondsmanager ist das ausgeschlossen.

Konditionenvorsprung schrumpft

Risiken bei der Fondsanlage

Marktrisiko

Dass der Kauf von Investmentzertifikaten – schlicht formuliert – nur einen Schritt vom direkten Kauf von Wertpapieren, Immobilien usw. entfernt ist, zeigt auch ein Blick auf die Risiken bei Investmentfonds. Konzentriert sich ein Fonds zum Beispiel auf Aktien oder Anleihen, ist die Wertentwicklung des Portfolios von der des Aktien- bzw. Rentenmarktes abhängig. Der Fondsanleger kann dem Risiko schwankender Wertpapierkurse in einem solchen Fall genauso wenig ausweichen wie ein Direktanleger.

Risiken – Fonds versus Direktanlage

	Investmentfonds	Direktanlage
Inflationsrisiko	X	X
Marktrisiko	X	X
Managementrisiko	X	
Devisenkursrisiko	X	X

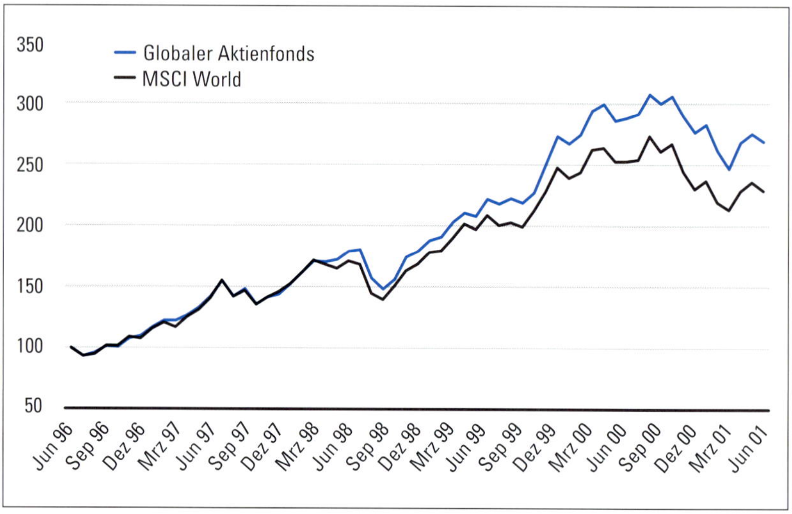

Ein Investmentfonds schützt nicht vor Marktrisiken, was die beiden Charts belegen (MSCI World = Maßstab für den Weltaktienmarkt)

Inflationsrisiko

Ähnliches gilt auch für das *Inflationsrisiko*, sofern ein Anleger etwa Anteile an Renten- oder Geldmarktfonds erwirbt. Er entgeht diesem Risiko möglicherweise durch den Kauf von Anteilen an Immobilienfonds, da die Mieten bei Gewerbeimmobilien zumeist an die Entwicklung eines Preisindexes gebunden sind. Preissteigerungen werden womöglich in vollem Umfang durch Anteilwert- oder Ausschüttungserhöhungen ausgeglichen.

Außer dem Markt- und Inflationsrisiko existieren noch weitere Risiken, zu deren bedeutendsten das Management- und das Devisenkursrisiko zählen. Die Fondsmanager sind vielleicht nicht in der Lage, die Anlagegrundsätze und -ziele des Fonds umzusetzen, oder vernachlässigen die Interessen der Investoren. Man bezeichnet dies auch als *Managementrisiko*. Ein Fondsanleger sollte bedenken, dass er dem Management alle Anlageentscheidungen überlässt und folglich keinerlei Einfluss auf die Objektauswahl oder das Timing hat. Bei Direktanlagen kann ein Investor demgegenüber Entscheidungen selbst treffen und persönliche Präferenzen sowie seine individuelle steuerliche Situation berücksichtigen.

Managementrisiko

Managementrisiken diversifizieren

Es gibt eine Möglichkeit, das Managementrisiko deutlich zu verringern: Man beteiligt sich nicht nur an Fonds einer einzigen KAG, sondern kauft ganz einfach mehrere Fonds bei unterschiedlichen KAGs. Wer beispielsweise einen Großteil seines Anlagekapitals in Fonds mit internationalen Blue-Chip-Werten investieren, sich dabei jedoch nicht auf die Expertise einer einzigen KAG bzw. deren Fondsmanager verlassen möchte, der erwirbt ganz einfach Anteile an internationalen Aktienfonds mehrerer Investmentgesellschaften. Alle großen KAGs eines Landes bieten entsprechende Produkte an, sodass die Diversifizierung des Managementrisikos im Fall internationaler Aktienfonds sehr einfach ist.

Schließlich noch das Devisenkursrisiko: Besteht das Fondsportfolio aus Wertpapieren, die auf eine fremde Währung lauten, ist der Anleger – genau wie bei einer Direktanlage – einem *Devisenkursrisiko* ausgesetzt. Hält man beispielsweise Anteile an einem nordamerikanischen Aktienfonds, dessen Anteilwert in Euro notiert ist, dann sorgt ein steigender (fallender) Dollarkurs automatisch dafür, dass auch der Anteilwert des Fonds steigt (fällt) – unabhängig davon, wie sich die US-Börsen zur gleichen Zeit entwickeln.

Devisenkursrisiko

Gesetzliche Grundlagen

Für Investmentfonds existieren im In- und Ausland spezielle gesetzliche Vorschriften, die in erster Linie den Anlegerschutz sicherstellen sollen. So wurde beispielsweise in den USA bereits im Jahre 1940 der *Investment Company Act* erlassen, der Investmentgesellschaften unter anderem umfassende Publizitätsvorschriften auferlegt und zudem Regeln für die Bewertung des Fondsvermögens enthält. Die Aufsichtsbehörde für US-amerikanische Investmentgesellschaften und damit alle in den USA zugelassenen Investmentfonds ist die *Securities and Exchange Commission (SEC)*, die außerdem alle Wertpapieremissionen und den Handel mit Wertpapieren an den US-Börsen überwacht.

Investment Company Act

SEC

Im Jahre 1957 schuf der deutsche Gesetzgeber das *Gesetz über Kapitalanlagegesellschaften* (KAGG). Hier finden sich Bestimmungen über die Organisation deutscher Investmentgesellschaften, im Gesetz als Kapitalanlagegesellschaften (KAGs) bezeichnet, sowie Vorschriften für die Zusammensetzung der Portfolios und steuerliche Regelungen. Das Gesetz gilt für inländische Kapitalanlagegesellschaften und wurde mehrfach – zuletzt 1998 im Rahmen des 3. Finanzmarktförderungsgesetzes – modifiziert. Im Zuge der letzten Gesetzesnovelle wurden zum Beispiel spezielle Regeln für Dachfonds in das KAGG aufgenommen. Aktuell arbeitet die Bundesregierung am 4. Finanzmarktförderungsgesetz. In der vorliegenden Fassung sind unter anderem zahlreiche Neuregelungen für Wertpapier- und Immobilienfonds vorgesehen. Außerdem wird der Aufgabenbereich der Investmentgesellschaften erweitert. Künftig ist es deutschen KAGs demnach vorraussichtlich erlaubt, auch Fondsanteile anderer Gesellschaften (»Fremdfonds«) zu vertreiben und Anleger direkt, also ohne Zwischenschaltung eines Vertriebspartners, zu beraten.

KAGG

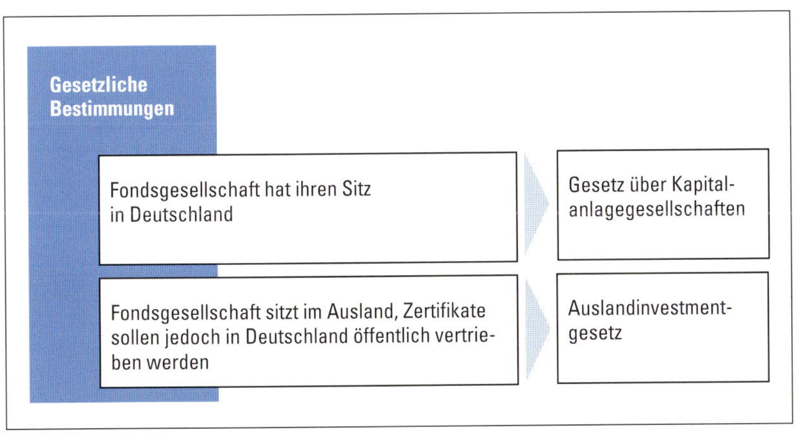

BAKred

Auslandinvestment-gesetz

Kapitalanlagegesellschaften zählen zur Gruppe der Kreditinstitute, sodass sie – genau wie Geschäftsbanken mit Sitz im Inland – außerdem unter das *Kreditwesengesetz* (KWG) fallen. Ihre Aktivitäten werden infolgedessen auch durch das *Bundesaufsichtsamt für das Kreditwesen* (BAKred) beaufsichtigt. Sofern eine KAG einen neuen Investmentfonds in Deutschland auflegen möchte, so muss sie zuvor die Genehmigung beim BAKred einholen.

Deutsche Anleger können sich nicht nur an Investmentfonds deutscher KAGs, sondern auch an Auslandsfonds beteiligen. Unter dem Begriff *Auslandsfonds* fasst man im Allgemeinen all jene Fonds zusammen, die von ausländischen Investmentgesellschaften verwaltet werden. Für sie gelten verständlicherweise die gesetzlichen Vorschriften des jeweiligen Landes. Sollen Anteile eines ausländischen Fonds in Deutschland jedoch öffentlich zum Verkauf angeboten werden, so hat die betreffende Investmentgesellschaft die Vorschriften des *Auslandinvestmentgesetzes* (AuslInvestmG) zu beachten. Danach ist ihr der öffentliche Vertrieb der Fondsanteile nur gestattet, wenn sie

- ein inländisches Kreditinstitut oder eine zuverlässige, fachlich geeignete Person mit Sitz im Inland als Repräsentanten bestellt,
- die Objekte des Fondsvermögens von einer anderen Bank, in diesem Zusammenhang Depotbank genannt, verwahren oder – im Falle von Grundstücken – Bestandszu- und -abgänge von Letzterer überwachen lässt,
- inländische Kreditinstitute als Zahlstellen benennt und zudem
- eine Reihe von Publizitäts- und Informationspflichten beachtet.

Die Genehmigung zum öffentlichen Vertrieb ausländischer Fondsanteile erteilt – genau wie bei Fonds deutscher KAGs – das BAKred. Zugelassene Auslandsfonds heißen auch registrierte Auslandsfonds. Der deutsche Gesetzgeber kann Investoren natürlich nicht verbieten, Anteile nicht registrierter – also nicht öffentlich vertriebener – Auslandsfonds zu erwerben. Für Anleger ist eine solche Beteiligung aber mit steuerlichen Nachteilen verbunden und daher normalerweise nicht lohnenswert.

BVI, ICI

Die Investmentgesellschaften eines Landes sind zumeist in einem Dachverband organisiert. In Deutschland ist dies der *Bundesverband deutscher Investment-Gesellschaften e.V.* (BVI) mit Sitz in Frankfurt am Main, in den USA das *Investment Company Institute* (ICI) in New York City. BVI und ICI erfüllen die typischen Aufgaben eines Industrieverbandes: Sie versuchen, bei politischen Entscheidungen – etwa bei der Entwicklung gesetzlicher Regelungen zur privaten Altersvorsorge oder bei Änderungen im Steuergesetz – im Sinne ihrer Mitgliedsunternehmen Einfluss zu nehmen. Weiterhin beraten sie beispielsweise Regierungsmitglieder in Fachfragen, unterstützen die inländischen KAGs in rechtlichen Angelegenheiten, organisieren gemeinschaftliche Werbe- oder PR-Aktionen für die Fondsindustrie oder stellen in- und ausländischen Medienvertretern sowie Anlegern umfangreiche Informationen über inländische Investmentfonds zur Verfügung. Wer Näheres über die Arbeit der Verbände erfahren möchte, kann sich auch im Internet die Homepages anschauen – der BVI ist unter www.bvi.de zu finden, das ICI unter www.ici.org.

Compliance

In Fondsgesellschaften und Geschäftsbanken ist die Einrichtung einer so genannten Compliance-Stelle per Gesetz vorgeschrieben. Der Begriff »*Compliance*« kommt aus dem Englischen und bedeutet soviel wie »Handeln im Einklang mit geltendem Recht«. Im Zusammenhang mit Fondsgesellschaften und Kreditinstituten ist der Compliance-Bereich als interne Kontrollinstanz zu verstehen, die vor allen Dingen die privaten Handelsaktivitäten der Mitarbeiter (private Wertpapieran- und -verkäufe durch Fondsmanager, Bankhändler usw.) überwacht. Dabei kann die Compliance-Stelle eine einzelne Person sein oder aber auch durch eine komplette Abteilung repräsentiert werden. Ziel der Compliance-Stelle ist es, das Ausnutzen von Kenntnissen und Vorteilen, die ein Mitarbeiter durch seinen Beruf erlangen konnte, für private Zwecke zu unterbinden. Ein Fondsmanager beispielsweise muss dem Compliance-Beauftragten seines Arbeitgebers sämtliche Wertpapiergeschäfte mitteilen, die er privat getätigt hat. Häufig schreiben die Richtlinien einer Fondsgesellschaft außerdem vor, dass Wertpapiere, die für einen Fonds und gleichzeitig auch für ein Privatdepot gekauft wurden, für einen bestimmten Zeitraum (zum Beispiel fünf Jahre lang) im Privatdepot verbleiben müssen. Hierdurch soll die Möglichkeit zu kurzfristigen Kursmanipulationen von vornherein unterbunden werden. Ein einfaches Beispiel: Ein Fondsmanager kauft eine Aktie zunächst für sein Privatdepot. Kurze Zeit später erwirbt er die Aktie in großem Umfang auch für seinen Investmentfonds, was aufgrund der großen Nachfragemenge zu einem kräftigen Kurssprung bei der Aktie führt. Diesen Umstand könnte der Fondsmanager ausnutzen, indem er sein Privatdepot umgehend auflöst und die entstandenen Gewinne realisiert. Hier greift jedoch die gerade beschriebene Compliance-Richtlinie, die den Verkauf der Aktien vor Ablauf der Sperrfrist verbietet. Ein Verstoß dagegen kann im Extremfall zur fristlosen Kündigung führen.

Organisation

Die Bargeld- und Vermögensbestände eines Investmentfonds, im Wortlaut des KAGG *Sondervermögen* genannt, müssen strikt vom Vermögen der Investmentgesellschaft, beispielsweise dem Verwaltungsgebäude oder der Büroausstattung, getrennt werden. Gerät die Kapitalanlagegesellschaft in finanzielle Schwierigkeiten oder meldet sie gar Konkurs an, ist die Inanspruchnahme des Fondsvermögens zur Deckung ausstehender Verbindlichkeiten in jedem Falle ausgeschlossen.

Sondervermögen

»... § 6. [Sondervermögen]
(1) Das bei der Kapitalanlagegesellschaft gegen Ausgabe von Anteilscheinen eingelegte Geld und die damit angeschafften Vermögensgegenstände bilden ein Sondervermögen. ... Das Sondervermögen ist von dem eigenen Vermögen der Kapitalanlagegesellschaft getrennt zu halten. ...«

Die Kapitalanlagegesellschaft übernimmt hauptsächlich Verwaltungsaufgaben, führt also beispielsweise die Bücher des Fonds oder fasst Rechenschaftsberichte und Verkaufsprospekte ab. Außerdem ist sie für den Erwerb und die

Klassische Organisation eines Investmentfonds nach KAGG

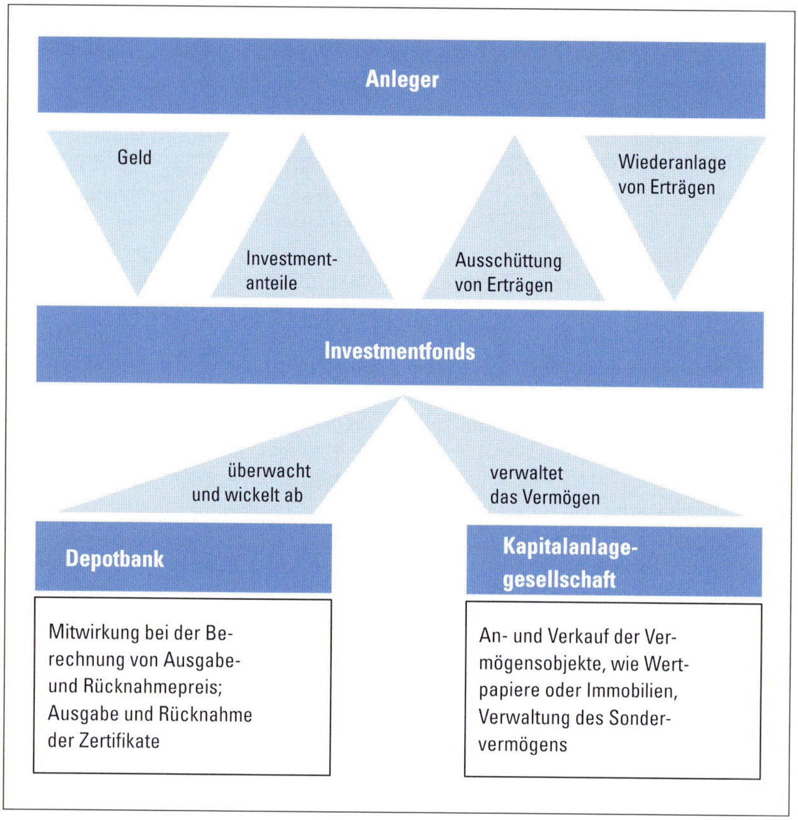

Fondsmanager

Veräußerung der Vermögensgegenstände verantwortlich. Dafür engagiert sie *Fondsmanager*, denen jeweils zumeist mehrere Fonds der Gesellschaft zugeteilt sind.

Fondsprofil

Die Manager richten ihre Entscheidungen an so genannten Fondsprofilen aus. Diese werden von der KAG für jeden einzelnen Fonds entwickelt. Im Fondsprofil wird insbesondere der Anlageschwerpunkt und die Anlageregion eines Fonds niedergeschrieben, also zum Beispiel festgelegt, ob der Fonds ein Aktien-, Renten- oder gemischter Fonds ist und ob sich die Fondsmanager weltweit nach Anlageobjekten umsehen können oder aber nur in bestimmten Ländern und Regionen Vermögensgegenstände erwerben dürfen. Je nachdem, wie speziell ein Fonds ausgerichtet ist, findet man weitere detaillierte Beschreibungen im *Fondsprofil*. Bei Aktienfonds mit Schwerpunkt auf einer einzigen Branche werden beispielsweise bestimmte Kriterien definiert, um die Firmen innerhalb dieser Branche ganz klar von denen anderer Sektoren abgrenzen zu können. Besonders wichtig sind Fondsprofile auch für Aktienfonds, die ausschließlich kleinere oder mittelgroße Aktiengesellschaften (Small- und Mid-Caps) kaufen dürfen: Bis zu welcher Kapitalisierung gilt eine AG als klein, wann spricht man von einer mittelgroßen AG und wann von einer großen? Bei einem europäischen Aktienfonds mit Schwerpunkt auf Small- und Mid-Cap-Werten findet man sinngemäß beispielsweise folgende Formulierung im Fondsprofil: Der Fonds investiert überwiegend in Small- und Mid-Caps. Blue-Chip-Unternehmen können beigemischt werden. Allerdings dürfen maximal 20 Prozent des Fondsvermögens in Aktiengesellschaften angelegt sein, die zu den 100 größten europäischen Unternehmen gehören.

Vom Fondsprofil, das insbesondere an die Fondsmanager adressiert ist, sind die *Vertragsbedingungen* abzugrenzen. Letztere sind dem BAKred vorzulegen, wenn ein Fonds zum öffentlichen Vertrieb zugelassen werden soll. Natürlich findet man auch hier eine Klausel über den Anlageschwerpunkt. Hier ein Auszug aus den Vertragsbedingungen für den schon erwähnten Aktienfonds mit europäischen Small- und Mid-Caps: »Das Fondsvermögen wird vorwiegend angelegt in Aktien, Aktienzertifikaten, Wandelschuldverschreibungen. Die jeweiligen Emittenten haben ihren Sitz in Europa oder üben erhebliche wirtschaftliche Tätigkeiten in Europa aus, wobei es sich bei den Unternehmen hauptsächlich um mittlere und kleinere Gesellschaften handelt (Mid- und Small-Caps).« Im Vergleich zum Fondsprofil fallen die Formulierungen in den Vertragsbedingungen für gewöhnlich etwas pauschaler aus. Das geschieht nicht ohne Grund: Die KAG möchte sich mit dem Fonds langfristig möglichst viele Wege offen halten, also die Anlagestrategien innerhalb des gesteckten Rahmens möglichst frei variieren können – ohne jedes Mal das BAKred fragen zu müssen.

Vertragsbedingungen

Neben der gesetzlichen gibt es eine weitere Kontrollinstanz für Investmentfonds, die *Depotbank*. Die Fondsmanager sind dazu verpflichtet,

- sämtliche An- und Verkaufsaufträge für Wertpapiere bzw. Immobilien immer über die Depotbank abzuwickeln und
- das Fondsvermögen von ihr verwahren zu lassen.

Depotbank

Die Depotbank erfüllt eine wichtige Kontrollfunktion, da sie Aufträge nur dann ausführen darf, wenn sie sowohl den gesetzlichen als auch den vertraglichen Anlagegrundsätzen entsprechen. Zudem wirkt sie bei der Berechnung des Anteilwertes mit, gibt Investmentzertifikate aus und nimmt diese zurück. Der aktuelle Entwurf für das 4. Finanzmarktförderungsgesetz sieht vor, die Beziehung zwischen Investmentgesellschaft und Depotbank gegebenfalls leicht zu verändern: Während die Depotbank heute dafür zu sorgen hat, dass die KAG den Anteilwert ordnungsgemäß ermittelt, kann dieser künftig von der Investmentgesellschaft in Eigenregie berechnet und veröffentlicht werden, ohne dass die Depotbank vorher eine Prüfung vornimmt. Depotbank und Investmentgesellschaft stellen dem Fonds für ihre Tätigkeiten Depotbank- bzw. Verwaltungsgebühren in Rechnung.

Der organisatorische Aufbau eines Investmentfonds, der unter das KAGG fällt, unterscheidet sich möglicherweise von dem ausländischer Fonds. In den USA etwa umfassen die Verwaltungsaufgaben einer Investmentgesellschaft (*Fund's Sponsor*) zwar auch die Buchführung für den Fonds oder die Rechenschaftslegung gegenüber den Anteileignern, Anlageentscheidungen trifft die Gesellschaft häufig aber nicht. Vielmehr beauftragt sie dafür ein außenstehendes Unternehmen, den so genannten *Investment Adviser*.

Fund's Sponsor

Investment Adviser

Das Vermögen US-amerikanischer Fonds muss – genau wie das deutscher Fonds – vom Vermögen der Investmentgesellschaft getrennt werden. Die Verwahrung übernimmt der *Custodian*, zumeist eine inländische Geschäfts-

Custodian

bank. Der Custodian erfüllt – ähnlich wie die Depotbanken in Deutschland – wichtige Kontrollfunktionen und stellt sicher, dass das Geld der Fondsanleger ausschließlich entsprechend den Anlagegrundsätzen verwendet wird.

Organisation eines Mutual Funds

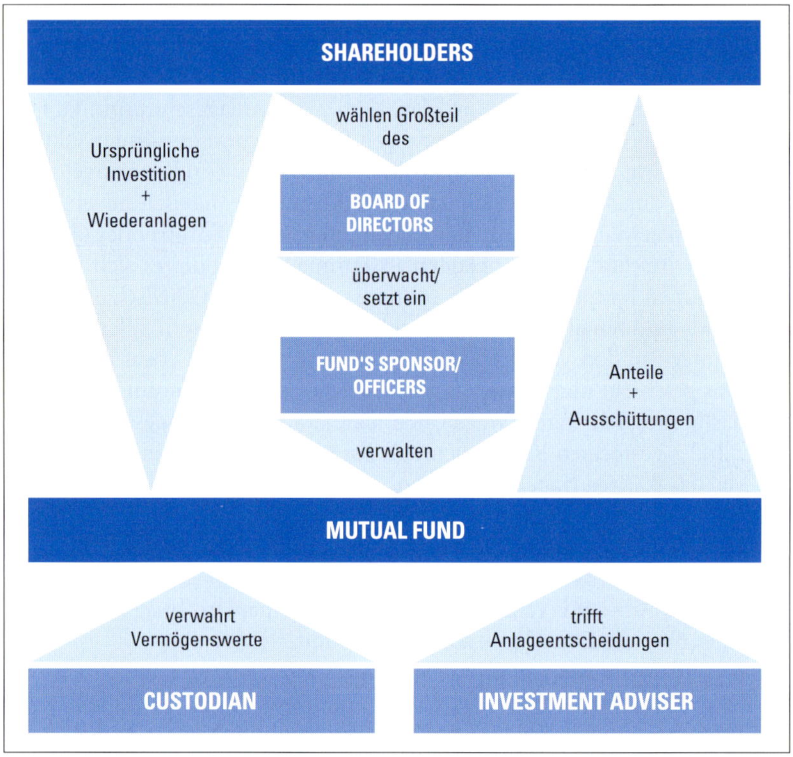

Master und Feeder Funds

Um die Auflegung eines Investmentfonds in mehreren Ländern gleichzeitig und mit vergleichsweise geringem Aufwand bewerkstelligen zu können, hat sich in den letzten Jahren eine besondere Organisationsform für Investmentfonds herausgebildet, die *Master-Feeder-Fund-Konstruktion*. Dabei geschieht einfach gesagt Folgendes: In einem Land A wird nach den dort gültigen Vorschriften für Investmentgesellschaften ein Fonds gegründet, der *Master-Fund*. Management und Depotbank des Master-Fund haben ihren Sitz ebenfalls in Land A. Die Anteile am Master-Fund werden jedoch nicht nur - wie normalerweise üblich - an Investoren im Land A verkauft. Vielmehr legt man in mehreren anderen ausländischen Staaten (z. B. in den Ländern B, C, D und E) parallel mit dem Master-Fund oder auch Jahre später weitere Fonds auf, die *Feeder-Funds*. Ihr Name verrät bereits, welche Funktion ihnen in diesem Konstrukt zukommt: Die Feeder-Funds »füttern« den Master-Fund mit Kapital. Das heißt, im Ausland werden Anteile an den Feeder-Funds verkauft, das Geld jedoch nicht von jedem Feeder-Fund einzeln verwaltet, sondern direkt an den Master-Fund im Land A weitergereicht, wofür Feeder-Funds Anteile am Master-Fund erhalten. Die Kosten für ein eigenes Fonds management können sich die Feeder-Funds ersparen. Sie übernehmen administrative Aufgaben, die bei jedem herkömmlichen Investmentfonds auch anfallen wie

Anteilausgabe und -rücknahme, Fondsbuchhaltung (insbesondere Verfassen der Rechenschafts- und Halbjahresberichte), Depotverwaltung, Werbung und Vertrieb. Die Buchführung stellt sich bei einem Feeder-Fund im Vergleich zu einem herkömmlichen Fonds deutlich einfacher dar, da in den Büchern nur die Anteile am Master-Fund sowie eine Bargeldposition auftauchen.

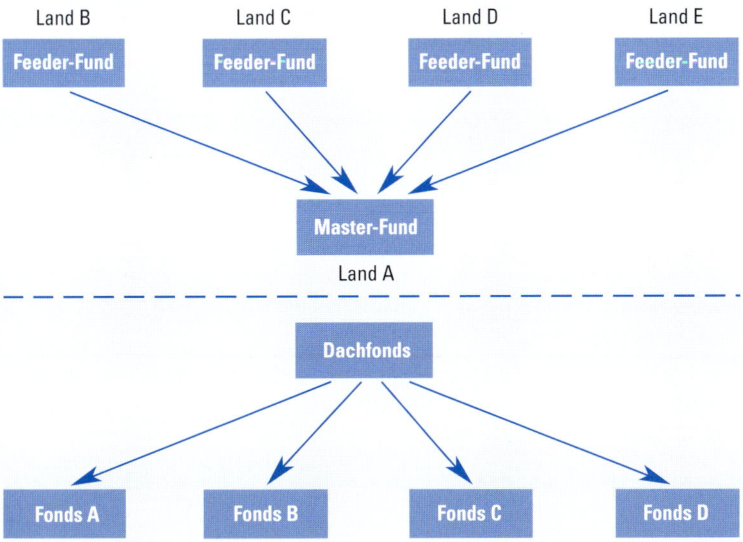

Damit das Master-Feeder-Fund-Prinzip funktionieren kann, müssen natürlich alle beteiligten Fonds einen identischen Anlageschwerpunkt haben und identische Anlageziele verfolgen.

Für die Gründung der Feeder-Funds sucht man sich normalerweise Länder mit sehr liberalen Zulassungsvorschriften aus, sodass die Fonds schnell und unproblematisch gegründet werden können. Auch steuerliche Aspekte spielen bei der Auflegung eine Rolle. Man sucht das Gründungsland so aus, dass die laufenden Erträge (Zinsen und Dividenden) sowie die Kursgewinne des Fonds nur einer vergleichsweise geringen Steuerlast unterliegen.

Während Master-Feeder-Fund-Konstruktionen in den USA und einigen asiatischen Staaten bereits zulässig sind, konnten sich innerhalb Europas bisher nur Luxemburg, Großbritannien und Spanien dazu durchringen, entsprechende Fonds-Konstrukte zu genehmigen. Als Grund für die Zurückhaltung einiger Staaten ist insbesondere die Gebührenstruktur der Master-Feeder-Funds zu nennen. Anleger, die sich Anteile an Feeder-Funds zulegen, bekommen Verwaltungsvergütungen normalerweise doppelt in Rechnung gestellt: Einmal zahlen sie (direkt) für die Verwaltung des Feeder-Funds, ein weiteres Mal (indirekt) für das Management des Master-Funds.

Preisbildung

Der Preis für einen Fondsanteil bildet sich, anders als etwa Aktien- oder Anleihekurse, grundsätzlich nicht frei durch Angebot und Nachfrage. Er wird vielmehr täglich von der Investmentgesellschaft berechnet. Die Grundlage stellt das zu aktuellen Preisen bewertete Fondsvermögen (inklusive Bankguthaben) dar. Davon werden Kredite sowie die sonstigen Verbindlichkeiten, die beispielsweise aus offenen Terminkontrakten resultieren, abgezogen. Das Ergebnis ist der so genannte *Nettoinventarwert*.

Nettoinventarwert

Tageswert sämtlicher Vermögensgegenstände des Fonds
+ Bankguthaben
- Kredite
- Sonstige Verbindlichkeiten

= Nettoinventarwert des Fonds

Anschließend wird der Nettoinventarwert durch die Anzahl der Fondsanteile geteilt. Es ergibt sich der aktuelle Anteilwert.

Rücknahmepreis

$$\underbrace{\text{Anteilwert}}_{\text{Rücknahmepreis}} = \frac{\text{Nettoinventarwert}}{\text{Anzahl umlaufender Anteile}}$$

Deutsche Kapitalanlagegesellschaften müssen Fondsanteile zum Anteilwert zurücknehmen. Dies führt dazu, dass der Rücknahmepreis immer mit dem Anteilwert übereinstimmt.

Die folgende Übersicht zeigt einen Auszug aus dem Rechenschaftsbericht eines internationalen Aktienfonds.

Vermögensaufstellung eines Aktienfonds

Vermögensaufstellung am Stichtag in Euro	
Summe Aktien	1.942.127.409,40
Bankguthaben	203.424.749,29
Sonstige Vermögensgegenstände	2.130.311,90
Rückstellungen	-16.644,29
Gesamt:	**2.147.665.826,30**
Anteilumlauf:	17.000.453

Hieraus ergibt sich ein Wert von

$$\frac{\overbrace{2.147{,}67 \text{ Mio. Euro}}^{\text{Inventarwert}}}{\underbrace{17{,}0 \text{ Mio. Anteile}}_{\text{Anzahl umlaufender Anteile}}} = 126{,}33 \text{ Euro pro Anteil}$$

Der Verkaufspreis eines Fondsanteils, fachsprachlich *Ausgabepreis*, ist der Rücknahmepreis zuzüglich des jeweils gültigen *Ausgabeaufschlags*.

$$\underbrace{\text{Ausgabepreis}}_{\text{Verkaufspreis pro Anteil (Preis, den die Fondsgesellschaft verlangt)}} = \underbrace{\text{Rücknahmepreis}}_{\text{Anteilwert}} + \underbrace{\text{Rücknahmepreis X Ausgabeaufschlag in \%}}_{\text{Ausgabeaufschlag in Euro}}$$

Mit dem Ausgabeaufschlag, auch *Front-End-Load* genannt, decken Investmentgesellschaften in erster Linie die Kosten für den Vertrieb der Fondsanteile. Er wird in Form eines Prozentsatzes angegeben, der sich auf den Rücknahmepreis (Anteilwert) bezieht.

Die Höhe des Ausgabeaufschlags legt die Fondsgesellschaft fest. Er ist abhängig von der Fondsart (Aktien- oder Rentenfonds etc.), vom einzelnen Produkt und mitunter auch von der Anlagesumme.
Der Ausgabepreis für den Fonds aus dem Beispiel auf der vorigen Seite lässt sich unter Berücksichtigung

- des Rücknahmepreises und
- des Ausgabeaufschlags in Höhe von 5,0 %, der den Vertragsbedingungen des betreffenden Fonds entnommen werden kann, berechnen.

$$\overbrace{126{,}33 \text{ Euro / Anteil}}^{\text{Rücknahmepreis}} + \frac{126{,}33 \text{ Euro / Anteil} \times \overbrace{5{,}0}^{\text{Ausgabeaufschlag}}}{100} = 132{,}65 \text{ Euro pro Anteil}$$

Die Berechnung des Anteilwertes erfolgt bei ausländischen Investmentfonds prinzipiell in ähnlicher Weise. Der Anteilwert heißt in den USA *Net Asset Value* (NAV). Auf welchem Weg dieser Wert berechnet wird, demonstrieren wir auf der nachfolgenden Seite.

Net Asset Value

Art und Umfang der Kosten, die Anlegern direkt oder indirekt beim Erwerb bzw. der Veräußerung von Anteilen ausländischer Investmentfonds entstehen, sind im Vergleich zu den Kauf- und Verkaufskosten deutscher Fonds häufig recht komplex. In den USA oder Luxemburg beispielsweise berechnen Investmentgesellschaften bei der Rückgabe von Fondsanteilen zum Teil Rücknahmeabschläge, so genannte *Back-End-Loads*, oder ersetzen Ausgabeaufschläge durch eine verhältnismäßig hohe laufende Vertriebsgebühr, was wir im Abschnitt Loads noch vertiefen.

Anteilwertermittlung gegen 14 Uhr

Für die Berechnung des Anteilwertes ist eine gesonderte Abteilung innerhalb der Investmentgesellschaft verantwortlich, oftmals Fondsbuchhaltung, -verwaltung oder -administration genannt. Sie führt die Ermittlung des Anteilwertes einmal pro Tag durch. Dazu rufen ihre Mitarbeiter im Laufe des Vormittags die aktuellen Börsenkurse der gehaltenen Wertpapiere und sonstigen Positionen (Terminkontrakte etc.) ab. Darüber hinaus prüfen die Mitarbeiter der Fondsbuchhaltung, welche Mittelzu- und -abflüsse stattgefunden haben, ob Zins- oder Dividendenzahlungen geleistet oder Bezugsrechte veräußert wurden usw. Anschließend berechnen sie auf Grundlage der Marktpreise und unter Einbezug der sonstigen Preisbestimmungsfaktoren den aktuellen Anteilwert. Das kann recht aufwändig sein und zum Teil eine halbe Stunde pro Fonds beanspruchen. In ihrer Funktion als Kontrollinstanz überprüft die Depotbank die berechneten Anteilwerte Tag für Tag, indem sie beispielsweise parallel eigene Fondsbewertungen durchführt und diese mit denen der Gesellschaft abgleicht. Obwohl die Börsen normalerweise weit über die Mittagszeit hinaus geöffnet sind, findet die Berechnung der Anteilwerte gegen 14 Uhr auf Grundlage der Börsenkurse vom Vormittag statt.

Berechnung des NAV eines US-amerikanischen Aktienfonds

»Mittelverwendung«

TOTAL COMMON STOCKS (Cost $6,785,282)		8,194,819
CONVERTIBLE PREFERRED STOCK (.1%)		
RJR Nabisco Holdings Corp. Class C $.6012 (Cost $11,376)	1,770,700	10,403
TEMPORARY CASH INVESTMENTS (7.4%)		
	Face Amount (000)	
U.S. Treasury Bill 5.77%	$ 600	595
Repurchase Agreement Collateralized by U.S. Government Obligations in a Pooled Cash Account 5.93%	662,172	662,172
TOTAL TEMPORARY CASH INVESTMENTS (Cost $662,767)		662,767
TOTAL INVESTMENTS (99.1%) (Cost $7,459,425)		8,867,989
OTHER ASSETS AND LIABILITIES (.9%)		
Other Assets		103,613
Liabilities		(28,015)
		75,598
NET ASSETS (100%)		
Applicable to 497,465,399 outstanding $.01 par value shares (authorized 600,000,000 shares)		$8,943,587
NET ASSET VALUE PER SHARE		$17.98

»Mittelherkunft« und »Rücklagen«

NET ASSETS CONSISTED OF:	*Amount (000)*	*Per Share*
Paid in Capital	$7,415,095	$14.91
Undistributed Net Investment Income	84,763	.17
Accumulated Net Realized Gains	35,043	.07
Unrealized Appreciation of Investments	1,408,686	2.83
NET ASSETS	$8,943,587	$17.98

Anteilsplit

Bei neu aufgelegten Fonds deutscher KAGs liegen die Anteilwerte gewöhnlich unter 50 Euro. Sobald Fondsanteile einen verhältnismäßig hohen Wert erreichen, entscheiden sich die Gesellschaften nicht selten für einen Split, um Anteile erschwinglicher und damit für Anleger attraktiver zu machen. Fondssparer erhalten in einem solchen Fall für einen alten beispielsweise zwei neue Anteile. Als Folge davon reduziert sich der Ausgabepreis genau um die Hälfte und Fondsanteile werden – zumindest optisch – preiswerter.

Erwerbs- und Zugangsbeschränkungen

Fondsanteile können auf unterschiedliche Weise ausgegeben werden, und zwar

- in unbegrenzter Anzahl ohne Verkaufsfrist, die so genannte Zeichnungsfrist, an jedermann (*offene Publikumsfonds*),
- in unbegrenzter Anzahl innerhalb einer Zeichnungsfrist an jedermann (*Laufzeitfonds*),
- in unbegrenzter Anzahl und ohne Zeichnungsfrist, aber ausschließlich an einen speziellen Erwerberkreis (*Spezialfonds*) oder
- an jedermann, jedoch nur in begrenzter Anzahl sowie innerhalb einer bestimmten Zeichnungsfrist (*Closed-End-Funds*).

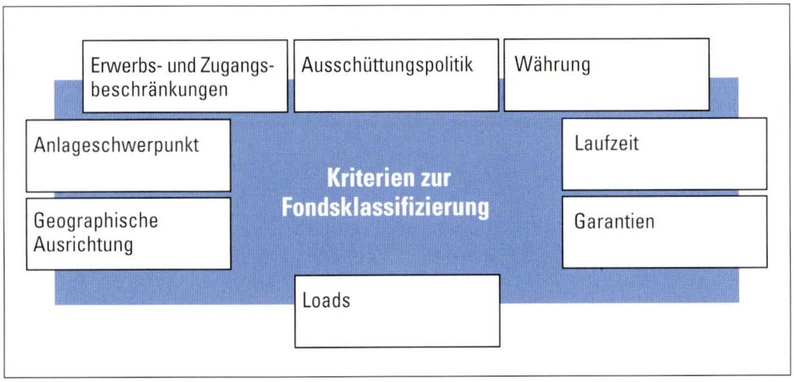

Kriterien zur Fondsklassifizierung: Die Punkte werden im Folgenden im Uhrzeigersinn erläutert.

Offene Publikumsfonds

Bei der Mehrzahl der weltweit aufgelegten Investmentfonds handelt es sich um *offene Publikumsfonds*, die in den USA als Mutual- oder Open-End-Funds bezeichnet werden. Offene Publikumsfonds verkaufen – vereinfacht ausgedrückt – so viele Zertifikate, wie von Investoren nachgefragt werden. Mit jedem Anteilverkauf wächst das Fondsvolumen (Fondsvermögen), wohingegen es mit jeder Rücknahme sinkt. Der für einen offenen Publikumsfonds jeweils ausgewiesene Anteilwert entspricht exakt dem Vermögenswert je Anteil. Die Investmentgesellschaft verpflichtet sich, Anteile jederzeit zu eben diesem Preis, bei Auslandsfonds möglicherweise unter Abzug einer Rücknahmegebühr, von den Anlegern zurückzunehmen. In der Finanzzeitung des HANDELSBLATTES erscheinen in der Rubrik INVESTMENTFONDS/SONSTIGE FONDS ausschließlich die Preise offener Publikumsfonds.

Laufzeitfonds

Laufzeitfonds sind, wie die Bezeichnung andeutet, Investmentfonds mit begrenzter Laufzeit. Sie stellen eine Sonderform der offenen Publikumsfonds dar und unterscheiden sich von Letzteren – neben der begrenzten Laufzeit – dadurch, dass ihre Anteilscheine ausschließlich während einer festgesetzten Frist gezeichnet werden dürfen. Innerhalb der Zeichnungsfrist wird das Fondsvolumen durch die Nachfrage nach Fondsanteilen bestimmt, sodass – genau wie bei herkömmlichen offenen Fonds – keine Mengenbeschränkungen bei der Anteilausgabe bestehen. Für Laufzeitfonds verwendet man daher gelegentlich auch den Begriff »einseitig geschlossene Fonds«. Der folgende Ausschnitt stammt aus den Vertragsbedingungen eines Rentenlaufzeitfonds.

Erwerbs- und Zugangsbeschränkungen

	Anteilverkauf in begrenzter Anzahl	Zeichnungsfrist	Spezieller Erwerberkreis
Offene Publikumsfonds			
Laufzeitfonds		X	
Spezialfonds			X
Closed-End-Funds	X	X	

»… § 16 Begrenzte Dauer

1. *Das Sondervermögen wird für einen Zeitraum von fünf Jahren gebildet. Das Recht der Gesellschaft, die Verwaltung des Sondervermögens zum Zwecke der Auflösung des Fonds zu kündigen … ist ausgeschlossen.*
2. *Anteile werden nur am Auflegungstag, dem 28. März, ausgegeben. Die Gesellschaft stellt die Ausgabe von Anteilen an diesem Tag endgültig ein.*

§ 17 Abwicklung

1. *Die Gesellschaft wird das Sondervermögen innerhalb der letzten sechs Monate vor Auflösung abwickeln; dabei werden die Vermögensgegenstände des Sondervermögens veräußert, die Forderungen eingezogen und die Verbindlichkeiten getilgt.*

   …

3. *Der bei der Abwicklung ermittelte Anteilwert wird von der Gesellschaft in hinreichend verbreiteten Tageszeitungen bekannt gemacht. Die Anteilinhaber können die Auszahlung dieses Anteilwertes ab dem offiziellen Auflösungstag bei der Depotbank gegen Rücknahme der Anteilscheine verlangen.«*

Gegenüber den Besitzern herkömmlicher Investmentzertifikate haben die Anteileigner von Laufzeitfonds grundsätzlich keine Liquiditätsnachteile, denn Anteilscheine können jederzeit nach Ausgabe zum aktuellen Anteilwert zurückgegeben werden. Die Preise für Laufzeitfonds werden in der Finanzzeitung des HANDELSBLATTES, genau wie die Preise anderer offener Publikumsfonds, unter der Rubrik INVESTMENTFONDS/SONSTIGE FONDS ausgewiesen. Laufzeitfonds sind zumeist an zwei Jahreszahlen zu erkennen, die Laufzeitbeginn und -ende angeben.

Spezialfonds

Im Gegensatz zu Publikumsfonds, bei denen prinzipiell jeder beliebige Anleger Anteile erwerben kann, ist eine Investition in *Spezialfonds* nur institutionellen Anlegern, wie zum Beispiel kleineren Geschäftsbanken, Versicherungsgesellschaften, Stiftungen, betrieblichen Pensionskassen oder kirchlichen Organisationen, vorbehalten.

»... § 1. [Begriff; Rechtsform; Namensaktien]
... (2) Spezialfonds im Sinne dieses Gesetzes sind Sondervermögen, deren Anteilscheine aufgrund schriftlicher Vereinbarungen mit der Kapitalanlagegesellschaft jeweils von nicht mehr als zehn Anteilinhabern, die nicht natürliche Personen sind, gehalten werden. ...«

Auszug aus dem KAGG

Die Zahl der Anteileigner eines Spezialfonds ist in Deutschland durch das KAGG auf maximal zehn beschränkt. Obergrenzen für das Fondsvermögen schreibt das Gesetz jedoch nicht vor, sodass Spezialfonds praktisch ebenfalls eine Sonderform der offenen Fonds repräsentieren. Das Geld der Anteileigner investieren Spezialfonds, genau wie Publikumsfonds, vor allem in Wertpapiere und Immobilien. Dementsprechend lassen sich zum Beispiel Aktien-, Renten-, gemischte oder Immobilienspezialfonds unterscheiden. Da das KAGG für Publikums- und Spezialfonds gleichermaßen gilt, müssen auch Spezialfonds die dort festgeschriebenen Anlagegrundsätze sowie die Vorschriften zur Organisation, etwa die Pflicht zur Verwahrung des Sondervermögens bei einer Depotbank, beachten. Im Unterschied zu Publikumsfonds wird für jeden einzelnen Spezialfonds ein separater Anlageausschuss gegründet. Dieser

- setzt sich aus Vertretern der Kapitalanlagegesellschaft (insbesondere sind das die Fondsmanager) sowie Vertretern der Depotbank und der institutionellen Anteileigner zusammen und
- übt in erster Linie eine beratende Funktion aus, besitzt aber – abhängig von den vertraglichen Vereinbarungen – unter Umständen auch Entscheidungsbefugnisse.

Die Anteileigner eines Spezialfonds stehen durch den Anlageausschuss in engem Kontakt zur Fondsgesellschaft, werden über die Anlagepolitik ständig informiert und können nachhaltig Einfluss auf Entscheidungen der Fondsmanager nehmen.

Die Möglichkeit, Anlageentscheidungen aktiv mitzugestalten, ist einer der wesentlichen Vorteile, die Spezialfonds gegenüber offenen Publikumsfonds bieten. Daneben sind es insbesondere aber auch Kostengründe, die für eine Anlage in Spezialfonds sprechen: Während offene Publikumsfonds häufig Ausgabeaufschläge erheben und Verwaltungskosten zwischen 0,5 und etwa 2,0 Prozent pro Jahr berechnen, fällt die Kostenbelastung bei Spezialfonds deutlich geringer aus. Auf Ausgabeaufschläge wird hier komplett verzichtet und die jährliche Verwaltungsvergütung liegt mit rund 0,1 bis 0,3 Prozent pro Jahr tiefer als bei Publikumsfonds. Des Weiteren sind Spezialfonds auch aus steuerlichen und bilanztechnischen Gründen für institutionelle Anleger attraktiv. Der Kunde eines Spezialfonds kann zum Beispiel relativ frei bestimmen, wann eine Ausschüttung an ihn vorgenommen werden soll. Das bietet ihm Möglichkeiten zur »Steuergestaltung«: Die Verschiebung einer Ausschüttung kann etwa sinnvoll sein, wenn in einem bestimmten Geschäftsjahr bereits hohe Erträge aus anderen Kapitalanlagen entstanden sind. Um die Steuerlast in dem betreffenden Jahr in einem überschaubaren Rahmen zu halten, könnte die Ausschüttung des Spezialfonds nun ins nächste verschoben und die Besteuerung der Erträge damit zunächst umgangen werden. Aufgrund der hohen Attraktivität von Spezialfonds unterhält normaler-

Steuergestaltung

weise jede große deutsche Geschäftsbank eine Spezialfondsgesellschaft – bei der Dresdner Bank heißt sie beispielsweise kurz DBI, bei der DG Bank DEVIF, bei der Deutschen DBAM und bei der Commerzbank Commerzinvest.

Closed-End-Funds

Neben offenen Investmentfonds werden in den USA auch geschlossene Wertpapierfonds, so genannte *Closed-End-Funds*, aufgelegt. Grundsätzlich erfüllen offene und geschlossene Fonds die gleichen Aufgaben – beide investieren das Geld der Anteileigner in Wertpapiere oder andere Vermögensgegenstände, sorgen für eine professionelle Verwaltung und lassen den Fondsanlegern laufende Erträge zukommen. Der wesentliche Unterschied zwischen Open- und Closed-End-Funds besteht jedoch darin, dass die Anzahl der Anteile im Falle

- von Open-End-Funds unbegrenzt ist und für die Emission der Anteile keine feste Verkaufsfrist bestimmt wird;
- von Closed-End-Funds von vornherein beschränkt ist und die Anteilausgabe einmalig im Rahmen des so genannten *Initial-Public-Offering* (IPO) erfolgt. Nach dem IPO schließt die Investmentgesellschaft den Fonds und beantragt für die Anteile eine Börsenzulassung. In vielen Fällen werden die Anteile ausschließlich OTC gehandelt. Die Rückgabe der Zertifikate ist bei Closed-End-Funds im Allgemeinen ausgeschlossen.

Initial Public Offering

Anteile an Closed-End-Funds werden genauso gehandelt wie Aktien. Deshalb bezeichnet man entsprechende Fonds auch als Publicly- oder Exchange-traded-Funds. Investmentgesellschaften veröffentlichen für sie zwar ebenfalls einen Net-Asset-Value (NAV), aber dieser entspricht nicht unbedingt dem tatsächlichen Börsenwert, im Englischen Market-Price genannt. Der Börsenwert bildet sich frei durch Angebot und Nachfrage und zeigt an, zu welchem Preis die Marktteilnehmer Anteile untereinander handelten. Obwohl der Market-Price sehr stark durch den NAV beeinflusst wird, weicht er in aller Regel von diesem ab. Eine negative Differenz (Börsenwert < NAV) wird als *Discount* (Disagio), eine positive Differenz (Börsenwert > NAV) als *Premium* (Agio) bezeichnet. In Kurstabellen werden die Differenzen normalerweise in Form eines Prozentsatzes ausgewiesen. Ausgabeaufschläge sind bei Closed-End-Funds nicht fällig, dafür jedoch Brokerage-Fees sowie Geld- und Briefspannen.

Closed-End-Funds haben für die Fondsmanager einen entscheidenden Vorteil: Im Gegensatz zu den Managern offener Fonds werden sie nicht ständig mit permanenten Mittelzu- und -abflüssen konfrontiert. Ihre Anlageentscheidungen können sie somit weitaus flexibler treffen.

Geschlossene Immobilienfonds

Geschlossene Immobilienfonds fallen nicht unter das KAGG. Sie werden grundsätzlich in Form einer Personengesellschaft (KG, GbR) geführt und ihre Anteileigner sind nicht nur Miteigentümer der Immobilien, sondern auch Gesellschafter der KG bzw. GbR, die ein unternehmerisches Risiko tragen. Auf geschlossene Immobilienfonds, häufig aus steuerlichen Aspekten gegründet, gehen wir nochmals kurz im Abschnitt über Immobilienfonds ein.

Ausschüttungspolitik

Die Erträge eines Investmentfonds setzen sich für gewöhnlich aus

- regelmäßigen Einnahmen, etwa Dividenden-, Zins- oder Mietzahlungen,
- Veräußerungsgewinnen, die beim Verkauf von Vermögenswerten (Aktien, Anleihen, Immobilien usw.) entstehen, sowie
- Veräußerungserlösen, die der Fonds beim Verkauf von zum Beispiel Bezugsrechten realisiert,

zusammen und stehen nach Abzug aller Aufwendungen den Fondsanlegern zu.

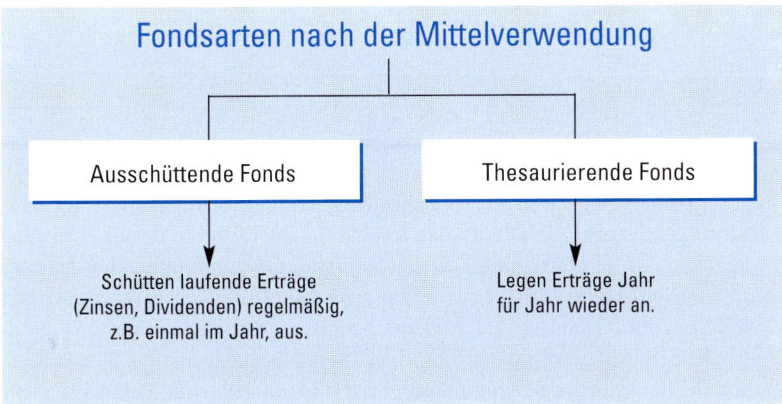

Ordentliche Erträge

Die Rechenschaftsberichte deutscher Kapitalanlagegesellschaften weisen für jeden Fonds einen so genannten »ordentlichen Nettoertrag« aus. Er repräsentiert den Saldo der »Ertrags- und Aufwandsrechnung«, in der Bruttoerträge und Aufwendungen der jeweiligen Abrechnungsperiode (z. B. Kalenderjahr) einander gegenübergestellt werden. In der Ertrags- und Aufwandsrechnung erscheinen nur die Zins-, Dividenden- und Mieterträge (ordentliche Erträge). Kurs- bzw. Veräußerungsgewinne sowie Erlöse aus Bezugsrechtsverkäufen usw. sind zusammengefasst in der Übersicht »Berechnung der Ausschüttung« in der Position »Realisierte Gewinne« zu finden. Die Abbildung auf der nächsten Seite zeigt die »Ertrags- und Aufwandsrechnung« eines Aktienfonds. Die Erträge setzen sich verständlicherweise zum größten Teil aus Dividenden-, aber auch aus Zinszahlungen für kurzfristige Geldanlagen zusammen. Nach Abzug der Aufwendungen, die etwa die Verwaltungs- und Depotbankvergütung umfassen, ergibt sich schließlich der »ordentliche Nettoertrag«.

Ausschüttende Fonds

Investmentfonds belassen die zugeflossenen Zinsen, Dividenden und Mieten sowie realisierte Kurs- bzw. Veräußerungsgewinne und sonstige Erlöse zunächst im Fondsvermögen. Sie halten die vereinnahmten Gelder auf Bankkonten oder verwenden sie zum Kauf von Wertpapieren bzw. Immobilien. Die Vertragsbedingungen vieler Fonds sehen jedoch vor, die angefallenen Erträge in bestimmten Zeitabständen ganz oder teilweise auszuschütten. Solche Fonds heißen *ausschüttende Fonds*. Die Erträge dieser Fonds erhöhen das

Ertrags- und Aufwandsrechnung für den Zeitraum vom 1. Oktober 1999 bis 30. September 2000

	EURO
Dividenden inländischer Aussteller	2.321.716,72
Zinsen aus Liquiditätsanlagen im Inland	5.838.295,70
Dividenden ausländischer Aussteller (brutto)	16.144.162,80
abzüglich ausländische Quellensteuer	- 2.061.416,90
Sonstige Erträge	28.118,46
Erträge insgesamt	22.270.876,78
Zinsen aus Kreditaufnahmen	6.550,16
Verwaltungsvergütung	11.669.007,77
Depotbankvergütung	929.898,21
Druck und Versand der Rechenschafts- und Halbjahresberichte	39.323,95
Veröffentlichung und Prüfung	55.504,05
Ertragscheineinlösung	12.123,61
Sonstige Aufwendungen	641.465,60
Aufwendungen insgesamt	13.353.873,35
Ordentlicher Nettoertrag	**8.917.003,43**

Die Tabelle zeigt die Berechnung des Nettoertrags für einen Aktienfonds.

Vermögen bzw. den Anteilwert bis zum Tage der Ausschüttung. Dann fließt jedoch ein Teil der liquiden Mittel ab und das Fondsvermögen sinkt am Ausschüttungstag grundsätzlich um den jeweils ausgeschütteten Betrag. Dabei ist zu beachten, dass Dividenden deutscher Aktiengesellschaften der *Körperschaftsteuer* (KöSt) unterliegen. Da deutsche Investmentfonds selbst von der KöSt befreit sind, können sie Dividendenzahlungen zunächst brutto, also inklusive KöSt, vereinnahmen. Am Tage der Ausschüttung muss die Steuer dann jedoch für Rechnung der Anteileigner an das Bundesamt für Finanzen abgeführt werden. Das Fondsvermögen vermindert sich – neben der eigentlichen Ausschüttung und unter der Annahme konstanter Kurse usw. – zusätzlich um den Steuerbetrag. Dies wirkt sich verständlicherweise auch auf den Anteilwert und somit den Rücknahme- bzw. Ausgabepreis am Ausschüttungstag aus.

Der folgende Ausschnitt stammt aus einem Rechenschaftsbericht. Er zeigt die Berechnung der Ausschüttung für einen Aktienfonds. Die Gesamtausschüttung, einschließlich der Körperschaftsteuer, beträgt für das betreffende Geschäftsjahr insgesamt 1,31 Euro je Fondsanteil.

Ausschnitt aus dem Rechenschaftsbericht eines Aktienfonds

Zins- und Dividendenzahlungen (netto) → Ordentlicher Nettoertrag

realisierte Kursgewinne, sonstige Erlöse usw. → Realisierte Gewinne

Vortrag aus dem Vorjahr	262.926.759,36	7,14
Ordentlicher Nettoertrag	46.807.823,70	1,27
Realisierte Gewinne	214.743.335,60	5,84
Für Ausschüttung verfügbar	**524.477.918,66**	**14,25**
Der Wiederanlage zugeführt	– 205.401.007,43	– 5,58
Vortrag auf neue Rechnung	– 270.991.602,83	– 7,36
Gesamtausschüttung	**48.085.308,40**	**1,31** ←
davon		
– Ausschüttung	34.958.632,95	0,95
– Körperschaftsteuer	13.126.675,45	0,36

Da die Ausschüttung, also der Abfluss liquider Mittel, den Anteilwert um 1,31 Euro mindert, sinken auch Rücknahme- und Ausgabepreis am Ausschüttungstag – zumindest rechnerisch – um einen entsprechenden Betrag.

Außerdem wirken sich auch Aktienkursveränderungen auf den Anteilwert aus, sodass die Differenz zwischen den Rücknahmepreisen am Ausschüttungs- und dem folgenden Tag nicht in voller Höhe auf die Ausschüttung zurückzuführen ist.

Im HANDELSBLATT wird für den Ausschüttungstag ein Anteilwert in Höhe von 49,24 Euro veröffentlicht, für den darauffolgenden Tag ein Wert von 48,06 Euro. Der Anteilwert ist folglich nur um 1,18 Euro gesunken, obwohl der Fonds 1,31 Euro ausgeschüttet hatte. Die Differenz von 0,13 Euro lässt sich durch eine Wertsteigerung des Portfolios erklären.

Ausschüttende Investmentfonds behalten sich in den Vertragsbedingungen zumeist vor, einen Teil der Erträge eines Jahres

- für Ausschüttungen in späteren Geschäftsjahren vorzutragen – dadurch wird eine gewisse Kontinuität über längere Zeiträume gewährleistet;
- zur Substanzerhaltung teilweise oder vollständig dem Fondsvermögen wieder zuzuführen.

Ausschnitt aus Vertragsbedingungen

2. Ausschüttbare Erträge gem. Absatz 1 können zur Ausschüttung in späteren Geschäftsjahren insoweit vorgetragen werden, als die Summe der vorgetragenen Erträge 15 v. H. des jeweiligen Wertes des Sondervermögens zum Ende des Geschäftsjahres nicht übersteigt. Erträge aus Rumpfgeschäftsjahren können vollständig vorgetragen werden.

3. Im Interesse der Substanzerhaltung können Erträge teilweise, in Sonderfällen auch vollständig zur Wiederanlage im Sondervermögen bestimmt werden.

Im Gegensatz zu deutschen schütten US-amerikanische Fonds Erträge aus Dividenden- oder Zinszahlungen (Ordinary Income) in aller Regel in einem anderen Turnus aus als realisierte Aktien- oder Anleihekursgewinne (Capital Gains). Der folgende Ausschnitt aus dem Verkaufsprospekt eines US-Rentenfonds belegt, dass der Fonds Zinszahlungen jeweils am ersten Werktag eines Monats, Kursgewinne aber nur einmal jährlich ausschüttet.

DIVIDENDS, CAPITAL GAINS AND TAXES

Dividends are paid on the first business day of each month

Dividends consisting of virtually all of the ordinary income of each Portfolio of the Fund are declared daily and are payable to shareholders of record at the time of declaration. Such dividends are paid on the first business day of each month. Net capital gains distributions, if any, will be made annually.

The Fund's dividend and capital gains distributions may be reinvested in additional shares or received in cash. See "Choosing a Distribution Option" for a description of these distribution methods.

Ausschnitt aus Wall Street Journal Europe

Pilot Funds:			
EqInP	12.25e	−0.28	+32.3
GrInP	12.39e	−0.30	+30.9
GvSecP	11.11e	−0.46	+19.4
IntGvSecP	10.54e	−0.05	+13.0
IntMuBdP	10.54	−0.02	+10.3
MuBdP	10.99	−0.03	+15.6
KBIntlEqA	15.94	−0.33	+9.7
KBIntlEqP	16.05	−0.32	+10.0
Pioneer Fund:			
Amer Inc p	10.12	...	+14.8
EmgMktA	11.44	+0.03	−1.7
EqInc p	19.41	−0.01	+31.0
[illegible]	[illegible]	0.01	[illegible]

EXPLANATORY NOTES

e-Ex-distribution. f-Previous day's quotation. g-Footnotes x and s apply. j-Footnotes e and s apply. k-Recalculated by Lipper, using updated data. p-Distribution costs apply, 12b-1. r-Redemption charge may apply. s-Stock split or dividend. t-Footnotes p and r apply. v-Footnotes x and e apply. x-Ex-dividend. z-Footnote x, e and s apply. YTD-Year-to-date percentage change, assuming reinvestment of all distributions, but after subtracting annual expenses. Figures don't reflect sales charges ("loads") or redemption fees. NA-Not available due to incomplete price, performace or cost data. NE-Deleted by Lipper editor, data in question. NN-Fund doesn't wish to be tracked. NS-Fund didn't exist at start of period.

Ausschnitt aus Vertragsbedingungen

THESAURIERUNG DER ERTRÄGE UND GESCHÄFTSJAHR

§ 14 Thesaurierung der Erträge

Die Gesellschaft legt die während des Geschäftsjahres für Rechnung des Sondervermögens angefallenen und nicht zur Kostendeckung verwendeten Zinsen und Dividenden sowie die Veräußerungsgewinne und sonstigen Erträge im Sondervermögen wieder an. Auf Erträge entfallende Teile des Ausgabepreises für ausgegebene Anteilscheine werden zur Wiederanlage herangezogen (Ertragsausgleichsverfahren).

US-amerikanische Finanzzeitungen versehen Mutual Funds, die am vorhergehenden Werktag eine Ausschüttung (Distribution) vornahmen, mit besonderen Kennzeichnungen (siehe vorige Seite). Im *Wall Street Journal* findet man hinter den betreffenden Fonds beispielsweise ein »e« für ex-distribution (nach Ausschüttung). Viele Investmentgesellschaften bieten Fondsanlegern die Möglichkeit, Ausschüttungen kostenlos, also ohne Ausgabeaufschlag, zu reinvestieren.

Von ausschüttenden sind *thesaurierende* (wiederanlegende) *Investmentfonds* zu unterscheiden, deren Erträge in voller Höhe im Fonds verbleiben, also ganz in weitere Vermögenswerte investiert werden. Die laufende Wiederanlage führt zu einem ständig steigenden Anteilwert. Ein Investor realisiert Gewinne erst dann, wenn er erworbene Fondsanteile zu einem höheren als dem ursprünglichen Kaufpreis wieder veräußert.

Thesaurierende Fonds

Thesaurierende Fonds müssen, sofern sie deutschen Steuergesetzen unterliegen, die auf Zins- und Dividendenerträge anfallenden Kapitalertragsteuern, die bei ausschüttenden Fonds direkt dem Anleger angelastet werden, selbst abführen. Der Anteilwert vermindert sich entsprechend zum Ende des Geschäftsjahres. Die nachstehende Abbildung zeigt die Berechnung der Wiederanlage für einen thesaurierenden Rentenfonds. Der Anteilwert sinkt zum Geschäftsjahresende aufgrund der Steuerzahlung und unter sonst gleichbleibenden Bedingungen um 4,25 Euro.

Berechnung der Wiederanlage

	EURO insgesamt	EURO je Anteil
Ordentlicher Nettoertrag	48.720.243,67	3,68
Realisierte Gewinne	22.855.488,47	1,73
Für Wiederanlage verfügbar	**71.575.732,14**	**5,41**
Kapitalertragsteuer (30 %)	- 14.558.505,38	-1,10
Solidaritätszuschlag (auf Kapitalertragsteuer mit 30 %)	- 800.717,80	-0,06
Wiederanlage	56.216.508,96	4,25

Besteuerung von Erträgen inländischer Investmentfonds

In unmittelbarem Zusammenhang mit der Frage, ob und wann Fonds Dividenden- und Zinseinnahmen ausschütten, steht auch die Frage nach der Besteuerung derartiger (ordentlicher) Erträge. Prinzipiell gibt es hier kaum Unterschiede zur Besteuerung von Erträgen aus Direktanlagen: Sofern ein Fonds Dividenden- oder Zinseinnahmen erzielt, müssen diese nach Ausschüttung bzw. Thesaurierung von den Fondsanlegern versteuert werden, und zwar genauso, als seien sie in einem direkt gehaltenen Bestand an Aktien bzw. Anleihen entstanden. Beispielsweise kommen bei Dividendenzahlungen das *Anrechnungsverfahren* und künftig das *Halbeinkünfteverfahren* zur Anwendung. Unterschiede zwischen ausschüttenden und thesaurierenden Fonds bestehen dabei nicht.

Anrechnungsverfahren

Für inländische Investoren ergibt sich bei Dividendenzahlungen nach dem derzeit noch gültigen Anrechnungsverfahren Folgendes: Die von der Aktien- bzw. Kapitalanlagegesellschaft abgeführten Körperschaft- und Kapitalertragsteuern können sich Anleger auf die persönliche Einkommensteuer anrechnen lassen. Legen sie ihrer Hausbank oder der Fondsgesellschaft rechtzeitig einen Freistellungsauftrag vor, umgehen sie die Zahlung entsprechender Steuern gegebenenfalls komplett (abhängig vom noch vorhandenen Freistellungsvolumen). Dividendenerträge werden dann brutto auf ihr Konto überwiesen (ausschüttende Fonds) bzw. brutto wiederangelegt (thesaurierende Fonds). Entsprechendes gilt für Zinszahlungen, die insbesondere bei Rentenfonds anfallen.

Halbeinkünfteverfahren

Künftig, sobald Erträge enstehen, für die das neue *Halbeinkünfteverfahren* gilt, stellt sich die Situation etwas anders dar: Bei Investmentfonds, die Aktien halten, zum Beispiel Aktien-, Misch- oder AS-Fonds, sind Dividendenerträge dann nur noch zur Hälfte steuerpflichtig, das heißt, der Anleger muss nur noch die Hälfte der anfallenden Dividendenzahlungen mit seinem persönlichen Steuersatz versteuern – die andere Hälfte bleibt steuerfrei. Die von inländischen Aktiengesellschaften (voraus-)gezahlten Körperschaftsteuern sind in Zukunft nicht mehr auf die persönliche Steuerschuld anrechenbar – entsprechend entfällt auch die Bescheinigung eines Körperschaftsteuerguthabens durch die Fondsgesellschaft. Weitere Konsequenzen aus der neuen Gesetzgebung:

- Dividenden unterliegen in Zukunft nur noch einem Kapitalertragsteuerabzug in Höhe von 20 Prozent (bisher 25 Prozent). Die Kapitalertragsteuer wird unverändert als Vorauszahlung auf die persönliche Einkommensteuerschuld anerkannt. Bei Vorlage eines noch nicht ausgeschöpften Freistellungsauftrages können Anleger den Abzug von vornherein umgehen.
- Für Zinserträge aus Investmentfonds ergibt sich künftig keine Änderung. Diese Erträge müssen Anleger – sofern sie keinen Freistellungsauftrag vorlegen können bzw. das Freistellungsvolumen ausgeschöpft ist – unverändert mit dem persönlichen Einkommensteuersatz versteuern. Von der Fondsgesellschaft wird zunächst ein Steuerabzug in Höhe von 30 Prozent vorgenommen, der dann mit der persönlichen Einkommensteuerschuld verrechnet werden kann.

Besteuerung von Spekulationsgewinnen

Sofern Fondsanteile zu einem Anteilwert verkauft werden, der über dem Wert beim Kauf liegt, entsteht Anlegern ein Gewinn. Dieser Gewinn unterliegt der persönlichen Einkommensteuer, wenn zwischen Kauf und Verkauf weniger als ein Jahr verstrichen ist. Die *Spekulationsfrist*, wie wir sie bereits von Aktien und Anleihen kennen, gilt also auch hier. Entsprechendes kann für die Freigrenze bei »Anteilwertzugewinnen« gesagt werden: Sofern die Gewinne zwar innerhalb von zwölf Monaten entstanden sind, den Betrag von 999,99 DM (512 Euro) aber nicht übersteigen, bleiben sie komplett steuerfrei.

Nach dem neuen Halbeinkünfteverfahren ergibt sich aber ein Nachteil im Vergleich zur Direktanlage: Innerhalb der Spekulationsfrist findet das Halbeinkünfteverfahren bei Fondsanteilen keine Anwendung. Das bedeutet: Innerhalb von 12 Monaten entstandene »Anteilwertzugewinne« müssen unverändert in voller Höhe versteuert werden, und nicht nur zur Hälfte wie bei Direktanlagen künftig der Fall. Auch die Freigenze von 999,99 DM gilt für Fondsanleger in den kommenden Jahren unverändert, wohingegen sie sich bei Direktanlagen rechnerisch auf knapp 2.000 DM verdoppelt. Ein vereinfachtes Beispiel: Wird bei einer Fondsanlage innerhalb von 12 Monaten ein »Anteilwertzugewinn« von 1.000 Mark realisiert, so muss dieser in voller Höhe mit dem persönlichen Einkommensteuersatz versteuert werden. Entsteht ein solcher Gewinn aus einer Aktienanlage, bleibt er steuerfrei, da nur 500 Mark steuerpflichtig sind und dieser Betrag unter der Freigrenze liegt.

Folgendes Beispiel zeigt noch einmal die Unterschiede bei der Fondsbesteuerung zwischen Anrechnungs- und Halbeinkünfteverfahren. Hierbei wurden folgende Annahmen getroffen:

- Die Gesamtausschüttung besteht ausschließlich aus inländischen Dividendenerträgen.
- Der Freistellungsauftrag ist in voller Höhe ausgeschöpft.
- Der persönliche Steuersatz beträgt 40 Prozent.

	Anrechnungsverfahren	Halbeinkünfteverfahren
Dividendenausschüttung	100,00 Euro	100,00 Euro
Körperschaftsteuer	(30 %) - 30,00 Euro	(25 %) - 25,00 Euro
Kapitalertragsteuer	(25 % von 70 Euro) - 17,50 Euro	(20 % von 75 Euro) - 15,00 Euro
Barausschüttung	**52,50 Euro**	**60,00 Euro**
Besteuerung beim Anleger		
Ausschüttung	100,00 Euro	75,00 Euro
Steuerpflichtige Erträge	(100,00 Euro)	(37,50 Euro)
40 % Einkommensteuer	- 40,00 Euro	- 15,00 Euro
Ertrag nach Steuern	**60,00 Euro**	**60,00 Euro**

Bei einem Steuersatz von 40 % ergibt sich kein Unterschied zwischen altem und neuem Verfahren.

	Anrechnungsverfahren	Halbeinkünfteverfahren
Steuererstattung		
Anrechenbare Körperschaftsteuer	30,00 Euro	
Anrechenbare Kapitalertragsteuer	17,50 Euro	15,00 Euro
= Steuervorauszahlung	47,50 Euro	15,00 Euro
Steuerpflicht, da kein Freistellungsauftrag vorliegt	- 40,00 Euro	- 15,00 Euro
Erstattung Einkommensteuer	7,50 Euro	0,00 Euro

Weitere Steueraspekte, insbesondere die Behandlung von Erträgen aus ausländischen Investmentfonds, aber auch der Solidaritätszuschlag, bleiben im Folgenden unberücksichtigt.

Währung

Fonds können grundsätzlich in in- oder ausländischer Währung aufgelegt werden. Rücknahme- und Ausgabepreise lauten also entweder auf in- oder ausländische Währung. Der Ausschnitt aus der Finanzzeitung auf der nächsten Seite verdeutlicht, dass einige der abgebildeten Fonds Anteilwerte zum Beispiel auf Basis des US-Dollars oder des Britischen Pfunds berechnen und in der jeweiligen Währung veröffentlichen.

Währungsrisiko

Hält ein Anleger Fondsanteile, die in ausländischer Währung abgerechnet werden, haben Devisenkursänderungen die gleichen Auswirkungen auf das Euro-Vermögen des Investors wie bei einer Direktanlage in Währungsanleihen oder ausländischen Aktien. Wertet die betreffende ausländische Währung gegenüber dem Euro auf oder ab, so steigt bzw. sinkt der Wert der Fondsanteile, ausgedrückt in Euro, in gleichem Maße.

Für gewöhnlich legen Investmentgesellschaften sämtliche Fonds, also etwa auch Regional- oder Länderfonds, in der jeweiligen Inlandswährung auf. Deutsche Kapitalanlagegesellschaften verkaufen ihre Fondsanteile – unabhängig von der geographischen Ausrichtung des betreffenden Fonds – grundsätzlich in Euro.

Anteile an Auslandsfonds müssen Anleger häufig in der betreffenden ausländischen Währung bezahlen.

Laufzeit

Fonds mit begrenzter Laufzeit heißen *Laufzeitfonds*. Ihre Anteile werden zumeist innerhalb einer bestimmten Zeitspanne – zum Beispiel vier Wochen lang – verkauft. Danach schließen die Investmentgesellschaften die Fonds im Regelfall für neue Anleger und legen die eingesammelten Mittel zum Beispiel in festverzinsliche Wertpapiere oder auch Aktien an. Die Manager von *Rentenlaufzeitfonds* sind oftmals bestrebt, die Laufzeit bzw. Restlaufzeit der An-

Rentenlaufzeitfonds

Anteilwerte in ausländischer Währung

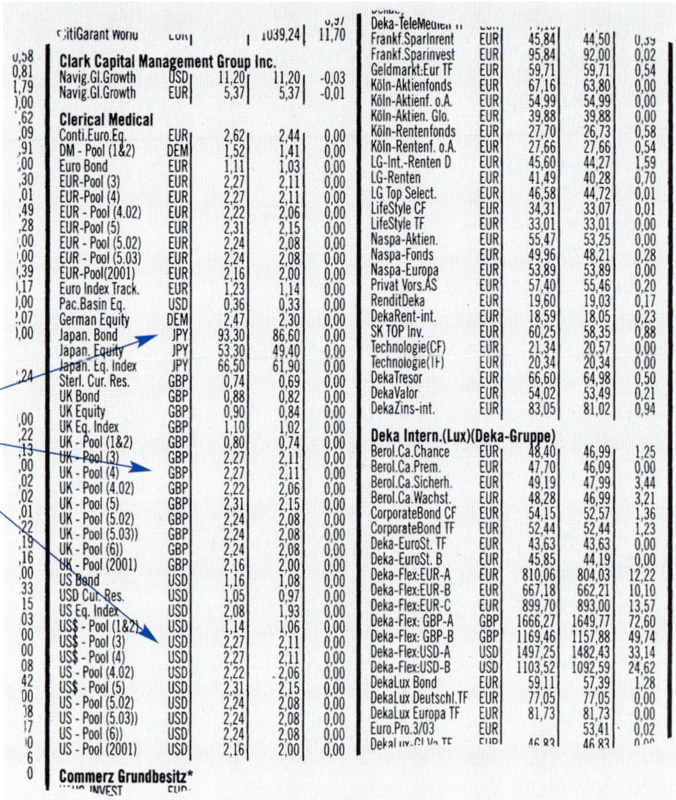

CitiGarant World	EUR		1039,24	11,70
Clark Capital Management Group Inc.				
Navig.Gl.Growth	USD	11,20	11,20	-0,03
Navig.Gl.Growth	EUR	5,37	5,37	-0,01
Clerical Medical				
Conti.Euro.Eq.	EUR	2,62	2,44	0,00
DM - Pool (1&2)	DEM	1,52	1,41	0,00
Euro Bond	EUR	1,11	1,03	0,00
EUR-Pool (3)	EUR	2,27	2,11	0,00
EUR-Pool (4)	EUR	2,27	2,11	0,00
EUR - Pool (4.02)	EUR	2,22	2,06	0,00
EUR-Pool (5)	EUR	2,31	2,15	0,00
EUR - Pool (5.02)	EUR	2,24	2,08	0,00
EUR - Pool (5.03)	EUR	2,24	2,08	0,00
EUR-Pool(2001)	EUR	2,16	2,00	0,00
Euro Index Track.	EUR	1,23	1,14	0,00
Pac.Basin Eq.	USD	0,36	0,33	0,00
German Equity	DEM	2,47	2,30	0,00
Japan. Bond	JPY	93,30	86,60	0,00
Japan. Equity	JPY	53,30	49,40	0,00
Japan. Eq. Index	JPY	66,50	61,90	0,00
Sterl. Cur. Res.	GBP	0,74	0,69	0,00
UK Bond	GBP	0,88	0,82	0,00
UK Equity	GBP	0,90	0,84	0,00
UK Eq. Index	GBP	1,10	1,02	0,00
UK - Pool (1&2)	GBP	0,80	0,74	0,00
UK - Pool (3)	GBP	2,27	2,11	0,00
UK - Pool (4)	GBP	2,27	2,11	0,00
UK - Pool (4.02)	GBP	2,22	2,06	0,00
UK - Pool (5)	GBP	2,31	2,15	0,00
UK - Pool (5.02)	GBP	2,24	2,08	0,00
UK - Pool (5.03))	GBP	2,24	2,08	0,00
UK - Pool (6))	GBP	2,24	2,08	0,00
UK - Pool (2001)	GBP	2,16	2,00	0,00
US Bond	USD	1,16	1,08	0,00
USD Cur. Res.	USD	1,05	0,97	0,00
US Eq. Index	USD	2,08	1,93	0,00
US$ - Pool (1&2)	USD	1,14	1,06	0,00
US$ - Pool (3)	USD	2,27	2,11	0,00
US$ - Pool (4)	USD	2,27	2,11	0,00
US - Pool (4.02)	USD	2,22	2,06	0,00
US$ - Pool (5)	USD	2,31	2,15	0,00
US - Pool (5.02)	USD	2,24	2,08	0,00
US - Pool (5.03))	USD	2,24	2,08	0,00
US - Pool (6))	USD	2,24	2,08	0,00
US - Pool (2001)	USD	2,16	2,00	0,00
Commerz Grundbesitz*				
Deka-TeleMedien TF				
Frankf.SparInrent	EUR	45,84	44,50	0,39
Frankf.Sparinvest	EUR	95,84	92,00	0,02
Geldmarkt:Eur TF	EUR	59,71	59,71	0,54
Köln-Aktienfonds	EUR	67,16	63,80	0,00
Köln-Aktienf. o.A.	EUR	54,99	54,99	0,00
Köln-Aktien. Glo.	EUR	39,88	39,88	0,00
Köln-Rentenfonds	EUR	27,70	26,73	0,58
Köln-Rentenf. o.A.	EUR	27,66	27,66	0,54
LG-Int.-Renten D	EUR	45,60	44,27	1,59
LG-Renten	EUR	41,49	40,28	0,70
LG Top Select.	EUR	46,58	44,72	0,01
LifeStyle CF	EUR	34,31	33,07	0,01
LifeStyle TF	EUR	33,01	33,01	0,00
Naspa-Aktien.	EUR	55,47	53,25	0,00
Naspa-Fonds	EUR	49,96	48,21	0,28
Naspa-Europa	EUR	53,89	53,89	0,00
Privat Vors.AS	EUR	57,40	55,46	0,20
RenditDeka	EUR	19,60	19,03	0,17
DekaRent-int.	EUR	18,59	18,05	0,23
SK TOP Inv.	EUR	60,25	58,35	0,88
Technologie(CF)	EUR	21,34	20,57	0,00
Technologie(TF)	EUR	20,34	20,34	0,00
DekaTresor	EUR	66,60	64,98	0,50
DekaValor	EUR	54,02	53,49	0,21
DekaZins-int.	EUR	83,05	81,02	0,94
Deka Intern.(Lux)(Deka-Gruppe)				
Berol.Ca.Chance	EUR	48,40	46,99	1,25
Berol.Ca.Prem.	EUR	47,70	46,09	0,00
Berol.Ca.Sicherh.	EUR	49,19	47,99	3,44
Berol.Ca.Wachst.	EUR	48,28	46,99	3,21
CorporateBond CF	EUR	54,15	52,57	1,36
CorporateBond TF	EUR	52,44	52,44	1,23
Deka-EuroSt. TF	EUR	43,63	43,63	0,00
Deka-EuroSt. B	EUR	45,85	44,19	0,00
Deka-Flex:EUR-A	EUR	810,06	804,03	12,22
Deka-Flex:EUR-B	EUR	667,18	662,21	10,10
Deka-Flex:EUR-C	EUR	899,70	893,00	13,57
Deka-Flex: GBP-A	GBP	1666,27	1649,77	72,60
Deka-Flex: GBP-B	GBP	1169,46	1157,88	49,74
Deka-Flex:USD-A	USD	1497,25	1482,43	33,14
Deka-Flex:USD-B	USD	1103,52	1092,59	24,62
DekaLux Bond	EUR	59,11	57,39	1,28
DekaLux Deutschl.TF	EUR	77,05	77,05	0,00
DekaLux Europa TF	EUR	81,73	81,73	0,00
Euro.Pro.3/03	EUR		53,41	0,02
DekaLux-GlVa TF	EUR	46,83	46,83	0,00

leihen mit der Laufzeit der betreffenden Fonds ziemlich genau abzustimmen. Hierdurch kann die Gefahr, zum Auflösungszeitpunkt des Fonds Kursverluste zu erleiden, ziemlich gering gehalten werden. In den Jahren nach der Fondsauflegung schreiben die Manager den Anteileignern regelmäßig anfallende Zinszahlungen gut oder erwerben dafür zusätzliche Wertpapiere. Am Ende der Laufzeit werden die Fonds dann tatsächlich aufgelöst: Ein Großteil der Anleihen wird zu diesem Zeitpunkt sowieso fällig, sodass das in diese Titel investierte Kapital quasi automatisch an den Fonds zurück-

Beipiel für einen Rentenlaufzeitfonds

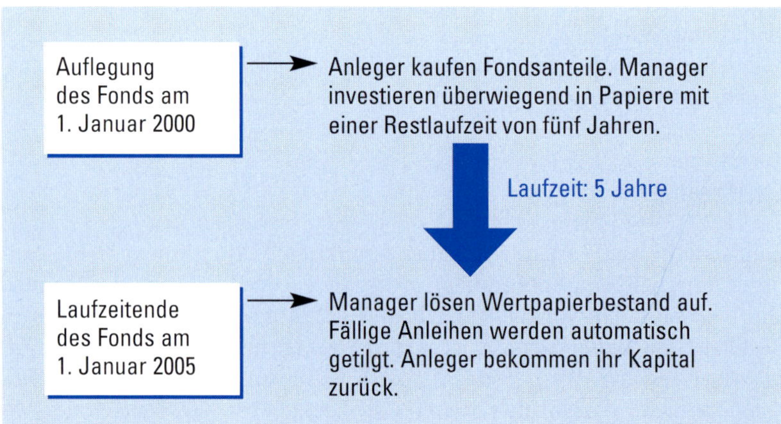

fließt. Die restlichen Wertpapiere werden am Markt verkauft und der Verkaufserlös zusammen mit dem Tilgungsbetrag an die Anteileigner des Laufzeitfonds zurückgegeben.

Aktienlaufzeitfonds

Seit Inkrafttreten des 3. Finanzmarktförderungsgesetzes sind in Deutschland auch *Aktienlaufzeitfonds* zugelassen. Diese werden aufgelegt, um bestimmte Anlagebereiche oder Themen, die aus Renditegesichtspunkten in den nächsten Jahren besonders interessant sein könnten, für einen begrenzten Zeitraum abzudecken.

Beispiel

Nach der Vergabe der Olympischen Sommerspiele an eine bestimmte Stadt könnte eine Investmentgesellschaft einen Aktienfonds auflegen, der sich an Aktiengesellschaften beteiligt, die von den Vorbereitungsarbeiten zu den Spielen besonders profitieren könnten. Darunter dürften insbesondere Baufirmen fallen, die die Infrastruktur (Straßen, Schienennetze, Flughäfen, Häuser) rund um die Sportstätten schaffen, aber natürlich auch solche, die sich auf den Bau von Stadien und Schwimmhallen spezialisiert haben. Eine Investition in derartige Unternehmen ist vor dem Hintergrund der in einigen Jahren stattfindenden Olympischen Spiele aber nur für einen begrenzten Zeitraum reizvoll. Denn sobald die notwendige Infrastruktur geschaffen ist und die Sportstätten errichtet sind, dürfte die Phase überdurchschnittlichen Wachstums bei den Baufirmen zu Ende sein. Es bietet sich daher an, den Aktienfonds mit einer nur begrenzten Laufzeit aufzulegen und in absehbarer Zeit wieder zu schließen.

Garantiefonds, die wir im nächsten Abschnitt erläutern, sind oftmals auch Laufzeitfonds.

Aufgrund des fest abgesteckten Zeitrahmens fällt es Investmentgesellschaften relativ leicht, Laufzeitfonds mit einer so genannten Wertsicherung auszustatten. Letztere wird normalerweise durch zeitlich begrenzte Termingeschäfte, die die Fondmanager normalerweise OTC mit anderen insitutionellen Marktteilnehmern aushandeln – in der Praxis kommen dabei vor allem Optionen zur Anwendung –, möglich. Im Folgenden die Wertsicherungsklausel eines Aktienfonds: »Steigt der Referenzindex auch nur einmalig um 25 Prozent, erhält der Anleger am Laufzeitende, dem 25. April 2005, mindestens 100 Prozent des Anteilwertes zurück. Diese Mindestrückzahlung erhält er auch dann, wenn der Index anschließend wieder fällt.«

Vorteile

Gegenüber Investmentfonds ohne bieten solche mit Laufzeitbeschränkung den Vorteil eines festen Planungshorizonts – der Anleger hat von vornherein Kenntnis über die Zeitpunkte der Kapitalrückflüsse. Das kann bei einem absehbaren Kapitalbedarf (zum Beispiel geplanter Neuwagenkauf in fünf Jahren) sinnvoll sein.

GreatSelect.50	EUR	22,42	21,35	0,08
GreatSelect.100	EUR	19,45	18,52	-0,01
Lfz.28.9.2001	EUR	23,70	23,52	0,37
Lfz.31.10.2001	EUR	25,82	25,56	0,07
Lfz.31.10.2002	EUR	25,41	24,97	0,11
Nürnberger A	EUR	118,79	113,13	-0,05

US Sm. Co. B	USD	20,79	19,75	0,00
VB St. Fix. B	GBP	20,49	19,47	0,11
BANTLEON STAATSANLEIHENFONDS				
Bantleon Strategie	EUR		104,60	1,36
Bantl.EUR-Benchm	EUR		104526,43	1472,37

RENT US-$	I
SM-Aktienfd.	L
W&W Europa	E
W&W Euroland Re.	E(
W&W Global	EL
W&W QSA Europa	EU

Laufzeitfonds in der Finanzzeitung

Nachteile

Zum Zeitpunkt des Anteilerwerbs ist die zukünftige Ertrags- und Wertentwicklung im Allgemeinen jedoch recht schwierig vorherzusagen, da keinerlei Vergangenheitsdaten vorliegen. Im Vergleich mit Direktanlagen schnitten Rentenlaufzeitfonds bisher außerdem nicht allzu gut ab: Die Renditen haben oftmals nicht über denjenigen bei Direktanlagen gelegen. Bei Aktienlaufzeitfonds könnte sich künftig das Problem ergeben, dass die Fonds genau in einer Schwächephase des Marktes aufgelöst werden und Anleger daher wider Erwarten hohe Kursverluste erleiden.

Garantien

Garantiefonds

Investmentgesellschaften legen *Garantiefonds* auf, um die Sicherheit für Fondsanleger zu erhöhen. In den Vertragsbedingungen für einen Garantiefonds könnte ein Investor beispielsweise einen Mindestrücknahmepreis, eine Mindestausschüttung oder eine Garantie auf Kapitalerhalt finden.

Im Falle eines garantierten Mindestrücknahmepreises verpflichtet sich die Gesellschaft, Fondsanteile entweder

- innerhalb eines begrenzten Zeitraums oder
- zu einem bestimmten Termin

zu einem festgeschriebenen Preis zurückzunehmen. Dies verschafft dem Anleger Klarheit über die Mindestverzinsung der Fondsanteile und erleichtert daher Renditevergleiche mit alternativen Direktanlagen.

Fonds mit garantiertem Rücknahmepreis werden auch als »Floor-Funds« bezeichnet.

Die Garantie auf eine Mindestausschüttung ist für solche Anleger vielversprechend, die ein regelmäßiges Einkommen beziehen wollen, etwa Pensionäre. Eine Gewähr auf Kapitalerhalt, also eine Rückzahlungsgarantie für den ursprünglich investierten Geldbetrag, wird vorwiegend im Falle von Aktienlaufzeitfonds ausgesprochen. Die höhere Sicherheit entsprechender Aktienfonds geht allerdings zu Lasten der Rendite, da ein Teil des Fondsvermögens für Sicherungsmaßnahmen (Hedging) aufgewendet wird.

Das BAKred untersagt deutschen Kapitalanlagegesellschaften, für Investmentfonds in irgendeiner Form Garantien einzuräumen. In Deutschland angebotene Garantiefonds stammen daher immer aus dem Ausland und werden hauptsächlich in Luxemburg aufgelegt.

Loads

Investmentfonds lassen sich anhand der Ausgabe- und Rücknahmegebühren, also der jeweiligen Loads, klassifizieren. Obwohl Bezeichnungen wie *Front-End*, *Back-End* oder *No-Load* aus den USA stammen, haben sie sich auch in Deutschland durchgesetzt und werden in den Verkaufsprospekten der Kapitalanlagegesellschaften zur Abgrenzung herangezogen. Der Verzicht auf jegliche Ausgabeauf- und Rücknahmeabschläge kennzeichnet *No-Load-Funds*, wohingegen *Loaded-Funds* entsprechende Gebühren erheben.

Während US-amerikanische Investmentgesellschaften für viele Wertpapier- und Geldmarktfonds keine Front- oder Back-End-Loads berechnen, begibt die Mehrzahl der deutschen Kapitalanlagegesellschaften in erster Linie Anteile an Geldmarktfonds ohne Ausgabeaufschlag.

Schaut man sich Aktien- und Rentenfonds, die von deutschen KAGs ohne Ausgabeaufschlag begeben werden, etwas näher an, so wird man feststellen, dass es sich bei den meisten Produkten nicht um echte No-Load-Fonds handelt. Üblich ist es nämlich, die Kosten, die ansonsten durch Ausgabeaufschläge gedeckt würden, erst im Laufe der Jahre mit der so genannten *Verwaltungsvergütung* abzugelten.

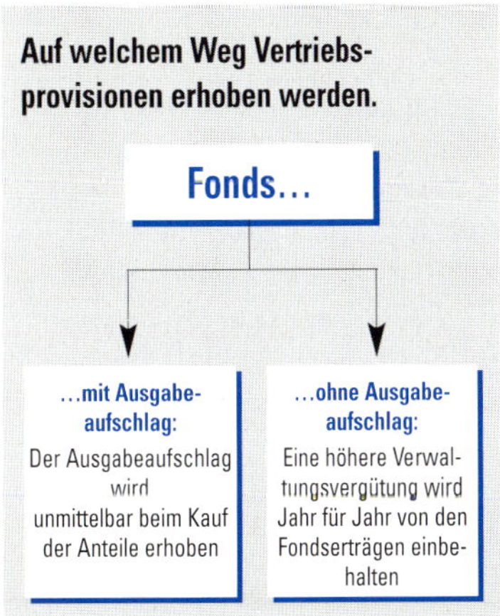

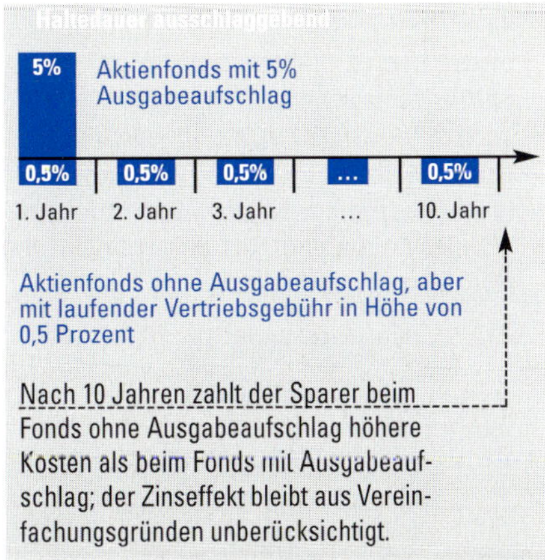

No-Load-Fonds sind bei kurzen Anlagezeiträumen attraktiv.

Ziel dieser »unechten« No-Load-Fonds, die zum Beispiel die Bezeichnungen Trading-, Typ 0- oder Net-Fonds tragen, ist es, Investoren flexiblere Ein- und Ausstiegsmöglichkeiten zu gewähren und so ein *Trading* mit Anteilscheinen, also ein kurzfristiges »rein – raus«, zu ermöglichen.

Loaded-Funds differenziert man – wie bereits im Abschnitt »Preisbildung« erwähnt – außerdem in

Rücknahmeabschläge dürfen deutsche Fondsgesellschaften grundsätzlich nicht in Rechnung stellen.

- *Front-End-Loaded-Funds*, das sind Fonds, die einen Ausgabeaufschlag berechnen, und
- *Back-End-Loaded-Funds*, also Investmentfonds, die den Rücknahmepreis bei Anteilscheinrückgaben um eine Rücknahmegebühr reduzieren.

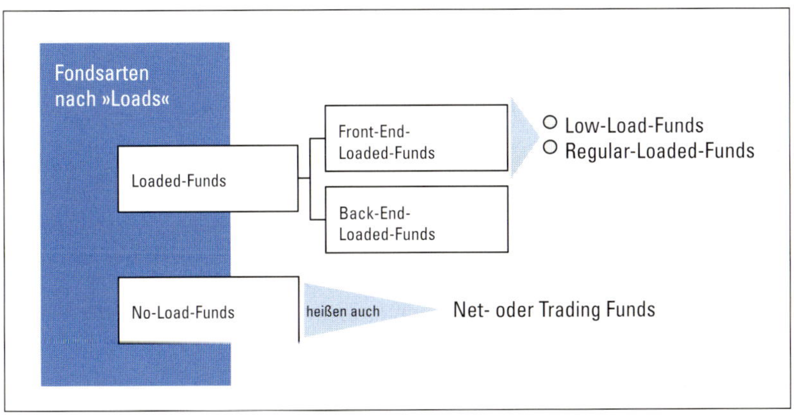

Zudem ist es in den USA üblich, *Front-End-Loaded-Funds* noch weiter in *Regular-Loaded-Funds* mit Ausgabeaufschlägen zwischen 4 und 6 % und *Low-Load-Funds* mit Ausgabeaufschlägen zwischen 1 und 3,5 % des Anteilwertes zu untergliedern.

Regular- und Low-Funds

Exchange-Traded-Funds

Spiders, Diamonds, Qubes

Börsenhandel mit Investmentfonds – eine weitere Idee aus den USA hält in Deutschland Einzug. Auf der anderen Seite des Atlantiks gibt es börsengehandelte Investmentfonds schon seit dem Anfang der 1990er-Jahre. Die bekanntesten dürften dabei *SPDRs* (gesprochen Spiders), *Diamonds* und *Qubes* sein. Im ersten Fall handelt es sich um Indexfonds auf den Standard & Poor's 500 Index, im zweiten Fall um Fonds, die die Wertentwicklung des Dow Jones Industrial Average abbilden. Qubes schließlich sind Indexfonds, denen der Nasdaq-100-Index zugrunde liegt. Die Bezeichnung »Qubes« rührt vom Ticker-Symbol der Indexfonds her, das sich aus drei »Qs« (QQQ) zusammensetzt.

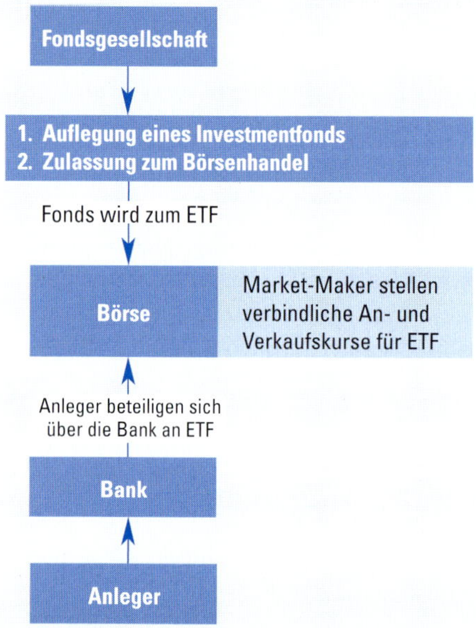

Seit April 2000 können auch an der Deutschen Börse in Frankfurt Anteile an bestimmten Investmentfonds wie herkömmliche Wertpapiere gehandelt werden. Dafür wurde extra ein neues Börsensegment mit dem Namen »XTF – Exchange Traded Funds« eingerichtet. Gelistet sind hier mittlerweile fast 20 Index- und aktiv gemanagte Fonds (kurz »ETFs« genannt), die von »herkömmlichen« Fondsgesellschaften aufgelegt und anschließend zum Börsenhandel zugelassen werden. Anleger können Anteile dieser Fonds fortlaufend während der normalen Börsenzeit handeln. Hierdurch unterscheiden sich ETFs deutlich von nicht börsennotierten Fonds: Für herkömmliche Fonds berechnen die Fondsgesellschaften nur einmal am Tag den *Nettoinventarwert* (*Net-Asset-Value*), zu dem Fondsanteile ge- und verkauft werden können. Der fortlaufende Anteilhandel während des Tages ist ausgeschlossen und damit auch das Ausnutzen heftiger Preisschwankungen im Laufe einer Börsensitzung.

Alle an der Börse notierten Fonds sind No-Load-Fonds. Ausgabeaufschläge fallen beim Kauf daher nicht an. Wer Anteile an ETFs erwerben möchte, reicht einfach einen gewöhnlichen Kaufauftrag für Wertpapiere bei seiner Hausbank ein. Die Hausbank gibt die Order an spezielle *Market-Maker* weiter und kassiert dafür ungefähr ein Prozent Provision. Jeder ETF hat zwei

Designated Sponsors, also Market-Maker, die sich um die Preisstellung an der Börse kümmern. Die Market-Maker stellen während des ganzen Tages verbindliche Quotierungen (Geld-/Briefkurse) für die ETFs: Zum gerade gültigen Briefkurs verkaufen sie Fondsanteile an Anleger – zum aktuellen Geldkurs nehmen sie Fondsanteile zurück. Die Differenz zwischen Geld- und Briefkurs (Spread) beträgt bei Indexfonds maximal ein Prozent, bei den aktiv gemanagten Fonds liegt sie zwischen 1,5 und 2,5 Prozent. Den Spread berechnen die Market-Maker in erster Linie, um sich gegen Preisstellungsrisiken abzusichern. Preisstellungsrisiken ergeben sich sowohl bei den passiv-, als auch bei den aktiv gemanagten ETFs: In beiden Fällen berechnen jene Fondsgesellschaften, die die ETFs aufgelegt haben, zwar einmal täglich einen *Net-Asset-Value*, sodass die Market-Maker zumindest einmal am Tag erfahren, was die Fonds tatsächlich wert sind. Vor und nach der Feststellung des Net-Asset-Value bleibt ihnen jedoch nichts anderes übrig, als einen Preis für die Fonds zu schätzen. Bei Indexfonds fällt das vergleichsweise leicht, da der aktuelle Indexstand fortlaufend während der Börsenzeit vom Indexanbieter – beim DAX ist das zum Beispiel die Deutsche Börse – berechnet und publiziert wird. Die Market-Maker kennen also die laufenden, prozentualen Veränderungen des Indexes zu jedem Zeitpunkt. Ausgehend vom letzten Net-Asset-Value sind sie deshalb auch in der Lage, den aktuellen Preis des Indexfonds während der Börsenzeit ziemlich genau zu schätzen. Etwas komplizierter stellt sich die Preisstellung aber bei den aktiv gemanagten Fonds dar. Natürlich teilen die Investmentgesellschaften auch hier einmal am Tag einen Net-Asset-Value mit. Da aber kein Vergleichsindex existiert, sind die laufenden Wertveränderungen der aktiven Fonds wesentlich schwieriger nachzuvollziehen. Zur Lösung des Problems geschieht Folgendes: Neben dem Net-Asset-Value gibt die Fondsgesellschaft den Market-Makern regelmäßig auch die exakte Portfoliozusammensetzung bekannt. Das geschieht zwar nicht taggenau, sondern mit einem zeitlichen Nachlauf von zwei Tagen. Da die aktiv gemanagten Fonds aber ein sehr großes Volumen aufweisen, die täglichen Portfolioveränderungen im Regelfall nur gering ausfallen und außerdem einmal am Tag der tatsächliche Wert der Fondsanteile bekannt gegeben wird, reicht die zeitversetzte Mitteilung aus, um den Fondspreis ziemlich genau berechnen zu können.

Market-Maker

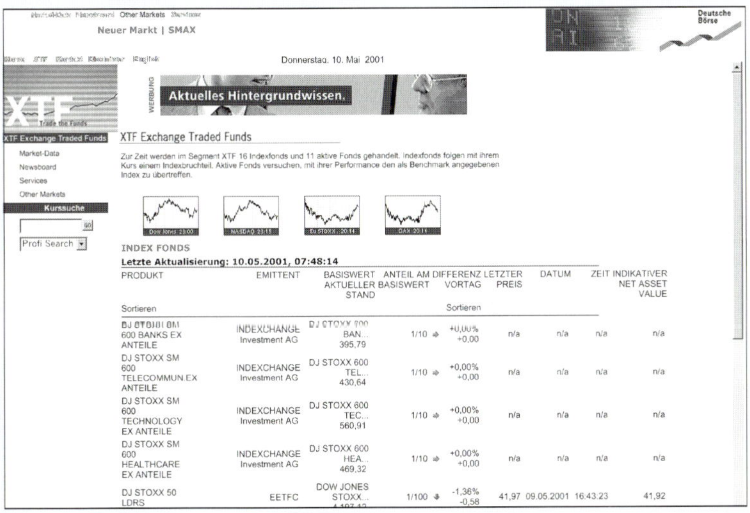

Die Deutsche Börse veröffentlicht aktuelle Kurse von ETFs im Internet: www.exchange-tradedfunds.de

Abschließend noch Folgendes: Neben der Bankprovision bei Kauf und Verkauf sowie der Geld- und Briefspanne fällt bei ETFs noch eine jährliche Gebühr an, die Verwaltungsvergütung. Diese wird von den Fondsgesellschaften erhoben und beträgt bei den börsengehandelten Indexfonds rund 0,5 Prozent, bei den aktiv gemanagten Fonds zwischen einem und zwei Prozent pro Jahr. Weitere Informationen über die Ausgestaltung der ETFs, deren Emittenten und aktuelle Preise finden Anleger unter www.exchangetradedfunds.de.

Umbrella-Fonds

Deutsche Kapitalanlagegesellschaften stellen im Allgemeinen unterschiedlich hohe Ausgabeaufschläge für ihre Fonds in Rechnung. Ein kostenloser Wechsel von einem Fonds zum nächsten ist daher normalerweise ausgeschlossen, das heißt, beim Kauf eines neuen Fonds wird in jedem Fall der jeweilige Ausgabeaufschlag fällig, auch wenn man bereits einen anderen Fonds derselben KAG besitzt. Auf diese Weise schließen die Investmentgesellschaften folgende Gefahr aus: Anleger könnten

- Anteile an einem Low-Load-Fonds, etwa einem Laufzeitfonds, erwerben und sich so einen kostengünstigen Einstieg in eine Fonds-Gruppe verschaffen, und
- diese kurze Zeit später in Anteile eines anderen Fonds innerhalb der Gruppe tauschen, der einen erheblich höheren Ausgabeaufschlag berechnet.

Über sämtlichen Fonds (Subfonds), die zum Tausch untereinander zugelassen sind, schwebt sozusagen ein Schirm (englisch: umbrella), woraus sich die Produktbezeichnung ableitet.

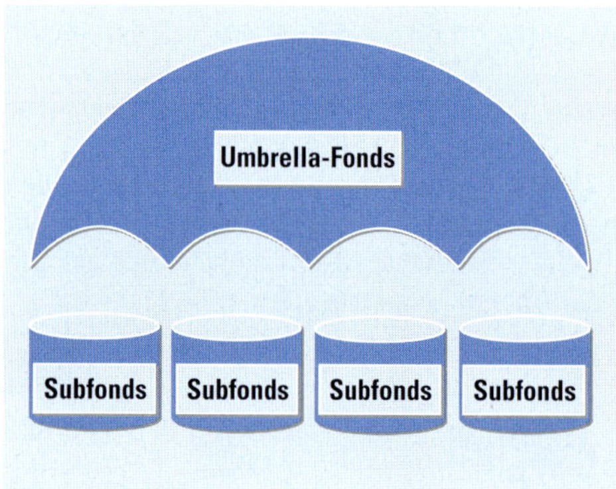

Mitunter offerieren Investmentgesellschaften Anlegern aber die Möglichkeit, Anteile an einem bestimmten Fonds sehr günstig in Anteile anderer Fonds derselben Gesellschaft zu tauschen. Fällig wird dabei lediglich eine Tauschgebühr (Switchgebühr) von rund einem Prozent.

Eine Fondsgruppe, innerhalb derer Anleger kostengünstig von einem Produkt zum nächsten wechseln können, wird normalerweise als *Umbrella-Fonds* bezeichnet. Die einzelnen Fonds unter dem gemeinsamen Schirm tragen wiederum den Namen *Sub-Fonds*. Die Begriffe stammen aus Großbritannien, wo die Beteiligung an Umbrella-Fonds lange Zeit mit steuerlichen Vorteilen verbunden war.

Anleger sollten sich vor Augen halten, dass Fonds-Wechsel im Laufe der Jahre durchaus angebracht sein können, im Besonderen bei heftigen Markt-

keine Switchgebühr →

Shareholder Transaction Expenses	Total Bond Market Portfolio	Short-Term Bond Portfolio	Intermediate-Term Bond Portfolio	Long-Term Bond Portfolio	European Portfolio	Pacific Portfolio	Emerging Markets Portfolio
Sales Load Imposed on Purchases	None	None	None	None	None*	None*	None†
Sales Load Imposed on Reinvested Dividends	None	None	None	None	None	None	None
Redemption Fees††	None	None	None	None	None	None	1%**
Exchange Fees	None	None	None	None	None	None	None

**Shareholders are charged a 1% portfolio transaction fee, payable directly to the Portfolio on each purchase of shares.*
***The 1% portfolio transaction fee withheld from redemption proceeds is paid to the Portfolio.*
†Shareholders are charged a 2% portfolio transaction fee, payable directly to the Portfolio on each purchase of shares.
††Wire redemptions of less than $5,000 are subject to a $5 processing fee.

In den USA verwalten bestimmte Investmentgesellschaften ausschließlich No-Load-Funds und erlauben Fondsanlegern deshalb für gewöhnlich ein kostenloses Switching.

bewegungen. In Zeiten hoher Zinssätze beispielsweise ist es unter Umständen zweckmäßig, Anteile an Aktien- durch Rentenfonds zu ersetzen. Es muss allerdings nicht unbedingt ein Marktumschwung sein, der Sparer zu einem solchen Schritt veranlasst. Eine Veränderung im Privatleben, etwa der Eintritt ins Pensionsalter, könnte genauso gut den Ausschlag geben. Wer sich für die Zukunft alle Wege offen halten möchte, sollte sich bei den Investmentgesellschaften nach den Konditionen beim Fonds-Switching erkundigen.

Geographie

Investmentfonds, die in einem erheblichen Umfang Wertpapiere oder Immobilien im Ausland erwerben, werden gemeinhin als *internationale Fonds* bezeichnet und dadurch begrifflich von Fonds mit dem Anlageschwerpunkt »Inland« abgegrenzt. Unterscheiden lassen sich insgesamt vier Gruppen, die wir in der Übersicht auf der nächsten Seite dargestellt haben.

Währungsrisiken

Beim Erwerb internationaler Fonds nehmen Anleger *Währungsrisiken* in Kauf – und zwar auch dann, wenn die Fonds in heimischer Währung aufgelegt wurden.

Beispiel

Eine deutsche Investmentgesellschaft bietet ihren Kunden einen Aktienfonds an, der ausschließlich in US-Aktien investiert. Den Anteilwert berechnet sie täglich auf Basis des Euro. Dabei geht sie folgenden Weg: Im ersten Schritt bewertet sie alle Aktien im Fondsportfolio mit den Kursen von den US-Börsen, das heißt mit ihren aktuellen US-Dollar-Kursen. Für jede einzelne Position führt sie also die Rechnung »Aktienanzahl mal aktuellem Aktienkurs in US-Dollar« durch. Die Ergebnisse werden anschließend zum Gesamtwert aller Aktien, ausgedrückt in US-Dollar, aufsummiert. Der Einfachheit halber unterstellen wir, dass sich im Fonds derzeit kein Bargeld befindet und auch keine sonstigen Vermögensgegenstände vorhanden sind. Dann stellt der Gesamtwert der Aktien auch den aktuellen Gesamtwert des Fonds dar. Um diesen nun in Euro umzurechnen, teilt die Fondsgesellschaft den Dollar-Wert ganz einfach durch den aktuellen Euro-Kurs (z. B. 0,90 Dollar pro Euro). Je höher dieser Kurs (= Aufwertung des Euro gegenüber US-Dollar), desto weniger ist das Fondsvermögen, ausgedrückt in Euro, also der Heimatwährung der Anteileigner, wert. Bei einer Abwertung ist natürlich genau das Gegenteil der Fall. Käufer international anlegender Fonds sind also dem Risiko schwankender Wechselkurse ausgesetzt. Kursgewinne, die sie mit ausländischen Aktien an deren »Heimatbörsen« erzielen, können durch Wechselkursverluste aufgezehrt oder gar überkompensiert werden. Trotz steigender Aktienkurse entwickeln sich ihre Fonds im Extremfall negativ.

Fondsarten nach der geographischen Ausrichtung

Fondsart	Beschreibung

Globalfonds

Globalfonds halten inländische Wertpapiere, mischen dem Portfolio aber auch ausländische Titel bei. Beispielsweise investieren US-amerikanische Global-Stock-Funds durchschnittlich 75% des Kapitals in US-Werte und den verbleibenden Teil in Aktienwerte anderer Länder. Globalfonds deutscher Gesellschaften sind an ihren Namen zu erkennen, wie ein Ausschnitt aus dem Handelsblatt belegt.

DT. FONDS (DM)			
Wertp. Fonds	Ausg.	Rückn.	Rückn.
Adiasia	59,54	56,70	56,76
Adifonds	88,25	84,05	83,36
Adig-Akt. Deutschl.	89,34	85,99	85,18
Adig-Akt. Frankr.	73,77	70,93	70,45
Adig-Akt. Großbr.	85,98	82,67	82,16
Adig-Akt. Japan	77,15	74,18	74,53
Adig-Akt. USA	98,43	94,64	94,77
Adig Laufz. 9/98	45,99	45,42	45,42
Adig Laufz. 10/98	45,71	45,15	45,13
Adig Laufz. 10/00	45,79	45,00	44,90
Adiglobal	73,71	71,56	71,41
Adikur	88,42	86,69	86,70

Industria	86,14	82,04	80,86
Inka-Rendite	92,16	89,48	89,32
Inka-Rent	47,95	46,55	46,60
Inka-Re-Invest	194,36	188,70	188,83
Inrenta DWS	71,81	70,05	70,20
Interglobal	167,48	159,50	158,91
Int.Rentenfonds	65,44	63,53	63,40
Int.Rentenfonds K	61,64	60,14	59,98
Inter Renta DWS	30,54	29,65	29,58
Intervest DWS	111,73	107,43	107,13
Investa DWS	95,37	90,82	90,11
Ivera	99,84	95,54	95,17
Japan CB-Universal	111,29	107,01	107,04
Japan-Pazifik	35,21	33,53	33,46
Kapitalfonds Prozins	55,76	53,36	53,35
Kapitalfonds Spezial	176,33	163,10	162,37

Internationale Fonds

Internationale Fonds stellen ihre Portfolios ausschließlich aus ausländischen Vermögenswerten zusammen und beziehen dabei die bedeutendsten Länder weltweit ein. Der folgende Ausschnitt stammt aus dem Verkaufsprospekt eines Aktienfonds der US-amerikanischen Vanguard Group.

VANGUARD INTERNATIONAL GROWTH PORTFOLIO
Portfolio Number: 081
Inception: September 30, 1981
Seeks long-term capital appreciation by investing in non-U.S. equity securities of seasoned companies with above-average growth potential. The Portfolio emphasizes geographic diversity, selecting stocks from among as many as 30 international stock markets, including those in Japan, the United Kingdom, Germany, France, Switzerland, Hong Kong, South Korea, Australia, and Singapore. Minimum initial investment is $3,000.

Average Annual Total Return

Period Ended September 30	*Vanguard Int'l. Growth Portfolio*	*Morgan Stanley Capital Int'l.–EAFE Index*
1 Year	9.63%	6.11%
5 Years	11.51	11.04
10 Years	15.97	15.25
Expense Ratio	0.58%	—
Market Risk	Above Average	—
Currency Risk	High	—
Country Risk	Medium	—

Regionalfonds

Regionalfonds, auch Regionenfonds genannt, konzentrieren sich auf die Wertpapiere bestimmter Regionen, wie »Nordamerika«, »Asien-Pazifik« usw. Sie sind genau wie Globalfonds meist an ihren Namen zu erkennen.

Albingia Rendite	53,99	52,10	52,25
Albisnord	163,84	156,04	156,02
Allianz Aktienfonds	108,33	103,17	102,34
Allianz Interrent	92,42	89,08	88,88
Marcard-Universal	41,80	40,19	40,01
Marcard,Stein-U-R.	73,97	71,82	71,91
MAT Asia Pacific	90,73	86,19	86,02
MAT Deutschland	98,42	94,48	93,49
MAT Int.Renten	78,02	[illegible]	[illegible]

Länderfonds

Diese Fonds konzentrieren sich auf einen ganz bestimmten ausländischen Staat. Ein Länderfonds »Italien« hält beispielsweise ausschließlich italienische Vermögenswerte. Einige deutsche Kapitalanlagegesellschaften verwalten gleich mehrere Länderfonds.

DIT f. Verm.	112,10	106,76	106,02
DIT Frankreich	78,31	76,03	75,19
DIT Großbritannien	77,16	74,91	74,50
DIT Iberia	73,45	71,31	70,77
DIT Italien	48,11	46,71	45,56
DIT Kapital Plus	53,88	52,31	52,15

In der Praxis wird die Unterteilung von den Investmentgesellschaften nicht immer so strikt vollzogen wie oben dargestellt. Ein Anleger sollte in jedem Fall den Verkaufsprospekt sowie den Rechenschaftsbericht heranziehen, um sich ein genaues Bild über die jeweilige Portfoliozusammensetzung zu verschaffen.

Emerging-Market-Fonds

Eine Sonderform internationaler Fonds stellen die so genannten *Emerging-Market-Fonds* dar. Die Manager kaufen normalerweise ausschließlich Wertpapiere solcher Unternehmen, die ihren Sitz in Schwellenländern haben. Ein Beispiel für einen Emerging-Market-Fonds liefert der folgende Ausschnitt aus dem Verkaufsprospekt der US-amerikanischen Vanguard Group.

INTERNATIONAL FUNDS CONTINUED

- **EMERGING MARKETS PORTFOLIO**
  Portfolio Number: 533
  Inception: May 4, 1994
  Seeks to provide investment results matching those of the unmanaged Morgan Stanley Capital International–Select Emerging Markets Free Index, a broadly diversified index that comprises common stocks in twelve countries in Southeast Asia (Hong Kong, Indonesia, Malaysia, the Philippines, Singapore, and Thailand), Latin America (Argentina, Brazil, and Mexico), and Europe (Greece, Portugal, and Turkey). The Portfolio intends to invest 95% of its net assets in a statistically selected sample of the stocks included in the Index; the remaining 5% will be invested in cash reserves for liquidity purposes.

Average Annual Total Return

Period Ended September 30	*Emerging Markets Portfolio**	*Morgan Stanley Capital Int'l.–Select Emerging Markets (Free)*
1 Year	–16.84%	–14.98%
5 Years	4.92**	2.92**
10 Years	—	—
Expense Ratio	0.60%***	—
Market Risk	Above Average	—
Currency Risk	Very High	—
Country Risk	Very High	—

Emerging Markets

Anlageschwerpunkt

In- und ausländische Investmentgesellschaften legen in aller Regel nicht nur einen einzigen, sondern zumeist mehrere Investmentfonds mit unterschiedlichen Anlageschwerpunkten auf. Die Spezifikationen eines Fonds können nicht allein aus dessen Bezeichnung abgeleitet werden, was Namen wie *Investa* oder *Adiverba* belegen, sondern sind dem Verkaufsprospekt oder dem Rechenschaftsbericht zu entnehmen.

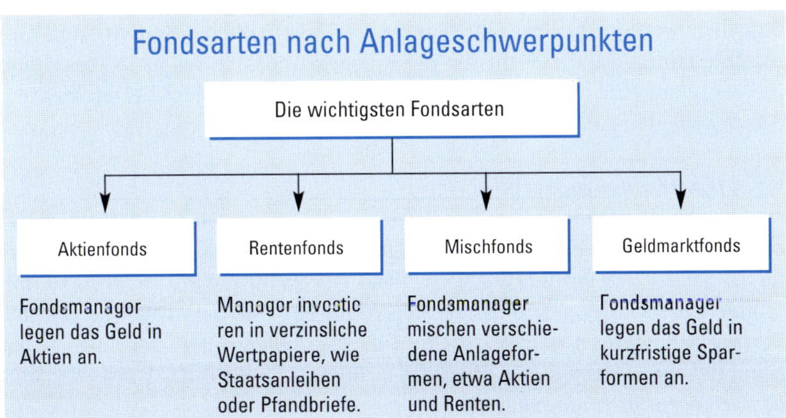

Investmentgesellschaften fixieren den Schwerpunkt eines Fonds in aller Regel auf ganz bestimmte Anlageinstrumente – zumeist Aktien, Anleihen oder Immobilien. Im Folgenden werden die wichtigsten Anlageschwerpunkte beschrieben.

Pensionsfonds

Insbesondere in angelsächsischen Ländern (USA, Kanada, Großbritannien) ist eine spezielle Form des Investmentfonds sehr verbreitet, der so genannte *Pensionsfonds*, englisch »*Pension Fund*«. Pensionsfonds kümmern sich um die Verwaltung betrieblicher Rentenkassen: Arbeitgeber und -nehmer zahlen regelmäßig Beiträge in den Pensionsfonds ein, und die Manager der Fonds legen das Geld in Aktien, Anleihen oder Immobilien an. Über die Jahre hinweg entstehen so vergleichsweise große Vermögen, die nach der Pensionierung der Arbeitnehmer genutzt werden, um ihnen zum Beispiel eine zusätzliche »Betriebsrente« zu zahlen. Deutsche Großkonzerne wie DaimlerChrysler, Volkswagen oder Siemens beschreiten mit ihren »Pensionskassen« schon seit Jahren einen ähnlichen Weg: Sie nutzen einen Teil der vorhandenen Barreserven und investieren das Geld in Spezialfonds mit Aktien und Anleihen. Pensionsfonds nach angelsächsischem Vorbild gibt es in Deutschland bisher allerdings nicht. Daran hat auch die Rentenreform 2001 nichts geändert: Zwar wurde mit ihr ein neues Instrument zur betrieblichen Altersvorsorge eingeführt und diesem auch der Name »Pensionsfonds« verliehen. Aufgrund strenger Anlagevorschriften besitzen die neuen Fonds voraussichtlich aber eher den Charakter einer herkömmlichen Rentenversicherung und damit einer relativ konservativ ausgerichteten Anlageform.

In Deutschland fällt die Mehrzahl der offenen Publikumsfonds unter die Gruppe der Wertpapierfonds. Sie legen den Anlageschwerpunkt auf eine oder mehrere Wertpapiergattungen, also beispielsweise Aktien und/oder Anleihen. Dabei ist jedoch zu beachten, dass das KAGG nicht jede Wertpapierform als Anlageschwerpunkt zulässt. Die Auflage reiner Optionsscheinfonds ist in Deutschland etwa verboten.

Zu den Wertpapierfonds, die von deutschen Kapitalanlagegesellschaften aufgelegt werden dürfen, zählen in erster Linie Aktien-, Renten- und Gemischte Fonds. All diese müssen die Anlagegrundsätze des KAGG beachten, die vor allem eine breite Diversifikation sicherstellen sollen. Beispielhaft ein Auszug aus den Anlagegrundsätzen des Gesetzes:

Diversifikationsvorschriften

»... ***§ 8 a. [Zulässige Werte]***
... (1) Die Kapitalanlagegesellschaft darf in Wertpapieren und Schuldscheindarlehen desselben Ausstellers (Schuldners) nur bis zu 5 vom Hundert des Wertes des Sondervermögens anlegen; in diesen Werten dürfen jedoch bis zu 10 vom Hundert des Wertes des Sondervermögens angelegt werden, wenn dies in den Vertragsbedingungen festgelegt ist und der Gesamtwert der Wertpapiere und Schuldscheindarlehen dieser Aussteller ... 40 vom Hundert des Wertes des Sondervermögens nicht übersteigt ...«

Mit Hilfe dieser Vorschrift lässt sich beispielsweise für einen Aktienfonds konkret bestimmen, wie viele unterschiedliche Aktien mindestens im Depot landen müssen. Nehmen wir an, ein Fondsmanager nutzt die zweite Regel, die »40 Prozent-Vorschrift« voll aus, dann kann er insgesamt vier Aktien mit jeweils 10 Prozent im Fonds gewichten. Die restlichen 60 Prozent des Fondsvermögens müssen dann jedoch so aufgeteilt werden, dass die einzelnen Werte maximal fünf Prozent des Vermögens ausmachen. Alles in allem muss er neben den vier hochgewichteten also 12 weitere Aktien mit einem Gewicht von jeweils fünf Prozent in den Fonds kaufen. Aus der Vorschrift ergibt sich infolgedessen, dass ein Aktienfonds mindestens

4 Aktien à 10 % + 12 Aktien à 5 % = 16

unterschiedliche Aktien im Bestand führen muss.

Aktienfonds

Sparern mit verhältnismäßig kleinen Anlagebeträgen, die zum Kauf von Aktien mehrerer Unternehmen nicht ausreichen, steht mit Aktienfonds eine Möglichkeit zur Verfügung, ihr Kapital breit zu streuen. Aktienfonds, die man schon für Beträge ab 50 Euro erwerben kann, haben – wie gerade beschrieben – Aktien von mindestens 16 unterschiedlichen Gesellschaften im Bestand. Im Regelfall sind es sogar 50 und mehr. Wer sich an einem Aktienfonds beteiligt, setzt sich nicht der Gefahr aus, sein gesamtes Geld zu verlieren. Darüber hinaus bleiben die Chancen auf Kursgewinne erhalten. Mittlerweile gibt es eine Vielzahl unterschiedlicher Aktienfonds: Standard- und Nebenwertefonds, Wachstumsfonds, Branchenfonds und so weiter. Die unterschiedlichen Formen möchten wir im folgenden Abschnitt näher erläutern.

Aktienfonds nach Marktkapitalisierung

Ein sehr wichtiges Kriterium zur Klassifizierung ist die Marktkapitalisierung der Aktiengesellschaften. Man unterscheidet *Small-*, *Mid-* und *Large-Cap-Fonds*. Die ersten beiden Gruppen werden oftmals auch mit dem Begriff *Nebenwertefonds* umschrieben. Sie konzentrieren sich auf relativ kleine Unternehmen und stehen vor der großen Herausforderung, aus mehreren tausend Nebenwertefonds

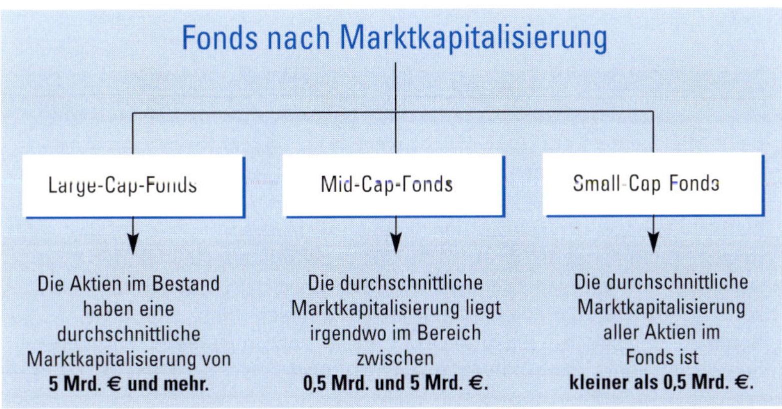

Aktien weltweit die vielversprechendsten auszusuchen. Oftmals wird das Anlageuniversum von vornherein durch geographische Restriktionen in den Anlagegrundsätzen begrenzt, was die Arbeit der Fondsmanager erheblich vereinfacht. Es gibt daher auch vergleichsweise wenige, global ausgerichtete Nebenwertefonds, wohingegen die Zahl an Regionenfonds in diesem Segment recht groß ist.

Börsensegment: Aktienfonds sind mitunter auf spezielle Börsensegmente ausgerichtet. Beispiele wären der InvescoNeue-Märkte oder UniNeueMärkte, die Aktien ausschließlich an den europäischen Neuen Märkten sowie der Nasdaq aussuchen.

Die Chancen und Risiken, die mit Nebenwertefonds verbunden sind, hängen neben der geographischen Ausrichtung insbesondere von der Branchenstruktur ab. Nebenwertefonds mit Schwerpunkt auf Technologiewerten beispielsweise bieten auf der einen Seite die Chance auf überdurchschnittlich hohe Erträge, da Hersteller von Informationstechnologie, Telekommunikationsausrüstung usw. ein vergleichsweise hohes Umsatz- und Gewinnpotenzial aufweisen. Auf der anderen Seite sind diese Firmen in vielen Fällen noch sehr jung und kapitalschwach. Es ist normal, dass ein gewisser Prozentsatz der betreffenden Unternehmen schon einige Jahre nach Gründung wieder vom Markt verschwindet, zum Beispiel weil Ideen von Konkurrenten kopiert wurden, Produkte nur auf geringe Nachfrage stießen oder bei Erscheinen schon überholt waren. Die Risiken sind bei Small- und Mid-Cap-Fonds mit Schwerpunkt auf High-Tech-Branchen aufgrund der genannten Aspekte stärker ausgeprägt als bei Nebenwertefonds, die sich auf traditionelle Sektoren, etwa Aktien aus dem Banken-, Chemie- oder Automobilsektor konzentrieren.

Standardwertefonds

Verlassen wir nun die Ebene der Fonds mit kleineren Aktiengesellschaften und kommen wir zu Aktienfonds, die ausschließlich in große Unternehmen anlegen. Diese nennt man auch Large-Cap-, Blue-Chip- oder Standardwertefonds. Hauptunterscheidungsmerkmal für die Fonds innerhalb dieser Gruppe ist die geographische Ausrichtung. Normalerweise gibt es Standardfonds für jedes Land der westlichen Industrienationen, also etwa Standardfonds mit US-amerikanischen, britischen, japanischen oder deutschen Werten. Daneben sind oftmals auch Kontinente (Europa, Asien) oder Regionen (Nordamerika, Asien-Pazifik) Anlageziel für Large-Cap-Fonds. Die eigentlichen Standardfonds sind aber weltweit anlegende Aktienfonds, die in die großen und etablierten Unternehmen der Industrienationen investieren. Sie bieten im Regelfall eine ausgewogene Branchen- und Währungsmischung und eignen sich daher besonders gut als Basisinvestment für Privatanleger. Unter Fondsmanagern nennt man diese Gruppe auch die Königsklasse.

Managementansätze bei Aktienfonds: Top-Down und Bottom-Up

Beim Management von Aktienfonds werden im Wesentlichen zwei Vorgehensweisen unterschieden, zum einen *Top-Down* (»von oben nach unten«) und zum anderen *Bottom-Up* (»von unten nach oben«). Im Mittelpunkt steht hierbei die Frage, ob man bei der Aktienauswahl in erster Linie auf die Regionen und Länder schauen sollte, aus denen Aktiengesellschaften stammen, oder ob man sich eher auf die Leistung der Unternehmen selbst konzentriert und ihr Herkunftsland fast vollkommen unbeachtet lässt.
Kommen wir zunächst zum Top-Down-Ansatz. Üblich ist dieser Ansatz nur bei solchen Fonds, die weltweit anlegen (Globalfonds) oder zumindest eine

bestimmte Region (Asien/Pazifik, Nordamerika) bzw. einen bestimmten Kontinent (Europa, Asien) abdecken. Der Grund: Die Fondsmanager überlegen beim Top-Down-Ansatz immer zuerst, welche Länder mit welcher Gewichtung ins Portfolio einfließen sollten. Sind sie beispielsweise davon überzeugt, dass die gesamtwirtschaftlichen Aussichten für Japan im nächsten Jahr besser sind als die für die USA, die US-Wirtschaft wiederum besser als die britische oder deutsche Wirtschaft abschneidet, verleihen die Manager japanischen Aktien das höchste Gewicht, präferieren danach US-Aktien und kaufen erst dann Aktien aus Großbritannien und Deutschland für ihre Fonds. Schritt eins beim Top-Down-Ansatz umfasst also die Länderauswahl. Erst im zweiten Schritt nehmen die Fondsmanager einzelne Aktien näher unter die Lupe. In unserem Beispiel suchen sie zuerst in Japan nach aussichtsreichen Kandidaten und dann in den verbleibenden Ländern. Wir haben es eben schon angedeutet: Top-Down könnte man mit »von oben nach unten« übersetzen. Die Begriffsgebung ist nachvollziehbar, wenn man die Vorgehensweise der Fondsmanager betrachtet: Von den übergeordneten Ländern kommend, hin zu den Unternehmen innerhalb dieser Länder.

Top-Down

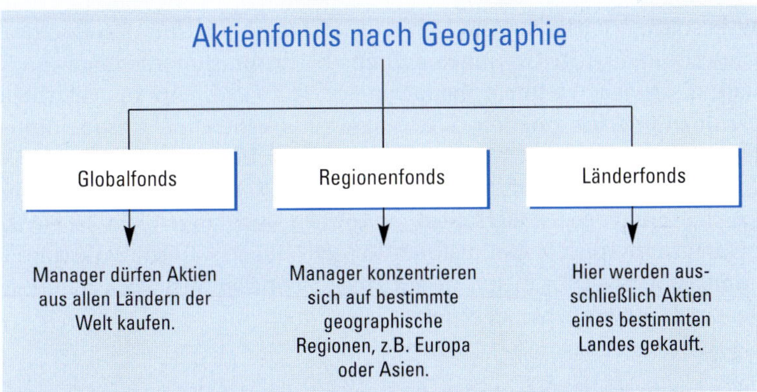

Bottom-Up

Im Gegensatz zum Top-Down-Ansatz gehen die Manager beim Bottom-Up-Ansatz »von unten nach oben« vor. Sie richten ihre Blicke also zuerst auf die Unternehmen und deren Wachstumsaussichten. Die Ländergewichtung kommt mehr oder minder zufällig zustande. Der Bottom-Up-Ansatz setzt sich im Fondsmanagement immer stärker durch. Der Grund dafür liegt auf der Hand: Der Großteil des Umsatzes bedeutender Aktiengesellschaften wird heutzutage im Ausland erzielt. Daher ist es für Anlageentscheidungen letztendlich unwichtig, woher ein Unternehmen stammt oder wo es seinen Hauptsitz hat. In den Mittelpunkt rücken vielmehr seine Wachstumsaussichten in einem globalisierten Markt, die wiederum maßgeblich durch die jeweilige Branche sowie die Marktstellung des Unternehmens innerhalb dieser Branche beeinflusst werden.

Aktienfonds nach Anlagezielen

Aktienfonds können auch nach Anlagezielen eingeteilt werden. Die Frage, die dabei im Mittelpunkt steht: Was erwartet ein Investor von einem Aktienfonds – regelmäßiges Zusatzeinkommen durch laufende Dividendenausschüttungen oder langfristiges Vermögenswachstum durch überdurchschnittliche Kurszuwächse?

Einkommensfonds

Man unterscheidet »Einkommens-« und »Wachstumsfonds«, im Englischen »Income and Growth Funds«. Die Manager von *Einkommensfonds* konzentrieren sich auf Unternehmen, die Jahr für Jahr hohe Dividenden zahlen. Der Dividendenanteil an den Gesamterträgen dieser Fondsgruppe ist entsprechend groß. Relativ gering hingegen fallen im Regelfall die Kursgewinne aus. Der Vorteil von Einkommensfonds liegt darin, dass sie normalerweise auch in schwachen Börsen-Phasen laufende Erträge (aus Dividendeneinnahmen) erzielen und diese an ihre Anteileigner ausschütten können. Obendrein sind Einkommensfonds für gewöhnlich wertstabiler als andere Aktienfonds, da sie in Unternehmen mit hohen laufenden Dividendenzahlungen investieren – das sind meist große Konzerne aus traditionellen Branchen wie die DaimlerChrysler AG, VW oder die Deutsche Bank.

Wachstumsfonds

Sparer, die über einen langen Anlagehorizont verfügen und bereit sind, höhere Wertschwankungen als bei Einkommensfonds in Kauf zu nehmen, können ihr Geld in *Wachstumsfonds* anlegen. Ihre Manager verfolgen eine genau entgegengesetzte Anlagestrategie: Sie halten nach Unternehmen Ausschau, die sich ganz am Anfang einer aussichtsreichen Entwicklung befinden bzw. in solchen Wirtschaftszweigen tätig sind, die hohe Umsatzzuwächse erwarten lassen. Erzielte Gewinne schütten »Wachstumsunternehmen« im Regelfall nicht aus. Vielmehr benutzen sie das Geld, um in Mitarbeiter, Maschinen und Informationstechnologie zu investieren. Das ist bei jungen Firmen und Unternehmen in dynamischen Branchen sinnvoll, um der ständig zunehmenden Nachfrage ein ausreichendes Angebot an Gütern und Dienstleistungen gegenüberstellen zu können. Auf kurze Sicht schwanken die Anteilwerte von Wachstumsfonds für gewöhnlich stärker als die von Einkommensfonds. Dafür bieten sie auf lange Sicht aber auch die Chance, höhere Anteilwertzuwächse zu erzielen.

Aktienfonds nach dem Anlagestil

Anlagestil: Wenn sich ein Fondsmanager ausschließlich nach Value- oder ausschließlich nach Growth-Aktien umschaut, sagt man auch, sie betreiben Value-Style- bzw. Growth-Style-Investment.

Wie wir bereits im Kapitel »Aktien« beschrieben haben, unterscheidet man bei Aktien Value- und Growth-Werte. Diese Einteilung findet man auch bei Aktienfonds wieder: Einige Fonds sind speziell auf Value-Werte ausgerichtet und werden entsprechend *Value-Fonds* (*Substanzwertefonds*) genannt, wohingegen andere ausschließlich Wachstumswerte im Portfolio haben und als *Growth-* oder *Wachstumswertefonds* bezeichnet werden. Fonds, die sowohl Value- als auch Growth-Aktien kaufen, heißen im Englischen *Blend-Funds.*

Die Risiken starker Kursschwankungen sind bei Value-Fonds am geringsten ausgeprägt und bei Wachstumsfonds am stärksten. Blend-Funds hingegen liegen vom Chance-Risiko-Profil her genau dazwischen. Diese Klassifizierung ergibt sich aufgrund der unterschiedlichen Charakteristika, die die Aktienkategorien Value und Growth generell aufweisen.

Aktiv und passiv gemanagte Aktienfonds

Es gibt eine weitere Möglichkeit, Investmentfonds anhand ihrer Managementmethode zu unterscheiden. Hierbei geht es nicht um die Art der Aktien, auf die sich die Fondsmanager konzentrieren, sondern vielmehr darum, ob sie die Aktien für ihre Fonds selbst aussuchen – man spricht dann vom *aktiven Fondsmanagement* – oder ob sie sich an der allgemeinen Marktstruktur orientieren. Letzteres wird als *passives Fondsmanagement* oder auch *Indexing* bezeichnet.

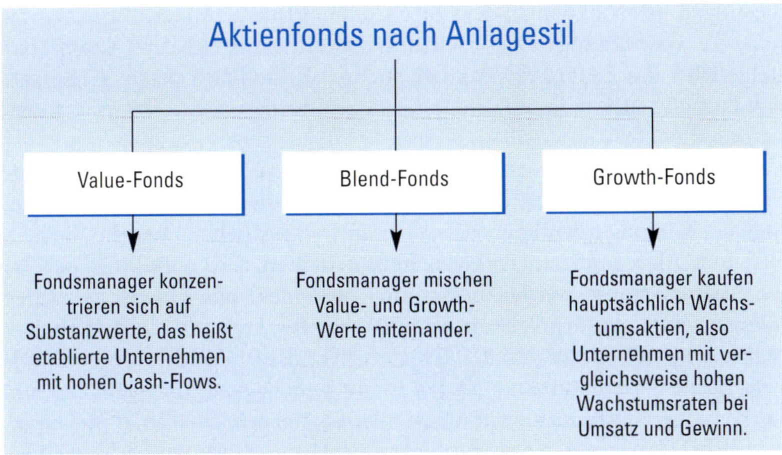

Aktives und passives Fondsmanagement

Im Klartext: Fondsmanager, die ihrer ureigensten Aufgabe nachkommen und Aktien selbst aussuchen, sei es mit Hilfe der Fundamental- oder der Technischen Analyse, betreiben aktives Fondsmanagement. Was aber ist dann unter passivem Fondsmanagement zu verstehen? Verhalten sich die Manager dabei wirklich passiv, lehnen sich also einfach zurück und lassen sich von anderer Stelle beraten, welche Aktien sie kaufen oder verkaufen sollen? Im Grunde schon: Bei der Auswahl der Aktien für einen bestimmten, passiv gemanagten Fonds orientieren sich die Manager an der Zusammensetzung eines Indexes (bevorzugt DAX, EuroStoxx 50 oder S & P 500). Das ist nicht sonderlich schwierig. Nehmen wir an, ein Fondsmanager hätte mehrere Millionen Euro zur Verfügung und die Aufgabe, einen Fonds aufzubauen, der in seiner Zusammensetzung exakt dem EuroStoxx 50-Index entspricht. Er könnte sich in einem solchen Fall ganz einfach eine Finanzzeitung zur Hand nehmen, die Indexzusammensetzung dort nachschauen und

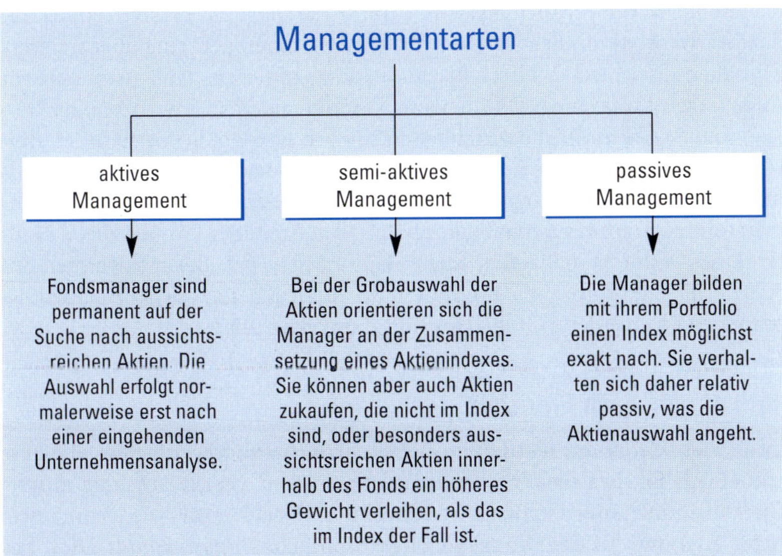

die aufgeführten Aktien an der Börse kaufen. Etwas schwerer dürfte es zwar sein, die Gewichtung exakt nachzubilden, aber mit Hilfe des Computers stellt selbst das heute kein Problem mehr dar. Weil sich passiv gemanagte Fonds grundsätzlich immer an bestimmten Indizes orientieren, nennt man sie *Indexfonds*.

Indexfonds

Neben aktivem und passivem Fondsmanagement existiert noch eine Mischform, das *semi-aktive Management*. Die Verwalter von semi-aktiv gemanagten Fonds orientieren sich auch an Indizes, haben aber die Freiheit, einzelnen Aktien ein anderes Gewicht zu verleihen, als das im Index der Fall ist. Normalerweise werden bestimmte, besonders aussichtsreiche Aktien übergewichtet, um den Index in seiner Wertentwicklung zu übertreffen. Der Mehrertrag soll mindestens die Kosten für Fondsmanagement und -verwaltung decken, die natürlich auch bei passiv gemanagten Fonds anfallen, um so die Indexrendite auch nach Abzug aller Kosten erreichen zu können.

Vor- und Nachteile

Welche Managementform aus Sicht eines Anlegers letzten Endes die bessere ist, lässt sich nur schwer sagen. Indexorientierte Fonds lieferten in der Vergangenheit insbesondere in gut entwickelten Aktienmarktsegmenten – zum Beispiel im Segment der 30 größten Aktiengesellschaften Deutschlands – überdurchschnittliche Ergebnisse. Der Grund: Für einen Fondsmanager, der zum Beispiel ausschließlich deutsche Standardaktien in seinen Fonds kaufen darf, ist es sehr schwer, den DAX in seiner Wertentwicklung zu übertrumpfen. Die Unternehmen sind jedem, der sich für Aktien interessiert, gut bekannt. Informationen werden umgehend verbreitet. Auch fällt es relativ leicht, die Geschäftsmodelle der 30 DAX-Gesellschaften zu beurteilen, da die Firmen überwiegend aus traditionellen Branchen stammen. In anderen Marktsegmenten, etwa in Emerging Markets oder bei Anlagen in Technologiewerten, waren aktiv gemanagte Fonds in der Vergangenheit oftmals aber überlegen. Das könnte zum einen daran liegen, dass aussichtsreiche Neuemissionen von einem Index bzw. Indexfonds nicht berücksichtigt werden können. Gerade in jungen Marktsegmenten wirkt sich das in der Regel sehr nachteilig auf die Performance aus. Zum anderen ist ein passiver Fonds unflexibel, wenn es um den Verkauf von Unternehmen geht, die über mehrere Monate eine schlechte Geschäftsentwicklung hinlegen. Hält man sich vor Augen, dass Konkurse bei Aktiengesellschaften aus dem Internet- oder Biotechnologie-Sektor nie auszuschließen sind, so werden die Vorteile des aktiven Fondsmanagements hier schnell deutlich: Die Manager von Indexfonds müssen den starken Kursverfall schlecht laufender Unternehmen hinnehmen, ohne darauf reagieren zu können. Demgegenüber können die Verwalter eines aktiv gemanagten Fonds die Aktien bei Bekanntwerden der Schwierigkeiten sofort aus ihrem Bestand entfernen. Gerade in Wachstumsbranchen ist eine derart hohe Flexibilität unverzichtbar.

Aktienfonds nach Branchen

Singlesector-Fonds

In den letzten Jahren wurden immer mehr Aktienfonds aufgelegt, die ausschließlich in spezielle Branchen investieren und gezielt auf eine ausreichende Branchendiversifikation verzichten. Dabei sind wiederum zwei Arten zu unterscheiden: Zum einen herkömmliche *Branchenfonds*. Diese beteiligen sich an Unternehmen eines einzigen Wirtschaftszweiges und kaufen zum Beispiel ausschließlich Pharma-, Computer-, Telekommunikations- oder Chemietitel. Zum anderen existieren so genannte *Multisector-Fonds*, bei denen das Anlagespektrum auf mehrere, genau definierte Branchen erweitert wird. Anstatt also nur Aktien aus einem einzigen Wirtschaftszweig zu kaufen, schauen sich die Manager dieser Fonds gleichzeitig in mehreren Branchen um. Die Branchenauswahl erfolgt dabei häufig nach verschiedenen, auf die Zukunft ausgerichteten Ansätzen. Ein Beispiel für einen Multisector-Fonds ist der Uni 21. Jahrhundert der Union Investment. Seine Fondsmanager erwerben Unternehmensanteile aus insgesamt fünf Bereichen: Informations-, Umwelt- und Biotechnologie, Gesundheitswesen und optische Technologien. Die Branchen wurden dabei aufgrund einer Untersuchung über die langfristige Konjunkturentwicklung ausgewählt. Andere Multisector-Fonds orientieren die Branchenauswahl an so genannten *Megatrends*. Überdurchschnittliche Wachstumschancen bestimmter Wirtschaftszweige leiten ihre Manager zum Beispiel aus dem demographischen Wandel in der Bevölkerung ab. Ein immer größerer Anteil älterer Bürger in der Bevölkerung wirkt sich nach diesem Ansatz sehr positiv auf die Sektoren Pharma/Medizin oder Freizeit aus.

Megatrends

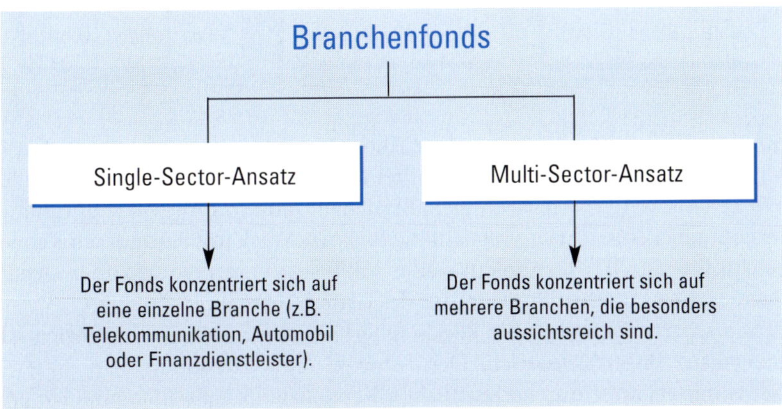

Branchenfonds, die sich auf einen einzigen Sektor oder wenige verwandte Branchen konzentrieren, sind im Grunde genommen nur für Profi-Anleger geeignet. Begründen lässt sich das damit, dass Branchen gewissen Zyklen unterliegen: In einigen Jahren geht es mit der Nachfrage und den Unternehmensgewinnen bergab, in anderen Jahren laufen die Geschäfte hervorragend und die Manager können sich über hohe Gewinnzuwächse freuen. Fast analog dazu entwickeln sich auch die Aktienkurse. Die Vergangenheit hat gezeigt: Wer einen Branchenfonds auf dem Umsatzhöhepunkt des betreffenden Wirtschaftszweiges kauft, erlebt danach im Regelfall eine Flautephase. Branchenfonds eignen sich nur für solche Anleger, die sich mit der Wirtschaftsentwicklung intensiv auseinandersetzen.

Anders die Multisector-Fonds. Durch die Mischung mehrerer aussichtsreicher Branchen wiegt das Risiko, das von einem Einzelsektor ausgeht, nicht so schwer. Die Fondsmanager haben hier schließlich die Möglichkeit, Aktien einer bestimmten Branche zu reduzieren, falls sich die Aussichten stark verschlechtert haben.

Klassifizierung von Aktienfonds am Beispiel der Business Week

Morningstar-Schema

Wie Aktienfonds sinnvoll klassifiziert werden können, möchten wir am Schema der *Business Week* demonstrieren, das diese Zeitschrift in Zusammenarbeit mit dem Analyseunternehmen Morningstar Inc., Chicago, entwickelte. Das Schema ist relativ umfangreich: Sämtliche Aktienfonds werden anhand ihrer *Anlageausrichtung* (Value, Growth, Blend) und außerdem anhand der *Aktienkapitalisierung* (Large-, Mid-, Small-Caps) geordnet, sodass insgesamt neun Aktienfondsgruppen entstehen.

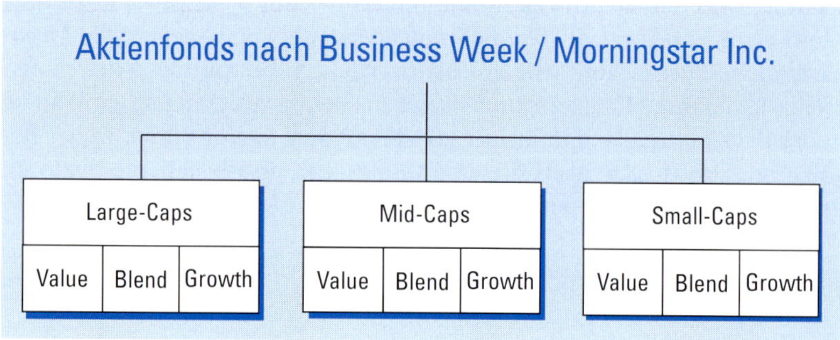

Streng genommen fallen nur solche Aktienfonds in dieses Schema, die ausschließlich inländische Dividendentitel erwerben und dabei prinzipiell alle Wirtschaftszweige berücksichtigen. Branchenfonds und Aktienfonds mit internationaler Ausrichtung versieht die Business Week mit besonderen Kennzeichnungen, z. B. »Technology« oder »Utilities« bzw. »World« oder »Asia/Pacific«. Wir konzentrieren uns auf das Grundschema.

Die scharfe Trennung der Fonds innerhalb der einzelnen Kategorien ist nicht ganz unproblematisch. Denn sowohl die Unterteilung von Aktienfonds mittels ihrer durchschnittlichen Kapitalisierung als auch eine Unterscheidung anhand ihrer Anlageausrichtung gestaltet sich in der Praxis als äußerst schwierig. Bei *Small-* und *Mid-Cap-Fonds* tritt zum Beispiel häufig das Phänomen auf, dass bestimmte Aktien im Laufe der Zeit aus ihrer Kapitalisierungsklasse förmlich herauswachsen. Weil sich die Investmentgesellschaften des Wachstumsphänomens durchaus bewusst sind, legen sie im Falle von Mid- und Small-Cap-Fonds oft keine genauen Kapitalisierungsgrenzen für einzelne Aktien fest. Im Verkaufsprospekt eines US-Mid-Cap-Funds können wir lesen: »Die Manager nehmen Aktien ins Portfolio, die zum Zeitpunkt des Kaufs (!) eine Kapitalisierung zwischen 500 Millionen und 1,5 Milliarden US-Dollar aufweisen.«

In der Tat ist es so, dass man kaum Mid- und Small-Cap-Fonds findet, die ausschließlich Aktien ihrer Kapitalisierungsklasse enthalten. Dazu die *Business Week*: »Mid-cap funds often become mid-cap because mid-caps represent the median market cap – the mid-cap funds have holdings that are both far larger and far smaller, and perhaps few holdings would qualify as mid-cap on their own.« Um die Zuordnung einzelner Fonds zu vereinfachen, zieht die *Business Week* die durchschnittliche Kapitalisierung aller Aktien innerhalb der Fondsportfolios heran. Dazu addiert das Magazin die Marktkapitalisierungen aller Aktiengesellschaften innerhalb eines Fonds auf und dividiert die Summe anschließend durch die Gesamtzahl an Unternehmen. Das Ergebnis stellt sie dem folgenden Kapitalisierungsraster gegenüber, um die Fonds einer bestimmten Gruppe zuzuordnen:

Kapitalisierungsraster

Large-Cap[1]		Mid-Cap[1]	Small-Cap[1]	
Giant-Cap[2]	Large-Cap[2]		Small-Cap[2]	Micro-Cap[2]
≥ 55 Mrd. $	≥ 10 Mrd. $, < 55 Mrd. $	≥1,5 Mrd. $, < 10 Mrd. $	≥ 250 Mio. $, < 1,5 Mrd. $	< 250 Mio. $

[1] Angegeben ist jeweils die durchschnittliche Börsenkapitalisierung, die ein Fonds aufweisen muss, um als Large-, Mid- oder Small-Cap-Fonds eingestuft zu werden.
[2] Morningstar nimmt innerhalb der Bereiche Large- und Small-Cap eine weitere Unterteilung vor. Hierdurch soll den gewaltigen Kapitalisierungsunterschieden innerhalb der beiden Klassen Rechnung getragen werden.

Nachdem die Fonds einer bestimmten Kapitalisierungsklasse zugeordnet wurden, bleibt noch die Frage nach der Anlageausrichtung. Die *Business Week* unterscheidet in jeder der drei Kapitalisierungsklassen nach Value-, Growth- und Blend-Funds. Diese Fondskategorien haben wir bereits erläutert. Das folgende Schaubild zeigt das Einteilungsschema noch einmal in übersichtlicher Form und enthält zudem eine Risikoeinschätzung.

Risiko	Anlageausrichtung			Ø-Marktkapitalisierung
	Value[1]	Blend[2]	Growth[3]	
Niedrig	Large-Cap Value	Large-Cap Blend	Large-Cap Growth	Large
Moderat	Mid-Cap Value	Mid-Cap Blend	Mid-Cap Growth	Medium
Hoch	Small-Cap Value	Small-Cap Blend	Small-Cap Growth	Small

[1] Value: Der Quotient aus P/E- and P/B-ratio ist geringer als 1,75.
[2] Blend: Der Quotient aus P/E- and P/B-ratio ist größer als 1,75, aber nicht größer als 2,25.
[3] Growth: Der Quotient aus P/E- and P/B-ratio ist größer als 2,25.
P/E steht für Kurs-Gewinn-, P/B für Kurs-Buchwert-Verhältnis

Rentenfonds

Während die Mittel eines Aktienfonds zum Großteil in Beteiligungspapiere, also Aktien, angelegt werden, bestehen Rentenfonds überwiegend aus verzinslichen Wertpapieren (Anleihen). Anleihen bringen ihren Inhabern laufend Zinsen ein und werden daher sehr oft auch als Rentenpapiere oder einfach »Renten« bezeichnet. Investmentfonds mit Schwerpunkt auf Anleihen heißen daher Renten-, nicht aber Anleihefonds.

Rentenfonds = Investmentfonds mit Anlageschwerpunkt auf verzinslichen Wertpapieren (Anleihen)

Aktienfonds = Investmentfonds mit Anlageschwerpunkt auf Beteiligungspapieren (Aktien)

Rentenfonds decken normalerweise nur ein Teilsegment des globalen Rentenmarktes ab. Ihre Fondsmanager konzentrieren sich einerseits auf spezielle Emittentengruppen bzw. Anleihen bestimmter Ratingkategorien und andererseits immer auch auf einen bestimmten Laufzeitbereich.

Fonds hält ...	Anleihen mit Laufzeiten von bis zu zwei Jahren (»Kurzläuferfonds«)	Anleihen mit Laufzeiten von größer als 2 Jahren und bis zu 10 Jahren (»Fonds mit Anleihen mittlerer Laufzeiten«)	Anleihen mit Laufzeiten von größer als 10 Jahren (»Langläuferfonds«)
Staatsanleihen			
Investment Grade: Fonds mit Staatsanleihen der westlichen Industrienationen	Risiko: gering	Risiko: mittel	Risiko: hoch
High-Yield: Fonds mit Staatsanleihen aus Emerging Markets	Risiko: hoch	Risiko: hoch	Risiko: sehr hoch
Anleihen von Spezialinstituten und Ländern			
Investment Grade:	Risiko: gering	Risiko: mittel	Risiko: hoch
High-Yield:	Risiko: mittel	Risiko: hoch	Risiko: sehr hoch
Bankschuldverschreibungen			
Investment Grade:	Risiko: gering	Risiko: mittel	Risiko: hoch
High-Yield: (z. B. Bankanleihen aus Emerging Markets)	Risiko: hoch	Risiko: sehr hoch	Risiko: sehr hoch
Unternehmensanleihen			
Investment Grade: Fonds mit erstklassigen Unternehmensanleihen	Risiko: mittel	Risiko: hoch	Risiko: hoch
High-Yield: Fonds mit Unternehmensanleihen unterer Rating-Klassen (Junk Bonds)	Risiko: hoch	Risiko: sehr hoch	Risiko: sehr hoch

Mit dem Schema lassen sich nahezu alle existierenden Rentenfonds erfassen. Es gibt allerdings weitere Rentenfondsarten, die durch das vorgegebene Raster hindurchfallen. Zwei Beispiele: Rentenfonds sind mitunter auf besondere Anleiheformen wie Wandel- und Optionsanleihen ausgerichtet. Derartige Wandel- und Optionsanleihefonds fallen eigentlich in die Kategorie *Unternehmens-* oder *Bankanleihefonds*, da die gehaltenen Schuldtitel im Regelfall

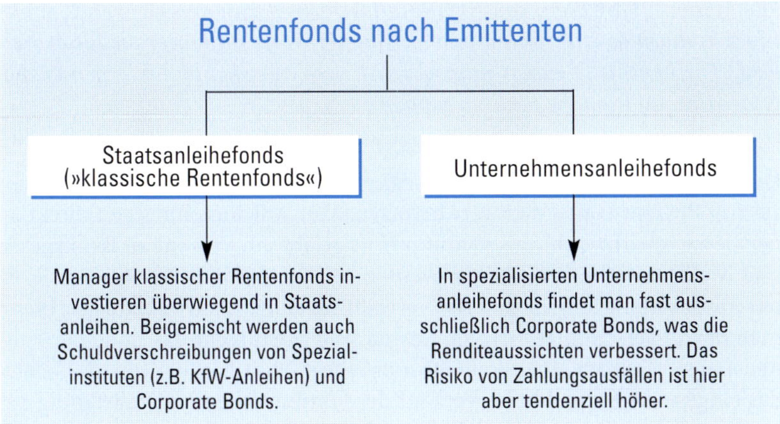

Rentenfonds deutscher Investmentgesellschaften sind bisher überwiegend auf Staatsanleihen und Pfandbriefe ausgerichtet. In jüngster Zeit legen die Gesellschaften vermehrt auch Unternehmensanleihefonds, so genannte Corporate-Bond-Fonds, auf.

ausschließlich von Aktiengesellschaften, also etwa Industrieunternehmen, großen Handelskonzernen oder Banken, stammen. Durch die besonderen Charakteristika von Wandel- und Optionsanleihen, insbesondere deren Risikoprofil, nehmen diese Fonds aber eine Sonderstellung unter den Rentenfonds ein. Ähnliches gilt für so genannte steueroptimierende Fonds. Diese werden mit dem Ziel aufgelegt, Erträge zu erwirtschaften, die zu einer vergleichsweise geringen Steuerlast beim Anleger führen. Steueroptimierende Rentenfonds enthalten überwiegend Anleihen mit niedrigen Nominalzinssätzen, die zwar geringe laufende Zinszahlungen nach sich ziehen, möglicherweise aber relativ hohe Kursgewinne zur Folge haben. Im Gegensatz zu Kuponzahlungen können Kursgewinne vom Anleger ohne Steuerabzug vereinnahmt werden. Für deutsche Anleger sind Steuersparfonds dann vorteilhaft, wenn Freibeträge ausgeschöpft sind oder die Einkünfte einem hohen Einkommensteuersatz unterliegen.

Steueroptimierende Fonds

Fondsportfolio

Die in einem Fonds befindlichen Vermögenswerte wie Wertpapiere, Immobilien oder Bargeldbestände werden in ihrer Gesamtheit häufig als *Fondsportfolio* oder *Fondsportefeuille* bezeichnet. Entsprechend verwendet man für die Manager eines Investmentfonds mitunter auch das Synonym »*Portfoliomanager*«. Die Begriffe Portfolio und Portefeuille stammen ursprünglich aus dem Italienischen bzw. Französischen, wo sie soviel wie Brieftasche, Akten- oder Dokumentenmappe bedeuten. Mittlerweile werden sie seit Jahrzehnten benutzt, um Wertpapierbestände zu umschreiben. Auch in Deutschland konnten sie sich in den letzten Jahren mehr und mehr durchsetzen.

Rentenfonds und Direktanlage im Vergleich

In zahlreichen Artikeln in Zeitungen und Wirtschaftsmagazinen wurde in den letzten Jahren die Frage diskutiert, warum Anleger überhaupt auf Rentenfonds zurückgreifen sollten. Im Vergleich zu einzelnen Anleihen fällt die durchschnittliche Rendite oftmals nicht viel höher aus, insbesondere nach Berücksichtigung der anfallenden Kosten.

Ein Zitat von Peter Lynch, dem ehemaligen Manager des Fidelity-Magellan-Fonds, zeigt in dieselbe Richtung.

»Bond funds [have been] consistently outperformed by individual bonds, sometimes as much as 2 per cent a year … [doing] worse the longer the funds were held. The benefits of expert management were exceeded by the expenses that were extracted from the funds to support the experts.«

Peter Lynch

Die meisten Rentenfonds sind mit Ausgabeaufschlägen ausgestattet, die bis zu drei Prozent vom Anteilwert betragen. Wer Anleihen hingegen direkt an der Börse erwirbt, zahlt insgesamt nur ungefähr ein Prozent an Bankspesen und Maklercourtage. Außerdem werden bei Rentenfonds Jahr für Jahr Kosten für das Management und die Verwaltung fällig. Als Direktanleger bleibt man davon verschont. Doch die Kosten sind noch nicht das Ende der Fahnenstange. Wer sich einen Rentenfonds zulegt, läuft darüber hinaus Gefahr, das eingesetzte Kapital beim Verkauf der Fondsanteile nicht vollständig zurückzuerhalten. Denn ein Rentenfonds besitzt im Gegensatz zu einer einzelnen Anleihe keine begrenzte Laufzeit und damit keinen bestimmten Tilgungstermin, an dem Anleger ihr zu Anfang eingesetztes Kapital in jedem Fall zurückbekommen.

Beim Direktkauf einer Anleihe ist die vollständige Rückzahlung am Fälligkeitstag hingegen im Normalfall sicher. Voraussetzung dafür ist natürlich erstens, dass man das Papier bis zum Laufzeitende hält, und zweitens, dass der Schuldner noch in der Lage ist, den Nennbetrag in voller Höhe zurückzuzahlen. Letzteres ist zumindest bei Staatsanleihen der westlichen Industrienationen in den vergangenen Jahrzehnten immer der Fall gewesen.

Beispiel

Duration

Mit der unbegrenzten Laufzeit bei Rentenfonds ist noch ein weiteres Problem verbunden: Wer heute Geld für beispielsweise zehn Jahre in einen Rentenfonds anlegen möchte, sollte sich zunächst einen Fonds aussuchen, der eine *Duration* von ungefähr zehn Jahren aufweist. Der durchschnittliche Kupon der gehaltenen Papiere entspricht dann in etwa der Verzinsung, die man für vergleichbare Anlagezeiträume am Markt erzielen kann. Auch ist das Risiko von Anteilwertschwankungen sehr gut auf den Anlagezeitraum abgestimmt und damit angemessen. Beim Kauf von einem derart laufzeitangepassten Rentenfonds entsteht jedoch ein Problem: Die im Erwerbszeitpunkt getroffene Anlageentscheidung muss in regelmäßigen Abständen überprüft werden, da die durchschnittliche Duration eines Rentenfonds über die Jahre hinweg nur geringen Schwankungen unterliegt. Wer sich einen Fonds mit langlaufenden Anleihen und einer durchschnittlichen Duration von mehreren Jahren zulegt, kann sicher sein, dass dieser Fonds auch in drei, vier oder fünf Jahren noch eine relativ lange durchschnittliche Restlaufzeit und hohe Duration aufweist. Da sich der Anlagehorizont bis dahin erheblich verkürzt hat, muss jetzt über den Verkauf des Rentenfonds nachgedacht werden, um anschließend gegebenenfalls einen Fonds mit deutlich kürzerer Duration zu erwerben. Schließlich fallen die Anteilwertschwankungen eines Rentenfonds umso stärker aus, je länger die durchschnittliche Restlaufzeit der Anleihen ist. Spätestens dann, wenn sich der Anlagehorizont auf wenige Jahre reduziert hat, ist es notwendig, auf einen Fonds mit relativ kurzen durchschnittlichen Restlaufzeiten umzusteigen, um das Risiko von Anteilwertschwankungen zum Laufzeitende hin zu begrenzen.

Auswahl eines Rentenfonds anhand der Duration		
Anlageziel	**Anlagehorizont**	**Durchschnittliche Duration des Rentenfonds**
Sparen für die Anzahlung auf ein Haus	2 bis 4 Jahre	4 Jahre
Sparen für die Ausbildung der Kinder	4 bis 8 Jahre	6 bis 8 Jahre
Sparen für die Altersvorsorge	8 Jahre und mehr	8 Jahre und mehr

Der Vorteil beim Management von Renten durch eine professionelle Instanz liegt im Wesentlichen in den besseren Möglichkeiten, Risiken einzuschätzen. Wer sich auf Bundespapiere (vergleichsweise sichere Anlageformen) konzentriert, kann zwar eine sichere Verzinsung erwarten. Für höhere Renditen müssen jedoch auch höhere Risiken in Kauf genommen werden. Das sind bei Anleihen im Kern Kurs- und Ausfallrisiken. Damit die zusätzlich zu erwartenden Erträge und die dafür in Kauf genommenen Risiken in einem ausgewogenen Verhältnis zueinander stehen, bedarf es einer gewissen fachlichen Kompetenz. Diese können Normalanleger im Regelfall nicht vorweisen. Rentenfondsmanager hingegen verfügen über eine umfassende Ausbildung und langjährige Erfahrung im Umgang mit Zinsinstrumenten. Fazit: Anleger, die höhere Chancen nutzen und sich dabei gezielt den besagten Risiken aussetzen wollen, selbst aber keine hinreichende Fachkompetenz besitzen, entscheiden sich häufig für Rentenfonds.

Die folgende Tabelle fasst noch einmal die wesentlichen Unterschiede zwischen Fonds- und Direktanlage zusammen.

	Direktanlage	Rentenfonds
Sicherheit, das eingesetzte Kapital in voller Höhe zurückzubekommen	Sehr hoch, sofern Anleihe bis zur Fälligkeit gehalten wird und sofern der Emittent als zuverlässiger Schuldner gilt, das heißt ein Rating von Single-A oder höher aufweist	Deutlich geringer, da Fälligkeiten der gehaltenen Anleihen nicht auf den Anlagehorizont des individuellen Fondsanlegers abgestimmt werden können
Feste Zinszahlungen	Ja	Nein
Diversifikation des Ausfallrisikos	Nein	Ja
Professionelles Management	Nein	Ja
Automatische Wiederanlage der Zinsen	Nein (bei bestimmten Anleihe- und Verwahrformen ja)	Ja

Geldmarktfonds

Teilnahme am institutionellen Geldhandel

Wer Geld kurzfristig anlegen möchte, bekommt am Geldmarkt die höchsten Zinssätze. Das Problem: Hier treffen ausschließlich institutionelle Anleger wie Banken, Versicherungsgesellschaften oder der Staat und Landesregierungen aufeinander. Um überhaupt teilnehmen zu dürfen, sind große Beträge (mehrere Millionen Euro) notwendig, über die Privatpersonen in der Regel nicht verfügen. Trotz allem können auch Durchschnittsanleger von den attraktiven Zinsen am Geldmarkt profitieren, indem sie sich einfach an Geldmarktfonds beteiligen. Deren Manager können mit den von vielen Kleinanlegern eingesammelten Beträgen den institutionellen Anlegern als gleichwertige Partner gegenübertreten.

Bedeutung

Neben Aktien- und Rentenfonds zählen Geldmarktfonds zu den wichtigsten Produkten deutscher Investmentgesellschaften. Echte Geldmarktfonds existieren in Deutschland erst seit einigen Jahren. Vor 1994 waren nur so genannte »Geldmarktnahe Fonds« zugelassen, die höchstens 49 Prozent ihres Kapitals in Geldmarktinstrumente investieren durften.

Die Manager von Geldmarktfonds legen die ihnen zur Verfügung stehenden Mittel hauptsächlich in

- Tages- und Termingeld,
- Geldmarktpapieren,
- Schuldverschreibungen mit einer Restlaufzeit unter einem Jahr sowie
- Floating Rate Notes

Repo-Geschäfte

an. Darüber hinaus sind auch so genannte *Repurchase Agreements*, kurz *Repo-Geschäfte* oder einfach *Repo's*, bei den Managern von Geldmarktfonds sehr beliebt. Im Rahmen eines Repo-Geschäftes könnte ein Geldmarktfonds einen Teil seiner Mittel z. B. an in- und ausländische Geschäftsbanken verleihen. Letztere zahlen für den Zeitraum der Leihe Zinsen an den Fonds und hinterlegen bei diesem Wertpapiere von höchster Bonität, etwa Bundesanleihen oder Schuldverschreibungen der US-Regierung, als Sicherungsinstrument. Da die Kreditnehmer dem Kreditgeber – hier also dem Geldmarktfonds – versprechen müssen, die Anleihen nach Ablauf einer bestimmten Frist zurückzuerwerben, ist die Bezeichnung Repurchase Agreement – zu deutsch etwa: Rückkaufvereinbarung – leicht nachvollziehbar.

In Abhängigkeit von der Struktur des jeweiligen Geldmarktes setzt sich das Portfolio in- und ausländischer Geldmarktfonds gegebenenfalls sehr unterschiedlich zusammen. Das folgende Bild zeigt die Vermögensstruktur eines deutschen Geldmarktfonds. Sie verdeutlicht, dass die Mittel am Stichtag zu einem Großteil in Termingeld investiert sind.

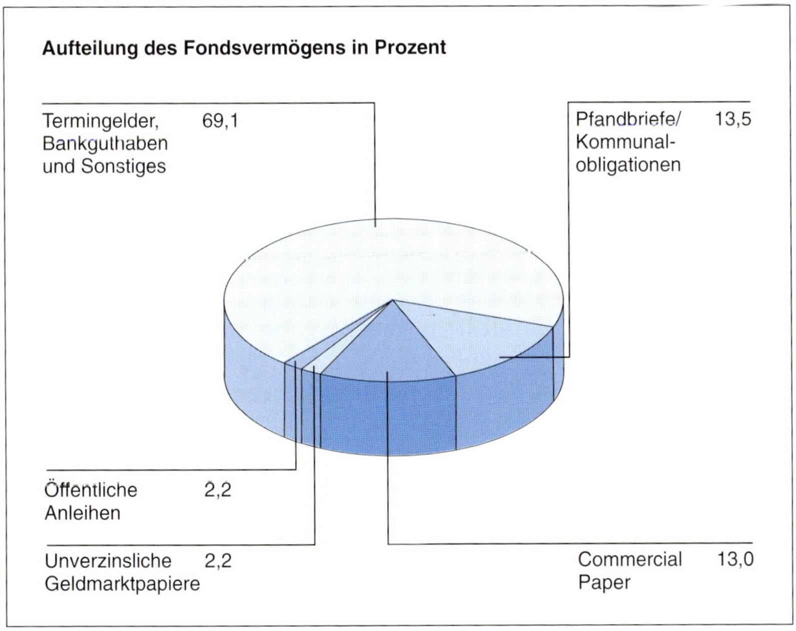

Struktur eines deutschen Geldmarktfonds

Die Konditionenvorteile, die ein Anleger durch eine Fondsbeteiligung gegenüber einer Direktanlage zumindest indirekt realisiert, dürften insbesondere bei einer Anlage in Geldmarktfonds zum Tragen kommen. Die Höhe der Verzinsung orientiert sich bei kurzfristigen Geldanlagen und -aufnahmen hauptsächlich am Transaktionsvolumen sowie am Standing der jeweiligen Kontrahenten, sodass ein Fonds hier üblicherweise höhere Zinssätze bei Geldanlagen bzw. geringere Zinssätze bei Geldaufnahmen erzielen kann als ein einzelner Anleger.

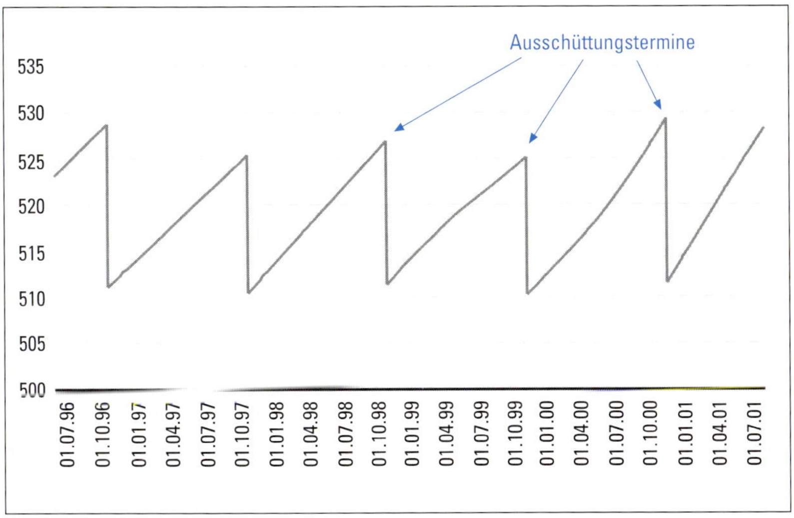

Anteilwertverlauf eines Geldmarktfonds – der Zickzackchart wird von den jährlichen Ausschüttungsterminen verursacht

Konkurrenz durch Direktbanken

Inzwischen gibt es allerdings auch für Privatleute alternative Geldmarktprodukte, z. B. Tages- und Termingeldanlagen bei Direktbanken, deren Verzinsung aufgrund des starken Bankwettbewerbs durchaus mit der von Geldmarktfonds vergleichbar ist. Teilweise liegt sie sogar darüber. Es ist aber üblich, derart attraktive Angebote mit besonderen Klauseln zu versehen, sodass Anleger nur unter bestimmten Bedingungen in den Genuss der hohen Verzinsung kommen – beispielsweise, wenn sie gleichzeitig ein Wertpapierdepot eröffnen.

Da Geldmarktfonds für gewöhnlich ohne Ausgabeaufschlag begeben werden, bieten sie Anlegern flexible Ein- und Ausstiegsmöglichkeiten und sind zudem relativ sicher. Der Anteilwert eines deutschen Geldmarktfonds unterliegt im Zeitverlauf für gewöhnlich nur geringen Schwankungen. Eine Ausnahme bilden die Tage, an denen Erträge an die Anleger ausgeschüttet werden – dann sinken die Anteilwerte exakt um den Ausschüttungsbetrag. Anteilwertverluste sind bei Geldmarktfonds nahezu ausgeschlossen. Die Abbildung auf der Seite davor zeigt die Anteilwertentwicklung eines Geldmarktfonds einer deutschen KAG. Es ist deutlich zu erkennen, dass Wertschwankungen zwischen den Ausschüttungstagen so gut wie gar nicht zu verzeichnen sind.

Im Gegensatz zu deutschen Geldmarktfonds, die einen Großteil des Kapitals als Termingeld verleihen, erwerben US-amerikanische *Money-Market-Funds* in erster Linie Geldmarktpapiere, zum Beispiel Commercial Papers, Certificates of Deposit oder Treasury-Bills.

Durchschnittliche Restlaufzeit des Fondsportfolios

MONEY MARKET MUTUAL FUNDS

The following quotations, collected by the National Association of Securities Dealers Inc., represent the average of annualized yields and dollar-weighted portfolio maturities ending Wednesday, December 13, 1995. Yields don't include capital gains or losses.

Fund	Avg. Mat.	7 Day Yield	Assets
AALMny	51	5.14	93
AARP HQ	58	4.66	385
AFD ExRsv A	46	4.40	36
AFD ExResB	46	3.89	67
AIM MM C	34	4.68	296
AIM MMA	34	4.70	229
AMT Capital	66	5.54	26
ARKMM A	65	5.61	300
ARKMM B	65	5.30	89
ARKUSG A	51	5.55	751
ARKUST A	72	5.26	271
ARKUST C	72	5.16	52
AVESTA Tr	66	5.35	74
AccUSGov	78	4.88	42
ActAsGv	73	5.00	593
ActAsMny	73	5.31	6611
Advantus a	35	4.92	38
AetnaAdvs	58	5.64	86
Aetna Sel	58	5.64	246
AlexBwn	51	5.15	2106
AlxBTr	47	4.86	674
AlgerMM	58	5.62	192
Alli TrResv	51	4.81	543
AlliaCpRs	58	4.86	4033
AliaGvR	58	4.77	2928
AlliMny	47	4.87	2865
AmAAdTrI	3	5.47	39
AmAAdMMI	67	5.73	1130
AmCRes	32	5.11	380
AmPerCsh	68	5.22	348
AmPerTrs	4	5.01	185
AmSouth Pr	58	5.17	407

Fund	Avg. Mat.	7 Day Yield	Assets
HanvCsh	53	5.23	1687
HanvGov	48	5.16	1597
HanvUSTr	20	5.11	1776
HanvTreas	42	4.98	1292
Harbor	73	5.14	63
HarrisCashA	35	5.36	494
HarrisCashC	35	5.59	124
HTInsgtGv p	40	5.19	298
HarrisGovtC	40	5.44	48
HtgCshA	41	4.99	1496
HiMrkUSFid	42	4.95	219
HiMrkTrsFid	67	4.80	310
HiMrkDvFid	67	5.08	394
HilrdGovt	43	5.03	378
HmestdDly	46	5.06	52
Hummer	36	5.00	205
IAATrMM	41	4.93	46
IAIMnyMktFd	18	5.25	36
IBJ ResvS	28	5.17	29
IDS CshMgdA	47	5.17	1869
IDS CshMgdY	47	5.16	62
IMGLiq	44	4.79	196
IndOnPr	37	5.24	352
IndOnUS	28	5.23	297
InfnAlGv	9	4.82	63
InfnCCR Inst	76	5.45	35
InfCCR	76	4.98	797
InstCsh	40	5.70	278
InstFd	53	4.93	28
InstGov	29	5.34	75
InvCshTrGv	38	5.57	207
InventorPrA	68	5.25	294

Fund	Avg. Mat.	7 Day Yield	Assets
QualivestGvA	64	4.76	92
QualivestY	37	5.29	68
QltyCsh	51	4.81	152
QuestCshGov	26	4.76	99
QuestCshPr	47	4.88	1671
RNC Liq	44	4.60	26
RemTreasTr	36	5.12	116
RemGovtTr	41	5.35	190
RembMMTr	46	5.41	472
RepGovMM	23	5.25	126
ResrveUSTrs	51	4.64	117
ResrveFd Gvt	9	4.86	718
ReserveFd	24	4.91	1827
RimcoTrs	54	5.18	79
RIMCOPrm	55	5.42	333
RiverUSGv	28	5.13	159
RiversdeCap	42	4.84	153
RdSqMM	47	5.30	820
RdSqUS	34	5.24	404
RshFGI	47	4.70	614
Rshmre	17	5.05	25
RydexUSGv	1	4.66	131
SBSF MM	86	4.89	24
SEICshTrea	43	5.62	54
SEI CsPrB	62	5.34	121
SEI CshGvII	38	5.49	731
SEI CsMM	72	5.63	98
SEI CsPr	62	5.64	2284
SEI DlyInGvC	38	5.09	627
SEI LqGv	45	5.29	192
SEI LqPr	64	5.34	749
SEI LqTr	46	5.41	1263
SEI CsTrIIA	32	5.44	444
SEI CsTrIIB	32	5.14	22
SITMMkt	33	5.33	22
STIPrQuTr	39	5.25	843
STIUSGvTr	21	5.20	356
STIUSGvIv	21	5.07	62

Fund	Avg. Mat.	7 Day Yield	Assets
FidInTxEx	67	3.44	1755
FidCA	65	2.89	716
FidCT	60	3.04	320
FidDlyTE	80	3.01	536
FidMA	62	2.90	825
FidMI	43	3.01	228
FidNJ	74	2.97	440
FidNY	69	3.00	790
FidOH	60	3.17	296
FidSpCA	65	3.23	1287
FidSpAZ	74	3.51	57
FidSpCT	59	3.18	173
FidSpFL	57	3.15	393
FidSpMA	63	3.04	509
FidSpMu	71	3.36	2309
FidSpNJ	75	3.25	474
FidSpNY	72	3.12	631
FidSpPA	67	3.24	227
FidTxEx	65	3.15	3678
FtInvTax	52	2.83	24
FLMuniCash	50	3.19	243
FrkCal	40	2.86	619
FrkNYTE	42	2.98	62
FrkTx c	46	2.92	166
Free CA	43	2.99	85
FreeTE	46	2.93	282
FundmentTF	5	2.98	95
GalaxyTE Tr	41	3.14	178
GalaxyTE R	41	3.00	132
GnTxEx	37	3.18	333
GnCalMu	51	2.92	461
GnNYMu	66	3.09	640
GlnmdTECsh	22	3.56	222
GSITNY	48	3.27	93
GSITCA c	46	3.56	337
GSITDv c	41	3.39	1563
GrtHallTF	60	3.12	371

Money-Market-Mutual-Funds im WALL STREET JOURNAL

Money-Market-Funds weisen in den USA die Besonderheiten auf, dass

a) die durchschnittliche Restlaufzeit der Vermögenswerte im Fondsportfolio aufgrund einer Vorschrift der SEC 90 Tage nicht überschreiten darf und

b) der Anteilwert in aller Regel konstant einen US-Dollar (!) beträgt.

Money-Market-Funds sind bestrebt, den Anteilwert permanent auf dem Niveau von exakt einem US-Dollar zu halten – sprechen Anlegern allerdings keine Garantie dafür aus. In der Vergangenheit ist es nur in Ausnahmefällen dazu gekommen, dass der Anteilwert eines US-Geldmarktfonds unter die »magische« Grenze von einem Dollar gesunken ist. Der Grund dafür waren dann Zahlungsausfälle auf Seiten der Schuldner der betreffenden Fonds – in den meisten Fällen hatten die Fonds kurzfristig Geld an Unternehmen verliehen, die einige Zeit später Pleite gingen und ihren Verpflichtungen gegenüber den Geldmarktfonds nicht mehr nachkommen konnten. Das Unterschreiten von einem US-Dollar beim Anteilwert wird auch als *Breaking the Buck* umschrieben.

Anteilwert = 1 US-Dollar

US-Fondsgesellschaften geben Anlegern normalerweise die Möglichkeit, Geldmarktfondsdepots wie herkömmliche Girokonten zu verwalten: Das eingezahlte Geld wird zum gerade gültigen Geldmarktsatz verzinst. Anleger haben die Möglichkeit, Schecks gegen das Guthaben im Geldmarktfondsdepot zu zeichnen oder Kreditkartenzahlungen unter Belastung des Depots vorzunehmen. Allerdings sind Zahlungen aus dem Geldmarktfondsdepot nur so lange möglich, wie ein bestimmter Betrag (zum Beispiel 1.000 Dollar) auf dem Konto nicht unterschritten wird.

Die weltweiten Mittelzuflüsse in Geldmarktfonds werden auch von Aktienmarktanalysten sehr sorgfältig beobachtet, da sie oftmals Rückschlüsse auf das Verhalten der Anleger zulassen. Verschlechtert sich beispielsweise die Stimmung an den Aktienmärkten, kommt es häufig zu deutlichen Mittelzuflüssen. Der Grund: Anleger verkaufen in großem Umfang Anteile an Aktienfonds und »parken« das Geld in Geldmarktfonds solange »zwischen«, bis eine Trendwende am Aktienmarkt absehbar ist. Historisch hohe Mittelbestände waren nicht selten ein guter Indikator für einen bevorstehenden Börsenaufschwung.

Mittelzuflüsse als Stimmungsbarometer

Immobilienfonds

Offene Immobilienfonds heißen nach dem Wortlaut des Gesetzes Grundstücks-Sondervermögen. Ihre Manager kaufen bebaute Geschäfts- und Mietwohngrundstücke, oftmals in besten Städtelagen, investieren aber auch in Wertpapiere (insbesondere Anleihen). Bei ihren Anlageentscheidungen müssen sie – genau wie ihre Kollegen aus dem Wertpapier- und Geldmarktfondsbereich – bestimmte Anlagegrundsätze beachten, was folgender Ausschnitt aus dem KAGG belegt.

Auszug aus KAGG

»... § 28. ***[Mindestbestand; Höchstwert einzelner Grundstücke]***
(1) Das Grundstücks-Sondervermögen muss aus mindestens zehn Grundstücken bestehen.
(2) Keines der Grundstücke darf zur Zeit seines Erwerbs den Wert von 15 vom Hundert des Wertes des Sondervermögens übersteigen. ... «

Sachverständigenausschuss

Da Immobilien, anders als beispielsweise Wertpapiere, nicht an Börsen gehandelt werden und deshalb keine Kurse für die Bewertung des Fondsvermögens zur Verfügung stehen, gestaltet sich die Preisfindung vergleichsweise schwierig. Als Ausweg dient ein *Sachverständigenausschuss*, der für jeden offenen Immobilienfonds gebildet werden und mindestens einmal pro Jahr sämtliche Grundstücke im Fondsvermögen bewerten muss. Dabei greifen die Sachverständigen auf die so genannte Ertragswertmethode zurück: Sie ermitteln den Wert einer Immobilie auf Basis der in Zukunft erzielbaren Mieteinnahmen. Der Preis einer Immobilie, der bei sofortigem Verkauf erzielbar wäre (Marktwert), bleibt dabei unberücksichtigt und kann daher unter Umständen deutlich vom Ertragswert abweichen.

Auszug aus KAGG

»… § 32. [Sachverständigenausschuss]
(1) Die Kapitalanlagegesellschaft hat einen aus mindestens drei Mitgliedern bestehenden Sachverständigenausschuss zu bestellen, der in den durch dieses Gesetz oder die Vertragsbedingungen bestimmten Fällen für die Bewertung von Vermögensgegenständen zuständig ist. …«

Die Ausgabe- und Rücknahmepreise offener Immobilienfonds werden trotz der Bewertungsproblematik täglich berechnet. Die Grundstücke fließen dabei mit dem zuletzt vom Sachverständigenausschuss festgestellten Wert ein, die Wertpapiere mit ihren aktuellen Börsenkursen.

Geschlossene Immobilienfonds

Neben offenen gibt es in Deutschland auch *geschlossene Immobilienfonds*, auf die wir bereits im Abschnitt über Erwerbs- und Zugangsbeschränkungen kurz eingegangen sind. In folgender Tabelle haben wir die wesentlichen Unterschiede der beiden Immobilienfondsarten noch einmal dargestellt. Bis auf das Anlageobjekt (Immobilien) und die Tatsache, dass beide Fondsarten gegebenenfalls steuerliche Vorteile für Anteileigner bieten, haben sie nicht sehr viel gemeinsam.

	Offene Immobilienfonds	Geschlossene Immobilienfonds
Zweck und Anlagegrenzen	Legen das Geld in mindestens 10 unterschiedliche Objekte an. Eine Schließung der Fonds ist auch auf lange Sicht nicht vorgesehen. Höchstgrenzen für das insgesamt investierte Volumen existieren nicht.	Geld wird für ein klar definiertes Kaufobjekt eingesammelt. Ist genügend Kapital für den Erwerb vorhanden, werden die Fonds für neue Anleger geschlossen. Diese Form des Immobilienfonds ist insbesondere aus Risikogesichtspunkten (keine Diversifikation) eher mit einer unternehmerischen Beteiligung vergleichbar denn mit einem herkömmlichen Investmentfonds.
Staatliche Aufsicht	Durch das BAKred. Gesetzesgrundlage ist das KAGG.	Nicht vorhanden. Gesetzliche Anlegerschutzvorschriften, wie im KAGG definiert, gibt es nicht.
Liquidität	Kauf und Veräußerung von Fondsanteilen ist jederzeit möglich.	Geld fließt in aller Regel erst dann zurück, wenn Fonds aufgelöst werden.
Anlagerestriktionen	Grundsätzlich keine. Bereits kleine Anlagesummen werden akzeptiert.	Mindestanlagesummen von mehreren zehntausend Euro sind üblich.

Gemischte Fonds

Gemischte Fonds, in Deutschland auch als *Mischfonds* und in den USA als *Balanced Funds* bezeichnet, kombinieren mehrere Anlagekategorien, zum Beispiel Aktien, Anleihen und Immobilien, miteinander. Lange Zeit fand man in den Beständen deutscher Mischfonds nahezu ausschließlich Aktien und Anleihen, zu geringen Anteilen manchmal noch Genuss- und Optionsscheine. Die folgende Übersicht zeigt die Vermögensstruktur eines typischen Mischfonds mit Aktien und Renten.

Balanced Funds

Struktur des Fondsvermögens
Aufteilung nach Aktien und Renten in Prozent

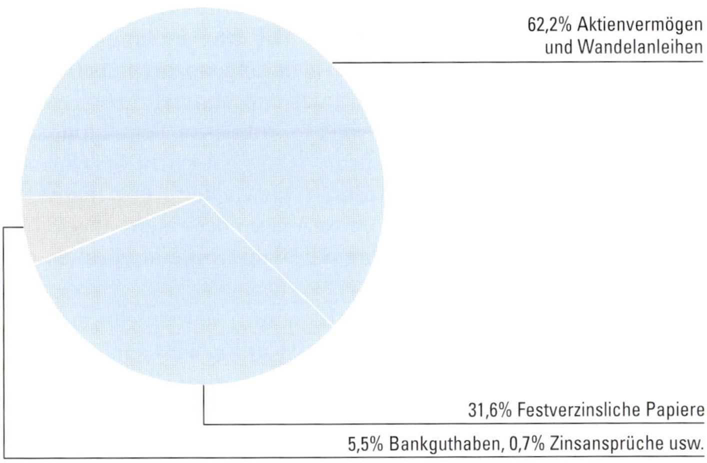

Vermögensstruktur eines Mischfonds mit Aktien und Renten

Seit 1998 – seit Inkrafttreten des 3. Finanzmarktförderungsgesetzes – ist es in Deutschland außerdem möglich, *gemischte Wertpapier- und Grundstückssondervermögen* aufzulegen. Wie der Name bereits verrät, fassen die Manager dieser Fonds die drei klassischen Anlageinstrumente (Aktien, Renten, Immobilien) in einem einzigen Produkt zusammen. Der Immobilienanteil gemischter Wertpapier- und Grundstückssondervermögen setzt sich normalerweise aber nicht aus »direkten« Immobilienanlagen zusammen, sondern aus Anteilen an Immobilienfonds. Diese Mischfondsart hat daher eine gewisse Ähnlichkeit mit Dachfonds.

Gemischte Wertpapier- und Grundstückssondervermögen

Im Hinblick auf eine sehr breite Diversifikation über praktisch alle wichtigen Assetklassen stellen gemischte Fonds sozusagen die Vollendung des Investmentgedankens dar. Gegenüber »reinen« Aktienfonds (Rentenfonds) sind sie häufig durch geringere (höhere) Schwankungen des Anteilwertes gekennzeichnet. Allerdings fallen die Erträge auf lange Sicht zumeist auch niedriger (höher) aus.

Gemischte Fonds sind in der Praxis trotz der breiten Streuung noch relativ unbedeutend, was wohl daran liegen dürfte, dass der Bekanntheitsgrad (bisher) ziemlich gering ist und sich die Wettbewerbssituation seit Einführung von Dachfonds, die ja oftmals auch gemischte Aktien- und Rentenportfolios darstellen, deutlich verschärft hat.

Spezielle Fonds für die Altersvorsorge

In Ländern wie den USA, Großbritannien oder der Schweiz, wo die Vorsorge fürs Alter schon seit Jahren in hohem Maße von jedem einzelnen selbst übernommen wird, stoßen Investmentfonds auf ein weitaus größeres Interesse als bei uns. Spätestens seit der Rentenreform 2001 (Stichwort *Riester-Rente*) steht aber auch hierzulande fest, dass der Staat in Zukunft mehr Eigeninitiative von den Mitbürgern verlangen wird, wenn es um die finanzielle Absicherung im Alter geht. Die Fondsindustrie hat sich bereits auf eine derartige Umorientierung eingestellt. Nahezu alle Gesellschaften bieten mittlerweile spezielle Konzepte zur Altersvorsorge an. Die Grundidee ist dabei immer dieselbe: Arbeitnehmer verwenden einen Teil ihres Einkommens für den Kauf von Investmentzertifikaten, wobei sie in jungen Jahren überwiegend in Aktienfonds investieren. Im Alter wird das angesammelte Fondsvermögen dann komplett oder zumindest zu einem Großteil in Rentenfonds umgeschichtet und neue Mittel werden nur noch in verzinsliche Sparformen angelegt. Arbeitnehmer erlangen dadurch Gewissheit, ihre Rente durch Zinseinnahmen aufzubessern oder sie verfügen über einen »abgesicherten« Kapitalbetrag, der über mehrere Jahre oder Jahrzehnte in Form eines Auszahlplanes an sie zurückfließt.

Riester-Rente

Im Zuge der Rentenreform 2001 wurden auch Investmentfonds als »*begünstigte Altersvorsorgeprodukte*« anerkannt. Künftig wird der Staat den Kauf von Fondsanteilen für Zwecke der Altersvorsorge zum einen steuerlich fördern und zum anderen durch finanzielle Zulagen an Arbeitnehmer unterstützen. Daran sind jedoch gewisse Bedingungen geknüpft. Beispielsweise ist eine Entnahme angesparter Beträge vor der Vollendung des 60. Lebensjahres nur in Ausnahmesituationen erlaubt. Aber auch zu Beginn der offiziellen Auszahlphase dürfen Vorsorgesparer den Betrag nicht in einer Summe entnehmen. Vielmehr muss er so aufgeteilt werden, dass er für die Zahlung einer lebenslangen, monatlichen Zusatzrente in jedem Fall ausreicht. Die Anforderungen an die Anbieter begünstigter Investmentfonds sind ebenfalls sehr hoch. Abgesehen davon, dass den Investmentgesellschaften sehr strenge Publikationsvorschriften auferlegt werden, müssen sie jedem Sparer eine Garantie dafür aussprechen, dass zu Beginn der Auszahlphase mindestens das eingezahlte Kapital für die Bildung einer lebenslangen Zusatzrente zur Verfügung steht.

AS-Fonds

Hierzulande gibt es bereits seit Ende 1998 eine besondere Mischfondsart, die ursprünglich ebenfalls speziell für die Altersvorsorge konzipiert worden war, *Altersvorsorge-Sondervermögen*, kurz AS oder *AS-Fonds*. Für AS-Fonds gelten zwar zahlreiche Vorschriften, die wir auf der folgenden Seite aufgelistet haben – trotz allem konnten sie die besonderen Ansprüche an ein Altersvorsorge-Produkt, wie sie im Zuge der Rentenreform festgelegt wurden, nicht erfüllen. AS-Fonds dürften daher schon bald in der Bedeutungslosigkeit verschwinden. Die Vorschriften noch einmal im Einzelnen:

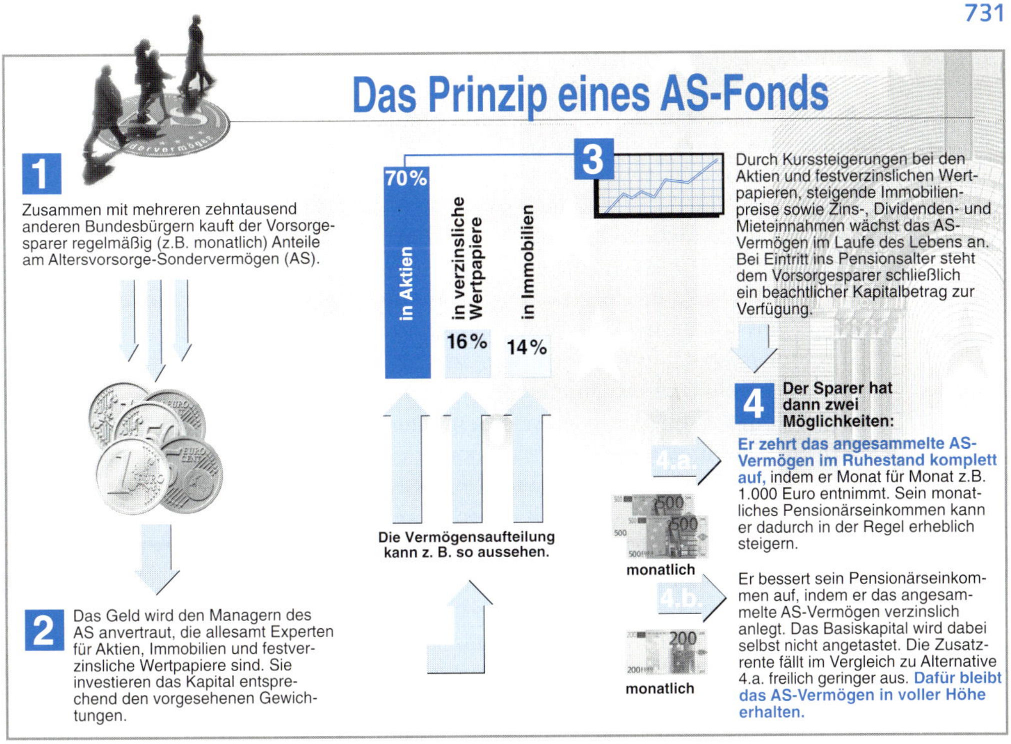

- Die Manager von Altersvorsorge-Sondervermögen sind verpflichtet, stets überwiegend in Substanzwerte (Aktien, Immobilien) zu investieren.
- Der Aktienanteil muss mindestens 21 % des Fondsvermögens betragen, darf aber 75 % nicht überschreiten.
- Immobilien dürfen maximal 30 % des Fondsvermögens ausmachen, sei es in Form offener Immobilienfonds oder als Direkterwerb.
- Der Einsatz von Derivaten ist – wie bei anderen Fonds bisher auch – nur zu Absicherungszwecken erlaubt.
- Ein Anteil von höchstens 30 % des Altersvorsorge-Sondervermögens darf ungesicherte Währungsrisiken enthalten.

Gesellschaften, die ein AS auflegen wollen, müssen außerdem folgende Leistungen anbieten:

Pflichtleistungen der Fondsgesellschaften

- Sparpläne für regelmäßige Einzahlungen mit einer Laufzeit von mindestens 18 Jahren oder – bei älteren Sparern – mit einer Laufzeit, die mindestens bis zur Vollendung des 60. Lebensjahres reicht;
- Auszahlpläne sowie eine
- kostenlose Vermögensumschichtung vor Ablauf des AS-Sparplans, wenn drei Viertel der vereinbarten Vertragslaufzeit verstrichen sind.

Obendrein dürfen laufende Gewinne generell nicht ausgeschüttet werden, sodass ein AS immer ein thesaurierender Fonds ist.

Dachfonds

Englische Bezeichnung: Fund of Funds

Wir haben bereits zwei Fondsarten kennen gelernt, die erst mit Inkrafttreten des 3. Finanzmarktförderungsgesetzes eine gewisse Bedeutung in Deutschland erlangten, namentlich AS-Fonds sowie gemischte Wertpapier- und Grundstückssondervermögen. Hinzu kommen Dachfonds. Der Anlageschwerpunkt dieser Fonds liegt – so seltsam das zunächst klingen mag – auf den Anteilen anderer Investmentfonds. Anstatt also Immobilien oder herkömmliche Wertpapiere wie Aktien, Anleihen oder Optionsscheine ins Depot zu nehmen, beteiligen sich die Manager an bereits bestehenden Fonds. Es gibt Dachfonds, die ihren Anlageschwerpunkt ausschließlich auf Aktien- oder Rentenfonds legen, aber auch solche, die Aktien-, Renten- und sogar Immobilienfonds miteinander mischen. Aus Rendite- und Risikogesichtspunkten unterscheiden sich Gemischte und Dachfonds daher kaum.

Im Mittelpunkt der Diskussion um Dachfonds steht momentan die Frage, ob Fondsgesellschaften auch Fonds anderer Anbieter (so genannte *Fremdfonds*) für ihre Dachfonds erwerben sollen. Ein Argument, das dafür spricht: Die Auswahl ist einfach größer. Eine einzelne KAG ist nicht immer in der Lage, für jeden Anlageschwerpunkt einen speziellen Fonds anzubieten. Ein Dachfonds, der ausschließlich hauseigene Fonds kaufen darf, hat eventuell Schwierigkeiten, bestimmte Anlagestrategien umzusetzen. Ein Argument dagegen: Dachfondsmanager können die Fonds anderer Gesellschaften deutlich schwieriger beurteilen als Fonds aus dem eigenen Haus. Fremdfonds stellen – mit Ausnahme von historischen Performancezahlen – eine »Black-Box« dar. Hauseigene Fonds können hingegen sehr gut eingeschätzt werden, da man ihre Manager zu Anlagestrategien und Markteinschätzungen befragen kann. In der Praxis scheint sich in dieser Frage ein Kompromiss herauszubilden: Mittlerweile bieten alle großen deutschen Fondsgesellschaften Dachfonds an, die Fremdfonds zumindest zu gewissen Teilen beimischen dürfen.

Hedge-Fonds

Vergleich mit traditionellen Investmentfonds

Hedge-Fonds nennt man auch »Alternative Anlagen«.

Hedge-Fonds, das sind für viele gigantische Spekulationsmaschinen, die die weltweiten Kapitalmärkte bedrohen und für Finanzkrisen verantwortlich sind. Wer sich nicht näher mit dieser Fondskategorie beschäftigt und nur die Schadensmeldungen kennt, kann tatsächlich zu diesem Schluss kommen. Dass Hedge-Fonds oftmals aber sinnvolle Anlagealternativen darstellen, die sich sogar für konservative Investoren sehr gut eignen können, ist nur den Wenigsten bewusst. Gerade in Zeiten fallender Aktienkurse haben *Hegde-Fonds* besondere Vorzüge gegenüber herkömmlichen Investmentfonds, was die folgenden Ausführungen noch zeigen werden. Das Problem für viele Privatanleger besteht derzeit allerdings darin, dass sie sich aufgrund der hohen Mindesteinlagen gar nicht oder nur über Umwege an Hedge-Fonds beteiligen können. Eine Möglichkeit, Anteile an Hedge-Fonds indirekt zu erwerben, sind *Hedge-Fonds-Zertifikate*, wie sie in Deutschland zum Beispiel von der Deutschen Bank aufgelegt wurden. Daneben existieren auch Dachfonds,

Hedge-Fonds-Zertifikate, Dachfonds mit Hedge-Fonds

die Hedge-Fonds-Anteile kaufen dürfen und Anlegern die Möglichkeit bieten, sich bereits mit kleinen Beträgen zu beteiligen.

Einige Zahlen zum Markt

Derzeit gibt es schätzungsweise mehr als 6.000 Hedge-Fonds weltweit, wobei die meisten ihren Sitz in Offshore-Zentren wie den Cayman-Islands oder Bahamas haben. Heute werden etwa 30 Hedge-Fonds-Kategorien unterschieden. Das Gesamtvermögen beläuft sich auf rund 400 Milliarden US-Dollar weltweit.

Zunächst zum Begriff selbst: Hedge-Fonds sind – einfach ausgedrückt – *geschlossene Investmentfonds*, die das Geld mehrerer, zumeist sehr vermögender Privatanleger sowie institutioneller Kunden wie Stiftungen, Vereine und Pensionskassen verwalten und dabei frei von gesetzlichen Anlagerestriktionen agieren dürfen, weil sie sich in Ländern ansiedeln, in denen es solche Vorschriften nicht gibt. Die Zahl der Anteileigner ist bei Hedge-Fonds immer begrenzt, in den USA zum Beispiel auf insgesamt 99 Anleger. Jeder einzelne dieser Investoren muss mindestens 250.000 US-Dollar als Einschusskapital mitbringen – oftmals liegt die geforderte Mindesteinlage noch deutlich darüber. Im Vergleich zu herkömmlichen Investmentfonds gibt es weitere formelle Besonderheiten. So können Hedge-Fonds-Anteile nur innerhalb einer bestimmten Frist gezeichnet werden. Der Verkauf ist darüber hinaus nur zu bestimmten Zeitpunkten (etwa zweimal im Kalenderjahr) bzw. erst nach Ablauf einer gewissen Sperrfrist, zum Beispiel ein Jahr nach Erwerb, möglich.

Typisch für Hedge-Fonds ist außerdem eine sehr restriktive Kommunikationspolitik. Die gehaltenen Positionen werden niemals im Detail veröffentlicht. Genauso werden aktuelle Marktmeinungen und Anlagestrategien streng geheim gehalten. Der Grund dafür liegt auf der Hand: Andere Marktteilnehmer könnten bei Bekanntwerden der Anlagestrategien sofort ihren Nutzen daraus ziehen. Ein gutes Beispiel dafür sind *Arbitragegeschäfte*, die im Mittelpunkt vieler Hedge-Fonds-Strategien stehen: Preisungleichgewichte existieren im Markt normalerweise nur so lange, bis eine ausreichend große Zahl an Händlern davon erfährt und den Markt durch gezielte Käufe oder Verkäufe wieder ins Gleichgewicht bringt. Es kann daher nur im Sinne der Hedge-Fonds-Manager sein, Arbitragemöglichkeiten so lange wie möglich geheim zu halten und daraus Profit zu schlagen. Die folgende Tabelle stellt Investment- und Hedge-Fonds noch einmal anhand der wichtigsten Kriterien gegenüber.

Herkömmliche und Hedge-Fonds im Vergleich

Herkömmliche Investmentfonds	Hedge-Fonds
Management/Anlageschwerpunkt	
Legen die vorhandenen Mittel in Aktien, Anleihen, Geldmarktinstrumente oder Immobilien an. Der Einsatz von Derivaten und sonstigen Termingeschäften ist nur begrenzt möglich.	Gesetzliche Anlagerestriktionen existieren nicht. Hedge-Fonds dürfen daher prinzipiell sämtliche Anlage-, Spekulations- und Sicherungsinstrumente nutzen, die die weltweiten Finanzmärkte bieten. Sie dürfen also etwa Wertpapiere wie Aktien oder Anleihen kaufen oder Waren-, Wertpapier- und Devisentermingeschäfte abschließen.

Die Manager verfolgen das Ziel, eine im Vergleich zur Peer Group relativ hohe Rendite zu erzielen (*Relative-Return-Ansatz*). Die Möglichkeiten, einen heftigen Abschwung am Kapitalmarkt, also beispielsweise eine Baisse-Phase an den Aktienmärkten, mit den Fondsportfolios abzufangen, sind sehr begrenzt. Der Anlageerfolg wird entsprechend stark durch die Marktentwicklung beeinflusst. Am meisten fürchten sich die Manager herkömmlicher Fonds davor, mit ihren Portfolios deutlich unter der Benchmark-Rendite zu bleiben.

Das Ziel von Hedge-Fonds ist es, Anlegern Jahr für Jahr – vollkommen unabhängig von der jeweiligen Marktsituation – eine positive Rendite zu bescheren (zum Beispiel 10 Prozent). Man spricht hier auch vom *Absolute-Return-Ansatz*. Auch wenn Aktien- oder Rentenkurse stark fallen, soll der Wert der Einlagen steigen. In Zeiten fallender Börsen wird dies beispielsweise durch Wertpapierleerverkäufe oder den Verkauf von Futures möglich. Die Wertentwicklung eines Hedge-Fonds hängt aufgrund der hohen Flexibilität maßgeblich vom Geschick seiner Manager ab und nur in begrenztem Umfang vom Marktgeschehen. Die größte Angst haben Hedge-Fonds-Manager davor, in einem Jahr Verluste mit ihren Portfolios zu erzielen.

Herkömmliche Investmentfonds sind schon aufgrund der gesetzlichen Vorschriften innerhalb ihrer Anlagekategorie sehr stark diversifiziert. Einzelne Positionen dürfen im Regelfall fünf Prozent des Fondsvermögens nicht überschreiten.

Für Hedge-Fonds existieren keinerlei gesetzliche Diversifikationsvorschriften. Es kann daher vorkommen, dass ein Hedge-Fonds zeitweise nur in sehr wenigen Positionen engagiert ist und der Wert des Fonds dementsprechend sehr stark von der Wertentwicklung der betreffenden Positionen abhängig ist.

Die Manager von Aktienfonds sind normalerweise angehalten, 100 Prozent des Fondsvermögens in Aktien anzulegen. Bei Rentenfonds liegt diese Grenze im Regelfall etwas tiefer, das heißt bei rund 90 Prozent.

Hedge-Fonds-Manager sind bei der Gestaltung ihrer Kasseposition völlig flexibel. Wenn sie es für notwendig erachten, können sie das Fondsvermögen auch komplett als Bargeldbestand vorhalten.

Rahmenbedingungen/Formalitäten

Der Erwerb von Anteilen herkömmlicher Investmentfonds ist bereits mit relativ kleinen Beträgen, im Regelfall 50 Euro, möglich. Wer Fondsanteile erwerben möchte, muss lediglich ein Depotkonto bei seiner Hausbank oder aber bei der betreffenden Fondsgesellschaft selbst eröffnen. Investmentfonds geben Anlegern die Möglichkeit, börsentäglich Anteile zu erwerben und auch wieder an den Fonds zurückzuverkaufen.

Hedge-Fonds stehen für gewöhnlich nur sehr vermögenden Privatanlegern sowie bestimmten Institutionen wie Stiftungen oder Pensionskassen als Anlageinstrument zur Verfügung. Die Mindesteinlage beträgt oft 250.000 US-Dollar und mehr. Anteile an Hedge-Fonds sind im Vergleich zu herkömmlichen Fondsanteilen relativ illiquide. Fondsanteile können nur zu bestimmten Zeitpunkten, zum Beispiel zweimal im Jahr, an den Fonds zurückverkauft werden. Neue Investoren müssen sich normalerweise dazu verpflichten, ihr Kapital für mindestens ein Jahr zur Verfügung zu stellen.

Die Verwaltungsvergütung beträgt in etwa ein Prozent pro Jahr, bezogen auf das durchschnittliche Fondsvermögen. Beim Kauf herkömmlicher Investmentfonds werden darüber hinaus Ausgabeaufschläge von bis zu sechs Prozent fällig. Zum Teil wird eine performance-abhängige Gebühr berechnet.

Auch Hedge-Fonds kassieren eine vermögensbezogene jährliche Verwaltungsgebühr – rund 1 bis 2 Prozent pro Jahr. Allerdings wird der Großteil der Einnahmen aus einer performance-abhängigen Vergütung bestritten. Diese kann bis zu einem Fünftel des gesamten Jahresgewinns ausmachen.

Investmentfonds müssen laut Gesetz zweimal jährlich ihre Bücher offen legen und außerdem börsentäglich einen Anteilwert publizieren. Daneben ist es heute üblich, die Portfoliostruktur nach Ländern, Währungen und Branchen sowie die 10 größten Positionen einmal im Monat zum Beispiel im Internet bereitzustellen. Die Manager herkömmlicher Investmentfonds stehen darüber hinaus ständig mit der Presse in Kontakt und beantworten Fragen zur Anlagestrategie.	Gesetzliche Publikationsvorschriften für Hedge-Fonds gibt es nur in sehr begrenztem Umfang. Auch müssen Anteilwerte nicht Tag für Tag berechnet und veröffentlicht werden. Vierteljährlich werden Anleger über die Wertentwicklung, die 10 größten Positionen sowie das Verhältnis zwischen Short- und Long-Positionen informiert. Üblich ist es auch, eine Portfoliostruktur nach Währungen oder Branchen zu veröffentlichen. Den Medien stehen Hedge-Fonds-Manager jedoch nur in den seltensten Fällen Rede und Antwort.

Organisation und gesetzliche Vorschriften

Während in Deutschland bisher keine gesetzlichen Bestimmungen für die Auflegung von Hedge-Fonds existieren – und die Auflegung damit bisher faktisch ausgeschlossen ist –, ist es in den USA seit Jahren möglich, Hedge-Fonds zu gründen und zu verwalten. Auf der anderen Seite des Atlantiks sind Hedge-Fonds für gewöhnlich in Form geschlossener Gesellschaften mit begrenzter Haftung (Limited Partnerships) organisiert. Ein Anleger, der sich an einem Hedge-Fonds beteiligt, wird zu dessen Gesellschafter und haftet für alle Verbindlichkeiten des Fonds mit seiner Kapitaleinlage, nicht jedoch mit seinem darüber hinaus gehenden Privatvermögen. Gemäß US-Steuerrecht sind alle Transaktionen des Hedge-Fonds direkt den Anlegern zuzurechnen.

Damit die Flexibilität der Hedge-Fonds-Manager nicht durch geltende Anlagevorschriften, wie sie beispielsweise in den USA im *Investment Company Act* für herkömmliche Investmentfonds existieren, von vornherein eingeschränkt wird, versuchen ihre Gründer, bestehende Gesetze auf legalem Wege zu umgehen. Dazu zwei Beispiele: Unter das Investment Company Act fallen alle Investmentfonds, die Anteile öffentlich anbieten und 100 Investoren oder mehr besitzen. Um sich den Vorschriften dieses Gesetzes entziehen zu können, verzichten Hedge-Fonds-Verwalter auf öffentliche Werbung und begrenzen die Zahl der Anteileigner im Regelfall auf insgesamt 99. Der Zutritt zu Hedge-Fonds wird darüber hinaus nur wohlhabenden Anlegern (Accredited Investors) gewährt. Diese müssen aufgrund einer Vorschrift der US-Bankenaufsicht entweder

Zugangsbeschränkungen

a) ein durchschnittliches Jahreseinkommen von mindestens 200.000 US-Dollar (Ehepaare 300.000 Dollar) und eine hohe Wahrscheinlichkeit vorweisen können, dass sie dieses Einkommen in den nächsten Jahren weiterhin beziehen werden, oder
b) ein Nettovermögen von insgesamt einer Million US-Dollar mitbringen. Bei Institutionen beträgt diese Grenze mindestens fünf Millionen US-Dollar.

Hedge-Fonds messen diesen Einkommens- und Vermögensgrenzen hohe Bedeutung bei und halten sie strikt ein. Denn nur so können sie sich die Beteiligung an Einlagensicherungsfonds, wie bei herkömmlichen Banken vorgeschrieben, ersparen. Würden die Anleger eines Hedge-Fonds die Kriterien des so genannten *Accredited Investors* nicht erfüllen, müsste der Hedge-Fonds Zahlungen in den Einlagensicherungspool leisten. Das würde zu einer Liquiditätsverringerung und damit zu geringeren Ertragschancen führen.

Die selbst bestimmten Aufnahmebedingungen bestehender Hedge-Fonds sind im Regelfall jedoch noch strenger. Normalerweise wird die Mindestbeteiligung irgendwo zwischen 250.000 und mehreren Millionen US-Dollar festgelegt. Angesichts der begrenzten Zahl an Anteileignern lässt sich nur so ein relativ großes und damit aus Verwaltungskostensicht effizientes Investitionsvolumen aufbringen.

In Ausnahmefällen 499 Anteileigner

Die hier genannten Vorschriften wurden im Jahre 1996 dahin gehend erweitert, dass die Zahl der Anteileigner in Ausnahmefällen auf 499 erhöht werden kann. Die Ausnahmeregel gilt, wenn alle Anteileigner ein »flüssiges Nettovermögen« von mindestens fünf Millionen US-Dollar nachweisen können. Bei Institutionen (Vereine, Stiftungen, Unternehmen, öffentliche Einrichtungen) erhöht sich diese Grenze auf 25 Millionen US-Dollar. Bestimmte Fonds-Strukturen wie Dachfonds oder Feeder-Funds erlauben es Anlegern unter Umständen, sich mit deutlich geringeren Beträgen als den hier genannten an einem Portfolio aus Hedge-Fonds zu beteiligen. Diese Formen besitzen in der Praxis bisher nur eine untergeordnete Bedeutung. Die Deutsche Bank legte am 26.9.2000 ein Hedge-Fonds-Zertifikat auf. Dieses Zertifikat ermöglicht die Beteiligung an einem internationalen Hedge-Fonds-Portfolio.

Die Historie

Alfred Winslow Jones

Als Erfinder der Hedge-Fonds-Idee gilt heute der US-Amerikaner Alfred Winslow Jones, der am 1. Januar 1949 einen Investmentfonds auflegte, der sich von herkömmlichen Aktien- und Rentenfonds aufgrund von Anlagepolitik und Organisationsform deutlich unterschied. Jones bezweifelte, dass jemand künftige Marktentwicklungen mit hoher Trefferquote vorhersehen und tatsächlich Nutzen aus Marktprognosen ziehen kann. Er träumte daher von einem Investmentfonds, der sich weitgehend unabhängig vom Marktgeschehen entwickelt. Gewinne und Verluste sollten zu großen Teilen aus der Selektion überragender Aktien resultieren und von den Timingfähigkeiten des Fondsmanagers nahezu unabhängig sein. Für 100.000 US-Dollar, die ihm anfangs zur Verfügung standen, kaufte Jones zunächst ausgewählte Aktien, wodurch sich der Fonds natürlich noch nicht von traditionellen Aktienfonds unterschied. Zusätzlich nahm er Kredite auf, um weitere Aktien damit erwerben zu können. Der Fonds war, gemessen am ursprünglich eingezahlten Kapital, im Regelfall deutlich über 100 Prozent investiert. Das wirklich Besondere war jedoch, dass Jones im großen Umfang Leerverkäufe vornahm – eine für die damalige Zeit recht ungewöhnliche Transaktion, da Leerverkäufe bis dahin nur von sehr wenigen institutionellen Investoren und wenn, dann auch nur in sehr geringem Umfang getätigt wurden. Jones verkaufte immer solche Aktien leer, die seiner Meinung nach weit hinter der Marktentwicklung zurückbleiben würden.

Beispiel

Ein Beispiel, wie der Jones'sche Fonds zu einem bestimmten Zeitpunkt hätte strukturiert sein können:

Mittelherkunft	Mittelverwendung
Eingezahlte Mittel: 100.000 Dollar	Aktienkäufe: 125.000 Dollar
Aufgenommene Kredite: 25.000 Dollar	
Einnahmen aus Aktienleerverkäufen: 75.000 Dollar	Verzinsliche Anlage: 75.000 Dollar
200.000 Dollar	**200.000 Dollar**

Als Saldo aus Long- und Short-Positionen ergibt sich in diesem Fall ein Betrag von 50.000 Dollar (125.000 minus 75.000) – das heißt 50.000 Dollar sind dem Risiko fallender Aktienkurse direkt ausgesetzt (Netto-Markt-Exposure). 75.000 Dollar hingegen sind zumindest teilweise gegen Markteinbrüche gesichert (gehedged): Verlieren die Long-Positionen an Wert, wird dieser Verlust durch einen Wertanstieg bei den Short-Positionen zum Teil ausgeglichen. Läuft alles optimal, steigen die gekauften Aktien sogar in einem fallenden Markt und die leerverkauften Aktien weisen stärkere Kursverluste auf als der gesamte Aktienmarkt im Durchschnitt. In diesem Fall legen sowohl die Long-, als auch die Short-Positionen sehr deutlich an Wert zu – der Fonds profitiert überproportional.

Trotz der deutlichen Reduzierung des Marktrisikos gegenüber herkömmlichen Portfolios versuchte Jones nicht, seine Fonds vollkommen marktneutral zu gestalten – wie es heute bei so genannten *Balanced-Long/Short-Fonds* üblich ist. Je nachdem, ob Jones von einem generell steigenden oder sinkenden Markt ausging, verringerte bzw. erhöhte er den Umfang der Leerverkäufe. Alles in allem war er mit seinen Strategien sehr erfolgreich. Über Perioden von fünf oder gar 10 Jahren war er in der Lage, die marktbreiten Aktienfonds in den 1950er- und 1960er-Jahren deutlich outzuperformen.

Balanced-Long/Short-Fonds

Hedge-Fonds nach dem Jones'schen Stil

Noch heute existieren etwa 40 bis 50 Hedge-Fonds weltweit, die sehr ähnliche Strategien verfolgen, wie seinerzeit A. W. Jones. Leider existiert keine Statistik, die ausschließlich über die Wertentwicklung dieser Fonds Auskunft gibt. Das Unternehmen *Hedge Fund Research Inc.* führt jedoch eine Hedge-Fonds-Gruppe mit der Bezeichnung Equity Hedge, in der unter anderem auch die Nachfolgemodelle des Jones'schen Hedge-Fonds erfasst sind. Deren Ergebnisse sind beeindruckend und belegen nachhaltig, dass bestimmte Hedge-Fonds-Kategorien die Ansprüche konservativer Anleger nicht nur erfüllen können, sondern in bestimmten Marktphasen sogar besser für relativ vorsichtige Anlagestrategien geeignet sind als herkömmliche Investmentfonds (siehe nächste Seite oben).

Heute existieren zahlreiche sehr unterschiedliche Managementstrategien bei Hedge-Fonds, die mit dem Jones'schen Fonds oftmals nur noch wenig zu tun haben. Im folgenden Abschnitt stellen wir die vier wichtigsten Hedge-Fonds-Arten vor.

Bestimmte Hedge-Fonds-Arten weisen eine bessere Risiko-Chance-Relation auf als reine Aktieninvestments

Equity-Hedge-Fonds versus S & P 500, 1990–1999			
	Durchschnittsrendite p.a.	Standardabweichung p.a.	Sharpe Ratio
Equity Hedge	23,7 %	8,7 %	2,15
S & P 500	18,2 %	13,4 %	0,99

Quelle: Hedge Fund Research, Inc.; Standard & Poor's

Hedge-Fonds-Arten

Global-Macro-Fonds

Der Begriff *Hedge-Fonds* heißt wörtlich übersetzt Absicherungsfonds. Die Übersetzung ist jedoch irreführend, da die meisten Hedge-Fonds-Arten nur sehr wenig mit einer wirklichen Absicherung der investierten Gelder zu tun haben. Die vier Hauptformen sind Global Macro, Event-Driven, Arbitrage und Balanced (Ausgewogen) Long/Short. Zunächst zur erstgenannten Gruppe. Wenn man in den Medien über Hedge-Fonds hört und liest, sind zumeist *Global-Macro-Fonds* gemeint. Der *Quantum-Fund* von George Soros (siehe nächster Abschnitt) gehörte auch zu dieser Gruppe. Für Global-Macro-Fonds wird keine bestimmte Anlagestrategie festgelegt. Auch ist das Anlageuniversum nicht auf bestimmte Finanzinstrumente oder bestimmte regionale Märkte beschränkt – darum auch die Bezeichnung »global«. Die Manager spekulieren mit Aktien, Anleihen, Währungen, Rohstoffen, Warentermingeschäften oder Immobilien und gehen Short- und Long-Positionen sowohl in Kassa- als auch in Termingeschäften ein. Typisch für Global-Macro-Fonds ist außerdem ein Top-Down-Ansatz: Frühzeitig sollen regionale Trends (Währungsabwertung in Asien, Finanzkrise in Russland) oder globale Entwicklungen (weltweiter Ölpreis- und Energieanstieg) erkannt und entsprechend genutzt werden.

Carry-Trades

Sehr beliebt bei den Managern von Global-Macro-Fonds sind Carry-Trades. Im Rahmen eines solchen Geschäftes leiht man sich in einem Land mit vergleichsweise niedrigem Renditeniveau Geld und legt es anschließend in Ländern an, wo es deutlich mehr Zinsen gibt. Paradebeispiel für Carry-Trades waren in den letzten Jahren so genannte *Yen-Dollar-Carries:* Tagesgeldzinssätze lagen in Japan zeitweise bei 0 Prozent. Mittelfristige Termingelder konnten dementsprechend sehr günstig in Japan aufgenommen und anschließend in deutlich höher verzinsliche Staatsanleihen der US-Regierung angelegt werden. Auf den ersten Blick ein simples Geschäft. Der Knackpunkt sind jedoch die Wechselkurse: Die in Japan geliehenen Yen müssen zunächst in Dollar eingetauscht werden. Bei Fälligkeit der Kredite verkauft man die US-Anleihen wieder und muss den Erlös anschließend in Yen zurücktauschen. Ist der japanische Yen in der Zwischenzeit im Vergleich zum US-Dollar um mehrere Prozentpunkte aufgewertet worden, können die Carry-Trades schnell zu Verlustgeschäften werden. Im Herbst 1998, im Zuge der weltweiten Währungs- und Finanzkrisen, legte der Yen innerhalb von zwei Tagen um 17 Prozent gegenüber dem US-Dollar zu – ein Debakel für viele Global-Macro-Fonds, da die vermeintlich sicheren Yen-Carry-Trades plötzlich Millionenverluste nach sich zogen.

Auf die Analysen einzelner Unternehmen oder Finanzinstrumente wird dabei weitgehend verzichtet. Global-Macro-Fonds verfügen normalerweise über ein Netz von Marktexperten rund um den Globus, die permanent nach Signalen für makroökonomische Veränderungen suchen. Aufgrund der wortwörtlich unbeschränkten Anlagemöglichkeiten, setzen viele Fonds Derivate ein, um deren Hebeleffekte zu nutzen. Dies verursacht natürlich entsprechende Risiken. Allerdings sind auch die Aussichten auf überdurchschnittliche Gewinne sehr gut: *George Soros* beispielsweise war mit seinem *Quantum-Fund* in der Lage, Anlegern auf Sicht von dreißig Jahren eine jahresdurchschnittliche Rendite von rund 30 Prozent zu bescheren. Aus 100.000 im Jahr 1969 investierten Dollar wären bis 1999 mehr als 260 Millionen Dollar geworden.

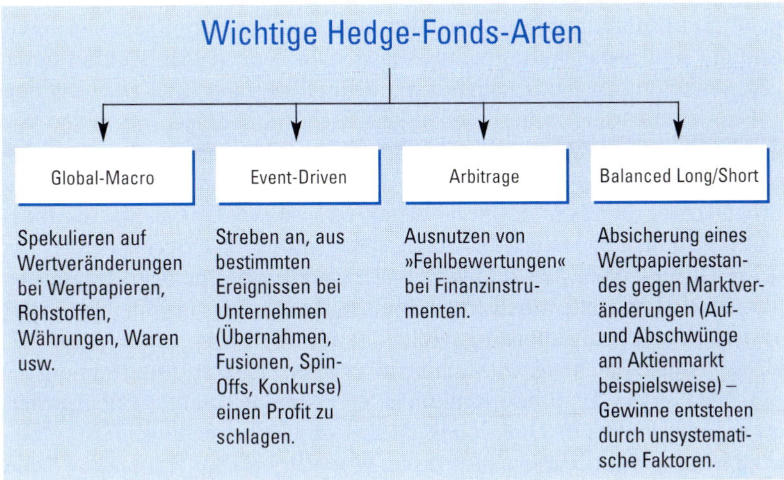

Event-Driven-Fonds

Kommen wir zur zweiten wichtigen Hedge-Fonds-Gruppe, den so genannten *Event-Driven-Fonds*. In gewisser Weise stellen sie das Gegenstück zu Global-Macro-Fonds dar. Denn im Mittelpunkt der Anlagestrategien stehen hier nicht makroökonomische Entwicklungen, sondern unternehmensspezifische. Die Manager versuchen, Profite aus bestimmten Ereignissen, etwa Unternehmenszusammenschlüsse und -übernahmen (Mergers & Acquisitions, kurz M & A), finanzielle Schieflagen, Spin-Offs, umfangreiche Restrukturierungsmaßnahmen oder laufende Gerichtsverfahren, zu ziehen. Geht ein Manager beispielsweise davon aus, dass Unternehmen X von Unternehmen Y übernommen wird, könnte er Aktien von Unternehmen X erwerben (long gehen) und Aktien von Unternehmen Y im Gegenzug leerverkaufen (Short-Selling) – man spricht dann auch von Merger- oder Risk-Arbitrage. Sofern es tatsächlich zur Übernahme kommt, geht diese Strategie normalerweise auf. Denn erfahrungsgemäß steigt der Börsenkurs des übernommenen Unternehmens, und der des übernehmenden sinkt – der Hedge-Fonds profitiert also doppelt. Ein anderes wichtiges Betätigungsfeld für Event-Driven-Hedge-Fonds sind *Distressed Securities*. Hierbei handelt es sich um Aktien und Anleihen solcher Unternehmen, die sich in einer finanziellen Schieflage befinden. Hinter dem Fortbestand dieser Firmen steht aufgrund mangelnder Liquidität ein großes Fragezeichen. Sobald Aktionäre und Bond-Besitzer

Distressed Securities

von den Finanzproblemen erfahren, stoßen sie Aktien und Anleihen oft in großer Eile ab. In Folge kommt es zu drastischen Kurseinbrüchen. Jetzt treten Hedge-Fonds-Manager auf den Plan: Sobald Aktien oder Anleihen ein bestimmtes Kursniveau unterschreiten, schlagen die Manager zu und kaufen die Titel in sehr großen Mengen. Voraussetzung dafür ist natürlich, dass sie einen positiven Ausgang für das Unternehmen erwarten oder zumindest einen solchen für wahrscheinlich halten. Distressed-Securities-Analysten sind normalerweise erfahrene Investmentbanker, Konkursverwalter oder Anwälte, die bereits bei zahlreichen Unternehmenskonkursen als Berater bzw. Abwickler involviert waren. Ihre Erfahrungen und ihr »guter Riecher« sind für den Erfolg eines Hedge-Fonds überlebenswichtig. Nachdem sich Hedge-Fonds-Manager an einem potenziellen »Pleitekandidaten« beteiligt haben, überlassen sie den Genesungsprozess des Unternehmens für gewöhnlich nicht dem Zufall, sondern versuchen aktiv, die Finanzprobleme zu lösen. Können sie beispielsweise mehrere Banken zu einer Rettungsaktion bewegen, winken durch die Beteiligung auf dem Höhepunkt der Krise Gewinne.

Da der Ausgang unternehmensspezifischer Ereignisse normalerweise deutlich besser prognostiziert werden kann als der Ausgang makroökonomischer Entwicklungen, fallen sowohl die Chancen als auch die Risiken bei Event-Driven-Fonds in der Regel geringer aus als bei Global-Macro-Fonds.

Arbitrage-Hedge-Fonds

Aus Renditegesichtspunkten vergleichbar mit Event-Driven-Fonds ist die dritte Hedge-Fonds-Art, die *Arbitrage-Hedge-Fonds.* Der Begriff Arbitrage darf hier nicht allzu wörtlich genommen werden, da die durchgeführten Transaktionen nicht unbedingt risikolos sind. Die Manager von Arbitrage-Hedge-Fonds – nicht selten Mathematiker oder Physiker – sind ständig damit beschäftigt, die Preise strukturierter Finanzprodukte zu überprüfen, etwa durch *Pricing by Duplication.* Stellen sie Fehlbewertungen fest, versuchen sie umgehend, diese auszunutzen. Eine sehr beliebte Transaktion ist die *Convertible Arbitrage.* Hierbei kaufen die Fondsmanager eine Wandelanleihe und verkaufen die Aktien, die der Anleihe zugrunde liegen, gleichzeitig leer. Ein vereinfachtes Beispiel: Eine Wandelanleihe mit einer Restlaufzeit von einem Jahr und einem Kupon von 3,5 Prozent notiert am 1.1. zu einem Kurs von 101 Euro. Ab dem 30.06. darf die Anleihe pro 100 Euro nominal in 4 Aktien gewandelt werden. Die Aktien kosten derzeit zusammen genommen 100 Euro. Ein Hedge-Fonds-Manager könnte nun Folgendes tun: Am 1.1. verkauft er vier Aktien mit Termin 30.06. leer. Den Erlös aus dem Leerverkauf (= 100 Euro) verwendet er für den Kauf der Wandelanleihe. Die Differenz zwischen dem Kurs der Anleihe und dem Erlös aus dem Leerverkauf (= 1 Euro) finanziert er aus dem Fondsvermögen. Hinzu kommt die Gebühr für die Wertpapierleihe, in diesem Fall 0,3 Euro.

Erlös aus Leerverkauf brutto:	+ 100,0 Euro
./. Gebühr für Wertpapierleihe:	- 0,3 Euro
Erlös aus Leerverkauf netto:	99,7 Euro
Zuzahlung aus Fondsvermögen:	+ 1,3 Euro
Kauf der Wandelanleihe:	- 101,0 Euro
Saldo:	**0,0 Euro**

Ein halbes Jahr später, am 30.06., wandelt er die Anleihe in 4 Aktien um. Die 4 Aktien benutzt er sofort, um seine Verpflichtungen aus dem Leerverkauf zu erfüllen – das Geschäft ist damit glattgestellt. Bei Wandlung der Anleihe kassiert er außerdem den Kupon für ein halbes Jahr in Höhe von 1,75 Euro (= 100 × 3,5/2). Abzüglich des Kapitaleinsatzes von 1,3 Euro und der darauf entgangenen Zinsen – 1,3 Euro hätten am 1.1. für ein halbes Jahr zu einem Satz von 6 Prozent angelegt werden können (Zinsertrag = 0,04 Euro) – bleibt ein Gesamtertrag in Höhe von

	1,75 Euro (Zinszahlung)
–	1,30 Euro (Kapitaleinsatz am 1.1.)
–	0,04 Euro (Zinsen für 1,3 Euro, angelegt am 1.1.)
=	0,41 Euro

übrig. Mit einem Kapitaleinsatz von 1,30 Euro erzielt der Fondsmanager einen Gewinn von 0,41 Euro, oder anders ausgedrückt, einen Wertzuwachs von 32 Prozent. Dabei ist es vollkommen egal, wie sich Anleihe- und Aktienkurs in der Zwischenzeit verändern. Hält man sich vor Augen, dass ein Hedge-Fonds mit den zur Verfügung stehenden Geldern mehrere tausend Transaktionen dieser Art durchführen kann, wird das Ertragspotenzial sehr deutlich. Das einzige Risiko bei dem hier beschriebenen Geschäft: Der Emittent der Wandelanleihe ist am 30.06. nicht in der Lage, die Zinsen zu zahlen. In diesem Fall gingen dem Hedge-Fonds neben den Anleihekupons je Papier 1 Euro Kapitaleinsatz plus 0,04 Euro an Zinsen für die Alternativanlage verloren.

Spread-Arbitrage

Eine weitere, sehr beliebte Strategie bei Hedge-Fonds-Managern ist die so genannte *Spread-Arbitrage*. Hierbei wird versucht, Rendite-Differenzen (Spreads) zwischen Anleihen verschiedener Emittenten auszunutzen. Anleihen mit relativ geringer Rendite, etwa Bundesanleihen oder Schuldverschreibungen der US-Regierung, werden beispielsweise leerverkauft und hochverzinsliche Anleihen (niedrig geratete Unternehmensanleihen, Staatsanleihen aus Emerging Markets) mit Hilfe der Erlöse aus den Leerverkäufen erworben. Auf diese Weise kann die Differenz zwischen den relativ niedrigen und den relativ hohen Renditen vereinnahmt werden. Ein stark vereinfachtes Beispiel: Ein Jahr vor ihrer Fälligkeit notiert eine Bundesanleihe mit einem Kupon in Höhe von 5 Prozent zu exakt 100 Euro (Effektivrendite = 5 Prozent). Denselben Kurs hat eine Emerging-Market-Staatsanleihe, die mit 8 Prozent pro Jahr verzinst und ebenfalls in genau einem Jahr fällig wird (Effektivrendite = 8 Prozent). Ihr Renditeaufschlag (Spread) gegenüber der Bundesanleihe beträgt somit 3 Prozentpunkte. Ein Hedge-Fonds-Manager könnte nun Bundesanleihen leerverkaufen. Nach Abzug der Wertpapierleihgebühr (hier: 0,2 Euro) erlöst er dabei 99,8 Euro pro Papier. Anschließend kauft er die Emerging-Market-Staatsanleihen für 100 Euro, wobei er die Differenz zwischen Erlös und Kaufpreis erneut aus dem Fondsvermögen deckt.

Erlös aus Leerverkauf brutto:	+ 100,0 Euro
./. Gebühr für Wertpapierleihe:	- 0,2 Euro
Erlös aus Leerverkauf netto:	99,8 Euro
Zuzahlung aus Fondsvermögen:	+ 0,2 Euro
Kauf der Emerging-Market-Staatsanleihen:	- 100,0 Euro
Saldo:	**0,0 Euro**

Nach genau einem Jahr, also am Fälligkeitstag der beiden Anleihen, verkauft er die Emerging-Market-Staatsanleihen inklusive Stückzinsen für 108 Euro. Für den Erlös kauft er nun Bundesanleihen, um seine Verpflichtungen aus dem Leerverkauf erfüllen zu können. Sein Gesamtertrag beläuft sich auf

Verkauf der Emerging-Market-Staatsanleihe (inkl. Stückzinsen):	108 Euro
Kauf von Bundesanleihen (Kurs inklusive Stückzinsen):	– 105 Euro
Entgangene Zinsen auf Leihgebühr (6 % p.a.):	– 0,01 Euro
	= 2,99 Euro

Mit einem Kapitaleinsatz von 0,2 Euro erzielt der Hedge-Fonds-Manager fast das 15fache an Gewinn. Spread-Arbitrage-Geschäfte funktionieren allerdings nur so lange, wie die Emittenten der hochverzinslichen Anleihen in der Lage sind, ihren Zins- und Tilgungsverpflichtungen nachzukommen. Ist das nicht mehr der Fall, sind die Hedge-Fonds-Manager gezwungen, mit den Mitteln des Fonds umgehend Anleihen am Markt zu erwerben, um die eingegangenen Leerverkäufe glattstellen zu können. Die Verluste aus den Arbitrage-Geschäften sind dann enorm.

Umfangreiche Informationen zu Hedge-Fonds findet man unter www.hedge-world.com

Kommen wir schließlich zur vierten, bedeutenden Hedge-Fonds-Gruppe, den *Balanced-Long/Short-Fonds*. Den Namen Hedge-Fonds hat diese Kategorie, die man auch Equity Market Neutral, Equity Relative Value oder Equity Statistical Arbitrage nennt, durchaus verdient. Der Grund: Die Manager dieser Fonds streben an, ihre Portfolios gegen Marktrisiken zu immunisieren. Dazu gehen sie Long-Positionen in Wertpapieren – normalerweise besonders vielversprechende Aktien – ein und verkaufen gleichzeitig Aktien

vermeintlich überbewerteter Unternehmen leer. Dabei stimmt der Gesamtwert der erworbenen und der leerverkauften Aktien überein. Die Long-Positionen werden somit – zumindest wertmäßig – exakt durch Short-Positionen gehedged. Man spricht daher auch von marktneutralen oder ausgewogenen Portfolios. Dieser Begriff ist allerdings ein wenig irreführend. In einem steigenden Markt könnten schließlich auch die leerverkauften Aktien an Wert gewinnen und dem Fonds damit Verluste bescheren. In einem solchen Fall hofft man jedoch, dass die erworbenen Aktien deutlich stärker an Wert gewinnen als die leerverkauften. Die Gewinne der Long-Positionen würden dann die Verluste der Short-Positionen überkompensieren. In der Tabelle unten sind exemplarisch weitere Szenarien sowie ihre Auswirkungen auf einen Balanced-Long/Short-Fonds beschrieben.

Balanced-Long/Short-Fonds

Üblicherweise gehen die Manager von Balanced-Long/Short-Fonds so vor, dass sie das jeweils aussichtsreichste Unternehmen aus einer bestimmten Branche für ihr Portfolio erwerben und den vermeintlichen Branchen-Underperformer im Gegenzug leerverkaufen. Ein einfaches Beispiel: Ein Fondsmanager hat aufgrund der aktuellen Verkaufszahlen und des hohen Marktanteils in Europa eine sehr positive Meinung von BMW. Wegen des deutlichen Nachfragerückgangs in den USA sieht er die Entwicklung bei DaimlerChrysler jedoch eher skeptisch. Er erwirbt daher für 1 Million Euro BMW-Aktien und verkauft DaimlerChrysler-Aktien im selben Umfang gleichzeitig leer. Solche Paar-Bildungen sind – wie schon angedeutet – sehr häufig in Balanced-Long/Short-Fonds anzutreffen. Viele dieser Fonds halten mehr als 80 unterschiedliche *Aktienpaare*. Aus Performance-Gesichtspunkten rangiert diese Hedge-Fonds-Kategorie am unteren Ende.

Entwicklung des Gesamtmarktes	Wertentwicklung der Positionen	Wertentwicklung des Hedge-Fonds
Aktienmarkt steigt	Long-Positionen steigen überdurchschnittlich, die leerverkauften Aktien verlieren gegen den Trend an Wert.	Der Fonds profitiert überdurchschnittlich vom positiven Markttrend.
	Long-Positionen verlieren an Wert, die leerverkauften Aktien legen zu.	Der Fonds verliert gegen den positiven Markttrend deutlich an Wert.
Aktienmarkt sinkt	Long-Positionen steigen gegen den Markttrend, die leerverkauften Aktien verlieren überdurchschnittlich an Wert.	Der Fonds entwickelt sich gegen den Markttrend sehr positiv.
	Long-Positionen verlieren an Wert, die leerverkauften Aktien legen zu.	Der Fonds verliert überdurchschnittlich.

LTCM und Quantum – die berühmtesten Hedge-Fonds

Wer seit Jahren das Geschehen an den internationalen Finanzmärkten verfolgt, dem dürften sich die Namen *Quantum-Fund* sowie *Long-Term-Capital-Management*, kurz: LTCM, eingeprägt haben. Schließlich handelt es sich hierbei um die wohl berühmtesten Hedge-Fonds aller Zeiten. Berühmt geworden sind sie allerdings weniger durch positive Schlagzeilen, denn durch spektakuläre Finanzaktionen. Der Quantum-Fund (= Global-Macro-Fonds) wurde bereits Ende der 1960er-Jahre von *George Soros* gegründet und war über 30 Jahre lang sehr erfolgreich. Ins Rampenlicht rückte der Fonds An-

George Soros

Myron Scholes/
Robert Merton

fang der 1990er-Jahre, als Soros massiv gegen das britische Pfund spekulierte und es damit aus dem damals noch bestehenden europäischen Wechselkurssystem herausdrängte – ein Schock für die Teilnehmerstaaten, da die Instabilität des Währungssystems offen zutage trat.

Einen noch größeren Schock versetzte jedoch der LTCM-Fonds (= Arbitrage-Fonds) dem globalen Finanzsystem knapp fünf Jahre später. *John Meriwether*, Ex-Vizepräsident von Salomon Brothers, und die beiden Nobelpreisträger *Myron Scholes* und *Robert Merton* hatten LTCM im Jahre 1992 gegründet und ihren Anteileignern zunächst beachtliche Anlageergebnisse beschert. In den Jahren 1995 und 1996 erzielte der Fonds Renditen von jeweils über 40 Prozent, sodass er im Jahr 1997 in der Lage war, eine Summe von 2,7 Milliarden US-Dollar als überschüssiges Kapital an seine Anteileigner zurückzuzahlen. Im Frühjahr 1998 erreichte die Geldmaschine mit einem Vermögen von rund 130 Milliarden US-Dollar dann ihren wertmäßigen Höhepunkt. Welches Gefahrenpotenzial der Fonds bereits zu diesem Zeitpunkt beinhaltete, war aber wohl nur den wenigsten Beobachtern wirklich bewusst. Denn dem Marktwert der Vermögensgegenstände und Kapitaleinlagen von etwa 130 Milliarden Dollar stand ein Volumen offener Termingeschäfte in Höhe von 1,25 Billionen US-Dollar (!) gegenüber (Vermutungen zufolge sollen sich zu diesem Zeitpunkt bereits mehrere zehntausend verschiedene Positionen im Fonds befunden haben). Die Bombe platzte dann im Herbst 1998, als es in Russland, Asien und Brasilien zu Währungs- und Finanzkrisen und infolgedessen an den weltweiten Börsen zu drastischen Kurseinbrüchen kam. Die von den LTCM-Managern in den Vorjahren so erfolgreich praktizierten Anlagestrategien wurden plötzlich zu einer Art Bumerang und sorgten dafür, dass sich das Vermögen des Fonds bis zum September 1998 um mehr als 90 Prozent reduzierte. Als die Gefahr drohte, dass LTCM Forderungen nicht mehr erfüllen konnte, bat Meriwether den amerikanischen Großinvestor *Warren Buffett* sowie anschließend zahlreiche Investmentbanken um Hilfe, zunächst allerdings vergeblich. Erst unter Mitwirkung der US-amerikanischen Zentralbank wurde dann eine gemeinsame Rettungsaktion zwischen mehreren Investmentbanken initiiert. Die beteiligten Institute, unter anderem Goldman Sachs, JP Morgan, Merrill Lynch, Morgan Stanley, Salomon Smith Barney, UBS und Deutsche Bank, brachten insgesamt 3,625 Milliarden US-Dollar auf und konnten die offenen Verbindlichkeiten des Fonds damit weitgehend tilgen. Auch wenn die große Katastrophe für das weltweite Finanzsystem dadurch abgewendet werden konnte – bei einem Zusammenbruch des Fonds wären vor allen Dingen die Renten- und Derivatemärkte in ihren Grundfesten erschüttert worden –, sitzt der Schock bei den Marktteilnehmern bis heute tief. Jene Investmentbanken, die mit LTCM Geschäfte als Gegenpartei abgeschlossen hatten, erlitten im Zuge der Rettungsaktion weitere, enorme Verluste.

Hedge-Fonds kommen regelmäßig ins Gespräch

Wenn es bei einzelnen Aktien zu »unerklärbaren« Kursstürzen kommt, bringt man oftmals Hedge-Fonds damit in Verbindung. Im Juli 2001 sackte zum Beispiel die MLP-Aktie, trotz der Aufnahme in den deutschen Aktienindex, zeitweise deutlich ab. Den Kursrutsch führte man auf massive Leerverkäufe durch Hedge-Fonds zurück.

Auswahlprozess

Asset Allocation

Hat der Investor die Vermögensaufteilung, englisch *Asset-Allocation*, festgelegt, so steht er vor der Wahl, direkt anzulegen oder Fondsanteile zu erwerben. Entscheidet er sich für den Kauf von Investmentzertifikaten, sucht er aus einer Gruppe mehrerer gleichartiger Fonds, also beispielsweise aus einer Gruppe Aktienfonds mit dem Anlageschwerpunkt *deutsche Technologieaktien*, den für ihn optimalen Fonds aus. Bei der Fondsauswahl stellt sich daher nicht mehr die grundsätzliche Frage, ob Aktienfonds etwa Renten-, Geldmarkt- oder Immobilienfonds vorzuziehen sind.

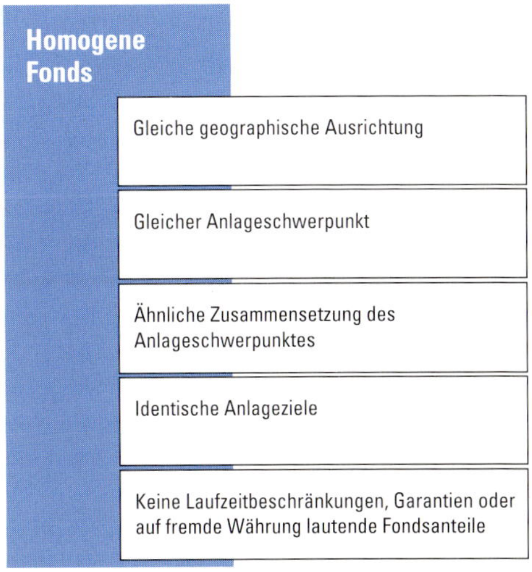

Die folgenden Ausführungen beschreiben die Auswahl eines bestimmten Investmentfonds aus einer Gruppe gleichartiger Fonds. Geschlossene und Spezialfonds sind dabei ausgeklammert. Investmentfonds, die in:

- der geographischen Ausrichtung (z. B. Deutschland),
- dem Anlageschwerpunkt (z. B. Aktien),
- der Zusammensetzung ihres Anlageschwerpunktes (z. B. Standardwerte) sowie
- den Anlagezielen (z. B. Wachstum)

übereinstimmen, werden ein und derselben Gruppe zugeordnet. Die Auswahl erfolgt nur innerhalb dieser Gruppe, auch *Gruppe homogener Investmentfonds* oder *Peer Group* genannt. Weisen Fonds Besonderheiten wie auf fremde Währung lautende Anteile, Garantien oder beschränkte Laufzeiten auf, so sind sie von herkömmlichen Fonds zu trennen.

Peer Group

Mit Hilfe des Verkaufsprospektes, der Vertragsbedingungen und des Rechenschaftsberichts ist die Zuordnung zu einer Gruppe vergleichbarer Investmentfonds zumeist problemlos möglich.

Beispiel

ADIFONDS

»Aufgrund positiver Erwartungen hinsichtlich eines Kursaufschwungs hielten wir diesen auf deutsche Standardwerte ausgerichteten Aktienfonds trotz vorübergehend schwächerer Tendenzen an der Börse in der ersten Hälfte des Geschäftsjahres hoch investiert. Den Anlageschwerpunkt bildeten dabei neben den Branchen Chemie und Pharmazeutik sowie Fahrzeuge und Reifen vor allem die zinssensitiven Banken und Versicherungen, die wir nach einer Reduzierung in der Phase steigender Zinsen gegen Ende des Berichtszeitraums wieder ihrer Marktbedeutung entsprechend höher gewichteten …«

DIT-Concentra

»… ist ein auf deutsche Standardaktien ausgerichteter Aktienfonds.
Im abgelaufenen Jahr nahmen wir beträchtliche Veränderungen der Branchenstruktur dieses Fonds vor. So reduzierten wir im ersten Halbjahr den Anteil der Banken wegen nachlassender Zinsphantasie deutlich auf 16,6 % zugunsten zyklischer Werte, die von der Konjunkturerholung besonders profitieren sollten. Später kauften wir Finanzwerte wieder zu, wobei wir unter den Versicherern Allianz wegen ihrer über dem Branchendurchschnitt liegenden Ertragszuwächsen bevorzugten …«

Der Anlageschwerpunkt des DIT-Concentra und des ADIFONDS liegt auf deutschen Standardaktien. Zusätzlich wird nun die Zusammensetzung des Fondsportfolios sowie die Gewichtung einzelner Titel betrachtet.

ADIFONDS	DIT-Concentra

Aufteilung des Fondsvermögens nach Branchen in Prozent

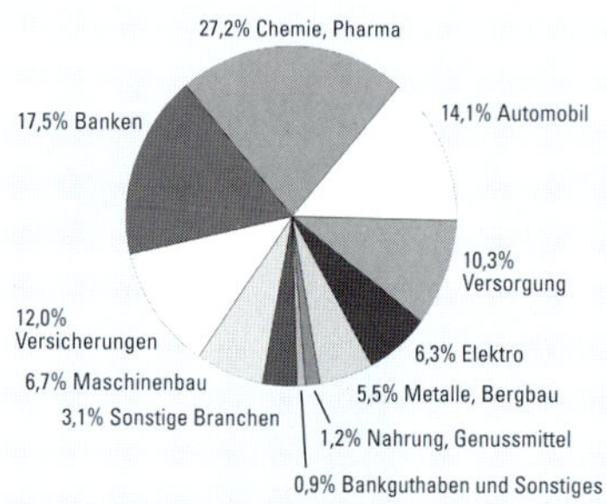

Struktur des Fondsvermögens nach Branchen in Prozent

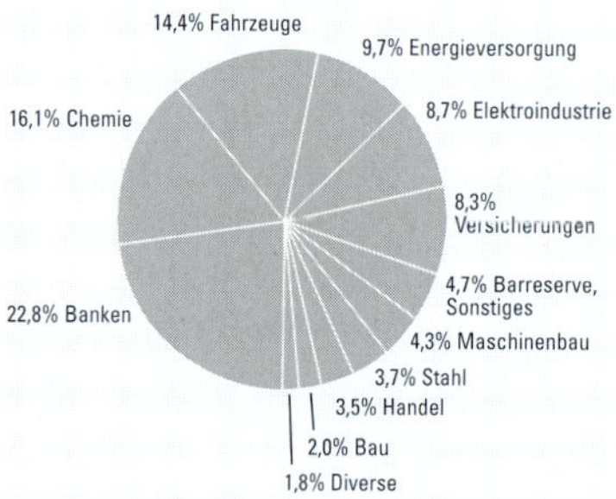

Gewichtung einzelner Aktien zum Zeitpunkt x

Aktientitel	ADIFONDS	DIT-Concentra
Allianz AG	8,79 %	7,04 %
BASF AG	6,47 %	3,39 %
Bayer AG	7,18 %	3,99 %
Bayerische Hypo	2,06 %	4,12 %
BMW AG	3,91 %	2,29 %
Bayer. Vereinsbank	3,52 %	3,12 %
Deutsche Bank	4,62 %	5,98 %
Hoechst AG	4,33 %	3,42 %
Siemens AG	4,81 %	8,13 %
VEBA AG	5,48 %	4,78 %
...	...	...

Die Aktienfonds könnte man ein und derselben Fondsgruppe mit folgenden Merkmalen zuordnen.

Fondsgruppe	
Geographische Ausrichtung:	Deutschland
Anlageschwerpunkt:	Aktien
Zusammensetzung:	Standardwerte
Anlageziele:	Wachstum im Marktdurchschnitt

Die Auswahl eines bestimmten Investmentfonds sollte ein Anleger generell anhand der in Zukunft zu erwartenden Ertrags- und Wertentwicklung, kurz der zukünftigen Performance, treffen. Diese ist aber angesichts der Prognoseprobleme in der Realität kaum zu bestimmen, sodass auf Hilfskriterien zurückgegriffen wird.

In der Praxis ziehen Anleger häufig die *Vergangenheits-Performance* als einzigen Indikator für die zu erwartenden Erträge heran. Bevor wir näher darauf eingehen, werden jene

- Faktoren untersucht, die nachhaltige Auswirkungen auf die zukünftige Entwicklung des Fondsvermögens sowie laufende Erträge haben können, etwa das Standing der Investmentgesellschaft oder die Qualität des Fondsmanagements, und solche
- Indikatoren vorgestellt, die wichtige Anhaltspunkte für die zukünftige Performance liefern können, wie der Investitionsgrad oder die Portfoliostruktur.

Auswahlkriterien

Konzeptionelle Faktoren

Für den einzelnen Fondsanleger sind ferner die mit dem Erwerb eines Fondsanteils verbundenen Kosten, beispielsweise der Ausgabeaufschlag oder der Service der jeweiligen Investmentgesellschaft (kostenlose Kontoführung usw.), von Bedeutung. Auch diese Aspekte, die konzeptionellen Faktoren, sind Gegenstand der folgenden Ausführungen.

Charakteristika der Investmentgesellschaft

Eine Investmentgesellschaft schafft die Rahmenbedingungen für die Auflage eines Fonds, entwickelt beispielsweise ein Anlagekonzept oder wählt das Management aus. Außerdem kann sie sowohl die laufenden Kosten eines Fonds, beispielsweise die Management- und Depotbankvergütung, als auch Ausgabeaufschläge beeinflussen und so auf die Nettoerträge der Fondsanleger einwirken. Der Einfluss der Investmentgesellschaft auf den zukünftigen Erfolg eines Fonds ist beachtlich. Fondsgesellschaften, die relativ große Vermögen verwalten, können erfahrungsgemäß auf entsprechende Ressourcen zurückgreifen. Großen KAGs fällt es zum Beispiel leichter, qualifizierte Fondsmanager zu engagieren und eigene Research-Abteilungen zu unterhalten. So etwas wirkt sich für gewöhnlich positiv auf die Anlageergebnisse aus.

Die großen deutschen KAGs sind allesamt Töchter bedeutender Geschäftsbanken oder Versicherungsunternehmen oder gehören zu einem Bankverbund mit mehreren tausend Bankfilialen (Sparkassen, Volks- und Raiffeisenbanken). Ihnen steht daher ein weitreichendes Vertriebssystem zur Verfügung, was ihnen im Regelfall vergleichsweise große Fondsvolumina und hohe Einnahmeströme beschert und daher die Möglichkeit zu umfangreichen Investitionen bietet. Wie leistungsfähig eine Investmentgesellschaft jedoch wirklich ist, verrät erst ein Blick auf die Wertentwicklung der von ihr verwalteten Fonds. Da KAGs normalerweise immer gleich mehrere Fonds innerhalb einer bestimmten Anlagekategorie managen und die Übersicht daher schnell verloren gehen kann, ist es heute üblich, die gesamte Produktpalette in mehrere Gruppen (so genannte *Composites*), zum Beispiel »Aktienfonds Europa«, »Globale Aktienfonds«, »Deutsche Rentenfonds«, zu unterteilen. Bei der Leistungsbeurteilung schaut man dann nur noch auf die durchschnittlichen Anlageergebnisse innerhalb der einzelnen Kategorien und stellt diese den Ergebnissen anderer Fondsgesellschaften gegenüber. So können sich Anleger und darauf spezialisierte Fondsanalysehäuser ein sehr detailliertes Bild darüber machen, wo eine bestimmte KAG Stärken und in welchen Bereichen sie unterdurchschnittlich abschneidet.

Fondsgruppen = Composites

Beispiel

Fondsgesellschaft A belegt im Segment »nordamerikanische Aktienfonds« seit Jahren Spitzenplätze im Wettbewerbsvergleich, wohingegen ihre »europäischen Aktienfonds« im Durchschnitt nur sehr schlechte Ergebnisse geliefert haben. Bei einer anderen Fondsgesellschaft B stellt sich die Situation genau anders herum dar. Sinnvoll wäre es unter diesen Umständen, Gesellschaft A beim Kauf nordamerikanischer Aktienfonds zu bevorzugen – Gesellschaft B hingegen beim Erwerb europäischer Aktienfonds.

Ein Anleger kann eine Investmentgesellschaft schließlich noch hinsichtlich ihrer sonstigen Leistungen untersuchen. Ansatzpunkte sind insbesondere

- die Transparenz der Abrechnungen,
- Auflagen beim Anteilerwerb (z. B. Mindestanlagesummen),
- der Informationsservice oder
- sonstige Dienstleistungen, wie die kostenlose Führung eines Anlagekontos oder die gebührenfreie Wiederanlage laufender Erträge.

KAG – Gesetzliche Rahmenbedingungen

Deutsche Kapitalanlagegesellschaften sind immer in Form einer GmbH oder Aktiengesellschaft organisiert (im Regelfall GmbH). Das eingezahlte Stamm- bzw. Grundkapital muss laut KAGG mindestens fünf Millionen DM betragen. Außerdem sind mindestens zwei fachlich geeignete Geschäftsführer bzw. Vorstände zu bestellen. Diese werden vom BAKred auf ihre fachliche Eignung hin überprüft und können vom Aufsichtsamt sogar abgelehnt werden.

Um besser beurteilen zu können, welche Performance von einem Fonds künftig zu erwarten ist, kann auch ein Blick auf zunächst nebensächlich erscheinende Größen sehr hilfreich sein. Das heißt, man sollte sein Augenmerk auch auf Faktoren wie das Fondsvolumen oder die Kosten eines Fonds (insbesondere Ausgabeaufschläge und jährliche Verwaltungsvergütungen) richten. Eine ausgiebige Beurteilung des Fondsmanagements – soweit von außen möglich – darf dabei natürlich nicht fehlen. Die notwendigen Daten für eine tiefergehende Recherche finden Anleger im Rechenschaftsbericht, in den Vertragsbedingungen und immer öfter auch im Internet – entweder auf der Homepage des Fondsanbieters selbst oder auf spezialisierten Seiten zu Investmentfonds, etwa www.morningstarfonds.de

Fonds- und Portfoliostruktur

Das Fondsvolumen beispielsweise hat eventuell erhebliche Auswirkungen auf die Kostenstruktur und somit auf die Nettoerträge des Fonds. Je größer das Volumen, desto geringer sind die fixen Kosten pro Fondsanteil. Der Vorteil wirkt sich für Anleger aber nur dann aus, wenn die Investmentgesellschaft diesen beispielsweise über eine Senkung des Verwaltungskostensatzes an die Anleger weitergibt. Große Fondsvermögen können aber auch nachteilig sein. Ihre Umschichtung, etwa ein Aktienverkauf, kann zu ungünstigen Marktpreisen für den Fonds führen. Manager, die große Vermögen verwalten, können insbesondere in engen Börsensegmenten wie dem Neuen Markt oftmals nur sehr langsam auf Marktveränderungen reagieren, was sich nicht selten negativ auf die Performance auswirkt.

Nettozuflüsse Nettoabflüsse

Datum	Fonds-vermögen Mio. EUR	Anteilumlauf (Tsd.)	Mittelaufkommen Mio. EUR	Ausgabepreis EUR	Rücknahmepreis EUR	Berichtigter Rücknahmepreis EUR*)
2. 1. 1960	Auflegung			21,47	20,45	20,45
30. 9. 1992	41,4	1.303	– 1,2	33,39	31,79	47,97
30. 9. 1993	54,8	1.420	4,4	40,55	38,60	59,84
30. 9. 1994	60,9	1.583	6,6	40,44	38,51	60,88
30. 9. 1995	56,4	1.548	– 1,3	38,32	36,48	58,62
30. 9. 1996	61,8	1.435	– 4,3	45,25	43,09	70,14
30. 9. 1997	174,8	2.788	80,8	65,85	62,71	103,35
30. 9. 1998	302,5	4.832	138,2	65,75	62,61	104,11
30. 9. 1999	877,7	9.520	417,1	96,80	92,19	154,14
30. 9. 2000	2.147,7	17.000	856,2	132,65	126,33	212,36

*) Rücknahmepreis einschließlich wieder angelegter Ertragsausschüttungen, errechnet auf der Basis jeweils eines Anteils seit Auflegung des Fonds – notwendig für Vergleichszwecke.

Eine Übersicht der Mittelzu- und -abflüsse liefert der Rechenschaftsbericht.

Ein Anleger sollte sich vor dem Kauf von Fondsanteilen einen Überblick über die Mittelzu- und -abflüsse aus Anteilverkäufen bzw. -rücknahmen in der Vergangenheit verschaffen. Ist das Volumen in den zurückliegenden Jahren beispielsweise aufgrund hoher Mittelabflüsse gesunken, so könnte dies Hinweise auf die Akzeptanz bei Anlegern geben. Mit einer Beteiligung setzt sich ein Investor in diesem Fall dem Risiko aus, dass die Gesellschaft den Fonds in Zukunft auflöst. Ähnliches ist auch denkbar, sofern das von der Investmentgesellschaft angestrebte Volumen, etwa aufgrund von Fehleinschätzungen, nicht erreicht wird.

Hohe Mittelzu- und -abflüsse können verständlicherweise auch auf Marktgegebenheiten zurückzuführen sein. Ein steigendes Zinsniveau etwa könnte die Anteileigner eines Rentenfonds zum Verkauf von Zertifikaten veranlassen. Das Management ist dann unter Umständen gezwungen, zuvor erworbene Vermögenswerte mit Verlusten zu veräußern, um Liquidität für die Rücknahmen zu schaffen.

Alter

Das *Alter* eines Fonds drückt die Dauer seines Bestehens aus, und kann dem Verkaufsprospekt entnommen werden. Es lässt zwar prinzipiell keine Aussage über die zukünftige Performance zu. Dennoch ist zu beachten, dass für ältere Investmentfonds eine Fülle an Daten vorliegt, die dem Anleger eine relativ sichere Entscheidungsgrundlage bietet.

Datum	Fondsvermögen Mio. EUR	Anteilumlauf (Tsd.)	Mittelaufkommen Mio. EUR	Ausgabepreis EUR	Rücknahmepreis EUR	Berichtigter Rücknahmepreis EUR*)
1.7.1997	Auflegung			40,90	40,90	40,90
30.9.1997	9,2	224	9,2	41,27	41,27	41,35
30.9.1998	50,5	1.124	39,1	44,93	44,93	45,02
30.9.1999	130,4	3.003	84,4	43,41	43,41	45,15
30.9.2000	91,8	2.087	- 39,3	43,99	43,99	47,47

*) Rücknahmepreis einschließlich wieder angelegter Ertragsausschüttungen, errechnet auf der Basis jeweils eines Anteils seit Auflegung des Fonds – notwendig für Vergleichszwecke.

Das Alter kann dem Rechenschaftsbericht entnommen werden. Je älter ein Fond, desto zuverlässiger das Datenmaterial.

Die Beteiligung an einem neu aufgelegten Fonds ist demgegenüber mit einer vergleichsweise hohen Unsicherheit verbunden. Der Anleger hat kaum Daten, mit denen er sich ein Urteil bilden kann.

Besondere Probleme sind mit der Beurteilung des *Fondsmanagements* verbunden. Die Anteileigner sind allein auf die Fähigkeit der Kapitalanlagegesellschaft angewiesen, ein adäquates Management für das Fondsvermögen zu rekrutieren. Da in Deutschland nähere Informationen über die Manager, anders als beispielsweise in den USA, nur schwierig zu beschaffen sind, muss sich der Fondsanleger ausschließlich auf das Standing der Investmentgesellschaft selbst verlassen. Er vertraut sein Geld sozusagen einer Gruppe anonymer Personen an.

In den USA enthalten Verkaufsprospekte dagegen im Allgemeinen Informationen über die Fondsmanager, wie Namen, Ausbildung oder berufliche Karriere, was ein Ausschnitt aus dem Prospekt eines US-amerikanischen Rentenfonds illustriert.

*»... **Andrew N. Capsuleman, Senior Portfolio Manager***
Andrew N. Capsuleman has been responsible for portfolio recommendations and decisions since inception of the Fund. He has a Bachelor of Science degree in

business from Columbia University, has been in the municipal securities industry since 1986 and with the Firm since 1995. He is a member of the Financial Analysts Federation. …«

Je länger Manager einer Fondsgesellschaft angehören, desto eher sind Anleger in der Lage, deren Leistung und damit Managementrisiken einzuschätzen. Hinweise auf die Zugehörigkeitsdauer werden in Deutschland nur selten publiziert. Ganz anders der Service in den USA: Hier ist es beinahe selbstverständlich, dass Anleger darüber informiert werden, wie lange ein Manager schon für einen Fonds zuständig ist. So können beispielsweise die Leser der *Business Week* im Mutual Fund Scoreboard anhand bestimmter Symbole leicht erkennen, ob ein Manager erst seit kurzem für Anlageentscheidungen die Verantwortung trägt oder schon länger für die Gesellschaft tätig ist. Allerdings sollten Anleger bedenken, dass damit noch nichts darüber gesagt ist, ob der Manager auch in Zukunft für die Gesellschaft arbeitet oder möglicherweise zur Konkurrenz wechselt.

MUTUAL FUND SCOREBOARD

FUND	OVERALL RATING (COMPARES RISK-ADJUSTED PERFORMANCE OF EACH FUND AGAINST ALL FUNDS)	CATEGORY	RATING (COMPARES RISK-ADJUSTED PERFORMANCE OF FUND WITHIN CATEGORY)	SIZE: ASSETS $MIL.	SIZE: % CHG. 1996-97	FEES: SALES CHARGE (%)	FEES: EXPENSE RATIO (%)	1997 RETURNS (%): PRE-TAX	1997 RETURNS (%): AFTER-TAX	1997 RETURNS (%): YIELD
INVESCO VALUE EQUITY	B	Large-cap Value	C	379.1	51	No load	1.04	28.0	25.6	0.8
INVESTMENT CO. OF AMERICA	B	Large-cap Blend	B	39717.7	29	5.75	0.59†	29.8	26.9	1.6
IVY GROWTH A	C–	Mid-cap Blend	D	322.9	12	5.75	1.45†	11.7	9.3	0.8
IVY INTERNATIONAL A	C	Foreign	B+	1673.0	76	5.75‡	1.65†	10.4	10.0	0.5
JANUS	B	Large-cap Blend	C	19280.2	21	No load	0.85	22.7	17.4	NA
JANUS BALANCED	A	Domestic Hybrid	A	389.4	77	No load	1.21	21.8	18.0	NA
JANUS ENTERPRISE	C–	Small-cap Growth	B	573.1	–21	No load	1.12	10.8	9.4	NA
JANUS GROWTH & INCOME	C	Large-cap Growth	B	2004.5	82	No load	1.03	34.7	31.3	NA
JANUS MERCURY		Mid-cap Growth		1911.5	–7	No load	1.00	11.9	8.4	NA
JANUS OLYMPUS		Large-cap Growth		629.2	52	No load	1.15	26.7	25.2	0.2
JANUS OVERSEAS		Foreign		3240.9	239	No load	1.23	18.2	17.1	NA
JANUS SPECIAL SITUATIONS		Mid-cap Blend		389.4	383	No load	NA	46.0	44.0	0.0
JANUS TWENTY	C–	Large-cap Growth	C–	6003.7	47	No load	0.92	29.7	25.2	NA
JANUS VENTURE	C–	Small-cap Growth	B	1234.3	–28	No load‡	0.88	13.1	8.1	NA
JANUS WORLDWIDE	B	World	A	10567.8	109	No load	1.01	20.5	18.2	NA
JAPAN	F	Japan		297.4	–23	No load	1.16	–14.4	–15.8	5.4
KAUFMANN	C–	Small-cap Growth	[illegible]	[illegible]	[illegible]	[illegible]	[illegible]			

Kennzeichen für Managementwechsel; Manager wurde erst im laufenden Jahr eingesetzt

Zeigt an, dass der Manager schon seit mindestens 10 Jahren für den Fonds verantwortlich ist

Zum entscheidenden Faktor bei der Fondsauswahl könnten schließlich die mit der Beteiligung verbundenen *Kosten* werden. Die Investmentgesellschaft stellt direkt beim Kauf und Verkauf eines Anteils Kosten in Rechnung, zum Beispiel Ausgabeauf- und Rücknahmeabschläge. Außerdem fallen laufend Kosten an, insbesondere jährliche Verwaltungsvergütungen oder Depotgebühren. Des Weiteren sollte ein Anleger die »unsichtbaren Kosten« beachten. Diese entstehen dem Fonds durch die laufenden Kauf- und Verkaufstransaktionen. Kosten

Die aktuellen Ausgabeauf- und Rücknahmeabschläge sowie die sonstigen Gebühren, die beim Kauf bzw. der Rückgabe eines Fondsanteils zu entrichten sind, schreibt eine Gesellschaft in den Vertragsbedingungen fest. Mit dem Ausgabeaufschlag werden in erster Linie die Vertriebskosten gedeckt.

Kosten bei der Fondsanlage

- Kosten beim Kauf und Verkauf von Fondsanteilen
- Verwaltungskosten des Fonds
- Unsichtbare Kosten

Kommen wir nun zu den Verwaltungsaufwendungen. Hierunter fallen in erster Linie die Gebühren für das Management des Fonds, aber auch Kosten für die Erstellung von Rechenschaftsberichten oder für die Prüfung der Bücher des Fonds. Mit der Verwaltungsvergütung, die in den Vertragsbedingungen eines Fonds veröffentlicht wird und daher jedem Anleger bekannt sein müsste, werden normalerweise nur die Managementkosten finanziert. Alle weiteren Aufwendungen des Fonds werden im Laufe des Geschäftsjahres durch Entnahmen aus dem Fondsvermögen gedeckt. Wie hoch die Summe der sonstigen Kosten tatsächlich ist, können Anleger erst dem Rechenschaftsbericht eines Fonds am Ende des Geschäftsjahres entnehmen.

Auszug aus den Vertragsbedingungen eines Aktienfonds

AUSGABEPREIS, RÜCKNAHMEPREIS UND KOSTEN

§ 12 Ausgabe- und Rücknahmepreis

1. Die Berechnung des Ausgabe- und Rücknahmepreises wird börsentäglich vorgenommen.
2. Der Ausgabeaufschlag beträgt 6 Prozent des Anteilwertes. Der Gesellschaft steht es frei, einen geringeren Aufschlag zu berechnen. (← Ausgabeaufschlag)

§ 13 Kosten

1. Die Gesellschaft erhält für ihre Verwaltungstätigkeit eine jährliche Vergütung von bis zu 0,6 Prozent des Durchschnittswertes des Sondervermögens, das sich jeweils aus den Monatsendwerten errechnet. Die Vergütung wird monatlich anteilig erhoben.
2. Die Depotbank erhält für ihre Tätigkeit eine jährliche Vergütung von bis zu 0,1 Prozent des Durchschnittswertes des Sondervermögens, das sich jeweils aus den Monatsendwerten errechnet. Die Vergütung wird monatlich anteilig erhoben.

(} Verwaltungskosten des Fonds)

Total-Expense-Ratio

Vor dem Kauf eines Fonds empfiehlt es sich eigentlich immer, einen genauen Blick auf alle Verwaltungskosten zu werfen. Der Vergleich mit anderen Fonds kann mit Hilfe der so genannten *Total-Expense-Ratio* erfolgen. Diese ergibt sich anhand unten stehender Formel. Zunächst muss jedoch das durchschnittliche Fondsvermögen berechnet werden.

$$\varnothing \text{ Fondsvermögen} = \frac{\text{Fondsvermögen } t_1 + \text{Fondsvermögen } t_2}{2}$$

mit:

t_1 = Fondsvermögen zu Beginn des Betrachtungszeitraums

t_2 = Fondsvermögen am Ende des Betrachtungszeitraums

$$\text{Expense Ratio} = \frac{\text{Summe Verwaltungskosten}}{\varnothing\ \text{Fondsvermögen}} \times 100\ \%$$

Beispiel

Dazu ein Beispiel: Es sollen die Expense Ratios zweier Aktienfonds berechnet werden, die sich derselben Fondsgruppe zuordnen lassen. Nachstehende Angaben sind dem jeweiligen Rechenschaftsbericht entnommen. Die Berechnung des durchschnittlichen Fondsvermögens sowie der Expense Ratios erfolgt in der Tabelle weiter unten.

Aktienfonds A

Entwicklung des Fondsvermögens

	EURO	EURO
Fondsvermögen am Beginn des Geschäftsjahres		2.899.303.601,09
Ausschüttung für das Vorjahr		-48.230.053,01
Mittelzuflüsse aus Anteilscheinverkäufen	162.772.676,12	
Mittelabflüsse aus Anteilscheinrücknahmen	- 520.196.920,56	
Mittelzufluss/-abfluss (netto)		-357.424.244,44
Ertragsausgleich		37.052.710,51
Ordentlicher Nettoertrag		51.969.962,32
Realisierte Gewinne		644.076.387,60
Realisierte Verluste		-48.759.246,98
Nettoveränderung der nicht realisierten Gewinne/Verluste		256.995.211,25
Fondsvermögen am Ende des Geschäftsjahres		**3.434.984.328,34**

Ertrags- und Aufwandsrechnung

	EURO
Dividenden inländischer Aussteller	66.782.136,57
Zinsen aus Wertpapieren inländischer Aussteller	71.826,86
Zinsen aus Liquiditätsanlagen im Inland	9.075.789,05
Zinsen aus Wertpapieren ausländischer Aussteller	56.043,17
Erträge aus Wertpapier- Darlehen- und Pensionsgeschäften	191.097,34
Erträge insgesamt	76.176.892,99
Verwaltungsvergütung	22.808.319,40
Depotbankvergütung	994.997,36
Druck und Versand der Rechenschafts- und Halbjahresberichte	269.035,59
Veröffentlichung und Prüfung	58.056,48
Ertragscheineinlösung	76.521,84
Aufwendungen insgesamt	24.206.930,67
Ordentlicher Nettoertrag	**51.969.962,32**

∅-Fondsvermögen

$$\frac{2{,}8993\ \text{Mrd. Euro} + 3{,}4350\ \text{Mrd. Euro}}{2} = 3{,}1672\ \text{Mrd. Euro}$$

Expense Ratio

$$\frac{0{,}0242\ \text{Mrd. Euro}}{3{,}1672\ \text{Mrd. Euro}} \times 100\ \% = 0{,}76\ \%$$

Aktienfonds B

Ertrags- und Aufwandsrechnung
(inkl. Ertragsausgleich) für den Zeitraum vom 01.01.2000 bis 31.12.2000

		EUR
Dividenden inländischer Aussteller		43.659.617,63
Zinsen aus Geldanlagen im Inland		4.853.757,48
Erträge aus Wertpapier-Darlehen		100.687,34
Erträge insgesamt		**48.614.062,45**
Verwaltungsvergütung (0,700 % p.a.)	–	15.819.201,18
Depotgebühren	–	97.537,19
Depotbankvergütung (0,040 % p.a.)	–	1.050.835,62
Berichterstattungskosten	–	188.578,04
Veröffentlichungskosten	–	30.185,90
Prüfungskosten	–	48.825,31
Einlösungsprovision	–	76.990,33
Registrierungsgebühren	–	682,27
Aufwendungen insgesamt	**–**	**17.312.835,84**
Ordentlicher Nettoertrag		**31.301.226,61**

Entwicklung des Fondsvermögens

		EUR		EUR
Fondsvermögen am Beginn des Geschäftsjahres				1.995.695.798,65
Ausschüttung für das Vorjahr			–	24.902.441,54
Mittelzuflüsse aus Anteilscheinverkäufen		659.591.738,16		
Mittelabflüsse aus Anteilscheinrücknahmen	–	441.438.111,21		
Mittelzufluss/-abfluss (netto)				218.153.626,95
Ertragsausgleich			–	86.875.973,91
Ordentlicher Nettoertrag				31.301.226,61
Realisierte Gewinne				489.158.026,19
Realisierte Verluste			–	12.415.693,36
Nettoveränderung der nicht realisierten Gewinne/Verluste			–	465.851.275,01
Fondsvermögen am Ende des Geschäftsjahres				2.144.263.294,58

∅-Fondsvermögen

$$\frac{1{,}9957\ \text{Mrd. Euro} + 2{,}1443\ \text{Mrd. Euro}}{2} = 2{,}0700\ \text{Mrd. Euro}$$

Expense Ratio

$$\frac{0{,}0173\ \text{Mrd. Euro}}{2{,}0700\ \text{Mrd. Euro}} \times 100\ \% = 0{,}84\ \%$$

Die Expense Ratios unterscheiden sich recht deutlich voneinander. Aus Kostengesichtspunkten ist Fonds A vorzuziehen.

Der Anleger kann die Kosten eines Fonds problemlos ermitteln und mit denjenigen anderer Fonds vergleichen. Die Gegenüberstellung sollte jedoch über mehrere Jahre erfolgen. Die Verkaufsprospekte US-amerikanischer Investmentfonds enthalten üblicherweise die Expense Ratios der letzten Jahre. Dies erleichtert die Analyse erheblich.

Nebenstehender Ausschnitt verdeutlicht, dass die »Expense Ratio« mit steigendem Fondsvolumen immer kleiner wird. Von den anteilig sinkenden Fixkosten des Fonds profitieren hier also auch die Anleger.

Ratios/Supplemental Data										
Net Assets, End of Period (Millions)	$8,246	$7,486	$4,878	$3,298	$2,087	$2,162	$ 1,485	$ 1,323	$ 814	$ 133
Ratio of Expenses to Average Net Assets	.39%	.39%	.41%	.48%	.52%	.53%	.58%	.49%	.65%	.80%*
Ratio of Net Investment Income to Average Net Assets	3.26%	3.11%	3.72%	4.51%	4.93%	5.29%	4.94%	4.11%	4.33%	4.56%*
Portfolio Turnover Rate	24%	26%	23%	41%	20%	22%	25%	46%	50%	1%

Die dritte, bei der Fondsauswahl wichtige Kostenart, sind die *unsichtbaren Kosten*. Hierbei handelt es sich um sämtliche Transaktionskosten, die dem Fonds bei Wertpapier- bzw. Immobilienan- und -verkäufen entstehen, also beispielsweise Makler-Courtagen oder Bankspesen. Die Höhe wird von der Gesellschaft gemeinhin nicht veröffentlicht. Sie sind deshalb für Außenstehende nicht sichtbar. Da die jährlichen Umsätze in Vermögenswerten, etwa Wertpapieren, der einzige Anhaltspunkt für die Höhe der unsichtbaren Kosten sind, haben Faktoren wie

- die Anlagephilosophie des Fonds,
- der Umfang der Anteilverkäufe und -rücknahmen innerhalb eines Jahres,
- Absicherungsmaßnahmen,
- die Restlaufzeit von Schuldverschreibungen usw. und natürlich
- die Veränderungen allgemeiner Marktbedingungen, wie das Zinsniveau,

erhebliche Bedeutung für die Fondsauswahl. Im Falle von Wertpapierfonds betragen die Transaktionskosten in aller Regel 0,5 bis 2 % des durchschnittlichen Fondsvermögens. Sie liegen unter Umständen über den Verwaltungskosten und sollten daher generell Berücksichtigung finden.

Die exakte Höhe der Transaktionskosten ist für einen Außenstehenden allerdings nicht exakt feststellbar. In den Rechenschaftsberichten deutscher Kapitalanlagegesellschaften werden für Wertpapierfonds beispielsweise durchweg nur die Stückzahlen der ge- und verkauften Titel ausgewiesen, sodass ein Anleger bereits bei der Ermittlung des Umsatzvolumens auf Euro-Basis vor einem nahezu unlösbaren Problem steht. Fondsprospekte US-amerikanischer Investmentgesellschaften sind hier aufschlussreicher. Im *Financial Highlights Table* findet der Investor die *Portfolio-Turnover-Rate*, was mit »Umschlagshäufigkeit des Fondsvermögens« übersetzt werden kann. Dies erlaubt einen direkten Umsatzvergleich einzelner Fonds.

Portfolio-Turnover-Rate

Auszug aus Verkaufsprospekt

Ratio of Net Investment Income to Average Net Assets	7.02%	6.44%	7.26%	7.72%	8.29%	8.08%	8.46%	8.10%	6.93%*
Portfolio Turnover Rate	85%	7%	170%	89%	147%	83%	387%	182%	182%

Portfolio wurde fast 4-mal umgeschlagen

Bei der Berechnung der Portfolio-Turnover-Rate setzen die Gesellschaften das Umsatzvolumen, wofür sie – je nachdem welcher Wert kleiner ist – entweder die Kauf- oder Verkaufsumsätze heranziehen, zum durchschnittlichen Fondsvermögen ins Verhältnis.

$$\text{Portfolio-Turnover-Rate} = \frac{\overbrace{\text{Umsatzvolumen in \$}}^{\substack{\text{Summe Käufe} \\ \text{oder} \\ \text{Summe Verkäufe}}}}{\varnothing\text{-Fondsvermögen in \$}} \times 100\ \%$$

Die Portfolio-Turnover-Rate ist demnach Ausdruck dafür, wie viel Prozent des durchschnittlichen Vermögens im Laufe eines Jahres erworben oder veräußert, kurz umgeschlagen, wurden. Beträgt das Vermögen beispielsweise durchschnittlich 100 Millionen US-Dollar, und tätigen die Manager im Laufe eines Jahres Wertpapierkäufe und -verkäufe für jeweils 50 Millionen US-Dollar, so ergibt sich eine Portfolio-Turnover-Rate in Höhe von 50 %. Folglich wurde die Hälfte des durchschnittlichen Fondsvermögens umgeschlagen.

Die Portfolio-Turnover-Rate ist ein gutes Indiz für die Höhe der zu erwartenden Transaktionskosten. Investmentfonds mit großen Umsatzraten verursachen verständlicherweise relativ hohe Transaktionskosten. Investoren sollten die Turnover Rates einzelner Fonds, sofern veröffentlicht, immer über einen Zeitraum von mehreren Jahren miteinander vergleichen.

Eine bedeutende Hilfsgröße bei der Beurteilung von Investmentfonds stellt auch der *Liquiditätsgrad* dar. Er gibt – einfach ausgedrückt – an, wie viel Prozent des Fondsvermögens am Stichtag in Form von Barreserven gehalten werden. Das Gegenteil ist der so genannte Investitionsgrad.

Marktanalysten beobachten die Liquiditätshaltung von Investmentfonds mit großer Aufmerksamkeit. Denn gewöhnlich bilden Aktienfondsmanager immer dann hohe Barreserven, wenn sie einen Börsenabschwung erwarten.

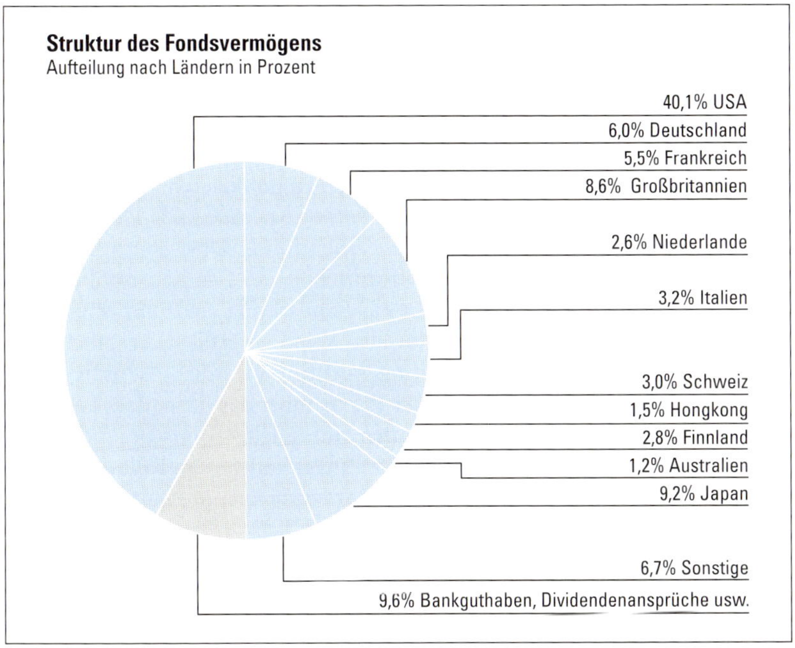

Das Vorhalten von Barreserven ist insbesondere bei offenen Publikumsfonds erforderlich, um den jederzeitigen Anteilrückkauf zu gewährleisten. Über einen langen Zeitraum hinweg sollte die Liquidität einen gewissen Anteil des Vermögens dennoch nicht überschreiten, da die Mittel relativ unrentabel angelegt sind.

Risikokennziffern

Investmentfonds mit identischem Anlageschwerpunkt und ähnlichen Anlagezielen bergen für Investoren, trotz weitgehend übereinstimmender Merkmale, möglicherweise unterschiedlich stark ausgeprägte Risiken. Dies lässt sich etwa auf die Objekte, deren Ausstattung sowie die Gewichtung im Portfolio zurückführen. Die fondsspezifischen Risiken beurteilen die Anleger je nach Kategorie zum Beispiel anhand des Diversifikationsgrades oder der Duration.

Diversifikationsgrad

Der *Diversifikationsgrad* ergibt sich aus der prozentualen Gewichtung der einzelnen Objekte. Er wird in aller Regel nicht konkret bestimmt, sondern nur verbal umschrieben, etwa durch die Begriffe hoher, mittlerer, geringer Diversifikationsgrad. Ein bestimmter Aktienfonds, dessen zehn am stärksten gewichtete Aktientitel zusammen genommen beispielsweise die Hälfte des Fondsvermögens ausmachen, ist gegenüber einem anderen, gleichartigen Aktienfonds, der diese Titel etwa nur mit einem Fünftel gewichtet, schwächer diversifiziert. Je geringer die Streuung, desto höher sind die titelspezifischen Risiken.

Weitere Risikomaße sind statistische Maßzahlen, etwa die Standardabweichung der Renditen, das Beta oder der Korrelationskoeffizient. Diese Kennziffern werden wir im Anschluss an die historische Performance näher erläutern.

Bei Renten- und Geldmarktfonds spielen insbesondere die Zinsreagibilität sowie das Rating der Schuldverschreibungen und sonstigen Anlageinstrumente eine wichtige Rolle. Zur Beurteilung der Risiken solcher Fonds werden in der Praxis häufig Kennziffern wie die durchschnittliche Restlaufzeit, die Duration oder das durchschnittliche Rating im Portfolio enthaltener Titel herangezogen. In den USA ist es üblich, durchschnittliche Ratings und Restlaufzeiten in den Rechenschaftsberichten zu publizieren.

Fonds-Rating

Seit Anfang der 1980er Jahre erstellen *Rating-Agenturen* wie Moody's oder Standard & Poor's auch Ratings für Investmentfonds selbst. Ratings können für Anleger ein weiteres wichtiges Hilfsmittel bei der Fondsauswahl darstellen. Doch Vorsicht: Die Initiative für ein Fondsrating geht immer von den Investmentgesellschaften aus. Es gibt also keine gesetzliche Verpflichtung, Ratings zu veröffentlichen. Und Rating-Agenturen werden erst aktiv, wenn sie eine Gesellschaft auffordert. In der Praxis führt das dazu, dass Fondsgesellschaften aus verständlichen Gründen nur solche Fonds besonders herausstellen, die gute bis sehr gute Beurteilungen aufweisen. Fällt das Rating hingegen vergleichsweise schlecht aus, können sie auf eine Publikation einfach verzichten.

Historische Performance

Begriff

Einen wichtigen Indikator für die zukünftige Ertrags- und Wertentwicklung eines Investmentfonds stellt dessen Anlageerfolg in der Vergangenheit dar. Dieser wird häufig mit dem Begriff *Performance*, was übersetzt Leistung heißt, umschrieben und drückt die prozentuale Änderung des Anteilwertes innerhalb eines bestimmten Zeitraums aus.

Häufig legen die Investmentgesellschaften eines Landes bei der Performance-Messung eine einheitliche Methode zugrunde, was Anlegern direkte Fondsvergleiche ermöglicht. In Deutschland hat sich für alle Arten offener Publikumsfonds die *BVI-Methode*, benannt nach dem *Bundesverband deutscher Investment-Gesellschaften*, durchgesetzt. Der BVI misst die Anteilwertentwicklung während des Betrachtungszeitraums und unterstellt, dass ein Fondsanleger im Falle eines

BVI-Performance

- ausschüttenden Fonds Ausschüttungen wieder anlegt, indem er am Tag der Ausschüttung Anteile zum Rücknahmepreis erwirbt;
- thesaurierenden Fonds die Kapitalertragsteuer an dem Tag reinvestiert, an dem der Fonds die Steuerzahlungen leistet.

Der BVI behandelt die Steuerzahlungen eines thesaurierenden Fonds wie Ausschüttungen. In der Praxis werden der Mehrzahl der Fondsanleger die Kapitalertragsteuern in voller Höhe gutgeschrieben. Folglich könnten die meisten Anleger die betreffenden Zahlungen umgehend reinvestieren.

Außerdem unterstellt der BVI, dass ein Investor Anteilbruchteile erwerben kann. Ausgabeaufschläge bleiben unberücksichtigt. Unter diesen Voraussetzungen lässt sich die BVI-Performance in folgenden drei Schritten ermitteln.

1. Schritt: Der BVI berechnet zunächst die Zahl der Anteile, die ein Anleger am Ende des Betrachtungszeitraums besitzen könnte, wenn er

- zu Beginn der Periode einen einzigen Anteil hält und
- für Ausschüttungen respektive vom Fonds abgeführte Kapitalertragsteuer weitere Anteile kauft.

Die Ausschüttungen bzw. Steuerzahlungen dividiert der BVI durch den Anteilwert am jeweiligen Geschäftstag. Schüttete ein Fonds den Anteilinhabern beispielsweise 5,50 Euro aus bzw. leistete er eine Steuerzahlung in entsprechender Höhe, und betrug der Anteilwert zu eben diesem Zeitpunkt 110 Euro, so konnten durch die Wiederanlage des Ausschüttungs- bzw. Steuerbetrages insgesamt

$$\frac{5{,}50 \text{ Euro}}{110 \text{ Euro/Anteil}} = 0{,}05 \text{ Anteile}$$

erworben werden. Sind ansonsten keine weiteren Ausschüttungen bzw. Steuerzahlungen innerhalb der Periode erfolgt, besitzt der Anleger am Ende des Betrachtungszeitraums somit 1,05 Anteile.

2. Schritt: Der BVI multipliziert die Zahl der Anteile am Ende des Betrachtungszeitraums mit dem aktuellen Anteilwert. Angenommen, dieser lautet am Ende des Betrachtungszeitraums 115,00 Euro, dann beträgt das Vermögen des Anlegers

$$\overbrace{1{,}05}^{\text{Anteile aus Schritt 1}} \times \underbrace{115{,}00\ \text{Euro}}_{\text{Anteilwert am Ende der Betrachtungsperiode}} = 120{,}75\ \text{Euro}$$

3. Schritt: Nun berechnet der BVI die Differenz zwischen dem Anteilwert am Ende (t_2) und am Anfang des Betrachtungszeitraums (t_1).

Anteilwertänderung in Euro = Anteilwert (t_2) – Anteilwert (t_1)

Anschließend wird diese zum Anteilwert am Anfang des Betrachtungszeitraums ins Verhältnis gesetzt.

$$\text{BVI-Performance in \%} = \frac{\text{Anteilwertveränderung}}{\text{Anteilwert } (t_1)} \times 100\ \%$$

Hätte der Anteilwert im Ausgangspunkt beispielsweise 100 Euro betragen, so ergäbe sich für den Anleger eine Performance, vor Kosten und Steuern, in Höhe von

$$\frac{120{,}75\ \text{Euro} - 100{,}00\ \text{Euro}}{100\ \text{Euro}} \times 100\ \% = 20{,}75\ \%.$$

Bereinigte BVI-Performance

Den Anlageerfolg unter Berücksichtigung des Ausgabeaufschlags kann ein Investor mit Hilfe der *bereinigten BVI-Performance*, auch *Effektivperformance* oder *Anlegerrendite* genannt, feststellen. Die Auswirkung des Ausgabeaufschlags auf die Performance ist im Allgemeinen abhängig von der Haltedauer eines Fondsanteils. Je länger ein Anteil gehalten wird, desto geringer ist der Einfluss des Ausgabeaufschlags. Die bereinigte BVI-Performance beinhaltet den Zeitaspekt aber nicht.

$$\begin{array}{c}\text{Bereinigte BVI-Performance}\\ \text{in Prozentpunkten}\end{array} = \left[\frac{\text{BVI-Performance in Prozentpunkten} + 100}{1 + \dfrac{\text{Ausgabeaufschlag in Prozentpunkten}}{100}}\right] - 100$$

Mit Hilfe des Rechenschaftsberichts und der Finanzzeitung kann ein Investor sowohl die BVI- als auch die bereinigte BVI-Performance für einen Fonds berechnen. Das ist normalerweise jedoch nicht notwendig, da Investmentgesellschaften Informationen über die Entwicklung der Performance und der Ausschüttungen zur Verfügung stellen. Performance-Zahlen werden aber auch von spezialisierten Unternehmen, den *Performance-Messgesellschaften*, ermittelt und publiziert. Diese gehen inzwischen immer mehr dazu über, neben Rendite- auch Risikoaspekte einzubeziehen.

Relativer Performance-Ansatz

Bei der Leistungsbeurteilung eines Fondsmanagers spielt die absolut erzielte Performance lediglich eine untergeordnete Rolle – man fragt also nicht, ob ein Fondsmanager im letzten Jahr 5, 10 oder 20 Prozent Rendite erzielt hat oder mit seinem Fonds gar im Minus gelandet ist. Viel entscheidender ist, mit Hilfe von Vergleichen ein Urteil über die Performance eines bestimmten Fonds zu fällen (so genannter relativer Performance-Ansatz). Als Vergleichsgrößen bieten sich – wie schon gesehen – Aktien- und Rentenindizes (*Benchmarks*) an – daneben natürlich auch andere Investmentfonds, die einen identischen Anlageschwerpunkt aufweisen. Ein Fondsmanager hat nach diesem Ansatz in einem Jahr dann gute Leistungen erbracht, wenn die Rendite seines Fonds über der des Vergleichsindexes bzw. über der durchschnittlichen Rendite der konkurrierenden Fonds liegt. Das heißt, selbst wenn ein Fonds eine negative Performance erzielt, jedoch nicht ganz so stark fällt wie Wettbewerber und Vergleichsindizes, wird seinem Manager eine gute Leistung bescheinigt. Nebenbei: Bei Hedge-Fonds ist das – wie bereits im Abschnitt über diese Fondskategorie beschrieben – grundsätzlich anders. Als gute Leistung zählt hier nur eine positive Wertentwicklung.

Die Praxis hat gezeigt, dass es nur den wenigsten Fondsmanagern tatsächlich gelingt, regelmäßig besser abzuschneiden als ihre Benchmark. Der Mehrzahl der Fonds muss man daher – ausgehend vom relativen Performance-Ansatz – Jahr für Jahr eine schlechte Leistung bescheinigen. Ein weiteres Problem besteht darin, dass die Leistung der Fondsmanager im Zeitverlauf nicht konstant ist: Manager, die in einem Jahr an der Spitze der Vergleichsgruppe landen und damit eine sehr gute Leistung erbracht haben, können schon im nächsten Jahr ganz am Ende rangieren. Erst eine Langzeitbeobachtung kann über die tatsächliche Leistungsfähigkeit Aufschluss geben.

Anwendungsmöglichkeiten

In Relation zu den bisher erläuterten Auswahlgrößen sind Performance-Kennziffern ein sehr komfortables Entscheidungskriterium. Sie bringen die Ertrags- und Wertentwicklung mehrerer Fonds in der Vergangenheit sozusagen auf einen gemeinsamen Nenner und bieten Anlegern somit eine direkte Vergleichsgrundlage. Dennoch sollten sie nicht als einziges Auswahlkriterium dienen. Es stellt sich etwa die Frage,

- zu welchen Anteilen die historische Performance auf die Fähigkeiten des Managements oder aber Zufallsfaktoren (Glück) zurückzuführen ist und
- inwieweit sie überhaupt zuverlässige Aussagen über die Total Returns in der Zukunft zulässt.

Die erzielte Performance ist letzten Endes als akzeptabel zu betrachten, wenn sie

- über mehrere Jahre hinweg und zudem
- in kurzen Betrachtungsperioden

über den Durchschnittserträgen einer Gruppe homogener Fonds lag.

Fonds-Ratings

Finanzzeitungen publizieren regelmäßig *Fondshitlisten*, die mehrere Investmentfonds entsprechend ihrer historischen Performance in eine Rangfolge, auch Ranking genannt, bringen. Die Aussagekraft solcher Rankings ist jedoch begrenzt. Dies belegt die folgende Tabelle. Sie zeigt das Ergebnis einer Untersuchung, die vor einigen Jahren in den USA durchgeführt wurde und sich insgesamt über 681 Aktienstandardfonds erstreckte. Für die zehn besten Fonds eines ganz bestimmten Jahres – gemessen an der 12-Monats-Performance – wurden jeweils die Rangplätze im darauf folgenden Jahr erfasst und schließlich die durchschnittlichen Ränge im zweiten Jahr ermittelt. Für all diejenigen Fonds etwa, die irgendwann im Beobachtungszeitraum den ersten Platz belegten, ermittelte man den Rang im Folgejahr. Als Ergebnis lässt sich festhalten, dass die Fonds, die in einem bestimmten Jahr jeweils die Spitzenposition einnahmen, im Folgejahr durchschnittlich auf Platz 100 landeten. Man sieht an den Ergebnissen, wie unzuverlässig Rankings für die zukünftige Wertentwicklung sind.

Was Hitlisten aussagen

Hitlisten-Platzierung (ursprünglich)	Durchschnittliche Platzierung im Folgejahr
1. Platz	100.
2. Platz	383.
3. Platz	231.
4. Platz	343.
5. Platz	358.
6. Platz	239.
7. Platz	220.
8. Platz	417.
9. Platz	242.
10. Platz	330.

Beim Rückgriff auf Performance-Hitlisten im Rahmen einer Auswahlentscheidung ist obendrein zu beachten, dass

- die einbezogenen Fonds nur dann direkt miteinander vergleichbar sind, sofern sie einer Gruppe homogener Fonds angehören;
- die Fonds in unterschiedlichen Währungen aufgelegt sein können;
- eventuell keine Loads berücksichtigt und die Vergleiche nur über sehr kurze Zeiträume durchgeführt wurden.

Bei Benchmark-Vergleichen, die beispielsweise Verkaufsprospekte ausweisen, sollten Anleger immer prüfen, ob

- das Fondsportfolio in seiner Struktur und Zusammensetzung mit dem Index in etwa übereinstimmt;
- der Index ein Performance-Index ist und sein Total Return somit – genau wie der des Fonds – alle Ertragskomponenten, wie Dividenden, Stückzinsen usw. erfasst.

Performance-Messung bei US-Money-Market-Funds

Die Anteilwerte von US-Geldmarktfonds sind gewöhnlich keinen Schwankungen ausgesetzt, sondern betragen grundsätzlich konstant einen US-Dollar. Für sie entwickelte die SEC besondere Performance-Kennziffern, zu deren wichtigsten die annualisierte

- Seven-Day-Simple-Yield sowie die annualisierte
- Seven-Day-Compound-Yield

zählen.

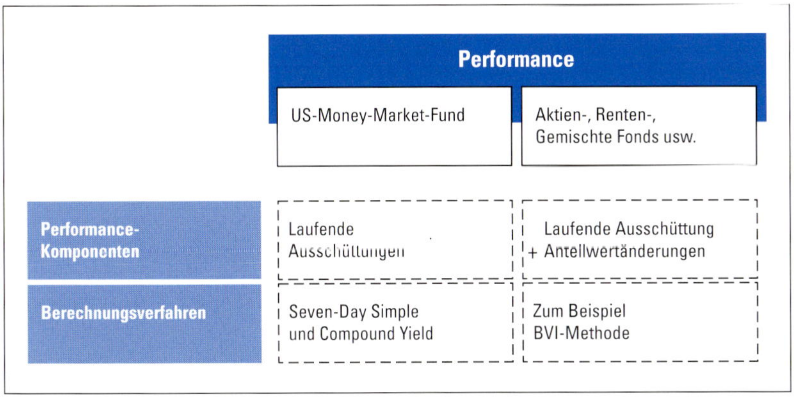

Performance US-Geldmarkt versus sonstige Fonds

Ausgangspunkt der Berechnung der beiden SEC-Performance-Maße bildet jeweils die in den vergangenen sieben Tagen pro Fondsanteil erfolgte Ausschüttung. Anschließend wird dieser, auch als *Base-Period-Return* bezeichnete Betrag zum ursprünglich investierten Kapital von einem US-Dollar ins Verhältnis gesetzt und die Annahme getroffen, dass ein Fondsanleger den Ertrag der letzten sieben Tage auch in den kommenden 51 Wochen erzielt.

$$\text{Simple Yield p. a.} = \frac{\text{Base period return in US-\$}}{\text{1 US-\$}} \times 100\,\% \times \frac{\text{365 Tage}}{\text{7 Tage}}$$

Bei der *Compound Yield* berücksichtigt die SEC – im Gegensatz zur Simple Yield – den Zinseszinseffekt und unterstellt demnach eine permanente Wiederanlage der wöchentlichen Ausschüttungen.

$$\text{Compound Yield p. a.} = \left[\left[\frac{\text{Base period return in US-\$}}{\text{1 US-\$}} + 1\right]^{\frac{365}{7}} - 1\right] \times 100\,\%$$

Die in der Tabelle MONEY MARKET MUTUAL FUNDS im WALL STREET JOURNAL für jeden Fonds publizierte Rendite repräsentiert den Wochendurchschnitt der Seven-Day Simple-Yield.

Money-Fund Yields Remained Unchanged In the Latest Week

By a WALL STREET JOURNAL *Staff Reporter*

NEW YORK – Yields on taxable money-fund yields didn't budge in the latest week.

The average seven-day compound yield on taxable money-market funds remained at 5.35% in the week ended Tuesday, according to IBC's Money Fund Report, an Ashland, Mass., newsletter. Compound yields assume reinvestment of dividends.

The average seven-day simple yield also remained unchanged at 5.21%. The 30-day yield remained at 5.23%, as did the 30-day compound yield, which stayed at 5.37%.

The stagnant yields reflect that "there was no change in Federal Reserve policy."

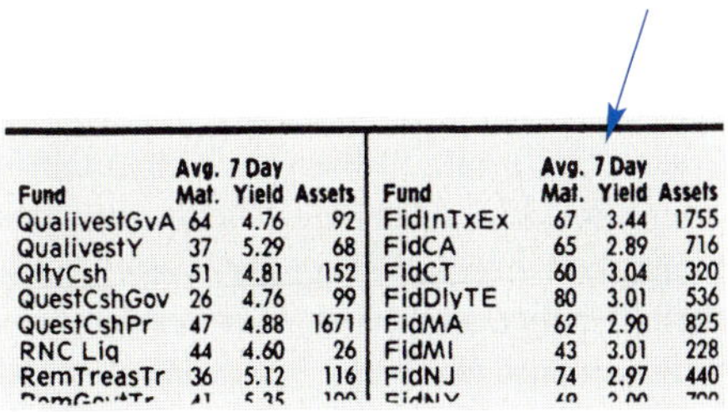

Fund	Avg. Mat.	7 Day Yield	Assets	Fund	Avg. Mat.	7 Day Yield	Assets
QualivestGvA	64	4.76	92	FidInTxEx	67	3.44	1755
QualivestY	37	5.29	68	FidCA	65	2.89	716
QltyCsh	51	4.81	152	FidCT	60	3.04	320
QuestCshGov	26	4.76	99	FidDlyTE	80	3.01	536
QuestCshPr	47	4.88	1671	FidMA	62	2.90	825
RNC Liq	44	4.60	26	FidMI	43	3.01	228
RemTreasTr	36	5.12	116	FidNJ	74	2.97	440

Aus einem Artikel sowie einer Kurstabelle im Wall Street Journal

Volatilität, Beta, Korrelation

Anteilwerte von Investmentfonds sind Schwankungen unterworfen. Je riskanter die Anlagegegenstände, desto höher die Schwankungsintensität. Der Anteilwert eines Aktienfonds beispielsweise ist im Regelfall deutlich stärkeren Schwankungen ausgesetzt als der Anteilwert eines Rentenfonds. Wir haben bereits im Kapitel 2 einiges über Risikokennzahlen für Aktien gelesen. Diese Ausführungen sind auf Fondsanteile übertragbar.

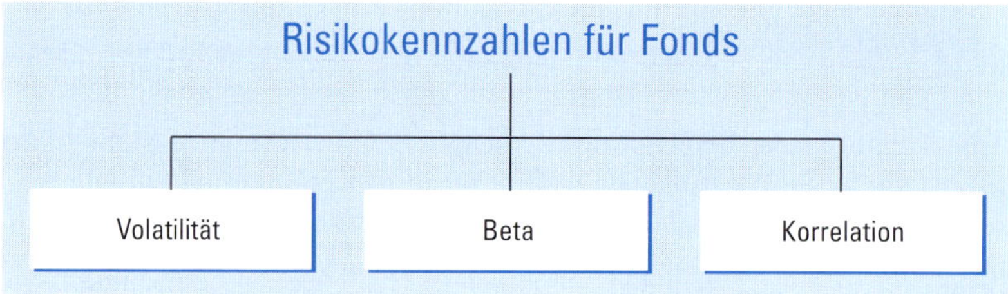

Volatilität

Beschränken wir uns an dieser Stelle auf Aktienfonds. Genauso, wie man für eine Aktie die Volatilität – also einfach ausgedrückt die durchschnittliche Abweichung des Kurses einer bestimmten Aktie von ihrem langfristigen Mittelkurs – berechnen kann, ist das auch beim Anteilwert eines Aktienfonds möglich. Volatilitäten für Aktienfonds sind besonders leicht im Internet zu finden.

Grundsätzlich gilt: Je höher die *Volatilität* eines Fonds in der Vergangenheit, desto höher das Wertschwankungsrisiko. Fonds mit hohen Volatilitäten bieten einerseits die Chance, hohe Anteilwertgewinne zu erzielen. Andererseits bergen sie die Gefahr, besonders hohe Verluste zu erleiden. Die Volatilität ist also ein Indikator für die Schwankungsintensität des Anteilwertes und damit für das Risiko, einen Teil seines Geldes zu verlieren. Aber Vorsicht: Die Zahl wird mit Hilfe von Daten aus der Vergangenheit gewonnen, und ist deshalb nicht unbedingt ein sicherer Indikator für die zukünftige Entwicklung.

Beta-Faktor

Weiterhin ist es üblich, für Investmentfonds Beta-Faktoren zu berechnen. Die Interpretation ist der bei einzelnen Aktien sehr ähnlich: Je höher (geringer) der *Beta-Faktor* eines bestimmten Fonds, desto stärker (schwächer) die Wertveränderung im Vergleich zu einem Vergleichsindex (zum Beispiel DAX oder S & P 500). Der Beta-Faktor misst das systematische Risiko, also die Abhängigkeit des Fonds von der Wertentwicklung des gesamten Marktes – man spricht daher auch vom *Marktrisiko*. Ergibt sich für einen Aktienfonds ein Beta von zum Beispiel 1,5, so verändert sich der Anteilwert des Fonds in etwa eineinhalbmal so stark wie der Markt bzw. der Vergleichsindex (Benchmark). Steigt die Benchmark des Fonds beispielsweise um 1 Prozentpunkt, legt der Fonds durchschnittlich um 1,5 Prozentpunkte zu. Fällt der Markt hingegen um 1 Prozentpunkt, so sind die Verluste im Regelfall eineinhalbmal so groß. Grundsätzlich gilt: Je höher der Beta-Faktor, desto riskanter (schwankungsintensiver), aber auch chancenreicher ein Investmentfonds.

Um die Güte des Beta-Faktors zu beurteilen, sollte man auf *Korrelationskoeffizienten* schauen. Diese zeigen die Stärke des Zusammenhanges zwischen Fonds- und Indexentwicklung und außerdem die Richtung der Renditeänderung an. Zunächst zum letztgenannten Punkt – die Richtung der Renditeänderung. Ist die Korrelation eines Fonds positiv, so steigt (sinkt) der Anteilwert normalerweise immer dann, wenn auch der Markt steigt (sinkt). Eine negative Korrelation hingegen indiziert eine gegensätzliche Entwicklung zwischen Anteilwert und Gesamtmarkt bzw. Anteilwert und Benchmark. Legt die Benchmark an Wert zu, so sinkt in der Regel gleichzeitig der Anteilwert des Fonds und umgekehrt.

Korrelationskoeffizient

Weiterhin kann gesagt werden: Je höher der Korrelationskoeffizient, desto aussagekräftiger ist der Beta-Faktor als Risikomaßstab für diesen Fonds.

Hat ein Fonds einen sehr geringen Korrelationskoeffizienten (Wert nahe Null), so ist dies ein Indiz für starke Zufallseinflüsse. Eine permanent gleich- oder gegenläufige Entwicklung zum Markt ist in solchen Fällen sehr unwahrscheinlich.

Tracking Error

Neben Volatilität, Beta und Korrelation kann man ein weiteres statistisches Risikomaß für Investmentfonds heranziehen, den so genannten Tracking Error. Dieser wird normalerweise als Risiko eines Anlegers interpretiert, mit einem bestimmten Fonds die Rendite der betreffenden Benchmark zu verfehlen. Die Abweichung von der Benchmarkrendite kann dabei sowohl positiv (Fonds besser als Benchmark) als auch negativ (Fonds schlechter als Benchmark) sein. Zur Verdeutlichung: Ein Tracking Error bzw. das Risiko, die Benchmarkrendite zu verfehlen, ist bei Aktienfonds prinzipiell immer vorhanden. Eine Ausnahme sind reine Index- oder indexnahe Fonds – Fonds, deren Manager den Vergleichsindex nachbilden. Erreichen Manager aktiv gemanagter Aktienfonds einen Tracking Error von 0 – die Fondsrendite stimmt dann mit der Benchmarkrendite überein –, so ist das reiner Zufall.

Der Begriff *Tracking Error* stammt aus dem Englischen und könnte mit »Abweichung (Error) von der verfolgten (getrackten) Index-Rendite« übersetzt werden. Der Tracking Error ist – mathematisch ausgedrückt – die Standardabweichung der Differenz zwischen Fonds- und Benchmarkrendite. Bei der Berechnung überlegt man zuerst, wie groß der Unterschied zwischen der vom Fonds in der Vergangenheit erzielten Performance sowie der Benchmarkrendite durchschnittlich war. Anschließend prüft man dann, wie stark die Renditedifferenzen um diesen Mittelwert geschwankt sind.

Beispiel

Der jährliche Tracking Error für einen europäischen Aktienfonds mit Standardwerten liegt bei vier Prozent. Unterstellt man, dass sowohl das Fonds-, als auch das Indexportfolio in Zukunft nahezu unverändert bleiben, so kann der Tracking Error von vier Prozent folgendermaßen interpretiert werden: Der betreffende Fonds wird in 68 von 100 Monaten eine Abweichung von der Benchmarkrendite in Höhe von maximal vier Prozent aufweisen. In den verbleibenden 32 Monaten kann die

Fondsrendite sowohl deutlich über, als auch unter der Benchmarkrendite liegen.

Globale Aktienfonds im Vergleich – die Unterschiede fallen bei den genannten Kennzahlen sehr deutlich aus!

	Fonds A	Fonds B
Volatilität 3 Jahre	18,73	24,83
Volatilität 5 Jahre	17,81	22,28
Beta 3 Jahre	0,93	1,09
Beta 5 Jahre	0,96	1,05
Tracking Error 3 Jahre	5,51	13,52
Tracking Error 5 Jahre	4,84	10,56

Grundsätzlich gilt: Je höher der Tracking Error eines Fonds, desto größer das Risiko, mit diesem Fonds in Zukunft von der Benchmarkrendite abzuweichen. Indexfonds haben üblicherweise den geringsten Tracking Error.

Alpha-Faktor

Der *Alpha-Faktor* (»Alpha«) ist eine weitere statistische Kennziffer, die zur Analyse von Investmentfonds herangezogen wird. Zu seiner Berechnung benötigt man – sehr einfach dargestellt – das Beta des betreffenden Fonds sowie seine Performance und die Rendite des Vergleichsindexes in einem bestimmten Zeitraum. Zwischen diesen Größen besteht folgender Zusammenhang: Multipliziert man das Beta eines Fonds mit der Rendite seiner Benchmark, so ergibt sich die zu erwartende (wahrscheinliche) Fondsperformance. Liegt die tatsächliche Performance über (unter) diesem Wert, ist das Alpha positiv (negativ).

Beispiel

Beträgt das Beta 1,2 und die Indexrendite 10 Prozent, so müsste der Fonds im selben Betrachtungszeitraum rechnerisch eine Performance von rund 12 Prozent aufweisen. Diese erwartete Rendite ist nun der Ausgangspunkt, um das Alpha zu bestimmen. Liegt die tatsächliche Performance des Fonds zum Beispiel bei 13 Prozent und damit 1 Prozentpunkt über der Indexrendite, konnte der Fonds die Erwartungen übertreffen. Man sagt dann auch, der Fonds hat ein Alpha von einem Prozentpunkt erzielt.

Alpha als Leistungsmaßstab

Bei gegebenem Beta-Faktor lässt sich Folgendes über das Alpha sagen: Ein positiver Wert zeigt an, dass der Fonds in dem Betrachtungszeitraum unter Einbezug des Marktrisikos besser gegenüber seiner Benchmark abgeschnitten hat, als es das Beta eigentlich induziert hatte. Das heißt, der Fondsmanager konnte aufgrund guter Selektionsfähigkeiten eine Überrendite erzielen. Umgekehrt kann man an einem negativen Wert sozusagen »negative« Selektionsfähigkeiten ablesen. In solchen Fällen hat der Manager systematisch zu teure Aktien eingekauft. Grundsätzlich gilt: Je höher (geringer) das Alpha, desto besser (schlechter) wird die Leistung eines Fondsmanagers eingestuft.

Der Alpha-Faktor ist inzwischen zu einem weit verbreiteten Performance-Maß geworden. Er ist in vielen Publikationen zu finden, so zum Beispiel im Internet auf der Seite von Morningstar (siehe folgender Ausschnitt).

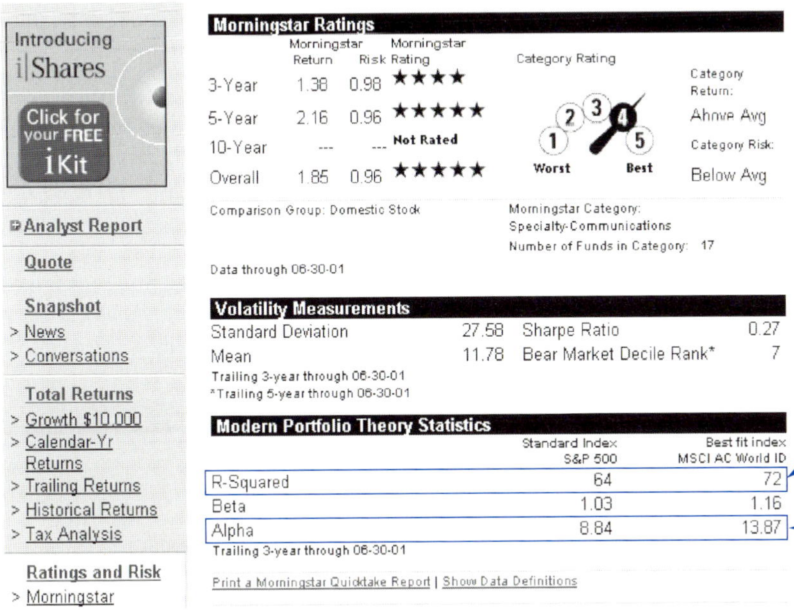

Kennzahlen eines Fonds mit Schwerpunkt auf Telekommunikationswerten im Internet

Der Alpha-Faktor ist nicht dazu geeignet, um ein Fonds-Ranking zu bilden. Anders gesagt, ist nicht der Fonds mit dem höchsten Alpha automatisch der bessere. Denn es kann zum Beispiel sein, dass ein Fonds A (Alpha: +0,5) ein viel höheres Risiko hat als ein anderer Fonds B (Alpha ebenfalls +0,5).

Am Alpha lässt sich deshalb lediglich ablesen, ob ein Fondsmanager über Selektionsfähigkeiten verfügt oder nicht. Da die Kennzahl auf Vergangenheitswerten basiert, ist sie mit denselben Problemen behaftet wie andere statistische Werte, die ebenfalls auf historischen Daten beruhen (z. B. Betafaktor, Volatilität, Korrelation).

Informationsquellen

Verkaufsprospekt, Rechenschaftsbericht, Sonstiges

Informationen über die Anteilwert-, Ertrags- und Kostenentwicklung eines Investmentfonds können Anleger aus verschiedenen Quellen beziehen. Die bedeutendsten stellen dabei die Investmentgesellschaften und deren Vertriebsstellen dar. Erwirbt ein Anleger einen Anteil an einem nach deutschen Recht organisierten Investmentfonds, so sind vor Vertragsabschluss

- ein Verkaufsprospekt,
- die Vertragsbedingungen,
- der aktuelle Rechenschaftsbericht,

- der anschließende Halbjahresbericht, sofern er vorliegt, und
- eine Durchschrift des Zeichnungsantrages

kostenlos auszuhändigen. Die Investmentgesellschaften ein und desselben Landes gestalten Verkaufsunterlagen zumeist ähnlich. Deutsche Kapitalanlagegesellschaften

- beschreiben auf den ersten Seiten der Rechenschaftsberichte für gewöhnlich allgemeine Entwicklungen, etwa auf den Finanz- und Immobilienmärkten,
- weisen sodann für jeden Fonds die Anlagepolitik, die Zusammensetzung des Vermögens, die Ertrags- und Aufwandsrechnung sowie die Ermittlung der Ausschüttung bzw. Wiederanlage aus,
- skizzieren außerdem die steuerliche Behandlung der Ausschüttungen und Anteilwertzuwächse und
- legen die Vertragsbedingungen der betreffenden Fonds bei.

Investmentgesellschaften nutzen zunehmend innovative Medien wie das Internet, um Informationen über Fonds zu verbreiten.

Weitere Informationsquellen sind etwa

Fondspreise über Reuters und VWD

- Nachrichtendienste wie Reuters oder VWD, die auf speziellen Seiten unter anderem die aktuellen Ausgabe- und Rücknahmepreise für Fonds veröffentlichen,
- Unternehmen, die sich auf die Analyse von Investmentfonds bzw. die Datenerfassung spezialisiert haben (z. B. Morningstar), aber auch
- Fachzeitschriften, wie beispielsweise *DM-Fonds Aktuell* oder die *Wirtschaftswoche*.

Morningstar

In den USA zählt die *Morningstar Inc.* zu den bekanntesten Fondsanalyse-Häusern. Das Unternehmen veröffentlicht sehr umfangreiche Auswertungen über Investmentfonds in der alle zwei Wochen aktualisierten Publikation *Morningstar Mutual Funds*. Erfasst werden:

- die Anlageziele,
- eine Beschreibung des Investment Advisers,
- Benchmark-Vergleiche sowie
- statistische Kennziffern.

Star Rating

Die Untersuchungen von Morningstar sind auf Aktien-, Renten- und gemischte Wertpapierfonds beschränkt. Die Ergebnisse verdichtet Morningstar zu einem so genannten *Star Rating* – jedem Fonds wird ein Rating zugeordnet, das von einem Stern (Star), für das schlechteste Rating, bis zu fünf Sternen, der besten Gruppierung, reichen kann. Als maßgebliches Kriterium dient die risikobereinigte Vergangenheits-Performance eines Fonds. Diese wird denen gleichartiger Fonds gegenübergestellt. Die Interpretation der Rating-Symbole zeigt die folgende Übersicht.

Rating	Definition
5 Sterne	Gemessen an der risikoadjustierten Performance fällt der Fonds unter die besten 10 % in seiner Gruppe.
4 Sterne	Gemessen an der risikoadjustierten Performance fällt der Fonds unter die der Spitzengruppe folgenden 20 % in seiner Gruppe.
3 Sterne	Gemessen an der risikoadjustierten Performance fällt der Fonds unter die den beiden Spitzengruppen folgenden 20 % in seiner Gruppe.
2 Sterne	Gemessen an der risikoadjustierten Performance fällt der Fonds unter die der Mittelgruppe folgenden 50 % in seiner Gruppe.
1 Stern	Gemessen an der risikoadjustierten Performance fällt der Fonds unter die schlechtesten 25 % in seiner Gruppe.

Morningstar – Star-Rating

In Deutschland erscheint seit über 30 Jahren das *Vademecum der Investmentfonds*. Es wird vom Hoppenstedt Verlag, Darmstadt, einmal jährlich im Juni herausgegeben und enthält für jeden deutschen Fonds die Anlagegrundsätze, die Entwicklung des Vermögens sowie des Anteilwertes im Zeitverlauf und die Zusammensetzung des Portfolios zu einem bestimmten Stichtag.

Außerdem existieren Fachzeitschriften, die entweder

- ausschließlich über die Entwicklungen der Investmentindustrie berichten, wie *DM-Fonds Aktuell*, oder
- zumindest eine gesonderte Rubrik »Investmentfonds« unterhalten, wie beispielsweise die *Wirtschaftswoche*.

Fonds in der Finanzzeitung

Informationen über Fonds kann ein Anleger auch im Wirtschaftsteil einer Tageszeitung finden. Es erscheinen die aktuellen Ausgabe- und Rücknahmepreise für Fonds deutscher Kapitalanlagegesellschaften, aber ebenso die Preise für ausgewählte Auslandsfonds sowie Berichte über die Investmentindustrie.

Eine sehr umfangreiche Übersicht über die aktuellen Ausgabe– und Rücknahmepreise enthält die Rubrik INVESTMENTFONDS/SONSTIGE FONDS in der Finanzzeitung des HANDELSBLATTS. Die Tabelle wird vom *FondsService* der *Vereinigten Wirtschaftsdienste* (VWD) zur Verfügung gestellt.

Die publizierten Ausgabepreise beziehen sich ausschließlich auf den Geschäftstag, der dem Erscheinungstag der Finanzzeitung vorausgeht. Rücknahmepreise werden demgegenüber sowohl für den letzten als auch den vorletzten Geschäftstag abgedruckt.

Deutsche Kapitalanlagegesellschaften berechnen Ausgabe- und Rücknahmepreise für gewöhnlich börsentäglich gegen 14 Uhr und übermitteln die Werte nach sorgfältiger Prüfung umgehend an die Nachrichtenagenturen. Kauf- und Verkaufsaufträge, die bei ihnen oder den Vertriebsstellen an einem Geschäftstag bis zu einem gewissen Zeitpunkt – zumeist 12 Uhr – eingehen, rechnen sie grundsätzlich zu dem am Nachmittag festgestellten Anteilwert ab.

INVESTMENTFONDS / SONSTIGE FONDS

Name	Whrg.	Ausg. 26.3.	Rückn. 26.3.	Zwg.[2] 26.3.
Investmentfonds[1]				
Aberdeen Invstment Services S.A.				
American Equity A	USD	12,79	12,79	0,35
Ameri.Sm.Co.A	USD	12,40	12,40	0,26
Asian Pacific A	USD	14,07	14,07	0,02
Australasian Bd.A	AUD	6,02	6,02	0,00
Australasian Eq.A	AUD	12,20	12,20	0,03
Canadian Dollar A	CAD	6,69	6,69	0,00
Euro Reserve A	EUR	0,54	0,54	0,00
Emerg.Europe A	USD	6,34	6,34	0,11
European Eq.A	USD	19,70	19,70	0,51
Europ.Hi.Yi.A	EUR	10,20	10,20	0,00
Eu.Multinat.Comp.A	EUR	36,63	36,63	1,01
Europ.Technol.A	EUR	4,39	4,39	0,16
Glob.High Yield A	USD	8,47	8,47	-0,03
Japanese Eq.A	JPY	348,00	348,00	14,00
Latin American A	USD	3,07	3,07	0,05
Managed Europ.A	USD	4,48	4,48	0,00
Multinat.Comp.A	USD	8,95	8,95	0,22
Sterling Bd.A	GBP	6,77	6,77	0,00
Sterling Res.	GBP	1,09	1,09	0,00
Technology A	USD	3,51	3,51	0,09
UK Equity A	GBP	12,16	12,16	0,22
UK Smaller Co.A	GBP	15,77	15,77	0,04
US Dollar Bd.A	USD	5,90	5,90	-0,01
USD Reserve A	USD	1,10	1,10	0,00
ABN AMRO Luxembourg				
AAF Asia Bd.*	USD	66,93	63,59	4,08
AAF As.Tig.Eq.*	USD	41,25	39,19	-0,01
AAF Beh.Finance.*	EUR	35,59	33,81	-0,02
AAF Braz.Eq.*	USD	47,53	45,16	0,01
AAF China Eq.*	USD	52,39	49,78	0,02
AAF Eastern Eur.Eq.*	EUR	98,70	93,78	-0,11
AAF Euro Bd.*	EUR	63,67	60,49	2,74
AAF Euro Bd.Dis.*	EUR	59,11	56,16	2,59
AAF Europe Eq.Fd.*	EUR	144,56	137,35	-0,01
AAF Europe Bd.*	EUR	84,75	80,52	2,84
AAF Euro Eq.*	EUR	57,69	54,81	-0,01
AAF Europe Eq. Gr.*	EUR	37,16	35,31	-0,10
AAF Germany Eq.*	EUR	196,38	186,58	-0,05
AAF Gl.Bd.Fd.*	USD	74,84	71,11	2,44

Name	Whrg.	Ausg. 26.3.	Rückn. 26.3.	Zwg.[2] 26.3.
Nürnberger A	EUR	115,78	110,27	-0,06
Plusfonds	EUR	101,58	96,74	0,00
Victoria Rent	EUR	40,53	39,16	1,17
WeltVision	EUR	25,13	24,52	0,00
WWK-Rent	EUR	42,57	40,97	1,24
Zukunft 1 WS	EUR	32,64	31,69	0,02
Zukunft 2 AS	EUR	29,74	28,87	0,07
Zukunft 3 AS	EUR	29,30	28,45	0,16
ADIG Invest (Lux.)				
Adilux	EUR	46,06	44,72	0,35
CB-america@tec(P)	EUR	26,72	25,69	-0,07
CB-Asia Bond (L)	USD	51,64	50,38	0,59
CB-asia@tec(P)	EUR	28,01	26,93	-0,01
CB Asian Tiger P	EUR	29,32	27,92	0,01
CB-AsianVision (P)	EUR	35,29	34,43	-0,05
CB-Biotech(P)	EUR	36,57	35,16	-0,23
CB-Eu.Strat.Bd.(L)	EUR	46,63	45,49	1,70
CB-Eur.High Y.(L)	EUR	42,80	41,76	1,50
CB-Eur.MT.Bd.(P)	EUR	69,04	69,04	1,16
CB-Eur.Value Eq.(L)	EUR	46,06	44,29	-0,07
CB-europe@tec(P)	EUR	22,30	21,44	-0,02
CB-EuroCash (P)	EUR	66,48	66,48	0,97
CB-Euro Corp.Bd.(P)	EUR	43,58	42,31	0,75
CB-Europ.Eq.(L)	EUR	82,66	79,48	0,00
CB-Eur.Gr.Eq.(L)	EUR	34,08	32,77	-0,02
CB-Euro LT.Bd.(P)	EUR	81,57	81,57	1,08
CB-Euro ST.Bd.(P)	EUR	50,42	50,42	0,66
CB-Europ.E.M.(P)	EUR	74,76	72,23	-0,34
CB-Europa Sel.(P)	EUR	22,67	22,12	-0,10
CB-Geldm.Deut.1	EUR	52,52	52,52	1,13
CB-GlobalBd. (L)	EUR	91,45	89,22	1,02
CB-Gl.Em.Mkt.Eq.(L)	USD	32,77	31,51	0,02
CB-Global Eq.(L)	USD	24,92	23,96	-0,03
CB-Gl.Expert (P)*	EUR	46,74	45,60	0,23
CB-Gl.N.Stocks(P)	EUR	18,05	17,36	-0,15
CB-intern.@serv.(L)	EUR	25,66	24,67	-0,04
CB-Jap.SC Eq.(L)	JPY	5420,00	5212,00	-2,00
CB-Japan.Eq.(L)	JPY	4744,00	4562,00	-3,00
CB-Mobile@Soc(L)	EUR	36,91	35,49	-0,04
CB-Money Mark.	EUR	5224,79	5224,79	76,46
CB-Money Mark.	USD	5040,66	5040,66	88,00
CB-Neuer Markt (P)	EUR	30,64	29,89	-0,12
CB-N.Am.Eq.(L)	USD	256,73	246,86	-0,20
CB-N.Am.Gr.Eq.(L)	USD	30,60	29,42	-0,04

Name	Whrg.	Ausg. 26.3.
CSF Fund	CHF	91,24
Dyn.Depot A	EUR	15,34
Euro. Eq. B	EUR	16,15
Euro. Fix. B	EUR	8,11
Global Bond B	USD	14,83
Global Equity B	USD	16,95
Global Man. B	EUR	15,39
High Yield Bd.B	EUR	10,18
Japanese Eq. B	JPY	538,95
North Amer.B	USD	23,07
Pac. Basin B	USD	11,28
Strat.Depot A	EUR	12,94
Swiss Equity B	CHF	20,57
UK Equity B	GBP	20,16
UK Sm.Co. B	GBP	37,40
US Sm. Co. B	USD	20,39
VB St. Fix. B	GBP	20,54
BANTLEON STAATSANLEIHENFOND		
Bantleon Strategie	EUR	105,03
Bantl.EUR-Benchm	EUR	105,15
Bantl.US-Benchm	USD	105,78
Baring Asset Management		
Amer.Gr.Trust	GBP	2,57
Am.Sm.Comp.T.	GBP	1,95
Asia Growth Fd	EUR	28,57
Australia Fd.	EUR	41,58
Eastern Europe	EUR	21,37
Eastern Trust	GBP	2,03
Emer.World	EUR	1,15
Euro Bond	EUR	11,04
European Gr.T.	GBP	6,53
Europa Fd.	EUR	31,97
Euro.Select T.	GBP	6,00
German Gr.Trust	EUR	3,97
German Gr.Trust	GBP	2,47
Gl.Bond T.	GBP	0,79
Gl. Emerg. Ma.	EUR	11,40
Glob. Equity	EUR	8,82
Global Gr.T.	GBP	2,34
Gl.Resources	EUR	12,50
High Yield Bd.	EUR	13,35
Hong Kong Ch.	EUR	201,47
Inter. Bond	EUR	22,60

Tabelle INVESTMENTFONDS / SONSTIGE FONDS im HANDELSBLATT

Der am nächsten Tag veröffentlichte Ausgabe- und Rücknahmepreis ist für den Erwerb bzw. die Veräußerung von Anteilen dann normalerweise nicht mehr gültig. Ausgenommen sind Tafelgeschäfte, bei denen sich Fondskäufer Wertpapier-Urkunden aushändigen lassen. Solange keine neuen Ausgabe- und Rücknahmepreise bekannt gegeben werden, legen die Vertriebsstellen der Investmentgesellschaften beim An- und Verkauf echter Urkunden diejenigen Preise zugrunde, die in den Tageszeitungen publiziert sind.

Vertriebsstellen und Verwahrung

Anlegern stehen grundsätzlich mehrere Wege offen, Anteile an Investmentfonds zu erwerben. Die wichtigsten Vertriebsquellen stellen in Deutschland folgende Institutionen und Personen dar.

Investment-gesellschaft	Investoren können sich telefonisch oder schriftlich direkt an die Investmentgesellschaft wenden und Verkaufsunterlagen anfordern. Die Gesellschaften offerieren zumeist besonders günstige Konditionen für die Verwahrung von Fondsanteilen, etwa eine kostenlose Depotführung und die Wiederanlage laufender Erträge.
Geschäftsbanken	Nahezu jede deutsche Geschäftsbank ist an einer Kapitalanlagegesellschaft beteiligt. Die Banken empfehlen oftmals Anteile derjenigen Fonds, die von verbundenen Gesellschaften aufgelegt werden. Diese heißen auch institutseigene Fonds. Kauft ein Investor Anteile an institutseigenen Fonds bei einer Geschäftsbank, genießt er dieselben Vorzüge wie beim Direkterwerb über die Gesellschaft. Er kann die Anteile beispielsweise spesenfrei erwerben und kostenlos verwahren lassen. Investoren haben verständlicherweise die Möglichkeit, auch Anteile institutsfremder Fonds zu erwerben. Dabei sind jedoch durchweg Verkaufsspesen zu entrichten. Für die Verwahrung der Fondsanteile stellt die Bank zudem Depotgebühren in Rechnung. Eine besonders attraktive Form des Anteilerwerbs bieten Direktanlagebanken, auch Discount Broker genannt. Anteile institutseigener Fonds können in aller Regel mit relativ geringen Ausgabeaufschlägen erworben und gebührenfrei verwahrt werden.
Versicherungs- und freie Vermittler	Deutsche Versicherungsgesellschaften sind, genau wie Geschäftsbanken, häufig an einer Kapitalanlagegesellschaft beteiligt. Sie greifen für gewöhnlich auf eigene Vermittler zurück, um Fondsanteile zu vertreiben. Neben den Vermittlern der Versicherungsgesellschaften verkaufen auch freie Finanzmakler Fondsanteile.
Fondsboutiquen	Fondsboutiquen sind von den Kapitalanlagegesellschaften unabhängige Vertriebsstellen. Sie führen gemeinhin eine sehr breite Palette an Investmentfonds unterschiedlicher Gesellschaften, sind aber in Deutschland noch nicht weit verbreitet.

Anleger haben die Möglichkeit, Fondsanteile

- in Form effektiver Stücke zu erwerben, also die Investmentzertifikate nach dem Kauf tatsächlich in Empfang zu nehmen, oder
- im Rahmen des Giroverkehrs auf das Depotkonto bei der Investmentgesellschaft oder einer Geschäftsbank übertragen zu lassen.

Tafelgeschäft

Beim Erwerb effektiver Stücke spricht man auch von einem *Tafelgeschäft.* Der Kunde tauscht, vereinfacht ausgedrückt, Bargeld gegen Anteilscheine und verwahrt die Wertpapiere anschließend beispielsweise zu Hause. Gegenüber der Verwahrung bei der Geschäftsbank spart er einerseits die Depotgebühren, muss sich andererseits aber permanent selbst um die Einlösung der Ertragsscheine kümmern und geht zudem das Risiko ein, dass die Zertifikate verloren gehen oder gestohlen werden.

Es ist zu beachten, dass am Bankschalter vereinnahmte Erträge aus Ertragsscheinen einem höheren Kapitalertragsteuersatz unterliegen als solche, die Anlegern auf Depotkonten gutgeschrieben werden. Tafelgeschäfte sind – nicht nur aus diesem Grund – heutzutage unüblich.

Anspar- und Auszahlpläne

Erwirbt ein Anleger Fondsanteile direkt bei der Gesellschaft, richtet diese für ihn ein Investmentkonto ein. Das Konto wird zumeist kostenlos geführt und ist oft mit umfangreichen Zusatzleistungen verbunden. Der Investor kann die Gesellschaft beispielsweise veranlassen, laufende Ausschüttungen umge-

Zuwachskonto

hend in Fondsanteile zu reinvestieren, und zudem häufig auch Bruchteile eines Anteils erwerben. Investmentgesellschaften vereinen diese Leistungen in Ansparplänen, auch *Zuwachskonten* genannt.

Ein *Ansparplan* ermöglicht es einem Investor, permanent Einzahlungen auf das Investmentkonto zu leisten und damit regelmäßig Fondsanteile zu kaufen. Er kann bei Kontoeröffnung etwa einen gewissen Geldbetrag festschreiben, den die Gesellschaft dann in festen Zeitabständen, beispielsweise monatlich, von seinem Bankkonto abbucht, auf das Investmentkonto einzahlt und zum Kauf von Fondsanteilen einsetzt. Ansparpläne sind sehr flexibel und erlauben es dem Anleger, sowohl die Höhe als auch den Turnus der Einzahlungen im Zeitverlauf zu modifizieren.

Cost-Averaging

Aufgrund der mit dem Ansparplan verbundenen Option, regelmäßig einen festen Geldbetrag in Fondsanteile zu investieren und dabei zudem Bruchteile zu erwerben, eignet sich diese Sparform hervorragend für das *Cost-Averaging*. Darunter versteht man eine Vorgehensweise, bei der ein Anleger in regelmäßigen Zeitabständen und unabhängig von der jeweiligen Marktsituation einen gleichbleibenden Geldbetrag etwa in Aktien, Anleihen oder Investmentzertifikate investiert. Aufgrund des permanenten Engagements erwirbt er sowohl in Baisse- als auch in Hausse-Phasen Wertpapiere.

Cost-Averaging an einem Beispiel:		**Jeden Monat werden 1.000 Euro angelegt**		**Einmalanlage von 12.000 Euro**	
Monat	**Ausgabepreis (€)**	**Anteile**	**Anlagebetrag (€)**	**Anteile**	**Anlagebetrag (€)**
Januar	100,00	10,000	1.000	120	12.000
Februar	75,00	13,333	1.000		
März	63,00	15,873	1.000		
April	97,00	10,309	1.000		
Mai	112,00	8,929	1.000		
Juni	108,00	9,259	1.000		
Juli	100,00	10,000	1.000		
August	81,00	12,346	1.000		
September	89,00	11,236	1.000		
Oktober	107,00	9,346	1.000		
November	111,00	9,009	1.000		
Dezember	102,00	9,804	1.000		
Durchschnittspreis	95,42			100	
Summe Anteile		129,444		120	
Depotwert Ende Dezember		(129,444 × 102)	**13.203**	(120 × 102)	**12.240**

Das Erstaunliche ist: Unter der Voraussetzung schwankender Kurse führt die permanente Investition eines gleichgroßen Geldbetrages dazu, dass sich der Anleger automatisch »antizyklisch« verhält. In Zeiten sinkender Kurse kauft er relativ viele Wertpapiere und in Phasen steigender Kurse relativ wenige. Der durchschnittliche Einstandspreis ermäßigt sich dadurch sowohl gegenüber einer einmaligen Anlage als auch dem regelmäßigen Erwerb einer festen Anzahl Aktien, Anleihen oder Investmentanteile. Dieser Effekt, auch *Cost-Average-Effekt* genannt, tritt in der gegenüberliegenden Tabelle eindrucksvoll hervor.

Cost-Average-Effekt

Die Abbildung spiegelt unter anderem

- die regelmäßige Anlage von monatlich 1.000 Euro für einen Zeitraum von einem Jahr sowie
- die einmalige Anlage von 12.000 Euro am Anfang des Jahres

in einen Investmentfonds wider. Die Ausgabepreisentwicklung ist dabei vorgegeben.

Beim Cost-Averaging reduziert sich der durchschnittliche Einstandspreis gegenüber dem einmaligen Erwerb von 120 Anteilen um

$$\underbrace{\frac{\overbrace{12.000 \text{ Euro}}^{\text{Anlagebetrag}}}{120 \text{ Anteile}}}_{\substack{\text{Insgesamt erwor-}\\\text{bene Anteile beim}\\\text{Einmalerwerb}}} - \underbrace{\frac{\overbrace{12.000 \text{ Euro}}^{\text{Anlagebetrag}}}{129{,}444 \text{ Anteile}}}_{\substack{\text{Insgesamt erwor-}\\\text{bene Anteile beim}\\\text{Cost-Averaging}}} = 100{,}00 \text{ Euro/Anteil} - 92{,}70 \text{ Euro/Anteil} = 7{,}30 \text{ Euro/Anteil}$$

Ein Anleger sollte in diesem Zusammenhang aber beachten, dass

- sich der Cost-Average-Effekt grundsätzlich nur bei schwankenden Kursen einstellt, im Falle permanent fallender oder steigender Kurse jedoch zumindest im Vergleich zu einer einmaligen Anlage am Anfang (steigende Kurse) bzw. am Ende (fallende Kurse) des Betrachtungszeitraums mit Nachteilen verbunden ist,
- eine Einmalanlage gegenüber der regelmäßigen Anlage immer dann Vorteile aufweist, wenn das Kursniveau im Ausgangszeitpunkt in den Folgejahren nie wieder unterschritten wird,
- das Cost-Averaging umso vorteilhafter ist, je länger diese Vorgehensweise beibehalten wird und je stärker die Kursschwankungen ausfallen.

Kumulativeffekt

Ein weiterer Vorzug des Ansparplans ist der *Kumulativeffekt*. Er entsteht durch die permanente Reinvestition laufender Ausschüttungen und beschreibt quasi eine Art Zinseszinseffekt (bei einer Anlage in thesaurierende Fonds stellt sich der Kumulativeffekt verständlicherweise automatisch ein). Während mit Hilfe eines Ansparplans selbst sehr geringe Geldbeträge wieder in Fondsanteile angelegt werden können, ist dies bei einer Investition in Aktien, Anleihen oder Immobilien im Regelfall nur schwer möglich, da hier normalerweise ganzzahlige Einheiten erworben werden müssen.

Neben Ansparplänen bieten Investmentgesellschaften auch *Auszahlpläne* an. Sie ermöglichen einem Anleger, in regelmäßigen Abständen einen gewissen Geldbetrag vom Investmentkonto abzuziehen. Die Auszahlungen können etwa durch den Verkauf von Fondsanteilen finanziert werden, die der Anleger im Laufe der Zeit erworben hatte. Auszahlpläne eignen sich beim Eintritt ins Pensionsalter als zusätzliche Rente.

Register

B

C

D

E

F

G

H

J

K

L

M

N

O

P

Q

R

S

T

U

V

W